中国的一切过去的文化历史，都是我们的“国故”。

——胡适

图解

国学知识

梦 华 主编

中国華僑出版社
北 京

图书在版编目（CIP）数据

图解国学知识 / 梦华主编．—北京：中国华侨出版社，2016.2（2019.8 重印）
ISBN 978-7-5113-5973-5

Ⅰ.①图… Ⅱ.①梦… Ⅲ.①国学—通俗读物 Ⅳ.① Z126-49

中国版本图书馆 CIP 数据核字（2016）第 031996 号

图解国学知识

主　　编：梦　华
责任编辑：兰　馨
封面设计：韩立强
文字编辑：杨　君　贾　娟
美术编辑：吴秀侠
经　　销：新华书店
开　　本：720mm × 1020mm　1/16　印张：52　字数：1040 千字
印　　刷：北京鑫海达印刷有限公司
版　　次：2016 年 4 月第 1 版　2019 年 8 月第 2 次印刷
书　　号：ISBN 978-7-5113-5973-5
定　　价：88.00 元

中国华侨出版社　北京市朝阳区静安里 26 号通成达大厦 3 层　邮编：100028
法律顾问：陈鹰律师事务所
发 行 部：（010）58815874　　传　　真：（010）58815857
网　　址：www.oveaschin.com　　E-mail：oveaschin@sina.com

前言

“国学”一说，最早见于近代思想家章太炎的《国故论衡》。顾名思义，“国学”就是中国之学，是中华民族在数千年历史中创造的文化。国学堪称中国人的性命之学，是中华文化的学术基础、固本之学，是全面提升文化素养的学问。已故著名国学大师季羡林曾提出“大国学”的概念，他说：“国学应该是‘大国学’的范围，不是狭义的国学。国内各地域文化和56个民族的文化，都包括在‘国学’的范围之内。”也就是说，广义的“国学”，就是中国之学、中华之学，是中华各民族优秀传统文化学术的总称。

国学汇通思想学术、典籍制度、百行百艺、礼仪民俗，蕴含国脉、国魂、国本，是中国人的根基所在、尊严所在。我们的国家，历史悠久，文化灿烂，我们的祖先留下了五千年文化遗产，国学知识博大精深、包罗万象，可以分为天文、历法、地理、历史、官职、教育、器物、图腾、文学、艺术、戏剧、书法、绘画、科技、民俗、礼仪、医学等方面。国学以学科分，可分为哲学、史学、宗教学、文学、民俗学、伦理学、考据学、版本学等；以传统图书类别分，可分为经、史、子、集四部。国学知识中蕴藏着中华五千年全部文明和智慧的精髓，它构成了中华民族精神生活的客观环境，维系着中华文化之根。学习国学，品读博大的知识，不仅可以帮助我们了解中华民族的优秀文化传统，丰富自身内涵，更能修身养性，领悟历史智慧。

国学的复兴，是时代的呼唤与要求。如今，随着国势上升，我们自然要大力弘扬国学，也要让世界了解国学。了解国学也就是了解我们的历史和现在，也就是了解我们中国人。我们知道，成为文化大国才是真正的强国。在经济全球化背景下，作为一个中国人，我们更应该深入全面地了解我们自己的国学，绝对不能数典忘祖。

千百年来，国学已渗透到社会的方方面面，直接影响着国人的思想、意识、伦理、道德和行为。国学不仅是中国悠久传统文化的明证，也是每一个中国人的立身处世之本，更是我们不可或缺的精神力量。学习国学，了解国学，继承和弘扬中国文化，是每个中国人义不容辞的责任。作为一个现代人，不能不知道传统；作为一个中国人，不能不了解国学。然而，国学典籍汗牛充栋，国学内容庞杂浩繁，即使穷尽毕生之力，也难通万一。

为了帮助读者更方便、更轻松、更快捷地了解和掌握必要的国学知识，开阔文化视野、丰富知识储备、提高人文修养，编者对浩如烟海的国学知识进行了适当的取舍，选取了具有代表性、实用性、读者感兴趣的内容，辑成本书。书中介绍了国学经典、国家政治、哲学宗教、天人之学、文学、史学、文化艺术、民俗文化等方面的内容，涵盖了国学各领域的重要内容和基本常识，为读者轻松掌握国学知识提供了一条捷径。书中既有分门别类的严谨解释，又有引人入胜的传略和逸事，可帮助你登堂入室，领略国学的无穷魅力。

本书在广泛收集资料的基础上，力求在“新、奇、趣”上下功夫。“新”就是鲜为人知的，很少被其他书籍提到的知识；“奇”就是不一般，能让人的精神为之一振的事物；“趣”即是兴趣，也是趣味，是人们想看、愿意看的东西。同时，书中还选配了与正文相辅相成的精美图片，对相关内容加以图解，使读者身临其境，对国学产生浓厚的兴趣，从中体味到中国文化的博大精深。书中内容丰富、文史兼备、资料翔实，具有超强的参考性和指导性，既是一部容纳中国文化百科知识的实用工具书，又是休闲生活中不可或缺的文化快餐。一书在手，让你尽览国学全貌；一卷在手，让你轻松掌握中国文化精华。

在走向世界的今天，每一个中国人都应该有良好的国学素养。请翻开本书，走进博大精深的国学长廊，领悟国学的精髓，感受国学的智慧，把握传统文化的脉搏，丰富自身的内涵，成为文化达人。

目录

总说

国学经典

国家政治

政局大变革……251

哲学宗教

古代哲学命题……272

天人之学

文学

史学

文化艺术

民俗文化

总 说

国学的定义是什么

“国学”这个词产生于清末西学东渐、文化转型的历史时期。至于是谁的“原创”，现在还没有一个确切的答案。有人说，章炳麟（章太炎）在日本组织“国学讲习会”，刘师培（刘申叔）也有“国学保存会”的发起，大概他们两个就是“国学”这个词的最先使用者。不过这个答案是不是正确的，尚待进一步考证。

关于国学的定义，从严格意义上说，到目前为止，学术界还没有作出统一明确的界定。名家众说纷纭，莫衷一是。普遍说法如国粹派邓实在1906年撰文说：“国学者何？一国所有之学也。有地而人生其上，因以成国焉，有其国者有其学。学也者，学其一国之学以为国用，而自治其一国也。”邓实的国学概念很广泛，但主要强调了国学的经世致用性。这种解释不能完美地诠释国学的定义。或许，我们需要借鉴一下其他类似词汇来理解“国学”这个词。

和国学差不多意思的名词还有国粹和国故。“国粹”两个字，似乎有点儿夸大中国学术乃完全精粹物的意思，又似乎有点儿为选择精粹而完全抛弃其他那么不太精粹部分的意思，所以人们觉得这个词不那么妥当，又将之改称为“国故”。胡适说，所谓“国故”是包含着过去中国的一切历史与文化，包含着“国粹”，也包含着“国渣”。研究这些历史与文化的学问，就叫“国故学”，简称“国学”。

不过已故当代著名语言学家曹伯韩认为，“国学”这个词还不是十分合理。因为学术没有国界，当代各国都没有特殊的国学，而我们所谓的国学，从内容上看，也就是哲学、文学、史学等东西。如果将其外延也算上，那么无疑也包括了医学、戏剧、书画、星相、数术等，都可以看作是世界文化的一部分。而外国人研究中国文化的也不在少数。

孔子讲学图

所以，我们目前只能暂且给国学一个这样的定义：国学是指以儒学为主体的中华传统文化与学术。当然，即使是这个定义，我们目前还不能将之作为“国学”的准确定义，一切还有待国学研究的进一步发展才能明朗。

国学应该如何分类

当前的主流认识是将国学以《四库全书》分类，分为经、史、子、集四部，后人又为之增添蒙学。其中以经、子部为重，尤倾向于经部。

《四库全书》是中国古代最大的丛书，编撰于乾隆年间，由当时的纪晓岚、王念孙、戴震等一流学者完成。

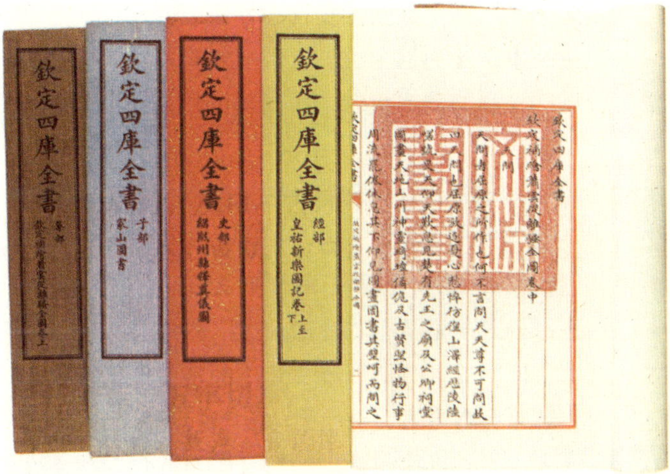

《四库全书》

《四库全书》编于清代，是中国传统国学的一部汇总之作，《四库全书》将国学分为经、史、子、集四部，并以不同颜色封面加以区分：经部绿色、史部红色、子部蓝色、集部灰色、总目黄色。

经部——经部分为“易类”、“书类”、“诗类”、“礼类”、“春秋类”、“孝经类”、“群经总义类”、“四书类”、“乐类”、“小学类”、“石经类”、“汇编类”，主要是儒家经典和注释研究儒家经典的名著。其中最重要的是儒学十三经:《周易》、《尚书》、《周礼》、《礼记》、《仪礼》、《诗经》、《春秋左传》、《春秋公羊传》、《春秋谷梁传》、《论语》、《孝经》、《尔雅》、《孟子》。

史部——史部分为“正史类”、“编年类”、“纪事本末类”、“别史类”、“杂史类”、“诏令奏议类”、“传记类”、“史抄类”、“载记类”、“时令类”、“地理类”、“职官类”、“政书类”、“目录类”、“史评类”、“汇编类”，重要书目如:《史记》、《汉书》、《后汉书》、《三国志》、《资治通鉴》、《战国策》、《宋元明史纪事本末》，等等。

子部——子部分为“儒家类”、“兵家类”、“法家类”、“农家类”、“医家类”、“天文算法类”、“术数类”、“艺术类”、“谱录类”、“杂家类”、“类书类”、“丛书类”、“汇编类”、“小说家类”、“释家类”、“道家类”、“耶教类”、“西学格致类”等，重要书目如:《老子》、《墨子》、《庄子》、《荀子》、《韩非子》、《管子》、《尹文子》、《慎子》、《公孙龙子》、《淮南子》、《抱朴子》、《列子》、《孙子》、《山海经》、《艺文类聚》、《金刚经》、《四十二章经》，等等。

集部——集部分为“楚辞类”、“别集类”、“总集类”、“词曲类”、“闺阁类”，重要书目如:《楚辞》、《全唐诗》、《全宋词》、《乐府诗集》、《文选》、《李太白集》、《杜工部集》、《韩昌黎集》、《柳河东集》、《白香山集》，等等。

整理国故有哪些来龙去脉

1919年，在新文化运动达到顶点、新思潮最为高涨之际，力主“反传统”的学者胡适突然提出要“整理国故”的号召。

此论一出，便引起争论。有人热烈响应，使“整理国故”运动取得了至今仍令人赞叹、堪称丰硕的学术成就，对文化的积累和学术的进步，无疑有着不容否定的巨大意义。

几年后，胡适在《〈国学季刊〉发刊宣言》中写道：“中国的一切过去的文化历史，都是我们的‘国故’……‘国故’包含‘国粹’；但他又包含‘国渣’。我们若不了解‘国渣’，如何懂得‘国粹’？”

这些可说是胡适提倡“整理国故”的本意，也可说是“整理国故”的纲领。也即要通过“整理国故”分清传统文化中的精粹与糟粕，去芜取菁，再造新的文明。

这一思路有存有去，有舍有取，重视传统，却意在创新。

具体来说，整理国故运动的意义主要体现在以下几个方面。

第一，整理国故运动促进了中国传统学术的现代转型，推动了新文化运动的启蒙事业，是新文化运动在学术文化领域的延续。

第二，整理国故运动基本打破了传统学术的“四部”分类，转而主张依照西方现代学术门类对国学进行分科研究，改变了以前学术研究偏重经学的倾向，宣告了传统经学的解体和终结，促进了史学的独立。

胡适

胡适（1891～1962年），安徽绩溪上庄村人。现代历史上著名的国学大家，新文化运动的领袖之一。他发起的“整理国故”运动对国学研究产生了巨大影响。

第三，整理国故运动促使众多学者冲破传统学术观念的束缚，普及了“经子平等”、“今古文平等”的治学观念，成功建立起一种“平等的眼光”，大大拓展了国学研究的视野与范围，将国学的研究领域延伸到了一个更加广阔的天地。

第四，整理国故运动借鉴了西方现代学术研究成果，将自然科学的方法广泛运用到国学研究领域，如以考古学方法取代传统的金石研究，促成了民国初期殷墟考古的重大进展。

第五，整理国故运动也促使中国学者开始借鉴西方的学术研究体制，建立了许多现代学术研究机构和团体，如史语所等，这些团体开展“集团化研究”，取得了令人瞩目的丰硕成果。

国学经典

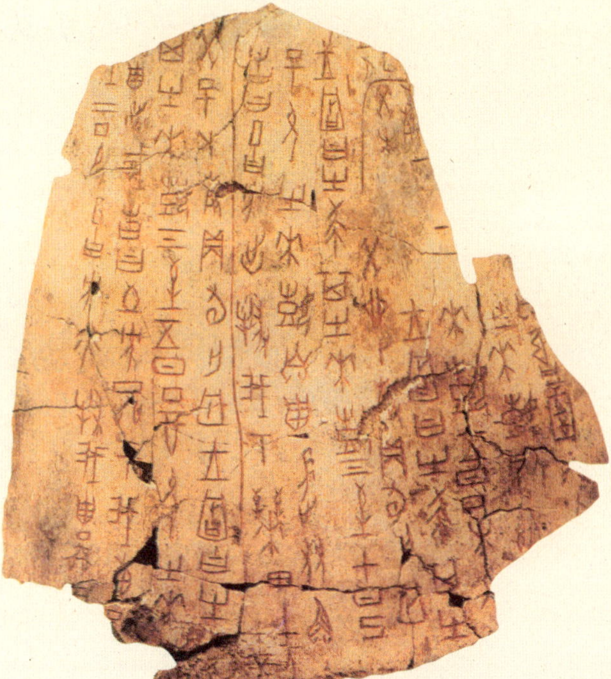

经 部

《周易》

《易》有三种。《周官·春官·太卜》云："《太卜》掌三《易》之法。一曰《连山》，二曰《归藏》，三曰《周易》。"

《连山》，夏之《易》，以艮卦为首。

《归藏》，商之《易》，以坤卦为首。

《周易》，周之《易》，以乾卦为首。

《周易》

- **时代　商至春秋时期**
  - 《周易》的"周"指的是周朝，"易"指的是变化。《周易》就是一本产生于周朝的变化之书。本来《易》的内容成书更早，但文王为其定下更为具体的规范，后孔子为其做解释，我们只把成书定在这个时期。值得庆幸的是，由于李斯将《周易》列在医术占卜书一类，《周易》躲过了焚书的劫难，完整地保留了下来。
- **内容　变化之书**
  - 从表面上看，《周易》好像是专论阴阳八卦的著作，但实际上它论述的核心问题，是一个对立与统一的宇宙观，以及如何利用它来得到未来的信息。《周易》上论天文，下讲地理，中谈人事，包罗万象，无所不有。
    - **易经**：主要讲六十四卦，并分别加以解释和演说。
    - **易传**："传"有七种十篇，古人把这十篇"传"叫作"十翼"，就如同是附属于"经"的羽翼，即用来解说"经"的内容。但实际上，"传"是作者借解说经文来发挥自己的思想观点而写出来的。
      - **彖**：专门对《易经》卦名和卦辞的注释。
      - **象**：对《易经》卦名和爻辞的注释。
      - **文言**：对《乾》、《坤》两卦做进一步的解释。

《易》有三义

郑玄《易赞》云:“《易》之为名也，一名而含三义：易简一也，变易二也，不易三也。”

“易”的“三义”，就是:(一)简易;(二)不易;(三)变易。这“三义”可以说包含了中国文化的全部智慧，也是人类文明中的大智慧。

我们先说“简易”。

我们研究宇宙万物的真理，就是要在纷繁错杂的万事万象中发现其中的基本规律。对于任何一件事物的研究都是要从复杂的现象中找出其最基本的规律。这就是智慧。《周易》用阴阳和六十四卦来象征宇宙的万事万物，以简驭繁。这种“简易”，是大智慧。

再说“不易”。

“不易”，就是永恒不变的道理。可以说，人类从有思想以来，就一直在寻求永恒不变的道理。《周易》就讲了很多永恒不变的道理，如天地乾坤的结构、宇宙的变化。

最后说“变易”。

宇宙万物，永远变动不居，世界一切都在变化之中。这也是《周易》告诉我们的一个大道理。

《周易》的内容

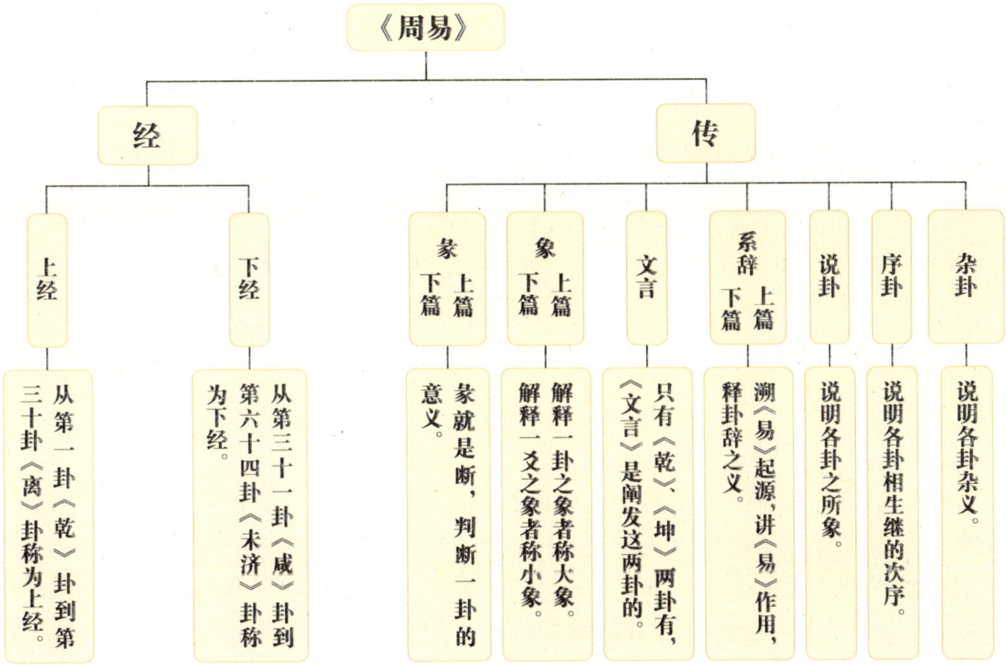

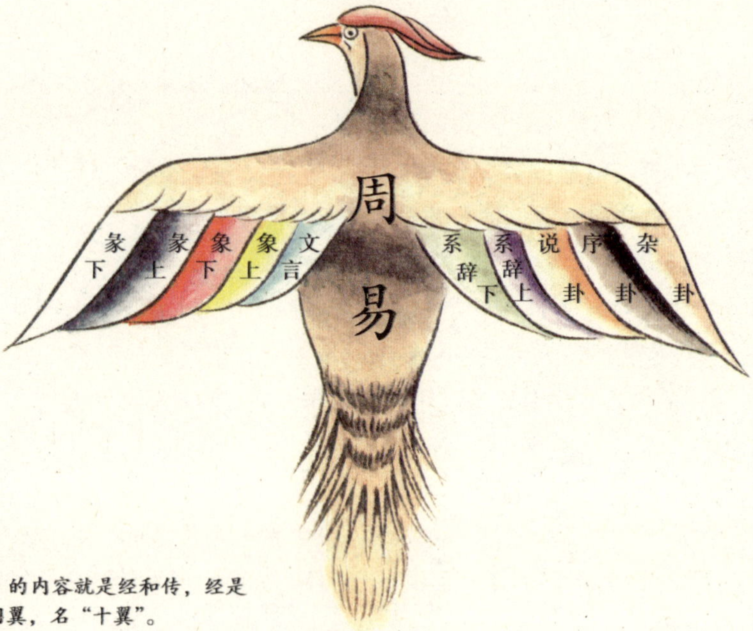

认识《周易》的内容就是经和传，经是本经，传如羽翼，名“十翼”。

八卦是以一、二、三这些数目为基础的。整画“—”是一；断画“--”是二；三画叠而成卦是三。于是生出了八个卦，即乾、兑、离、震、艮、坎、巽、坤。到了后来，又有人就把这些卦中的任意两卦重做一个，然后再排列组合，组成了六十四个卦，这就出现了《周易》。据司马迁说：“文王拘而演《周易》。”据传，商朝末年，商纣王怕西伯侯姬昌（也就是后来的周文王）造反，就把他囚禁在羑里的监狱中。姬昌担心自己身死牢中，就在自己的有生之年，穷一生智慧，把八卦演为六十四卦。据说卜法里有一百二十个兆象，每个兆象都有十条“颂”辞，这些“颂”辞是占卜吉凶用的。《周易》里的六十四卦，就相当于一百二十体的兆象。兆象上的辞，就是“爻”辞。《周易》的每一卦都是由六画组成，都是由下向上数，每一画叫作一爻。“爻”辞就是对整个卦以及各爻的解释，所以有卦辞和爻辞之分。

《周易》的派别

1. 术数派

三国魏的管辂、宋代的陈抟、邵雍都是术数派。

2. 象数派

西汉的孟喜、焦延寿、京房，东汉的马融、郑玄、荀爽，清代的胡煦、焦循都是象数派。

3. 义理派

三国魏的王弼（玄理）、宋代的程颐、朱熹（性理）都是义理派。

《周易》的价值

1.《周易》是群经之首，中国哲学的源头。

《周易》是古代卜筮用书，它是据现象和事理以预测事物发展变化的大智慧之书，不能以“迷信的书”来看它。其中有深奥宏大的哲理可以推测宇宙自然的变化，也可以推知社会人事的治乱兴衰。对于人生境遇好坏、事功成败、吉祥凶衰都有深刻的启发价值。所以孔子说：“五十以学《易》，可以无大过矣。”

2.《周易》是研究古代历史的必备之书。

《周易》里面记载了很多古代的历史事实，都是迄今其他史书所未见的。如“既济九三爻辞”：高宗伐鬼方；“泰六五爻辞”：帝乙归妹；“明夷六五爻辞”：箕子之明夷；“晋卦辞”：康侯用锡马蕃庶。

3.《周易》是研究古代文学诗歌必备之书。

《周易》里面记有很多古代的诗歌谣谚。如“中孚九二”：“鹤鸣在阴，其子和之，我有好爵，吾与尔靡之”；“明夷初九爻辞”：“明夷于飞，垂其翼。君子于行，三日不行”。

4.《周易》的思想贯穿于中国古代科学、文化、艺术及诸子百家学说。

中国的天文、历法、算术都深受《周易》的影响。

在地理方面，中国的罗盘、方位、地理九州之说也与《周易》紧密相关。

在医学方面，医、《易》同源，《易》为理，医为表，《周易》实为中医的理论基础。

在武术、养生保健方面，《周易》也是其基础理论。

在书法、绘画、建筑、园林等方面，《周易》也是其指导思想。

总之，《周易》与中国历代人的生活息息相关。

老子、庄子的思想与《周易》密不可分，孙子的军事智慧也与《周易》相通。儒家的中庸、天命思想也由《周易》衍生出来。所以，研究中国古代思想和文化，必须读《周易》。

《尚书》

《尚书》是中国最古的记言的历史典籍。这里的“尚”是上古的意思，也有崇尚之意，这里的“书”是公文的意思，它的性质相当于后世的档案，不是泛指图书。

《尚书》的内容和体例

《尚书》的内容包含虞、夏、商、周四代。

《尚书》的体例可以分为六种，称为六体，即典、谟、训、诰、誓、命。

《尚书》的体例

- **典**：就是常法、常典。是指先王的政绩可以作为常法尊奉，大致相当于现代的成文宪法。如《尧典》、《舜典》就是记载尧、舜的嘉言善政的。
- **谟**：就是谋略、计划。君有典，臣有谋，就是施政的方针计划。如《皋陶谟》就是大禹、皋陶、伯益向舜所进的嘉言善策。
- **训**：说教、训诫的言辞，一般是贤良之臣训诫君主的。大致相当于现代的意见、建议书。如《伊训》、《太甲》等篇。
- **诰**：就是告知，使人晓喻，有告诫、慰勉之意。诰可以对民众、神祇、君王，也可以同官相诰。如《汤诰》、《大诰》。
- **誓**：条约、誓文，用以告诫民众、将士或约束敌人。如《甘誓》、《汤誓》。
- **命**：命令，指君王对属下口发命令。如《微子之命》、《王侯之命》、《顾命》。《顾命》是成王将崩时，留下的遗命。

《尚书》的主要观点和价值

史官根据舜帝的言行事迹，写作了《舜典》。

1.《尚书》记载了唐尧、虞舜、夏禹及皋陶、益稷四代圣贤君臣的嘉言懿行，成为中华民族品德文明的重要来源，为后世力求上进的人们修身、行事提供了理论基础和言行典范。

2.《尚书》记载了上古的历史资料，涉及周公摄政、成王即位、穆王改制等重要的历史事件、古代典制，还有上溯大禹治水、分述九州的古代地理，所以《尚书》成为了解古代史的必读经典。

3.《尚书》中记载了古代的政教合一、神权政权合一及民间风俗的情况。《洪范》有箕子告诫武王“天锡禹洪范、九畴之事”，《酒诰》记载殷商酗酒、周代严刑的情况。

4.《尚书·大禹谟》中有“人心惟危，道心惟微，惟精惟一，允执厥中”这十六字富有哲理的箴言，成为宋代理学的重要思想基础。

今古文《尚书》之争

汉景帝时，鲁恭王在孔子旧宅的墙壁中得“古文”经传数十篇。

今世所传的《尚书》，有很多残缺，这是因为它在流传中“多生变故”。《尚书》成书始于孔子，孔子把它当作了教授学生的“经典”。到了秦始皇的时候，朝廷烧天下诗书，还禁止民间私藏，许多书籍轻则残缺，重则散佚，《尚书》也难逃厄运。到西汉初年，朝廷解除书禁，号召人们向朝廷“献书”。这时，汉文帝听说山东有个90多岁的老头，名叫伏生，私授《尚书》于齐鲁之间，于是派晁错向他请教。这位伏生本是秦博士，他在焚书令下达后，把《尚书》藏在家里墙壁中。伏生所藏的《尚书》是用“古文”还是秦篆写的，现在已经不得而知。后人只知道他的弟子用隶书将他所授“尚书”整理并流传下来，共29篇，也就是后来的《今文尚书》。

到了汉景帝时候，鲁恭王在孔子旧宅的墙壁中得到“古文”经传数十篇，其中就包括《尚书》。鲁恭王本来是来拆孔子宅院、扩充自己宫殿的，发现了古文尚书，就停止拆房，还叫来孔门子弟孔安国，让他加以整理。孔安国整理完毕，得《尚书》45篇。到了武帝时，孔安国于是把《古文尚书》也献出来，但这本《尚书》用古文写成，艰涩难懂，成了无人能懂的“逸书”，所以被朝廷束之高阁，直到成帝时，刘向、刘歆父子以《古文尚书》校勘《今文尚书》，这才有了用处。

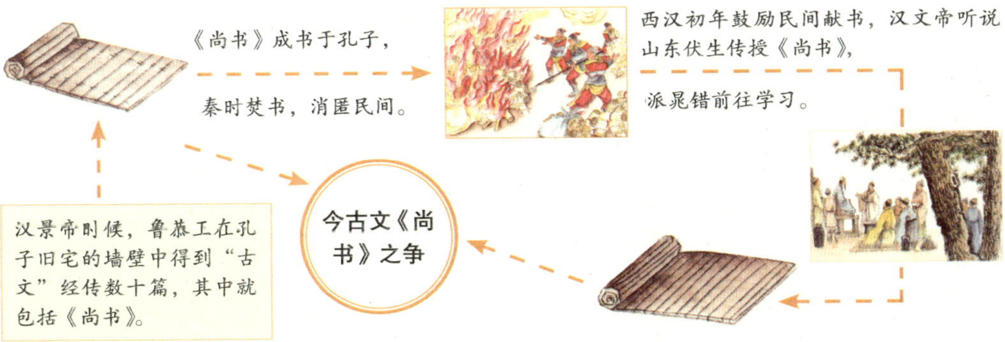

由于关系“孔子之道”，今古文之争成了西汉经学的一大史迹。今古文两派有何不同呢？今文派主张通经致用，“思以其道易天下”，有很浓的先秦诸子风气。他们解经的时候只讲微言大义，也就是只说自己的历史和政治哲学。而古文派看重的是章句、训诂、典礼、名物。古文派也有不同分类，他们各得孔子一端，各有偏倚之处。

《诗经》

《诗经》是我国古代第一部诗歌总集，作品产生的时代，上起西周初年（约公元前 11 世纪），下迄春秋中叶（约公元前 7 世纪），是中国优秀传统文化中的核心经典之一。

《诗经》在我国文学史、经学史，以至在人类的文化史中，都占有重要的地位。如果想了解中国文化，《诗经》是不可不读的一部要籍，要做一个有文化的中国人，

《诗经》

作者

《诗经》中各诗是由王官、太师收集的。以后孔子删诗做了编辑工作，其对《诗经》的传播起了重要作用。

时代 商至春秋时期

《诗经》全面地展示了周代（商、西周、东周、东周春秋中期）的社会生活，真实地反映了中国奴隶社会从兴盛到衰败时期的历史面貌。其中有些诗，如《大雅》中的《生民》、《公刘》、《绵》、《皇矣》、《大明》等，记载了后稷降生到武王伐纣间的史事，是周部族起源、发展和立国的历史叙事诗。

内容 中国最早的诗歌总集 共 305 首

“风”

“风”是由各国采集的民歌，反映了周朝各地的风土人情。《诗经》选录了 15 个国家的诗歌，是为 15 国风，共 160 篇。

“雅”：大雅、小雅

“雅”是西周士大夫阶层的诗歌，“大雅”和“小雅”的区别相当于后世的大小曲和小调，共 105 篇。

“颂”：周颂、鲁颂、商颂

“颂”是祭祀用的宗教音乐，是用以歌颂神灵和祖先的。周是当时的王室，颂诗最多；商是周的前一代，有颂；鲁国虽只是一个诸侯国，但因为有大功于周室，所以也有颂，“颂”共 40 篇。

《诗经》更是必读的经典。著名历史学家顾颉刚说："《诗经》这一部书，可以算作中国所有书籍当中最有价值的。"

这部2700多年的诗歌集，是奠定中国文化基础的重要基石。

《诗经》的来源

《诗经》原先称作《诗》或《诗三百》，到了汉代都把它当儒家的经典来读，才叫作《诗经》的。《诗经》来源于民间歌谣，上古的时候，没有文字，只有唱的歌谣，"一个人高兴的时候或悲哀的时候，常愿意将自己的心情诉说出来，给别人或自己听。日常的言语不够劲儿，便用歌唱；一唱三叹的叫别人回肠荡气"（朱自清语）。这就是《诗》中"国风"的来源了。《诗经》中的"雅""颂"是宴会、祭祀的乐章，出自贵族之手。

《诗经》来源于民间歌谣。

《诗经》在成书之前，早就在口头流传了。《诗经》的作者是谁呢？因为没有相关的文献记载，至今尚不得知。按照历代的说法，大概是西周前后的时候，官方有专门搜集诗歌的人到民间"采诗"，然后记录下来；或是有宫廷乐师编写，再配上朝廷音乐，伴上舞蹈表演。

乐工收集记录诗歌进行奏乐歌唱。

最初的诗是在有了文字以后，有人将那些歌谣记录下来写成的。这些记录诗歌的人是乐工，他们记录诗歌不是出于研究的目的，而是出于他们的职责，因为他们就是奏乐唱歌的；这就得把歌词记下来，制成了唱本儿。到了春秋时，出现了太师这个官职，他们是乐工的头儿，负责为各国宴会使臣时奏乐唱歌。太师们整理本国和别国乐歌，搜集乐词和乐谱，把歌曲按照贵族的口味包装出来。太师搜得的歌谣有乐歌和徒歌之分，徒歌是需要合乐才能唱的，往往在合乐的时候要叠字或叠章，以增加歌曲的音乐美，所以歌词的原貌便有些改变了。除此之外，太师们对贵族祭祖、宴客、出兵、打猎时作的诗也有保存。这类诗的内容不外乎典礼、讽谏、颂美等。后来，周天子和各国诸侯又要求臣民向他们献诗，以供乐工演唱。太师们把所有搜集到的诗歌编辑起来，据说有三千多首。

太师们按贵族口味包装诗歌，供贵族欣赏。

孔子删减、编订，遂成《诗经》。

到了春秋末年，"道德丧而礼乐崩"，传说孔子有感于这些诗歌的教化意义，决定把它们编订成册，将三千多首诗删到三百篇，取名《诗三百》，遂成《诗经》。从此，

《诗经》做了“六书”之一，到了宋代还被选入了“四书五经”，成为读书人上进登科的必读之物。

《诗》言志

俗话说“诗言志”，其实“诗”这个字就是“言”和“志”的合体。古代所谓“言志”总是牵扯着政治或教化。春秋时很流行赋诗，各国使臣往往在外交宴会上要点一篇诗或几篇诗叫乐工唱。这跟今人在KTV点歌演唱一样，只不过前者点诗一定有政治的意味，以表达对某国或某人的愿望、感谢、责难等。而且，点诗时往往不管上下文的意义，只拉出一章中的一两句，这种断章取义只是为了暗示政治。如《左传》上说，晋使赵孟出访郑国，郑伯就在垂陇设宴款待他。席间子太叔为赵孟赋诗：“邂逅相遇，适我愿兮。”子太叔取的是《野有蔓草》的末两句，借以表达对赵孟欢迎之至。其实这首诗原是男女私情之作，他这样做只是为了“言志”，所以不必在乎原诗的主旨了。

到了孔子时代，赋诗已经不常见了，孔子见它有教化意义，与儒家“温柔敦厚”的作风相似，就删诗成三百，称为“诗三百”，还教给学生学习，用诗来讨论修身的道理，成为“六经”之一。“如切如磋，如琢如磨”，他用玉比作人，教导学生做学问需下功夫才行；“巧笑倩兮，美目盼兮，素以为绚兮”，本来说的天生丽质的美人，他却比作画画，说做事情是要一步步进行的。后来《庄子》和《荀子》里都说到“诗言志”，这个“志”就是指的教化。到了以后，《诗三百》就称作《诗经》了。“诗”为何要“言志”？诗歌所要言的“志”到底是什么？闻一多认为，志有三义，即记忆、记录和怀抱；朱自清认为，到了“诗言志”和“诗以言志”这两句话，志已经指“怀抱”了。

但春秋时列国的赋诗只是用诗，并非解诗；那时诗的主要作用还在乐歌，因乐歌而加以借用，不过是一种方便罢了。至于诗篇本来的意义，那时原很明白，用不着讨论。到了孔子时代，诗已经不常歌唱了，诗篇本来的意义，经过了多年的借用，也渐渐含糊了。他就按着借用的办法，根据他教授学生的需要，断章取义地来解释这些诗篇。后来解释《诗经》的儒生都跟着他的脚步走。最有权威的毛氏《诗传》和郑玄《诗笺》差不多全是断章取义，甚至断句断义——断句取义是在一句、两句里拉出一个两个字来发挥，比起断章取义，真是变本加厉了。

以诗言志如同今天的点歌，可“断章取义”。

例：以歌颂邂逅的爱情之歌来表达对远道而来的国宾的欢迎之情。

《诗经》的六艺

《诗经》有305篇，内容有风、雅、颂，写法有赋、比、兴，这被称为“诗经六义”。风指“国风”，写各国民间事、物，雅分“大雅”、“小雅”，是朝廷正声雅乐，颂是宗庙祭祀的舞曲歌辞。《诗经》凭什么成为儒家经典？简单地说就是那三个字：思无邪。孔子读《关雎》时说：“乐而不淫，哀而不伤。”意思是它虽然写爱情，但能保持适度，能在“礼”的约束范围内，后人更是把这意思延伸为了“温柔敦厚”。除此之外，它还有很多写战事、写农民疾苦和贵族贪婪的诗，如《秦风·无衣》说的是边塞将士的艰苦生活，《硕鼠》篇借大老鼠的贪吃讥讽贵族的贪敛，这类针砭时弊的歌谣与儒家的“仁爱”不谋而合。

《诗经》的六艺

风	雅	颂	赋	比	兴
《诗经》有15国风，共收录160首诗，都是民间歌谣，歌唱男女恋情，描述各地风土人情。	《诗经》中的雅诗分为“小雅”与“大雅”，共收录105首，都是宴会、郊庙的乐章。	包括“周颂”、“商颂”、“鲁颂”，是敬天祭主的乐章。“颂”就是“容”，是载歌载舞的意思。	就是叙述和描写，直接叙述或描写一件事。	就是比喻，在《诗经》中用得很广泛，有明喻、隐喻、借喻等。	是启发，也称为起兴。它是诗人见到一种景物，触动了他的心事和感情而发出的歌唱。

《诗经》还是文学史上的经典。它是中国第一部诗歌总集。《诗经》在写法上堪称后人写诗的圭臬。前面说了，它有三种写法：赋、比、兴。赋就是直接陈述，比是打比方，兴是“先言他物以引起所咏之词”。《诗经》句式整齐，基本上都是四言诗，读起来抑扬顿挫，错落有致，很有音乐感。有的诗歌重复使用相同的韵、字、句甚至篇章，叫作“重章、叠字、叠句、叠韵”，也作为诗歌的文字技巧为后世所效仿。

古人所言《诗经》的作用

1. “《诗》言志。”（《书·舜典》）

2. “《诗》，可以兴，可以观，可以群，可以怨。迩之事父，远之事君，多识于鸟兽草木之名。”（《论语·阳货》）

3. “温柔敦厚，《诗》教也。”（《礼记·经解》）

4. “诵《诗》三百，授之以政，不达。使于四方，不能专对。虽多，亦奚以为？”（《论语·子路》）

《诗经》的价值

1.《诗经》可以表达理想、志向，涵养性情，净化心灵（诗三百,一言以蔽之，曰“思无邪”。），可以使人的感情真实、善良、美好，人格厚道，就是温柔敦厚。其实，人们常说的个人素质修养，不应该光是指处世技巧，更应该是指人自身心灵——情感世界的升华。这才是人自身的完善。

2.《诗经》教给人们通晓人情世态。这是人们做事、从政的基础。

3.读《诗经》可以使人们文才博雅，辞令美善，很好地应对人生中发生的各种事情。

4.《诗经》是中国文学之祖，学习中国文化的必读之书。是研究古代文字、历史、地理、政治、社会、经济、风土人情、爱情婚姻、宗教道德、名物名胜的重要资料。

三家《诗》及《毛诗》

大家都知道秦始皇焚书坑儒，包括《诗经》在内的先秦旧典，以及诸侯史记档案，大多都化为灰烬了。汉代以后，恢复文教，《诗经》开始又流行于社会。民间涌现了鲁人浮丘伯、申培和辕固、韩婴、毛亨、毛苌等《诗经》学大家。他们研治《诗经》形成了汉代四家《诗》。

《鲁诗》	《齐诗》	《韩诗》	《毛诗》
鲁申培作《诗训故》，号曰《鲁诗》（亡于晋）。	齐辕固作《诗传》，号曰《齐诗》（亡于魏）。	燕人韩婴作《内外传》数万言，号曰《韩诗》。（亡于北宋，仅存《韩诗外传》）。	由孔子弟子子夏，六传至鲁人毛亨（时人称为大毛公），作《诗训诂传》，传授赵人毛苌（时人称为小毛公），号曰《毛诗》。后汉郑玄为《毛诗》作笺，从此“毛诗郑笺”传布天下。

《周礼》

著名的“三礼”之一，儒教重要经典，世界上最早、最完整的官制记录，是了解先秦政治制度与早期儒家思想的重要资料。相传为周公所作，但是据专家考证，春秋之际，儒家学者依据周朝初年的典章制度和当时的官制体系，撰写了《周礼》的部分内容。战国时期，官制进一步完善，人们对《周礼》进行了补充，使之更加完整。到了汉代，当时的部分官制资料，如九服之制、南北郊之制、五岳之制等，补入《周礼》，该书最终定型。东汉末年，经学家郑玄为《周礼》作注，大大提高该书的学术地位，使其一跃而居《三礼》之首，成为儒家大典。

《周礼》原名《周官》，西汉末改称《周礼》，全面记录了周王朝的官制系统，论述了当时设官分职的状况。该书共六篇，分载天、地、春、夏、秋、冬六官：天官冢宰，管理朝廷及宫中事宜；地官司徒，管理土地方域及人民教养；春官宗伯，管理宗教及文化；夏官司马，管理军制和各方诸侯有关事宜；秋官司寇，管理刑狱，兼掌礼宾等；冬官司空，管理工程建设兼及水利等。“冬官”部分汉代发现时已缺，以《考工记》抵充。这些官职各自都有不少属员，合计数万人。该书涉及内容极为丰富，所载的礼的体系最为系统完备，包括天文历象、祭祀礼仪、封国建制、巡狩制度、丧葬规制、礼乐制度、文化教育、调兵出兵、刑法狱讼、赋役征发、国家度支、宴饮膳食、车马服饰、寝庙礼制、农商医卜、工艺制作，等等，诸项典章、制度，无所不包，许多制度仅见于此书，尤其宝贵，堪称上古文化史之宝库。所以，清代经学大师孙诒让说《周礼》是“周公致太平之书，先王政教所自出，周代法制之总萃”。

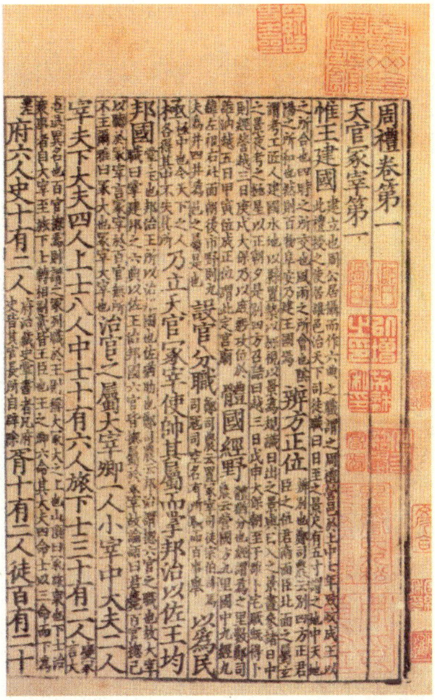

《周礼》书影

所谓周礼有两层意思：一是周代的礼法、政法制度，其中包括分封制、宗法制及与其相对应的政法、礼法制度，它们有力地维护了周的统治；另一层意思是礼俗，包括周代的各种文化制度、风俗，后代各种礼法制度的制定多参照周礼。

《周礼》作为中国古人设计的理想社会的蓝图，体大思精，学术与治术无所不包，受到历代学者的重视。它以人法天的理想治国纲领，是放之四海而皆准的经世大法，对后世政治制度有着深远的影响。其儒法兼融、德主刑辅的方针，显示了相当成熟的政治思想；其严密细致、相互制约的管理技巧，体现了高超的行政智慧。故而，西汉末年的王莽改制，西魏的宇文泰改革官制，北宋王安石变法，无不受《周礼》影响。而且，各个朝代的官制都直接或间接地受到《周礼》的影响。此外，中国古代“左祖右社、前朝后市”的都城格局，多以《周礼》为范本，其影响可谓至大至远。

《仪礼》

“三礼”之一，是古代记载典礼仪节的儒家经典，简称《礼》或《士礼》。《仪礼》是“三礼”中成书较早的一部，在汉武帝时期便被列入“五经”而备受推崇。根据古代文献的记载，参考相关考古材料可知，商、周统治者极为重视礼仪，制定了名目繁多的典礼，这就是所谓的“礼仪三百，威仪三千”。该书详细规定了贵族们冠礼、婚仪、丧祭、朝聘、射乡等诸多方面的基本礼仪，并形成繁缛复杂的典礼仪式，不要说军国大典，即便是士人相见，初见礼节、宾主客套、交谈话题、相互告别都有详细而严密的规定。利用这些烦琐的礼仪，明尊卑，别贵贱，规范维护相关社会秩序，其所传达的人分高低贵贱、行为遵循尊卑远近的思想，成为中国社会千年不移的道德原则。

如此烦琐细密的礼仪，非专业人士，根本不能经办这些典礼。以代人经办典礼为业的儒生，不仅熟习这些礼仪，而且可能把它们整理厘定成职业手册，以便传习演练，《礼仪》大概就是他们整理编订的仪节手册。这部经典现存17篇，分别是士冠礼第一、士昏礼第二、士相见礼第三、乡饮酒礼第四、乡射礼第五、燕礼第六、大射礼第七、聘礼第八、公食大夫礼第九、觐礼第十、丧服第十一、士丧礼第十二、既夕礼第十三、士虞礼第十四、特牲馈食礼第十五、少牢馈食礼第十六、有司彻第十七，详细规定了贵族士人应该遵守的规则以及应当遵循的行为规范。《仪礼》文字古奥，艰涩难懂，内容枯燥乏味，却是了解中国古代社会不可或缺的宝贵文献。

《礼记》

《礼记》

- 作者 戴圣
  - 《礼记》是中国古代重要的典章制度书籍，由西汉礼学家戴德和他的侄子戴圣编订。戴德选编的八十五篇本叫《大戴礼记》，到唐代只剩下三十九篇。戴圣选编的四十九篇本叫《小戴礼记》，即我们今天见到的《礼记》。这两种书各有侧重和特色。东汉末年，著名学者郑玄为《小戴礼记》作了出色的注解，后来这个本子盛行不衰，并由解说经文的著作逐渐成为经典，到唐代被列为“九经”之一，到宋代被列入“十三经”，为士者必读之书。
- 时代 西汉
  - 《礼记》成书于汉宣帝时期。汉宣帝深知民间疾苦，在位期间勤俭治国，整肃吏治，政治清明，社会经济繁荣。为了巩固统治，宣帝进一步确定儒家地位，召集儒生讲论五经，并组织学者整理研究儒家著述。继汉武帝“罢黜百家，独尊儒术”之后，儒家学说在宣帝时期得到了进一步的阐释和发扬。
- 内容 古代礼仪
  - 记录孔子和孔门弟子的言行及时事
    - 《孔子闲居》、《檀弓》、《曾子问》等篇。
  - 解释《仪礼》
    - 《冠义》、《婚义》、《乡饮酒义》、《射义》、《聘义》、《丧服四制》等篇。
  - 格言名句
    - 《曲礼》、《少仪》、《儒行》等篇。
  - 记录古代制度礼节，并加以考辨
    - 《王制》、《曲礼》、《玉藻》、《明堂》、《月令》、《礼器》、《郊特牲》、《祭统》、《祭法》、《大传》、《丧大记》、《丧服大记》、《奔丧》、《问丧》、《文王世子》、《内则》、《少仪》等篇。
  - 通论礼仪和学术
    - 《礼运》、《经解》、《乐记》、《学记》、《大学》、《中庸》、《坊记》、《表记》、《缁衣》等篇。

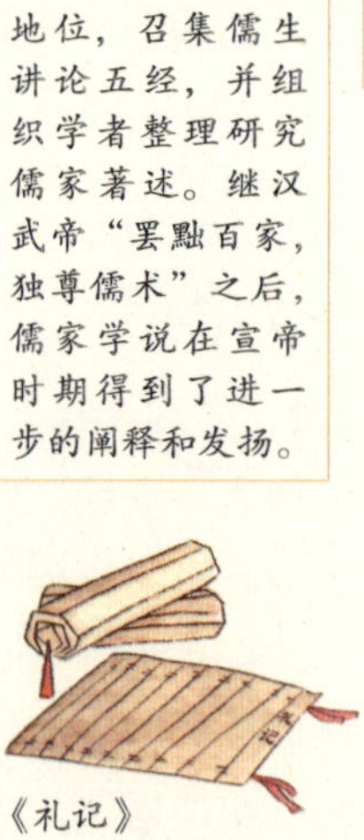
《礼记》

我们中华民族有着五千年灿烂的文化传统，其文化核心之一就是“礼”，而“三礼”——《仪礼》《礼记》和《周礼》集中表述了“礼”的思想。

“三礼”是指《仪礼》、《礼记》和《周礼》这三部儒家经典。

“礼”本来是指祭祀鬼神时的一种仪式，后来引申指社会上一切礼仪。

“礼”，就是身体力行，是一种脚踏实地的实践活动。

《礼记》是这样解释“礼”的：“夫礼者，所以定亲疏，决嫌疑，别同异，明是非。”（《礼记·曲礼》）这是说“礼”可以区别人们不同的地位，作是非的标准。也就是说，人在社会上要找到自己合适的坐标。《礼记》还说：“礼节民心”，“礼者，天地之序也”，“中正无邪，礼之质也。庄敬恭顺，礼之制也。过制则乱，胜质则伪”。（《礼记·乐记》）“礼”是节，节就是掌握一定的度，凡事过了度肯定不好。“礼”既要防止破坏秩序的祸乱，也要防止流于形式的虚伪。人都是有欲望的，欲望的需求是没有止境的。人的欲望，既是社会向前发展的动力，如果失去节制，也是巨大的破坏力量。

中华自古就是“礼仪之邦”。“礼”是中国古代传统文化的主题内容，也是中国古代儒家思想的核心价值观念。“礼”是中国古代社会生活的规范、制度和思想观念。

《周礼》

《周礼》，是一部记述国家王室制度的书，通过对300多种职官掌管的具体事物的记述，阐明了社会制度的思想。

《周礼》共6篇，每篇一官，配以天、地、春、夏、秋、冬四时，分述周代六官的职守。它的内容是：

（1）天官：冢宰，掌邦治；

（2）地官：司徒，掌邦教；

（3）春官：宗伯，掌邦礼；

（4）夏官：司马，掌邦政；

（5）秋官：司寇，掌邦刑；

（6）冬官：司空，掌邦事。

《周礼》

《周礼》的出现

汉武帝时民间的一位姓李的人，从山岩屋壁中发现了古《周礼》，呈现给了河间献王，全书只缺少《冬官》一篇，于是悬赏千金，向民间征求，没有得到，只好取《考工记》补进去。河间献王将这部《周礼》献给了汉武帝，藏于秘府。

《仪礼》

《仪礼》17篇，先秦儒家所传授的六经《诗》、《书》、《礼》、《乐》、《易》、《春秋》中的《礼》就是指《仪礼》。

《仪礼》

《仪礼》是有关祭天、祀祖、区分尊卑上下、维护社会等级制度的礼节和行为规范。《仪礼》的内容有冠、婚、丧、祭、乡、射、朝、聘八种，它是记载古代宗教仪式和风俗习惯的礼仪之书，也是研究古代社会生活和文化的必读书。这在春秋以前，是“士”以上的贵族们必须学会的礼仪。

我们简单介绍一下《仪礼》的内容：

冠礼

《士冠礼》第一：古时候，男子20岁就算成年人了，要加冠，加冠时要举行冠礼，这是成年礼，加冠命字。

《士昏礼》第二：士以上的贵族娶妻成婚的礼仪。昏（婚）礼有六项内容，所以也叫六礼：纳采、问名、纳吉、纳征、请期、亲迎。

《士相见礼》第三：是士初次相见的礼仪。

燕礼

《乡饮酒礼》第四：记载乡（古代基层行政组织）定期举行酒会的仪式。

《乡射礼》第五：记载乡（古代基层行政组织）定期举行射箭比赛大会的礼仪。

《燕礼》第六：讲述诸侯与其大臣举行的宴饮之礼。宴会上有歌舞表演。

《大射礼》第七：是讲君王主持射箭比赛的礼仪。

士相见礼

《聘礼》第八：这是国君派遣使节到其他诸侯国进行友好访问的礼节。

《公食大夫礼》第九：这是讲国君举行宴会招待外国使节的礼仪。

《谨礼》第十：记述诸侯朝见天子的礼节。

《丧服》第十一：讲的是古代人们根据亲疏关系为去世的亲属穿不同丧服，服不同丧期的礼仪制度。

《士丧礼》第十二、《既夕礼》第十三：这两篇讲的是士死后的丧葬过程和礼仪。

《士虞礼》第十四：讲述士埋葬父母后回家为父母举行的安魂礼仪。

士丧礼

《特牲馈食礼》第十五：士定期在家庙中以豕（猪）祭祖的礼仪。

《少牢馈食礼》第十六、《有司彻》第十七：这两篇讲述诸侯的卿大夫定期在家庙中用少牢祭祖的礼仪（用羊和猪两牲为祭品称为“少牢”）。

《礼记》

《小戴礼记》

《礼记》49篇，共约9万字。内容主要是记述先秦的礼仪制度，阐释《仪礼》，记录孔子与弟子的言论等。

《礼记》流传到现在的有38篇《大戴礼记》和49篇《小戴礼记》，我们现在说的《礼记》就是《小戴礼记》。

《礼记》中的《礼运》篇讲述了大同社会的政治原理。康有为著的《大同书》，理论渊源就在这里。孙中山曾亲笔书写《礼运》篇，三民主义也从《礼记》中吸取了合理成分。我们现在讲的“小康社会”这一概念也源于此。

《礼记》中的《学记》讲的是教育原理。《礼记》中的《大学》讲的是“修身、齐家、治国、平天下”这一套完整的社会政治原理。《礼记》中的《中庸》讲的是宇宙观和人生哲学。《大学》、《中庸》两篇被宋代的朱熹从《礼记》中抽出来，与《论语》、《孟子》合编为“四书”。

“三礼”及“大、小戴礼记”比较

书名	周礼	仪礼	礼记	
			大戴礼记	小戴礼记
作者	相传为周公所作	古文家认为是周公，今文家认为是孔子	秦汉儒者（孔子弟子及其后辈）	
选编			戴德	戴圣
篇数	6篇	古文亡佚，今存17篇	85篇，今存38	49篇
内容	记述周代官制和社会规范	记载礼仪规范	解释仪礼，含哲理、政治，及礼乐器物、生活礼节	

中国的礼乐文化

孔子说：“绘事后素。”画画要有素净的底子。一切的“礼”，都是以真实、质朴为基础的。真挚的“礼”是对人的尊重。由于有了“礼”，人们互相尊重。有尊重才可能有爱，大家才能和谐相处。

礼乐文化是古人将“礼教”与“乐教”并提而形成的教化体系。它们的本义，是

礼，履也。所以事神致福也（《说文解字》）。

礼，务国家、定社稷、序人民、利后嗣者也（《左传》）。

《礼》以节人，《乐》以发和（《史记》）。

以礼、乐为教，来教化民众。

远古时代，人与禽兽为伍，不知礼仪。《礼记·曲礼》中说，为了让人们懂得“自别于禽兽”，有圣人起来“为礼以教人，使人以有礼”。“为礼以教人”，就是创制礼来教育人。礼使人自觉地区别于禽兽，走向了文明。而圣人的历史功绩正是在于“为礼”和“教人”。

上古圣王治理民众的方针，以及后世圣贤教化民众的方法，都可以最终归纳为一个“礼”字。圣王治世的目标，是建立大同世界。圣贤教民，是要让百姓懂得礼、遵守礼。

司马迁在《史记·滑稽列传》里面引孔子的话说：“六艺于治一也，《礼》以节人，《乐》以发和。”这句话高度概括了中国礼乐文化的性质和作用。《论语·学而》提出“礼之用，和为贵”的社会和谐思想，在今天具有普世的价值。

我们知道，周公制礼是以民众为治国重心的，他曾说：“人无于水鉴，当于民鉴。”这种以人为鉴的思想（鉴就是镜子，是用以检验自己的）对后世产生了深远的影响，唐太宗就因为注意以人为鉴，而在名相魏徵的辅佐之下开创了贞观盛世。周公制礼标志着中国在西周时代就已经出现了“人本主义”思想，走出了神话时代。

礼乐教化的“乐”是指人的心声，表达的是人的感情。按照儒家的说法，自然界的各种声响（包括动物叫声）都是属于“声”的，而人创造的乐曲则称为“音”，人能欣赏音乐，超越了

孔子是周代礼乐文化的继承者和倡导者。

天籁之声。这是人与动物的区别之一。《礼记·乐记》说“禽兽知声而不知音”，而这些“音”当中能够提升人的道德，有益于人的身心健康的，就称为“乐”，所以说“德音之谓乐”。这就是礼乐的“乐”。

礼乐文化的本质是尊重人，其教化作用是让社会和谐，让人快乐而有节制，有益于人的身心健康。

《左传》

《左传》也称《左氏春秋》或《春秋左传》，相传为春秋末期鲁国史官左丘明所作。《左传》是我国第一部完整的编年体史书，所记历史自鲁隐公元年（公元前 722 年）开始，直到鲁悼公四年（公元前 464 年）结束，共 259 年，较《春秋》多出 17 年。《左传》以记事为主，记载了东周及各诸侯国之间的历史事件，其中有关战争的描写有 400 多次，刻画历史人物 1400 多人。另外，与《春秋》不同的是，《左传》所记载的历史事件并不仅仅局限于各国的政治、军事及外交，还涉及经济、文化、生活及自然现象等方面。《左传》的文学性也很强，文笔生动优美，记叙细致详明。因此，《左传》既是历史名著，又是文学名著。

《左传》一方面对后人研究东周时期的历史具有极大的价值；另一方面，它对后来的史学和文学的发展也有重大意义，为后代树立了典范。《左传》常与《春秋》合刊，并被列入“十三经”。

《公羊传》

《公羊传》，又名《春秋公羊传》，传为战国时期的公羊高所作。但后人经考证，认为《公羊传》的作者应该是汉景帝时的胡毋生和公羊寿。《公羊传》原本 30 卷，今存 28 卷，所记之事自鲁隐公元年（公元前 722 年）开始，直到鲁哀公十四年（公元前 481 年）结束，主要是对《春秋》的“微言”、“大义”的解释。该书集中反映了秦汉时期儒家思想中的社会理论，以“尊王攘夷”、“大一统”等思想为理论核心，大肆宣扬“天人感应”、“天人合一”的思想。同时，《公羊传》也从一个侧面对《春秋》所记载历史的背景有所反映。《公羊传》对后世影响很深，被后世很多经文学家作为议政工具。汉时董仲舒提出的“罢黜百家，独尊儒术”，很多部分都是引自《公羊传》。由于自汉武帝开始，各个封建王朝都是以“儒学”为“正统”，因此统治者在进

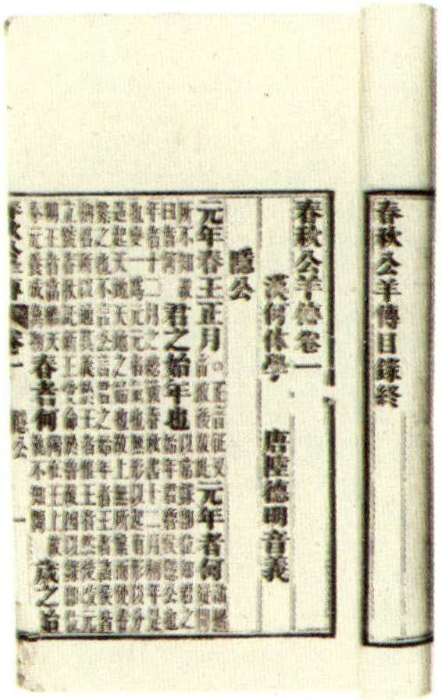

《春秋公羊传》书影

董仲舒在专攻春秋公羊学时，杂糅了阴阳五行思想，使其成为儒学的一个重要组成部分。

行政治改革时，也往往从《公羊传》中寻找理论和历史依据。

《谷梁传》

《谷梁传》，又名《春秋谷梁传》、《谷梁传春秋》，是一部专门对《春秋》做出解释的著作，该书出自谷梁赤。谷梁赤，字元始，鲁国人，相传为子夏弟子，以治《春秋》而名。谷梁赤开始治《春秋》之时仅为口头流传，并无文字记载。直到西汉景帝、武帝时，后人才编订成《谷梁传》。《谷梁传》与《左传》、《公羊传》并称为解释《春秋》的三传。《谷梁传》全书正文共2.3万字，在阐明其观点时，采用的是问答的形式。书中提出“著以传著，疑以传疑”这一撰写历史的原则观点，即历史家应本着以史实为根本，尊重客观历史的态度撰写史书。书中所论述的观点与《公羊传》基本相同，但在一些具体问题上有所差异，《谷梁传》一书的重点是在阐述《春秋》经义，也就是进一步说明《春秋》的政治意义。《谷梁传》虽较之《公羊传》对后世的影响较小，但它也是我们研究儒家思想的重要资料。

《论语》

《论语》是记载孔子和他的弟子们言行的典籍，全书20篇508章，一万余字，现存20篇492章。一般认为，《论语》是由孔子弟子所辑录。

《论语》

作者　孔门弟子

《论语》一书真实而生动地记录了孔子及其弟子的言行，应该是孔门弟子在孔子生前就开始了的记录。孔子逝世以后，弟子们继续追忆编纂成书。

时代　春秋末期至战国初期

传说孔子有弟子三千人，至于最后是谁把这些记录最终编撰在一起的，已经无可考证了。最后编订当在战国初期。今天的《论语》版本，是东汉末年的大学者郑玄根据几个古本作的《论语注》。今注本有杨伯峻的《论语译注》。

内容　孔门言行录

为最早的语录体书籍

现存《论语》共20篇，492章。其中记录孔子跟弟子或其他人谈话的约有444章。记录孔门弟子之间相互言论的有48章。内容以伦理教育为主，对中国文化影响极为深远。

孔子与《论语》

孔子像

孔子是中国古代伟大的思想家、教育家。由他开创的儒家学派在历史上产生过深远影响，儒家文化一直是封建时代中华民族的主体文化。但是孔子“述而不作”，没有留下完整、系统的学术专著。两千多年间，只有一部记录了孔子及其学生的言论与事迹的语录体著作流传了下来，这就是《论语》。

此书共20篇，492章，总约一万余字。这些文字，是我们今天研究孔子思想最宝贵的材料。

对于何以书名《论语》，诸家说法不一。一般认为，“论”是“论纂”，“语”是“语言”，因此，“论语”就是把孔子及其弟子的对话“论纂”起来的意思。《论语》各篇都以每篇开始的两字或三字为篇名。如第一篇的第一章以“学而时习之，不亦说乎”为首句，于是第一篇便定名为“学而篇”；第二十篇以“尧曰”开头，因此第二十篇便称为“尧曰篇”。

《论语》的编纂，约始于春秋末年，而成书于战国初年。

孔子其人

孔子，名丘，字仲尼，春秋时鲁国陬邑（今山东曲阜东南）人。历史上对孔子的生卒年月一直争论不休，但意见相差也不过一两年。大多学者认为是生于公元前551年，死于公元前479年，享年73岁。

孔子是殷商的苗裔。周武王灭殷商后，封殷商的微子启于宋。孔子的祖先便是宋国的宗室。后来家世衰微，失掉了贵族的地位。孔子的父亲叔梁纥，曾做过鲁国鄹地（今山东曲阜县境内）的地方长官，在孔子3岁那年就去世了。孔子从小与寡母相依为命。孔子曾说：“吾少也贱，故多能鄙事。”（《子罕》）他不得不从事各种劳动，广泛地接触了下层社会。

30岁前后，孔子开始收徒讲学，创办了中国历史上第一所私学，孔子以“学而不厌，诲人不倦”的精神，培养了“贤人七十，弟子三千”。50岁时，孔子在鲁国做官，先后做过中都宰（中都的长官）、司空和大司寇（主管司法），但时间不长，终因鲁国的动乱而离开了鲁国。此后他周游列国，到过卫、曹、宋、陈、蔡等国，向各国君主宣传自己建立社会秩序、尊重人爱护人的主张，但都没有被采用。68岁，孔子又返回鲁国，开始专心于教育和整理、传授古代文化的工作。中华上古文化正是因为

孔子生平大略

少年贫贱，勤奋好学。

青年时已博学多艺，开始授徒。

中年时入朝为官，鲁国因此大治。

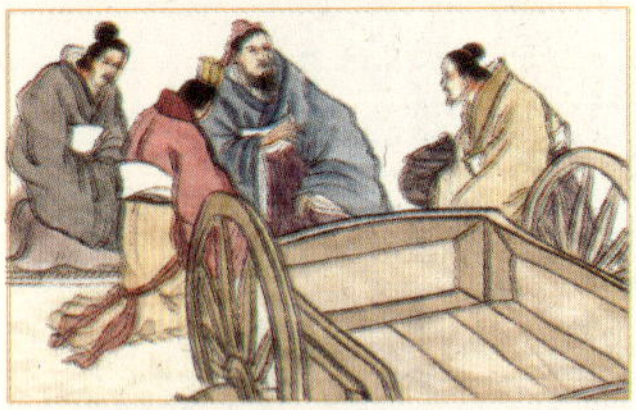

其道不行，周游列国，历经坎坷。

回到鲁国，整理遗产，聚徒授业。

圣人离世，光照千古。

有了孔子才流传下来、普及开来，前人说：“天不生仲尼，万古长如夜。”孔子的光辉永远不会熄灭。

《论语》的内容

《论语》的内容非常丰富，涉及社会与人的各个方面，有人誉之为“东方的圣经”，并不为过。《论语》的核心内容是“仁”。它既是孔子理想中最高的政治原则，又是最高的道德准则。“仁”的根本含义则是“仁者爱人”（《颜渊》）。

“忠恕”是由“仁”派生出来的，忠恕之道的基本要求是以诚待人，推己及人。具体内容是，己立立人，己达达人；己所不欲，勿施于人（《卫灵公》）。由此中国人形成了“四海之内皆兄弟”（《颜渊》）的宽广情怀。

“仁”推广到政治就是“仁政”。孔子认为治理好国家，君主一定要重视人品、道德，要讲究信用，爱护民众，这是治国的基本原则。子曰：“道千乘之国，敬事而信，节用而爱人，使民以时。”（《学而》）

《论语》中，讲到“仁”109次，讲到“礼”75次。孔子认为有了“仁”的本质还要通过“礼”的实践而达到全社会的遵守。

《孟子》

《孟子》一书虽然只有7篇34000余字，但是对中国社会、中国人有着极其深远的影响，而且早已是世界文化遗产的一部分。孟子不仅在哲学理论上发展了孔子的思想，而且建立了以“民本”为基础的政治思想体系——“仁政”学说。

《孟子》

作者 孟子及其弟子

时代 战国

内容

孟子名轲，是山东人，他的先祖是鲁国贵族，后来家道衰微。孟子3岁丧父，母亲十分注重他的教育，“孟母三迁”“三断机杼”都成了中国人教子的成语典故。孟子成为孔子之后影响最大的一代大儒，被后世称为“亚圣”。

战国时期是中国历史上分裂对抗最严重且最持久的时代之一。这一时期各诸侯国混战不休，故被后世称为“战国”。伴随着私田制和铁器的广泛运用，社会新兴阶层的崛起，战国时期的中国从政治、经济、文化、科技上迎来了变革的高峰。各诸侯国为了获取土地、财富、人口，不断进行兼并战争；辩士纵横捭阖，宿将战场争锋，杰出人物大量涌现。战国承春秋乱世，启帝秦发端，中续百家争鸣的文化潮流。孟子生活的战国时代，大国都致力于富国强兵，孟子的仁政学说被认为是迂远而不切实际的东西。

《孟子》共7篇：《梁惠王》上、下；《公孙丑》上、下；《滕文公》上、下；《离娄》上、下；《万章》上、下；《告子》上、下；《尽心》上、下。孟子从性善论的角度出发，主张“仁政”“王道”。《孟子》一书记述了孟子的政治思想，阐发了他把孔子“仁”的思想发展成的“仁政”学说，并建立了以“性善论”为理论基础的养性、养气、养心的哲学理论。特别是他提出的“民为贵，君为轻”的政治思想，像一把火炬，两千多年来在历史中闪耀着光辉。

孟子生平

孟子，名轲，字子舆，是鲁国贵族孟孙氏的后裔。约公元前372年，他诞生在邹国（今山东邹县一带），孟孙氏家族没落后迁居于此。孟子3岁时，父亲就死了，靠母亲织布维持生计。

孟子的家本来住在郊外靠近墓地的山边。孟母见儿子很喜欢模仿玩丧礼、祭礼的游戏，便决定迁到城里去居住。

迁到城里后，住在一个市场附近，孟子看到商贩们做生意，又玩起了讨价还价的游戏。

孟母择邻。

孟母断机。

游说诸侯，推行仁政。

孟母又把家迁到一个学堂附近，孟子就跟着读书人学习起礼仪来。

孟子8岁时，孟母省吃俭用将他送进学堂，但孟子起初学习并不努力，不能坚持用功。孟母看到这种情况，愤然用剪刀剪断织布机上的布，对孟子说："你读书没有恒心，半途而废，和这又有什么差别呢！"孟子从此刻苦攻读。

孟子年岁稍长，便到鲁国去游学，到了鲁国的国都曲阜。这时，孔子的孙子子思已经去世了，孟子便受教于子思的门人。他日夜攻读，学业迅速长进。他决心继承孔子的学说并发扬光大。

邹穆公听说孟子贤能，便请他回国，但不久孟子便发现邹穆公并不采纳他的建议，于是率领门人离开邹国，周游列国，向诸侯游说实现王道和仁政的理想。

孟子首先到了齐国。齐威王虽将孟子待为上宾，并拜他为卿，却不给他实权。孟子感到在齐国难以施展他的政治抱负，便辞去官职。齐威王再三挽留，并赠以黄金百镒，被孟子婉拒。

之后孟子先后到过宋国、梁国、滕国，又返回到齐国，但都未能实现自己的政治理想。公元前311年，孟子结束了十年游说诸侯的生活，回到邹国，专心著述，阐扬孔子的学说。公元前289年，孟子去世，终年84岁。他的学说对后世儒学影响极大，他本人也被公认为孔子学说的继承者，尊为"亚圣"。

孟子的思想及其政治主张

1.提出以民为本的思想，主张仁政，人们是可贵的，国家社稷应该是为人民的，君主所作所为应该是为了国家社稷和人民的。孟子的这一思想在中国历史上影响极为深远，有民主思想精华的思想家们都从这里得到了理论的支持，而坚持专制的统治者如朱元璋则痛恨孟子的学说。

2."道性善"，孟子解析心的内容为四端，即"恻隐之心""羞恶之心""辞让之心""是非之心"这仁、义、礼、智"四端"，证明人性的本善。这为儒家的人文主义思想奠定了基础。孟子以"心"论"性"，宋代的陆九渊、明代的王阳明就是在孟子论心、论性的基础上发展出了"心即理"的心学理论。

3."明浩然之气"，孟子提出了一整套锻炼、修养、成就人格的学说，为两千多年以来，有志于成就事业的人指出了下功夫的途径，并鼓舞了无数的志士仁人去克服困难，建功立业。

4."黜五霸而尊三王"，孟子继承孔子学说和先圣先王的道统，发扬了周公"制礼作乐"的精神。他提出"辟杨、墨"，提出了一整套做人做事和社会生活的价值判断标准。他强调义利之辨、人兽之辨和取予之道，为中华民族建立礼乐型的教化系统做出了贡献。

孟子根据战国时期的经验，总结各国治乱兴亡的规律，提出一个富有民主性精华的著名命题——“民为贵，社稷次之，君为轻”，认为君主应以爱护人民为先，要保障人民权利，主张保国爱民，礼贤下士，提出要让人民有基本的生活保障，还要为民制产，藏富于民，而且人民有权决定君主的名义与地位。孟子这一思想在中国思想界是破天荒的。《孟子》所阐述的要勇于担当道义的思想造就了许许多多富贵不淫、威武不屈、贫贱不移的大丈夫。

《孝经》

《孝经》是儒家伦理学的经典著作。该书的作者不详，一说为孔子所作，一说为孔子的弟子曾参所作。早在西汉时期，《孝经》即被列为经典；到了唐朝，唐玄宗亲自为它作注，是十三经中唯一有皇帝注释的经典。全书以阐述儒家“孝”的伦理思想为主要内容，在唐代被尊为“经书”，是“十三经”之一。书中首先把孝归于“上天”所定的范畴，提出了“夫孝，天之经也，地之义也，人之行也”的观点。《孝经》对儒家思想中的“孝”的基本内容和要求进行了阐述，并首次将个人的“孝亲”与国家的“忠君”联系起来，而且提倡国家应对“孝”进行法治化，即以法律来维护儒家的“孝”。《孝经》中还提出“以孝治天下”的主张，从而达到使国家“长治久安”的目的。《孝经》就其本身来说，是有一定进步意义的，但随着封建社会的发展，《孝经》演变为钳制人民思想意识、麻痹人民反抗意识以及维护封建制度统治的思想工具。

孝经图卷　南宋

此画卷取材于儒家经典著作《孝经》十八章，每章一图，图文并茂。画面中人物虽小却形神兼备，体态各异，栩栩如生，笔触细腻而工整，设色浓艳，布局合理。

《大学》

《大学》

作者 曾参

时代 春秋末年

内容 初学入德之门

曾子，姓曾，名参，字子舆。他出身没落的贵族家庭，性格相当豪放。他勤奋好学，是儒学的积极推广者，是孔子之后具有承上启下作用的重要人物。

西戎、犬戎与申侯伐周，周幽王死于骊山，镐京大乱，周平王东迁洛邑。周室衰微，诸侯兼并相篡，诸侯领地动辄百里，王畿仅数里。礼崩乐坏，时局动荡，战祸不息，历时数百年。

朱熹自《礼记》中取出《大学》一篇，分经一章，传十章，并且作了注。

曾子得到了孔子的真传。

孔子之后，曾子将儒学继续发扬光大。

曾子的学生把老师阐释的“大学之道”记录下来，编成书本。但在当时，这本书没有得到应有的重视，学者们只把它收在《礼记》中。一直到了唐朝，《大学》才受到了大儒韩愈的推崇。及至宋代，朱熹还把它定为“四书”的第一部书，并特意为《大学》作章句集注。

“三纲八目”是“大学之道”的核心。“三纲”指的是明德、新民、至善；“八目”是格物、致知、诚意、正心、修身、齐家、治国、平天下。实际上，儒家学说都是围绕“大学之道”展开的，若是懂得了它，就好比抓住了一把打开儒学大门的金钥匙，到时就可以登堂入室，领略儒学经典中蕴藏的全部精义。

曾参认为，早在夏商周时代，就已经开始强调品德了，他还引用《尚书》中的《康诰》、《太甲》、《帝尧》来论证：“《康诰》曰：

‘克明德。’《太甲》曰：‘顾諟天之明命。’《帝典》曰：‘克明峻德。’皆自明也。”这段话的意思，是说《尚书》中的这几句话，都是在说光明正大的美德应该得到发扬。

格物致知是“大学之道”的第一个阶梯，是要我们研究了解每一种事物，这样心中的知识才有可能推究到极点。人的心灵最为敏锐，能够认识各种事物；而天下的各种事物都有一定的道理可寻。只是对这些道理深入研究，就能让知识充实。

看得出，《大学》一书的形成和成熟，不但有孔子的智慧，也有曾子的智慧，甚至于朱熹的智慧也渗透其间。因此，也可以说《大学》是中国知识分子集体智慧的结晶。

三纲领

“大学之道，在明明德，在亲民，在止于至善。”这就是《大学》的第一句话。它讲的正是儒家学者的终极理想。儒家认为成人学习的根本有三点：

明明德

首先是要“明明德”，就是要把原本人自身所具备的善良通明的品德展现出来。虽然每个人都有这样的品德，但不是每个人都能将它们展现出来。所以儒家首先要倡导彰显自身的光明的德行，以光明整个社会。

亲民

其次是要“亲民”，就是要身躬力行地与周遭人相亲近，知其所难，助其所危。这是一个很广义的说法，每个儒家学者都有治国平天下的理想，所以所谓亲民，大的方面是指要亲近治下的民众，小的方面则是指要关心周遭的每个人，无论为官还是为民，都要有为民着想、关心社会的心，这样才可以创造一个和谐的社会。

止于至善

最后是要“止于至善”，就是做到尽善尽美而不动摇。这是一个很高的境界。

八条目

格物

就是要求人们亲历其事，亲操其物，即物穷理，增长见识。在读书中求知，在实践中求知，而后明辨事物，穷尽事物之理。

致知

就是从推格事物之理中，求为真知。所谓知，指道德意识而言，知既至，则能明是非、善恶之辨，闻见所及，胸中了然。物格而后知至。

诚意

诚意，就是要意念诚实。好善之意发于心之自然，非有所矫饰，自然能做到不欺人，亦不自欺，要在“慎独”上下功夫，严格要求自己，修养德性。

正心

正心，就是要除去各种不安的情绪，不为物欲左右，保持心灵的安静。心得其正，则公正诚明，无所偏倚。故意诚而后心正。

修身

修身，就是要不断提高自己的品德修养。只有自身的品德端正，修养深厚，无偏见，无邪念，才能为人民所拥护。

齐家

齐家，就是要管理好自己的家庭。只有教育好自己的家庭成员，才能教化人民。

治国

治国，就是要为政以德，实行德治，施仁政于国中。君主要像保护赤子那样保护人民，以至善之德教化人民，使人民除旧布新。

平天下

平天下，就是要布仁政于天下，使天下太平。平天下最重要的是要求君主具有“絜矩之道”，即以度己之心度人的高尚崇高品质，作为人民的榜样。

六个步骤

止

知止是知道目的和标准。人生要有方向，事业要有目标，做人要有本分。事物之优劣，人事之是非都有标准，所以无论治国、齐家、修身，都要知道目的和标准是什么。

定

目的既明，方向明确，则心志便能确定不移了。人生最怕没有方向，心志飘移，蹉跎岁月，一事无成。

静

心志确定下来，知道为了什么而活着、向着哪个方向去努力，就会平心静气了。浮躁归于宁静，宁静方能致远。

安

“安”是随处而安稳。朱子释“安”字为“安，谓随处而安”。《管子·内业》曰：“圣人与时变而不化，从物而不移，能正能静，然后能定。”

虑

“虑”是思考精审。朱子《大学章句》释“虑”字为“虑，谓处事精详”。凡事需周密考虑后再行动，方能最大限度地避免各种偏颇与失误。

得

“得”有完成、达成的意思。朱子《大学章句》释“得”字为“得，谓得其所止”，就是最终达到当初所设定的目的和标准。

儒家心目中有一个理想的大同世界，在这个世界里，人们单纯善良，不欺互助，和谐无间。而要实现这样的大同，无疑需要每个人的努力。“明明德”“亲民”“止于至善”，统称为《大学》的三纲目，是儒家教育每个儒者都追求的人生终极目标。

孙中山说：“我们今天要恢复民族精神，不但是要唤醒固有的道德，就是固有的知识也应该唤醒他。中国有什么固有的知识呢？就人生对于国家的观念，中国古时有很好的政治哲学。我们以为欧美的国家，近来很进步，但是说到他们的新文化，还不如我们政治哲学的完全。中国有一段最有系统的政治哲学，在外国的大政治家还没有见到，还没有说到那样清楚的，就是大学中所说的‘格物、致知、诚意、正心、修身、齐家、治国、平天下’那一段话。把一个人从内发扬到外，由一个人的内部做起，推到平天下止。像这样精微开展的理论，无论外国什么政治哲学家都没有见到，都没有说出，这就是我们政治哲学的知识中独有的宝贝，是应该要保存的。这种正心、诚意、修身、齐家的道理，本属于道德的范围，今天要把它放在知识范围内来讲，才是适当。我们祖宗对于这些道德上的功夫，从前虽然是做过了的，但是自失了民族精神之后，这些知识的精神，当然也失去了。所以普通人读书，虽然常用那一段话做口头禅，但是多是习而不察，不求甚解，莫明其妙的。”

《中庸》

宋代朱熹说，《中庸》是“孔门”传授心法。《中庸》这本书，论述了人性、社会、政治、哲学，提出了具有普遍意义的中庸之道。

《中庸》

作者 子思

子思是孔子的孙子，子思的父亲早在孔子在世时就死了，但子思却获得了经常与孔子交流的机会。孔子死后，子思又拜曾子为师，成为儒家八派中的一个代表，他将自己所得真传传给了孟子，便是《中庸》。我们现在经常说孔孟之道，要知道在孔子和孟子之间，还有曾子和子思为儒家做出的贡献。

时代 战国初年

战国始于公元前475年，或者从韩、赵、魏三家分晋（公元前403年）算起，至公元前221年秦并六国。战国时期，齐、楚、燕、韩、赵、魏、秦这七个诸侯强国连年征战，在军事、政治、外交各方面的斗争十分激烈。由于秦国的商鞅变法发挥了富国强兵的重要作用，秦国终于后来居上，逐一灭掉了其他六国，完成了“秦王扫六合”的统一大业。

内容 孔门心法

不偏不倚 | 过犹不及 | 忠恕之道

中庸，其实是一种处事方法。这种方式融入人的行为方式，就自然成为一种道德素养；融入国家管理，则成为政治管理原则。这里所讲的，就是这种处事方法的理论和运用。

安贫守志的子思

子思作《中庸》。

鲁缪公曾多次邀请子思做官，子思坚持不受。为了潜心研究学问，他移居到了宋国，以免被人打扰。鲁缪公这人倒是很执着，一次被拒绝不死心，就派了使者去宋国拜见子思，还带了一份厚礼。子思二话没说，当即把人赶了出去。子思一辈子也没做官，学生求学时给他的一点见面礼就成了他唯一的生活来源，所以他一辈子住在破旧的陋巷中，过着饥寒交迫的日子，跟颜回有点像。饱受生活折磨的子思，到了62岁的时候再也支撑不下去了，离开了人世。

何为“中庸”？《中庸》里主要讲了什么？

《中庸》的要义为“中”“诚”“和”。

所谓中庸，宋代程颐解为：“不偏之谓中，不易之谓庸。”《中庸》云：“喜怒哀乐之未发，谓之中；发而皆中节，谓之和。中也者，天下之大本也；和也者，天下之达道也。致中和，天地位焉，万物育焉。”这是《中庸》的核心思想，写出了天地和谐的自然天性，是宇宙的本来状态，而天地之间的人一旦拥有这样的和谐状态，就达到了很高的境界。天地万物达到一种和谐无碍的境界，人与天地合为一体，行事自在，万物欣欣向荣，人则可以得到可持续的发展。

《中庸》不长，不到一万字，却是跟《论语》、《孟子》并列的经典。它主要说的是什么呢？说白了就是中庸之道，就是用中正、中和的方式做人做事。这是《中庸》最核心的东西。

“中”原意不像现在人想的“持中，中立”那么简单，它其实是有点玄机的，首先是告诉人们人的行为不要过头了、极端了，不偏不倚是为中，万事都要刚好才行。就像是一道菜，火候适中才能烧好。《中庸》里还说“喜怒哀乐之未发，谓之中”，可见它还指人的本心。人人心里都有个“礼”，喜怒哀乐变成行为的时候，这个“礼”就让行为变得恰当、自如不过分。庸如何解呢？孔子说“不易之谓庸”，庸就是稳定不变的东西。一句话，中庸就是让人的内心和行为做到协调，做事情不要过和不及。

天地万物有其相生相息，并因此得以和谐发展的规律。

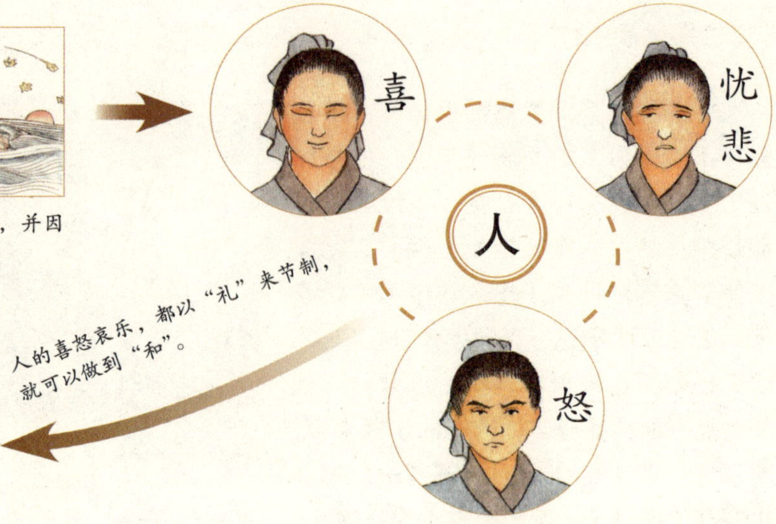

如果说《大学》是治世哲学，那《中庸》可称得上修身哲学，如书中说“自诚明，谓之性；自明诚，谓之教。诚则明也，明则诚也”，说的是心诚跟明理的关系，如果理顺了，读书人可受益一辈子。所以，历史上的朱熹、顾炎武、曾国藩诸人，读懂了《中庸》，才达到了至善、至诚的中庸境界。

《中庸》还提出了“诚”的概念。人要想与天地并列，达到天人合一的境界，就必须“至诚”。曾子也把“诚”作为达到最高理想的必要修养，子思把诚发挥到极致。只有诚了，才能充分发挥自己固有的天性，才能参与天地化育。

高明之道，中庸不是折中主义

孔子的中庸思想长时间地被人误读了。很多人觉得中庸就是“折中主义”，做到中庸的人就表现得唯唯诺诺，软弱无能，像个“好好先生”。其实，中庸所揭示的道理，非但不是这般消极悲观的，而且还是积极乐观的。承认矛盾，重视统一，是中庸反映的道理，也是儒家思想重要的一部分。这种“无过无不及”的“恰到好处”，就是儒家道德的最高准则。

《中庸》阐释的不单是做人的道德准则，还涉及国计民生的问题，所以它才会成为人们终身受用的经典和“实学”。

《尔雅》

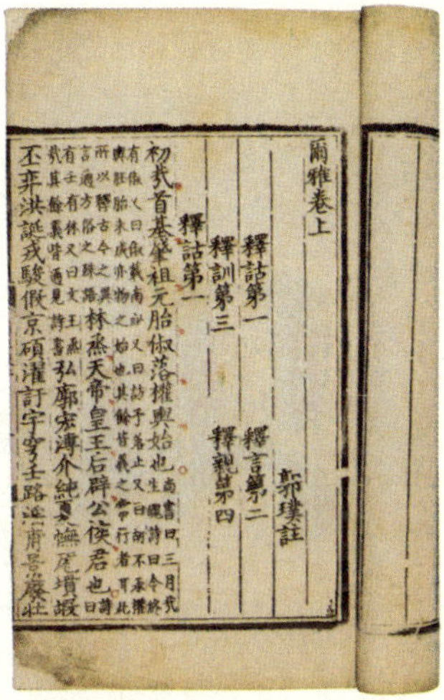

《尔雅》书影

《尔雅》，儒学经典，也是我国第一部词典。关于其作者及成书时间，历来说法不一，今人多认为此书非成书于一人一时之手，应为秦汉学者集体编撰而成。到唐朝时，该书升格为经。《尔雅》书中首创了按内容性质分类释词的体例，有点像现在的分类编排的百科词典。今本《尔雅》含 19 篇，分别为释诂、释言、释训、释亲、释宫、释器、释乐、释天、释地、释丘、释山、释水、释草、释木、释虫、释鱼、释鸟、释兽、释畜，共收词 4300 多个，13000 余字，所收的内容极其丰富。其中，释诂、释言、释训 3 篇主要是对古代汉字、词语的解释；后 16 篇则主要是对各种百科知识、器物名词的解释。《尔雅》释义简单明了，保留了许多古注古义，对后世训诂学的发展产生了极其重大的影响。书中所收录的先秦时期的语言和文字，对我们阅读和研究先秦史籍及秦汉古书具有重要的参考价值。

《方言》

《方言》一书的全称是《輶轩使者绝代语释别国方言》，作者扬雄（公元前 53—公元 18 年），字子云，西汉蜀郡成都（今四川成都）人。他是文学家、哲学家，又是著名语言学家。

《方言》不仅是我国语言学史上第一部对方言词汇进行比较研究的专著，在世界语言学史上也是一部开辟语言研究的新领域、独创个人实际调查的语言研究新方法的经典性著作。在《方言》尚未完全成书之时，与扬雄相识的张伯松就盛赞它是“悬诸日月不刊之书”（《扬雄答刘歆书》）。

《方言》经东晋郭璞注释之后流传至今。今本《方言》计 13 卷，大体轮廓可能仿《尔雅》体例，但卷内条目似乎不及《尔雅》严格有条理。其体例大致有两种：给出一词，分列各地称谓的不同，如卷八释“猪”；再有，罗列一组同义词，给出共同解释，再分别辨析各地之不同。但卷十二、十三往往以一词释一词，而没有方言词汇比较方面的内容，与前 10 卷大不相同。何九盈怀疑最后两卷可能原来是分作 4 卷的（扬雄自己说全书是 15 卷），且扬雄生前并没有把《方言》写完，现在的后 2 卷原本只是写作提纲。后扬雄因病去世，没有来得及把这两卷中有关方言的对比写进各条之下，以致成了未最后完成的书稿。

13卷的《方言》所收的词条计有675条（据周祖谟《方言校笺》统计），每一条下，作者往往先提出一个或几个同义词作为条目，然后或用一个词来解释它们，或分别说明各个词的使用地域，所以实际词目远远超过了条数。

《说文解字》

《说文解字》是中国第一部系统地分析汉字字形和考究学源的字书，也是流传最广的中文必备工具书。

《说文解字》，简称《说文》，汉朝许慎编著，是首部按部首编排的汉语字典。原书作于公元100年～121年，现已失落，但其中大量内容被汉朝以后的其他书籍引用，并有北宋徐铉于雍熙三年（986年）校订完成的版本（称为“大徐本”）流传至今，宋以后的说文研究著作多以此为蓝本。原文以小篆书写，逐字解释字体来源，全书共分540部首，收字9353个，另有“重文”即异体字1163个，共10516字。

《说文解字》总结了先秦、两汉文学的成果，给我们保存了汉字的形、音、义，是研究甲骨文、金文和古音、训诂不可缺少的桥梁。特别是《说文》对字义的解释一般保存了最古的含义，对理解古书上的词义更有帮助。书中关于秦汉时期全国各地方言的介绍使其成为了解中国古方言的一本参考书籍。

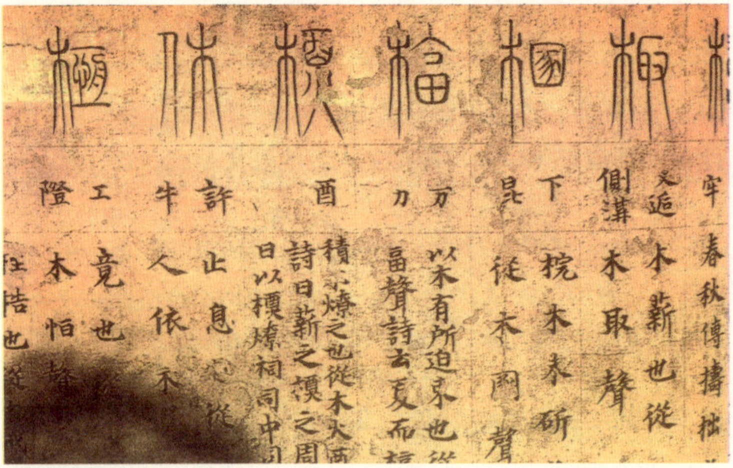

手抄说文解字帖　唐

此书保存了研究古代社会历史、文化等方面的材料，是我们整理我国优秀的文化遗产的重要的阶梯。《说文》包括各种含义的字的解释，反映了古代的政治、经济、文化、风俗习惯，成为我们了解古代的一些历史情况和各种知识的一扇窗口。

《春秋繁露》

董仲舒（公元前179～前104年），广川（今河北景县）人，自幼博览群书，喜读先秦学说，特别是《公羊传》，世人称为“汉代孔子”。汉武帝时，他提出“罢黜百家，独尊儒术”，为汉武帝所采纳，使儒学在以后的2000多年封建社会中成为正统学说。《春秋繁露》是一本极力推崇儒家思想的哲学论著，可以看成是“罢黜百家，独尊儒术”的理论依据。书中以“春秋大一统”为主旨，推崇《公羊传》，将儒家思想和阴阳家思想结合起来，创建以“天人感应”为核心的神学化的儒学体系；认为人的身体、天性、命运都是上天安排好的，皇帝对国家的统治也是上天的旨意，即“君权神授”。另外，《春秋繁露》还将孔子神化、儒学神化，提出“三纲”、“性之品说”以及赤、黑、白三统循环的历史观。《春秋繁露》将儒家学说推为百家之首，使儒学思想在此后的两千多年里深入人心，为封建制度奠定了坚实的理论基础。《春秋繁露》实际上是对传统儒家学说的一种根本的歪曲，它是适应封建统治阶级需要的“儒家学说”。

《四书集注》

《四书集注》是元、明、清三代钦定的儒家经典，科举考试的标准。“四书”是《论语》、《孟子》、《大学》和《中庸》的合称。在我国古代，“四书”与“五经”并列，合称“四书五经”。“四书”的说法，起于南宋理学大师朱熹的《四书集注》一书。汉唐时代，经学流于琐屑，成为士人进入官场的敲门砖，不仅丧失了古经真义，也丧失了创新精神，进而为人们厌弃。北宋时期，为了对抗佛道，发扬儒学，程颐、程颢兄弟宣扬自己传承道统，直接继承孔孟“道统”，吸收禅学与道学合理成分，创立理学。朱熹将理学发扬光大，成为集理学之大成的儒家大师，他把自己的思想灌入对“四书”的注释中。朱熹前后历40余年，著成《四书集注》。此书全称《四书章句集注》，又名《四子》。《大学》和《中庸》本是《礼记》中的文章，朱熹把它们分立出来，并将它们作为《四书集注》的头两篇。他认为这两篇文章是学习儒家道德的“入门法则”，必须先对其进行学习。朱熹的注释一洗前代的空疏、神秘和附会，以简练平易的风格，注入理学的全新理念，体现出高度的理论性和价值的普适性，备受世人欢迎。到元仁宗时，把《四书集注》钦定为科举考试的标准，明清两代继承不移。故而，《四书集注》成为宋朝到清朝600年间读者最多的儒家经典。

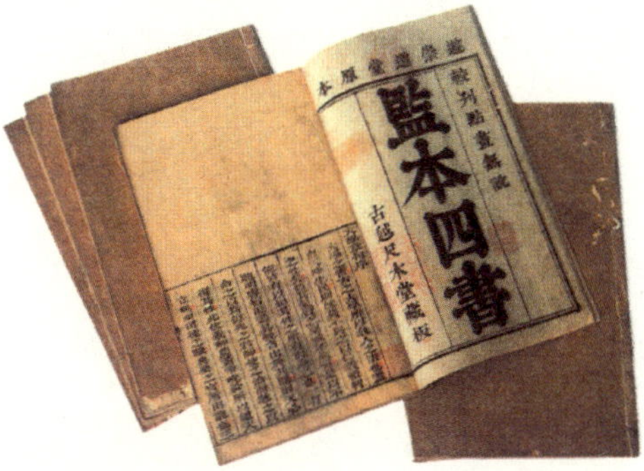

《监本四书》书影

朱熹为四书所作之注是封建社会对四书经义最权威的解释，科举考试都以朱熹的《四书集注》为准。

《皇清经解》

《皇清经解》，又名《学海堂经解》，是清朝高级官员、学者阮元主编的一部大型经学丛书。阮元（1764 ~ 1849年），字伯元，江苏仪征人。阮元于乾隆五十四年

（1789年）高中进士，此后在中央历任户、礼、兵、工等部侍郎，外放两湖、两广、云贵总督等职，为封疆大吏，最后官至体仁阁大学士。阮元博览群书，学识渊博，重视考据，精于经学，喜欢奖掖后进。在两广总督任上，拨付资金，启动创设学海堂，广聘学者前来任教，并启动经学丛书的选编与刊印。

清代是我国经学发展的“复盛时代”，名家辈出，且多有名著行世。阮元、夏修恕、阮福等人收罗清代杰出学者顾炎武、阎若璩、戴震、段玉裁、焦循等73家183种著作，汇编校勘成书，名曰《清经解》（即《皇清经解》）。从道光五年（1825年）八月开始，至道光九年（1829年）九月，将全书1400卷刻印完毕。此书集清代经学研究之大成，是对乾嘉之学的一次全面总结。《皇清经解》体例大体依作者先后为序。后来，著名学者王先谦沿用原书依例，增补嘉庆以后学者111人，209部著作，刻成《续清经解》，此书又称《皇清经解续编》。正续《经解》共收入清代学者160余人的400多种经学著作，全面反映了清代的学术成果，是中国传统文化的重要宝藏。

史部

三通四史

三通指的是《通典》、《通志》和《文献通考》，四史是《史记》、《汉书》、《后汉书》、《三国志》4部史书的合称。三通四史是我国史学的典范，是历史著作中的代表作。

《通典》是我国第一部典章制度通史，唐朝杜佑撰。它讲述了历代典章制度的沿革变迁，上起黄帝，下到唐玄宗天宝末年。《通志》是宋朝郑樵所撰，它是继司马迁之后纪传体通史的续作，对封建时代史学的发展产生了重大影响。《文献通考》由宋元之际的马端临所撰，是记载历史典章制度的巨著，记事上起远古传说时代，下至南宋宁宗嘉定年间。

《史记》作者是西汉司马迁，记载了上自黄帝时代，下至汉武帝元狩元年（公元前128年）的历史，是我国第一部纪传体通史。《汉书》作者是东汉班固，记载了刘邦起义反秦，到王莽地皇四年（23年）的历史。《后汉书》作者是南朝宋范晔，是一部记载东汉历史的纪传体史书，记载了从汉光武帝到汉献帝共196年的史实。《三国志》由晋陈寿撰，南朝宋裴松之注，是一部记载魏蜀吴三国历史的纪传体史书。

二十四史

"二十四史"是乾隆皇帝钦定的24部纪传体正史的总称。这些史书记载了上起黄帝时代，下到明朝崇祯十七年（1644年）4000多年的历史。"二十四史"共3213卷，约4000万字，使用统一的本纪、列传的纪传体的形式编写。它们分别是:《史记》(西汉·司马迁)、《汉书》(东汉·班固)、《后汉书》(南朝宋·范晔)、《三国志》(西晋·陈寿)、《晋书》(唐·房玄龄等)、《宋书》(南朝梁·沈约)、《南齐书》(南朝梁·萧子显)、《梁书》(唐·姚思廉)、《陈书》(唐·姚思廉)、《魏书》(北齐·魏收)、《北齐书》(唐·李百药)、《周书》(唐·令狐德棻等)、《隋书》(唐·魏徵等)、《南史》(唐·李延寿)、《北史》(唐·李延寿)、《旧唐书》(后晋·刘昫等)、《新唐

序号	书名	作者	卷数	序号	书名	作者	卷数
1	史记	西汉·司马迁	130	14	南史	唐·李延寿	80
2	汉书	东汉·班固	100	15	北史	唐·李延寿	100
3	后汉书	南朝宋·范晔	120	16	旧唐书	后晋·刘昫等	200
4	三国志	西晋·陈寿	65	17	新唐书	宋·欧阳修、宋祁	225
5	晋书	唐·房玄龄等	130	18	旧五代史	宋·薛居正等	150
6	宋书	南朝梁·沈约	100	19	新五代史	宋·欧阳修	74
7	南齐书	南朝梁·萧子显	59	20	宋史	元·脱脱等	496
8	梁书	唐·姚思廉	56	21	辽史	元·脱脱等	116
9	陈书	唐·姚思廉	36	22	金史	元·脱脱等	135
10	魏书	北齐·魏收	114	23	元史	明·宋濂等	210
11	北齐书	唐·李百药	50	24	明史	清·张廷玉等	332
12	周书	唐·令狐德棻等	50	相关	新元史	民国·柯劭忞等	257
13	隋书	唐·魏徵等	85	相关	清史稿	民国·赵尔巽等	529

二十四史

书》（宋·欧阳修、宋祁）、《旧五代史》（宋·薛居正等）、《新五代史》（宋·欧阳修）、《宋史》（元·脱脱等）、《辽史》（元·脱脱等）、《金史》（元·脱脱等）、《元史》（明·宋濂等）和《明史》（清·张廷玉等）。这些史书勾勒出中国历史的主干，是中国古代史的权威读本。

《国语》

《国语》是先秦时代的古史，属于史书的“杂史”。该书的作者没有确切的记载，相传为春秋末年的鲁国史官左丘明所作。《国语》在记述历史的手法上，以时间为横线，以并列的国家为纵线，开创了我国用国别体记述历史的先河，是我国历史上最早采用国别体编写的史书。全书共21卷，分别为:《晋语》9卷、《周语》3卷、《鲁语》2卷、《楚语》2卷、《齐语》1卷、《郑语》1卷、《吴语》1卷和《越语》2卷，共计7万余字，所记历史自周穆王伐西戎开始，直到韩、赵、魏三家灭智伯结束。书中主要记载了西周末年及春秋时期西周与各国的史实，特别是对春秋时期的各国史实记载比较详细。《国语》一方面记载了当时各国的政治、军事及外交活动；另一方面记载了当时各国贵族的一些言论。

《国语》对后人研究春秋时期各国的历史有宝贵的价值，因该书可以和《左传》

互相参证，所以并称为“春秋外传”。

《战国策》

《战国策》，又名《国策》，此书是战国时期纵横家言论的汇编，是战国时期的谋士游说的活动记录。关于其作者，一直以来颇有争议，至今尚无定论。今人普遍认为该书非成于一时一人之手。《战国策》最后的整理工作是西汉刘向完成的，因为刘向认为书中内容主要是“战国时游士辅所用之国为之策谋”，故取名《战国策》。《战国策》共33篇，其中，西、东周各1篇，秦5篇，齐6篇，楚、赵、魏各4篇，韩、燕各3篇，宋、卫合1篇，中山1篇。《战国策》全书的思想是肯定战国时期谋臣策士追求个人名利的利己主义人生观，以“士”的言论为主要内容。书中通过记载言论来塑造出一个个鲜活的人物形象。但《战国策》在记事时不注年月，缺少完整的结构，记言记事时也缺乏严谨，有时为了塑造某一人物形象或为加强语言的文采，有言过其实之处，甚至有虚构加工。《战国策》中记载的很多历史是其他史书没有记载或记载有误的，对于研究战国时期的历史具有宝贵的史料价值。

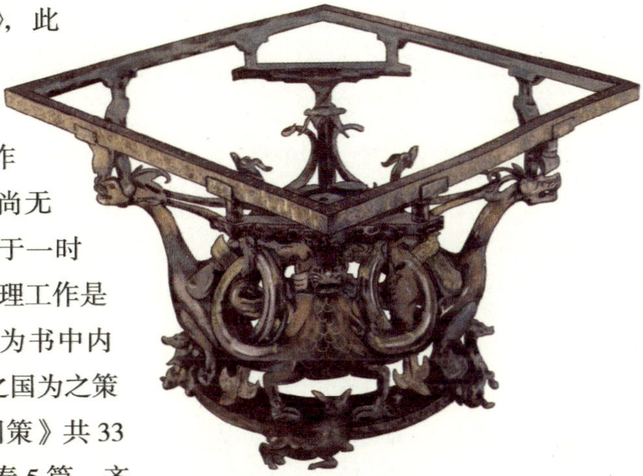

错金银龙凤方案　战国

《史记》

《史记》，又名《太史公书》，列“正史”之首，二十四史之一，中国第一部纪传体通史。其作者是西汉时期著名史学家、文学家司马迁。《史记》共130篇，含8书、10表、12本纪、30世家、70列传，共52万余字，记事上起黄帝，下至汉武帝年间，共计3000多年。《史记》以“究天人之际，通古今之变，成一家之言”为宗旨，所记载之人物众多庞杂，既有王侯将相，又有奇人义士及平民百姓；既有中原地区的人物，又有边疆少数民族的人物。《史记》不仅是一部不朽的史学巨著，也是一部杰出的文学著作。《史记》将史学与文学结合起来，语言生动，情节引人入胜，塑造人物形象鲜明，具有很高的文学价值。《史记》在我国历史上有着极其重要的地位，书中所载史实大都翔实可靠，对我们研究汉代及其以前的历史具有很高的价值。同时，它开创了我国采用纪传体手法记载历史的先河，又将史学和文学很好地结合起来，为后代史书的撰写奠定了基础，鲁迅赞之为“史家之绝唱，无韵之离骚”。

《汉书》

《汉书》是我国第一部纪传体断代史，二十四史之一。作者班固（32 ~ 92 年），字孟坚，扶风安陵（今陕西咸阳市东北）人，东汉著名史学家、文学家。

班固像

《汉书》共 100 篇，120 卷，包括 12 帝纪、8 表、10 志以及 70 传，其体例与《史记》基本相同，只是将“书”改为“志”，取消了“世家”，将“列传”改为“传”，所记历史自汉高祖元年（公元前 206 年）开始，直到王莽被诛结束，共计 230 年。该书记事系统详细，以为汉家王朝歌功颂德为基本出发点，以儒家思想作为标准来评价历史人物。书中所记汉初至武帝中期的历史，基本取自《史记》，只是稍加改动，而记武帝之后至东汉以前的历史则为班固新作。班固死时，全书并未真正完成，书中的部分表以及“天文志”是由班固的妹妹班昭补撰的。《汉书》在我国史学和文学史上都占有极其重要的地位。书中虽有明显的倾儒和颂德，但依然是我们研究西汉历史的重要资料。《汉书》还开创了用纪传体来写断代史的先例，对后人撰写历史影响颇深。

《后汉书》

《后汉书》纪传体史书，东汉断代史，二十四史之一。作者范晔（398 ~ 445 年），字蔚宗，南朝宋时期史学家，顺阳（今河南淅川）人，出身官僚世家，分别在东晋和南朝宋做官。后来，范晔因政治不得志，转而撰写史书。445 年，因政治原因被杀，今仅存所著《后汉书》。

此书所记之事自汉光武帝建武元年（25 年）开始，直到汉献帝建安二十五年（220 年）结束，共计 196 年。全书共有 90 卷，其中，本纪 10 卷，列传 80 卷。因范晔在编写出书的过程中被杀，因此，他所作的“志”未能收入《后汉书》。我们今天看到的《后汉书》加入了司马彪所撰的《续汉书》的 8 志，分为 30 卷，故今本为 120 卷。《后汉书》在“传”上，首创了《党锢》、《宦者》、《逸民》、《方术》、《文苑》、《独行》以及《列女》7 传，符合东汉时期的历史特点。《后汉书》在我国史学界有着极高的地位，对我国研究东汉时期的历史具有很高的参考价值。

《三国志》

刘备塑像

《三国志》是一部纪传体国别史书，二十四史之一。作者陈寿（233 ~ 297 年），字承祚，巴西安汉（今四川南充）人，蜀灭后，入晋为官。《三国志》以曹魏为正统，记载三国时期魏、蜀、吴三国的历史。在陈寿以前，虽然有写三国历史的，但大都只是局限于写某一国。而陈寿打破了这种局面，以三国形成的历史期限作为断史的依据，所记历史自东汉灵帝光和末年（184 年）开始，直到西晋武帝太康元年（280 年）结束，共计约 97 年。全书共 65 卷，其中《魏志》30 卷、《蜀志》15 卷、《吴志》20 卷。在记载魏、蜀、吴三国时，该书所采用的风格各不相同。其中，《魏志》记载较详细；《蜀志》虽简明，但所记之事较多，并且叙述得体；《吴志》则比前两个差一些。《三国志》在叙事手法上以“简明扼要”为主，体例只采用纪传，这两点使《三国志》在文学性和体例完整性上存有缺陷。《三国志》所记载之史料较为翔实可靠，是研究三国历史的重要文献。

《晋书》

《晋书》是一部唐代官修的纪传体晋代史，二十四史之一。旧题为唐太宗御撰，实际上是唐太宗钦命，房玄龄等人共同编写的。《晋书》包括帝纪 10 卷、志 20 卷、载记 30 卷、列传 70 卷，共计 130 卷。书中所记历史自西晋武帝泰始元年（265 年）开始，直到东晋恭帝元熙二年（420 年）结束，共计 156 年。《晋书》中的 10 卷帝纪中所记的人物包括晋建立前的司马懿、司马昭和司马师，共记 18 人；20 卷志共分 10 类，分别是：《天文志》、《地理志》、《乐志》、《礼志》、《历律志》、《刑法志》、《职官志》、《五行志》、《舆服志》、《食货志》；70 列传中共收录了 772 人，增加了《叛逆》、《忠义》、《孝友》3 类；30 卷载记则是《晋书》首创，用

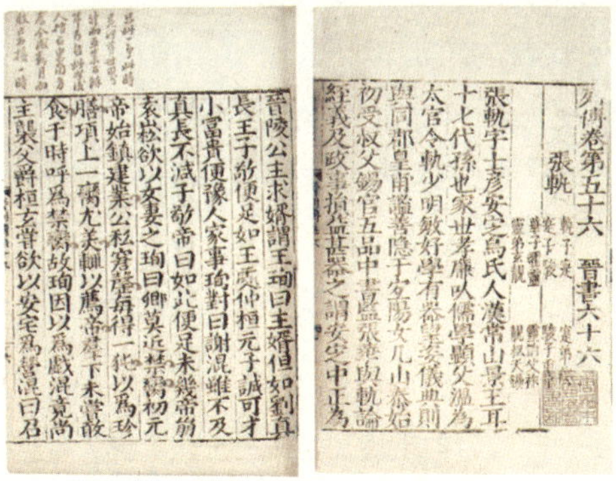

《晋书》（元末刊本）书影

《晋书》为唐代官修正史，记述了西晋和东晋的历史。此为元代末年刊刻的《晋书》。

于记载晋时期的五胡十六国。《晋书》所记载的史实具有很高的价值，是我们研究魏晋历史的重要历史著作。

《宋书》

《宋书》是一部纪传体南朝宋史，二十四史之一。作者沈约（441 ~ 513 年），字休文，吴兴武康（今浙江德清）人，南朝著名文学家、史学家。《宋书》所述历史，自宋武帝永初元年（420 年）起，直到宋顺帝升明三年（479 年）结束，共计 60 余年。全书共 100 卷，分为“本纪”、“志”、“列传”。其中，帝王本纪 10 卷，记载了南朝刘宋的 8 个皇帝；志为 30 卷，卷首附有“序”1 篇，余下则包括《律历志》、《百官志》、《州郡志》、《乐志》、《符瑞志》和《礼志》等；列传则为 60 卷。《宋史》首列了《恩幸传》和《索虏传》，且在“传”的写作手法上，采用了将没有“传”的人放在有“传”之人中叙述出来的手法，具有开创性。但书中也有一定的不足，比如“志”的部分缺少刑法和食货两志，很多地方有对刘宋王朝讳忌溢美之处，使某些记载失实。《宋书》保存了很多珍贵的史料，是我们研究南北朝时期的重要历史依据。

《南齐书》

《南齐书》是一部纪传体南朝齐国史，二十四史之一。作者萧子显（487 ~ 537 年），字景阳，南朝梁时期王公贵族，齐高帝之孙，豫章王之子。齐灭后，萧子显入梁为史官，著有多部史书。

《南齐书》今存本为 59 卷。《南齐书》记载了从齐高帝萧道成建齐，至齐和帝萧宝融被废这 24 年的短暂的南朝齐国史。全书共记载了齐政权的 7 个统治者，分 8 卷，又含“志”11 卷。同时，书中设有《文学传》，共收录文学家 10 人。《南齐书》中对历史的记载基本上客观真实，但由于萧子显是南朝齐政权的贵族后裔，因此在记述历史时难免会融入个人感情色彩，有时为了美化齐政权的统治者，甚至有歪曲历史的失真之处。另外，《南齐书》中还大肆宣扬因果报应、宿命论等唯心主义思想，其中夹杂了对佛教思想的宣传。《南齐书》是最早记载有关南齐历史的史书，因其成书年代距南齐时期非常近，所以成为后人研究南齐历史的主要依据。

《梁书》

《梁书》是一本纪传体南朝梁史，二十四史之一。作者姚思廉（557 ~ 637 年），本名简，思廉是他的字，吴兴武康（今浙江德清）人。其父姚察曾任梁、陈、隋三朝官员。《梁书》是姚思廉在贞观年间奉唐太宗之命，在他父亲所撰写的梁陈史书的基础上编撰而成的。

书中包括本纪 6 卷，列传 50 卷，共 56 卷，所记历史自南朝梁建立（502 年）开始，直到梁灭亡（557 年）结束，共计 56 年。本纪 6 卷中共记载了南朝梁的 4 位皇帝，其中梁武帝 3 卷，其他三帝每帝各 1 卷。列传 50 卷分《皇后传》、《太子传》、《诸王传》、《大臣传》、《良吏传》、《止足传》、《儒林传》、《文学传》、《处士传》、《孝行传》、《诸夷传》、《侯景传》共计 12 类，其中《止足传》是《梁书》首创的。另外，《梁书》中的《文学传》有 2 卷，包括了 24 位南朝梁时期的文人。《梁书》文字简洁朴素，力戒追求辞藻的华丽与浮泛，在南朝诸史中是比较优秀的。

《陈书》

《陈书》是一本纪传体南朝陈史书，是二十四史中卷数最少的一部史书。《陈书》是姚思廉继承其父姚察的遗志，奉唐太宗之命编写而成的。《陈书》的内容主要是取自姚察所写南朝陈史的资料，也融汇了他人所作的史料。《陈书》中包括本纪 6 卷、列传 30 卷，共 36 卷，所记历史自南朝陈霸先建陈（557 年）开始，直到隋灭陈（589 年）结束，共计 33 年。其中，6 卷本纪中共记载了南朝陈的 5 位皇帝，其中陈武帝 2 卷，其他 4 帝则是每帝各 1 卷；30 卷列传分为《王子传》、《皇后传》、《宗室传》、《诸臣传》、《儒林传》、《文学传》、《孝行传》，共计 7 类。《陈书》比较翔实地记载了有关南朝陈的历史，但是，书中也存在很多避讳和溢美的言辞，使很多有关历史的记载存在失实之处。《陈书》一书由于内容存在为统治阶级歌功颂德的地方，因此史学界历来对它的评价不高。

历代帝王图卷·陈后主像　唐　阎立本

陈后主承父祖之业，割据江南，内惑于张孔二贵妃，外惑于群小，以至国破家灭，身为臣虏，入隋后贪求爵禄，是以隋文帝叹曰："陈叔宝全无心肝！"

《魏书》

《魏书》，纪传体史书，北魏断代史。作者魏收（506 ~ 572 年），字伯起，北齐钜鹿下曲阳（今河北平乡）人，少能文，才华卓著，先后在北魏、东魏、北齐三朝担任官职。因在北魏、东魏所任官职与文书历史有关，所以，北齐王朝命他撰写魏史。《魏书》记载了4世纪末～6世纪中叶北魏王朝100多年的历史。全书共124卷，其中本纪12卷，列传92卷，志20卷。《魏书》记述了北魏拓跋氏兴起的历程，是我国历代“正史”中第一部专记少数民族政权史事的著作，具有开创意义。《魏书》还新增了《官氏志》、《释老志》两篇，说明作者在自觉地反映历史的时代特点。后人评价此书说，“追踪班、马，婉而有则，繁而不芜，持论序言，钩沉致远”，这是比较中肯的。

《北齐书》

《北齐书》，二十四史之一，是一部纪传体北朝齐史，原名《齐书》，后为了和萧子显的《南齐书》区别开，改名《北齐书》。作者李百药（565～648年），字重规，定州安平（今河北深州市）人。其父李德林曾任齐、周、隋三朝官员。《北齐书》是李百药在贞观元年（627年）奉唐太宗之命，在他父亲所撰写的北齐史的基础上编撰而成的。

鲜卑山

位于今内蒙古自治区呼伦春自治旗阿里镇西北约10公里处的嫩江支流甘河北岸，山上有北魏拓跋鲜卑祖先所居石室——嘎仙洞。

全书包括帝本纪8卷、列传42卷，共计50卷，所记历史自北魏分裂为东西魏（534年），高洋操纵北魏政权开始，直到高氏政权被北周所灭（577年）结束，共计44年。《北齐书》在记事上比较尊重史实，书中记载了大量反映北齐政权黑暗统治的史实。另外，书中还对当时的科学技术水平有很多的记载。但是，《北齐书》贯彻了封建正统迷信思想，在写每位皇帝时都要写一些所谓的征兆，希望以此来为封建统治寻找根据。

《周书》

《周书》，纪传体史书，北周断代史，二十四史之一。作者令狐德棻（583～666年），宜州华原（今陕西铜川耀州区）人，唐朝初期史学第一人。唐贞观三年（629年），他奉唐太宗之命编写五朝史，并和岑文本、崔仁师一起负责《周史》的撰写，唐贞观十年（636年）成书。《周书》包括本纪8卷、列传42卷，共计50卷。书中所记历史起于西魏文帝大统元年（535 年），到隋文帝杨坚灭周建立隋朝（581 年）结束，共计 47 年。《周书》本来应该是记载“北周历史”，但因为早在西魏时期，作为北周政权奠基人的宇文泰就已经操纵了西魏政权，因此，《周书》记事从西魏时期开始，并为宇文泰作了“纪”。书中有藐视农民起义，为唐初的“功臣”歌功颂德之处。《周书》所记历史比较翔实，补充了其他史书的不足，是后世研究北周史的重要文献。

《南史》

《南史》是一部纪传体南朝史，二十四史之一，由李延寿继承其父李大师遗志而撰写，该书和《北史》一起于 659 年完成。全书包括本纪 10 卷，列传 70 卷，共计 80 卷，记载了南朝的 4 个政权（宋、齐、梁、陈）的兴亡史，共计 170 年。《南史》的 10 本纪包括：宋本纪 3 卷、齐本纪 2 卷、梁本纪 3 卷、陈本纪 2 卷。《南史》一书的撰写材料，一部分是来自李延寿父亲所写的南朝历史稿件；另一部分则来自当时已成书的《宋书》、《南齐书》、《梁书》、《陈书》。但是，《南史》在编写的过程中，李延寿打破了前四书“各自为政”的局面，将四朝历史融汇一起，合称“南朝史”。在记载人物时，《南史》突出门阀士族地位，采用家传形式。另外，由于《南史》成书于唐朝，因此书中的避讳和溢美之词与前四史比较起来要少得多。《南史》中很多史料对《宋书》、《南齐书》、《梁书》、《陈书》中记载的不足和失实有补充订正的作用。

《北史》

《北史》，二十四史之一，是一部纪传体北朝史。作者李延寿，字遐龄，唐朝初年相州（今河南安阳）人。李延寿继承其父遗志，于贞观十七年（643 年）开始写史，奋笔疾书 16 年，终于在唐显庆四年（659 年）完成《南史》、《北史》两部著作。《北史》包括本纪 12 卷，列传 88 卷，共计 100 卷，所记历史自北魏道武帝建立政权开始（386 年），直到隋恭帝义宁二年（618 年）结束，共计 233 年。书中主要记载了北魏、东魏、西魏、北齐、北周、隋这几个朝代的兴衰。《北史》的 12 卷本纪包括：魏本纪 5 卷、齐本纪 3 卷、周本纪 2 卷、隋本纪 2 卷。另外，在记载北魏分裂后的历史时，尊东魏为正统，对西魏历史记载很少。《北史》的很多史料印证和补充了《魏书》、《北齐书》、《周书》、《隋书》的不足，具有很大的价值。

《南史》和《北史》打破朝代限制，全景式地展现南北朝的历史，叙事简明精当，规避了《魏书》等断代史的繁芜，深受后世读者喜爱；再加上李延寿博采杂史，文笔生动，故而具有极强的可读性。宋史学大家司马光曾评价《南史》、《北史》，誉为“近世之佳史”。

《隋书》

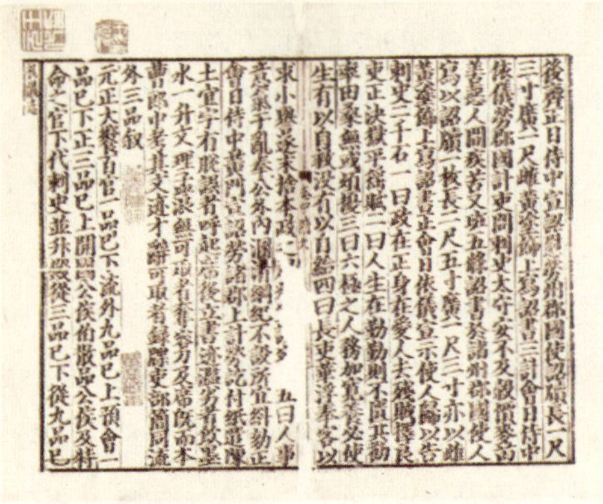

《隋书》宋刻本书影

隋朝是一个承前启后的封建王朝，在政策制度上多有创新，对后世影响很大，对此《隋书》都进行了详细辑录。

《隋书》为纪传体史书，隋朝断代史，二十四史之一。此书旧题为魏徵所撰，实际上是合众人之手共同编写。因此，此书为中国第一部官修的出自史馆的史书。《隋书》初成时包括本纪5卷、志50卷，共为55卷。后来唐太宗令长孙无忌、于志宁等编撰《五代史志》，成书后将它收入《隋书》，成为"隋志"，共计30卷。所以，《隋书》实际上是85卷。《隋书》所记历史自隋文帝开皇元年（581年）开始，直到隋恭帝义宁二年（618年）结束，共计38年。《隋书》贯串了以史为鉴的思想，编撰的目的就是让唐的统治者借鉴隋灭亡的原因，从而巩固唐的统治，因此书中着重论述了隋朝两代皇帝的功过得失，尤其重于隋炀帝的荒淫无道。与其他同类史书相比，《隋书》较少隐讳，叙事真实可靠。

《隋书》史志部分分10类30卷，分别为:《律历志》、《天文志》、《地理志》、《百官志》、《刑法志》、《仪礼志》、《音乐志》、《经籍志》、《食货志》、《五行志》。它保存了南北朝以来大量的典章制度，为后人研究隋代以及前几朝的政治、经济、文化制度保留了丰富的资料。其中的《经籍志》是继《汉书·艺文志》之后对我国古代书籍和学术史进行重要总结后的一部十分重要的书，是了解唐朝以前典籍的必读目录。它将各类书籍标出经、史、子、集四大类，为我国以后的四部图书分类奠定了基础，是对中国文化的重要贡献，为后世遵用上千年。

《旧唐书》

《旧唐书》是一部纪传体唐史，二十四史之一。《旧唐书》是五代后晋的官修史书，因为它是由当时的宰相刘昫监修编纂的，所以旧时题为刘昫撰。《旧唐书》中包括本纪20卷、列传150卷、志30卷，共200卷，所记历史自唐高祖武德元年（618年）开始，直到唐哀帝天祐四年（907年）结束，共计290年。《旧唐书》初成书时题名为《唐书》，但自北宋欧阳修等编写的《唐书》问世后，就在原书的名字前加上"旧"字，以示区别。

《旧唐书》开始编写的时间因为距离唐王朝的灭亡很近，所以在搜集史料时比较方便。该书所引的资料基本是抄录唐时的文献，特别是以《国史》为主，因此在史料的可靠丰富方面，有着不可替代的价值。在记事上，《旧唐书》有着明显的特点：因为唐前期的史料比较丰富，所以对唐前期历史的记载比较详细，而唐后期历史记载则较简略。《旧唐书》出自乱世，编者众多，编写时间短暂，因而漏缺粗率之处颇多。同时，该书转抄的痕迹十分明显，烦琐芜杂，甚至还有某些人物同时并列两传的现象。

《新唐书》

《新唐书》是一部纪传体唐史，二十四史之一，原名《唐书》。因为在它成书以前，已有五代后晋时期所修的《旧唐书》，所以称为《新唐书》，用来和《旧唐书》相区别。《新唐书》的编写起因，是宋仁宗觉得《旧唐书》有很多不足之处，需要重新修订一本翔实的唐朝史书，于是下诏，命欧阳修、宋祁重修唐史。此书自宋仁宗庆历四年（1044年）开始撰写，直到嘉祐五年（1060年），历时17年完成。《新唐书》全书共225卷，包括本纪10卷、志50卷、表15卷、列传150卷，是宋代以前，体例最完备的正史。其中，本纪、志、表是由欧阳修撰写的；列传是由宋祁撰写的。书中的资料以《旧唐书》为底本，同时也吸收了很多其他史料。在体例上，《新唐书》同以前的史书相比较有所创新：在“志”中，首创了《兵志》、《仪卫志》和《选举志》。但《新唐书》中也存在一些缺点，比如在记载历史事件发生的时间时有模糊之处。

欧阳修像
欧阳修参与编撰了《新唐书》。

《旧五代史》

《旧五代史》，二十四史之一，原名《梁唐晋汉周书》，后称《五代史》，是一部纪传体五代史。《旧五代史》为官修的五代历史，后欧阳修所编《新五代史》问世，为加以区别，改名为《旧五代史》。

《旧五代史》从宋太祖开宝六年（973年）开始编写，第二年即告完成。当时，宰相薛居正奉命监修，因此题名为薛居正所编。全书共150卷，记载了五代时期后梁至后周年间的50多年历史。该书的编写目的就是为了总结五代时期各个政权“短命”的原因，从而为宋朝统治者提供借鉴。《旧五代史》中包括本纪61卷、列传77卷、志12卷，其中《梁书》24卷、《唐书》50卷、《晋书》24卷、《汉书》11卷、《周书》22卷、《世袭列传》2卷、《僭伪列传》3卷、《外国列传》2卷以及《志》12卷。《旧五代史》一书保留了很多珍贵史料，尤其是它所引用五代时的历史文献今基本都已散佚，因此其文献价值更为突出。

《新五代史》

五代十国兴亡表

朝代和国名	创建人	存在的年代	灭于何朝
后梁	朱温	907—923	后唐
后唐	李存勖	923—936	后晋
后晋	石敬瑭	936—947	契丹
后汉	刘知远	947—950	后周
后周	郭威	951—960	宋
吴	杨行密	902—937	南唐
南唐	徐知诰	937—975	宋
吴越	钱镠	907—978	宋
楚	马殷	927—951	南唐
闽	王审知	909—945	南唐
南汉	刘龑	917—971	宋
前蜀	王建	907—925	后唐
后蜀	孟知祥	934—965	宋
南平	高季兴	924—963	宋
北汉	刘旻	951—979	宋

《新五代史》是一部纪传体五代史，二十四史之一，由北宋大文豪欧阳修所撰。此书是宋代以后唯一一部私家撰写的正史。这部书撰成之时名为《五代史记》，但为了和以前的官修《旧五代史》相区别，故名曰《新五代史》。《新五代史》中包括本纪12卷，列传45卷，考3卷，世家10卷，世家年谱1卷，四夷附录3卷，共74卷。这部史书所载，起于后梁开平元年（907年），迄于后周显德七年（960年），共53年的历史。作为私家著史，《新五代史》有自己独到的东西，其一：仿效孔子，采用《春秋》笔法，于字里行间褒贬人物；其二，仿效司马迁，采用通史写法，并恢复了久已不用的“世家”，记述五代时期十国的历史。欧阳修注重借史传达自己的道德观念和历史观，目的是以乱世之史惩戒“乱臣贼子”。欧阳修在书中多有评论，并俱以“呜呼”开头，故此书有“呜呼传”之戏称。由于过度重视史书的批判教育功能，书中某些记载有失实之处，故史料价值不如《旧五代史》。

《宋史》

《宋史》是元朝官修的一部纪传体宋朝史书，二十四史之一，也是二十四史中篇幅最多的一部书。它和《金史》、《辽史》一样，也是早就拟定编修，也准备了较为充足的资料，但由于“正统之争”而始终未能进行，直到元顺帝至正三年（1343年），才开始编修。此书的编写由丞相脱脱主持，于元顺帝至正五年（1345年）编修完成，历时两年半。

全书共496卷，包括本纪47卷、志162卷、表32卷、列传255卷。书中所载，起于宋太祖建隆元年（960年），终于南宋赵昺祥兴二年（1279年），共计320年的历史。这部史书，包含北宋和南宋的全部历史。《宋史》篇幅浩繁，但成书时间很短，其中一个重要的原因就是宋朝政府十分重视对历史的编修，当时宋政府设立的编写史书的机构也非常完善，因此保留到元朝时的史料极其丰富。《宋史》在编修过程中，很多资料都是从宋朝的史料中原文摘取的。《宋史》因为成书时间短，因此显得比较粗糙，再加上文字水平较差，历来受到很多非议。但它对我们研究宋王朝的整个历史有着极其重要的史料价值。

《辽史》

《辽史》是元代官修的纪传体辽朝史，二十四史之一。它是二十四史中成书时间较短，也是缺陷比较明显的一部。此书由元顺帝时期的宰相脱脱主持编修，成书于元顺帝至正四年（1344年）。《辽史》全书共116卷，包括帝本纪30卷、志32卷、表8卷、列传45卷，另附有《国语解》1卷。全书记载了辽朝200多年的历史，在“志”中，《辽史》首创了《营卫志》。《辽史》在编写时，主要参考了辽耶律俨编写的《辽实录》以及金陈大任编写的《辽史》。在编写《辽史》的同时，《宋史》和《金史》也在进行同步编写，史料可以相互印证。

契丹人

在编写思想上，该书打破了以前史书中将一方尊为正统，另一方称为叛逆的“正统修史思想”，而采用让“三国各为正统”的写史方法，消除了“正统之争”。因为有关辽朝的历史文献流传至今的很少，所以，《辽史》对我们研究辽朝的历史有很重要的参考价值。

《金史》

《金史》是元朝官修的一部纪传体金朝史书，二十四史之一。早在元世祖时期该书就已开始拟定修撰，但由于“正统之争”而未能完成。后来脱脱打破“正统”观念，该书于元顺帝至正四年（1344年）编修完成。

《金史》所记历史自女真族的兴起开始，直到金朝灭亡结束，共计120余年。全书共135卷，包括本纪19卷、志39卷、表4卷、列传73卷，书末另附有《金国语解》一篇。其中，“志”为14类，分别为天文、历、五行、河渠、地理、祭祀、礼乐、舆服、仪卫、选举、百官、兵、刑及食货等；“表”为2类，分别为宗室和交聘。《金史》在编写过程中所引用的史料大都直接取自金朝时期的各种历史文献，因此书中记载的历史较翔实可靠。同时，《金史》是元朝官修的3部史书中评价最好的一部，是我们研究金朝历史的必备文献。

《元史》

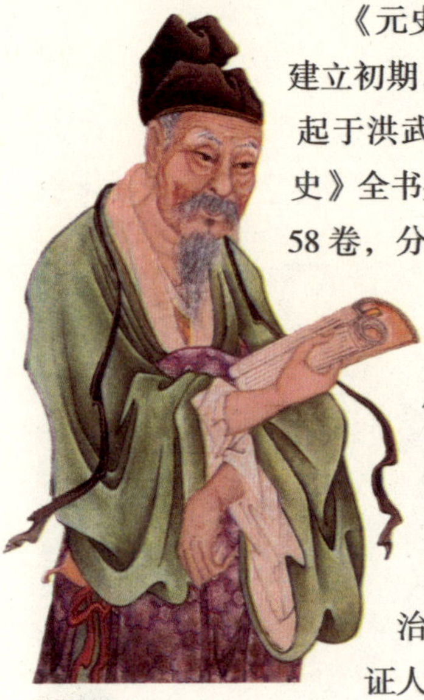
宋濂像

《元史》是一部纪传体元朝史书，二十四史之一。它是在明朝建立初期，明太祖朱元璋命宋濂、王祎等编著的。该书的编撰时间起于洪武元年（1368年），最终成书于洪武三年（1370年）。《元史》全书共210卷，其中本纪47卷，共记载了元朝14位皇帝；志58卷，分天文、历、五行、河渠、地理、祭祀、礼乐、舆服、选举、百官、兵、刑及食货，共13类；表8卷，分后妃、宗室世系、诸王、诸公主、三公、宰相，共6类；列传97卷，共收录人物1200多人。《元史》成书时间距离元朝灭亡的时间很短，因此书中所引用的写史资料很多都直接借鉴元朝流传下来的文献资料，因此保留了很多珍贵史料；同时，由于参加编写的史官都经历过元朝的统治，还有很多人曾在元朝为官，因此可以作为元朝历史的见证人。但是，由于朱元璋急于成书，再加上宋濂等人并非历史学家，所以《元史》错讹漏误颇多，或人物排列失时，或为一人立两传，不一而足。所以，此书虽有很高史料价值，但因其太过草率，故后人对此书多有修补。

《明史》

《明史》是清朝官修的一部纪传体明朝史，题为张廷玉所做，实际上是清朝史官合作。此书为二十四史的最后一部正史。《明史》自清顺治二年（1645年）开始编修，直到雍正十三年（1735年）才编纂完成，历时90多年，是二十四史中编修时间最长、用力最深，并且得到评价较好的一部史书。《明史》全书共332卷，其中包括本纪24卷、志75卷、表13卷、列传220卷，所记历史自明太祖洪武元年（1368年）开始，直到明崇祯十七年（1644年）结束，共计270多年。全书在编写上体例严谨、叙事简洁，而且根据明王朝的特点在记事上有所创新，比如增设了《阉党传》、《土司传》、《流贼传》等。《明史》最大的价值有两点：一是在取材上翔实谨慎；二是在对明朝人物评价上较客观公正。但是，书中也存在避讳清朝是少数民族而统治中原、蔑视农民起义等缺点。

《清史稿》

《清史稿》是一部纪传体清朝史书，是历代正史中篇幅最大的史书。它是 1914 年北洋政府召集赵尔巽等 60 余位当时文史专家共同编修的。1912 年时初稿已成，但杂乱无序，后重订，于 1927 年刊印，但那时此书尚未完成修订，故仿《明史稿》先例，取名为《清史稿》。《清史稿》全书共 529 卷，书中所记，起于努尔哈赤开国（1616 年），迄于溥仪颁布退位诏书（1912 年），共计 296 年的历史。其中，本纪 25 卷、志 135 卷、表 53 卷、列传 316 卷。书中所采资料大都是出自清代官方文献，并主要参考了清代历朝的实录以及其他一些志、传等史料，保留了很多史料。但是，此书缺陷颇多，一是参与编纂的成员过多，对全书的资料也没有系统地进行整理，使资料杂乱无章；二是编纂者站在清王朝的立场上，历史观存在问题。虽然存在很多弊端，但《清史稿》具有珍贵的文献价值。

清太宗皇太极

《竹书纪年》

《竹书纪年》是战国时期魏国编写的一部编年体史书，出自汲郡（今河南汲县西南）魏襄王墓。该书本名为《纪年》，因它是用竹简书写而成的，所以后人把它称为《竹书纪年》。

《竹书纪年》全书共 13 篇，记载了夏、商、西周、春秋时的晋国以及战国时的魏国的历史，按年编次。《竹书纪年》不以儒家的“仁义道德”为指导思想，大量记载古代“放杀”的历史，比如书中记载了启杀益、太甲杀伊尹等事件。此外，书中很多事件的记载也和其他史书的记载颇有出入。比如，书中记述，自周受命直到周穆王时应该是 100 年，而并不是周穆王 100 岁等。《竹书纪年》一书，以记载王室争权夺利的斗争为核心。《竹书纪年》因其写作的思想和所记内容与正统的儒家思想大相径庭，受到后世儒家贬斥，该书的学术地位日渐下降，甚至被称为“荒诞”之书。但是，现在的历史学家对《竹书纪年》仍十分重视。

《汉纪》

《汉纪》是由东汉荀悦所著，是我国古代第一部编年体断代史书，又称《前汉纪》，所记之事自秦二世元年（公元前209年）开始，直到王莽十五年（24年）结束，共计234年。《汉纪》全书共30卷，以记载西汉王朝各代帝王为主，包括高祖、惠帝、吕后、文帝、景帝、武帝、昭帝、宣帝、元帝、成帝、哀帝、平帝等。《汉纪》的撰写目的就是通过对历史的总结，以史为鉴，巩固封建统治。作者在《汉纪》中提出撰写史书应遵循5条原则，即达道义、彰法式、通古今、著功勋、表贤能。实际上，每一条原则都是在说，写史的目的就是为封建统治者服务。《汉纪》与《汉书》相比，叙事较简单，略显逊色，但由于《汉纪》符合当时统治者的需要，深受推崇，与《汉书》齐名。同时，由于《汉纪》中所记历史有些是《汉书》中所没有的，因此具有很高的史料价值。

《后汉纪》

汉明帝刘庄像

《后汉纪》是仿照荀悦所作的《汉纪》编写的一部编年体断代史。作者袁宏（328 ~ 376年），字彦伯，陈郡阳夏（今河南太康）人，东晋时期文学家、史学家。他善作诗赋，且文章华美，史称“一时文宗”。书中以名教思想为主线，以“夫史传之兴，所以通古今而笃名教”为宗旨，记载了自新莽元凤四年（17年）绿林起义，直到建安二十五年（220年），共200余年的东汉兴衰史。书中共记载了世祖、明帝、章帝、和帝、殇帝、安帝、顺帝、冲帝、质帝、桓帝、灵帝、少帝、献帝13位东汉皇帝，最后以曹丕废汉献帝，刘备于蜀中自立为帝结束。《后汉纪》撰写的目的是要编写一部较《汉纪》简明，便于后人阅读了解的东汉断代史。在取材上，《后汉纪》超出了《汉纪》，以《汉书》为底本，搜罗各家资料编写而成。《后汉纪》在我国史学界有着极其重要的地位，特别是它严肃的写作态度、广泛的取材，对后世影响颇大。

《资治通鉴》

《资治通鉴》是我国古代史书中一部规模空前的编年体通史。作者司马光（1019 ~ 1086年），字君实，号迂叟，世称涑水先生，谥号文正，陕州夏县（今山西夏县）人，北宋著名史学家和杰出的政治家。《资治通鉴》共294卷，另有《目录》、

《考异》各30卷，约300多万字。《资治通鉴》所记之事，自周威烈王二十三年（公元前403年）开始，直到后周显德六年（959年）结束，共记载了从战国到五代末年共计1362年的历史。《资治通鉴》书名的意思是“鉴于往事，有资治道”，其著书宗旨是“叙国家之兴衰，著生民之休戚，使观者自择其恶得失，以为劝诫”。也就是说该书的编撰目的是为封建统治者提供历史的借鉴。全书所选史料极其丰富，在编写过程中的治史态度也十分严谨，记述历史时文笔优美，可读性很强。更重要的是，《资治通鉴》在一定程度上对封建社会的黑暗统治给予了揭露。

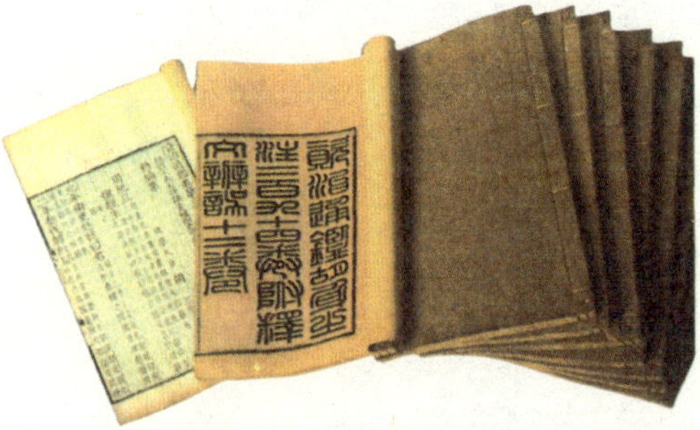
《资治通鉴》书影

《资治通鉴》在我国史学界和文学界有着很高的地位，问世后得到极高的评价，被认为是撰写历史不可不读的史书。同时，后人又有很多在它基础上撰写的“续”史。宋神宗曾评价它说：“前代未尝有此书，过荀悦《汉纪》远矣。”

《续资治通鉴》

《续资治通鉴》，原名《宋元编年》，是一部纪传体史书，记载了宋、辽、金、元四代历史。作者毕沅，字襄蘅，又字秋帆，号灵岩山人，江苏镇洋（今太仓）人，曾历任清政府官吏，好治学，涉猎范围非常广，一生所著作品颇丰。

这部史书共220卷，纪事接《资治通鉴》，自宋太祖建隆元年（960年）开始，到元顺帝至正二十八年（1368年）结束，共记载了400多年的历史。先前已经有人为《资治通鉴》作“续”，但成就均不高。毕沅纠集门下学者，搜罗四库馆中所藏的资料，对前人所作的“续”进行了极大的补充。该书与以往的“续《资治通鉴》”相比有很大的区别：一是全书没有评论部分，只是对史实加以记载；二是全书对辽、金的历史也有较详细的记载。《续资治通鉴》在史学界虽无法和《资治通鉴》地位相平，但被后人看成唯一能做《通鉴》续的一部书，后人将两部书合并，称为《正续资治通鉴》。

《明实录》

《明实录》，又名《大明实录》、《皇明实录》。《明实录》是一部明代官修的编年体历朝史书，书中所记自明太祖朱元璋起，到明熹宗朱由校结束，共计明朝15代皇帝的历史。

全书共13部，含2911卷，包括《太祖高皇帝实录》257卷、《太宗文皇帝实录》130卷、《仁宗昭皇帝实录》10卷、《宣宗章皇帝实录》115卷、《英宗睿皇帝实录》

明世宗像

361卷、《宪宗纯皇帝实录》293卷、《孝宗敬皇帝实录》224卷、《武宗毅皇帝实录》197卷、《世宗肃皇帝实录》566卷、《穆宗庄皇帝实录》70卷、《神宗显皇帝实录》596卷、《光宗贞皇帝实录》8卷、《熹宗皇帝实录》84卷。此外，书中将“建文实录”附于《太祖实录》中，“景泰实录”附于《英宗实录》中。《明实录》中存在着大量为明王朝统治者歌功颂德之词，有时甚至歪曲历史事实，但是，它对我们研究明王朝历史仍有很高的史料价值。

《清实录》

《清实录》是一部清代官修的编年体清朝历史，记载了自清太祖努尔哈赤起到清德宗（即光绪皇帝）共计11个清朝皇帝的历史。《清实录》全书分12部，共4363卷，其中包括《满洲实录》8卷、《太祖实录》10卷、《太宗实录》65卷、《世祖实录》144卷、《圣祖实录》300卷、《世宗实录》159卷、《高宗实录》1500卷、《仁宗实录》374卷、《宣宗实录》476卷、《文宗实录》356卷、《穆宗实录》374卷、《德宗实录》597卷。其中，《满洲实录》就是后金天聪年间修成的《太祖实录》，主要介绍满洲兴起以及努尔哈赤一生的功绩。该书和《明实录》有着同样的缺点，即在编写时对清朝皇帝存在大量的溢美之词，特别是《太祖实录》、《太宗实录》和《世祖实录》，更是经过多次“校订重修”，存在很多失实之处。

《通鉴纪事本末》

《通鉴纪事本末》是我国第一部纪事本末体史书。作者袁枢（1131 ~ 1205年），字机仲，南宋建州建安（今福建建瓯）人，历任南宋官吏，为人刚直不阿，著有《通鉴纪事本末》、《易学索引》、《易传解义》、《周易辩异》等。

这部纪事本末体史书，以北宋司马光编写的《资治通鉴》为基础，书中内容完全抄录《资治通鉴》，甚至对历史的评价都是直接摘抄司马光在《资治通鉴》中对历史的评价。该书的编写目的和《资治通鉴》一样，也是为统治者提供借鉴；书中所选事件的侧重点也是以政治军事类为主。但是，此书在编写体例上，完全不同于编年体、纪传体，而是采用了以记载历史事件为中心的新写法，开创了纪事本末的新体例。全书共42卷，所收《资治通鉴》中的历史事件239件，记载了自三家分晋开始，直到周世宗征淮南结束，共计1300多年的历史。《通鉴纪事本末》在我国史学界有着很高的地位，开创了“纪事本末体”的写史体例，被称为“史学入门之书”。

《唐会要》

《唐会要》是一部会要体唐代典章制度史，也是现存我国最早的会要体史书。作者王溥（922 ~ 982 年），字齐物，并州祁县（今山西祁县境内）人，熟悉各种典章制度，曾在五代后汉、后周任官吏。入宋后，王溥任宰相，著有《唐会要》、《五代会要》等。

《唐会要》实际上经历了 3 次编写。其中，最早的一次是在唐德宗时期，苏冕编写了 40 卷《会要》，后至唐宣宗时又编成 40 卷《续会要》。王溥的《唐会要》是在总结前两部书的基础上编写而成的。全书共 100 卷，分 13 类，514 目。其中，13 类分别为：帝系、礼、乐、刑、封建、官制、宫殿、舆服、佛道、释惑、历象、学校、四裔。书中主要是论述唐代的政治、经济、军事以及文化制度等的发展变化。《唐会要》对后世影响很大，书中保留了很多极具价值的唐史料，对我们研究唐的制度史有很高的参考价值。

唐代握笔文吏俑

《明会典》

《明会典》是一部明代官修的以行政法为主要内容的典章制度集。其成书非出自一时一人之手，共经 3 次编修。第一次为明孝宗弘治十年（1497 年）开始，至弘治十五年（1505 年）成书，当时称《大明会典》。明武宗正德四年（1509 年）重校刊行，共 180 卷。第二次为明世宗嘉靖二十八年（1549 年）修成的《续大明会典》。最后一次为明神宗万历四年（1576 年）重修，历时 11 年，称《重修会典》，共 228 卷。今人多引万历年本。

《明会典》在论述各行政机构的职掌和事例时，以六部官制为纲领，主要参考了明代官修《皇明祖训》、《大诰》、《洪武礼制》、《宪纲》、《大明律》、《大明令》、《大明集礼》、《稽古定式》,《孝慈录》、《礼仪定式》、《教民榜文》、《军法定律》等书编修而成，对后世研究明代的典章制度具有很高的文献价值。

《大清会典》

《大清会典》是清朝官修的一部典章制度史。该书并不是出自一人一时之手，初成书时间是康熙二十九年（1690 年），后来又经雍正、乾隆、嘉庆、光绪四朝重修，最后一次于光绪二十五年（1899 年）完成。《大清会典》，又名《钦定大清会典》、

《清会典》。全书共 3312 卷，在编纂体例上仿照《明会典》，以六部官制为统筹纲领，分别记载政府各个行政机构的职掌和事例。其中，总理事务衙门是书中增设的。《大清会典》与《明会典》最大的区别就在于它增设了“则例”。康熙、雍正时期所修《会典》均是将实行的事例附在法典条目之下的。而自乾隆开始，编修《会典》时则是将法典条目和事例分开，另设“则例”一目。此外，《大清会典》中还包括了用来说明礼、乐、天文等方面的图示，称为“会典图”。《大清会典》是我们研究清朝典章制度的重要资料，也有人称之为“清朝宪法”。

《山海经》

《山海经》是我国古代地理名著。关于其作者和成书时间，今已无可考。一般认为，该书非出自一人一时之手，初成书时约为战国时期。

《山海经》一书内容庞杂，涉及古代山川、物产、祭祀等方面的内容，可看作上古时代的百科全书。书中主要以记载各地地理为主，所记范围非常之广，涉及我国以及东亚和中亚等地区。今本《山海经》共 18 卷，含 39 篇。其中，《五藏山经》5 卷，包括中、南、西、北、东经各 1 卷，含 26 篇；《海经》8 卷包括海外南、西、北、东经各 1 卷，海内南、西、北、东经各 1 卷，含 8 篇；《大荒经》4 卷，包括东、南、西、北经各 1 卷，含 4 篇；另有《海内经》1 卷 1 篇。《山海经》中保留了大量的远古神话，是先秦古籍中保留神话最多的一部。《山海经》包罗万象，对各地的地理、历史、文化、风俗民情、神话、物产等都有记载，是研究我国地理的宝贵资料。书中有关各地矿产的记叙，是世界上最早的有关矿物和矿物学分类的地理文献。

《水经注》

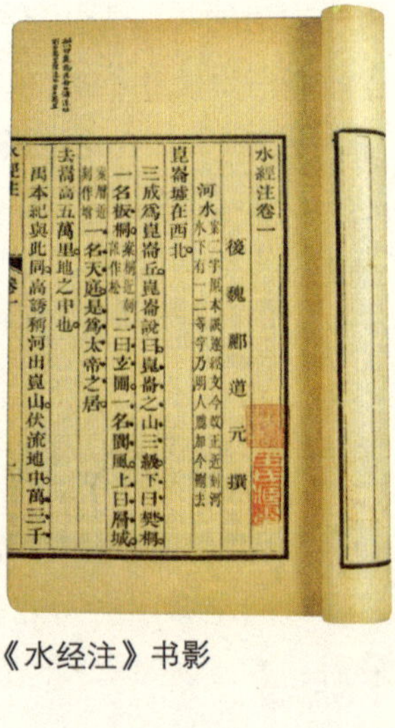
水經注卷一
後魏酈道元撰
河水
崑崙墟在西北
三成爲崑崙丘崑崙說曰崑崙之山三級下曰樊桐
一名板桐二曰玄圃一名閬風上曰層城
一名天庭是爲太帝之居
去嵩高五萬里地之中也
禹本紀與此同高誘稱河出崑山伏流地中萬三千

《水经注》书影

《水经注》是一部综合性地理著作。作者郦道元（约 466 ~ 527 年），字善长。范阳涿鹿（今河北涿州）人，北魏时期著名地理学家、散文家。博览群书，爱好游览，曾任官吏。《水经注》是他参考大量地理资料，并结合实地调研写成的。全书共 40 卷，书名虽为对《水经》所作之注，实际上是自成一作。《水经》一书简要记载 137 条主要河流的水道情况，仅 1 万多字，记载简略，缺乏系统性。而《水经注》约 30 万字，书中不仅记述了 1252 条河流的发源地点、流经地区、支渠分布以及河道历史上的变迁等情况，还记载了水道流经各地的山陵、城郭、农田水利、土地物产乃至于风俗习惯。《水经注》对我们研究古代的河道地理具有很高的文献价值，其山水散文的艺术成就对后世也有很大影响。

《大唐西域记》

《大唐西域记》，简称《西域记》，是玄奘根据自己的亲身经历编著的一部佛教游记著作。作者玄奘（602～664年），俗姓陈，名祎，洛州缑氏（今河南偃师县南缑氏镇）人，出生于官宦家庭，出家后法名玄奘。因玄奘的名气很大，所以人们又称他为“唐僧”，尊称为“三藏法师”。

那烂陀寺遗址

唐贞观元年（627年），玄奘为取“真经”，从长安出发，历时19年，经100多个国家，最后到达印度。回国后，经他自己口述，由辩机整理成《大唐西域记》。全书分12卷，共10万余字。书中记载的既有玄奘亲身经过的西域及天竺的110个国家，也有他听闻的28个国家，同时还有附带提及的12个国家。书中记载了玄奘在取经途中所见国家的都城、疆域、政治、历史、地理、语言、文化、物产、气候、宗教信仰以及风土人情等状况。《大唐西域记》在世界史学界有着很高的地位，是我们研究古代中亚及印度历史的重要史料。

《徐霞客游记》

《徐霞客游记》是一部地理学名著，作者徐霞客（1587～1641年），原名徐宏祖（本书弘祖，清代刻印《徐霞客游记》时，因避乾隆帝弘历讳，改“弘”为“宏”），字振之，别号为霞客，江阴（今江苏江阴）人，明代著名旅行家、地理学家。徐霞客自幼喜读古今地志，一生未入仕途，游历祖国大江南北。他被李约瑟称为“千古奇人”。

徐霞客根据30多年的实地考察，以自己的见闻编写了这部日记体游历记录。全书共计60余万字，所含内容十分丰富广泛：既有对山川河流渊源、地形地貌特征的考察，又有对岩石洞穴、奇峰瀑布的探索；既有对各种矿产、手工业、农业乃至城市建制、风土人情、民俗状况的记载，又有对各种动植物品种的比较。同时，书中还对当时处于边陲的我国西南少数民族地区的状况有所记载。全书在记写地理时，融入了作者强烈的爱国主义思想感情。《徐霞客游记》对后世影响很大，李约瑟评价道：“他的游记读来并不像是17世纪的学者所写的东西，倒像是一部20世纪的野外勘察记录。”

《洛阳伽蓝记》

《洛阳伽蓝记》与《水经注》、《齐民要术》并称为北魏时期3部杰作。作者杨衒之，生卒年不详，北平郡（今河北保定地区）人，精通佛教经学，北魏末期为奉朝请、秘书监，东魏时任期城郡太守、抚军府司马。因见战后洛阳由皇帝斥巨资所建之佛寺都残破不堪而有感，撰《洛阳伽蓝记》，记述北魏首都洛阳佛寺的兴衰与改革。全书按照地理次序分城内、城东、城南、城西、城北，共记载了北魏时期首都洛阳的40多所寺院，提供了关于北魏迁都洛阳40年间的佛教史料。另外，书中的《宋云、惠生使西域行记》、《京师建制及郭外诸寺》两篇文章记载了宋云去天竺的情况以及印度地区的佛教情况。同时，《洛阳伽蓝记》从另一个侧面反映了当时的社会经济文化，对我们研究北魏历史有很高的史料价值，对于我们研究中印交通史也具有很高的文献价值。

造像　南北朝

《贞观政要》

《贞观政要》是一部有关唐太宗时期君臣议政内容的言论集。作者吴兢（670 ~ 749年），唐汴州浚仪（今河南开封）人。他年轻时就立志研究历史，武则天时开始担任史官，任职期间，曾撰写《则天实录》、《睿宗实录》等史书，后因所修《则天实录》内容不受张说接受而被贬。晚年潜心著述，著有梁、齐、周史各10卷，陈史5卷及隋史20卷。

全书10卷40篇，8万余言，撰写时间在唐开元、天宝年间，这也是唐王朝由盛而衰的转变开始。吴兢看到当时的现状，想要向唐玄宗进谏，希望起到“亡羊补牢”的作用，于是写作此书，希望能给最高统治者以警示。《贞观政要》的内容虽是贞观年间唐太宗李世民与臣下魏徵、王珪、房玄龄、杜如晦等40余位大臣论政言论以及一些大臣的谏议和劝谏奏疏，但实际上是吴兢政治思想的体现。《贞观政要》被后世的政治家视为从政指南，同时它也是我们了解唐朝贞观年间历史的重要依据。

《史通》

《史通》是我国第一部史学评论专著。作者刘知几（661 ~ 721年），字子玄，唐徐州彭城（今江苏徐州）人。他自幼爱好文史，自武则天长安二年（702年）起，开始担任史官，中宗景龙二年（708年）辞去史官职务，私撰《史通》，以见其志。

全书共20卷，包括内篇39篇、外篇13篇。其中，内篇的《体统》、《纰缪》、《弛张》三篇今已失传，今本为49篇。《史通》是针对唐以前的写史所采用的主要体例——编年体和纪传体进行了总结，将采用这两种体例编写的史书称为“正史”，并对这两种体例的编写特点和得失进行评论。书中认为必须沿袭这两种体例，而以后写史的主要体例则是断代体。《史通》既论述了有关史书的体裁体例、史料采集、表述要点和作史原则，也论述了史官制度、史籍源流以及杂评史家得失。《史通》在我国史学界有着很高的地位，它具有划时代的意义，对后世史书的编写方式产生很大的影响，对我国历史学的发展有着不可估量的作用。

《通典》

《通典》是我国第一部典章制度通史。作者杜佑（735～812年），字君卿，唐京兆万年（今陕西西安）人，自唐天宝年间起入仕为官，是唐代著名的史学家、政治家。杜佑从30岁起开始编写此书，直到65岁才编成进献，历时35年。全书的编写以“实采群言，征诸人事，将施有政”为宗旨，记述唐天宝以前的历代经济、政治、礼法、兵刑等典章制度。全书共分9门，200卷，其中，食货典12卷、选举典6卷、职官典22卷、礼典100卷、乐典7卷、兵典15卷、刑法典8卷、州郡典14卷、边防典16卷。这部著作堪称古代典章制度的百科全书。在典章的记述上，有略于古而详于“今”的特点。《通典》中引用了大量的史料文献，对我们研究古代的典章制度有着极其重要的文献价值。

唐代彩绘文吏俑

《通志》

《通志》是继《史记》以后的又一部纪传体通史名著。作者郑樵（1104～1162年），字渔仲，南宋莆田人。郑樵博览群书，天文地理、经史子集无所不通，一生著作颇丰，达1000多卷，但流传下来的不多。

所谓“通志”，也就是通史的意思。在编写体例上，《通志》实际上是继承了《史记》，只是将《史记》中的“表”改为“谱”、“志”改为“略”。此书所记历史自上古时期开始，直到唐朝结束，但是具体断代又有所不同。书中包括本纪、世家、列传、二十略、四夷传、年谱、载记7大部分，共500多万字。《通志》中最精华的部分就是它的二十略，这二十略包括氏族略、六书略、七音略、天文略、地理略、都邑略、礼略、谥略、器服略、乐略、职官略、选举略、刑法略、食货略、艺文略、校雠略、金石略、图谱略、灾祥略、昆虫草木略。其中氏族略、校雠略、金石略、六书略、七音略、都邑略、图谱略、昆虫草木略等都是郑樵首创。对于这些创新，郑樵本人也很清楚，他在《通志·总序》中说：二十略中，礼、职官、选举、刑法、食货五略，“汉、唐诸儒所得而闻”，它们“虽本前人之典，亦非诸史之文”；其余十五略，则“汉、唐诸儒所不得而闻也”。郑樵打破了旧史传统，勇于创新，为历史编纂学做出了贡献。另外，《通志》还体现了他的著史思想，即推崇通史，反对采用断代手法写史。

《文献通考》

《文献通考》是上古到南宋时期的典章制度史。作者马端临（1245～？），字贵与，号竹洲，饶州乐平（今江西乐平）人，宋末元初杰出的史学家。《文献通考》是他历时20余年写成的。《文献通考》以《通典》为蓝本，并对它进行了补充和发展。全书共为348卷，分田赋、钱币、户口、职役、征榷、市籴、土贡、国用、选举、学校、职官、郊社、宗庙、王礼、乐、兵、刑、经籍、帝系、封建、象纬、物异、舆地、四裔，共24门，每门之下又分若干子目。其中，经籍、帝系、封建、象纬、物异是该书的首创。书中记载了自上古时期到宋宁宗期间的典章制度发展史，尤其是有关宋朝典章制度的记载更为翔实。书中还体现了作者把经济放在政治、文化之前的新的学术思想。在这部史书里，马端临采用文（文献网罗与考订）、献（前人的议论）、注（马端临的看法）相结合的手法著史，是历史学的独创。《文献通考》具有很高的文献价值。它补充了《宋史》中“志”的不足，是我们研究古代典章制度发展史的重要资料。故而，史学界将此书与杜佑的《通典》、郑樵的《通志》并称为“三通”。

《列女传》

《列女传》是古代妇女的传记。作者刘向（约公元前77～前6年），本名更生，字子政，沛（今江苏沛县）人，西汉著名学者，著有《别录》、《说苑》、《新序》等

列女仁智图卷（宋摹本） 东晋 顾恺之

书。《列女传》记载了自上古传说时代的有虞二妃开始，直到西汉时期的妇女。该书的撰写目的是为了讽谏当时汉成帝宠信赵飞燕姐妹而疏于朝政的情况。全书共分7卷，每卷记15人，共计105人。书中将所记妇女分为7类，分别为：母仪、贤明、仁智、贞顺、节义、辨通以及孽嬖，且每写一人，后面都附有“颂”，用来对人物进行赞扬评价。书中又有《续列女传》1卷，共计20人，但无“颂”。该书的主旨是在宣扬封建伦理道德纲常，除“孽嬖”外，其他6类都是封建伦理道德的坚决“执行者”。此外，该书也从另一个方面对我国古代妇女的生活风貌有所反映。《列女传》一书较之其他古代史籍传记影响较小，但是该书毕竟是在当时男尊女卑的社会环境中为妇女作传的，具有一定的进步意义。同时，该书也为后人写史设“妇女传”做了榜样，具有首创精神。

《蒙古秘史》

《蒙古秘史》是一部最早的有关我国蒙古族历史的史学著作，又名《脱卜赤颜》、《元朝秘史》，成书于13世纪中叶的窝阔台时期。

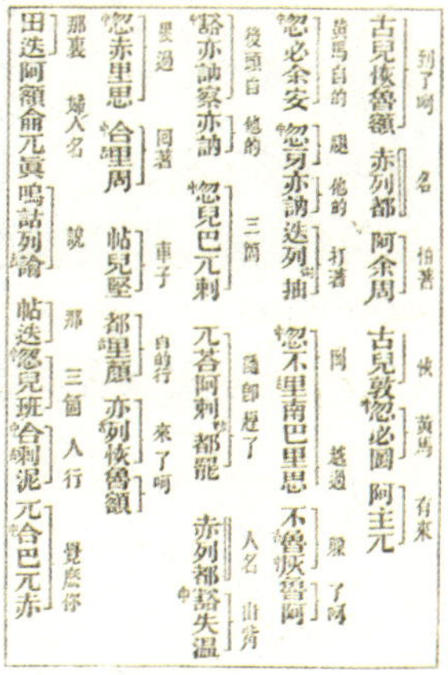

《蒙古秘史》书影

此为1908年刊行的《蒙古秘史》，左为汉字标音，右为汉字注解。

《蒙古秘史》是一部采用畏兀儿体蒙文撰写的编年体蒙古史书。书中记载了自8世纪中叶蒙古的兴起开始，直到13世纪中叶蒙古大帝国形成结束，共计500多年的蒙古历史。全书共12章，分两部分，共282节。其中，前10章为一部分，共246节，记载了有关蒙古族起源和成吉思汗的一生事迹。书中对成吉思汗进行神化，说他统治蒙古是顺应“长生天”的意志，他所指挥的每次战争都是奉了“长生天”的旨意，反映了全书的唯心主义历史观。后两章为续集，共36节，记载了成吉思汗死后，其子窝阔台继承汗位以后的事件。此书较全面地反映了蒙古族早期的历史，是我们研究元朝初期以及蒙古帝国建立以前的历史的重要资料。

《东华录》

《东华录》是一部记载清朝前期历史的史书。作者蒋良骐（1723 ~ 1788年），字迁之、嬴川，广西全州人，乾隆年间进士，博学多闻，多次任清朝官吏。乾隆三十六年（1771年），重开国史馆，蒋良骐入内供职，为纂修官。

该书的成书时间是在蒋良骐任国史馆纂修官期间，因当时的国史馆设立于京城东华门内，因此取名为“东华录”。全书共32卷，以《清实录》为参照，同时也采用了其他材料，所记历史始于后金的传说，结束于清雍正帝十三年（1735年）。该书最大的价值在于它保留了很多有关清朝前期历史的原始资料。特别值得一提的是，由于后来《清实录》被多次重修校订，很多历史事件大变容貌，而《东华录》则保留了很多未加修改的资料。全书在纪事上比较简单，后来有人仿照它的体例进行续作，但均无法超越它的水平与价值。

《大唐创业起居注》

唐高祖李渊像

《大唐创业起居注》是唐朝一部重要的起居注类史著。作者温大雅（约572～629年），字彦宏，并州祁（今山西祁县东南）人，曾在隋为官，李渊起兵反隋后，任大将军府记室参军，经历了李渊由起兵到称帝的整个过程。李世民即位后，温大雅受到重用，被封为黎国公。

全书共分3卷，所记之事自隋朝末年李渊在太原起兵开始，直至隋朝宇文化及发动政变，李渊称帝建立唐王朝结束，共计357天。温大雅所记史事，都是他亲身经历或是耳闻目睹的。同时，由于此书成于唐初期高祖年间，因此在撰写历史时避讳之处较少，比较真实可靠。特别是书中关于唐太宗李世民的历史记载，与后来的《旧唐书》和《新唐书》出入较大。但由于后两书成书于唐期以后，故不免对李世民多溢美之词，而《大唐创业起居注》中所记历史则比较公正客观。

《华阳国志》

《华阳国志》是一部历史学名著，作者常璩（约291～361年），字道将，蜀郡江原（今四川崇州市）人，曾在成汉李氏政权中任职，后来桓温灭李氏，常璩被拜为参军，于是来到建康。

《华阳国志》全书共为12卷，依次为《巴志》、《汉中志》、《蜀志》、《南中志》、《公孙述刘二牧（刘焉、刘璋）志》、《刘先主志》、《刘后主志》、《大同（晋统一）志》、《李特、雄、期、寿、势志》、《后贤志》、《先贤士女总赞》、《序志并士女目录》。《华阳国志》以记载巴蜀地区的历史和地理为主要内容。在写作手法上，《华阳国志》将编年史、人物志以及地理志三者结合起来，记载了4世纪以前的以益州为中心的西南地区的历史地理状况，开创了后世撰写地方志的先河。《华阳国志》在我国有着重要的地位，书中记载的许多内容可对正史记载不足进行补充，是我们研究西南地区历史和地理的重要资料。

子部

《老子》

《老子》，又名《道德经》，其作者相传是老子。老子原名李耳，字伯阳，楚国苦县（今河南鹿邑东）后乡曲仁里人，春秋时著名思想家、道家创始人。因为传说他“生而皓首”，故名老子。

全书共81章，5000多字，集中体现了老子的思想。在哲学上，《老子》认为“道”是世界的本原，提出“道生一，一生二，二生三，三生万物”的观点，认为世间万物都是由“道”演化出来的。《老子》中还含有朴素的辩证法思想，如“祸兮福之所倚，福兮祸之所伏”、“反者道一动”、“有无相生，难易相成”等观点。在政治上，老子一方面对统治阶级进行抨击，如书中提到“天之道损有余而补不足，人之道则不然，损不足而以奉有余”；另一方面，他主张清静无为、寡欲、知足，幻想人类回到“小国寡民”的原始状态。《老子》对中国的哲学产生了很大的影响，对后世的文人思想家及一些学派的思想发展也都有一定影响，特别是儒家学派。在中国哲学的发展史上，《老子》之后的唯物、唯心两派都从不同角度吸取了他的思想。

郭店楚简

郭店楚简于1993年在湖北省出土，共保存了先秦时期的儒家和道家典籍18篇。其中《老子》3篇，与今本《老子》存在一定差异。

《庄子》

《庄子》，古代著名的哲学著作。作者庄子，名周，宋国蒙（今河南商丘东北）人，战国时期著名的哲学家，道家学派代表人物。《庄子》今存33篇，分内、外、杂3部分，现今学术界普遍认为内篇为庄子所作，外篇、杂篇是其门人及其他道家学者所作。在对世界和事物的认识上，书中发展了老子的“道法自然”的思想，否定了神创论，认为凡事必须遵循事物自身的发展规律。同时，《庄子》还继承了老子的朴素辩证思想，但是由于它用相对性来否定绝对性，因此又得出了虚无主义和宿命论的唯心主义观点。在政治和学术观点上，《庄子》强烈抨击当时的统治阶级，同时也轻视当时的诸子百家，提出了“任自然”的处世观点，这种观点在当时的社会政治条件下有一定的积极作用。《庄子》一书的另一大特点就是“美”，书中大量运用诗和寓言来阐述庄子的思想，将抽象的哲学寓于生动的艺术形象中。《庄子》一书对后世哲学的发展产生了深远的影响。书中提及美的起源、本质及美感问题，为中国古代美学奠定了理论基础。鲁迅评价道：“其文汪洋捭阖，仪态万方，晚周诸子之作，莫能先也。”

《管子》

《管子》一书托名为管仲所著，实为战国时期齐国稷下学者所作的著作总集，后经刘向编订为86篇。《管子》今本仅存76篇，其余的10篇仅存目录。全书共分8类，其中，“经言”9篇、“外言”8篇、“内言”7篇、“短语”17篇、“区言”5篇、“杂言”10篇、“管子解”4篇、“管子轻重”16篇。全书内容庞杂，其思想融合了法、道、名等家的思想，内容则涉及天文、历数、舆地、农业和经济等方面的知识。书中最精华的部分是提出了以“精气”为万物本原的朴素唯物主义精气说，认为天地万物并不是神创造出来的，而是由精气相互结合产生的。书中还提出了“顺天者，有其功；逆天者，有其凶”的朴素的关于物质与意识关系的唯物主义观。《管子》中的朴素唯物主义观对后世产生了深远的影响。它对中国唯物主义哲学的发展有着积极、深远、深刻的影响，对后来荀子和韩非子的唯物主义思想，乃至王充、柳宗元等的唯物思想都有很大的影响。

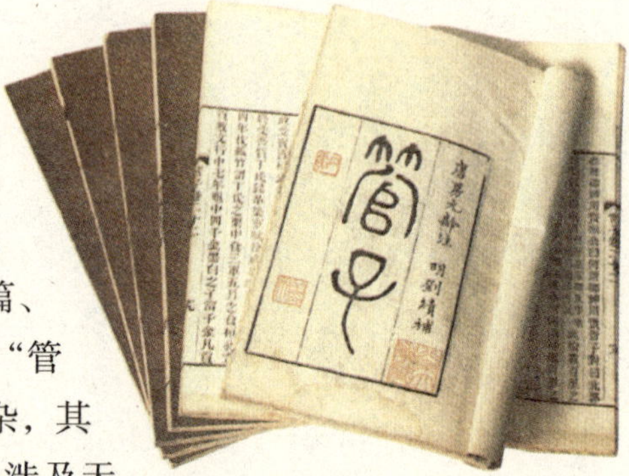

《管子》书影

《墨子》

《墨子》是墨家门人记述墨子言行的书，反映了墨家的思想。墨子，名翟，鲁国（今山东西南部）人，春秋时期著名思想家、墨家学派的创始人，儒家学派的坚决反对者。《汉书·艺文志》著录《墨子》71篇，今存53篇。《墨子》中主要阐述了墨家学派以“兼爱”、“非攻”为思想核心的十大主张，包括“兼爱”、“非攻”、“尚贤”、“尚同”、“天志”、“明鬼”、“节用”、“节葬”、“非乐”、“非命”。《墨子》中还包含了墨家的认识论、逻辑学及自然科学方面的思想。书中的认识论属于朴素唯物主义，强调“眼见为实”。在辩证逻辑方面，《墨子》广泛地用逻辑推理来论证自己的学派思想，在中国思想史上建立了第一个古代逻辑学体系。但是《墨子》中也有一些局限，比如承认鬼神的存在等。《墨子》是研究墨家学派的宝贵资料，在中国哲学和逻辑史上占有很重要的地位。

《墨子》书影

清光绪湖北崇文书刻本。总计53篇，大多为墨翟弟子及其后世门人对墨翟言行的记述。

《荀子》

《荀子》，古代著名的哲学著作。作者荀子，名况，字子卿，战国末期赵国（今山西南部）人，先秦时期著名思想家，战国最后一位大儒。此书又名《荀卿子》，今存20卷，是荀况晚年总结百家争鸣以及阐述自己思想的理论成果。在书中，荀子在总结前期儒家思想的基础上，充实并论述了自己的理论，强调礼在社会中作用，政治上主张“王霸”兼用。哲学思想属于唯物主义，在对自然界的认识上，该书提出了“明于天人之分”以及“天行有常，不为尧存，不为桀亡”的唯物观点。在对世界的认识上，书中提出“制名以指实”的观点，承认世界的物质第一性。《荀子》中有关逻辑思维的文章《正名》，在一定意义上突破了形式逻辑的局限，有了辩证逻辑的萌芽。书中还宣扬“性恶论”，倡导“以礼法治国”，他的这一思想后来为李斯和韩非继承和发展。此外，书中还涉及军事理论领域。《荀子》一书是先秦思想的集大成者，具有很强的系统性。书中的唯物主义观点对后世影响很大，在中国古代思想史上占有重要地位。

《韩非子》

《韩非子》，战国时期法家的代表著作。作者韩非，战国末期韩国人，出身贵族，荀况门人，法家代表人物。《韩非子》共55篇，分内、外两个部分，书中的重要篇目有：《五蠹》、《定法》、《扬权》、《六反》、《显学》、《孤愤》、《说难》等，战国末期流传甚广。韩非的思想深为秦王嬴政赏识，被作为立国的指导思想。在《韩非子》中，韩非总结前期法学学派的各家思想，将其熔于一炉，提出了“法”、“术”、“势”三者合一的以法治国的主张。这一主张不仅是一套较完整的封建专制主义理论，而且在驾驭臣下、统御万民方面具有很强的操作性。在列国争雄的时代，为君主提供了切实可行的强国方案，具有巨大的实用价值。相比儒家和道家，这套方案的优越性是显而易见的。在哲学观点上，《韩非子》基本沿袭了荀子的朴素唯物主义思想。但由于《韩非子》中把矛盾的对立绝对化，倾向于实用主义，坚持“轻民”观点，因此具有很大的局限性。

《韩非子》对后世的影响极其巨大，其所提出的完整的封建专治主义的政治理论，对秦朝乃至整个封建社会都有深远影响。另一方面，《韩非子》也是研究当时法家思想及先秦历史的重要文献资料，具有极大的价值。

《列子》

《列子》成书于战国时代，但原书到了汉初流散失落了。后来，刘向对残稿进行校订整理，将其分为8篇，但对它的作者为列御寇有所怀疑。后人经过研究，也多认为该书应为他人伪托列御寇所作。《列子》中的内容大多数是民间传说、寓言和神话故事，通过讲述这些故事来说明哲理、阐发思想。在对宇宙的认识上，书中一方面认为“虚无”是宇宙生成的本体；但另一方面又否定道家的“有生于无”的说法，认为世间万物乃是“自生自化”的。书中还讨论了自然界的变化发展以及自然界与人的关系等问题。此外，书中还借寓言和故事对各种自然科学进行了讨论，如“小儿辩日”、“偃师造人”等。书中在某些地方含有宣扬个人享乐、消极处世等思想，虽具有一定的消极因素，但也从另一方面反映了当时之人冲破礼教名利、鬼神迷信的要求。《列子》对以后玄学的发展产生了一定的影响，书中所收的寓言和故事也广为流传。

《吕氏春秋》

《吕氏春秋》，又名《吕览》，约成书于公元前239年，是吕不韦组织门客编撰的一部先秦杂家著作。吕不韦（？～公元前235年），卫国濮阳（今河南濮阳西南）人，战国时期政治家，从政前本为商人，后来任秦相国。《吕氏春秋》共26卷，分8览、6论、12纪，开头附有《序意》1篇。《吕氏春秋》是适应当时历史趋势发展而作的，以道家思想为主，主张以“以礼治国”，但也兼并儒、法各家。《吕氏春秋》最大的特点就是“杂”，它兼取各家学说的长处，希望借此来指导秦国兼并六国，建立封建统一王朝，同时也为秦统一六国，“取周而代之”寻找理论依据。另外，《吕氏

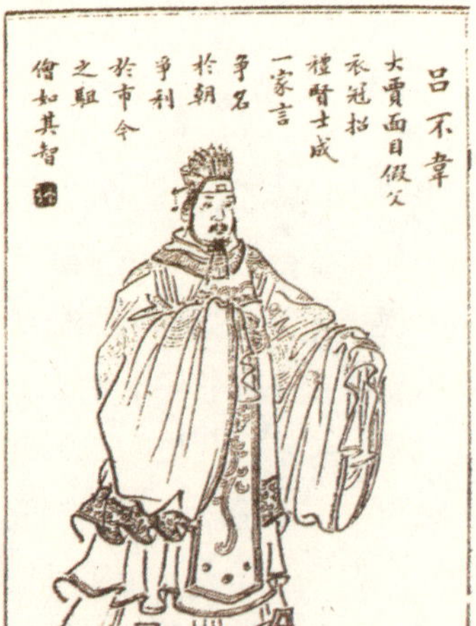

吕不韦

吕不韦是秦朝相国，秦朝统一天下的功臣之一，《吕氏春秋》即为其召集门客而作。

春秋》中还记录了大量的史实、传说以及当时科学技术的状况。书中包含许多富有哲理的寓言，我们最熟悉的“刻舟求剑”就是出自此书。《吕氏春秋》对先秦思想“取其精华”，可以说是对先秦思想的总结，它对秦统一六国在理论上起到指导作用。同时，书中关于史实和传说的记载也有较高的史料价值。

《鬼谷子》

鬼谷子

《鬼谷子》一书是先秦时期纵横家学派的代表作，相传是鬼谷子在楚国的监狱中写成的，今人考证此书应该是后人托鬼谷子之名所作。鬼谷子，纵横家之鼻祖，原名王诩，春秋时期人，隐居云梦山清溪鬼谷采药修道，自号“鬼谷先生”，世称“鬼谷子”。

《鬼谷子》内容丰富，涉及政治、军事、外交等诸多领域，原书14篇，其中第13、14篇失传，今存12篇。该书的中心思想与儒家思想完全相悖：主张权力斗争、谋得政治权势，同时还阐述了有关言谈辩论的技巧，认为人应该以追逐功名利禄来实现自身的价值。《鬼谷子》被当时的纵横家学派奉为经典。由于此书反对儒家思想，因此后世的儒家学者对它的作用、意义和价值极少研究，大多数人持反对和讥讽的态度。但《鬼谷子》一书代表了我国先秦时期百家争鸣一派的思想，是我们研究战国时期纵横家思想学说的重要资料。

《公孙龙子》

《公孙龙子》，先秦名家典籍。作者公孙龙，战国时期赵国人，先秦时期哲学家、思想家，名家代表人物，曾在平原君处做门客，善辩论，曾与孔穿、邹衍等人进行过辩论。《公孙龙子》一书原有14篇，今仅存6篇，分别是:《白马论》、《指物论》、《坚白论》、《名实论》、《通变论》和《迹府篇》。

该书全面体现了公孙龙哲学思想及逻辑学观点。书中中心内容是“离坚白”的唯心主义思想、“白马非马”的形而上学思想以及以正名理论为核心的逻辑学思想。在“离坚白”思想中，公孙龙认为坚和白这两个特性是不能同时属于石头的，坚和白只不过是与石头相分离的独立存在的精神实体。而“白马非马”以及其正名理论都是公孙龙运用其逻辑思想，对事物的内涵和外延、个别与一般所进行的解释。《公孙龙子》

是研究公孙龙哲学观点和逻辑思想的重要资料，也是我们研究先秦时期诸子百家中的名家学派的主要参考文献。

《孙子兵法》

《孙子兵法》，又称《孙武兵法》，先秦兵家代表作。作者孙武，字长卿，齐国乐安（今山东惠民）人，春秋末期杰出的军事学家，因擅长用兵作战，并著有优秀军事论著《孙子兵法》而被后人尊为“兵圣”。

孙武塑像

这部杰出的兵法是孙武根据前人及春秋时期的战争经验所编写的军事理论著作。全书共分13篇，依次为《始计》、《作战》、《谋攻》、《军形》、《兵势》、《虚实》、《军争》、《九变》、《行军》、《地形》、《九地》、《火攻》和《用间》。《孙子兵法》从整体和全面的角度对战争的谋略、战争的方式以及战争的手段等方面进行了精辟的阐述，揭示了战争的普遍规律性，形成了比较系统的战略思想。《孙子兵法》重战慎战的思想，“先胜”的理念，“不战而屈人之兵”的策略，致人而不致于人的著名论断，对中国军事政治生活均产生巨大影响，并影响了中国人思维方式的形成。《孙子兵法》认为，对战争起决定性作用的是道（政治）、天（天气变化）、地（地理形势）、将（作战统帅）、法（军队纪律）这5个客观因素，而不是天命、鬼神，具有一定的积极意义。《孙子兵法》被后人尊为“兵经”，是了解中国古代军事理论绕不开的巨著。

《孙膑兵法》

《孙膑兵法》，战国时期兵家代表作。作者孙膑，齐国阿、鄄之间（今山东阳谷东西）人，孙武后人，因受“膑”刑，史称“孙膑”，中国古代著名军事家。《孙膑兵法》分上、下两编，共30篇。其中上编15篇，主要记载孙膑的事迹和言论；下编15篇，主要阐述孙膑的军事思想。《孙膑兵法》在继承《孙子兵法》的前提下，总结以前战争经验，结合战国中期的战争特点，提出了很多有价值的军事理论。书中认为，解决战争的方法是不能依靠和平手段的，要想制止战争，就必须通过战争的手段，只有在取得胜利的情况下，才能获得和平。在战略战术上，书中强调对战争规律的认识和掌握，主张根据客观条件的不同来使用不同的战术，作战时应主要攻击对方防守薄弱的部分。此外，书中还十分强调“人”的作用。《孙膑兵法》一书具有极高的军事学术研究价值。书中在阐发其军事理论时，也对古时很多战争有所记载，具有很高的史料研究价值。

《黄石公三略》

《黄石公三略》一书的原作者不详，该书是托名于黄石公所写。经考证，该书的成书时间约在西汉末年。《黄石公三略》，也称《黄石公记》或《三略》。全书将所要论述的军事理论分为上、中、下三略，共计约3800余字，其中“上略”是全书的主要内容。《黄石公三略》是军事著作，但它在论述其军事思想时，并不是采取直接阐述军事问题的方法，而是从政治策略的角度论述治国之道，从另一个侧面来反映它的军事思想。《黄石公三略》的核心军事思想就是认为“民众”是决定战争胜负的关键，提出了安抚民众、收揽民心的主张。《黄石公三略》在用人上主张唯贤，在用兵上主张根据客观条件的变化而改变用兵策略。全书容各兵家之长，是我国第一部专门从战略角度论述用兵之道的兵书。《黄石公三略》在我国军事史上占有重要地位，被后世推为经典，对中国军事理论的发展产生了深远影响，北宋时期被收入“武经七书”。

黄石公

黄石公本名催广，秦末汉初的著名隐士，“商山四皓”之一。相传他曾在秦末出山授予张良兵法。《三略》即托名为他所作。

《淮南子》

《淮南子》由刘安主持集结其门下宾客编撰而成。刘安（公元前179～前122年），汉高祖刘邦之孙，自文帝起，被封为“淮南王”。他博雅好古，广纳贤才，是西汉贵族中博学多才的人物。《淮南子》在编成初期包括《内书》、《中篇》、《外书》三部分。但《中篇》、《外书》到了东汉就已失传，所剩的《内书》，又名《鸿烈》，乃是取“广大光明”的意思。后刘向对其校订时，改称为《淮南》，后人习惯称为《淮南子》。书中思想是以道家思想为主，但又混有法家、儒家、阴阳家等思想，故习惯上被人们称为“杂家著作”。《淮南子》善用历史传说和神话故事说理，因此保留了一些著名神话。另外，《淮南子》在哲学上提出了“宇宙进化”和无神的唯物主义观点。

在政治上，《淮南子》主张道家的“无为而治”。《淮南子》中保留的历史传说和神话故事对后人研究汉以前乃至上古时期的历史有很大的价值。它的唯物主义观点对后世的唯物主义思想的发展也产生了很大影响。

《盐铁论》

《盐铁论》是一部经济学著作。作者桓宽，字次公，汝南（今河南上蔡西南）人，官至庐江太守丞。

汉昭帝元始六年（公元前 81 年），汉昭帝召集民间有声望的学者 60 余人来京城与政府官员讨论经济政策。其中，官方代表主要是桑弘羊，民间儒生的代表则主要是鲁万生等。双方就是否对盐、铁、酒实行官营等进行了讨论。桓宽记录了双方的观点论说，并整理成书。书中记载，官方代表桑弘羊等以“重商”为思想核心，反对当时流行的重农抑商的思想。他以货币的多少来评判贫富，提出“富者何必本用农，足民何必井田也”的观点，主张“重商主义”，提倡盐铁官营，推行对外贸易，统一国家铸币。民间学者则认为商业是导致国家贫穷的根本原因，主张重农抑商，反对盐铁官营，反对使用货币，提倡藏富于民。《盐铁论》在中国的经济思想史上有很重要的地位，是研究秦汉时期经济思想的重要著作。

《论衡》

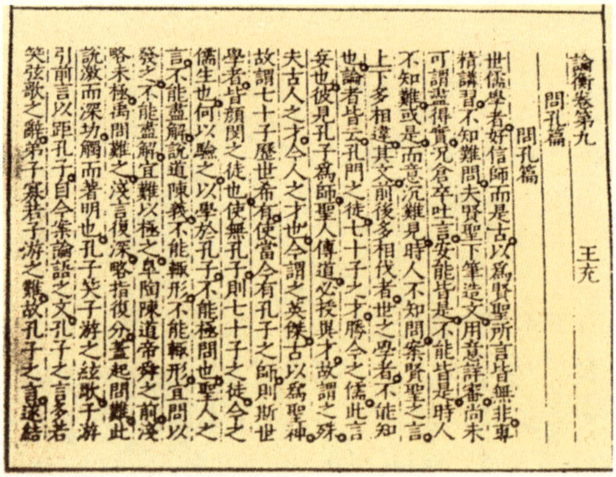
論衡卷第九 問孔篇 王充
問孔篇
世儒學者好信師而是古以爲賢聖所言皆無非專
精講習不知難問夫賢聖下筆造文用意詳審尚未
可謂盡得實況倉卒吐言安能皆是不能皆是時人
不知難或是而意沉難見時人不知問案賢聖之言
上下多相違其文前後多相伐者世之學者不能知
也論者皆云孔門之徒七十子之才勝今之儒此言
妄也彼見孔子爲師聖人傳道必授異才故謂之殊
夫古人之才今人之才也今謂之英傑古以爲聖神
故謂七十子歷世希有使當今有孔子之師則斯世
學者皆顏閔之徒也使無孔子則七十子之徒今之
儒生也何以驗之以學於孔子不能極問也聖人之
言不能盡解說道陳義不能輒形不能輒形宜問以
發之不能盡解宜難以極之皐陶陳道帝舜之前淺
略未極禹問難之淺言復深略指復分蓋起問難此
說激而深切觸而著明也孔子笑子游之絃歌子游
引前言以距孔子自今案論語之文孔子之言多若
笑弦歌之辭弟子寡若子游之難故孔子之言遂結

《论衡》书影

《论衡》的主要观念：1. 以自然元气说，否定神学、天命。2. 以自然元道观为基础，批判谶纬之学、天人感应等。3. 以命定说讨论人性和社会哲学。《论衡》的主要内容：1. 揭穿荒诞的迷信，排斥鬼神和禁忌。2. 反对盲目的崇拜，批评夸张的记载。3. 开厚古薄今之风，宣汉朝之德。

《论衡》是我国古代哲学史中的一部唯物主义哲学经典著作。作者王充（27 ~ 97 年），字仲任，东汉会稽上虞（今浙江上虞）人。他一生仕途不顺，晚年著《论衡》。全书篇目共为 85 篇，其中《招致》一篇有目无文，所以今天实际上仅存 84 篇。关于书名“论衡”的意思，在书中作者有相关的解释——“《论衡》者，所以铨轻重之言，立真伪之平”，也就是说，《论衡》是对东汉及以前的各种学说、思潮加以衡量比较，评定是非曲直，从而达到批判虚妄之说的目的。

书中内容以唯物主义观点为主，批判“神创论”、“天人感应说”，以及“因果报应”等神学迷信思想。书中提出元气自然论，宣传无神论，承认历史发展，这些观点都属于唯物主义。但《论衡》中的一些思想也有陷入不变论的倾向。《论衡》是我国古代唯物主义哲学巨著，它的出现，标志着中国古代唯物主义哲学体系的建立，对后来的唯物主义哲学家及中国唯物主义的发展都产生了深远的影响。

《神灭论》

《神灭论》是我国古代唯物主义哲学的经典著作。作者范缜（约 450 ~ 约 515 年），字子真，南朝齐、梁之际人，年幼时家贫，勤学苦续，后入仕为官。因当时佛教盛行、泛滥，于是范缜就针对佛教的“有神论”撰写出《神灭论》。全书可概括为两大部分：一部分是针对批判佛教“神不灭论”而提出的“神灭论”的哲学思想；另一部分是有感于当时佛教的“误国误民”而提出的忧国忧民的政治主张。在哲学上，《神灭论》以“形存则神存，形灭则神灭”的“形神相即”为理论基础，对佛学“神不灭”的理论基础进行了尖锐的批判，坚持唯物主义气一元论学说，在古代唯物主义哲学发展史上，具有质的飞跃。在政治上，《神灭论》主张励精图治，发展生产，反对统治者对百姓的横征暴敛。《神灭论》是我国古代哲学史上的不朽之作，它对“形神”关系的论述，在整个封建社会都是“前无古人，后无来者”的。

《颜氏家训》

《颜氏家训》是中国教训类的经典著作。作者颜之推（531 ~ 约 595 年），字介，琅琊临沂（今山东境内）人，著名文学家、教育家，曾分别于五代梁、齐时期任官，后隋朝建立，任学士。《颜氏家训》以“务先王之道，绍家世之兴”为主旨，以儒家思想为中心，宣传儒家传统的伦理道德观念，对教育子女成人成才有着重要的指导意义和实用价值。全书共为 20 篇，分别为“序致篇”、“教子篇”、“兄弟篇”、“后娶篇”、“治家篇”、“风操篇”、“慕贤篇”、“勉学篇”、“文章篇”、“名实篇”、“涉务篇”、“省事篇”、“止足篇”、“诫兵篇”、“养生篇”、“归心篇”、“书证篇”、“音辞篇”、“杂艺篇”、“终制篇”。书中除包括有关伦理道德、为人处世的问题外，还有关于颜氏教子弟文字训诂、品评文艺等方面的内

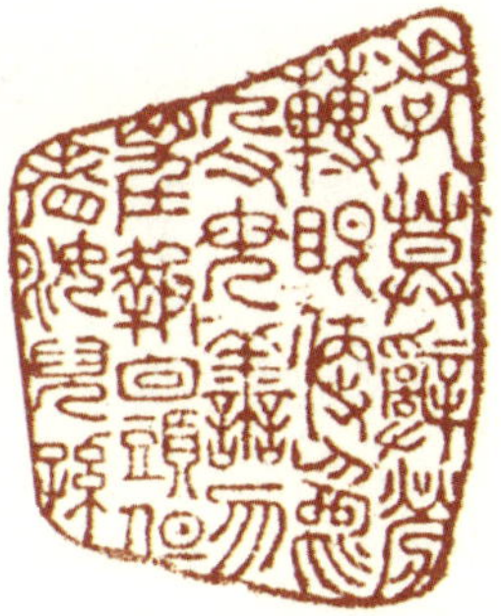

“孝莫辞劳转眼即为人父母，善勿忘报回头但看汝儿孙”印及印文

容。此书内容丰富，涉及有关当时士族生活、医学算数、文字音训等诸多方面。

《颜氏家训》对后世影响较大，被称为“古今家训，以此为祖”。书中所涉及的知识教育部分，也具有很高的参考文献价值。

《朱子语类》

朱熹像

《朱子语类》是一部记录有关朱熹及其弟子讲学问答的语录总集，又名《朱子语录》、《朱子语类大全》。朱熹（1130 ~ 1200 年），字元晦，宋代著名理学家。朱熹是宋代最渊博的学者，在讲学时往往妙语连珠，引人深思。他去世后，弟子黎靖德等人辑录其言论，于南宋末年刊刻行世，这便是《朱子语类》。此书虽然不是哲学专著，却全面反映了朱熹的理学思想。全书共 140 卷，分 26 个门类，分别是：理气、鬼神、性理、学、《大学》、《论语》、《孟子》、《中庸》、《易》、《尚书》、《诗》、《孝经》、《春秋》、礼、乐、孔孟周程张邵、吕伯恭、陈叶、陆氏、老氏、释氏、本朝、历代、战国汉唐诸子、杂类、论文等。《朱子语类》认为“理是世界的本原”，提出世间万物都是由理和气衍生而成的唯心主义世界观。书中把“理”作为朱熹哲学的最高范畴，同时又吸收了唯物主义哲学中“气”的思想，具有一定的合理性；在伦理道德上，书中提倡“明天理，灭人欲”，希望以此来维护封建统治。《朱子语类》是我们研究朱熹思想的重要资料。

《明儒学案》

《明儒学案》是一部明代学术思想史，也是我国第一部真正意义上的学术思想史。作者黄宗羲，字太冲，号南雷，世称梨洲先生，浙江余姚人，明末清初著名思想家、史学家。黄宗羲早年曾参加反对宦官专权的斗争，明亡后隐居，著述而终。《明儒学案》较全面地记载了明朝时期我国学术思想的演变发展历程。全书共 62 卷，分 17 个学案，共记载了明代 200 多名学者。其中，卷首《师说》1 篇为全书总纲，记载 17 人，以后部分则按时代先后顺序及明代学术流派分类，涉及 178 人。《明儒学案》在引用资料上谨慎严密。记述时，该书在每案之前先加“序”，简述该学派的渊源及学术思想，然后再列“传”，主要是记述该学派学者的生平事迹及思想，有时还加以评论，并节选体现他流派思想的著作。《明儒学案》开创了我国学术史研究和编著的新局面，对后世影响极其深远。

《传习录》

王守仁像

《传习录》是一部语录和论学书信集，是王守仁哲学思想的全面体现。该书非成于一时一人之手。王守仁门人徐爱、钱德洪等人从1512年开始，陆续记录其论学谈话，整理成书，取名为《传习录》。后来，南大吉、钱德洪、谢廷杰等人又在对原书进行增删的基础上，补进王守仁论学书信，附入王守仁编的《朱子晚年定论》，辑成今本《传习录》。《传习录》的“传习”一词出自《论语》中的“传不习乎”。全书共分上、中、下3卷，其中，上卷经王守仁审阅，主要是阐述他对“格物致知”的解释以及“心即理”的新思想；中卷是王守仁的亲笔，是他晚年的成熟之作，系统阐述了他的致良知、知行合一、心物合一等思想；下卷未经王守仁本人审阅，但是比较具体地解释了有关王守仁晚年的各种思想。

《传习录》中宣扬的心学理论背弃了二程与朱熹的理学，在某种程度上起到了冲击圣贤偶像的作用，有利于人们思想的解放，促进了明中叶以来的学术发展和社会进步。作为一部较为纯粹的哲学著作，其所阐述的思想对后来的哲学、社会意识影响极大，在中国古代哲学史上有着重要的地位。

《艺文类聚》

《艺文类聚》是中国现存最早的一部官修类书。唐代初年，由欧阳询、裴矩、陈叔达等人奉敕编纂。《艺文类聚》共100卷，100万余字。全书分岁时、治政、产业等46部，727个子目。征引古籍1431种，分门别类，摘录汇编。先引史实，后列诗文，使“文”与“事”契合互补，变更了以往“文”自为总集，“事”自为类书的常规体制。先讲所引故事，都注出书名。所引诗文，都注出时代、作者和题目，并按不同的文体，用“诗”、“赋”、“赞”等字样标明类别。例如，“山”部的“华山”，先列出与华山有关的典故与传说，再列历代以“华山”为题的诗赋，这样就大大方便了后人。所以，此书一出，其他类书都被淘汰。另外，其所征引古籍已大部亡佚，自汉代至隋代的辞章名篇多赖此得以流传，因此本书历来为辑佚、校勘工作所资鉴。清代严可均辑《全上古三代秦汉三国六朝文》，主要摘录自本书。世人也多用以查检唐代以前的诗文、典故、名目及历史人物事迹等。

《太平御览》

《太平御览》是我国北宋时期编写的一部具有百科全书性质的类书，宋代四大部书之一。书名中的“太平”是宋太宗赵光义的年号，“御览”是呈送给皇帝亲自阅读的意思。它是宋太宗命李昉等 13 人编纂的，开始于宋太宗太平兴国二年（977 年），完成于太平兴国八年（983 年），用时 6 年多。初成时名为《太平总类》，后宋太宗将其改为《太平御览》。全书共 1000 卷，55 部，分 5363 类，总字数达 4700 多万字，引用古今图书及各种体裁文章共达 2570 多种。此书编纂的目的是为帝王提供以备随时查阅的“百科知识”，了解历代治乱兴衰的原因，以及各种典章制度由来。《太平御览》一书中不仅对各种实物有所记载，还保留了大量的古书资料，其中好多是今天已经失传的。但是，《太平御览》也有其不足之处。在编排时，有些类目重复出现，而且体例也有不当之处。《太平御览》对我们今天研究宋代以前的历史具有极高的史料价值，它也被称为“类书之冠”。

《永乐大典》

《永乐大典》是我国明代永乐年间编修的最大的类书著作。永乐元年（1403 年）开始编修，永乐二年（1404 年）初成，名为《文献大成》。永乐三年（1405 年）重修，于永乐六年（1408 年）最终编写完成。《永乐大典》在编排上改变了过去类书的体例，采用了“用韵以统字，用字以系事”的方法。这种编排方法已经是现代百科全书的形式了，也有人干脆把它视为世界上第一部百科全书。《永乐大典》正文共 22937 卷，凡例和目录 16 卷，装订为 11095 册，总字数约为 3.7 亿，收录了先秦时期到明朝初期的各种典籍 8000 余种。书中所含内容包括天文地理、科学技术、医学占卜、文学戏剧、诗歌小说等方面，朱棣在为《永乐大典》所作的序中称此书“上自古初，迄于当世，旁搜博采，汇聚群书，著为奥典”。《永乐大典》一书保留了很多我国古代的珍贵文献书籍，具有很高的文献价值。但成书后历经磨难，以致残缺不全，现今保存下来的部分仅为全书的百分之三四。

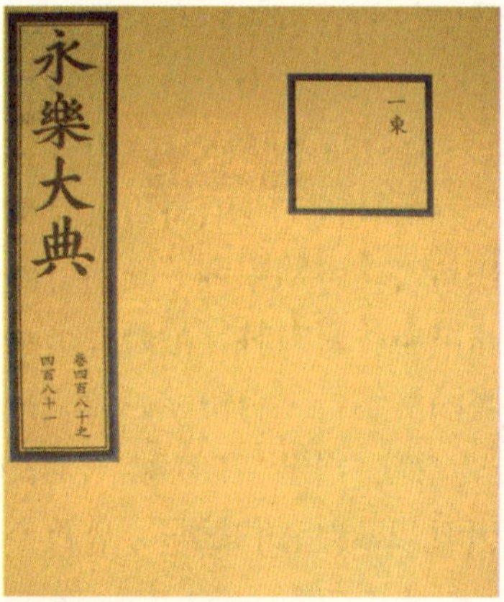

《永乐大典》书影

《菜根谭》

《菜根谭》是著名小品文著作，作者洪应明，字自诚。关于他的生平事迹，在史书上少有记载，今已无从考证。根据其他资料的记载进行推断，他可能是浙江余杭人，曾为官吏，后退世隐居。《菜根谭》成书于明万历年间，是一部处世格言集。

全书共360则，每段话字数十字至上百字不等，全面阐述了作者关于为人处世、修身养性等方面的观点。在编写上，该书没有完整的系统和严密的逻辑。书中阐述观点时，颇有随感而发、随性而至、信手拈来的感觉。书中融合了儒、道、释三家的思想——既有儒家的中庸思想的体现，又有道家清静无为观点的融合，同时还掺杂了佛教出世的思想观点，形成一种以出世之心面对在世之事的处世方法体系。该书确立的道德、原则、立场对现代社会依然有着很强的借鉴意义。在文笔上，《菜根谭》则对仗工整、优美俊秀、比喻生动、雅俗共赏。《菜根谭》一书可谓字字珠玑，其格言警句耐人寻味，发人深省。它集中了中国几千年来为人处世的智慧精华，对后世影响极其广泛和深远。它不仅在我国，乃至于在海外，特别是日本，都产生了很大的影响。时至今日，它仍被广大民众所喜爱。

《齐民要术》

《齐民要术》是我国现存最早，也是最完整的一部农学著作。作者贾思勰，齐郡益都（今山东寿光南）人，北魏时期著名农学家。他的生平事迹不详，只知道他曾做过高阳郡（今山东临淄西北）太守。全书共10卷，含92篇，另附《序》和《杂说》各1篇，系统地总结了我国6世纪以前的农业生产技术经验，记述了包括五谷、瓜果、蔬菜等农作物的栽培；牲畜、家禽和鱼类等的饲养；酒、酱、醋、糖等的制作方法，煮胶和造笔墨的方法等，还记述了当时中原以外的农作物。《齐民要术》所述内容包括农、林、牧、副、渔各个方面，提出了很多先进的农学思想，比如强调农业生产应注意“天时地利”、防旱保墒、选种和培植良种、轮作法及使用绿肥等。《齐民要术》保留了我国古代大量的农业生产经验，对中国乃至世界的农业发展都做出了一定的贡献。

耙地图　南北朝

《考工记》

《考工记》是一部我国古代手工业技术专著，关于其作者和成书时间一直无定论。今人普遍接受的观点是，《考工记》是春秋时期齐稷下学宫的学者编写的齐国官书。

我们今天看到的《考工记》是《周礼·考工记》，是由西汉时期的刘歆编入《周礼》的。西汉景帝时，因《周礼》遗失《冬官》一卷，所以将河间献王刘德所献的《考工记》编入《周礼》。

《考工记》全文7000多字，记述了我国春秋战国时期木工、金工、皮革工、染色工、玉工、陶工等6大门类、30个工种的生产工艺。其中6个工种已失传，后来又衍生出1个工种，实存25个工种。这部书不仅分别介绍了兵器、车舆、礼乐之器以及宫室等的制作、建造工艺，还介绍了许多简便、有效的检验方法，涉及冶炼学、数学、力学、声学和建筑学等方面的科学知识和经验总结。书中所记内容既包括当时的生产技术水平、工艺美术设计水平，同时还涉及当时的生产管理制度等问题。《考工记》一书是我国现存最早的有关手工业技术规范的著作，在我国科技史、工艺美术史，甚至于在我国文化史上都占有重要地位。

《农政全书》

《农政全书》是我国古代大型的农业百科全书著作。作者徐光启（1562 ~ 1633年），字子先，号玄扈，上海人，明末杰出的科学家，著有《农政全书》、《崇祯历书》、《勾股义》等著作。《农政全书》于崇祯元年（1628年）完成初稿，后经陈子龙整理，于崇祯十二年（1639年）刊行。它是作者花费几十年心血，参考200多种文献编著而成的。全书共60卷，分12目，总计70余万字。其中，农本3卷、田制2卷、农事6卷、水利9卷、农器4卷、树艺6卷、蚕桑4卷、蚕桑广2卷、种植4卷、牧养1卷、制造1卷、荒政18卷。书中许多内容是对前代农书的摘录，但作者对其精心剪裁，并以旁注或评语的形式加入许多自己的见解和经验体会，从而构成一个完整的农学体系。

与以前的农书相比较，该书有了很大的突破和进步。首先，它摒弃了以前农书单纯探讨农业技术的思路，系统论述了屯垦、水利、备荒等方面的农政措施，为后来农书写作提供了新的范例。其次，它引进了西方的农业科技成果，如“泰西水法”，为中国传统农业注入了新的活力。再次，它将“数象之学”应用于农学研究，为后来的农学研究提供了新的方法。同时，该书还以大量篇幅阐述了兴修水利、开垦西北荒地、救济灾荒的建议和规划。《农政全书》不仅集中国传统农学之大成，而且影响了后来的农学写作和农业科技的发展。

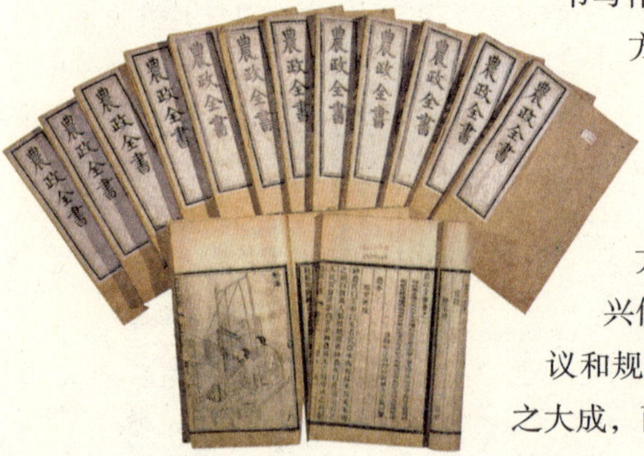

《农政全书》书影

《九章算术》

《九章算术》原作者不详，又名《九章算经》，是《算经十书》中最重要的一种，是我国古代最著名的数学著作之一。《九章算术》中共收入了246个数学问题，采用问答的形式来阐述数学问题，并将这些问题分为9个部分，因此称为“九章”。全书的“九章”分别为：方田（分数四则运算）、粟米（比例运算）、衰分（比例运算）、少广（开方运算）、商功（体积计算）、均输（比例运算）、盈不足（盈亏问题）、方程（多元一次方程以及正负数的四则运算）以及勾股（用勾股定理求解）。《九章算术》中所记的很多数学上的计算方法，在当时的整个世界都具有绝对的领先地位。《九章算术》真实地反映了我国在数学领域的发展水平，表明早在东汉时期，我国的数学水平就已相当发达。《九章算术》对中国乃至整个世界数学的发展都有着极其重要的影响，它的出现，标志着中国古代数学体系的形成。

《茶经》

《茶经》是我国古代最早的专门论述茶叶的著作。作者陆羽（733～804年），字鸿渐，一名疾，字季疵，自称桑苎翁，又号东冈子、竟陵子，唐复州竟陵（今湖北天门）人。陆羽原本是一个弃儿，被僧人所收养。后来他离开寺院，曾经做过伶工。唐上元初（760年），陆羽隐居在苕溪（今浙江湖州），闭门著书，撰成《茶经》一书，后世尊称其为“茶圣”、“茶祖”。全书共3卷，分10篇，7000多字。陆羽总结了前人的研究成果，并结合自己的实践经验，对茶叶从本性到制作与加工都有了很多的新认识。《茶经》一书分别对茶的起源、茶的名称、茶的种类、茶的品质、茶的功用等茶本身的特性做了详细的论述。另外，《茶经》还分别论述了有关茶的采制方法、制

林榭煎茶图　明　文徵明

茶饮茶器具、制茶饮茶方法等有关茶叶的加工制作技术。《茶经》一书的问世使饮茶在唐朝成风，对后世针对茶的研究也产生了深远的影响。

《梦溪笔谈》

《梦溪笔谈》是我国古代最著名的笔记体科学著作之一。作者沈括（1031 ~ 1095年），字存中，钱塘（今浙江杭州）人，北宋著名科学家。沈括一生著作很多，但今大多已经失传。《梦溪笔谈》是他最有影响的著作，今得以保留下来。这部书是沈括晚年在梦溪园根据他平生的见闻和心得写成的。全书今本为26卷，又有《补笔谈》3卷，《续笔谈》11卷，共40卷，分17门，共计609条。书中所记载的科学知识极其庞杂丰富，包括天文、地理、地质、数学、气象、物理、化学、冶金、兵器、水利、建筑以及生物、医药学、军事、文学、史学、考古以及音乐等众多领域。在书中所记的这些知识中，既有沈括自己的科研成果，也有他对别人科学成果的记述。《梦溪笔谈》对后世影响很大，对研究当时我国的科学技术水平有很高的文献价值，著名科学史家李约瑟称赞它为“中国科技史上的里程碑”。

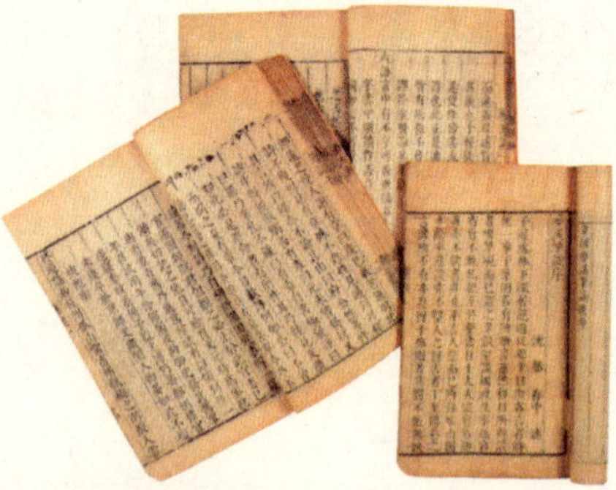

《梦溪笔谈》书影

《天工开物》

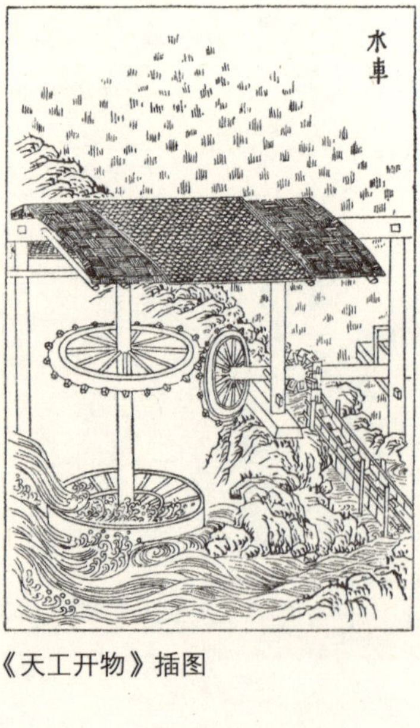

《天工开物》插图

《天工开物》一书是我国明代著名的农业手工业百科全书。作者宋应星（1587 ~约1666年），字长庚，江西奉新县人，明代著名科学家、思想家，中国科学技术史专家称其为“中国的狄德罗”。

该书以“贵五谷而贱金玉”为基本原则，共分3卷，18章。其中，上卷为“乃粒”（谷物）、“乃服”（纺织）、“彰施”（染色）、“粹精”（谷物加工）、“作咸”（制盐）、“甘嗜”（食糖），共6章；中卷为“陶埏”（陶瓷）、“冶铸”（金属铸造）、“舟车”（交通工具）、“锤锻”（金属加工）、“燔石”（煤石制造）、“膏液”（食油）、“杀青”（造纸），共7章；下卷为“五金”（金属冶炼）、“丹青”（矿物颜料）、“佳兵”（兵器）、“曲蘗”（酒曲）、“珠玉”（珠宝玉器），共5

章。全书记述扼要，文字简洁，所记多为作者直接观察和研究所得，可信度很高。另外，书后附 121 幅插图，描绘了 130 多种技术和工具的名称、形状、工序。《天工开物》对后世影响很大，在国内外刊行 16 次之多，它代表了我国明代的科学技术水平，被誉为中国 17 世纪工艺百科全书。

《商君书》

《商君书》，又称《商君》、《商子》，是记载商鞅言论思想的资料汇编。商鞅，也叫卫鞅，战国时卫国人。商鞅本姓公孙，名鞅，因受封于商（今陕西商县东南），所以称之为商鞅，战国时期著名政治家、思想家、法家代表。他著名的政治活动是“商鞅变法”。

今本《商君书》为 24 篇，主要内容是阐述商鞅的政治思想和哲学思想。书中以历史发展变化的观点为指导思想，提倡推行商鞅的“废井田，开阡陌”、发展耕织、奖励军功、明定法令等变法主张，同时还对法的起源和作用也有所论述。此外，书中还记载了有关商鞅变法的一些史实，故而其成为后世研究商鞅思想的主要资料。《商君书》中以朴素辩证法的观点来解释历史现象的历史观，对荀子、韩非等进步思想家都有着深刻的影响。

《鹖冠子》

透雕蟠螭纹铜镜　楚国

《鹖冠子》，先秦典籍。作者鹖冠子，关于其生平事迹及姓名记载均不详。传说其居深山，以鹖羽为冠，故曰鹖冠子。《鹖冠子》共 3 卷 19 篇。书中既含有哲学思想，又含有政治理论，同时还含有“用兵之术”的军事理论。在哲学思想上，《鹖冠子》倾向于道家学说，认为气是世界的本源，而道又居于气上，这种观点与老子“道”的观点十分接近。同时，书中认为气和由气构成的万物是相互矛盾的两个方面，这又继承了老子的朴素辩证法。在政治理论上，它既包含有道家、法家思想，又兼容了儒家思想，强调首先应“以礼治国”，而后用“法治”辅助，倡导以“德”教化人民。此外，书中还表现出要求实现全国统一，建立君主专制的政治思想。在军事理论上，《鹖冠子》则强调用兵应顺乎正义，出师有名。

《新书》

《新书》，又称《贾子》，由刘向编纂而成，是西汉时期的政治哲学著作。贾子，即贾谊，洛阳（今河南洛阳东）人，西汉著名思想家、政治家，自文帝起入朝参政。

在政治上，《新书》一方面主张削弱诸侯的势力，建立统一的封建君主专制国家；另一方面，总结了秦朝灭亡的历史，主张废除“繁刑严诛”，提出了“以民为本”、“以德教民”的治国思想。在经济上，《新书》则主张重农抑商。在哲学上，《新书》吸收了《老子》的一些思想，认为世界万物的本源为“德”，而“德”是产生于道的。另外，《新书》中的哲学思想还有辩证法的因素。在认识论上，该书也提出以事实为依据来判断事物的唯物主义观点。《新书》对封建王朝的发展影响非常大，其中的很多思想、主张为后世封建王朝所采用，书中的哲学思想对后世哲学也产生了深远的影响。

《潜夫论》

《潜夫论》，哲学著作。作者王符，字节信，安定临经（今甘肃镇原）人，因见东汉王朝政治腐败，社会动荡，故终身不仕，隐居著书。王符所著的《潜夫论》对东汉末期政治腐败、民不聊生等社会现象进行了批判。全书共 10 卷，36 篇，内容涉及历史、政治、哲学、军事、经济、法律等方面。《潜夫论》的中心思想可概括为“明君治天下”，也就是说只有出现“明君”，才能天下太平。书中反对统治阶级奢靡浪费，主张肃清吏治、任人唯贤、体恤民情。在经济思想上，主张“重农抑商”。《潜夫论》提出的以“气”为本原的宇宙生成论，及承认历史为发展进化的观点，含有唯物主义思想。但它也有承认天命鬼神，认为明君贤臣决定历史的唯心主义思想。《潜夫论》内容丰富，涉及面极广，并且对当时社会批判也颇深，因此，它在中国思想史上占有一席之地。

《法言》

《法言》与《太玄》都是扬雄的得意之作，扬雄希望借这两本书扬名于后世。《法言》撰写的起因据作者所说，是因为他认为“传莫大于《论语》”，于是模仿《论语》而创作了《法言》。该书可看作儒家学说，但其中也包含着道家思想。全书可以概括为“批儒”和“唯物”。这里所说的“批儒”，并不是指批判儒学，而是针对汉武帝以来，儒生为取功名和利益而学儒以及儒学自身的腐败堕落的现象而展开的儒学自身的批判，这也是历史上第一次对儒学自身展开的批判。《法言》中的“唯物”是该书的精华，书中虽以孔子的儒学为最高学说，但在对事物的认识上却是属唯物的。它认为“孔孟”的天命论是错误的，主张“事在人为”。

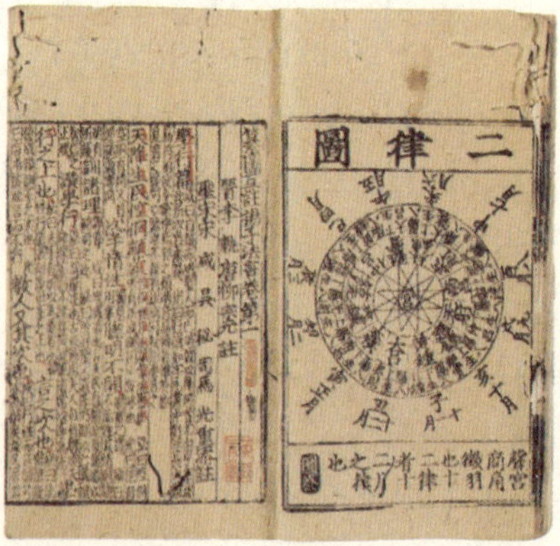

《法言》书影

在人性论上，它认为“人性”是善恶一体的，最终是“为善”，还是“为恶”，主要取决于教化。另外，它还承认历史是发展变化的。《法言》中的唯物主义思想，对后世的无神论思想产生了很深的影响。

《皇极经世》

《皇极经世》是邵庸通过研习《周易》而创立编著的理学预测专著，又名《皇极经世书》。邵雍，字尧夫，北宋共城（今河南辉县）人，后人称为“百源先生”，北宋时期易学家、思想家、诗人，北宋理学五子之一，理学气象学派的创始人。《皇极经世》共 12 卷，其中，《元会运世》6 卷、《声音律目》4 卷、《观物内篇》1 卷、《观物外篇》1 卷。《皇极经世》融合了道教、佛教以及《周易》的思想，创立了“元、会、运、世”这一套有规律的万物生成发展的理论。它将人类社会从生到灭的一个发展周期称为一元，一元包括 12 会，一会包括 30 运，一运包括 12 世，一世包括 30 年。也就是说，人类社会经过 129600 年就会灭亡，然后再产生一个新的人类社会，再经过 129600 年，类此循环。《皇极经世》宣扬的是唯心主义的宿命观和循环论，备受宋代理学家的推崇。

《正蒙》

《正蒙》，又名《张子正蒙》，是体现张载哲学思想的重要著作。张载，字子厚，凤翔郿县（今陕西眉县）人，人称横渠先生，宋代关学学派创始人，宋明理学奠基人，北宋五子之一。所谓“蒙”，也就是蒙昧未明的意思，取自《周易》中的“蒙以养正”；“正”，乃订正之意，意为从儿童抓起；“正蒙”，也就是张载自己所说的“养其蒙使正者，圣人之功也”。书中以唯物主义的气一元论为中心，针对佛、道及当时的唯心主义哲学观点进行了批判。张载认为，世界的本原是“气”，有和无都是统一于气的，世界并非生于“心”，也非生于“无”。书中还含有很多朴素辩证思想，在对事物运动发展变化的认识上，作者提出了“一物两体”的观点，认为内因是事物运动的根本原因，事物的矛盾是对立统一的。此外，书中也含有主张加强封建宗法制度，要求人们顺应封建统治的观点。《正蒙》一书对后世唯物主义哲学的发展产生了极大的影响，但是书中有关人性论方面的论述则发展成为宋明时期唯心主义理学的重要思想理论来源。

《二程集》

《二程集》也叫《二程全书》，作者为北宋理学家程颢、程颐两兄弟。他们都是北宋时期的大儒。程颢，字伯淳，世称明道先生。程颐，字正叔，世称伊川先生，洛阳

程颢像

程颐像

（今河南境内）人。《二程全书》是后人将二程兄弟的所有著作汇总在一起的全集，其中包括遗书、外书、文集、易传、经说、粹言6种。遗书是弟子们记录的二程语录，后由朱熹加以编定；外书是遗书的辅编或续编；文集是程氏兄弟的诗文著作；易传乃是程氏兄弟研究《易经》的心得；经说是程氏兄弟对儒家经典的解读、阐述和发挥。《二程全书》提出，“理”为宇宙的本体，天地万物生成和身心性命与“理”的关系，从而奠定了以“理”为中心的唯心主义哲学体系。在书中，程颢提出了识仁、定性的哲学命题，程颐论述了性即理、主敬、体用一源等许多重要的哲学概念和命题，这些富有创见的理论，都是第一次提出，并为后世儒家沿用。所以说，他们的理论思想对宋明理学起到了奠基的作用。

《象山全集》

《象山全集》是心学的经典。作者陆九渊，字子静，号存斋、象山，世称象山先生，江西金溪人，南宋时期著名思想家、唯心主义哲学家、理学家、教育家。陆九渊是南宋“心学”的创始人，与朱熹齐名。《象山全集》一书并不是陆九渊亲自辑录的，而是后人根据他所著的作品及其讲学的文章辑录而成的。该书较全面地体现了陆九渊的“心学”理论。陆九渊以“心即理”作为自己心学理论的思想核心，认为“人皆有是心，心皆具是理，心即理也”，“心”是世间万物的本原，并提出“宇宙是吾心，吾心便是宇宙”的观点。陆九渊认为，人只需通过“反省内求”就可获得对事物的认识，根本不需要格物致知之类的实践。在人性论上，他认为“本心”是善的，也就是符合封建的伦理纲常道德，教育的目的就是要唤醒人性中的“善”。《象山全集》是宋明理学中“心学”的重要代表著作，是我们研究陆九渊及其“心学”思想的重要文献。

《册府元龟》

《册府元龟》是我国古代一部全卷大类史书，北宋四大部书之一。该书是宋真宗于景德二年（1005年），命王钦若、杨亿等18位学者参考大量史书、各家学派经书等资料，历时8年编纂而成。《册府元龟》中“册府”的意思是藏有大量图书的书库；“元龟”就是指龟，古代常用龟壳来进行占卜，这里的意思是用来借鉴；“册府元龟”的意思也就是通过汇编古代大量的历史资料，为统治者提供借鉴用书。《册府元龟》

以正式资料为主，兼收有诸子群说。全书共1000卷，分为帝王、闰位、僭伪、列国君、储宫、宗室、外戚、宰辅、将帅、台省、邦计、宪官、谏诤、词臣、国史、掌礼、学校、刑法、卿监、环卫、铨选、贡举、奉使、内臣、牧守、令长、宫臣、幕府、陪臣、总录、外臣等，共31部，分1104门，总计900多万字。《册府元龟》体例严整，考订明晰，具有很高的史料价值。

《宋元学案》

《宋元学案》是一部宋元学术思想史。它的编写历经坎坷。黄宗羲在编写完《明儒学案》后，就开始着手编写《宋元学案》，但仅完成17卷就去世。后来他的儿子黄百家继续编修，但也未完成就中途逝世。最后经全祖望编写而成，前后历时60余年。《宋元学案》共100卷，分87个学案，同时还有两个学略、两个党案，共记述了2700多名宋元学者。全书在编写体例和方法上与《明儒学案》相比有所突破和创新，在每个"学案"前增设了"序表"，将各学派的门人弟子罗列出来，同时也对各学派的学术渊源、宗旨、学风有所论述。全书在资料采集方面，严谨翔实，每处资料都注明其出处。另外，《宋元学案》在对宋元之际的各种学术思想进行评判时，融入的主观因素较少，持较公正的态度。故而，《宋元学案》是我们研究宋元时期学术思想的重要文献。

苏轼像

《宋元学案》中有《苏氏蜀学略》。

《针灸甲乙经》

《针灸甲乙经》，又名《早乙经》、《黄帝甲乙经》，是我国现存最早的针灸学专著。作者皇甫谧，字士安，自号玄晏先生，西晋安定朝那（今甘肃灵台县朝那镇）人。皇甫谧中年时患病几乎丧命，病愈后发愤习医，钻研针灸学，著《针灸甲乙经》。皇甫谧总结了西晋以前的中医针灸学的理论成就，并结合自身的临床实践经验，对古医书所存的资料进行整理编纂，终于在西晋太康三年（282年）完成了《针灸甲乙经》。全书共12卷，含128篇。根据书中所记内容可分为两部分，其中，第一部分为1～6卷，主要是介绍中医学的基本理论及针灸学基本知识，包括人体生理、经脉、穴位、诊断方法等；第二部分为7～12卷，为临床治疗部分，主要是介绍有关内科、外科、妇科、儿科等疾病的病因、病症及治疗方法，主要以内科为主。《针灸甲乙经》保留了很多古代中医学理论的珍贵资料，对后世中医针灸学的发展也产生了深远的影响。

《毛诗草木鸟兽虫鱼疏》

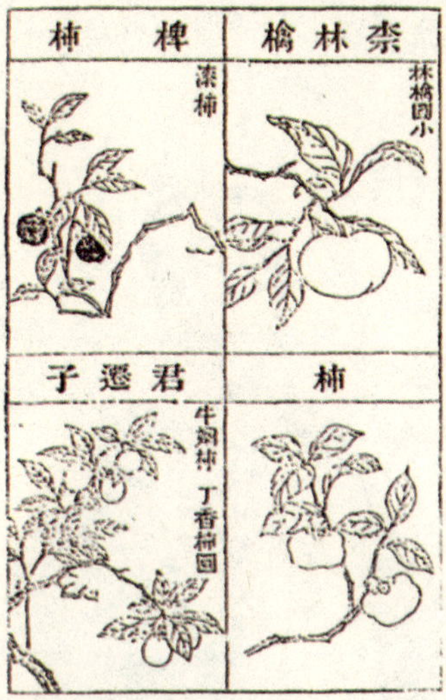

《毛诗草木鸟兽虫鱼疏》书影

《毛诗草木鸟兽虫鱼疏》是一部专门对《诗经》中所涉及的动植物进行注解的著作，为三国时期吴人陆玑所著。《诗经》是古代诗歌的总集，内容广泛，其中亦记载了丰富的动植物学知识。孔子在整理《诗经》时，就曾说学习《诗经》可以“多识鸟兽草木之名”。这给后世学者很大启发。三国时期，吴国陆玑为《诗经》中描述“草木鸟兽虫鱼”的内容进行注解，写成了这部中国最早的有关动植物的专著。

全书分上、下两卷，共记载草本植物 80 种、木本植物 34 种、鸟类 23 种、兽类 9 种、鱼类 10 种、虫类 18 种，共计动植物 175 种。不仅对书中所载的动物和植物注解了名称，还具体描述了它们的形态、生态及经济价值。另外，陆玑为完成此书，遍访南北，对分布各地的动、植物进行亲身观察研究，使得此书不但描述详尽真实，且具有较高的学术价值。后世对《诗经》动、植物及本草学进行的研究，多得益于此书。明代毛晋正是在陆书的基础上，编著了《毛诗草木鸟兽虫鱼疏广要》。日本学者研究本草学，也以该书为底本，足见该书的生物学价值之大。

《救荒本草》

《救荒本草》是中国现存最早的一部以救荒为目的的植物学专著，作者为明代生物学家朱橚。

明代初年，天灾频仍，灾荒严重。为此，朱橚对野生植物进行实地研究，把搜集到的可采食的植物种到自家菜园之中，以严谨的态度将其一一绘制成图，并对其详加说明，编成《救荒本草》一书。

该书分草木、米、谷、果、菜等五部，介绍植物 414 种。由于作者编著该书的目的是救荒，所以他在编著过程中十分注重其通俗性和实用性，不但对一些难字注音，而且深入浅出，从植物名称的由来开始说明每种植物的形态及味道等，对不常见的植物，以常见易认的植物来比拟，除指明植物可食部分外，还叙述了加工、食用方法。最为突出的是对植物特性的描述，显示出了较高的植物学成就。书中对植物各方面的专业性描写，都比以往本草书籍详尽。该书很早就传到了日本，后被译成英文传播于欧美各国。

《植物名实图考》

《植物名实图考》，清代吴其浚撰，是我国古代最大的一部区域性植物志。吴氏对植物研究很感兴趣。他每到一地，便留意观察，采集植物标本，并从古籍以及当时人的著作中广泛搜集有关记载和议论，经过多年积累，终于编成此书。

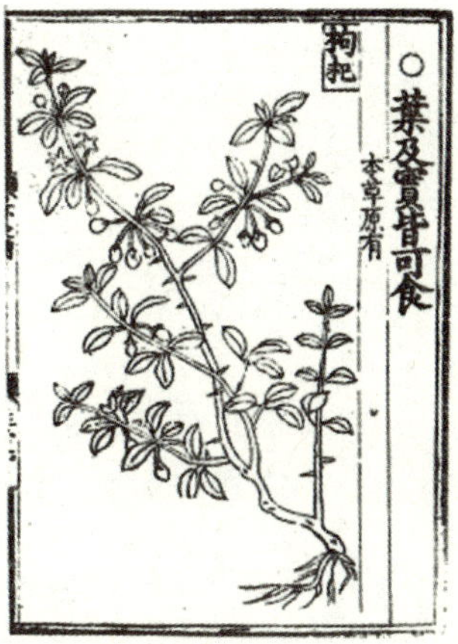

《救荒本草》书影

《植物名实图考》18 卷，分为谷、蔬菜、山草、限草、石草、水草、蔓草、毒草、群芳、茅草、果、木 12 大类，共计植物 1714 种，重点叙述了各种植物的形态、颜色、味性、用途和药用价值，所述植物产地涉及我国现在的 19 个省。吴氏着重于植物的名与实的考证，通过深入实际的研究，纠正了一些本草学家的错误。书中所附植物图绘十分精美，大多是根据植物的生长状态来绘制的，形象逼真，直至今日仍不失为植物分类研究的重要参考资料。本书不仅在本草学方面，而且在农业、林业及园艺等方面都为我们提供了非常可贵的资料，在国际上享有很高声誉，对世界植物学发展也有重要的贡献。

集 部

《古诗十九首》

《古诗十九首》是东汉文人五言诗的集锦，最早见于南朝梁萧统的《文选》。东汉后期党争激烈，政治日渐腐败，官僚垄断仕途，文人士子受到压制。面对这种社会现实，中下层文人士子或为寻求出路，或为避祸，纷纷背井离乡，因此亲戚隔绝、闺门分离。他乡“游子”的乡愁和“思妇”的闺怨也随之产生。《古诗十九首》反映了这种漂泊流离之苦和离别相思之痛，表达了祈求社会安定、渴望家室团聚的愿望。由于诗人们的回归故里与亲人团聚的愿望难以实现，这些诗大都流露出浓重的感伤之情，蕴涵着对社会的强烈不满。同时，这些诗真实地记录和反映了失意文人在仕途上碰壁后所产生的生命无常、及时行乐等颓废情绪。这种诗风对后来的婉约派诗词有一定影响。

《玉台新咏》

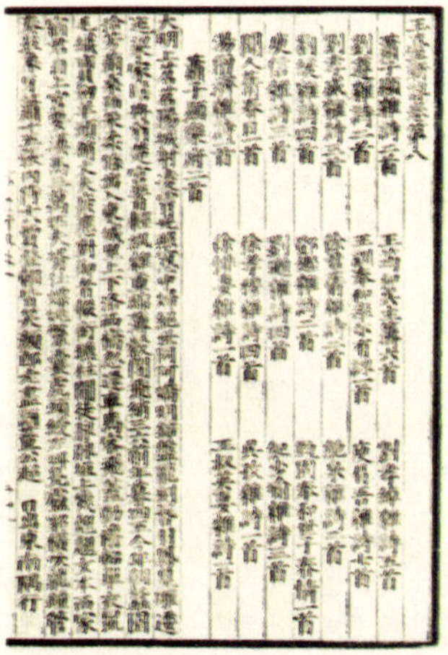

《玉台新咏》书影

《玉台新咏》选录了南梁以前的闺情诗歌，《孔雀东南飞》就始见于此书。

《玉台新咏》是一部中国古代诗歌总集，共收录诗歌769首，其中大多为两汉、三国、晋一直到南朝梁代的诗歌。卷一至卷八为五言诗，卷九为七言诗及杂言诗，卷十为五言四句的短诗。该书的序言中指出该书的宗旨是“撰录艳歌”，其内容多写男女闺情，题材范围比较狭隘，故后人将其概括为“凡言情则录之”，“非词关闺闼者不收”。尽管如此，它亦收有不少脍炙人口的优秀作品，比如《羽林郎》、《陌上桑》、《孔雀东南飞》。许多诗作在主体思想和艺术手法上都达到了相当高的成就。另外，《玉台新咏》保持了大量前代诗歌，使之得以流传。书中所收录的作品大多形式华美雕饰，声律和谐优美，语言既有典丽浓艳的，也有明白晓畅的。该书所收作品，对于研究诗歌形式、体裁的演进，以及校订古籍、补其缺佚，都具有较高的文献价值。

《文选》

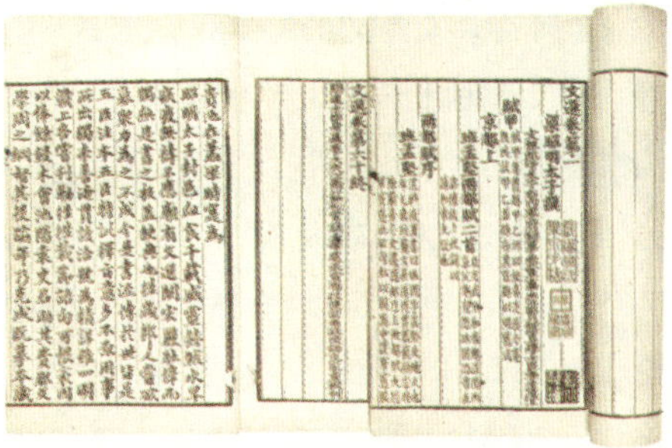

《文选》书影

《文选》问世后，为历代文人所重视，是文人的必读书。

《文选》是我国现存最早的诗文总集。因由南朝梁昭明太子萧统组织编选，所以又被称为《昭明文选》。《文选》共30卷，收入了先秦至梁约130家的作品514题，700多篇。从文体上大致可分为诗歌、辞赋、杂文三大类，细分可以分为赋、诗、骚、七、诏、册、令、教等38类，其中赋又有京都、郊祀、耕藉等15门，诗歌又有补亡、述德、劝励等23门。

在选录的作品中，文人们已经注意到了文学作品和学术著作的区别，所以《文选》不选六经、诸子百家中的文章。它大体上收录了先秦至南朝梁代初期的重要文学作品，保存了重要的资料，反映了各种文体的发展路径。《昭明文选》历来受到历代文人学者的重视，甚至被当成科举者的必读书，甚至有“《文选》烂，秀才半”的说法。

《文心雕龙》

《文心雕龙》是我国古代文学史上不可多得的文学理论批评专著。作者刘勰，字彦和，莒县东莞（今山东莒县）人，早年家贫，后师学于僧佑，博览群书，晚年出家，死于钟山定林寺中。《文心雕龙》全书共50篇，其中，开头的《原道》、《正伟》、《征圣》、《辩骚》、《宗经》这5篇是全书总论，称为“文之枢纽”；《明诗》到《书记》等20篇则是对文体的论述；《神思》到《总术》等19篇主要是阐述文章的创作与风格，称为“创作论”；《时序》到《程器》等5篇为“批评论”；书末附有作者所作的《序志》，是对全书基本内容的介绍。《文心雕龙》对南朝齐梁以前的文学创作进行总结，以儒家思想为基础，中庸思想为主线，夹杂佛道思想，对文学创作从美学角度加以评述，并论述了文学创作的主客观条件及规律。

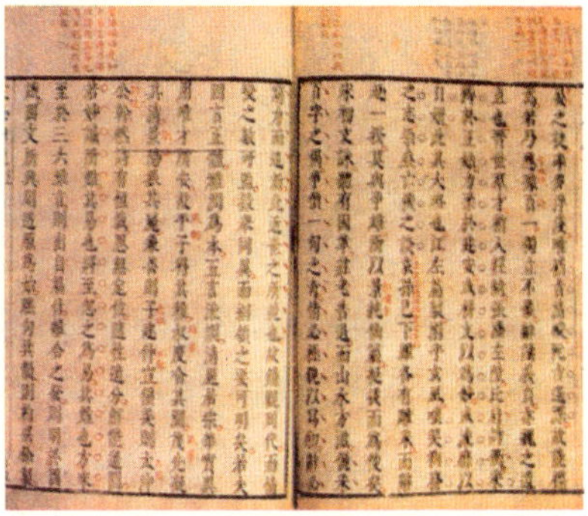

《文心雕龙》书影

《文心雕龙》的版本较多，最早的刻本是元至正本。这个本子是以后各版本的祖本。此外尚有清人黄叔琳的《文心雕龙辑注》、今人范文澜《文心雕龙注》、杨明照《文心雕龙校注》、周振甫《文心雕龙注释》。

《文心雕龙》在我国文学理论史上有着极高的地位，素来有“体大思精”之誉，鲁迅认为它可以和亚里士多德的《诗学》相媲美。

《诗品》

《诗品》是我国第一部诗歌评论专著。作者钟嵘，字仲伟，颍川长社（今河南许昌）人，南朝齐梁时期的文学批评家。《诗品》将从汉代到梁朝的122位著名的五言诗作家，分为上、中、下三品，每品一卷，全书共三卷。钟嵘按照自己的标准，把11人定为上品，39人定为中品，其余72人定为下品。除了品第之外，作者还对作品的优劣发表评论。钟嵘评论诗歌强调“风力”，主张清新自然、文辞优美，反对典故堆砌，对苛求声律，空谈玄理持批判态度。书中对诗人诗作的评论十分精彩，比如说曹操“曹公古直，甚有悲凉之句”；评曹植“骨气奇高，辞采华茂；情兼雅怨，体被文质；粲溢今古，卓尔不群”。但是，书中把陆机、潘岳等人列为上品，把鲍照、陶渊明列为中品，把曹操列为下品，显然有失公允。但不管怎么说，《诗品》作为我国最早的诗歌评论专著，开创意义还是巨大的，后世的各种“诗话”，无不滥觞于此。

《乐府诗集》

《乐府诗集》汇集了从上古时期至唐五代的乐章和歌谣。编者郭茂倩，宋人，生平事迹不详。全书100卷，以辑录汉魏至唐的乐府诗为主。根据音乐性质的不同，所集作品分为郊庙歌辞、燕射歌辞、鼓吹曲辞、横吹曲辞、相和歌辞、清商曲辞、舞曲歌辞、琴曲歌辞、杂曲歌辞、近代曲辞、杂歌谣辞、新乐府辞等12大类。其中郊庙歌辞、燕射歌辞、鼓吹曲辞、舞曲歌辞多为宫廷祭祀、宴享朝会时所用的乐章，属于贵族文学的范畴，思想内容和艺术技巧较差。而相和歌辞、杂曲歌辞、清商曲辞、杂歌谣辞等保存了很多原汁原味的民歌，尤为珍贵。全书每一类有总序，每一曲有题解，对乐曲的起源、性质、演唱配器等均有详尽说明。其中保存了不少已失传著作的内容。《乐府诗集》是成书较早、收集历代各种乐府诗最为完备的一部重要总集，对文学史和音乐史的研究均有重要参考价值。

《孔雀东南飞》诗意图

《孔雀东南飞》是汉乐府中最杰出的篇章。

《全唐诗》

《全唐诗》由清朝康熙年间的彭定求、杨中讷、沈三曾、潘从律、徐树本、车鼎晋、汪绎、查嗣瑮、俞梅等人奉敕编纂，最后由曹寅具体负责刊刻事宜。全书共 900 余卷，收录 2200 多人的诗歌作品 48900 余首。它是在明代胡震亨《唐音统签》和清初的季振宜《唐诗》的基础上，旁采残碑断碣稗史杂书所载，拾遗补阙，会聚而成的诗歌总集，既包括已结集者，又含有散佚者。书中把帝王后妃作品罗列于前；其次为乐章、乐府；接着是历朝作者，按时代先后编排，附以作者小传；最后是联句、逸句、名媛、僧、道士、仙、神、鬼、怪、梦、谐谑、判、歌、谶记、语、古谚、民谣、酒令、占辞、蒙求，而以补遗、词缀于末。它不仅收集了唐代著名诗人的集子，而且包含一般作家及各类人物的作品，全面反映了唐诗的繁荣景象，不失为一部资料丰富和比较完整的唐代诗歌总集。

《唐诗别裁》

《唐诗别裁》，唐代诗歌选集，编纂者沈德潜（1673 ~ 1769 年），字确士，号归愚，长洲（今苏州）人，清代著名的诗人和诗歌评论家。全书共有 20 卷，选诗达 1900 多首，囊括了唐朝各家各派的重要作品，初名《唐诗宗》，意为唐诗之集大成者。后来作者以杜甫的《戏为六绝句》之六“别裁为体亲风雅”之意改现名，表示编者已经剔出“伪本”。编者在选录诗作的时候，秉承“温柔敦厚”的诗教，反对淫靡的诗风。该书前面的凡例极为详细，论及各种体制、流派。书中的作品也都是按照诗体编排，并且对诗人均有概括性的切中肯綮的评价，另外还有按语、眉批、注释，简要精当。长期以来，《唐诗别裁》都是受人推崇的唐诗选本，对后世唐诗的编辑整理有着深远的影响。

《唐诗三百首》

《唐诗三百首》，清代乾隆年间蘅塘退士孙洙编的唐诗选集，全书选诗 310 首，或作 6 卷或 8 卷，基本上按五古、七古、五律、七律、五绝、七绝、乐府等诗体编排。四藤吟社的版本又增补杜甫的 3 首《咏怀古迹》。该书收录了 77 人的作品，其中既包括帝王、士大夫等贵族，也有僧侣、歌女，还有无名氏等，但大多数是唐代重要诗人，

白居易《琵琶行》诗意图　明　仇英

并重点突出了盛唐时期的李白、王维，兼顾中唐、晚唐如杜甫、李商隐等人。诗的内容大多反映了唐代的社会生活和诗歌风貌。此书原本是为童蒙学习诗歌而编的家塾课本，因编者汲取了《千家诗》易于成诵的优点，该书雅俗共赏、流行久远。

《明诗别裁》

《明诗别裁》是沈德潜与周准合编的明诗选集，全书 12 卷。他们在编纂此诗集时参照已有的明诗选本，诸如《明诗选》、《列朝诗集》、《明诗综》等，重新选录进行编定。该集所收录作者自明初的刘基、宋濂等人始到明末陈子龙、张溥等人为止，共 340 人，选录其诗作 1000 余首。编纂者以自己所提倡的“温柔敦厚”的诗教为意图和选诗标准，强调诗的“厚人伦，匡政治”的功用，主张古体诗宗汉魏、近体诗学盛唐，推崇前、后七子，排斥公安、竟陵两派，故该集选录前后七子的作品较多，而不能很好地反映明诗的全貌，但从中可见复古派创作的特点。

《花间集》

《花间集》是中国历史上第一部词集，后蜀赵崇祚选编。全书共收温庭筠、皇甫松、韦庄、薛昭蕴、牛峤、张泌、毛文锡、牛希济、欧阳炯、和凝、孙光宪、魏承斑、鹿虔、阎选、尹鹗、毛熙震、李洵等词人的 500 首词作。这些词人从晚唐到五代都有，许多不是蜀地之人，所以这部词集堪称晚唐和五代词作的总集。这部词集前面的序言是后蜀宰相欧阳炯所写，对该集做了总括性介绍：“今卫尉少卿字弘基（赵崇祚）……因集近来诗客曲子词五百首，分为十卷，以炯粗预知音，辱请命题……乃命之为《花间集》……”《花间集》是按照风格流派选编的词集，“花间”暗喻男女之情，该流派撰写男女艳情、离愁别绪，词风香艳，语言艳丽，风格柔媚。虽然后世儒家对此词集评价不高，谓之格调低下，但因这些词作表达人的真情实感，故而传之久远。

《全宋词》

这是今人唐圭璋编的一部宋词总集。宋词的编辑整理其实从明末毛晋的《宋六十

《少年游·并刀如水》诗意图

名家词》就已开始，其后清代的侯文灿、秦恩复等人的词集层出不穷，晚清时候刊刻词集的风气更盛。但这些词集对于孤篇断句一概不录，不足以探求一代词作全貌。唯独唐圭璋编辑的《全宋词》旨在总辑宋代的词作，广泛搜罗采集，将宋人文集中所附、宋人词选中所选、宋人笔记中所载词作，统统采录，同时还收录类书、方志、金石、题跋、花木谱等所载之词，集中编为《全宋词》。《全宋词》比同类词集收录更为齐备，考订更为精审，并且改正了前人的不少谬误。全书共计收录两宋词人 1330 余家，词作约 2 万首。

《宋词三百首》

《宋词三百首》是一部精简的宋词选集。编者朱孝臧（1857 ~ 1931 年），一名祖谋，字古微，号沤尹，又号彊村，浙江归安人。他历任侍讲学士、礼部侍郎、广东学政，后辞官游览名山大川，吟咏自遣。朱孝臧早年以诗名，终弃诗而专攻词，著有词集《彊村语业》2 卷，收入《彊村遗书》。《宋词三百首》是他编辑的一部不朽的词集，共选两宋 79 家词人 283 首词，而且两宋并重。所选词人不局限于名家，只要文笔出众，即使是无名小卒亦能入选。故而，该集几乎涵盖了宋代所有著名词作家，其中选词 10 首以上的是：吴文英 25 首、周邦彦 22 首、姜夔 17 首、晏几道 15 首、辛弃疾 12 首、晏殊 11 首、贺铸 11 首、苏轼 10 首。作者对这些词作家按帝王、文士、女流编排，以天然浑成为主旨，尤为精粹。这部词集所选词作的难易程度有一定梯度，便于初学者理解和提高。

《元曲选》

《元曲选》又名《元人百种曲》。该书共 10 集，每集 10 卷，每卷 1 剧，共计 100 种。其中元人的有 94 种，元末明初的有 6 种。该书卷首有编者臧懋循在万历十四年（1586 年）的序文 2 篇，并附有元陶九成、燕南芝庵、周德清、赵子昂、丹邱先生、涵虚子诸家关于戏曲的文章，以及“涵虚子杂剧目”等，内容十分翔实、丰富。它是从许多杂剧秘本和宫廷内府本相互校定精选而成；这本杂剧选集保存了现存元杂剧的 2/3。编者旨在尽元曲之妙，使后作者有所取舍，因此选择精细，多有整理考订。这本剧作选集科白齐全，语言通俗、通顺，便于阅读和研究。

《元曲选》插图

《全唐文》

《全唐文》，唐朝和五代的文章总集。清政府组织编修，主编董诰。当时孙星衍、阮元、法式善、徐松等许多知名学者都参与了此书的编纂，可谓阵容强大。此书从嘉庆十三年（1808 年）开始，直到嘉庆十九年（1814 年）修成，历时 6 年。全书共 1000 卷，收录 3000 多位作者，18400 多篇文章，可谓卷帙浩繁。此书编排的先后次序为皇帝、后妃、宗室诸王、公主、百官、僧道、列女，每位作家下又按文体分类，并附有小传。这部总集为我们研究唐代文化提供了宝贵资料。

《古文观止》

《古文观止》是中国历代优秀散文的选集。清代的吴楚材、吴调侯编选，经过吴兴祚审定。所谓“观止”，取典《左传》，意思是尽善尽美，暗示此书所选皆是古文精华。该书以散文为主，兼取骈文，时间跨度上起先秦，下迄明末，兼收并蓄，最后收文 222 篇，分为 12 卷。该书与《文选》以后的同类作品相比，选录作品时间跨度甚大，但所选作品数量甚少，实属优中选优，宁缺毋滥。此书所选文章的体裁多样，没有派别的偏见。在编排上，此书按时代先后分为 7 个时期，每个时期都有重点作家作品，每篇作品都有简评。入选的文章多属久经传诵的佳作，值得反复品味。此书以选文精到，篇幅适中，题材多样而备受读者欢迎，一经问世，盛传不衰。

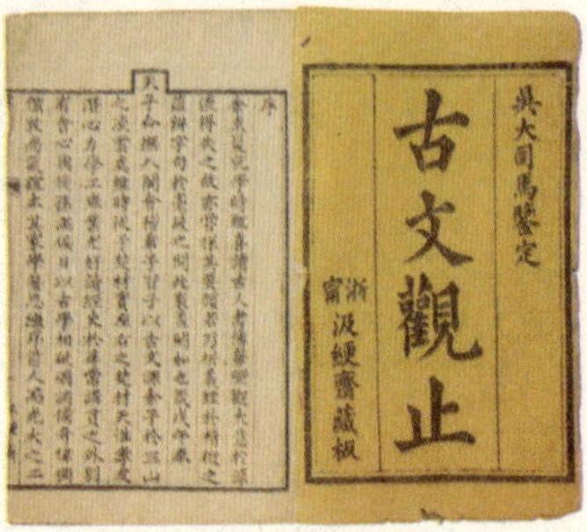

《古文观止》书影

《骈体文钞》

《骈体文钞》，骈体文选集。编者李兆洛，清代学者。姚鼐选编《古文辞类纂》以后，桐城派气势大盛，俨然以文章正宗自居。崇尚美文的李兆洛很不服气，便编纂这部《骈体文钞》，与桐城派抗衡。全书共收历代骈体文 774 篇，分为 3 编，各编又按文体分类编排。这里的“骈体文”是个广义的概念，包含所有采用偶句的文体，把先秦诸子散文也涵盖在内，其用意在于标示文章的审美价值，以别于“文以载道”的传统。

《随园诗话》

《随园诗话》是一部诗歌评论集。作者袁枚（1716 ~ 1798 年），钱塘（浙江杭州）人，字子才，号简斋，晚年自称随园老人。清代著名诗文家、诗论家。该书共 16 卷，补遗 10 卷，书中记述了许多文坛掌故、文人逸事及亲友作品，其间议论风生，不乏真知灼见和独到的美学思想。作者不赞同沈德潜的“格调说”，推举“性灵”、“性情”之说。书中论诗重“真”、“活”、“新”，讲求写真性情，认为“凡诗之作者，都是性灵，不关堆垛”，所以“作诗不可以无我”。该书强调诗人作诗风格的多样化，反对食古不化。《随园诗话》较多地记述了封建士人低级庸俗的艳事，以至于章学诚评道：“春风花树多风蝶，都是随园虫变成。”但是，它仍然不失为继叶燮《原诗》之后清代最富有学术价值的著作。

《文苑英华》

《文苑英华》是北宋时期四大部书之一。李昉、徐铉、宋白及苏易简等 20 余人奉敕命于太平兴国七年（982 年）开始编纂，历时 5 年完成。宋真宗、宋孝宗年间又进行修订，最后经周必大、胡柯和彭叔夏复校，于嘉泰元年（1201 年）开始刻版。全书 1000 卷，选录 2200 余作家的近 2 万篇作品。上继《文选》，起自萧梁，下迄晚唐五代，按文体分赋、诗、歌行、杂文、中书制诰、翰林制诰等 39 类，类下设若干门目。校记中还附有别本的异文，可以用以辑补校勘唐人的诗文集。书中唐人作品占绝大多数，其中多数是录自当时流传不多的抄本诗文集。所以，在保存唐代文学作品资料方面，居功至伟。

《古今图书集成》

《古今图书集成》，原名《文献汇编》，是我国古代最大的一部类书。它是由清康熙年间的陈梦雷编纂的，雍正年间由蒋廷锡校订编排，于雍正四年（1726 年）成书。《古今图书集成》共 1 万卷，其中包括目录 40 卷。全书内容分为 6 编，编下分典，典下又分部，部下又分目，依次为：历象编 4 典，分别为乾象、岁功、历法、庶征；方舆编 4 典，分别为坤舆、职方、山川、边裔；明伦编 8 典，分别为皇极、宫闱、官常、家范、友谊、氏族、人事、闺媛；博物编 4 典，分别为艺术、神异、禽虫、草木；理学编 4 典，分别为经籍、学行、文学、字学；经济编 8 典，分别为选举、铨衡、食货、礼仪、乐律、戎政、祥刑、考

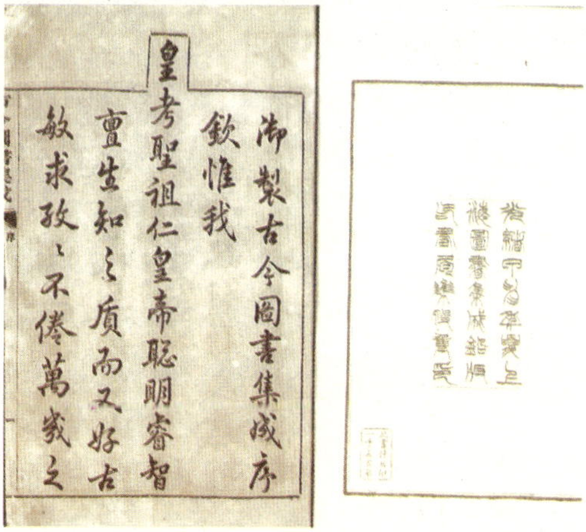

《古今图书集成》书影

《古今图书集成》是清代前期编撰的一部大型类书，此书影为雍正皇帝为其御制的序言。

工。全书编写体例完善合理，内容极其丰富，堪称古代百科全书。《古今图书集成》在学术界有着极其重要的地位，它对我们研究清初以前的历史均具有很高的史料价值。

《四库全书》

《四库全书》是我国清代官修的中国古代最大的一部丛书，清乾隆年间学者纪昀为总纂官。该书的编修开始于乾隆三十八年（1773年），直到乾隆五十八年（1793年）才最终完成，共历时20年。《四库全书》共收书3503种，36304册，79337卷。全书按经、史、子、集分部，部下又分类。其中，经部含10类，分别为易、书、诗、礼、春秋、孝经、五经总义、四书、乐、小学；史部含15类，分别为正史、编年、纪事本末、别史、杂史、诏令奏议、传记、史钞、载记、时令、地理、职官、政书、目录、史评；子部含14类，分别为儒家、兵家、法家、农家、医家、天文算法、术数、艺术、谱录、杂家、类书、小说家、释家、道家；集部含5类，分别楚辞、别集、总集、诗文评、词曲。《四库全书》编成后，分抄7部，分别收藏于文渊阁、文溯阁、文源阁、文津阁等“北四阁”，和文宗阁、文汇阁和文澜阁等“南三阁”。《四库全书》是我国古代文化中的瑰宝，保存了大量我国古代的文献资料。但是，书中有的地方出于政治原因，对原始的文献资料有所篡改，有的原始资料甚至遭到焚毁，对中国文化造成一定程度的破坏。

《绝妙好词》

《绝妙好词》，南宋词选集，选编者周密，字公瑾，南宋词人。全书共分为7卷，收有132家的词作385首。这些作品始自张孝祥，终于仇远。该书编选甚严，但选录标准侧重于格律形式，只录清丽婉约的词作，而对忠愤激昂的词作不大热心，如辛弃疾的作品仅选3首，而姜夔的词却有13首，吴文英的词更多达16首。故清代学者焦循评曰：“周密《绝妙好词》所选皆同于己者，一味轻柔圆腻而已。”他的评论还是比较公允的。而张炎则认为《阳春白雪》、《花庵词选》不如此选本更为精粹，这又从侧面反映了宋末注重音律形式的“雅词”派的艺术倾向。另外，此书选录的许多名不见史传的宋末词人作品，可谓零珠碎玉，赖此以传，从中可以看出当时词坛不同风格作品并行不悖的繁荣景象，为后人研究宋词风格、流派的演变发展提供了重要参考。

《元曲三百首》

《元曲三百首》是一部元曲选集。诗、词、散曲是中国韵文文学的3个主要门类，其中散曲兴起最晚，发展历史较短，成就也逊于诗词。同时，中国文人向来轻视散曲，认为它是无用的“小道”，所以研究者很少。但作为一种韵文文体，“散曲”的概念长期以来都没有得以厘清，直到1930年，任中敏才在《散曲概论》中做出明确界定：散曲即指元代出现的新体诗歌，是继歌诗、歌词而后起的一种新歌曲；作为音乐文学的一个品类，则特指宋金以来配合时调新声用于清唱的通俗歌词，基本有小令和套数两种样式。

全书选入了元好问、关汉卿、马致远、乔吉、张可久等80多名作家及无名氏的精彩杰作300首，可以说概括了元代散曲中的菁华，展示了元曲的大致风貌与发展脉络。所选元曲，兼顾曲家的代表性与曲作题材的广泛性。入选曲作，以小令为主，兼收套曲，大体按年序编排。有此一编，足以了解元曲的概貌。任中敏所辑的这个选本，在普及元曲方面，有着不可替代的作用。

《古文辞类纂》

《古文辞类纂》是古文与辞赋的选集。编者姚鼐，清代著名文学家，桐城派古文大师。所谓“类纂”，意思是分类编排。全书共收从先秦到清代774篇文章和辞赋，书按文体分为论辩、序跋、奏议、书说、赠序、诏令、传状、碑志、杂记、箴铭、颂赞、辞赋、哀祭13个类别。每个类别下，都有文字说明该文体的源流，并且，每篇文章都有点评。此书最大特色是其鲜明的倾向性，选文重在体现“桐城义法”。所谓“桐城义法”，是指桐城派古文的宗旨，“义”指为文要言之有物；“法”指言之有序。为标示“桐城义法”的传承流脉，此书重点选择先秦两汉、唐宋八大家、明朝归有光和清朝桐城派文章。南宋、元、明前期的文章一概不选。此举虽嫌偏颇，却以鲜明的特色受到人们的青睐。该书不仅对研究桐城派思想有重要价值，而且对后世有深远影响。

《全上古三代秦汉三国六朝文》

《全上古三代秦汉三国六朝文》是一部从先秦到隋朝的文的总集。编者严可均，清代学者。全书卷帙浩繁，多达746卷。这部书最大的特点就是全，凡是在古文献，甚或是小说或拓片中能找的单篇文章，广为收罗，即便是只言片语，也不遗漏。全书以时间为序编排，同一朝代又按帝王、后妃、百官、列女、外国、释道、鬼神等次序编排，每位作家都附有小传，每篇文章都注明出处，为后人研究古代文化提供

嵌贝鹿形铜镇　汉

此镇出土于河南省陕县后川。镇可以避免起身落座时折卷席角。汉镇绝大多数做成动物形，“鹿”与“禄”音同，表达了人们祈求富贵的愿望。这件卧鹿铜镇，背嵌大货贝。实用性和装饰性达到了完美的统一。

了极大的方便。

《六十种曲》

《六十种曲》，元明传奇选集。原是大藏书家毛晋汲古阁藏本，后来他请冯梦龙、凌濛初等学者重新选编校订，刊刻行世。原书为丛书，6套，每套10种。后来，这6套书同时刊印，才有了《六十种曲》之名。此书把元明时期传奇中的优秀作品收入其中，较为全面地反映了传奇文学发展的概貌，是我们了解和研究传奇的最佳读本。

《书目答问》

《书目答问》是清代一部丛书目录著作，它是张之洞任四川学政期间编写的。张之洞，字孝达、香涛，号抱冰、无竞居士，清直隶南皮（今河北南皮）人，历任清朝官吏，是晚清时期洋务派的主要代表人物。该书以“经世致用”为指导思想，以解决“应读何书，书以何本为善”为目的，以“中学为体，西学为用”为准则，共收录了具有代表性的书目2000多种。书中将所收书目按经、史、子、集、丛分类，类下所记书目皆选重要及常见版本，书后附有《别录》及《清代著述诸家姓名略》。该书较以前的丛书目录著作有所突破，它首次在经、史、子、集4目外又分“丛”目，同时，它还在书后的《清代著述诸家姓名略》对清朝的学术成就进行了总结。《书目答问》对后世影响很大，书中所用的书目分类方法被后世很多著作所采用，它也是继《四库全书》以来流传最广、影响最大的书目。

说部

《穆天子传》

《穆天子传》又名《周王游行记》，是一部先秦古书，西晋初年出土于河南汲县战国魏墓。此书记事以日月为序，并详记巡行路线及沿途所见，所以《隋书·经籍志》把它归入史部起居注类。但后人认为此书为传闻故事，多虚构与想象，从而把它列为小说。

此书共 6 卷，前 5 卷书中详细记录了周穆王西巡，周行天下之事。书中说，周穆王从宗周出发，越过漳水，经由河宗、群玉山之地，向西到达西王母之国。在那里，周穆王受到西王母热情招待。现代学者研究，穆王的西行路线，是从镐京（今陕西西安）出发，北越太行，经河套折而向西，穿过今甘肃、青海、新疆，到达帕米尔地区的西王母之国。最后一卷记载穆王美人盛姬之死，以及返国归葬之事。书中故事常被诗人用作典故，对传奇小说和戏剧影响甚深。书中资料，虽不乏夸张成分，但也有助于了解古代各族分布、国家友好往来，以及西周时期中西交通以及文化交流情况。

《博物志》

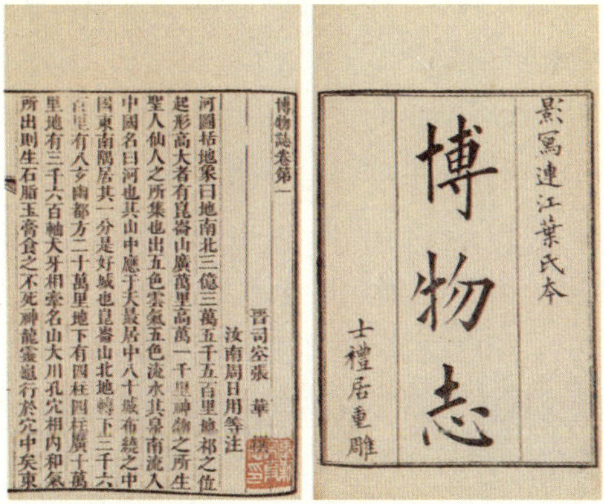

《博物志》书影

《博物志》是一部笔记体博物学著作。作者张华（232 ~ 300 年），字茂先，范阳方城（一说今河北固安，一说今河北涿州）人，西晋杰出政治家，以“博物洽闻”著称，后被人陷害而死。旧时人们将《博物志》列入小说类，今天的学者仍然有将它归入志怪类小说集的。但从书中所记载的内容来看，确实应该将它归入博物学类。《博物志》今存 10 卷，所记内容包罗万象，既有关于自然风光、植物动物、风土民情的介绍；也有关于神仙故事、奇闻轶事的记载，另外还包括历史人物的传记。正是因为它的内容中掺杂很多荒诞不经的传说和逸事，这也是人们将其归入为小说类的原因。《博物志》撰写所用体例开了有关博物学著作撰写体例的先河，对后世编著博物学书籍起到样本示范的作用。书中有关一些技术的记载，在一定程度上也对古代自然科学的发展起到推动作用。

《搜神记》

《搜神记》是早期的一部神怪小说集。作者干宝（约 286 ~ 336 年），东晋文学家，字令升，祖籍河南新蔡。《晋书·干宝传》说他有感于生死之事，“遂撰集古今神祇灵异人物变化，名为《搜神记》”。干宝认为，自己所记并非荒诞之事，他在序中自称：“虽考志于载籍，收遗佚于当时，盖非一耳一目所亲闻睹也，又安敢谓无失实者哉！”此书共 20 卷，保存了许多古代民间的传说，堪称古代民间传说的总汇，书中众多的传说，如“干将莫邪”、“相思树”、“董永卖身”、“李寄斩蛇”、“蚕神的故事”、“盘瓠的故事”、“细腰的故事”等，大多成为后世文学的题材，并且至今仍在流传。《搜神记》代表了我国魏晋志怪小说中的最高成就，对后世有深远影响。

《世说新语》

《世说新语》，南朝志怪小说集，主编是南朝宋临川王刘义庆（403 ~ 444 年）。此书也可以看作一本有关汉末、三国至两晋时期士族阶层的言行风貌和逸事琐语的杂史。汉代的刘向曾写过一部《世说》，已散失。《世说新语》原名也是《世说》，为了与刘向的著作相区别，故称《世说新书》，宋代之后改为现用名。全书原有 8 卷，由刘义庆门下众多文人学士在刘义庆的领导下合力编纂，并力图使全书体例与风格基本一致。后来

干莫炼剑图　清　任预

刘孝标为其作注时分成10卷，现在的版本多为3卷，分德行、言语、政事、文学、方正、雅量、识鉴、赏誉、容止等36门，记述汉末到刘宋时名士贵族的逸事，其中多有人物评论、清谈玄言和机智故事。《世说新语》是当时志怪小说的集大成之作，语言简练传神，含蓄隽永；善于抓住典型，进行概括描写；喜欢通过言行，表现人物性格。此书所记的故事与史实有所出入，但从中可以看出门阀士族的思想面貌，保存了社会、政治、思想、文学和语言等史料，具有较高参考价值。

《太平广记》

《太平广记》为北宋初年李昉、扈蒙、李穆等人奉宋太宗的旨意编纂的一部小说总集，后来被称为北宋四大部书之一。全书总共有500卷，另有目录10卷。该书在编纂过程中取材于汉代至宋初的野史、小说以及释、道两藏等，引书超过400种，而且每条援引都注明出处，只是错误较多。该书按题材分为92类，又分150余细目，其中神怪故事所占的比重最大。《太平广记》作为一部分类编纂的古代小说总集，许多已经失传的书在该书中存有佚文，诸如六朝志怪、唐代传奇就是依赖该书得以流传的。宋元以后的许多小说、戏曲也曾从这本书的故事中取材。

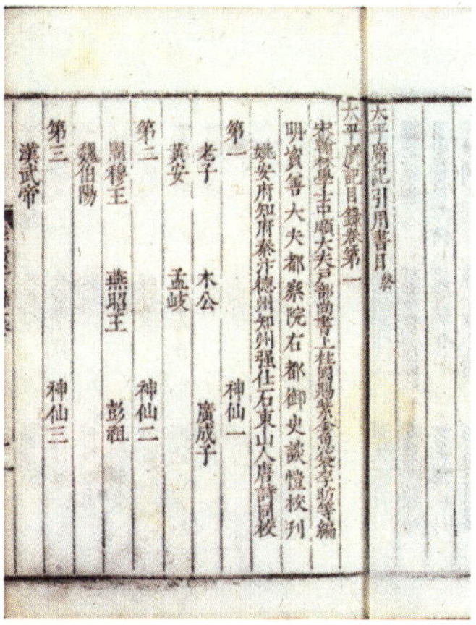
太平廣記目錄卷第一
明資善大夫都察院右都御史談愷校刊
姚安府知府秦汴德州知州强仕石東山人唐詩同校
第一　神仙一
老子　木公　廣成子
黄安　孟岐
第二　神仙二
周穆王　燕昭王　彭祖
魏伯陽
第三　神仙三
漢武帝

《太平广记》书影

《容斋随笔》

《容斋随笔》，洪迈的随笔集。作者洪迈（1123 ~ 1202年），南宋著名学者，字景卢，别号野处，鄱阳（今江西波阳）人，学识渊博，自经史百家以至医卜星算，皆有论述，尤其对宋代掌故更是了如指掌，撰有《容斋随笔》。该书是作者近40年的读书笔记，有《随笔》、《续笔》、《三笔》、《四笔》、《五笔》等5集，共74卷。笔记的内容多涉及经史典故、诸子百家、诗文词语，其中关于史学的文章水平最高，对宋朝典章制度的记述尤为详细。此书学术价值很高，远远超过一般的笔记。《四库提要》称，“南宋说部，终当以此为首焉”。它与沈括的《梦溪笔谈》、王应麟的《困学纪闻》并传于世。

《三国演义》

《三国演义》是中国文学的四大名著之一，在明朝被列为三大奇书之一。作者罗贯中（约1330 ~ 1400年），名本，字贯中，号湖海散人，元末明初小说家，生于杭

《三国演义》故事绣像

此绣像描绘的是《三国演义》中“青梅煮酒论英雄”的故事。

州，祖籍太原。《三国演义》成书之前，已经有众多的文人墨客和无名作者以三国故事为题材，进行了大量的艺术创作。这些作品经历了漫长的流传、发展、演变过程，有的已为人民大众所耳熟能详。罗贯中在对其中的优秀作品进行归纳和梳理的基础上，依据三国正史以及民间传说、话本和各种三国戏，再融入自己的生活体验，创作了这部长篇巨著。《三国演义》着力描写了大约半个世纪的魏、蜀、吴三国的纷争和兴衰过程。《三国演义》的艺术成就是多方面的。首先，在人物刻画方面显示出惊人的技巧。全书 400 多个人物形象，不管是曹操、刘备、孙权这些群雄之首，还是诸葛亮、关羽、张飞、鲁肃、周瑜、张辽等谋臣勇将，无不刻画得栩栩如生。尤其是对诸葛亮、张飞和曹操的形象塑造可谓出神入化，呼之欲出。其次，对战争的描绘方面，作者把一幕幕惊心动魄的战场、瞬息变化的战斗形势，描绘得各具特色、扣人心弦，显示出战争的复杂性。书中表现出的德治仁政、圣君贤相的社会理想，一定程度上反映了人民群众的爱憎感情、道德观念和愿望。

《水浒传》

《水浒传》是中国历史上第一部描写农民起义的小说。作者施耐庵（约 1296 ~ 约 1371 年），名子安，元末明初作家，兴化（今江苏兴化）人，原籍苏州。早年入仕途，郁郁不得志，于是弃职还乡，闭门著述，写作《水浒传》。全书围绕“官逼民反”这一中心思想展开情节，表现了一群不堪暴政欺压的绿林好汉揭竿而起，聚义水泊梁山对抗朝廷，最后在封建思想的指引下接受招安，导致起义失败的全过程。这部小说在历史上第一次从正面深刻揭示了农民起义的社会根源，即上至皇帝和蔡京、高俅一类的佞臣，下至大小官吏的昏庸无能、横行霸道、为非作歹，致使民不聊生，最终使得原已尖锐的阶级矛盾激化。这部小说的鲜明特征在于，它没有站在统治阶级的立场上，而是对封建统治者视为“盗贼草寇”的起义农民给予充分肯定。因为这部书来源于话本，其语言具有高度口语化的特点，这使得它的语言更为明快、洗练、生动、准确、富于表现力，并在人物个性化上取得了很高的艺术成就。

《西游记》

《西游记》是中国神话小说史上最优秀的作品。作者吴承恩（1501 ~ 1582 年），明代小说家，号射阳山人。屡试不第，中年以后才勉强补为岁贡生，得任县丞一类的小官，后辞官回乡。晚年的吴承恩，寄兴于诗酒，最后贫病而死。《西游记》中的许多故事在民间流传已久，经过了无数民间艺人的加工和创作，由吴承恩最后完成。《西游记》全书分为 3 部分，第一部分写孙悟空的出身和大闹天宫，第二部分写唐僧的身世和取经的起因，第三部分写孙悟空保护唐僧到西天取经，一路上降妖捉怪，历尽苦难，取回真经的过程。这部作品生动地塑造了孙悟空蔑视皇权、敢拼敢打的英雄形象，以及恪守教条、迂腐顽固、是非不分的唐僧形象和憨厚纯朴、吃苦耐劳，但贪馋好色、嫉妒心强、斗争性不够坚定的猪八戒形象等，讴歌了反抗权威、蔑视封建等级制度的叛逆思想和正义、无畏、勇敢的斗争精神。在塑造各色神魔形象的时候，既表现他们超自然的神性和动物属性，又不偏离其社会化个性。比如孙悟空灵活多变、急躁、好动的个性是猴的特点，但这一特性与他乐观反叛的人格个性和谐地融为一体。浓郁的浪漫主义色彩是《西游记》的基本艺术特征。它模拟了一个类似人间的神仙世界，这个世界有威严不可一世的玉皇大帝、太上老君，各色佛教徒、残暴的妖魔。其实这些角色在人间都可以找到。在书中那个超自然的世界里，各色神话人物、神奇法宝和所处的环境大都有现实的基础。这使得作品既有色彩瑰丽的奇想，又不失细节的真实性。

《西游记》图册　清

明代吴承恩的《西游记》问世后，各种表现唐僧师徒取经故事的艺术题材相继涌现，如诗歌、绘画、书法、雕塑、建筑等，不仅有巨大的美学价值，而且在民俗学、社会学上也有不小成就。《西游记》图册由清代康熙时期的四大书法家之一的陈奕禧书写上简单的文字说明，图画生动传神，富有想象力，图文并茂，使故事情节经过图片与文字得到更好的体现和延伸。

《金瓶梅》

《金瓶梅》是中国第一部以家庭日常生活为素材的长篇小说。作者署名兰陵笑笑生，但这位“笑笑生”系何人，有待考证。这部作品将《水浒传》中西门庆与潘金莲的故事作为切入点，说潘金莲未被武松杀死，嫁给西门庆为妾，继而转入小说的主体部分，描写西门庆家庭内发生的一系列事件。作者将小说中 3 个主要女性（潘金莲、李瓶儿、庞春梅）的名字各取一字组成书名，富于特色。《金瓶梅》是以北宋末年为背景，但其中的社会面貌、思想倾向却有鲜明的晚明时代的特征。小说着重描写了富商西门庆依赖金钱的巨大力量，勾结官府恣意妄为，纵情享乐，尤其在男女之事方面永无休止地追求刺激和欢娱，表现出整个社会肌体正为一种邪恶的思想势力和社会力量所侵蚀，日益走向堕落破败。而小说最后以西门庆肆意宣泄身亡喻示了这种思想势力和社会力量在当时的社会环境中难以成长。这部小说以前所未有的写实笔触，描绘出当时活生生的社会状态，并且淋漓尽致地表现了在当时的社会状态中最为复杂的人性特征，实属难能可贵。

三言二拍

《金玉奴棒打薄情郎》年画

这个故事出自冯梦龙的《喻世明言》，主要内容是：团头金老大将女儿玉奴嫁与穷秀才莫稽，后莫稽中举得官，嫌弃玉奴门第卑下，在上任途中将金玉奴推入江中，玉奴幸遇淮西转运使许德厚相救，向许公夫妇诉说原委，被许公认为义女，后许公以嫁女之名，将玉奴配于莫稽，莫稽欢喜异常，洞房之夜，玉奴棒打薄情郎，在许公调解下，最终夫妻和好。年画所表现的就是莫稽推妻坠江一节。

“三言”是指明代冯梦龙所编著的《喻世明言》、《警世通言》和《醒世恒言》，“二拍”是指凌濛初编著的《初刻拍案惊奇》和《二刻拍案惊奇》。因“三言”和“二拍”编著年代相近，内容形式类似，所以后人将它们合称为“三言二拍”。

“三言”是我国文学史上第一部规模宏大的白话短篇小说总集，也是白话短篇小说发展历程上由民间艺人的口头艺术转为文人作家的案头文学的第一座丰碑。它是冯梦龙收集了 120 篇宋元和明朝的话本及拟话本，并进行了加工润色而成。它的题材广泛，内容复杂，广泛反映了晚明市民的生活面貌和思想感情。“二拍”是凌濛初根据野史笔记、文言小说、社会传闻等模仿“三言”创作而成的，共 80 篇。它反映了当时市民生活中追求财富和享乐的社会风气，同时也反映了资本主义萌芽时期人们渴望爱情和平等的自由主义思想。“二拍”标志着我国古代白话短篇小说实现了由集体创作到个人创作的转变。“三言二拍”在我国古代流传很广，许多故事脍炙人口，在中国文学史上也占有重要地位。

《红楼梦》

林黛玉像

《红楼梦》是一部震古烁今的伟大文学作品。作者曹雪芹（1715 ~ 1762 年），清代最杰出的文学家，名霑，字梦阮，号雪芹，又号芹圃。全书以贾宝玉、林黛玉的爱情为线索，以大观园的风月繁华为总背景，在此基础上，它通过对贾、王、史、薛四大家族兴衰荣辱的描写，展示了一幅广阔无边的社会风俗画卷，其包罗万象，囊括了中国封建社会多姿多彩的世俗人情。它再现了整个时代的风貌，堪称封建末世的百科全书。《红楼梦》成功塑造了数以百计的贵族、平民、奴隶出身的女子的悲剧形象，深刻揭露了封建大家族中的各种错综复杂的矛盾，表现了封建制度下的道德、婚姻、文化的腐朽和堕落，微妙、曲折地反映了那个社会必将走向崩溃、没落的历史趋势。全书歌颂了封建贵族中的叛逆者和违背礼教的爱情，全面而深刻地揭示了贾、林之间爱情悲剧的社会根源，批判了以贾府为代表的四大家族奢侈的用度、虚伪的礼法、长幼的淫乱、骨肉的内讧，以及他们的专横跋扈、残忍无度。对那些被压迫、被剥削的劳动人民与没有人身自由的奴婢，尤其在封建社会受压迫最深的妇女则寄予了深深的同情。这些都体现了作者的反抗精神和追求个性自由的朦胧的民主主义思想。《红楼梦》是中国成就最高的古典文学巨著，是中国古典文学的巅峰之作，是全人类的文化瑰宝。

《聊斋志异》

《聊斋志异》，中国古代最杰出的短篇小说集。作者蒲松龄（1640 ~ 1715 年），字留仙，山东淄川人。屡试不第，直到晚年才援例成为贡生，使他悲愤交加。他怀着科场失意的愤懑，用毕生的心血创作了文言小说集《聊斋志异》。全书有短篇小说 431 篇。该书题材非常广泛，内容极其丰富，按思想内容可分为 3 类，其一是揭露统治者对人民的残酷压迫，反映人民的反抗斗争，如《野狗》、《公孙九娘》等篇描写了清初统治者对无辜百姓的血腥屠杀；其二是揭露科举制度的腐朽，如《神女》、《司文郎》、《于去恶》等作品抨击了科场的行贿受贿和营私舞弊，而且言辞激烈，感情充沛；其三是反对封建礼教，赞扬真诚的爱情与婚姻，如《青凤》、《婴宁》、《小谢》等作品，反映了广大青年男女对美好爱情的向往和追求。这些作品通过谈狐说鬼的手法，对当时社会的腐败、黑暗进行了有力批判，在一定程度上揭露了社会矛盾，表达了人民的愿望。《聊斋志异》是一部积极浪漫主义作品，作者善于运用大量虚构情节，冲破现实的束缚，表现自己的理想。《聊斋志异》的艺术成就很高，成功地塑造了众多鲜明生动的艺术典型，情节曲折离奇，布局严谨巧妙，文笔简练，描写细腻，堪称中国古典短篇小说的高峰。

《儿女英雄传》

《儿女英雄传》初名《金玉缘》，曾名《日下新书》，是我国小说史上最早出现的一部熔侠义与言情于一炉的社会小说。作者文康，生卒年不详，姓费莫，字铁仙，号燕北闲人，满族镶红旗人，大学士勒保之孙，家世显赫。此书共计40回，描写了清朝康熙雍正年间的一桩公案。书中的主人公十三妹，其父亲遭朝廷大员纪献唐杀害，十三妹无处申冤，浪迹天涯，学得一身武艺，欲报血海深仇，途中遇到安骥与张金凤，结果还未及为父报仇，纪献唐获罪遭诛。后来经张金凤与众人的撮合，十三妹嫁给安骥。十三妹前段仗义行侠，英气外发；后段嫁为人妇，又尽显儿女情态，堪称儿女英雄之典范。《儿女英雄传》揭露了封建官场吏治的腐朽，道尽科举文化的丑态，是一部不可多得的写实侠义小说。这部小说艺术成就很高，全书故事性很强，娓娓动听；语言生动幽默，绘声绘色，问世以来一直为人们所称道。

《儒林外史》

吴敬梓像

《儒林外史》是中国古代最杰出的讽刺小说。作者吴敬梓（1701 ~ 1754年），字敏轩，号文木老人，原籍安徽全椒，后因厌烦家族内部纷争而移居南京。晚年的吴敬梓穷困潦倒，最后客死扬州，但他所著的《儒林外史》，是永垂不朽的伟大现实主义巨著。该书由许多各自独立的故事连缀而成，重点揭示封建士人的生活和心态，着力塑造两个被科举制度捏弄得既可怜又可笑的人物——周进和范进。作者在周进的故事中侧重讲述他本人发科前后命运的落差；在范进的故事中除了描述其本人的遭遇外，还描写了其周围各色人物的丑态。该书表面上描写明代的生活，但实际上展示了中国18世纪的社会风情。这部小说描写了不同类型知识分子的生活场景，对他们的心灵空虚、精神堕落以及无聊举动进行了鞭辟入里的剖析，无情地抨击了封建科举制度，预示了封建社会没落、崩溃的必然趋势。《儒林外史》以寓庄于谐的叙事文笔，将百态世象刻画得栩栩如生，代表了中国古典讽刺文学的最高成就。

《镜花缘》

镜花缘图册　清　孙继芳

《镜花缘》，带有浓厚神话色彩、浪漫迷离的中国古典长篇小说。作者李汝珍（约 1763 ～ 1830 年），字松石，直隶大兴（今属北京）人，科举无成，只做过几年县丞一类佐杂官职，学问广博。《镜花缘》共计 100 回，书中讲述了武则天时代的一个海外奇闻。小说前半部分主要写落第秀才唐敖与多九公等人出海远游，在“君子国”、“长人国”等海外诸“神话国家”的奇异经历，以及后来到小蓬莱求仙隐居的生活；后半部分主要写武则天时期，百名才女参加皇帝所设的女试，以及考取功名后在一起饮酒游戏、赋诗谈笑的欢快情景。作者在书中对海外诸国经历的描绘，充满了瑰丽奇幻的想象力，堪称一幅绚丽斑斓的天国彩图。这部作品幽默诙谐、活泼有趣，委婉曲折地表达了对现实社会的不满，具有一定的民主思想，同时，又蕴涵着人生空幻和哀悼女子不幸命运的意识。

《官场现形记》

《官场现形记》是晚清优秀的谴责小说。作者李宝嘉（1867 ～ 1906 年），著名小说家，字伯元，号宝凯，别号南亭亭长，江苏武进人。这部小说刻画了形形色色的官僚人物，将他们不择手段谋求升官发财的丑态刻画得淋漓尽致。这里的官员，既有军机大臣、总督巡抚、提督道台，也有知县典吏、管带佐杂。他们或出卖国家矿产、吞没救灾款，或借生日、办喜事大捞钱财，或让老婆拜大官的小丫头做干娘，甚至不惜把亲生女儿送给好色上司以保位升官……凡此种种，不一而足。《官场现形记》揭露了官场的种种罪恶，触及了近代社会的深层矛盾，集中暴露了封建社会崩溃时期官僚机构的腐朽与没落，惟妙惟肖地刻画了官员们的龌龊卑鄙、昏聩糊涂、腐败堕落，堪称封建末世官场的百丑图。鲁迅先生说：“凡所叙述，皆迎合、钻营、蒙混、倾轧等故事，兼及士人热心于做宦吏，及官吏闺中之隐情。”《官场现形记》是清末谴责小说中最早的，也是最有代表性的一部。

《老残游记》

《老残游记》是晚清伟大的现实主义作品。作者刘鹗（1857 ~ 1909年），字铁云，别署鸿都百炼生，江苏丹徒人，生于封建官僚家庭，精通算术和医道，先后为河道总督吴大澂、山东巡抚张曜的幕僚，见闻颇丰，晚年著成《老残游记》一书。该书分两集，初集20回，续集9回。

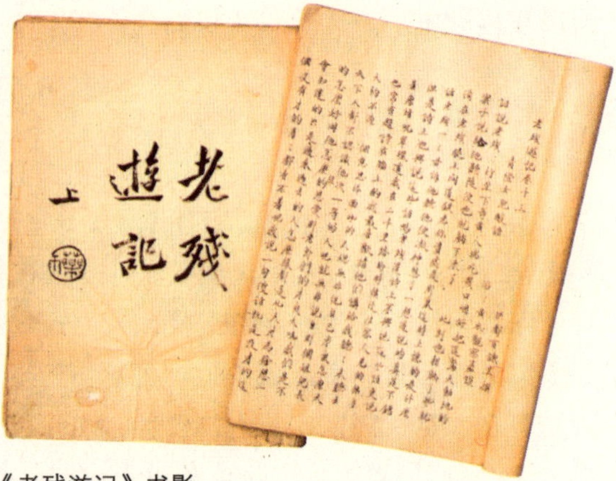

《老残游记》书影

全书以江湖医生老残为中心，以第一人称的口吻叙述其游历的所见所闻，揭露了封建官僚的昏庸、残暴。书中着力刻画了那些自诩为清官的道府官员，他们假装清廉，实则刚愎自用，残害百姓，为了个人仕途不惜用人血染红顶戴。作者揭露了“清官”之可恨，尤甚于赃官。全书在艺术描写方面也别具特色，给人耳目清新之感，如白妞说书、大明湖景致、黄河破冰等片段，尤为精彩。

蒙学

《三字经》

《三字经》是我国最具影响力的三大儿童启蒙读物之一。它与《千字文》、《百家姓》合称为“三百千”。关于该书的作者，有多种说法，今人普遍认为，它是南宋时期的王应麟所作。《三字经》全书仅为1128字，每3个字为1组，共分376组。《三字经》在编写上十分符合韵律，读起来朗朗上口，易于背诵。书中所涉及的内容广泛丰富，包括经史子集、百家之说、历史地理、圣贤故事以及英雄事迹等很多方面。书中收录的内容通俗易懂、生动活泼，利于儿童诵读及理解。该书既具有学文识字、增广见闻的功能，同时也有灌输封建伦理道德观念，进行封建政治思想教育的作用。《三字经》一书对后世影响极其深远，一经问世，就被广泛流传。后人也多有对它进行增订或注释的，今天它已是家喻户晓的一部蒙学读物，被称为“蒙学之冠”。

窦燕山教子图轴　清　任薰

窦燕山，本名窦禹钧，五代时后周渔阳人，后居幽州，因其地属燕山，故名窦燕山。以词学闻名。持家克俭，乐善好施，高义笃行，曾建书院四十间，聚书数千卷，请名儒执教，并供给衣食。《三字经》有“窦燕山，有义方”句。其五子相继连科及第，皆成人才，时号燕山窦氏五龙。画面中屏风岿然，窦燕山捧卷斜坐榻上，身着便服，慈眉善目，方颐阔耳，须髯飘逸，儒雅之风充溢画端。此时，他正教导身前幼子背诵诗书。幼子踌躇满志，斜视旁边专心读书论诗的兄长，羡慕之余，暗握拳头，发誓紧追兄长，成就人业。窦燕山身边书卷堆砌，身后仆人抱书而立。旁边女仆袖手而立，望着主人，现喜色。本画用笔细劲，人物神情刻画惟妙惟肖，衣纹运笔多以钉头鼠尾描，转折处劲健有力。设色古朴，构图疏密得体。

《百家姓》

关于《百家姓》作者，历来都有争议，学术界也持有很多观点。但今人普遍认为，《百家姓》应为北宋初年钱塘（杭州）的一位儒生所作。《百家姓》是我国流传时间最长、流传范围最广的蒙学读物之一，与《三字经》、《千字文》齐名。在古代，《百家姓》与《三字经》、《千字文》相配合，作为我国古代蒙学教育的固定教材。全书采用四言体例，句句押韵，最初成书时，共收录了411个姓，后经历代增补，今天我们看到的版本共收录了568个姓，其中单姓507个、复姓61个。《百家姓》一书的内容虽然没有文理，实用性却非常强，读起来很顺口，而且易学好记。《百家姓》对后世影响非常大，是我国古代蒙学的经典教科书。时至今日，《百家姓》依然有很大的实用意义。

《千字文》

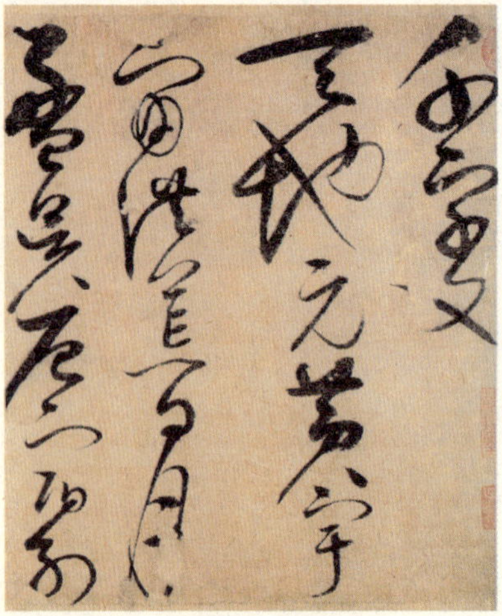

草书千字文　宋徽宗

宋徽宗疏于国事却擅长书法绘画，是历史上有名的文人皇帝。他的草书千字文在历代名人所书千字文中也堪称精品。

周兴嗣（？～521年），字思纂，南朝梁陈郡项（今河南沈丘）人。据史书记载，梁武帝选取了王羲之书写的1000字，命周兴嗣编成有内容的韵文，周兴嗣在一夜之间将它编成《千字文》。《千字文》书如其名，全书共1000字，除“洁”字重复一次外，其他各不相同。全文共250句，每句4字，是我国早期的蒙学课本。《千字文》并不是简单地把1000个字罗列堆砌起来，而是一篇内容涉及自然、社会、历史、道德等方面的知识，条理清晰，朗朗上口，包含很深寓意的文章。全书可分为4部分：第一部分是对人类社会产生历史的介绍；第二部分则是讲人的道德修养；第三部分是介绍一些政治常识；第四部分则是作者哲学思想的体现。

《千字文》是我国最优秀的一篇训蒙教材，用1000个汉字勾画出一部完整的中国文化史的基本轮廓，代表了中国传统教育启蒙阶段的最高水平。

《千家诗》

《千家诗》由宋代的刘克庄（号后村）选编。所选的诗有五绝、五律，也有七绝、七律，总数200首左右，都是一些名家的名篇，诗句明白浅显，富有时代气息，朗朗上口，易学易懂，在旧时多作为儿童学诗的启蒙读物；而且接近生活，题材多样，咏物拟人，富有情趣。书中的诗大都立足于社会现实，来自现实生活，故易为人们尤其儿童所接受，流传极为广泛。清人瞿灏的评价是："宋刘后村克庄有分门纂类唐宋千家诗选，所录惟近体，而趣尚显易，本为初学设也。今村塾所谓千家诗者……诗仅数十家，而仍以千家为名……"然而究竟有多少呢？实际上是122家，即唐代65家，宋代52家，五代1家，明代2家，无名氏作者2家。选入诗作最多的是杜甫，共25首；然后是李白，共8首；女诗人只选了宋代朱淑真两首七绝。

《弟子规》

《弟子规》是一部蒙学经典，所谓"弟子"，不是一般的意义，而是指要做圣贤弟子，而"规"则是"夫"、"见"二字的合体，意思是大丈夫的见识。"弟子规"便是说，要学习圣贤经典，做圣贤弟子，成为大丈夫。《弟子规》就是其入门读本。此书原名《训蒙文》，作者李毓秀（1662 ~ 1722年），清朝康熙年间的秀才。他采用《论语·学而篇》："弟子入则孝，出则悌，谨而信，泛爱众，而亲仁，行有余力，则以学文。"把全书分为五个部分，具体列述弟子在家、出外、待人、接物与学习上应该恪守的守则规范。后贾存仁加以改编，改名《弟子规》。此书是启蒙养正，教育子弟远邪小、走正道，养成忠厚家风的必备读物。

《增广贤文》

《增广贤文》，又称《增广昔时贤文》，是我国古代一部蒙学课本。关于该书的作者和成书年代，今已无从考证。今大多数人认为此书应成于清朝时期。《增广贤文》一书主要是收录了一些为人处世和待人接物等方法原则的格言警句，其编纂目的主要是为了对人从思想道德、伦理品质等方面进行教育。全书篇幅不长，句子长短不一，基本上每句都采用对偶的形式，读起来十分富有节奏感和韵律感，朗朗上口，易于背诵。书中所收的格言警句，有很多都是民间广为流传的俗语、谚语，这样一来就很容易让下层人民接受和理解。书中很多格言警句到今天仍被广泛流传和使用，如"有意栽花花不开，无心插柳柳成荫"、"画虎画皮难画骨，知人知面不知心"、"路遥知马力，日久见人心"等。

《增广贤文》一书对后世影响很大，流传范围也非常之广，书中很多思想都是我国传统美德的体现。但是，书中也不免存在着一些封建消极糟粕思想。

《童蒙须知》

《童蒙须知》，蒙学读本，由宋代大儒朱熹编订。朱熹认为，蒙学应该易知易从者，教育子弟，应于日常生活着手，重在切实可行。所以，朱熹编订《童蒙须知》，

学堂图 唐 敦煌壁画

寺学是寺院设置的义学。这幅敦煌壁画，展现了学堂生活的一幕：老师端坐屋内，助教在院里正在体罚一名学生，厢房中的同学们纷纷向院里张望。

对儿童提出要求，分为衣服冠履、言语不趋、洒扫涓洁、读书楔子、杂细事宜等目，对儿童生活起居、读书学习、洒扫应对、道德行为等做了详细规定，以此作为养成习惯、培养道德、修养身心的入门之阶，为未来的修身齐家打下基础。

《幼学琼林》

《幼学琼林》，原名《幼学须知》，清嘉庆年间邹圣脉将原书改名为《琼林》，又名《成语考》、《故事寻源》，是我国古代著名的蒙学课本。作者程登吉，字允升。程登吉生卒年及生平事迹不详，史书记载很少。这部蒙书共4卷，分33类，所含内容极其丰富，所涉领域也极其广泛，包括天文地理、历史神话、科举制度、婚丧嫁娶、衣食住行乃至鸟兽花木、处世之方等。另外，书中还收录了很多包括自然、历史、社会、伦理等方面内容的成语典故、格言警句，堪称一部供儿童阅读的“小百科全书”。全书在编写上比较科学，对所论内容的分类编排也比较合理，语言通俗易懂，而且采用骈文记写，读起来朗朗上口，易于背诵。

《幼学琼林》对后世影响极其深远，可以与《三字经》、《百家姓》、《千字文》等著名童蒙学著作相媲美。该书与《增广贤文》齐名，有“读了《增广》会说话，读了《幼学》行天下”之说。

国家政治

国家与王朝

中国早期六大文化区系

六大文化区系指中国早期的6个区域文化圈，是由中国著名考古学家苏秉琦提出的。

它们分别是：北方新石器文化，该区系属于中国北方早期文明，以辽宁西部和内蒙古中南部为核心区，又可细分为辽宁朝阳、内蒙古赤峰市、北京天津一带及河北张家口等4个分区；东方新石器文化，该区系属于中国东部早期文明，在地域上以山东为中心，又可具体分为鲁西南和胶东2个分支文化；中原新石器文化，即被视为中国母体文化的黄河流域文化圈，在地域上以关中、晋南、豫西为中心地带，辐射整个黄河中游乃至部分下游地区，其中的仰韶文化一度被认为是中国新石器文化的主流文化；东南地区新石器文化，该区系是中国东南地区的早期文明，以太湖为中心，向周围辐射开去，栽培稻米、捕鱼、采集水产共同构成了当时人的生存方式，春秋时的吴越文化即由此发端而来；西南地区的新石器文化，该区系属中国早期西南文明，以环洞庭湖和四川盆地为中心，具体分为江汉平原和四川盆地两个分区，而四川盆地又分为巴、蜀2个分支，其中的江汉文化成为后来的“楚文化”的主要源头；南方新石器文化，该文化圈是中国早期的南方文明，以鄱阳湖—珠江三角洲一线为主轴，辐射福建、台湾、湖南、江西、广东等南方地区，该区系文化具有浓厚的海洋风味。

总体而言，六大区系均处于新石器时代晚期，距今3000～8000年，彼此之间也互有交流和影响。其中的北方区系、中原区系以及东方区系汇流构成了夏商周三代的黄河文明，而西南、南方、东南三区系则最后汇集而成了长江文明。

可以说，这六大文化区系平行发展并

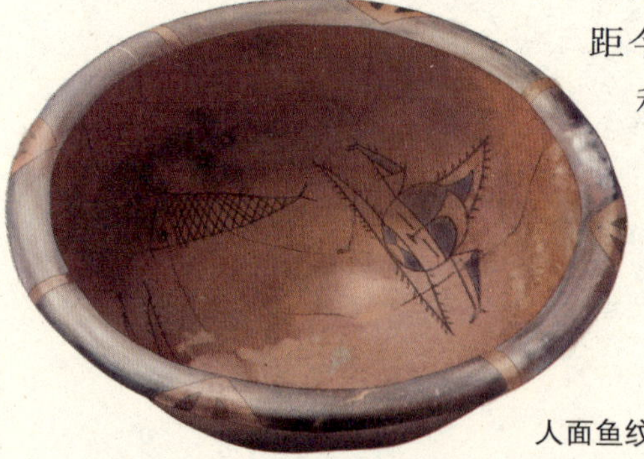

人面鱼纹彩陶盆　仰韶文化

相互影响，共同开创了中国文化的源头。至秦统一中国，六大文化彻底融为一体，但仍保留了各自的一些特色。

“天下”的范围

“天下”是中国古人对于世界的一种笼统说法，该词最早是出现在先秦古籍中，比如《诗经·小雅·北山》中有“普天之下，莫非王土；率土之滨，莫非王臣”，《庄子》中还有一篇文章取名为“天下”。这时的天下实际上并不大，具体而言，大概指的便是夏商周三代王权所统治的范围。夏商时主要指黄河中下游地区，周代则包括了长江流域的湖北以及江浙地区等地。另外，周边的东夷、西戎、南蛮、北狄虽未被“王化”，但因其没有形成稳定的国家，所以其所居之地一向被视为王权之下的暂时未开垦之地。因此其时君王一旦南面称孤，也就是“王天下”、“得天下”了。但先秦的一些哲学家则对“天下”的范围存在不同的理解，比如庄子认为“天下”比人们想象的要大得多，阴阳家代表人物邹衍也认为儒家所说的“天下”实际上只占真正的天下的 1/80，但这些观点多被当时的人们视为无稽之谈。

到秦代，随着郡县制的设立，中国的疆土得到极大扩张，“天下”的概念也随之扩大，南边和东边都到了大海边，北边和西边则依旧没有具体边界，只笼统地包含了北方少数民族所居之地和西域。西汉时期，西边的丝绸之路开通，中国开始和西亚、欧洲乃至非洲等地的国家有生意往来和文化交往。东汉时，西域都护班超还曾派使者前往当时的罗马帝国（当时中国人称之为“大秦”），只是因故未能到达目的地。2 世纪中叶，罗马皇帝马可·奥里略·安东尼派使者给汉桓帝送来了礼物。因此汉代时人们开始知道真正的“天下”要比自己想象的大得多。但由于古代交通不便、信息闭塞，人们基本接触不到远邦异国的信息，所以直到清代中期，中国人还是习惯性地以包括中国以及周边受中国文化影响较深的处于中国文化圈以内的日本、朝鲜等国在内的区域为“天下”。因此这里的天下已经是一种政治意义上的概念，而非地理意义。比如“天下兴亡，匹夫有责”中的天下，指的仅是中国。而这句还是明末清初的顾炎武所说，显然他知道“天下”并没有这么小，而只是将“天下”作为一种政治概念。

“中国”一词的由来

古之“中国”并非今之中国。“中国”这个词最早出现于周朝，当时的华夏民族因为拥有了相对先进的农耕文明，又在周公的领导下建立了一套完善的礼乐制度。他们看周围的四夷仍旧在裹着树叶兽皮靠打猎为生，于是滋生一种优越感，开始热衷于将自己与四夷区分开。正是在这样的心理背景下人们将华夏民族所居住的区域称为“中国”，意即中央之国，其是相对于周边的南蛮、北狄、东夷、西戎而言。这时的“中国”并非指一个国家，而是一种地理与文化概念，其意与“中州”、“中夏”、“中原”、“中华”差不多。就地理范围而言，“中国”经历了一个由小到大的过程。西周时期，“中国”泛指西周及其附属国所在的黄河中下游地区；到东周时期，随着诸侯国的膨胀，楚国占据的湖北、四川等长江流域地区也被包含在了“中国”之内；秦汉时期，“中国”进一步扩大，基本包含了今天中国版图的绝大部分区域。

汉代之后，人们通常将汉族建立的中原王朝称为“中国”。正因为此，少数民族入主中原后，为取得汉人的心理认同，往往以“中国”自居。如鲜卑人建立北魏后自称“中国”，将南朝叫作“岛夷”；而当时的南朝汉人政权虽已偏安一隅，仍以“中国”自居，称北魏为“魏虏”。又如宋代，辽与北宋、金与南宋彼此都自称“中国”，且互不承认对方是“中国”。

“中国”在古典文献中有时还被用作诸如京城、中原地区、天子直接统治地区、国内等意。

“华夏”代指中国的缘由

“华夏”的说法产生自夏朝，当时禹的儿子启建立了中国第一个奴隶制王朝——夏，于是当时的夏朝人形成了一个笼统的“夏族”概念，也称“华族”或者“华夏族”。“夏”，是广大的意思；“华”是“花”的衍变，与古人对花的崇拜有关，为美丽之意。“华夏”，意即广大而美丽的地方。“华夏族”的概念刚产生时人们对自己的这种民族认同感并不强烈。到周代时，相对于其他少数民族，周人不仅拥有了明显先进的物质文明，而且因周公制定了礼乐制度而在文化上也明显区分于四夷。于是人们便产生了一种优越感，进而产生族群认同感，“华夏族”的观念开始深入人心。如《春秋左氏传》孔颖达疏：“中国有礼仪之大，故称夏；有服章之美，谓之华。”可见，“华夏”在当时除了作为中原民族与四夷在民族上的区分之外，还包含了一种区分先进文明与落后文明的内涵，类似于现在的“发达地区”与“落后地区”的区分。而正如同“落后地区”可以通过“苦干二十年，向先进省份看齐”的精神追上“发达地区”一样，四夷也可以通过逐渐的文明化而跻身于“华夏族”。比如位于西部的秦国本属于西戎之列，到战国时则成了华夏诸邦中最强大的诸侯国；而南方的楚国，本被中原诸国视为“南蛮”之邦，诗人屈原曾为自己的“蛮夷”身份感到苦恼。但到战国时，楚国已以“华夏”自居了。事实上，整个春秋时期，四夷的华夏化是整个时代的基本旋律之一。而后来的历代都存在着汉族人扩张到四夷之地并同化四夷或者四夷迁居汉人居住区并被同化的现象，因此可以说华夏族就是中原民族与四周少数民族不断融合而形成的。因为汉代的强盛，人们便将华夏民族称为汉族。但在古代早期文献中，经常以“华夏”代指“中国”，因此后世的人们还经常以华夏代指中国。

四夷

“四夷”是早期的华夏族人对周边民族的称呼。公元前22世纪左右，黄河中下游的农耕部落开始形成部落联盟，这种部落联盟历经夏、商、周三代，逐渐形成了一个“华夏族”的概念。尤其到东周时期，华夏族在物质上拥有了相对有保障的农耕文明，在文化上也制定了完善的礼乐制度，看到周边的民族还过着颠沛流离的狩猎生活，人也比较粗野，于是产生了一种强烈的文化优越感，开始有意识地将自己与周边这些“野蛮人”区分开来，称之为“四夷”、“蛮夷”。夷者，带弓之人也。具体而言，人们按照东、西、南、北的方位顺序将之分别命名为“东夷”、“西戎”、“南蛮”、“北狄”，又具体分为“赤狄”、“白狄”、“骊戎”、“东胡”、“楼烦”等名目繁多的称呼。总体而言，“华夏”与“四夷”的区分不仅仅是一种民族区分，也是先进文明与落后文明的区分。这种区分并非是静态的，而是动态的。在整个春秋时期，出现了长达数百年的民族融合，“华夏”与“四夷”的外延边界都处于一种不停的变动之中。总体而言，是“四夷”向“华夏”转变的单向变异。而在秦汉之后的历史中，“四夷”华夏化的进程也一直没有停下，历史上诸如“五胡乱华”，金、辽、元等北方政权入主中原后的汉化，以及往往与之对应的原中原政权南迁后同化南方少数民族，都属于此。另一方面，“四夷”本身的概念随着中国人对世界认知的扩展，也一直在不断地扩大，如清末，中国将英、法、德等国家统称为四夷。

匈奴的兴衰

据《史记·匈奴列传》等史料记载，匈奴人乃夏朝遗民，商周时期被华夏族称为獯鬻、猃狁，春秋时代称戎狄，战国时始称匈奴。匈奴人以游牧为业，逐水草而居，其男子亦民亦兵，精于马术，骁勇善战。公元前3世纪末，匈奴成为一支统一、强大的民族，经常南下中原进行抢掠。当时的秦、赵、燕三国苦于与匈奴为邻，纷纷修建长城防御。秦始皇统一中国后，曾派大将蒙恬率军30万出击匈奴。秦末战乱之际，冒顿杀父自立为单于，统一诸部，对中原造成严重威胁。公元前201年，镇守北

金冠　匈奴

部边境的韩王信投降匈奴。次年汉高祖刘邦曾率军亲征，结果反被冒顿围困，通过贿赂了冒顿的阏氏才得以突围出去。之后汉王朝开始了与匈奴的和亲政策。直到公元前129年，汉武帝派大将卫青、霍去病等人率军多次深入漠北打击匈奴，又派张骞出使西域在政治上瓦解匈奴，最终彻底击垮匈奴。东汉时，匈奴分裂为南北两部，南匈奴南下臣服于汉，北匈奴则被东汉与南匈奴联军击败，部分西迁到东欧，根据部分学者观点，这支匈奴部族与当地土著结合形成匈牙利民族。南北朝之际，没有西迁的北匈奴趁中原大乱，一度入主中原建立政权。之后，匈奴逐渐融于鲜卑、柔然和汉族之中。

鲜卑人的历程

骑马武士俑　北魏

据《北史·魏本纪》记载，鲜卑族原是黄帝轩辕氏的一支后裔，黄帝之孙受封北国，境内有大鲜卑山（今大兴安岭），故以“鲜卑”为号。鲜卑族本来居住在辽东一带，在商周时期被华夏族视为东胡的一支，其人以游牧为生，善骑射。战国后，匈奴崛起，鲜卑一度臣服于匈奴。东汉时，北匈奴西迁至东欧，鲜卑族趁机占领了北匈奴的故地，剩下的10万匈奴人也散入鲜卑族中，鲜卑族逐渐强盛，成为继匈奴之后的草原霸主。西晋末年，晋室因“八王之乱”而衰弱，中原大乱，鲜卑慕容、乞伏、秃发、拓跋、宇文等部趁机先后在中国北方地区建立前燕、后燕、西燕、南燕、西秦、南凉、代国、北魏、西魏、北周等政权。其中影响最大的是拓跋部所建立的北魏王朝，统治北部中国达140余年。鲜卑族在中原建立政权后，人民多转向定居农业生产，渐与汉族融合。北魏孝文帝尤其大力推进鲜卑族的汉化，使鲜卑族在语言、服饰、风俗等方面转向汉族，并将都城从平城（今山西大同）迁往洛阳，最终使鲜卑这个“马上民族”基本同化于汉族。581年，最后一个鲜卑政权北周灭亡之后，鲜卑族基本上已完全融入汉族，逐渐消失了。

强盛一时的突厥

突厥是南北朝及隋唐之际曾称霸北方的中国少数民族。史书上将突厥称为“匈奴别种”或“平凉杂胡”，现在一般认为它是北朝时铁勒部的一支。5世纪中叶被柔然所征服，被迫迁徙至金山（今阿尔泰山）南麓，成为柔然族奴隶，为其锻铁，因此被称为“锻奴”。因金山形似战盔“兜鍪”，故自号“突厥”（“兜鍪”的古突厥语叫法），以狼为图腾。5世纪末，趁柔然在与北魏的战争中失利，突厥人逐渐摆脱柔然人的控制，并形成一个强大的部族，还发展出了自己的文字。552年，突厥打败柔然，建立起幅员广阔的突厥汗国，势力迅速扩展至整个蒙古高原。这时在北方对峙的北齐与北周政权均害怕突厥与对手联盟，争相向其纳贡和亲，突厥借机大捞好处。隋朝建立后，突厥在隋朝挤压下开始日薄西山，分裂为东西两部。隋末，唐高祖李渊为借助外力，曾向东突厥称臣纳贡。李氏建立唐王朝后便与突厥断绝往来。突厥很是不满，经常骚扰唐北方边境。唐太宗李世民登基时，东突厥颉利可汗率兵20万南下，逼至长安城外渭水便桥之北，距长安城仅四十里，长安震动。唐太宗被迫设疑兵之计，亲率臣下及将士隔渭水与颉利对话。颉利见唐军军容威严，又见太宗许以金帛财物、与之结盟，于是退兵。4年后，唐太宗趁东突厥内乱之际，派大将李靖北伐，生俘颉利，东突厥自此一蹶不振，后来又被新崛起的回纥族彻底灭了。西突厥也一度称霸西域，后被唐所灭。

回纥汗国

回纥是生活在我国北方的古代民族。其先祖可追溯到商周时期的北方游牧民族，一度被中原民族称为“北狄”。后来他们“随世异名，因地殊号”，在史书中一度更名为丁零、铁勒、敕勒、高车、乌纥、袁纥、韦纥等。历史上，匈奴、鲜卑、突厥先后称霸蒙古草原时，回纥先后臣服于他们。4世纪末，这个古老的民族在贝加尔湖附近首次形成了一个统一的部族。后来经过200多年的发展，其势力逐渐强大，于天宝四载（745年）击败东突厥，建立了回纥汗国，成为继匈奴、鲜卑、突厥之后的第4个草原霸主。唐朝发生安史之乱后，回纥汗国作为名义上的唐朝属国，曾出兵助唐收复长安和洛阳。但按照与唐肃宗事先之约，仅留唐以土地、士庶，掠走金帛、女子无数。在经济上，他们凭借控制“丝绸之路”的交通要道，先以马匹换得唐朝的丝绸，然后再转卖到印度、波斯等地，大发其财。840年，回纥汗国被宿敌黠戛斯（吉尔吉斯人祖先）灭掉。之后，大部分回纥人向西迁徙，一支迁到葱岭以西，一支迁到河西走廊，一支迁到新疆吐鲁番。

古老的羌人

羌人是现在的汉族和中国众多少数民族的共同祖先之一。有关羌人的最早记载见于殷商甲骨文中，羌，意指牧羊人。随时间、地域的流变，羌人又被称为“羌戎”、“西羌”、“姜”、“羌”、“氐羌”等。羌人起源于青海河湟地区、渭水上游草原一带，据《后汉书·西羌传》记载，羌族出自三苗，是“姜姓之别”。学者据此认为以姜为姓的炎帝部落即是古羌人的一支，因此羌人可以说是华夏族的重要组成部分。除炎帝部落迁居中原之外，剩下的羌人则留在了我国西北、西南的广大地区，分散成“凡百五十种”以牧猎为生的民族，在当时被统称为“西羌”。武王伐纣时，西羌还曾出兵相助。春秋战国之际，在四夷“华夏化”的大背景下，羌人大量融合到秦、晋诸国的汉人之中。南北朝时，羌人在中国北方建立了后秦政权。与此同时（或稍早），一支羌人从青海进入西藏，于隋唐之际结合当地土著居民建立了吐蕃国。吐蕃国先是助唐平“安史之乱”，后又与唐为敌，最后为唐所灭。北宋时期，羌人一支党项羌在今宁夏、甘肃、青海一带建立西夏政权，存世 200 年，最后为元所灭。中国今羌族、彝族、哈尼族、白族、纳西族、傈僳族、景颇族、怒族等均为羌人后裔。另外，缅甸人的 90% 也都为羌人后裔，而印度、泰国、越南、老挝等国也有少量的羌人民族。

吐蕃雄霸高原

吐蕃是青藏高原上第一个统一而强大的政权。南北朝前后，羌人中的发羌、唐牦等分支由青海进入西藏，在当地形成部落联盟。大约 7 世纪初，松赞干布以武力降服羌人苏毗、羊同等部，建立奴隶制的吐蕃王朝，定都逻些（今拉萨市）。唐太宗时，松赞干布派使入唐，要求通婚，唐太宗嫁文成公主于松赞干布。自此，唐朝与吐蕃开始友好往来近百年。中唐之后，吐蕃趁“安史之乱”之机，开始向东、南扩张，先是灭掉青海、甘肃一带的鲜卑族政权吐谷浑，并据有其地。又破河西走廊的党项、白兰等羌人部族，同样占有其地。最后又占领唐朝西域四镇和河陇地区。甚至在唐代宗广德元年（763 年），吐蕃军攻入长安，大摇大摆地抢掠一番后离去。此时的吐蕃达到了辉煌的顶峰，其领土西起葱岭，东至陇山、四川盆地西缘，北起天山山脉、居延海，南至喜马拉雅山南麓。后来唐德宗采纳李泌的建议，联合回纥、大食、南诏三国夹击吐蕃，吐蕃国疲于四面应对，逐渐衰落下去。唐末，吐蕃因为内乱，陷入四分五裂的局面。自此，存世 200 多年的吐蕃政权土崩瓦解。

步辇图卷　唐　阎立本

此图描绘了唐太宗会见吐蕃使者禄东赞的情景。

党项人的西夏

西夏王陵

西夏王陵是西夏历代帝王和达官贵戚的埋葬地。陵园内有九座西夏帝王陵墓，近二百座陪葬墓似众星拱月布列其周围。西夏王陵糅合了汉族传统风格与本族特色，气势宏伟，号称塞外戈壁的“金字塔”。

西夏是与宋王朝对峙的北方少数民族政权，由羌族中的一支党项人所建。在宋代起起落落的几个北方少数民族政权之中，西夏可算是最弱的一个，曾先后臣服于辽、金、元。党项人本生活在河陇及关中一带，以游牧为生。南北朝时，党项人逐渐形成党项八部，其中以拓跋氏最为强盛。隋朝时，拓跋氏率部归附隋朝，后又归附唐朝。唐初，西藏的吐蕃王朝崛起，侵袭威逼党项人。散居在今甘肃南部和青海境内的党项部落被迫向东迁徙。唐朝末年，党项族中的一支平夏部落因帮唐室镇压黄巢农民起义，首领拓跋思恭被封为夏国公，并赐姓李。从此党项族据有银（今陕西米脂西北）、夏（今陕西靖边县北）、绥（今陕西绥德）、宥（今陕西靖边县东）、静（今陕西米脂西）五州，后经五代乱世，其成为有实力的割据藩镇。北宋初期，夏国公后人曾臣服于赵匡胤，并帮其攻打北凉政权。宋定国后赵匡胤以唐为鉴，“杯酒释兵权”，力图削弱藩镇兵权。夏国公后人李元昊不满，于1038年宣布脱宋，建立大夏，后人称之为西夏。西夏国土大致包括今宁夏、甘肃、新疆、青海、内蒙古以及陕西的部分地区，其疆域方圆数千里，东尽黄河，西至玉门，南界萧关（今宁夏原州区），北控大漠，幅员辽阔。西夏建立后着力发展农业，使农业取代原来的畜牧业成为支柱经济，并且创立了自己的文字——西夏文。在外交上，西夏先是联辽抗宋，后遭辽攻击，向辽称臣。辽被金灭后，西夏又臣服于金。金灭北宋时，西夏经常随其尾迹而入，获得了数千里的北宋土地。蒙古汗国建立后，几次征讨西夏，经过长期的抗争，西夏于1227年被蒙古所灭，末帝李睍虽投降仍遭杀害。

契丹王朝

所谓的契丹王朝指的是北宋时期的辽。契丹本是东胡（春秋时强盛一时的北方少数民族，因居于匈奴以东而得名）的一支，自北魏开始在辽河上游活动，以牧猎为生，逐水草而居，逐渐形成八个部落。唐代时，契丹部落先是臣服于突厥，突厥被唐打败后，又归附于唐王朝。其首领被唐封赐为都督，管理契丹故地，逐渐形成有势力的地方政权。907年，唐朝灭亡，有才能的耶律阿保机被选为新可汗，领导契丹人陆续征服突厥、吐谷浑、党项等部，契丹成为新的北方霸主。916年，耶律阿保机称帝，宣布建立“契丹”。契丹趁中原大乱，向南扩张。后因契丹占有汉地越来越多，统治的汉民数量猛增，为取得汉人心理认同，改国号为辽。后晋石敬瑭为得契丹出兵助其与后唐作战，对契丹自称儿臣，且割让燕云十六州给契丹，契丹骑兵从此可以长驱直入中原。北宋初建时，辽的领土包括今山西、河北、东北大部和蒙古草原在内，其面积大约是北宋的两倍。北宋一直想收回燕云十六州，好关起北方门户，多次派军队攻辽，甚至宋真宗御驾亲征，结果都以失败告终，最后只得通过每年向契丹赔款供绢来换取和平。后来金崛起，于1125年灭辽。辽亡后一些辽的贵族又跑到新疆以及中亚地区建立西辽，后也覆灭在了蒙古大军的铁蹄下。此后，契丹民族逐渐融入汉族或其他当地民族之中。

云南大理国

大理崇圣寺三塔

大理国是白族人五代十国时期在西南地区建立的少数民族政权。936年，因唾弃石敬瑭割让燕云十六州的丑陋行径，许多地方纷纷造反。937年，白族人通海节度使段思平也顺势在云南自立为王，建立大理。后来宋朝基本统一了全国，结束了五代十国的乱世，但因宋王朝是一个羸弱的政权，加上北有辽、金、西夏等众多强邻，一直没有统一大渡河对面的大理国。1253年，大理国被忽必烈灭掉，存世300多年。

段氏在传国期间曾两次失国，一次为权臣杨义贞杀帝篡位，4个月后又被宰相高升泰所杀，段家复位；但后来高升泰又自立为王，并更大理为大中国，2年后其子遵父遗嘱还位于段家人段正淳，史家称之为后理国。另外，大理国虽号称云南大理国，其疆域并不限于云南，而是包括现在的云南、贵州、四川西南部、缅甸北部地区，以及老挝与越南的少数地区，其面积约相当于今云南的3倍。大理农业发展水平略落后于中原，但手工业、畜牧业兴盛，对外贸易发达。大理段氏推崇汉文化，以儒治国，开有科举制度。同时崇尚佛教，并强调儒、释合一，因此其儒人多精通佛理，僧人也可科举应试。

女真

女真族是世居东北松花江流域的少数民族。据《金史·世纪》记载，女真先祖可以追溯到商周时期，在历史上一度被称为“肃慎”、“挹娄”、“勿吉”、“黑水”等，辽、金时期始称“女真”、“女直”（避辽兴宗耶律宗真讳）。史载女真男子脑后留发，并捆成辫子垂在后面，类似后来的清代男子。

唐武则天时期，女真人的一支曾在今长白山、黑龙江一带建立了渤海国，并接受唐王室的册封，与唐多有往来。渤海国存世200多年，于五代时期为契丹所灭。契丹人为分化统治女真人，将之编为熟女真（隶属契丹籍）和生女真（不属契丹籍）。

12世纪初，生女真完颜部在首领完颜阿骨打带领下逐步统一女真各部，于1115年建立金朝。1125年，金灭辽。次年，灭北宋，统治中国长江以北地区，与南宋对峙。后处于金统治下的蒙古在成吉思汗的带领下崛起，1234年，蒙古与南宋通过南北夹击灭金，女真人分散成了众多支离破碎的小部落，另有许多已经汉化的女真人留在了中原，融入汉族。

400年后，以女真人为主体，再加上东北一些少数民族，形成了满族。17世纪前后，满族在首领努尔哈赤的带领下，通过连年征战，在今辽宁重新建都立国，国号仍为“金”。后努尔哈赤之子皇太极改国号为“清”，改女真为满洲。1644年，满洲“八旗”入山海关，建立了中国最后一个封建王朝——清朝。清朝于1912年覆灭，已经汉化的满洲人分散于全国各地。

蒙古帝国

蒙古族大约形成于12世纪初，起初为分散的众多游牧部落，且互相征战。13世纪时，蒙古贵族后裔铁木真通过连年征伐统一了蒙古各部，建立蒙古汗国，铁木真也被推举为“成吉思汗”，意为天下之主。蒙古汗国先是灭金、西夏，后又灭云南大理国、南宋，最终统一中国。成吉思汗的孙子忽必烈建立元朝，称元世祖。

蒙古在统一中国前后，成吉思汗及其后世子孙曾举行过三次大规模的西征。蒙古人骁勇善战，

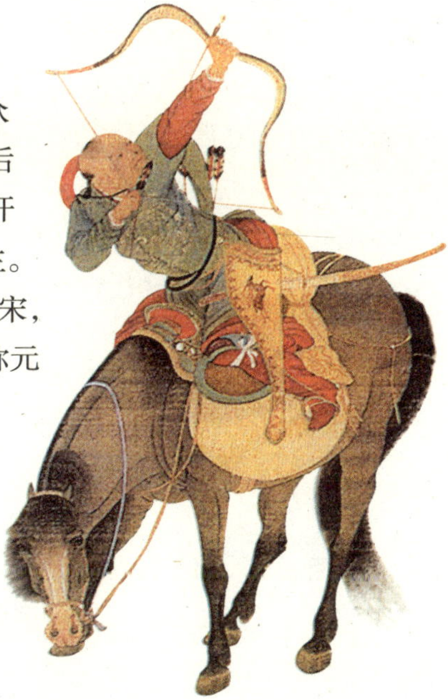

骑射图　蒙古

此图绘箭在弦上蓄势待发的瞬间，表现出蒙古人的矫健，很有“弯弓射大雕”之势。

忍耐力强，加上运用从汉族学来的火药、抛石武器以及机动灵活的战术，在西征的途中所向披靡，建立起了以成吉思汗子孙为王的窝阔台、察合台、钦察、伊利四大汗国，加上南宋、大理、金领土，最终形成了横跨欧亚大陆的大帝国。其最大疆域的面积高达3300万平方公里（一说4400万平方公里），东到太平洋，北抵贝加尔湖，西达黑海沿岸（鼎盛时达匈牙利），南至南海，占世界陆地面积的22%，统辖人口达1亿。

有学者认为蒙古帝国首次将东西方文明在版图上连在了一起，有学者则认为其极大地毁坏了东西方文明，并残暴屠戮了无数人。而就元朝来说，其基本奠定了中国现在的版图，行省制度也源于元朝。

夏王朝

夏朝是中国第一个以国家的形态出现的朝代。夏朝之前，古人以一种原始的部族联盟的方式维持社会结构的稳定。各部族酋长通过选举产生称为“天子”的军事首领，下一任“天子”在通过酋长会议同意后，由上任“禅让”于他，尧、舜、禹之间的传递正是通过这种禅让制度。但禹死后，他的儿子启首次破坏了这种禅让制度，自立为王。由此，这种父子传递的“家天下”制度取代禅让制，夏朝产生。

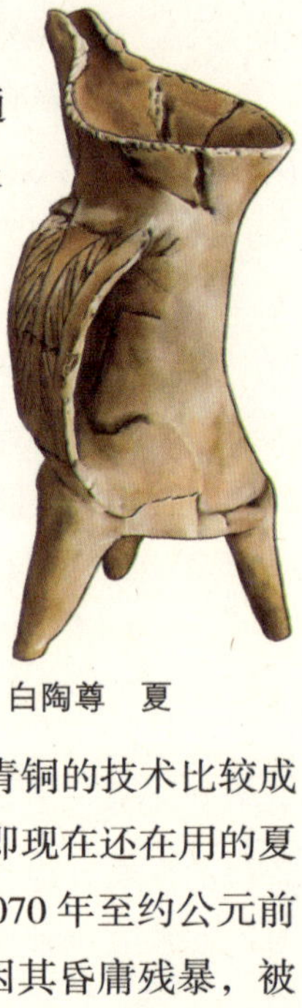
白陶尊　夏

夏朝是一个奴隶制政权，“天子”地位的体现形式是其他部族每年向天子送供赋。另外，“天子”的号召力也比从前要提高许多，可以“集中力量办大事”，更有效地抵抗外族，发展经济。因此，夏朝的建立应该说是一种政治上的进步。夏王朝的疆域大约东至东海，西连西河，北及燕山，南逾江淮。在经济上，夏朝冶炼青铜的技术比较成熟，商品交换也初步发展。另外，当时已经创造出了较好的历法，即现在还在用的夏历，因此其农业经济也已经比较稳定。夏朝存世时间约从公元前2070年至约公元前1600年，总共传了14代，延续近500年。至最后一位天子夏桀，因其昏庸残暴，被本受其统治的商汤部落推翻。《史记·匈奴列传》等史料记载，夏亡后，其部分贵族逃到北方草原，成了后来的匈奴人。

商朝

夏朝末年，夏桀无道，活动于黄河下游的畜牧部落商在首领商汤的带领下灭夏，建商，定都于亳（今河南商丘境内）。后因商王盘庚迁都于殷（今河南安阳西北），人们称之为“殷商”。

兽面纹铜钺　商

商建立后，自商汤至商纣，历17代、31王，前后将近600年。从目前发掘的商代古墓和文献记载来看，商朝是一个相当强盛的国家。《诗·商颂·殷武》中记载："昔有成汤，自彼氐羌，莫敢不来享，莫敢不来王。"政治上，商朝国家机构已经相当完善，不仅存在各种职官、常备武装，还制定了相应的典章制度、刑法法规等。经济上，代表当时社会生产力发展水平的青铜业，有了大的进展，青铜器生产已经进入繁盛期。另外，商朝在医学、纺织、交通、天文等方面，也都取得不小成就。在风俗上，商人崇拜鬼神，祭祀繁多，喜欢巫卜。有趣的是，商朝的君位传承制度不像夏朝那样由父传子，而是由兄及弟，最后由最年幼的弟弟回传给长兄的长子。这种王位传承方式，导致商朝多次出现君王的弟弟、儿子们争夺王位的情况。正因为争夺皇位的内乱频繁，商朝多次迁都，目前发现的便有4个商都遗址。末帝商纣荒淫残暴，失却人心，再加上连年征战，国力衰落，对西北失去控制，商朝最终被西北渭水流域的周族所推翻。

西周王朝

西周指的是周朝的前段，其存在时间是从公元前1046年～前771年。西周区别于东周的外在标志是都城在西边（相对东周的都城洛阳而言）的镐京（今陕西西安市西部）。周武王姬发灭商后建立西周，为有效控制大片土地，先是采取了分封制。将同姓宗亲和功臣分封各地，建立诸侯国。比如封周公于鲁、姜尚于齐、召公于燕等，而这也形成了春秋时期诸侯争霸的基本格局。诸侯国要定期朝见周王，向周王纳贡、服役，并有保卫周王室的义务。武王死后，其子成王继位，由周公（武王的弟弟）摄政。周公外平叛乱，内制礼乐，使周王朝在文化与政治上空前统一。传至昭王、穆王两代，因对南蛮战争失利，加上周穆王喜欢出巡旅行，导致政治松弛，周王室开始衰微。到周幽王时，因其宠幸美女褒姒，废皇后，其岳父申侯（申国首领）不满，联合西戎杀了他。至此，共经历11代、12王、275年的西周灭亡。之后平王在洛阳继位，东周开始。但东周王室在诸侯国中已经没有权威。

总体而言，西周的农业、畜牧业、建筑、天文、地理等有了进一步发展，尤其当时的人们已经学会了冶铁技术；在文化上，文字在西周时期得到了更广泛的运用；在对后世的影响上，西周的政治与文化的统一最终催生了华夏族，其嫡长子继承制也为后来历代的权力继承提供了模式，保持了历代政治的稳定。

春秋时代

“春秋时代”得名于史书《春秋》，具体指从周平王迁都洛阳的前公元770年到战国七雄格局形成的公元前476年，大致是东周的前半期。春秋时代是中国历史上非常重要的时期，在政治、经济，尤其文化上深远地影响了中国。在政治上，周王室大权旁落，群雄争霸，连年战争，大国不断蚕食小国。同时，由于卿大夫势力强大，各国内部动乱也时有发生，权力更替频繁，弑君现象屡见不鲜。据《春秋》所载，春秋时代的200多年间，有43名君主被臣下或敌国杀死，52个诸侯国被灭，有大小战事480多起，诸侯的朝聘和盟会则达450余次。期间，先后出现齐桓公、晋文公、楚庄王、宋襄公、秦穆公5个霸主，史称“春秋五霸”。到春秋末期，经连年吞并，140多个诸侯只剩下了20多家。其中以“战国七雄”为最强，历史进入了“战国时代”。

蟠龙纹铜方壶　春秋

除战火不息的乱世特征之外，春秋时期还是中国文化的黄金时代。周王室以及诸侯国的衰落导致学术下移，大批文化人流入民间，出现了“百家争鸣”的局面。尤其孔子、老子、墨子等文化巨人的出现，为后世几千年的中国文化奠下了根基。

春秋时代的另一个重要旋律不得不提，这便是中原四周的少数民族“华夏化”的民族大融合进程。秦、楚、吴、越这些本来的“蛮夷”之邦陆续跃入“华夏”的行列，汉族的基础在这一时期基本形成。此外在经济上，春秋时代最重要的两个进步是铁器的广泛使用所带来的工农业的发展和货币的广泛使用所带来的商业繁荣。

战国巨变

一般而言，战国指的是从公元前475年至公元前221年这段时间，即东周的后半期。因西汉的刘向就这段历史编写了《战国策》一书，因此这一历史阶段称为战国时期。战国时期，形成了齐、楚、燕、韩、赵、魏、秦这7个诸侯强国，即战国七雄。这7国连年争战，弱肉强食。在这期间，因为国与国之间的战略缓冲地带已不复存在，往往是大国之间直接相邻，生死存亡的竞争更加残酷。据统计，从周元王元年（公元前475年）至秦王政二十六年（公元前221年）的255年中，有大小战争230次。并且因各国的实力大大增强，战争的规模也越来越大，动辄便投入十几、几十万人的军队。除加强对外战争之外，各国纷纷招贤纳士，乃至引进国外人才，同时实施变法以富国强兵。其中著名的有魏国的李悝、楚国的吴起、秦国的商鞅等实行的变法。另外，各国在外交上纷纷寻求政治联盟，以共同遏制对手。这其中的两条主线便是秦相张仪的“连横”（分化六国）和六国宰相苏秦的“合纵”（六国联合抗秦）。最终，“合纵”因六国不同心而失败，秦国通过“远交近攻”的策略逐个灭掉六国以及众多小国，成为最后的赢家。秦始皇于公元前221年统一中国，建立了中国第一个中央集权制的王朝——秦朝，中国自此走入了大一统的封建社会。

秦

秦是中国第一个集权制王朝，公元前221年由秦始皇建立，15年后亡于秦二世之手。据《史记·秦本纪》记载，秦乃颛臾后裔，被舜赐嬴姓。周朝时嬴姓后裔秦襄公因护送周平王东迁有功，被封为诸侯。春秋战国时期，经过自秦穆公至秦王政历代君王的努力，加上地理位置的优势，秦国最终从春秋战国的血腥争霸中冲杀出来，建立了大一统的王朝。秦统一六国后，又进一步北击匈奴，南下百越，其疆域在周王朝的基础上进一步扩大，东起辽东，西至玉门关、陇西，北抵长城，南达越南北部及中部一带，面积超过500万平方公里，基本奠定了后世中国的版图。在政治上，秦改周朝的分封制为郡县制，首次确立中央集权制和皇帝的绝对权威，并设置了与之配套的三公九卿制的中央官僚机构。秦所创下的这套中央集权的国家政治制度，成为后世历代王朝政治制度的基本框架；在经济上，秦实行土地私有制，使社会进入地主—农民模式的阶级社会；其统一度量衡、货币、车轨、文字等，则使中国在文化上首次实现真正的大一统；另外，秦所创的法律也一直沿用到唐代才有较大的变动。总体而言，秦代虽短，对中国却是影响巨大。

铜盾　秦

秦在政治、经济、文化上取得一系列成就的同时，因维持庞大的官僚机构和一支庞大的军队并进行多次大规模战争、修筑万里长城等大型工程等原因，对人民征敛过重，再加上过于严酷的法律，对知识分子的打击，使人民“苦秦久矣”，最终引发大规模农民起义，加上六国贵族的响应，二世而亡。

西汉

西汉是汉代的前半段，因其都城长安（今西安）相比于东汉都城洛阳位置靠西，故名，也称“前汉”。从时间上讲，西汉是从公元前206年至25年。

西汉为刘邦所建，其各种制度基本上沿袭了秦制，因此往往被史学家们视作秦换了皇帝姓氏之后的继续。汉在建立之初，鉴于秦亡的教训，对人民采用了比较宽松的休养生息的政策，经济因此得以发展，人民安居乐业，史称“文景之治”。但此时的西汉在军事外交上常受匈奴欺负，可以说是盛而不强。

透雕龙凤纹重环佩　西汉

到汉武帝时，汉在军事上沉重打击了匈奴。但由于连年对匈奴作战，军费支出庞大，人民生活贫苦，又成了强而不盛。到了汉武帝晚年，汉武帝为自己连年征战导致人民生活困苦下罪己诏，并着力发展经济，汉代才开始逐渐强盛。另外，其时开辟的“丝绸之路”，使中国对外贸易繁荣起来，中国也由此极大地开阔了视野，在文化上显示出一种气度。然后汉昭帝、汉宣帝继承遗志，继续维持这种盛世。这段时期的汉朝疆域辽阔，政治稳固，经济繁荣，文化昌盛，史称“武昭宣盛世”。其后直到西汉末，汉代都是当时世界上最强盛的国家之一。据《汉书·地理志》记载，汉疆域最大时东抵大海，西至今新疆，南至今云南及越南大部，北至今蒙古国，东北延伸到朝鲜半岛北部。西汉人口最多时达5959万。也正是因为此，汉人、汉字、汉族等名称才得以一直流传下来。西汉历211年，14帝，最后因皇帝年幼，被外戚王莽篡权，于8年改国号为新。

东汉

东汉是汉光武帝刘秀建立的一代王朝，时间上是从25年刘秀立国至220年曹丕代汉。西汉末年，社会矛盾重重，政局动荡。外戚王莽趁汉平帝年幼，篡权夺位，于8年建立新朝。王莽建立新朝后，推行“王莽新政”，试图稳定社会，缓和矛盾。但王莽的新政却使原有的政治经济秩序遭到很大冲击，新的合理秩序却没能建立，结果国家混乱不堪，引发大规模的农民起义。汉光武帝刘秀本是汉景帝后裔，其先祖贵族地位经逐代稀释，至刘秀已是平民。刘秀参加绿林起义后逐渐当上首领，最终推翻王莽新朝，建立政权，定都洛阳，并自称兴复汉室，史称东汉。

东汉初期，经过光武帝、汉明帝、汉章帝三代皇帝的治理，东汉王朝逐渐恢复往日汉朝的强盛，这一时期被后人称为“光武中兴”。但其后，统治阶层开始安于享乐，国势日衰。尤其自和帝始，宦官、外戚势力膨胀，政治日益腐败。再加上东汉

斧车　东汉

后期皇帝有七八个都是娃娃皇帝，导致外戚专权，小皇帝长大后，借助身边的宦官夺权，又导致宦官得势。新的小皇帝即位后，又开始同样模式的循环。政治的混乱导致民不聊生，184 年，爆发了黄巾起义。农民起义的同时，洛阳的外戚何进与宦官十常侍在火拼中同归于尽，最终西北军阀董卓入京专权，东汉名存实亡。220 年，曹丕废汉献帝，称帝建魏，东汉灭亡。

三国鼎立

三国鼎立是指东汉灭亡前后，魏、蜀、吴三个政权鼎足而立的局面。三国鼎立的时期一般认为始于 220 年曹丕废汉献帝而称帝，至 280 年西晋灭吴结束。三国乃是在东汉灭亡前后的乱世中，主要通过军事斗争脱颖而出的 3 个赢家。

青瓷仓院　三国

魏国建于 220 年，其疆域最大，占有东汉十三州中的九州，包括了秦岭、淮河以北的整个北方地区；其人口也最多，约有 440 余万；另外，魏国在三国中的文化学术也最繁荣，建安七子及曹氏父子乃是三国时期的主要文学代表。因此，后世史学界一般以魏为正统。晚期的魏国政权被司马氏所控，265 年，司马昭之子司马炎以曹丕代汉献帝的方式代魏立晋，魏灭。蜀国其实是后人的叫法，当初刘备自认汉室后继，本定国名为汉，于 221 年建立。蜀汉乃三国之中最弱的一个，其原本具有益（今四川）、荆（今湖南湖北）两州，后关羽失掉荆州，只占得益州一地；人口仅有 94 万。蜀国于 263 年被魏国所灭，其灭亡的直接原因是后主刘禅的无能，间接原因则是诸葛亮、姜维连年伐魏造成国力空虚。吴国乃三国之中最后成立者，229 年，孙权继曹丕、刘备之后称帝，迁都建业（今江苏南京），建立吴国。其疆域次于魏，大于蜀，据有东南扬（今淮水长江以南及江西、浙江、福建三省）、荆、交（今广东、广西及越南北部）三州，人口 230 万。吴国于 280 年被西晋以武力所灭，至此，三国悉归于晋。

三国鼎立期间，因为军阀连年混战，全国总人口一度从东汉的 5000 多万减少至 1000 多万，可以说是一段相当残酷的历史时期。

西晋和东晋

西晋和东晋合称为晋朝。晋原本是周朝时的诸侯国，在今山西西南部。曹魏政权末期，司马昭掌控实权，因司马氏原籍在古晋国地面，故被封为晋王。265 年，司马昭之子司马炎代魏立晋，定都洛阳，因洛阳位于后来的东晋都城建康（今南京）的西边，史称西晋。西晋立国后，鉴于东汉末期军阀割据的教训，恢复了古代的分封制，封同姓宗室到各地为王。可是宗室势力又成了新的麻烦，发生了宗室反叛的“八王之乱”。“八王之乱”使西晋元气大伤，军事力量从此一蹶不振。北方和西南的匈奴、鲜卑、羌、氐、羯等少数民族趁机发兵，在中原建立政权，并于316年灭西晋。之后中国北方由汉人和少数民族陆续建立起几十个大小不等的政权，进入“五胡十六国”时代。西晋亡后，晋室南渡长江，琅邪王司马睿在建业重建晋朝，因其在洛阳东面，史称东晋。东晋皇帝害怕将领坐大后反叛朝廷，因此抑制将领北伐，偏安于江南103年，传11帝。420年，权臣刘裕杀帝篡位，建国宋，史称南朝宋。东晋灭亡。

就整个晋朝而言，朝政由士族把持，入仕唯出身论，政治可谓一团糟，最终给百姓带来了深重的灾祸。但在文化上，这一时期却是一个繁荣时期。由于儒教独尊的地位被打破，哲学、文学、艺术、史学等学科纷纷出现革新，发展成独立的学问。在司马氏的政治高压下，文人们多躲避政治，放浪形骸，谈玄说道，成为中国历史上最有个性的一批文人。另外，在经济上，由于晋王室的南迁，江南获得全面开发，逐渐繁荣兴盛起来，中国的经济中心也逐渐南移。

南北朝

南北朝是中国历史上一段南北政权对峙的时期，始于420年东晋权臣刘裕代东晋立南朝宋，结束于589年隋灭南朝陈。在南北朝之际，中国基本上分为南北两个政权，虽经常在军事上互有征讨，但谁也灭不了谁，各自更迭，好像是两个国家一样。在疆域上，南朝在前三朝时较大，能够占有长江以北的一些地区，南朝陈最小，只依长江守住东南一隅。其中，南朝总共历经宋、齐、梁、陈四朝。有趣的是，四朝均是前朝的大臣篡权而立，并以自己原来的封号为新的国名。四朝均以建康（今南京）为都城，存世时间也都比较短，其中最长的为刘裕所建的宋，共59年；南齐国祚最短，仅23年；萧梁55年；陈33年。

青瓷莲花尊　南北朝

北朝严格的开始时间要晚于南朝，以439年北魏太武帝拓跋焘结束分裂的乱局，统一北方为开端。北魏乃是鲜卑族南下中原所建政权，统治中国近百年后，丞相高欢和关西大都督宇文泰各立一皇族子弟为帝，以洛阳为界，分裂为东魏、西魏两个政权。后东魏为北齐所代，西魏为北周所代，取代者分别是高欢的儿子高洋和宇文泰的儿子宇文觉。577年，北周武帝宇文邕灭北齐，再次统一北方。581年，外戚杨坚篡夺北周江山，建隋，并在8年后渡江灭陈，中国长达近300年的分裂局面结束，复归统一。

南北朝时期政权更替频繁，统治者贪婪、残暴的本性暴露出来。长期的战乱和残酷剥削，使得北方经济遭到严重破坏，虽有几次短暂恢复，但总体水平已下降。北方人民为躲避战乱大量南迁，促进了江南经济的开发。这一时期北方少数民族内迁，尤其北魏孝文帝改革，促进了民族融合。文化上，形成了多元化思想，出现了以法治国、务实求治的主张和“无君论”等有价值的观点，也产生了消极、遁世的思想，影响最大的是玄学思想。

隋朝

隋朝由隋文帝杨坚于581年建立，618年亡于二世炀帝之手，存世仅37年，是大一统王朝中除秦朝之外的第二短命王朝。隋朝虽然短命，却是中国历史上最伟大的王朝之一。自东汉末年至南北朝，中国便一直未曾出现过一个强有力的稳定统一的政权。隋朝建立之后，其强盛在中国乃至世界历史上都空前绝后。隋朝不但疆域辽阔、经济繁荣、文化昌盛、户口锐长，而且甲兵强锐，所向披靡，周围民族莫不臣服，这也为后来唐朝扫除边地少数民族威胁奠定了基础。京杭大运河的开凿连通了黄河与长江，为后世几百年的经济繁盛奠定了基础。另外，其对长安城与洛阳城的大规模建设为后世留下了两座世界顶级的城市。尤其值得一提的是，隋朝所创立的三省六部制、《开皇律》、州县两级制、科举制等一系列新制度为后世历代所承继。

隋朝总共传位两代，开国之君隋文帝被誉为中国历代最有才智、最仁慈的皇帝；而二世隋炀帝也并非简单的一个暴君可以概括，他本人也是文武双全，颇有能耐。只是隋朝与之前同样短命的秦朝有些类似，长达几百年的割据局面骤然统一，统治基础并不稳定，表面的强盛之下潜藏着许多前朝遗留的政治势力的暗流在伺机而动。后来与秦朝灭亡原因完全相同，隋王朝一系列军事征伐与大工程建设，致使下层百姓不堪忍受，爆发了农民起义。隐藏的政治力量趁机与农民起义呼应，强盛的隋朝轰然而灭。

唐朝

唐朝是世界公认的中国最强盛的时代之一。唐开国皇帝高祖李渊本是关陇士族，在隋末农民起义中顺势在山西晋阳（今太原）起兵，最终夺了隋朝江山。唐建立后，基本继承了强盛的隋朝遗产（疆域、与周边少数民族的关系、制度等），成为继隋朝之后的又一个强盛王朝，因此有史学家将唐朝看作是隋的继续。

唐朝因为承继隋朝的不错的外部环境以及均田制、科举制、三省六部制等良好的制度，加上唐朝前面的几代皇帝都比较能干，尤其在唐太宗、女皇武则天、唐玄宗（前期）三代皇帝的励精图治下，唐王朝达到极盛。经济方面，先是出现唐太宗的“贞观之治”，后在唐玄宗时期又出现“开元盛世”，当时唐朝经济已经远远超过了同一时期的拜占庭帝国和阿拉伯帝国。唐都城长安是当时世界上最大、最繁华的都市。军事方面，唐朝先后攻灭东突厥、西突厥、高昌国、高句丽、百济等政权，以前为突厥所支配的蒙古高原也一度成为唐王朝的势力范围。唐朝疆域最盛时期东至朝鲜半岛，西达中亚咸海，南到越南顺化一带，北包贝加尔湖，总面积达1251万平方公里。

三彩载乐伎骆驼俑　唐

唐朝的政治制度也可谓后世典范，其承继了隋朝的宰相制，对皇帝和宰相的职权范围做了进一步的明确划分，使得皇帝和政府的职权更加规范。唐又发展完善隋朝的科举选士制，使得天下有才能之人大量进入唐廷。尤其令后世所仰视的是，因其包容开放的气度，唐朝在文化上也达到了中国历史上的最高峰，唐诗代表了中国诗歌艺术发展的顶峰，并涌现出李白、杜甫等一大批文学巨擘。

至唐玄宗晚年，因其骄奢淫逸，疏于朝政，重用奸人李林甫和杨国忠，朝政日腐；藩镇节度使权力日隆，出现外重内轻的局面，又重用胡人将领，最终导致755年爆发胡人将领安禄山和史思明发动的“安史之乱”。8年之后，“安史之乱”虽被平叛，唐朝自此衰落。之后的唐廷再也无法有效控制趁乱而起的地方藩镇势力，唐王朝在帝国的余晖里苟延残喘了一个半世纪，最后被割据势力朱温所灭。

五代十国

五代十国是唐朝灭亡之后中国出现的又一个乱世，时间自907年唐朝灭亡始，至960年北宋立国止。五代十国总体上与前面的南北朝乱世有些相似，也大体上呈现出一种南北对峙的局面。五代指的是在中国北方次第更迭的五个短命王朝，分别是：后梁、后唐、后晋、后汉、后周。十国指大致与五代同时在南方和山西出现的十个割据政权，分别是：前蜀、后蜀、吴、南唐、吴越、闽、楚、南汉、南平（即荆南）、北汉。其中，五代政权因地处战争频仍的中原地区，都比较短命。最长的后梁也只有17年，其次后唐14年，后晋11年，后汉仅4年，后周9年。相对于“五代”，“十国”的政权除了北汉在今山西附近外，其他的都在南方，受中原战端影响不大，政局比较稳定，立国时间也都比较长。其中存在最久的吴越国传了5帝，共72年；最短的前蜀也有34年。960年，因后周新皇帝年幼，无力掌管天下，大将赵匡胤发动“陈桥兵变”，代周立宋。宋建立后花了将近 20 年时间逐个灭掉南方的割据政权，再次统一全国，结束了五代十国的分裂局面。

五代十国时期，因为当时北方战乱频仍，经济发展受到严重影响。同时，北方战争使得大量的北方人士南下避祸，带来了先进技术与文化，促进了南方的进一步开发。

宋朝

在中国建立的大一统王朝中，最富的是宋朝，但最弱的也是宋朝。宋朝分为北宋和南宋，其中北宋自 960 年后周大将赵匡胤立国算起，至 1127 年“靖康之难”止；南宋则承接北宋始于 1127 年，止于 1279 年。

宋王朝在经济、科技、制度、文化等方面都取得了长足的进步，其物质文明与精神文明所达到的高度是空前的。就财政收入而言，不仅前面的历代，即便其后的元、明两代都远远低于宋代，清代也只是到晚期时才超过了宋代。并且，由于宋代工商业以及海外贸易的快速发展，政府财政收入只有 30% 依靠农业收入，剩下的 70% 则来自工商业税收。因此有学者认为宋代已经出现了资本主义萌芽。宋朝经济的繁荣带来了城市的扩大、人民生活的安定和文化的繁荣。到南宋时期，人口过百万以上的城市就有四五个。正因为经济的繁荣与安定，宋代基本没发生大规模的农民起义，而这在历代都是很少见的。但是，在经济、文化繁荣的同时，宋代在对外战争中却是屡战屡败。当年宋太祖赵匡胤立国后，鉴于唐代亡于武人割据的教训，采取了重文轻武的治国方略。赵匡胤“杯酒释兵权”，将能打仗的武将兵权悉数收回，然后交由不懂打仗的文人，以至于宋代多“将不识兵，兵不识将”的状况，军队战斗力可想而知。在北宋北方，西有党项人所建的西夏王朝，东有契丹人所建的辽，均是军事实力强劲的强邻。宋朝在军事上的积弱导致辽经常南下侵宋，宋与之多次交战均以失败告终，最后只好每年向辽供奉绢二十万匹，银十万两，以买和平。后来金崛起，灭辽之后，又虎视北宋。1127 年，金兵攻陷北宋都城开封，掳走钦、徽二宗和其他皇室人员 3000 多人，史称“靖康之难”，北宋灭亡。漏网的宋朝宗室康王赵构南下后以临安（今杭州）为都城建立南宋。南宋与金隔江对峙，打仗仍是败多胜少。后来蒙古人崛起，南宋与之联合灭了金，但随后南宋也被蒙古所灭。

定窑孩儿枕　北宋

元朝

元朝政权是由蒙古人建立的一个大一统王朝，这也是中国首次由少数民族建立的大一统王朝。在时间上一般认为其起于1271年元世祖忽必烈建元，止于1368年明朝建立。

13世纪初，成吉思汗统一蒙古各部，建立蒙古汗国。之后蒙古人在成吉思汗及其后世继承人的带领下横扫欧亚大陆，占有了当时世界上22%的土地。与此同时，蒙古人先是联宋灭金，结束了金在北方120年的统治，之后又于1279年灭南宋，统一中国。成吉思汗之孙元世祖忽必烈于1271年取《易经》“大哉乾元”之义，建国号大元，次年迁都大都（今北京）。

蒙古人除了元帝国外，还另建有以成吉思汗子孙为王的窝阔台、察合台、钦察、伊利四大汗国。这四大汗国在名义上要服从元朝皇帝，但实际上四大汗国各自为政，并在元朝灭亡之前或灭或分裂。就元帝国来说，其疆域超过了汉唐，只有后来的清朝能与之相比。其西北达新疆东部，北至西伯利亚，东抵大海（包括台湾），南到南海诸岛，西南包括西藏、云南、今缅甸东部，领土面积超过1200万平方公里。元朝人口盛时达5830万。元朝强大的军事实力带来了稳定的边疆和安定的生活，生产得以快速发展，加上元朝本身的外向性，商贸也得以极大繁荣。另外，由于元代基本废除了科举制度，士子文人无门路入仕，纷纷走向民间创作文艺，以元曲为代表的文化事业也得以繁荣。总体而言，元朝短暂的97年算得上是强盛而繁荣富足的。元朝统治者将全国人口划分为4个等级。由高到低依次是，蒙古、色目（中亚、西域等地的民族）、汉人（北方的汉族、契丹、女真等）、南人（南宋遗民）。因此，元代汉人虽然生活富足，但精神上却是压抑的，对元朝廷始终敌视，这可以说是元朝短命的一个重要因素。元末政治的腐败导致经济的衰败，汉人起而反抗。1368年，明率军攻破大都，元顺帝北逃，元朝灭亡。北迁的元政权退居漠北，仍沿用大元国号，与明朝对峙，史称“北元”，但已经不成气候，30年后因内讧灭亡。元朝自忽必烈定国号起，历11帝97年。

明王朝

明王朝是汉族建立的最后一个大一统王朝。1368年，与汉高祖刘邦有些类似的又一个平民皇帝朱元璋称帝建明王朝，继而挥师北伐，明军攻破北京。明原本定都南京，后朱元璋的儿子燕王（即后来的永乐皇帝）通过武力夺了其侄建文帝皇位后，迁都北京。总体而言，明朝也算是一个既强又盛的汉族政权。明朝长期受日本倭寇骚扰沿海，但并非大患。其疆域包括内地两京十三省，另外还囊有东北、新疆东部、

五彩海马纹盖罐　明

西藏、南海诸岛、今缅甸北部、西伯利亚东部等地。经济上，明代工商业得以迅速发展，在冶铁、造船等重工业以及纺织、瓷器、印刷等轻工业方面遥遥领先于世界。以徽商、晋商、闽商、粤商等为名号的商帮亦逐渐形成，并且出现不少年入百万乃至千万（两银子）的巨商大贾；只是明代的政治有些乌烟瘴气，首先是明代皇帝大多没个皇帝的样子，出了几个耽于方术的淫乐皇帝（宪宗、神宗、光宗），又有一心升仙的炼丹皇帝（世宗），甚至出了个不识字的文盲皇帝（熹宗）。另外，明初朱元璋以宰相胡惟庸谋反为由，废弃了中国流行了 1600 多年的宰相制度。明朝皇帝集君权、相权于一身，因宦官在靖难之役中立功，自明成祖朱棣始宦官权势日盛，后世皇帝又多有荒嬉淫乐的昏君，结果造成明代政权时时出现宦官干政的弊端。但在明代乌烟瘴气的政治氛围下，却有一个可圈可点、为后世津津乐道的亮点，便是明代士大夫阶层的不畏强权，敢于与帝王抗争的独立精神。对于皇帝的不合理政策与行为，以东林党人为代表的明代士大夫争相犯颜直谏，被下狱乃至处死不悔，以至于形成了明代独特的士大夫以谏言被处罚为荣的风气。当年因万历皇帝不按制度立长子为太子，士大夫犯颜直谏遭下狱或免官者前仆后继，前后达几百人。这也是许多后世学者喜欢将明代与远远超过明代的唐代相提并论的原因。

明代总共传位 16 帝，明崇祯十七年（1644 年），李自成的大顺军攻克北京，崇祯帝在北京景山上吊，明亡。

清王朝

霁蓝海晏河清瓷尊　清

清朝是中国最后一个“家天下”封建王朝，由东北的游牧民族满洲人所建。满洲人的主体是当年灭北宋的女真人的后裔，于明末在军事领袖努尔哈赤的带领下逐渐崛起，1644 年被山海关守将吴三桂引入中原，击败李自成后建立清朝，定都北京。清朝建立后，鉴于元朝的教训，虽然给予了满族人许多特权，但没有实行按民族划分等级的制度。除此之外，清朝统治者还极力汉化，最终取得了汉人的文化认同。这也是清比元长命的重要原因。值得注意的是，清统治者行事异常小心，对皇族子孙要求异常严格。正因为此，清代皇帝基本上算是中国历代皇帝中最勤政的，没有出现怠政荒淫的皇帝。尤其前几任皇帝顺治、康熙、雍正等都相当能干而且勤奋，使中国在内出现了一个稳定繁荣的“康乾盛世”，在外则成了一个称雄东亚的帝国。其疆土超过明代，基本达到元代的规模。尤其值得注意的是清代的人口，顺治八年时，中国人口只有3000多万。到雍正年间，首次突破1亿大关。而道光年间，则达到了4亿了。当清朝政府关起门来陶醉在“康乾盛世”美梦中时，西方则正在发生工业革命和资产阶级民主革命，2000年来一直跑在世界第一位的中国悄悄地被西方赶上并超越了。1840年的鸦片战争，使西方人摸清了这个帝国的外强中干的底细，中国逐步沦为西方列强瓜分的对象。1912年，辛亥革命爆发，中国自秦始皇以来2000多年的封建时代宣告结束。

职官制度

王

王最早出现于殷周时期，是对天子的称呼，如商纣王、周穆王。《六书·故疑》言：“王，有天下曰王。帝与王一也。”关于“王”的字形含义，《说文解字》解释：“三画而连其中谓之王。三者，天、地、人也；而参通之者，王也。”春秋战国时期，周王室衰微，本来称呼为公（如秦穆公、齐桓公）的诸侯们纷纷称王。

秦统一全国后，天子称为皇帝，也不再封王。汉代，汉高祖刘邦封赐异姓功臣为王，王自此成为封建社会的最高封爵。后异姓王发动叛乱，刘邦将之尽行剿灭后，封赐宗室子弟为王，并规定后世非同姓不得封王。此规矩为后来历代统治者所遵循，异姓臣子功劳再大最多封侯（但也有统治者对拥兵自雄的武人无力剿灭而被迫对其封王的情况，如清代的三藩王）。西汉时，发生了同姓王叛乱的“七国之乱”，西晋也发生了同姓王叛乱的“八王之乱”。此后的历代统治者均认识到同姓王也不可靠，因此对同姓封王时只是赐其爵号，不再封地。自此，王成为封赐宗室的最高爵位，直至清朝灭亡。

嫡长子制

嫡长子制是西周时期创立的一种权力和财产继承制度。自从夏朝建立王朝以来，便开始有一个至高无上的君王的存在。一旦一代君王死去，显然谁都想继承王位。而按照父系氏族长期以来的父系亲缘关系来判定谁最有资格继承王位，很难有定论。比如，儿子和父亲显然是血缘关系近的，但弟弟也不远。比如，夏朝的王位多由儿子接任，偶尔也有传给兄弟的。商朝的王位大多传给弟弟，最后由最年幼的弟

明武宗像

明武宗是明孝宗和张皇后之子，为中国古代少有的嫡子继承皇位者。

弟再传给长兄的长子。但这些不固定的王位传承方式，很容易发生争夺王位的情况，比如商朝便多次出现君主的弟弟、儿子争夺王位的情况。并且，弟弟与弟弟之间，儿子与儿子之间，也同样存在争抢。西周的嫡长子继承制便是在这样的背景下产生的。所谓嫡长子，即嫡子中的长子。“嫡子”，即妻所生之子，与之对应的是妾所生的“庶子”。“嫡子”中的“长子”才有继承君位的资格，其他的“嫡子”和“庶子”则都没有资格。即所谓“传嫡不传庶，传长不传贤”。当然，嫡长子之外的儿子们并非一无所获，而是能够获得相应的封地。

另外，这种嫡长子继承制不仅适用于天子位的传递，而且适用于诸侯位、卿大夫等。诸侯位由嫡长子继承，其余的嫡子和庶子封为卿大夫；而卿大夫位也由嫡长子继承，其他的儿子分封为士。以此类推。这种嫡长子继承制既保证了贵族在政治上的垄断和特权地位，又防止了贵族内部在权力继承问题上的纷争，维护了贵族统治集团内部的稳定与团结。秦汉之后，嫡长子制在后来的许多朝代依旧是一个基本的原则，许多时候，连皇帝本人想要立嫡长子之外的皇子为太子都不太容易。

卿大夫

卿大夫最初是西周时期分封制度下的一个分封级别。在西周的分封制中，天子分封土地给诸侯治理，诸侯再将自己的土地分成小块交给卿大夫治理，卿大夫下面还有士，卿大夫在自己的领地内具有世袭统治权，同时效忠于诸侯。

东周时期，在诸侯王脱离周天子控制崛起的同时，卿大夫阶层也开始崛起，许多诸侯国也出现卿大夫控制诸侯国政治的现象。比如孔子时期的鲁国朝政便是在季氏三家卿大夫的把持之下，甚至一些卿大夫干脆弑君自立。

秦统一六国之后，由于分封制已经被郡县制所取代，卿大夫这个封建领主便不再存在。“卿大夫”这个词分裂为“卿”和“大夫”，均是官职名称。“卿”是仅次于“公”的官职级别，秦汉朝廷“三公”之下设“九卿”，如大理寺卿、太常寺少卿等。清常以三品至五品卿作为官爵虚衔。另外“卿”还被皇帝用作对于大臣的爱称，乃至皇帝直接称大臣为“爱卿”。而“大夫”也是古代高级官员的称呼，秦汉之际的中央要职中便有御史大夫、谏议大夫等官职。除此之外，“卿”与“大夫”最初时也有一些区别，卿一般是在中央任职的官员，大夫则指地方大员，但后来这些区分也逐渐不那么明显了。

皇帝

皇帝是封建王朝的最高统治者。皇，早期是上天、光明之意，“因给予万物生机谓之皇”；帝，则是生物之主，有生育繁衍之源的意思。在上古时期，“皇”与“帝”都是用来称呼最高统治者的称号，如“三皇五帝”。商周时期，最高统治者一般都称为王，比如商纣王、周文王。“皇帝”一词的出现始于秦始皇。秦虽二世而亡，但“皇帝”这一称号流传了下来，为后世历代沿用。有人专门统计过，自秦2000多年下来，中国正统王朝的皇帝总共有349位。

皇后

皇帝的正妻称皇后。秦、汉以后，历代沿称。这里我们说一说“后”的意思，“后”最初也是君主主宰的意思，其与“帝”的区别是:“帝”是传说中的天神，而“后”是大地的统治者。如禹之子启就被称为夏后氏。后来，因为皇帝的正妻主宰六宫所以称为皇后了。

后妃礼服冠　清

清代皇后的服饰有礼服、朝服、吉服、便服等几种。皇后在不同的场合该用何种服饰有着极为明确的规定。

公主

其实，“公主”这一称呼最早并不是皇帝女儿的专称。早在周朝时，周天子的女儿称为王姬。而“公主”这一称谓，则始于春秋战国时期。《公羊传》中说，周天子嫁女儿自己不作为主婚人，而是请和自己同姓的诸侯代为主持，“主”指的是主持的意思，而“公”则指的是主持婚礼的诸侯，“公主”也就是由诸侯主持婚礼。后来，天子和诸侯的女儿也就称为“公主”了。

“公主”一词为皇帝女儿专称始于西汉。据《汉书》记载，因为主婚的是诸侯，皇帝的女儿便叫公主；而诸侯女儿的婚礼由父亲主持，父亲又叫“翁”，所以，诸侯的女儿就叫翁主，也叫王主。

西汉时期，皇帝的姐姐的地位也是十分尊崇的，比如，汉景帝的姐姐就被呼为“长公主”，汉武帝即位后，她又被呼为“大长公主”。汉代公主都有封邑，且由皇帝赐给上等的豪华宅第，有的还拥有大片的园林。皇帝还允许她们在自家的府里设置官吏，称之为家令、家丞等。皇帝对公主赏赐丰厚，她们中的许多人都拥有大量的土地财富，富奢堪比王侯。

历朝历代，“公主”一称也多有变化。隋唐时期，宫中的等级划分更加明确，皇帝的姐姐、先皇的姐妹，以及皇帝的女儿被称为公主，而皇太子和诸王的女儿则不得以公主自称。太子之女为郡主，诸王之女为县主。宋朝一度推翻了“公主”的叫法，用帝姬、宗姬称呼皇室女儿。明朝又改回隋唐旧制。

清军入关前，皇帝的女儿称格格。崇德元年，皇帝的女儿才改叫公主。清朝时皇后生的女儿叫“固伦公主”，表至尊一国，而嫔妃所生称“和硕公主”，表重尊一方。

驸马

最早，“驸马”一词并不是指皇帝的女婿。据《汉书》记载，“驸马”是一种官职，全名为驸马都尉，主要负责掌管御用的副车，实名为“副马都尉”，是汉武帝时期设立的。起初，担任这一职务的大都是皇室或外戚，还有一些王公大臣子弟，他们都是皇帝的贴身侍从官。据史料记载，这种官待遇不薄，俸禄两千石。

“驸马”作为皇帝女婿的专有名词始于魏晋时期。相传曹魏时期的玄学家何晏容貌俊美，魏文帝将金乡公主许配与他，并授以“副马都尉”一职。于是，魏晋之后的皇帝，大都封娶了公主的女婿为“副马都尉”。时间长了，人们觉得用“副马”代指公主的丈夫不太合适，所以，便将“副马”改用为“驸马”了。随着名字的更改，“驸马”作为官职的意思也淡化了。比如，晋宣帝与晋文帝女婿虽为“驸马都尉”，但是已经只是个称呼，没有实际职位了。后来，人们也就习惯将娶公主的人称为“驸马”了。

除了“驸马”这个称谓，古人还称公主的丈夫为“帝婿”、“主婿”、“国婿”。此外，“驸马”还有别称，这还得从玄学家何晏说起。据说何晏不仅貌美，而且拥有一张比女人还要白皙的脸，魏文帝原以为何晏敷粉欺骗皇室，就用计试探。结果何晏以衣袖拭脸都没有改变，于是人们便因他的脸如施粉黛而称他为“粉侯”。随后这一称呼也就被沿用到了所有公主的丈夫身上。到清朝，公主的丈夫又被冠以“额驸”封号，皇后所生公主的丈夫为“固伦额驸”，嫔妃所生的公主丈夫为“和硕额驸”。

三公九卿

三公九卿乃是秦朝时确立的中央官制，三公是古时辅助国君的三个最高官员，九卿是中央政府的九个高级官员。周代曾经出现过“三公六卿”，分别以辅佐皇帝的太师、太保、太傅为三公，以冢宰（总管军政）、司马（负责军务）、司寇（分管刑罚）、司空（负责工程）、司徒（负责民政）、宗伯（负责礼仪）为六卿。后来秦始皇统一六国后，听从李斯建议，建立了以皇帝为尊，以三公九卿为中央官制的中央集权制。三公分别是丞相、太尉、御史大夫。其中，丞相主管全国行政；太尉负责总揽全国军政；御史大夫则负责皇帝与群臣的沟通并监督群臣。九卿分别是：奉常（掌管宗庙礼仪，为九卿之首）、郎中令（领导宫廷侍卫）、卫尉（掌管宫门警卫）、太仆（掌管宫廷御马和国家马政）、廷尉（负责司法）、典客（负责外交与少数民族事务）、宗正（分管皇族事务）、治粟内史（掌管赋税徭役）、少府（负责宫廷财政与皇室手工业制

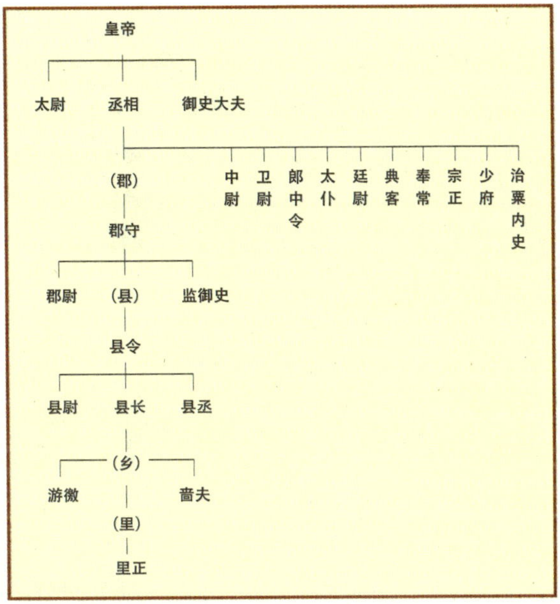

秦中央集权制度图表

造）。三公九卿的基本构架被汉代沿用，只是具体名称有所变化。丞相被改为“大司徒”，太尉改为“大司马”，御史大夫改为“大司空”；九卿中的奉常变成了“太常”，廷尉变为“大理”，典客成了“大鸿胪”，治粟内史变为“大司农”等，不过其基本职责都变化不大。三公九卿制的建立首次确立了我国中央集权制。另外，可以看出九卿中的大部分官职本来都只是负责皇家家事的奴仆，却纷纷担任起处理国家要务的职责，这也暴露了皇帝制度建立之初皇帝家事、国事不分的粗糙之处。自秦至两晋，各王朝都以三公九卿制为基本的中央官制构架，直到隋朝文帝创立三省六部制，三公九卿制才宣告结束。但事实上，三省六部制仍受到三公九卿制了影响。

宰相

宰相是我国古代朝廷中的行政首脑。宰相职位最早出现在春秋战国时期，齐国的管仲、秦国的商鞅等都是当时著名的宰相。后来秦朝统一全国后，实行中央集权的郡县制，以分封制为基础的贵族统治阶层消失，官僚组织成了国家机器运行的载体。作为这个官僚组织的首领，宰相一职得以正式确立。但“宰相”只是对最高行政长官的一种泛称，历史上除了辽曾有过“宰相”这个官职名称外，其他朝代的宰相职位都采用的是其他称呼。秦汉时期行使宰相权力的官职是丞相、相国、三公（大司马、大司徒、大司空）；隋唐以及后来的宋朝，实行三省六部制，宰相职位由中书省、门下省、尚书省三个部门的长官共同担任，官职名称、权力、人数经常有变动，但不出“三省”。具体名称则有内史令、纳言、尚书令、尚书左仆射、参知政事、同平章事等；元代设左右丞相；明太祖朱元璋废宰相制度，内阁首辅成为事实上的宰相；清代行政实权掌握在军机处，军机大臣分满汉两班，两班首领成为事实上的宰相。可以看出，从人选上来讲，宰相是国家政权的一个组织部门，并不一定由一个人担任，其人数经常是有变动的；从功用上来讲，皇帝是作为国家政权的象征，集军政大权于一身，宰相是具体主管全国行政的人，对于任何一个政权都是不可缺少的（即使名义上没有宰相的政权也往往有事实上的宰相）。因此宰相的地位相当高，是区别于一般大臣的。宋代之前的宰相上朝时是唯一可以坐在朝堂上的大臣。只是宋太祖赵匡胤不断扩大皇权，削弱相权之后，宰相地位开始下降，上朝时也没椅子坐了。历史上，皇帝和宰相职权的划分一直都是历代政治的大题目，一般而言，皇权和相权划分得合理时，政权都能运转得很好。划分不合理的，要么皇帝好大喜功，大权独揽，将国家推向战事（如汉武帝），或者出现宦官专政（往往出现于皇权很大皇帝却无能的情况下）；要么宰相专权，架空皇帝（如西汉王莽、东汉曹操、明张居正），甚至出现篡权。

十三曹

十三曹是汉丞相直辖下的十三个办事机构，有些类似于丞相的大秘书处。具体为：一西曹，主管府吏署用。二东曹，主管包括军吏在内的二千石长吏的迁除。地方上的太守以及中央的卿都是二千石这个级别。三户曹，主管祭祀农桑。四奏曹，管理政府一切章奏，大致相当于唐代的枢密院，明代的通政司。五词曹，主管词讼，即负责法律民事部分。六法曹，掌邮驿科程，类似于现在的交通部，科程是指交通灯时限及量限等。七尉曹，主管卒曹转运，是管运输的，相当于清代的漕运总督。八贼曹，管缉拿盗贼。九决曹，主管罪法。这两曹所管属于法律之刑事方面。十兵曹，管兵役。十一金曹，管货币盐铁。十二仓曹，管仓谷。十三黄阁，主管簿录众事。从十三曹的具体负责事项可以看出来，这十三曹要处理全国政治、经济、司法等领域的事情，俨然是全国行政的总机关。由此可以看出我国汉代皇权和相权的分工已经相当明确了。

太尉与大司马

文官图　唐

唐初多因袭隋制，帝王及文武百官均能戴图中所示的黑色帻，至贞观后，则为帝王、内臣所专用。

太尉曾是我国古代掌管全国军事的最高武官。秦朝时，太尉、丞相、御史大夫并称三公。对应于丞相掌管全国行政，太尉则掌管全国军事，地位与丞相相同。汉代基本上沿用了秦制，太尉一职也继承下来。汉武帝继位后，为加强对军队的控制，不再像过去那样封军功卓著的武将担任太尉，而是任命贵戚担任此职。此后太尉便只是个虚职，并无实权。后来汉武帝干脆废太尉一职，以大司马代之。大司马只是一种用于加封的荣誉称号，更无实权。汉大将军卫青、骠骑将军霍去病均因征匈奴的军功被加封为大司马。到东汉，光武帝又将大司马改为太尉。司徒、司空、太尉成为新的三公，太尉又重新成为全国军事统领，并参与政事，权位极重。东汉末，曹操自任丞相，废三公。此后魏晋南北朝期间，太尉与大司马均或置或废，比较随意。隋朝后，太尉与大司马均成为一种加赠的虚衔，宋代时太尉还一度成为对于高级武官的泛称。元代后，太尉与大司马均不再设置，另外，大司马常被当作兵部尚书的别称。

御史大夫

御史大夫是秦朝设立的官职，与丞相、太尉合称为三公。御史大夫主要有两个职能，一个是作为丞相副手处理政事，因此有副丞相之称；另一个则是作为监察机构御史台之长，负责监督百官，尤其是丞相。因为秦国实权曾一度被丞相吕不韦掌控，秦王政直到22岁除去吕不韦之后才得以掌握实权，非常担心丞相再度架空自己，于是设置御史大夫来牵制丞相。并且秦汉时期，丞相空缺后，一般由御史大夫补缺，这就使丞相更加忌惮御史大夫，从而得到制衡。汉哀帝时，御史大夫更名为大司空，东汉时又改为司空。大司空和司空仍为三公之一，但均已不再是最高的检察长官，最高的检察官由御史中丞担任。魏晋南北朝时，御史大夫官职又偶有恢复。隋唐之后的御史大夫，除宋代为虚衔外，均为最高的检察官，但不再有秦汉三公的权位。明代改御史台为都察院，御史大夫一职遂废。

郡县制和州县制

郡县制是我国古代的一种国家结构形式。西周时期，国家实行分封制，除天子直接统治区域外，其他地方被划分为许多小诸侯国，小诸侯国内则以同样方式再次划分成小的采邑。诸侯国对天子有一定的义务，但总体上是一个独立王国，天子无权过多干预。卿大夫的采邑对诸侯国也是这种关系。春秋战国时期，以楚、秦为代表的许多国家开始设立郡县制度。秦代统一全国后，在全国范围内实行郡县制，将全国分为36个郡，郡下设县。郡守和县令都直接由中央政府任免，其职位不得世袭。这样，便建立起了一种干壮枝弱的中央集权制度，地方不再有力量对抗中央，有利于全国政治稳定和经济发展。汉代沿用并完善了秦朝的郡县制，在开疆拓土过程中不断设立新的郡县。至东汉顺帝，已有105郡，2000多个县。汉代一县面积大约方百里，一郡则下辖20县左右。需要指出的是，郡县制并非一定是仅仅有郡、县两级地方政权，而是强调其中央集权的性质。实际上，历代的郡县制往往都并非仅有郡县两级地方政府。比如汉代时便在郡之上设立了州，全国总共分13个州，州长官称刺史，后改为州牧；隋朝地方政府设为州、县两级；唐朝则为道、州、县三级；宋代为路、州、县三级；元代则设立行省制度；明清基本继承元代行省制度，并稍作改变之后形成了省、府、县三级行政制。这些结构形式虽然并不是严格的郡、县两级制，但考虑其中央集权的性质，仍可说是郡县制。

州县制是郡县制的流变，本质上与郡县制差别不大。魏晋之后，进入南北朝乱世，北方政权更迭频繁，百姓四处流亡。新政权建立或新的人口流入，便要重新划分行政区域，分割原来的郡县。于是，郡不断变小，州不断增多。南朝也模仿北方划郡为州。至隋文帝时，撤郡建州，实行州县制。后面的唐、宋基本沿用。

郡守和县令

郡守与县令为古代官职名称，均是在战国时期随着郡、县的设立而开始存在的。战国时的郡都设在边远地带，边防任务很重，因此其最高长官称为“守”，一般由武人担任。后来这些郡开发成熟，郡守逐渐成为地方最高行政长官。秦统一全国后，实行全面的郡县制，每个郡都设一名郡守，为一郡的最高长官。后来汉景帝将郡守更名为太守，但也习称郡守，之后太守又一度更名为州牧。南北朝时，太守权力逐渐为州刺史所夺，太守一职逐渐为刺史所代替。唐中后期，刺史又逐渐为节度使、观察使代替。到宋明清之际，知府、知州则相当于原来的郡守。值得一提的是，因宋代之前的郡守（刺史、州牧、节度使、观察使）经常集行政、军事、人事大权于一身，一旦中央控制力变弱，郡守往往成为地方割据的基本单位。

县令是一个县的行政长官，刚开始与郡守是平级关系，战国末期，正式成为郡守下属。秦汉法令以户口多少为标准，大县长官称县令，小县长官称县长。至南朝宋时，不再区分户口多少，一县长官皆称县令。至宋代，县令称为知县，元代称县尹，明清又称知县。因为朝廷委派官职只派到县令一级，其下则实行乡绅自治，县令是政府与百姓接触的枢纽。因此县令一职在整个政权机器上的地位是至关重要的，中国自古有“县宁国安，县治国治，下乱，始于县”的说法。

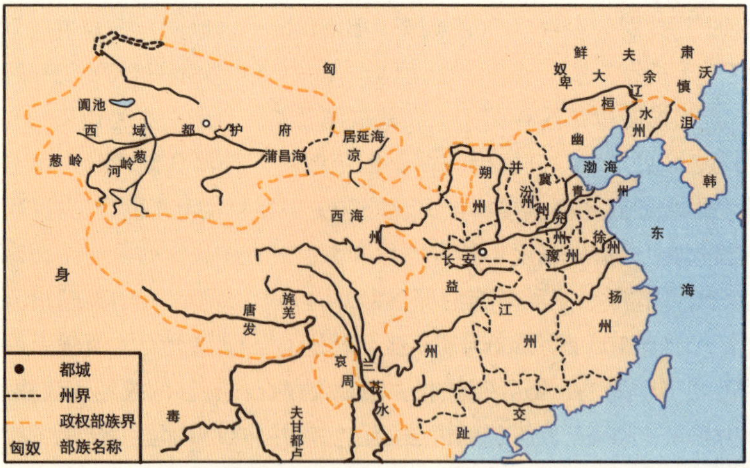

西汉十三州刺史部和西域都护府示意图

刺史

刺史是古代官职。刺，检核问事之意，刺史的本义是负责监督类的官员。秦时，每郡设监察御史，负责监督郡守。汉代时，监察御史往往与郡守勾结起来欺骗朝廷，丞相于是又派出一套人马出刺各地，检查郡守和监察御史。这样重叠监督，显然成本高而效率低。

汉武帝时，废除原来的两套监察官员，将全国分为13个州，每州设立一名刺史，正式建立刺史制度。这套新制度的特点是，充任刺史者均为俸禄六百石的低级官员，其检查对象郡守的俸禄却是两千石。因其官职卑微，故顾虑不多，勇于言事；另外，一旦官职低，也就急于立功，会更加恪尽职守。同时，为防止刺史滥用权力干扰地方政治，朝廷对他所调查监督的内容明确列明条目，其外不得多管。这套制度刚实行时是比较好的一套检查制度，但一项制度时间一久，便难免出现弊端。到东汉时，刺史权力逐渐扩大，成为实际的地方长官。汉灵帝时将部分资深刺史改为州牧，使之成为郡守（太守）的上级，这便在郡、县的基础上又多出了州一级。到隋文帝时，鉴于刺史权力基本替代了郡守，干脆废郡，实行州县两级，如此，刺史即相当于原来的太守。唐代中期，出于屯田与守边的需要设立新的地方军政长官节度使、观察使逐渐侵蚀刺史之权，或者兼任刺史。尤其“安史之乱”后，节度使更是遍布全国，刺史职任渐轻。宋代郡守名称为知州，刺史成为武臣虚衔，元代以后消失。

三辅

三辅本指西汉时治理京畿地区（国都及其附近的地区）的三个官职，后指这三个官职所管辖的地区。汉景帝时，将首都长安城以及城郊地区大体分为三块，分别设置左内史、右内史、主爵中尉（后改为主爵都尉）管理。因共同管理京畿地区，故合称“三辅”。汉武帝时，此三个官职又被命名为京兆尹、左冯翊、右扶风，其总共管理区域大致是今天的陕西中部地区。后世其具体的行政区划虽然有所变更，但直到唐代，人们仍然习惯称京畿地区为“三辅”或者简称“辅”。

三省六部制

三省六部制是中国古代继三公九卿制之后的另一套中央政府机构组织形式。三省分别是中书省、门下省、尚书省，六部则是吏部、户部、礼部、兵部、刑部、工部。三省六部制的出现是皇权侵蚀相权的结果。汉武帝时，设尚书台。三国时期，魏文帝曹丕又设另一个秘书机构中书省，以削弱尚书台权力。至晋，皇帝的侍从机构门下省也开始处理政务。至此，由皇帝的小臣组成的“三省”开始成为全国政务中枢。到

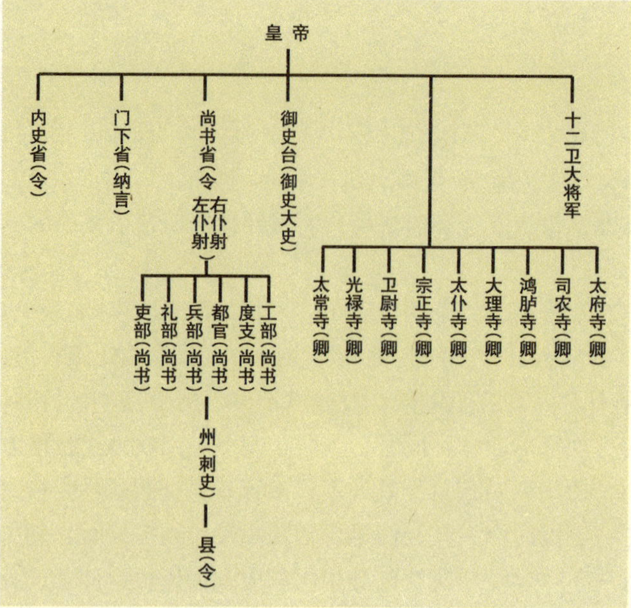

隋三省六部制简表

隋朝，朝廷明令确立三省制度，三省成为正式的政府机构，三省长官共议国政，执宰相之职。至于六部，则是尚书省下设的六个具体部门。汉光武帝时，尚书台已开始分为三公曹、吏部曹、民曹、客曹、二千石曹、中都官曹等六曹尚书分曹办事。后六曹经魏晋南北朝发展演变，至隋唐时期形成吏、户、礼、兵、刑、工六部。后世将三省六部制视作隋朝除科举制度之外的另一个重要制度贡献。三省六部制结束了自汉光武以来的皇帝与政府（以宰相为代表）权限不分的混乱局面，可以说是中国政治史上的绝大进步。三省六部制虽然在唐代以后多有变化，但其基本骨架为后世历代中央政府所采用，尤其六部制度直至清末连名称都未曾变动。

尚书仆射

尚书仆射是一度相当于宰相的官职。仆，意为主管，因古代重武，由主射者掌事，故诸官之长称仆射。后来只有尚书仆射沿用下来，其他仆射的名称大都废弃，因此魏晋南北朝之后的仆射，专指尚书仆射。尚书仆射的官职最早在秦朝设立，其时为尚书之首，只是皇帝身边小臣，没有权力。西汉时，置尚书台（后称省），尚书令为尚书头领，尚书仆射为其副职。东汉光武帝时，因尚书台权力越来越大，尚书仆射的权力也渐大。汉献帝时，设左、右仆射，此后历代沿置。魏晋南北朝之际，尚书仆射上有尚书事、尚书令两职，但因经常空缺，尚书仆射已相当于宰相或副宰相。例如东晋谢安、北魏李冲、北齐杨愔等都是以尚书仆射一职分掌或专掌朝政。隋朝时，尚书事一职遭废，尚书令则常常空缺，尚书仆射成为宰相。唐代，因唐太宗李世民登基前任尚书令，此后无人敢任此职，尚书左、右仆射成为事实上的尚书省长官，一度与门下省、中书省长官并称宰相。唐高宗后，尚书省职权渐低于中书、门下两省，尚书仆射已不能和门下、中书省长官同称宰相，而需加封平章事封号才是宰相。玄宗后，尚书仆射未曾被加封过，从此不再是宰相。宋代时，尚书仆射名称屡有变化，并一度重新成为宰相。宋以后无仆射之官。

侍中

侍中是古代一度相当于宰相的官职，始设于秦。侍中在秦汉之际原本是皇帝身边小臣，干的事情相当杂，负责皇帝乘车服饰乃至便溺器具等一应事情。因其常在皇帝身边，经常给皇帝出一些主意，逐渐成了皇帝的顾问，地位渐重。之后侍中经常成为皇帝对于臣子的加封，官不在大小，上可至列侯，下可是郎中这样的小官。官员获此加封后，可出入皇宫，经常伴随皇帝左右，也是一种荣耀。东汉时，设侍中寺，晋时改为门下省，唐时一度改名为东台、鸾台、黄门省等，以侍中为其长官。魏晋之时，侍中已经不再负责皇帝的生活杂事，而是专备皇帝顾问。隋唐之际，侍中一度称纳言、左相、黄门监等，与中书省长官中书令、尚书省长官尚书仆射共同被尊为宰相。宋代沿用唐制，元丰改制后，以尚书左仆射兼门下侍郎行侍中之职，另设侍郎为其副职。元朝侍中只是礼官、从官。明代侍中地位有所恢复，但已不复昔日风光，仅为正二品，地位低于尚书。清无侍中一职。

霍光像

霍光从侍中任起，一步步走上权臣之路。

中书令

中书令是古代一度相当于宰相的官职。汉武帝时，始置中书令，由宦官担任，后来逐渐由皇帝信赖的士人担任。其职责是帮助皇帝在宫中处理政务，并负责直接向皇帝递交大臣密奏。因其为皇帝近臣，一度凌驾于丞相之上，司马迁就曾以太史公的身份担任过此职。东汉光武帝时，尚书台成为全国政务中枢，与尚书工作性质有些相似的中书被冷落。魏晋时期，魏文帝曹丕为牵制尚书台，另外成立中书省，以中书令为其长官。之后中书省日益架空尚书台，成为全国最机要机关，中书令则成为事实上的宰相。其时中书令一般由社会名望与才能俱高者担任，谢安就曾以中书令之职执政东晋。南北朝时，门下省又逐渐取代了中书省的政务中心地位，中书令的宰相位被门下省长官侍中取代。到隋唐之际，三省六部制确立，中书令与门下省长官侍中、尚书省长官尚书仆射共同执掌宰相之权。其中，因中书省是政令的决策机构，而门下省则对政令有审核权，故中书令和侍中被唐人尊为真宰相。唐肃宗后，包括宋代在内，中书令逐渐成为大臣的虚衔，无实权。元代中书令又掌相权，明代朱元璋不设宰相，“三省”俱废，中书令自此不复存在。

侍郎

侍郎在西汉时曾是郎官之一，是皇帝外出时的随从，不是正式官职。东汉尚书权力变大时，侍郎成为尚书下属。当时每曹设 6 名侍郎，六曹共 36 人。魏晋以后尚书曹数增多，一尚书辖数曹，郎官遂成一曹头目。隋朝三省六部制既定，侍郎随尚书一起成为朝廷正式要职，初时官阶不高，却是实权官员。明侍郎升至正三品，清侍郎升至正二品。另外，门下省和中书省也曾设立侍郎官职，一般为一个部门的二把手。

政事堂

姚崇像
唐代著名政治家，被称为“救时宰相”。

政事堂为唐、宋宰相和皇帝议事的地方，乃两朝最高决策中心。唐初，中书、门下、尚书三省长官（中书令、侍中、尚书左右仆射）共执宰相之权，三省长官经常与皇帝一起商议国家大事。刚开始其地点设在门下省，后来又改在中书省。政事堂后分列五房：吏房、枢机房、兵房、户房、刑礼房，随时待命，具体执行政事堂的各种政令。贞观年间，唐太宗为集思广益，同时分化宰相权力，给一些职位不高但能干的官员加封参知政事、同中书门下三品（以后逐渐统一为同中书门下平章事之名）等称号，让他们也以宰相身份参加政事堂会议。另因尚书省只是政策的执行机关，没有决策权，尚书省长官的宰相身份一向有些勉强。唐高宗后，尚书仆射同样须加封封号，才能参加会议。玄宗后，尚书仆射再未被加封此封号，从此被排斥在政事堂之外。唐代后期，中书令、侍中也逐渐被排斥在政事堂之外。皇权变大，相权变小。唐玄宗时，将政事堂改名为中书门下，也有称中书政事堂或中书都堂的。后晋时又改名为政事厅。北宋沿唐制，以政事堂为宰相、参知政事议事办公处，设于禁中。政事堂囊括门下省、中书省和尚书省的主要职权，是最高行政机构。宋以后历代不设政事堂，不过明朝的内阁和清朝的军机处的功能略等于政事堂。

御史台

御史台是我国古代监察长官的官署名，同时也指古代的监察机构，其属即为言官。秦代，建立御史制度，设众多监察御史监督政府，并以三公之一的御史大夫为众御史之长。汉代，御史大夫更名为大司空（后改为司空），不再负责监察事宜，其副手御史中丞成为御史之长。因御史中丞一直驻扎在宫中兰台办公，因此其官署便被称为御史台。御史台在后来历代均存在，只是名称偶有变化，另有宪台、兰台、肃政台等称呼。御史台下设三院，一曰台院，其属为侍御史，即监督皇帝的御史，御史中丞初时便是专门驻扎在皇宫里监督皇帝的官员；二曰殿院，其属为殿中侍御史，负责监督皇宫内礼仪等事；三曰察院，其属为监察御史，主要是监督中央政府和地方官员。总体而言，御史台设立的主要目的是监督百官，即“为天子耳目”。御史的品阶一般都不高，多由具清望之人担任，往往不怕得罪官员，越得罪人，名声越大。派往地方的监察官员往往都是由御史台派出，但历代都经常发生监察官员到了地方之后取代原来的地方长官成为事实上的地方长官的事情，比如汉代的刺史，唐代的节度使、观察使都属于这种情况。明代时，太祖朱元璋改御史台为都察院，御史台之名遂废。

唐代五监

唐代五监指的是唐代时的5个负责工程、教育、军需、后勤等事宜的政府机关，分别是：国子监、少府监、将作监、军器监、都水监。唐代五监是将隋朝长秋监改为军器监之后形成的。其中，国子监是负责全国教育及考试的部门，其长官称为祭酒，为正五品上；少府监负责推动和普及农业、手工业技术，主官为监、少监，分别为从三品、从四品；将作监负责宫室建筑、金玉珠翠器皿的制作、纱罗缎匹的刺绣等事，其长官为监，有2名，从三品；军器监负责弓弩盔甲等军需用品的制造，其长官为监，正四品上；都水监负责全国的水运、黄河及其他河流湖泊的治理，其长官为监，正四品。唐代是中国各项制度的一个重要转折点，该五监的形成使政府机构得到很大完善，社会各项公共事务有了更专门的机构来管理，政府职能得到提高。五监的基本结构为后世历代政府所采用。

观察使

观察使是唐代后期出现的地方军政长官，全称为观察处置使。由于汉代设立的专门监督地方官员的刺史逐渐侵蚀了地方长官的权力，到隋朝时朝廷干脆明令刺史替代太守，成为地方长官，这样，朝廷中央便没有了专门的地方巡察员。到唐代前期，中央常常不定期派出使者监察州县，玄宗开元年间，宰相张九龄设置十五道采访处置使（简称采访使），行使原来汉代刺史的督察权，考评地方官政绩。后来，采访使制度又重蹈刺史制度之覆辙，本是中央派到地方的特派员的采访使又逐渐凌驾于刺史之上，成为实际上的地方一把手。而在不怎么受中央管制的节度使地区，采访使往往为节度使所兼任。肃宗乾元元年（758年）采访处置使改名观察处置使。“安史之乱”后，本为地方长官的刺史基本上已经没有什么权力，各地的节度使与观察使成为地方军政一把手。相比而言，节度使往往地盘较大，经济、军事实力雄厚，不听中央调遣，成为顾盼自雄的藩镇；而观察使则地位相对较低，地盘、势力较小，还能够服从朝廷，因此唐朝廷后期得以苟延残喘的财赋收入多由观察使所上缴。宋代在各州置观察使，但只是虚衔，为武官升迁之前的寄禄官（暂时作为升迁跳板的官职，无实权）。辽、金也曾设置观察使作为政务官，元代废。

参知政事

参知政事并非一种固定官职，而是唐宋时期的临时职衔，中低级官员可凭此职衔行宰相权。唐贞观年间，唐太宗为削弱相权，强化皇权，在与宰相议事的最高政务会议政事堂上，经常给其他非宰相但比较能干的官员加封诸如参知政事、同平章事、枢密使、枢密副使等职衔后让他们也参加会议，共议国政。太宗之后的唐代皇帝都采用了这个办法，乃至到唐高宗之后，原本是宰相的三省长官都先后被排挤出了政事堂，只剩下这些顶着临时头衔的宰相们执掌唐王朝的最高政治。如此，可以说唐朝在很长的时间里是没有宰相的。就参知政事而言，其又简称为“参政”，行使副宰相之职，唐中叶以后废去。宋代沿用了唐代政事堂制度，开始同样以参知政事为副宰相，开宝六年（973年）后，参知政事的职权、礼仪开始和宰相差不多。宰相出缺时，其代行宰相之职。北宋范仲淹、欧阳修、王安石都曾任此职。因为正规的宰相经常空缺，因此参知政事往往是北宋事实上的宰相。南宋时，参知政事和门下、中书侍郎，尚书左、右丞，以及枢密使、副使，知枢密院事，签书枢密院事等，通称执政，与宰相合称“宰执”，相当于常务副宰相。元、明时参知政事只是一个中级官员，清不设此职。

宋神宗永裕陵文官像

计相

计相是宋初中央财政机构——三司的首脑。宋代三司沿自五代。五代时期，天下不稳，税法混乱，后唐明宗设盐铁、度支（负责财政支出统计）和户部“三司”，统一掌管朝廷财政，相当于现在的财政部。宋代沿用并完善三司制度，三司掌管天下各种田赋、丁税、商税、矿税、酒税等财政收入和官奉、衣粮、军费等财政支出，当时称为“计省”，其长官为三司使。财政大权本是相权的一部分，但由于宋初皇帝想将财政权收归自己，以加强皇权对政权的控制，便令三司使不再统辖于宰相，而是直接对皇帝负责。这样，三司使便与掌管军政的枢密使、宰相各成一体，不相统摄，故被称为“计相”，意即财政宰相。但后来三司的权力逐渐扩大，职权涉及原来的兵、户、工、礼、吏各部事务，并且时间一久，这个机构本身也变得臃肿而效率低下，三司开始成为宋朝行政机器上的一个不和谐部件。王安石变法时，曾试图分拆三司，但未能成功，只是将三司部分职权转移到其他部门。后来元丰改制，三司侵夺其他部门的职权才被重新归还各部。三司使改任户部尚书，虽仍管理财政，但已成为宰相直接下属，就职权和地位而言，已远远当不得“计相”的称号了。

谏官

谏官是古代言官的一种。言官即是专门负责监督并提意见的官员。古代言官分两种，一是御史，负责监督政府，谏官则职在监督皇帝。谏官并非正式官职名，而是对监督皇帝的官员的泛称。其最早在春秋时期设立，当时齐国的大谏、晋国的中大夫、楚国的左徒等都属于谏官性质。秦朝时，设谏议大夫为谏官，同时，御史类官职中的御史中丞也有些谏官性质。谏官制度得以正式化是在汉代，当时的光禄大夫、太中大夫、谏大夫、中散大夫、议郎等官职，都属谏官，统一归汉九卿之一的光禄勋管。谏官最活跃的时期是在唐代，当时的谏官机构不断扩大，所设谏官有左右谏议大夫、左右拾遗、左右补阙、左右散骑常侍等。另外，当时中书、门下两省的官员也都有兼职进谏的职责。唐代著名谏官甚多，例如魏徵、褚遂良、孙伏伽、萧钧等。著名诗人杜甫、陈子昂、元稹等都任过谏官之职。因唐太宗开纳谏之风，唐代皇帝都比较重视谏官。宋朝皇帝起初也很重视谏官，曾专门将谏官从门下省中独立出来，成立专门的谏院，以左右谏议大夫为长官。但谏院独立后，谏官不再由宰相裁定，而是由皇帝任命，并且可以兼任御史，逐渐由监督皇帝变成了监督宰相和百官。后来，朝廷不再重视谏官，又开始出现蔡京、秦桧等权相。宋代之后，谏官或名存实亡，或名实俱亡。

彩绘文官俑　唐

路、军、府、州

路、军、府、州均是宋代的地方行政单位。宋代地方行政区划为三级制，其基本的结构是路、州、县，依次变小。其中，路是最高一级，大略相当于现在的省。宋初时，除路之外，还有一个道，与路为同级别的地方区划单位。后废道，将天下总分为十五路，分别是：京西路、京东路、河北路、河东路、陕西路、淮南路、江南路、荆湖南路、荆湖北路、两浙路、福建路、西川路、峡路、广南东路、广南西路。路的长官称为监司，每路4个。宋代的州由秦汉的郡变化而来，根据面积和人口可分为上、中、下州，长官称知州。县是最低一级行政单位。另外，在路、州、县的基本体制之下，宋代还有一些与州同级但稍微特殊的行政区划单位，府与军便属于此类。府由地位比较重要的州升级而成，分京府、次府。京府为首都或陪都所在地。宋初以都城开封府为东京，陪都河南府（今河南洛阳东）为西京，应天府（今河南商丘）为南京，大名府（今河北大名）为北京，遂有四京府，其余则为次府。州升府一般源于皇帝登基前所封或任官之地，如宋太祖以归德军节度使代周，后来便升归德军所在之宋州（今河南商丘）为应天府。军则是因军事需要而建的地方行政单位，一般在边疆地带，分大军和小军。大军与州府同级，直属于路；小军与县同级，属州管辖。就数量而言，这些地方行政单位并不固定，时有变化。

知府与知州

南阳知府衙门

知府与知州均是出现于宋代的官职。唐代只称建都之地为府，宋代由于城市的快速发展，许多比较繁荣的州都升级为府。宋代统治者鉴于唐代地方长官坐大割据的教训，不给州府长官刺史以实权，而是以中央朝臣充任各府长官，称为“权知某府事”。“权”是暂时之意，意即暂时代理该府政事，简称知府。知州与知府的来源相同，同样是宋朝廷派朝臣临时充任各州长官，称“权知某军州事”，简称知州。军乃指军事，州乃指民政。如此，宋代原本以唐制而设的府州长官——刺史便被架空了，而事实上的地方长官又只是临时充任，这便加强了中央集权，避免了藩镇割据的局面。但这也导致了地方力量的弱小，以至于金攻破宋首都开封，北宋政权便轰然垮掉。知府与知州在元代成为地方的正式长官，只是其上置有由蒙古人或色目人担任的达鲁花赤（蒙古官名，为所在地方、军队或官衙的最大监治长官）；明清时期，知府与知州成为正式的地方行政长官。其中知州有直隶州、散州之别，前者直隶于省，可以辖县；后者隶属于府、道，相当于知县。

转运使

转运使是中唐以后各王朝设置的主管运输的中央或地方官职。唐代建都长安，因关中地狭，粮食不足，每年要从江淮地区调粮入关。玄宗时期，朝廷官员激增，加之军需民用，粮食需求增大，漕运对于朝廷的重要性随之增加，于是设专使水陆转运使，掌洛阳、长安间粮食运输事务。安史之乱后，朝廷财政全仗江淮地区盐铁之税，又设盐运使。后来盐运、转运二使合二为一，由宰相或重臣兼任。到宋代时，转运使成为一种普遍的官职。宋初为集中财权，置诸路转运使掌一路财赋，称某路诸州水陆转运使。另外皇帝出巡时设有行在转运使，出兵征讨则有随军转运使。宋代转运使往往由朝中位高权重者兼任，是一种显官，除掌握一路或数路财赋外，还兼有考察地方官吏、维持治安、清点刑狱、举贤荐能等职责。如此，转运使职掌扩大，实际上已成为一路之最高行政长官。后来朝廷干脆将路作为州县之上的又一级地方行政单位，全国总分为 15 路。元、明、清时期，转运使官职不再流行，只剩下一个盐运使，负责运盐，虽品秩不高，却是个肥差。

洗马

“洗马”是古代官名。“洗”不读 xǐ，而是通“先”，也称为“先马”。洗马可不是洗刷马匹的意思，而是指在马前驰驱之意。秦汉时期，洗马为太子的侍从官，太子出行就由他来作为前导。晋代时变成为掌管图书的官职，南朝时洗马隶属于典经局，隋唐时设司经局洗马一职，这一官职一直沿袭到清代。清代司经局所设的洗马用满汉各一人，位从五品。在历史上唐代魏徵曾做过太子李建成的洗马；清末重臣张之洞年近中年，还官为洗马。

魏徵像

魏徵曾经担任过太子洗马的官职。

太傅

古代三公之一，周代开始设置，地位次于太师（辅佐国君的官）。东汉时期每一个皇帝即位，都设置太傅，参与朝政，为众臣之首。后世多以他官兼领，为优待大臣之荣誉衔，并无职事。明、清两代则以太傅、太师、太保作为赠官，加衔之用，不是实职。还有，历代称辅导太子的官为太傅。

尚书

官名。始置于战国，或称掌书，“尚”是执掌的意思。秦代是少府的属官，掌殿内文书，地位很低。汉武帝时设尚书五人，开始分曹治事。东汉时正式成为协助皇帝处理政务的官员，从此三公权力大为削弱。魏、晋以后，尚书事务愈来愈繁杂。隋代设置尚书省，分为六部，唐代确定六部为吏、户、礼、兵、刑、工，以左右仆射分管六部。宋代以后，三省分立之制渐成空名，行政全归尚书省。明代初期，尚存此制，后来废去中书省，直接以六部尚书分管政务，六部尚书等于国务大臣。清代相沿，清代末期改官制合并六部，改尚书为大臣。

诸葛亮可能是中国古代最有名的丞相。

丞相

始于战国，为百官之长。到了秦代，在皇帝以下，主要由两府一寺组成中枢机构，两府指丞相府、太尉府，一寺指御史大夫寺。丞相府的首长是丞相，基本职责是辅助皇帝治国理政，丞相被尊称为相国，通称宰相，在大臣中，权力最大，官职最高。西汉初期，称相国，后来改称丞相，与太尉、御史大夫合称三公。西汉末年，改称大司徒；东汉末年，复称丞相。三国、晋、南北朝时，或称丞相，或称司徒，或称大丞相，或称相国。

大夫

殷周时期，有大夫、乡大夫、遂大夫、朝大夫、冢大夫等。春秋时期，晋有公族大夫。秦、汉两代，有御史大夫、谏议大夫、光禄大夫、太中大夫等。品秩自六百石至二千石不等。多系中央要职和顾问。唐、宋两代，有御史大夫、谏议大夫等。明、清两代不设置。

斜封官

“斜封官”，也称为“墨敕斜封官”，是唐朝的非正式任命的官员，是当时人们对由非正式程序任命的官员的一种蔑视性称呼。这种官职的任命状是斜封着的，要从侧门交付中书省办理，而且它上面所书“敕”字是用墨笔，这与中书省黄纸朱笔正封的敕命是不一样的，“斜封官”由此得名。

在唐朝，官吏的任命有严格的程序和制度，即先由吏部注官，再经过门下省过官，最后经过中书省对皇帝颁下的任命状进行“宣署申复”。皇帝和宰相掌管五品以上的高级官员的授职和迁转以及六品以下的一些清要官职的任命权，吏部主要管理六品以下的中低级官员的授职升迁。但是唐中宗、唐睿宗时期，韦后、安乐公主、太平公主等擅权用事，公开卖官鬻爵，破坏正常任官制度，官员由皇帝或以皇帝名义直接用斜封任命。被任命的斜封官有时可达数千人。墨敕斜封官的授官方式导致朝政混乱。直到唐玄宗登基之后，在贤明的宰相姚崇等的协助下，罢免了中宗以来的斜封官，并规定不允许再行斜封官之事，从而结束了长期以来冗官污吏充斥朝廷的局面。

员外

员外是员外郎一职的简称，有“正额之外”增设之意。三国时期魏末最早设置了员外散骑常侍，晋朝初年又设置员外散骑侍郎，都是皇帝的侍从官。南北朝时，新设了殿中员外将军、员外司马等。到了隋朝，员外成为尚书省二十四司内各司的次官，地位又提升了。唐、宋、辽、金、元、明、清沿隋制，以郎中、员外郎为六部各司正副主官，员外已在编制定员之内，成为显赫之位。从明朝以后，员外逐渐演变成为一种闲职，当时地主和商人可以通过捐银两的方式来获取员外一职。后来，“员外”逐渐失去了其本来含义，我们在京剧和明清小说当中常常看到“员外”是专指一些有钱人了。

太守

太守这一职位原来是战国时郡守的尊称。西汉景帝时，郡守改称太守。太守是一郡最高的行政长官。到了南北朝时期，新的州、县增加了很多，而各郡之间所管辖境地相对地缩小了，州、郡之间的地域区别也不大了。到了隋初，留州、废郡，州刺史就代替了太守的官职，太守就成为刺史或知府的别称，而不再是正式官名了。到了明清时期，太守则专门用来称呼知府了。

县官

我国古代县一级的长官的称呼，历代都有所不同。

浙江内乡县衙

春秋时代，地方一级的行政单位有邑县，邑县长官的称呼，各国不一，晋国叫作大夫，楚国叫作令尹，鲁国、卫国叫作宰。

战国时，行政单位有县、郡。郡的长官的主要职责是掌管军事，被称为守；县的长官的主要职责是掌管民政，被称为令。发展到后来，郡在上，县在下，郡比县大出一级，地方行政系统也就随之发生改变。

秦汉时，超过一万户人家的县，其长官叫作令；一万户人家以下的县，其长官叫作长。

隋唐时，称佐官代理县令为“知县事”，县的长官的称呼，都是令。

宋代时，县的长官叫作知县事，简称为知县。元代把知县改称为县尹。明代和清代沿袭了宋代的称呼，也称知县。

俸禄

古代官员发的工资称为“俸禄”和“薪俸”。“禄”的本义是上天所赐给的福分。先秦时期，天子把土地、奴隶等赐予大臣，这些事物就是“禄”。当时只有有爵位的人才有“禄”。所以“禄”是分封制的产物，是统治阶级内部按等级对土地、民众的分配。“俸”是奉引申出来的字，它是中央集权的官僚制度发展的产物。早期的“俸”是按照贤能程度、功劳大小的标准以粮食的形式发放的，有时也将粮食折合成钱发放。可见，“俸”与“禄”最初是不同性质的物质财富分配。到了后来，俸禄常常作为一个词使用，泛指朝廷发给的钱银或粮食。

“薪”的本义是柴草，“薪”和“水”在人们的生活中是不可或缺的，古代的官府除了给官员发“俸”外，也经常以各种名目发些生活费，称为“薪”。据史料记载，发“薪”的形式也不一样，有时是发柴草，有时也折合成钱银，这样，“薪俸”也就成为一个词了。直到现在人们还把“发薪水”和发工资当成同义词。

贝勒

“贝勒”在《金史》中被称为“孛堇”或“勃极烈”，是部落酋长之意，其复数被称为“贝子”。

在金朝，贝勒是一个有实权的官职，地位仅次于“皇帝”。清太祖努尔哈赤就曾被称为“淑勒贝勒”，意为“聪睿的贝勒”。努尔哈赤也用贝勒称其子侄。努尔哈赤建立后金政权以后，他的次子代善、侄子阿敏、五子莽古尔泰、八子皇太极被封为大贝勒、二贝勒、三贝勒、四贝勒，四大贝勒每月一位轮流执政，处理一切国家大事，取代五大臣议政制度。四大贝勒职位可谓一人（努尔哈赤）之下，万人之上。但是到了崇德元年（1636年），定宗室世爵为九等，第三等为多罗贝勒（多罗，满语，即国家之意），简称贝勒。乾隆十三年（1748年），又定宗室封爵为十四等，第五等为多罗贝勒，这也用来封蒙古贵族。在清朝前期，贝勒领兵出征，享

尼堪墓碑

尼堪为清初善战之人，曾为贝勒。

有政治、经济特权。随着满族统治者不断受到汉族官制的影响，“贝勒”逐渐演变成一个没有实权的爵位名称。

博士

“博士”，如今是中国高等教育的最高学位。其实早在战国时代就已经有这个称谓了。

据《汉书·百官公卿表上》记载：“博士，秦官，掌通古今。”此时的“博士”是一种官职，职责主要是掌管图书，保管朝廷文献档案，并随时准备向帝王讲解知识，有一些“顾问”的意味。因为工作性质与职责所在，当时的“博士”学问相当渊博。如秦国博士伏生，学问相当高深，尤其精通《尚书》，到汉文帝时，90多岁的他仍然能够背诵此书。秦始皇“焚书坑儒”毁灭诗书，西汉兴文教，正是靠他的记忆，《尚书》才得以再传。汉武帝时，设立五经博士，专门负责儒家五经的研究、讲解传授；唐代则设有国子、四门等博士，负责教授学术，属于文化类官职；宋代的国子博士，官职五品；明清两代，同样有国子博士，官职不高。

另外，在古代，政府还设置了一些专精一艺的“博士”官职。西晋设律学博士，北魏增设医学博士，唐朝则又增置算学博士、书学博士等。这种“博士”，除去官职的意味，非常接近于现代意义上的教授。宋代时，这些专业“博士”被废止。

进入现代，“博士”一词成为一个纯学术性的称谓，并且更加专业化。应该说，这是一种社会的进步。在中国古代社会，社会结构简单，学术没有自己发展的空间与动力，只能依附于政治权力。而随着现代社会的发展，学术可以脱离政治而独立存在，取得自己的文化价值，并促进社会发展。

古今“博士”相比，古代的“博士”要比现在的“博士”地位更高，他们一般充任教育长官、担任教职，享受国家俸禄；现在的“博士”仅仅是一级学位，从事某种学术的专门研究，没有正式的职位，也不享受国家俸禄。

学士

在现代，世界通用的高等教育学位以博士最高，硕士次之，学士最低。但在中国古代，并非如此。

“博士”、“学士”以及“硕士”三个词，并非舶来品。在中国古代，这些名称都已存在，但其意思，与现在有所不同。“硕士”一词，在古代指品德高尚、学问渊博的人，但相对来说，这个词出现较少，不是正式的称谓。

而“博士”一词，则比较正规了，在战国时代就已经出现，秦朝时发展成政府正式官职，其职责主要是掌管图书，备帝王顾问。汉武帝时，设立五经博士，专门负责

苏轼回翰林院图　明　张路

此图表现这样的情节：苏轼因与王安石政见不和，被贬外官，不久被皇帝诏回任命于翰林院。一日，皇后诏见苏轼，重申对他的信任，论及往事，不觉潸然泪下。之后，皇后派人摘下座椅上的金莲灯为其照明，送其回翰林院。

传授儒家五经的研究、讲解传授。唐代则设有国子、西门等博士，属于文化类官职，负责教授学术，官职不高。明清两代，同样有国子博士，官衔同样不高。也就是说，长期以来，博士乃是一种职衔不高的文化官员或教职。

“学士”一词最早出现在周朝，原指在学校读书的贵族子弟，后来成为文人学者的泛指。南北朝时，“学士”正式成为负责文学撰述之官。唐玄宗时，建翰林学士院，供职者称翰林学士，简称学士，负责为皇帝起草诏书。但这种“学士”并非固定职位，而是一种临时工作，由其他官员兼任。宋代因宰相权力变小，翰林学士的地位得到提高，相当于皇帝的私人幕僚，而宰相由翰林学士中提拔也成了不成文的规定，翰林学士逐渐成为固定的官职，官阶三品。到明清，学士不再单独存在于翰林院，逐渐渗透到内阁，大学士也成了文官最高官职。和珅、纪晓岚、刘墉均为内阁大学士。

总体而言，“博士”最初比“学士”有地位，但逐渐下降；而“学士”的地位职衔则步步高升。唐宋之时，“学士”的职位超越“博士”，宋代的国子、五经博士仅为正五品，而翰林学士则是正三品；到清代，大学士位列正一品，远非“博士”所能比。

衙门

衙门本作“牙门”。在古代，常常用猛兽锋利的牙齿象征武力，军营门外常常放有猛兽的爪、牙。后来为了方便，就用木刻的大型兽牙代替真的猛兽牙齿，还在营中的旗杆顶端装饰兽牙，悬挂的也是齿形的牙旗。由此，营门也就被称为“牙门”了。大约到了唐代，“牙门”逐渐被移用于官府，“牙门”也被误传为“衙门”。正如唐人封演在《封氏闻见记》中所说：“近俗尚武，是以通呼公府为‘公牙’，府门为‘牙门’。音稍讹变，转而为‘衙’也。”“衙门”一词广泛流行开来。宋以后，“衙门”就彻底取代“牙门”，成为官署的代称。

南北面官制

辽朝对统治区域内不同社会发展阶段的民族，采取“因俗而治”的统治方法建立的两套行政体制。辽的境内包括许多民族，大体可分为以农业经济为主的汉人和原属于渤海国的部分人民，以及以渔猎经济为主的契丹及其他游牧民族。为适应不同民族的不同生产和生活方式，在辽太宗耶律德光统治时期，制定了“以国制治契丹，以汉制待汉人”的两套机构。北面官因为办事处所设在皇帝牙帐之北而得名。北面官以契丹固有官制为基础，又称“国制”，多用契丹贵族担任，主管宫帐、部族、属国和兵机、武诠、群牧之政，分朝官、帐官、宫官、部族官、属国官等。南面官办事处所设在皇帝牙帐之南，模拟唐官制而设，又称“汉制”，多用汉人充任，主管汉人州县、财赋、文诠、军马之政，分为朝官、宫官、京官、方州官、财赋官、边防官等。南北面官制适应了不同社会发展状况的需要。

太医署

太医署是古代医疗性质的官署名。太医署的基本职能是为皇家及达官贵族看病，有时还具有医政管理乃至医学教育的功能。其历代名称不一，西汉时正式设立太医一职，西晋时开始设立专门的太医机构，称医署；南朝的刘宋政权改医署为太医署，是全国最高的医政管理及医疗机构。隋唐时期，太医署的医学教学功能不断加强，当时在校师生达300多人，并分为医学、药学两科，医学还进一步分医、针、按摩、体疗、疮肿、少小、耳目口齿等诸多科目。其教师严格分职称，学生定期考试，俨然一个医科大学。北宋初沿唐制，后又在淳化年间改太医署为太医局，功能则变化不大。金、元、明、清时期的太医院相当于原来的太医署。清时太医院中的官吏和医务人员均称为太医，真正顶尖的医生则称为御医，只有十几人。

驿传

驿传是我国古代政府设置的一种用于传递诏令、文书之类并接待过路官吏的交通组织。“驿”，意为用马传送；“传”，意为用车传送。另外还有用步传送的，称为“邮”。驿传制度始建于春秋战国时期，当时诸国各自实行，规模较小。秦朝时，要在庞大的国土面积上实施中央集权，政令的迅速传达是重要基础，于是首次在全国范围内建立起驿传制度。汉承秦制，并使驿传制度得到了进一步完善。汉代驿传制度是在交通要道上隔大约三十里设一驿，相当于一个交通站。里面备有马匹、饲料、饮食、

横塘驿站

元代疆域广阔，自成吉思汗始，就建立起一个十分发达的交通系统，这个系统的基本单位就是站。全国共1500余站，有水站有陆站，甚至在严寒地区还有狗站，以狗拉雪橇运送使者，站台延伸到周边国家，连接欧亚大陆。横塘驿站位于江南胜地苏州，始建于元，处在水陆交通要冲，为苏州驿传中枢。

床铺等一应接待设施，并有专门人员负责接待。接待时，按照官职高低、任务轻重和时间缓迫分为不同的等级，提供相应等级的马匹、服务效率等。办差者每天行程也有固定里数，失期失程的要依律受罚。东汉时，使者通过驿传最快一昼夜可达千里。这就大大加快了政令的传达和各地的联系，加强了中央集权。另外，驿路往往也是重要的商道，促进了经济的繁荣。其后历代，驿传都成为国家行政的重要基础，并更加完善。清咸丰、同治以后，随着铁路、轮船、电讯等现代交通通信工具的发展，驿传变得无足轻重，逐渐废弃。

宣政院

宣政院是元代设立的一个掌管全国佛教事务和吐蕃地区军政事务的中央机关。宣政院原名总制院，由元世祖忽必烈设立，后借唐朝皇帝曾在宣政殿接见吐蕃使臣的典故，改名为宣政院。因蒙古人信奉藏传佛教，因此此院地位相当高。宣政院刚开始以国师八思巴为其长官，后来该职一般由朝廷大臣担任。宣政院官员为僧俗并用，其中设院使2人，后来又增至10人，秩均为从一品，另有几个正二品、从二品的官职。宣政院官职任命不走吏部程序，而是自行任命，与中书省、枢密院、御史台并为元朝四个独立的任官系统。诸路、府、州、县置僧录司、僧正司、都纲司，为宣政院下属地方机构，负责管理各地佛寺、僧徒。总体而言，蒙古人设立宣政院有两个目的，一是掌管全国佛教，二是通过宗教与军政结合的方式控制同样信奉藏传佛教的吐蕃地区。

行省制度

行省是行尚书省（后改为行中书省）的简称，本是尚书省派出的一个临时机构，后来演变成为地方最高行政机关。元朝总共分为12个大的行政区，除了大都（今北京）为中书省直辖区外，另有11个行省。元代行省置丞相、平章、左右丞、参知政事，其行政机构名称和官吏品秩与中央同，全省军事、行政、财政权力集中，由蒙古贵族总领。从行省的划分方法来说，元代行省是从军事角度进行的划分。元代统治者害怕地方反叛，于是使各省边界均犬牙交错，无山川险阻可依，北向门户洞开，形成以北制南的军事控制局面；另外，各省重镇的拱卫之城也都被划分到另一省。一旦一省叛乱，其重镇也很容易被攻下。也正因为此，后来的明、清继承了元代行省制度。元代的行省在后来数量增加不少，名称也有所变化，但就其实质而言可以说是一直沿用的。

达鲁花赤

达鲁花赤是元朝的官名。蒙古铁骑当年横扫欧亚，占领了广阔的地域，但并没有足够的人手来统治这些地域，便培养起一个个主要由当地人组成的地方政权。在这个政权的各级军政组织中，表面上以当地人为长官，实际上另设有一名被称为达鲁花赤的蒙古长官钳制之。达鲁花赤虽然与当地行政长官平级，但实际权力在其之上，是军政的最后裁定者。蒙古人当初与南宋对峙期间，由于人手不够，曾有一些汉人也做到了达鲁花赤的职位。至元二年（1265 年），元代朝廷正式规定，各路达鲁花赤只能由蒙古人担任，总管由汉人担任。如此，原本已经当上达鲁花赤的汉人也都纷纷被解职。一时没有称职的蒙古人时，则由色目人担任。达鲁花赤这个官职在有元一代普遍存在，在省、府、州、县和录事司各级官衙，都设置达鲁花赤。另外，在非蒙古族军队的元帅府、万户府、千户所，也都设达鲁花赤以监军务。

内阁

内阁是明清时期的最高官署。明洪武十三年（1380 年），朱元璋为加强皇权，以谋反罪杀宰相胡惟庸，从此废去宰相一职并明令后世子孙不得设宰相。这样，全国政务全都汇集到皇帝这里。朱元璋行伍出身，精力充沛，后来又仿宋制设置了一些殿阁大学士作为自己的顾问，还勉强能够应付。到永乐皇帝，因经常外出征伐，对于政务他便有些顾不过来，于是正式建立内阁，以大学士充任阁员，参与机务。内阁刚开始并无实权，但自仁宗起，明朝的皇帝们都只是成长于深宫的娇贵皇子，不具备一个人掌控全国政务的精力和耐性，内阁权力渐重。到成化、弘治之际，内阁已经相当于宰相府。尤其到万历年间，由于万历幼年登基，政务完全由内阁处理，内阁首辅张居正的权力甚至已经超越了以前的宰相。明朝晚期，宦官权力上升，内阁权力开始下降。崇祯时，内阁权力被虚化，明内阁制度名存实亡。

清代刚开始时沿用明朝内阁制度，以满、汉同比例的方式设置内阁大学士，行使相权。但因清帝基本都比较勤政，内阁差不多只是个执行机构，权力远不如明朝内阁大。到雍正时，设立军机处作为最高决策机关，内阁基本上成了一个类似于秘书处的文书机构。但在清代，内阁一直都是名义上的最高官署。

司礼太监

彩釉宦官俑　明

司礼太监是明朝一度权势很大的宦官机构里的太监。明洪武年间，成立了一个新的太监机构——司礼监，掌管宫廷礼仪。明朝没有宰相，权在内阁。内阁具体掌控政务的方式是由内阁大臣阅读奏章后在上面批注自己的意见，称“票拟”，然后交由皇帝审核并用朱笔做出最后批示，称为“批红”。因明朝中后期皇帝大多疏懒，或不懂政务，“批红”也就只是走走形式，基本上就是以内阁大臣的意见为准。到明宣宗时，为压制内阁势力，废除朱元璋定下的太监读书禁令，在宫内举办内书堂，教授太监识字，然后由这些识字太监帮助皇帝“批红”。此后，“批红”的权力便逐渐落入太监之手。“批红”分两道程序，先由司礼监秉笔太监“批红”，然后司礼监掌印太监审核确认后盖印，才算通过。由此，司礼太监便与内阁形成了一种权力制衡。历史上的刘瑾、冯保、魏忠贤等权倾一时的太监就是司礼太监的头目。

明晚期，宦官权力逐渐渗透到国家政权的各处，在中央掌管提督京营兵权，在各地方则派迁驻守太监，职在地方长官之上。尤其东、西两厂特务组织具有独立的司法、审查权力，并且有自己的监狱，可以随便提审百姓乃至官员。因此宦官组织已经变成一个与外庭相对应的严密的内廷官僚组织，而司礼监便是这个内廷的最高机关。司礼太监俨然相当于朝廷大臣，而其一号人物司礼监掌印太监则对应于作为外庭宰相的内阁首辅，有“内相”之称。总体而言，司礼太监的滥权乃是明朝皇帝出于私心而采用的一种统治权术，也是明朝政治的最大问题。

都察院

都察院是明清两代最高监察机关。明洪武十五年（1382 年），朱元璋改前代所设御史台为都察院，设左、右都御史为最高长官，其职权总的是“纠劾百司，辨明冤枉，提督各道，为天子耳目风纪之司”；都御史下设副都御史、佥都御史，为都察院各级长官；又按照十三道，分设监察御史。监察御史是都察院官员的主体，负责巡按州县，专事官吏的考察、举劾。大体而言，都察院的官僚体系与汉、唐的御史台差不多，御史台的职能也都包含在了都察院之内。但相比于御史台，都察院还另外具有很强的司法功能，其与大理寺、刑部合称为三法司，遇到重大案件均由三法司共同会审。到清代，都察院制度基本沿袭明制。因清代统治者担心地方官员和军队对抗中央，经常派都察院御史以巡抚、提督、总督等临时官衔到地方上监督行政长官和武官。久而久之，巡抚、提督、总督等这些本是特派员性质的都察院官员便成了地方行政长官或军政首脑。

东西二厂

东厂是明永乐皇帝朱棣建立的由宦官掌控的特务机关。因建文帝既年轻有为，又怀柔天下，尊重士人，深得明朝官员拥护。朱棣发动“靖难之役”夺了侄子建文帝的江山，大批官员殉难，剩下的朝廷官员亦不大支持朱棣的新政权。朱棣因此对大臣也都十分猜忌，于是采取了两个措施，一个是迁都北京，另一个便是在锦衣卫之外另建一个更加方便自己使用的特务机关。因朱棣夺江山的过程中，几个太监曾出了不少力（如郑和、道衍），他觉得太监比较可靠，便建立了一个由宦官掌领的侦缉机构。由于其地址位于东安门北侧（今王府井大街北部东厂胡同），因此被命名为东厂。东厂直接向皇帝负责。起初，东厂只负责侦缉、抓人，审讯犯人的权力则在锦衣卫。但到明末宦官专权后，东厂也具有了审问权，并且设有自己的监狱，对百姓乃至官员都可抓捕、审问，成为独立于国家司法体系之外的独立体系。另外，朝廷审理大案，东厂都要派人听审；朝廷各衙门里，也都有东厂人员坐班，监视官员；朝廷各种文件，东厂也都要查看，甚至民间百姓的日常生活都在其侦缉范围内。东厂的人每天在京城各处活动，经常罗织罪名敲诈勒索良民，成为上至朝廷下至民间的一大害。西厂则是明宪宗为强化特务统治所增设的，其人数比东厂更多，权力更大，并且不再局限于京城，而是遍布全国。后因遭反对，存在不久被撤销。东西二厂与锦衣卫共同构成明代的“厂卫”制度。

锦衣卫

锦衣卫是明朝皇帝的侍卫兼特务机构。其前身为明太祖朱元璋所设的御用拱卫司，洪武二年（1369 年）改为大内亲军都督府，洪武十五年（1382 年）改为锦衣卫。锦衣卫是朱元璋为强化皇帝对政权的控制而建，其作用有二：一个是作为皇帝的侍卫，与前代的禁卫军作用相同；二是作为一种特务组织充当皇帝耳目，监督

锦衣卫木印　明

锦衣卫是明代内廷侍卫侦查机关，始建于洪武十五年，专门从事侍卫缉捕弄狱之事，是皇帝的侍卫与耳目，与明王朝相伴始终。明初朱元璋为加强中央集权，以刑部、都察院、大理寺分典刑狱，称三法司，让其互相制约，如遇重大要案由三法司会审结案。这枚木印是三法司会同刻置的。

百官。明代锦衣卫之所以在历史上很有名是因为它的第二个功能。锦衣卫不仅拥有自己的军队系统，而且拥有独立于政府司法体系之外的司法特权，可以绕过政府系统直接对上至大臣、武将，下至普通百姓实施侦缉、抓捕、审问，并拥有自己的监狱。锦衣卫的建立除造成国家司法混乱及朝廷上下的恐怖气氛的负面作用外，也起到了一定的正面作用。如，对于预防官员腐败起到很好的作用，以至于明代官员可算是历代最清廉的官员；另外，锦衣卫还担当了部分国防及情报工作。锦衣卫首领称指挥使，一般由武将担任。后来宦官统领的特务组织东厂成立后，锦衣卫地位逐渐低于东厂。晚明宦官专政时，锦衣卫指挥使见东厂厂主甚至要下跪叩头。整个明代，锦衣卫和东厂、西厂这样的特务组织一直存在，乃是一种酷政，不少学者认为明代即亡于“厂卫”制度。

三司

三司是明代省级地方政府的三个权力部门，分别是布政司（全称承宣布政使司）、按察司（全称提刑按察使司）、都司（全称都指挥使司）。明代初时沿用元制，设行省统辖郡县，洪武九年（1376年）又改行省为布政司。全国除南北两直隶外，分为13个布政司，就地域范围而言其实和原来的行省差不多。明代每一个布政司都设有三司，作为常设政府权力机关。其中，布政司相当于现在的省政府，其长官为布政使，是一省行政长官，负责全省民政；按察司是一省的最高司法与监察机构，主管一省的刑名、诉讼事务。同时也是中央监察机关都察院在地方的分支机构，对地方官员行使监察权。按察司长官称为按察使，别称臬台。都司乃是一省最高军事机构，长官称为都指挥使，掌控全省军事。三司之间，互不统属，各司其政，其长官官职相同，均直接对中央负责。三司之间互相制约与牵制，谁也不能一方独大，有效地防止了地方割据。可以说，三司的设立正是明朝政府中央集权、地方分权的治国方略的体现。到明朝中晚期，文官势力的上升和武官地位的下降打破了三司之间的平衡，明政府又派遣中央官员以巡抚、总督的官职到地方协调地方事务，三司的权力逐渐为巡抚、总督所夺。

军机处

军机处是清代最高权力机构。清代不设宰相，初时沿明制设内阁作为权力中枢。雍正七年（1729年），因西北用兵，而内阁在太和门外，恐商议时泄露军机，便在隆宗门内设军机房，选内阁中稳重者入内值班，以随时处理紧急军务。雍正十年（1732年），军机房改称“办理军机处”，后简称“军机处”，并逐渐取代内阁成为清最高决策机构。军机处任职者没有定数，少则三四人，多则六七人，一般由皇帝从满、汉大学士、尚书、侍郎等官员以及亲王中特选，称军机大臣。其属僚称为军机章京，俗称小军机。晚清时，汉族官员中仅有左宗棠、张之洞、袁世凯短时间担任过军机大臣。不过虽然军机处总揽军政大权，却并非是一个正式的国家机关，而只相当于皇帝的一个临时性的秘书处。军机处办公的地方不称衙署，仅称“值房”。军机大臣虽然每日出入宫廷，随从皇帝左右，但既无品级，也无俸禄，其任命只听凭皇帝一人决定。其职责也没有任何制度上的规定，只是随时奉皇帝旨意临时办差。军机处的存在标志着清代的皇帝和政府之间完全失去了平衡，皇权完全凌驾于政府之上。

军机处值房

南书房

南书房是清康熙时的一个重要权力机关。南书房位于乾清宫西南，本为康熙读书处，俗称南斋，是清代皇帝文学侍从值班的地方，被清代士人视为清要之地，以入之为荣。康熙十六年（1677 年），康熙为与翰林院学士们研讨学问，吟诗作画，在乾清宫西南角特辟房舍以聚，名南书房。“择词臣才品兼优者”入内，称“南书房行走”。入值者主要是陪康熙写诗作文，赏析书画，有时也帮皇帝起草诏书。由于能入南书房者都是皇帝宠信之人，因此它是一个由皇帝严密控制的机构，后来经常出旨行令，地位日重。事实上，南书房权势上升是康熙有意识地加强皇权的一种手段。因当时国家名义上的最高政务机关内阁控制着外庭，对皇帝的意志经常产生掣肘；另外，由满洲贵族组成的议政王大臣会议也具有相当大的权力，皇帝经常不得不对其做出让步。康熙在南书房重新建立一个权力中心，便逐渐将权力收归到了自己这里，有效地加强了皇权的地位，更方便自己大展拳脚。雍正年间，新建立的军机处成为机要中心，南书房地位下降，但因其入值者能经常见到皇帝，还是有一定地位。光绪二十四年（1898 年），南书房被撤销。

理藩院

理藩院是清代管理蒙古族、藏族等少数民族事务的中央机构。清朝统治者一向重视与蒙古族的关系，于崇德元年（1636 年）专设蒙古衙门，崇德三年（1638 年）六月，改称理藩院，属礼部。清军入关后，理藩院成为清政府专设的处理各少数民族事务的专门机构，其官制同六部，设有尚书、侍郎。清统治者通过理藩院加强与各少数民族的联系。康熙年间，修订《理藩院则例》，用法规固定了对少数民族地区统治的各项措施。理藩院有旗籍、王会、典属、柔远、徕远、理刑六个清吏司，分掌部界、封爵、设官、户口、耕牧、赋税、兵刑、交通、会盟、朝贡、贸易、宗教等项。所属有内馆、外馆、俄罗斯馆及蒙古官学、唐古特学、托忒学等单位。理藩院派有司员、笔帖式官员常驻少数民族地方，处理特定事务。为防止其坐大，定期轮换。另外，理藩院有时还出面接待附属国及其他外国使臣。

理藩院虽然权力不大，但其在清政府的政权机器上是一个相当重要的部件。光绪三十二年（1906 年），理藩院改为理藩部。

总督

总督是明清时期的地方军政大员。明代实行空前的中央集权，地方长官权力不大，中央经常派尚书、侍郎、都御史等京官至地方安抚军民或主管兵事，事毕复命，称之为巡抚、镇守等。后这些下派官吏统一定名为都御史巡抚兼提督军务（或都御史兼其他事务）这样的名称，负责多方面事务的则称总督，并非正式官职。明朝代宗景泰三年（1453 年）设两广总督，自此，总督成为专门官职。此后，又陆续设立凤阳总督、蓟辽总督、宣化总督、三边总督等，先后有 12 个，所辖地区广狭不等，一般在一省以上。明朝总的治国方略是重文抑武，总督的作用一方面在于以文臣钳制武臣，防止武臣割据；另一方面在于协调各省、各镇之间的关系，统一事权，防止各省、各镇有利互相争抢，无利互相推诿的情况，体现了中央对地方控制权的加强。一般而言，总督由中央政府的显官担任。

湖北都督府旧址

1911 年 10 月 12 日，黎元洪就任都督，成立了湖北军政府。辛亥革命后从这里发出的《布告全国电》、《宣布满清罪状》等通电唤起全国的响应，把革命风暴推向了全国。

清朝刚开始时沿袭明朝的总督制，不过久而久之，总督又成了地方最高长官，俗称封疆大吏。总督辖一省或二三省，先后设有直隶、两江、陕甘、闽浙、湖广（也称两湖总督）、两广、四川、云贵及东三省 9 个总督。各总督综理军民要政，级别一般为正二品，如加尚书头衔则为从一品。此外，清代还有一些负责专门领域的总督，如专管漕运者称为“漕运总督”、专管河道的称为“河道总督”等。显然，这些专门领域的总督没有封疆总督实际权力大。一般而言，清朝的官员如果被简称为总督的，均指封疆总督。

巡抚

巡抚是明清时期的省级地方军政大员，以“巡行天下，抚军安民”而名，又称抚台。明代宣德、正统以后，三司之间互不统属的局面使地方行政的运转极为不灵，行政效率低下。于是，中央政府开始设置总督、巡抚这样的临时官员到各地方代表中央统一协调地方行政，同时也对权势日大的地方文官集团形成一种制约。巡抚刚开始为临时职务，后来逐渐长期驻扎地方，一年回中央汇报一次。在职权上，巡抚刚开始仅负责督理税粮、总理河道、抚治流民、整饬边关，后来逐渐偏重军事，并逐渐成为事实上的地方行政长官。

清袭明制设立巡抚，并使之成为制度化的正式官职，具有处理全省民政、司法、监察及指挥军事大权。巡抚均兼右副都御史，官职从二品，加兵部右侍郎衔则为正二品。总体而言，巡抚和总督非常相似，刚开始都只是中央派下来的临时官员，后来侵蚀地方权力，成了地方最高首脑，是一种中央集权策略在制度上的体现。就清代而言，其地方大员中，以总督为最大，一般为两三个省的首脑，其次便是巡抚，是一省首脑，有的总督则兼职下辖省的巡抚。

道员

道员是明清官职。明朝时，省级行政长官布政使下设左、右参政和左、右参议，均为辅佐布政使的官员。其人数不定，因事添设，职责同样不定，根据布政使的需要，或管理辖区内部分地区，或负责具体某一专门事务，这类官员称为分守道。另外，负责一省司法与监察事务的按察使也有自己的佐官，称为副使、佥事，也无定员，分管各按察使辖区内部分地区、刑名等事，称分巡道。清初袭明制，后乾隆废参政、参议、副使、佥事等官衔，设分守道，主管一省内若干府县的政务；设分巡道，掌管全省的教育、屯田、粮储、盐法等专门事务。分守道和分巡道长官均称为道员，俗称道台，尊称观察。就品阶而言，道员为从三品或正四品官员，官职低于巡抚，略高于知府。

总理衙门

总理衙门相当于清朝的外交部。鸦片战争前，中国没有多少外交事务，与清政府打交道较多的只有一个俄国，另外的朝鲜等国是清王朝的附属国，并不被视为严格意义上的外国。与这些国家的外交事务一般都由清政府设立的本是处理少数民族事务的理藩院一并处理。鸦片战争后，中国与欧洲国家事务日繁，除理藩院外，清政府又委派两广总督专门负责与欧美国家的交涉，并特加钦差大臣头衔，称“五口通商大臣”。但欧洲各国不满足以“蛮夷”身份与效率低下的理藩院打交道，同时又认为地方大臣负责外交于制不合，要求清政府成立专门的外交机构。咸丰十年（1860 年）《北京条约》签订后，在恭亲王奕䜣等人奏请下，清政府于同治元年（1862 年）成立总理各国事务衙门，简称总理衙门。总理衙门头目称为首席大臣，由亲王担任。另外，按照一满一汉的原则下设大臣、大臣上行走、大臣学习上行走以及总办章京、帮办章京、章京等官职。其中，有权的是大臣，人数初为 3 人，后几人到十几人不等，其首席大臣，先是恭亲王奕䜣做了 28 年，其后庆亲王奕劻又做了 12 年。总理衙门下属机构有同文馆、海关总税务司署，名义上，南、北洋通商大臣也归其统属。在职责上，总理衙门最初主持外交与通商事务，后来还负责办工厂、修铁路、开矿山、办学校、派留学生等事，权力越来越大，凡外交及与外国有关的财政、军事、教育、矿务、交通等，全归其管辖，成为清政府的重要决策机构之一。总体而言，总理衙门的设立是中国重新直面世界、同时也是半殖民化的标志。光绪二十七年（1901 年），清政府施行宪政改革，总理衙门改为外务部，居于六部之首。

总理各国事务衙门

南、北洋大臣

南、北洋大臣是晚清政府设置的负责外交事宜的专设大臣。其中，南洋大臣全称为办理江浙闽粤内江各口岸通商事务大臣，其设置要早一些。《南京条约》签订

李鸿章像
李鸿章曾任晚清北洋大臣。

后，因为条约所规定的广州、厦门、上海、宁波、福州五个通商口岸的开放，清政府设立五口通商大臣，专门负责沿海口岸的通商、海防等事务。先是驻在广州，由两广总督兼任，后来移驻上海，由两江总督兼任。南洋大臣大多由湘军人物担任，湘系集团的曾国藩、曾国荃、左宗棠、沈葆桢、刘坤一等专任此职40余年，职责除交涉、通商、海防外，还训练南洋海陆军，兴办工矿交通事业，但局限于两江一带。

第二次鸦片战争后，清政府鉴于天津等北方城市也开始开埠通商，便专设北洋大臣负责北方口岸的通商、海防事务，驻扎天津。后来为增大北洋大臣权限，以直隶总督兼任北洋大臣。1870年，李鸿章调任直隶总督后，在北洋大臣的位子上待了28年。李鸿章到任后，兴办船厂、铁路、学校、纺织企业等，并将北洋水师训练成了当时硬件居于亚洲第一的海军。加上畿辅本为重镇，直隶总督为疆吏领袖，李鸿章又久于其位，后起的北洋的重要性远远超过了南洋。李鸿章之后，王文韶、荣禄、袁世凯也先后任职。总体上，北洋大臣由淮军人物担任。

南、北洋大臣名义上统辖于总理衙门，其实并不受其管束。尤其到后来，总理衙门只是做一些后勤性质的外交工作，外交谈判方面的事务基本上依赖于南、北洋大臣，尤其是北洋大臣。总体而言，南、北洋大臣是晚清历史上重要的角色，为中国外交做出了一定的贡献，但总体上因其并不具备真正的现代外交素质，又缺乏一套完整的外交策略，在对外交涉中存在局限。

钦差大臣

钦差大臣又简称钦差，是明清时一种临时官职。钦，意为皇帝亲自，钦差即是皇帝差遣之意，因此钦差大臣是由皇帝专门派出办理某事的官员。因为代表了皇帝本人，所以其地位十分了得。担任该官职往往都是皇帝信得过的高官，能得此职事本身也是一种荣誉。一般事毕复命后，该官职便取消。其实，皇帝派遣大臣外出办事在我国古代一直都有，但从明代开始，担任这种职事的官员才有了“钦差大臣”这种固定的称谓，其地位也高出以往历代此类大臣，这也与明代实行高度的中央集权制有关。清代更是实行空前的中央集权，派遣钦差更加频繁。清代钦差又称钦使，统兵者则称钦帅，驻外使节称钦差出使某国大臣。比如，当年林则徐到广州禁烟即是以钦差身份前往。总体而言，明清两代，钦差大臣的流行，与此两代均不设宰相，皇帝权力空前强大有关。

驻外大使

驻外大使是清末设置的官职。中国第一位驻外大使为驻英公使，于1876年设置，首任此职者为郭嵩焘（后又兼任驻法公使）。郭嵩焘是道光二十年（1840年）进士，早年与曾国藩是岳麓书院同窗，后镇压太平天国时入曾国藩幕府，是当时曾国藩著名的幕僚之一。郭嵩焘是湘系经世派的代表人物，具有浓重的洋务思想。他在伦敦担任公使期间，潜心学习了解西方，留意西方政治、社会层面的种种细节，最后写成《使西纪程》一书，称赞西方政教制度。尤其值得一提的是，郭嵩焘及使馆人员因扎着辫子，且不懂英语，刚到英国时屡屡遭到嘲笑，但他们最终以其品格与才识赢得了英法人的尊重。虽然郭嵩焘遭到其副手的诬陷，担任公使仅2年多便被召回（曾国藩之子曾纪泽继任），但这标志着中国自此步入了世界外交舞台。

品阶

品即品级，是官吏的级别，往往分为流内、流外各九品。而在一品之内，又有上下阶之分，因此称为品阶。品阶是古代官吏级别高低的一个指标，官吏们依照等级被授予种种权益，包括俸禄、礼仪以及法律、文化等方面的一些特权等。品阶制度初建于秦代，到汉代已经比较严谨，当时用若干石来表示官职的高低，最高的三公为一万石，最低的则只有11斛，总分22级。魏晋时期，出现了一种官分九品，品内再继续分为上中下、正从等阶的品阶制度。这种九品官员制为后代历代所沿用，只是具体的品内等级划分方法有所不同。比如唐代文武均分29阶；宋代则文分29阶，武分31阶；明清时期文武官员也总分为九品，每品有正、从之分，总18阶。至于流外九品，也称未入流，指的是那些在国家机关服务却地位不高的胥吏的品阶，如国子典馆、儒学正、教谕、训导长官、司吏目、府检校、县典吏等无甚实权只做些杂事的边缘小官吏。

需要注意的是，秦汉时期的品阶往往既代表了官员的品阶，又代表了官员的职任。但自汉代以后，品阶与职权逐渐开始分离，品阶并不代表相应的职权，而只表示一种官阶高低，这便是形成于魏晋时期并为后代一直沿用的散官制度。所谓散官，即有这个级别的经济和礼仪待遇，至于权力，则只有担任了相应的官职才会有。比如汉代之后的文臣的“大夫”、“郎”或武臣的“将军”、“校尉”等官名并不代表官员的官职，而只是一种虚衔。历代一些上年纪的元老之臣，往往品阶很高，其实并无实权，品阶高只是对他们的一种尊崇。另外，古代经常出现文臣、武将品阶相同，但文臣地位要高于武臣的现象，这在唐以后尤其明显，这往往是统治者有意识地抑武扬文的结果。

封爵

明代亲王爵九旒漆冕

封爵又叫爵位，是我国古代统治者封赐给宗亲或功臣、外戚的一种称号，伴随这种封号而来的是与之相应的权力、地位与物质财富。封爵制度在我国整个古代社会，都以不同的形式存在着。最早有文字记载的封爵见于周代，当时设公、侯、伯、子、男五等爵位。受封者除了要唯命于自己的上级领主外，在自己的封地之内享有完全的统治权，可以自己委任官吏，收受赋税，并且这种统治权可以世袭。但在这样的封爵制度下，一旦中央王朝控制力变弱，国家便可能分崩离析，形成大大小小的割据封国。春秋战国时期的乱世便是周代分封制的直接结果。秦朝统一中国后，实行中央集权的郡县制，自此，封爵现象虽依然存在，但不再是国家政治生活的主流，而仅仅是一种补充。其等级、名称、形式也历代不同，封爵对象往往是宗亲、有军功者。如唐宋两代有国公、郡公、开国县公等级，所食之邑从3000户至4000户不等；明代对功臣仅封侯、伯。总体而言，封爵现象往往集中出现于一个王朝建立之初，一方面是因为有大量的打江山的功臣需要封赐（有时是功臣握有兵权，统治者也只好封王封侯，以先勉强形成一个名义上的统一局面。这往往给后世子孙留下祸患，如清代的三藩王）；另一方面，由于政局不稳，皇帝也往往会封赐皇子为王，以护卫中央。但这些封国往往会在后世成为中央王朝的威胁，唐代之前的许多动乱都是由分封出去的王所发动的叛乱，如汉代的“七国之乱”，西晋的“八王之乱”等。唐代之后，统治者以史为鉴，封爵往往就不封得那么实在了，封地一般都很小，大则两三郡，小则一县，甚至一乡之地，不会再对中央构成威胁。有时则干脆只有封号与俸禄，而无封地。封爵有的不可以世袭，人亡爵消，有的可以世袭。世袭也分两种，有的按原等级世袭，有的降级世袭，各朝不一。

幕僚

幕僚为古代行政、军事长官身边出主意的人，与现在的秘书类似。幕僚最早起源于汉代军队中。汉朝时统帅率军出征，有权自行招募一些文职僚属，并为之设置府署，以帮助自己处理军政事务，称之为“开府”。由于这种府署多设于军营帷幕中，所以称为“幕府”，而这些僚属也便称为“幕僚”、“幕职”。幕僚制度自汉以后历代都有，并且不再局限于军中，各级行政文官衙门中都设有幕职，幕僚纳入国家官僚体系，享有相应的俸禄。幕僚只是一种俗称，其具体的职务则不一而足，有相当于近代参谋长的“长史”，有参议军机、帮助指挥军事行动的“参军”，有管理文书及各类档案的“主簿”、“记室”、“录事”等。也有许多幕僚并不纳入官僚体系，而只是官员或将领自己私人招来的出主意的人，其报酬也由官员私人支付，例如明清时期十分流行的师爷，与官员之间便是一种雇佣关系。一般而言，在大的军事战争和激烈的政治斗争过程中，幕僚的作用相当大，充当幕僚的往往是大才之人。如清代曾国藩湘军中的幕僚李鸿章、郭嵩焘、左宗棠、丁日昌等人，其中有的人甚至做到了督抚级别的官职。而淮军将领做到此级别官职的只有4人。总体而言，一个“幕”字便显现出了幕僚与官员或将领之间的亲密关系，其往往是官员或将领的心腹，对于政治或军事的影响相当大。幕僚一职往往是古代应试不举的知识分子的谋生职业。

酷吏与循吏

酷吏与循吏是司马迁总结的两类官员，他在《史记》中分别写了《循吏列传》和《酷吏列传》。其后的历代史书都依照《史记》的这两部分列传。酷吏，顾名思义，是以一种比较严酷的手段治理百姓的官吏，西汉的张汤、尹齐是其代表。酷吏做事，只按法律行事，不讲人情，如果百姓不能按期交纳赋税，往往会受到严厉惩罚。但与那种欺压百姓的残暴官吏不同，酷吏又比较清廉，而且刚直不阿，不畏豪强，往往敢于对豪门贵族实施惩罚。因此，百姓和歹人、豪强都对酷吏又怕又恨，酷吏可说是两头不讨好。但另一方面，酷吏这样大不受欢迎的人之所以会大量出现，是因为皇帝有时确实需要这样的行政效率非常高的强硬派。不过历史上的酷吏因为频频得罪豪强贵族，基本上结局比较悲惨。

循吏大致上便是我们通常所说的好官。他们与酷吏一样遵守国家法律，但在对待百姓的态度上，往往比较温和，对百姓抱有同情心，并讲究人情。他们为官时，往往注重以德服人，并试图教化一方。但在对待豪强贵族时，循吏则不像酷吏那样无所畏惧，他们行事比较谨慎，甚至会明哲保身。大体上，酷吏可以说属于法家人物，而循吏身上则具有更多的儒家思想。总体而言，相比于那些做官只为谋生没有任何精神原则的俗吏而言，酷吏和循吏都是值得肯定的官员。

宦官

宦官是中国古代被阉割后在皇宫中当差的男子，又称内臣、内侍、内监等，清代后统称太监。因古代皇帝嫔妃众多，担心男仆与嫔妃或宫女偷情，但宫女力气太小，做不了重体力活，因此宦官逐渐多起来。“宦”本是星座之名，宦者四星在帝座之西，因用以为帝王近幸者的名称。中国的宦官最早产生于先秦时期，但其时数量并不多，汉代之后宦官才多起来。宦官来源，或因穷困，或为奴隶俘虏罪人，或被掠卖。入宫之后，多数处于奴仆地位，默默无闻地度过凄苦一生，仅少数身在帝王之侧，蒙受重信，权倾一时。宦官群体之所以在历史上受到关注正是因为这些个别的权倾一时的宦官。宦官作为皇帝近侍，与皇帝关系密切，有机会接触政治机密。尤其是皇帝年幼或昏庸无能时，往往造成宦官专政的局面。历史上几乎历朝都有程度不同的宦官干政的情况，其中三次最为严重的是在东汉、唐代晚期和明朝。东汉和帝后，多幼帝继位，因此出现外戚专权。而皇帝长大后，又依靠宦官力量夺回权力，宦官进而掌权。因此整个东汉后期都处于外戚和宦官争夺权力的拉锯战中，东汉最终也亡于这种拉锯战。唐代安史之乱后，宦官势力膨胀，军政大权被宦官集团把持，不仅文武百官出于其下，甚至连皇帝的废立也由他们决定。宦官专政与藩镇割据共同构成了唐代中晚期政治的两大痼疾。明代时，因太祖朱元璋不设宰相，皇帝政务繁多，又多懒散，便将政务丢给宦官，宦官专政程度达到了历代之最。由魏忠贤、刘瑾等宦官把持的特务机构东西二厂，将整个明代搞得乌烟瘴气，明代可以说也是亡于宦官。不过宦官中也有人做出一番成就的，比如东汉发明造纸术的蔡伦即是个宦官，明朝宦官郑和七下西洋，乃是世界著名的航海先驱。需要指出的是，不仅中国存在宦官，朝鲜、奥斯曼土耳其、埃及等国也都存在宦官，但都没有中国多。

三彩宦官俑　唐

胥吏

胥吏是古代各级衙门里充当衙役的人。胥吏这个群体可以说是中国一个相当特殊的群体，这个群体没有官职，实际却又掌有很大权力。因为古代为防地方官徇私，实行同乡回避制度，并经常调任，而胥吏则都是本地人，与本地的各种势力都有交往，并且官有调任，而吏无变更，因此胥吏乃地方政治中异常关键的一个群体。尤其到明清时期，由于实行高度的中央集权，地方官权力非常有限，官员品阶又异常繁多。地方官员大多不能安于地方政事，整天只想着如何做出一些场面上的政绩，以升迁乃至脱离地方进入中央系统，因此地方官将大部分的地方政务都交付师爷和胥吏处理。如此，明清时期的地方政治便操纵在了师爷和胥吏手中。而师爷也一般是外地人，在本地已经形成一股强大势力的胥吏便成了事实上的地方政治权柄的操纵者，其往往利用自己的职权欺压百姓，谋取私利。尤其是在司法实践中，胥吏往往能够上下其手，大捞好处。因此明清“胥吏之害”成为这两朝政治的极大问题。尤其清代，后世学者对其一向有“与胥吏共天下”的评价。明末清初学者总结明亡教训时，曾指出地方政治的弊端核心就在于胥吏之害。

绍兴师爷

绍兴师爷的说法产生自清代，当时各地衙门中的师爷，以绍兴籍（指绍兴府，下辖山阴、会稽、萧山、诸暨、余姚、上虞、嵊、新昌八县）最多，因此人们习惯将师爷称为绍兴师爷。不仅师爷，清代衙门中的书吏也多绍兴人，因此清代官场有“无绍不成衙”的谚语。绍兴多出师爷和书吏的情况在明代已经形成，追其渊源，乃是源于明万历年间绍兴府山阴人朱赓辅政。当时朱赓担任明朝事实上的宰相的内阁首辅，利用职务之便，引用了许多绍兴籍书吏，后来许多书吏又干起了师爷的行当。另外，绍兴多出师爷，也与绍兴当地文化兴盛，重视教育，以及绍兴人多地少的经济现实所导致的绍兴人不恋乡土、有远游习俗的民风有关。在清代全国大大小小的衙门中，绍兴师爷遍布，互相介绍职事，并排挤其他乡籍的师爷。而绍兴师爷本身也以苛细精干、善治案牍等特点受到官员们的普遍欢迎和信赖。因为清代的官员素质整体不高，在遇到财政、司法等方面的问题时，往往对绍兴师爷这种专业人才相当依赖。因此绍兴师爷可以说在地方政治中起到了积极的作用。但另一方面，不少师爷本身的贪财和腐败也是出了名的，以至于“绍兴师爷”有时是一个带有贬义意味的词。

绍兴风景

捐纳

捐纳是清代的卖官制度。卖官制度起始于秦汉，秦始皇时因蝗灾缺粮，规定纳粟千石可拜爵一级；汉文帝采纳晁错建议，又准予入粟授官或拜爵，当时称为“纳粟”。中国的卖官制度自此开始，以后历代都不同程度地有此举措。但清代之前的朝廷卖官，除东汉中后期比较严重外，一般都是因筹饷、赈灾、备边或兴办工程等事的权宜之计，并不严重。到清代时，卖官情况达到了历代最严重的程度，不仅卖官的范围大大扩大，而且开始制度化，称为捐纳。清代的捐纳开始于康熙朝，当时因对三藩用兵，财政吃紧，为筹集军饷朝廷颁布了捐纳制度，3 年时间卖出了 500 个知县职位。

其后各个清朝皇帝都有此举措，到清中晚期达到极盛。清代捐纳分为两类，一类是因救荒、河工、军需等事开捐，事毕即停；一为常行事例，平民可捐贡生、监生，官员可捐钱升职等。其中，常行事例始于乾隆，这是卖官制度首次制度化。清初捐纳规模并不大，到嘉庆以后，捐纳现象开始泛滥，不仅文职，武职也可以捐纳。尤其晚清，由于对内镇压太平天国和对外的几场战争导致军费开支激增，加上失败后还要对列强赔款，捐纳收入成了朝廷财政的重要来源，基本占政府年财政收入的10%以上，甚至曾达到过48%。捐纳制度一方面使大量贪财无能之人步入官僚阶层，导致吏治腐败；另一方面又因破坏了社会公平，导致天下士子无心读书，国家更无人才，最终加速了清王朝的覆灭。不过古代买官者也有为实现抱负的，比如汉代著名廉吏张释之，就是通过买官入仕，最后官至廷尉。

买官之人更加搜刮百姓

致仕

我国古代官员退休称为“致仕”。夏商及西周时期的官员是实行世卿世禄，即终身制，到春秋战国时期，开始出现官员退休制度。汉代时，已经形成完善的退休制度。据东汉班固编撰的《白虎通义》记载，官员年满70，如果耳目不聪、身体不再灵便，便必须退休；退休后发放原来俸禄的1/3。唐代时，规定官员只要年满70，不管身体如何，必须退休。另外，那些“年虽少，却形容衰老者”，也得退休。退休后五品官以上可得半禄，京官六品以下，地方官五品以下的则发给土地，官员回乡可以做地主。宋代退休制度基本沿用唐代，由于宋代官员俸禄丰厚，许多年满70的官员总是赖着不退。朝廷也没什么办法，只是不再对其升职，并经常找御史大夫故意找他们的茬或找其亲属规劝其退休。元代规定三品以下官员年满70便要退休，三品以上则比较宽松。明清两代，由于官员大量冗余，官员退休年龄由70变为60，并鼓励提前退休。退休官员一般可拿半俸。总体而言，古代退休制度主要是针对中下级官员，对于朝廷重臣则比较宽松。事实上，古代的许多宰相都是由70岁以上的老人担任。另外，古代官员退休后的待遇，除制度规定外，也往往跟官员的功绩及皇帝对其恩宠程度有关。

丁忧与夺情

古代官员因父、母亡故暂时辞官回乡守制称为丁忧，又叫“丁艰”、“守孝”。该制度开始于汉代，古代官员遇到这种事，不管官职多大，都得告假回乡。但一个官员一旦辞官回乡，不但没有俸禄，更关键的是3年之后再回到朝廷，官场的变动也已经很大，自己的位子也早就被别人顶了。要想恢复原来的职务，自己还需要重新摸爬滚打一番才行。正因为此，不少官员都不愿意回乡丁忧，以至于瞒报自己父母的丧事。但这种情况一旦被发现，则惩罚十分严重。比如后唐明宗时的孟昇因瞒报母亲丧事，最后被赐自尽。

因丁忧的时间长达3年，这必然经常会给朝廷的行政工作带来中断，尤其是身居要职者的丁忧。而夺情便是古代政府针对这个问题所制定的制度。古代官员遇到需要丁忧的情况，如果朝廷因为特殊情况，比如政治或军事方面的需要而要求官员不得回乡丁忧，而必须留在朝廷，或者官员已经回乡丁忧但期限未满，朝廷提前强令召回其出仕，这两种情况都叫作夺情。丁忧一旦遇到夺情，则必须屈从。因为在古代，君臣之义是大于父子之情的。一般情况下，只有担任中央朝廷要职的官员才会遇到夺情的情况。另外，也有官员因不愿离职而自谋夺情的。比如明万历年间的内阁首辅张居正，在接到父亲讣告时，正在推行改革，因不愿功亏一篑，他表面上屡次上书请求回乡丁忧，暗地里却通过太后让皇帝诏令他夺情。虽然不少反对派力图赶他回家丁忧而夺其权，但最终还是张居正取得成功。

国子监

国子监最早由隋炀帝改太学而成，当时主要负责全国的教育行政管理，其职能大致相当于现在的教育部。其后历代均在都城设有国子监，其职能也有所变化。

雍正帝临辟雍讲学图　清

唐代先后在长安、洛阳设立国子监，下设国子、太学、四门、律算、书等六学，国子监本身依旧主要承担教育行政管理职能。至宋代，国子监开始具有贵族学校的功能，招收七品以上官员子弟为学生，并一度成为全国最高学府。后因这些官员子弟往往只是挂名，并不上课，学校不成气候，其最高学府职能仍被太学代替，国子监只负责全国教育行政，掌管全国学校。另外，宋代之前的国子监，除了教育管理职能之外，还附有监督功能，可以弹劾官员和参议国家政策。宋代之后，此职能逐渐淡化。

元朝以后，国子监同时作为国家的最高教育行政机构和最高学府，隶属礼部。在国子监读书的学生称为“贡生”或“监生”。明代因永乐皇帝迁都北京，国子监分为北京的“北监”和南京的“南监”，也称“北雍”和“南雍”。至清代中期，国子监变为只管考试，不管教育的考试机构。清末，国子监沦落成为卖官机构，凡依照规定缴纳一定数额的钱给朝廷，即可成为“例监生”。慈禧太后的父亲便是一个“例监生”。

清光绪三十一年（1905 年）科举制度废除，国子监也被取消，新设的学部成为教育行政机构，后来学部在民国初年变身为教育部。

“祭酒”一职，是自古对掌管教育的官员的固定称谓。早在国子监之前的汉代太学就已经设立“博士祭酒”，为太学最高官员；西晋设有“国子祭酒”；隋唐模仿晋制设置“国子监祭酒”，官职为从三品，为国子监最高领导，此制度沿用至清代末期。至于“祭酒”一词的来源，据说古代人宴会或祭祀时，推选一个德高望重的人先举杯子为祭，称之为“祭酒”。古代社会一向尊崇老人，也重视祭祀，因此将“祭酒”作为负责教育长官的称谓，也是古人重视教育的一种表示。

公侯伯子男

“公侯伯子男”是中国古代的爵位制度，而在西方也有公爵、伯爵或男爵的等级特权制度。那么它是中国本土就有的，还是后来从西方引进的呢？

“公侯伯子男”是中国最早实行的爵位制度。据《通典·职官·封爵》载：“黄帝

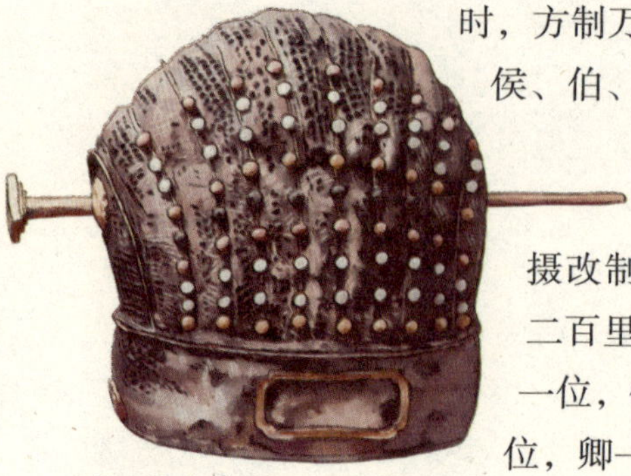

亲王皮弁　明

时，方制万里，为万国，各百里。唐虞夏：建国凡五等：公、侯、伯、子、男。殷：公、侯、伯三等，公百里，侯七十里，伯五十里。周：公、侯、伯、子、男五等，公、侯百里，伯七十里，子、男五十里。周公居摄改制，大其封，公五百里，侯四百里，伯三百里，子二百里，男百里。”《孟子·万章篇》说：“天子一位，公一位，侯一位，伯一位，子、男同一位，凡五等也。君一位，卿一位，大夫一位，上士一位，中士一位，下士一位，凡六等。天子之制，地方千里。公、侯皆百里，伯七十里，子、男五十里，凡四等。不能五十里，不达于天子，附于诸侯曰附庸。天子之卿受地视侯，大夫受地视伯，士受地视子、男。”

不同爵位虽然封地范围有大小，但在本国内的地位和权力却是相等的，仅仅是礼节上的待遇有一定程度的差别。春秋战国时期，中国的诸侯国内部的爵分为卿、大夫、士三级，每级又分上中下三等。各国按国之大小待遇不同，如《左传》中载“次国之上卿当大国之中，中当其下，下当其上大夫。小国之上卿当大国之下卿，中当其上大夫，下当其下大夫。”凡此种种，以后历代又存在变更和演化。

西方封建社会也存在类似的封爵制度，但是“公爵”、“伯爵”这些名词仅仅是我们按照汉语文化术语进行的翻译。以英国的爵位制度为例，五爵制度包括：Duke（公爵）、Marquess（侯爵）、Earl（伯爵）、Viscount（子爵）、Baron（男爵）。下面还有 Baronet（从男爵）、Knight（骑士）等称号。法国与之类似。其他国家如德国将爵位分为十五等，波兰则实行四等爵位（没有子爵），匈牙利为三等爵位，没有侯爵和子爵。

可见，“公侯伯子男”的封爵制度在周朝以前就广泛存在，西方也存在封爵制度，但彼此不存在传承关系。

点卯

“点卯”在北京方言中是指“到哪里报到或看一眼”，有打个招呼或应付差事的意思。在古代则是指衙门开办公事和早朝的时间，具体来说，这与中国古代地支计时的方法有密切联系。

古代通常把一天分为十二个时辰，分别用十二地支指代。如子时是指晚上的十一点到凌晨的一点，然后依次是丑、寅、卯、辰、巳、午、未、申、酉、戌、亥。一个时辰对应两小时，卯时就是凌晨的五点到七点这段时间。

以明朝早朝为例，大臣必须午夜起床，穿越半个京城前往午门。凌晨三点，大臣到达午门外等候。当午门城楼上的鼓敲响时，大臣就要排好队伍。到凌晨五点左右钟声响起时，宫门开启。百官依次进入，过金水桥在广场整队。官员中若有咳嗽、吐痰或步履不稳重的，都会被负责纠察的御史记录下来，听候处理。通常，当皇帝驾临太和门或者太和殿时，百官行一跪三叩大礼。大臣向皇帝报告政务，皇帝则提出问题或者做出答复。

可见凌晨五点是宫门开启的时间，皇帝在卯时接见大臣并讨论政务，故有点卯一说。而不需要上朝的官吏则将这个时间作为开办公务的时间。每次事先查点人数时称点卯，吏役听候点名叫应卯，其点名册称为卯册。若需签到，则称为画卯。如李存《义役谣》："五更饭罢去画卯，水潦载道归业晡。"

后来点卯制度流于形式，很多官员不过前去报个到或者敷衍应付一下。于是点卯也就有了应付差事的意思。北京是明清两代的定都之地，深受皇权文化的熏陶，于是成为民间俗语也就不足为怪了。

官员休假

现代人工作或学习都是一周公休两天，而在中国古代，普通劳动者是没有休假概念的，官员们的休假制度，则散见于各代官志中。

据《汉律》记载，早在西汉时就有明文规定："吏员五日一休沐。"意思是公务人员上了四天班，第五天则放假洗澡更衣，修发刮脸。到了东汉，这个制度又有了放宽。据《史记·百万君传》载："官员每五日洗沐归谒亲。"它规定官员不但可以洗澡更衣等，还可以回家看望老小、夫妇团聚。

到了唐代，休假制度从5日休一天改为10日休一天，即在每月的上旬、中旬、下旬的最末一天休息。除此之外，每年的清明、冬至还放1～3天假，让官员回家祭祀祖宗，称为至日。宋朝公务人员的休假制度更加宽松，他们全年的实际休假达到98天。

明朝的休假制度较之宋朝有所改变。月假是3天，加上元旦、元宵、中元、冬至等节日可放假18天，每年休假只有50多天。清朝的休假制度前期基本上沿袭明朝，到后期则发生变化。鸦片战争以后，西方人大量进入中国，他们每星期休假一天，时间一长，国人产生了认同感。到了1910年，清朝政府在上层基本上实行了星期天为公休日制度。

可见，中国古代是有官员的休假制度的，除了正常的公休日，还存在节假日，这与现代基本相同。

从察举到科举

世卿世禄制

卿是古代的高级官吏，世卿世禄中的“卿”不仅指卿，还泛指卿、大夫、士等一系列官吏。“禄”是古代官员的俸禄，世卿世禄制即是指西周时期的周王室和各诸侯国的卿大夫等官吏可以父死传子，世袭此职，世代享有该职俸禄。有学者认为世卿世禄制开始于商朝，但并无确切的资料提供证明，可考的世卿世禄制见于西周时期。西周初年，周王室分封宗室和功臣，册封了1000多个诸侯国，而在周天子直接统治的地区和各诸侯国内，则进一步册封卿为治国的官员，卿下面则为大夫，再下是士。这些官员都有一定的封地，他们在对自己的上一级领主负责的同时，在各自封地内则享有世袭统治权。但也有学者对此提出异议，认为西周并没有实行世卿世禄制。比如在《尚书·立政篇》中载有周公对西周选官方针的阐述。在这篇文献中，周公一再强调：选拔官员时，要“俊（进）有德”，择用“吉士”、“常人”。可见，这里选拔官员的标准乃是有才德。有学者进一步提出，世卿世禄制的真正实行是在春秋中后期，这时许多诸侯国的卿大夫把持了诸侯国的政权，成为事实上的诸侯王。成“王”之后的卿大夫死后，自然是其儿子继承他的权力，继续掌控诸侯国政权，这才真正实行了这种世卿世禄制。总而言之，世卿世禄制是一种关于早期官员的权力和待遇的有效时限的制度，全面或部分地存在于商周时期。秦统一六国后，基本被废除。

士的崛起

战国时期，养士之风盛行，著名的“战国四公子”都养士千人。养士与主人之间建立起一种新型的隶属关系。张仪、苏秦便出自这样的阶层。

春秋战国的养士

养士是春秋战国时期一种比较独特的选官途径。国君和贵族公子，把才德兼备或者有某方面特殊才能的人才，招揽来，养在自己身边，时机适合时，就从中挑选人才，选派官职。齐国的孟尝君、魏国的信陵君、楚国的春申君、赵国的平原君，就是当时以养士著名的四大公子。

先秦的乡举里选

乡举里选是我国先秦时代一种选拔人才的方法。《周礼》上曾经谈到一种具体的选拔方法，叫作“大比”，“大比”每三年举行一次，在大比中，道德高尚、技艺了得的乡民，就会被选拔出来。在《礼记》上，还提到诸侯向天子贡士。

征辟

征辟是汉代的一种选官制度。皇帝不经举荐，直接征召民间有名望的人才入朝为官称为征；高级官员直接召集有才能的人充任幕僚称为辟。汉代时，人才选拔制度比较灵活，不仅皇帝可以直接提拔人才，中央高官三公九卿以及地方上的州牧、郡守等官员，均可自行征聘僚属，委以官职。皇帝征辟的人才，一般授予博士或待诏的称号；官员征辟的人才，则一般称为掾吏。博士、待诏和掾吏往往要经过一段政治历练，方可担任职务。总体上，征辟是一种自上而下的官员选拔制度，是汉代察举制的一种补充。实际上，征辟是战国时养士的遗风。受战国时代养士风尚的影响，汉代官员均以网络天下名士为荣。同时，士人也将其视作入仕的捷径。征辟始于西汉，盛于东汉，至魏晋衰微。

郎官郎吏

郎官郎吏是对汉代帝王的侍从官侍郎、郎中、中郎等的统称，通常简称郎官。郎官事实上并非真正的官职，连俸禄都没有，皇帝对其只是管吃管住而已，偶尔有所赏赐。郎官制度的主要目的在于选拔人才。其具体操作模式是从贵族子弟中挑选机敏好学者到皇帝身边以备选用，如汉初规定：二千石以上的官员任职 3 年以上，可以送子弟一人到京师为郎，叫作“任子”；拥有资产十万钱（景帝时改为四万钱）而又非商人的人，自备衣马之饰，也可以候选为郎，叫作“赀选”。这些作为郎官的青少年一般年龄都不大，在十四五岁到 20 岁，在皇帝身边一方面接受皇帝的考察，另一方面则熟悉政事，算是一种政治实习，几年后大都能获得官职。

事实上，郎官在战国时已经存在，至汉代形成定制，成为汉代选拔人才的重要途径，许多朝廷重臣大将均出身郎官。西汉文臣中有公孙弘、东方朔、司马相如等，大将则有霍去病等。此外，东汉的曹操、袁绍等人也都是郎官出身。但由于这种人才选拔局限于贵族官宦内部，范围过窄，汉武帝时开始了举孝廉、秀才制度，将人才选拔范围扩展到了全国。举孝廉、秀才逐渐取代郎官成为朝廷选拔人才的途径，但郎官制度并未废除，甚至直到清代还存在。孝廉被举之后，并不立即授予官职，而同样要先到皇帝身边做郎官。

察举制度

察举制度是流行于汉代的一种人才选拔制度。秦朝建立后，商周时期的官员世袭制彻底终结，秦还未建立起系统的人才选拔制度便短世而亡。汉代时，建立了察举制。察举，即由诸侯王、公卿、郡守推荐人才给朝廷，作为官员来源。察举对象既可以是平民，也可以是官吏。具体分为两科，一为常科，即定时定人数举荐；二为特科，并不定期，由皇帝根据需要下诏举行。其中，常科是由各地郡守每年向朝廷举荐孝者、廉者各一名，后来统一称为孝廉；特科则具体包括贤良文学、明经、有道、贤良方正、敦厚、明法、阴阳灾异等名目繁多的诸科。另外，秀才刚开始为特科，后来也成为常科，并逐渐形成了州举秀才、郡举孝廉的体制。这些被察举的人才到朝廷后，还要经过考试，通过后才算过关。察举制度基本保证了王朝对行政人才的需求。察举制度在西汉时比较严格，但到东汉后期，政治腐败，权贵豪门请托舞弊，察举制度失去原本的效用。后来鉴于察举制的弊端，三国时期的曹魏政权建立新的人才选拔制度——九品中正制。但整个魏晋南北朝，察举制度虽不再是选拔人才的主渠道，但一直存在，直到隋朝科举制度建立，才宣告终结。

举孝廉

举孝廉图　西汉

汉代选官以察举和考试为主体，察举是经过考察后进行荐举的选官制度，盛行于西汉。孝廉、茂才等常科和特科成为察举制度实践的具体途径。图为内蒙古和林格尔墓壁画举孝廉图。

举孝廉可以说是汉代在继承战国及秦朝的人才选拔制度的基础上，进一步摸索出来的一套人才选拔方式。汉武帝时，鉴于郎官制度的人才选择面过窄和早期察举制的不定时，采用董仲舒的建议设置了举孝廉制度。举孝廉事实上是察举制度的一种，因为汉代推崇儒家的孝道，它规定各地郡守每年要向朝廷推荐孝者、廉者各一人，作为国家人才，后来统称为孝廉。

孝廉举至中央后，并不立

即授以实职，而是入郎署为郎官，作为皇帝的侍从。其目的一方面在于考察其能力，另一方面也是使之熟悉行政事务。孝廉在宫里待几年后，一般便能被任命到地方上做官或者留在中央任职。举孝廉后来成为汉代人才选拔的最重要途径，“名公巨卿多出之”，是政府官员的重要来源。西汉的举孝廉比较严格，被举者如被发现不合标准，举者要承担责任，被贬秩、免官。但到东汉后期，由于政治腐败，孝廉名额基本被各郡里的大门第之家所垄断，举孝廉制度名存实亡，时有童谣讽刺：“举秀才，不知书；举孝廉，父别居。”魏晋之际，九品中正制代替了举孝廉，但明清时期的举人仍俗称孝廉。

九品中正制

九品中正制是魏晋南北朝时期的一种官吏选拔制度，最早由三国时期的曹魏政权所创。三国时期，一方面由于乱世之中的士人大多流离失所，主要凭借宗族乡党评价的汉代举孝廉制度在操作手段上已经不太现实；另一方面，曹操为加强政府对人才选拔的控制力，采取了下派专门官员到各处评定选拔人才的方法。后来曹丕为拉拢士族，将这种办法定为制度，即九品中正制。其具体操作方法是由政府在各州郡派驻名为中正的官员，中正依据家世、道德、才能三个角度评议各州郡中人物，具体分为九品，分别是：上上、上中、上下、中上、中中、中下、下上、下中、下下。中正将评议结果汇报中央，中央则根据中正的评议结果来对这些人才分别委以官职。九品中正制初行时非常有效，为曹魏政权有效地遴选了大量的人才，当初曹操帐下之所以人才济济与此制度不无关系，这也是魏国最终得以统一三国重要的制度保障（晋实际上是魏的继续）。但到魏国晚期及晋朝，由于门阀政治的兴起，中正们评议人才逐渐忽略才德，而仅以家世为标准，所选人才基本为世家大族，以至于出现“上品无寒门，下品无士族”的局面，九品中正制仅是士族统治的工具。到南北朝之际，由于北方政权多为少数民族建立，九品中正制更趋衰微。到隋朝科举制度建立，九品中正制遂废。

科举制

科举制度是中国自隋至清1300多年间实行的一种选官制度。科举制度可以说是中国古人经过不断摸索所创立的制度。中国官员的来源，先是经过商周时期的世袭制，后又经历汉代的察举征辟制，再到魏晋的九品中正制，均因其弊端而终止。至科举制，才算固定下来，成为中国长时间的一种官员选拔制度。在1000多年的时间里，大体而言，科举制度经历了一个发端、完善到僵化的历程。隋朝是科举制度的初建时期，当时的隋文帝鉴于魏晋南北朝的九品中正制已不再适用，为加强中央集权，将选官权力收到中央手中，首开科举制度。但科举制度尚未建立完善，隋朝便亡；至唐代，科举制度才得到了进一步的完善，根据朝廷需要的不同人才类型被分为众多科目，武则天时还添加了武举；到宋代，科举进一步规范化，正式形成三年一次、分三个等级（乡试、会试、殿试）的考试制度；明代由于朝廷的重视，科举考试到了繁盛期；清代在科举繁盛的同时，由于满、汉不平等以及晚清卖官现象的泛滥，也成了科举制度的衰败乃至灭亡期。就不同时期科举制的优劣而言，大体上，科举制在唐代时比较健康，当时的科举氛围比较宽松，不唯考试论人。考官往往在考前已经大体知晓哪些考生比较有才华而准备录取，也允许考生经别人推荐或自荐在考前向考官“推销”自己。至宋代，试卷实行糊名制，开始产生仅以一考定终身的弊端。至明清两朝，科举繁盛的表象之下，八股文的考试内容彻底使其僵化，逐渐弊大于利，终至废止。

科举考试图

总体而言，科举制度可以说是一项相当高明的官员选拔制度，不仅为历代政权源源不断地输送了总体上质量说得过去的官员，而且不以出身、门第、财富，而以学问作为官员选拔标准的做法使得中国长期以来存在尊重学问和读书人的风尚。可以说这是中国文化得以长期维系并不断创新的重要原因。另外，儒家思想之所以长期以来得以传承，科举考试可以说是其载体。

常科

唐代科举考试名目繁多，总体分为常科和制科。常科，即是常设的、有固定日期的考试科目。具体包括秀才、明经、进士、俊士、明法、明字、明算等50多种。其中明法（考法律知识）、明算（考数学知识）等绝大多数科目不为人们所重视；秀才一科，则难度极高，很少有人敢报名，逐渐废弃。诸常科中最为人们所重视的是明经、进士两科。其中明经是考查考生对于儒经的记忆和理解情况；进士则主要考诗赋和策论，对考生的文学才能和政治见识有相当高的要求。明经科相对简单，录取率也高，达到十分之一；而进士科则非常难，录取率仅有六十分之一，因此时有“三十老明经，五十少进士”的谚语。但进士科前途远大，仕途光明，唐朝中后期的宰相半数为进士出身，成为当时读书人入仕的首选途径。常科考生的来源有两个，一是生徒，一是乡贡。由京师及州县学馆出身，而送往尚书省受试者叫生徒；不由学馆而先经州县考试，过关后再送尚书省应试者叫乡贡。宋代王安石任宰相时，罢黜明经等科，之后的常科便只剩下进士科。

制科

江南贡院

唐代科举在常设的常科之外，又有非常设的制科。制科又称大科、特科，是皇帝根据特殊需要临时下诏安排考试，具体科目和结束时间均不固定，其目的在于有针对性地选拔某一类特殊人才。应试人的资格，初无限制，官员和布衣主要觉得自己有自信，均可自荐应考。后限制逐渐增多，需公卿推荐方可应考；布衣还要经过地方官审查。制科考试虽然由皇帝亲自主持，考中者往往也能获得不错的官职，但总体而言，在唐人眼中非是正途，在官场遭到轻视。唐代制科比较盛行，宋代渐趋衰微，整个宋代仅录取 41 人而已。至元、明，制科完全废弃。清代时，制科又开始设立，清初，康熙沿唐制重开博学鸿词科，其后雍正、乾隆又一度开此科；清末因政府财政困难，光绪又开经济特科。

恩科

恩科，顾名思义，是于常规科举考试之外因皇家开恩而举行的考试。恩科首开于宋代，当时对于屡试不第又有些才能的考生，允许他们在皇帝策试时，报名参加附试。为表示皇恩浩荡，朝廷对这类考生的录取率很高，甚至有时会出现在常规的状元之外另有恩科状元的情况。不过恩科并不经常举行。元代科举制度时断时续，更无恩科。明代沿用宋代恩科制度，不过开科不多。到清代，恩科制度起了不小的变化，针对的对象不再是个别考生，而是全体考生。按常规，科举考试每三年举行一次，清代恩科即是在皇家遇到喜庆之事（皇帝娶妻、册封太子、过大寿等事）时，特别加开一次考试，意思便是皇家开恩，多给读书人一次入仕的机会。比如，中国于 1904 年所举行的最后一次科举考试便是因当年慈禧太后过七十大寿所开的恩科。

进士科

进士科是古代科举考试的一个科目。隋炀帝时初设进士科，到唐代时，在多达 50 多种科举考试科目中，进士科最受重视，被读书人视为科举正途。其考试内容，刚开始为时务策五道，另外帖一大经（当时将《易官义》、《诗经》、《书经》、《周礼》、

选科而考（常举）

明经（考儒家经典）、进士（对策和诗赋）、明法（考律令）、明算（考数学）等。武则天时创立武举。

进士及第

取得做官的资格，除武举成绩优异者直接得官外，其余需参加吏部考试。

参加尚书省吏部考试，是为铨选，又称释褐试。唯五品以上官不用参加吏部铨选，由宰相提名，再由皇帝任命。

吏部考试及第者授以六品以下官，否则放回待选。

隋唐科举考试程序

《礼记》称为大经，《论语》、《孟子》称为小经），即5个关于时事政治的论述题，另外则是考察其对于儒家经典的掌握情况。永隆二年（681年），为考查考生对学问的实际应用能力，又加两篇诗赋，这对考生的文学才能提出了更高的要求。事实上，诗赋本对个人灵感的依赖性比较大，在考场上强迫考生做诗赋，效果并不理想，往往逼考生造就大量浮薄忸怩之辞。北宋时，王安石改革科举制度，罢其他诸科，唯留进士一科作为科举科目。针对进士考试中的虚浮现象，王安石罢诗赋，仍用经义、策论取士。之后进士科又具体分为两个层级，仅考中会试者，虽算及第，有做官资格，但称举人，不称进士；殿试考中，才称为进士。其后的元、明、清的常规科举考试，也仅有进士科，其内容仍以经义为主，但明、清时的八股文制度则使其严重僵化。

明经科

明经科是唐宋时期科举考试的一个科目。唐代根据不同类型与层次的人才需求，设置了众多的考试科目，考生可根据自己特长自由选报。因进士科比较难考，录取率低，不太自信的考生一般便报考明经科，明经科题相对简单，先是帖文，主要考查考生对于儒家经典的记忆和理解能力；接下来也有少量的策论，类似于现在的论述题。明经科录取率颇高，达到十分之一左右，考中称为及第，便有了做官机会。宋初仍开有明经科，后王安石担任宰相后，认为明经考试空乏无益，不切实用，废之。

翰林院

翰林院听上去像个学术机构，实际上是个官署，这个官署可以说在其存在的历代都是清贵之所。翰林院初建于唐代，最有学问者方有资格入中，称为翰林官，简称翰林。翰林刚开始只是作为皇帝顾问，后在皇帝身边待时间长了，权力也逐渐大起来。安史之乱后，翰林学士作为皇帝信得过的近臣，逐渐开始分割宰相之权，乃至后来的宰相经常从翰林学士中挑选。唐后，有时名称小有变动，翰林院这个机构本身为历代

翰林院旧址

所沿设。宋代设学士院，也称翰林学士院。翰林学士充皇帝顾问，宰相多从翰林学士中遴选。明代翰林院虽名义上仅是五品衙门，其权力却发展至顶峰，尤其由翰林学士入值的文渊阁，是明朝的权力枢纽机构，其头目内阁首辅则是事实上的宰相。清代翰林院同样是人人想进的清贵之所，翰林不仅升迁较他官容易，而且由于经常主持科举考试，得以收取天下士子为门生，文脉与人脉交织，其影响延至各个领域。因此，翰林院可以说是古代政府中学问与权势都达到顶点的一个机构，翰林也就是传统社会中层次最高的士人群体，能入院者首先是一种荣耀。鉴于翰林院的特殊地位，因此历代能入院者都是当时饱学之儒，年轻后进则至少要进士资格才能入内。明代定制，状元、榜眼、探花可直接入翰林院，其他进士则要经过考察方可入内。

武科

科举考试一开始并无武举，武则天时，为选拔册封武将，培养为自己的势力，首开武举。其后武举成为科举考试的重要部分，考试的侧重点历代有所变化。唐代武举主要考骑射、步射、举重、马枪等技术，此外对考生外貌也做了要求，要“躯干雄伟、可以为将帅者”。宋代，因宋太祖赵匡胤定下“以文立国”的国策，武举考试除考武力外，还要“副之策略”。武艺考“步射”、“骑射”两场，合格后再参加文化考试，考一些诸如兵法、布局类的知识等。总体上以武艺为主，以策略为辅。元朝科举制度兴废不常，没有武举制度。到了明代，则更进一步，武举考试以考察谋略的笔试为主，而以武艺为辅了。并且先进行谋略考试，如果不及格，就直接淘汰，武艺再高也不予录用。清朝，尚武的统治者又将个人武艺考试放在了前面，首先考骑射、力气、武艺等，合格者再参加笔试。

历史上武举一共进行过约 500 次，宋神宗时，设立武状元。历史上有案可稽的武状元有 282 名。总体而言，相比于文科考试，武举一直是受到歧视的。首先，历朝的武举制度时而设置，时而废弃，取士人数远远少于文举。并且武人考中武举后，只授出身，并不马上授官职。因此武举人的地位也低于文举人，以至于一些武举状元还有再考取文举人的念头。

八股文取士

明清时期是中国科举考试的嬗变期。首先，从国家对其重视程度、考试制度的严谨、报考人数以及录取数量来说，明清时期是中国科举考试的繁盛期。但同时，在繁盛的表面之下，其通过八股文取士的考试模式却又使科举考试进入了僵化与没落期。股，即对偶之意。所谓八股文，又称制义、制艺、时文，是一种说理的韵体赋文，有严苛的程式要求。在格式上，要求考生严格遵循所谓破题、承题、起讲、入手、起股、中股、后股、束股这种死板的结构模式，并且要求句与句之间要讲究对偶，整篇文章的字数也是严格限定，不得增减一字。另外，其命题也陈旧不堪，明清 500 多年间，命题不离“四书五经”内陈陈相因的古旧话题，援引事例也必须出自遥远的古代，不涉时事，考生毫无抒发己见的空间。简而言之，八股文是严重形式主义并脱离现实的一种陈腐文体。八股文最早出现于宋代，但其时并没有形成程式。明代时，朱元璋将八股文推向全国，虽然仍考一些诗赋、策问、经义等，但已不重要，八股文才是关键的取士标准。后来清承明制，将八股文更推向死板严苛。

科举考棚

关于八股文的危害，清人徐大椿在讥刺士人的《道情》中说得很透彻：“读书人，最不齐。烂时文，烂如泥。国家本为求生计，谁知道变做了欺人技。三句承题，两句破题，摆尾摇头，便道是圣门高弟。可知道，‘三通’、‘四史’是何等文章，宋皇、汉祖是哪一朝皇帝？案头放高头讲章，店里买新科利器。读得来肩背高低，口角嘘唏。甘蔗渣儿，嚼了又嚼，有何滋味？辜负光阴，白白昏迷一世。就教他骗得高官，也是百姓、朝廷的晦气。”明末清初学者顾炎武则称“八股之害，甚于焚书”。八股文的死板程式使得明清两代知识分子钻入八股这种无实用价值的文字游戏中，既疏于时事，又疏于学问，甚至疏于经义，思想严重被束缚，缺乏创建。

童试与乡试

童试并非正式的科举考试，而是取得参加科举考试资格的考试。其在唐宋时称县试，明清时称郡试。清代的童试 3 年举行 2 次。童试总共分 3 个阶段，分别为县试、府试和院试。其中，县试一般由本县知县主持，考试内容为八股文、诗赋、策论等，考试合格方可参加府试。府试由知府或知州主持，考试内容与县试差不多，合格者参加院试。院试由主管一省教育的学政主持，院试合格，就是秀才了，也叫“生员”，秀才便具有了到政府公立学校学习和参加科举考试的资格。

乡试是正式科举考试的第一关，在各省省城和京城举行，每 3 年举行一次，遇皇家有喜事则加恩科。考试通常在八月举行，因此又名“秋闱”。由皇帝钦命正副考官主持，凡秀才、贡生（生员中成绩优秀者）、监生（国子监学生）均可参加，考试内容分 3 场，分别考四书五经、策问、诗赋，每场考 3 天。在乡试中，每个考生只是和本省内的考生展开竞争，类似于现在的高考。乡试考中，称为举人，第一名举人称为解元。举人便具有了做官的资格，并且还可以进一步到京城参加会试，考取进士。因此，考中举人，古人读书做官的梦想就算基本实现了。但因举人名额有限，乡试这一关是相当不容易过的，不知有多少读书人将一生耗费在了这场考试上，写出了不朽名著《聊斋志异》的清代小说家蒲松龄就一直未能跨过这道坎儿。

会试

会试是科举考试中第一场国家级的考试，考生们的对手不再局限于本省之内，而是和全国范围内的才俊们展开角逐。因为会试之后的殿试基本上只是排定名次，不再淘汰，因此会试可以说是一场选拔进士的考试。明清时期的会试每 3 年在京城举行一次，在乡试次年举行。如遇乡试开恩科，则会试同样随着在次年开恩科。会试只有各省举人和国子监监生才有资格参加，主、副考官均由皇帝钦点。因为由礼部负责主持，又在春天举行，因此又称“礼闱”或“春闱”。会试考 3 场，每场 3 天。考中者称为贡士，第一名称为会元。考中了贡士，基本上就是未来的进士了。明初只按排名录取，仁宗时规定会试按地域分配名额。因南方富庶，文气盛于北方，按照南六北四的比例录取进士。后来比例偶有调整，但按地域分配名额的制度一直沿用至清末。这种制度保障了文化相对落后的边远省份在科考中有一定数量的进士，进入国家政治中心地带，这有利于保持落后地区的发展和对朝廷的向心力。

殿试

殿试是古代科举考试中的最后一级，由皇帝亲自主持。殿试最早由武则天设置，但并没有形成制度。后来宋太祖赵匡胤鉴于唐末出现科考官员结派的“牛李党争”的教训，在原来两级考试的基础上又加了一级由自己亲自主持的殿试。这样，取士的最终决定权便转移到了皇帝手中，新科进士都变成了“天子门生”。这便有效地防止了官员尤其是宰相利用科举考试认门生，进而结党营私的事情。自此，殿试制度确定下

殿试图

此图描绘学子们正在完成皇宫中皇帝举行的殿试。明朝科举考试内容为八股文，八股文是封建统治者扼杀人才、钳制思想的工具。

来，为后世历代所沿用。

殿试是科举考试的最后一级，由皇帝亲自主持和出题，并定出名次。参加殿试的是通过了会试的贡士。殿试只考一题，考的是对策，为期一天。相比于前面的考试，殿试的内容是相对轻松和简单的，并且殿试一般都不再淘汰人，能参加者基本上都已是进士，殿试只是将所有人排出次序。至于排名如何，除才华学识外，给皇帝一个好印象至关重要，因此还看点运气。殿试结果的录取名单称为“甲榜”，又称“金榜”，所谓“金榜题名”即指此。具体分为三甲，一甲只取 3 人，第一名为“状元”，第二名为“榜眼”，第三名为“探花”，剩下的分在二甲三甲。

状元及第

状元及第，即中状元，意思是在科举考试中考得进士第一名，是古代读书人的最高荣誉。

科举考试开始于隋朝，其时进士排名不分先后，没有状元一说。到唐朝，科举考试开始正式化，士子先在地方考中贡生（相当于后来的举人）后，才有资格参加在京城举行的考试，进一步考取进士，进士第一名称为“状元”。之所以称为“状元”，据说是因为进京考试的贡生先要到礼部填写包括自己的身世和近况的个人资料，名曰“书状”，或者“投状”。因此后来考得进士第一名的就是这些“投状”中的第一名，故称之为“状元”，或者“状头”。唐代的状元并没有太多的象征意义。到宋代，状元又不再指进士第一名，而是对于殿试三甲中一甲的统称，即进士前三名均可称为状元。明清之际，殿试一、二、三名，分别称为状元、榜眼、探花。自此，状元成为名副其实的第一名，其地位也日益特殊，自古有“天上麒麟子，人间状元郎”的说法。中状元也有了“独占鳌头”、“大魁天下”等听上去霸气十足、睥睨天下的说法，并成为中国读书人“一朝成名天下知”的象征。因此在古代许多文艺作品中，往往都以书生考中了状元作为剧情发展的高潮。另外在民间，传统的吉祥图案中也有大量“状元及第”类的图案，反映了人们对于状元及第这种事情的崇拜。

据史书记载，从唐代科举考试开始，至清光绪三十年（1904 年）最后一次科考，其间历代王朝有名有姓的文状元 654 名，武状元 185 名。其中历史上比较有名的有唐代的贺知章、王维，宋代的文天祥，明代的杨慎，清代的翁同龢、张謇等，而历史上最后一名状元，是清光绪三十年（1904 年）的刘春霖。

榜眼、探花

“榜眼”是古时人们对科举考试中第二名进士的称呼。

在北宋之前，第一名称状元，第二、三名都称为榜眼。原因是填进士榜时，状元的姓名居上端正中，二、三名分列左右，如其两眼。到北宋末年，只以第二名为榜眼，第三名则称探花。

“探花”一词则比“榜眼”出现得早，在唐代便有，但其时并非进士第三名的意思。唐代中进士者会游园庆祝，并举行“探花宴”。由进士中的年龄最小者作为“探花使”，到各名园采摘鲜花，迎接状元，这本是一种娱乐。至北宋末年，“探花”成为进士第三名的专门称呼。

“状元”、“榜眼”、“探花”都只是一种俗称，在正式发放的金榜之上，只会称进士一甲第一名，一甲第二名，一甲第三名。

进士

进士是中国古代科举考试最高一级的功名。隋唐时期，设有诸多科目，其中进士科最为人们所重视，视为入仕正途。宋代，科举的三级考试制度正式形成，乡试中榜者称举人，会试中榜者称贡士，殿试中榜者则称进士。之后历代，进士功名成为古代读书人科考金字塔的塔顶部分，同时也最难考，得中进士是古代无数读书人的终极梦想。其中，进士又具体分为三甲，一甲 3 人，赐进士及第，分别俗称状元、榜眼、探花；二、三甲，分赐进士出身、同进士出身。得中进士者一般都前途光明，一甲立刻可授官职，二、三甲则参加翰林院考试，学习三年再授官职。明清时期的官吏主要由举人和进士充任，其中举人基本上充任了县级官吏；而进士则一般都

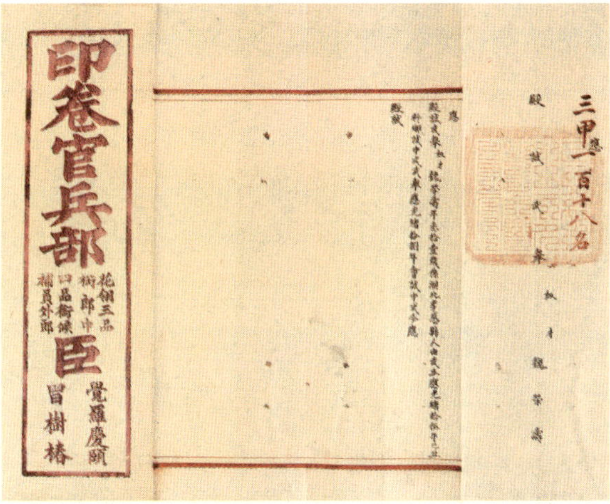

清代进士卷子

是备做中央官员，即使发放到地方上做小官，也都只是历练一下，将来自有比较好的升迁前景。每次科考进士录取人数，各朝不一，唐代较少，一次仅录取二三十人乃至几人；宋代较多，一般几百人，多时上千（当时举人无做官资格）；明清时期，因举人有了做官资格，进士录取人数下降到100人左右，且为平衡各地发展，往往按地域分配名额。

自隋唐至清，在我国1300多年的科举制度史上，考中进士的总数大约有10万上下。总体而言，这是一个才能卓著的群体，古代许多大政治家、文学家、学者都是进士出身，如唐代的王勃、王昌龄、王维、岑参、韩愈、刘禹锡、白居易、柳宗元、杜牧等，宋代的范仲淹、欧阳修、司马光、王安石、苏轼兄弟等，明代的张居正、徐光启等。

举人

“举人”一词最早得名于汉代的察举制度，被举荐者称为举人。唐代时，报考进士科的考生均称举人。宋代，举人方才成为乡试考中者的称呼。但宋代的举人只是具有了参加京城会试的机会，并无做官机会。并且，举人的资格仅是一次性的，如果在接下来的会试中没有被录取，则参加下次科举时，还要重新参加乡试，再次取得举人资格方可参加会试。而到了明清时代，举人的含金量才高起来，进退都比较从容。进，可参加京城会试，乃至殿试，向进士出身冲刺，且举人资格终身有效，这次不中，下次科举可直接参加会试；退，举人则已经具备了做官的资格，一旦朝廷有相应官职出缺，举人便可顶上。一般举人所任官职都是知县、候补知县，或者教谕、训导等县级教育长官，也有个别任知府的。因此，明清时期的读书人一旦中举，也便是基本上实现了读书做官的愿望。即便是不再参加会试暂时没官做，也会像《儒林外史》中中举的范进那样自有人前来巴结，送上银子，生活水准步入富贵阶层。总体上，举人构成了明清两代低级官员的主流来源。

秀才

“秀才”一词最早出现于春秋时期，原本并非属于科举功名的范畴，也不特指读书人，而是相当于现在的“俊才”、“英才”。汉武帝时期，朝廷推行官员选拔制度改革，“秀才”与“孝廉”一起成为地方官员举荐的两种优秀人才。东汉光武帝时期，为避光武帝刘秀名讳，“秀才”改称为“茂才”，三国曹魏时期，又改回“秀才”。至隋朝科举制度开科取士，最初也称为“取秀才”，这时的“秀才”成了考中功名者的指称。唐初，科举考试中设立秀才科，刚开始时秀才科第最高，因要求非常高，很少有人敢于问津。后来秀才科被废除，“秀才”一度成为读书人的统称。宋代时，凡是参加科举府试的人，无论考中与否，都称为“秀才”。

明清之际，秀才的意思逐渐固定下来。这时的秀才有一定门槛，参加科举考试的读书人，经过院试，取得入学资格的“生员”才可称为秀才。考中秀才之后，可以说是十年寒窗初步获得成果。进，可以去考取举人，一旦考中，便正式进入为官的士大夫阶层；退，则可以开设私塾。秀才虽然没有国家俸禄，但可以获得一定的特权，比如免除赋税、徭役，可以直接找县官提建议等。于是秀才这个最低功名成了明清两代出身贫困的读书人科举考试的“歇脚所”。他们往往一边通过教书获得经济来源，一边继续考取功名。但因为竞争激烈，许多人也就一辈子待在这个“歇脚所”了。

门生

清代木雕私塾图

“门生”大概由“门人”一词流转而来。春秋时期，一个人直接（当面拜其为师）或间接（以其思想为师）以某人为宗师，便自称其“门人”。比如孔子的三千弟子都自称孔子门人。“门生”一词，很大程度上承接了春秋时期“门人”一词的意思，最早见于西汉宣帝时，到东汉开始大量出现。《后汉书·袁绍传》言袁绍“门生故吏遍天下”，这里的门生有弟子的意思，但又有所不同。当时宗师亲自教授的人为弟子，转相授的则为门生。也即对其直接的老师可自称其弟子，对老师的老师则自称其门生。同时，门生还有另一个意思。汉代文官选拔制度采用举荐方式，士人通过被当地官员举孝廉、秀才的方式进入仕途，举荐的州郡官吏被称为“举主”，而被举荐的贤士便称为举主的门生。

到魏晋南北朝时期，“门生”一度变为指依附于士族豪强的一类人，有一些臣属、门客，甚至奴仆的意味。唐宋时期，科举考试中考中举人或进士的人，称主考官为“座主”、“座师”或“恩门”，并自称为主考官的“门生”，这与汉代类似。这样，这些新举人、进士就和主考官之间建立起了一种特殊的师生关系。新举人、进士常把自己的考中看作是主考官对自己的一种类似于师恩的恩情，并且，通过这种师生关系也可在仕途上得到老师的一些照应；而主考官也乐于有这样的年轻后进来亲近自己，于是科举考试就成了主考官结党营私，培养和拉拢自己势力的一种渠道，这便对皇帝的集权统治构成威胁。唐末便出现了涉及科举官员结派的“牛李党争”。宋太祖赵匡胤鉴于此，就把最终决定考生能否被录取的大权移到了自己手上。他在原来两级考制的基础上又加了个第三级考试：殿试。殿试中皇帝亲自出题考试，并定出名次。这样皇帝就成了最终的主考官，成了所有进士的“恩门”，所有的新进士都成了皇帝的学生，也即“天子门生”。这样，科举考试的取士大权就转移到了皇帝手中，有效地杜绝了官员，特别是宰相通过科举考试结党营私的事情。同时，宋太祖还明文规定，以后举人不得自称考官“门生”。但因已约定俗成，“门生”这种说法还是流传了下来。

荫生

明清时期凭借上代余荫取得监生资格的被称为荫生。按入监缘由的不同，荫生又可具体分为多种名目：明代按其先代的品秩入监者称为官生，不按先代官品而因皇帝特恩入监者称为恩生；清代因皇家有喜事开恩得以入监者称为恩荫，由于先代因公殉职而入监者称为难荫。清代的一些荫生的科举试卷经常单独改卷，称之为官卷。总体而言，荫生与汉代的“任子”制度类似，乃是皇家对于官员子弟的一种仕途直通车政策，这种政策基本上历代都有。

监生

监生是明清时期人们对于在国家最高级学府国子监读书者的称呼。明代的监生分为 4 类，会试不第的举人，可入国子监深造，称为“举监”；以贡士身份入监者称为“贡监”；有功官员子弟被朝廷特批入监者称为“荫监”；捐钱进来的叫作“例监”。清代监生主要有恩监、荫监、优监、例监 4 种，其中不同于明代的“恩监”是因皇家有喜事特开恩招来的，优监则与贡监类似。另外，清代监生中还有一些其他的来源，比如七品以上官员子弟中聪慧好学者、因公殉职官员子弟、圣贤后裔等均可入监读书。监生不同于一般的生员，可以和大家一起参加科举考试，同时，即使科举不第仍然是有官做的，可以说前途是有保障的。因此，古代学子能成为监生，是相当轰动的大事，与中举差不多。乾隆之前的监生都还比较正规，入监门槛的执行和对监生学业的督促都比较严格。但乾隆之后，国子监逐渐沦为卖官机构，监生基本上成了花钱买官者的代名词，这些监生只是在国子监挂名，并不真去读书。因此，监生出身的官员是被人瞧不起的。

贡生

科举时代，朝廷会在各府、州、县的生员（秀才）中挑选成绩优异者，使之入京城的国子监读书，称为贡生。“贡生”之意，即是向皇帝贡献的人才。贡生制度开始于元代，明清时期逐渐完善，贡生来源也逐渐扩大。明代贡生有 4 种，即“岁贡”（由府、州、县学每年或每 2 年选送 1 ~ 2 名）、“选贡”（由府、州、县学每 3 年或 5 年选拔1名)、“恩贡”(因朝廷有喜事而开恩被选入)、“纳贡”(即花钱买来的贡生资格)。清代贡生有6种:“岁贡”、“恩贡”和明代一样,“优贡”、“例贡”分别相当于明代的选贡、纳贡;另外还有“拔贡”和“副贡”,“拔贡”从各省科试的一、二等生员中选拔,“副贡”是从乡试落榜生中的优秀者中选拔,相当于一个举人榜的副榜,故曰“副贡”。清代贡生也称“明经”。贡生相比于一般秀才的好处在于其既可以像普通秀才一样参加科举考试,考取举人、进士,同时即使是科举不中,最后总有官做,但一般不大,为知县、县丞、教谕等官职。比如清代小说家蒲松龄屡试不中,最后凭贡生身份得了个“儒学训导”的官职,其实是个虚衔,负责督导县学的校风。总的来说,贡生制度扩大了由进士、举人进升仕途的范围,是对于科举制度的一种不错的补充。

帖经、帖括

帖经是唐代科举考试的一类考题。帖经,意即帖住经文。其具体做法是在所考察的诸多儒家经书里随便抽出一句话,然后将其中某部分用纸帖盖,要求考生答出这句话是什么,相当于现在的填空题,主要考察的是考生对经文的记忆情况。帖经类试题在唐代不同的科举科目中所占分量不同。其中,对于主要考察文学才能和政治见识的进士科里,帖经只少量存在;重在考察对经文的记忆和理解程度的明经科里,帖经则是主要试题。

帖括是考生针对帖经类考题所创造出来的一种应对方法。由于报考人数众多,而录取人数有限,为体现出层次差别,以淘汰多数考生,帖经内容逐渐越来越偏。考生们为方便记忆,将难记偏僻的经文编成诗赋歌诀的形式,称为帖括。

试帖诗

试帖诗是古代科举考试中的一种诗体。因试帖诗题目前常冠以“赋得”二字,故也叫作“赋得体”。该诗体起源于唐代科举考试中,一般以古人诗句或成语为题,刚开始为五言六韵(60字),后来发展为五言八韵(80字)。唐代对考生作诗的内容和用韵都比较宽泛,到宋代时严格起来,宋仁宗规定必须于经史有据。明及清初,不考诗赋。到乾隆年间,爱作诗的乾隆又在科考中加入五言八韵诗。其格式比前代更严,题目必须出自经史子集或前人诗句、成语,在用韵上也更加严格。另外,其结构也略同于八股文,分首联破题,次联承题,三联如起比、四五联如中比、六七联如后比,结联如束比。总体上,唐宋时的诗赋比较重要,

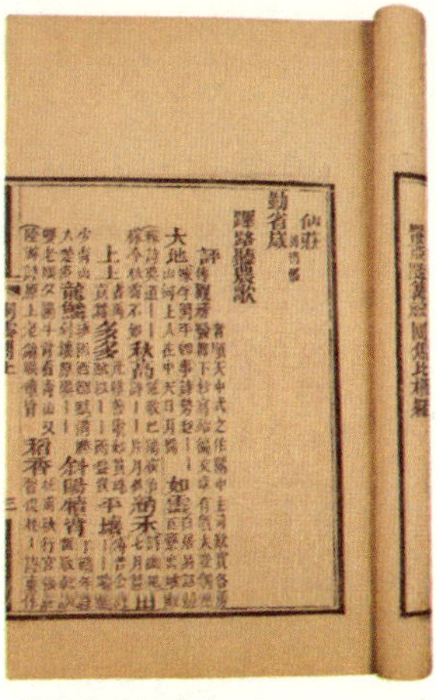

桐云阁试贴诗

清代科考主要取决于八股文，诗赋无关紧要。

连中三元

“连中三元”是用于形容古代科举考试中的一种情况，指某个考生参加考试过程中，在乡试、会试、殿试三次考试中均考得第一名，接连考得“解元”、“会元”、“状元”。这种说法大致出现在宋代。

宋代及以后的科举考试中，读书人首先在县、府参加考试，通过考试的称为“生员”，俗称“秀才”。考得“秀才”之后，才算获得了参加正式考试的资格。接下来，首先是参加每三年一次由省府主持举行的“乡试”，又称“秋闱”。此考连考3场，每场3天。乡试考中，称为“举人”。“举人”便具备了做官的资格，中举者正式跨入士大夫阶层，清代讽刺小说《儒林外史》中的“范进中举”一段说的便是乡试中举的情形。在“乡试”以第一名的成绩考中“举人”，则称为“解元”。

通过乡试的举人，次年三月参加在京师的“会试”和“殿试”。会试由礼部在贡院举行，也称“春闱”，同样是连考3场，每场3天，由翰林或内阁大学士主考。会试考中者，称为“贡士”，贡士第一名称“会元”。

“贡士”可以参加接下来的四月份的“殿试”，殿试是科举考试的最后一级，由皇帝亲自主持和出题，并定出名次，第一名称为状元。

自古言：“文不称第一，武不称第二。”客观地说，要在文科考试中做到“连中三元”，确实相当难。据史料记载，历代数下来，总共出现过17次“连中三元”的情形，另外还有2次武科举的“连中三元”。

蟾宫折桂

蟾宫折桂本意是攀折月宫桂花，古人用以比喻科举得中。蟾宫，即是嫦娥所住的广寒宫，据说由蟾蜍幻化而成。另外传说广寒宫中有一棵高五百丈的桂树。《晋书·郤诜传》中：“武帝于东堂会送，问诜曰：‘卿自以为如何？’诜对曰：‘臣鉴贤良对策，为天下第一，犹桂林之一枝，昆山之片玉。’”说晋武帝有一天在东堂接见大臣，问大臣郤诜自我感觉如何。郤诜将自己比喻成月宫中的一段桂枝，昆仑山上的一块宝玉。此后，人们便经常用月宫桂枝来形容有才能的人。隋朝之后，科举制度开始。因为每年的乡试一般都在刚好在八月，所以人们便将科举应试得中者称为“月中折桂”或“蟾宫折桂”。《红楼梦》第九回中林黛玉听说贾宝玉要上学了，就挖苦宝玉道：“好！这一去，可定是要蟾宫折桂去了。”关于此成语，古代的不少地方还有相关风俗，科考之年，应试者及亲友都用桂花、米粉蒸作广寒糕相互赠送，取科场高中之意。

科举四宴

科举四宴指的是古代科举考试结束后，朝廷为中榜者进行庆祝的4个例行宴会，其中文、武科举各有2个。

鹿鸣宴

鹿鸣宴。此是为文科举乡试后的新科举人们举行的宴会。此宴起于唐代，后世一直沿用。该宴由地方官吏主持，除邀请新科举子外，考场工作人员也都会被邀请。之所以取名为“鹿鸣宴”，是因据说宴会上要吟唱《诗经·小雅》中的“鹿鸣”之诗。

琼林宴。此是为文科举殿试后的新科进士们举行的宴会。此宴始于宋代，当初宋太祖赵匡胤首开殿试制度，并规定殿试后为新科进士们设宴庆贺。因为宴会在当时都城开封城西的皇家花园琼林苑里举行，故名。琼林宴后来改名“闻喜宴”，元、明、清时，称为“恩荣宴”。

鹰扬宴。此是为武科考举乡试中榜的武举人举行的宴会。一般在发榜第二天举行，参加者为主考官和新科武举人。鹰扬，意为威武如鹰击长空，与文举子的“鹿鸣”相照应。

会武宴。此是武科举殿试发榜后为新科武进士们举行的庆祝宴，该宴自唐代产生武举之后便有，一般在兵部举行，规模浩大，比鹰扬宴的排场大得多。

科场的枪替

古代读书人虽然熟读“孔孟”，但无奈科举考试事关一生富贵，诱惑太大，因此科举考试举行的1000多年间，作弊现象从未间断过。至于具体手段，不外乎夹带、提前买题、买通阅卷考官等。而“枪替”，也是常见手段之一。“枪替”即是我们现在所说的替人考试的“枪手”。

“枪替”在唐朝开始出现并流行。古代没有照相机，也不可能为几万考生一一画像，因此只要性别不错，监考官无法判别考生姓名是否真实。因此监考官对于“枪替”是防不胜防。唐人杜佑在《通典·选举五》中谈到“枪替”现象时言：“故俗间相传云‘入试非正身，十有三四；赴官非正身，十有二三’。”到宋明清时代，“枪替”更加流行，宋代著名婉约派词人温庭筠便是历史上有名的“枪替”。据说他就是因为当“枪替”出名，尽人皆知，于是虽然才华横溢，但他自己每次应试都因品德问题而不被录取。

对于“枪替”现象，历代统治者都相当头疼，制定了相应的预防和惩罚措施。比如清代规定各府、州的县试在同一天进行，一个省内的府试也在同一天进行，以防成绩好的考生自己考完后又去替别人考试。另外，参加县试须有5个考生联保，并由本县一名廪生做担保人，参加府试则要有2名廪生认保。考场若发生“枪替”作弊，5人都要受处罚，认保的人也要革职。雍正年间，如发现“枪替”现象，“枪替”和雇主均发配到烟瘴之地充军，联保者杖打一百；乾隆时甚至将“枪替”和雇主处斩。

试卷弥封制

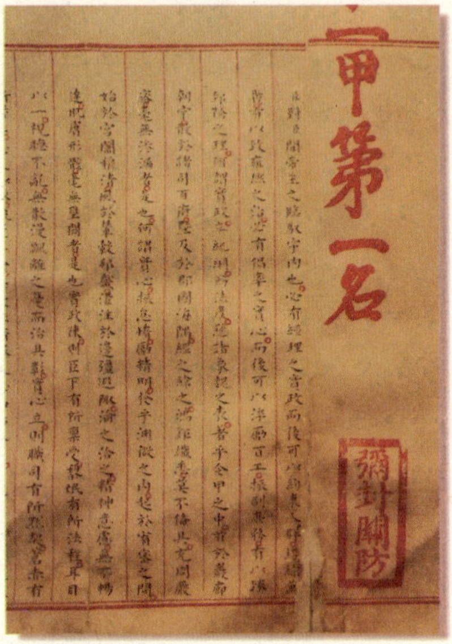

状元殿试卷

科举考试自隋唐以来，经历了漫长的历史演变。为了防止科举作弊，朝廷创立了弥封和誊录两种方法。现在举行重要考试，最后评卷前密封考生姓名、准考证号等信息的做法，就来源于科举试卷的弥封。

科举制度产生于隋朝，在唐代逐步完善。当时进行的考试，一般举人的姓名、籍贯等身份信息都是公开的，一些豪门贵族在发榜前就能够知道录取结果，考官也可从中玩弄手法，拉拢亲信。武则天时，因吏部选举多有不实，便命令应试举人将试卷上的名字糊起来，暗考以定名次。但是这种做法并未形成一种制度，考官在录取中，仍然“兼采时望，不专词章”。

北宋沿袭唐代旧制，考生“投卷”成风。主考官在去贡院的路上，达官贵人可以向他推荐人才，称为“公荐”。录取后，考生要登门向主考官谢恩，称主考官为“师门”、“恩门”，而自称“门生”。为了防止权贵干扰、考官徇私和师生结党，赵匡胤和他的继承人采取了许多有力的措施。

据《宋会要辑稿·选举三》记载，建隆三年九月规定：“今后及第举人，不得辄拜知举官子孙弟侄”，“兼不得呼春官为恩门、师门，亦不得自称门生。”宋太宗淳化三年（992年）殿试，礼部采纳将作监丞陈靖的建议，初次实行糊名考校法。即在举人考前先糊住其试卷上的姓名、籍贯等项，在决定录取卷后，再拆弥封，查对姓名、籍贯，借以杜绝考官“容私之弊”。咸平二年（999年）的礼部考试中，朝廷曾选派官员专司封印卷首。明道二年（1033年）七月，宋仁宗“诏诸州，自今考试举人，并封弥卷首”。从此，糊名考校就不仅施行于殿试、省试，也施行于诸州府了。这便是弥封制度。

弥封制度实行后，在一定程度上降低了作弊的可能性。但是后来发现有考官指使考生在试卷上暗做记号，有时考官还可以辨认字迹。为了防止这种作弊，朝廷采纳袁州人李夷宾的建议，将考生的试卷另行誊录。大中祥符八年（1015 年），宋廷专设誊录院，派书吏将试卷抄成副本，考官评卷时只看副本，应举者考试成绩的优劣“一决于文字”。原来贵族和官僚利用科举搞腐败的特权被取消了。但是南渡以后，由于宋王朝的腐朽，徇私舞弊层出不穷，弥封也就流于形式了。

古代礼制

宗法

宗法是我国古代规定一个家族内成员的权力等级秩序的制度。宗法制度是古代氏族父系家长制的延续，萌芽于商周时期，成熟于西周、春秋时期，其核心是嫡长子继承制。简而言之，即是嫡长子对于上一代的权力、地位及财产具有合法的继承权，是为大宗；其他儿子在这些方面只能有低一个等级的继承权，是为小宗。大宗对小宗具有统辖权，小宗必须以大宗为尊。不过，大宗、小宗只是相对的概念，而非绝对。比如周代天子的嫡长子继承君位为大宗，其余分封为诸侯的儿子们为小宗；诸侯的嫡长子相对于天子仍是小宗，但相比于分封为卿大夫的兄弟们，则是大宗了。但总体上，宗族会在一定范围内形成一个有绝对权威的大宗以及族长，统领全族。周朝时的宗法制度主要是存在于贵族内部，并且因当时的各级政府便是由各级贵族的家族所掌控，因此当时的宗法与国法是混在一起的。

自秦开始，贵族统治模式的解体使得宗法制度与国家行政逐渐区分开来，退守到家族之内。基本上所有的宗族都制定了相应的族规，一个宗族的族长通过祠堂集神权与族权于一身，并通过族规对族人拥有统率、处置和庇护之权，并且国家法律也承认这种权力。事实上，由于古代政府均是一种小政府，其权力体系只下延到县一级，因此县以下的秩序维持很大程度上便是依靠宗法秩序的自我维持。尤其宋明以后，宗族制得到统治阶级的更大支持，族权布满农村社会各个角落的众多宗族，成为仅次于政权的权力体系。

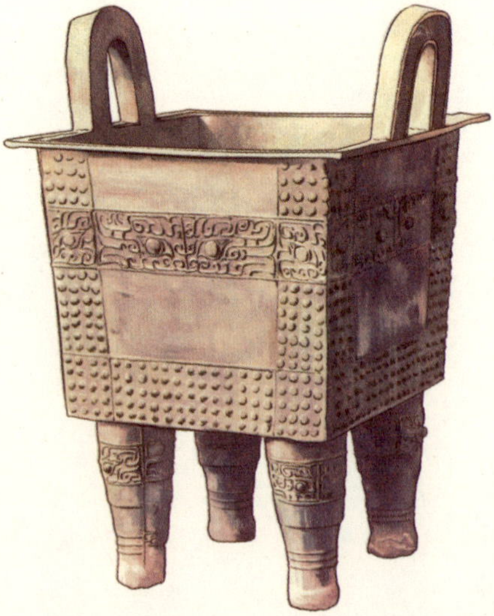

乳丁纹铜方鼎　商

钟鼎之类的器具也是宗法制的表现之一，什么阶层使用什么钟鼎都有规定。

分封制

分封制是我国古代国君或皇帝分封诸侯的制度。商、周时期，普遍推行这种制度。商代分封的诸侯有侯、伯等称号。西周灭商和东征胜利后，为了控制幅员辽阔的疆土和统治商代的后裔，在“迁殷顽民”的同时，把周天子的兄弟叔侄及某些有战功的异姓贵族分封到各地为诸侯，以世袭的形式统治一个地区。古代宗法制是分封制的基础，在家庭范围内是宗法制，在国家范围内是分封制。这种“封邦建国”的做法，是为了达到“以藩屏周”的目的。各地诸侯要服从周天子的命令，要承担镇守疆土、捍卫王室、缴纳贡物、朝觐述职等义务。分封制有利于稳定当时的政治秩序，但后来诸侯国之间出现了强国兼并弱国的形势，使周天子的权威逐渐削弱。通过分封制，周的文化形式因此覆盖了整个黄河中下游地区。春秋战国以后，历代均存在不同程度的分封。

兄终弟及

“兄终弟及”指的是一种王位继承制度：王位由哥哥传给弟弟继承，传弟一般按年龄长幼依次继承。在夏代以前，部落联盟首领普遍采用“举贤不举亲”的禅让制，如尧禅让舜、舜禅让禹。夏商则是父死子继和兄终弟及两种制度并行，但夏代以父死子继为主，商朝以兄终弟及为主。商代后期出现“废嫡而更立诸弟子，弟子或争相代立”的混乱局面，所以逐渐确立以立嫡为主的制度。周初实行宗法制，建立了严格的王位继承制，实行嫡长子继承制。后世的宋朝、元朝也偶尔出现过这种情况。例如大德十一年（1307 年），成宗死，前太子真金之孙海山即位于元上都，是为元武宗。并立其弟爱育黎拔力八达为皇储，约定兄终弟及，同时又约定爱育黎拔力八达死后，帝位复归武宗之子和世㻋。

五礼

五礼是形成于周代的五大类礼仪，分别是：吉礼、凶礼、军礼、宾礼、嘉礼，其最早记载于《周礼》。五礼并非由周人所创立，其中的诸多礼仪是在夏商周 1000 多年的时间里逐渐形成的，到西周时期，周人对三代的礼制做了总结并将其归纳为此五类。其中，吉礼是五礼之冠，主要是对天神、地祇、人鬼的祭祀典礼；凶礼是哀悯吊唁忧患之礼，用以礼哀死亡、灾祸、寇乱等；军礼是与军事有关的礼仪，用以战前动员，鼓舞士气；宾礼是对于来访的宾客所实施的礼仪，以示尊重；嘉礼比较琐碎，用于国家或人民日常生活中对于比较高兴的事情的庆祝。五礼在西周形成之后，在春秋战国时期曾一度遭到破坏，即所谓“礼崩乐毁”。孔子所创立的儒家学派对周代礼制进行了继承和发扬，汉代时，儒士叔孙通以五礼为参考所设计的礼仪被汉高祖采纳为

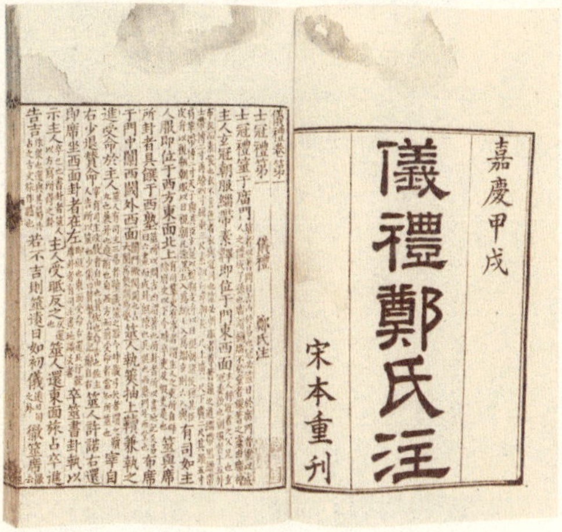

《仪礼郑氏注》书影

郑玄是东汉末年的大儒，是汉代经学之集大成者，其学说被后世称为“郑学”。其为儒家经典所做的注解，被后世奉为权威。

宫廷礼仪。自此，五礼成为后世历代帝王乃至民间礼仪的基本骨架，为后世国家政治的稳定和社会运转的有序提供了保障。五礼在后世历代都有所发展，其所涉及的范围不断扩大，内容日渐增多。以宋为例，各类吉礼已达43种，嘉礼27种，宾礼24种，军礼6种，凶礼12种，加起来总有112种。这些礼仪有形或无形地存在于国家政治和人们日常生活的各个方面，并深入人心，每个人都自觉不自觉地以其为行为规范，中国被称为礼仪之邦正源于此。

吉礼

吉礼是古代五礼之一，并居五礼之冠。吉礼是有关祭祀的典礼。其主要的祭祀对象可大体分为3类，分别是天神、地祇、人鬼。其中，天神包括昊天上帝、日月星辰、司中、司命、雨师等；地祇包括社稷、五帝、五岳、山林川泽等；人神包括宗庙、孔子等。吉礼的举行往往是一种国家政治行为，由统治者主持。在诸多的祭祀活动之中，尤为统治者所重视的是祭祀宗庙、社稷、天地、孔子。宗庙，也叫太庙，是皇帝先祖的祠堂，一般建在王宫前面，明、清两朝的宗庙就建在紫禁城外；社稷，是指土神和谷神。祭祀土社、谷神的地点一般称社稷，在古代，它是国家的象征。古代礼制规定，“左宗庙，右社稷”，社稷坛一般建在王宫前的右侧，与太庙对称；祭祀天地，在古代又称为“封禅”，十分隆重，由帝王亲自前往泰山举行，一般是比较有作为的皇帝才有此举动；祭祀孔子也是历代非常重视的仪式，是国家礼制的一部分。一般由大臣前往主持，有时皇帝亲自前往。

斋戒

中国古人的斋戒在佛教传入中国之前就已经存在，是参加祭祀前所做的一些清洁身心的准备。所谓斋，指的是主动意义上的沐浴更衣、凝聚神思；戒，则是防范意义上的杜绝欲望和欢娱，如禁止饮酒食辛、性行为以及各种娱乐活动等。中国早期有“三日斋，七日戒”的规定，其目的在于表示对于所祭祀的鬼神的虔诚，同时也是使人通过几天在身心方面的准备，最终能够心无杂虑，澄明清澈，以与鬼神进行精神相交。需要指出的是，早期的斋戒中并不禁食鱼肉荤腥，而只是禁食葱、蒜、韭菜等辛辣食物。事实上，人们在斋戒时往往还专门吃鱼肉荤腥。因为古代祭祀程式复杂，时间很长，有时一连几天，对人的体力要求很高，因此古人专门食肉以补充体力。只是在南北朝后受佛教影响，斋戒才逐渐与素食联系起来。后来，“斋戒”一词又被用以表示出家人必须遵守的清规戒律。即八关斋戒：一不杀生，二不偷盗，三不淫邪，四不妄语，五不饮酒，六不坐高广大床，七不涂饰香及歌舞观听，八过午不食。

祭品

祭品是古人祭祀时给鬼神献上的礼品，一般都是古人认为比较贵重和美好的。最常见的祭品便是五谷、瓜果蔬菜、酒、动物等。各种祭品之中，动物最贵重。而在古代六畜之中，马是用来打仗的，不允许随便杀死。剩下的五畜之中，个头最大的牛、羊、猪成了最重要的祭品。因周朝初建时，牛是从雅利安人那里引进的新鲜物种，数量还比较少，比较珍稀，故被用来作为最高规格的祭品；羊当时也是刚从藏族人那里引进的新物种，数目也不多，被放在第二位；而猪为华夏族人最先驯养，是最普通不过的家畜，放在最后。作为祭品，牛、羊、猪三牲齐备叫“太牢”或“大牢”，只有天子才有资格用；只有羊和猪叫“少牢”，供诸侯或大夫之用；只有一头猪，则称为“特豕”，供低级贵族之用。天子或诸侯祭祀时，一般用毛色纯正的牲畜，称为“牺牲”。祭祀结束之后，鬼神自然不可能吃祭品，因此天子或诸侯往往将祭品分赐臣下，称为“赐胙”。至于普通百姓，祭祀时一般只是根据节令摆放一些时鲜蔬谷，加上一些相宜的肉蛋类。不过，后来随着社会经济的发展，原为贵族专用的祭品，平民也可以用了。

礼器

礼器是我国古代贵族在举行祭祀、丧葬、庆祝等礼仪活动时所使用的器物，往往象征着使用者的身份、地位和权力。礼器大体上可分为四类，一类是用以盛放食物的食器，包括鼎、簋、鬲、盂、俎等；一类是酒器，包括爵、角、觚、尊、壶、卣、方彝、觥等；还有用以盥洗的水器，有盘、盉等；再有就是用以表明身份尊贵的玉器和束帛（往往合称玉帛）。其中，玉器包括璧、璋、琥、琮、圭、璜等；束帛则是扎成捆的丝织品。因玉帛在古代被广泛用于各种典礼，因此经常被当作礼器的代名词。

夔龙纹钟　西周

诸多礼器之中，鼎是最具象征意义的。鼎本来是用来煮饭的器具，由青铜铸成，或圆形三足，或方形四足。做饭时，直接在其下烧火即可，因此相当于现在的锅，同时又附带了灶的功能。后来其被用来在祭祀时装胙肉。古代贵族往往在鼎的外面上铸上自己祖先的功绩，然后藏之宗庙。不同身份之人的鼎的数量和装饰不同，天子九鼎，饰以黄金；诸侯七鼎，饰以白金；卿大夫五鼎，饰以铜。禹当年曾用天下诸侯贡献之铜铸造九鼎，象征九州。此后，鼎便成了天下的象征。

凶礼

凶礼是古代针对不好的事情所举行的礼仪，具体包括丧葬礼、荒礼、吊礼、恤礼、禬礼等。其中丧葬礼是为死者举行的表达哀思的礼仪；荒礼是遇到旱涝灾害或瘟疫流行时，统治者所举行的一种表达自己体察灾情，并愿意与人民分担的一种礼仪；吊礼是在别的友邦国家或友好人士遭受自然灾害后，统治者派人前往慰问的礼仪；恤礼是当邻国遭受政治动乱时，统治阶层派人前往表示慰问的礼仪；禬礼是友邦在军事上遭受失败后，统治者派人送去物质援助并给其鼓励的礼仪。总体而言，凶礼都是在别的个人或国家遭受不好的事情后，对其表示同情和慰问的礼仪。后来，凶礼主要是指丧葬、持服（即守孝）、封谥号等与死亡有关的礼仪。

丧礼

清末丧礼

丧礼是安葬并悼念死者的礼仪，属于“五礼”之中的凶礼。在古代诸多礼仪之中，丧礼产生得最早。周朝时，丧礼已经形成了一系列繁复而严格的规定，孔子将丧礼说成是孝的一部分，主张对父母“生，事之以礼；死，葬之以礼”。因此古人十分重视丧礼，由专门以此为职业的人主持。其具体过程大体上可分为报丧、入殓、出殡、守丧几个步骤。死者去世后，亲属先要将死者去世的消息告诸亲戚、朋友、同事等，叫作“报丧”。这些被报丧的人则会陆续前来吊唁。然后是对死者举行“殓”的仪式。其中，给死者穿上专门的衣裘称为“小殓”；尸体入棺，称为“大殓”。“殓”之后，棺材放在家中等待下葬，叫作“殡”。“殡”者，意为将暂时未曾离家的死者当作宾客。殡的日期不固定，几天到几十天不等，待选定吉日和墓地便可下葬。下葬事宜称为出殡送葬，亲人、朋友、故旧等往往要一路随棺木到墓地，为死者送行。送葬时，根据与死者关系的亲疏，送葬者的孝服也可分为 5 种，称为“五服”。安葬之后，亲属根据孝服的不同有不同的守孝期。最短的 3 个月，最长的 3 年，乃是死者儿子的守孝期。期间，守孝者在饮食、衣着、起居等方面受到一系列约束。其实，这只是丧礼的大致程序，具体过程中还有很多琐碎的规定，比如对于哭就有诸多规定。

在历史发展的过程中，丧礼产生了不少演变，比如佛、道兴起后，水陆道场一度成为丧礼的一部分；不同地区的丧礼也逐渐形成了一定的地方色彩。总体上，中国的丧礼比较讲排场、爱热闹、好攀比。另外，死者只要寿终正寝，而非夭亡，在古人看来这是值得高兴的事情。因此，相对于婚姻庆典的“红喜事”，丧事又叫作“白喜事”。现代，中国在大部分古代礼仪已经丧失的情况下，丧礼应该是保存最完备的一种礼仪了。

葬仪

葬仪指安葬死者的方式。因中国是多民族国家，不同民族的安葬方式往往各具特色，因此中国存在土葬、火葬、水葬、鸟葬等诸多葬仪。就汉民族来说，早期人们一般实行土葬。这与汉民族作为农耕民族，重视土地有关。在古汉人眼里，人是由土地所养育的，因此死后回归土地相当于回家。《礼记·祭仪》中说：“众生必死，死必归土。”与汉族不同，早期的一些少数民族则实行火葬。如《墨子·节葬》中曾记载在秦国西边的一个西羌人建立的义渠国中，“其亲戚死，聚柴薪而焚之”，称之为“登遐”（升天）。佛教传入中国后，由于佛教高僧死后，一般都实行火葬，因此火葬一度在汉族佛教徒中流行，以至于宋太祖曾明令禁止。南宋时，由于偏于一隅，人多地狭，火葬一度盛行。其后的明清时期依然如此。水葬一般是聚居于河流湖畔或海边的民族流行的习俗，他们一般将死者放于木筏上，任其漂流，这是因为他们以水族为食物，往往视水为自己的归宿。此外，还有鸟葬、悬棺葬、树葬、玉敛葬等。

陵寝

陵寝是古代帝王的坟墓。春秋时期，厚葬之风盛行，死者的墓越建越气派。其中，最气派的当然还是帝王之墓，一般称为“陵”。陵，本是山丘的意思，以之来称呼帝王之墓，也可见其规模之庞大。战国时，秦惠王规定：“民不得称陵。”自此，陵成了帝王之墓的专称。因古人相信人死后灵魂还要继续在地下“生活”，故帝王墓旁建有寝宫。另外，墓外还建有一系列用于装饰和祭祀的石雕、殿堂等。因为陵寝是一个以其墓穴为中心的庞大建筑群，故称“陵园”。

明十三陵神道旁的石像生

陵寝真正的大规模化，始于秦始皇。其陵寝高120米，底边周长2167米，37年始建成，极尽豪华之能事，并设计了相应的机关防止盗贼。其后的历代帝王都沿袭了秦始皇的做法，往往不惜巨资，并调遣当时最高明的匠人参与建造。因此帝王的陵寝是古代留下来的极其珍贵的艺术品。一般一个朝代的帝王陵寝都会建在一起，形成一个陵寝群，其地点往往在其都城附近。如西安附近的唐陵、河南巩义市境内的宋陵、北京昌平区境内的明代十三陵、河北遵化市的清东陵和河北易县的清西陵。

服丧

服丧，即古人为死者守丧的礼仪。守丧，指的是在丧事办完之后，亲属通过服饰和生活方面的特别规定来体现对于死者的哀悼和怀念。其大致可分为两个方面，一是通过守丧者所穿的丧服以及穿丧服的时间长短来体现。具体而言，根据亲属关系的远近可分为五种丧服，由近及远分别是：斩衰、齐衰、大功、小功、缌麻。其中，斩衰要穿3年；齐衰则根据具体的关系不同，时间有所差别，1年、5个月、3个月都有；大功则穿9个月；小功穿5个月；缌麻则只穿3个月。二是，对于死者儿子，还有关于生活方面的一系列规定，称为守制，时间为3年。

五服

五服指5种丧服。古代社会的葬礼中，与死者亲属程度不同的人要穿不同的丧服，以示区别。具体分为5种，从重到轻依次是：斩衰，此是五服中最重的丧服，其用极粗的麻布缝制而成，极其简陋，许多该缝的地方都敞开着，完全不像上衣，此表示因哀痛而不注意外在形象之意。此服为最亲近者所穿，如子为父、妻为夫等。齐衰，是次于斩衰的丧服，用粗麻布制作，因把边缝齐了，所以叫齐衰。此为次一级的亲属所穿，如已嫁女为父母、孙辈为祖父母等。大功，又次于“齐衰”，用粗熟麻布制作，一般是为堂兄弟、未嫁堂姊妹，已嫁女为伯叔父等所穿。小功，次于大功，用质量较好的麻布制成，为伯叔祖父母、外祖父母、母舅等所穿。缌麻，最轻的一种丧服，用细熟麻布制成，做功比较细致，此为曾祖父母、妻之父母、表兄弟等所穿。总体而言，亲属关系越近，其丧服越粗糙。大体上，古代丧服的服制都以《仪礼·丧服》为准则，历代遵行，只是小有变通。另外，不同的丧服所穿的时间长短也不同。

守制

守制是古人对于死者儿子所单独做出的守丧制度，期限为3年。期间，该制度对于守丧者有一系列相当严苛的生活方面的要求。首先，孝子不能有任何享乐，不得饮食酒肉、瓜果菜蔬，只能吃粥；不得与妻妾同房；乃至不得洗澡、换衣服、剃头等。其次，守丧者不得嫁娶，不得有任何庆祝活动，不得在节日拜访亲友。最后，在汉代察举时代，守丧者不得被举荐；科举考试时代，守丧者则不得应考。而在外做官的官员，必须告假回家守制，称为丁忧。最理想的，便是守制期间，孝子在父（母）墓前搭建简陋草庐独居3年。可以看出，守制的所有规定全都做到恐怕是不太可能的，这只能是古人对于孝道所设想的一种理想化状态。但是，政府对于守制制度是相当严格的，如有士子在居丧期间前去应考，是要受到法律制裁的；另外，一些官员怕丁忧后官职难以恢复，会瞒报父母丧事，朝廷对这类情况也会严厉惩罚。

子贡为孔子守制

总体而言，古人之所以要制定守制制度，乃是受儒家思想的影响。儒家重孝的同时，又推崇礼制，因此将孝道体现到琐碎的礼制之中也是题中应有之义了。而之所以守孝时间为3年，《礼记·三年问》中解释为：“子生三年，然后免于父母之怀。”意思是婴幼儿出生3年后，可以脱离父母怀抱了，因此也守丧3年作为回报。但守制制度的过分严苛显然已经有些不合乎人情，将孝形式化了，脱离了孝本来的真诚。

避讳

避讳是中国古代特有的现象，指的是在口头或书面提到某个人的名字中含有的字时，避开此字。关于避讳的原则，《公羊传·闵年》中曾言：“春秋为尊者讳，为亲者讳，为贤者讳。”这是古代避讳的一条总原则。其中的尊者，主要是指古代皇帝，有时也指贵族和官员；亲者指自己的长辈；贤者则指孔孟等圣贤。而避讳的方法，主要可分为3种：改字法，即将所避讳的字改作另一字，比如东汉时，秀才因避光武帝刘秀的名讳而改称茂才。又如苏洵的祖父名序，苏洵将文章中的序改称为引，至今沿用。空字法，即遇到避讳的字时，空着不写，读者也往往心领神会。缺笔法，即在写到这个字时，故意少写一笔。除此之外，古代还有其他的一些避讳法。当年吕后当权时，因其名雉，人们遇到雉时都改称野鸡；清乾隆时，为避顺治帝福临名，天下百姓不得贴“五福临门”；陆游的《老学庵笔记》记载，宋代田登做州官时，自避名讳，州中都将“灯”字称为“火”字。元宵节时，官府发布告曰：“本州以例放火三天。”以至于百姓有“只许州官放火，不许百姓点灯”的讽刺。到后来，甚至连皇帝的属相也要避讳。比如因宋徽宗属狗，当时曾一度禁止民间杀狗。至于古人的圣讳，各朝略有不同，一般有孔子、孟子、老子、黄帝、周公等。圣讳相对不那么严格，一般是读书人自觉避讳以示尊重。

谥号

谥号是古代帝王、诸侯、卿大夫等有地位的人死后，后人对其一生做个简单的总结评价，褒贬一下善恶功过，算是盖棺论定之意。此制度开始于周代，君王的谥号由礼官议定，由新即位的皇帝宣布；其他人的谥号都由朝廷给出，因为是盖棺论定，基本还是能做到客观。

经常用于谥号中的一些字的意义基本是固定的，因此从一个皇帝或大臣的谥号里便能对他一生作为有个大致判断。就皇帝而言，比如含有文、武、明、睿、康、景、庄等字眼的，往往都是比较能干的皇帝，此类谥号属于上谥；冲帝、质帝、少帝往往是幼年即位而且早死的，带有哀、思、怀等字眼的，往往有同情的意味，这两类谥号属于中谥；厉、灵、炀等则含有否定的意思，比如周厉王、隋炀帝都是暴君，此类谥号属于下谥。因儒家文化提倡孝道，许多皇帝的谥号里往往都有个“孝”字。例如汉代所有皇帝的谥号都另加个孝字，如孝惠、孝文、孝景一直到孝献。就大臣而言，也有一些常用的谥号。比如诸葛亮谥号为忠武，因为诸葛亮的成就及个人魅力，忠武就成了士大夫们倍觉荣耀的谥号；晋代王导的谥号为文献，因其个人成就，唐代的名臣都沿用此谥号；宋代范仲淹的“文正”谥号，也为后世名士大夫所沿用，如曾国藩便是此谥号。

需要指出的是，皇帝必有谥号，士大夫则只有地位高的才有。并且一般在其死后几年才给予，只有极少数功绩特别大的会在死时便给。另外，除朝廷公开给予的谥号外，一些有名望的学者或士大夫，其亲戚、门生也往往私下给其起谥号，称为私谥。

军礼

军礼是有关军事活动的典礼，包括校阅、用兵、畋猎等活动时的礼仪。各个时代的军礼有所不同，如《周礼》中所记载的有“大师之礼”，乃是军队征伐之前举行的礼仪；“大均之礼”，则是天子或诸侯在分土地、征赋税时举行的军事检阅；“大田之礼”，用于天子狩猎时，并顺便检阅军队；“大役之礼”，用于国家建造城邑、宫殿、开河、造堤等大规模土木工程时的队伍检阅；“大封之礼”则是诸侯勘定各自封地地界、树立界碑的一种活动。另外，《通典》中记载了唐代的军礼，具体包括：告太庙、命将、出师、阅师、誓师、献俘等。古代军队出征打仗前宰头牛，甚至有时杀个违反军纪的人，称为祭旗，也是一种军礼。总体而言，军事活动中形成了定制的行为，都可算是一种军礼。军礼主要是为起到一种宣示力量、鼓舞士气、检阅训练部队等作用。

朝聘之礼

朝聘之礼原指古代诸侯派使者或亲自定期觐见天子的礼仪，后来也指藩属国使节前来觐见中国皇帝的礼仪，属于“五礼”中的宾礼。具体而言，聘，是指诸侯派使者觐见天子；朝，则是诸侯亲自觐见天子。《礼记·王制》规定，诸侯每年都要派大夫前往王都拜见天子，称为“小聘”；诸侯每三年要派卿前去拜见天子，称为“大聘”；诸侯每五年须亲自前往王都拜见天子，称为“朝”。诸侯及卿大夫朝聘天子时，要携带当年该向天子交纳的贡赋，还要奉行严格的礼仪，以示对天子的敬重和臣服。其礼仪大致分为六个程序，分别是：“效劳”（天子派人迎接并慰问来宾）、“赐舍”（安排来宾下榻）、“朝觐”（来宾正式拜见天子并献礼）、“请罪”（来宾向天子表示自己做得不好，求天子宽恕，是一种谦虚说法）、“赐礼”（天子赏赐来宾一些礼物）。朝聘之礼本来只有天子才有资格享受，但东周时，周王室衰微，各诸侯国也纷纷采用了朝聘之礼。秦统一中国后，中国在1000多年的时间里称雄于东方，期间各国派使节前来时，中国基本上都以朝聘仪式接待，因此“四夷来朝”的说法一直不绝于书。直到鸦片战争后，在西方人的强烈要求下，清王朝才废弃了朝聘之礼，而以现代外交礼仪与各国打交道。

楚王使聘礼

宾礼

宾，客也；宾礼即是一种针对客人的礼仪，这个客人可以是个人，也可以是代表一个国家。宾礼在各个时期的种类和形式都有所变化。上古时期的宾礼主要包括朝、聘、会、遇、锡命等一系列的礼仪制度。朝，即是诸侯按固定日期朝见天子时的一系列礼仪；聘，是指诸侯国之间互遣使者访问的礼仪；会，指诸侯对天子不定期的朝见，或是诸侯之间无定制的会面；遇，指诸侯或官吏间偶然的邂逅，通常礼节比较简单；锡命，指的是天子或诸侯对下属封赐爵位、服饰、土地等时的礼仪。《通典》记载了唐代的宾礼："三曰宾礼，其仪有六：一，番国主来朝；二，戒番国主见；三，番主奉见；四，受番使表及币；五，宴番国主；六，宴番国使。"番，指的是唐周边的少数民族政权以及朝鲜半岛地区的新罗、日本等国。《清史稿·礼志二》则记载了清代的宾礼："宾礼：藩国通礼，山海诸国朝贡礼，敕封藩服礼，外国公使觐见礼，内外王公相见礼，京官相见礼，直省官相见礼，士庶相见礼。"

相见礼

孔子礼见老子

相见礼是古人日常相见时的礼仪，属于"五礼"中的宾礼。春秋之前，因"礼不下庶人"，因此相见礼只是贵族之间通行的礼仪。《礼仪·士相见礼》记载了当时秦国士大夫相见的礼仪，其规定士用野鸡，下大夫用雁，上大夫用羔。这里说的是对于上门拜访时的见面礼的规定。另外，其对贵族之间说话时的眼神也有所规定。如士与大夫面谈时眼睛要先看着其面部，然后看其肩膀，最后再看其面部。春秋之后的历代都对相见礼有相应的明文规定，其适用范围也不再局限于贵族，而是扩展到全社会。就内容而言，其一个重要方面是规定官员之间的见面礼仪，总体上是以官大者为尊，而大的程度不同则须施以不同的礼仪；另一方面，对于庶人之间的礼仪有相应规定，基本原则是以年长者为尊；此外，则是比较具体地规定了诸如主宾、师生等之间的礼仪，也是相当具体，以清朝的《士庶相见礼》对主客之间的礼仪规定为例，其对于主人如何迎接、安排座次、饮茶、送客等都做出了一系列详细规定。

嘉礼

嘉礼是人们为日常生活中高兴的事情所举行的庆祝礼仪，往往是人们之间联络感情、建立良好人际关系的媒介；另外，皇帝家中有喜事所举行的庆祝礼仪也叫嘉礼。嘉礼因为涉及生活各个方面，内容比较庞杂，其中比较重要的几种是婚礼、冠礼、飨礼、宴礼、射礼等。婚礼，指结婚礼仪。冠礼，古代男子年满 20 岁时所举行的典礼，对之加冠以示成年。另外，古代女子 15 岁时亦行笄礼，以示成年，也可算是冠礼的分支。飨礼是古代设酒食款待来客的一种礼仪。宴礼，是古代皇帝家有诸如君主登基、册皇太子、天子纳后妃、太子纳妃等喜事时所举行的宴请大臣的礼仪。射礼，因古代尚武，因此在许多场庆祝活动中都设有射箭项目，作为一种仪式的同时，也是一种娱乐。《清史稿・礼志六三》："二曰嘉礼。属于天子者，曰朝会、燕飨、册命、经筵诸典。行于庶人者，曰乡饮酒礼。而婚嫁之礼，则上与下同也。"在五礼之中，其他四礼大多与国家政治生活相关，由皇帝出面主持，嘉礼则是唯一与普通百姓日常生活联系紧密的礼仪。

冠礼

冠礼是中国古代在男子 20 岁时对其施行的成年礼，属于嘉礼的一种。古人认为一个男子在 20 岁时，正式摆脱童稚，进入成年人行列。对其进行冠礼，是提醒他以后便要担负起一个成年人的责任，言谈举止也要遵循社会的种种规范。同时，周围的人也开始把他当作一个成年人来看待，对其表示尊重。先秦的冠礼仪式要烦琐一些，后来有所简化。其大致流程是：在加冠礼之前，通过巫卜的方式选定加冠的日期，并联系好加冠的大宾和协助加冠的"赞冠"。行礼那天，主人（一般是受冠者之父）、大宾及受冠者都穿礼服。授予其冠后，大宾要读一些祝词，一般是诸如"从今天起，你就告别你的童稚，步入成年了，以后你要担负起责任，保持良好的道德情操，为社会多做贡献，祝你前途无量"之类的。另外，还有一个重要项目便是要给受礼者取字，之后，除父母与老师可以称呼其名外，其他人都要称呼其字。加冠仪式后，受冠者还要到处拜访亲友、当地长官和有名望者。别人也对其表示祝贺和勉励。

追溯起源，成年礼仪式源自原始社会，至先秦时形成这种冠礼的形式，并成为六礼（冠、婚、丧、祭、飨、相见）之首。需要指出的是，冠礼有时也会在 20 岁之前举行。因行冠礼后才可以成亲，古代有些贵族子弟成婚较早，因此冠礼也经常提前举行，大体上都是在 15 岁到 20 岁之间。

婚礼

婚礼是古人关于结婚的礼仪，属于嘉礼的一种。婚姻自古乃人生大事，因此婚礼

清代光绪帝大婚图（节选）

在古代便是相当重要的礼仪，一点都马虎不得。在周代时，中国便已经形成了一整套完备的婚礼仪式，在《仪礼》中有详细规制。简而言之，可称为“三书六礼”。三书，指聘书、礼书和迎亲书。六礼，则指从提亲到完婚的六个大体步骤。具体为：一是纳彩。此是男方家长托人向女方家长提出联姻的意愿，也即“说媒”。纳彩不是空口说白话，而是要送礼的。先秦时，以雁为纳彩礼。后世则经常用羊、鹿、阿胶、蒲苇等。二是问名。如果纳采时，女方收下礼物，就表示应允了。问名便是详细问女子的姓名、年龄、生辰及其家族情况。三是纳吉。此是男方家长请人测算男女双方生辰八字是否相合。因古人相信天命，因此这对婚姻的成败也起相当大的作用。四是纳征。就是下聘礼，这就不是一只雁或者一只羊能打发了的，而是要真金真银的，并且历代都不断在增加。五是请期。此为定下迎亲日期，一般是男方象征性地征求一下女方意见，其实是自己决定后告诉女方，因此也叫告期。六是亲迎。这是男子娶媳妇的梦最后实现的步骤了。该步骤主要就是迎亲和拜堂，但其具体步骤则相当烦琐。在迎亲前一天，女家要为女儿“开脸”、“上头”，这两个步骤主要是使女子在发型上开始区别于未婚少女。拜堂第二天，新娘要拜见公婆等，此时婚礼才算基本结束。而严格算的话，婚后第三天，新妇归宁结束，婚礼才完全结束。

兵制与刑制

兵制

兵制指古代的军事制度，包括武装力量体制、军事领导体制和兵役制度等方面的内容。据《周礼·夏官》记载，早期以军为基本编制单位，一军有 1.25 万人。周王室有六军，诸侯则大国三军，次国二军，小国一军；在领导体制上，一般由卿大夫等贵族担任各级军官；而在兵役制度上，当时实行的是全民皆兵制。自秦汉时期起，中国的兵制开始形成了新的模式。在武装力量上，常规军体制各代不一，一般都分为中央军和地方军，且各代都采取强化中央军，弱化地方兵的强干弱枝策略，以防止地方割据。在领导体制上，不再以贵族统兵，而是以各级武将统兵。除个别镇守边关的武将之外，朝廷武将往往实行战时领兵、战完罢权的制度。在兵役制度上，因中国地广人多，因此自秦汉起便废除了全民皆兵的制度，而是实行征兵制、募兵制或世兵制等。如汉代实行每个成年男子都服三年兵役的“寓兵于农”的征兵制；隋唐时期则采用“寓农于兵”的府兵制；宋代是募兵制；元明是世兵制；清先是世兵制，后又改为招募。

民兵制

民兵制即兵士并非职业化，而是亦民亦兵的兵役制度。大体而言，职业化的军队由国家花钱招募而成，而征兵制下的军队大多有民兵性质。在我国整个古代社会，仅有宋代长时间实行过全国范围的募兵制，其他朝代虽也存在招募兵士的情况，但一般都并非主流。因此，我国古代的大部分常备军队都或多或少有些民兵性质。而根据具体兵制的不同，不同朝代的民兵制也各有其特点。比如唐代之前的军队多实行征兵制，即适当年龄的男子被强制轮流到军中服役一段时间，期满回家依旧务农，民兵性质浓厚，战斗力很难保证。而唐代的府兵、明代的卫所兵的性质则介于民兵和职业兵之间。首先士兵均终身为兵，随时听候调遣，这像是职业兵；但同时又没有军饷，而须在平时自己种田自力更生（国家不向其征服役），这又像是民兵。另外，比较纯粹的民兵也存在于各代。如宋代王安石为减轻正规军军费开支，便训练过农民武装以备辽国下造成的不时之需；清代的“勇”兵便属于民兵，并且正是靠民兵镇压了太平天国运动。

烽燧传警

汉代烽燧遗址

烽燧传警是古代一种通过放火或放烟的方式传递军情的手段。白天放烟叫“烽”，夜间举火叫“燧”。烽燧传警的办法早在西周时期就已经存在。春秋战国时期，各诸侯国为防止外国入侵，纷纷修建长城，尤其是秦将各国长城连接起来后，烽燧与长城便联系在一起，并开始被称为烽火台，成了历代常设的军事防御组织，用以防范北方的游牧民族。一般情况下，每十里设一个烽燧（烽火台），明代则五里一个。每个烽燧上都设有5～10个兵丁。遇到敌人进犯，便要点火或放烟，将消息传递给隔壁的烽燧，这样依次传递，很快便可抵达军事中枢。一些朝代烽火种类、施放程序、施放方法、密号等方面都有严格明确的规定，甚至“传报得宜克敌者，准奇功。违者处以军法”。历代之中，严防匈奴人的汉代和防范蒙古人的明代对烽燧制度最为重视。

三军

三军的说法产生自周代。周代以“军”作为最大的军队建制，《周礼·夏官·司马》记载：“凡制军，万有二千五百人为军。王六军，大国三军，次国二军，小国一军。”因此，三军合3.75万人。不过，这只是制度所规定的天子及各诸侯国的常备武装人数。事实上，到春秋时期，各国的军队数量已经远远不止规定的数目，更遑论动辄出动几十万军队的战国时期了。不过虽然一军的人数已经大大超过规定，但各国军队依旧习惯上将部队编为3个军，只是各国名称有所不同。如楚国分别设中军、左军、右军；晋国设中军、上军、下军；魏国称前军、中军、后军。三军各设将、佐等军衔。其中，中军将是三军统帅。后来三军不再是军队建制，凡出征打仗，军队往往分作前军、中军、后军，分别担任先锋、主力、掩护警戒的职能。另外，三军也常常指古代步、车、骑3个兵种。现在，三军则成了对于海、陆、空3个兵种的泛称。

战阵

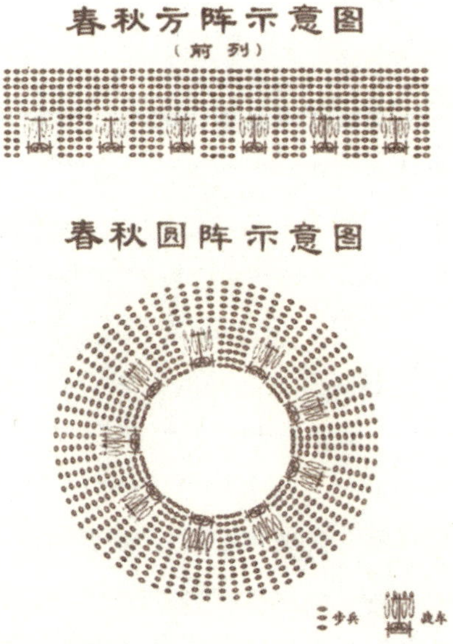

春秋战阵

所谓战阵，是在军队投入战斗时根据地形、敌我力量对比等情况所组成的战斗队形。在古代冷兵器时代，军队组成训练有素、纪律严明的战阵之后，可以极大地增强军队的战斗力。《六韬·均兵篇》曾言，在平坦地形上作战，如果单个战斗，则一名骑兵抵挡不了一名步兵，但若列队成阵，则骑兵可与 8 倍于己的步卒作战，因此古代军队作战往往要组成各种战阵。就战阵的起源来说，最早的战阵乃是模仿原始社会的围猎模式而成的。到商周，尤其是春秋战国时期，由于常年大规模的战争，形成了一些以车兵和步兵相配合的战阵，常见的有以中军为主力，两翼相配合的三阵，以及在三阵基础上形成的五阵，军事家孙膑则发明了著名的以步兵为主体的八阵。汉代对匈奴作战之后，骑兵的作用日渐重要，战争更强调各兵种间的协调。诸葛亮根据战争军器的发展创造了使步、弩、骑、车等兵种有机协调的新八阵，即著名的八阵图。唐代重视骑兵的作用，打仗讲究灵活的奇袭战术，战阵不多，著名的有名将李靖的六花阵及用于撤退的撤退阵。宋代因缺少马匹，打仗靠步兵，创造了常阵、平戎万全阵、本朝八阵等诸多战阵，但效果一般，败多胜少。明清之际，火器的使用使得军队不适合再组成密集的战阵，军队战斗编制向小而疏散的方向发展，战阵逐渐淡化。

将军

将军的称呼产生于春秋时期。军是古代最大的军队建制，总有 1.25 万人；将，则是统领之意。卿大夫一般担任一个军的首领，因此卿大夫往往被称为将军，但并非一种正式官职。战国时期，将军逐渐成为正式官名，并根据三军的设置分别出现上、中、下、前、后、左、右将军等官名。秦代因之，设上将军为出征打仗时的军事统领，其次置前、后、左、右将军。汉置大将军、骠骑将军，位次丞相；车骑将军、卫将军、前、后、左、右将军，位次上卿。晋朝设骠骑、车骑、卫将军，又有伏波、抚军、都护、镇军、中军、四征等大将军。南北朝时，武人逐鹿，将军名号更多。唐代时，各种制度开始规范，设有上将军、大将军、将军等名号，作为一些禁卫军军官和武散官（有官无职的官员）的称号。宋、元、明时期，将军多为武散官，另外将军还是对廷尉武士的尊称。清人尚武，将军常被作为宗室爵号，另外也是对地方军事长官的泛称。

军队编制

军队的编制就是军队组编士兵的方式。在古代，因士兵往往都不是职业军人，因此其编制在平时与战时往往有所不同。因五进位以及十进位制是人类普遍采用的计数方法，因此先秦军队基层编制就是一五一十点数的“什伍”之制。5人为伍，5伍为两，5两为卒，5卒为旅，5旅为师，5师为军，一军有1.25万人。又往往按照具体职责分为三军。秦汉时期，军队乃是民兵制，兵士平时按照居住地点就近编伍，由各郡的郡尉、各县的县尉负责训练，并负责地方治安；参加战争时，再进行统一编制。一般是按照地域编制后，分配到各将军的战斗集群中去。隋唐时期，平时编制实行府兵制，各地每个折冲府管辖兵员800 ~ 1200人，以折冲都尉为长官；战斗时则同样再进行临时编制。宋代军队是招募而成的职业军队，战时平时编制差别不大。以10人为火，5火为队，10队为营（总500人），若干个营组编为将，将是独立的战斗单位。明代军队也接近于职业兵，其编制为卫所形式。每卫编制5600人，设置指挥；卫下辖5个千户所，每所1112人，设千户；千户下辖10个百户所，每所112人，设百户；百户下辖2总旗；总旗下辖5小旗。清代八旗军则以旗为最大单位，绿营兵则以营为基本单位。

秦汉军制

汉代往往被史学家看作是秦的继续，因此秦汉军制也比较类似。从军事领导体制而言，其实行的都是一种强化中央集权的军事制度，军队被置于皇帝的严密控制之下。秦代总领全国军队的为三公之一的太尉，但太尉并无实权，真正打仗时皇帝临时委派上将军及前、后、左、右诸将军统兵，战后军队则依旧交还太尉；汉代差不多，其名义上的最高军事长官初为太尉，后改为大司马，也是虚职。战时皇帝临时任命大将军、骠骑将军、车骑将军等统兵。秦汉皇帝均用这种将、兵分离制将军队控制在自己手中。就兵役制度来说，秦汉均实行征兵制。秦统一六国后，兵役制度仍沿用旧制，弊端重重，陈胜吴广起义便源于兵役制度的弊端。汉代兵制更加完善，男子年满23岁需服兵役两

执戟骑马俑　汉

次，一次在本郡、县服役，另一次到中央宿卫或戍边，每次一年。另外，汉代在征兵制之外还部分实行募兵制作为补充。东汉末年，募兵制逐渐取代征兵制，地方武人趁机培养自己的势力，割据自雄，造成东汉末年群雄割据的局面。

征兵制

征兵制是强制符合条件的男子入伍的兵役制度，与以自愿应征性质的募兵制相对应。在我国唐代之前，基本上实行的都是征兵制，将入伍作为一项义务分派到各家各户。春秋战国时期，战事频繁，各国的兵役都十分繁重，正是强制性的征兵制才得以保证士兵的来源。秦代男子满 17 岁便要开始为国家服兵役，总共至少 3 年。汉代基本继承了秦制，只是将年龄推迟到 23 岁。其后的魏晋南北朝，乱世之中，强制性征兵也是主要的招兵手段。北魏的花木兰替父从军，便是在征兵制的背景下发生的。征兵制的特点一是军费开支小；二是兵士服完役便离开，不会成为将领私人势力，造成武人自雄。其缺点则是军队战斗力不如招募的职业兵。隋唐及以后各代，实行的是府兵制、世兵制或募兵制等，征兵制逐渐废弃。

府兵制

府兵制是隋唐时期的一种兵制。府兵制起源于北魏时期，历北周、隋至唐代趋于完善，是唐代前期的主要兵制。其具体形式是在全国各地按照战略位置和防御需要建立军府，充当府兵者可携带家属聚居于军府内，政府分给一定土地。府兵农时务农，农闲时接受专门的军事训练机构折冲府的训练，战时则随将出征。府兵家可免除各项赋税徭役，但其军服、武器、马匹等军用物资以及到京师宿卫时路上用度则需自己置办。这种制度在朝廷来说，省了军费开支；在府兵来说，也自觉划算，加上唐代尚武，年轻人都乐于充当府兵。因此充当府兵者多是家庭殷实子弟乃至官僚子弟，贫贱子弟还当不上。府兵有两个职责，平时需轮番到京师宿卫；战时府兵随将出征，战毕兵归于府，将归于朝，避免了武将拥兵自重。到玄宗时期，因为战事频繁、防御线延长，原来防戍的休假制度取消，加上后来番上卫士往往被贵族官僚借为私家役使，导致社会上以充当府兵为耻辱，故府兵大量逃亡，府兵制名存实亡。朝廷不得已允许将领私自募兵，这便导致了“安史之乱”的爆发和之后的武人割据局面。

都护府

都护府是汉唐两代在边疆地区所设的特殊官署。“都”意为全部，“护”意为带兵监护，“都护”即“总监护”之意。西汉宣帝时，在乌垒（今新疆轮台县东北）设西域都护府，统一管理大宛及其以东城郭诸国，兼督察乌孙、康居等国之事。魏晋时，设有西域长史府，类似于西域都护府。唐代的都护府影响最大。由于强盛的唐王朝先后打败突厥、薛延陀等部，周边少数民族纷纷表示归顺。唐朝在这些少数民族地区设立州县，任其自治，只在一个大区域内设都护府，作为最高军政机关。都护府长官都护为一地最高军政长官，其职责在于“抚慰诸藩，辑宁外寇”，凡对周边民族之“抚慰、征讨、叙功、罚过事宜”，皆其所统。自太宗至武后，在北、西、南面少数民族地带设安东、东夷、安北、单于、安西、北庭、昆陵、蒙池、安南等九个都护府。到玄宗时，只剩下安东、安北、单于、安西、北庭、安南都护府，这就是著名的唐代六都护府。唐中后期，唐王朝不复昔日强盛，周边民族不服，各都护府逐渐废弃。

节度使

节度使是唐代后期出现的地方军政长官。唐代时，驻守各道的武将称为都督，其中带使持节者称为节度使。唐睿宗景云二年（711年），贺拔延嗣被任命为凉州都督充河西节度使，之后节度使成为正式的官职。唐玄宗开元年间，又设立了陇右、平卢、碛西、河西、朔方、河东、范阳、岭南、剑南9个节度使。因唐朝强盛，对少数民族失去警惕，此时的节度使多由少数民族担任，且往往封郡王。节度使刚开始只有

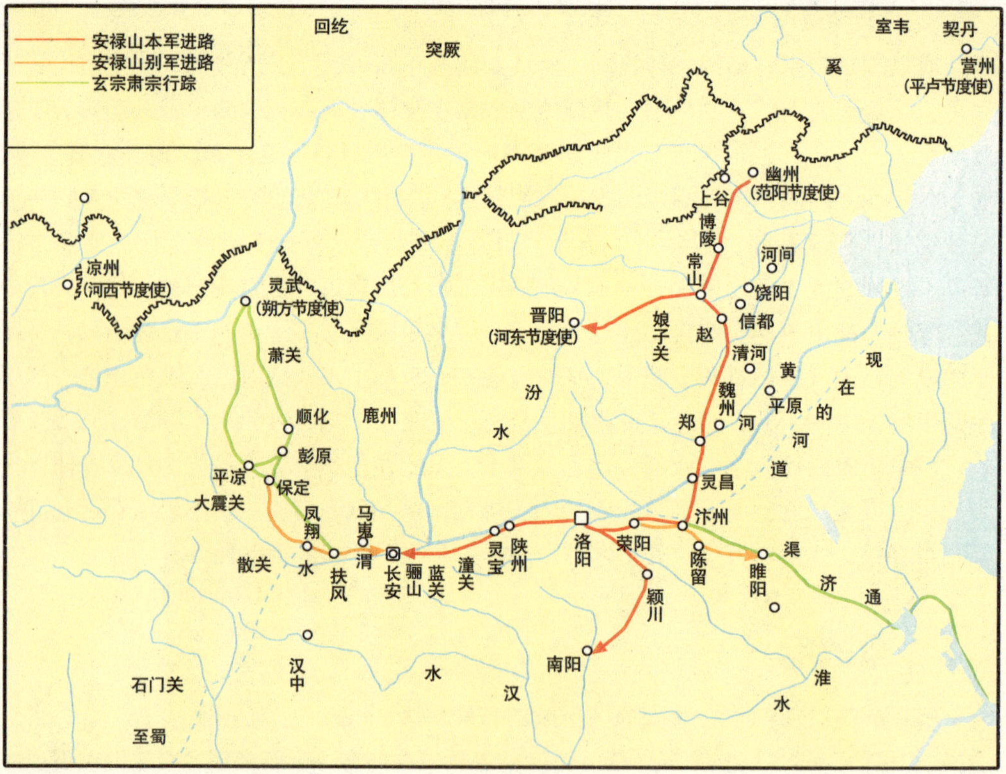

安史之乱示意图

唐朝安史之乱正是从节度使辖区开始的。

军权，并无权干涉地方行政。后逐渐总揽一区的军、民、财、政，辖区内地方行政长官各州刺史均受其节制，有的干脆兼任驻在州之刺史。755年，平卢、范阳、河东三镇节度使安禄山伙同史思明发动“安史之乱”。“安史之乱”平定后，全国节度使遍布，多为“安史之乱”中叛乱或平叛的武人。其不受中央节制，军政人事，皆得自专，父死子继，形成藩镇割据的局面。五代时期，各地节度使摇身变为乱世军阀，中央政权的拥立与废弃都取决于节度使，后梁、后唐、后晋、后汉、后周的建立者均为节度使。宋代赵匡胤以文治国，节度使逐渐成为虚衔。元代废弃。

枢密院

枢密院是唐、五代、宋、辽、元时代的官署名称。唐永泰年间，以宦官任枢密使，帮皇帝处理机要。五代后梁改枢密使为崇政使，由士人充任，并设崇政院。后唐又改崇政院为枢密院，崇政使为枢密使，与宰相分执朝政，宰相掌文，枢密使掌武。宋代沿设枢密院并进一步完善，与中书省合称“两府”，并为宋代最高政务机关。庆历年间因对西夏用兵，宰相一度兼任枢密使。南宋宁宗后，宰相始例兼枢密使。辽曾分别设南、北枢密院，北院掌管军事，南院掌管官吏升降，分别相当于兵部和吏部。元代，枢密院为军政枢纽，并掌管禁卫军以及边防事务。战时，则在作战区域设行枢密院作为枢密院派出机构总领军政。明代，枢密院废置，其职权由大都督府代替。总体而言，枢密院与尚书、中书、门下三省的演变过程类似，先是作为内廷性质，后成为正式的政府中枢机关，与宰相分权，是皇权侵蚀相权的产物。

禁军和厢军

宋代因北有辽、西夏强敌，都城东京（今开封）又无天险可守，统治者极没有安全感，因此大量养兵，士兵没有退役制度。到宋太宗时，兵士老壮强弱不齐，不像样子。宋太宗于是从中挑选年轻健硕者组成一支精锐之师，称为禁军，剩下的则称为厢军。禁军是宋朝的中央军及正规军，也称“上军”，除一部分驻守在河北以防备辽南下外，其余基本上都驻守在东京及附近地区，拱卫京师。宋朝真正的战事、边防任务主要依赖禁军，因此禁军俸禄、福利也远远高于厢军（如禁军士兵在驻防地可携带家属，并分配家属营房）。厢军基本没有对外作战能力，全部驻守在各地方，负责维护地方治安的同时，主要是做各种杂役，极没有尊严，“好男不当兵”的说法便出自宋代。另外，宋代对罪

鄜延第四将带器械铜牌　宋
这是宋朝中下级官员用以表明身份的铜牌。

犯实施的“充军”刑罚，便是充厢军。另外，禁军的主要来源是从厢军中挑选，因此大部分厢军士兵的人生规划便是升到禁军中去。而禁军中因老弱被淘汰的士兵则编入厢军。

募兵制

募兵制是政府花钱招募，个人自愿报名参加的兵役制度，与其对应的是强制符合条件者入伍的征兵制。募兵制早在春秋时期就已经出现，当时的名将吴起便组织过一支最早的招募部队，叫作武卒。东晋名将谢玄也曾利用招募的方式组建了“北府兵”。唐中期，府兵制长时期运作后开始出现弊端，许多人不愿当兵，于是朝廷准许地方武将募兵。自唐之后，五代以及宋代，募兵制基本上完全取代原来的征兵制。宋代因招募大量士兵，且没有退休制度，要终身发饷，故军费开支庞大，给财政造成极大的压力。元明清时期，募兵制只是作为一种征兵制的补充而已。相比于征兵制，募兵制的优点是使军人职业化，军队战斗力往往比较强。例如明代抗倭名将戚继光募兵所建的戚家军，俞大猷募兵所建的俞家军，都堪称劲旅。但募兵制也存在一定弊端，其一方面给国家财政造成负担，另一方面因士兵职业化后与将领长期隶属，容易导致军阀产生。如唐末藩镇割据的局面便与募兵制有关。

猛安谋克

猛安谋克既是金代女真人的一种社会组织模式，也是金代的一种官职。猛安谋克最早是女真人围猎时的一种组织编制，后来逐渐成为一种军事、行政组织编制。其成员平时从事狩猎、捕鱼等生产活动，遇到战争，青壮年则自备武器、军马和粮草，应召去打仗，联盟根据各部首领（称为孛堇）率领出征人数多寡，分别称为猛安或谋克。其中猛安相当于千夫长，谋克则相当于百夫长。金人统治北方后，东北地区的许多女真人徙入内地。猛安谋克这种组织形式也开始渗透到汉族地区。算下来，当时的猛安谋克有5个作用。1. 作为地方行政组织的两级单位，其中，猛安相当于防御州，谋克相当于县，但地位高于县。2. 职官的代称，对应于地方行政单位，猛安相当于州刺史，谋克则略高于县令，这是正常的政府行政组织之外的另一套官职体系，职责则涉及率兵打仗和掌管生产、征收赋税等方面。3. 军队编制的两级单位。4. 户制。5. 世袭爵衔，可父死子继，世代相传。猛安谋克为后来满族人的八旗制度奠定了基础。

五军都督府

五军都督府是明朝5个同类的军事官署，分别是中军都督府、左军都督府、右军都督府、前军都督府、后军都督府。明初朱元璋设统军大元帅府，后仿元制改为枢密院，之后又改为大都督府，统领全国军政。洪武十三年（1380 年），朱元璋为扩张皇权，先是杀宰相胡惟庸并宣布永不设宰相，将行政权分拆；之后又将大都督府分拆为五军都督府，将军权分拆。五军都督府各设左、右都督两名作为长官，均为正一品，又往往是武将出身，如抗倭英雄戚继光、女帅秦良玉都是五军都督府左都督。都督开始有参政议政权，明后期逐渐失去。五军都督府的职责是统领京畿及各地方的卫所，具有统兵权，但调兵权与武将人事权却归兵部。都督府和兵部互不统属，均直接听命于皇帝。打仗时，在兵部挂职的武将凭皇帝印信领兵，战事结束，还兵于都督府，自己仍挂职兵部。这样，明代的军权便被分拆在五军都督府和兵部两个部门，防止了武将跋扈的局面。

卫所制度

北平行都指挥使司夜巡铜牌　明

洪武二十年（1387 年），明政府设置北平行都司于大宁，共设十六卫。洪武二十四年（1391 年），朱元璋封第十七子朱权为宁王，藩地即在宁城。宁城在北方，面对元朝蒙古残余势力，因而在此设立都指挥使司，命宁王拥重兵驻防其地。成祖即位后，改封宁王于江西南昌，改北平行都司为大宁都司，治所迁保定。上图夜巡铜牌，是大宁卫士兵夜间巡逻佩带的证件。

卫所制度是明代的一种军制。明代上自京师，下至郡县，皆设卫、所作为基本的驻兵单位。一卫一般为5600人，其长官指挥使品秩正三品；一卫可分为5个千户所，每千户所1120人，其长官正千户品秩正五品；每千户又分为10个百户所，每百户所112人，其长官百户品秩正六品。另外，明代在一些特别的地方驻有不统辖于卫，单独建制的千户所，称为守御千户所；还有少量称为御的军事机构，其一般下辖两三个千户所。卫所数量时有变动，以洪武二十三年（1390 年）为例，当时全国共有卫 547 个，所 2563 个。至于其具体的分布，则是朝廷根据全国各地的战略位置、防御需要来设置，有的一府数卫，有的数府一卫，有的则一府、一州一个千户所而已。明代实行世兵制，卫所兵士皆由“军籍”家庭世代充任，卫以下军官也都世袭。这些卫所平时同时受一省军事长官都指挥使司和中央军事机构五军都督府节制，战时则听命于朝廷委派的临时将领，战罢仍归卫所。这固然避免了武人拥兵自雄的现象，但也造成了将不熟兵、兵不习将的弊端，导致军队战斗力不高。

八旗制度

八旗制度是清代一种全民皆兵的制度，由清太祖努尔哈赤在女真人牛录制的基础上建立。八旗分别是正黄、正白、正红、正蓝、镶黄、镶白、镶红、镶蓝。努尔哈赤将所有满人都编入八旗之内，每300人为一牛录；5牛录为一甲喇；5甲喇为一旗。八旗既是社会生产组织，又是军事组织，旗内男子平时牧猎，战时从伍。

满洲入关后，八旗兵成为职业兵。后清太宗又在满洲八旗的基础上建立蒙古八旗和汉军八旗。清中期后，汉军八旗逐渐式微，因此人们所说的八旗通常只指满洲八旗。八旗之中，由皇帝控制的镶黄、正黄、正白三旗，称为上三旗，负责驻守京师；由诸王、贝勒统辖的正红、镶红、正蓝、镶蓝、镶白五旗，称为下五旗，负责驻守全国重镇。

八旗制度是清朝统一中国的经济与军事基础，并对清初的平定三番、戍守西藏、抗击沙俄等起到了关键作用。清中后期，八旗军失去了战斗力，清朝的军事主力逐渐由汉人组成的绿营兵担任，八旗制度已失去原本作用，但一直存在至清亡。

绿营兵

平定准噶尔图卷局部　清

这幅图卷是描绘清兵平定准噶尔叛乱的历史画卷。所示图片为“伊犁河”与“大营”的受降场面。

绿营兵是清政府招募汉人组成的军队，因其旗帜为绿色，并以营为主要的基层编制，故名。绿营兵受兵部管辖，主要兵种是步兵，此外还有少量骑兵和水师。其少部分配合八旗兵守卫京师，大部分驻守在全国各省。绿营兵建立之初，是因清八旗兵武装力量不足，以其作为八旗兵的辅助，帮忙驻守京师尤其是各地方，并受到八旗兵的严密监视和控制。清中叶以后，由于八旗军的战斗力下降，绿营兵逐渐成为军队主力，其人数也不断增加，最多时达60万人。至清晚期，由于吏治的腐败，军事力量也进一步下降，绿营兵的战斗力也大大下降。以至于清政府靠汉族地主武装湘军、淮军才得以镇压了太平天国运动。

兵与勇

清代士兵的后背上有的标一个“兵”字，有的则标一个“勇”字，两者性质有所不同。“兵”，是清代的常备武装，主要包括八旗兵和绿营兵两部分，属于国家的职业军人，称为“经制兵”；而“勇”是清代的一种临时招募兵。清制规定，遇战事，若八旗兵和绿营兵不足用，则就地临时招募汉人，称为“勇”。“勇”在战事结束后即解散，即使有功劳也只发放物质奖赏，并不留用，相当于民兵。

清晚期，八旗兵和绿营兵均已经失去战斗力。太平天国运动兴起后，八旗兵和绿营兵不堪一击。清政府特准曾国藩、李鸿章等人操练乡勇，组建湘军、淮军，最终镇压了太平天国运动。因其极强的战斗力，“勇”逐渐取代了“兵”，成为国家的主力部队。

刑制

刑制也叫刑法，是中国古代关于刑罚，即论罪惩罚的制度。中国古代没有独立的民法典，民事（婚姻、经济、商业等）法律都附属于刑法制度，因此刑制是我国古代法律的主体。关于刑制的起源，最早可以追溯到三代之际。夏朝时便有“禹刑”，商有“汤刑”，周有“吕刑”。之后的历代王朝都在参考前代的基础上建立了自己的刑制。其中，秦朝的《秦律》和唐朝的《唐律》两部刑制影响最大，都开创了后世数代基本的刑制构架。具体而言，我国古代的刑法名目相当繁多，大体上可概括为“五刑”。另外，在五刑之外，历代都存在诸如凌迟、腰斩、诛九族等相当野蛮残忍的刑法，作为“五刑”的补充，其针对的对象往往是那些犯了谋反、残忍凶杀等重罪的罪犯。有时皇帝凭自己脾性也会对人行以极刑。

总体而言，古代刑制的主观性比较强。古人一般认为治平世用轻典即可，乱世则须用重典。另外，遇到宽厚仁爱的君主，刑制就会宽松，比如汉文帝刘恒；而遇到暴虐之君，则刑制比较严酷，如明太祖朱元璋。中国刑制对朝鲜、日本、越南等国都有深刻影响，被现代法学家称为“中华法系”。

大理寺

大理寺是我国古代的司法审判机构。秦代时，掌管狱讼的人称为廷尉，汉代一度改廷尉为大理，后改回。北齐时，确定以大理寺为官署名，作为中央审判机关，以大理寺卿为长官，正三品（隋之后各代均为从三品），少卿为其副职。后除元代外，历代因之。

铁钳和铁桎　秦

铁钳和铁桎是刑徒所戴刑具，两桎环，一环上有一铁锁一把。

大理寺虽名义上为历代的中央审判机关，但在各代的具体职权时有变化。唐代，大理寺主要负责审理中央百官及京城徒刑以上的案件，与刑部共同行使审判权；宋代，大理寺与刑部、御史台共同行使审判权；明代的大理寺与刑部、都察院合称“三法司”，共同行使审判权，其中，大理寺侧重于对冤案、错案的驳正、平反；清代承袭明代三法司体制，但此时三机关的职权划分与明代大不相同。其中刑部权力比较大，而大理寺的地位则远不如前代，其职责只是复核刑部拟判死刑的案件。清光绪三十二年（1906年），仿西方司法独立，大理寺改为大理院，其职权为解释法律，监督各级审判，并作为最高级的审判机关。

刑部

刑部是中国古代最高司法机关。刑部最早设立于隋朝，为“三省六部制”中的六部之一，其长官为刑部尚书，品秩正三品；其副职为侍郎，正四品下。隋唐时期，刑部与大理寺一同行使最高审判权力。宋代，刑部、大理寺、御史台共同行使审判权。元代，刑部与大宗正府、宣政院共同行使审判权，刑部还兼有司法行政方面的职责。明清两代，刑部与大理寺、都察院合称“三法司”，共同行使审判权。其中刑部的职责是审核修订各种法律，复核各地送部的刑名案件，会同九卿审理“监候”的死刑案件并负责直接审理京畿地区的待罪以上案件。在组织机构上，刑部除在中央设有官署外，在各省都设有派驻机构，负责各省的刑名案件以及司法政务。清代的刑部各司还设有减等处（负责各案的赦减等事）、秋审处（掌核秋审、朝审各案）、督捕司（督捕旗人逃亡事件）、提牢厅（掌管狱卒，稽查监狱罪犯，发放囚犯日常用品等）等基层机构，职责相当宽泛。光绪三十二年（1906年），清政府宣布“仿行宪政”，刑部被改为法部。

成文法

所谓成文法，指的是以国家名义制定成文字并公之于众的法律。与成文法对应的是以习惯、惯例等作为法律准绳的不成文法，比如中国夏、商、西周时期的法律便属于不成文法。需要指出的是，成文法的内涵不仅在其书面性，更在于其公开性。因此虽然春秋时期的楚文王时期、晋国、宋国都建有文字形式的法律，但因其并未公之于众，后世法学界一般认为略迟些的郑国政治家子产铸在鼎上并公布于全社会的郑国法律条文，才是中国最早的成文法，史称《铸刑书》。战国时期，魏国改革家李悝总结春秋法律编撰成我国第一本法典《法经》，可算是我国第一部完备的成文法。之后，自秦开始，历代统治者都必然要在开国之初建立自己的成文法。如《秦律》、《汉律》、《唐律疏议》、《宋刑统》、《大明律》、《大清律》等。总体而言，相比于不成文法，成文法是一种法制上的进步。其明确具体、稳定（严格的修改废止程序）、较好的预防作用更有利于社会的有序发展。但往往因时间的推移而导致法令条文过时，须经常修改，也是相当麻烦，并且有时会产生文字上的歧义。

《秦律》

《秦律》是对秦代所颁布的一系列法律的统称。商鞅变法时，曾将春秋时李悝的《法经》稍做修改后作为秦律颁行全国。秦统一六国后，将《秦律》做一番修订推行到全国。后来秦二世又对《秦律》做了一些改动，最终成型。据考古所发掘的秦简发现，《秦律》不仅包含了《法经》6篇的内容，而且还有《田律》、《工律》、《置吏律》、《效律》、《仓律》、《金布律》等内容，涉及政治、经济、军事、文化等方面。从秦律的着眼点来看，其目的重在维护一种中央集权的政治制度，体现的是奴隶主及贵族的利益，某种意义上是镇压奴隶及底层人民反抗的工具。另一方面，因其使社会各领域“皆有法式”，也促进了社会经济的发展。从刑罚制度上讲，《秦律》内保留了许多古代残忍的酷刑，比较野蛮。秦亡后，汉在废除了其中一些酷刑的基础上继承了《秦律》，之后的魏晋南北朝因之，直到唐代，《秦律》才有大的改动。

始皇诏版　秦

这块青铜的诏版，原置于宫廷重要的器具之上，文为“廿六年，皇帝尽并兼天下诸侯，黔首大安，立号为皇帝，乃诏丞相状、绾，法度量则不壹，歉疑者，皆明壹之”。

《唐律》

《唐律》在广义上可指有唐一代的法律，又因唐代法典所遗留下来的版本以《唐律疏议》影响最大，故也常指《唐律疏议》，又叫《永徽律疏》。唐代建立后，初袭隋朝的《开皇律》，后经过武德、贞观两代的修改，至永徽年间经长孙无忌等19人再次修订后形成《永徽律》。后长孙无忌等又对其精神实质和律文逐条逐句进行疏证解释，撰成《律疏》30卷，与《律》合为一体，统称《永徽律疏》。其后《永徽律疏》虽被修改两次，但后人对其修改内容已不得而知，故将《永徽律疏》视作《唐律》。《唐律》继承了秦汉以来历代的立法和司法经验，对社会各个方面的法律进行了完善，并除去之前法律过于严酷的弊端，成为唐代之前法律之集大成者。至此，《秦律》才真正得到了大的变动，法律不再一味是严刑峻法，而是融入了儒家的一些伦理道德思

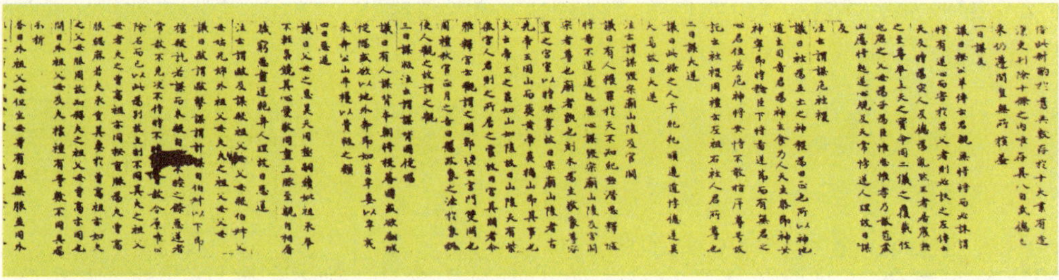

《唐律疏议》

想。《唐律》形成后，对后世影响巨大。《宋刑统》基本照抄《唐律》，《元典章》、《大明律》、《大清律例》也以其为蓝本。另外，《唐律》对于古代日本、朝鲜、越南等国也有深刻影响，被认为是中华法系的代表法典。

《明大诰》

《明大诰》是明太祖朱元璋所立的一套特别的刑事法规。朱元璋开国后，推行刚猛强断、严刑峻法的治国策略，自己在明朝政府法《大明律》之外另立了一套更为严峻的法规《明大诰》。在罪行上，其中设有“游食”、“官吏下乡”、“寰中士夫不为君用（即有才能者不肯出来做官）”等明律中没有的罪名；在处罚上，对于同一罪名，《明大诰》比《大明律》要重得多，并且还设有断手、刖足、阉割为奴等《大明律》中不存在的残忍刑法；从着重点来说，《明大诰》的大部分内容主要针对的是贪官污吏；在格式上，《明大诰》是由案例、峻令、朱元璋就案例所发的训导 3 部分组成，有些不伦不类，完全不是法律文本的样子。总体而言，《明大诰》提倡的是对人极度蔑视的封建强权主义和无节制的滥杀政策，严重违背了“罚罪相当”的法律精神，是朱元璋根据自己的好恶搞出来的一套恶法，可以说是中国法制的倒退。《明大诰》在明初一度是家家收藏、人人诵读的御制圣书，朱元璋死后，比较仁慈的建文帝即位，《明大诰》便失去了法律效力。

七出

“七出”是我国古代法律和礼制规定的男子休妻的 7 种条件。妻子只要触犯其中任何一种，丈夫或夫家便可以提出休妻。具体是：1. 不孝顺公婆，此被认为是“逆德”。2. 无子，即妻子不能生儿子，被休理由是“绝世”。在中国古代，某种意义上结婚就是为了传宗接代，不能生儿子，婚姻便失去了意义。不过因古代实行一妻多妾制，真正为此休妻的不多。3. 淫，即妻子红杏出墙，被休理由是“乱族”。古人认为这会造成后代在血缘和辈分上的混乱。4. 嫉，理由是“乱家”。因古代实行一妻多妾，妻子嫉妒会造成家庭不和。5. 有恶疾，指妻子患严重疾病，其理由是“不可共粢盛”。

是指不能一起参与祭祀，这显然有些借口性质。6. 口多言，指妻子不该说话的时候搬弄是非。其理由是“离亲”。在古代，涉及家族中事，都由男子议定，女子被视作外人，不让插嘴，一旦插嘴便被认为是破坏家庭和睦。7. 窃盗，即偷东西。理由是“反义”，即违背义理。

“七出”的内容在汉代已经基本形成，当时叫作“七去”，只是民间约定俗成的规矩。至唐代，则形成法律制度，但并不严格执行。自宋代起，其执行才逐渐严格。可以看出，“七出”完全从男方立场和利益出发，是一种维护夫权、欺压妻子的法律与民俗。但另一方面，“七出”也最低限度地保护了古代妻子的权益，至少男子不可以凭个人好恶随便休妻了。“七出”几乎贯穿于整个封建时代，直到 20 世纪 30 年代才被国民政府完全废除。

五听

“五听”是中国古代司法官吏审理案件时观察了解当事人心理活动的 5 种方法，分别是辞听、色听、气听、耳听、目听。其说法最早见于《周礼·秋官·小司寇》。据汉代郑玄的注释，辞听是“观其出言，不直则烦”，即观察当事人的语言表达，心虚者则不免显得浮躁。色听是“察其颜色，不直则赧然”，即观察当事人的面部表情，心虚者会呈现羞愧状。气听是“观其气息，不直则喘”，即观察当事人的呼吸情况，心虚者会喘息不稳。耳听是“观其聆听，不直则惑”，即观察当事人聆听的情况，心虚者往往因心神不宁而听力不集中，从而显得惶惑。目听是“观其眸子视，不直则然”，即观察当事人的视觉和眼睛，心虚者往往目光散乱。周代的这套方法后来成为历代司法审判的基本手段。唐代法典《唐六典》还规定：“凡察狱之官，先备五听。”“五听”可以看作是古人对于犯罪心理学的一种早期运用，虽不免有主观性，但作为一种审案的辅助手段，显然有一定的作用。

三法司会审

三法司会审，简称三司会审，是我国古代三法司（三个司法机关）共同审理重大案件的制度。《商君书·定分》：“天子置三法官，殿中置一法官，御史置一法官及吏，丞相置一法官。”后世的“三法司”之称即源于此。汉代时，以廷尉、御史中丞和司隶校尉为三法司；唐代以刑部、大理寺和御史台为三法司；明、清两代以刑部、大理寺和都察院为三法司。遇有重大疑难案件，由三法司共同审理。比如清代时，凡涉及死罪的重大案件，在京城的由三法司会审，在外省的则须经三法司复核。会审时，先由俗称“小三法司”的都察院御史、大理寺官到刑部与司员一起会审录问，此俗称“会小法”。之后，小三法司各自回去向其堂官汇报情况。大理寺堂官（卿或少卿）、

三堂会审木雕

都察院堂官（左都御史或左副都御史）再到刑部，与刑部堂官（尚书或侍郎）一起会审犯人，此为“会大法”。如果三法司意见一致，则将结果汇报皇帝；如果意见不一致，则将各自意见汇报皇帝，由皇帝裁夺。各省上报来的案件，三法司复核时，如意见统一，则结案；意见不统一时，同样上奏由皇帝定夺。总体而言，三法司会审制度是古人为避免司法案件中的专权舞弊行为，维持司法审判的公正性而设计的一种制度。就制度本身来说，是相当高明的。

八议

八议是古代一种为官僚、贵族而设的司法特权制度。在我国古代，司法部门对于八类犯罪者无权直接审理，而是要先将情况汇报给皇帝，由皇帝裁决并减轻处罚。具体是：议亲，即皇帝亲戚；议故，即皇帝的故旧；议贤，即有德行的人；议能，即有卓越才能之人；议功，即功勋卓著之人；议贵，指三品以上的官员和身有一品爵位的人；议勤，即勤于政务的官员；议宾，一般指前朝国君的后裔中被尊为国宾的。

八议制度源于西周的“八辟”，本为约定俗成。魏明帝时，首次将此写入法典《新律》，使官僚贵族的这种特权得到公开的、明确的保护。唐朝法律进一步规定，这8种人犯罪之后，如果犯的是“流”（即流放）以下的罪，则直接降罪一等处理；但如果是犯了十恶重罪，则由大臣议定处罚方案，最后上奏皇帝裁定。往往不能免死，只是死的方式少些痛苦，也有个别得以改为流放。

事实上，八类人中的贤、能、宾、勤等人只是虚晃一枪，八议特权的主要享受者是士大夫阶层，是古代“刑不上大夫”观念的制度体现，也是士大夫阶层在与皇权对峙的过程中为自己争来的特权。该特权历代都存在，但到明清两朝，随着皇权取得绝对的权威，士大夫权力减弱，八议制度就名存实亡了，如明朝士大夫经常被当庭打死。

五刑

五刑是中国古代的刑法，分为奴隶制五刑和封建制五刑。夏朝初步建立了奴隶制的五刑制度，从轻到重依次是：墨（在面或额头上刺字涂墨）、劓（割去鼻子）、髌（挖去膝盖骨）、宫（毁坏生殖器）、大辟（死刑）。奴隶制五刑均是以摧残人的身体来实施惩罚，俗称肉刑。汉代时，肉刑被汉文帝、汉景帝废除，以自由刑为主的封建五刑制度逐步形成。在隋《开皇律》中，封建五刑正式以法令形式出现，经过唐朝的完善，封建五刑形成了完整的法律体系。这五刑分别是：笞（用竹板或荆条拷打犯人脊背或臀腿，按次数分等级）、杖（用大竹板或大荆条拷打犯人脊背臀腿，按次数分等级）、徒（强制服劳役，按期限分等级）、流（把罪犯押解到边远地方服劳役或戍边，按里程分等级）、死（即死刑，隋、唐定死刑为斩、绞两等）。相比于奴隶制五刑，封建五刑的建立乃是中国刑法制度的重大进步，直到清末方被废除。另外，在五刑之外，封建社会还一直存在一些极其严酷的刑法，如凌迟、腰斩、诛九族、车裂等，这些都是针对犯了谋反等重罪的犯人而言。

十恶不赦

在我国古代，一旦犯了十种罪大恶极之罪，便不可赦免。西汉时，曾存在“大逆不道不敬”罪，北齐法典《齐律》在其基础上总结出了“重罪十条”，称犯此十者，不在八议论赎之限。到隋朝时，因为统治者信奉佛教，在《开皇律》中对北齐所列的十条重罪稍做增益之后，引入佛教“十恶业”的说法，形成了“十恶不赦”的说法。具体是：一曰谋反，此被视为十恶之首；二曰谋大逆，指毁坏皇家宗庙、陵墓和宫殿等；三曰谋叛，指背叛朝廷；四曰恶逆，指殴打甚至谋杀祖父母、父母、伯叔等尊长；五曰不道，指杀别人一家三口以上或肢解人，以及用巫蛊害人；六曰大不敬，指冒犯帝室尊严，通常为偷盗皇家祭祀的器具和皇帝日用品等；七曰不孝，指对祖父母、父母不孝，或守制期间作乐等；八曰不睦，指谋杀亲属，或女子殴打、控告丈夫等；九曰不义，指谋杀官吏，士兵杀将领，学生杀老师，女子在丈夫死后立即改嫁等；十曰内乱，指亲属之间通奸或强奸等。隋朝之后的历代都将这十条罪写在法典最前面，以示严重，并规定不得赦免。可以看出，十恶之罪是因为直接危害了封建专制制度的君权、父权、神权、夫权等核心权力，才会如此不可饶恕。

连坐和族诛

连坐又称相坐、随坐、从坐、缘坐，是中国古时因一人犯法而使和其有一定关系的人（如亲属、邻里或主管者等）连带受刑的制度。夏代便有“罪人以族”的说法；春秋时期，秦国的商鞅将连坐规定为明令的法律；经秦汉的进一步完备，至隋唐之际，连坐制度形成系统的法律体系，并写入《唐律》；明清时期的连坐刑罚频繁实施，尤其在清朝的文字狱中盛行。在实施对象上，连坐主要针对的是谋反、谋逆、谋叛等重大犯罪。

族诛是连坐制度中最为严峻的一种，即对罪犯的整个家族实施死刑。具体又可分为诛二族、诛三族、诛七族，最惨烈者为诛九族。另外，明永乐皇帝曾对建文帝的老师方孝孺实施过历史上仅有一次的诛十族。诛族刑罚存在于整个封建社会，尤其是西周以后，历代王朝均以家族作为政治、法律的基本单位，一人高升，则一族受益；一人获重罪，也往往会波及全族。

连坐和族诛在历代都存在，直到1905年才被光绪帝废除。

宫刑

宫刑是古代一种阉割男子生殖器或破坏女子生殖机能的一种肉刑，又称腐刑。其中女子宫刑又叫幽闭。宫刑早在上古时代就已经存在，《尚书》中便提到过宫刑。起初只是为惩罚男女不正当关系，是对于刚刚兴起的一夫一妻制的维护手段。如《伏生书》云："男女不以义交者，其刑宫。"到西周时期，宫刑已经开始扩散到诸多罪名上，成为统治阶层维护统治的残酷手段。秦朝时，宫刑被明确写入《秦律》中，乃是仅次于大辟（死刑）的一种明令刑罚。汉代的宫刑更为普遍，正史有记载的大臣就有司马迁、张贺、李延年等人受此刑罚，平民可想而知。隋朝时，在《开皇律》中废除了宫刑，自此历代正规刑制上均没有宫刑，但私下里此刑并未完全废止。明太祖朱元璋在他的"法外之法"《明大诰》中又加入了"阉割为奴"的刑罚。宫刑的实施过程相当残忍，因古代医疗设施的简陋，宫刑过程非常痛苦，死亡率也相当高。需要指出的是，古代宦官被阉割不是严格意义上的宫刑，而往往是为生活所迫，自愿被阉割入宫，并非承受刑罚。

凌迟

凌迟也称陵迟，是我国古代一种用小刀将人慢慢割死的极刑，即民间所说的"千刀万剐"。凌迟之刑大约出现于五代时期，正式以"凌迟"之名出现在法典中是在辽。此后的金、元、明、清都将之定为正式的刑法。五代时期，因政权更迭频繁，统治者时时担心叛乱，因此多用极刑，凌迟之刑出现，当时称为剐刑。后来的金、元两朝，统治者将凌迟之刑写入法典。明太祖朱元璋性格暴戾，经常使用凌迟这种残忍的刑法。并且其不仅仅针对那些犯了十恶不赦之罪的罪犯，而是在《明大诰》中明令以之惩罚各种一般性的犯罪，其中特别针对官员的贪污行为。并且，明代的凌迟也是历代执行得最为残忍的，一般都要割几千刀受刑者才死。清乾隆时期，凌迟则进一步扩展到打骂父母或公婆、儿子杀父亲、妻子杀丈夫等触犯伦理道德的犯罪。太平天国林凤祥、李开芳、石达开等不少将领，以及捻军首领张洛行、赖文光等均受了凌迟之刑。但清代的凌迟刑法执行得没那么残忍，一般割几十刀。光绪三十一年（1905年），朝廷模仿西方法律改革法制，凌迟等酷刑被"永远删除，俱改斩决"。

监狱和班房

监狱在上古时代就已经存在，据说最早由舜帝时期的刑法官皋陶所造。监狱起初不叫此名，夏朝时叫“夏宫”，商朝时叫“圉”，周朝时叫“圜土”，秦朝时则叫“囹圄”，直到汉朝监狱才开始叫“狱”。之后历代沿用，到明代时，则叫作“监”；清代，监狱成为固定的说法。早期的监狱比较简单，如夏代往往就是在地上挖个圆形土坑而已。到秦代，因实行严刑峻法的法家政治，监狱开始变得正规，监狱制度也变得完备，当时还实行轻刑囚徒监视重刑囚徒的制度。南北朝时，为防止犯人逃跑和同伙劫狱，创造了地下监狱，即地牢。唐代时，监狱组织形成了自上而下的完备体系，不同类型的罪犯往往关押在不同的监狱里。宋代的监狱制度基本沿用唐代，并且地方监狱增多，各州都设监狱。白天犯人出去劳役，晚上入狱休息。明朝由于长期实行特务统治，司法混乱，各种监狱名目繁多，数量惊人，中央有刑部监狱、都察院监狱、军事监狱、诏狱等，地方各省、府、州、县都有监狱。清代监狱体制基本沿自明朝。

班房经常被作为监狱的别称，但与监狱有所区别，是关押临时性嫌疑犯的地方，类似于现在的拘留所。班房往往成为胥吏设立名目敲诈勒索的地方，明清两代普遍存在的胥吏之害，很大程度上便是通过此方式发作的。

秋决制度

古人执行死刑一般放在秋冬季节，称为秋决。所谓秋决，官员在判词中一般称为“秋后问斩”，理论上并非一定要在秋天，而是在秋冬两季均可。但因秋天在先，春夏两季以及之前积累下的死刑判决一般在当年秋天便可执行了，所以大多在秋天执行。秋决的做法最早形成于西周时期，汉朝时形成定制，以后历代都遵守。秋决制度与古人的天人合一观念有关。古人认为人与自然之间有内在的联系，崇尚人与自然的和谐，认为人行事应该处处顺应自然。春夏乃是万物滋长、生命欣欣向荣的季节，不宜执行死刑。而秋冬季节则是万物萧条、生命凋谢的季节，此时执行死刑才是顺应自然的。因此，除犯了谋反等大罪的人要立即处决之外，一般的死刑都要留待秋冬季节执行。

死刑图

太宗时对死囚的处决是慎重的，要求“三日中五复奏”，皇帝批准后三日方可执行，这样有助于减少冤假错案的发生。

除秋决制度外，古人在行刑时间上还有其他一些禁忌。比如唐宋时期规定正月、五月、九月为断屠月，每月的十斋日为禁杀日（初一、初八、十四、十五、十八、二十三、二十四、二十八、二十九）；明朝时，国家进行大的祭祀活动时也禁止行刑。另外，行刑当天的具体时间也规定在下午1点到5点之间。过时则要等到第二天。

登闻鼓

登闻鼓是古代悬挂于朝堂外的一面大鼓，是古代有冤屈者最后的申诉渠道。登闻鼓由中国早期的直诉渠道演变而来。相传尧舜时期，便存在一种“敢谏之鼓”。周朝时曾在路门之外悬鼓，称为“路鼓”，由太仆主管，遇百姓击鼓则将事由上报天子。晋代时，效仿上古时代，设“登闻鼓”，其目的在于给底层百姓提供“上达天听”的一个渠道。其后历代，“登闻鼓”均沿设。宋、元、明、清还曾就此设立专门的机构，如登闻鼓院或鼓厅，专职处理此类案件。

总体而言，登闻鼓是由皇帝本人出面对正常司法程序的一种纠偏机制，是古代司法程序的金字塔顶。一旦各个级别的司法部门均对一个案件缺乏公正审理，当事者或其家人则通过击打登闻鼓直接找皇帝鸣冤。古代朝廷对于登闻鼓相当重视，唐代曾规定：“有人挝登闻鼓……主司即须为受，不即受者，加罪一等。”古代的许多冤案也都是通过此方式得到了申雪。如清代著名的“杨乃武与小白菜案”便是通过此方式在慈禧太后的过问下得到解决。但通过这种方式处理的案件十分有限，且许多朝代对于击打登闻鼓设置了相当多的限制。总体而言，在一个人民对政府没有监督权因而必然缺乏司法公正的社会里，登闻鼓的意义是积极的，毕竟给了底层人民最后的一线希望。

春秋决狱

中国是一个重视伦理和道德的国家，传统伦理观念也必然会反映到法律制度上，这便是西汉董仲舒提倡的“春秋决狱”。“春秋决狱”不是字面理解的“在春秋两季审理案件”，而是一项法律裁判的原则。

《春秋》是孔子修订的一部鲁国的编年史。所谓“春秋决狱”便是用孔子的思想来对犯罪事实进行分析、定罪。即除了用法律外，可以用《易经》、《诗经》、《尚书》、《礼记》、《乐经》、《春秋》六经中的思想来作为判决案件的依据。

春秋决狱主要是根据案件的事实，并同时根据犯罪人的动机来断案。如果他的动机是好的，那么一般要从轻处理，甚至可以免罪。如果动机是邪恶的，即使有好的结果，也要受到严厉的惩罚，犯罪未遂也要按照已遂处罚。首犯要从重处罚。

董仲舒组织人把根据《春秋》断案的案例汇编成《春秋决事比》，在两汉的司法实践中被经常引用。到现在，原来的案例遗失很多，现存史料中仅记载了少量案例。

如“父子相互隐匿不为罪”，他认为父子关系亲密，相互隐匿为人之常情，且《春秋》上有云：父子一方犯罪后可相互隐藏。所以不构成犯罪，唐朝亦采此说。

再如儿子误伤父亲，按律当处死。但考虑到动机并非真心忤逆，所以应为无罪。

从这些案例中，我们可以看出，董仲舒提倡的决狱方式是以“父子”为基本框架的，这也是三纲五常的核心内容。其实法律是道德的底线，现代社会中动机和伦理也是法律考虑的范畴，如动机是可以作为量刑情节考虑的。董仲舒虽然也尊重事实，提出区分“既遂”和“未遂”、“首犯”和“从犯”之别，在当时具有进步意义，但与现代法制精神仍然存在差距。

金牌

现在我们通常说的金牌是指各项比赛的第一名所获奖牌。中国古代也有各种各样的金牌，比如免死金牌，还如宋朝皇帝下令岳飞班师回朝的十二道金牌，这些金牌又究竟为何物呢？

免死金牌在中国民间曾广为流传，戏文中也经常出现，又称为“金书铁券”或“丹书铁券”，它是古代帝王赐给功臣世代享受优待或免罪的凭证。其材质为铁，上用朱砂写字，因此又称“丹书”。为防止假冒，将铁券从中分开，朝廷和受赐人各持一半。唐代后改用嵌金的方法（金书）。据《辍耕录》载，吴越王钱镠曾受赐一块铁券，形状如瓦，高尺余，阔三尺许，券词黄金镶嵌。誓词包括所封的爵衔、官职以及功绩等内容，另刻有“卿恕九死，子孙三死，或犯常刑，有司不得加责”。

丹书铁券始于汉高祖时期，最初为一种身份和爵位的象征。免死金牌的确可以免死，但谋反等罪名除外，如明沈德符《野获编》：“所谓免死，除谋反大逆，一切死刑皆免。然免后革爵革薪，不许仍故封，但贷其命耳。”

宋朝皇帝下令岳飞班师回朝的十二道金牌是一种红漆金字的木片，为皇帝专属，可以不经过三省（政府机构）和枢密院（最高军事机构）直接下达。沈括《梦溪笔谈》中对此有详细记载：“驿传旧有三等，曰步递、马递、急脚递。急脚递最遽，日行三百里，唯军兴则用之。熙宁中，又有‘金字牌急脚递’，如古之羽檄也。以木牌朱漆黄金字，光明眩目，过如飞电，望之者无不避路，日行五百余里。有军前机速处分，则自御前发下，三省、枢密院莫得与也。”

笞刑

笞刑是一种抽打犯人身体的刑罚，一般只打屁股不打背，并且对于施刑用的竹板也有详细规定。那么这个刑罚最初是如何产生的，只打屁股不打背又是谁规定的呢？

先秦时期，五刑为墨、劓、刵、宫、辟，都是破坏人体器官的残忍刑罚。到了汉朝，统治者有感于前朝统治者因严刑峻法灭亡的教训，制定了新五刑，就是人们常说的笞、杖、徒、流、死五种。笞是其中最轻的一种，汉以前虽然也有，但并非主要的刑种。汉文帝时实行刑法改革，笞刑从此成为常用的刑种。

但最初的笞刑并不规范，笞打什么部位、用什么刑具、怎样施刑，都没有严格的规定，笞数最多竟达四百，常常是刑未毕而人已亡。汉景帝八年颁布《棰律》，对笞刑做了详细的规定。规定用刑的部位为臀，这样就避开了人最重要的胸、腹、腰等要害部位，但并不包括笞背。相传只打屁股不打背的做法是唐太宗规定的。

甄权是唐初著名的针灸学家，曾长期担任潞州地方官李袭誉的随军征士。后来李袭誉官至少府监，甄权拿自己精心绘制的《明堂人形图》给他看。李袭誉将其献给唐太宗，李世民觉得很有用处，就下令修订，修订完成后唐太宗仔细观阅，他发现人体经络穴位多集中于胸和背，而臀部穴位则较少。唐太宗于是联想到五刑中的笞刑，遂下令以后施行笞刑一律不准打背，而只能打屁股，这便是只打屁股不打背的由来。

笞刑其实是一种很残酷的刑罚。关汉卿的《窦娥冤》中，窦娥这样唱道："一杖下，一片血，一层皮。"足见其残忍。唐太宗的做法一定程度上避免了将罪犯打死，在当时是一种进步。现在世界各国已基本废除笞刑，这是人类法制文明的进步。

象刑

美国作家霍桑的小说《红字》中，海丝特·白兰在丈夫两年生死不明、杳无音讯的情况下，与丁梅斯代尔牧师相爱，并生下了女儿小珠儿。由于私自相爱，海丝特被判通奸罪，衣服上被强制绣上一个红字"A"。这红字"A"就是一种象征性的惩罚，意味着一个人被同类永久地、彻底地抛弃。

那么，"象刑"是一种怎样的惩罚，中国历史上有没有这种刑罚呢？

部分人士认为，"象刑"在上古时代就是象征性的刑罚，即用"画衣冠、别章服"的办法来代替肉体刑罚，以此达到惩戒的目的。

也有人认为，上古时代根本就没有肉刑，只有"象刑"。因为那时的老百姓根本就不犯法，即使有个别的违法行为，大家也只是用"象刑"警示他们，使他们因心理上感到羞耻而悔改。

荀子却认为，所谓"象刑"根本就不存在，是后人臆想的，他说："杀人者不死而伤人者不刑，是谓惠暴而宽贼也。"意思是说，假如只是象征性地惩罚一下，不是太便宜恶人了吗？

荀子说的可能有点绝对，因为中国传统社会的治理方式主要是道德教化。最理想的境界就是民受教化而至淳朴，路不拾遗，夜不闭户，官员无案可审，监狱为空。

不管怎样，一个尊重犯人人格和尊严的社会，不仅是历史的进步，也是社会文明的象征。

赋役和其他制度

井田

井田是中国商周时期的一种土地分配方式。有说井田始于夏朝。其具体方式是将每方圆一里内的九百亩土地划分为“井”字状的9块，周围8块作为私田，分予私人耕种；中间一块，其中二十亩作为宅基地，供8家盖房住人，剩下的八十亩作为公田，由8家共同负责耕种，其收成作为赋税上缴国家，算下来，税率大概为什税一。法律规定，各家公田忙完，方可忙私田。这里的私田，归属国家所有，私人只有使用权，而无买卖权，其使用权则父死传子。

废井田开阡陌

井田制在各国变法中逐渐消亡。

事实上，井田制是一种土地国有并平均分配的制度，避免了土地兼并，在某种意义上实现了耕者有其田的理想。但这仅仅是针对大大小小的奴隶主阶层而言，当时的奴隶阶层只有无偿劳动的份儿。到春秋晚期，以铁器的使用和牛耕的推广为标志的农业技术得到提高，不再需要这种奴隶在大面积土地上集体劳作的模式，小户劳作开始流行，井田制逐渐瓦解。但井田制作为一种“平均分配”土地的制度，成了后世许多人心目中的理想土地制度。比如战国时的孟子便力主恢复古代井田制。王莽建立新朝后，鉴于土地兼并之风的流行，也曾试图恢复西周井田制，但以失败告终。尽管如此，后世历代帝王制定土地政策时，井田制的“耕者有其田”的制度内涵都成为他们重要的参考。

占田法

占田法是西晋时实行的一种土地法。自春秋末期井田制崩溃以来，土地兼并之风愈演愈烈。到西晋时，土地已经大量集中到贵族和豪强手中，大量贫民无田可耕，沦为流民。这便给社会造成了严重的隐患。为稳定社会，晋武帝司马炎颁布占田法，规定平民按户口登记，“男子一人占田七十亩，女子三十亩”。如果不足这个数目，仍要按这个数目缴税，因此此举等于是逼农民种田。另外，占田法对于贵族和官员的占田数目也做了规定。其中，王公侯中的大国可占地十五顷，次国十顷，小国七顷；大臣一品者可占五十顷，其下每降一品减少五顷。占田法对于平民和达官贵族所做规定的初衷是不同的，对平民意在保证耕者有其田；对达官贵族则是意在将其占田数量限制在法定之内。因占田者对土地均只有使用权，没有买卖权，土地相当于被重新收归国有，因此占田法在一定程度上是对井田制的恢复。占田法加强了政府对农民的控制，同时也促进了农业的发展和社会的稳定。但因西晋短命而亡，占田法也就不了了之。

户籍

户籍是登记户口的簿册。户口包含两个概念，以家为户，以人为口。中国最早的户籍制度建立于战国时期，当时的秦国曾实行五家为一保，十保相连，一人犯罪，十保连坐的制度。这就是后来的保甲制度的雏形。其他诸侯国也采取了类似的制度。秦统一六国后，在全国范围内推行户籍制度。汉承秦制，将户籍制度进一步完善。汉代每年八月都要进行一次全国人口普查，以作为征税、派役、征兵的依据。唐代，户籍制度得到进一步完善。当时朝廷规定，每3年修订一次户籍，各县户籍一式3份，州、县、中央的尚书省各保存一份。唐代的户籍登记已经相当详细，一家之中的男女人口、年龄、土地、财产情况都一一登记造册。后来历代基本上都沿用唐代的户籍制度。

古代的户籍制度只有一种统计学意义，用以作为政府自上而下收税派役的依据，而没有作为身份证明的意义。

算赋和口赋

算赋和口赋是古代的两种人头税。其中，算赋是针对15岁以上56岁以下的成年人征收，其出现时间比口赋要早，始于秦商鞅变法，名目是“为治库兵（兵器）车马”，算是一种军赋。汉代时，算赋成为政府财政收入的一个重要来源。当时，每个成年人每年算赋为一百二十钱。政府为抑商和限制蓄奴，规定商人和奴仆缴两倍；另为增加人口，鼓励早嫁，规定15 ~ 30岁女子未嫁者缴5倍。

口赋则是对未成年人征收的人头税，始于汉代，与算赋共同构成汉代的人头税。口赋数额为每人每年二十钱。对儿童的起征年龄开始为7岁，汉武帝时因匈奴用兵，将之提前到3岁，汉元帝时又改回7岁。东汉末年军阀混战，政治黑暗，口赋一度自1岁起征。与算赋不同的是，口赋收入不归政府，而算作皇帝收入。

人头税存在于后世历代，直到清雍正年间实行摊丁入亩，将人头税摊入土地税中，其名目才完全消失。

均输

均输是西汉的一项财政制度。西汉时，郡国各地每年要向朝廷上贡本地物产。但因路途遥远，往往运费超过产物价值，并且物产经长时间放置并颠簸后也往往遭到损毁。汉武帝时，大农丞桑弘羊创设均输制度。即在大司农下面设均输官，派驻全国各地，将各地上贡的物产直接在当地或运往邻地高价地区出售；然后按朝廷需要或市场行情酌情购买一些货物运回朝廷，或者将这些商品交由平准官再次出售，变成现金交给朝廷。这种将各地贡物变成现金乃至再用这些现金投资商业的做法与朝廷平抑物价的平准制度相配合，极大地增加了政府的收入。北宋王安石变法时，为增加政府财政收入，也曾采用均输制度。

卢沟水运图　金
长途运输易使贡品受损。

平准

平准是创始于西汉的一种通过贵时抛售、贱时收买的方式稳定市场价格的一种经济措施。汉武帝时，由于政府改铸新币引起物价上涨，另外由于均输官从全国各地采购回来的货物需要出卖。大农丞桑弘羊建立了平准制度，在大司农下设平准官，贵时抛售、贱时收买，以平抑物价。同时，平准官也统辖均输官带回长安的货物和被朝廷垄断的铁器等商品的买卖。由此，国库收入迅速增加。

平准制度表面上是为了避免贪婪的商贾囤积居奇，平抑物价，而实际上则只是将商人的巨额利润转移到了朝廷手里，乃是一种国家商业垄断。简单说，就是与民争利。平准制度成为后世历代朝廷解决财政困境、增加国库收入的重要手段。比如王莽改制时设立的“司市”、王安石变法时设立的“市易务”都与汉代的平准机构类似。

榷法

榷法是古代的国家专卖制度。在古代，因盐、铁两项为各家各户所必用，利润巨大，不少民间商人借此成为巨商大贾。汉武帝时，因对匈奴用兵，财政吃紧，任命桑弘羊、东郭咸阳、孔仅三人为理财官，代表朝廷与民间商人争夺盐铁之利。之后朝廷在全国设立盐官和铁官，对盐铁实行统购统销，就是政府垄断。这种办法为政府增加了巨大的财政收入，可一旦实行垄断，排斥竞争，产品质量便得不到保证。当时的铁器不但“割草不痛”，而且价格昂贵。后来，酒也开始实行专卖。汉昭帝时，曾就盐铁专卖的利弊专门召开了一次辩论会。当时的民间贤良文学人士极力反对这种与民争利的行为，而朝廷官员却主张继续实施专卖。会后，官员桓宽还根据会议记录整理出一部《盐铁论》，是我国重要的经济思想史著作。专卖制度带来了巨大的财政收入，因此不仅汉朝不曾取消，其后的历代政府都一直沿用。唐代时，对茶也实行专卖。宋代时，设立专门的榷货务。

常平仓

常平仓是古代政府用于储备粮食以调节粮价和应对荒年的一种粮仓。我国古代一直有“谷贱伤农，谷贵伤民”的说法，因此粮食的价格一直是朝廷关注的重要问题。西汉孝宣帝时，大司农中丞耿寿昌奏请在边郡设置粮仓，在谷贱时买入以利农，谷贵时卖出以利民。后来该制度为全国各郡县所采用，成为政府调节粮价并备荒赈恤的重要手段。但该政策实施既久，弊端便产生，常平仓不仅起不到原有作用，而且经常反过来做，在谷贱时更加压价欺农，谷贵时则抬价伤民。汉元帝时，常平仓取消。其后各代，常平仓设置数量有所不同，但基本上都有设立，由地方长官负责。虽仍利弊兼存，但总是起到了一些利民惠民的作用。明代时，明太祖命州县皆置预备仓，出官钞籴粮贮之以备赈济，荒年借贷于民，秋成偿还。清大致沿明制，这种具有更多赈灾性质的预备仓遂取代了常平仓。

舂米画像砖　东汉

三十税一

三十税一是汉代的田租税率，即征收土地收获总量的1/30。秦代时，统治者对人民实行横征暴敛，其赋税达到了2/3之高。汉初，刘邦收拾起经秦国暴政和秦末战乱的烂摊子之后，为巩固统治，采取了恢复生产、轻徭赋税、与民休息的政策。其将赋税征收额度定为“什五税一”，即1/15。比孟子所提倡的仁政税制“什一税”（1/10）还要优越。到汉文帝时期，经济虽然得到恢复，但人民生活仍不富裕，国库也没存什么钱。汉文帝接受大臣晁错建议，以薄赋敛的方式鼓励人们开荒种田，宣布税收额度只收一半。由此，汉代税收变为三十税一，并成为定制。东汉初，因战争的影响，支出浩繁，田赋改行十一税率，后又在建武六年（30 年）改回三十税一，直至东汉献帝初，循而未改。三十税一可以说是相当轻的一种赋税，除了高于唐代一度实行的四十税一的赋税之外，低于其他各代。不过，虽然汉代土地税很低，但其各种人头税却远高于土地税。

盐铁官营

盐铁本来是民间买卖，因其家家必需，所以是大生意，早期的巨商大贾大多出于这两个行当。春秋时期，齐国宰相管仲曾主张实施盐铁专卖，可算是最早的盐铁官营政策。后来到汉武帝时，因跟匈奴打仗，财政吃紧，汉武帝曾下诏要求这些民间商贾捐助军费，但效果不甚理想。于是汉武帝以桑弘羊等人作为政府的理财官经营盐铁，与民间商人展开竞争。由于一系列政府政策的配合，盐铁业逐渐掌控在朝廷手中。当时汉武帝在全国各地设立盐官和铁官，专职此事。

盐铁专卖政策增加了政府财政收入的同时，也产生了铁器质量低劣，价格昂贵，甚或强迫人民购买及服劳役等弊病。但因其能带来巨大的财政收入，其后历代王朝都基本实施了该政策。一般盐官营的办法是：民制、官收、官运、官销。铁的官营则更严密，包括开矿冶炼，铸造器物及销售，政府控制了生产和流通的全部过程。其中，因盐的生产掌握在民间，便有了私下转卖的可能性，因此私盐贩子便成了历代朝廷的一个“严打”重点。这当然只是因官府在制定法律的时候将自己设置成了合法一方。

均田制

均田制是中国北魏至唐代官田分配的一种方式。北魏时，由于之前长时期的乱世造成北方大量的户口迁徙，土地荒芜，国家财政收入受到严重影响。为保证国家赋税来源，北魏孝文帝于太和九年（485 年）下诏计口分配国有荒芜土地。其中，15 岁以上男子可分用于种植农作物的露田四十亩，女子二十亩。奴婢同样授田。露田不得买卖，年老或死亡后，须归还官府。另外，男子还授桑田二十亩，用于种树，不需归

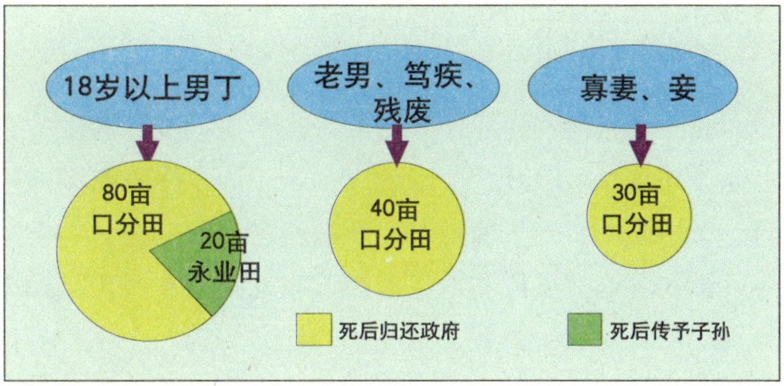

唐朝均田制示意图

唐时均田制规定寡妻妾以外的妇女及奴婢均不受田，以减少贵族养奴获田的数量，比前代更加完善。

还，死后下传子孙，但同样不得买卖。种田者则每年须向政府交纳一定粟谷和帛。这种制度使得社会经济得到恢复，政府财政收入也有了保证。其后的北齐、北周、隋、唐都沿用均田制，只具体实施细则有所变更。但由于当初分田时的国有土地本来就不足，加上后来禁止土地买卖的法令时紧时松，唐中叶以后，大量的土地又逐渐被一些豪强大户兼并。唐德宗建中元年（780 年），实行两税制，在税制上承认了土地兼并的现实，均田制宣告废止。

租庸调制

租庸调制是唐代实行的一种赋役制度。唐代继承自北魏至隋的均田制，并在此基础上实行了租庸调制。其基本思路是政府按人丁分配土地，确保"耕者有其田"，然后再按人丁收取赋役，确保国家财政收入。此制规定，凡均田人户，不论其家授田多少，均按丁交纳定额的赋税并服一定的徭役。具体为：每丁每年要向国家交纳粟二石，称为租；交纳绢二丈、棉三两或布二丈五尺、麻三斤，称为调；服徭役 20 天，是为正役，国家若不需要其服役，则换算为一定数额的绢布交纳，这称为庸，也叫"输庸代役"。可以看出，租庸调制是以"人丁为本"的赋税制度，其课税对象一是田、二是户、三是身，而其基础则是丁。唐陆贽将之总结为："有田则有租，有家则有调，有身则有庸。"这种制度的优点在于，既给底层民众提供了生活保障，同时又保证了国家财政收入的稳定，唐代借此不仅国库充裕，人民也安居乐业。但唐中叶以后，由于土地兼并的加剧造成了均田制的消亡，盛世之中人们的麻痹又造成了户籍登记的疏懒。均田制和准确的户籍登记这两个租庸调制的基础不复存在，租庸调制遂为两税制所代替。

两税制

两税制是唐代中后期采用的一种赋税制度。唐中叶，尤其是安史之乱之后，由于土地兼并和户籍混乱，原来的以"人丁为本"租庸调制赋税制度不再合理。唐德宗年间，宰相杨炎实施了两税制。所谓两税，既指在时间上每年在春、秋各收一次，也指两种税收名称：户税和地税。户税和地税原本只是与租庸调制搭配的两项无足轻重的小税，在新的两税制下，则成了朝廷主要的两个税种。具体办法是，朝廷一改原来的"量入为出"的财政原则，而是实行"量出为入"的原则，先核算好一年要花的钱，然后分摊到各地的户税和地税里去。户税以家庭为单位，不分当地外地，"以见居为簿"，按财产多少征收；地税按占有土地多少征收。两税制按照财产与土地数量征收的方式使国家的财政负担很大程度上从穷人身上转移到了富人身上，同时也抑制了土地的进一步兼并，大大缓和了社会矛盾。唐朝之所以能在"安史之乱"后苟延残喘了

100多年，两税制功不可没。另外，从税制的角度来说，两税制是我国税制的重大变化，此制度是朝廷首次放弃对土地的分配权，而是在承认土地私有的基础上，设置相应税制来征收税赋。其后宋代的“二税”、明代的“一条鞭法”、清代的“摊丁入亩”，都是对唐代两税制的继续和发展。

市舶司

市舶司是我国古代在沿海城市设立的负责外贸事宜的官署，相当于现在的海关。我国汉代时，在开通丝绸之路的同时，也以广州为口岸，进行海上对外贸易。经魏晋南北朝及隋到唐代时，我国的海上对外贸易已相当繁荣。朝廷于是在广州、扬州等口岸设专职官员市舶使，负责检查出入口市舶（商船），并征收商税，同时对于一些珍贵商品则实行政府垄断。宋代，市舶使发展成为一个专门官署市舶司，朝廷在广州、密州（今山东胶县）、秀州（今上海松江区）、杭州等地均设此官署。个体商户须经市舶司颁发许可证方可出海。元朝统治者本身的外向性使海上贸易空前发展，明代商人更是沿着郑和开辟的新航线将生意越做越大，因此元明时期市舶司一直存在。清初一度实行禁海政策，康熙时解禁，在广州、宁波、漳州、云台山（连云港）四处设口通商，并配套设立粤、闽、浙、江四海关，行使原来的市舶司职能。乾隆时仅留广州一口通商。鸦片战争后，设税务司、总税务司管理海关诸事，大权却落入洋人之手。

南都繁会图　明

此图描绘了明中叶南京都市繁华的景象。

徭役

徭役是古代政府强制性向人民派遣的军役、劳役等，与赋税共同构成了中国古代人民的赋役负担。徭役在先秦时已经存在，《诗经》中便有不少以此为题材的诗歌。秦汉之际，形成比较正式的徭役制度。秦时男子满17岁，汉时满23岁，须在地方和京师各服兵役一年，是为正卒；每个男子一生必须戍边一年，是为戍卒；另外还须再为地方政府服劳役一月，是为更卒。官富人家则可以银抵役。其后历代徭役制度不一。总体上，就形式来说，古代徭役制度沿着一条逐渐货币化的路线演进。唐代中期之后百姓交役钱，国家购买劳力或兵士的形式普遍流行。宋代出现了募役（雇人服役）、助役（津贴应役者）、义役（买田以供役者）等形式。明清之际，因一条鞭法及摊丁入亩政策的实施，百姓基本不再出役，完全由银钱代替。另外，元代曾将大部分徭役专业分拨给一部分人户世代担负，如站户（负担驿站铺马）、猎户、盐户、窑户、矿冶户、运粮船户等。就轻重来说，唐之前徭役比较繁重，唐之后徭役负担相对减轻，尤其明清之际，因徭役货币化，且国家的财政收入重心由人丁转向土地，徭役负担以银钱的方式大部分转移到了富户身上，中下层百姓徭役负担大大减轻。

钱法

钱法是中国古代的货币制度。上古时代人们以贝壳为通行货币，故财、贿、贵、赋等与钱相关的字均从“贝”。春秋时期，金属铸币成为主要货币，除黄金是硬通货可在各国畅行无阻之外，铜币则各国不一，只在本国有效。秦代统一币制，铸两等货币，黄金为上币，单位用“镒”（二十两）；铜钱为下币，重半两。此后，方孔圆形成为我国铜钱的固定形状。因秦钱重，不便使用，汉武帝时，铸五铢钱替代秦钱。五铢钱轻重合宜，自汉到隋基本行用不废。唐代在铜钱上铸“开元通宝”（意为通行宝货）字样，此后，“通宝”成为钱币通称，各代冠以自己的朝代、年号，此即是制钱。唐末，原只作为器饰材料的白银开始进入货币领域，至宋大盛。当时白银以五十两为一锭，俗称“元宝”。至此，金、银、铜三级货币体系正式形成。其中，白银成为最常用的计价单位。明清时期，国家财政都以银两计算，工商赋税也交纳白银。另外，宋代起，已经开始小范围使用纸币，称为“交子”。元代时，曾一度禁止金属货币流通，统一使用纸币，但因通货膨胀而作罢。明清时期，又实施过纸币政策，均不怎么成功。另外，清代也开始模仿西方铸造银元，与银两制并行，一直使用至民国时期。

一条鞭法

一条鞭法是明代中后期实行的一种赋税制度，初名条编，后因谐音而得此名。明朝中期，由于土地兼并严重，被兼并者交不起赋税，大量逃亡；同时，作为兼并者的官僚地主阶层则瞒报土地，逃避赋税，加上官僚阶层的免役政策，明朝政府的赋税收入逐年下降，出现严重的财政危机。鉴于此，万历朝的内阁首辅张居正改革税制，施行一条鞭法。其内容总体上是将一县的田赋、种类繁多的徭役、杂税合并为一，折成银两，分摊到该县农地上，最后按照拥有农地的亩数来向土地主人收取赋税。这样，国家的财税负担便从中下层百姓转移到了官僚地主阶层，国家的财政收入得以增加，社会矛盾也得到缓和，因此此法被后世认为是挽救了晚明王朝。另外，从税制本身来说，首先，一条鞭法大大简化了赋税征收程序，改良了行政效率；其次，限制了官吏巧立名目加征赋役，减轻了农民负担；最后，首次实行赋税折银的办法，客观上促进了商品经济的发展。并且，以银抵役的做法使农民具有了较大的人身自由，从此，他们可以离开土地，为城市手工业的发展提供劳动力。总体而言，一条鞭法上承唐代“两税制”，下接清雍正的“摊丁入亩”，是我国税制的重大进步。不过一条鞭法以银代粮的做法也带来了农户争相种植经济类作物，导致粮食产量不足的弊端，成为农民起义的诱因。

黄册和鱼鳞册

黄册和鱼鳞册是明清两代分别用于登记全国人口和田地的档案。明初，由于元末战争中土地文书散失，致使地籍混乱，田赋无准。朱元璋于洪武二十二年（1389 年），派官员到各州县查核丈量田地，然后绘制成册，因状如鱼鳞，故名鱼鳞图册。鱼鳞册相当详细，对每块田地都画了形状图，并登记其面积、编号、主人及佃户姓名；此外还有土田纳税等级、买卖情况、分家等引起的土地变化等。鱼鳞册通过对土地的严密控制，有效地防止了隐瞒土地逃避赋税的情况，保证了国家的土地税收。黄册则是与鱼鳞册配套而行的人口登记册，10 年编订一次，与鱼鳞册互相印证，一起构成了收受田赋的依据。另外，黄册还用来作为朝廷收受人丁税、定徭役、征兵的重要依据。黄册和鱼鳞册在清初均得到沿用。康熙七年（1668 年）改为每年造送“丁口增减册”，黄册不再修订。鱼鳞册则沿用至清末。

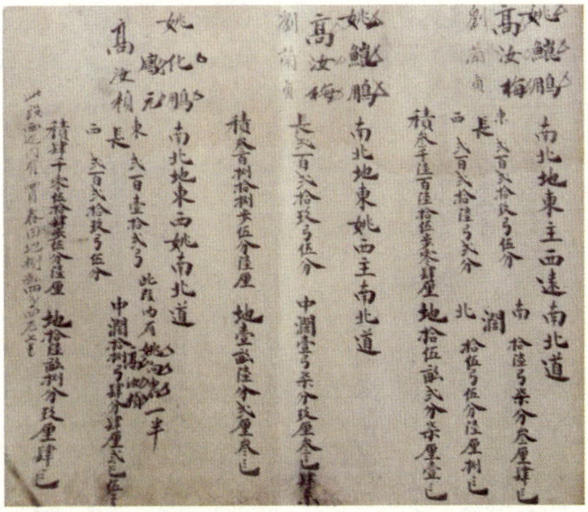
清代道光时期鱼鳞册

摊丁入亩

摊丁入亩是清雍正时实行的一种税制改革。其具体做法是一改之前丁银（包括“人头税”、徭役等）和地银（即田赋）分别收取赋税的办法，将丁银摊入地银之中一并收取。这样地多者便需要承担较多的赋税，地少者则赋税较轻。其实质是明代张居正实行的一条鞭法的深化（一条鞭法只是将部分丁银摊入地亩）。摊丁入亩实施的背景是清军入关后，贵族官僚阶层大量兼并土地，出现大量无地少地农民。如此，广大贫民地少人多，丁役负担基本上压在他们身上。鉴于这种情况，康熙晚年时，便在广东实施了摊丁入亩试验，到雍正时，则正式向全国推广。此办法一方面减轻了无地农民的负担；另一方面，田地税赋增重也很大程度上抑制了土地兼并，为清政府保存了一定数目的自耕农，有利于政府财政收入和社会的稳定。值得一提的是，由于摊丁入亩政策取消了“人头税”，广大底层农民生养后代数量快速增长。整个2000多年的封建时代，中国人口数量一直徘徊在2000万～6000万之间，乾隆时开始突破1亿，道光时则达到4亿。

木铎

商周时期，政府组织比较简单，没有那么多的行政人员。政府需要传达政令时，便由一种叫作遒人的政府官员到民间走街串巷传达，同时官员也顺便采采民风，因此这种官员可谓是兼具上令下达和下情上达两个功能，是政府与社会的直接连接者。木铎是遒人巡行各地随身所带的器具，是一种带木柄的金属铃铛，类似于走街串巷的小贩所拿的拨浪鼓。遒人正是用这个东西将大家召集起来发布政令。因此，木铎经常象征了王道。后来，孔子周游列国时，一个卫国的小地方官因为被孔子的个人魅力所折服，说“天将以夫子为木铎”，意思是将孔子比作上天的代表。从此，木铎便也象征天道。

大比和貌阅

大比，又叫案比，是中国古代政府为掌握户口数量而设置的一种簿籍登记制度。此制度始于战国时期，秦汉时期进一步完善，每年举行一次。大比时，以郡县为单位，由地方官吏负责对管辖范围内所有人丁、财产状况进行调查，然后据此造成户籍，上缴中央。其内容包括每户男女人口、姓名、年龄、相貌、财产状况等。此用来作为政府征收贡赋，兴发力役，组织军旅等的基本根据。另外，古代3年一次的科举考试也称为大比。

貌阅往往与大索连称为“大索貌阅”，二者共同构成隋唐时期的户口登记制度，相当于秦汉时期的大比，但稍有区别。大索的目的在于搜索隐匿人口，针对的是民间为少缴赋税而隐匿人丁的现象。而貌阅则重点在于检查年貌形状，针对的是有人本处于成丁之岁，却以诈老、诈小的手段逃避赋役的现象；另外，貌阅也用于核实确认那些身患残疾、疾病的人，并给予免除赋役等政策优惠。

大比和貌阅均是古代政府控制人民，尤其是赋役的主要承担者——丁口的重要手段，是古代政府收受赋税及行政管理的基础。

后妃制度

后妃制度是关于我国古代皇帝婚配的礼制，属“五礼”中的嘉礼。“后”，指皇帝正妻；“妃”，泛指皇帝的妾，也称“嫔妃”。夏商以前，后妃制度比较简单，文字记述也很模糊，往往将天子的配偶统称为妃。如黄帝有四妃；帝喾有四妃。正嫡叫元妃，其他都称为次妃。周代时，《礼记》中对后妃制度做出了详细规定：“天子立一后，三夫人，九嫔，二十七世妇，八十一御妻，共一百二十一人。”此后历代的后妃制度，基本上以周制为基础，只具体名称与等级时有变化。如秦代称皇帝正妻为皇后，嫔妃则分为八品。汉初承秦制，除皇后外，嫔妃则分为夫人、美人、良人、八子、七子、长使、少使等十四等，东汉又有所简化。唐代后妃名目最为繁多，皇后以下，设四夫人：贵妃、淑妃、德妃、贤妃；九嫔：昭仪、昭容、昭媛、修仪、修容、修媛、充仪、充容、充媛；二十七世妇：婕妤、美人、才人各9人；八十一御妻：宝林、御女、采女各若干。宋代嫔御的名号没有准则，比较杂乱。明代后宫，皇后之下为妃，具体有皇贵妃、贵妃、淑妃、宁妃、贤妃、恭妃、宸妃、康妃、庄妃、裕妃等，其下则有嫔御多人。清代宫廷的后妃制度由康熙所定，皇后下设皇贵妃1人、贵妃2人、妃4人、嫔6人，人数相对较少。诸多后妃之中，皇后总领后宫，其他嫔妃则都有相应等级的爵位，享有固定俸禄，如同百官。另外，一些级别不高的嫔妃还要担任宫中女官职务，负责一定的宫中事务。

却坐图轴　南宋　佚名

此图描绘的是汉代故事，西汉文帝时，宠妃慎夫人常与帝后平起平坐，引起众臣不满。一日，汉文帝携后妃同游上林苑，中郎将袁盎直谏文帝，指出后妃平坐违反纲常，并最终使皇帝与慎夫人采纳了他的谏议。

实际上，供皇帝使用的女子远远不止制度上规定的数目，历代宫中都有大量的没有名分的候选嫔妃，另外宫女也可算入此类，其数目基本都在几千人，甚至过万。如明崇祯年间，后宫女子数量达3万之巨。

一妻多妾制

一妻多妾制为中国古代的婚配制度。古代男子在娶得一妻之后，可以另外纳妾，只要财力许可，数量不限。而法律也支持纳妾权，如果妻子干涉丈夫纳妾，则犯了“七出”（受法律支持的丈夫休妻的七种理由）之罪。即使是公主下嫁，也无权干涉驸马纳妾的夫权。就与丈夫的关系而言，妻与妾虽然都与丈夫具有性关系之实，但其性质完全不同。妻乃明媒正娶过门；而妾在名义上只是丈夫花钱买来的，过门仪式简单得多，并且还可再卖出。古代男子如因重罪而被灭族，其妻家族要遭灭族，而妾的家族基本不受牵连，由此也可见丈夫与妾并非严格意义上的夫妻。另外，妻妾之间有严格的主从之分，妾在权力与地位上远低于妻，在某种意义上具有妻的奴婢的性质。并且这种主从关系还延续到后代身上，妻、妾所生子有嫡、庶之分，在地位与财产的继承权利上，妾所生的庶子也远低于妻所生的嫡子。

中国的这种一妻多妾制最早起源于先秦时期的媵妾制度。当时的诸侯大夫娶妻时，女方往往以侄娣（妻侄和妻妹）随嫁，随嫁的侄娣便称为“媵”。媵也是男方合法夫妻，与妻大致相当，其地位不同于后来的妾。另外，当时也已存在妾，其只类似于一种奴婢。秦汉之后，媵、妾逐渐不分。唐宋之后，媵逐渐消失，一妻多妾制正式形成。在古代，一妻多妾制相当普遍，即使穷人，也往往要纳一个妾。对于贵族来说，则妾的数量越多越觉得有面子。总体而言，一妻多妾制乃古代男权社会的产物，是一种畸形而不公平的婚姻制度。

清宫选秀

清代的选秀是一种挑选后宫粉黛的制度——凡满、蒙、汉军八旗官员、另户军士、闲散壮丁家中年满 14 岁至 16 岁的女子，都必须参加三年一度的备选秀女。

每到选秀年度，户部都会在奏报得到允许后，发文给八旗都统衙门的各级长官，命其呈报适龄女子花名册，先由八旗都统衙门汇总，再由户部上报皇帝。

皇帝决定选阅日期后，各旗选送的秀女会被提前送到京城。应选前一天，秀女们要按照满、蒙、汉的顺序和年龄排列先后次序：宫中后妃的亲戚；以前被选中留了牌子的、本次复选的女子；本次新选送的秀女。

排好顺序的秀女，要在入夜时乘坐骡车进入地安门，等到神武门宫门开启后下车，在太监的引导下，按顺序进入顺贞门。秀女们乘坐的骡车则要离开一段时间——从神武门夹道东行，出东华门，由崇文门大街北行，经北街市，然后再经地安门到神武门外。骡车再次来到神武门外时，已是第二天中午了。

被太监引入宫中的秀女，或五六人一排，或三四人一排，或一人一排，供皇帝或太后选阅。被选中者，就留下牌子，再定期复选。

复选再度被选中的，才有机会成为后妃的候选人，或被赐予皇室王公或宗室之家。

后妃候选人，还要屡屡“复看”。这一阶段留牌子的，有“记名”的，也有“上记名”的。“上记名”是指皇帝亲自选中留牌子的。

不管是“记名”的，还是“上记名”的，都还要经过“留宫住宿”进行考察。最后一关中会选定数人。

改元

世道兴衰，治乱更迭。从夏朝建立，历经商、西周、春秋和战国、秦、汉、南北朝、隋、唐、五代十国、宋、元、明、清，其间不知经历了多少王朝更迭。而新君登位，一般都会改元，采用新的年号。那么改元和改朝换代是一回事吗？

改元就是改变年号。中国古代最早使用的是干支纪年法，以十天干配合十二地支，六十年一个循环，也称一甲子。在官方，统一使用的则是年号纪年法。新帝登基，一般都要改变以前的年号，然后这第一年则称元年。所以改变年号也称改元。

改元和改朝换代不同。改朝换代同时面临着年号的改变，改元在同一个朝代的不同皇帝之间发生。通常新帝继位，都会改元，确立新的年号。就是同一个皇帝，也可以更换年号。如汉武帝改了 11 次年号，唐高宗用过 14 个年号，唐玄宗即位初年改元“先天”，这一年称先天元年，后改元“开元”，又改元“天宝”。

到了明代以后，才规定一帝一元，所以可以用年号来称呼皇帝。如清高宗年号是“乾隆”，就被称为乾隆皇帝。

封禅大典

封禅大典是古代帝王在太平盛世或天降祥瑞之时祭祀天地的大型典礼。“封”是指“祭天”，“禅”则是“祭地”，如《史记·封禅书》中的“登封报天，降禅除地”。“封禅”在《管子·封禅篇》和司马迁的《史记·封禅书》中均有记载。

封禅的产生，可追溯到新石器时代先民筑坛祭祀的习俗。当时由于自然科学不发达，人们对日月山川、风雨雷电等自然现象不能准确地把握，因此产生原始崇拜。在此基础上产生了宗教祭祀活动，“祭天地”便是其中的一种礼仪，并从最开始的郊野之祭，发展到后来的“泰山封禅”。古代帝王为加强自己的统治，宣扬天命观念，便有了封禅大典。

无字碑

此碑置于山东泰山玉皇殿大门西则，高 6 米，宽 1.2 米，厚 0.9 米，形制古朴，不著一字，故名。对此碑有两种说法：一说因秦始皇“焚书坑儒”，故于碑上“一字不錾”；一说汉武帝登封泰山，为显示自己“受命于天”、“功德盖世”的超凡气概，立碑于古登封台前，史称“立石”，即今无字碑，至今仍莫衷一是。

封禅中的“祭天”一般选在很高的地方，嵩山和泰山都曾举行过封禅大典，但以泰山封禅最为著名，影响也最大。“封”为“祭天”，在山顶上筑圆坛以报天之功；“禅”为“祭地”，在泰山脚下的小丘之上筑方坛以报大地的恩情。至于天坛为圆，地坛为方则反映了古人天圆地方的自然观念。

封禅仪式早在三皇五帝时期就有，而非民国初年史疑论者认为的“系齐人杜撰”。据《史记·封禅书》：“自古受命帝王，曷尝不封禅”，“厥旷远者千有余载，近者数百载，故其仪阙然堙灭，其详不可得而记闻云”，然后从五帝之舜的封禅开始记起，并在文章中间引用《管子·封禅篇》的内容。到了秦汉，封禅已经成为帝王们的盛世大典，秦皇汉武都曾举行，以彰其功。

封禅需要一定的条件，司马迁在《史记·封禅书》中提到，帝王在当政期间，如果出现太平盛世，或者天降祥瑞，即可封禅，“每世之隆，则封禅答焉，及衰而息”。也就说，帝王治理天下，使得四方太平、民生安康才可封禅、向天报功。至于天降祥瑞，则是古人天人感应学说的产物，认为统治者贤明，天下太平，上天就会降下祥瑞以示表彰。

政局大变革

尧舜禹禅让

尧舜禅位图

尧舜禹禅让说的是上古时代华夏族的3个首领尧、舜、禹之间以“让贤”的原则依次传承“天子”位的故事。据《史记》记载，尧舜禹三人乃是中国原始社会末期华夏族的首领。当时的“天子”乃是部落联盟首领，实行民主推选制度。先是由各部落的酋长召开会议推举下一任天子，天子再对其进行一定时间的考察，认可后，则禅让于他。尧年老时，舜因为孝顺和有才德而被推举，尧对他考察了3年后，认为合格，禅位于他。舜老时，因禹治水有功，而禅位于他。尧舜禹禅让的事迹被后世之人，尤其是儒家人士传为美谈，三人也因此与之前的炎黄二帝，之后的周文王、孔孟等并列为圣人。不过，对于尧舜禹禅让的真实性，历代都有人表示怀疑，比如法家代表人物韩非子便怀疑所谓禅让实为逼让。不管其真假，作为历史事件来说，尧舜禹的“禅让”代表了华夏民族处于原始社会的尾声，其后华夏民族便进入了更加高级的文明时期。

禹传子，家天下

禹的天子位本来由舜禅让而来，但他未将位置再次禅让于贤者，而是由其子启接替了天子位，禅让制自此结束。传说禹当初本来挑选自己的得力大臣皋陶作为自己的继承人，但皋陶早逝。禹又选定皋陶长子伯益，并在晚年授政于伯益。后来，禹东巡会稽时逝世，临终前遗言传位于伯益。但伯益为禹守丧3年后，又将天子位让给了禹之子夏启。于是夏启建立了中国第一个奴隶制王朝——夏朝。这是司马迁的说法。

除了司马迁的版本外，还存在另外一些版本的传说。如禹当年本来怀着私心，有意培养启的势力，并架空名义上的继承人伯益。禹一死，启便夺了伯益之位，并杀死了他。还有的说法则称禹本来是真心禅让于伯益的，其子夺位之行为和他无关。这些说法只是见于野史，考虑到历史都是由胜利者书写，也有相当的可信度。总之，此事的真相恐怕永远说不清了。自此，松散的原始部落联盟变成了组织更严密的国家。经过夏商两代，到西周嫡长子继承制确立，“家天下”政权模式正式形成，直至4000年后的清末才算结束。

商汤灭夏

夏朝最后一位天子叫夏桀。相传夏桀体格健壮，又勇猛非常，能赤手空拳与猛兽搏斗，作为个人来说倒是条好汉。但作为君王来说，却不修国政，骄奢淫逸，为讨美女妺喜欢心，不惜民力大盖宫殿，失却民心；对周围部落征伐无度，导致各部落首领对其离心。据《史记·殷本纪》记载，商是因辅佐禹治水有功的契被舜封在商地（今河南商丘附近）后形成的部落。夏桀当政之时，商汤是商族部落首领。看到夏桀迟早要亡国，商汤有心代之。他对内以仁政笼络民心，对外则经常主动救济有灾难的部落。如此，其影响逐渐扩大。后夏桀也察觉到了商族的威胁，将商汤骗到宫中，将其囚禁。商汤的部下伊尹用美女和重金贿赂夏桀及其身边奸佞小臣，商汤得以放回。商汤回去后，经过几年准备，于前1600年发动灭夏战争。因夏桀人心失散，军队一击即溃，夏朝灭亡，存世约500年。商汤定都于亳（今河南商丘境内），建立商朝。

伊尹像

武丁中兴

武丁中兴是指商王武丁时期，商王朝走出衰败实现重新兴盛之事。商朝时，关于王位传承没有法定的规则，只是在习惯上形成了一种兄终弟及规则（最小的弟弟再回传给大哥的长子）。但自商王仲丁起，连续发生君王儿子、弟弟，乃至堂弟、侄子争抢王位的事情。此类事件经仲丁、外壬、河亶甲、祖乙、祖辛、沃甲、祖丁、南庚、阳甲九王都不绝，商王朝因此多次迁都，史称“九王之乱”。九王之乱的内耗严重削弱了商王朝的力量，北方及西北方的方国趁机发展实力，日益威胁着商朝统治。到商王盘庚时，将都城从奄（今山东曲阜）迁到殷（今河南安阳），执行比较开明的政策，逐渐扭转了商王朝的颓势。历小辛、小乙两帝后，武丁为帝，在继承前面良好局面的情况下，在军事上先后击败北方的鬼方、邛方、土方，西面的西羌以及南面的荆楚等。商王朝的势力由此在西、北、东、南急速扩张，达到商代的最高峰。另外，武丁时期人民生活安定，政治、经济、文化也都得到长足发展，史称“武丁中兴”。自此，商王朝又往下传了 8 帝，200 多年，再未迁都，直至商亡。

文王兴周

文王兴周说的是商朝末年，位于西北渭水流域的周族在周文王的治理下崛起之事。周文王本姬姓，名昌，商纣时封为西伯，即西部诸侯（方国）之长，史称西伯侯，其子周武王代商立周后追封其为周文王。周文王共在位 50 年，对内奉行德治，宣以仁政，大力发展农业，鼓励商业，实行藏富于民的低税收政策，周族得以日渐强盛。对外一方面广泛招贤纳士，姜尚、伯夷、叔齐、太颠等人先后归附其麾下；另一方面则通过调解小国间的纠纷（这本是商王的权责）等手段，在众诸侯国中树立自己的威信，使得众多诸侯国前来归附。另外，对于那些不肯主动归附的国家，周文王则实施铁腕政策。先是分化拉拢忠诚于商王的国家，不成则渡过黄河进攻耆、邗等国；又沿渭水东进，攻占了商朝在渭水中游的重要据点崇（今河南嵩县）；最后迁都丰邑（属今陕西西安），对商王朝形成钳形包围之势。正如孔子所言周文王“三分天下有其二”，为周武王伐纣奠定了基础。

周文王访贤　版画

周公制礼乐

周公姓姬，名旦，乃是周文王的第四子，周武王的同母弟。武王灭商 2 年后即死，其子成王继位，成王年幼，由周公摄政。周公摄政总共 7 年，期间，其先是平定了其兄弟勾结商人残余势力的叛乱，巩固扩大了周朝的疆域；然后又册封诸侯，分封众多诸侯国以屏卫周王室；最后为方便控制东边诸侯国，建立东都洛邑（今河南洛阳）。周公考虑到要想保持这套政权组织能够长时期有效运转，又进一步制定了礼乐制度。礼，即维护君臣宗法和上下等级的一套典章制度，主要作用是划分和规范人的身份地位，最终形成等级制度；乐，即音乐，乃是对礼制的一种辅助。礼制的内容上至国家政治，下到日常生活，相当庞杂，其中最主要的便是以嫡长子继承制为核心的宗法制和贵贱等级制。这两项制度为国家政权机器，乃至社会的运转提供了规则。礼乐制度不仅为周王朝的有序运转奠定了基础，后来经孔子的传扬，基本为后世所继承，成了后来3000年整个中国古代社会的基础制度。周公制定礼乐后，就功成身退，归政于成王，因其功劳和德行，其被后人尊为圣人。

管仲相齐

齐桓公与管仲画像砖

出土于山东嘉祥，反映了法家思想在春秋战国时期受到当政者的推崇与重视。

管仲，齐国人，春秋时期的诸子百家中的法家代表人物之一，史称管子。曾担任齐国宰相，并获得“春秋第一相”的美称。管仲本来辅佐齐桓公的政敌，且用箭射伤过齐桓公，但齐桓公因臣下鲍叔牙推荐，不计前嫌，拜管仲为相。管仲拜相后，进行了一系列卓有成效的改革。在经济上，废除井田制，承认土地私有，建立税收制度。管仲特别重视商业，在淄博建立7个商品交易市场。另外，他在当时实施了最早的盐铁政府专营政策，以增加国家财政收入。这也显示了管仲作为法家人物讲究实效的特点。政治上，管仲在全国划分政区，设官吏管理，并建立了一套人才选拔制度。军事上，管仲在民兵制的基础上，建立了常备军。在一系制度的作用下，齐国逐渐积累起强大的物质基础和军事实力。其后，齐国又打出“尊王攘夷”的外交策略，以诸侯长的身份，挟天子以伐不服，齐桓公由此成为春秋时期的第一个霸主。孔子曾称赞管仲，说要不是管仲，自己早就被夷族抓走了。诸葛亮也十分敬佩管仲，以其为楷模。后世则将管仲、诸葛亮、北宋的王安石和明代的张居正并称为中国古代四大贤相。

商鞅变法

商鞅变法指的是战国时期政治家商鞅在秦孝公的支持下在秦国主持的变法。商鞅本是卫国人，因不得志，投奔秦国，公元前361年起在秦国实施了一系列的变法。具体内容是：在经济上，重农抑商，奖励耕织，打破井田制，承认土地私有制度；在政治上，废除分封制以及世卿世禄制，实行郡县制和按军功授爵制；另外，统一度量衡，实行连坐制度等。总体上，商鞅变法的内容是以加强中央集权，富国强兵，发展更先进的地主阶级经济势力并培养其政治势力为目的。在商鞅变法十几年后，秦国大治。

事实上，相比于其他六国，秦国是最晚实施变法的一个，变法前秦的社会经济已经落后于关东各国许多。但因为秦本属夷族之列，传统文化羁绊最小，其变法成为最彻底的一个，由此后来居上。秦孝公死后，商鞅被其因变法而得罪的贵族势力车裂。商鞅建立的严酷法制导致普通百姓对其的仇恨，因此他遭受车裂时“秦人不怜”。但商鞅变法的成果保留了下来，为秦国后来统一六国奠定了经济、军事基础。

李斯的贡献

从秦国统一六国开创了中华文明的新时代的积极意义出发，李斯做出了突出的贡献。就统一六国之前而言：其一，秦始皇因为韩人郑国前来离间秦国而下令驱逐客卿（前来为秦效力的异国人士），李斯的《谏逐客书》使秦始皇收回命令，为秦国留住了大量人才；其二，李斯作为一个卓越的政治家和军事战略家，进一步推动并深化了吕不韦等人的“武力统一论”，他还是秦灭六国整体战略的主要制定者和执行者之一。就秦统一六国之后而言，其一，李斯极力反对分封制，谏言秦始皇实行郡县制，促成了大一统国家的建立；其二，作为秦国丞相，他提出并亲自执行了文字、度量衡、货币等的统一，首次实现了中国文化上的统一。此举使得秦国实现了真正意义上的统一，并奠定了中国历2000多年分分合合而依然存在的基础。不过，李斯对于“焚书”、严刑峻法等政策的提出和执行也使后人对他的评价毁誉参半，莫衷一是。

泰山刻石　秦

李斯所书小篆规范是对中国文字的一次总结。

秦始皇统一六国

秦嬴政十七年（前230年），内史腾率兵灭韩；十九年（前228年），赵都邯郸被秦军破，赵王迁降秦；二十年（前227年），燕太子丹派荆轲刺秦失败，秦将王翦率军攻燕，次年，燕王逃到辽东；二十二年（前225年），秦将王贲率60万大军攻魏，包围并水淹魏都大梁（今河南开封），破之，魏亡；二十三年（前224年），王翦率60万人灭楚；二十六年（前221年），王贲率军南下攻齐，齐王不战自降。嬴政之所以能在短短10年之内陆续剪灭六国，并非偶然。事实上，自春秋时期始，中华大地上便开始了一场残酷的吞并扩张战争。春秋初期，总有140多个诸侯国；到战国初期，则只剩下了二十几家；到秦始皇时，则只剩下了7家。这场如石投井不到底不止的游戏，必然只剩下一个最后的赢家。从“七雄”的整体态势来看，秦国的商鞅变法乃是诸国之中最彻底的一个，因此其经济、军事制度乃至政治、人才制度都在了六国的前列；加上其优越的地理位置等因素，嬴政灭六国便有很大的必然性。因此其10年内统一六国的行为，在某种意义上可以说是摘下了秦国花几百年时间培养出来的果实而已。就更宏观层面来说，秦始皇统一六国可以说是开天辟地的大事件。自此，中国结束了自春秋以来五个半世纪的乱世，复归一统；更进一步说，中国自此在文明层次上更进一步，进入了封建时期。

汉高祖得天下

秦始皇建立秦朝后，在表面统一的政权之下，充满仇恨之情的六国残余政治势力伺机而动，秦朝的统治基础并不稳固。同时，秦政府在严刑峻法的同时，对百姓的赋役征收过重，赋税竟达2/3，每年征调劳役占总人口的15%，这样的政权显然不是能国祚长久的。后来陈胜吴广振臂一呼，六国百姓纷纷响应，秦王朝基本上是瞬间崩溃。在秦末诸强争霸过程中，刘邦通过联合众多势力弱小者共同对付势力最强的项羽，最终击败了项羽，于公元前202年结束了割据混战的局面。汉朝建立之初，因为一些异姓将领已经拥兵自重，刘邦不得已封他们为异姓王，7个异姓王所据面积占到汉疆域的一半。此时刘邦所得之天下其实只有一半而已。后来刘邦花了自己最后12年的时间，逐个翦灭了主要的异姓王，才算是真正得了天下。得天下后的刘邦认为秦朝的灭亡是其缺少同姓王国的藩卫，故封赐同姓子弟为王者9个，这又为继承者埋下隐患。值得一提的是，因上自刘邦，下至萧何、陈平等诸多大臣都是布衣出身，由此打破了自西周以来的由贵族把持政治的局面。此后，随着察举、征辟等制度的建立，汉朝政府向底层有才能的人士开放了。

萧何定汉制

所谓“萧何定汉制”乃是一种笼统说法，更精确地说，萧何所定的乃是法律方面的制度，军法是由韩信所定，历法、度量衡则由张苍所定，叔孙通根据儒家规范制定了礼仪方面的制度。《晋书·刑法志》载：“汉承秦制，萧何定律，除参夷连坐之法，增部主见知之条，益事律《兴》、《厩》、《户》三篇，合为九篇。”萧何参考《秦律》，对其所增益之后，制成《九章律》。《九章律》乃是汉王朝治理社会的基本大法。后来，叔孙通又制《旁章》18篇，张汤制《越宫律》27篇，赵禹作《朝律》6篇，作为补充法。再加上皇帝和官府下达的具有法律效应的各种“令”，共同形成了维持社会秩序的汉朝法律体系。其中,《九章律》最为重要。《九章律》不仅在有汉一代是基本大法,其前承《秦律》乃至先秦李悝的《法经》,后沿用到隋唐时期才有大改,且多有沿用,因此在整个中国法制史上起到了承前启后的重要作用。

汉武帝大一统

秦始皇虽然统一六国,建立了中央集权的秦朝,但因六国残余势力依然存在,伺机而动;同时因政府实行严刑峻法,百姓负担沉重,因此秦朝所建立的只是依靠武力维持的暂时一统。秦亡后,刘邦建立汉朝并逐个灭掉异姓王,实现中国的重新统一,但其临死前又分封了 9 个同姓王。9 个同姓王的疆土占到了汉疆域的一半以上。刘邦死后,这些同姓王逐渐不再听中央指挥。因此自汉高祖,历吕后专权、文帝、景帝,汉朝并非真正一统的政权。到汉武帝时,因其父景帝已经通过镇压“吴楚七国之乱”大大削弱了诸侯王的实力,汉武帝先是通过允许诸侯王进一步分封子弟的策略使剩下的诸侯国自行分裂,又通过查办淮南王刘安和衡山王刘赐谋反案,彻底击垮了诸侯王的势力。汉王朝至此真正实现了大一统。不仅是地域和行政上统一,汉武帝通过确定历法,独尊儒术,进一步统一货币、文字等手段实现了中国文化上的统一。汉初,许多人还习惯以战国时的楚人、秦人等界定自己和他人的身份。汉武帝时,秦、楚、齐、鲁等文化大融合,这种现象便逐渐消失了。

王莽改制

王莽改制是西汉末王莽代汉称帝后在政治、经济领域进行的一系列改革。西汉末年,王莽以外戚身份篡夺西汉政权,建立新朝。针对自西汉晚期越来越严重的土地兼并、奴婢和流民泛滥等问题,王莽宣布恢复周朝体制。政治上,王莽将中央和地方的官名、官制、郡县名和行政区划都加以改变,还恢复五等爵。经济上,禁止土地买卖,规定将全国私田收归国有,然后重新按人口分配;实行五均六筦制度,朝廷委派巨商大贾管理市场,并掌控盐、铁、酒、铸钱、五均赊贷事务,事实上就是将市场和这 5 种商业实行国家垄断;多次进行币制改革;禁止买卖奴婢等。王莽的政治改革使得朝廷行政更加混乱,其经济改革或因乌托邦性质(土地改革)或因实施环节的问题,不仅没能达到有利于下层百姓的目的,反而使他们更加贫苦,同时还得罪了贵族、官僚和大地主阶层,给社会经济造成极大混乱。结果赤眉起义爆发,新朝灭亡。

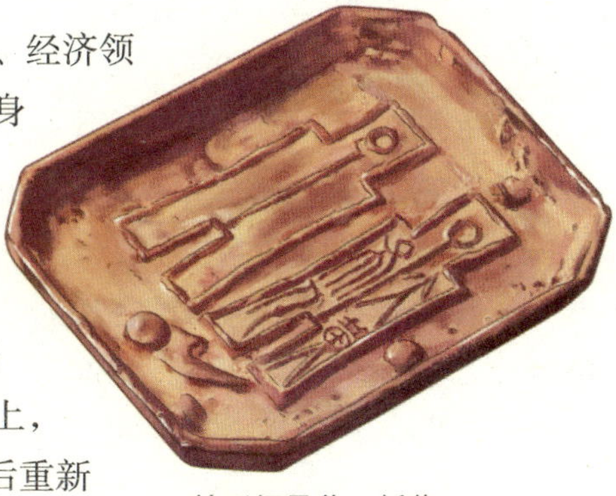

铸币铜母范 新莽

光武中兴

王莽的新朝灭亡之际，已沦为布衣的汉景帝后裔刘秀（光武帝）在诸多起义领袖中脱颖而出，最终凭借卓越的政治与军事才能定都洛阳，史称东汉。刘秀建立东汉政权后，指挥军队镇压赤眉等农民起义军，消灭了乱世中形成的诸多割据势力，实现了真正的一统。之后，刘秀实行以“柔术”治天下的策略，采取了一系列措施解决王莽政权乃至西汉留下来的社会问题。经济上，鼓励耕织，组织军队屯垦，恢复西汉时三十税一的轻税政策，与民休息；实行减轻穷人赋税负担的度田制度。政治上，偃武修文，裁并400多县，简政减吏；加强中央集权，对功臣赐予优厚的爵禄，但收回兵权，并禁止他们干政。文化上，兴建太学，提倡儒术，尊崇节义。此外，他还下令释放奴婢、刑徒，减轻刑法等。虽然遇到不小的阻力，但各项政策都得到不同程度的实施，东汉的经济水平、人口、文化由此逐渐恢复到西汉强盛时期的水平，史称“光武中兴”。光武帝也因此被后世认为是历史上仅有的几个“千古一帝”之一。

曹魏代汉

东汉中后期，因多为幼帝登基，权力在外戚与宦官之间轮换。政治的腐败导致184年黄巾起义爆发，各地州牧在镇压农民起义的过程中培养起自己的武装力量，成为军阀，东汉政权名存实亡，此后中国进入了一个群雄逐鹿的混战时代。196年，曹操将汉献帝迎到许都（今河南许昌市东），“挟天子以令诸侯”。之后，曹操逐渐铲除了北方的其他武装割据势力，统一了北方，与西蜀的刘备势力和江南的孙权势力形成了三足鼎立的局面。216年，曹操被汉献帝封为魏王。曹操自称要学习周文王，将代汉的机会留给了儿子。220年，曹操去世，其子曹丕办完曹操丧事便逼迫汉献帝“禅让”，代汉建魏，史称魏文帝，东汉正式宣告结束。曹丕称帝后，刘备于次年称帝，自称汉政权；229年，孙权称帝建吴。曹魏代汉后仅二十几年，朝廷实权便落入司马氏手中，曹氏皇帝成了傀儡。265年，曹氏皇帝便又“禅位”于司马氏。

诸葛亮治蜀

事实上，《三国演义》中所说的诸葛亮与刘备的“鱼水关系”有相当大的夸张成分。诸葛亮真正获得特殊的政治地位，开始治理蜀国，是在刘备白帝城托孤之后，如后主刘禅所说“政由葛氏，祭则寡人”。外交上，在刘备夷陵兵败，蜀国受魏、吴夹击的危急情况下，诸葛亮重新建立了吴蜀联盟，为蜀国寻求了一个暂时能得以自保的外部环境。内政上，诸葛亮实行一种“以教令为先，诛罚为后”的德治与法制相结合

古隆中，在今湖北襄樊。

的策略，并且始终以身作则，秉公执行，赏罚必信，正如陈寿所言：“刑政虽峻，而无怨者。”在用人上，诸葛亮则在维持新人旧人平衡的基础上尽量巩固新人地位，为蜀国的未来储备人才。诸葛亮在经济上也采取了一系列卓有成效的政策。在诸葛亮的治理下，蜀国大治。吴国的张温出使蜀国回去以后，曾赞美蜀政，以致引起了孙权的忌恨；魏国有才智的大臣刘晔、贾诩也对诸葛亮的治国才能十分钦佩。诸葛亮因此被誉为中国历史上“四大贤相”（管仲、诸葛亮、王安石和张居正）之一。

魏孝文帝改革

魏孝文帝改革指北魏孝文帝所实施的经济、政治、文化改革。北魏是北方草原上的鲜卑族人建立的政权，439 年，北魏太武帝结束北方“五胡十六国”乱局，统一中国北方。太武帝死后十余年，魏孝文帝继位。鉴于以落后民族统治先进民族的弊端，魏孝文帝采取了一系列改革措施。一方面，推行均田制，使得广大汉族百姓耕者有其田，并颁布与均田制相适应的新的租调制，减轻农民负担。废除鲜卑族“交足上面的，余下是自己的”的落后官吏俸禄制度，而是实行汉族的自上而下发放的俸禄制，目的同样是减轻人民负担。另一方面，魏孝文帝在鲜卑族内部推行汉化制度，以使鲜卑族的夷族身份逐渐淡化，最终得到汉族人的心理认同。具体而言，首先将都城从接近鲜卑族故地的山西大同迁到了汉族中心地带洛阳；其次是在鲜卑族中推行汉话、汉服、汉姓，鼓励鲜卑族与汉族人通婚。上述措施使得北魏的经济得到发展，政治清明许多，鲜卑统治者得到了汉族人更多的心理认同，其统治基础由此更加稳定。

隋文帝杨坚

隋朝虽短，却出了一位了不起的皇帝，便是隋文帝杨坚。杨坚的父亲杨忠是西魏和北周的军事贵族，被封为随国公。杨坚承袭父爵，本人也在对北齐的战争中立下战功，他还是北周宣帝的岳父。宣帝死后，杨坚以辅政大臣的身份夺取了年幼的静帝的皇位，建立隋朝。隋朝建立后，南下灭陈，重新实现中国统一。隋文帝建立

隋文帝像

统一的隋朝，意义非凡。就承前来说，是继东汉末年直至南北朝200多年的乱世后，重新建立的大一统政权；就启后来说，隋文帝建立隋朝后，不仅使其疆域辽阔，经济繁荣，文化昌盛，军事上也所向披靡，周围少数民族臣服，后来唐朝的兴盛正是建立在隋朝的基础上。其次，隋文帝时所创立的三省六部制、州县两级制、《开皇律》、均田制、科举制等新制度均为后世历代所沿承。值得一提的是，隋文帝不仅因其文治武功被誉为中国历代最有才智的皇帝之一，而且因其与民休息，废除古代酷刑等措施，也被誉为历代最仁慈的皇帝之一。

贞观之治

贞观是唐太宗李世民的年号。李世民在位的23年里，唐王朝在经济、政治、文化、军事等方面均达到了历史的高峰，史学家称之为“贞观之治”。唐朝建立后，隋末乱世导致的人口减少造成了地广人稀的局面，再加上人心思安，为唐朝的兴盛创造了经济和心理基础；隋朝对周边少数民族的征服也为唐朝创造了良好的外部环境；再加上京杭大运河的修通、三省六部制、科举制等也在商业繁荣、政治制度、人才选拔等方面为唐朝奠定了良好的基础。唐高祖李渊称帝8年后，唐王朝基本稳定下来，此时唐太宗继位。因其雄才大略、任人唯贤、广开言路，采取了一些以农为本、减轻徭赋、休养生息的政策，唐朝很快达到了历史的巅峰。当时唐朝疆域辽阔，军事强盛，国际威望极高，吸引了大量外国人前来落户，当时仅在广州便居住了20万西方侨民。唐太宗当政时政治清明，官吏极少贪污，这并不是靠严刑峻法所维持的，而是靠政治制度上的设计以及官员自律；社会安定，百姓安居乐业，夜不闭户，路不拾遗。值得一提的是，因当时社会极少有不公平之事，社会犯罪率极低。据载，贞观三年（629年），全国判处死刑者仅有29人，由此可以想见当时盛世景况。

三彩庭院　唐

女皇武则天

武则天是中国历史上唯一一个被史学家所承认的女皇帝（北魏的元氏和唐高宗时的陈硕真也曾做了皇帝，但因种种原因不被后世史学家所承认）。武则天本是唐开国功臣武士彟次女，14 岁入宫为唐太宗昭仪（属于嫔妃一种）。太宗死后，其先是出家为尼，后又做了唐高宗妃子，并成为皇后。高宗死后，武则天之子中宗继位，武则天作为皇太后把持朝政。后废了中宗，立睿宗李旦。690 年又废睿宗，自称圣神皇帝，改国号为周，并迁都洛阳。当时武则天已经 67 岁，乃是中国以最大年龄登基的皇帝。705 年，宰相张柬之趁武则天年老病危，拥立中宗复位，尊武氏为“皇太后”。同年冬，武氏死，享年 82 岁。

可以想见，武则天以女子身份称帝，并且当了 15 年皇帝，显然是相当有才干。在其治理下，政治上，关陇旧贵族势力遭到打击，政治更加清明，各项制度得到进一步发展；军事上，唐朝击败了突厥、契丹的军事进犯；经济文化上，上承贞观之治，下则启开元盛世，乃是唐朝繁荣昌盛时期的重要一环。有趣的是，遵武则天遗言，唐中宗为其立了一块无字碑。功过是非都留于后人说，这无疑是相当睿智的行为。

黄巢起义

黄巢起义是唐朝末年的一次规模宏大的农民起义。唐朝晚期，因地方上藩镇割据混战，中央则宦官专权，朋党相争，政治的腐败导致百姓负担沉重，不堪忍受，多次爆发农民起义，但均被镇压。乾符二年（875 年），私盐贩子王仙芝在今河南长垣起兵，屡试不第的书生黄巢也在今山东菏泽起兵响应。后王仙芝战死，黄巢成为起义军领袖，转战全国十几个省市，兵力发展至几十万人。藩镇势力为保存自己实力，不与起义军交战。起义军先攻下陪都洛阳，于 881 年又攻下长安（今陕西西安）。唐僖宗率人逃到成都。黄巢在长安称帝，建大齐政权。黄巢建立政权后，缺乏政治远见，既不派兵到成都彻底剿灭唐中央政权，又不在长安周围扩散根据地，而是据守在长安城内。因缺乏相应的经济政策导致粮草不济。由此，唐朝廷获得喘息之机，调集驻守长安周围的禁军对长安实施包围，并攻破长安。黄巢率军逃走，于 884 年在山东莱芜狼虎谷兵败自杀（一说为部将所杀），起义宣告失败。

“儿皇帝”石敬瑭

石敬瑭是五代十国时期后晋的开国皇帝，中国历史上有名的卖国贼。石敬瑭本是后唐屡立战功的功臣兼驸马，长年驻扎北部边境负责抵御契丹南下。因其战功卓著，加之常年驻守边关，逐渐拥兵自重，被篡位登基的后唐末帝李从珂猜疑，终至翻脸。李从珂派兵讨伐石敬瑭。石敬瑭于是向契丹求援，表示愿意称臣，并厚颜无耻地表示愿意以父事契丹；同时许诺事成之后，割卢龙一道及雁门关以北诸州与契丹。在契丹的帮助下，石敬瑭最终夺得后唐江山，于936年被契丹册封为大晋皇帝，定都汴梁，称为东京开封府。石敬瑭做皇帝后，“信守”承诺，割燕云十六州给契丹，每年给契丹布帛三十万匹。石敬瑭以皇帝身份却称辽皇帝为“父皇帝”，成了历史上臭名昭著的“儿皇帝”。

石敬瑭的诸多丑恶行径中，危害最深的乃是割让燕云十六州。十六州大致是今天的北京、天津和河北北部、山西北部的大片土地，它们是中原的门户，辽兵乃至后来侵宋的金兵自此可长驱直入中原地区，使北方社会经济遭到严重破坏。

陈桥驿兵变

959年，周世宗柴荣去世，年仅7岁的恭帝即位。时任殿前都点检、归德军节度使的赵匡胤与禁军高级将领石守信、王审琦等结义兄弟掌握了军权。960年春，赵匡胤和赵普、石守信等，在京城散布“点检做天子”的谣言并谎称北汉和辽的军队联合南下，攻打后周。宰相范质难辨真伪，急派赵匡胤统率军北上御敌。

河南封丘陈桥乡“宋太祖黄袍加身处”碑

军队行至陈桥驿（今河南封丘陈桥镇）时，赵匡胤授意赵匡义（赵匡胤之弟）和赵普等发动兵变，众将把黄袍加在赵匡胤身上，拥立他为皇帝，反叛后周。随后，赵匡胤率军回师开封，京城守将石守信、王审琦大开城门，迎接赵匡胤入城，翰林学士拿出早已准备好的禅让诏书，逼迫周恭帝退位。赵匡胤即位，是为宋太祖，改国号为宋，史称北宋，改元建隆元年，仍定都开封，史称“陈桥兵变”。

王安石变法

王安石变法是北宋宰相王安石所发动的一场旨在去除国家积弊的改革，因在熙宁年间举行，又称熙宁变法。北宋王朝的积弊主要在于两个方面，一是因宋太祖遗言要优待文人，导致冗官太多；二是因燕云十六州为辽所占，北方门户洞开，需要大量养兵，导致冗兵太多，所谓“一天下之民养两天下之兵”。此两项首先导致宋财政吃紧；其次因赋税过重，农民不愿种地，便又牵连出土地兼并等一系列社会问题。事实上，在王安石变法之前，宰相范仲淹便进行过一场类似的变法，史称“庆历新政”。因反对派势力太大，无果而终。王安石任宰相后，又针对这些问题颁布了方田均税法、青苗法、裁兵法、募役法等一系列新法令，主要着眼点便在于增加政府财政收入、强兵、减轻农民负担。

王安石实施变法后，朝廷财政收入增加不少，士兵数量减少的同时质量得到提高。但因遭到既得利益者和保守大臣的反对，阻力过大；同时，王安石也有些刚愎自用，未能充分团结苏轼等中间派人士；加之变法宣传不足，没能吸引优秀的人才进行有力的执行，导致变法利弊兼有。元祐元年（1086 年）司马光执政，尽废新法，只部分内容保留下来，王安石变法宣告失败。之后的宋人以支持或反对王安石变法分为“元丰党人”、“元祐党人”两派。从此，宋朝进入了党争的泥沼，不可自拔。后人对于王安石变法的评价也是褒贬不一。

岳飞抗金

岳飞，北宋相州汤阴（今河南汤阴县）人，宋朝重要的抗金将领，与韩世忠、张俊、刘光世并称为南宋中兴四将。岳飞的抗金活动在北宋时期已经开始，他在 20 岁时投军抗金，凭战功逐渐成为高级军官。靖康二年（1127 年），北宋灭亡，北宋皇室几乎全部被金人俘虏回金。赵构在临安（今杭州）建立南宋政权，是为宋高宗。宋高宗初期主张收复失地，起用了岳飞等大批主战派将领。岳飞领导的岳家军的主要抗金活动有四次北伐，前三次北伐均收复大量失地，将南宋的疆界逐渐向北方推移。1140 年，岳飞的第四次北伐已经打到开封城下，金人已经弃城北逃。宋高宗赵构却在一日内连发 12 道金牌将岳飞召回，致使前功尽弃。岳飞回朝后，被奸臣秦桧以“莫须有”的罪名害死在杭州风波亭。

成吉思汗雄霸草原

成吉思汗本名铁木真，生于 1162 年，本是蒙古草原上一个部落首领之子。9 岁时其父被杀，其族离散，铁木真跟随其母艰难度日。铁木真长大后又逐渐召集其父旧部，凭借自己的军事与政治才能逐渐统一了蒙古各部，于 1206 年建立蒙古汗国，自称“成吉思汗”，意为天下之主。成吉思汗统一蒙古后，先是逼降西夏，然后沉重打击了金。因自忖一时不能灭金，成吉思汗暂时与金议和，向西扩张。1219 年，成吉思汗灭西辽，为西征扫清障碍。次年，成吉思汗率军 20 万西征。蒙古军先后攻破讹

成吉思汗放鹰捕猎图

这是一幅中国丝绸绘画，狩猎是蒙古人重要的生活内容。在狩猎时，鹰是猎人的向导，它负责搜寻猎物，引导方向，所以蒙古人出猎时往往将鹰带在身边。

答剌（在今锡尔河中游）、布哈拉及撒马尔罕等地，向南抵达印度河，西则至克里米亚半岛。成吉思汗将占领的土地分给自己的四个儿子，形成了窝阔台、察合台、钦察、伊利四大汗国。1225年，成吉思汗回蒙，两年后灭西夏，在筹划进一步灭金时逝世。

相比于历史上的匈奴、鲜卑、突厥、回纥、契丹、女真等曾经称霸草原的北方少数民族，成吉思汗所拥有的土地面积乃是最大的。并且，成吉思汗也是第一个不再将眼光局限于南下中原，而是将目光投向了遥远的西边的北方草原民族首领，气魄又是不同。成吉思汗死后，其子孙在成吉思汗的基础上先是联宋灭金，之后灭南宋与大理，又进行了两次西征，最终建立了横跨欧亚的大帝国。

忽必烈治元

忽必烈是成吉思汗的孙子，于1271年改蒙古汗国为元，是为元世祖。8年后，忽必烈灭掉南宋，这便是我们通常所说的元朝。作为一个少数民族建立的大一统政权，忽必烈的统治方法，大致说来可概括为“先私后公”。所谓“先私”，便是在制度设计上采取了一系列措施保障蒙古人对汉人的统治权。首先，元朝实行的是空前的中央集权，各地方政府称为行省，是行中书省的简称，意即地方政府只是中央政府的一个派出机关而已，因此地方极度无权。而行省区划本身也是从一种防止地方独立的军事策略出发。其次，为分化人民，忽必烈将所有人分为蒙古、色目（中亚、西域等地的民族）、汉人（北方的汉族、契丹、女真等）、南人（南宋遗民）4个等级。另外，忽必烈废除了科举制度，以堵住汉人入仕之路。在保证了蒙古人的统治权之后，忽必烈作为一国之君，所采取的一系列经济、文化政策则有相当建树。首先，因为蒙古人开阔的视野，元朝的商业繁荣达到了历史的顶点；其次，忽必烈所提倡的兼容并包的思想，使得元人拥有宗教信仰自由，很少有思想文化禁锢（这点与后来的清截然不同）也使得元朝文化取得了大发展。

明太祖的擘画

明太祖朱元璋登基后，没有满足于简单继承前朝的制度，而是在参考前面历代制度的基础上，进行了一番颇有决断的擘画。明朝的各项制度可以说是相当有特色的。就效果而言，朱元璋的擘画则是优劣参差。就设计得比较好的制度而言，首先值得一提的便是朱元璋所设立的卫所兵制。卫所兵制兼具征兵、募兵之长，养兵百万，不废百姓一粒米。统兵权与调兵权的分离既可使军队可保卫国家安全，又防止了武人专权。其次，朱元璋所实施的扶植自耕农，奖励移民垦荒屯田的经济政策也比较成功，加上重新丈量土地使得赋役负担更加公平，因此明初的小农阶层生活整体不错。另外，有明一代的官员乃是历代最清廉的官员，应该说也是受朱元璋所影响，但是通过严刑重典实现的，并不可取。另一方面，朱元璋的一些擘画也给明朝遗留了相当大的麻烦。朱元璋所设计的最不好的制度有两个，其一是不设宰相，其二是特务组织。不设宰相的制度使得有明一代尤其是中晚期一直受到宦官专权的影响，而特务组织最终也发展成为明代政治的痼疾。明中晚期，宦官干政的同时又控制了“东厂”特务组织，两个痼疾纠结在一起，最终导致了明朝的灭亡。还有些制度，刚开始比较好，随时间推移，便由利变为弊了。比如朱元璋分封子侄为王藩卫中央的策略，在朱元璋在世时固然起到了巩固国防的作用，但朱元璋死后，这些藩王却成了其后世帝王的麻烦。

张居正改革

张居正像

明万历年间，内阁首辅张居正为兴利除弊，进行了一系列政治、经济、军事方面的改革。明万历时，经过喜好淫乐的正德皇帝和一心炼丹成仙的嘉靖皇帝的折腾，明王朝这部政治机器已经弊病丛生，眼看要转不动了。当时的明王朝吏治腐败，财政拮据，民间土地兼并严重，农民起义此起彼伏。鉴于这种情况，内阁首辅张居正在经济、政治、军事上采取了一系列的改革措施。在政治上，张居正采取加强对官员的监督等办法，整顿吏治；在经济上，下令重新丈量全国土地，然后实施“一条鞭法”（见条目“一条鞭法”）的赋税制度，以使赋税负担转移到拥有土地的富人身上，减轻了贫苦农民的负担，以此抑制土地的进一步兼并。在军事上，张居正任用了戚继光等一批卓越的将领，大大巩固了明军的国防。与蒙古在边疆开市通商的政策使边疆地区几十年无战事。张居正改革之后，明朝的财政收入显著增加，社会矛盾得到缓解，吏治也更加清明，与蒙古各部的关系缓和，边境晏然。可以说，张居正的改革乃是晚明暮霭中的一抹霞光，使得明朝又挣扎着往前走了几十年。张居正也因此被誉为一代明相。

李自成起义

李自成起义是明末的一场农民起义。明天启、崇祯年间，陕北连年大旱，朝政黑暗，加之财政困难，无法赈济，农民纷纷暴动。山西米脂农民李自成于崇祯三年（1630年）加入起义军，并逐渐成为起义军领袖，以“均田免粮”为口号吸引农民入伍，最后队伍达到几十万之众。崇祯十七年（1644年），李自成采纳谋士顾君恩之策，先取陕西作为根据地，在西安宣布建立大顺政权，李自成改名自晟，称王。同年二月，起义军分两路进攻北京，在三月中旬攻入北京。崇祯皇帝自缢于煤山（今景山），明朝灭亡。李自成攻下北京后，明朝只剩下驻守山海关的明总兵吴三桂还有一定军事实力。本来吴三桂已经答应了李自成的招降，但因李自成骄傲自满，轻视吴三桂的实力，软禁了吴三桂的在京城的家属，导致吴三桂反悔投清。李自成率军征讨吴三桂时被吴三桂和多尔衮率领的清军夹击而败退北京，仓促称帝后准备退回陕西再起。后在湖北九宫山下被地主乡团所围，李自成战死。余部由刘宗敏、李过率领南下，联明御清，终未成气候。

努尔哈赤崛起

努尔哈赤是清王朝的前身——东北后金的缔造者。明嘉靖三十八年（1559年），努尔哈赤出生在赫图阿拉（今辽宁新宾县）建州左卫一个小部落酋长的家里。万历十一年（1583年），努尔哈赤之父被女真另一个部落与明军联合所杀，年仅25岁的努尔哈赤率部起兵。凭借卓越的军事才干，努尔哈赤先是花10年时间统一了建州女真各部，后又降服海西、野人等众多分散的女真部落，势力日大。在其崛起的过程中，对内，努尔哈赤逐渐建立起了经济、军事一体化的八旗制度，为其征战提供了物质和组织上的保证；对外，在起兵后30年间，都实行尽量稳住明朝，避免引起其注意的策略。努尔哈赤拜明朝辽东总兵李成梁为干爹，更是为其崛起赢得了极大方便。万历四十四年（1616年），努尔哈赤自觉羽翼丰满，在今辽宁新宾县称汗，建立后金，表面上向明称臣。两年后，努尔哈赤起兵叛明，在萨尔湖大战中杀前来征剿的明军6万人，自此明朝廷提努尔哈赤色变，以致无人敢到辽东做官。1625年，后金迁都沈阳，基本控制整个东北。次年，努尔哈赤死，但其为后来清政权入主中原已经奠定了基础。1644年清军入关后，尊努尔哈赤为清太祖。

康熙的文治武功

康熙帝大阅兵之盔甲

康熙是清圣祖爱新觉罗·玄烨的年号，因明清帝王多只用一个年号，故往往以年号代称帝王。康熙是清朝入关后的第二个皇帝，于1662年登基。16岁时，康熙在其祖母太皇太后孝庄文皇后的帮助下，赢得了与顾命大臣鳌拜的斗争，开始亲政。清朝立朝时并未在军事上取得完全的胜利，只是与明朝投降势力取得了政治上的妥协。清朝立国后，明朝降将平西王吴三桂、平南王尚可喜、靖南王耿精忠三个藩王事实上与清廷分庭抗礼，因此当时清朝并非一个真正统一的王朝；郑成功在台湾自称南明朝廷，与清廷对峙。康熙20岁时，宣布撤藩，三藩起兵，康熙花了8年时间平定了三藩。3年后，康熙又统一了台湾。至此，清王朝实现了真正的统一。后来，康熙又花了9年时间平定了蒙古噶尔丹的叛乱，击退了当时沙俄对我国东北地区的侵略，签订了《尼布楚条约》，维持了东北边境150多年的和平。通过这一系列的军事行动，康熙将清王朝的基业稳定下来，基本奠定了中国今天的版图。

林则徐销烟

道光十九年（1839年），鉴于鸦片对国人的危害以及白银大量外流的现实，清朝政府派遣钦差大臣林则徐到广东禁止鸦片。林则徐采取强硬手段收缴英商鸦片，于当年6月在广州虎门海滩当众销毁鸦片，历时23天，共销毁鸦片230多万斤，被誉为中国乃至世界历史上伟大的禁毒运动。

林则徐销烟一事并非一个孤零零的事件，而是当时中国乃至世界大局中的一环。自18世纪60年代起，英国率先开始了工业革命，大量的工业产品亟须消费市场，当时拥有世界1/3人口的中国自然是其垂涎的目标。但中国经济自给自足的特性和乾隆以来实行的闭关政策使得英国产品无法打入中国市场。相反，因对中国的茶叶、瓷器等产品的进口，英国白银每年大量流入中国。正是通过鸦片贸易，英国才扭转了对华贸易逆差。林则徐的禁烟显然打破了这种局面，于是鸦片战争爆发，英国用大炮打开了中国的大门，其他西方国家也紧随其后，中国开始进入半殖民地半封建社会时期。

洪秀全与太平天国运动

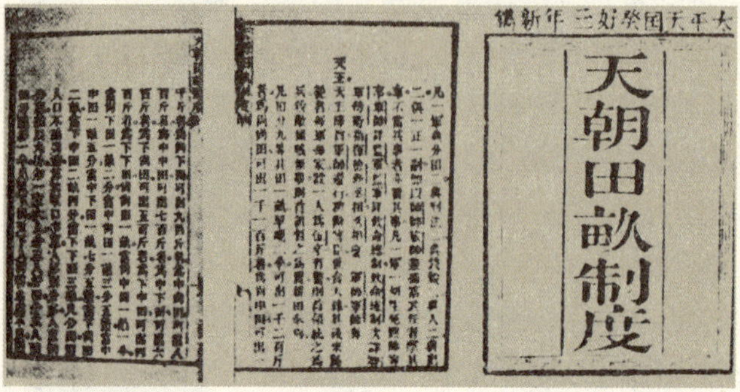

《天朝田亩制度》

太平天国定都天京后，为巩固政权，1853年颁布了以解决农民土地问题为中心，包括政治、经济、军事、文教和社会生活各方面内容的纲领性文件《天朝田亩制度》，提出了平分土地、平均分配生活资料的方案，建立兵农合一的军政制度，试图实现“无处不均匀，无人不饱暖”的绝对平均理想社会，带有明显的乌托邦的空想性质。

洪秀全是广东花县人，道光年间科举不中，遂借用早期基督教义中的平等思想，创立拜上帝教。道光三十年（1851年），洪秀全借用拜上帝教的组织体系，发动金田起义，建太平天国，自称天王。太平军以平均地权、建造无处不平等的理想社会为口号，吸引大量农民，声势浩大，达百万之众。咸丰三年（1853年）太平天国定都南京，拥有长江中下游地区，占据清政府的半壁江山。因清政府无力征剿，以曾国藩、李鸿章为首的地主武装湘军和淮军成了打击太平天国运动的主力军。在外国军队的帮助下，淮军于1864年攻破天京，太平天国运动失败。

太平天国失败的原因，在军事上是由于偏师北伐孤军深入，导致全军覆没；在政治上则是因其缺乏政治远见，洪秀全定都南京后耽于享乐，后又出现领导集团内部的自相残杀，石达开出走，此后太平天国由盛转衰。另外，太平天国所提出的均田制度则完全是乌托邦性质，因此其缺乏有效的经济纲领。

慈禧太后守业败家

1861年，咸丰帝去世，慈禧太后联合恭亲王奕䜣发动辛酉政变，掌控了朝政。其后的两个皇帝同治（其子）与光绪（其养子）均是傀儡，在1861年至1908年这50年的时间里，慈禧可以说是事实上的统治者。慈禧的守业分为两个层面，首先是代表清廷守住其统治权，其次才是代表中国守住国家利益。从第一个层面来讲，慈禧从咸丰帝手中接过清政权时，太平天国当时已经占据半壁江山，慈禧面对如此局面，能够通过倚重汉族地主力量的策略剿灭太平天国，相当不容易。在内忧外患不断，民主呼声高涨的情况下，直到1908年其死，清政府竟然还未垮台，应该说慈禧的守业也算合格了。但从第二个层面来讲，慈禧对于中国国家利益的守护，就是个败家子了。中日、中法等几场战争下来，不仅赔款高达几亿两白银，南边让日本割了台湾，北边则被俄国割走了150多万平方公里的土地。

戊戌变法

1895年《马关条约》签订以后，康有为等人发动公车上书，提出变法的主张。他们陆续创办报刊，组织社团，宣传维新变法。在维新人士和帝党官员的积极推动之下，1898年6月11日～9月21日，光绪皇帝先后颁布了一系列变法法令，进行自上而下的改革。主要内容有：设立农工商局、路矿总局，提倡开办实业，修筑铁路，开采矿藏，组织商会，改革财政；广开言路，允许士民上书言事，裁汰绿营，编练新军；废八股，兴西学，创办京师大学堂，设译书局，派留学生，奖励科学著作和发明。这些革新政令，目的在于学习西方文化、科学技术和经营管理制度，发展资本主义，建立君主立宪政体，以达到富国强兵的目的。维新变法遭到了以慈禧太后为首的顽固派的极力反对。他们在9月21日发动政变，囚禁了光绪，慈禧太后宣布"亲政"，戊戌变法失败。变法从开始到失败，前后仅103天，因此又称"百日维新"。

清帝退位

1911年武昌起义爆发后，清朝政府陷入了内外交困的境地。清廷重新起用袁世凯收拾局面。袁世凯与黎元洪议定停战，并且密议商定只要袁世凯逼迫清帝退位，即推举他当中华民国大总统。孙中山从海外回国，被各省代表推举为中华民国临时大总统，同时又决定一旦袁世凯逼退成功，孙中山须将总统职位让出。袁世凯暗中指使北洋文武官吏请愿，迫使宣统逊位。经过多次磋商，最后达成了退位的协定。中华民国给清帝提供逊位之后的优待条件。1912年2月12日，清政府颁布了皇帝退位的诏书，布告全国。中国历史上最后一个封建王朝——清朝宣告结束。清帝退位以后，仍然住在紫禁城，国民政府每年拨给400万元的费用。

幼年溥仪旧照

中華民國臨時約法

中華民國臨時約法

第一章 總綱

第一條 中華民國由中華人民組織之

第二條 中華民國之主權屬於國民全體

第三條 中華民國領土為二十二行省內外蒙古西藏青海

第四條 中華民國以參議院臨時大總統國務員法院行使其統治權

第二章 人民

第五條 中華民國人民一律平等無種族階級宗教之區別

第六條 人民得享有左列各項之自由權

一 人民之身體非依法律不得逮捕拘禁審問處罰

二 人民之家宅非依法律不得侵入或搜索

三 人民有保有財產及營業之自由

四 人民有言論著作刊行及集會結社之自由

五 人民有書信秘密之自由

六 人民有居住遷徙之自由

七 人民有信教之自由

第七條 人民有請願於議會之權

第八條 人民有陳訴於行政官署之權

第九條 人民有訴訟於法院受其審判之權

第十條 人民對於官吏違法損害權利之行為有陳訴於平政院之權

第十一條 人民有應任官考試之權

第十二條 人民有選舉及被選舉之權

第十三條 人民依法律有納稅之義務

第十四條 人民依法律有服兵之義務

第十五條 本章所載人民之權利有認為增進公益維持治安或非常緊急必要時得依法律限制之

第三章 參議院

第十六條 中華民國之立法權以參議院行之

第十七條 參議院以第十八條所定各地方選派之參議員組織之

第十八條 參議員每行省內蒙古外蒙古西藏各選派五人青海選派一人其選派方法由各地方自定之

參議院會議時每參議員有一表決權

第十九條 參議院之職權如左

一 議決一切法律案

二 議決臨時政府之預算決算

三 議決全國之稅法幣制及度量衡之準則

四 議決公債之募集及國庫有負擔之契約

五 承諾第三十四條三十五條四十條事件

六 答覆臨時政府諮詢事件

1912 年 3 月 11 日，《中华民国临时约法》正式公布。

中华民国成立

1912 年 1 月 1 日，孙中山在南京宣誓就任第一任中华民国临时大总统，他在临时大总统誓词中说："倾覆满洲专制政府，巩固中华民国，图谋民生幸福。"中华民国南京临时政府成立，规定改用西历纪年，1912 年为中华民国元年。黎元洪为副总统，临时政府各部部长分别是黄兴、黄钟瑛、伍廷芳、蔡元培、张謇等人。1 月 11 日，决定以红、黄、蓝、白、黑五色旗为民国国旗，以武昌起义的军旗为陆军旗，青天白日旗为海军旗。临时政府随后相继颁布了《修正中华民国临时政府组织大纲》和《中华民国临时约法》，迅速组建起临时政府的政治体制。

哲学宗教

古代哲学命题

气

“气”，在中国古代哲学中是一个特别重要而又非常复杂的概念，在不同的典籍中有着不同的内涵。从根本上来讲，“气”体现的是关于物质存在和运动的哲学范畴，具体说来，中国古代学者从以下几个意义上阐释“气”这一基本概念。首先，气是运行不息而且无形可见的一种极细微的物质，是构成宇宙万物的本原或本体，如《庄子·知北游》说：“人之生，气之聚也。聚则为生，散则为死。”另见《列子·天瑞》：“夫有形者生于无形，则天地安从生？故曰有太易，有太初，有太始，有太素。太易者，未见气也；太初者，气之始也；太始者，形之始也；太素者，质之始也。气，形质具而未相离，故曰浑沌。”其次，气分为阴阳二气或五行之气，各种气之间的交互运动，推动着宇宙万物的发展与变化，如《老子》说：“万物负阴而抱阳，中气以为和。”周敦颐在《太极图说》里讲：“二气交感，化生万物。万物生生，而变化无穷焉。”气充塞于宇宙万物之间，与万物相互渗透，是万物之间相互感应的中介物质，令万物之间相互联系，相互影响，从而使万物处于和谐有序的运动之中并且相互感应而构成一个有机的整体。气也同样地存在于人体之内，是人体生命的体现，是推动和调控人体生命活动的动力源泉，人的生命状态与气密切相关，气的运动停止标志着人体生命活动的终结，如《管子·枢言》所说：“有气则生，无气则死，生者以其气。”人要保持健康的身体，则必须认真保养运行于人体中的气。气还表现了一种崇高的道德状态和人生修养境界，即孟子所言的“至大至刚，以直养而无害，则塞于天地之间”的“浩然之气”。

道

“道”，在中国古代哲学中是一个表达宇宙本源与自然规律的范畴。“道”字的原本意义是指供人行走交通的路径，后来引申为一种抽象的含义，用来表达道理、道义，而作为一个哲学概念来表述，则始于老子。道家的经典著作《老子》，分为《道经》与《德经》两部分，因而又合称为《道德经》。老子超越了纷纭变幻的凭人类感性所能觉知的经验范围，而将人事运行做了一种形而上的思索和阐发，在其思想体系中，"道"是一个核心性的概念，"道"字在5000余言的《老子》一书中出现达70余次之多。概括而言，"道"在老子看来基本有两种含义：一种是作为宇宙本原的"道"，一种是作为自然规律的"道"。到了庄子那里，"道"的意涵又有了新的表述："夫道有情有信，无为无形，可传而不可受，可得而不可见；自本自根，未有天地，自古以固存；神鬼神帝，生天生地；在太极之先而不为高，在六极之下而不为深，先天地生而不为久，长于上古而不为老。"庄子认为，得"道"者可以达到一种"天地与我并生，万物与我为一"的逍遥境界，即是后来所传称的"得道成仙"。"道"，成为宇宙人生的真谛，代表着人生所能达到的最高修化。而"道"并非道家哲学的专有概念，儒家也有关于"道"的论述，例如西汉董仲舒曾说："道之大原出于天，天不变，道亦不变。"但儒家思想中的"道"基本上指的是更为实在的自然与社会的运行秩序和发展规律，并不如同道家之"道"那样的高深玄妙。唐代韩愈则用"道"来阐发自上古尧舜时期以来直至孔孟历代相延传的中国正宗的文化价值系统。宋代朱熹又将"道"表述为"天理"，指出："理也者，形而上之道也。"朱熹由此把"道"提升至本体论的范畴来阐述，从而使"道"成为儒家学说中的一个核心概念。总体而言，"道"的阐释基本体现于宇宙本体和事物运行规律这两重意义上。

太极

"太极"在中国古代哲学中是用来表述宇宙本原及其无限性的一个概念，"太"有至的意思，"极"则为极限之义，"太极"就是至于极限，无有相匹，既包括了至极之理，也包括了至大至小的时空极限。"太极"一词最早见于《易经·系辞传上》："易有太极，是生两仪，两仪生四象，四象生八卦。"其中的"太极"即为天地未开、阴阳未分之前的混沌状态。"两仪"即为太极的阴、阳二仪，其意指浩瀚宇宙间的一切事物和现象都包含着对立而相依的阴和阳两个方面，而它们之间的这种既互相对立斗争又相互滋生依存的关系，既是事物存在的一般规律，是宇宙中万事万物的纲领和由来，也是一切事物产生与毁灭的根由所在。这其中包含着朴素的哲学辩证法，是中国古代哲学思想的光辉体现。北宋周敦颐在《太极图说》中又提出"无极而太极"的命题，太极也被理解成阐明宇宙从无极而太极，即从无到有，从无形无象的元始以至混沌初蒙，而再至万物化生的自然过程。

太极图

阴阳

“阴阳”是人们把握和描述事物的对立统一属性的哲学范畴，阴阳这一观念产生于人们对天象的观察，其最初含义是很朴素的，用来表示阳光的向背，向日为阳，背日为阴，后来则引申为气候的寒暖、方位的上下、状态的动静、性质的刚柔等普遍的两两对立的范畴。中国古代的哲学家们认为自然界中的一切现象都存在着既相互对立而又相互依存的关系，于是就用阴阳这个概念来解释自然界两种相互对立同时又相互消长的物质势力。《易经·系辞传上》中“一阴一阳之谓道”，《素问·阴阳应象大论》中“阴阳者，天地之道也，万物之纲纪，变化之父母，生杀之本始”，意思是说，阴阳的这种对立统一的运动规律是自然界一切事物运动变化固有的规律，世界本身就是阴阳二气相互作用互为运动的结果。周敦颐的《太极图说》中有这样的表述：“无极而太极。太极动而生阳，动极而静，静而生阴，静极复动。一动一静，互为其根。分阴分阳，两仪立焉。”“(阴阳)二气交感，化生万物。万物生生，而变化无穷焉。”这是中国古代哲学中对于阴阳概念最为完备的阐述。阴阳学说，是中国古代朴素的唯物论和自发的辩证法思想，这种学说对中国古代哲学思想的发展有着极为深远的影响，并且广泛地体现于医学、音乐、数学、化学、天文学等领域的科学和文化知识体系建构之中。

五行

“五行”，是中国古代哲学中在阴阳之外的又一个重要的基本概念，是用来表述宇宙和社会属性及其变化规律的范畴系统。同阴阳的概念一样，五行最初的含义是指5种具体的物质，即水、火、木、金、土这5种在人们生活中占有重要位置的基本物质，并且人们认为宇宙间的万物都是由这五种基本物质构成的。这同古希腊恩培多克勒的“四元素说”(水、火、土、气)类似。中国古代哲学中之所以选择用“五”这个数字，是与中华民族对“五”这个数字有一种特殊的情感偏好有关，《易经·系辞传下》曰：“天数五，地数五。”中国古人对“五”有一种带有神圣意味的崇拜之情。另外，中国的五行概念有着比古希腊的四元素说远为丰富的内涵，“五”代表着五种基本物质，而“行”则含有运行的意思，五行之间有着相生和相克的关系。具体说来，木生火，火生土，土生金，金生水，水生木；水克火，火克金，金克木，木克土，土克水。战国时期著名的阴阳家邹衍就是用五行相生相克的原理来阐释宇宙自然与人类社会的发展演变。五行的概念起源于何时并没有确凿的依据可以查考，但在《尚书·洪范》中已经有明确的阐述：“五行：一曰水，二曰火，三曰木，四曰金，五曰土。”《国语·郑语》中也有：“先王以土与金、木、水、火杂，以成百物。”五行在哲学思想中不仅指代五种基本的物质，而且延伸至事物所具有的五种基本的属性，广泛地应用于各种思想学说和知识体系中，五行与阴阳结合而形成的阴阳五行学说，是贯穿中国古代哲学思想的一项基本原理。

八卦

“八卦”中的“卦”，是一个会意字，从圭，从卜。圭，指土圭，是一种以泥做成的用于测日影的土柱；卜，为测度之意，测度的方式为在四正四隅八个方位上分别立圭，而后将观测到的日影加以记录和总结，也就形成了八卦的图像。又一说是“卦”字的右边“卜”字，是象形，表示在地上竖立杆子，右边那一点代表太阳的影子；“卦”字左边的“圭”字是尺子，用来测量影子的长度位置，所谓八卦，就是在地之八方对日影进行测量之结果的记录。两种说法对于“卦”字两部分构成的解释不尽相同，但作为“八卦”这一整体概念的表达则基本是一致的，即八卦表示的是对日影从八个方向进行测量的记录。通过这种长期的观察和测量，人们逐渐掌握了春夏秋冬的季节更替规律，从而用于指导农业生产和日常生活。后来八卦演化成为一套有象征意义的符号，其基本单位是爻，爻有阴阳两类，阳爻表示阳光，阴爻表示月光，用“—”代表阳爻，用“--”代表阴爻。每卦有三爻，代表天地人三才。三才的天部，意指天体运行和气象变化，即星象之学，又称天文；地部指观测日影来计算年周期的方法，从而知晓地面事物的运行状况，即地理；人部指把天文、地理和人事相结合，以便按照这些规律来从事生产和生活。用 3 个这样的符号，共组成 8 种形式，叫作八卦。八卦代表 8 种基本物象：乾为天，坤为地，震为雷，巽为风，艮为山，兑为泽，坎为水，离为火，总称为经卦。八个经卦两两组合，则构成六十四卦。这样八卦就成为一种哲学上的概念，用来表示宇宙、社会与人生中各种事象的运行状况。关于八卦，最早的资料来自西周的《易经》，其书记载：“易有太极，是生两仪。两仪生四象，四象生八卦。”据考证，所谓太极即宇宙之原始，两仪指天地，亦可称为阴阳，四象就是四季天象，长日照的夏季称为太

文王演易

阳，短日照的冬季称为太阴，春为少阳，秋为少阴。据传，八卦的创始者为伏羲，伏羲八卦，也叫先天八卦。后来周文王在伏羲八卦的基础上进行修改，形成了自己的乾坤学说。他认为先有天地，天地相交而生成万物，天即乾，地即坤，八卦其余六卦皆为乾坤之子女：震为长男，坎为中男，艮为少男，巽为长女，离为中女，兑为少女。相应于伏羲八卦，文王八卦又称为后天八卦。及至宋朝，八卦符号通常与太极图搭配出现，代表中国传统信仰的终极真理——“道”。八卦是中国古代哲学思想的重要组成部分，除了在占卜和风水中占据着基本地位之外，还广泛地影响到医学、武术、音乐、算学等领域，其带有神秘意义的博大而精微的内涵至今仍有待人们进行更深入的认识和研究。

万物类象

“万物类象”，是易学中的一项重要的理论表述。在易学中，八卦是研究象的，天地万物有万般形态，凡此形于外者皆叫作象。易学中将世上庞杂纷繁的万物进行分类，分别归类于一个卦，用八卦来拟象万物，即万物类象。一个卦所拟象的物类难以数计，而归类的依据是八卦本身的爻象及其意义，通晓了这一点就可以知道各种物类应当归属于哪一卦。换言之，“健、顺、动、入、陷、附、止、悦”这宇宙万物的8种功能属性即八类动态之象，是据象归类的本纲。如乾卦，其卦象为三阳爻，纯阳之卦，其数一，五行属金，居西北方，色白。《易经》曰：“乾为天、为圆、为君、为父、为玉、为金、为寒、为冰、为大赤、为良马……为木果。”乾卦三阳爻，纯阳刚健，故为天；天体进行圆周运动，故为圆；天生万物，如君王管理万民，如父亲主管家庭，故为君，为父；纯阳爻为刚强坚固之象，所以为玉，为金，为冰；阳盛则色极红，故为火红，即大赤色；马有刚健之性，故为马……树上的果实呈圆形，故为木果。总而言之，凡是具有刚健、圆形、权威、珍贵、富有、寒冷、坚硬等属性的事物都归于乾卦。

有与无

有与无，是道家关于宇宙起源和本体问题的哲学范畴。“有”指实有，为事物的存在之意；“无”指虚无，为事物的无有之意。最早提出有无范畴的是老子，他指出：“天下万物生于有，有生于无。”又言：“无名天地之始，有名万物之母。”也就是说，天地万物起始于“无”，“有”从“无”中生发而来，这是老子关于天地起源和万物源生的哲学观点。而后庄子言：“泰初有无，无有无名。”并且说：“有始也者，有未始有始也者，有未始有夫未始有始也者；有有也者，有无也者，有未始有无也者，有未始有夫未始有无也者。俄而有无也者，而未知有无之果孰有孰无也。”这段话可以看作是庄子对老子的有无论的进一步深入。宇宙生成于“无”，而这“无”又从何而生的呢？庄子对这一问题的解答是，“无”并非宇宙的起点，无穷地追溯上去，“有”与“无”都是不可知的，不能够断定终极的有无。关于有无的论述在庄子这里变得更加玄奥，而这种玄而又玄的问题在相当长的时期遭受到人们的冷落，直到魏晋之际老庄之学盛起之时才又被提上案端，有无之辩成为一个流行的哲学话题。在辩难之中，形成了“贵有”与“崇无”的两派，如王弼以“崇无”论出发，主张“以无为本”，而裴頠则认为“至无”是不能够生“有”，因而主张“以有为本”。有无之论是中国古代哲学所特有的哲学范畴，与西方哲学中的唯心论和唯物论并没有对应关系，以西方的和当代的视角来简单地框定中国的和古代的哲学论题是十分荒谬的。

名与实

名与实，是关于事物的实质与其概念的哲学范畴。“名”，指名分、概念，“实”，指实际、实质。对名与实之关系的论述最初是一个政治层面的话题，孔子曾提出“正名”的说法，《论语·子路第十三》记载：“子路曰：‘卫君待子而为政，子将奚先？’子曰：‘必也正名乎！’”子路问孔子：卫国国君等待您去治国理政，您准备先做什么呢？孔子回答说，一定纠正名分上的用词不当吧。子路认为孔子的想法很不切实际，名分又有什么可以纠正的呢？孔子于是接着解释说：“名不正，则言不顺；言不顺，则事不成；事不成，则礼乐不兴；礼乐不兴，则刑罚不中；刑罚不中，则民无所措手足。故君子名之必可言也，言之必可行也。君子于其言，无所苟而已矣。”这里的“正名”，指的是依据人的等级名分来明确其权利和责任以及一整套从于礼法的行为规范。孔子指出，概念不明确，说话就不能顺理成章，礼乐制度就不能实施，而没了礼法的尺度，定刑判罚就会失据，老百姓就会手足无措。概念明确了，社会生活才能纳入正道，秩序井然。以人为例，君、臣、父、子的概念都明确了，身当其位的个人才能各守其职分，享有相应的权利，担起相应的责任，履行相应的义务。这就是孔子对齐景公所讲的为政之道，是言“君君，臣臣，父父，子子”，这 4 种关系所表达的实际就是名与实的问题。孔子强调的是要让行为的实际符合其所承担的名分，即追求所谓的名副其实。荀子继承了孔子的“正名”思想，提出“制名以指实”，后来韩非子也主张“循名而责实”。名实之论发展到后来演变为哲学上的问题，战国时代很多学说流派都对名实关系提出了自己的见解，如墨子提倡“取实予名”，即认为“名”是“实”的反映，应当依实而赋名，而庄子主张“名者实之宾”，“实”为主体。《尹文子·大道上》说：“形以定名，名以定事，事以验名。”惠施、公孙龙等名家则将逻辑学引入对名实问题的论说，提出了诸如“白马非马”、“鸡三足”、“规不圆”等一系列诡谲的命题，这些论点在开启人们思路的同时也带有浓重的诡辩和谬论的色彩。

动与静

动与静，是关于宇宙万物的状态及其变化的哲学范畴。关于动静关系的论述最早见于《论语·雍也第六》：“子曰：‘知者乐水，仁者乐山；知者动，仁者静；知者乐，仁者寿。’”孔子在此处所说的动和静指的是个人性情的分别，并没有涉及抽象意义的层面。而在《老子》中动与静则成为一种哲学范畴：“重为清根，静为躁君。”“躁”，即为动。老子认为“静”主宰着“动”，其书又言：“夫物芸芸，各复归其根，归根曰静，静曰复，复命曰常。”这表达了静是宇宙万物的最后归宿之意。《易经·系辞传上》曰：“动静有常，刚柔断矣。”是说宇宙万物的动与静都遵循着恒常的规律。北宋周敦颐在《通书》中专有《动静》一篇，系统地论述了动与静的问题，他将动和静视作宇宙生成与变化的根本原因：“太极动而生阳，动极而静，静而生阴，静极复动。一动一静，互为其根。”南宋朱熹所提出的“动静互待”、“动静互涵”、“动静无端”等哲学命题亦出于此，而且已经具有明显的辩证色彩。而朱熹又说：“静是太极之体，动是太极之用。”这继承了先代哲学中以静为本的观念。明末清初著名思想家王夫之对动静做了最为深刻的论述，他认为“天地之气，恒生于动，而不生于静”动是绝对的，而静是相对的，甚至认为静也是一种动，指出：“动静皆动也，由动之静，亦动也。”这已经达到了现代哲学中对于动静关系的认识水平。然而为中国传统哲学多所崇奉的是“主静说”，若《礼记·乐记》所载：“人生而静，天之性也。”

天理人欲

关于天理人欲的最早论述见于《礼记·乐记》：“夫物之感人无穷，而人之好恶无节，则是物至而人化物也；人化物者也，灭天理而穷人欲者也。”意思是说，人受到外物的诱惑而丧失了清静寡淡的天性，从而恣心纵欲。“于是有悖逆诈伪之心，有淫佚作乱之事。是故强者胁弱，众者暴寡，知者诈愚，勇者苦怯，疾病不养，老幼孤独不得其所，此大乱之道也。”正是出于此理，先王要制订礼乐，以此来节制人欲，达到社会的和谐。在唐代以前，儒家思想强调的是人伦和修齐治平之法，是倾向于外的，而到宋代之时，因为受到佛教和道教的影响，开始强调人的心性，思

女色声乐皆是人欲

想由侧重于外而转为侧重于内，如此，天理人欲这一话题就被重视起来，得到了深入的阐发。最早把“天理”作为哲学上的一个核心概念进行论述的是程颢。程颢认为，“天理”具有永恒性和超越性的意涵，是一种最高的宇宙范畴，之于人来讲，“天理”即作为“性”，也就是仁义礼智信等与生俱来的善端，而与之相应的人欲则是恶端。朱熹传承了程氏的天理观，指出：“人之一心，天理存则人欲亡，人欲胜则天理灭，未有天理人欲夹杂者。”朱熹将天理和人欲截然对立起来，提出了著名的“存天理，灭人欲”的主张，这一论断遭到后人的极大诟病。实际上，朱熹所言的“人欲”并非指人的欲望之意，而是指超过人的生活之本然需求的奢侈的欲望，强调的是清心寡欲，而不是完全泯灭人的任何欲望。

天命

“天命”，简单地解释，就是所谓天的意志，朱熹曾这样阐述：“天命，即天道之流行而赋于物者。”意思是说，天命就是施加于世间万物的天道运行的自然规律。中国古代的天命观认为，天的意志是不可违逆的，是人的力量所不能够扭转的，人的所行所为必须遵循天命。《尚书·汤誓》曰：“有夏多罪，天命殛之。”《诗经·商颂·玄鸟》云：“天命玄鸟，降而生商。”这些言说都体现了“受命于天”的思想底色。在夏、商、周三代，天命的观念是极为盛行的，后来董仲舒的“天人感应”理论就是以天命观为基础而创立的。在儒家学派的开创者孔子的学说中，天命亦占有重要的地位，孔子将“知天命”作为人生修养的一项重要因素，曾言：“不知命，无以为君子也。”并且在讲述自我人生发展历程的时候有“五十而知天命”的说法。可以说，在整个中国古代，天命是人们思想中的一个核心概念，甚至到了现代，中国人的头脑观念中仍或隐或显地存有天命思想的遗痕。

天人合一

“天人合一”，是中国古代哲学中对于天人关系的经典命题。天人关系，是哲人所必然要面对、要思考的一个基本问题，其关键在于对“天”的理解。在原始社会人的智慧尚未开化的阶段，华夏先民将“天”视为有意志的神灵，原始巫术的基本意义就是进行天人之间的沟通，《易经》中所载伏羲发明八卦，其意图就是“以通神明之德，以类万物之情”。“天人合一”的命题建立在天人相通的基础上。发展到东周时代，在人们的社会生活中巫术的作用已经淡化，这时人们的关注重心已经由“天”转向人，“天”的神化色彩也逐渐消退，开始转向自然和人伦意义的一面。孟子将“天”视为道德的本原，认为人的心性受之于天，尽心知性而可与天地相通达。“仁义忠信，乐善不倦，此天爵也”，孟子在此即用天赐的爵位来表示人的高尚道德。“夫君子所过者化，所存者神，上下与天地同流”，这是君子的道德修养所能达至的崇高境界。在庄子看来，“天”指向自然的意涵，人是自然的一部分，所以天人本来就是一体的，而天与人的分隔是人的文化造成的，所以庄子倡导“绝圣弃智”，返璞归真，从而可达天人相融的本然境界。最早明确表述“天人合一”这一命题的是西汉的董仲舒，他在《春秋繁露》中提出“天人之际，合而为一”的主张。此后，“天人合一”一直都是中国传统哲学思想中的核心。

天人感应

“天人感应”是董仲舒提出的关于天与人交互感应的命题，这其中蕴含着天有意志和天人相通两个前提，就科学的观点看来，这两个前提都是靠不住的，但在古时，人们认为这两个前提是自然成立的，因而也就对“天人感应”之说产生信任。“天人感应”思想源于中国先秦哲学，到西汉时，董仲舒将这一思想发展为一套系统的神秘主义学说，其基本意涵为：人的活动与行为全都处于上天的观测之中，人若为善，天则喜悦，也会示人以祥瑞，即出现凤凰、麒麟、灵芝等吉祥之物；反之，人若为恶，天就会愤怒，从而对人施以恶兆，就会发生地震、冰雹、日食等灾异的事件。汉武帝有感于历史兴替、福祚无永，因问策于天下贤良，以求讨“大道之要，至论之极”，是一种博大渊然的具有终极性的道理和谋略，而不是仅可施于一时一事的权宜之计。董仲舒连上策三篇作答，即著名的《天人三策》。在《天人三策》的首篇中，董仲舒集中论述了天人关系，说道：“国家将有失道之败，而天乃先出灾害以谴告之；不知自省，又出怪异以警惧之；尚不知变，而伤败乃至。以此见天心之仁爱人君，而欲止其乱也。”指出天子如有过失，将遭受上天的警示，也就是所谓的“天谴”。“天人感应”是一种悖于客观实际的唯心主义观念，但是在历史上产生过积极的作用。封建王朝，帝王一人独尊，但是在“君权神授”的观念控驭下，皇帝也不可恣意妄为而违背天的意志来行事，这对皇帝的行为产生了一定的约束力。历史上曾有过的皇帝下达“罪己诏”的事件以及免租减赋等益民之举，往往就与“天谴”的发生有关，这在古代史书中会找出很多相关的事例。至今，“天人感应”的思想仍然在某种程度上存在于中国人的意识理念中。

天人感应

心外无物

“心外无物”是中国明代哲学家王守仁提出的哲学理念。宋代心学的创始者陆九渊提出“心即理也”和“宇宙即是吾心，吾心即是宇宙”的重要命题，这种观念最早可追溯至孟子的“万物皆备于我”的提法。王守仁发展了陆九渊的心学思想，提出“心外无物，心外无理，心外无事”的核心观点。王守仁所说的“心”，是一个内涵较为复杂的概念，它指代一种最高的本体，如“心即道，道即天”，也指个人的主观意识，如“心一而已，以其全体恻怛而言谓之仁，以其得宜而言谓之义，以其条理而言谓之理”。这两种意涵往往是交杂在一起的，这比陆九渊学说中“心”的内涵要更为宽泛。“心外无物”的基本含义是，心与物同为一体，物不能离开心而存在，心也不能离开物存在。离开灵明的心，便没有天地万物；而离开了天地万物，也没有灵明的心。一方面，灵明的心是天地万物的主宰；另一方面，心无体，以天地万物感应的是非为体。客观的事物没有被心知觉，就处于虚寂的状态。如深山中的花，若未被人看见，则与心同归于寂；而若被人看见，则此花的颜色就一时明白起来。王守仁所谓的“心外无物”，并不是说人的主观意识决定着客观物质的存在，而是指外界事物的存在离开了人的主观体验则没有意义，它指向的不是宇宙本原问题，而是存在与意识之关系的问题。

性善论

性善论是孟子提出的命题，到宋代时，经过程颐、张载、朱熹等学者的发扬而成为儒家正统的人性论。孟子在政治上提倡仁政，主张行王道而反霸道，在对待人和人类社会方面持有一种温柔敦厚的作风，这曾被胡适戏称为“妈妈政策”。可以说，孟子的一整套思想体系都是以性善论为基础的，孟子这样论说人性：“所以谓人皆有不忍人之心者，今人乍见孺子将入于井，皆有怵惕恻隐之心，非所以内交于孺子之父母也，非所以要誉于乡党朋友也，非恶其声而然也。由是观之，无恻隐之心，非人也；无羞恶之心，非人也；无辞让之心，非人也；无是非之心，非人也。恻隐之心，仁之端也；羞恶之心，义之端也；辞让之心，礼之端也；是非之心，智之端也。人之有是四端也，犹其有四体也。”由恻隐、羞恶、辞让、是非之心而发的仁、义、礼、智这四端，就是孟子的人性论的依据。在孟子看来，人的这些善端是与生俱来的，人的本心为善，所以言之人性本善。这就是孟子的“性善论”的基本内涵。

性恶论

性恶论，是荀子人性论观点。荀子否定了孟子的性善论，指出：“凡人有所一同。饥而欲食，寒而欲暖，劳而欲息，好利而恶害，是人之所生而有也，是无待而然者也，是禹桀之所同也。”这里所列举的饥食、寒暖、劳息、好恶等人生而有之的品性与孟子所言的恻隐、羞恶、恭敬、是非之心等善端是完全不同的，荀子进一步阐述说：“是无待而然者也，是禹桀之所同也。可以为尧禹，可以为桀跖，可以为工匠，可以为农贾，在执注错习俗之所积耳。”又言：“材性知能，君子小人一也。好荣恶辱，好利恶害，是君子小人之所同也。人之生固小人，无师无法则唯利之见耳。尧禹者，非生而具者也，夫起于变故，成乎修为，待尽而后备者也。”荀子指出，这些人生来就有能，尧、禹等贤圣之人与桀、跖等暴恶之人是一样的，人的本性是唯利是图的小人，成为君子者在于后天的修为。荀子以“性恶”为理论基础，更加强调了礼乐教化的重要性，同时也为法治提供了思想前提，提出了礼法共治的主张，即礼乐不可废，法约不可弛。

性三品说

仁善世界

“性三品”是董仲舒提出的人性论。董仲舒将阴阳的观念引入对人性的分析，如同天有阴阳一样，人也分善恶。人所具有的善的品质，体现了天的阳性，董仲舒称之为“性”；人所具有的恶的品质，体现的是天的阴性，他称之为“情”。尽管“性”蕴含着善的一面，但并不等同于善，而只是意味着善的可能，他比喻说：“性比于禾，善比于米；米出禾中，而禾未可全为米也；善出性中，而性未可全为善也。”董仲舒依据人所具有的“性”和“情”的地位不同而将人性分为三品，上品为“圣人之性”，是“性”主导，而“情”很少，因此不教而可为善的品性；下品为“斗筲之性”，是“情”主导，而“性”缺乏，因此虽教而亦不能为善的品性；介于两者之间的为“中民之性”，是“性”、“情”相当，是为善而亦可以为恶的品性。董仲舒的“性三品”说将先天的人性进行了有差异的类分，这与孔子所言的“性相近”和孟子所说的“人皆可以为尧舜”是迥然不同的。东汉时期的思想家王充指出，董仲舒之言本性有善有恶，说的是普遍的人的本性；孟子之言性善，说的是上等人的本性；荀子之言的性恶，说的是下等人的本性，几种言说的差异在于论说对象范畴的不同。王充的这种提法对董仲舒的“性三品”说给予了充分的肯定。到唐朝，韩愈作《原性》，对董仲舒的“性三品”说进行完善，更进一步地将“性”与“情”都分为上、中、下三品，“性”与“情”相互对应，“上品之性”发为“上品之情”，“中品之性”发为“中品之情”，“下品之性”发为“下品之情”，这是一种更为精致化的“性三品”说。

道法自然

“道法自然”，语出《老子》第二十五章：“人法地，地法天，天法道，道法自然。”其中的自然是指事物的本然之义。道法自然是道家哲学中的一个核心观念，其基本含义在于强调自然的崇高地位，而相应地去掉人为的力量，即所谓的绝圣弃智，返璞归真，达到一种素朴无为的自然境界。庄子曰：“夫赫胥氏之时，民居不知所为，行不知所之，含哺而熙，鼓腹而游，民能以此矣。”这句话就是对人之去除雕饰、任其真性的自然境界的一种形象的说明。道法自然的重要价值在于告诫人们要遵从自然之理，所行所为不要违背自然之性，要回归自然的人性，而弃除人性的异化。

齐善恶

“齐善恶”，是道家为表达事物性质的相对性而提出的命题。《老子》第二章曰：“天下皆知美之为美，斯恶已；皆知善之为善，斯不善已。”意思是说，丑、恶是相对于美、善而言的，如果没有美、善，也就无所谓丑、恶了。庄子将这种相对主义的论调推向极致，认为世间万物的一切区分都是相对的，这些差别源于人的主观看法，而不存在客观的标准，“自其同者视之，万物皆一也”。人性也是如此，并没有明确的善恶标准，善与恶有着等同性，即所谓的“齐善恶”。

格物致知

“格物致知”，是儒家哲学中关于认识论的命题，语出《礼记·大学》：“欲诚其意者，先致其知；致知在格物。物格而后知至，知至而后意诚。”但是“格物致知”在《礼记·大学》中并未做具体阐释，而且其他先秦典籍中也未见此语，这使得“格物致知”的含义没有确解，引发了后来的争论。宋代朱熹将“物”解释为“天下之物”，“即凡天下之物，莫不因其已知之理而益穷之，以求至乎其极。至于用力之久，而一旦豁然贯通焉，则众物之表里精粗无不到，而吾心之全体大用无不明矣”。朱熹的观点是通过究察事理从而获得知识。同时代的陆九渊则持与朱熹相反的观点，认为“格物致知”意在言格去物欲而求得天理，反对在心外去穷理求知。明代王守仁也反对朱熹的“即物穷理”，认为：“先儒解格物为格天下之物，天下之物如何可格得？且谓一草一木亦皆有理，今如何去格？纵格得草木来，如何反来诚得自家意？”王守仁因此认为“致知”就是致良知，“格物”就是正物，于是将“格物致知”说成“致知格物”，也就是“致吾心之良知于事事物物”，然而无论是朱熹，还是陆、王，“格物致知”的意义在于个人的道德修养，而不在于对自然物理的认识上，这与清末时期以“格致”来统称物理、化学等自然科学的含义是不相同的。

伦理与修养

人伦

人伦，是儒家伦理学说的一个基本概念。伦，为条理、顺序之义，《说文解字》中言："伦，辈也。"人伦，是指儒家思想中所特别重视的人与人之间的关系，又特别指尊卑长幼之间的辈分关系。《孟子·滕文公上》说："人之有道也，饱食暖衣，逸居而无教，则近于禽兽，圣人有忧之，使契为司徒，教以人伦：父子有亲，君臣有义，夫妇有别，长幼有序，朋友有信。"可见，在孟子看来，父子、君臣、夫妇、长幼、朋友之间的人伦关系是人与禽兽之别的一个基本方面。《管子·八观》言："背人伦而禽兽行，十年而灭。"这里表达了与孟子一致的观点。《汉书·东方朔传》载："上不变天性，下不夺人伦。"宋代周密《齐东野语·巴陵本末》言："人伦睦，则天道顺。"从这些表述中可以发现，人伦已经被提高到与天性、天道同等的位置，可见人伦在中国古代社会人们思想中的重要性。"只是父亲伯叔兄弟之伦，因是圣人遗训，不敢违忤。"这句话说的是贾宝玉。贾宝玉在《红楼梦》中以性格叛逆著称，但是对于人伦大道这样的圣人遗训还是甚为尊奉的，由此可以推知人伦思想对人的强大的约束力。

礼义廉耻

"礼义廉耻"，语出《管子·牧民》："何谓'四维'？一曰礼，二曰义，三曰廉，四曰耻。"又言："国有四维，一维绝则倾，二维绝则危，三维绝则覆，四维绝则灭。"由此可观，礼义廉耻有着作为国家纲纪的崇高地位。管子解释说："礼不逾节，义不自进，廉不蔽恶，耻不从枉。故不逾节则上位安，不自进则民无巧诈，不蔽恶则行自全，不从枉则邪事不生。"意思是，礼要求人们的行为不超越一定的界限，义要求人不自矜，廉要求人们不隐瞒自己的过错，耻要求人有羞耻之心，不跟邪恶者同流合污。做到了这四点，就可以避免种种社会问题的产生。欧阳修在《新五代史·冯道传》中对管子的这一论说大加激赏："善乎，管生之能言也！礼义，治人之大法；廉耻，立人之大节。盖不廉，则无所不取；不耻，则无所不为。人而如此，则祸乱败亡，亦无所不至，况为大臣而无所不取，无所不为，则天下其有不乱，国家其有不亡者乎！”

五伦

父子有亲

“五伦”，指的是君臣、父子、夫妇、兄弟、朋友这5种基本的人际关系，也是儒家思想中人伦关系的基本方面。《孟子·滕文公上》说：“父子有亲，君臣有义，夫妇有别，长幼有序，朋友有信。”这就是孟子对五伦的简要的阐述。《礼记·礼运》中对孟子的五伦说做了进一步的阐释，解为“十义”，即“父慈，子孝，兄良，弟悌，夫义，妇听，长惠，幼顺、君仁，臣忠”。“五伦”是儒家所倡导的人际关系的基本准则，是中国传统社会伦理思想的核心内容。

三纲

“三纲”，即所谓“君为臣纲，父为子纲，夫为妻纲”。“纲”的本义为提网的总绳，其比喻义为事物中占据支配和控制地位的关键成分。“三纲”的提法并非出于儒家，而是始于韩非：“臣事君，子事父，妻事夫，三者顺则天下治，三者逆则天下乱，此天下之常道也。”孔子对君臣关系的看法是：“君使臣以礼，臣事君以忠。”而孟子则认为：“君之视臣如手足，则臣视君如腹心；君之视臣如犬马，则臣视君如国人；君之视臣如土芥，则臣视君如寇仇。”可见，孔子、孟子所言的君臣关系是相互的、双向的对等关系，而韩非所言的君臣关系以及父子关系、夫妻关系则是单向的、一方对另一方具有控驭权的服从关系。韩非将君臣完全对立起来，倡扬权术和法制的重要性，而儒家则强调亲情和仁义是维持社会关系的根本。“三纲”的正式提出者是西汉时期的董仲舒，他在《春秋繁露》中说：“君臣、父子、夫妇之义，皆取自阴阳之道：君为阳，臣为阴；父为阳，子为阴；夫为阳，妻为阴。”又言：“阴者阳之合，妻者夫之合，子者父之合，臣者君之合。”“合”，是配合的意思，也就是被支配的一方。这也就是后来统驭中国社会思想2000余年的“王道三纲”。“三纲”虽然打着儒家的旗号，但与孔孟之学相去甚远，实则是后来君主专制社会的思想家为迎合政治需要而制定的伦理规范。

五常

礼是“五常”之一

“五常”，指仁、义、礼、智、信这5种精神信念与行为规范，是儒家伦理思想的核心。“五常”的定称，出于董仲舒《天人三策》：“仁、义、礼、智、信五常之道，王者所当修饬也。”之所以将仁、义、礼、智、信称为“五常之道”，是因为“常”表达的是永恒不变之义。后来，“五常”与“三纲”常常并称，成为中国传统社会的最高伦理准则，但是实际上“五常”的观念比“三纲”早很多，在孔子之前就已经是社会上广为认同的德行规范，孔子继承了华夏文化的优秀传统，并将之发扬光大，泽于后世。可以说，“五常”作为一种思想理念，有着比“三纲”更为广泛的适应范围，当今虽不再有“五常”的提法，但是仁、义、礼、智、信这些基本理念仍在相当程度上影响着中国人的思想和行为。

主敬

“主敬”是儒家思想中的一条重要的伦理规范。所谓的“丧主哀”、“祭主敬”，也就是强调在从事丧礼和祭礼的时候，要避免徒具形式，而一定要有悲哀和敬重的心理。“敬”的对象原为天地、鬼神、祖宗等，后来扩展到人事，通过一套繁复的礼仪来表达“敬”的心理。孔子对于“敬”的精神高度重视，有过“色难”的著名表述，也就是说，子女在侍奉父母的时候一直保持怡悦的表情这一点是很难做到的，这一点恰恰正是孔子所要强调的。他曾非常感慨地说道：“今之孝者，是谓能养。至于犬马，皆能有养；不敬，何以别乎？”当今所谓的孝，也就是能够养活父母的意思罢了。可是对于犬马来说，它们也都能够得到养活；如果没有敬的态度，孝父母与养犬马又有什么区别呢？孔子的这种表述至今都有着极佳的借鉴意义。由于孔子对于“敬”的强调，“主敬”成为儒家思想的一个核心理念，宋代程颐在谈论儒家所崇奉的至为繁多的礼仪时曾说其精神可一言而蔽之：“毋不敬。”一切的礼法都以一个“敬”字为依归。

孝

孝，指的是子女对父母所应当尽到的职责和义务，包括尊敬、顺从、赡养、送终、守制等内容。在动物界中存在着“反哺”的现象，人类的孝在生物意义上来讲也是以这种“反哺”为基础的，但是人作为一种“道德动物”，这种“反哺”就具有了较之动物界的本能现象远为复杂的含义，并且升华为“孝”的概念。应当说，“孝”是全人类所共有的伦理行为，但是在中国有着尤为重要的意义。早在上古时期，孝的理念在中国人的意识中就已经相当强烈。这种理念的产生，或与原始的宗教情感有关，先民们认为祖先的在天之灵可以福佑子孙，因而对祖先产生一种敬畏的心理。另外，在中国古代的宗法制社会中，家国同构，宗统与君统合二为一，孝与忠紧密相连，这也加重了中国人孝的意识。在孝的内容中，“慎终追远”是尤为重要的一条，语出《论语·学而第一》：“曾子曰：‘慎终追远，民德归厚矣。’”其意为，慎重地办理父母的丧事，虔诚地祭祀远代的祖先，这样就可以令人民的品德归于忠厚。又如，孔子在解释孝的时候说：“生，事之以礼；死，葬之以礼，祭之以礼。”这表明了孝不仅在于父母的生前，而且亦重于父母的身后。由于对父母葬祭格外重视，所以古代有“守制”的规矩，也就是父母亡故之后要在家守丧三年，而不得从事嫁娶、为官、交游等活动。关于此点，孔子说：“子生三年，然后免于父母之怀。夫三年之丧，天下之通丧也。”守丧的礼法尤其展现出中国人在对待孝这一问题上的独特性。

舜在历山耕种

舜是一个很孝顺的人。

父慈子孝

父慈子孝，指父母对子女慈爱，而子女对父母孝顺，语出《礼记·礼运》：“何谓人义？父慈，子孝，兄良，弟悌，夫义，妇听，长惠，幼顺，君仁，臣忠。”父慈子孝，是儒家伦理思想中父子关系的规范，这与后来“三纲”中所谓的“父为子纲”的提法是有差别的。“父为子纲”强调的是子对父的绝对服从，父亲处于完全的支配地位，而“父慈子孝”在重视“子孝”的同时也言明了“父慈”的一面，表达的是父子之间双向的对应关系，是对父与子的共同的要求，而“父为子纲”表达的则仅仅是对于子女的要求。

身体发肤，受之父母

“身体发肤，受之父母”，语出《孝经》：“身体发肤，受之父母，不敢毁伤，孝之始也；立身行道，扬名于后世，以显父母，孝之终也。”古人认为，自己的身体是父母所给的，应当倍加爱护，不敢有所损伤，这是孝道最基本的要求。曹操曾割发代首，割发之所以具有如此重要的意义，其原因就在于此。《三国演义》中描写的夏侯惇中箭后吞食眼珠之举也是基于此种理念，夏侯惇高呼的“父精母血，不可弃之”，说的也就是“身体发肤，受之父母，不敢毁伤”，当然不敢扔弃。

不孝有三，无后为大

“不孝有三，无后为大”，语出《孟子·离娄上》：“不孝有三，无后为大，舜不告而娶，为无后也，君子以为犹告也。”其意为，不孝的表现有三种，其中以断绝后嗣这一点的罪过最大，舜没有禀告父母就娶妻，是怕没有后嗣，所以君子认为舜虽然没有禀告，也是相当于禀告父母了。关于“不孝有三”，《十三经注疏》中汉代经学家赵岐的解释为：“于礼有不孝者三事，谓阿意曲从，陷亲不义，一不孝也；家贫亲老，不为禄仕，二不孝也；不娶无子，绝先祖祀，三不孝也。”“不孝有三，无后为大”这一理念体现了中国人对于家族的绵延与继嗣的格外重视。在古时，孝的内容不仅有“生之以养”和“死之以葬”，而且还有极为重要的一点，就是要保持对于父母和先祖的祭祀的延续，而这种延续必然要以后嗣的承继不绝来实现，如果没有后人，相当于断了祭奉祖先的香火，这是一种大不孝。这种观念在当代不少中国人的心中仍然有着极深的影响。

亲属关系

封建宗法社会中，凡血缘近的同姓本族和异姓外族，都算是亲属。中国宗法的特点是，第一，亲属的关系拉得远；第二，亲属的名称分得细。

父亲的父亲是祖，古时称为王父；父亲的母亲是祖母，古时称为王母。祖的父母是曾祖父、曾祖母；曾祖父的父母是高祖父、高祖母。

儿子的儿子是孙，孙的儿子是曾孙，曾孙的儿子是玄孙，玄孙的儿子是来孙，来孙的儿子是昆孙，昆孙的儿子是仍孙，仍孙的儿子是云孙。

父亲的兄是世父（伯父），父亲的弟是叔父，伯父和叔父简称为伯叔。世父的妻是世母（伯母），叔父的妻是叔母，后来叔母称为婶。伯叔的儿子（堂兄弟）是从父昆弟，又称为从兄弟，这是同祖父的兄弟。父亲的姊妹是姑。

父亲的伯叔是从祖祖父（伯祖父、叔祖父），伯祖父、叔祖父的妻是从祖祖母（伯祖母、叔祖母），伯祖父、叔祖父的儿子是从祖父，俗称为堂伯、堂叔，这是同曾祖的伯叔。堂伯、堂叔的妻是从祖母（堂伯母、堂叔母），堂伯、堂叔的儿子是从祖昆弟，又称为再从兄弟（从堂兄弟），这是同曾祖的兄弟。

祖父的伯叔是族曾祖父，称为族曾王父；族曾祖父的妻是族曾祖母，称为族曾王母。族曾祖父的儿子是族祖父，称为族祖王父；族祖父的儿子是族父，族父的儿子是族兄弟，这是同高祖的兄弟。

兄的妻是嫂，弟的妻是弟妇。兄弟的儿子是从子，又称为侄；兄弟的女儿是从女，后来又称侄女。兄弟的孙是从孙。

姊妹的儿子是甥，后来又称为外甥。姊妹的丈夫是女婿或子婿，后来省称为婿。

父亲的姊妹的子女是中表（表兄、表弟、表姊、表妹），中表是晋代以后才有的称呼。

子孙满堂

母亲的父亲是外祖父，古时称为外王父，母亲的母亲是外祖母，古时称为外王母。外祖父的父母是外曾王父、外曾王母。母亲的兄弟是舅，母亲的姊妹是从母，母亲的从兄弟是从舅。母亲的兄弟姊妹的子女是从母兄弟、从母姊妹，后来也称为中表。

妻又称为妇。妻的父亲是外舅（岳父），妻的母亲是外姑（岳母）。妻的姊妹是姨。

夫又称为婿。夫的父亲是舅，又称为嫜。夫的母亲是姑。连称为舅姑或姑嫜。夫的妹是小姑（中古以后的称呼）。夫的弟妇是娣妇，夫的嫂是姒妇，娣妇和姒妇简称为娣姒，又叫妯娌。

出则悌

“出则悌”，“出”是相对于父母的住处而言，由于子女与父母不在一起住，所以有“入”、“出”的说法，“入”，即入父宫，也就是进入父母住的地方，而“出”也就是指离开父母的住处；“悌”，是弟爱兄的意思，也引申为幼者对于长者的敬爱。“出则悌”，语出《论语·学而第一》：“弟子，入则孝，出则悌，谨而信，泛爱众而亲仁。”这句话的意思是，年纪幼小的人，在父母面前要孝敬，在外时则要敬爱兄长，说话要严谨可信，要广泛地去爱众人而亲近有仁德的人。清代李毓秀所作的启蒙读物

《弟子规》中有一篇即谓“出则悌”。与“入则孝”相应，“出则悌”是儒家思想中人伦规范的另一个基本方面。

忠

忠，是中国传统社会中一项基本的道德要求。“忠”最初是指对别人尽心尽力的忠诚态度，而不是专指臣对君的道德规约和行为职责。《论语·述而第七》载：“子以四教：文、行、忠、信。”忠，就是孔子的四项基本教育内容之一。在先秦时代，并没有后来那样的忠君观念，孔子关于臣对君忠的看法是：“君使臣以礼，臣事君以忠。”也就是说不是单方面地要求臣对君的忠诚，首先提到的是君要以礼待臣。孟子更说：“贼仁者谓之‘贼’，贼义者谓之‘残’。残贼之人谓之‘一夫’。闻诛一夫纣矣，未闻弑君也。”由此可见，在孟子看来，暴虐之君如纣者，实为民贼独夫，杀掉这样的暴君，是无所谓弑君的。这样的话是完全没有死忠、愚忠的色彩的。而要求臣下绝对忠于君主的始作俑者还是法家的韩非。韩非认为，根本不存在所谓的共同的国家公利，君主和臣民之间的利害完全相反，因而绝无道义可言，彼此之间纯粹是相互利用的关系。但是，韩非是以君主本位来处理君臣关系的，他倡言：“故人臣毋称尧舜之贤，毋誉汤武之伐，毋言烈士之高，尽力守法专心于事主者为忠臣。”这可以说是汉代大一统时期董仲舒的“君为臣纲”的理论渊源。自从“忠”被列入“三纲”之后，这一观念为封建统治者绝对化，皇帝作为万民之君，受命于天，受权于神，要求民众对皇帝无条件地履行忠诚，也就是所谓“君让臣死，臣不得不死”。另外，在帝制时代，皇帝往往是作为国家的代表被看待的，臣民效忠于皇帝常常与尽忠于国家是合在一起的，出于对国家的情感和职责，贤臣也要求自己尽到对皇帝的忠诚。

完璧归赵画像石

仁者爱人

“仁者爱人”，语出《孟子·离娄下》：“君子所以异于人者，以其存心也。君子以仁存心，以礼存心。仁者爱人，有礼者敬人。爱人者，人恒爱之；敬人者，人恒敬之。”其实在《论语》中就已经有了“仁者爱人”这样的表述，只是没有在字面上将其连接起来。“樊迟问仁。子曰：‘爱人。’”“仁”，是儒家思想的核心理念，《汉书·艺文志》在阐述儒家学派的特点时概括说：“游文于六经之中，留意于仁义之际。”而早在孔子之前，“仁”就已经是华夏民族的一个重要的道德范畴，《尚书·商书·太甲下》中记载：“民罔常怀，怀于有仁。”也就是说，唯有仁德才是民心的常归之所。孔子将“仁”这一为世人所崇尚的理念发扬为一种至高的人生境界。在《论语》一书中，有关“仁”的表述屡屡可见，诸如：“志士仁人，无求生以害仁，有杀身以成仁。”“士不可以不弘毅，任重而道远。仁以为己任，不亦重乎？死而后已，不亦远乎？”“克己复礼为仁。一日克己复礼，天下归仁焉。”“仁者先难而后获，可谓仁矣。”孔子对“仁”进行了多种不同角度的阐释，“仁”可以说是孔子心目中的道德极则。后来孟子继承和发展了孔子的“仁”的学说，积极倡导“仁政”，提出“仁者天下无敌”的观念，将“仁”看作是帝王为政的最高标准。孔孟之后，“仁”的思想更是深深地刻在中国人的头脑中，“仁”成为自我修养与评价他人的一项根本准则。

克己复礼

“克己复礼”，语出《论语·颜渊第十二》：“颜渊问仁。子曰：‘克己复礼为仁。一日克己复礼，天下归仁焉。为人由己，而由人乎哉？’”这段话的意思是，颜渊向孔子请教仁的含义是什么。孔子说：“克制自己，令自己的言行思想符合礼的要求，这就是仁。一旦做到了克己复礼，那么天下的人就都会称许你是仁人。实践仁德，全靠自己，难道还能凭借别人吗？”仁，是孔子道德思想的核心理念，在不同的时候，孔子对于“仁”的内涵有着不同的阐发，而在这次对颜渊的回答中说的是“克己复礼为仁”，回答得干脆而肯定，可见，孔子是将“克己复礼”视作“仁”的基本要求的。之所以说“克己复礼为仁”，是因为孔子强调礼治，在其思想中是有着一套严整的礼法规约的，而履行这种礼法，使自己的言行适合自己的身份、符合礼法的约定，这对于人际的和谐与社会的稳定是至关重要的。因此，“克己复礼”，是儒家思想中对于自我人生修养的一项基本要求。

恭坐图

义

义，是中国传统的基本价值规范之一。“义”的本义是指合宜的行为表现，而这种合宜的判断标准是社会公认的准则，“义”的繁体字为“義”，在造字上含有群我关系的因素，也就是说令自己的言行符合群体的规范要求者乃称为“义”。概而言之，“义”体现着一种超乎个人利益之上的道德范畴。孔子曾言：“不义而富且贵，于我如浮云。”并且有“义然后取”、“见得思义”、“见义勇为”等关于“义”的行为要求，孔子是将“义”作为自身去就取舍的准则来看待的，如有所取，必当符合义的要求而后可；若有所去，亦当首先思考是否符合义的标准。孟子发扬了孔子的义的思想，言称：“生，我所欲也；义亦我所欲也。二者不可得兼，舍生而取义者也。”由此人们常将“舍生取义”与“杀身成仁”相并述，“仁”、“义”二字也成为儒家思想的标志，作为中国传统的核心价值理念，传承千年，根深蒂固。

礼

礼，是中国传统价值的一个核心范畴。礼最初是指祭神的宗教仪式，后来发展到人事方面，表示与人的身份地位相应的行为规范和仪式制度。《礼记·中庸》载：“礼仪三百，威仪三千。”可见当时的礼仪是非常繁复的，礼制涉及人们生活的方方面面，无大无小，细至举手投足之间都有相应的礼节来规范。如此繁缛的礼仪显然只有在物质生活余裕的贵族阶级才能施行，所谓“刑不上大夫，礼不下庶人”。根据传统的说法，西周初年，周公旦制订了严密的礼乐体系，奠定了以礼为治的教化传统。孔子对周公之礼极为尊奉，将礼视作修身与治国的基础，曾对其子孔鲤言：“不学礼，无以立。”并且提出著名的“克己复礼为仁”的论说。礼之所以具有如此重要的地位，是

明宪宗元宵行乐图（局部）

因为礼所反映的不仅仅是行为表面上的一套规矩，更是体现着言行规范的后面所蕴含的严肃的道德伦理基础，其严格的形式承载着重要的实质。

智

智，是儒家的核心价值范畴之一。儒家思想中的“智”，指的并不是科学智慧，而是一种道德智慧，也就是辨别善恶、是非的能力，也就是孟子所言的人的与生俱来的“是非之心”。《论语·雍也第六》记载：“樊迟问知（即智）。子曰：‘务民之义，敬鬼神而远之，可谓知矣。’”孔子的解释是，致力于民众应当遵从的义德，尊敬鬼神但是并不亲近它，这就可以叫作“智”了。又，《论语·宪问第十四》记载：“子曰：‘君子道者三，我无能焉：仁者不忧，知者不惑，勇者不惧。’子贡曰：‘夫子自道也。’”孔子在这里将“知者不惑”作为君子所具有的基本美德之一，其后孟子进一步指出，所谓“智”，就是生而有之的“是非之心”，只要尽心将这种智慧来发扬，就能够做到知性，由知性而知天，知天则意味着达到超凡脱俗的人生之境，这是“智”的最高境界，也是儒家思想中作为一种道德智慧范畴的“智”的概念的本真之义。

信

信，是中国传统的核心价值范畴之一。信，就是诚，是无欺，是使人无疑。“信”不仅被奉为人际相处的起码准则，亦是治理国家的基本理念。孔子曾说：“人而无信，不知其可也。大车无輗，小车无軏，其何以行之哉？”孔子将人没有诚信比作车没有輗、軏（輗、軏，指车辕与横木相连接的关键部位）无法立足于世。孔子在回答子贡关于政事的提问时指出“足食”、“足兵”与“民信”这基本的三点，又言其中最为重要的是取信于民这一点，称：“民无信不立。”另外，孔子的弟子子夏也说：“与朋友交，言而有信。”曾子的每日三省其身中的一项重要内容同样是“与朋友交而不信乎”。在法家的治国之术中，尤其重视对人民的守信，商鞅“南门立木”就是重信的一个明证。到了汉代，“信”这一道德准则被奉为五常之一，更是确立了至高无上的地位和影响力。

勇

勇，是儒家的重要道德范畴之一，指勇敢、果断的品格，孔子将勇看作是仁者所必备的条件，并且将勇与智和仁相并举，曰：“知者不惑，仁者不忧，勇者不惧。”但是君子的勇是应当以义为前提的，“君子以义为上，君子有勇而无义为乱，小人有勇而无义为盗”。孔子又说“恶勇而无礼者”，可见，勇的品质的发扬是应当以对于礼和义的尊崇为基础的。孟子继孔子之后对勇的内涵做了更为详细的阐发，指出真正的勇

善战者，求之于势，不责于人。

是深明大义，能够通过自省而做出进退选择的“理性”之勇，是合于气节、道义，敢于担当的道德之勇，而不是逞强好胜的血气之勇、匹夫之勇。孟子以气养勇，以义配勇，崇尚“舍生取义”，其勇与“心”、“志”、“气”有着密切的关系，是一种情感与行动相统一的道德品质。孟子认为勇的培养需要立其志、养其气，从而最终形成具有“浩然之气”的理想人格。

内省

“内省”，是儒家所提倡的修养方法。《论语·颜渊第十二》载：“子曰：‘内省不疚，夫何忧何惧？’”也就是说，省察自己的内心，如果没有可以愧疚的事，那么有什么值得忧虑和畏惧的呢？孔子又说：“见贤思齐焉，见不贤而内自省也。”这句话表明，在孔子看来，内省是一种重要的自我提升的方法。曾子所言的“吾日三省吾身”就是对内省方法的实践运用。后来，内省的修身方法一路传承，无论程朱理学，还是陆王心学，都极为强调“内省”的功夫。内省的基础是道德上的自律，这是其优点，也是其弊端。孟子说“反求诸己”，但这是建立在“性善论”的基础上的，也就是说，在确定人具备仁、义、礼、智等善端的情形下才是有效果的。孔子言：“我欲仁，斯仁至矣。”这种“仁至”也是以“我欲仁”为前提的，而“欲仁”者则已经为君子，所以在某种意义上来讲，内省只可施于君子，而不能够奏效于非君子之流的。

持志养气

“持志养气”，是儒家提倡的修养方法，源出孟子，关于“持志养气”这一问题的论述，集中见于《孟子·公孙丑上》。孟子说：“夫志，气之帅也；气，体之充也。夫志至焉，气次焉，故曰：'持其志，无暴其气。'"这段话的意思是，心志，是气的主宰；而气则支持着人的身体。心志是最为重要的，而气为其次，所以说："掌握了心志，就不会令气出现什么问题。"这表达了持志为首要，养气为根本的意义内涵。孟子还说："吾善养吾浩然之气。"孟子所言的"气"，指的是一种博大高深的精神状态和人格境界，其含义包括当今所言的"气质"，但是比普通的气质要更为高远，是一种难以具体形容的概念。孟子在向弟子解答何谓"浩然之气"时说："难言也。其为气也，至大至刚，以直养而无害，则塞于天地之间。其为气也，配义与道。"由此可知，在孟子看来，这种"浩然之气"意味着一种与天地同流、共道义同在的至高无上的修养境界。孟子也指出，这种境界的达到和养成是不能一蹴而就的，并且以"揠苗助长"这则寓言来形象地说明。孟子"持志养气"的论说对有志于道德修养和获得自我提升的古人产生过极大的感召力。

寡欲

"寡欲"，是儒家提倡的修身方法。《孟子·尽心上》："养心莫善于寡欲。"欲望本是一种生物本能，但在人的身上却有着特殊性，一方面因为人类世界较动物的世界更为复杂，相比于动物很单纯的欲望而言，人类的欲望呈现出纷繁之状。另一方面，动物的欲望追求仅限于几种基本的生理欲望的满足，而生理欲望一般而言都是有限度的，不会产生过度膨胀的问题，人类的欲望则不然。俗语说"人为财死，鸟为食亡"，这句话很好地表现出人的欲望与动物的欲望的区别。鸟为食而奔逐，人则为财而争斗，食者为一腹之欲，食量再大也是有限度的，有了一定的食物就可以满足；而财则是一种无限的欲望，人对财的追求是没有界限的，也就是说没有"满足"的可能，所以人类有贪得无厌之说，动物却不大可能出现这种情况。人类这种欲望的特殊性，决

养心莫善于寡欲

定了人常常要遭受欲望得不到满足之苦（事实上，从一定意义上来讲，人的欲望必然是永远不会获得满足的），与此同时，一些人为追逐欲望不择手段而给社会带来罪恶。这样，如何正确处理欲的问题就成为思想者所必然要认真面对的一大人生困局。思想家们常常不约而同地选择人要对自身的欲望进行限制，但是具体的提法却有所差别。与佛教的严格禁欲相比较，儒家对于人的欲望方面是很为开明的，认为饮食男女乃人之大欲，是完全应当追求和满足的，只是提倡“欲不可纵”，人对自身的欲望要有所节制，这也就是儒家的“寡欲”思想。宋代理学家所提出的“存天理，灭人欲”的主张，不应简单地按字面理解为禁欲主义，这里所说的“人欲”实际上指的是超出人的基本生理欲求的过分的欲望。寡欲虽然有倡导人们安于清心素朴的生活以免去诸多的扰攘纷争的积极的一面，仍未免失之于保守，如言“美味”即是应当革去的“人欲”，实在是过于严苛，另外，这种提倡如果达到有失分寸的过分化的地步，对于社会的发展也是有所不利的。较为正确的提倡应当是求欲而有道，也就是不应当只看一个人的欲望本身是处于一种什么样的程度，而且更要看其对欲望的追求是否是以遵守既定的道德规范与公认的行为准则并且不为害于他人为前提的。同时，应倡导对于欲望不要过分地热衷，也就是说，“寡欲”依然是人们持身的一种重要参照，只是不必机械地去一味尊奉。

知耻

“知耻”是儒家思想中的一个重要的道德范畴，指的是个人通过自己内心的省察而产生羞恶感。孔子曾以“行己有耻”来表述士人之行，也就是说要以羞耻之心来约束自己的行动，自己认为羞耻的事就不会去做。这是知耻的重要意义。知耻则有所不为，若不知耻则无所不为，知耻是君子之行的一条基本的道德约规。孔子言：“知耻近乎勇。”朱熹对此的解释是，“勇”指“勉力而行、自强不息”的精神，是君子必当具备的美德。孟子将“知耻”称为“羞恶之心”，将其作为人皆有之的“良知”。荀子继承和发展了孔孟的知耻观念，并且对荣辱问题进行了详细的阐述，将“知耻”作为人生修养的要则。明末清初的思想家顾炎武提出：“朝廷有教化，则士人有廉耻；士人有廉耻，则天下有风俗。”并且说：“士大夫之无耻，是谓国耻。”可见，知耻与否不仅关乎个人之善恶，亦系于国家之荣辱兴衰。

慎独

“慎独”，是儒家提倡的一种重要的修身方法。《礼记·中庸》曰：“道也者，不可须臾离也，可离非道也。是故君子戒慎乎其所不睹，恐惧乎其所不闻。莫见乎隐，莫显乎微，故君子慎其独也。”“慎独”的基本含义就是人在自己独处的时候尤其要遵守道德，慎重行事。《礼记·大学》中也再三强调，“君子必慎其独也”，并且将其解释为“诚意”，“毋自欺”，也就是说一个人在独处的时候依然能够保持好自己的道德操守，才是真正做到了君子的本色。君子之为，在发于己心，在从乎自律，而不是依靠外在的约束。

守静

“守静”，是道家所提倡的修身和养生的根本方法。老子曰：“致虚极，守静笃，万物并作，吾以观复。夫物云云，各复归其根。归根曰静，是为复命。”意思是说，万物品类虽然众多，生态虽然各异，但最后都只有“复”归到它的根本上才能开始生长。而这个根本也就是“静”。《礼记·乐记》言：“人生而静，天之性也；感于物而动，性之欲也。”将静看作是人的天性。“守静”的思想基础是，世间万物的本原都是空虚而宁静的，要追寻万物的本质，必须恢复最原始的虚静状态。其实生命都是由无到有，由有再到无，最后总会回到根源，而根源都是虚静的，虚静是生命的本质，这种生命的本质也是自然的常道，所以修身和养生当以“守静”为本。

致虚极，守静笃。

正心诚意

“正心诚意”，是儒家提倡的人身修养的重要方法，指的是令心地端正，令意念诚恳，语出《礼记·大学》：“古之欲明明德于天下者，先治其国；欲治其国者，先齐其家；欲齐其家者，先修其身；欲修其身者，先正其心；欲正其心者，先诚其意；欲诚其意者，先致其知；致知在格物。”“正心”和“诚意”是自我修养从格物、致知开始，最后达到明明德于天下的必要步骤，也是修身的必然前提。

坐忘

“坐忘”，是道家所讲的一种修养方法和一种至极的精神境界，语出《庄子·大宗师》：“堕肢体，黜聪明，离形去知，同于大通，此谓‘坐忘’。”这段话的背景是，一天颜回去见孔子，说自己有了长进，因为自己已经忘却了“仁义”，但孔子觉得这还不够；又一天，颜回再见孔子，提到自己的长进，说已经忘却了“礼乐”，但孔子认为还不够；再过了些日子，颜回又去见孔子，在表述自己的长进时说自己已经达到了“坐忘”的境界。孔子吃惊地问，什么叫“坐忘”？颜回在向孔子解释什么是“坐忘”时说了上面的那段话。意思是说，不知四肢形体的存在，弃却视听的感觉，分离身形，去掉智慧，和同于大通之道，这就达到了“坐忘”的境界。孔子对颜回的论说非常佩服，于是说：“和同就不会偏执于个人的好恶，顺化则不会拘泥于世俗的常理。你果真成为贤人了！我孔丘愿跟在你的后面学习。”人们一般认为这是庄子在假借孔子和颜渊的对话来表述自己的思想。唐代司马承祯在《坐忘论》中阐释说：“夫坐忘者何所不忘哉！内不觉其一身，外不知乎宇宙，与道冥一，万虑皆遗，故庄子云同于大通。”“坐忘”是指人有意识地忘记外界一切事物，甚至忘记自身形体的存在，达到与“大道”相合为一的得道境界，也指人在修炼中控制意志、排除杂念的内修方法，是对生命本意的深度体认和对生命主体性的高度把握。

知足

“知足”，是道家提倡的伦理观念。《老子》第四十六章：“罪莫大于可欲，祸莫大于不知足，咎莫大于欲得。故知足之足，常足。”第四十四章：“名与身，孰亲？身与货，孰多？得与亡，孰病？甚爱，必大费；多藏，必厚亡。故知足，不辱；知止，不殆，可以长久。”老子提倡去掉身外之欲，劝导人们知足知止，而可常足常乐。人们处于一个物欲横流的世界，老子的话有着鲜明的规劝意义，但是要让人们实践中对这样的理念给予执守和认同却并非易事。试问，面对纷纭杂陈的诱惑，能够做到静然不动心者能有几人？知足的戒条在明晃晃的利诱面前往往显得十分脆弱。

知足常乐

温、良、恭、俭、让

“温、良、恭、俭、让”，是儒者所具有的5种美德，语出《论语·学而第一》：“子禽问于子贡曰：‘夫子至于是邦也，必闻其政，求之与，抑与之与？’子贡曰：‘夫子温、良、恭、俭、让以得之。夫子之求之也，其诸异乎人之求之与？’”这段话的意思是，子禽问子贡：“孔子到了一个国家一定会了解到那个国家的政事，这是主动问来的呢，还是别人自动告诉的呢？”子贡回答说：“那是孔子依靠温、良、恭、俭、让这些美德所得来的，孔子得到这些听闻的方式与别人获取的方式是不相同的吧。”温、良、恭、俭、让，指的就是温和、善良、严肃、节俭、谦虚这5种品德，这是孔子的学生对他的评价，可见孔子自身是躬行着这些美德的，而这也成为后世效法的榜样。

中庸

“中庸”，是儒家思想中的一项核心主张，意涵是执两用中，不偏不倚，不过亦无不及，调和折中，恰到好处。《论语·雍也第六》：“中庸之为德也，其至矣乎？”孔子是将中庸作为最高的道德规范来看待的。《礼记·中庸》载：“仲尼曰：‘君子中庸，小人反中庸。君子之中庸也，君子而时中；小人之反中庸也，小人而无忌惮也。’”到了宋代，“中庸”被特别地强调出来，程颐将《礼记》中的《中庸》一篇看作是“孔门传授心法”，阐释说：“不偏之谓中，不易之谓庸；中者，天下之正道，庸者，天下之定理。”朱熹又作《中庸集注》，把《中庸》和《大学》、《论语》、《孟子》并称为“四书”。后来，《中庸》成为官定的教科书和科举考试的必读书，对中国古代的教育产生了极大的影响。由于中庸学说的盛行，人们往往将中庸与中国人的性格特点联系起来，以为古人是很中庸的，实际上，中庸是儒家倡导的一种道德准则与行为规范，却并非是对中国人的事实性格的描述与概括。孔子曰：“（中庸之德）民鲜久矣。”这就是说中庸之道在民众之间已经缺乏很久了。鲁迅曾解释这句话说：“然则圣人为什么大呼‘中庸’呢？曰：这正因为大家并不中庸的缘故。”

立德、立功、立言

立德、立功、立言，即“三不朽”，语出《左传·襄公二十四年》：“太上有立德，其次有立功，其次有立言。虽久不废，此之谓不朽。”当年，鲁国的叔孙豹与晋国的范宣子就何为“死而不朽”这一问题各自发表过见解。范宣子认为，他的祖先自虞、夏、商、周以来世代为贵族，家世显赫，香火不绝，这就是“不朽”。叔孙豹则以为不然，他认为这只能叫作“世禄”，而并非“不朽”，在言及什么是真正的“不朽”时，叔孙豹说了上面那段话。唐代孔颖达在《春秋左传正义》中对立德、立功、立言三者分别做了明确的阐释："立德谓创制垂法，博施济众"；"立功谓拯厄除难，功济于时"；"立言谓言得其要，理足可传"。也就是说，"立德"指道德操守，"立功"乃指事功业绩，而"立言"指的是把真知灼见形诸语言文字，著书立说，传于后世。"立德"、"立功"与"立言"，指的都是身后之名的流传不绝，因此而谓之"不朽"。而对身后不朽之名的追求，正是古圣先贤超越个体生命的局限而追求永生、超越物质欲求而追求精神满足的独特形式。孔子说："君子疾没世而名不称焉。"屈原在《离骚》中说："老冉冉其将至兮，恐修名之不立。"司马迁在《报任安书》中也说道："立名者，行之极也。"这些话语都表达了先贤对于不朽之名的热衷，不朽之名与通常而言的名利之名并不是一回事，因为不朽之名指的是一种极致的人生境界，对这种人生境界的追求，激励着个体生命拼搏奋进，敢于取舍，从而释放出无比巨大的能量，昭己名于后世，亦泽被于千秋，而绝非指求得一时的浪声虚名以得心慰而已。

杀身成仁

"杀身成仁"是儒家提倡的志士仁人所具有的道德品格，语出《论语·卫灵公第十五》："志士仁人，无求生以害仁，有杀身以成仁。"当维持仁德与保全生命发生冲突的时候，志士仁人的选择不是为了保全性命而背弃仁德，而是为了成就仁德而不惜牺牲生命。"杀身成仁"，是将仁德放在了比生命更为高的位置上，近代匈牙利诗人裴多菲有一首著名的小诗，写的是："生命诚可贵，爱情价更高。若为自由故，二者皆可抛。"意在言爱情高于生命，而自由又高于爱情，也就更高于生命，为了追求爱情和自由，可以付出自己的生命。这与孔子所言的为仁德而杀身的目的不同，但其精神实质是相通的。贪生怕死、为求得一己的苟活而不顾一切仁义道德的人，自古以来为世人所唾弃，而杀身成仁、视义德高于生命的人则受到人们的称扬和敬仰。

舍生取义

"舍生取义"，是孟子所言的道德抉择，语出《孟子·告子上》："鱼，我所欲也；熊掌，亦我所欲也。二者不可得兼，舍鱼而取熊掌者也。生，我所欲也；义，亦我所欲也。二者不可得兼，舍生而取义者也。""舍生取义"常常与"杀身成仁"相提并论，"仁"和"义"，都是儒家的核心道德范畴，孟子的"舍生取义"可以看作是孔子的"杀身成仁"的另一种形式的表达，两者的意义内涵是一致的。孟子在上面那段话之后继续说道："生亦我所欲，所欲有甚于生者，故为不苟得也；死亦我所恶，所恶有甚于死者，故患有所不避也。如使人之所欲莫甚于生，则凡可以得生者何不用也？使人之所恶莫甚于死者，则凡可以避患者何不为也？由是则生而有不用也，由是则可以避患而有不为也，是故所欲有甚于生者，所恶有甚于死者。非独贤者有是心也，人皆有之，贤者能勿丧耳。”这段话的大意是说，生存当然是我的欲求，可是我的欲求还有比生存更为重要的，所以不能苟全生命；死是我所厌恶的，但是我所厌恶的还有比死更厉害的，所以在需要的时候是不能避免赴死的。如果人们没有比求生和避死更为崇高的欲求，那么由于贪生惧死就会不择手段，无所不为。当人们的心中有着比恋生恶死更为高贵的情感和欲望时，才会做到有所不用、有所不为。不是只有贤者才有这样的心地，而是人人都如此，但是贤者能够使这种高洁的心地不沦丧。孟子的这一段解说将“舍生取义”的内涵表达得十分明了，概而言之，生命诚然可贵，但是对于人来讲，仁义之所贵更重于生命，君子贤人是能够做到为了持守仁义而献出生命的。

屈原像

楚国被灭，屈原投江而死。

独善和兼济

独善和兼济，是儒家提倡的修身准则，语出《孟子·尽心上》：“穷则独善其身，达则兼济天下。”“独善”和“兼济”，是这两句话的简括的提法，其意为，一个人在不得志的时候，要汲汲于修善己身，而在发达的时候，则要有志于普济天下，惠被苍生。孟子还说：“得志，与民由之；不得志，独行其道。”“得志”，就是“达”；而不得志，也就是“穷”。这里的“穷”与“达”，意指是否有为官参政的机会，只有获得了执掌政权的机会，才能够将自己的治世理想进行实践和推广，否则自己的一腔热情只是纸上空谈，即使是一介平民，依然要严格自律，保持操守，而不可放任自流，放弃自我的修养。这就是儒家的退则修己身、进则济天下的积极入世的人生观念。

气节

“气节”，是儒家所提倡的一种道德操守，是指坚持正义、面对强压而不屈服的高贵品质。分开来讲，“气”指的是一种精神状态，孟子所言的“浩然之气”就是一种高渺的修养境界；而“节”指的是节操，是一种道德品格，是在重大是非面前所表现出的正确抉择，是《论语》中所言的“临大节而不可夺”乃“君子人也”之意。后来“气”、“节”并称，指称充满正义和正气的坚贞的人格，《史记》中评价汲黯“好学，游侠，任气节”，此之谓也。汉代苏武持节牧羊的事迹就是对气节的一个最佳的说明。

三从四德

“三从四德”是中国古代社会对妇女的德行所做的规范。

“三从”出自《仪礼·丧服》:“妇人有三从之义，无专用之道，故未嫁从父，既嫁从夫，夫死从子。”此“三从”与后来习称的“三从四德”之中的含义并不一样，“三从”原本指的是贵族妇女为亲属服丧的仪制，“从”的意思是在仪制上的依从，而不是权力关系上的服从。

“四德”出自《周礼·天官》:“九嫔掌妇学之法，以教九御，妇德、妇言、妇容、妇功。”据郑玄的注释，“妇德”指贞顺，“妇言”指辞令，“妇容”指修饰，“妇功”指纺织，这是王妃所应当学习的4种“妇道”。东汉才女班昭作《女诫》，将其称为“女人之大德”，并阐释说:“清闲贞静，守节整齐，行己有耻，动静有法，是谓妇德；择辞而说，不道恶语，时然后言，不厌于人，是谓妇言；盥浣尘秽，服饰鲜洁，沐浴以时，身不垢辱，是谓妇容；专心纺绩，不好戏笑，洁齐酒食，以供宾客，是谓妇功。”这也就是“四德”所蕴含的具体内容。

“三从四德”开始时是作为贵族妇女的日常仪德而制定的，后来经过儒家的提倡，成为全社会所遵奉的“妇道”。“三从四德”对妇女所做的要求体现出明显的男权色彩，因而在“五四”新文化运动中备受抨击，尤为女性主义者所不容。

节烈

烈女故事屏风　北魏

“节烈”，是中国古代封建社会后期所表彰的女德。“节”，指的是“守节”，也就是说妇女保持贞操，夫死后不改嫁，从一而终，不事二夫;“烈”，指的是“殉节”，也就是说妇女在丈夫死后随之自杀。“节烈”观体现的是妇女基于自身的经济地位而形成的对男性的人身依附关系，丈夫对妻子具有绝对的主导权。“节烈”作为一种妇德来提倡是宋代以后才出现的，而在此之前，对于妇女的改嫁社会上并无异议，这样的事例在历史记载中可以说是屡见不鲜的。宋代程颐曾说过“饿死事极小，失节事极大”这样的话，表示女性的贞洁是比生命还要重要的。其实程颐说这样的话是有着具体的历史背景和语言环境的，是有感于当时淫靡的世风而发的，并且程颐说的“失节”之事同时也是针对男方的，其本意并非后人单独看这两句话时所理解的那样。程颐的这种表达后来为朱熹所提倡，但朱熹所言的“失节”并非仅仅是针对妇女而说的，而且在宋代的时候妇女再嫁的情况也是非常普遍的，社会上将妇女之“节烈”普遍看作一种高尚的德操，是更后来的事情了，但最终却演变为“以理杀人”的封建教条。吴敬梓的《儒林外史》中写一个老秀才王玉辉在闻知女儿为丈夫殉死之后忍着悲痛而大叫：“死得好，只怕我将来不能像她这样一个好题目死哩！”这种“节烈”观是人性扭曲的表现。

内圣外王

“内圣外王”，最早见于《庄子·天下》：“是故内圣外王之道，暗而不明，郁而不发，天下之人，各为其所欲焉，以自为方。”“内圣外王”的含义，简单地说，就是内以为圣，外以称王，指一个人内具有圣人的修养境界，外则可统御天下。“内圣”，表现的是一种人格理想；“外王”，表现的是一种政治理想。在柏拉图所阐述的理想国中，为王的是哲学家，相当于中国所言的圣者，这实际上与中国“内圣外王”的思想是有着相通之处的。但是，在现实中，圣者很少有机会能够成为王者，孔子只是一位“素王”，而王者也大多不具备圣者的资质，“内圣外王”主要是作为一种理想构思而存在的。

儒　家

大同

“大同”，是儒家所提出的最高范畴的社会理想，《礼记·礼运》中记载孔子对大同世界的描绘：“大道之行也，天下为公。选贤与能，讲信修睦，故人不独亲其亲，不独子其子，使老有所终，壮有所用，幼有所长，鳏寡孤独废疾者，皆有所养。男有分，女有归。货，恶其弃于地也，不必藏于己；力，恶其不出于身也，不必为己。是故谋闭而不兴，盗窃乱贼而不作，故外户而不闭，是谓大同。”清末康有为为宣传变法改制而将孔子的大同理想与西方的近代社会制度相比附，并亲著数十万字的《大同书》来表述自己的政治理想。孙中山对大同世界的理想描述也是十分推崇，并将“天下为公”作为自己的政治格言。“大同”是孔子对人类理想社会的构想，表达了自己对“天下为公”的大同世界的向往，只是没有同时指出人类走向大同社会的可由之径。

小康

“小康”，是儒家所描述的一种社会状态，《礼记·礼运》中记载孔子在讲述“大同”之后接着说道：“今大道既隐，天下为家。各亲其亲，各子其子，货力为己。大人世及以为礼，城郭沟池以为固，礼义以为纪，以正君臣，以笃父子，以睦兄弟，以和夫妇，以设制度，以立田里，以贤勇知，以功为己。故谋用是作，而兵由此起，禹汤文武成王周公，由此其选也。此六君子者，未有不谨于礼者也，以著其义，以考其信。著有过，刑仁讲让，示民有常。如有不由此者，在势者去，众以为殃，是谓小康。”在孔子看来，禹汤文武成王周公之时的社会可以称为“小康”，“小康”虽不及“大同”，却也是一种比较好的社会风貌。康有为根据《春秋公羊传》的“三世”说，将“小康”比作“升平世”，将“大同”比作“太平世”，社会的发展规律是由“据乱世”走向“升平世”，再进入“太平世”。

天命无常，敬德保民

“天命无常，敬德保民”，是周朝所秉持的政治思想。夏、商两代的灭亡使周朝的统治者开始怀疑天命，并且认识到人民力量的重要性。《诗经·大雅·文王》中有“天命靡常”这样的句子，周朝的统治者多次强调“天命无常，唯德是辅”的政治观念，这与《尚书·汤誓》中所说的“先王有服，恪谨天命”所表达的思想是大为不同的。在“天命无常”的认识基础上，周朝统治者提出“天视自我民视，天听自我民听”的思想理念，认为“民之所欲，天必从之”，由此形成了“敬德保民”的政治主张，这也成为后来民本思想的先导。

侍席鲁君　明《圣迹图》

此图反映的是鲁哀公曾问政于孔子的故事，孔子说：“为政之急，莫大乎使民富且寿也。省力役，薄赋敛，则民富；崇礼教，远罪戾，则民寿。”这段话正体现了儒家“行仁政”、“崇礼教”的政治主张。

礼乐征伐自天子出

“礼乐征伐自天子出”，语出《论语·季氏第十六》：“天下有道，则礼乐征伐自天子出；天下无道，则礼乐征伐自诸侯出。自诸侯出，盖十世希不失矣；自大夫出，五世希不失矣；陪臣执国命，三世希不失矣。天下有道，则政不在大夫。天下有道，则庶人不议。”这段话的意思是，天下有道的时候，礼乐的制作和战争的发动都是由天子决定的；天下无道的时候，礼乐和战争的事宜便由诸侯来决定。由诸侯来决定礼乐和战争，很少有能维持十代而不乱的；如果制作礼乐和发动战争的权力落到了大夫的手中，那就很少有能维持五代而不乱的；如果大夫的家臣把持了国政，就很少有超过三代而不发生动乱的。天下有道，国家的政权不会掌握在大夫的手中。天下有道，老百姓就不会有非议。孔子的这段话是经过对历史的考察而得出的结论，春秋时期，自齐桓公开始，“礼乐征伐自诸侯出”，而天子则失去了号令权；齐国从桓公称霸到简公为陈恒所杀，经历十代；鲁国自季友专政，到季桓子时政权让于阳虎，经历五代；而季氏的家臣阳虎、南蒯、公山弗扰等都是当身而败，未及三代。“礼乐征伐自天子出”之所以为“天下有道”的标志，是因为“自天子出”意味着政令的统一，意味着国家政治活动的清明有序，而若自诸侯出，自大夫出，乃自家臣出，则意味着纷争与混乱，意味着激烈的权力争夺，而在这种争夺的过程中必然会产生种种丑陋的事件，同时也给人民带来危害，也就是“天下无道”。

尊尊与亲亲

“尊尊”与“亲亲”，是周朝的基本政治思想，其意是尊重应当尊重的人，亲近应当亲近的人。“尊尊”与“亲亲”所体现的是一种严密的尊卑与亲疏的等级关系。周朝统治者认真地总结了商朝灭亡的教训，认为商朝在纣王时覆灭的一个基本原因就是众叛亲离，在国都遭受危险的时候，没有地方上的势力进行有效的支援。因此，周朝建立了以分封制和宗法制为基础的政治制度，周王将自己的家族成员分封到各地，成为诸侯，诸侯之下再有大夫，权力层层下递，都选择关系亲近者来担任，同时，这种受封的爵位又是世袭的。这就是“尊尊”与“亲亲”的思想在政治制度上的具体呈现。“尊尊”与“亲亲”的观念落实到最后，其目的就是要任何人都遵守由这种原则所确定的制度，各安其位，不存妄想，百姓做顺民，百官做顺臣，这样国家就会长治久安。到了春秋特别是战国时期，“尊尊”与“亲亲”的原则在相当大的程度上被打破了，官吏的任用不再唯亲是举，秦朝建立之后，世袭制也被废除，而以任命制代之。

其未得之也，患得之；既得之，患失之。

穷则变，变则通

"穷则变，变则通"，语出《易经·系辞传下》："神农氏没，黄帝、尧、舜氏作，通其变，使民不倦，神而化之，使民宜之。《易》穷则变，变则通，通则久。"其意为事理到了窘困穷境的时候就应当有所变动，变动之后即可于事通达，通达之后即可行于长久。清末梁启超在倡导维新时在《变法通议》中引用这段话说："《易》曰：'穷则变，变则通，通则久。'伊尹曰：'用其新，去其陈，病乃不存。夜不秉烛则昧，冬不御裘则寒，渡河而乘陆车者危，易证而尝旧方者死。'""穷则变，变则通"强调的是不可拘泥于成法，行事的法则当因时而异，与时俱进，这才是成功之法。

得民心者得天下

"得民心者得天下"，体现的是中国古代的一种重视人民的政治理念，周朝的时候统治者就已经形成了"敬德保民"的思想，认识到人民的支持与否是关系到国家兴衰的决定性因素。战国时代，孟子明确地提出民贵君轻的思想，《荀子·王制》中也有这样的话："庶人安政，然后君子安位。传曰：'君者，舟也；庶人者，水也；水则载舟，水则覆舟'。""君舟民水"的思想特别被唐太宗看重，《贞观政要·论政体》记载魏徵的话："臣又闻古语云：'君，舟也；人，水也。水能载舟，亦能覆舟。'陛下以为可畏，诚如圣旨。""得民心者得天下"的思想虽然是统治者为了维护自身利益而提出的，但是这种思想注意到民心向背是统治者能否安坐江山的关键，对于统治者制定有益于民生的政策是有着重要作用的，是具有历史进步性的思想理念。

礼治

"礼治"，是一种以礼仪制度作为国家的基本政治秩序的执政理念。"礼治"的基本确立是在西周初年，周公旦在确定礼制的过程中起到了重要的作用。周初的"礼治"是以"亲亲"和"尊尊"观念为基础的，"亲亲"，就是按照血缘关系

贤母图　康涛

从此图的题款"临民听狱，以庄以公。哀矜勿喜，孝慈则忠"，可以推知此为贤母向即将离家赴任的儿子的教诲。画家以高超的笔法将贤母严肃训诫却又暗含离别伤感之态、儿媳恭顺侍立而又对丈夫依恋不舍之情、儿子恭敬聆听却踌躇难离之意，刻画得极其生动传神。

的远近来区分亲疏，再由亲疏来确定贵贱；“尊尊”，就是地位低的人要尊重地位高的人，不得有所僭越。由此，君、臣、父、子各具其名，尊卑、亲疏、高低、贵贱各有其分，依此而行，整个社会便会建立起一套严明的秩序，国家的政治生活也不会出现纷乱，这就是“礼治”的核心意涵。与“礼治”的思想内涵相配合，统治者创立了一套繁复而精微的礼仪制度，令“礼治”的形式与内容相呼应，以起到良好的实践效果。但是，“礼治”未能使国家的运行长治久安，统治者并不能借此而高枕无忧，延递至东周时期，“礼治”的规则便为礼崩乐坏的乱世局面所打破。

中和

“中和”，原为中正、平和之义，后来引申为中庸之道的思想内涵，成为一个哲学概念。《礼记·中庸》言：“喜怒哀乐之未发谓之中，发而皆中节谓之和；中也者，天下之大本也，和也者，天下之达道也。致中和，天地位焉，万物育焉。”这段话的意思是，喜怒哀乐没有发作失控，叫作“中”；各种情绪表现出来而又都恰到好处，叫作“和”。“中”，是天下最大的根本；做到“和”，天下才能归于道。君子如果能将中和做到完美的程度，天地都会赋予他应有的位置，万物都会养育他。可见，“中和”是儒家所提倡的一种最为高尚的修养范畴。

君君，臣臣，父父，子子

“君君，臣臣，父父，子子”，语出《论语·颜渊第十二》：“齐景公问政于孔子。孔子对曰：‘君君，臣臣，父父，子子。’公曰：‘善哉！信如君不君，臣不臣，父不父，子不子，虽有粟，吾得而食诸？’”这段话表达的意思是，齐景公向孔子询问治理国家的方略，孔子回答的对策是，要令做君主的像个君主的样子，为臣的要像个臣的样子，当父亲的要像个父亲的样子，而做儿子的要像个儿子的样子，也就是说，要各自都按照自己的身份行事，各就其位，名副其实。齐景公对孔子的论述非常地

臣子拜见皇帝图

图中皇帝高坐于堂上，左右有太监、仕女侍候，堂下一臣子匍匐在地上毕恭毕敬地叩头，似乎在等待皇帝的吩咐。这幅图表现了封建社会臣子对皇帝的绝对服从。

肯定，并且说如果不这样的话，即使国家有很多的粮食，自己都会吃不上的，非这样做不可，否则国家就会大乱的。孔子的这种关于君臣父子的表述被后世演化为“君为臣纲，父为子纲，夫为妻纲”的伦理准则，而其实这与孔子的原意是相去甚远的，孔子强调的是每个人都应当依照礼法来做符合自己身份的事情，而“三纲”强调的是君对臣、父对子、夫对妻的统领，两者的目的都是实现国家与社会的安定有序，但办法却是不同的。

名不正则言不顺

“名不正则言不顺”，语出《论语·子路第十三》：“名不正，则言不顺；言不顺，则事不成；事不成，则礼乐不兴。礼乐不兴，则刑罚不中；刑罚不中，则民无所措手足。”孔子说这段话所要表达的是，做任何事情，都要名义正当，如果名义不正当，讲话就不能通顺，事情就做不成，礼乐制度也就无法兴办，刑罚也就不会得当，如此一来，老百姓也就会不知所措。孔子是极为重视名分的，在这里从名之不正的负面影响的角度来讲述了正名的重要意义。孔子所讲的名正，是实至而名归的“名”，通过正名所要强调的是事理的端正，名之正是行事有方的端始。前面的话从正面来讲就是，名正而可言顺，言顺而可事成，事成而礼乐可兴，礼乐兴则刑罚为中，刑罚为中则民可有所循，如此则天下治。

为政以德

“为政以德”，是儒家所倡导的治国理念，语出《论语·为政第二》：“子曰：‘为政以德，譬如北辰，居其所而众星共之。’”孔子说，如果君主用道德教化来治理国家，那么就会像北辰星那样，自己居于一定的方位，而众星都环绕着它。“为政以德”表现的是孔子所提倡的德治思想，这与法家所主张的法治思想是正相对立的。孔子的观点是君主如果凭借道德的力量治理国家，就可以得到臣民的拥护；而法家的观点是，君主应当依靠严酷的法治来实现对臣民的统驭和震慑，从而获得臣民对自己的服从。

宽政安民为上

宽政安民为上，是儒家所提倡的政治方略，指的是遵奉为政宽大、使人民安定的治国理念。《左传·庄公二十二年》记载：“羁旅之臣，幸若获宥，及于宽政，赦其不闲于教训而免于罪戾，弛于负担，君之惠也。”这段话所表达的意思就是劝勉君主施行宽大的政治，并且认为这是君主的一种恩惠。《后汉书·王龚传》记载：“畅深纳敞

相爱者比周而相誉

谏，更崇宽政，慎刑简罚，教化遂行。”说的也是对于宽政的提倡。周武王灭商之后，周公曾向武王进谏执行“使各居其宅，田其田，无变旧新，惟仁是亲”的安民政策，武王欣然采纳。宽政与安民是紧密地联系在一起的，可以说，唯有宽政，方可安民，宽政是安民的必要条件之一，而安民则是宽政的一项基本内容。

上行下效

“上行下效”，语出班固《白虎通义·三教》：“教者，效也，上为之，下效之。”意思是上面的人怎么做，下面的人也跟着怎么做，一般指不好的事情，用以告诫地位高的人特别是最高的领导人物要注意自身的言行，以免给社会造成不良的影响。《战国策》中记载了莫敖子华对楚威王说的一段话：“昔者楚灵王好士细腰，故灵王之臣皆以一饭为节，胁息然后带，扶墙然后起。比期年，朝有黧黑之色。”这个典故后来被概括为“楚王好细腰”。《墨子·兼爱》中也记载了这一典故，并且明确指出：“君说之，故臣能之也。”臣下之所以能够那样做，是因为国君喜欢那样的事情。“楚王好细腰”，后来比喻当权者的爱好引导着社会的潮流，东汉马廖在《上长乐宫以劝成德政疏》里也引用了这样的句子：“吴王好剑客，百姓多创瘢；楚王好细腰，宫中多饿死。”这就是“上行下效”的典型案例。

子不语怪、力、乱、神

“子不语怪、力、乱、神”，语出《论语·述而第七》，意为孔子不谈论怪异、勇力、悖乱、鬼神这些内容。其中的力和乱，是孔子所不愿谈的，孔子的不谈论表达的是对这些内容的否定和摒弃，是弃而不论，表现的是孔子的价值选择；其中的怪和神，孔子之所以不谈论这些，是因为这些内容远离日常生活，或者是未经实践所证实的，自己也并不真正地了解，所以不去谈论，是存而不论，表现的是孔子求真务实的精神。

不知生，焉知死

“不知生，焉知死”，语出《论语·先进第十一》：“季路问事鬼神。子曰：‘未能事人，焉能事鬼？’曰：‘敢问死。’曰：‘未知生，焉知死？’”这段话讲的意思是，季路向孔子请教怎样来服侍鬼神，孔子说，人还不能服侍，又怎么服侍鬼神呢？季路又问关于死的话题，孔子说，生的道理还都没有弄清楚，又怎么能够知道死是怎么一回事呢？孔子的回答表明了自己重在人生、重在当世的生命价值观。

和同之辨

“和同之辨”，就是关于“和”与“同”的分辨，《论语·子路第十三》记载孔子的话：“君子和而不同，小人同而不和。”这就是孔子著名的“和”、“同”观念。“和”指的是调和、和谐，“同”指的是顺同、同一，君子在面对问题、处理事情的时候，选择的是和谐，而且这种和谐是以坚持正确的意见为前提的；小人则恰恰相反，选择的是顺同，是没有原则的盲从，而不是以正确的道理来坚持，进行调和。

子曰：“君子周而不比，小人比而不周。”

民为贵，君为轻

“民为贵，君为轻”，这是孟子提出的思想观念，语出《孟子·尽心下》：“民为贵，社稷次之，君为轻。”孟子接着还说了这样的话：“是故得乎丘民而为天子，得乎天子为诸侯，得乎诸侯为大夫。诸侯危社稷，则变置。牺牲既成，粢盛既洁，祭祀以时，然而旱干水溢，则变置社稷。”意思是，所以得到民众的拥护就能做天子，得到天子的信任就能做诸侯，得到诸侯的信任就能做大夫。诸侯危害了土谷之神，那就改立诸侯。祭祀用的牲畜是肥壮的，谷物是清洁的，又是按时祭祀的，然而还是干旱水涝，那就改立土谷之神。孟子“民贵君轻”的思想内涵是，人民是天下的根本，国家（社稷）是为了给人民谋求福利才建立的，而君主则是为了治理国家才设立的，归根结底，也是为了给人们带来更多的福利才会有君主这个位置的，也就是说，君主以国家为基础，而国家又以人民为基础，所以说，“民为贵，社稷次之，君为轻”。

王道与仁政

王朝至于商郊牧野，乃誓。

“王道”与“仁政”，是儒家所主张的政治理念，“王道”，就是圣王之道，是符合仁义准则的治国之道，而“仁政”，是将仁义作为基本的政治观念治理国家，“仁政”是“王道”在政治措施上的具体实现，而“王道”则是“仁政”的思想内涵。“王道”的概念发端于孔子的仁的思想，孟子进行了明确阐述。孟子说：“仁也者，人也；合而言之，道也。”这句话言简意赅，指出了仁与道的基本关系。孟子在谒见梁惠王的时候，具体地阐述了自己的“王道”理想：“谷与鱼鳖不可胜食，材木不可胜用，是使民养生丧死无憾也。养生丧死无憾，王道之始也。五亩之宅，树之以桑，五十者可以衣帛矣；鸡豚狗彘之畜，无失其时，七十者可以食肉矣；百亩之田，勿夺其时，数口之家可以无饥矣；谨庠序之教，申之以孝悌之义，颁白者不负戴于道路矣。七十者衣帛食肉，黎民不饥不寒，然而不王者，未之有也。”“王道”是孟子极力提倡的以仁义治天下的政治主张，可是在孟子所生活的时代，通行于世的却是与“王道”截然相反的“霸道”。“霸道”，也就是凭借武力、刑法和权势对外征伐和对内管理的政治思想，这是法家积极主张的施政理念。战国中后期，各国政治是沿着“霸道”的方向前进的，《史记·孟子荀卿列传》说：“当世之时，秦用商君，富国强兵；楚、魏用吴起，战胜弱敌；齐宣王用孙子、田忌之徒，而诸侯东面朝齐。天下方务于合纵连横，以攻伐为贤；而孟轲乃述唐虞三代之德，是以所如者不合。”《史记·十二诸侯年表·序》还记载：“孔子明王道，干七十余君，莫能用。”这都表明当时孔孟所主张的“王道”与“仁政”的理想是屡屡碰壁，不被当时的统治者采纳。

劳心者治人，劳力者治于人

“劳心者治人，劳力者治于人”，是孟子提出的思想观念，语出《孟子·滕文公上》：“然则治天下独可耕且为与？有大人之事，有小人之事。且一人之身而百工之所为备，如必自为而后用之，是率天下而路也。故曰：或劳心，或劳力。劳心者治人，劳力者治于人；治于人者食人，治人者食于人。天下之通义也。”这一段话是孟子为驳斥陈相所转述的许行的“贤者与民并耕”的观点而说的。意思是，既然是这样的道理，那么治理天下的事就能一边耕种一边来做的吗？有官吏们的事，有小民们的事。再说一个人身上（所需的用品）要靠各种工匠来替他制备，如果一定要自己制作而后使用，就会导致天下的人都疲于奔走。所以说，有些人动用心思，有些人动用体力。动用心思的人治理别人，动用体力的人被别人治理；被人治理的人养活别人，治理人的人靠别人养活。这是天下通行的道理。“劳心者治人，劳力者治于人”，因为其中体现了一种治与被治的等级观念而遭到人们的批评，其实孟子说的这句话，其本身含义是指社会上因为人们所从事的职业和岗位不同而有所分工，这是很自然的事情，强调的是“劳心”与“劳力”的职业之分，并不在强调“治人”与“治于人”的等级之分上。

使民不饥不寒

“使民不饥不寒”，是孟子的“仁政”理想中的一项基本内容，《孟子·梁惠王上》说：“七十者衣帛食肉，黎民不饥不寒，然而不王者，未之有也。”孟子的观点是，如果能够做到使人民免于饥寒之苦，而同时申之以孝悌之义，进行良好的道德教化，那么这个国家还不称王于天下是不可能的。“使民不饥不寒”，现在看起来似乎是一个比较低级的社会发展标准，但是在孟子所生活的时代，农业生产力非常低下，加之频繁的战乱又对人民正常的生活和生产秩序有着相当严重的破坏，能够做到使一个国家的人民不饥不寒已经是一件很不容易的事情了，而“黎民不饥不寒”又是“申之以孝悌之义”的基础，用现代的话来讲，孟子所阐述的政治理想就是物质文明与精神文明两手抓，这是一个国家实现富强的根本途径，也是必由之路。

心之四端

“心之四端”，是孟子提出的人性观念，“恻隐之心，仁之端也；羞恶之心，义之端也；辞让之心，礼之端也；是非之心，智之端也。”孟子讲：“人之有是四端也，犹其有四体也。有四端而自谓不能者，自贼者也；谓其君不能者，贼其君者也。凡有四端于我者，知皆扩而充之矣，若火之始然、泉之始达。能充之，足以保四海；不充之，不足以事父母。”“心之四端”，是孟子的性善论的基本立足点，在孟子看来，恻隐、羞恶、辞让、是非这 4 种情性，与仁、义、礼、智这 4 种美德，是人与生俱来的，人只要努力地将这些善端进行扩充，就能够达到一种完善的人生修养境界，这是人能够实现自我完善的前提。

君子重义，小人重利

“君子重义，小人重利”，这是孔子所讲的君子与小人之间的区别之一，也可说是孔子的义利观，孔子的原话是：“君子喻于义，小人喻于利。”也就是说，君子所看重

利有攸往

的是义，而小人看重的则是利。由此而引发，君子做事，是以义为标准的，如孔子所言："不义而富且贵，于我如浮云。"君子非义毋得，而唯义是取，为了对义的保持和维护，甚至不惜牺牲自己的生命，也就是孟子所言的"舍生取义"。而小人则不然，小人行事取舍的标准是利，非利不为，唯利是图。一个人一旦达到了唯利是图的地步，便会为所欲为，无所不为，置仁义道德与枉顾，这种理念和行为给社会所造成的危害是可想而知的。长久来看，这对其本人也是没有好处的，《左传·隐公元年》有云："多行不义必自毙，子姑待之。"自毙，就是不义的可耻下场。

忠孝如何两全

"忠"，指的是报效国家，尽忠于君主；"孝"，指的是能够很好地实现对父母的赡养和孝敬。忠孝两全，被视为一种人生理想，元代高明的《琵琶记·高堂称寿》中说："人生须要忠孝两全，方是个丈夫。"可是忠与孝时常会发生矛盾，以致有"忠孝不并"，"忠孝难两全"的说法。"忠"与"孝"是人所应当具有的两种最为基本的品德，而且二者之间又是密切相关的，在家国一体的中国传统社会，孝于父母和忠于国家两者具有一致的思想内涵，孝是忠的基础，忠则是孝的延伸，那么又为什么常常说"忠孝难两全"呢？当然，这并不是说忠和孝这两种品德难以同时存在，而是说尽忠和尽孝这两件事难以同时做好，照顾周全。因为人无分身之术，在一定的生命过程中，时间和精力都是有限的，要报效国家，则相应地照顾父母的时间就会有所减少，而要孝敬父母，则尽忠于国家就会受到影响，从社会学的角度讲，这是一种角色冲突。一种极端的情况是，如果一个人为国捐躯，就再也不能对父母尽孝了，可是在关键的时刻，如果考虑到还要尽孝于父母而怜惜自己的生命，则必然失去对国家的忠诚。对于如何做到忠孝两全，只能是辩证地来看，从积极的一面来讲，忠于国家和孝于父母两者之间实质上是统一的，所以有"尽忠于国"是"至孝于家"的说法，不宜将两者完全地对立；而从消极的一面来讲，忠与孝之难以两全，又是一种不能够消除的冲突，是一种必然的存在，人们只能是选择在具体的事务中进行一定程度的协调，做到两者之间的平衡。当然，主流的价值观仍是倡导个人当以大局为重，在特别的时刻，宁舍孝而毋失于忠。

移风易俗

“移风易俗”，指的是某种行为所具有的扭转社会风气和改变人民习俗的教化作用。《荀子·乐论》说：“乐者，圣人之所乐也，而可以善民心，其感人深，其移风易俗，故先王导之以礼乐而民和睦。”又说：“故乐行而志清，礼修而行成，耳目聪明，血气和平，移风易俗，天下皆宁，美善相乐。”荀子在此表达的是礼乐教化对于形成良好的社会风气所具有的巨大作用。《吕氏春秋·先识览第四》记载了这样的事：“鲁国之法：鲁人为人臣妾于诸侯，有能赎之者，取金于府。子贡赎鲁人于诸侯而让其金。孔子曰：‘赐失之矣。夫圣人之举事，可以移风易俗，而教导可施于百姓，非独适己之行也。今鲁国富者寡而贫者多。取其金则无损于行，不取其金，则不复赎人矣！’子路拯溺者，其人拜之以牛，子路受之。孔子喜曰：‘鲁人必多拯溺者矣！’”这段话的意思是，鲁国有一条法律，鲁国人在国外沦为奴隶，有人能把他们赎出来的，可以到国库中报销赎金。有一次，孔子的弟子子贡（端木赐）在诸侯国赎了一个鲁国人，回国后拒绝收下国家赔偿金。孔子说：“赐呀，你采取的不是好办法。圣人所做的事，可以改变风俗习惯，影响老百姓的行为，并非个人的事情。现今，鲁国富人少而穷人多，你收取国家的补偿金，并不会损害你的行为的价值；而你不肯拿回你抵付的钱，从今以后，鲁国人就不肯再替沦为奴隶的本国同胞赎身了。”子路救起一名落水者，那人感谢他，送了一头牛，子路收下了。孔子高兴地说：“这一来鲁国人一定会勇于搭救落水的人了。”孔子强调“圣人之举事，可以移风易俗”，是告诫人们

西门豹拆穿“河伯娶亲”的阴谋。

在做事的时候不要只考虑一己的范畴，而应当更广阔地想一想，自己采取这种选择的后果是什么，会给他人、社会带来什么样的影响，是对“移风易俗”作用的看重。

制天命而用之

“制天命而用之”，这是荀子提出的思想命题，语出《荀子·天论》：“大天而思之，孰与物畜而制之？从天而颂之，孰与制天命而用之？”这段话的意思是，与其推崇天而思慕它，怎么比得上将天当作物质而加以控制呢？与其顺从天而歌颂它，怎么比得上掌握它的规律而利用它呢？荀子在《天论》里集中阐述了自己天人观念，指出：“天行有常，不为尧存，不为桀亡。应之以治则吉，应之以乱则凶。强本而节用，则天不能贫。养备而动时，则天不能病。修道而不贰，则天不能祸。故水旱不能使之饥，寒暑不能使之疾，妖怪不能使之凶。本荒而用侈，则天不能使之富。养略而动罕，则天不能使之全。倍道而妄行，则天不能使之吉。故水旱未至而饥，寒暑未薄而疾，妖怪未至而凶。受时与治世同，而殃祸与治世异，不可以怨天，其道然也。故明于天人之分，则可谓至人矣。”又说：“天不为人之恶寒也辍冬，地不为人之恶辽远也辍广，君子不为小人之匈匈也辍行。天有常道矣，地有常数矣，君子有常体矣。”在天人问题上，荀子立场鲜明地坚持天命有常、天人相分的观点，人的祸福全是因为自身的行为而得来，是与天数无关的，天人之间并不能够相互感应，人对待天的正确态度应当是知晓天所运行的规律，从而合理地利用它，让它更好地为人造福，也就是所谓的“制天命而用之”。

制名以指实

“制名以指实”，是荀子所提出的思想命题。名实问题是中国古代哲学中的一个重要范畴，各家曾有过不同的观念和主张。孔子对于“正名”相当看重，一次，子路对孔子说：卫君等待您去治国理政，您准备先做什么呢？孔子回答说：“必也正名乎！”孔子认为如果自己执掌卫国的政权，首先要做的就是纠正名分上的不当，孔子是将“正名”当作一项首要的政治问题来看待的。关于“正名”，孔子还曾有过“名不正则言不顺”以及“君君，臣臣、父父、子子”等著名的表述。荀子继承了孔子“正名”的思想，主张：“制名以指实，上以明贵贱，下以辨同异。”“制名以指实”，说的就是根据事情的实际来制定名分，由此做到名实相符，这样才可以明贵贱，才可以辨同异，从而实现政治的有序和社会的清明。

君权神授

“君权神授”，意即君主的权力是神所赋予的，这是对君主的一种神化。统治者宣扬自己的地位是上天所赋予的，从而强调自身统治的合法性，增强人民的认同和服从。《尚书·召诰》说："有夏服天命。"这是有关君权神授思想的最早记载，也说明，自夏朝开始，君权神授就已经成为一种有关政权的重要理念。商朝的统治者创造了一种"至上神"的观念，宣称"帝"或"上帝"是上天和人间的最高主宰，又是商王朝的宗祖神，因此，人民应当服从商王的统治。周朝统治者则用"天"代替了"帝"或"上帝"的概念，周王称为"天子"。周朝毛公鼎上面的铭文记载："丕显文武，皇天宏厌厥德，配我有周，膺受天命。"这是对"君权神授"思想的明确宣扬。到汉朝，董仲舒提出"天意"、"天志"的概念，并且提出了"天人相与"的命题，认为天是有意志的，是最高的人格神，是自然界和人类社会的最高主宰，天和人之间是相通的，人应当按照天的意志来行动。董仲舒以"天人相与"作为理论基础，系统地发展了君权神授的思想，强调君权的天然合理性和神圣不可侵犯性。君权神授的思想在中国古代有着非常深远的影响，历代帝王以至起义的农民领袖，无不假托天命，自称"奉天承运"，或者说"替天行道"，虚构神迹，利用谶纬迷信，把自己的活动说成是受上天的指使，从而达到神化自己及其活动的目的。陈胜和吴广在谋划起义时，先用丹砂在丝绸上写"陈胜王"，将其放在别人用网捕获的鱼的肚子里面，然后又暗中潜伏到戍卒驻地旁边丛林里的神庙中去，在晚上用竹笼罩着火装作鬼火，像狐狸一样叫喊："大楚兴，陈胜王！"这就是君权神授的迷信思想深入人心的一个鲜明的例证。

罢黜百家，独尊儒术

"罢黜百家，独尊儒术"，是董仲舒所提出的主张，汉武帝元光元年（公元前134年），召集各地贤良求问治理天下的策略，董仲舒在进策中提出："《春秋》大一统者，天地之常经，古今之通谊也。"他认为当时执政者的理念无法统一，而百姓也莫知所从的原因是"师异道，人异论，百家殊方，指意不同"，于是他倡导进行文化上的统一，尊崇孔子的学说，而罢黜其他各家的思想观点，也就是独尊儒术。董仲舒的这一建议为汉武帝所采纳，儒学自此取得中国官方正统学术的地位，并且绵续2000余年，对中国古代的意识形态和社会生活都有着极大的影响。"罢黜百家，独尊儒术"为汉武帝政治上的大一统创造了思想基础，这一方面加强了君主专制制度，另一方面对统一的民族国家的形成和巩固也产生了巨大的积极作用。

变道和改制

变道和改制，就是改变治国之道和变革政治制度，这是中国古代政治生活中的重要命题。董仲舒在《天人三策》中提出："道之大，原出于天，天不变，道亦不变。""天"，是自然界与人类社会的最高主宰，而"道"，则是依据天的旨意而运行的人类社会所应当执守的基本原理。"天"是恒定不变的，那么"道"也就不应当改变，

王安石像
北宋王安石则提出"天变不足畏"，主张变法改制。

可以改变的是"制"。"道"是国家政治的根本准则，"制"则是政治生活中的一些具体的制度和措施，"制"可改，而"道"不可变，董仲舒在《春秋繁露》中说："今所谓新王必改制者，非改其道，非变其理，受命于天，易姓更王，非继前王而王也。若一因前制，修故业，而无有所改，是与继前王而王者无以别。受命之君，天之所大显也。事父者承意，事君者仪志，事天亦然。今天大显已物，袭所代而率与同，则不显不明，非天志。故必徙居处，更称号，改正朔，易服色者，无他焉，不敢不顺天志而明自显也。若夫大纲、人伦、道理、政治、教化、习俗、文义尽如故，亦何改哉？故王者有改制之名，无易道之实。"董仲舒的这段话详细地阐明了新王有改制之名而无易道之实的政治理念，表达了自己"天不变，道亦不变"的思想观点。

大一统

"大一统"，也就是尊崇一统的观念。孔子在作《春秋》的时候，开篇说："隐公元年，春，王正月。"意思是讲，鲁隐公元年的春天，就是周王的正月。《公羊传》解释说："何言乎'王正月'？大一统也。"唐代徐彦注疏："王者受命，制正月以统天下，令万物无不一一皆奉之以为始，故言大一统也。"《汉书·董仲舒传》说："《春秋》大一统者，天地之常经，古今之通谊也。"《汉书·王吉传》也说："《春秋》所以大一统者，六合同风，九州共贯也。"可见，在春秋时期，大一统已经成为一种被社会所崇尚的观念，孔子说："天下有道，则礼乐征伐自天子出。""礼乐征伐自天子出"，就是大一统的表现，这意味着"天下有道"。周王东迁，天下诸侯各立，呈现出分崩离析的局面，但是大一统作为一种深入人心的观念并没有因此而抹去，思想界虽有"百家争鸣"，在政治理念上有"王道"和"霸道"之别，但大一统这一点是各家共同秉持的观念。孟子在回答梁襄王所提出的"天下恶乎定"的问题时回答说："定于一。"荀子所提出的"四海之内若一家"的理想，还有墨子"尚同"的主张，等等，这些都是春秋战国时期大一统思想体现。到秦始皇统一六国，实现"书同文，车同轨"，再及至汉武帝"罢黜百家，独尊儒术"，中国最终在文化与政治两大基本领域都确立了大一统的秩序。

清议

"清议"，是东汉后期官僚、儒生与宦官进行政治斗争的产物，指的是以儒家的伦理道德为依据来臧否人物的一种舆论风尚，而为官者一旦触犯清议，便会丢官免职，被禁锢乡里，不许再入仕。当时的东汉王朝，宦官把持着朝政，这些宦官垄断了仕途，凡有选举、征辟，都要依照他们的心情和脸色来行事，这就严重地侵夺了士人们正常的仕进之途。于是，为数众多的太学生和各郡县的儒生，与官僚士大夫相联合，在朝野形成一个庞大的官僚士大夫反宦官专权的社会政治力量，从事“激扬名声，互相题拂；品核公卿，裁量执政”的活动，这也就是所谓的“清议”。在清议风潮中，形成了太学生以郭泰为首，奉司隶校尉李膺、太尉陈蕃为领袖的公开与宦官集团相对抗的政治力量。清议在当时的社会发挥了激浊扬清的积极作用。

正始之音与清谈

“清谈”，指的是魏晋之际名士之间所崇尚的一种讨论方式，因为兴起于魏正始年间（240 ~ 249 年），所以这种清谈的风气又被称为“正始之音”。清谈，又称为“清言”，之所以叫作“清谈”，是相对于俗事之谈而言的，因为清谈的内容不涉及国事与民生这样的社会实际问题，而是讨论关于本与末、有与无、动与静、一与多、体与用、言与意、自然与名教等诸多的形而上的话题。清谈的进行有一套习惯的程式，一般都有交谈的对手，借以引起争辩。通常情况下，辩论的双方分为主客，人数不限，可两人、三人或者更多。在清谈的过程中，一方表达自己对主题内容的见解，树立自己的论点，另一方则对此进行问难，推翻对方的结论，同时提出自己的观点。在相互论难的过程中，其他人也可以就讨论的主题发表赞成或反对的意见。到讨论结束时，主客双方或者协调一致，握手言和，或者虽各执一词，互不相让，但经过他人的调停，暂时结束谈论，这称为“一番”，以后还可能会有“两番”、“三番”等。清谈之风承袭东汉后期的“清议”，又借魏晋之际崇尚老庄的玄学的出现而兴起，作为当时上流社会所普遍喜好的风尚，既有着思想文化方面的原因，也有着社会经济方面的因素。严重脱离社会实际的清谈风气的兴起与魏晋之际士族门阀所拥有的政治与经济特权及其因此而享有的优越的社会地位有着密切的关系，魏晋之后，随着士族政治的衰微和社会环境的转变，清谈的风气也就随之消泯了。

魏晋风度

魏晋风度，指的是魏晋时期的名士们所具有的那种率真任诞、清峻通脱的行为风格。饮酒、服药、清谈和纵情山水是魏晋名士所普遍崇尚的生活方式，一部《世说新语》，可以说是魏晋风度的集中记录。魏晋风度的出现是与汉末延至魏晋之际的政治局面的混乱有着密切关系的，当时的许多名士或为当权者所杀或被杀于乱军之中，士人们没有一个安定有序的生存环境可以依托，因而转向放诞，将精神寄之于老庄，流连山水，肆意酒乡，一方面是为了全身避害，一方面也是为了麻痹自己的思想。这种

莲社图　南宋　佚名

《莲社图》描述东晋时期的高僧慧远在江西庐山虎溪东林寺结盟白莲社的故事。参加莲社的都是当时的名流，有陶渊明、谢灵运、宗炳、刘程之等人。上图表现的是谢灵运骑马而去，陶渊明因为腿病由学生与儿子架抬前往。

不得已而为之的行为方式，因为其展现出人生中艺术的一面，又演变为一种社会所共同偏好的普遍风气。

道统论

“道统”，指的是儒家传道的脉络和系统。孟子认为孔子的学说是承接尧、舜、禹、汤、周文王等先代圣王的，并且自命继承了孔子思想的正统。唐代韩愈作《原道》，正式提出了所谓“尧、舜、禹、汤、文、武、周公、孔、孟”关于道的传授系统的论说，称自己继承了真正的孔孟之道，是儒学的正宗。程颐在为程颢所作的《墓表》中谈到道统时认为，孟子以后，儒家的道统就失传了，直到程颢才接过这个传统。南宋朱熹将道统论进一步发展完善，他认为儒家的道统是周敦颐和程氏兄弟上接孟子的，而自己又继承了周敦颐和程氏兄弟的儒家道统。程朱理学的道统论是一个精致的理论体系，有着作为经典依据的儒学典籍、独立的历史传承谱系以及作为理论核心的哲学问题。

复性论

“复性论”，是唐代思想家李翱所提出的人性论，李翱曾写作《复性书》来阐明自己的这一理论观念。“复性”，就是恢复人本来的善性，使之“至于圣人”。李翱的复性论认为，性和情既相区别，又相联系。“性者，天之命也”，“情者，性之动也”。“性”指仁、义、礼、智、信，“情”指喜、怒、哀、惧、爱、恶、欲。性藏于内，情显于外。“情由性而生”，“(性)由情以明”，“情有善有不善，而性无不善”，但是“情本邪也，妄也”。人人皆具善性，“圣人得之而不惑”，百姓则溺于情“而不能知其本”，只有灭情才能复性。李翱指出，复性的准则是“诚”。“诚者，圣人之性也，寂然不动，广大清明，照乎天地，感而遂通天下之故，行、止、语、默、无不处于极也。”所谓“诚”，说的就是一种超然于动静之上的绝对守静的灵明透彻的精神境界。复性的步骤有两个：首先是“弗虑弗思”，使思维处于相对静止状态，即所谓“正思”；其次是“动静皆离，寂然不动”，放弃主观对虚静的追求，处于无所感知的状态，即所谓“知本无有思”。李翱认为，进入了这种境界，就可以做到“虽有情，未尝有情也”，从而实现完全的复性。

太极图说

“太极图说”，是周敦颐对太极图所作的说明，太极图形象地表达了阴阳轮转、相反相成的万物生成变化的根本原理。周敦颐精研易学，为了更好地传达太极图所蕴含的哲学理念而创作了《太极图说》。这篇文章非常简短，全文仅 249 字，但是十分精到地阐释了玄妙的太极理论，文中说道：“无极而太极。太极动而生阳，动极而静，静而生阴，静极复动。一动一静，互为其根。分阴分阳，两仪立焉。阳变阴合，而生水火木金土。五气顺布，四时行焉。五行一阴阳也，阴阳一太极也，太极本无极也。”其要义是讲，太极是宇宙的本原，人和万物都是由于阴阳二气和水火木金土五行相互作用而产生的，五行统一于阴阳，阴阳统一于太极。《太极图说》突出强调了人的崇高价值，指出：“唯人也，得其秀而最灵。”而在人中，又特别地突出了圣人的尊贵地位，认为“圣人定之以中正仁义，而主静，立人极焉”，还指出“立天之道，曰阴与阳；立地之道，曰柔与刚；立人之道，曰仁与义”的兼具哲学与伦理意涵的思想理念。

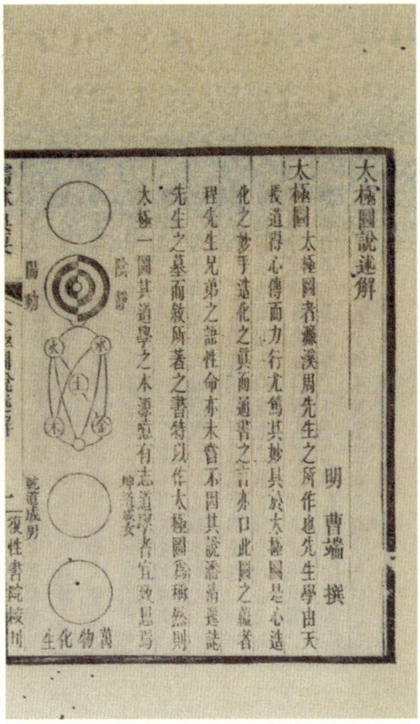
太極圖說述解
明 曹端 撰
太極圖 太極圖者濂溪周先生之所作也先生學由天
授道得心傳而力行尤篤其妙具於太極圖是心造
化之妙手造化之真而通書之言亦曰此圖之蘊者
程先生兄弟之語性命亦未嘗不因其說潘清逸誌
先生之墓而敘所著之書特以作太極圖爲稱然則
太極一圖其道學之本源思有志道學者宜致思焉

明曹端《太极图说述解》

太虚即气

“太虚即气”，是张载（北宋哲学家，理学创始人之一）所提出的哲学命题。“太虚”一词最早见于《庄子·知北游》：“是以不过乎昆仑，不游乎太虚。”“太虚”在这里是指极端虚无的处所，还不是完全意义上的哲学概念，到汉初的《素问·天元纪大论》提出“太虚寥廓，肇基化之，万物资始，五运终天”的太虚化生的观点，太虚才成为一个真正的哲学概念，意涵是指空寂深远的宇宙的初始状态，也就是万物得以生成的本原。张载认为太虚是天地的始祖，天地皆从太虚之中来。“太虚无形，气之本体；其聚其散，变化之客形尔。”在张载看来，气是有形有象的，太虚则是无形无象的，无形无象的太虚，是气的本体。气因其或聚或散的不同变化形式而有不同的存在状态：气聚则凝聚为物，气散则回归太虚。太虚是永恒的宇宙本体，而聚散变化的世界万物，则是气的存在的暂时形态，即所谓“变化之客形”，太虚是散而未聚之气，待其聚，则为气。这就是张载的“太虚即气”的思想的基本内涵。

民胞物与

“民胞物与”，语出张载《正蒙·乾称》：“民，吾同胞；物，吾与也。”意即世人都是我的同胞，万物都是我的朋友。张载说：“乾称父，坤称母；予兹藐焉，乃混然中处。故天地之塞，吾其体；天地之帅，吾其性。”这段话所体现的思想就是，人和万物都是天地所生，性同一源，本无阻隔，由此张载得出“民胞物与”的观点，主张爱一切人和一切物，认为“凡天下疲癃残疾，独鳏寡，皆吾兄弟之颠连无告者也”，强调“立必俱立，知必周知，爱必兼爱，成不独成”。张载“民胞物与”的思想后来为程氏兄弟和朱熹所继承和发挥，成为宋明理学思想的重要组成部分。

万物皆是一个天理

“万物皆是一个天理”，是程颢、程颐兄弟所提出的理学观念，他们认为，“理”或“天理”是一个例外的存在，不是从事物中所抽象出来的，这唯一的“理”是永恒存在的，而且是先验地存在于一切事物之中的。“所以谓万物一体者，皆有此理”，世界必先有一个普照万物的理，然后才有被照的万物存在。天理之照物，犹如“月印万川”，也就是说，千万条河流中都映照着月亮，可是这许多条河流中的月亮却全都是那同一个月亮。这就是程氏兄弟的“天下只有一个理”、“万物皆是一个天理”的理学思想。

万物一体者。

理气论

理气论，是宋代理学关于理、气关系的基本理论。“理”，意为事物存在和运行的原理；“气”，意为以弥漫形态存在于宇宙之中的物质质料。气作为质料，构成了物的形体。起初，理学家认为人的精神也是一种气，是一种比一般的气更为精细的气，即“精气”。后来张载指出，人的精神和本性，是气自身所固有的，是气之灵。而二程则体会出，气中有一个理，这个理就是世界上所有事物的运行秩序的总根源，也是人的本性和精神的根源。张载认为，气不会产生，也不会消亡。二程和朱熹则认为气会消亡，而理才是不生不灭的，并且理可以产生出气。朱熹虽然强调理和气不相分离，二者不分先后，但是他认为气可以消亡，并且可以由理重新创生出来，这实际上也就承认了理和气是可以分离的，把理和气看作两种存在物。此后的理学家又修正了朱熹的理气论，认为理只是气之运动的法则，是气的功能，理和气是不能相互分离的。

明心见性

焚香煮茗

“明心见性”，本是佛教禅宗用语，指屏弃一切世俗杂念，彻悟因杂念而迷失了的本性，陆九渊将禅宗的这一修炼方法移用过来表述自己的心学思想，主张为学应当注重内省的功夫，而不必执意于向外寻求，提倡如禅宗明心见性般直契本心、了然顿悟。明心见性，这个“心”，就是自我的本心，这个本心也就是原初的善心，是没有被后来各种杂念所扰乱和遮盖的纯洁的心地；这个“性”，也就是自我的本性。是与生俱来的为善的性情，是一种圣人之性。人要通过明心见性的过程来发扬和恢复原本善良的心性，从而进入一种崇高的道德境界。

存天理，灭人欲

“存天理，灭人欲”，这一说法的提出习惯上被归于朱熹的名下，而实际上，类似的提法早有渊源，《礼记·乐记》中说：“人化物也者，灭天理而穷人欲者也，于是有悖逆诈伪之心，有淫佚作乱之事。”意思是讲，人为外物所诱惑而丧失了天理、纵容人的欲望，于是有了各种邪恶的想法和恶劣的行为。这里已将“天理”和“人欲”相对立，“天理”，也就是孟子所说的人的与生俱来仁、义、礼、智等良知，而“人欲”则是对“天理”的违背，是为所欲为的不善之举。程颐说：“人心私欲，故危殆。道心天理，故精微。灭私欲则天理明矣。”这也是将“人欲”和“天理”相对立的表述，说的也就是“存天理，灭人欲”。朱熹传承了这种思想，说道：“孔子所谓‘克己复礼’，《中庸》所谓‘致中和’，‘尊德性’，‘道问学’，《大学》所谓‘明明德’，《书》曰‘人心惟危，道心惟微，惟精惟一，允执厥中’，圣贤千言万语，只是教人明天理，灭人欲。”朱熹实际上并非“存天理，灭人欲”的首倡者，但是他将此看作是儒家思想的精髓之所在，并且对其进行了详细的阐发，极大地提高了这一观念的影响力。值得注意的是，朱熹并非是一概反对人的任何欲望，他所说的“人欲”是指那些超出了正当要求以及违反了社会规范的欲望，是属于“非分之想”一类的欲求，只是后来人们脱离了具体的语境对字面的含义发生了误解，因而严厉地抨击朱熹对于人欲的否定。事实上，朱熹的这种倡导之于纷杂混乱的社会实际乃及乱世之中人的行为操守也并非是毫无积极意义的，但不可否认的是，朱熹的这种表述对后来的社会思想产生了很为不良的影响，以致出现了“以理杀人”的现象。“存天理，灭人欲”的错谬的根本之处不在于对“人欲”的否定，而在于将“天理”和“人欲”相对立，使“理”和“欲”之间不是相和谐的关系，而是此生彼灭的相冲突的关系。

陈朱之辩

南宋孝宗淳熙十一年（1184 年）开始，陈亮与朱熹之间关于义利、王霸问题以书信往来的方式进行了持续 3 年之久的思想辩论，在历史上被称为“陈朱之辩”。南宋初年，理学急剧发展，但是理学的空疏之风引起了一些思想家的反感，陈亮意识到理学所影响的已不仅仅是学术风气，而且也造成了政治上的保守气氛，因此对理学极为憎恶，将其视为关系到宋朝恢复大业的一个重要的不利影响，并且将批判的矛头直接指向理学的代表人物朱熹。陈亮与朱熹争论的焦点是义利问题和王霸问题，朱熹看重行为的动机是否符合道德，以此来分析义和利、王和霸，否定陈亮所提出的“义利双行，王霸并用”的主张；而陈亮则重视行为的实际效果，试图将义和利、王和霸统一起来，后来发展为独树一帜的功利主义思想体系。

知行合一

“知行合一”是王守仁的哲学观念，明武宗正德三年（1508 年），王守仁在贵阳文明书院讲学时首次提出“知行合一”的说法。王守仁所讲的“知行合一”，指的并不是实践与认识相符合的含义，这里的“知”，是一种良知，也就是指人的道德意识和思想理念，而“行”，是指人的道德践履。王守仁指出，“知”与“行”二者之间，互为表里，不可分离，知必然要表现为行，不行不能算真知。而良知，无不行，自觉的行，也就是知。在王守仁看来，知决定着行，道德意识是人之行为的指导思想，按照道德的要求去行动就是达到良知的工夫，在道德指导下产生的良知是行为的开始，符合道德要求的行为则是良知的完成。

王守仁格竹

王守仁早年笃信朱熹的学说，曾对朱熹“格物致知，即物穷理”的方法付诸实践，去“格”亭子前面的竹子，也就是对着竹子进行观察，结果苦思竭虑，坚持了7天，竹子之理没有“格”出来，自己反而病倒了。王守仁当时以为这是由于自己没有做圣贤的能力，之后方才明白，“天下之物本无可格者，其格物之功，只在身心上做”，这就是“王守仁格竹”的故事。王守仁在《传习录》下卷中讲述了自己格竹的这件事，意在表明朱熹“格物致知”的理论是错误的，进而阐述了自己“致良知”的心学理论，认为求知明理的方法当是面向自我的内心，发扬自己本心的良知，将之推广到身外的万事万物。

墨竹图　元　柯九思

经世致用思潮

经世致用思潮，是清代初年由顾炎武、王夫之、黄宗羲等知名学者的提倡而掀起的一股思想潮流。经世致用，就是说要将学术理论同社会实践结合起来，运用自身所掌握的理论知识积极地致力于解决现实社会中的各种问题。南宋时期，吕祖谦、叶适、陈亮等思想家就提倡经世致用，反对当时的理学家只谈心性命理的空疏之学。清朝初年，由于明朝灭亡、清军入关的沉重打击，理学的统治地位被强烈地撼动，一批有识之士深切地感受到明朝空疏不实的学风对国家所造成的巨大灾难，因而积极提倡经世致用的真学问和以实为宗的新学风。他们以社会问题为中心，在救世济时的思想指导下，提出了解决当时社会问题的各种方案：在政治上，猛烈地批判封建专制制度，揭露专制君主的罪恶，提出了一些带有初步民主启蒙因素的主张，如黄宗羲的“公其是非于学校”、顾炎武的“庶民干政”的主张等；在经济上，针对封建的土地兼并，提出了解决土地问题的各种办法，这些办法都贯穿着“均田”的精神，表现出对农民问题的关心和同情；在教育上，激烈地批判束缚思想的科举制度和八股文，要求注重学校教育，从而培养出真正有学问有实际能力的有用人才……由于这些杰出思想家的积极号召和清朝初年特殊的社会与政治环境，一股经世致用的思想潮流应时而起。

道 家

老子之道

飞升图

“道”，是老子思想理论体系的基础，是一个本原性的最高的哲学范畴，既是世界的本体，又是万物运行的根本规律。《老子》第二十五章讲：“有物混成，先天地生。寂兮寥兮，独立而不改，周行而不殆，可以为天地母。吾不知其名，强字之曰道，强为之名曰大。”这段话是说，有一个浑然一体的东西，它先于天地而存在，又独一无二；它永远不依靠外在的力量，周流运行，永不停歇，因此，它可以看作是天地产生的根本。由于不知道它应该叫作什么名字，姑且给它起个名字叫作“道”，勉强再给它起个名字叫作“大”。老子又说，它统率着一切，主导着万事万物的发展，可是它做的这些又看不见，所以称之为“逝”；它运行不息，遐而无所不及，又须臾不离开万物，因此称之为“远”；而它运行不息，伸展遥远又返回本原，因而称之为“反”。“大”、“逝”、“远”、“反”，是老子对“道”所具有的各种品性的表述。“大”，说的是“道”涵盖一切，至高至上；“逝”，说的是“道”神妙莫测，不可见其形；“远”，说的是“道”运行不息，无时不存，亦无处不在；“反”，说的是“道”所具有的万物归宗的本原性。

道生一，一生二，二生三，三生万物

“道生一，一生二，二生三，三生万物”，语出《老子》第四十一章：“天下万物生于有，有生于无。道生一，一生二，二生三，三生万物。”这段话讲述的是，天下万物来源于有，有则来源于无，这就是“无中生有”的道理。根据这个道理，最早的那个“有”必定是从“无”中而来的，而这个原初的“无”，也就是“道”，所以说“道生一”；而一旦有了第一个“有”，那么这第一个“有”就会产生第二个“有”，这就叫作“一生二”；接着，有了第一个“有”和第二个“有”的出现，第三个“有”也就会产生出来，即“二生三”；以此类推，继之以无穷，则万物化生，也就是“三生万物”。老子这段话讲的是“道”的本源性和万物由来的原理。

天地不仁

“天地不仁”，语出《老子》第五章：“天地不仁，以万物为刍狗；圣人不仁，以百姓为刍狗。”这话的意思是，天地是没有“仁”这个概念的，对待万物全都是一样的，全都像对待刍狗（祭祀时用草扎成的狗）那样来敬奉；圣明的君主也是没有“仁”这个概念的，对待百姓也都是很敬重的。“天地不仁”，是说天地无所偏向，在天地看来，万物都是一样的，没什么区别，这是一种反“仁”的思想。老子之所以反对仁，是因为仁体现出人的一种主观的倾向，人如果有了仁与非仁的观念，对待外物和处理事情的时候就会融入主观的情感，因而就会偏离自然的规律，这其实与老子“无为而治”的思想是一贯的。

柔弱胜刚强

“柔弱胜刚强”，是老子所持的思想观念，语出《老子》第三十六章：“将欲歙之，必固张之；将欲弱之，必固强之；将欲废之，必固举之；将欲夺之，必固与之。是谓微明，柔弱胜刚强。”老子讲的歙、张，弱、强，废、举，夺、与等，都是从反面取之的策略，也就是欲擒而故纵，体现出鲜明的辩证色彩，而“柔弱胜刚强”可以说是老子的这一思想的集中代表。《老子》第七十八章说：“天下至柔，莫过于水。而攻坚强者，莫之能胜。其无以易之。弱之胜强，柔之胜刚，天下莫不知，莫能行。”老子所提出的“处下”、“不争”、“不敢为天下先”等主张，体现的思想内涵也都是柔弱胜刚强。以弱胜强，以柔克刚，可以说是老子思想中最为独到和深刻的。

无为而治

“无为而治”，是道家的基本思想，首先是由老子提出来的。老子认为天地万物都是由道化生的，而且天地万物的运动变化也都遵循着道的规律，而道所遵循的又是自然的规律，也就是“道法自然”。既然道以自然为本，那么对待事物就应该顺其自然，无为而治，让事物按照自身的必然性自由地发展，使其处于符合道的自然状态，不对

田间耕作符合自然规律。

它横加干涉，不以有为影响事物的自然进程，只有这样，事物才能正常地存在和健康地发展。老子说："是以圣人处无为之事，行不言之教。""上德无为，而无以为；下德有为，而有以为。""为学日益，为道日损，损之又损，以至于无为。无为而无不为。"这些讲的都是"无为而治"的好处。当然，所谓"无为"，并不是一无所为，不是说什么都不做，而是不妄为，不随意而为，不行违反自然规律之为。

治大国若烹小鲜

"治大国若烹小鲜"，语出《老子》第六十章，意思是治理大国就如同烹制美味的小鱼一样，这是老子所崇尚的治国方法。据说上古时期的贤君汤曾向伊尹询问治国的主张，伊尹用这样的比喻来说明："做菜既不能太咸，也不能太淡，要调好作料才行；治国就如同烹饪，既不能操之过急，也不能松弛懈怠，只有恰到好处，才能把事情办好。"老子取用了伊尹的这个说法来表达自己的政治方略，强调治理国家要依照规律循序行事，一切有条不紊，长此以往，国家必定和谐而昌盛。

绝圣去智

"绝圣去智"，语出《老子》第十九章："绝圣去智，民利百倍；绝仁弃义，民复孝慈；绝巧弃利，盗贼无有。此三者，以为文不足，故令有所属：见素抱朴，少私寡欲，绝学无忧。"这段话所表达的意思是，统治者要放弃过分睿智的做法，而应该采用无为的方法来治理国家和管理社会，这样人民就会获得更多的利益；放弃仁义道德这些说教，这样人民就会恢复孝慈的天性；抛弃巧诈和货利，这样盗贼自然也就没有了。这三者作为治理社会的法则是不够的，还要令人民的思想有所归属，要大家做到纯洁朴实，减少私欲杂念，抛弃虚浮的礼法，如此一来就没有什么可忧虑的了。总而言之，这是老子对自己所主张的"无为而治"思想的具体阐释。

小国寡民

小国寡民反映了追求人民世代安居乐业的美好愿望。

"小国寡民"出自《老子》第八十章："小国寡民，使民有什佰之器而不用，使民重死而不远徙。虽有舟舆，无所乘之；虽有甲兵，无所陈之，使民复结绳而用之。至治之极，甘其食，美其服，安其居，乐其俗。邻国相望，鸡犬之声相闻，民至老死不相往来。""小国寡民"是老子对自己的社会理想所作的阐述，这种社会生活状态，颇有桃花源式的意境，也是一种只能形诸书面的空想，无论在既往，还是在未来，都是不可能出现的情形。有人批判老子的这种思想表现的是一种后退的意识，而其实这是老子有感于当时社会纷争扰攘的混乱局面所提出的一种以寡欲思想出发的、人民世代安居乐业的美好愿望，不宜过分地奢求和妄评。

民不畏死

"民不畏死"出自《老子》第七十四章："民不畏死，奈何以死惧之？若使民常畏死，而为奇者，吾得执而杀之，孰敢？向使民常畏死，常有司杀者杀。夫代司杀者杀，是谓代大匠斫，夫代大匠斫者，希有不伤其手矣。"这段话的意思是，民众不畏惧死亡，又怎能用死亡来威吓他们呢？如果民众一贯都畏惧死亡，那么对个别的胆敢胡作非为的人我们抓来杀掉，还有谁敢妄动呢？就算民众一贯都畏惧死亡，那也应该由专司诛杀的人去杀。代替专司诛杀的人去杀，就像代替高明的木匠去砍伐一样。而代替高明的木匠去砍伐，很少有不会伤到手的。老子在此提倡的是一种慎用刑法的施政观念。这段话反复谈论着民众是否畏惧死亡的问题，民众到底畏不畏惧死亡呢？很显然，恋生恶死是人的一种本能（也是一切生物的本能，人也不例外），但是人不畏惧死亡的情况也是存在的。孟子曾言"所恶有甚于死者，故死有所不避也"，人之所以连死亡都不怕了，是因为有比死亡让人所更不能够容忍的。对于民众来讲，统治者的过分昏庸和残暴就是比死亡都更不能忍受的事情，是谓"苛政猛于虎也"。在这种情况下，再用死亡来威慑民众也是没有效力的了，刑法即使再过严厉，都不能制服民众了，陈胜吴广在准备起义时所说的"今亡亦死，举大计亦死，等死，死国可乎"表明的也是这个道理。老子的论说是在劝诫统治者治理国家应当依靠政治的清明有序，而不可以依靠严刑峻法，使用酷刑要有章可循，谨慎从事，这样才可以令刑罚起到威慑的作用，才有利于国家的长治久安。

祸福相倚

“祸福相倚”，语出《老子》第五十八章：“祸兮福之所倚，福兮祸之所伏。”祸福相倚表达的是祸与福相互依赖，相互转化的辩证观念，《淮南子·人间训》中记载的“塞翁失马，焉知非福”的典故就是对祸福相倚的具体而生动的说明。祸福相倚，告诫的是人们在面对幸福之时，不可盲目乐观，应当要敏感地意识到眼下的好景中可能存在的背反因素；面对灾祸之时，也不要盲目地悲观，应当在不幸之中看到幸运的一面，要在不利之中提取出有利的因素，使事情的发展向着对自己有益的方向转化。居安思危、有备无患等行事的法则，其思想依据也就是祸与福之间的互有依存又相为转变的关系。

上善若水

“上善若水”，语出《老子》第八章：“上善若水。水善利万物，而不争；居众人之所恶，故几于道。居善地，心善渊，与善仁，言善信，政善治，事善能，动善时。夫唯不争，故无尤。”老子用水的特点来表达至善的人的品性，水具有两大优点，即“善利万物”和“不争”，而这两个方面又是统一的。因其“不争”，才可“善利万物”；而“善利万物”的一种基本的表现就是“不争”。老子指出，正是由于不争，

水，善利万物。

才会没有什么过错，在老子看来，这是一种接近于道的品性。

慎始慎终

“慎始慎终”，指做事情从开始到结束都非常谨慎，语出《老子》第六十四章：“慎终如始，则无败事。”这一章对慎始慎终的道理进行了较为完整而详细的表述，老子讲：“其安易持，其未兆易谋。其脆易泮，其微易散。为之于未有，治之于未乱。”情况安定时，容易把握；事情尚无迹象时，容易图谋。事物脆弱时容易化解，事物微细时容易消散。要在事情尚未发生时就处理好，要在祸乱尚未出现时就控制住。老子接着说：“合抱之木，生于毫末；九层之台，起于累土；千里之行，始于足下。”并且指出：“民之从事，常于几成而败之。”“为山九仞，功亏一篑”，《诗经・大雅・荡》中所说的“靡不有初，鲜克有终”说的都是同样的道理。

功成身退

“功成身退”，语出《老子》第九章：“持而盈之，不如其已；揣而锐之，不可长保。金玉满堂，莫之能守；富贵而骄，自遗其咎。功成名遂身退，天之道。”“功成身退”说的是大功告成之后，自行隐退，而不再贪恋名位，这是合于天道的做法。《庄子・天运》中有这样的话：“以富为是者，不能让禄；以显为是者，不能让名。亲权者，不能与人柄，操之则栗，舍之则悲，而一无所鉴，以窥其所不休者，是天之戮民也。”一味贪图而不知休止的人是要遭受上天的刑戮的。“飞鸟尽，良弓藏；狡兔死，走狗烹”，说的就是这个道理。勾践灭吴之后，范蠡与文种的不同结局就是一个典型的事例。

庄子的齐物论

“齐物论”是庄子的一种哲学思想，也是《庄子》一书中一篇文章的名字。关于“齐物论”的解读，基本上有两种，一种解为“齐物”之论，一种解为“齐”之“物论”。按照前一种理解，“齐物论”讲的是对万物的齐一；而按照后一种理解，“齐物论”讲的就是对于各种看待事物之观点的齐一。其实这两种理解是有着相通的一面的，虽然前一种说法的重点是齐“物”，而后一种说法的重点是齐“论”，但是这种“论”也是“物之论”，可以说是间接地齐“物”。庄子在《齐物论》中提出了“吾丧我”这一著名的表述，“吾丧我”，说的就是自己忘掉了自己，准确地讲，是自己的心神忘却了自己的形体，这是“天地与我并生，而万物与我为一”的物我皆忘的精神状态，也就是一种齐一的超然境界。庄子说：“忘年忘义，振于无竟，故寓诸无竟。”意思是忘掉死生，忘掉是非，到达无穷无尽的境界，因此圣人总把自己寄托于无穷无尽的境域之中。这就是对“吾丧我”的一种讲解。庄子还讲述了自己梦蝶的故事，说道：“不知周之梦为胡蝶与，胡蝶之梦为周与？周与胡蝶，则必有分矣。此之谓物化。”物化，也就是物我之间的交合变化，因为这种变化，而万物之间浑然为一，是故“众人役役，圣人愚，参万岁而一成纯，万物尽然，而以是相蕴”。众人总是一心忙于去争辩是非，圣人却好像十分愚昧无所觉察，糅合古往今来多少变异、沉浮，自身却浑然而一不为纷杂错异所困扰，万物全都是这样，而且因为这个缘故相互蕴积于浑朴而又精纯的状态之中。

逍遥游

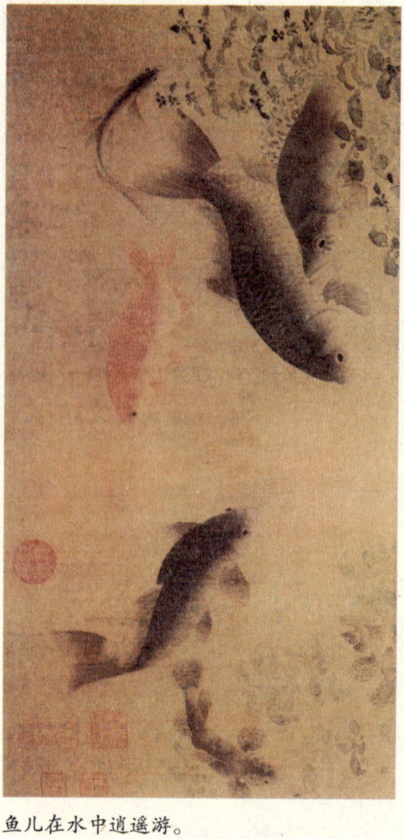

鱼儿在水中逍遥游。

“逍遥游”，是一种没有任何束缚而自由自在的生命状态，是一种“乘天地之正，而御六气之辩，以游无穷”的高渺境界，是一种“肌肤若冰雪，绰约若处子，不食五谷，吸风饮露，乘云气，御飞龙，而游乎四海之外”的仙人之姿，是庄子所崇尚的一种绝对自由的精神修养。《逍遥游》一篇集中地表现了庄子的这一思想理念。这篇文章一开始就进行了这样的表述：“北冥有鱼，其名为鲲，鲲之大，不知其几千里也；化而为鸟，其名为鹏，鹏之背，不知其几千里也，怒而飞，其翼若垂天之云。是鸟也，海运则将徙于南冥。南冥者，天池也。”这是一种非常之恢宏深远的景象和境界。庄子在进行了一番异常生动的形象描绘后，将逍遥游的精神实质归结为：“至人无己，神人无功，圣人无名。”这是讲道德修养高尚的“至人”能够达到忘我的境界，精神世界完全超脱物外的“神人”心目中没有事业和功名，思想修养臻于完美的“圣人”从不去追求名誉和地位，只有做到了如此，才可为逍遥之游。

庄子鼓盆而歌

庄子鼓盆而歌，典出《庄子·至乐》：“庄子妻死，惠子吊之，庄子则方箕踞鼓盆而歌。惠子曰：‘与人居，长子老身，死不哭亦足矣，又鼓盆而歌，不亦甚乎！’”庄子的妻子死了，惠子前往吊唁，却见到庄子像簸箕似的坐在地上一边敲着盆子一边唱歌，惠子感到很不解，责问庄子说："你的夫人跟你一同生活了这么多年，为你养育子女，操持家务，现在她不幸去世，你不伤心流泪也就罢了，竟然还敲着盆子唱歌，这岂不是太过分了吗！"庄子回答惠子说："不是这样的。当她刚刚死去的时候，我自己何尝不是很难过啊！可是细细想来，她最初是没有生命的，不仅没有生命，而且也没有形体，不仅没有形体，而且也没有气息。在若有若无、恍恍惚惚之间，变化而产生气息，又经过变化而产生形体，再经过变化而产生生命，如今又变而死去，这种变化就像春夏秋冬四季那样运行不止。现在她静静地安息在天地之间，而我却还要号啕大哭，不是太不通达于命运了吗，所以才止而不哭了。"庄子鼓盆而歌的行为，并非是不为妻子的死去而悲伤，而是对于人的生死持一种通达的态度，这是"天人合一"的思想在人的生死观上的具体表现。庄子的这种思想对后世的影响极为深远，苏轼在《赤壁赋》中说："逝者如斯，而未尝往也。盈虚者如彼，而卒莫消长也。盖将自其变者而观之，则天地曾不能以一瞬；自其不变者而观之，则物与我皆无尽也，而又何羡乎？"表达的也是庄子所怀有的那种对于生死的达观态度。

螳螂捕蝉

"螳螂捕蝉"，典出《庄子·山木》："睹一蝉，方得美荫而忘其身，螳螂执翳而搏之，见得而忘其形；异鹊从而利之，见利而忘其真。"另可见于西汉刘向编撰的《说苑》中的《正谏》一篇："园中有树，其上有蝉。蝉高居悲鸣饮露，不知螳螂在其后也；螳螂委身曲附欲取蝉，而不知黄雀在其傍也；黄雀延颈要啄螳螂，而不知弹丸在其下也。此三者皆务欲得其前利，而不顾其后之有患也。"这种情形被人概括地称为"螳螂捕蝉，黄雀在后"，常常以"螳螂捕蝉"来简称。比喻只顾眼前的利益而忽略背后的危险的盲目做法，经常被用来劝导人们要有全局观念，处理事情的时候不可只看一面，尤其不可为眼前的利益所迷惑而对潜伏的祸患失去警惕。

螳螂捕蝉，黄雀在后。

浑沌之死

"浑沌之死"典出《庄子·应帝王》："南海之帝为倏，北海之帝为忽，中央之帝为浑沌。倏与忽时相与遇于浑沌之地，浑沌待之甚善。倏与忽谋报浑沌之德，曰：'人皆有七窍以视听食息，此独无有，尝试凿之。'日凿一窍，七日而浑沌死。"

浑沌是怎么死的呢？是因为被儵与忽日凿一窍而致死的。庄子借此要表达的是什么呢？《应帝王》这一篇是表述庄子的政治主张的，庄子在这篇文章中讲了 7 个故事，“浑沌之死”是其中之一，这 7 个故事所共同表达的政治思想就是“无为而治”。在这则故事中，儵、忽和浑沌这 3 个人名是带有寓言性质的，儵、忽具有短暂的含义，而浑沌则意味着自然淳朴的状态，儵与忽的做法象征着人为之政，而这种政治方法只能够起到短暂的效果，不是长久的计策，儵与忽按照自认为理所当然的想法为浑沌开凿七窍，用意虽好，结果却不佳，造成了浑沌的死，这象征着那种原初的自然淳朴的社会状态的被破坏。浑沌虽然没有七窍，但是活得好好的，可是儵与忽却偏偏认为浑沌应当有七窍，于是强而为之，这样做所得到的客观效果只能是与主观愿望恰恰相反，浑沌有了七窍，却失去了生命。为政者如果不顺应社会本然的运行规律而从自己的主观理想出发来对社会进行许多人为的干预，那么收效一定是很糟糕的。

材与不材之间

“材与不材之间”，语出《庄子·山木》：“周将处乎材与不材之间。材与不材之间，似之而非也，故未免乎累。”一次，庄子在山中行走的时候看见一棵大树枝叶十分茂盛，可是伐树的人却停留在旁边而不去砍伐它。庄子问为什么不去砍这棵大树呢，伐树的人说：“这树没有什么用处。”庄子于是感慨地说：“这棵树就是因为不成材而能够终享天年啊！”庄子走出山来，留宿在朋友家中。朋友叫童仆杀鹅来款待他。童仆问主人：“一只能叫，一只不能叫，请问杀哪一只呢？”主人说：“杀那只不能叫的。”第二天，弟子问庄子：“昨天遇见山中的大树，因为不成材而能终享天年，可是主人的鹅，却因为不成材而被杀掉，先生你将怎样来对待呢？”庄子说：“我庄周将处于成材与不成材之间。”庄子的这种观点表达的是为人处世要把握好一种分寸，做到应时而顺变，不可拘泥于一方，应当力求达到这样一种境界：“与时俱化，而无肯专为，一上一下，以和为量，浮游乎万物之祖，物物而不物于物。”人要通过这种随顺的处世原则来过一种悠然自得的生活，役使外物却不为外物所役。

忘适之适

“忘适之适”，语出《庄子·达生》：“忘足，屦之适也；忘要，带之适也；知忘是非，心之适也；不内变，不外从，事会之适也。始乎适而未尝不适者，忘适之适也。”这段话讲的是，忘掉了脚，便是鞋子的舒适；忘掉了腰，便是带子的舒适；知道忘掉是非，便是内心的安适；不改变内心的持守，不顺从外物的影响，便是遇事的安适。本性常为安适而从未有过不适，也就是忘掉了安适的安适。所谓“忘适之适”，就是

仙人图

连“适”本身都忘掉了，这是一种抛弃了所有的拘累和牵系的极度放松的心理状态，是一种与天地为一的精神境界，也是庄子所提倡的从意识层面到潜意识层面将一切都清除了的“心斋”、“坐忘”等人生修炼方法的一种表现。

白驹过隙

“白驹过隙”，语出《庄子·知北游》：“人生天地之间，若白驹之过隙，忽然而已。”人生于天地之间，就像骏马穿过一个狭窄的通道，瞬间而过罢了。“白驹过隙”，后来就被用作形容时间过得极快，而人生极为短暂。庄子在此使用这个比喻是用来讲述人在面对倏忽短暂的生命时所应秉持的达观态度。在庄子看来，世界的万物，自然而然地，全都蓬勃而生；又自然而然地，全都顺应变化而死。业已变化而生长于世间的，又会变化而死去，还在生活着的为之哀叹，人们为之感到悲悯。可是人的死亡，只是解脱了自然的束缚，毁坏了自然的约束，人的魂魄随死亡而消逝，接下来身形也将随之而去，这就是最终对道的归向。不具有形体因变化而为有了形体，具有形体再经变化而形体消失，这是人们所都知道的，那么人们为什么不能因此而对生命看得通达呢？

庖丁解牛与养生

“庖丁解牛”，典出《庄子·养生主》：“庖丁为文惠君解牛，手之所触，肩之所倚，足之所履，膝之所踦，砉然响然，奏刀騞然，莫不中音。合于《桑林》之舞，乃中《经首》之会。”这段话是讲，有一个名叫丁的厨师替梁惠王宰牛，手所接触的地方，肩所靠着的地方，脚所踩着的地方，膝所顶着的地方，都发出皮骨相离声，进刀时发出的响声，这些声音没有不合乎音律的。它合乎《桑林》舞乐的节拍，又合乎《经首》乐曲的节奏。后来，“庖丁解牛”就作为一个成语用来形容经过反复的实践，掌握了事物的客观规律，做事得心应手、运用自如的情形。梁惠王对庖丁精湛的技艺十分惊叹，庖丁却对梁惠王说：“臣之所好者道也，进乎技矣。”也就是说，自己所看重

解牛要按照牛的身体结构动刀。

的是自然的规律，这已经超过了对宰牛技艺的追求。然后，庖丁向梁惠王讲述了自己多年宰牛的经历感受，由最初的眼里只有一头牛，到后来对牛的肌体结构十分精通，以至于达到了“彼节者有间，而刀刃者无厚，以无厚入有间，恢恢乎其于游刃必有余地矣”的高超境地。梁惠王听后感慨说自己学习到了养生之道。庖丁讲的是解牛，梁惠王却体悟到了养生，两者看似不相及，但是在对自然规律的认识和运用这一点上却是相通的，也就是庖丁说的“所好者道也”，“道”这个原理是普适于万事万物的。

只可意会

“只可意会”，语出《庄子·天道》：“世之所贵道者，书也。书不过语，语有贵也。语之所贵者，意也，意有所随。意之所随者，不可以言传也，而世因贵言传书。”“只可意会”常常与“不可言传”连用，用以形容只能用心去仔细地揣摩体会，而无法用语言具体地传达出来的微妙的道理。这一成语所要阐说的是，意蕴之妙，在乎一心，如果能够用语言来讲述出来的，那就不会是精妙的道理，而精妙的道理一旦用语言表述出来，也一定不是原来的模样了。《庄子·天道》中还讲述了一个轮扁斫轮的故事，轮扁用自己斫轮的实践体会指出，书上所记载的圣人之言，尽是古人之糟粕矣。当然这不是说书不好，也不是说圣人之言毫无意义，而是说一个人内心的那种精微的体验，是无法通过语言来传达，从而令他人也亲切地感知得到的，这并不是否认知识的可传承性，而是讲道理的精髓之处是必须自己通过亲身实践和用心领悟才可以真正有所认识和掌握的，才能真正地领会其中的奥妙，这不是仅靠语言的传达就可以实现的。

外化而内不化

“外化而内不化”，语出《庄子·知北游》：“仲尼曰：‘古之人，外化而内不化，今之人，内化而外不化。与物化者，一不化者也。安化安不化，安与之相靡，必与之莫多。’”这段话的意思是，孔子说：“古时候的人，外能够适应环境的变化而内却坚持操守，现在的人，内不能够持守而在外又不能适应环境的变化。随外物变化的人，内心必然是纯一坚定而不离散游移。对于变化与不变化都能安然听任，安闲自得地与外在环境相顺应，必然会与外物一道变化而不有所偏移。”这是庄子假托孔子之口表述的人生理念。所谓“外化”，就是对于外在的社会环境要通达顺应，否则将无法在社会中安身立命；所谓“内不化”，就是不要受变化万千的外部世界的影响，而要在内心有所坚持，否则将被纷繁复杂的外在世界所左右，从而丧失自我。“外化而内不化”是说，生存可以随遇而安，但是生命要有所坚持，既要随顺，又要固我，这是一种超达而坚贞的人生观。

庄周梦蝶

“庄周梦蝶”，典出《庄子·齐物论》：“昔者庄周梦为胡蝶，栩栩然胡蝶也，自喻适志与！不知周也。俄然觉，则蘧蘧然周也。不知周之梦为胡蝶与，胡蝶之梦为周与？周与胡蝶则必有分矣，此之谓物化。”这段话讲述的意思是：有一天，庄周梦见自己变成了蝴蝶，一只翩翩飞舞着的蝴蝶，自己感到非常快乐，悠然得意，而不知道自己是庄周。一会儿梦醒了，惊惶不定之间却发现自己是庄周。不知是庄周做梦变成了蝴蝶呢，还是蝴蝶做梦变成了庄周呢？庄周与蝴蝶必定是有区别的，这就是物与我的交合与变化。《齐物论》是庄子阐述齐物思想的名篇，所谓“齐物”者，说的是世界万物包括人的品性，看起来是千差万别的，然而归根结底却又是齐一的，是相对而同一的。“庄周梦蝶”是庄子提出的关于齐物思想的一个重要的哲学观点，这种观点认为人不能够确切地区分真实和虚幻，万物亦真亦幻，相对而互化。在一般人看来，一个人在醒时的所见所感是真实的，梦境是幻觉，是不真实的，庄子却以为不然。醒

庄生梦蝶图　元　佚名

此图取材于“庄周梦蝶”的典故，画家将此场景置于炎夏树荫。童子倚树而眠，庄周袒胸卧木榻，鼾声正浓，笔法细利削劲，晕染有致。

是一种境界，梦是另一种境界，二者是不相同的；庄周是庄周，蝴蝶是蝴蝶，二者也是不相同的，但是在庄子看来，这些都只是一种现象，是“道”之运动中的一种形态、一个阶段而已，既相分离而又互为交合的。17世纪法国哲学家笛卡尔在《形而上学的沉思》中阐述了这样的观点：人通过自己的意识感知世界，世界万物都是间接被感知的，因此外部世界有可能是真实的也有可能是虚假的。这就是怀疑论的思想基础和理论前提。“庄周梦蝶”这一典故所寓含的哲学意义与笛卡尔的这段话有着相通之处。

井底之蛙与东海之鳖

“井底之蛙与东海之鳖”，典出《庄子·秋水》：“子独不闻夫坎井之蛙乎？谓东海之鳖曰：‘吾乐与！出跳梁乎井干之上，入休乎缺甃之崖；赴水则接腋持颐，蹶泥则没足灭跗；还虷蟹与蝌蚪，莫吾能若也！且夫擅一壑之水，而跨跱坎井之乐，此亦至矣。夫子奚不时来入观乎？’东海之鳖左足未入，而右膝已絷矣，于是逡巡而却，告之海曰：‘夫千里之远，不足以举其大；千仞之高，不足以极其深。禹之时十年九潦，而水弗为加益；汤之时八年七旱，而崖不为加损。夫不为顷久推移，不以多少进退者，此亦东海之大乐也。’于是坎井之蛙闻之，适适然惊，规规然自失也。”这段话译成白话文是：“你不曾听说过那井里的青蛙吗？青蛙对东海里的鳖说：‘我真是快乐啊！跳跃玩耍于井口栏杆之上，进到井里便在井壁砖块破损之处休息。跳入水中井水漫入腋下并且托起我的下巴，踏入泥里泥水就盖住了我的脚背，回过头来看看水中的那些赤虫、小蟹和蝌蚪，没有谁能像我这样快乐的！再说我独占一坑之水、盘踞一口井的快乐，这也是极其称心如意的了。你怎么不随时来井里看看呢？’东海之鳖左脚还未能跨入井，右膝就已经被绊住。于是迟疑了一阵子之后又把脚退了出来，把大海的情况告诉给井里的青蛙，说：‘千里的遥远，不足以称述它的大；千仞的高旷，不足以探究它的深。禹的时代十年里有九年水涝，可是海水不会因此而增多；汤的时代八年里有七年大旱，可是岸边的水位不会因此而下降。东海不因为时间的短暂与长久而有所改变，不因为雨量的多少而有所增减，这就是东海最大的快乐。’井里的青蛙听了这番话，一时惊惶不安，茫然不知所措。”这段话是魏牟对公孙龙说的，谈话的背景是，公孙龙自恃才学出众，能够达到“然不然，可不可；困百家之知，穷众口之辩”的水平，可是听到了庄子的言谈，却感到十分的茫然，不知道自己是哪里赶不上庄子，于是向魏牟求问。魏牟在解答公孙龙的问题之前先做了一番如此的比喻，意思是讲，你公孙龙比起庄子来，那点儿学问和见识就像坎井之蛙所知道的一口井那么小，而庄子的境界却像东海那样恢宏远廓，你怎么能够同庄子相比呢。这就是井底之蛙与东海之鳖的典故，后世常引用此语来比喻那些见识浅狭却不自知、忘乎所以的人。

濠梁观鱼之乐

"濠梁观鱼之乐"，典出《庄子·秋水》：庄子与惠子游于濠梁之上。庄子曰："鯈鱼出游从容，是鱼之乐也！"惠子曰："子非鱼，安知鱼之乐？"庄子曰："子非我，安知我不知鱼之乐？"惠子曰："我非子，固不知子矣；子固非鱼也，子之不知鱼之乐，全矣。"庄子曰："请循其本。子曰'汝安知鱼乐'云者，既已知吾知之而问我。我知之濠上也。"这段话的大意是，庄子与惠子在濠水的桥上游览，庄子说："鱼在水里从容自在地游玩，是多么快乐啊！"惠子听了不以为然，说："你又不是鱼，怎么会知道鱼的快乐呢？"庄子反驳说："你又不是我，怎么会知道我不知道呢？"惠子说："我不是你，当然不知道你；可你也不是鱼啊，这也是完全可以肯定的。"庄子又说："让我们把话从头说起。你说'你怎么会知道鱼的快乐'那样的话，是已经知道我已经知道才问我的。我告诉你我是怎么知道的，我是在濠水之上感知到的啊！""濠梁观鱼之乐"的典故体现出两方面的问题，一方面是逻辑之辨的问题，一方面是认识论的问题。在前一方面，惠子认为庄子是不能够感知到鱼的快乐的，也就是说一个主体不能够超越其本身而对另外一个主体进行感知，庄子也就以惠子的这一逻辑前提为出发点，质问惠子与他也不是同一主体，就也不知道他的所知所感，因此不可以否认他不知道鱼的快乐。其实庄子的这一辩驳带有似是而非的色彩，惠子随即也就指出了庄子的谬误之处，说自己当然不知道庄子的感受，可是同样的道理，庄子也就不会知道鱼的感受。从中可以看出，惠子所持的逻辑是一致的，就是主体之间不能够进行跨越性的感受，而庄子的逻辑则是矛盾的，他指出惠子不知道他的感受，是以一个主体不能够感知另外一个主体为前提的，而他又讲自己知道鱼的感受，这就是以一个主体可以感知另外一个主体为前提的了，所以说庄子的逻辑是矛盾的。那么，庄子接下来是怎样来应付惠子的辩驳的呢？庄子说："让我们把话从头理一下好了。"这等于是将惠子刚才的驳斥给避开了，而另选了一个话题。庄子说，惠子问自己怎么知道鱼的快乐，其话语内涵的前提是已经承认了自己知道鱼的快乐而问自己的，然后庄子进行了回答。庄子回答的是什么呢？庄子给出的回答为自己是怎么知道鱼之乐的，也就是说讲的是自己知道的方式。那么，惠子最初的问题的本意是什么呢？很显然，惠子所提的问题原本并不是像庄子所讲的那样，是先

濠梁秋水图　南宋　李唐

已经承认了庄子知道鱼之乐，而询问所知的方式，惠子问题的原貌是一个反问句，问庄子怎么知道鱼的快乐呢，实际含义说的是庄子不知道鱼的快乐，是对知鱼之乐进行否定，而不是说先肯定了知鱼之乐，然后询问庄子是如何知鱼之乐的。当然，就惠子所问的“安知鱼之乐”这句话本身，也可以像庄子所讲的那样来理解，如果那样来理解的话，那么前面庄子最初对这个问题的回答就是答非所问了。庄子对惠子的话进行否定，是因为惠子对庄子的话进行了否定，而庄子再进行反驳，如果说是惠子肯定了庄子的话，而对其中的某一不解之处进行征询，那么庄子也就谈不上进行反驳了。很显然，惠子最初的问题在庄子最后的回辩中被曲解了。而这一典故所体现的另一个方面也就是认识论的问题，惠子与庄子所争论的焦点是，一个主体是否能够认识和感知到另一个主体的情绪感受，也就是说，认识主体之间是否能够相互理解。就一般意义而言，主体与主体之间是可以进行相互感知和理解的，但是这种认识不是直接得来的，而是通过一套程式化的外在表象而得来的，在这种跨越主体的认知感受中，有一个解码的过程，就是说，一个主体在对其他的外在主体的心理感受进行认知的时候，存在着一个通过对外在主体所表现出来的具有心理意义的征象进行破译的过程，由于人与人之间享有着一套习以为常的共同的认知编码，所以这种解码的过程是自然完成的，是不需要有意为之的。然而，就极端意义而言，主体与主体之间是不能够被完全感知和理解的，异在的主体之间的认识是不能够完全合一的，“一千个读者有一千个哈姆莱特”，说的就是这个道理。当然，庄子与惠子辩论之时可能不会想到这么多的，庄子的知鱼之乐实际上可以说是一种“以我观物”的体验方式，鱼是快乐的，是因为庄子本人在看到鱼的时候自己是快乐的，所以外物也染上了自己内心的色彩，自己怀着喜悦的心情见到鱼在水中游，就说鱼也是快乐的，至于鱼是否真的快乐，庄子是无须去考究和理会的。

窃钩者诛，窃国者侯

“窃钩者诛，窃国者侯”，语出《庄子·胠箧》：“彼窃钩者诛，窃国者为诸侯，诸侯之门而仁义存焉。”这句话讲的意思是，偷窃一个钩子的人是要被诛杀的，可是盗窃了一个国家的人却做了诸侯，与偷钩子的人的区别是，诸侯是有着仁义之名的。当然，这样的仁义，显然是十分虚假的，是只说给别人听而自己并不去执行的。庄子透过社会纷繁的表象而直睹事情的真实，鲜明地揭示出统治者虚伪的面目，其力度可谓是入木三分。

法家、墨家和其他

法先王

黄帝像

"先王"最古老的代表是黄帝。

"法先王"，是儒家所崇尚的政治主张，意为效法先古的圣明君王的言行和制度。"先王"，一般指的是尧、舜、禹、汤、文王等，儒家的经典《尚书》中记载了这些先王的德政，这些先王的做法也成为后世君王的楷模。孔子"祖述尧舜，宪章文武"，孟子"言必称尧舜"，指出："规矩，方圆之至也；圣人，人伦之至也。欲为君，尽君道；欲为臣，尽臣道。二者皆法尧舜而已矣。不以舜之所以事尧事君，不敬其君者也；不以尧之所以治民，贼其民者也。"当然，儒家所谓的"法先王"，并不是说要拘泥于先王的一言一行，而是"五帝殊时，不相沿乐；三王异世，不相袭礼"。也就是说，所遵法的不是具体的形制，而是其思想精神和政治理念。"法先王"的观点对中国古代的社会思想有着非常深远的影响，形成了中国人"信古"的思想传统，历代屡屡出现的托假先贤的伪作就是一种显然的说明。

法治

"法治"，即依靠法律来治理国家，是法家的基本政治主张。儒家提倡的是"德治"和"礼治"，孔子说："道之以政，齐之以刑，民免而无耻；道之以德，齐之以礼，有耻且格。"对于人民，如果用政法来引导，用刑罚来整顿，人民虽然会免于罪过，但是没有羞耻之心；如果用道德来引导，用礼仪教训来整顿，人民就会有羞耻之心，就会在心理上归服。与其用外在的法令来约束人民，孔子更加看重于人民内在的自律的作用，认为通过道德礼教的引导，发挥人民自身的向善的精神，这才是实现政治清明有序的根本所在。法家的思想出发点则是否定人所具有的这种自律向善的品质，认为人与人之间都是依靠利益而联系的，是相互利用的关系，实现天下的治理，只能够靠外在的约束，因而提倡“法治”。我们应当看到的是，法家所倡导的“法治”，与现代的“法治”精神是有所区别的，法家虽然强调法律在国家政治中的根本作用，但是“法治”的立足点是君主专制，这种“法治”是为君主的统治服务的，制定什么样的法律，最终还是要看君主的心思，而且法律对君主并不具有约束力，所以说，法家所主张的“法治”在君主专制制度之下，只能是一种不彻底的“法治”。

公私之交，存亡之本

“公私之交，存亡之本”，意为公与私的问题关乎国家存亡的根本，语出《商君书·修权》：“公私之分明，则小人不疾贤，而不肖者不妒功。故尧舜之位天下也，非私天下之利也，为天下位天下也。论贤举能而传焉，非疏父子，亲越人也，明于治乱之道也。故三王以义亲，五霸以法正诸侯，皆非私天下之利也，为天下治天下。是故擅其名，而有其功，天下乐其政，而莫之能伤也。今乱世之君臣，区区然皆擅一国之利，而管一官之重，以便其私，此国之所以危也。故公私之交，存亡之本也。”这段话讲述的意思是：只有公私的界限分明，小人才不嫉妒贤人，无能的人才不嫉妒有功的人。尧舜治理天下，并不是独占天下的利益，乃是为了天下人而治理天下，所以选拔贤能，而且把天下传给他。尧舜并不是疏远自己的儿子，亲近外人，乃是明晓治乱的道理。三王用道义来爱护天下人，五霸用法度来纠正诸侯，都不是独占天下的利益，乃是为了天下人而治理天下。因而才能取得名誉，建立功业，天下人都喜欢他们的政治，没有人能够伤害他们。现在乱世的君臣很渺小地独占一国的利益，或掌握一官的职权，从而就追求个人的私利，这就是国家危险的原因。可见公私的分界就是国家存亡的根源。“公私之交”，之所以为“存亡之本”，是因为统治者如果持政以公，做事以公众的利益为出发点，在行为取向上以国家和人民的利益为重，那么他的统治就是有益于国家和人民的，人民就会因此而得到好处，国家也会因此而富强。反之，统治者做事全是为了满足一己的私欲，一切以自身的利益得失为裁夺，那么结果必将是足一人而寡天下，人民的利益就会受到侵害，国家也就因此日益削弱。统治者为政的利益出发点的问题，也就是为公还是为私的问题，是关系到国家之兴亡的大事。

王霸

“王”与“霸”，是孟子所归纳的依统治方法的不同而区分的君主两种类型。“王”者，指的是以仁德服人的君主，例如尧、舜、禹、汤等；“霸”者，指的是以武力服人的君主，如齐桓公、晋文公、楚庄王等。王者推行的是“王道”，霸者推行的则是“霸道”。“王道”在政治方法上的体现就是仁政，用孟子的话来讲：“夫仁政，必自经界始……死徙无出乡，乡田同井，出入相友，守望相助，疾病相扶持，则百姓亲睦。”“养生丧死无憾，王道之始也。”“谨庠序之教，申之以孝悌之义，颁白者不负戴于道路矣。老者衣帛食肉，黎民不饥不寒，然而不王者，未之有也。”孟子的仁政，是以民本思想为核心的，一方面，使人民有自己的田地和产业，在生活上有基本的保障，可以做到“养生丧死无憾”；另一方面，对人民进行礼义的教化，使得人民懂得孝悌之义，能够做到“老吾老，以及人之老；幼吾幼，以及人之幼”，如此，则必将称王于天下。霸道讲的是强力，一个国家的首要的政治问题是武力的强大，而不是百姓修睦，伸张仁义。在现实政治中，往往是霸道得天下，而王道安天下，事实上，王道与霸道也不是截然分离的，实际政治中所采取的策略常常是王霸两道相为糅合，也就是所谓“汉家自有制度，王霸道杂用之”。

法、术、势

“法”、“术”、“势”，是韩非所总结的帝王术。“法”，指的是作为国家政治之根本的法律；“术”，指的是君王统治的手段和策略；“势”，指的是君王所具有的权力和威势。韩非认真地总结了此前法家的思想，成为法家理论的集大成者，形成了一套以君王的统治为出发点，以法为本，法、术、势相辅相成的严整的政治理论体系。在韩非之前，法家人物以商鞅、申不害和慎到为代表，商鞅重视法的作用，申不害崇尚术的长处，慎到则推尊势的威力，韩非将法、术、势三者有机地结合起来。关于法，韩非提出“以法为本”、“以法为教”、“立法于君”等具有纲领性的政治主张。韩非还非常强调法的稳定性和平等性，指出：“法也者，常者也。”“法之所加，智者弗能辞，勇者弗敢争。刑过不避大臣，赏善不遗匹夫。”关于术，韩非指出：“术者，因任而授官，循名而责实，操生杀之权，课群臣之能者也，此人主之所执也。”就是说，要根据每个人的能力给他相应的官职，按照名称来考察实际内容，要求名实相符，用自己手中的生杀大权，考察臣子的才能，这是君主所掌握的。韩非认为，术是应当隐藏起来而不露于外的，这与法不同，他说：“人主之大法，非法则术也。法者，编著之图籍，设之于官府，而布之于百姓者也。术者，藏之于胸中，以偶众端，而潜御群臣者也。故法莫如显，而术不欲见。”关于势，韩非指出：“君持柄以处势，故令行禁止。柄者，杀生之治也；势者，胜众之资也。”就是说，君主掌握了权柄来处理权势，所以下达的命令就能贯彻执行。权柄，是控制臣民生死的一种法定职分；威势，是制服民众的一种资本。在论述势的重要性时，韩非指出，圣人具有尧舜那样的贤德和伯夷、叔齐那样的懿行，可是如果不依靠势，也就会无法立功成名。君王能够统治天下的首要原因并不在于其能力高强、品德出众，而是因为他拥有势而位尊权重。韩非由此提出“法势合一”的主张，声言“抱法处势则治”。依照韩非的理论，身为君主，只要将法、术、势三者加以完美地运用，则天下可运于掌。

法后王

“法后王”，是荀子首先提出的政治理念，意味取法于当今圣贤的君王。荀子说：“故人道莫不有辨。辨莫大于分，分莫大于礼，礼莫大于圣王；圣王有百，吾孰法焉？曰：文久而灭，节族久而绝，守法数之有司，极礼而褫。故曰：欲观圣王之迹，则于其粲然者矣，后王是也。”这段话的意思是，对各种事物的界限加以区别没有比确定名分更重要的了，确定名分没有比遵循礼法更重要的了，遵循礼法没有比效法圣明的帝王更重要的了。可是圣明的帝王有上百个，我们效法哪一个呢？回答是：礼仪制度因为年代久远而湮没了，音乐的节奏因为年代久远而失传了，掌管礼法条文的官吏也因与制定礼法的年代相距久远而使礼法有所脱节了。所以，要想观察圣明帝王的事迹，就得观察其中清楚明白的人物，而这样的人物就是后代的君王。“法后王”是与“法先王”相对的提法，荀子并非是反对“法先王”，而是批评只知“法先王”而不知“法后王”的观念，并且认为，“法后王”实际上也就是“法先王”，是在新的时代对先王之道的最为合宜的遵法。荀子所言的“后王”，指的是那些在时代急剧变化的历史环境中变法自强的君王，“法后王”就是要取法这些君王所施行的那些在现实政治中产生了积极有效影响的措施与方略，从而令儒家的政治理想与切实可行的制度结合起来，把外在制度的匡正作用与孔孟所倡导的自律和教化的作用结合起来，进而引导人们走向君子的人格，进而形成安定有序的社会局面。

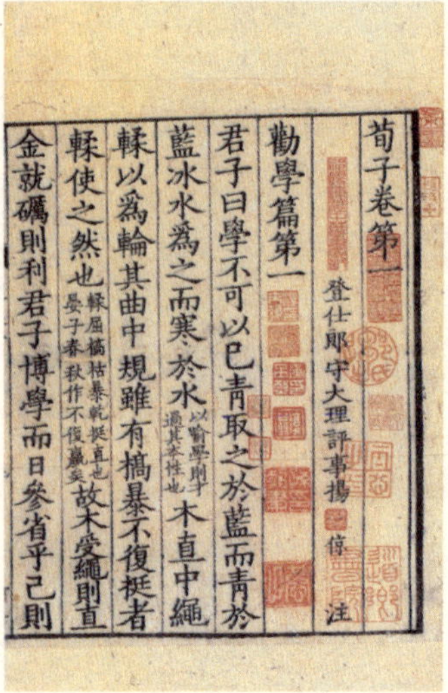
荀子卷第一
登仕郎守大理評事楊倞注
勸學篇第一
君子曰學不可以已青取之於藍而青於
藍冰水爲之而寒於水以喻學則才過其本性也木直中繩
輮以爲輪其曲中規雖有槁暴不復挺者
輮使之然也輮屈橈枯暴乾挺直也晏子春秋作不復嬴矣故木受繩則直
金就礪則利君子博學而日參省乎己則

《荀子》内页

法教

“法教”，即以法为教，是与“礼教”相对的政治理念，是韩非提出的。“明主之国，无书简之文，以法为教；无先王语，以吏为师。”治理国家应当废除礼仪道德等思想教育，而以当今的法令作为教育的基本内容；要消除以古非今的崇尚先王的言论，将先王所留下的典籍也一同毁灭，由官吏来充当教师的职责。

韩非的这种主张在秦始皇统一中国后得以付诸实施，始皇三十四年（公元前213年），秦相李斯进谏说：“臣请史官非秦纪者，皆烧之；非博士官所职，天下敢有藏

《诗》、《书》、百家语者，悉诣守尉杂烧之；有敢偶语《诗》、《书》者，弃市；以古非今者，族；吏见知不举者，与同罪；令下三十日不烧，黥为城旦；所不去者，医药、卜筮、种树之书；若欲有学法令，以吏为师。”秦始皇采纳了李斯的建议，于是有焚书坑儒之举。

“以法为教”、“以吏为师”的策略，体现出秦朝一统天下之初加强思想控制和强化中央集权的政治需要，从长远来讲，是特定历史时期的一种极端的政治提法，是一种应时而出的权宜之计。

自相矛盾

“自相矛盾”，指自己说话、做事前后抵触，典出《韩非子·难一》：“楚人有鬻盾与矛者，誉之曰：‘吾盾之坚，莫能陷也。’又誉其矛曰：‘吾矛之利，于物无不陷也。’或曰：‘以子之矛陷子之盾何如？’其人弗能应也。夫不可陷之盾与无不陷之矛，不可同世而立。”“自相矛盾”说的是一个逻辑学问题，即矛盾律的问题，矛盾律是指两个互相矛盾或互相反对的命题不能同时为真，其中至少有一个是假命题，这样，在两个互相矛盾或互相反对的命题中就不能两个都肯定，否则，就会犯“自相矛盾”的逻辑错误。矛盾律所体现的是思维的一致性和相容性。在这个故事中，卖矛和盾的楚人前后说出了两个命题，先说他的盾坚固得没有矛能够攻得破。而后又说他的矛锐利得没有盾不能够攻破，后一个命题是对前一个命题的否定，如果肯定了后者，前者就被否定了；如果肯定了前者，则后者就被否定了。换一个角度来讲，一个命题本身不可能既是真的又是假的，这个人所说的这两个命题不可能同时为真。也就是说，如果他说的前一个命题是真的，那么后一个命题就不是真的，反之亦然。

明故、辨类、是非之理

“明故”、“辨类”、“是非之理”，是墨子的逻辑学思想的重要体现，在中国古代逻辑学史上也有着重要的意义。“明故”，指的是对原因的明确；“辨类”，指的是对类属的辨别；“是非之理”，指的是对是与非的判断。“类”与“故”，在墨子的论述中是两个具有重要逻辑学意义的概念，“类”的概念把握的是事物的关联性，“故”的概念把握的是事物的因果性。墨子以“明故”出发来“辨类”，又进而定“是非之理”，体现了论说的较强的逻辑性。举一例而言：“圣人以治天下为事者也，必察乱之所自起，焉能治之，不察乱之所自起，则不能治。譬之如医之攻人之疾者然，必知疾之所自起，焉能攻之；不知疾之所自起，则弗能攻……圣人……当察乱何自起……臣子之不孝君父，所谓乱也……此何也？皆起不相爱。”这就是墨子在论辩之中对于“故”这一逻辑概念的出色运用。

兼相爱，交相利

先王有至德要道，以顺天下，民用和睦，上下无怨。

“兼相爱”，“交相利”，是墨子的基本思想理念。墨子认为，诸如争抢杀伐盗寇劫掠等，社会上的一切不合理的现象，都是因为人与人之间不相爱而引起的，因此提倡“兼爱”，也就是视人如己，“视人之国若视其国，视人之家若视其家，视人之身若视其身”，如此一来，则“天下之人皆相爱，强不执弱，众不劫寡，富不侮贫，贵不傲贱，诈不欺愚”，这也就实现了“交相利”，即人与人之间互惠互利，而绝无损人利己之事的存在。

非攻

“非攻”，是墨子的重要思想主张，墨子从“兼爱”观念出发，极力反对发动战争，《墨子·非攻》有这样的表述：“今攻三里之城，七里之郭……杀人多必数于万，寡必数于千。”战争使百姓生活在“居处之不安，食饭之不时，饥饱之不节”的张皇无措的境地，而战争对人民生活的破坏远不止于此，“入其国家边境，芟刈其禾稼，斩其树木，堕其城郭，以湮其沟池，劲杀其万民，覆其老弱，迁其重器，卒进而柱乎斗……”这一切都是战争所带来的罪恶。墨子指出：“此其为不利于人也，天下之厚害矣，而王公大人乐而行之，则此贼灭天下之万民也，岂不悖哉！”这说的是战争为天下最大的祸害，可是统治者们为了各自的利益争夺却乐于战争，不惜发动战争而置万民的生死于不顾。墨子所生活的时代正是诸侯之间的兼并战争愈演愈烈之际，战火所过之处，生灵涂炭，乐土化作废墟，墨子对战争给社会与民生所带来的巨大的破坏性有着极其强烈的心灵触动，因而痛心疾首地倡导“非攻”。这是一种和平主义的理想，但在当时的历史情境下却是不可能实现的。

尚贤与尚同

“尚贤”与“尚同”，是墨子提出的政治主张。“尚贤”，说的是用人的时候当以贤能为准。墨子指出：“官无常贵，而民无终贱，有能则举之，无能则下之。”又说：“不辨贫富、贵贱、远近、亲疏，贤者举而上之，不肖者抑而废之。”墨子关于“尚贤”

的论说突破了宗法等级制度的约缚，显示出彻底的平等色彩，可以说是后来任人唯贤之主张的滥觞。“尚同”，说的是统一人们的思想之意，墨子认为天下之乱是因为人们的思想不同而起的，“一人一义，十人十义，百人百义”，每个人行事都有不同的准则，而彼此的思想相互冲突，这就导致了天下的混乱。墨子提出的解决办法是：“选择天下贤良、圣知、辨慧之人，立为天子，使从事乎一同天下之义。”由最贤明的人做天子，用最为高尚和智慧的思想来统一天下人的思想，由此人人心理相同不二，社会的运行也就会井井有条。墨子的“尚同”的愿望是一种不可能实现的空想。

节用、节葬

“节用”、“节葬”，是墨子所提倡的思想主张。《墨子·节用上》曰：“圣人为政一国，一国可倍也；大之为政天下，天下可倍也。其倍之非外取地也，因其国家，去其无用之费，足以倍之。圣王为政，其发令兴事，使民用财也，无不加用而为者，是故用财不费，民德不劳，其兴利矣。”墨子指出：“是故古者圣王，制为节用之法曰：‘凡天下群百工，轮车、鞼、匏、陶、冶、梓匠，使各从事其所能。’曰：‘凡足以奉给民用，则止。’诸加费不加于民利者，圣王弗为。”“古者圣王制为节葬之法曰：‘衣三领，足以朽肉；棺三寸，足以朽骸，堀穴深不通于泉，流不发泄则止。死者既葬，生者毋久丧用哀。’”（同前）这就是墨子对“节用”、“节葬”观点的具体表述，提倡统治者要节约用度，不过分地消耗民财、民力，兴事当以对人民有利为准。“节葬”是“节用”的一个重要方面，指的是办理葬事不可奢费，当适可而止，生者不必对死者过分地哀悼。

汉光武帝陵

光武帝提倡节葬，他的陵墓位于河南省孟津县铁谢村附近，陵墓封土堆高 20 米，周长 1400 米。陵园内古柏苍劲挺拔，荫郁幽静。陵前有清乾隆五十六年（1791 年）石碑一通，上刻“东汉中兴世祖光武皇帝之陵”。

非命论

“非命论”是墨子的重要思想，表达的是这样的观念：人自身的祸福是由自己的行为而导致的，并非是由天命所决定的。墨子说：“存乎桀纣而天下乱，存乎汤武而天下治。天下之治也，汤武之力也；天下之乱也，桀纣之罪也。若以此观之，夫安危治乱存乎上之为政也，则夫岂可谓有命哉！”墨子进而指出，有一些人不能好好地对待亲戚和君长，嫌恶恭敬俭朴而喜好简慢粗陋，贪于饮食而懒于劳作，所以衣食财物不足，导致自身有饥寒冻馁的忧患，可是他们却不说："因为我疲沓无能，不能努力地劳作，所以才成了现在这样凄惨的景象。"而是说："我命里本来就穷的，这不是我的问题，是命的问题啊。"墨子的表述将"固命"者的荒谬披露无遗，指出其为自己的恶劣习性进行辩解的虚伪本质，指出人要对自身的遭遇负责。

慎战

"慎战"，是《孙子兵法》中的一个重要的思想理念，表达的是对战争的谨慎和看重的态度。《孙子兵法》开篇即言："兵者，国之大事，死生之地，存亡之道，不可不察也。"这就将战争摆在了能够决定国家之生死存亡的极为重要的位置上，正因为战争如此重要，所以对于战争不可不察，亦不可不慎。《孙子兵法》中还强调"主不可以怒而兴师，将不可以愠而致战"，以及"非利不动，非得不用，非危不战"，"合于利而动，不合于利而止"等，这些都是慎战思想的表达。《孙子兵法》虽然讲的是作战的艺术和战争的规律，但是绝非仅仅从具体的战术层面来考察战争，而是有着战略的高度，坚决地反对在战争问题上轻举妄动，草率而为。

不战而屈人之兵

王翦征战

"不战而屈人之兵"，语出《孙子兵法·谋攻第三》："是故百战百胜，非善之善者也；不战而屈人之兵，善之善者也。"屈，指的是使人屈服的意思。"不战而屈人之兵"讲的是不通过兵戎相见的战争而使对方的军队屈服，这才是战争的最高境界。在战争中，迫使对方屈服的直接手段和基本途径就是作战，然而作战则必然要给自己造成损失，虽然可制服对方，也对自身有所伤害，这样的胜利就不能称为完善的结果。而不通过直接的交手，令对方在投入战争之前就先放弃了作战的意志，从而屈服于己，既达到了作战的目的，又没有使自己受到损伤，如此才是最好的选择，是所谓善之善者也。一般而言，欲做到不战而屈人之兵，是要以己方强大的实力为基础的，当双方的实力对比达到了相当程度的反差时，才会有不战而胜的效果。当然，这种强大的实力不一定是完全体现在军事方面，还有着更为丰富的内涵。

五事七计

“五事七计”，源出《孙子兵法·始计第一》：“故经之以五事，校之以计，而索其情：一曰道，二曰天，三曰地，四曰将，五曰法。道者，令民与上同意者也，故可与之死，可与之生，而不畏危也；天者，阴阳、寒暑、时制也；地者，远近、险易、广狭、死生也；将者，智、信、仁、勇、严也；法者，曲制、官道、主用也。凡此五者，将莫不闻，知之者胜，不知之者不胜。故校之以计，而索其情，曰：主孰有道？将孰有能？天地孰得？法令孰行？兵众孰强？士卒孰练？赏罚孰明？吾以此知胜负矣。将听吾计，用之必胜，留之；将不听吾计，用之必败，去之。”“五事”，指的是“道、天、地、将、法”，分别指政治、天时、地利、将帅素质、军事体制这 5 个决定战争胜负的基本方面，而“七计”是由“五事”演绎而来，是指从双方政治清明、将帅高明、天时地利、法纪严明、武器优良、士卒训练有素、赏罚公正这 7 个方面的有利条件各自所占的程度来分析敌我双方的对比情况，进而判断战争的胜负局势。“五事七计”较为全面地揭示了军事斗争的内在规律，是《孙子兵法》总体思想的高度概括。

贤者与民并耕

“贤者与民并耕”，是农家许行的观点，语出《孟子·滕文公上》：“陈相见孟子，道许行之言曰：‘滕君则诚贤君也，虽然，未闻道也。贤者与民并耕而食，饔飧而治。今也滕有仓廪府库，则是厉民而以自养也，恶得贤？’”这段话的意思为，陈相见到了孟子，转述许行的话说：“滕文公倒确实是贤明的君主，虽然如此，他还不懂得贤君治国的道理。贤君与人民一起耕作养活自己，一面烧火做饭，一面治理天下。现在，滕国有堆满粮食钱财的仓库，这是劳役百姓来供养自己，哪能称得上贤明呢？”许行的主张是国君应当亲自参加生产与生活方面的劳动，与百姓同劳共苦，在工作上彼此不分。孟子听后质问道：“许子是自己种了粮食才吃饭的吗？”陈相说：“是这样的。”孟子又问：“那么许子是自己织了布才穿衣服的吗？”陈相说：“不是，但是许子穿的是粗麻编织的衣服。”孟子接着问：“许子戴帽子吗？”陈相说：“戴。”孟子问：“戴什么样的帽子。”陈相说：“戴生丝织的帽子。”孟子问：“是自己织的吗？”陈相说：“是用粮食换的。”孟子紧接着问：“为什么不自己织呢？”陈相解释说那样的话会妨碍做农活。孟子接着又问了许子所用的其他的一些器物，结果都不是许子自己造的，而是交换得来的。孟子说：“他这样用粮食来交换这些器物难道就不是农夫对于工匠的侵害吗？反过来工匠用器物来从农夫那里换取粮食就不是对农夫的侵害吗？”接下来，孟子说了这样一段著名的话：“然则治天下独可耕且为与？有大人之事，有小人之事。且一人之身而百工之所为备，如必自为而后用之，是率天下而路也。故曰：或劳心，或劳力。劳心者治人，劳力者治于人；治于人者食人，治人者食于人。天下之通义也。”孟子提出的观点是，天下之人，各有分工，凡事不可尽行亲力亲为，从而以十分有力的辩驳批判了许行“贤君与民并耕”的落后观念。

白马非马

“白马非马”是著名的辩论家、名家的重要代表人物公孙龙所提出的一个辩题。据说，公孙龙有一次骑马过关，但是按照惯例，此种情况下马是不能过关的，公孙龙却坚称自己骑的是白马，而不是马，经过一番雄辩，官吏无言以对，便放公孙龙与马一同过关了。“白马非马”的论调看似荒谬，但在逻辑学上却有着重要的意义，试看公孙龙是如何展开他的“白马非马”论的。首先，公孙龙指出的是“白马”与“马”的概念内涵不同，“马”是从形体来命名的，而“白（马）”则是从颜色来命名的，因而“白马”与“马”是不相等同的；接着，公孙龙又说明“白马”与“马”的概念外延不同，如果要说“马”的话，那么黄马和黑马都可以；而如果说“白马”的话，那么黄马和黑马则不可以，假使说“白马”就是“马”的话，那样就不会有这种差异了；然后，公孙龙又从物与其属性的角度来辩论，“白马”是马的形体加上马的颜色，因此“白马”与“马”是不同的；公孙龙还采用反证法来论说自己的观点，因为“白马”不等同于“黄马”，也就区分了“黄马”与“马”，这样“黄马”就不是“马”了，那么同理，再说“白马”是“马”不就自相矛盾了吗？最后，公孙龙说，平时人们之所以把“白马”叫作马，是因为人们暂时抛开了“白”这个因素，仅取“马”这种因素来称呼的，有“马”，是仅仅就马的形体而言的，而不能将马的白色也叫作“马”，这实际上也是围绕着物的本身与其属性来做文章的。当然，不论公孙龙如何地能言善辩，

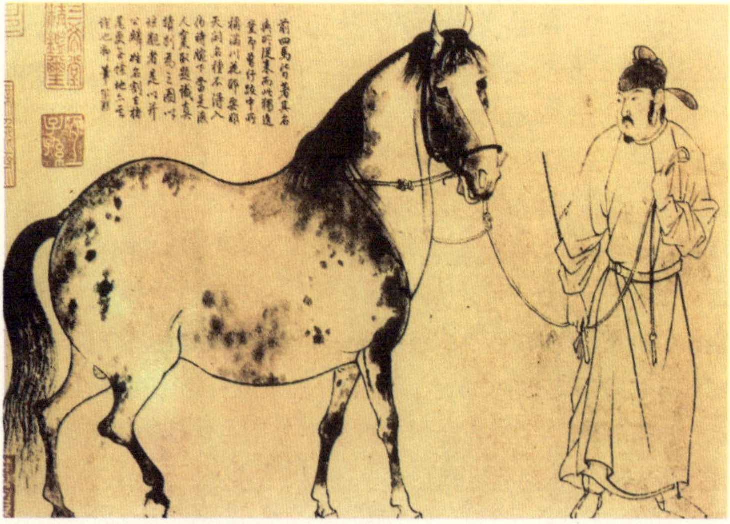

“白马非马”是中国古代一个著名辩题。

“白马非马”是一个错误的逻辑，其关键之处在于混淆了事物的个与类的关系，将事物的个别属性与其总体范畴相割裂，要知道，事物的共性存在是以其个性存在为基础的，抛却了事物的个性存在，那么也就没有了事物的共性存在，如此一来，事物将无以为名，事理也就全部混乱了。“白马非马”论所体现的是一种典型的诡辩逻辑，虽然这个论题本身是错谬的，却可以从某些方面带给人思维上的启发，这也是此论很受人们关注的原因所在。

离坚白

“离坚白”是公孙龙的另一个重要的辩题。所谓“离坚白”，说的是一块白色的坚硬的石头放在人的面前，人知道到这块石头是又白又硬的，但是人用手只能感觉到其“坚”，而不能感觉到其“白”；人用眼只能感觉到其“白”，却不能感觉到其“坚”，这也就是说，“坚”与“白”并非同时存在于石头之中，两者是相分离的。“离坚白”也被称为“坚白石二”。“坚白石二”说的是“坚”、“白”与“石”这三者之间不能够同时存在，而只能是“坚”与“石”或者“白”与“石”两者一同存在。公孙龙的这一论题显示了单凭感性无法察知事物内部所具有的实质关系的哲学意涵，但“离坚白”的思想基础是将事物的不同方面的属性相割裂，以人的直接感官认知为事物存在的标准，不仅片面，而且具有唯心主义的色彩。

五德终始

“五德终始”，又称“五德转移”，是战国时期的阴阳家邹衍运用阴阳五行理论来阐释宇宙演变和历史兴衰的一套学说。“五德”指的是五行的属性，即土德、木德、金德、水德和火德。按照“五德终始”的观点，宇宙万物与五行相对应，各具其德，而天道的运行、人世的变迁、王朝的更替，等等，都是“五德转移”的结果。“五德终始”学说有为当时的社会变革进行论证的目的，但是在另一个方面却又陷入了历史循环论。“五德学说”之荒谬的根本在于，将人类社会的发展与自然界的演变相等同，将没有必然关联的事理进行牵强附会，将人事的运转都归之于天命。

合纵与连横

“合纵”与“连横”，指的是战国时期列国之间为了配合自己的军事行动和捍卫自身的国家利益而根据随时变化的政治形势所采取的两种不同的外交策略。《韩非子·五蠹》言：“纵者，合众弱以攻一强也；横者，事一强以攻众弱也。”到了战国后期，由于秦国独强，实力远远超过其他各国，“合纵”主要指的是东方六国相联合以共同抵御西方强大的秦国，而“连横”则基本上是秦国所采取的外交方略，是对东方

苏秦六国封相　年画

各国“合纵”策略的瓦解，令六国之间分崩离析，从而将六国各个击破。这两种策略驰骋匹敌，相互颉颃，造就了一批叱咤风云的纵横家，张仪和苏秦是其中最为杰出的代表。东方各国之间因为有着明显的利益分歧，面对日益强大的秦国，只图取眼前的一时利益，而缺乏长远的筹算，并不能够真正地联合一心，这使得“合纵”政策始终没有得到良好的执行，结果是秦国的“连横”策略占据上风，最终六国相继覆灭，秦国结束了长达数百年的诸侯纷争，实现了天下的统一。

华夷之辨

“华夷之辨”，又称为“夷夏之辨”，指的是对华夏与四夷的区辨。古代华夏族群居于中原，是文明的中心，而周边则较落后，因此逐渐产生了以文明礼义为标准进行人群分辨的观念，合于华夏礼俗文明者为华，或称夏，不合者则为夷，或称蛮、戎、狄等。《春秋左传·正义》云：“有服章之美谓之华，有礼仪之大故称夏。”华夷之辨，不以民族为标准，而以文化礼仪做量度，体现的是一种“文化民族主义”。

学术流派

百家争鸣

百家争鸣示意图

“百家争鸣”，源自东汉班固著《汉书·艺文志》：“凡诸子百八十九家……皆起于王道既微，诸侯力政，时君世主，好恶殊方，是以九家之说蜂出并作，各引一端，崇其所善，以此驰说，取合诸侯。”春秋战国之际，正是中国社会激烈动荡的大变革时期，周朝宗室衰微，无力驾驭诸侯，诸侯之间相互攻伐，天下纷争四起，同时社会上新的阶层出现，造成社会局面空前复杂，代表各阶级、各阶层、各派政治力量的具有不同主张的学者和思想家，都企图按照本集团的利益与要求和本人的思想见解，对人生对社会乃至对宇宙万物做出自成体系的解释和主张，加之当时尚未进入封建大一统，统治者并不能够对社会思想进行强力的钳制和约束，人们在思想与言说方面具有极大的自由，遂有众多思想家发扬己意，任意挥洒，纵谈天下，广收门徒，著书立说，互相辩难，争雄逞强之势蔚为大观，即后世所谓的“百家争鸣”。《汉书·艺文志》中将诸子百家著作学说归结为十家，即儒、道、阴阳、法、名、墨、纵横、农、杂、小说，然称“其可观者九家而已”，即将小说家排除在外。“百家争鸣”所阐发的文化思想，奠定了中国整个封建时代文化的基础，尤为儒道两家流脉广远，对中国古代的文化和社会产生了极为深刻的影响。

儒学

儒学，春秋时期孔子所开创的学派，据《汉书·艺文志》记载："儒家者流，盖出于司徒之官，助人君顺阴阳明教化者也。游文于六经之中，留意于仁义之际，祖述尧、舜，宪章文、武，宗师仲尼，以重其言，于道为最高。"儒学主张积极的入世精神，重视自身修养和人际伦理，强调仁、义、礼、智、信的持身准则，以修身齐家治国平天下为理想追求，自汉武帝"罢黜百家，独尊儒术"开始，虽历经朝代更替，但2000年来始终被奉为中国封建文化的正统思想。儒学之所以能够在诸子百家中脱颖而出，成为中国古代社会的主流文化，并且相继不绝，流韵益深，是因为儒学思想植根于中国社会固有文化，形成了一整套有益于人际和谐与社会安定的精微的思想体系，而且儒学随着时代的变迁而出现新的集大成式的人物对儒家学说进行新的阐发，从而适应变化了的新的社会形势，使得儒学能够跟得上新的时代步伐。儒学的思想体系，不仅代表着中国古代的正统观念，而且也是中华民族的文化精华，对于当今中国社会的发展乃至未来国际社会的构建都具有重要的借鉴价值，近年思想界掀起的"新儒学"热潮，就是儒学对于当代意义的挖掘。

经学

孔子杏林讲学图　明

经学，即注经之学，为阐释儒家经典的学问，是我国古代四大学科门类之一。关于经学产生的年代，有两种说法，一说是创始于孔子，因为孔子曾修订古代典籍为"六经"，并以此来传授弟子，开启了以"传经"的方式来"传道"的儒家学风；另一说是经学始于汉武帝时代，标志是朝廷设立五经博士，以精通儒家典籍作为选拔官员的考察标准，从而使得阐释儒家经典成为专门的学问，也成为一种显学。孔子时期的注经仅限于私家传授，而并未在社会上形成一种通行的学问，严格来讲，经学的正式形成当在汉代注经之学成为官学之后。自此而始，从汉代历至清代，虽然形式有异，内容有变，但经学始终是中国官方所定的最高学问，在整个封建社会体制运行中发挥着十分重要的作用。经学形成之后，在汉代因所据典籍文本的不同而有今文经学与古文经学之分；魏晋南北朝时期因为政治地理的分割又形成了"南学"与"北学"之别；隋唐统一之后兴起了较前更为进步的义疏之学；至宋明而又发展为理学化的经学；到清朝时期，经学家继承汉代古文经学的传统，将考据、训诂发扬光大，取得了空前的成就，形成了所谓的“乾嘉学派”，也达到了中国古代经学发展的巅峰。经学的发展本源于儒家经典著作，同时又作为君主政治的御用学说，虽然受到种种的拘泥和约束，但是历代的才智之士仍然在经学的论说中提出了很多极具思想性的创见，展现出其光辉的一面。2000多年里，经学一直延续和发展着中国古代的社会理念和民族思想，一部经学史，同时就是一部中国古代社会的思想史。

今文经学

今文经学，指汉代时因用于传授的儒家经典以当时通行的隶书写成而得名的一种经学派别。今文经中因传授者的不同而形成了不同家派，如传《诗经》者有齐、鲁、韩三家，传《易经》者有施、孟、梁丘、京氏四家，传《尚书》者有欧阳和大小夏侯三家，传《礼记》者有大小戴与庆氏三家，传《公羊春秋》者有严、颜两家。汉武帝时设立五经博士，所取用者均为今文经，今文经也就成为汉代的钦定经学。今文经学尊崇孔子为“素王”（即虽无其位而具其德的圣王），注重阐释儒家经典中的“微言大义”，产生了因为对经典文本的理解不同而人异言殊的现象，发展到后来，即成为“六经注我”，也就是说借助儒家经典来阐发自己的观点和见解。由于今文经学的官方地位，其在政治思想上提出了一些有利于帝国的大一统与皇权制度的观点。此外，今文经学重视传承的流脉，谨守门风，这也是该流派的一个特点。西汉末年，今文经学逐渐与民间迷信相结合，蜕变为东汉时期盛行的谶纬之学，到东汉后期，谶纬之学已趋衰微，代之而起的是古文经学的兴盛。

伏生授经图　明　崔子忠

伏生，名胜，秦时官博士，精通《尚书》。此图根据伏生将《尚书》传授给弟子晁错的故事而作。《尚书》是中国最古老的散文集。

古文经学

古文经学，指采用以先秦古文写成的儒家经典进行传授的经学派别。古文经是汉武帝末年鲁恭王坏孔子故宅时从壁中得出的《尚书》、《论语》、《孝经》、《周礼》等典籍，这些典籍与当时毛亨在民间传授的《诗经》都是用古文写成的，与今文经相比，就所依据的典籍的本身而言，只是书写的字体不同和篇数上的略微差异，但是由于传承方式和学派地位的不同而发展成为与今文经学截然对立的古文经学。较于钦定的今文经学，古文经学并没有进入朝廷，而是流传于民间，这形成了古文经学远离政治的特色，在注释经典上可以不必过多考虑思想上的倾向，而专注于名物训诂的本身，执着于经典文本原初的意义，与今文经学随意性较强的“六经注我”相对，古文经学崇尚的是实事求是的“我注六经”。

谶纬

“谶纬”，是经学与迷信相结合的产物。“谶”的意思是一种带有神秘性质的预言。“纬”出于“纬书”，“纬书”则是相对于“经书”而提出的名号，“经”与“纬”的本义分别指丝织物上的纵线与横线，因纬书依附于经书，就如丝织物上横线与纵线相配一样，所以得此命名。纬书是假托孔子的释经之书，由于其中也含有谶语，所以后来将“谶”、“纬”合称，这就是“谶纬”一词的含义与由来。西汉时董仲舒用阴阳五行学说来推知灾异，预测吉凶，这成为谶纬之学的嚆矢。由于谶纬常常与迎合或劝谏君主有关，到了西汉末年，具有御用色彩的今文经学演变为谶纬之学，谶纬成为政治谜语的代名词，在改朝换代之际往往为图谋帝位者大加利用，王莽篡汉与刘秀复汉均有谶纬在先，东汉末年，分立三国的曹、刘、孙三家也纷纷引用和制造谶语以自命。到了南朝，官府开始禁止谶纬之学。后来隋炀帝在全国范围内搜查谶纬之书，一律焚毁，并且制重罪惩戒私藏者，经此劫数，谶纬遂成绝学。

玄学

玄学，指魏晋时期出现的一种崇尚老庄之学的思想潮流。“玄”这一概念出于《老子》第二章：“玄之又玄，众妙之门。”魏代王弼在《老子指略》中阐释说：“玄，谓之深者也。”玄学也就是研究幽深玄远问题的学说。两汉四百年间，经学统领着学术的主流，然而由于其自身日益趋向烦琐和

秋窗读易图　南宋　刘松年

《周易》一书自从问世以来，便成为士大夫的必读书，观卦象、玩卦辞，将人生哲理结合本身生活经历一一加以发挥，以便更好地修身养性，陶冶性情。秋窗读《易经》，足见《易经》中境界之宏伟。

陈旧，演递至魏晋之际，经学已经失去往昔的魅力与光环，学者开始寻觅新的学术气息，加之当时士人出于躲避乱世之害的需要而崇尚清远，玄学遂应运而生。玄学着重研究的是《老子》、《庄子》和《易经》这三部典籍，称为“三玄”。魏晋玄学的主要代表人物有何晏、王弼、阮籍、嵇康、向秀、郭象等。玄学在思想学说方面寄意于神妙玄奥，而在个人行为方面提倡玄远旷达，挥洒超脱，提出了“越名教而任自然”的著名主张。由于玄学主要谈论的是有与无、生与死、言与意、名教与自然等形而上的问题，脱离社会生活的实际，所以后世有“清谈误国”之说。玄学在西晋时期达到鼎盛，及至南渡之后，玄学的风尚也随之转移到南方。东晋时期的玄学开始集中于对宇宙本性与人的本性及二者之间相互关系的探索，开始与佛学合流。后来，由于政治环境的转变和人们对玄学中不合礼法的因素的抵制，儒学重新得到重视，而玄学也与复兴的儒学合而为一。

程朱理学

程朱理学，是由程颢、程颐兄弟创建，而在朱熹手中集大成的宋代理学的主要派系，因为程朱理学后来成为官方所尊奉的正统学术思想，所以在通常意义上所言的宋明理学指的也就是程朱理学。程氏兄弟把“理”（有时亦称为“天理”，二者表达实则为同一内涵）视作哲学的最高范畴，认为“理”不仅是世界的本原，也是社会生活的最高准则。在穷理的方法上，程颢“主静”，强调“正心诚意”；程颐“主敬”，强调“格物致知”。在人性论上，程氏兄弟主张“去人欲，存天理”，并对这一观点进行了深入的阐释，使之成为体系化的学说。程氏兄弟的出现，标志着宋代理学思想体系的正式形成。程颢和程颐的思想，经过杨时、罗从彦和李侗的几代传承，到南宋时为朱熹发扬光大。在本体论上，朱熹认为，太极是宇宙的根本和本体，太极本身包含了“理”与“气”，而“理”又高于“气”，太极之“理”是一切“理”的综合，“理”超越时空，至善至美，是“万善”的最高道德标准。在人性论上，朱熹认为人有“天命之性”和“气质之性”，前者源于太极之“理”，是绝对的善，后者则有清浊之分、善恶之别，人们应该通过“居敬”、“穷理”来变化气质的构成。在认识论上，朱熹倡导“格物致知”，以此来提升修养的境界，以臻至善的人生。朱熹建立了一个完整、精密而庞然的理学思想体系，这标志着宋代理学发展到了成熟的阶段。南宋之后，程朱理学既是官方的统治思想，也是人们日常言行的是非标准和学习实践的基本准则。应当承认，程朱理学在促进学术、文化和教育的发展与维护社会的稳定等方面，发挥了积极的作用。但是，在科举制度的格局之下，不少人把程朱理学视为猎取功名的敲门砖，他们死抱一字一义的说教，致使理学的发展越来越脱离实际，成为于世无益的空言和束缚人们实践的教条，甚至使其蜕变为“以理杀人”的工具，这是程朱理学对时代与社会所造成的非常严重的负面影响。

小学

“小学”一词，最初见于《大戴礼记·保傅篇》:“及太子少长，知妃色，则入于小学，小学者，所学之宫也。”这里的“小学”指的是少年从学的机构，与当今通常所言的“小学”在含义上是基本一致的，同时，“小学”也指在此一阶段所学习的内容。周代的贵族子弟入“小学”要学习“六艺”，即礼、乐、射、御、书、数这6门知识，这是当时作为贵族子弟必须要具备的基本技能。这些知识是与后来入“大学”所学的齐家治国之学相对应的。

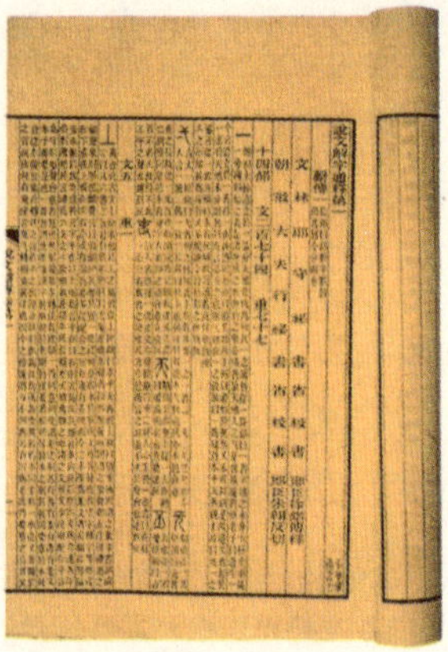

《说文解字通释》书影

“小学”专指语言文字之义，最早见于东汉崔寔《四民月令》上的记载:“正月：农事未起，命成童以上入太学，学五经，不见冰释，命幼童入小学学篇章。”这样，“小学”的含义就由原初的“六艺”而成为语言文字学的专指，大约相当于“六艺”中的“书”所对应的范畴。由于士人识字的目的是为了读经，所以小学成为经学的附庸，从《汉书·艺文志》到《四库全书总目提要》，小学都是附在经学后面的。小学虽然处于这种附庸的位置，但是由于经学的正统地位，而小学又作为经学的基础，所以小学在古代是极受人们重视的。

隋唐以后，小学成为文字学、音韵学与训诂学的统称。有清一代，因为统治者对于思想的严密钳制，众多的一流学人埋首所谓的“故纸堆”，悉心专研，小学达到了极盛的局面。

宋学

宋学，是以中晚唐时期由韩愈、李翱所引领的援佛道以证儒理，将儒学思想由重外而转向重内的儒学复兴为前导，通过两宋众多的儒学家共同努力而创建的中国封建社会后期最为精致和完备的儒家思想理论体系。宋学根据其不同方面的特征，又称为理学、道学、新儒学。由于宋学以“理”为宇宙的最高本体，将“理”看作是哲学思辨结构的最高范畴，所以被称为理学；由于宋学家自命承继尧舜禹汤文武周孔的道统，并将“明道”作为其学术的终极目的，所以被称为道学；由于宋学融合了佛道思想而有别于此前的儒学，所以被称为新儒学；到清代时，儒学家们重视考据而推尊汉代儒学，对宋代儒学家空疏解经的弊病颇为不满，于是称宋代儒学为“宋学”，以示与“汉学”相区别。宋学开创于周敦颐，周敦颐以六经为本，兼容释老，采取阴阳五行的学说，创造性地阐发了一套完整的的宇宙生成模式，从中推导出“圣人定之以中正仁义而主静”的结论，提出“诚”为最高的道德伦理境界的观点，显示出宋学的伦理哲学趋向。周敦颐的学说为宋学此后的发展确立了基本的方向。宋学开创时期的另一位重要人物是邵雍，邵雍在宇宙本体与生成方面的观点与周敦颐的学说相似，但是更注重于宇宙演变和社会演进的规律。邵雍由此创造了象数之学，构建了一个包括宇宙自然和人类历史的世界图式。继周敦颐和邵雍之后，张载和程颢、程颐兄弟对宋学的发展给予了重大的推进。张载认为天地万物与己同体，打通了“外王”与“内圣”之间相沟通的门径，也为格物致知的宋学认识论作了理论上的准备。程氏兄弟则第一次将“天理”提炼成为脱离物质载体的纯理念，为宋学确立了“理”的本位，构筑起宋学在自然观、认识论和人性论方面的完整而严密的思想体系。朱熹是宋学的集大成的人物，他进一步发扬了二程的“天理”思想，将“理”视为最高范畴，提出了“理一分殊”的万物生成观。朱熹认为要认识世界，回溯“天理”，需要从分析万物着手，识其“气”性，进而得其“理”，也就是所谓的“格物致知”。朱熹将形而上的“理”标举为牢笼宇宙的万物之本，也就意味着人类社会的伦理秩序与宇宙秩序间的完全沟通，这为伦理秩序的存在和永恒不变确立了具有终极意义的哲学依据。以此为基础，朱熹着重强调了“诚意正心修身齐家治国平天下”的人生修养方式，这也是士人们孜孜以求的最高人生境界。朱熹的思想成为其后近千年的中国封建社会后期的官方统治思想，对社会意识形态的影响极为巨大。

汉学

汉学，指汉代经学，在更广的意义上还包括清代的考据学。汉学注重训诂，与注重义理的宋学常常相对举而言。著名历史学家邓广铭说：“汉代的儒家学者，在其传授经典时，都是着重在章句训诂之学，而且师弟子代代相传，也都注重师法（也叫作家法）；门弟子递禀师承，训诂相传，莫敢同异，篇章字句亦恪守所闻。这样的学风，从汉代一直沿袭到唐代。唐代前期的儒家们所编纂的对诸经书的注疏，依然承袭了南北朝以来正义、义疏的烦琐章句之学，与汉代的儒家们并无多大变化。宋代的学者，则大部趋向于义理的探索，而视名物训诂为破碎琐屑。”这段话基本表明了汉学的特点与其演变过程。清代时期统治者对于士人的思想禁锢尤其严厉，这使得学者们普遍投身于考据研究，而避开思想话题，这种取向也带来了清代儒学家对汉学的推重和对宋学的排斥。清代的考据学在某种意义上是对汉代经学的传承，所以也被包括在汉学的范畴内。

乾嘉考据之学

乾嘉考据之学，指的是清代乾隆、嘉庆年间盛行于世的以考据为本的学术研究，因为这种治学方法追求的是一种朴实无华的考据功夫，故又被称为朴学；又因为这个时期的学者都尊崇以经学为主的汉代学术，所以乾嘉考据之学也被称为汉学。乾嘉考据之学的出现和形成，有着多方面的原因。从社会政治环境方面来讲，清朝统治者入关之初，因为统治秩序尚未稳定，清朝君主对坚持气节的明朝遗民所采取的政策并非一味地强硬，而是软硬兼施，既打压又容让。顺治、康熙两朝的文字狱与其后的雍正、乾隆时期相比要少很多，处罚和株连的程度也比较轻缓。顺康年间，只要没有明显危及清朝的统治，忠于明朝的士大夫可以选择隐居不仕，还可以从事著述和讲学的活动。到了康熙朝后期，清朝的统治已经稳固，社会趋于安定，经济持续发展，清朝也走向了全盛时期，统治者也具备了加强对意识形态领域进行严密控制的条件，于是开始施行文化高压政策，士人们的思想与言论自由不复存在。雍正、乾隆朝的文字狱，其严酷程度达到了中国历史上的巅峰。在这种情况下，清初那种充满忧患意识和爱国激情的志于天下、锐意进取的学风被强行扭转。同时，由明入清的思想家随着时间推移而相继亡故，其后学即使继承了他们治学的某些方法，也因为没有体验过凄惨的亡国之痛而难以承续前人的思想精髓。另外，乾隆年间朝廷所组织的编纂《四库全书》、缮写《永乐大典》等大型文化学术活动，也为学者专注于文字、音韵、训诂之学提供了客观上的便利条件。从思想学术发展历程方面来看，宋代理学统治学术界已达六七百年之久，其高谈性理所造成的空疏学风，自明代中叶以后就不断地遭到进步思想家的批评，而明朝的灭亡更使得宋明理学遭受了极大的撼动，理学的没落已不可挽回。与此相应，清初的思想家崇尚实学，提倡学以致用，其中最为突出的是顾炎武。顾炎武被称为开启一代学风的宗师，其治学的基本方法就是考据，对乾嘉考据之学的形成有着直接的影响。应当指出的是，乾嘉学者所继承的主要是顾炎武的考据学的方法，却没有继承顾炎武以考据为手段而追求“治道”的精神实质。乾嘉考据之学大体上可以分为以惠栋为代表的“吴派”和以戴震为首的“皖派”。相对来说，吴派更为推崇汉代经学，而皖派更侧重于语言文字。乾嘉考据之学取得的学术成就远远超越了先前的历代，在经学、史学、文学、音韵、文字、算学、天文、地理等诸多学科方面都取得了很大的成绩，这笔宝贵的文化财产为后世研究者的读书和治学都提供了相当大的便利，其专一务实、细致严谨的优良学风也值得发扬和继承，但是乾嘉学者只重文字考据而轻忽思想义理，执着于细枝末节的问题而舍弃为学明理之大端的做法则是颇为后人所诟病的。嘉庆之后，学界中人开始对乾嘉考据的拘泥学风进行反省和批判，而清王朝此时已经开始走向衰落，乾嘉考据之学的兴盛局面也去而不复。

道家

道家是对中国文化和思想影响最为深远的一个学说流派。道家的核心思想是以“道”为本，崇尚自然，主张清静无为。道家的创始人是春秋时期的老子，又称老聃，据《史记·老子韩非列传》记载，老子姓李，名耳，字聃。老子曾在周朝王室担任藏室史，藏室史是管理周朝王室藏书的官职，老子因而有机会博览天下典籍，自己也形成了极为高深的学养。与孔子的积极入世不同，老子是一个隐逸者，不汲汲于天下的扰攘纷争，自甘清净。老子著有《道德经》一书，习称为《老子》，其书原本分为《道经》与《德经》两个部分。老子这样论述“道”：“有物混成，先天地生，寂兮寥兮，独立而不改，周行而不殆，可以为天地母。吾不知其名，强字之曰‘道’，强为之名曰‘大’。”这表达了道家以“道”为宇宙之源和天地之本的思想理念。老子不满于当时社会中贫富分化、盗乱四起的不堪局面，主张“绝圣弃智”、“绝仁弃义”、“绝巧弃利”，一切以素朴为之，遂得天下之清平，于是有这样的社会理想：“小国寡民，使民有什佰之器而不用，使民重死而不远徙。虽有舟舆，无所乘之；虽有甲兵，无所陈之，使民复结绳而用之。至治之极，甘其食，美其服，安其居，乐其俗。邻国相望，鸡犬之声相闻，民至老死不相往来。”战国时期的庄子是道家的另一位最为重要的代表人物，与老子一样，庄子也是一个隐逸者，不与为仕，一生甘于清贫的生活，怡然自得，不为拘缚。庄子著有《庄子》一书，又称《南华经》（一般认为其中的内篇为庄子本人所写，而外篇是庄子的弟子所写或者庄子与其弟子共同所写，至于杂篇，就较为驳杂，其中的部分篇章与庄子及其学派所持观点大为相异）。庄子丰富和发展了老子所开创的道家思想，主张“天人合一”，摒弃人为，顺从天道，提出了许多具有深远影响的重要命题。庄子对当时混乱的社会局面与丑陋的人世状态看得非常通透，自身极力崇尚和追求着自由，而在人生观中也透露出悲悯的一面。汉武帝之后，虽然朝廷所尊奉的正统思想是儒家学说，但是道家的思想始终占有极为重要的地位，儒道两家互为表里，时而相合，互依共存，共同构建了华夏民族2000余年的核心文化。

老庄图　清　任颐

黄老学派

黄老学派，是产生于战国中期的齐国稷下学宫的一个道家的学派。“黄”，指的是黄帝；“老”，指的是老子，这一学派因为尊崇黄帝、师法老子而得名为“黄老学派”。黄老学派主张以老子的学说作为治理国家的基本思想，同时崇尚法治，倡导刑名，显示出道、法综合的色彩。战国时期的一些著名的法家人物都曾取学于黄老学派，可以说，黄老学派在当时的政治生活中发挥了积极而重要的作用。西汉初年，有鉴于秦王朝因暴政而迅速倾覆的教训，统治者推行黄老之术，实行与民休养生息的“无为”政治，这对汉朝初年国力的恢复和强盛产生了非常有益的影响，为汉武帝时期大一统的兴盛局面奠定了基础。但是这一时期的黄老思想也因为时局的不同而发生了一定的变化，呈现出兼采儒、墨、名、法诸家的杂糅特色，而这种与时俱进的黄老思想在新的时期也显现出了新的活力。黄老学派尤其在汉朝法律的制定方面发挥了特殊的作用，乃至奠定了整个中国封建时代的法制基础，在中国古代法律思想史上有着重要的地位。

墨家

墨子破云梯

墨家，是墨子所开创的学术流派，在战国时期与儒家同为显学，韩非曾说：“世之显学，儒、墨也。”孟子也曾说：“杨朱、墨翟之言盈天下。”可见墨学在当时社会是非常流行的。墨家不仅是一个学说流派，而且是一个有着严密组织和严格纪律的团体，有类于现代社会党派的特征，墨家的成员都称为“墨者”，其最高领袖被称为“巨子”，墨者必须服从巨子的指导，听从指挥，可以“赴汤蹈火，死不旋踵”。墨者多来自社会下层，是有知识的劳动者，吃苦耐劳，严于律己，把维护公理与道义看作是义不容辞的责任，有强烈的社会实践精神，以“兴天下之利，除天下之害”为己任，被评价说：“摩顶放踵，利天下，为之。”墨家思想也是以庶民为本位的，这与儒家思想更多的是从士大夫的角度来出发是大不同的，因此，墨家与儒家在很多观点上都是对立的，墨子在当时就以“非儒”著称。墨家的社会思想以“兼爱”为核心，并由“兼爱”出发导引出“非攻”的基本主张。墨家的“兼爱”是一种没有等差的视人如己的普遍的爱，这不同于儒家所言的有亲疏之别推己及人的爱。而“非攻”，则表达的是墨家对与诸侯之间的相互征战的极为反感，认为这种战争是至为不义的。墨家还主张“尚贤”和“尚同”。“尚贤”，简单地说就是任人唯贤；“尚同”，就是选择圣贤之人为天子，再由天子下达一套最为高尚的道德标准来统一天下的思想，从而避免人与人之间的冲突和社会的动乱。墨家还提出了“非乐”、“节用”和“节葬”等重要主张，也就是说不行礼乐，倡行朴素，崇尚简约，办理丧事也要从简。此外，墨家的代表思想还有“天志”、“明鬼”、“非命”等。《墨子》一书是记录墨家思想和学说的最为重要的典籍。《墨子》中的文章文学性弱而逻辑性强，这与墨家的朴素的思想观念有关。墨家发展到后期分化成二支：一支注重认识论、逻辑学以及几何学、光学、静力学等学科的研究，是谓“后期墨家”（亦称“墨家后学”），另一支则转化为秦汉社会的游侠。后期墨家对前期墨家的社会伦理主张多有继承，除肯定感觉经验在认识中的作用外，也承认理性思维在认识中的作用，对前期墨家的经验主义倾向有所克服，其逻辑思想被称为墨辩逻辑，在中国古代逻辑史上占有重要的地位，也是世界古代三大逻辑体系之一（另两个为古希腊的逻辑体系和佛教中的因明学）。战国以后，墨家趋于衰微。到了西汉时，汉武帝推行独尊儒术的政策，政治环境和社会心态都已经发生变化，加之墨家本身所要求的严苛的修炼与简苦的生活令许多人望而却步，这使得墨家在西汉之后基本消失，只是墨家的某些精神遗留在民间而暗自传承着。

法家

法家，诸子百家中最为重要的一家，其思想中心是以法治为基本来治理国家。法家思想早期的代表人物是申不害、商鞅和慎到，这三人也代表了法家的三种不同的倾向，申不害重“术”，也就是政治权术；商鞅重“法”，也就是法律制度；慎到重“势”，也就是权力威势。战国后期，出现了法家的集大成者韩非。韩非将申不害、商鞅和慎到三家的学说综合起来，以“法”为中心而“术”、“势”并重，形成了一套体系化的政治学说。法家力倡变法革新，法家学说也偏于务实，并且与君主的统驭方法密切相关，因而在战国时期儒法两家的斗争中，法家是胜利者。与儒家的建议屡屡碰壁、不被君主采纳的情形相反，法家的重要人物多为君主所用，这也对一国政治的变化产生了显著的影响。秦孝公任用商鞅进行变法，致使秦国走向强盛的道路，而秦王嬴政取用韩非、李斯之策，终于完成了一统大业。法家治国，以威势强力为本，认为统治者只有依靠强力才能使百姓服从，而君主也只有依靠强力才能够使臣下服从。法家的这种依靠严刑峻法来治理国家的思想是秦代暴政直接理论来源，而这种以暴驭民的策略与秦王朝的迅速灭亡有着直接的关系。法家思想有着致用的一面，在很多方面表现出历史的先进性，也较为切合当时政治的实际，这是较他家优越之处，对于中国的统一进程也确曾发挥了重要的积极影响，但是法家以“性恶论”出发的人与人之间均因于利益而联系而相互利用的思想基点也有着严重的弊端，因而不能够为社会的主流思想所认同。秦代之后，法家未能再成为官方的主导学说，而逐渐与儒家融合归流。

兵家

兵家，是春秋战国时期研究军事理论和从事军事活动的一个学派，《汉书·艺文志》并未将其列为“诸子”之中，而是另有单独的《兵书略》一篇。兵家最早的代表人物为春秋时期的孙武和司马穰苴，战国时期则有孙膑、吴起、尉缭、赵奢、白起等人。春秋战国时代，诸侯之间战事频发，使得军事成为一门显学，一些从事军事活动的智识之士，积极总结军事方面的经验，并且将其提升为作战的规律，创作了一批重要的兵学著作，其中最为著名的首推《孙子兵法》。这是一部至今仍备受关注、为许多人所研究、有着重要应用意义的经典著作，其影响已不仅限于中国，亦不仅限于军事领域。《汉书·艺文志·兵书略》著录汉以前兵家著作有53家，790篇，图43卷，分为权谋、形势、阴阳、技巧四家。吕思勉在《先秦学术概论·兵家》中说：“阴阳、技巧之书，今已尽亡。权谋、形势之书，亦所存无几。大约兵阴阳家言，当有关天时，亦必涉迷信。兵技巧家言，最切实用。然今古异宜，故不传于后。兵形势之言，亦今古不同。惟其理多相通，故其存在，仍多后人所能解。至兵权谋，则专论用兵之理，凡无今古之异。兵家言之可考见古代学术思想者，断推此家矣。”今存的兵家著作有《黄帝阴符经》、《六韬》、《三略》、《孙子兵法》、《司马法》、《孙膑兵法》、《吴子》、《尉缭子》、《将苑》、《百战奇略》等，这些兵书在阐述军事规律的同时也体现了朴素的辩证法哲学，是中国古代的一批宝贵的思想遗产。

农家

农耕图　南北朝

农家，诸子百家之一，是春秋战国乃及西汉时期注重农业生产的一个学派，《汉书·艺文志》曰：“农家者流，盖出于农稷之官。播百谷，劝耕桑，以足衣食，故八政一曰食，二曰货。孔子曰‘所重民食’，此其所长也。及鄙者为之，以为无所事圣王，欲使君臣并耕，悖上下之序。”农家分为两派，一派不关心于政治，而专心于农桑树艺；另一派以许行为代表，有着自己的政治理想，主张贤人治国应该和老百姓一道耕种，亲自做饭，这是一种取消社会分工的后退的思想。孟子反对许行的这种观点，提出“劳心者治人，劳力者治于人”的著名论说。农家著作有《神农》、《野老》、《宰氏》、《董安国》、《尹都尉》、《赵氏》等，但是均已佚失，农家没有一部完整的著作保存下来，他们的思想和活动散见在诸子的其他著述中。

名家

名家，诸子百家之一，是春秋战国时期以名实问题为研究中心、善于进行辩论的一个学派。春秋末期的郑国大夫邓析是名辩之学的创始者，有着极其高超的辩术，据说能够达到“以非为是，以是为非，是非无度，而可与不可日变”的程度。而名家的重大发展还在于战国时期的惠施和公孙龙两人。惠施，宋国人，曾在魏国为相，后来魏国改用张仪，惠施被驱逐到楚国，楚国又把惠施送回宋国，不久之后，因为各国的支持，魏国改用公孙衍为相，张仪遭受罢黜，惠施又回到魏国。惠施的著名观点是“合同异”，所谓“合同异”，就是说万物之间的“同”与“异”都是相对的，皆可“合”其“同”、“异”而一体视之。《庄子・天下》记录有惠施著名的“历物十事”，也就是惠施分析事物的十个命题，诸如“天与地卑，山与泽平”、“日方中方睨，物方生方死”等。公孙龙，赵国人，生平事迹散见于《吕氏春秋》中，做过赵国平原君的门客，曾与燕昭王和赵惠文王讨论过偃兵的问题，显示了杰出的辩才。公孙龙的著名辩题是“白马非马”和“坚白石二”。“白马非马”论将概念的外延与内涵相混淆，将事物的个别性与普遍性相割裂，纯粹是一种“不理之理”。“坚白石二”，又称为“离坚白”，说的是一块石头，用眼只能感觉其“白”而不觉其“坚”，用手只能感觉其“坚”而不觉其“白”，因此，“坚”和“白”是彼此分离的。“合同异”强调事物的统一性，“离坚白”强调事物的差异性。战国末期，后期墨家对二者的片面性有所纠正，提出了“坚白相盈”的观点。名家代表著作有《邓析子》、《尹文子》、《惠子》、《公孙龙子》等，流传下来的只有《公孙龙子》，现今所有的《邓析子》、《尹文子》皆为后人伪作。名家的重要影响不体现于社会思想方面，而体现于逻辑学方面，虽然名家的言论很多时候具有相当片面的诡辩色彩，但是其中也蕴含了丰富的逻辑学知识，对于启迪人们的思维和智慧具有重要意义。

阴阳家

阴阳家，诸子百家之一，是以阴阳五行理论为思想基础的一个学派。阴阳家的代表人物有公孙发、南公、邹衍等，而以邹衍最为著名。阴阳家在自然观上，利用《易经》的阴阳观念，推演出了宇宙演化论；又从《尚书・禹贡》的“九州划分”进而提出“大九州”的学说，认为中国为赤县神州，内有小九州，外则为“大九州”之一；在历史观上，则把《尚书・洪范》的五行观念改造为“五德终始”的学说，认为历代王朝的更替兴衰均由五行所主运；在社会伦理上，赞成儒家仁义学说，同时强调“因阴阳之大顺”。阴阳家的学说虽然普遍地具有敷衍附会的性质，但是其中也包含了天文、历法、气象、地理等方面的一些重要的知识，有着一定的科学价值。汉初的时候社会上还存有阴阳家，武帝罢黜百家后，阴阳家的部分学说融入儒学思想体系，部分内容则为原始道教所吸收，而作为独立学派的阴阳家此后已经不复存在了。关于阴阳家的著作，《汉书·艺文志》载，“阴阳二十一家，三百六十九篇”，但均已亡佚，现今仅存有少量残文。

杂家

杂家，诸子百家之一，是战国末期及至汉代初期以兼采各家为长的一个学派，杂家的出现代表着百家之间相互吸取、相互融合的演变趋向。杂家的著作以《吕氏春秋》和《淮南子》为代表。《吕氏春秋》为秦相吕不韦召集门客编著，杂出多人之手，思想错综，充分显示出汇合的特色。《淮南子》是西汉时期淮南王刘安召集门客编著，虽然兼采众家，但是呈现出以道家为主的倾向。杂家的著作大多佚失，在前两书之外，还有后人辑佚的《尸子》。

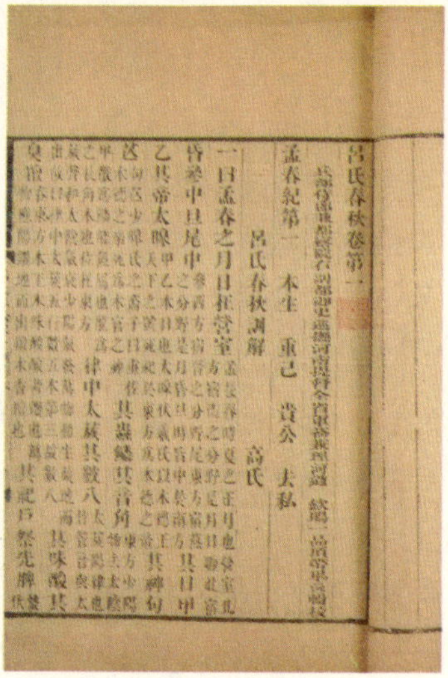
呂氏春秋卷第一
孟春紀第一 本生 重己 貴公 去私
呂氏春秋訓解 高氏
一曰孟春之月日在營室
昏參中旦尾中
乙其帝太皞
其神句
其蟲鱗其音角
律中太蔟其數八
其味酸其
其祀戶祭先脾

《吕氏春秋》书影

纵横家

纵横家，诸子百家之一，是战国时期主要从事政治外交活动的一个学派。纵横，指的是合纵与连横，《韩非子·五蠹》曰：“纵者，合众弱以攻一强也；横者，事一强以攻众弱也。”到了战国后期，秦国日益强大，合纵主要指东方六国相联合以共同抵御西方强盛的秦国，而连横则是对合纵的破解，指秦国利用有效的外交手段打破六国的联合，从而将六国各个击破。纵横家的鼻祖是鬼谷子。鬼谷子，姓王名诩，卫国人，因隐居于鬼谷而得号，精通兵法，长于纵横之术，著有《鬼谷子》14篇，其中后两篇已失传。战国中后期，列国之间的割据纷争进入最后的阶段，国家之间在武力的征伐外，也需要采取对自身有利的外交策略。西方的秦国日益强大，而东方六国实力犹存，但是难以单独与秦国相对抗，需要相互联合，而秦国为了实现一统天下的志向，则需要采取策略来瓦解六国之间的联盟。这两种策略相互颉颃，造成了六国的外交策略变化无常，当时有“朝秦暮楚”的说法，又说，“横则秦帝，纵则楚王”。在这种局势之下，一时之间，纵横家辈出，其中最为杰出也最为著名的是张仪和苏秦。张仪，是连横派的主要代表，为秦国的第一任相国，对秦国后期的强盛和统一进程的加快做出了重要贡献。苏秦是合纵派的主要代表，曾往返奔走于列国之间，广泛游说，挂得六国相印，促成六国之间的联合，声名威赫，但是这种合纵的局面很快为秦国所瓦解，后来苏秦在齐国被人刺杀。纵横家的著作今存有《鬼谷子》、《苏子》和《张子》，另外，《战国策》被认为是纵横家的游说之辞的总集，其中记载着大量的纵横家政治和外交活动的事迹。

诸子

“诸子”，指春秋战国时期众多学术流派的代表人物及其著作，因“子”是一种尊称，当时的众多学者名流一般都以姓氏或姓名被敬称为“某子”，而其流传的著作又多以名号来命名，所以概括得之谓“诸子”，既指其人，亦指其书。《汉书·艺文志》对“诸子”有较为详细的录述，并将其归结为十家，即儒、道、阴阳、法、名、墨、纵横、农、杂、小说这 10 家，其中在社会思想方面影响最大的是儒、道、法、墨这 4 家。儒家的创始人是孔子，战国时期儒家最为著名的代表人物是孟子和荀子，儒家学说后来成为中国古代社会的官方主导思想；道家的创始人为老子，老子的思想后来为庄子所继承，后世谈论道家学说，常常老庄并称；阴阳家以阴阳五行理论为思想基础，代表人物有公孙发、南公和邹衍等，其中以邹衍最为著名；法家的产生与君主的统治术密切相关，先期以慎到、申不害、商鞅三人为代表，而韩非则是法家的集大成者；名家以善辩著称，其主要贡献在于逻辑学方面，先驱为春秋末期郑国的大夫邓析，惠施和公孙龙是名家的代表人物；墨家的创始人为墨子，在当时与儒家并列为最受崇尚的显学；纵横家以从事政治外交活动为主，其先祖为鬼谷子，战国中后期列国相互征伐最烈、统一进程步入最后阶段之时，纵横家辈出，其中最为著名的是张仪和苏秦；农家是注重农业生产、着重从事农业研究的学派，许行是农家的重要代表人物；杂家以众家学说兼收并蓄见长，其代表著作为《吕氏春秋》以及后来西汉时期的《淮南子》；小说家指的是记述民间街巷之谈的一类人物，《汉书·艺文志》中虽然将小说家列为十家之一，但是认为十家之中，其可观者为九家，小说家被认为是不入流的，并不在九家之列。

孔子

孔子（公元前 551 ~前 479 年），名丘，字仲尼，春秋时鲁国人，鲁襄公二十二年出生于鲁国昌平乡陬邑（今山东曲阜东南），鲁哀公十六年卒，时 73 岁，葬于曲阜城北泗水之上，即今日孔林所在地。孔子父亲叔梁纥（叔梁是字，纥为名）是有名的武士，曾任陬邑大夫，妻施氏生九女而无子，丧妻后续娶，生一子，但有残疾，不宜继嗣，遂再娶孔子的母亲颜徵在。孔子 3 岁的时候，父亲病逝，孔子和母亲过着贫苦的生活。孔子自幼十分好学，通过勤苦的自学掌握了渊博的学识。孔子早年时做过管理粮库和畜牧的差事，曾一度离开鲁国，后来返鲁，步入仕途，做过中都宰、司空和大司寇，并一度代理宰相的职位，但是因为与君主政见不合而辞掉官职，离开鲁国，率领众弟子开始了长达 14 年的周游生涯，69 岁时返回鲁国，其后主要从事教育和文化典籍的整理工作。孔子的言行思想与生平事迹主要记载于孔子弟子编著的《论语》和西汉司马迁所著的《史记·孔子世家》。孔子是儒家学派的开创者，他建立了以“仁”为核心的儒学思想体系，成为 2000 多年来为中国社会所崇奉的主导文化。孔子首开私家讲学之风，将文化由贵族传播到了民间，弟子有三千之众，杰出者有 72 人，这不仅为儒家思想在后世的流传和发扬奠定了良好的基础，也对我国文化和教育的发展做出了重大的贡献，产生了极为深远的影响。

孟子

孟子（公元前 372 ~前 289 年），名轲，战国时代鲁国邹人（今山东邹县东南），幼年丧父，家境清贫，但是母亲很重视对孟子的教育，这从广为流传的“孟母三迁”的故事中可以窥知。孟子曾受业于孔子之孙子思的门人，是继孔子之后出现的又一位儒家学派的大思想家，被尊为“亚圣”，其言行思想记录在孟子与其弟子共著的《孟子》一书中。孟子曾效仿孔子，周游列国，游说诸侯，宣扬“民本”思想，广布“仁政”学说，但是不被诸侯采纳，备遭冷落，晚年退隐著书，卒年 84 岁。孟子继承和发展了孔子的儒家思想，他生活在诸侯兼并战争愈演愈烈的战国时代，对人民饱受战争之苦与剥削之害的凄惨处境感触极深，提出了“民为贵，社稷次之，君为轻”的著名论说，力倡君主实行仁政，与民同乐，由此方可称王于天下。孟子还在人身修养方

后世为纪念孟子所建的亚圣庙

面提出一系列的重要思想:“人皆可以为尧舜”;“富贵不能淫，贫贱不能移，威武不能屈，此之谓大丈夫”;“生，我所欲也，义，亦我所欲也。二者不可得兼，舍生而取义者也”;“吾善养吾浩然之气”……这些都成为对中国历代仁人志士影响甚深的修身和处世的准则。

荀子

荀子（约公元前313～前238年），名况，战国后期赵国人，时人尊为“荀卿”，西汉时因避汉宣帝刘询名讳，改称“孙卿”（当时“荀”与“孙”字音相通）。

荀子50岁时游学于齐国临淄稷下学宫，备受齐王礼遇，但因遭受他人的嫉妒并且有人到齐王那里进行诽谤，遂离开齐国，前往楚国。荀子受到楚国令尹春申君的赏识，出任兰陵令。春申君在楚国的内乱中被杀，荀子也被罢官，但是留在兰陵著书，讲学，至其所终。

荀子是先秦时期最后一位儒学大师，但是他的思想较孔子和孟子的思想具有较大的差异，相应于孟子的“性善论”，荀卿针锋相对地提出“性恶论”，在政治上主张礼法兼治，王霸并用，这成为后来法家学说的张本，这从荀子最为知名的两个弟子韩非和李斯均为法家学派的代表人物也可以窥知荀子思想与法家学说的密切关系。实际上，荀子的思想已并非孔孟时期原初的儒家思想，而是具有综合各家的集大成的特点，后来封建王朝统治者所尊崇的儒学实质上更接近荀子的思想，以至于谭嗣同言:“二千年之政，皆秦政也，皆大盗也；二千年之学，皆荀学也，皆乡愿也。唯乡愿工媚大盗，唯大盗利用乡愿。”这虽是攻击荀学的言论，但也反映出荀子学说对于后世的影响之大。

老子

老子，春秋时陈国人（因春秋末年陈国为楚国所吞并，所以有的书籍记载为楚国人），生平资料极为稀少，生卒年亦不详，一般认为比孔子年长约20年。据《史记·老子韩非列传》，老子，姓李，名耳，字聃。按现代学者高亨的观点，老子本姓老，因古代读音“老”与“李”相近，后来讹为李姓。老子曾在周朝王室担任藏室史（相当于国家

老子出关图　清　任颐

图书馆馆长），有机会博览天下典籍，因而形成了高深的学问。后来老子因见到周室衰微，而辞官归隐，途经函谷关，因为受到关令尹喜的挽留和劝说，于是著述五千字，即后世传为道家经典的《道德经》。出关之后，就再没有人知道老子的下落了。老子是道家学派的创始人，在后世亦被奉为道教始祖，并且将其仙化为“太上老君”。孔子曾问礼于老子，后来孔子曾对弟子言：“鸟，吾知其能飞；鱼，吾知其能游；兽，吾知其能走。走者可以为罔，游者可以为纶，飞者可以为矰。至于龙，吾不能知其乘风云而上天。吾今日见老子，其犹龙邪！”从这番言语中可以见知孔子对老子的高度赞誉和老子的那种大智者的高渺形象。

庄子

庄子（约公元前369～前286年），名周，《史记》中言“庄子者，蒙人也”，但蒙这个地方究竟在何处，却无法考知，有人说庄子是楚国人，有人说是宋国人，亦有人说是由楚国而迁徙于宋国。庄子做过漆园吏，对于这一官职，也有不同的说法，一种说法认为漆园是地名，另一种说法认为，漆园是漆树之园的意思，但是不管漆园究指何意，漆园吏一定是一个卑微的职位。后来，庄子过着清贫的隐居生活，据说曾以卖草鞋为生。庄子与孟子为同时期的人，两者均是为后世所备为推重的先哲，而《孟子》一书中并没有关于庄子的记录，孟子在当时以好辩著称，其自谓为不得已而为之，因为要为孔子的学说争得言论的空间，而庄子的思想与孔子的思想是大异其趣的，孟子却没有与庄子相辩论，由此可以推知，庄子的学说在他所生活的年代并未广泛地流传，这是由庄子的人生态度和生活环境所决定的。但在日后庄子的学说大放异彩，庄子也与道家的创始者老子并称为“老庄”。庄子继承和发扬了老子的道家思想，提倡顺应自然，率性而为，主张绝圣弃智和清静无为，崇尚“天地与我并生，万物与我为一”的逍遥自在、至大无极的精神境界。庄子的论著集为《庄子》一书，又称《南华经》，此书分为内篇、外篇和杂篇三部分，一般的看法是内篇为庄子本人所作，而外篇是庄子的弟子所写或者是庄子与弟子合写的，但体现的也是庄子的思想，杂篇则出自后人之手，其中所蕴含的思想也较为驳杂，部分篇章与庄子本人的思想明显有异。《庄子》一书不仅是一部经典的哲学著作，还是一部重要的文学典籍，其语言汪洋恣肆，想象奇特丰富，情致飞扬旷达，洋溢着超凡脱俗的浪漫主义精神，对后世的文学创作产生了极为深远的影响。

韩非子

韩非子（公元前280～前233年），即韩非，战国后期韩国人，为韩国宗室成员，是法家的最为著名的代表人物，其著作主要辑录于《韩非子》一书中。韩非曾与李斯同时拜学于荀子门下，对于韩非的才能，李斯是自叹弗如的。然而韩非所在的韩国，在当时的战国七雄中，国力是最为弱小的。韩非痛感于韩国国君治理国家不务法治，不能够以权术来统驭臣下，不能够举贤任能，而是“养非所用”，“用非所养”，清廉不为奸邪所容，不能够使国家昌盛、军力强大，从而屡屡受辱于他国，于是多次上书劝谏，但他的建议均不被采纳，韩非愤而著书，将自己的政治理想述之于笔下。后来韩非的文章传到秦国，受到秦王嬴政的极大赏识，于是秦王以出兵相威胁，迫使韩国让韩非到秦国效力。韩非来到秦国后虽受重用，却遭到李斯、姚贾的嫉妒和陷害，终因自己是韩国宗室而无法受到秦王信任，以致落入狱中，被逼自杀。韩非以法家思想为本，总结了前期法家的经验，吸收了儒、墨、道诸家的观点，形成了以法为中心的法、术、势相结合的政治思想体系，成为法家思想的集大成者。韩非的全部理论植根于荀子“性恶论”的观念，认为人与人之间的关系都是利害关系，人的心理无不“畏诛而利庆赏”，君王的职责就在于利用“刑”与“德”二手，使民众畏威而归利。他把商鞅的“法”、申不害的“术”和慎到的“势”融为一体，认为申、商学说的最大弊端是没有把法与术结合起来，而且“申子未尽于术，商君未尽于法”。韩非详细阐发了术与法的内容以及二者的关系，指出国家若欲强盛，就必要求君主善于使用权术，同时臣下也必须遵守法度。韩非特别强调了“以刑止刑”的思想，倡导“严刑”、“重罚”。韩非第一次明确提出了“法不阿贵”的思想，主张“刑过不避大臣，赏善不遗匹夫”。这一点是韩非对中国法制思想的重大贡献，对于清除贵族特权和维护法律尊严产生了积极的影响。韩非认为，只有法和术还不行，还必须有“势”做保证。“势”，也就是权势。他赞赏慎到所说的“尧为匹夫不能治三人，而桀为天子能乱天下”，提出了“抱法处势则治，背法去势则乱”的观点。韩非还继承了商鞅“治世不一道，便国不法古”的思想传统，提出了“不期修古，不法常可”的观点，主张“世异则事异”、“事异则备变”，倡导改革图治，变法图强。韩非的法治思想适应了一定历史发展阶段的需要，在中国封建中央集权制度的确立过程中起到了重要的理论指导作用。

墨子

墨子，名翟，生卒年不详，大约生活在公元前470到前380年间，出生于小邾国（又称郳国，位于今山东滕州），是墨家学派的创始人，有《墨子》一书传世。《墨子》一书分两大部分：一部分记述墨子的言行和思想，主要反映了前期墨家的思想；另一部分《经上》、《经下》、《经说上》、《经说下》、《大取》、《小取》等6篇，一般称为墨辩或墨经，着重阐述墨家的认识论和逻辑思想，还包含了许多自然科学的内容，反映的是后期墨家的思想。《墨子》书中包含的内容十分广博和繁杂，涉及了政治、军事、哲学、伦理、逻辑、科技等诸多的学术领域，但是由于行文质朴无华，文学性较弱，

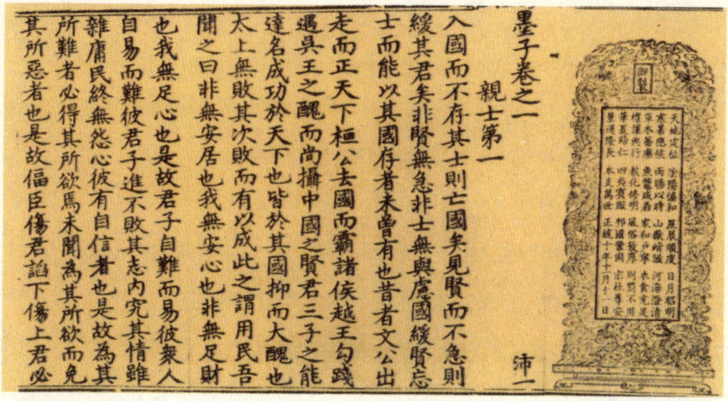

墨子卷之一
親士第一
入國而不存其士則亡國矣見賢而不急則
緩其君矣非賢無急非士無與慮國緩賢忘
士而能以其國存者未曾有也昔者文公出
走而正天下桓公去國而霸諸侯越王勾踐
遇吳王之醜而尚攝中國之賢君三子之能
達名成功於天下也皆於其國抑而大醜也
太上無敗其次敗而有以成此之謂用民吾
聞之曰非無安居也我無安心也非無足財
也我無足心也是故君子自難而易彼衆人
自易而難彼君子進不敗其志內究其情雖
雜庸民終無怨心彼有自信者也是故為其
所難者必得其所欲焉未聞為其所欲而免
其所惡者也是故偪臣傷君諂下傷上君必

《墨子》书影

而且部分文章又未免佶屈聱牙，更加之东周之后墨学后继无人，因此《墨子》一书长期为世人所忽视，直到近代，其中蕴含的丰富而宝贵的知识与思想才被重新发现和重视，特别是其中记载的数学、天文学、物理学等自然科学方面的知识，令世人非常震惊。例如，书中记载的光的直线传播、小孔成像、杠杆定理等，均可谓领世界之先，可惜的是这样宝贵的科学资料长久地被埋没于尘埃之下，无人理会。《墨子》一书中为人所熟知的还是关于社会思想的内容。墨子认为世上一切不合理的事，都是起于人与人之间的不相爱，因此主张“兼爱”。墨子讲的“兼爱”是一种普泛的无等差的爱，是“视人之家若视其家”的视人如己的爱，这与儒家所提倡的由己及人、由亲及众的以亲己为中心而向外扩及的有亲疏差别的爱是不同的。墨子将爱人与利人联系在一起，“兼相爱”意味着“交相利”。从这种“兼爱”的思想出发，墨子主张“非攻”，极力反对诸侯国之间的相互攻战，认为这种战争是“至大不义”的。墨子也反对儒家提倡的礼乐，认为那些繁复的仪式是劳民伤财，是不利于生产与生活的，因此提出“节用”、“非乐”和“节葬”等倡导。在政治思想方面，墨子主张“尚贤”和“尚同”。“尚贤”，也就是任贤使能，墨子指出：“官无常贵，而民无终贱，有能则举之，无能则下之。”墨子的“尚贤”说突破了宗法等级制度，显示出彻底的平等色彩。“尚同”，讲的是统一人们的思想，墨子认为天下之乱是因为人们的思想不同而产生的，解决的办法是：“选择天下贤良、圣知、辨慧之人，立为天子，使从事乎一同天下之义。”在人身修养上，墨子主张吃苦耐劳，要求做到“量腹而食，度身而衣”，秉持一种严格苛刻的修行态度。相较于其他学说流派而言，墨子的思想主要反映的是社会下层人民的利益和愿望。

董仲舒

董仲舒（公元前 179 ~前 104 年），广川人（位于今河北景县），西汉时期最为重要的思想家、经学家和教育家。汉景帝时，董仲舒曾在朝任博士，讲授《公羊春秋》。其先，秦始皇焚书坑儒，儒学传承遭到了严重破坏，到汉朝初年才又有了复兴迹象，但是“文帝好刑名”，“景帝不任儒”，武帝初年，时为太皇太后的武帝祖母窦氏崇尚黄老，排斥儒学，而且她对朝政有着重要的影响力，所以很长时期，儒学处于受压抑的位置，窦太后去世后，儒学才获得了真正走向振兴的条件。元光元年（公元前 134 年），汉武帝下诏征求治国方略，董仲舒进献了著名的《天人三策》（又称《举贤良对策》或《贤良对策》），提出“罢黜百家，独尊儒术”等重要主张，为汉武帝所采纳，从而开创了儒学作为官方主导思想的先河。其后，董仲舒担任江都易王刘非的国相 10 年，元朔四年（公元前 125 年），转任胶西王刘端的国相，4 年后辞职回家，此后居家著书，仍然受到汉武帝的尊重，朝廷每有大议，则令使者及廷尉到他的家里询问意见。董仲舒是一代硕学鸿儒，对儒学的振兴做出了巨大的贡献。他指出，“《春秋》大一统者，天地之常经，古今之通谊也”，然而当时“师异道，人异论，百家殊方，指意不同”，于是当政者无法实现一统的局面，以致法令频繁变更，臣民不知所从，而政治的一统又是以文化的一统为根基的，当其世也，最为适合社会发展需要的思想首推儒学，所以倡导独尊儒术。董仲舒的这一主张为汉武帝所接纳，于是结束了思想界百家争鸣的局面，这对思想与学术的自由发展造成了消极的影响，但是在巩固国家的统一以及后来民族共同心理的形成方面有着极为重要的积极贡献。董仲舒以《公羊春秋》为依据，将周代以来的宗教天道观和阴阳、五行学说结合起来，吸收了法家、道家和阴阳家的思想，对当时社会所面临的一系列哲学、政治、社会、历史等方面的问题，给予了较为系统的回答，提出了“大一统”、“罢黜百家，独尊儒术”、“天人感应”、“性三品”、“三纲五常”等一系列对后世的政治思想与社会意识影响极大的学说，由此建立了一个新的儒学思想体系。董仲舒的学说被确立为汉代的统治思想，也奠定了其后中国整个封建时代的官方统治的思想基础。

刘歆

刘歆（约公元前 50 ~ 23 年），字子骏，沛人（今江苏沛县），汉代皇族，著名的经学家，也是中国最早的目录学家。刘歆少年时通习今文《诗经》、《尚书》，后又研学今文《易经》和《谷梁春秋》等，由于通晓经学和善于属文而为汉成帝所召见，待诏宦者署，为黄门郎。汉成帝河平三年（公元前 26 年），刘歆受诏与其父刘向领校中秘书，协助校理图书。刘向死后，刘歆继承父业，负责总校群书，在刘向撰写的《别录》基础上，修订创作了中国历史上第一部图书分类目录《七略》。刘歆在整理图书的过程中接触了大量的古文经学，对其产生了浓厚的兴趣。当时居于官方正统地位的是今文经学，刘歆为此而不平，建议将古文经学列于官学。汉哀帝征询臣下的意见，让刘歆与今文经学家们进行讨论，但是治理今文经学的太常博士们“不肯置对”，态度极为强硬地拒绝设立古文经学的建议。刘歆对此十分愤慨，写了一篇驳斥太常博士的书文，即《移让太常博士书》，这是汉代经学发展史上一篇极为重要的文献。刘歆在该书中披露了孔壁古文《尚书》与《逸礼》发现的事实，介绍了秘府所藏左丘明撰的《春秋》古文本，指责太常博士们“抱残守缺，挟恐见破之私意，而无从善服义之公心”。刘歆激烈的措辞引起太常博士们的怨恨，尽管汉哀帝是袒护刘歆的，但刘歆终究因为得罪了当权大臣，又为今文博士们所讪谤，而被迫离开京城到地方为官，数年后以病免官，居家不出。后来汉平帝即位，王莽操纵朝政，重新起用刘歆，刘歆也由此陷入了政治旋涡，他所倡导的古文经学为王莽的篡汉举动所利用。王莽篡汉建立新朝后，刘歆成为国师，但是刘歆此时已受制于王莽的政治罗网，他力图挣脱，谋划诛杀王莽，事败后自杀。刘歆的著作大多亡佚，仅有个别著作因被收于其他书中而得以幸存，如《移让太常博士书》被收存于《汉书·刘歆传》中，《七略》基本录述在《汉书·艺文志》中，《三统历谱》则在《汉书·律历志》中存有梗概，后明人辑有《刘子骏集》。

许慎

许慎（约 58 ~约 147 年），字叔重，汝南召陵人（今河南漯河市召陵区），是汉代著名的经学家，有“五经无双许叔重”之誉，也是著名的语言学家和文字学家，是中国文字学的开拓者，被称誉为“字圣”。许慎早年曾在汝南郡担任功曹，协助郡守办理全郡公务，任职期间，勤于政事，廉洁奉公，严以律己，宽以待人，展示出高尚的德操，因此又被推举为孝廉。此后许慎被召入京城，分配到太尉府，任职为南阁祭酒，从事文书一类的工作。许慎入京后，师从著名的经学大师贾逵，受读古文经，学业大进，开始精心治学。汉代时对于儒家经典的传承分为今文经学和古文经学，今文经学常常断章取义，曲解文字，任意地引申比附，而古文经学则认为解说经书应该严格根据字的意思，应该重视语言文字之学，树立它在经学上的重要地位。为了驳斥今文经学家们曲解文字、篡改经艺的妄说，提高古文经学的地位，就必须弄懂文字的结构、读音和意义，许慎因此而立志写作一部字书。汉和帝永元十二年（100 年），许慎初步完成了这部字书，就是后来举世闻名的《说文解字》。《说文解字》草成数年后，许慎以太尉南阁祭酒校书东观（朝廷的藏书处）。在校书期间，许慎的知识涉猎更广，而且研究更加精深，当时，《说文解字》已经创作完成，为了令其更加完善，许慎一直都没有定稿，而是不断地将新的发现和收获补充进去。经过反复多次的修改、斟酌、校订，直至汉安帝建光元年（121 年），许慎才最后写成定稿，将《说文解字》献与朝廷。此后，许慎就在家乡及附近村庄授经教书。《说文解字》从开始创作，到完成初稿，再到最后定稿，前后花费了许慎半生的心血。但是许慎的心血没有枉费，《说文解字》所蕴含的无可替代的宝贵价值，可以说将永远地惠泽于世。《说文解字》收字 9353 个，重字 1163 个，共 10506 字，均按 540 个部首排列，开创了部首检字的先河，以六书进行字形分析，比较系统地建立了分析文字的理论，同时保存了大部分先秦字体和汉代的文字训诂，反映了上古汉语词汇的面貌。《说文解字》是我国语文学史上第一部分析字形、辨识声读和解说字义的字典，是我们当今研究古代汉语言文字所必不可少的资料，而且在未来的汉语言文字研究中仍将有着巨大的意义。

王充

王充（27～约97年），字仲任，会稽上虞人（今属浙江绍兴），东汉时期著名的思想家。王充的祖先为魏郡元城（今河北大名）王氏，是西汉望族，王莽改制时期达到鼎盛，而随着王莽新政的失败，王氏家族也走向衰落。王充出生之时，家境已经非常贫微，而且王充约10岁的时候又失去父亲，家境变得更加不堪。王充非常贤孝，颇受乡人称赞，并且非常好学，后来接受推荐得以赶赴京师进入太学学习。王充因为家贫无资购书，因而常到书肆阅览，有过目成诵之资。后来王充回到家里以教书为业，被会稽郡征聘为功曹，因为在工作中与上司不和而辞职。之后，王充闭门著述。后来，王充又出任过州郡的官职，但都是属官，也就是说一直为人下僚，未曾主事。

大约在汉章帝元和三年（86年），王充完成了《论衡》一书的创作。“衡”字的本义是天平，“论衡”就是评定当时言论之价值的天平之意。东汉一朝，具有神秘主义色彩的反科学的谶纬学说盛行，王充创作《论衡》的一个直接的目的就是对谶纬学说进行反驳和批判，以切实而详尽的论说实现“冀悟迷惑之心，使知虚实之分”的意图。王充认为天和地都是无意志的自然的物质实体，宇宙万物的运动变化和事物的生成都是由于物质性的“气”自然运动而生成的结果。王充指出，人有生即有死，人之所以能生，是因为他有精气血脉，而“人死血脉竭，竭而精气灭，灭而形体朽，朽而成灰土，何用为鬼”？王充对于人的精神现象给予了唯物的解释，从而否定了鬼的存在，破除了“善恶报应”的迷信。他对此形象地表述，人死犹如火灭，火既灭而何能有光？王充反对“奉天法古”的思想，认为今人和古人相齐，今人与古人气禀相同，没有差异，没有理由颂古非今。与此相反，王充认为汉代比过去的历代都进步，而这是因为汉在“百代”之后。这种见解与“天不变道亦不变”的思想是完全对立的。正因为《论衡》一书反叛于汉代的儒家正统思想，所以当时以及后来的历代封建统治阶级都将其

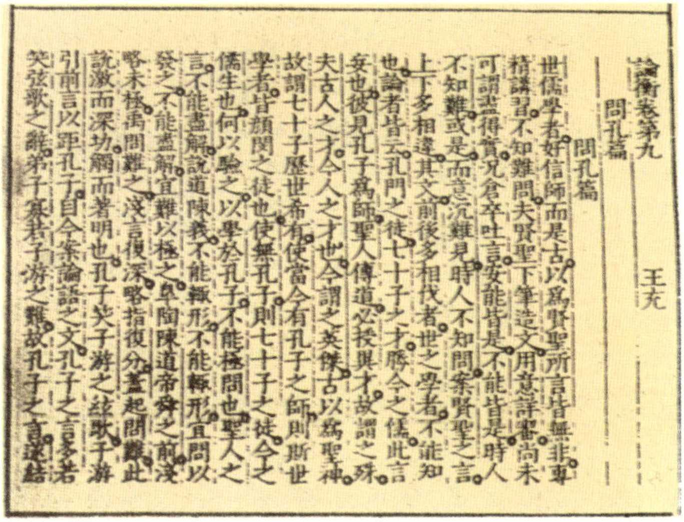

論衡卷第九

問孔篇　王充

問孔篇

世儒學者好信師而是古以爲賢聖所言皆無非專精講習不知難問夫賢聖下筆造文用意詳審尚未可謂盡得實況倉卒吐言安能皆是不能皆是時人不知難或是而意沉難見時人不知問案賢聖之言上下多相違其文前後多相伐者世之學者不能知也論者皆云孔門之徒七十子之才勝今之儒此言妄也彼見孔子爲師聖人傳道必授異才故謂之殊夫古人之才今人之才也今謂之英傑古以爲聖神故謂七十子歷世希有使當今有孔子之師則斯世學者皆顏閔之徒也使無孔子則七十子之徒今之儒生也何以驗之以學於孔子不能極問也聖人之言不能盡解說道陳義不能輒形不能輒形宜問以發之不能盡解宜難以極之皋陶陳道帝舜之前淺略未極禹問難之淺言復深略指復分蓋起問難此說激而深切觸而著明也孔子笑子游之絃歌子游引前言以距孔子自今案論語之文孔子之言多若笑弦歌之辭弟子寡若子游之難故孔子之言遂結

王充的《论衡》书影

《论衡》的主要观念：1. 以自然元气说，否定神学、天命。2. 以自然元道观为基础，批判谶纬之学、天人感应等。3. 以命定说讨论人性和社会哲学。《论衡》的主要内容：1. 揭穿荒诞的迷信，排斥鬼神和禁忌。2. 反对盲目的崇拜，批评夸张的记载。3. 开厚古薄今之风，宣汉朝之德。

视为“异书”，甚至对其进行禁锢，然而《论衡》的伟大之处也正在于这种立足于事理真实的强有力的反叛精神，这种反叛不仅需要科学的思想发现，而更需要极大的理论胆识，王充不拘俗论，力言自己的真知灼见，甚至不惜冒着灭门的危险，这是极为难能可贵的。《论衡》一书，辨析了当时的许多学术问题，对社会上的颓坏现象也进行了有力的针砭，思想深刻而惊人，具有振聋发聩的效果，另外，书中还记述了许多自然科学方面的知识，其中不乏大量的先进研究与重要发现，例如，书中讲述声是由物体振动产生的，而且是需要凭借物质来传播的。

总而言之，《论衡》不仅是中国古代的一部重要的哲学文献，而且是东汉时期的一部百科全书式的学术著作，虽然书中部分内容未免于局限和错谬，但是它产生于一个封建迷信盛行并被统治者所尊奉的时代，它敢于向权威挑战、勇于坚持真理的精神和创立的一个比较完整的古代唯物主义体系，在中国哲学发展史上具有划时代的重大意义。王充的思想对此后的无神论者，诸如魏晋时期的杨泉，南朝的何承天、范缜，唐朝的刘禹锡、柳宗元，明清之际的王夫之等重要的思想家和学者，都产生了不同程度的影响。

王肃

王肃（195 ~ 256年），字子雍，东海郯人（今山东郯城西南），著名学者王朗之子，三国时期著名的经学家。王肃自幼聪颖好学，加之父亲的良好教导，少年之时就已经遍读典籍，精熟地掌握了今文经学和古文经学，18岁时又向当时知名的学者宋忠学习《太玄》。《太玄》是一种儒、道、阴阳诸家杂糅的书，这对此前专治儒学的王肃产生了极大的启发。王肃借鉴《太玄》诸家融合的做法，兼采今古文经学两派的学说，为己所用，开始用道家无为而治的思想来阐释儒家的理论，又结合当时的社会实际，逐步形成了一套具有自己特点的学术理论和政治思想。他对日见衰微的经学，采纳各派合理的部分，先后为《尚书》、《诗经》、《论语》、《三礼》、《左传》等经典作注，又整理了其父王朗所作的《易传》。王肃的注经，既有综合性，又有创新性，同时具有系统化的特点，对当时的政治问题有着全面的涉及，而且适应了新的社会形势需要，在学术界产生了很大的影响。不久，司马氏当政，而司马昭又是王肃的女婿，王肃的经学由此借势被列为官学。王肃的经学注重经典的微言大义，这与郑玄注重训诂的倾向正相反。为了进一步表明自己的思想观点，同时也为他的思想寻觅理论上的渊源，王肃借“圣人”孔子及其子孙之口，伪造《孔子家语》、《孔丛子》、《圣证论》等，其中语言虽多取自古典典籍，但也有着王肃自己的重要改动和新的阐发。王肃多次讲到孔子以老子为师的情况，极力渲染孔子与老子之间密切的学术关系，为自己儒道合流的理论寻找历史依据，进而用道家无为而治的学说来改造儒家的天道观，提出“无为”的治国主张。王肃反对经学中关于天命的说法，认为人类社会中一切丑恶的现象，都是没有实行无为而治的结果，这是人们自身造成的，而不是天道的作为。王肃的学说反映出汉魏之际传统儒学向道家学说靠拢的思想迹象，成为以儒家为宗的两汉经学走向以道家思想为本的魏晋玄学的重要过渡和理论先导。王肃在政治生涯中，曾对朝廷的典制、郊祀、宗庙、丧纪等重要问题，前后写了逾百篇论文阐述自己的看法，恪尽劝谏之职，表现出儒家积极入世的态度。而他自 25 岁出任散骑黄门侍郎后，可谓官运亨通，先升任散骑常侍，又以常侍之职兼任秘书监、崇文观祭酒，成为管理教育的重要官员，后又外任广平太守，再被召回京，拜为议郎，任侍中，能够出入禁中，接着又升任太常，掌管宗庙祭祀，成为朝廷重要官员的九卿之一。大将军曹爽专权时，王肃因为反对何晏等人而被免职，而不久司马氏得政，王肃东山再起，出任光禄勋，掌管宫廷门户，仍为九卿之一。

王弼

王弼（226 ~ 249 年），字辅嗣，山阳高平人（今山东邹城、金乡一带），三国时期著名的玄学家。王弼出身官宦之家，六世祖、五世祖都曾位列三公，而汉末的“八俊”之一荆州牧刘表是王弼的曾外祖父。当年王弼的祖父王凯与其族弟王粲避乱于荆州，投靠刘表。刘表非常欣赏王粲的才学，想把女儿嫁给他，但是又嫌王粲面貌丑陋，于是将女儿嫁给了有风貌的王凯。王粲的两个儿子因罪被处斩，后嗣断绝，这样，王凯的儿子王业，也就是王弼的父亲，被过继给王粲。王粲少负才名，早时在长安受到大学者蔡邕的礼遇，蔡邕将自己收藏的书籍万卷赠给了王粲，后来这批丰富的藏书被王业继承，这对王弼的成长产生了极为有利的影响。王弼天资聪慧，喜好老子，能言善辩，何晏曾称赞王弼说孔子所讲的后生可畏者就是王弼这样的人。王弼为人高傲，恃才傲物，常常讽人，因而招致很多人的忌恨。曹爽擅权时，王弼补台郎。正始十年（249 年），曹爽为司马氏所杀，王弼也被免官，同年病殁，年 24 岁。王弼与何晏同为魏晋玄学早期的代表人物，著有《周易注》、《周易略例》、《老子注》、《老子指略》、《论语释疑》等，王弼在这些著作中显示出自己独特的创见。王弼将《周易》玄学化，将原来的象数之学发扬为思辨之学，在经学的研究上开启了一代新风。在本体论方面，王弼持以无为本的观点，认为“道”或“无”是产生万物的宗主。从以无为本的哲学观点出发，王弼提出了“以静制动”、“以静治国”、“无为而治”等政治主张，并且提倡“绝圣智”、“弃仁义”，指出：“故绝圣智而后圣功全，弃仁义而后仁德厚。”王弼对《周易》、《老子》和《论语》的注解，并不是立足于研究《老子》、《周易》和《论语》的微言大义，而是立足创立他自己的认识论和方法论哲学，并以此来研究、分析和解决当时社会的各种政治难题。王弼带着一种自觉的意识来研究和建立民族本体论哲学的世界观、认识论和方法论，这在中国哲学发展史上有着里程碑式的重大意义。

嵇康

嵇康，字叔夜，谯郡铚县（今属安徽宿州）人，“竹林七贤”之一，著名玄学家，魏晋风流的代表人物，提出“越名教而任自然”的知名主张。据《晋书》记载，嵇康“早孤，有奇才，远迈不群，身长七尺八寸，美词气，有风仪，而土木形骸，不自藻饰，人以为龙章凤姿。天质自然，恬静寡欲，含垢匿瑕，宽简有大量。学不师授，博览无不该通，长好庄、老，与魏宗室婚，拜中散大夫。常修养性服食之事，弹琴咏诗，自足于怀”。关于嵇康的生卒年，《三国志·魏书》和《晋书》中仅记载嵇康于魏元帝景元年间被诛，而没有确切的纪年。嵇康以打铁为乐（亦有说为以打铁为生），而不喜为官，大将军司马昭曾想聘他为自己的掾吏，嵇康则坚守素志，不予接受，并且因此而离家躲避。司隶校尉钟会曾想结交嵇康，也为嵇康所拒绝，钟会由此而与嵇康结下仇隙。同为“竹林七贤”之一的山涛曾荐举嵇康为官，嵇康也辞绝，写下了著名的《与山巨源绝交书》来表明自己的心志。嵇康原本与吕巽、吕安兄弟为友。吕安的妻子被其兄吕巽奸污，吕安打算休妻并起诉吕巽，但是吕巽请嵇康从中调解，并发誓不会反诬，嵇康接受请求，劝说吕安而将此事平息下来。不料后来吕巽害怕吕安反悔，于是抢先诬告吕安不孝。嵇康义不负心，写信与吕巽绝交，并出面为吕安作证，他自己也因此而被收押。钟会进谮言劝司马昭乘此机会除掉嵇康。嵇康入狱后，立刻激起舆论的不满，许多豪杰纷纷要求与嵇康一同入狱，经有司的劝谕，众人方才遣散，然而最后嵇康和吕安却被判处了死刑。行刑当日，3000名太学生集体请愿，请求赦免嵇康，要求让嵇康到太学来做老师，但是这些要求并未得到同意，嵇康最终被杀，年40岁。临刑之时，嵇康神色自若，求琴抚奏一曲《广陵散》，曲终悲然长叹：“《广陵散》于今绝矣！”语毕从容就戮。嵇康极善音律，他创作的《长清》、《短清》、《长侧》、《短侧》，合称“嵇氏四弄”，与东汉蔡邕的“蔡氏五弄”合称“九弄”，隋炀帝曾把“九弄”作为科举取士的条件之一。嵇康另作有《风入松》等名曲，其留下的“广陵绝响”的典故被后世传为佳话，《广陵散》更是成为中国十大古典名曲之一。他的《琴赋》和《声无哀乐论》等音乐理论作品亦是千秋相传的名篇。嵇康亦擅长书法，工于草书，兼善丹青，在诗文方面，嵇康也有着极高的造诣。鲁迅对嵇康颇有偏爱，曾花费巨大的心力辑校《嵇康集》，这其中也寄寓着鲁迅自己的心志。

竹林七贤

“竹林七贤”，指生于魏晋之际的嵇康、阮籍、山涛、向秀、刘伶、王戎和阮咸七人，因他们相为结交，常友集于山阳（今河南修武）竹林之中酣歌纵酒，故世称“竹

《高逸图》 唐 孙位
竹林七贤都是魏晋名士，也是玄学大师。

林七贤”。嵇康对司马氏的统治采取不合作的态度，对司马氏所倡导的名教进行讽刺，提出影响巨大的“越名教而任自然”的知名主张，后来受谮于钟会，被诛于司马昭之手。阮籍（210 ~ 263 年）与嵇康有所不同，“口不臧否人物”，在政治上执守谨慎避祸的态度，但是在艺术创作中尽显嬉笑怒骂之能事，对那些自命为君子的礼法之士进行刻薄的嘲讽和鞭挞。阮咸是阮籍的侄子，生卒年不详，也是名教的叛逆者，曾在为母亲守丧期间公然与姑姑家的女婢私通，饮酒时也颇为放诞，以大盆盛酒而狂酌，甚至会与猪共饮。阮咸精通音律，在乐界享有盛名，民族乐器中的“大阮”、“小阮”就是阮咸的发明。刘伶（约 221 ~ 300 年）也是一位放情肆志、以酒为命的人，常乘鹿车，携一壶酒，使人荷锸而随之，以方便自己死了的时候可以随时埋掉。向秀（约 227 ~ 272 年）对庄子哲学有精深的研究，并且为《庄子》一书作注，但是没有流传下来，他的注解思想后来为郭象所吸收和继承。山涛（205 ~ 283 年）在思想上也认为名教与自然互为一体，而在政治上依附司马氏。王戎（234 ~ 305 年）也喜清谈，但是为人庸俗，性情悭吝，热衷名利，献媚取宠，深为世人所讥。“竹林七贤”是魏晋玄学的代表人物，他们将何晏、王弼所开创的玄学潮流推进到一个新的阶段，但是彼此之间的思想差异也显现出玄学思潮中的矛盾与分化。

孔颖达

孔颖达（574 ~ 648 年），字冲远（《旧唐书》、《新唐书》传中均记为“仲达”，据证为误），冀州衡水人（今属河北），生于北周时期，出身世代书香的官宦之家，自幼聪颖，悟性极佳，于隋大业初年考取明经科，曾在洛阳国子监与众学士辩论儒学经典，因为雄辩超人，脱颖而出，入唐后担任国子监司业、祭酒，曾与魏徵、颜师古修订《隋书》，而孔颖达最为突出的贡献是编定《五经正义》。贞观年间，孔颖达奉诏整理五经注文，因年事已高，于是自己统领大纲，具体的编撰工作分给当时其他的一些经学名家，而最后由孔颖达总其成，编订后为 180 卷，定名为《五经正义》。这次整理工作的背景是汉代以来经学家们对诸典籍进行反复的注释，说派众多，章句繁杂，不便人们的学习和教授，并且唐朝定国后有着统一思想方面的需要。整理的内容主要是《易经》的王弼注、《尚书》的孔安国注、《诗经》的毛亨传和郑玄笺、《礼记》的郑玄注、《左传》的杜预注。孔颖达在编撰中采取“疏不破注”的原则，就是以选定的诸家本子为标准，照原有的注文进行解释，即使他处有更好的注文也不采用，这是一种统一思想的手段。唐高宗永徽四年（653 年），《五经正义》颁行天下，成为治经研学的官方标准。孔颖达编定的《五经正义》首次统一了经学的内部各派，影响至为深远，有人甚至认为对儒学的影响而言，《五经正义》与汉武帝罢黜百家、独尊儒术相比有过之而无不及。

张载

张载（1020 ~ 1077 年），字子厚，祖籍大梁（今河南开封），生于陕西长安，后徙居陕西眉县横渠镇，学者因称之为横渠先生。张载天资聪颖，志气豪放，而且喜于兵事，曾联络一批人准备进攻被西夏占领的兆西之地，后接受范仲淹的劝导，精心研习儒学，又遍访佛道典籍。嘉祐初年，张载到京师与程氏兄弟研讨学问，大受触动，产生了复兴儒学的充分信心，从此放弃了对佛道之学的研究，开始了创建新的儒学体系的艰辛努力，发出“为天地立心，为生民立命，为往圣继绝学，为万世开太平”的真心鸿愿，经过不断的苦心探索，终于为宋代理学的建立奠定了重要的基础。张载长期在关中地区传学，形成了一个影响颇大的学术流派，后人称之为“关学”。张载提出了“太虚即气”的本体观念，认为气是一种极细微的物质，有聚有散，气聚则为万物，气散则为太虚，而太虚并非虚无，是气的散而不可见的状态，是气的本体。气是太虚与万物的总称，是有无混一的宇宙本体。张载以此为理论基础而否定了佛道的虚无之学，肯定了客观世界的实在性。在人性论方面，张载将性区分为天地之性和气质之性，认为先天的天地之性至纯至善，而后天的气质之性则有善有恶，人必须通过深刻的内省以祛除气禀之恶而存养天地之性，方可以成为至善之人。张载还提出“心统性情”的命题，就是说性与情二者都包括于人心之中，由人心来统摄。张载将人间的伦理规范与天道直接联系起来，将事君、事亲看作是与事天相等同的神圣义务，提出泛爱人与物的“民胞物与”的精神理想。

程颐

程颐（1033 ~ 1107 年），字正叔，河南伊川人，世称伊川先生，为程颢的胞弟，幼其一岁，因为程颢、程颐兄弟的学术思想大体相同，所以后世常常“二程”并称，但因为程颢早逝，而且并没有留下自己的专著，所以程颐的声名要高于其兄程颢。程颐年轻时曾与程颢一同受学于周敦颐，在太学时，因《颜子所好何学论》一文深为太常博士胡瑗赏识，被聘为学官，27 岁时廷试失利，此后绝意于科举，直至 50 多岁仍为布衣，到哲宗元祐初年才接受举荐，出任汝州团练推官、西京国子监教授职。元祐八年（1093 年），程颐被贬为涪州编管。在涪州期间，程颐完成了宋代理学的标志性著作《伊川易传》。晚年的时候，程颐在洛阳授徒讲学，形成了洛学学派。程颐将“天理”视为宇宙的本体，认为“万物皆是一个天理”，“天理”是一种超越物质世界的形而上的存在，同时又是派生天地万物的最终本原，宇宙万物都是绝对天理的体现，先有天理而后有万物。程颐还将人间伦理与天理直接联系起来，指出：“人伦者，天理也。”这就将人类的道德理念提升到世界的本体范畴。以这种天理观为基础，程颐吸收了张载的人性论，将张载所说的“天地之性”改称为“天命之性”，此“天命之性”即是“天理”在人性中的体现。程颐说道：“性即理也，所谓理，性是也。”此外，程颐还对“格物致知”的认识论进行了深入的阐发，指出：“格，犹穷也；物，犹理也。”所谓“格物”，也就是穷理。程颐一生以复兴儒学为使命，经过艰辛的治学努力，为宋代理学体系的建立和发展以及日后的兴盛奠定了坚实的基础。

朱熹

朱熹（1130 ~ 1200 年），字元晦，一字仲晦，号晦庵，又号晦翁，徽州婺源人（今属江西），生于南剑州尤溪（今属福建），绍兴十年（1148 年）进士，卒后追谥“文”。朱熹早年受业于理学大师李侗，师承二程学说，兼采周敦颐、张载的思想，集宋代理学之大成，建立了一个庞大的哲学思想体系，是中国封建社会后期影响最大的思想家。朱熹的主要著作有《四书章句集注》、《伊洛渊源录》、《八朝名臣言行录》、《资治通鉴纲目》、《楚辞集注》、《诗集传》、《韩文考异》等，后人编纂有《朱子语类》和《朱文公文集》。朱熹的理学思想体系大体由理气论、心性论和格物致知论 3 部分构成。朱熹认为各种事物都具有两个方面，即性和形，而其来源则在于理和气，理是“生物之本”，是超越世间一切事物的绝对本体；气是“生物之具”，是形成万物的质料。理和气浑然一体，从宇宙生成的角度来讲二者不分先后，而从形而上的观点来看，则是理在气先，理是宇宙的最高实体，即“天理”也。朱熹特别强调“天理”的普遍绝对的客观存在的伦理意蕴，阐释说：“天理只是仁、义、礼、智之总名，仁、义、礼、智便是天理之件数。”“天理”是一种最

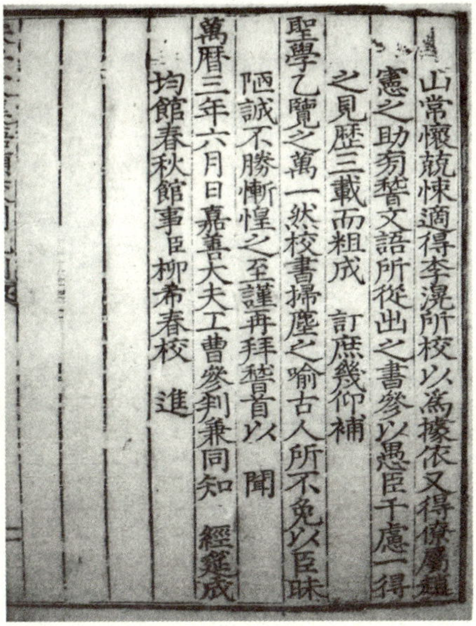
山常懷兢悚適得李滉所校以爲據依又得僚屬趙
憲之助芟督文語所從出之書參以愚臣千慮一得
之見歷三載而粗成 訂庶幾仰補
聖學乙覽之萬一然校書掃塵之喻古人所不免以臣昧
陋誠不勝慚惶之至謹再拜稽首以 聞
萬曆三年六月日嘉善大夫工曹參判兼同知 經筵成
均館春秋館事臣柳希春校 進

《朱子语类》书影

高的道德原理，具有永恒性与绝对性。理气论落实到人生中便表现为心性论。朱熹认为："性只是理，万物之总名。此理亦只是天地间公共之理，禀得来便为我所有。"人性就是天地之性、本然之性，是纯善的，而情是性的发用，朱熹说："有这性，便发出这情；因这情，便见得这性。"因为性是善的，所以情也是善的，但实际上情却常常发为邪恶，朱熹认为这是"情迁之于物"的结果，而心则能够管摄性情，心之全体湛然虚明，通过心可以致知穷理。格物致知论是朱熹的认识论的核心内容，其要领是，物格而知至，则知所止，而所止之处，即至善之境界，也就是《大学》中所言的"止于至善"。朱熹在其身后不断地被追封，他的学说最终确立了在思想界的统领地位，一直延续到清末，前后长达六七百年之久。

陆九渊

陆九渊（1139 ~ 1193 年），字子静，号象山翁，世称象山先生，抚州金溪人（今属江西），与理学大师朱熹为同时期的人，但是学术思想与朱熹多有不合，另行开创了理学思想体系中的心学流派。陆九渊亦认为"理"是宇宙的终极本体，同时也是万事万物的存在秩序，也是社会伦理的秩序。理作为自然与社会的法则，具有普遍性和共通性，贯穿于自然与社会的各方各面。实际上陆九渊的这种理论认同是在为现实的伦理规范寻找一种本体依据，他将伦理规范由社会扩展到自然，再反过来用以证明伦理规范的天然合理性。陆九渊的思想与朱熹的学说相区别的实质之处在于，他融"心"于"理"，一方面肯定"理"的外"吾心"存在的特性，一方面又认为"吾心"与"理"通融为一。陆九渊所讲的"心"是一种伦理性的实存，道德行为是这种实存的本质表现，"心"与"理"相合而相为等同，"心"即"理"，就是宇宙万物的终极本体，道德实践的最后依据在于主观内在的心灵，道德修养的任务就是不断地剔除"心"的不纯然即不合"理"之处，最终将"心"塑就为纯然天理的道德灵明。陆九渊先肯定"心"即"理"，"心"与"理"相合，然后又说"心"有不尽合"理"之处，这表现出理论逻辑上的矛盾，实际上陆九渊这种论述的用意在于先肯定"心"的本然的与"理"相通的一面，让人们知道自己具有先天而生的道德之本心，然后告诫人们这种本心会时时为外物所蒙蔽，但是人要获取这种自信，就是通过自我的认真修养涤除蔽障，而还自己以灵明的本心，从而达到劝人向善的目的。

陆九渊像

王守仁

王守仁（1472 ~ 1529 年），浙江余姚人，字伯安，因曾结庐于贵州龙场驿（今贵州修文境内）阳明洞，遂自号阳明子，世称阳明先生。王守仁 10 岁时随父亲迁居北京，18 岁时考取进士，授兵部主事，35 岁时因反对宦官刘瑾而被贬为贵州龙场驿丞，刘瑾被诛后，迁庐陵县知事，后来擢升为右佥都御史，继任南赣巡抚，由于镇压农民起义和平定“宸濠之乱”而拜为南京兵部尚书，受封“新建伯”，但是功高遭忌，遂辞官回乡讲学，在绍兴、余姚一带创建书院，宣讲学问。嘉靖六年（1527 年），王守仁又被派遣总督两广军事，后因肺病加疾，上疏乞归，病逝于江西南安舟中，谥号“文成”。王守仁生活于明朝中叶，当时阶级矛盾十分尖锐，社会动荡不安，王守仁把社会动乱的原因归结于人心的敝坏，为了拯救人心和挽治时局，王守仁创立了一整套心学理论，人称“王学”。王守仁的著作由门人编辑为《王文成公全书》，他的哲学思想主要体现于《传习录》和《大学问》这两本论著中。王守仁继承了宋代陆九渊的心学思想，提出“心外无物”这一知名的命题，认为心是宇宙万物的本原，客观事物的存在与否，完全以心的感知为依归，曾与友人讲说：“你未看此花时，此花与汝心同归于寂；你来看此花时，则此花颜色一时明白起来，便知此花不在你的心外。”与“心外无物”相联系，王守仁又提出“心外无理”的命题，认为事物的“理”不存在于客观事物之中，而存在于人心之中。在认识论方面，王守仁的重要观念是“致良知”和“知行合一”。“良知”就是存在于人心之中的天理，也是一种天赋的道德。所谓“致”，就是说良知会被人欲所蒙蔽，所以必须下一番“致”的工夫来涤除人欲以恢复本然的善心。“致良知”说的也就是人们要努力于道德的修养，以道德理念来克服非道德的思想，从而使自己的人格境界得到提升，趋于完善。王守仁将“格物致知”反过来讲为“致知格物”，也就是先致其良知，而再将心中的良知施于事事物物，使外在的事物与心中的良知相符合。王守仁所说的“知行合一”并非是指要令自己的实践与自己的认知相符合、相统一，而是说知和行都源出于心，这二者是合一的，是不可分离的。王守仁是宋明心学的集大成者，其学说在明代中后期一度影响甚大。

李贽

李贽（1527 ~ 1602 年），原名载贽，字宏甫，号卓吾，又号温陵居士，福建泉州晋江人，26 岁中举，30 岁开始为官，先后任河南辉县教谕、南京国子监博士、北京国子监博士、北京礼部司务、南京刑部员外郎和郎中，最后出任云南姚安知府，万历九年（1581 年），从云南辞官，寄居湖北黄安朋友家里，后来又移居麻城芝佛院，长期从事著述和讲学。万历三十年（1602 年），李贽以“敢倡乱道，惑世诬民”的罪

李贽墓

名在通州被捕，他的著作也被焚毁。李贽在狱中以剃刀自刎，马经纶将其葬于通州北门外马寺庄迎福寺侧（现北京通州区西海子公园内）。李贽的主要著作有《藏书》、《续藏书》、《焚书》、《续焚书》、《史纲评要》、《初潭集》、《老子解》、《庄子解》、《孔子参同》、《墨子批选》、《因果录》、《净土诀》、《枕中十书》、《批评忠义水浒传》、《批点西厢真本》、《批评红拂记》、《批评幽闺记》、《批评浣纱记》等。李贽是明代后期最为著名的进步思想家，他认为历史评价的标准应当是多元的，不能只以孔子的是非为是非。在《藏书》中，李贽按照自己的标准评价古人，敢于是前人之所未敢是，而非前人之所未敢非，李贽的这种评价态度是惊世骇俗的，明显地表现出其思想中进步的因素，尽管某些时候也未免带有相对主义的色彩。李贽集中地批判了程朱理学的思想，痛斥那些言行不一致的假道学。"童心说"是李贽思想中突出的一点，他说："童心者，真心也。"童心是一种未曾遭受世俗熏染的天真、淳朴、真诚的精神状态，其核心意涵在于绝假存真。李贽充分强调了物质生活的重要性，并且承认人的自私的天性，认为人的一切活动都是出于私心的驱动。李贽的思想还体现出鲜明的民本色彩，成为明末清初启蒙思想家民本思想的先导。李贽是中国历史上反对封建传统、封建礼教和权威统治，主张个性解放、思想自由和人身平等的具有启蒙色彩的思想先驱。

王夫之

王夫之（1619 ~ 1692 年），明末清初著名思想家，湖南衡阳人，字而农，号姜斋，别号一壶道人，晚年隐居衡阳石船山，世称船山先生。王夫之少年时接受了良好的教育，加之天性聪颖，养成了颇佳的才学，24 岁中举，但是 2 年后明朝覆亡。清顺治五年（1648 年），王夫之在家乡举兵抗清，阻击清兵南下，兵败后到南明永历朝廷任职，因弹劾权臣，险些入狱。后来王夫之到桂林投靠大学士瞿式耜，共谋抗清。不久，桂林陷落，瞿式耜殉难，南明朝廷亦风雨飘摇，不堪一击，王夫之见复明无望，遂决心隐遁，辛苦遭逢，辗转数年后返回衡阳。是时，清廷已下达"剃发令"，一些有气节的士人为躲避迫害，纷纷出家为僧，但是王夫之没有采取这种办法来避害，也没有剃发，而是选择了隐居，伏处深山，著书遗怀，历四十载，完发而终。王夫之的学识极为渊博，对天文、历法、数学、地理等均有深入的研究，尤其精通经学、史学和文学。王夫之总结并发展了中国传统哲学中的科学成分，认为“尽天地之间，无不是气，即无不是理也”。此“气”指的是物质实体，而“理”则指的是客观规律，其哲学思想中表现出的高明的唯物论和辩证法色彩，达到了与现代哲学同步的高度。王夫之在哲学上的著作最重要的有《周易外传》、《尚书引义》、《读四书大全说》、《张子正蒙注》、《思录内外篇》、《黄书》、《噩梦》等，而王夫之的历史观与政治思想，最主要的体现于《读通鉴论》和《宋论》这两部书中，此外，王夫之亦工诗文，善词曲，所作的《诗绎》、《夕堂永日绪论》等文学论著中含有颇多独到而精彩的见解。王夫之生前其全部著作均未刊印，去世后部分著作经弟子整理付梓，但是并未得到广泛的流传，及至清末，王夫之著作中体现的高洁的民族精神和进步的民权思想被革命志士所发现和重视，遂一时弘扬，王夫之的著作也被集为《船山遗书》，影响日益隆盛。

严复

严复（1854 ~ 1921 年），原名宗光，字又陵，后改名复，字几道，出生于福建侯官（今福建闽侯县）的一个医生家庭，14 岁考入福州船政学堂学习海军，5 年后毕业，因成绩优异，被派往英国留学，先到朴次茅斯大学，后转入格林尼治海军学院学习战术和炮台建筑等。在英国，严复广泛地接触了西方的自然科学与人文科学知识，对卢梭、孟德斯鸠、达尔文等人的学说尤其欣赏。1879 年，严复学成归国，到福州船厂任教习，第二年调往天津北洋水师学堂任总教习（教务长），后升为总办（校长）。严复还曾担任过京师大学堂译局总办、上海复旦公学校长、安庆高等师范学堂校长、清朝学部名辞馆总编辑等职，在辛亥革命后出任北京大学校长。在戊戌变法前后，严复翻译出版了赫胥黎的《天演论》、亚当·斯密的《原富》、斯宾塞的《群学肄言》、穆勒的《名学》、孟德斯鸠的《法意》等西方学术名著，系统地介绍了西方的政治、经济、哲学、法律等学科领域的最新发展成果。这些译作令中国读者视界大开，在社会上引起很大的轰动，其中影响最大的就是“物竞天择”的进化论学说。中国民众的愚弱令严复有痛心疾首之感，但是他不赞成通过革命的方式促成中国的进步，而是认为欲实现中国的富强当从教育着手，逐渐地改变不堪的现状。这种渐进的思维与革命家的想法是相悖的，1905 年，孙中山在伦敦与严复会晤时曾扼其腕曰：“俟河之清，人寿几何？君为思想家，鄙人乃执行家也。”严复晚年时思想趋于保守，反对新文化运动，也反对白话文，但是他并没有参与文白之争。

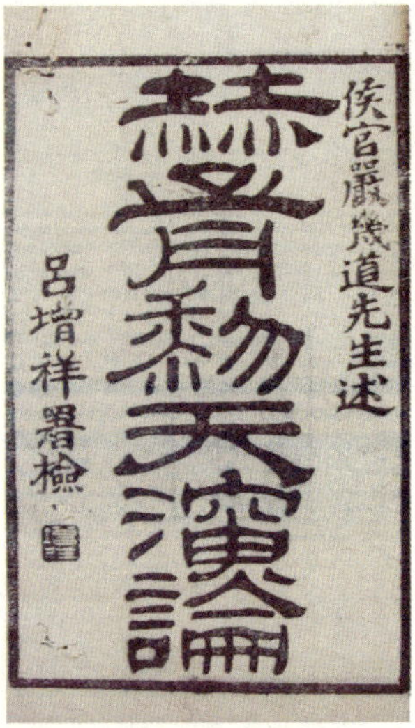

严复译《天演论》书影

佛　教

佛教传入中国

据史籍记载，汉明帝永平七年（64年）派遣使者十二人前往西域访求佛法。67年，他们同两位印度僧人迦叶摩腾和竺法兰回到洛阳，带回许多经书和佛像，并且翻译了一部分佛经，相传就是现存的《四十二章经》，也就是《阿含经》的节要译本。同时在首都建造了中国第一个佛教寺院，就是保存至今的白马寺。白马寺据说是因为当时驮载经书、佛像的白马而得名。所以，佛教最初传入中国应该早于汉明帝时期，但是作为一个教派，得到政府的承认崇信，并在中国初步建立它的基础和规模，可以说是始于汉明帝年代。

白马寺山门

白马寺有中国佛寺“祖庭”之称，始建于东汉永平十一年。

中国佛教“四大译经家”

中国佛教“四大译经家”是指鸠摩罗什、真谛、玄奘和不空。

鸠摩罗什，后秦时僧人，出生于西域龟兹国。他与弟子一起翻译并系统介绍了龙树中观学派的著作，如《中论》、《百论》、《十二门论》、《大智度论》，还有《成实论》、大品《般若经》、《法华经》、《维摩诘经》《阿弥陀经》等。

真谛，南朝梁、陈时代来华僧人。本是西天竺人，中大同元年（546年）应梁武帝邀请，来华译经传教。他与弟子共译经卷64部270多卷，译作《摄大乘论》影响最大，是南朝摄论学派的主要理论依据。

玄奘，俗称“唐三藏”、“唐僧”。他从贞观三年（629年）到十九年（645年）西行求法，带回经律论六百余部。回国后先后译出经论共75部，1335卷，其中主要有《大般若经》、《大菩萨藏经》、《称赞净土经》、《瑜伽师地论》、《大毗婆沙论》、《成唯识论》和《俱舍论》等。

不空，唐代密宗的创始人之一，本是狮子国人，后随师来华。译有《仁王护国经》、《金刚顶经》等经典77部，1200多卷。

玄奘

玄奘对中国佛学的贡献主要有两方面，一是创立学说，二是翻译佛经。

玄奘创立的学说主要有：

（1）五种姓说。进一步发挥了印度戒贤一系五种姓说，即把一切众生划分为声闻种姓、缘觉种姓、如来种姓、不定种姓、无种姓。

（2）唯识论。研究唯识论的重要著作，有《成唯识论》、“唯识三大部”，即窥基的《成唯识论述记》、慧沼《成唯识论了义灯》、智周《成唯识论演秘》。

（3）因明。因明在印度瑜伽学系中就十分发达。世亲之后，经过陈那和护法的发展，因明和唯识学说就紧密地结合。玄奘在此基础上又有新的发展。

玄奘墓塔

玄奘翻译了大量佛经，对佛学的传播做出了不可磨灭的贡献。他与弟子先后译出经论共75部，1335卷。玄奘梵文造诣精深，翻译出来的语句非常精确，在他的主持下纠正了旧译的很多错误，后人称玄奘直译的经文为“新译”。

可以说那烂陀寺最盛时期所传承的佛学精华，基本上都由玄奘翻译并在中国传播了。

去天竺取经的第一位僧人

我国去天竺取经的第一位僧人是东晋时期的法显和尚。

法显，东晋僧人、旅行家、翻译家。本姓龚，平阳武阳（今山西襄垣县）人，是中国僧人到天竺留学的先驱。

法显为求取佛律，于东晋安帝隆安三年（399 年）自长安出发，西渡流沙，越葱岭至天竺求法。先后于北、西、中、东天竺获《方等般泥洹经》、《摩诃僧祇部律》、《萨婆多部钞律》、《杂阿毗昙心论》、《摩诃僧祇阿毗昙》等梵本；于狮子国（斯里兰卡）获《弥沙塞律》、《长阿含》、《杂阿含经》、《杂藏经》等梵本；并由海路经耶婆提国（在今印度尼西亚爪哇），于义熙八年(412 年)抵青州长广郡牢山（今山东青岛崂山）。次年达建康（今江苏南京），于道场寺与佛陀跋陀罗译 6 卷本《大般泥洹》、《摩诃僧祇律》、《方等般泥洹经》、《杂藏经》、《杂阿毗昙心论》等。另撰有《佛国记》，记录了他的行程及见闻。

中国佛教宗派

中国佛教主要有八宗，即性、相、台、贤、禅、净、律、密八大宗派。

法性宗：又名三论宗。此宗主要依据的经典是《中观论》、《百论》、《十二门论》等。

法相宗：又名瑜伽宗。此宗主要依据的经典是《解深密经》、《瑜伽师地论》、《成唯识论》等。

天台宗：此宗主要依据的经典是《法华经》、《大智度论》、《中论》等。

华严宗：以名贤首宗。此宗主要依据的经典是《华严经》等。

禅宗：此宗的经典依据是《楞伽经》、《般若经》、《六祖坛经》等。

净土宗：此宗主要依据的经典是《阿弥陀佛经》、《无量寿经》等。

律宗：律宗主要是学习和研究戒律的。

密宗：又名真言宗。此宗依《大日经》、《金刚顶经》建立三密瑜伽，事理观行，修本尊法。

如来立像　南北朝

道场

“道场”原意是指佛成道的场所，如《大唐西域记》卷八称释迦牟尼成道之处为道场。后来“道场”一词借指供佛祭祀或修行学道的处所。如中国佛教五大名山，分别为文殊菩萨、普贤菩萨、地藏菩萨、观音菩萨、弥勒菩萨的道场。也泛指佛教、道教中规模较大的诵经礼拜仪式。如水陆道场、慈悲道场、天师道场等。

涅槃

涅槃又称作泥洹、泥曰、涅槃那、涅隶槃那、抳缚南、匿缚喃。意译作灭、寂灭、灭度、寂、无生。与择灭、离系、解脱等词同义。或作般涅槃（般，完全之义，意译作圆寂）、大般涅槃（大，即殊胜之意。又作大圆寂）。原来指吹灭，或表吹灭的状态；其后转指燃烧烦恼之火灭尽，完成悟智（即菩提）之境地。涅槃就是超越生死（迷界）之悟界，也是佛教实践的终极目的，所以用来表示佛教的特征而列为法印之一，称“涅槃寂静”。

佛的称号

佛是佛陀的简称，佛陀是自觉觉他觉满或无上正遍知觉的意思，即修行到所有功德都圆满。佛有十种德号，这十种称号是：

本尊如来坐像　云冈石窟　南北朝

（1）如来：乘如实之道而来成正觉。“如”在佛经中称真如，就是绝对真理，“如来”是说佛是掌握着绝对真理来到世上说法以普度众生的圣者。

（2）应供：应该受到人和天的供养。

（3）正遍知：全面地、真正地知道一切佛法。

（4）悉知三明（宿命、天眼、漏尽）和五行（圣、梵、天、婴儿、病）。

（5）善逝：非常自在地入于涅槃。

（6）世间解：能了解世间的一切事理。

（7）无上士：至高无上之士。

（8）调御丈夫：能调整治理修行方法的大丈夫。

（9）天人师：佛是一切天和人的导师。

（10）佛世尊：佛应该是一切世人所共同尊重的。

佛祖的十大弟子

佛祖的十大弟子，又叫作释迦十圣、十弟子。指的是佛弟子中特别卓越的十个人。关于这十大弟子，《维摩经》卷上《弟子品》、《灌顶经》卷八、《出三藏记集》卷十二均有记载。十大弟子是：摩诃迦叶尊者、优波离尊者、罗侯罗尊者、舍利弗尊者、须菩提尊者、富楼那尊者、阿那律尊者、摩诃目犍连尊者、摩诃迦旃延尊者和阿难尊者。

“五方佛”

在佛教密宗里，供奉的主尊佛是“五方佛”。“五方佛”又称“五智佛”、“五智如来”。

五尊佛中，正中者是法身佛毗卢遮那佛，接下来是南方欢喜世界宝生佛、东方香积世界阿閦佛、西方极乐世界阿弥陀佛、北方莲花世界微妙声佛不空成就佛。这五尊佛代表中、南、东、西、北五方。

密宗的“五方佛”实际上表现的是佛教“转识成智”的问题。体现了密宗借助事相表达佛教理论的特点。五种佛都是大日如来“五智”的不同化身。

菩萨

菩萨是“菩提萨埵”的简称，“菩提”汉译是“觉悟”，“萨埵”汉译是“众生”或“有情”（一切有感情的众生），全译是“觉有情”。它包括自觉和觉他两层意思，即菩萨既是已经“觉悟的众生”，又是以觉悟他人为己任的有情。

除了一般菩萨外，还有像观音、地藏、文殊、普贤一类的“大菩萨”，又意译为“大士、圣士、开士”等名称。菩萨的地位仅次于佛，是协助佛传播佛法，救助众生的人物。

在佛教初创的时期，仅把释迦牟尼累世修行的前身和尚无成佛的悉达多王子称为菩萨。

后来，根据“人人具有佛性，人人皆可成佛”的理论，把凡是立下宏愿，上求佛道，下化众生之人都称之为菩萨。菩萨的任务是将所有轮回中的众生度化成佛。

四大佛教名山

中国佛教四大名山指的是：山西五台山、四川峨眉山、安徽九华山和浙江普陀山。四大名山分别供奉文殊菩萨、普贤菩萨、地藏菩萨和观音菩萨。随着佛教的传入，四大名山自汉代开始建寺庙，修道场，延续至清末。中华人民共和国成立后受到国家的保护，并对寺院进行了修葺，已成为蜚声中外的宗教、旅游胜地。

四大金刚

佛教的四大金刚指的是：五台山秘魔岩神通广大泼法金刚；峨眉山清凉洞法力无量胜至金刚；须弥山摩耳崖毗卢沙门大力金刚；昆仑山金霄岭不坏尊王永住金刚。

民间供奉的“四大金刚”又称“四大天王”，即东方持国天，名多罗咤，身白色，

四月初四日：文殊菩萨圣诞。

四月初八日：释迦牟尼佛圣诞。

四月十五日：佛吉祥日——释迦牟尼佛诞生、成道、涅槃三期同一庆。

五月十三日：伽蓝菩萨圣诞。

六月初三日：护法韦驮尊天菩萨圣诞。

六月十九日：观世音菩萨成道——此日放生、念佛，功德殊胜。

七月十三日：大势至菩萨圣诞。

七月十五日：盂兰盆节，又称为僧自恣日、佛欢喜日，是佛教徒举行供佛敬僧仪式及超度先亡的节日。

七月廿四日：龙树菩萨圣诞。

七月三十日：地藏菩萨圣诞。

八月廿二日：燃灯佛圣诞。

九月十九日：观世音菩萨出家纪念日。

九月三十日：药师琉璃光如来圣诞。

十月初五日：达摩祖师圣诞。

冬月十七日：阿弥陀佛圣诞。

腊月初八日：释迦如来成道日。

腊月廿九日：华严菩萨圣诞。

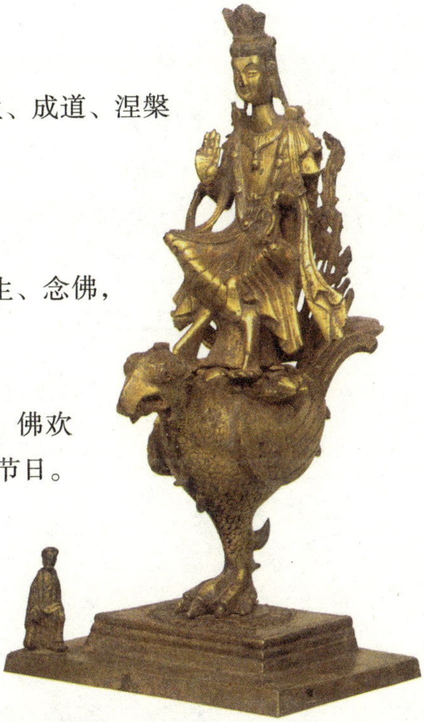

菩萨交脚像　南北朝

袈裟

袈裟又称作袈裟野、迦罗沙曳、迦沙、加沙。意译为坏色、不正色、赤色、染色等。为佛教僧众所穿着的法衣，以其色不正，故有此名。

袈裟乃圣贤的标帜，自古为佛教教团所尊崇。穿着袈裟的利益有十：一者菩提上首；二者处众人天；三者父母返拜；四者龙子舍身；五者龙披免难；六者国王敬信；七者众生礼拜；八者罗刹恭敬；九者天龙护佑；十者得成佛道。

佛珠

佛珠，又称念珠，是指用线来贯穿一定数目的珠粒，在念佛或持咒时，用以记数的随身法具。佛珠的起源，通常认为是由于古印度人有缨珞鬘条缠身的风尚，沿袭至后世，逐渐演变成为佛珠。其梵文原语包括四种意义：

（1）音译“钵塞莫”，意译作“数珠”。

（2）音译“阿叉摩罗”，意译作“珠鬘”。

（3）音译“渣巴摩罗”，意译作“念诵鬘”。

（4）音译“阿叉修多罗”，意译作“珠之贯线”。

锡杖

锡杖，是僧人携带的一种道具。比丘乞食时，只能用锡杖击地出声，请人出来，故又名声杖。锡杖有三种用途：一为驱逐野兽害虫用；二为年老人用；三为保卫自己。此杖头部用锡，中部用木，下部用牙或角制成。僧人持杖往外云游时叫作“飞锡”，住下某处叫作“留锡”或“挂锡”，外出布教时叫作“巡锡”。佛教举行宗教仪式时，有时也用短锡杖，一面挥动此杖，一面口唱梵咒。

佛家七宝

佛教七宝，是指七种珍宝，又称作七珍。七宝指的是砗磲、玛瑙、水晶、珊瑚、琥珀、珍珠、麝香这七种。但不同的经书所译的七宝各不尽同，鸠摩罗什译的《阿弥陀经》所说七宝为金、银、琉璃、玻璃、砗磲、赤珠、玛瑙；玄奘译《称赞净土经》所说七宝为金、银、吠琉璃、颇胝迦、牟娑落揭拉婆、赤真珠、阿湿摩揭拉婆；般若经所说的七宝是金、银、琉璃、珊瑚、琥珀、砗渠、玛瑙；法华经所说的七宝是金、银、琉璃、砗渠、玛瑙、真珠、玫瑰；阿弥陀经所说的七宝是金、银、琉璃、玻璃、砗渠、赤珠、玛瑙。

拂尘

拂尘，又称拂子、麈尾，其制法是将兽毛、麻等扎成一束，再加一长柄，用来拂除蚊虫。戒律中允许比丘执持拂尘，以拂除蚊虫的侵扰，但是禁止使用如“白拂”等用较为华美的贵重之物所制成的拂子。禅宗则以拂子作为庄严器物，住持或代理者手执拂子上堂为大众说法，即所谓“秉拂”。因此，拂尘也是说法的表征。

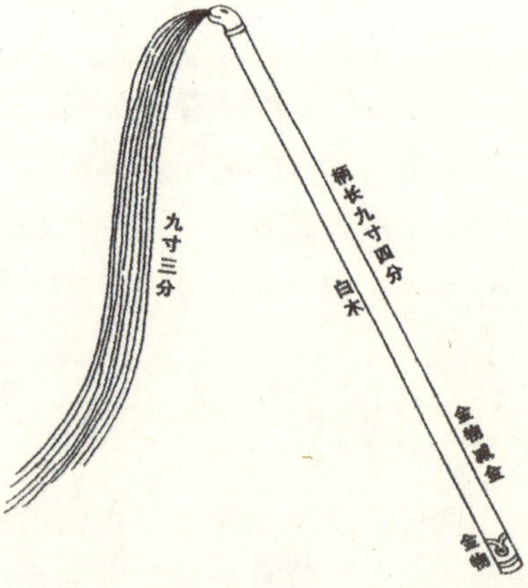

《法华经·观音普门品》中说，观音菩萨能化现三十三种身相，免除众生各种苦恼和急难，有求必应，大慈大悲，普救人间众生。因此，中国民间非常崇信观音菩萨，世人将观音菩萨奉为“救苦救难，有求必应”的万能之神。

舍利子

舍利子印度语叫作驮都，也叫设利罗，译成中文叫作灵骨、身骨、遗身，是经过火葬后所留下的结晶体。但是舍利子跟一般死人的骨头完全不同。其形状千变万化，有圆形、椭圆形，有的成莲花形，有的成佛或菩萨状；颜色有白、黑、绿、红的，也有各种颜色；舍利子有的像珍珠、有的像玛瑙、水晶；有的透明，有的像钻石一般光明照人。

白色的舍利子是骨骼的，黑色舍利子是属于头发的，红色的舍利子是肌肉的，也有绿色或五色斑斓的舍利子。

舍利子的种类，一般有全身舍利、碎身舍利。全身舍利是不需经过火葬，而全身不会腐烂，也叫肉身菩萨；碎身舍利，则是火葬后的遗骨。

木鱼

木鱼，是一种打击乐器。原为佛教“梵吹”（宗教歌曲）的伴奏乐器。明代王圻《三才图会》：“木鱼，刻木为鱼形，空其中，敲之有声……今释氏之赞梵吹皆用之。”清代以来流行于民间。木鱼呈团鱼形，腹部中空，头部正中开口，尾部盘绕，其状昂首缩尾，背部（敲击部位）呈斜坡形，两侧三角形，底部椭圆；木制棰，棰头橄榄形。

木鱼

五戒十善

五戒是指不杀生、不偷盗、不邪淫、不妄语、不饮酒。佛教认为，这类不道德的行为应该严格禁止，所以称为五戒。

十善是在五戒的基础上建立的，身、口、意三业分成十种。反之，称为十恶。

身业有三种：不杀、不盗、不邪淫；

口业有四种：不妄语欺骗、不是非两舌、不恶口伤人、不说无益绮语；

意业有三种：不贪、不嗔、不愚痴。

方丈

佛教中方丈原意是指禅寺的长老或住持所居之处。据《维摩诘经》载，身为菩萨的维摩诘居士，其卧室一丈见方，但能广容大众。禅寺比附此说，故名。至唐代怀海建立住持制度后，方丈专指住持的居室，同时又作为一般寺院内主持僧的尊称。《景德传灯录》卷六载怀海所制《禅门规式》：“既为化主，即处于方丈，同净名（即维摩诘译名）之室，非私寝之室也。”

剃度和戒疤

剃度，是佛教徒剃发受戒的一种仪式。佛教认为剃发出家是接受戒条的一种规定，由此度越生死之因，故名。

戒疤，又称香疤。是佛教徒为求受清净戒体而燃香于身上所遗留的疤痕。其行为根据起自于舍身供养的思想，或是为了断除我执。受戒时燃戒疤又称“烧香疤”，所燃香疤的数目一般有一、二、三、六、九、十二几种。十二点表示受戒律中最高的“菩萨戒”。

中国三大石窟

龙门石窟

中国三大石窟是指莫高窟、云冈石窟和龙门石窟。

莫高窟，俗称千佛洞，位于甘肃省河西走廊西端，敦煌市东南公里，在鸣沙山东麓50多米高的崖壁上，洞窟层层排列。迄今保存有北凉至元代的多种洞窟700多个，壁画50110平方米，彩塑2700余身。

云冈石窟，位于山西省大同市西北的武周山北崖上。距今已有1500多年的历史，现存主要洞窟53个，大小造像5.1万多躯。

龙门石窟，位于河南省洛阳市南十三公里处，龙门石窟凿于北魏孝文帝迁都洛阳（494年），直至北宋，现存佛像10万余尊，窟龛2300多个。

“佛寺”一词的来源

寺在中国原为官司之名，汉代字书《释名》曰：“寺嗣也，治事者相嗣续于其内也。”《罗璧志余》中记载：“汉设鸿胪寺待四方宾客。永平中佛法入中国，馆摩腾法兰于鸿胪寺。次年敕洛阳城西雍门外立白马寺，以鸿胪非久居之馆，故别建处之。其仍以寺名者，以僧为西方之客，若待以宾礼也。此中国有僧寺之始。”西方称寺为僧伽蓝，僧伽蓝汉译为众园，意思是说，众人所居所要在园圃生殖之处。中国梁武帝时，称其所建之寺为萧寺。后魏太武帝创立伽蓝，称其为招提。隋炀帝大业年间，改天下之寺为道场，至唐朝复改为寺。

佛塔

佛塔的起源，可以追溯到释迦牟尼佛以前。在佛陀涅槃后，弟子们因为缅怀、纪念佛陀，便建塔以供养佛舍利。

随着佛教的流传和发展，造塔的原因也变得很多，并不一定都是为了收纳敬奉舍利。造塔也是为了使人不忘佛陀教诲。而在佛塔中，通常会安奉着圣者舍利、经书及各种吉祥物品，让绕塔及顶礼者皆能积集功德。

佛塔象征着佛陀的圣意、法身，而且佛塔的每个部分都揭示了成佛之道。除了表佛身及五大外，佛塔下层基台则代表十善业、三阶代表三宝、狮座代表法住于世、莲座代表六度、基座四角代表四无量心；整个佛塔则代表包括三十七道品在内的六十名数。

莲花与佛法

莲花，又称荷花。它是佛教经典和佛教艺术经常提到和见到的象征物，也可以说是佛教的教花。

走进寺庙，人们会看到佛祖释迦牟尼的坐像，身穿通肩大衣，手作说法印，结跏趺坐在莲花台上。称为“西方三圣”之首的阿弥陀佛也结跏趺坐在莲台上，双手仰掌足上，掌中托着一个莲台；以大慈大悲闻名的观音，更是身穿白衣，坐在白莲花上，一手持着一只净瓶，一手执着一朵白莲。可见，佛教与莲花确实有着不解之缘。

世间万物，佛教为何偏偏对莲花情有独钟呢？

一方面，是莲花的特性与佛教追求的境界。“荷花出淤泥而不染”的特别属性，与人世间的佛教信徒希望自己不受尘世的污染的愿望相一致，保持洁净，以便顺利进入净土佛国。

另一方面，佛教诞生地古印度自古有爱莲的风气。在印度莲花被视为神的象征，是印度的国花。已知的最早与莲有关的艺术品，也是把莲与神结合在一起的，是一尊头上戴着莲花的裸体女神像，在印度的恒河流域出土，是公元前 3 000 年的遗物。文献中有关印度莲花女神的记载，最早见于印度的吠陀文献，说莲神生于莲花，站在莲花上，戴着莲花的花环。

所以，我们所见的佛像和佛经中，介绍净土佛国的圣贤都以莲花为座，或坐、或站，都在莲花台之上，以代表其清净庄严。所以说莲花是佛国净土的象征，也是佛教不可少的标志。

禅　宗

禅宗早期发展

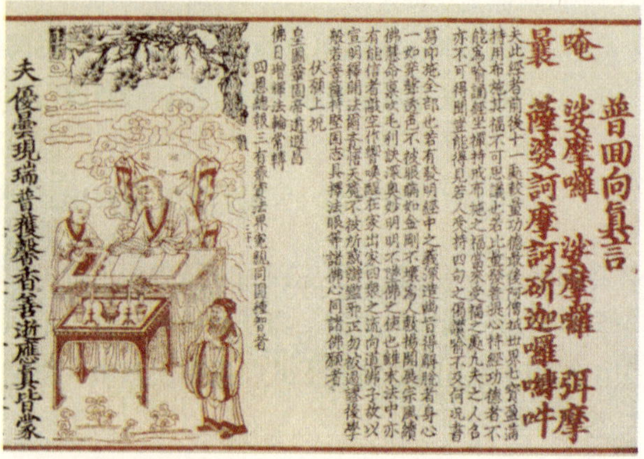

双色套印金刚经注　辽

中国禅宗为菩提达摩（南北朝时期南天竺人）创立。达摩于北魏末年首先活动于洛阳（今河南洛阳市），后到嵩山（今河南登封市）少林寺，面壁九年修持佛法，修习禅定，倡二入四行之禅修原则，以《楞伽经》授徒，后世以达摩为中国禅宗初祖，以嵩山少林寺为禅宗祖庭。

达摩在少林寺有嗣法弟子慧可、道育等，僧璨为再传，璨弟子为道信。信弟子弘忍立东山法门，为禅宗五祖。门下分赴两京弘法，名重一时。其中有神秀、惠能二人分立北宗渐门与南宗顿门。神秀住荆州玉泉寺，晚年入京，为三帝国师，弟子有嵩山普寂、终南山义福；惠能居韶州曹溪宝林寺，门下甚众，以惠能为六祖，时称“南能北秀”。北宗主张“拂尘看净”的渐修，数传后即衰微；南宗传承很广，成为禅宗正统，以《楞伽经》、《金刚经》为主要教义根据，代表作为《六祖坛经》。

初祖达摩

初祖达摩，全称初祖菩提达摩，南天竺人，婆罗门种姓，自称佛传禅宗第二十八祖。南朝梁武帝时航海到广州。梁武帝信佛。达摩到南朝都城建业与梁武帝会面，但是面谈不契，于是北上北魏都城洛阳，后卓锡嵩山少林寺，面壁九年，传衣钵于慧可。后出禹门游化终身。东魏天平三年（536 年）卒于洛滨，葬于熊耳山。

达摩在中国始传禅宗，“直指人心，见性成佛，不立文字，教外别传”，经二祖慧可、三祖僧璨、四祖道信、五祖弘忍、六祖慧能等大力弘扬，成为中国佛教中的最大宗门，后人尊称达摩为中国禅宗初祖，尊嵩山少林寺为中国禅宗祖庭。

六祖慧能

六祖慧能（亦称惠能）是禅宗的发扬光大者，主张教外别传、不立文字，提倡心性本净、佛性本有、直指人心、见性成佛。慧能以后，禅宗广为流传，于唐末五代时达于极盛。禅宗使中国佛教发展到了顶峰，对中国传统文化的发展具有重大影响。禅宗佛学特点在于其高度的理性化，几乎完全没有神学气息。禅宗修持以定慧一体为特色。禅宗后分五宗，分别为：曹洞宗、临济宗、云门宗、法眼宗和沩仰宗，虽分五宗，确同一心印，法脉相承，灯灯相续。

六祖慧能的南禅思想以其巨大的、潜移默化的力量影响着中国文化和世界文明的发展。六祖慧能也被视为世界杰出思想家之一。

牛头禅

四祖道信的弟子法融于贞观十七年，在牛头山幽栖寺北岩下创立茅茨别室，故后人把法融一系的禅学称为牛头禅。

牛头禅因诞生于三论宗和南朝玄学兴盛的地区，所以受两者的影响很大。法融的《绝观论》以“大道冲虚幽寂”起始，立“虚空为道本”，觉得“观身实相，观佛依然……实相者，即空相也”。受南方禅学的影响，牛头禅倡导“道遍无情”、“无情成佛”的教义。

机锋

“机锋”为禅宗用语，又作禅机。机，指的是受教法所激发而活动的心之作用，或指契合真理的关键、机宜；锋，指的是活用禅机的敏锐状态。机锋的意思是说禅师或禅僧与他人对机或接化学人时，常以寄寓深刻、无迹象可寻，乃至非逻辑性的言语来表现一己的境界或考验对方。

棒喝

禅宗认为佛法不可思议，开口即错，用心即乖。所以，不少禅师在接待初学者时，常一言不发地当头一棒，或大喝一声，或“棒喝交驰”提出问题让他回答，借以考验其悟境，打破初学者的执迷，棒喝因此成为佛门特有的施教方式。《续传灯录》：

“茫茫尽是觅佛汉，举世难尽闲道人。棒喝交驰成药忌，了忘药忌未天真。”后用来比喻促人醒悟的警告为棒喝或当头棒喝。

顿悟

顿悟是禅宗的一个法门，是相对于渐悟法门而言的。它是指通过正确的修行方法，迅速地领悟佛法要领，从而指导正确的实践并获得成就。

关于顿悟的概念，在佛学里来源于六祖慧能的“坛经”。六祖在坛经里提出“顿悟”概念的内涵大致有以下几方面：

第一，“迷闻经累劫，悟则刹那间”、“一刹那间妄念俱灭”，可见顿悟是指人思维的突变或飞跃。

第二，“顿见真如本性”、“顿悟菩提”，可见顿悟是悟自己的佛性，由于人皆有佛性，所以顿悟功能人皆有之。

第三，顿悟即是无念，“何名无念，若见一切法心不染着，是为无念”，可见顿悟结果不染着一般的概念或一般的烦恼之法。

第四，“前念迷即凡夫，后念悟即佛”，“我于忍和尚处（指在五祖那里），一闻言下便悟，顿见真如本性，是以将此教法流行”。

以禅入画

梁楷的画被时人评为“描写飘逸”，“逸”指的是自由奔放、意趣超尘、潇洒自然、不拘法度的风格，这种风格对以后中国绘画产生了重大影响，此图正是梁楷“逸”格的集中体现。

公案

公案本义是指官府中判决是非的案例。禅宗将历代高僧的言行记录下来，作为坐禅者的指示，久而久之也成为一种思考的对象，或修行坐禅者的座右铭，这些言行录就像政府的正式布告，尊严不可侵犯，又可启发思想，供人研究，并且作为后代依凭的法式，故称公案。这种风气始于唐代，至宋代大为兴盛。公案有五种重要的含义：作悟禅的工具，作考验的方法，作权威的法范，作印证的符信，作究竟的指点。

禅宗与理学

理学在思想上受佛教影响很大。起初主要受华严宗影响，北宋中期后则深受禅宗影响。

理学奠基人程颐、集大成者朱熹，都深受禅宗影响。程颐极力强调的“主敬”与禅宗的“坐禅入定”同义。朱熹所谓的心体“湛然虚明”、“心量广大”，在概念上完全沿袭《六祖坛经》。

至于陆九渊、王守仁一派的主观唯心主义理学，更是深受禅宗影响。陆、王鼓吹“宇宙便是吾心，吾心即是宇宙”，“心外无物”，“良知良能”、“发明本心”等，与禅宗“心生万法”，“本性是佛”，“心本自知”等是一脉相承的。

禅宗的传承弟子

惠能弟子中最负盛名的是南岳怀让与青原行思。另有神会居洛阳菏泽寺，创菏泽宗，被尊为七祖。门下有磁州智如、益州南印等。

怀让住古南岳天柱山，创南岳系。青原住江西吉安，创青原系。怀让弟子道一尊称马祖。其门下怀海影响最大，称洪州禅。怀海弟子有黄檗希运，沩山灵佑。希运门人义玄在河北镇州创临济宗。灵佑与其弟子仰山慧寂创沩仰宗。

行思门下石头希迁一系数传至洞山良价，再传至曹山本寂，师徒共创曹洞宗。希迁另一弟子天皇道悟数传至义存，其门下师备之再传文益创法眼宗，住金陵清凉寺；师备同门文偃住韶州云门山，创云门宗。

晚唐至五代，禅宗发展极盛。两宋之后，儒道释三教合流，禅宗风格略变。大量“公案”、“诵古”文字著述问世。宋代，临济宗中又分出方会所创之杨岐宗和慧南所创之黄龙宗。

现代中国禅宗代表人物有虚云和尚。

禅宗与茶道

在唐代由于陆羽等人的倡导，品茶之风开始繁盛。当时因为禅宗寺院的茶叶种植，饮茶之风逐渐传入佛教界，于是“茶禅一味”的说法产生，即茶道精神与禅的精神相互一致。

在禅宗的丛林寺院里，茶的重要性尤其显著。在禅宗诸多仪式之中，都必须举行茶礼。

“茶圣”陆羽本人就出身佛门，他的师傅积公大师就是个茶癖，他的好友诗僧皎然也极爱饮茶。皎然的诗多处描绘他与陆羽共同采茶、制茶、品茶的情景。因此，陆羽的茶文化思想不可避免地吸收了许多禅宗的思想。

禅宗主张“顿悟”即“明心见性”。而茶能使人心静，不乱不烦，有乐趣，又有节制，与禅宗变通佛教规诫相适应，以茶助禅是对修行非常有利的方式。

古代文献中有许多禅宗僧人种茶、采茶、饮茶的记载。而其中体现禅宗“了却苦难，得悟正道”的“茶道”，则形成中国茶文化中一支重要的精神力量——佛教茶文化。随后经过历代僧侣们的不断补充和发展，中国茶道文化更加丰富，走向世界。

禅宗与文学

唐朝时六祖慧能继承禅宗五祖的衣钵之后，对禅宗佛教的宗教仪式、佛性理论、修行方式等进行了一系列较为彻底的改革，逐步实现了佛教的“华化”并播扬于全国。这种变化主要表现在慧能所提出的“即心即佛”、“无念为宗”、“明心见性”、“顿悟成佛”等禅学主张。唐朝是中国禅宗的兴盛时期，对唐代士大夫们的思想、审美观、创作都产生了巨大影响。到宋代以后，由于复杂多变的时局，使禅宗进一步广泛而深刻地影响了宋代士大夫的日常生活及其诗文创作、美学理论。因此，唐宋时期禅宗思想的发展，带来了当时文人审美态度、审美要求、审美情趣的巨大变化，使他们的诗歌及其艺术理论带有浓厚的禅学意味，成为诗禅之说。“以禅喻诗”、“以禅论诗”风行一时。

国内著名禅寺

中国有很多著名的禅寺，如曹溪南华寺、杭州灵隐寺、镇江金山寺等。

南华寺位于广东韶关南六十里处的曹溪，原名叫宝林寺。据记载，六祖慧能在得弘忍印可、密授衣钵后，在韶州曹溪宝林寺开堂说法，传授顿悟教义。宋开宝三年（970 年），御赐额匾“南华寺”，袭用至今。

杭州灵隐寺，名震天下。该寺始建于东晋，在南宋时被定为中国佛教丛林五山之

金山寺

一，属临济宗。元、明时废而重建。清顺治六年（1649 年），始全方位重建，康熙初年赐名“云林禅寺”。

江苏镇江金山寺，据说也始建于东晋，原名泽心寺，梁武帝天监四年（505 年）在此设水陆法会。自唐起，统称为金山寺。宋代以设水陆法会而闻名，云门宗佛印了元禅师曾于此居住。南宋后该寺成为临济宗的重要道场。

天童寺号称近代佛教的四大丛林之一，位于浙江鄞州区太白山中。始建于西晋，迭经兴废。唐大中元年（847 年），该寺成为禅寺。北宋时，改名为景德寺，为禅宗知名道场。南宋建炎三年（1129 年），曹洞宗的正觉禅师在该寺倡导“默照禅”。

五宗七派

禅宗的五宗七派指的是：

曹洞宗。由洞山良价与其弟子曹山本寂创立，良价禅师治所在今江西宜丰县洞山，良价的弟子本寂在豫章洞山（今江西宜丰洞山）普利院学法数年，后到曹山（今江西宜黄境内）弘扬师法。由于良价住洞山，本寂居曹山，所以禅林中把师徒两人创立、弘扬的新禅宗称为“曹洞宗”。

临济宗。黄檗希运禅师住持宜丰的黄檗山寺（今江西境内）时初露端倪，义玄从希运学法 33 年之后往镇州（河北正定）建临济院后创立。因义玄住镇州（治所在今河北正定）临济院而得名。

沩仰宗。沩山灵佑及其弟子仰山慧寂创立于湖南宁乡沩山密印寺。沩仰宗强调机和用，信位和人位，及文字和精神之间的差别。

云门宗。文偃创立。因文偃住韶州云门山（在今广东乳源瑶族自治县北）光泰禅院而得名。

法眼宗。文益创立。南唐中主李璟赐谥其为“大法眼禅师”而得名。

黄龙派。慧南创立。因其住黄龙山（在今江西南昌市）而得名。

杨岐派。方会创立。因住杨岐山（在今江西萍乡市北）而得名。

“出门便是草”

“出门便是草”是著名的禅宗公案之一。据《五灯会元》记载，有一位行脚僧对石霜庆诸禅师提到他在洞山禅师那儿听到的一段话。洞山说：“诸位外出行脚时，要向万里无寸草的地方去。”然后又问大家：“这个万里无寸草处该怎么去？”没有人回答，石霜听了行脚僧的转述，脱口就说：“出门便是草。”

这个公案是说，没有妄念没有烦恼的地方何必到万里之外去找，只要心不出门、不离自性就可以了。

“非关文字”

六祖慧能大师的“诸法妙理，非关文字”的理论，把佛法奥义超越于文字之上，认为真正的佛理禅意只在自己的心悟之中，而不是流于语言文字的表面形式。

关于慧能大师倡导的习禅“非关文字”的南宗禅观点，曾有一则故事：有一次，慧能大师听无尽藏比丘尼读诵《涅槃经》，无尽藏比丘尼读后，慧能大师随即就能为其解说经义。这位比丘尼就捧着经文向他请教不认识的字。慧能说：“我虽不识字，至于其中的意思你只管问我。”比丘尼说：“你连字都不认识，怎么能理解经文的意思呢？”慧能说道：“诸佛妙理，非关文字。”比丘尼十分惊异，告诉当地的佛教信徒说：“慧能是一位精通佛理的人，我们应该虔诚地供养他。”于是当地人便争相前来供养慧能。

“庭前柏树子”

“庭前柏树子”一语出于赵州从谂禅师。

有一天，某和尚问赵州：“什么是祖师西来意？”

赵州答：“庭前柏树子。”

和尚说道：“你只指出了一个物体。”

赵州再答：“不然，我并没有指给你一个物体。”

于是对方再问：“什么是祖师西来意？”

赵州仍然答：“庭前柏树子。”

剥去禅的隐语，赵州所说的是指道即在庭前的柏树子中。

柏树子是他所说的物体，是用这个物体去表达道的无所不在。所以他指给那个和尚

六祖斫竹图　宋　梁楷

六祖慧能曾经是个樵夫，此图反映了六祖进山砍竹的故事，画家以寥寥数笔，就勾勒出了六祖的生动形态。

的并不只是一个物体，但是因为那个和尚自己的观点粘着于物体，所以不能超脱。

“南泉斩猫”

据载，南泉和尚座下东西两堂的僧人争要一只猫，正好让他看见，南泉便对大家说：“说得出就救得这只猫，说不出就杀掉它。”大家无言以对，南泉于是把猫斩为两段。赵州和尚（即从谂禅师）从外面回来后，南泉把经过说给他听，赵州和尚听了，脱下鞋子放在自己头上就走了出去。南泉说：“刚才若你在场，就救了猫儿。”

“南泉斩猫”这一公案的寓意其实很简单，赵州和尚把鞋放在头顶，意为“本末倒置”，说的是为猫争吵不休的和尚们本末倒置了。南泉普愿禅师要说的是，修身说禅，得道成佛是僧人为之追求的重大目标；若为一只猫的归属起纷争，岂不是“道不得”？这些弟子们，没人去关注自身追求，求小利而失大志，所以禅师提刀斩猫为两段。

“赵州救火”

“赵州救火”为唐代赵州从谂禅师勘验大众的公案。

赵州从谂禅师曾在南泉普愿禅师座下，负责火头的工作。有一天，赵州想勘验大家，故意关上房门在里边烧火，弄得满屋子烟，而后大叫：“救火呀！救火呀！”

大众听到后赶紧跑来，赵州却说：“说得契合，我才开门。”大众相望无言。

这时，南泉普愿将钥匙从窗户间递给赵州，赵州便自己开门出来。

赵州以火比喻心中之烦恼，生死之火宅，将房门暗喻为吾人心灵自性之门。

南泉不答一语，只将锁匙从窗户送入，即表示修行去恶、见性成佛是自家事，唯由自己躬身力行才能办成，非是他人所能代劳。

反之，自己不知开门，却冀求门外之人前来救火，则无疑是向心外求法，必是了不可得。赵州早知其理，只是想借此理来勘验大众，怎奈大家都无言以对。

芥子能纳须弥山

佛经上所说的“须弥藏芥子，芥子纳须弥”，意思是偌大一个须弥山塞进一粒小小的菜籽之中刚刚合适。形容佛法无边，神通广大。来源于《维摩经不思议品》：“若菩萨住是解脱者，以须弥之高广，内芥子中，无所增减。”

佛门和世俗社会是相通的，就像芥子和须弥山可以互相包容一样。芥为蔬菜，子如粟粒，佛家以“芥子”比喻极为微小。须弥山原为印度神话中的山名，后为佛教所用，指帝释天、四大天王等居所，其高八万四千由旬，佛家以“须弥山”比喻极为巨大。

须弥山

在浩瀚的宇宙中，须弥山从中间隆起，其周围是七层铁围山，铁围山外围是广袤的咸海，咸海之四方是四大部洲和八小部洲，我们所居的南瞻部洲呈斧头状，位于南侧。须弥山分四层，其上是三十三天，天界诸神居于其中。

须弥藏芥子是事实，芥子纳须弥是禅理。如果能明白理事之间本无障碍，那么这就是游刃有余地理解禅理了。

正眼

据载，赵州想去大山西五台山的清凉寺，有位僧人便写了一首偈子给他说："何处青山不道场，何须策杖礼清凉，云中从有金毛现，正眼观时非吉祥。"

赵州并不因此而改变他的初衷，他反问那位僧人说："什么是正眼？"

那位僧人无话可说。

这一公案的寓意在于，人的眼睛没有正邪之分，有分别的是人的心态。

道 教

道教的宇宙观

道教的宗教义理是道家思想理论的继承和发展。也就是说，老庄思想是道教重要的思想理论渊源。道教与其他宗教一样，作为一种神学的思想体系，对宇宙的本原、人生的真谛、彼岸世界的存在和达到彼岸世界的途径等一系列问题，都做出了明确地回答。

道教认为，宇宙是由“道”演化而形成的。道教《常清静经》中说：“大道无形，生育天地；大道无情，运行日月；大道无名，长养万物。”这就是道教对宇宙生成论的最简明概括。

道教与道家

道家思想是一种哲学学派，道教是一种宗教信仰。道家思想成形于先秦时期，直到东汉末“黄老”一词才与神仙崇拜这样的概念结合起来。道教尊老子为宗又追求长生不死，这和老子的哲学思想是有相悖之处的，将二者完全混为一谈是认识上的误区。

在西方，道家与道教被统称为Taoism，以Religious Taoism（道教）和Philosophical Taoism（道家）将它们区分开来。西方学者普遍认为道教是纯哲学的道家思想宗教化的产物，而道教支持者认为道教和道家在思想上有互补之处。

李老君

李老君就是老子，道家的创始人，道教则奉其为太上老君，为“三清”之一。实际上，老子的道家学说与道教的主张并不一致。

“三清”和“四御”

“三清”是道教所指的玉清、上清、太清三清境。南朝梁沈约《桐柏山金庭馆碑》：“此盖栖灵五岳，未驾夫三清者也。”唐吕岩《七言》诗之四八：“津能充渴气充粮，家住三清玉帝乡。”另外，“三清”也是道教对元始天尊、灵宝天尊、道德天尊的合称。

“四御”为道教天界尊神中辅佐“三清”的四位尊神，所以又称“四辅”。他们的全称是：中天紫微北极大帝、南极长生大帝、勾陈上宫天皇大帝和承天效法后土皇地祇。

玉皇大帝和王母娘娘

玉皇大帝，又称“玉帝”或“昊天上帝”，或“玄穹高上玉皇大天帝”、“昊天金阙无上至尊自然妙有弥罗至真玉皇大帝”等尊称。玉皇大帝是道教中最高级的神明之一，地位仅在三清尊神之下。道教认为玉皇为众神之王，在道教神阶中修为境界不是最高，但是神权最大。道教认为，玉皇总管三界（天上、地下、空间），十方（四方、四维、上下），四生（胎生、卵生、湿生、化生），六道（天、人、魔、地狱、畜生、饿鬼）的一切阴阳祸福。

王母娘娘，又称金母、瑶池金母、西王母，名叫瑶琼，传说中的女神。原是掌管刑罚和灾疫的怪神，后来在流传过程中逐渐女性化与温和化，而成为年老慈祥的女神。相传王母住在昆仑山的瑶池，园里种有蟠桃，食之可长生不老。

“八仙”都有谁

“八仙”是我国民间广为流传的道教八位神仙。八仙之名，明代以前众说不一，有汉代八仙、唐代八仙、宋元八仙，所列神仙各不相同。至明吴元泰《八仙出处东游记》（即《东游记》）始定为：铁拐李（李玄 / 李洪水）、汉钟离（钟离权）、张果老、蓝采和、何仙姑（何晓云）、吕洞宾（吕岩）、韩湘子、曹国舅（曹景休）。

八仙图　清　黄慎

八仙为我国喜闻乐见的神话人物，其中张果老倒骑毛驴，铁拐李遍走天下，韩湘子捻箫而吹，吕洞宾仗剑天涯等故事为人所乐道。正是“八仙过海，各显神通”。本图人物形神各异，个性突出，传神入化，笔触劲健流畅，顿挫有致。构图上，人物正、侧、立、蹲、躬身各异，错落有致而避免呆板，而每人形姿又符合其个性特征。八仙似欲跃出画端，踏波而去。

四大真人

四大真人，即南华真人、冲虚真人、通玄真人、洞灵真人，道教尊之为四大真人。

南华真人，为先秦道家学派的庄周，字子休，宋国（今河南商丘东北）人。唐玄宗天宝元年追封庄子为南华真人，称《庄子》为《南华真经》。

冲虚真人，为春秋末至战国前期道家学者列子。列子名御寇，亦名圄寇、圉寇，郑国人。唐玄宗天宝元年（742 年）封为“冲虚真人”，号其书为《冲虚真经》。

通玄真人，据传为战国末黄老新道家的代表人物文子，姓辛名幸，一名计然，葵丘濮上人。唐玄宗天宝元年封其为通玄真人。诏封其著为《通玄真经》。

洞灵真人，为古代仙人，又称亢桑子、亢仓子、庚桑子。传说他姓庚桑，名楚，陈国人。又传说为《庄子》中的寓言人物，得太上老君之道，能以耳视目听。相传《亢桑子》一书自其所著，唐玄宗天宝元年诏封为《洞灵真经》，封其为“洞灵真人”。

“五方五老”

五方五老天君，是东南西北中五方之天神，一说为元始天尊所化。五方五老的名号分别为：东方青帝青灵始老九炁天君、南方赤帝丹灵真老三炁天君、中央黄帝玄灵黄老一炁天君、西方白帝皓灵皇老七炁天君、北方黑帝五灵玄老五炁天君。

另有一说，认为五方五老是南方南极观音、东方崇恩圣帝、三岛十洲仙翁东华大帝君（即东王公）、北方北极玄灵斗姆元君（佛教中二十诸天的摩利支天）、中央黄极黄角大仙。

第三种说法将五老和五帝等同，都是天地开辟之前的先天神灵，即东方青灵始老天君，号青帝；南方丹灵真老天君，号赤帝；中央元灵始老天君，号黄帝；西方皓灵皇老天君，号白帝；北方五灵玄老天君，号黑帝。此“五老”与泰山、衡山、嵩山、华山、恒山相对应。

道教四大名山

道教四大名山是指湖北武当山、江西龙虎山、四川青城山和安徽齐云山。

武当山又名太和山，位于湖北省丹江口市，海拔 1612 米。米芾曾称其为“天下第一山”。这里是真武大帝的道场，又是武当拳的发源地。相传汉代阴长生，唐代吕洞宾，明代张三丰等均在此修炼。

龙虎山位于江西省鹰潭市，是我国典型的丹霞地貌区，奇峰秀美。相传张道陵曾在此炼丹，丹成而龙虎见，故改名龙虎山。后来第四代张天师由鹤鸣山转到这里，至民国末年已承袭 63 代，历时 1900 年，为道教“第三十二福地”和张天师子孙世

青城山

居之地。

青城山位于四川省都江堰市西南，主峰老霄顶海拔1260米。全山林木青翠，四季常青，自古就有“青城天下幽”的美誉。青城山是道教的发源地之一，“天师”张道陵曾到此结茅传道，青城山遂成为道教的发祥地，成为天师道的祖山，全国各地历代天师均来青城山朝拜祖庭。

齐云山又名白岳、云岳，位于安徽省屯溪市，以幽深奇险著称。有三十六奇峰、七十二怪岩、二十四涧及其他许多洞泉飞瀑，与黄山、九华山合称“皖南三秀”，素有“天下无双胜境，江南第一名山”之誉。

此外，有的说法也将崆峒山、鹤鸣山列入道教四大名山之中。

道教信奉关羽为本教护法神的原因

道教信奉关羽为本教护法神的原因主要有三个：

（1）道教传统的“敬天尊祖”思想。

敬天和尊祖，是中华民族的传统信仰和道德观。道教是中华民族土生土长的宗教，继承了这一思想信仰，所以在道教神团里有着众多的历史人物神。关羽是忠勇的代表，所以能够成为道教的护法神。

（2）历代统治者的重视。

统治者为了利用关羽的忠义形象而教育民众顺应自己的统治，因此自唐开始一直到清，将关羽逐步提升为重要的神灵祭祀。道教为了在国家宗教事务中占有较之其他宗教的优势，也竭力逢迎统治者的意愿，由于统治者崇拜关羽，道教也将关羽列为自己的护法神，借此与统治者的意愿保持一致。

（3）下层民众的信仰。

除上层的正统的官方道教外，还有在社会下层广大群众中传播的道教，它与民间巫术、符咒结合得比较紧。关羽不仅为王朝所推崇，成为国家保护神，同时深入民间，成为财神、行业神和聚落保护神，而且为秘密宗教、结社所尊崇。道教为了吸引民众，说服民众信奉本教，自然也将关羽列入本教，使之成为本教的护法神。

道教著名神仙

道教信奉的最高尊神是“三清”，其次为玉皇，然后为四御，再次则为众天神。其他分司不同职责的神仙，老百姓最熟悉的有风、雨、雷、电、水、火诸神，以及财神、灶神、城隍、土地等。

道教派别

道教内部门派众多，因分派标准不同而名称各异。

据学理分有积善派、经典派、符箓派、丹鼎派（金丹派）、占验派五类。

按地区分有龙门派、崂山派、随山派、遇山派、华山派、嵛山派、老华山派、鹤山派、霍山派、武当派等。

按人划分则有少阳派（王玄甫）、正阳派（钟离汉）、纯阳派（吕洞宾）、海蟾派（刘操）、三丰派（张三丰）、萨祖派（萨守坚）、紫阳派（张伯端）、伍柳派（伍冲虚、柳华阳）、重阳派（王中孚）、尹喜派（关尹）、金山派（孙玄清）、阎祖派（阎希言）等。

按道门分有混元派（太上老君）、南无派（谭处瑞）、清静派（孙不二）、金辉派

永乐宫道教壁画

三清殿中的“朝元图”壁画，泰定三年（1325年）由马君祥等人绘制而成，描绘了诸神朝拜元始天尊的故事，以8个帝后主像为中心，周围有金童、玉女、星宿、力士等共286尊，场面开阔，气势恢宏。这些壁画为我国古代壁画中的经典佳作。

（齐本守）、正乙派（张虚静）、清微派（马丹阳）、天仙派（吕纯阳）、玄武派（真武大帝）、净明派（许旌阳）、云阳派（张果老）、虚无派（李铁拐）、云鹤派（何仙姑）、金丹派（曹国舅）、玉线派（樵阳真人）、灵宝派（周祖）、太一教（萧抱珍）、全真教（王重阳）、正一教（张宗演）、真空派（鼓祖）、铁冠派（周祖）、日新派、自然派（张三丰）、先天派、广慧派等。

历史上还有正一宗（张道陵）、南宗（吕纯阳）、北宗（王重阳）、真大宗（张清志）、太一宗（黄洞一）、五大宗之分法和天师道、全真道、灵宝道、清微道四大派的分法。还有道德、先天、灵宝、正一、清微、净明、玉堂、天心八派的说法。

张天师

张陵，中国东汉五斗米道创立者，后改名张道陵，字辅汉，敬为张天师。沛国丰邑（今江苏丰县）人。少时喜读河洛图讳、天文地理之书。曾入太学，通达五经，又好黄老之学，举荐“贤良方正直言极谏科”。汉明帝时曾任巴郡江州（今四川重庆）令，后隐居北邙山（今河南洛阳北），修炼长生之道。朝廷久征不就。东汉顺帝时，修道于鹄鸣山（今四川大邑县境内），创立五斗米道。教门中尊老子为教主，以《老子五千言》为经典，自称太上老君，授为“三天法师正一真人”。制作道书 24 篇，建立 24 治区，各治立道官祭酒，以统治道民。道民有犯小过者以悔过自新为奉道之主旨，并用符水咒法为道民治病。传有弟子王长、赵升等。子孙世袭天师道号，历代帝君皆加有封号。

中国第一位女道士

中国第一位女道士是西晋时的魏华存，她也是中国第一个女道教学者，后来被上清派奉为开派祖师。她出身官宦家庭，从小受到良好教育，具备深厚的文化素养。天师道北迁以后，中原地区成了道教的活动中心，魏华存受其影响，加入了天师道，凭着她过人的才气和道徒们的拥戴而成为祭酒中唯一的女性。

魏华存对道教的养生理论进行了深入的研究，首创了三丹田、八景、二十四真的养生理论，并根据自己的修炼实践写下了具体的修习方法；还搜集了《太上宝文》、《太洞真经》、《黄庭经》等道教典籍，形成了一套完整的道教教义，是上清派的理论基础。

王重阳开创的全真派

王重阳开创的全真派，是中国道教的一个重要支派。全真教除继承中国传统道教思想以外，还将符录、丹药等及其思想以外的内容重新整理，为以后的道教奠定了基础。

王重阳主张儒、释、道三教平等，三教合一，提出“三教从来一祖风”的融合学说。全真道内以《道德经》、《孝经》、《般若波罗蜜多心经》为必修经典，认为修道即修心，除情去欲，存思静定、心地清静便是修行的真捷径。所以，全真道不崇尚符箓，不事黄白炼丹之术。王重阳死后三年，全真道传教范围波及关中、河南、河北、山东大部分地区，遍于社会各个阶层。在组织上、理论上为全真道的兴盛发展奠定了基础。

丘处机为道教兴盛做出的贡献

丘处机，全真道掌教人，字通密，号长春子。登州栖霞人（今属山东）人。丘处机在王重阳去世后入磻溪穴居，历时六年，行携蓑笠，人称“蓑笠先生”。后又赴饶州龙门山（今宝鸡市）隐居潜修七年，成为全真龙门派创始人。

在丘处机的影响下成吉思汗曾令“止杀”。1224 年（元太祖十九年），丘处机回到燕京，奉旨掌管天下道教，住天长观（今白云观）。同年，丘处机曾持旨释放沦为奴隶的汉人和女真人 3 万余。并通过入全真教即可免除差役的方式，解救了大批汉族学者。自此，全真教盛极一时，丘处机的声誉亦登峰造极。寺庙改道观、佛教徒更道教者不计其数。1227 年（元太祖二十二年），丘处机病逝于天长观，终年 80 岁。元世祖时，追封为“长春演道主教真人”。

张三丰

张三丰，本名通，字君实或君宝，汉族，辽东懿州（今辽宁阜新）人。元末明初时期的儒者、道士。善书画，工诗词，中统元年，曾举茂才异等，任中山博陵令。游宝鸡山中，有三山峰，挺秀仓润可喜，因号三丰子。明英宗赐号“通微显化真人”；明宪宗特封号为“韬光尚志真仙”；明世宗赠封他为“清虚元妙真君”。

武当山

史书记载张三丰龟形鹤背，大耳圆目，须髯如戟，寒来暑往仅一纳衣，雨雪天气蓑衣着身。1258 年，宗教界爆发了中国历史上规模最大的一次佛道大辩论。蒙古大汗蒙哥亲临主持，嵩山少林寺长老福裕和全真教高道张志敬分别率队参加舌战，结果道教遭到惨败。从此，道教日渐衰沉。但一个世纪后，张三丰在武当山创立一个新的道派——三丰派，掀起了中国道教发展史上的最后一波，并成为武当武功的创立者。

道教主要戒律

道教戒律是一些约束道士思想言行的准则，依照不同的教派有不同的内容。戒律的内容主要有不得杀生，不得喝酒吃肉，不得偷盗，不得邪淫等。戒律是教徒必须遵守的，而且必须有一个受戒仪式。

根据规则的严紧程度，道教戒律可以分成上品戒、中品戒、下品戒。根据戒律的多少有“三戒”、“五戒”、“八戒”、“十戒”、“老君二十七戒”等。除戒律外，还有道教清规，就是道士犯戒以后的处罚手段。具体条例因派别不同而规定也不同。

现存道教戒律主要收入《正统道藏》三洞之戒律类。《云笈七签》和《道藏辑要》亦有收录。较著者有《太上经律》、《洞玄灵宝天尊说十戒经》、《太上老君经律》、《天仙大戒》、《初真戒》、《中极戒》等。

道教主要节日

道教节日一般为诸神圣诞，或传统民俗节日。各宫观在这些节日里，一般要举行道场，祈祷祥瑞，或超度亡灵。其主要节日有：

三清圣诞（冬至日元始天尊圣诞，夏至日灵宝天尊圣诞，二月十五日道德天尊圣诞）；

玉皇圣诞（正月初九）；

三元节（上元正月十五，中元七月十五，下元十月十五）；

九皇会（九月初九）；

真武大帝圣诞（三月初三）；

东岳大帝圣诞（三月二十八）；

文昌帝君圣诞（二月初三）；

关圣帝君圣诞（五月十三）；

吕祖圣诞（四月十四）；

丘祖圣诞（正月十九）。

道教五术

道教五术为：山、医、命、相、卜。

山，是通过食饵、筑基、玄典、拳法、符咒等方法来修炼“肉体”与“精神”，以达充满身心的一种学问。

医，是利用方剂、针灸、灵治等方法，以达到保持健康、治疗疾病目的的一种方法。

命，是透过推理命运的方式来了解人生，以穹达自然法则，进而改善人命的一种学问。其方法就是以人出生的时间和阴阳五行为理论基础。

相，一般包括“印相、名相、人相、家相、墓相（风水）”等五种，以观察存在于现象界形相的一种方术。

卜，是利用时间或是异常征兆，而随时进行占卜吉凶之法，如太乙、奇门、六壬、测字、占梦等。

炼丹术

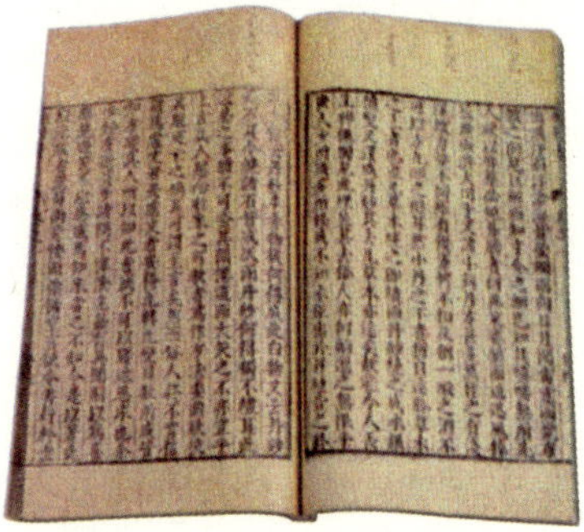
《抱朴子》内篇　东晋　葛洪

炼丹术是古代炼制丹药的一种技术，是近代化学的先驱。我国自周秦以来就创造和应用了将药物加温升华的这种制药方法。

炼丹术所制成的药物有外用和内服两种，外用者至今还很有价值，内服则由于其毒性较大而逐渐被淘汰。

道观的布局

道观的布局主要有两种形式。

一种为均衡对称式建筑，根据八卦方位，乾南坤北，即天南地北，以子午线为中轴，坐北朝南的布局，使供奉道教尊神的殿堂都设在中轴线上。两边则根据日东月西，坎离对称的原则，设置配殿供奉诸神。这种对称的布局，体现了“尊者居中”的等级思想。

另一种布局是按五行八卦方位确定主要建筑的位置。按照阴阳五行思想，东方作青龙，为木，属阳，正符合道士修炼达到“纯阳”，返还于“道”的目的。西跨院则为配殿，或是作为云游道众和香客们的临时客房。大多数宫观的建筑格局为传统的四合院。这种格局对应了木、火、金、水四正，加上中央土，五行俱全。大的宫观由数进四合院、三合院纵向铺开，层层院落依次递进，形成鳞次栉比的发展势态。

十大洞天是哪些

洞天，是指道家编造的所谓神仙居住的名山胜境。十大洞天是指：

王屋洞府，又称“小有清虚之天”。坐落在山西恒曲和河南济源两县间的王屋山。

委羽洞府，又称“大有空明之天”。位于浙江黄岩县的委羽山。

西城洞府，又称“太元总真之天”。坐落在青海的西倾山。

西玄洞府，又称“三元极真之天”。坐落在西岳华山。

王屋洞天

王屋洞天是十大洞天之首，又称“小有清虚之天”。

青城洞府，又称“宝仙九室之天”。位于四川灌县的青城山。

赤诚洞府，又称“紫玉清平之天”。坐落于浙江天台县的赤诚山。

罗浮洞府，又称“朱明曜真之天”。位于广东增城和博罗两县之间的罗浮山。

句曲洞府，又称“金坛华阳之天”。坐落在江苏茅山。

括苍洞府，又称“成德隐玄之天”。位于浙江仙居和临海两县之间的括苍山。

林屋洞府，又称“左脚幽虚之天”。坐落在江苏苏州的西湖庭山。

“三十六洞天，七十二福地”

三十六洞天是指：霍林洞天、蓬玄洞天、朱陵洞天、仙林洞天、玄关洞天、司马洞天、虚陵洞天、洞灵真天、山赤水洞天、会极亢洞天、玄德洞天、天宝洞天、生上洞天、天司洞天、玄真洞天、真化洞天、太乐洞天、大玉洞天、耀宝洞天、宝玄洞天、秀乐洞天、玉宝洞天、阳观洞天、太元洞天、华妙洞天、金庭洞天、丹霞洞天、仙都洞天、青田洞天、朱日洞天、太生洞天、良常洞天、紫玄洞天、天盖洞天、白马洞天和金华洞天。

七十二福地包括：地肺山、盖竹山、仙山、东仙源、西仙源、南田山、玉溜山、青屿山、郁木洞、丹霞山、君山、大若岩、焦源、灵墟、沃洲、天姥岭、若耶溪、金庭山、清远山、安山、马岭山、鹅羊山、洞真墟、青玉坛、光天坛、洞灵源、洞宫山、陶山、皇井、烂柯山、勒溪、龙虎山、灵山、泉源、金精山、阁皂山、始丰山、逍遥山、东白源、钵池山、论山、毛公坛、鸡笼山、桐柏山、平都山、绿萝山、虎溪山、彰龙山、抱福山、大面山、元晨山、马蹄山、德山、高溪蓝水山、蓝水、玉峰、天柱山、商谷山、张公洞、司马梅山、长在山、中条山、湖鱼澄洞、绵竹山、泸水、甘山、汉山、云山、庐山和东海山。

天人之学

天文历算

观象授时

登封观星台

观象授时，即通过观察天象来确定时间和创制历法。因为节令的测定与农业生产直接相关，所以制定准确的历法是农业社会的一件大事，而考察时序的基本途径就是观测天象，因此古人对其极为重视。《尚书·尧典》在叙述尧治理天下的具体活动时，所记载的首要一项就是派人观测天象，制定历法："乃命羲、和，钦若昊天，历象日月星辰，敬授民时……期三百有六旬有六日，以闰月定四时成岁。"这段话还表明，在尧的时期，观象授时的方法已经成熟，原始的历法在那个时期也已经形成，人们在从事农业生产的时候可以不再凭直觉，或者随机行事，而是有了可靠的指导，这意味着农业生产已经进入了一个相对发达的阶段。

受天命，改正朔

正，指的是一年之首；朔，指的是一月之首。"正朔"合称，代指历法。"受天命，改正朔"，说的是每当改朝换代的时候要取用新的历法，而这种改变是秉承天意的。《礼记·大传》记载："立权度量，考文章，改正朔，易服色，殊徽号，异器械，别衣服，此其所得与民变革者也。"讲的是立朝之初新王所要进行的一系列改革内容，改正朔是其中之一。孔颖达注疏说："改正朔者，正谓年始，朔谓月初，言王者得政，示从我始，改故用新，随寅、丑、子所建也。周子，殷丑，夏寅，是改正也；周夜半，殷鸡鸣，夏平旦，是易朔也。"之所以要进行这些改革，是因为这意味着新王朝的建立是一个新的开始，也就是所谓的"革故鼎新"。夏代是以寅月为正的，也就是当今所讲的正月；而商代是以丑月为正的，即夏历的十二月；周代又以子月为正，就是夏历的十一月；到了秦代，又改为以夏历的十月为正。汉初袭用秦代的正朔，汉武帝元封六年（公元前 104 年），改用太初历，取夏正，此后历代都沿用夏正，仅在武则天称帝时取用周正。

日、气、朔

日、气、朔，是中国古代历法的 3 种基本元素。“日”，就是一个太阳日，为 24 小时。“气”，指的是二十四节气，也就是从冬至开始，到下一个冬至，是一个回归年，一个回归年划为 24 份，称为二十四节气。其中，冬至和其后依次相隔一位的节气，如大寒、雨水、春分等叫作“中气”，相应地，小寒、立春、惊蛰等则叫作“节气”（有时为了简洁，也将中气称为“气”，而将节气称为“节”）。“气”又分作两种，按时间等分的叫“平气”，按一年中太阳所走的路程等分的叫“定气”。“气”体现了历法中阳历的成分，而“朔”则体现了历法中阴历的成分。“朔”指的是日、月的黄道经度相同的时刻，也就是阴历每月初一的时候日、月之间的位置关系所体现出来的月相。月亮绕地球运动的速度是不均匀的，太阳周年视运动的速度也是不均匀的，因此，朔出现的时间也是不相等的，但是凭借长期的观测统计，可以求得一个相对稳定的平均值，这个平均值就称为一个朔望月。根据朔望月推算出来的朔，叫“平朔”；对平朔由日、月不均匀运动所造成的偏差进行修正而得到的真实的朔，称为“定朔”。

中国古代历法自有“气”、“朔”以来，从春秋、战国时代到唐初，使用的是平气和平朔；从唐初到明末，使用的是平气和定朔；清代以后，使用的就是定气和定朔。

干支计时纪年

干是指天干，支是指地支。天干共 10 个，所以又称为“十干”，顺序为：甲、乙、丙、丁、戊、己、庚、辛、壬、癸；地支共 12 个，顺序为：子、丑、寅、卯、

甲子	乙丑	丙寅	丁卯	戊辰	己巳	庚午	辛未	壬申	癸酉
甲戌	乙亥	丙子	丁丑	戊寅	己卯	庚辰	辛巳	壬午	癸未
甲申	乙酉	丙戌	丁亥	戊子	己丑	庚寅	辛卯	壬辰	癸巳
甲午	乙未	丙申	丁酉	戊戌	己亥	庚子	辛丑	壬寅	癸卯
甲辰	乙巳	丙午	丁未	戊申	己酉	庚戌	辛亥	壬子	癸丑
甲寅	乙卯	丙辰	丁巳	戊午	己未	庚申	辛酉	壬戌	癸亥

辰、巳、午、未、申、酉、戌、亥。其中甲、丙、戊、庚、壬是阳干，乙、丁、己、辛、癸是阴干。子、寅、辰、午、申、戌是阳支，丑、卯、巳、未、酉、亥是阴支。

在夏历中，干支用来编排年号和日期。具体方法为以一个天干和一个地支相配，天干在前，地支在后，天干从甲开始，地支从子开始，阳干对阳支，阴干对阴支（阳干不配阴支，阴干不配阳支），60 年一周期，称为“六十甲子”或“花甲子”。天干表示年、月、日、时的次序，地支用来纪月、纪时。地支纪月就是把冬至所在的月称为子月，以下依次排列。地支纪时就是把一日分为 12 个时段，分别以十二地支表示，称十二时辰。

古人就是以六十甲子循环来纪年、纪月、纪日、纪时。

“天文志”与“五行志”

“天文志”和“五行志”为正史之中志类的两种，开创于《汉书》，为后代史书所继承。

“天文志”是对包括星运、日食、月食等天文现象的记录，而在《汉书》之前，《史记》中就已经有了《天官书》，系统地总结了汉代以前的天文知识和天文事件。《汉书》中的“天文志”秉承而来，保存了上古至汉哀帝元寿年间丰富的天文资料，具有极高的史学和科学价值。此后的史家也保持了这一优秀的传统，使得历代的“天文志”一脉相承，使中国成为世界上古代天文学文献最为丰富的国家。

“五行志”记载的是各种自然灾害和奇异现象，配以五行学说进行论述，具有浓厚的迷信色彩，因而遭到猛烈的批评，可是这并不能掩盖“五行志”的宝贵价值，虽然其中的论说有相当大的一部分是虚妄的，但是这些论说都是以事实为依托的，也就是说，“五行志”保存了大量的自然科技史的原始材料，其中涉及地震、水灾、旱灾、雹灾、蝗灾、怪雨、日食、彗星、太阳黑子、陨石、奇异的生命现象、冶炼事故等十分广泛的内容，许多为后世所重视的科学现象最初都是记载于“五行志”中的。另一方面，“五行志”还具有重要的思想史价值，从一个特别的角度为人们研究各个时期的社会思想提供了宝贵的文献资料。

三垣与四象

“三垣”，即紫微垣、太微垣和天市垣，是中国古代划分星空的星官，每垣都是一个比较大的天区，内含若干小的星官（或称为星座）。紫微垣是三垣的中垣，包括北天极附近的天区，在北斗东北，居于北天中央，所以又称中宫，或紫微宫，即皇宫的意思；以北极星为中枢，有星 15 颗，东西排列，成屏藩形状，各星多数以官名命名。它的天区大致相当于现今国际通用的小熊、大熊、天龙、猎犬、牧夫、武仙、仙王、仙后、英仙、鹿豹等星座。太微垣是三垣的上垣，位居紫微垣之下的东北方，在北斗之南，轸宿和翼宿之北，有星10颗，以五帝座为中枢，成屏藩形状。太微即政府的意思，星名亦多用官名命名，它的天区包含室女、后发、狮子等星座。天市垣是三垣的下垣，位居紫微垣之下的东南方向，在房宿和心宿东北，有星22颗，以帝座为中枢，成屏藩形状，它的天区包括蛇夫、武仙、巨蛇、天鹰等星座。“四象”，即青龙（又称苍龙）、白虎、朱雀、玄武，分别代表东、西、南、北四个方向，用来划分天上的星区。这是古人把二十八宿中每一个方位的七个星宿联系起来加以想象而成的四种动物的形象而得来的。

二十八宿

二十八宿是中国古人认识星辰和观测天象对天上恒星的划分，类似西方的星座，又称为二十八星或二十八舍。“宿”表示日月五星所在的位置。古时候的人们根据它们的出没和中天时间定四时，安排农事活动。

二十八宿分成4组，与东、北、西、南四宫和动物命名的四象相配。它们是东宫青龙，包括角、亢、氐、房、心、尾、箕七宿；西宫白虎，包括奎、娄、胃、昴、毕、觜、参七宿；南宫朱雀，包括井、鬼、柳、星、张、翼、轸七宿。北宫玄武，包括斗、牛、女、虚、危、室、壁七宿。与它们关系密切的一些星官（意为一组星），如坟墓、离宫、附耳、伐、钺、积尸、右辖、左辖、长沙、神宫等，分别附属于房、危、室、毕、参、井、鬼、轸、尾等宿，称辅官或辅座。唐朝时，包括二十八宿和辅官在内的星共有183颗。

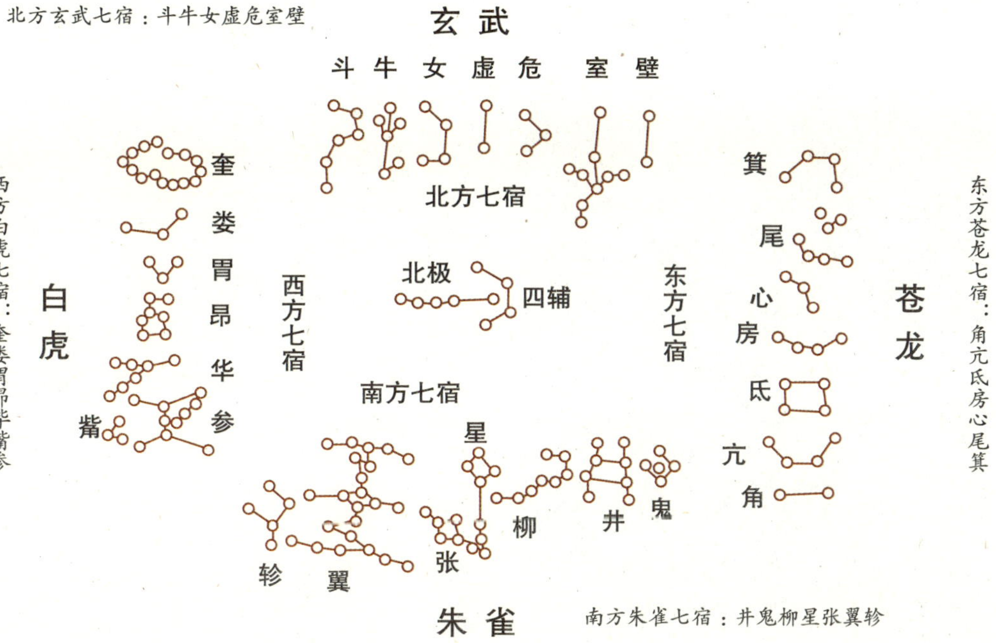

最早记录二十八宿的是春秋时期的《尚书·尧典》。现存对二十八宿最完整的记录发现于湖北随州战国古墓（葬于公元前433年）的漆箱盖上，它记录了二十八宿的全部名称。

星野

星野指的是与天上的星象相对应的地面的区域。《史记·天官书》说："天则有列宿，地则有州域。"人们用天上二十八宿的方位来对照地面的区域，某个星宿对着地面的某个区域，叫作某地在某星的分野。王勃在《滕王阁序》中说："豫章故郡，洪都新府。星分翼轸，地接衡庐。""翼"和"轸"分别是南方朱雀七宿中的第六宿和第七宿，"星分翼轸"的意思就是洪州属于翼、轸二宿所对应的地面区域。李白的《蜀道难》中有"扪参历井仰胁息"的句子，其中的"参"和"井"指的是星宿，参宿是秦的分野，井宿是蜀的分野，李白由秦入蜀，所以说"扪参历井"。二十八宿是人们对于天空星区的划分，东西南北四个方向各有七宿，而又将其更为具体地分成九野。即中央钧天：角宿、亢宿、氐宿，东方苍天：房宿、心宿、尾宿，东北变天：箕宿、斗宿、牛宿，北方玄天：女宿、虚宿、危宿、室宿，西北幽天：壁宿、奎宿、娄宿，西方颢天：胃宿、昴宿、毕宿，西南朱天：觜宿、参宿、井宿，南方炎天：鬼宿、柳宿、星宿，东南阳天：张宿、翼宿、轸宿。这九野的方位分别对应于地上的方位，就构成了星野的划分，如前面提到的翼、轸二宿，属于东南阳天，洪州位于中国的东南，正与翼、轸二宿相对应，而参、井二宿则属于西南朱天，与秦、蜀地区相对应。

古代的星图

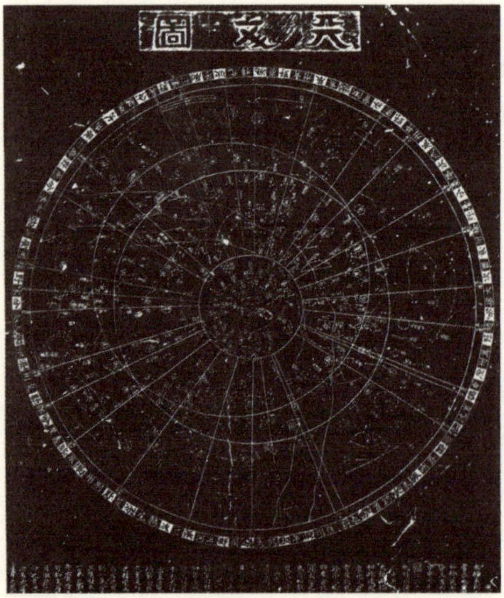

星图是观测恒星的一种形象记录，是天文学上用来认星和指示位置的一种重要工具。我国古代天文学非常先进，有绘制星图的传统。

世界上最早的星图是唐中宗时期（705～710年）绘制的敦煌星图，上面绘有1350多颗星。1907年被斯坦因盗走，现藏于英国伦敦大英博物馆。

天文图　黄裳

黄裳绘制的《天文图》被刻在石碑上，现存放于苏州，是我国古代最精准的天文图之一。其按照二十八宿绘制，将二十八宿的分野、十二宫次位置都标注得相当准确。

最早的石刻星图是从五代（907 ~ 960 年）吴越王钱元瓘的墓中出土的。石刻星象图刻有二十八宿和拱极星等星宿。1247 年，南宋天文学家根据北宋年间的观测结果，刻制了一幅比较齐全的石刻星图，图中共有 1440 颗星，以及银河和二十八宿距星的经线 28 条，现藏于江苏苏州市博物馆。

现在发现的最早的彗星图是 1973 年从湖南长沙马王堆三号汉墓中出土的一部帛书。在这部帛书中，绘制了 29 幅不同形状的彗星图。每幅彗星图下面都写有占卜的文字，每条占卜文字的开头都写着彗星的名称。这部帛书距今已有 2200 多年，是世界上最早的彗星图。

彗星、行星的运行记载

彗星，在中国古代称为星孛、蓬星、长星等，据《春秋》记载，鲁文公十四年（公元前 613 年）“秋七月，有星孛入于北斗”。这是世界上最早的关于彗星的记载，此星孛即哈雷彗星。

哈雷彗星的运行周期为 76 年，从秦王嬴政七年到清宣统二年（公元前 240 ~ 1910 年）的 2000 多年间，哈雷彗星共回归过 29 次，每一次中国都进行了记录，并且记录得很详切。例如《汉书・五行志》对出现于汉成帝元延元年（公元前 12 年）的彗星做了这样的记载：“元延元年七月辛未，有星孛于东井，践五诸侯，出河戍北，行轩辕、太微，后日六度有余，晨出东方。十三日，夕见西方……南游度犯大角、摄提，至天市而按节徐行，炎入市中，旬而后西去；五十六日与苍龙俱伏。”据统计，中国古代对彗星的记载多达五百次以上，是世界上古代彗星记录资料最为完备的国家。

在古代，行星指的就是金星、木星、水星、火星和土星。中国对行星的观测也有着久远的历史，在甲骨文中就有了关于木星的记载，而到了秦汉时期，人们已经观测和推算出五大行星的运行周期。

马王堆汉墓出土的帛书《五星占》中详细地记载着从秦王嬴政元年（公元前 246 年）至汉吕后元年（公元前 187 年）这 60 年间木星的位置和从秦王嬴政元年至汉文帝三年（公元前 177 年）这 70 年中土星与金星的位置，还记录了五大行星的回合周期。例如，土星“日行八分，卅日而行一度……卅岁一周于天”，意思是说，土星的会合周期为 377 日，这比当今的测量值 378.09 日少 1.09 日；再如，帛书上记载的金星的会合期折算之后为 584.4 日，这比现在的精确数据只多了 0.48 日。总之，史籍中关于彗星和行星的记载标志着中国古代天文学卓越的成就。

黄道与黄道吉日

黄道，指的是一年当中太阳在天球（即一个假想的与地球同心的无限大半径的圆球）中的视路径，或者说是太阳在天空中穿行的视觉轨迹的大圆，从另一个角度来说，也就是地球公转轨道面在地球上的投影。平常所说的12星座，指的就是黄道十二宫，即位于黄道带上的十二个星座，人们可以根据太阳处于黄道上的何种位置来判断季节和日期。古时候，星象不仅用来推算历法，还用来预测吉凶，人们把日辰的十二地支分别与十二星宿天神相配，称为某神值日。即子日青龙、丑日明堂、寅日天刑、卯日朱雀、辰日金匮、巳日天德、午日白虎、未日玉堂、申日天牢、酉日玄武、戌日司命、亥日勾陈，其中青龙、明堂、金匮、天德、玉堂、司命这六个星宿是吉神，称其为“六黄道”，其余的则为“六黑道”。当“六黄道”值日之时，诸事皆宜，不避凶忌，也就是所谓的“黄道吉日”。黄道吉日后来又泛指宜于办事的好日子。

朔望

月亮在轨道上运行到太阳、地球之间，背光的一面正对着地球时，正是农历每月初一，称为朔。朔即月球与太阳的地心黄经相同的时刻。

月亮在轨道上运行至地球背面，被太阳照亮的一面正对着地球时，正是农历每月十五或十六，称为望。望即月球与太阳的地心黄经相差180度的时刻。每月的望日来临时，月亮看起来呈现圆形，因此称为望月或满月。

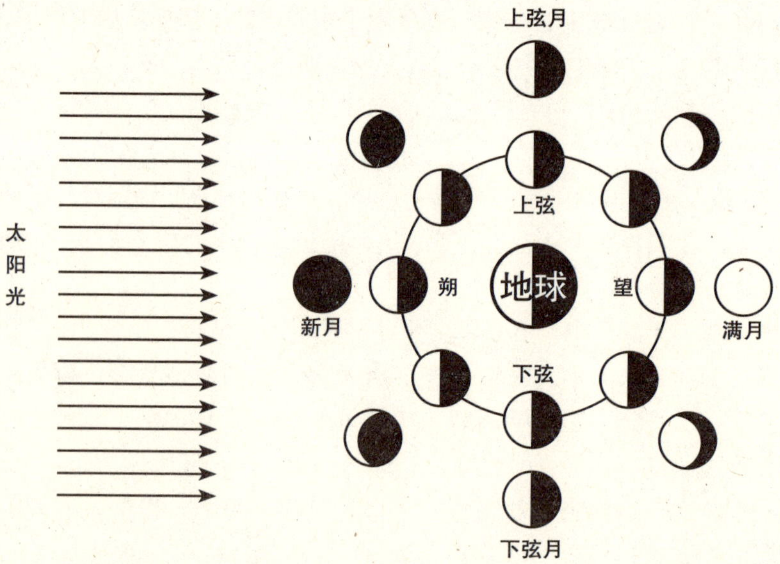

二十四节气

古人根据季节更替和气候变化的规律，把一年分为24个节气。

立春：即春季的开始。雨水：降雨开始。惊蛰：指春雷惊醒了蛰伏在土中冬眠的动物。春分：表示昼夜平分。清明：天气晴朗。谷雨：雨生百谷。立夏：夏季开始。

小满：麦类等作物籽粒开始饱满。芒种：麦类等有芒作物成熟。夏至：夏天来临。小暑：气候开始炎热。大暑：一年中最热的时候。立秋：秋季开始。处暑：暑天结束。白露：天气转凉，露凝而白。秋分：昼夜平分。寒露：露水以寒，将要结冰。霜降：开始有霜。立冬：冬季开始。小雪：开始下雪。大雪：降雪增多。冬至：冬天来临。小寒：气候开始寒冷。大寒：一年中最冷的时候。

为了便于记忆，人们编了二十四节气歌诀：春雨惊春清谷天，夏满芒夏暑相连。秋处露秋寒霜降，冬雪雪冬小大寒。

二十四节气最早出现在商朝，是中国历法的独创，几千年来对中国农业发展起了重要作用。

黄历

黄历，即黄帝历，相传为黄帝创制，为中国最早的历法。因为黄历的使用范围很广，在上古时期通行时间又很长，所以人们以后也把其他历书习称为“黄历”，并且这一称呼一直沿用下来。黄历的制定以天象观测和农时经验为基础，是一种阴阳合历，将一年分为春、夏、秋、冬四季，以子建月，也就是以阴历十一月为岁首。黄历对于指导人们的农业生产有着重要的作用，也奠定了后世历书的基础，但是在流传过程中也加入了诸如吉凶、宜忌、冲煞、方位、流年、太岁等迷信的内容，尽管在历史上曾被禁止，然而这些内容在当今的历书中依然流行。在历法中还有一个“皇历”的概念，经常与“黄历”相混淆，“皇历”指的是官方颁布的历书。唐文宗大和（又作“太和”）九年（835 年），皇帝下令编制了中国最早雕版印刷的历书宣明历，并且规定今后历书必须由皇帝亲自审定，同时由官方印刷。从此，历书就被称为“皇历”。“黄历”与“皇历”的原本含义截然不同，但是由于都用作历书的代称，两者读音又相同，所以后来就被混同起来，当今提起传统历书的时候，有时写作“黄历”，有时又写为“皇历”，但是都脱离了原来的含义，变得不相区分了。

阴历与阳历

按月相周期来排定的历法，叫作太阴历，简称为阴历；以太阳的运动为依据而设置的历法，叫作太阳历，简称为阳历。阴历定月的依据是月球的运动规律：月球运行的轨道，叫作白道；太阳在地球上的周年视运动轨迹，叫作黄道。白道与黄道以五度九分而斜交，月球绕地球一周，出没于黄道两次，用时二十七日七小时四十三分十一秒半，这是月球公转一周所需的时间，天文学上称为“恒星月”。而当月球环绕地球运动的时候，地球的位置因公转也发生变动，因此，月球从朔到望，实际所需的时间是二十九日十二时四十四分二秒八，这一时间称为“朔望月”，也就是阴历的一个月。

现在通常所说的阴历指的是夏历，因与农时密切相关，所以又叫农历，但是夏历有闰月的设置，并不是一种纯粹的阴历。阳历是根据太阳直射点的运行周期而制定的，其平均历年为一个回归年，分为平年和闰年两种，闰年比平年多出一天。通常所说的阳历，即格里历，是现代国际通行的历法，因而又称为公历。阳历的一年实际上并非刚好是 365 日，而是 365.242199174 日，因此每四年设置一次闰年，这样就将年度的平均时间修正为 365.25 日，但仍有一定的误差，因此每一百年再减少一个闰年，而每四百年再加回一个闰年，最后修正为 365.2425 日，这样出现一天时间的误差大约需要 3000 年，可以说是已经相当精确的了。

夏历、周历和秦历

夏历，即夏朝制定和应用的历法，习惯上也称为农历、阴历，但实际上属于一种阴阳合历，因为夏历在朔望月这一方面取用的是阴历的原则，而在设置闰月以使平均历年为一个回归年这一方面则显示出阳历的成分。当今仍在使用的阴历常常被认为是夏历，而实际上取用的只是夏正，也就是一年的开始一天与夏历是一致的，至于每月的设置情况与夏历是有着一定差异的，即使称为夏历，也并非是 4000 年前夏朝时候历法的原初面貌的，而是经过修正和改订过的夏历。周历和秦历与夏历基本上是一致的，区别在于岁首的不同，周历以夏历的十一月为岁首，而秦历则以夏历的十月为岁首。先秦时期，几种历法并用，所以在古籍中常常会见到因所依历法不同而产生的记月的差异，这是值得注意之处。

	子月	丑月	寅月	卯月	辰月	巳月	午月	未月	申月	酉月	戌月	亥月
夏历	十一月	十二月	正月	二月	三月	四月	五月	六月	七月	八月	九月	十月
周历	正月	二月	三月	四月	五月	六月	七月	八月	九月	十月	十一月	十二月
秦历	二月	三月	四月	五月	六月	七月	八月	九月	十月	十一月	十二月	正月

太初历

太初历创制于西汉，中国第一部完整的历法，也是当时世界上最先进的历法。元封六年（公元前 104 年），经司马迁等人提议，汉武帝下令改定历法，将先前沿用的误差较大的颛顼历改为太初历。太初历由天文学家落下闳、邓平等人制订，这部历法规定，一年为 365.2502 日，一月为 29.53086 日，将原来的以十月为岁首改为以正月为岁首，开始采用有利于农业生产的二十四节气，以没有中气（即雨水、春分、谷雨等二十四节气中偶数位的节气）的月份为闰月，由此调整了太阳周天与阴历纪月不相合的矛盾，并且根据天象实测和多年来史官的记录，推算出 135 个月的日食周期。太初历在刚刚行用时，遭到一些人的反对，为了验证太初历是否符合实际的天象，朝廷组织了一次为期 3 年的天文观测，同时校验太初历和古六历（即黄帝历、颛顼历、夏历、殷历、周历和鲁历）的数据，结果表明，太初历更具优越性，于是得以长期沿用，直至汉章帝元和二年（85 年），前后应用了 189 年。

授时历

元世祖至元十七年（1280 年），郭守敬与王恂、杨恭懿、许衡等人编写完成授时历。

授时历通过对前代 40 多部天文历法著作的细致研究，推算出一年有 365.2425 天，与地球绕太阳一圈的时间仅差 26 秒，与现在实行的公历所采用的平均年的长度是一样的。书中还废除了前代采用的上元积年以及采用复杂分数表示天文资料的办法，而是精简了计算方法，大大提高了准确度。计算方法上，授时历采用 3 次差分的内插法来计算太阳、月亮的不均匀运动；同时，还运用了类似球面三角法的数学方法计算黄道和赤道宿度之间的转化以及太阳视赤纬的转化。

授时历是我国古代最优秀也是实际实施时间最长的一部天文历法，从元末颁布实行开始直到清朝中期，共实施了 364 年。

浑天仪

浑天仪是浑仪和浑象二者合一的总称，东汉张衡所创。浑仪是测量天体球面坐标的一种仪器，它模仿肉眼所见的天球形状，把仪器制成多个同心圆环，整体看犹如一个圆球，然后通过可绕中心旋转的窥管观测天体。浑象是古代用来演示天象的仪表，最早为西汉耿寿昌所创制，张衡对其进行了改进，它的构造是一个大圆球，上面刻画或镶嵌星宿、赤道、黄道、恒稳圈、恒显圈等天象标志，类似于现今的天球仪。张衡制造的浑天仪，几乎囊括了当时所有先进的天文学知识，能够把天象变化形象地演示出来，人们可以从浑天仪上面观察到日月星辰运行的现象，代表着中国古代天文学发展的卓越成就。

浑天仪

浑天仪以铜铸成，呈球形，球面上标出黄道、赤道、南极、北极，刻有二十八宿及其他星座，每天有规律地回转一周。

北斗的作用

北斗在我国是家喻户晓的七星，北斗七星是：天枢、天璇、天玑、天权、玉衡、开阳和摇光，因为这七星连在一起的形状，像是一个舀酒的斗形，所以古人就形象地

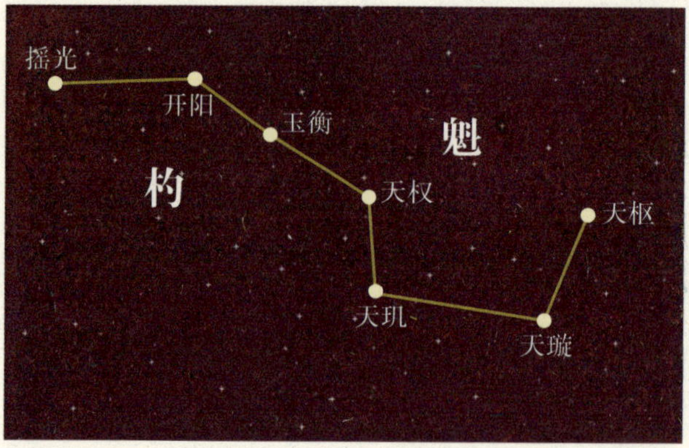

北斗七星

称它为北斗。天枢、天璇、天玑、天权四星组成斗身，古代叫魁；玉衡、开阳、摇光三星组成斗柄，古代叫杓。北斗七星属于大熊星座的一部分。

北斗最大的作用，是可以辨别方向，确定季节。可见北斗的重要性。北斗是怎么辨别方向的呢？我们只要把天璇、天枢连成一条直线，并顺势把这条直线延长大约五倍的长度，就是北极星，而北极星是北方的标志，这样北方就找到了。北斗又是怎么确定季节的呢？当季节、夜晚的时段不同时，北斗星出现在天空中的位置也不同，看起来是在围绕着北极星运转，所以初昏时北斗斗柄所指的方向，就成了古人决定季节的依据，斗柄指向东，就是春天；斗柄指向南，就是夏天；斗柄指向西，就是秋天；斗柄指向北，就是冬天。

闰年

阴历是以朔望月作为单位的历法，阳历是以太阳年作为单位的历法。古人的历法，既非纯阴历，更非纯阳历，而是阴阳合历。在古人的历法里，年分为平年和闰年。平年共有十二个月，有六个小月、六个大月，每个小月二十九天，每个大月三十天，这样全年算下来，是 354 天。而一个太阳年大约是 365 天，两者比较，前者一年大概要少掉 11 天，这样累积经过三年，就会相差一个月余的时间，所以古人每三年，就要配置一个闰月，使历年的平均长度能够大致和一个太阳年相当，这样，也方便和自然时令相配合。

三年一闰，那么按理来说，六年两闰，但六年两闰，又少了些，于是古人有时就来个五年两闰，但五年两闰，又多了些，所以后来就规定，十九年里共闰七个月。

早在殷周时代，古人就已经置闰了，当时的闰月一般放在年末，叫作“十三月”，但当时置闰，并没有定制，有时一年再闰，所以甚至会有“十四月”。春秋时，一年再闰的状况就没有再发生了。汉初沿用秦制，把十月作为一年的开头，把九月作为一年的结束，所以汉初置闰，是在九月之后，叫作“后九月”。

季节与十二次

十二次是为了方便说明日月和水金木火土五星的运行、节气的变换而产生的。古人按照由西向东的顺序，把黄道附近一周天，平均分成星纪、玄枵、诹訾等十二个等分，这十二个等分，就叫十二次。

由于十二次和二十八宿都是划分黄道附近一周天的，所以十二次中的每一次，都能有二十八宿中的某些宿和它对应，成为它的标志，例如星纪的标志是斗宿和牛宿二宿，玄枵的标志是女宿、虚宿和危宿三宿。不过，由于十二次是等分的，而二十八宿各宿的大小不一，所以十二次各次起始和终止的界限，和二十八宿中宿与宿的分界，就不是完全重合的，某些宿可以跨属相邻两个次。

古人发明十二次，有什么作用呢？主要有两个方面。首先，可以用来指示四季太阳所在的位置，根据太阳的位置，说明节气的变换。其次，可以用来说明岁星每年所在的位置，根据岁星的位置，进行纪年，例如说某年“岁在星纪”，下一年“岁在玄枵”，等等。

二十八星宿图

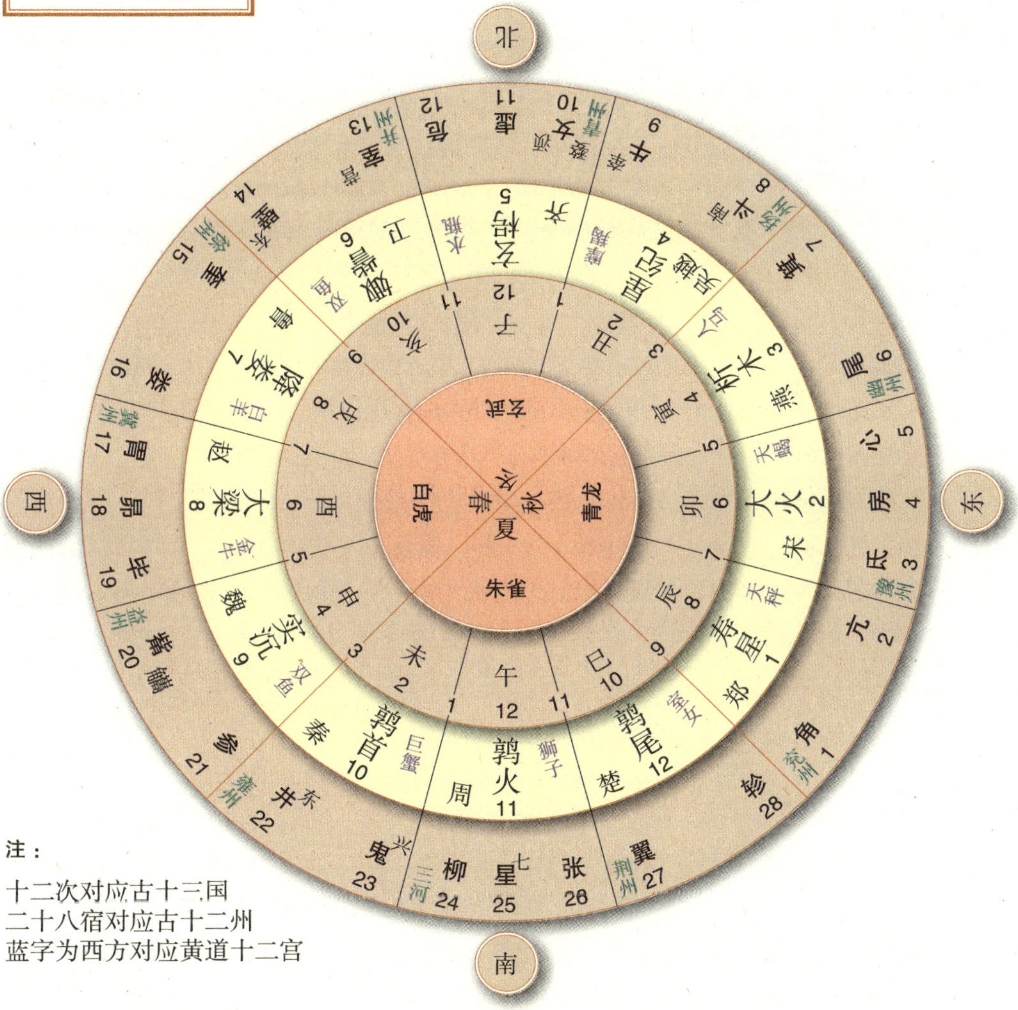

注：

十二次对应古十三国
二十八宿对应古十二州
蓝字为西方对应黄道十二宫

纪日法

古人纪日，用的是干支。干指天干，支指地支。天干有十个：甲、乙、丙、丁、戊、己、庚、辛、壬、癸。地支有十二个：子、丑、寅、卯、辰、巳、午、未、申、酉、戌、亥。十干和十二支一共可以排列组合成六十个单位，叫作六十甲子：

甲子	乙丑	丙寅	丁卯	戊辰	己巳	庚午	辛未	壬申	癸酉
甲戌	乙亥	丙子	丁丑	戊寅	己卯	庚辰	辛巳	壬午	癸未
甲申	乙酉	丙戌	丁亥	戊子	己丑	庚寅	辛卯	壬辰	癸巳
甲午	乙未	丙申	丁酉	戊戌	己亥	庚子	辛丑	壬寅	癸卯
甲辰	乙巳	丙午	丁未	戊申	己酉	庚戌	辛亥	壬子	癸丑
甲寅	乙卯	丙辰	丁巳	戊午	己未	庚申	辛酉	壬戌	癸亥

以上六十个单位，每个单位表示一日。有了这六十个单位，日子就可以记录了。例如昨日是甲子日，那么今日就是乙丑日，明日就是丙寅日，往后的日子依次顺推；甲子日的前一日，就是癸亥日，往前的日子依次逆推。六十个单位轮完一圈后，再周而复始。

古代有些日子，有特定的称呼。例如，每个月的第一天称为朔，最后一天称为晦，小月的十五日、大月的十六日称为望，望后紧挨着的日子称为既望。鲍照《翫月城西门廨中诗》说："三五二八时，千里与君同。"这里的"三五"和"二八"就是指望日，三五等于十五，"三五"指小月的望日，二八等于十六，"二八"指大月的望日。苏轼《前赤壁赋》说："壬戌之秋，七月既望。"这里则说到了"既望"。

一天之内的时间，又是怎么记录的呢？

从大的方面来说，古人是依据天色，以昼夜为单位，分成若干个时段。例如日出时称为旦、早、朝、晨等，日落时称为夕、暮、昏等。太阳升到天空正中时称为日中，将近日中的时辰称为隅中，太阳西斜时称为昃。古人一天两餐，前面的一餐，是在日出之后隅中之前，这一节时间，称为食时；后面的一餐，是在日昃之后日入之前，这一节时间，称为晡时。日入之后，就是黄昏了。黄昏之后，就是人定了。人定之后呢，就是夜半了。夜半以后，就是黎明。天将亮的时间，称为昧旦，昧旦又称昧爽。此外表示天亮的时间的，还有平旦、平明等。至于鸡鸣，是指昧旦前的一段时间。鸡鸣和昧旦先后相继出现。《诗经》说："女曰鸡鸣，士曰昧旦。"这里就说到了鸡鸣和昧旦。

从小的方面来说，随着时辰概念的形成，古人把一天分为十二个时辰，十二个时辰用十二地支表示。每个时辰正好和我们现代的两小时相等。这是能一一对照上的，例如夜半十二点（即二十四点）是子时，所以古人说夜半是子夜；凌晨两点是丑时，四点是寅时，上午六点是卯时，其他依次顺推。

近代时，近人又把古人的十二个时辰中每个时辰细分为初、正。例如原来晚上十一点和十二点都是子时，分出初、正之后，晚上十一点就是子初，夜半十二点就是子正，等等。这样，也就等于用古代的概念，把一昼夜分成和现代相等的二十四小时了。

纪月法

古人纪月，一般用的是序数，从一月开始，一直记到十一月、十二月。一年开始的第一个月份，称为正月。每个月在先秦时代，大约都是有特定的称呼的，例如《楚辞》把正月称为孟陬，《诗经》把四月称为除，十月称为阳，《国语》把九月称为玄，等等。

“月建”是古人的另一种纪月方法。所谓“月建”，就是把十二个月份配上十二地支，一般是把冬至日所在的夏历十一月，配上十二地支中的子，叫作建子之月，由建子之月顺推，就可以记录月份了。

纪年法

古代的纪年法有好几种，有年次纪年法、年号纪年法、星岁纪年法、干支纪年法等，我们在这里，对这几种纪年法逐一作简单介绍。

年次纪年法

古代最早的纪年法，就是年次纪年法。所谓年次纪年法，是指按照王公即位的年次进行纪年，例如公元前770年，古人记为周平王元年、秦襄公八年等。那么公元前769年，就记为周平王二年、秦襄公九年等。这样，按照元、二、三的次序，依次记下去，直到王公出位或死亡为止。

1甲子	11甲戌	21甲申	31甲午	41甲辰	51甲寅
2乙丑	12乙亥	22乙酉	32乙未	42乙巳	52乙卯
3丙寅	13丙子	23丙戌	33丙申	43丙午	53丙辰
4丁卯	14丁丑	24丁亥	34丁酉	44丁未	54丁巳
5戊辰	15戊寅	25戊子	35戊戌	45戊申	55戊午
6己巳	16己卯	26己丑	36己亥	46己酉	56己未
7庚午	17庚辰	27庚寅	37庚子	47庚戌	57庚申
8辛未	18辛巳	28辛卯	38辛丑	48辛亥	58辛酉
9壬申	19壬午	29壬辰	39壬寅	49壬子	59壬戌
10癸酉	20癸未	30癸巳	40癸卯	50癸丑	60癸亥

注：表中各干支前的阿拉伯数字是该干支名在六十干支周中的序号。通常以甲子为0序号。阳历年份除以60的余数减3便得该年农历干支序号数，再查上面的干支便是干支年纪。如果序号数小于、等于零则于支序号数加60。例如，求1991年干支；1991÷60=33余11，这一年年干支序号数=11−3=8。查干支表知该年为辛未年。又如求1983年干支：1983÷60=33余3，干支序号=3−3=0，加上60，查干支表知该年为癸亥。

年号纪年法

汉武帝时开始有年号。以后每个新皇帝即位，都要改年号（称为“改元”），并用年号纪年。后来日本、越南、朝鲜纪年受到中国影响，也都使用过自己的年号。现在的日本仍然使用自己的年号。年号怎么纪年呢？例如公元前140年，汉武帝立年号为“建元”，所以这一年就记为建元元年，次年就记为建元二年，依此类推。如果年号改了，便按着新的年号，重新纪年。年号被认为是帝王正统的标志，称为“奉正朔”。一个政权使用另一个政权的年号，就是标志着藩属、臣服于对方了。如在中国分裂的时期——五代十国时，吴越国使用唐、后梁、后唐、后晋、后汉、后周和北宋的年号，就都是表示臣服。地方割据势力、少数民族政权以及农民起义建立政权也常常自立年号纪年。

星岁纪年法

这是战国时出现的纪年法。星岁纪年法中的“星”指岁星，“岁”指太岁。星岁纪年法实际是岁星纪年法和太岁纪年法的合称。这里我们就不详细介绍了。

三正

春秋战国时，有夏历、殷历和周历三种历法。三种历法有一个很大的区别，即岁首的月建不同，所以叫作三正。周历的岁首是冬至日所在的建子之月（这时是夏历十一月），殷历的岁首是建丑之月（这时是夏历十二月），夏历的岁首是建寅之月（这时是夏历正月，即后世所说的阴历正月）。比较三者，可知周历比殷历早一个月，比夏历早两个月，殷历比夏历早一个月。三正岁首的月建不同，这样一来，四季也就随之不同了。下面是三正的对照表：

月建	子	丑	寅	卯	辰	巳	午	未	申	酉	戌	亥
周历	正月	二月（春）	三月	四月	五月（夏）	六月	七月	八月（秋）	九月	十月	十一月（冬）	十二月
殷历	十二月（冬）	正月	二月（春）	三月	四月	五月（夏）	六月	七月	八月（秋）	九月	十月	十一月（冬）
夏历	十一月（冬）	十二月	正月	二月（春）	三月	四月	五月（夏）	六月	七月	八月（秋）	九月	十月（冬）

先秦古书用来纪时的历制，三正都有，并未统一，所以了解三正的差异是有必要的，能帮助我们更好地读通古书。

漏刻、日晷和圭表

铜方日晷　元

郭守敬设计制造的天文仪器，现存于南京紫金山天文台。

漏刻、日晷和圭表，都是古代用于计量时间的工具。漏刻，“漏”指漏壶，“刻”指刻箭。人们专门制造出一种有小孔的漏壶，把水注入漏壶内，水便从壶孔中流出来，再用一个容器收集漏下来的水，在其中放置一根刻有标记的箭杆，也就是刻箭，相当于现代钟表上显示时刻的钟面。刻箭被一个竹片或木块托着浮在水面上，从容器盖中心的小孔中穿出，随着容器内收集的水逐渐增多，刻箭也逐渐地往上浮，从盖孔处看刻箭上的标记就能知道具体的时刻。后来人们发现漏壶内的水多时，流水较快，水少时则较慢，这显然会影响计量时间的精度，于是在漏壶上再加一只漏壶，水从下面漏壶流出去的同时，上面漏壶的水又同步地补充进来，使下面漏壶内的水均匀地流入箭壶，从而取得比较精确的时刻。

日晷，又称日规，原理是利用太阳投射的影子来测定和划分时刻。日晷通常由铜制的晷针和石制的圆盘状晷面组成。晷针垂直穿过晷面中心，而晷面安放在石台上，南高北低，平行于天赤道面，这样，晷针的上端正好指向北天极，下端正好指向南天极。在晷面的正反两面刻出 12 个大格，每个大格代表一个时辰。当太阳光照在日晷上时，晷针的影子就会投向晷面，太阳由东向西移动，投向晷面的晷针影子也慢慢地由西向东移动，移动着的晷针影子和晷面就分别相当于现代钟表的指针和表面。

圭表，由“圭”和“表”两个部件组成，正南正北方向平放的测定表影长度的刻板，叫作“圭”，直立于平地上测日影的标杆和石柱，叫作“表”。圭表的发明是由人们对事物在太阳光下影子的变化规律的感知而得来的。正午时的表影总是投向正北方向，而且此时的表影最短，对于一年之中各日中午的表影，又以夏至日最短，而冬至日最长，通过这种观察，人们就可以确定节气的日期和一年的长度。

一行测算子午线

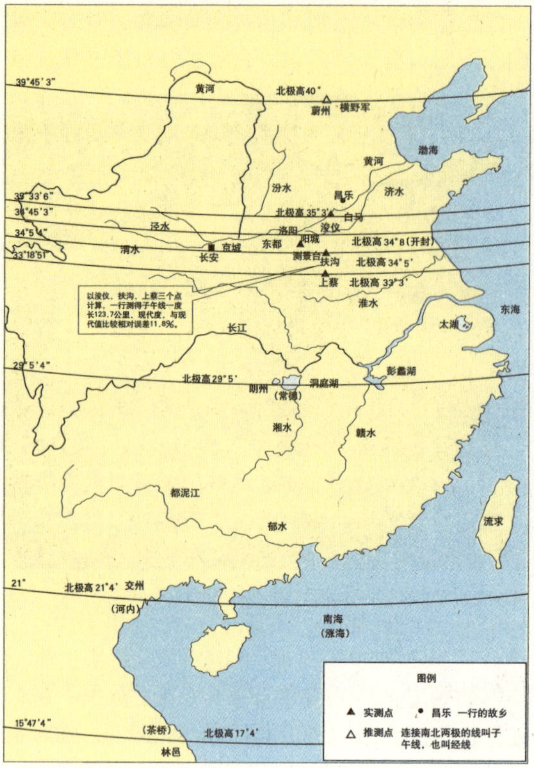

僧一行测量子午线示意图

公元724年，一行命人在河南地区测量日影长度和北极高度，并根据实测结果得知子午线1° 的长度为351.27唐里，即现在的123.7公里。这是世界上第一次地面实测子午线的记录。

一行（约673 ~ 727年），唐代僧人，俗名张遂，魏州昌乐（今河南南乐）人，一说河北巨鹿人，是著名的天文学家、数学家和佛学家。开元五年（717年），唐玄宗召一行入京制定新历法。一行与机械制造师梁令瓒合作，创制出了黄道游仪和水运浑象仪，改进了观测仪器，掌握了大量的天文实测资料。一行由此发现古籍上记载的有些恒星的位置与实际不符，于是重新测定了150多颗恒星的位置，这大大提高了新历法的精度。为了使新历法适用于全国各地，一行还组织领导了规模宏大的天文地理测量，开展了实地测算子午线的工作。所谓“子午线”，指的就是人们假设的一条通过地球南北两极的经线，测定出子午线的长度，就可以测知地球的大小。一行在全国选了13个观测地点，其中最北端的观测点在今天蒙古国的乌兰巴托西南，最南端的观测点则在今天的越南中部。通过艰巨而严谨的实测工作，一行推翻了过去一直沿用的“日影千里差一寸”的错误结论，得出“三百五十一里八十步，而极差一度”的新结果，指出子午线一弧度的距离为123.7公里，而现代用精密仪器测量的结果是111.2公里，虽然两者差异是比较大的，但是作为世界上对子午线长度的第一次实地测量，一行的这一成就在中国以及世界天文学发展史上都有着重大的意义。

张衡

张衡（78 ~ 139年），字平子，南阳西鄂（今河南南阳石桥镇）人，东汉科学家、文学家。他早年发奋苦读，17岁去长安和洛阳一带游历。永元十二年（100年），出任南阳太守的主簿。永初五年（111年），任郎中和尚书侍郎，后任太史令。晚年曾任河间相、尚书等职。

张衡是一个全才，他在天文学、地震学、机械制造、数学、文学、绘画等方面都取得了极高的成就。在天文学方面，他主张浑天说，提出天犹如一个鸡蛋，地犹如蛋黄那样居于中心，认为天外有天，宇宙无限。他提出具有朴素辩证法思想的天地起源说，并且正确解释了月食现象，认为中国地区肉眼能看到的星星有 2500 颗，还制成了浑天仪。他在天文学方面代表作是《浑天仪图注》和《灵宪》。

在地震学方面，他制造了世界上第一台地震仪——地动仪，能准确地侦测到地震。在数学上，他的代表作是《算罔论》，算出了圆周率 $\pi \approx 3.1466$ 和 $\pi \approx 3.1623$ 两个近似值。在思想领域，他坚决反对封建迷信思想。在文学上，他创作了《东京赋》、《西京赋》等。他还擅长绘画，被认为是当时六大名画家之一。

祖冲之与圆周率

祖冲之（429 ~ 500 年），字文远，祖籍范阳郡遒县（在今河北涞水县），生于南京，南北朝时著名的数学家、天文学家和机械制造家。

他从小就聪明好学，青年时期就赢得了博学多才的名声。祖冲之的主要成就在数学、天文历法和机械制造三个领域。在数学方面，他取得的最大成就是推算圆周率。求算圆周率的值是数学界中一个非常困难的研究课题，古代许多数学家都为研究这个课题付出了大量心血。祖冲之在吸收了前人研究成果的基础上，经过 1000 多次的计算，将圆周率推算到 3.1415926 和 3.1415927 之间，成为世界上最早把圆周率推算到小数点后七位的数学家。这在当时世界上非常先进，直到一千年以后，西方数学家才打破了祖冲之的纪录。因此，日本数学史家三上义夫建议将 3.1415926 称为“祖率”，以纪念祖冲之的研究成果。

祖冲之关于圆周率的研究成果和其他重大贡献写成《缀术》一书，可惜这部数学专著现在失传了。除了数学以外，祖冲之在天文历法和机械制造方面也取得了很大成就。他曾编制了《大明历》，设计和制造了计时用的漏壶、指南车、水推磨和千里船等。

沈括

沈括（约 1033 ~ 1097 年），字存中，钱塘（今浙江杭州）人，北宋科学家。至和元年（1054 年），沈括任海州沭阳县（今属江苏）主簿，颇有政绩。熙宁年间，王安石变法，沈括积极参与。熙宁五年（1072 年），沈括任提举司天监，职掌观测天象，推算历书。王安石变法失败后，沈括被贬，晚年定居润州（今江苏镇江东）梦溪园。

沈括资质聪颖，勤于思考，在物理学、数学、天文学、地学、医学、化学、工程学等方面都做出了重要的成就和贡献。沈括研究并改革了浑仪、浮漏和影表等旧式

梦溪园内沈括纪念馆

的天文观测仪器，还制造了测日影的圭表，改进了测影方法。在《浑仪议》、《浮漏议》和《景表议》等3篇论文中，沈括介绍了他的研究成果，阐发了自己的天文学见解，这3篇论文在我国天文学史上具有重要地位。晚年，沈括总结自己一生的经历和科学活动，写出了科学巨著《梦溪笔谈》和《忘怀录》等。

郭守敬

郭守敬（1231～1316年），字若思，顺德邢台（今河北邢台）人，元代天文学家、水利专家。他自幼在祖父郭荣的指导下，刻苦学习天文、数学、水利学等方面的知识。中统三年（1262年），郭守敬受到元世祖忽必烈的召见和赏识。至元十五年（1278年），郭守敬任同知太史院事，负责建造天文台。郭守敬参与制定了新历法，负责制仪和观测。经过三年努力，在至元十七年（1280年）终于编出新历，忽必烈定名为授时历。另外，郭守敬设计和监制的新天文仪器有简仪、高表、候极仪、浑天象、玲珑仪、仰仪、立运仪、证理仪、景符、窥几、日月食仪以及星晷定时仪12种，大大提高了观测精度，对我国天文研究有很大帮助。

晚年，郭守敬致力于河工水利，兼任都水监。至元二十八年（1291年），郭守敬领导开辟汇集大都附近水源的白浮堰，主持了大运河最北一段——由通州到大都积水潭的通惠河的修建工程。他根据地形地貌解决了通惠河的水源问题，而且在运河中设闸坝、斗门，解决了河水的水量和水位问题。

七月流火

“七月流火”是用来说明节气、气候的。它出自《诗经·豳风·七月》：“七月流火，九月授衣。一之日觱发，二之日栗烈，无衣无褐，何以卒岁？”《辞海》这样解释“流火”：“流”，指移动、落下；“火”为星名，大火星，也就是二十八宿中的心宿星。

早在3000多年前，人们使用的历法为太阴历，七月指的是阴历的八九月份，此时正值夏转秋季节。在这个季节里农民准备收割粮食，置备御寒衣物。《诗经》中所反映的是农民辛勤劳作了一季，转眼到了收获的季节，农历的七月里，时至黄昏，心宿星渐渐向西偏落下去。意在说明天气转凉了，暑气渐退，引出后面的“九月授衣”。

若要断章取义，而后的“二之日栗烈，无衣无褐，何以卒岁”就没有办法解释了。这一点孔颖达也做过相关评论：“于七月之中有西流者，是火之星也，知是将寒之渐。”因而，农历的七月里，骄阳似火的天气就不容易出现了。

在天文器械还不完善的古代，人们通过对日月星辰运行的变化、物象和气象的变化进行观察来确定农时。所以大学者顾炎武在《日知录》一书中写道：“三代以上，人人皆知天文。‘七月流火’，农夫之辞也。”如此一来，还在盛夏大喊“七月流火”的人，可要留下笑柄了。

闰月

翻看日历的时候我们会发现，二月的天数不像其他月份那么固定，每四年就会有一个 29 日，通常人们把二月里多出一天的年份称为闰年。因而阳历 2 月 29 号出生的人，若要过阳历生日，则要四年才过一次。过阴历生日的人，还会发现另一个奇特的现象，有的时候一年里，会有两个生日，这为什么呢？

其实，这是闰月造成的。中国现行阳历是根据地球自转而定的历法。在古代，人们是根据月相天体运行规律来划分月份的。在长期的生产实践中，人们发现回归年的总长度比 12 个朔望月构成的阴历年多将近 11 天，每个月平均多一天。按照这样的数值推算下去，经过若干年后，农历与阳历就会出现矛盾，甚至出现“冬夏错位”的现象。

为了使两部历法协调一致，不产生分歧，古人在参考大量天文资料的基础上，找出了回归年日数与朔望月日数的最小公倍数。根据这一数值，经过计算，采用了“十九年七闰”的方法，才使农历的岁首保持在春初，四季就与阳历基本吻合了。

北京古观象台

农历的大月为 30 天，小月为 29 天，若要使朔日成为每个月的头一天，几个大月、几个小月相连的现象就会经常发生，因而，如何置闰就要看农历年的平均长度与回归年的长度相差多少了。秦代以前，人们习惯将闰月加在每年的最后一个月之后，称十三月。到了汉代，人们将闰月提前，置在九月后面，这样虽然得出的阴历与阳历所指相差不多，但始终没有固定的加法。直到汉武帝年间，加闰的方式才比较规范化，从冬至开始，把二十四节气中没有“中气”的月份定为闰月，称它为“闰”上个月的名称。

根据相关资料统计，每隔19个农历年，闰月的月份相同或者前后相差一个月，并且有农历三年一闰、五年两闰、十九年七闰的规律。

星期分法

我们通常把七天称为一周、一星期，或者礼拜。这一制度源于巴比伦。

早在公元前7世纪，巴比伦人就创立了星期制。他们将一个月分为四周，每周七天，由于每一天都会有一位星神掌管，所以他们建立了七星坛祭祀星神。七星坛从上到下分日、月、火、水、木、金、土七层，每一天祭祀一个星神，并且以星神的名字来命名这一天。因此，就有了七日一周期，或称为七曜星期周的说法。巴比伦人将周日到周六，分别称为：日曜日、月曜日、火曜日、水曜日、木曜日、金曜日和土曜日。

4世纪的时候，巴比伦人的星期制传入中国。据记载，中国最早使用的是十天记日法。在中国古代历法中，有闰月一说，为了使阴历与阳历所记载的日期相近，人们根据月亮在天空中的运动规律，创造出加闰的办法。根据观察，人们发现从朔日到下弦，历时七天，这与巴比伦所采用的七日一星期制度恰好吻合。于是，古人便在七日一星期制度基础上，将日月和五行中的火、水、木、金、土按顺序排列，从朔日到下弦，分别以日曜日、月曜日、火曜日、水曜日、木曜日、金曜日、土曜日命名，这样就形成了有中国本土特色的星期制度。

关于七天定为一星期还有一种说法：明朝末年，基督教传入中国，据《圣经》所载，上帝用六天造了世界，第七天为休息的日子，俗称休礼拜。因而，一星期也就有了一礼拜的说法。

神秘文化

中国的巫术

巫术是企图借助超自然的神秘力量对某些人或事物施加影响或给予控制的方术。“降神仪式”和“咒语”构成巫术的主要内容。巫术产生的原因是处于蒙昧阶段的人类对不可把握和不可理解的各种现象产生出困惑，于是期望通过某种仪式与神鬼沟通，从而实现祈福或者降祸的目的。巫术按其施行方式可以分为摹仿巫术和接触巫术。摹仿巫术就是以相似的事物为代用品来求吉或致灾；接触巫术是利用事物的一部分或与该事物相关联的物品来进行求吉嫁祸。按照巫术的目的，又可分为嫁祸的黑巫术和祈福的白巫术。根据具体的应用范畴，巫术又可分为辟邪巫术、生殖巫术、求雨巫术、招魂巫术等。在中国古代，巫术在社会生活中占有重要地位，巫术的影响遍及社会文化的各个方面，诸如绘画、雕塑、文学、音乐、医学、天文等领域都深深地烙下了巫术的印痕。

人物图岩画　新石器时代～东汉

此类岩画推测可能为古人实行巫术的祈祷场面，包括舞蹈、征战等。

巫蛊

巫蛊是害人巫术的一种。蛊指的是毒虫，人们把许多有毒的虫子放在一个器皿里，令它们相互吞食，剩下的毒虫就是用于害人的蛊。用蛊害人，产生作用的是虫子体内的毒素，但是古人们并没有认识到这一点，因而将其与巫术联系在一起，称之为巫蛊。放蛊的人通常会将蛊研成粉末状，放入欲毒害者的食物之中，或者用指甲将蛊粉弹在其衣物上，与此同时，往往还要开坛作法，进行诅咒，以期施害的对象中蛊。巫蛊之术在先秦时期就已产生，自汉代开始，巫蛊被明令禁止，饲养蛊者轻则流放，重则处以极刑。

招魂

招魂是一种期望招引死者的魂魄归来的巫术。招魂仪式在上古时期乃至更为久远的原始社会中就已形成，《楚辞》中有《招魂》一篇，反映的就是当时楚地招魂的习俗。据《礼记》记载，人刚死的时候，亲属中的一个人要拿着死者的衣服登上屋顶，面向北方，3 次高呼死者的名字，然后将死者的衣服卷起来投到屋下，下面有人接着，将衣服敷在死者的身上。之所以这样做，是因为人们认为这件衣服曾被死者穿过，染上了本人的气息，加之对其名字的呼叫，尚未走远的魂魄可能就被吸引回来，死者也就有可能因此而复生。民间还有在屋外悬挂招魂幡的习俗，是希望死者魂魄归来的意思，实际上起到的是对外界报丧的作用。

驱鬼和辟邪

悬艾草驱邪

驱鬼和辟邪，是以驱除邪祟为目的的巫术。古代先民们认为人死之后化作鬼魂，鬼魂是人看不见的，但是能够对人施加影响，既能保佑人，也能伤害人。由鬼给人带来的伤害被称为邪，人一旦中了邪就会发生灾病，这个时候就需要举行仪式进行驱鬼辟邪。这种巫术通常的方式为，巫师头戴面具，手执利器，口念咒语，同时伴以夸张的舞蹈动作，又被称为“跳神”。驱鬼和辟邪不仅呈现为一种巫术仪式，而且也深深地潜入人们的观念之中，于是产生了各种各样的辟邪饰物，如桃木、水晶制品等，人们认为将其带着身上或者摆放在家里可以起到驱鬼辟邪的作用。

占梦术

古人认为梦境是人在睡眠时灵魂离开身体进行漫游的情景，而这种灵魂的活动是受到鬼神指使的，所以根据梦象可以体察神意和预知吉凶，因此就产生了占梦术。占梦实际上也是占卜的一种，但是由于占梦有着个人的亲身体验为基础，所以有着更强的神秘性和诱惑力。人们在甲骨文中发现了很多关于占梦的记载，可见当时占梦是相当流行的。占梦的方式并不仅仅是单纯对梦象的解释，通常还与占龟、占易、占星等结合在一起。例如，《周礼·春官·占梦》记载："以日月星辰占六梦之吉凶。"占梦在上古无事不占的历史时期发挥着重要的意义，对政治事件多有影响，如《尚书·泰誓》记载，武王誓师伐纣时曾鼓舞将士们说他的梦兆和龟卜是一致的，为大家预言战争是一定会胜利的。占梦术常用的方法有直解、反说、连类、类比、象征、谐音、拆字等，主观随意性相当大，但也蕴含着某些心理学和生理学的知识。

祈吉与禳恶

在占梦术中，人们为了取得好的预兆，有时会通过巫术来祈求吉梦而禳除噩梦，从而为现实生活带来福运。从甲骨文献可知，商代时人们在遇到噩梦的时候常常会对作祟的鬼神进行祭祀，以期噩梦不再降临，这就是早期的禳恶之术。到了周代，祈吉禳恶成为一项制度，周王每年冬季都会在庄重肃穆的气氛中举行"聘王梦"大典，占梦官请求神灵来年对周王赐以吉梦，周王则要敬拜接受。祈吉禳恶后来还发展出了特定的符和咒语，并产生了一系列相关的神物，如梦草、梦鸟等，据说人们只要将这种草放在怀中，就可以知道梦的祸福，而吃了梦鸟的肉则可以求得吉梦。

"受命之符"的帝王梦

帝王自命"君权神授"，以占梦来论证其统治的合法性与正当性也成为一种政治手段，这种特殊的梦也就是"受命之符"的帝王梦。《史记·高祖本纪》记载，刘邦之母在大泽之陂休息时梦到与蛟龙的神遇，而后怀孕生下了刘邦。再如《南史·齐本纪》记载，萧道成在少年时曾梦见自己骑青龙追逐太阳，后来成为齐朝的开国皇帝。其实，关于此类的记载可谓不绝于史，最早从黄帝开始就有了这种帝王之梦的附会，而梦中景象的代表性事物就是最富有象征意义的龙、日和天。

气功

气功是中国一种重要的养生方法，基本方面为调身、调心和调息。

调身，即调整身体的姿势和状态。气功基本的姿势有站、坐、卧、行四种，每一种都有独特的规定，以站式为例，要求两脚并立，两手掌心覆于脐部，垂肩含胸，舌抵上颚，凝神入丹田（脐下三寸的地方）。

调心，即通过意念来调整心理状态和生理功能，需要进入一种极为平静的状态，令自己的意念高度集中。

调息，即调理呼吸，常称为“吐纳之术”，要有意识地令身体处于最为放松的状态，慢慢地将气息调和得轻柔、均匀、细缓，然后进行深呼吸，吸气时口齿紧闭，舌抵上颚，同时注意意志的配合，片刻之后，令舌体放松，口齿间微开一条小缝，令气缓缓地呼出。气功最忌讳的是心志的浮躁，强调循序渐进，持之以恒。

中华养生术

食气养生图　清　黄慎

中华养生术是中国所特有的一套保养生命和实现健康长寿的方法体系。中国最早的一部医学经典《黄帝内经》全面地阐述了养生的原则和方法，将“天人合一”与“阴阳相调”视为养生术的基本原理。此外，《行气玉佩铭》、《吕氏春秋》等先秦典籍也都记载了很多养生术方面的知识。秦汉之后，养生术有了更为充分的发展，各种养生著作层出不穷，如《抱朴子》、《养性延命录》、《养生集要》等，共同构成了丰富而渊深的养生文化。中华养生术强调“养形”与“养神”的结合。“形”，指的是身体方面；“神”，指的是精神方面。在养形方面重视的是动，而在养神方面重视的则是静。动与静的有机结合，构成了中华养生术的精髓。

房中术与养生

房中术是关于性生活与养生关系的学问，讲的是如何进行性事才有利于养生，强调的一个核心是“时”，即进行性生活的时机。主要包括两个方面：一方面是性生活所适宜的年龄，人在年龄幼小、身体尚未完全发育成熟之前进行性交是有害的，同样，人在体能衰老之后对性事也是应当有所禁忌的；另一方面讲的是性生活的具体时机，涉及性交之前的准备、之后的调理，性交的频率，性交的禁忌（如避免经期、酒后、病中等），性心理的调节等方面的内容。房中术实际上相当于古代的性科学，原本并不涉及淫秽，只是后来被某些人进行了歪曲和利用。

风水

风水就是论述和指导人们选择、安排阳宅与阴宅（坟地）的地理方位、布局、朝向、营建方式和日期等一系列理论和主张，是古代人们选择居住环境、埋葬亲属的地点的一种术数。古往今来，风水有许多称谓，如堪舆学、相地术、相宅术、青乌、青囊术、形法等。堪舆中的“堪”指天道，“舆”指地道。

“风水”一词来源于东晋郭璞所著的《葬书》：“气乘风则散，界水则止，聚之使不散，行之使有止，故谓之风水。”后人就以风水代指这种看天识地的方术。风水也不是特别神秘的事情。在我国古代，读书人一般都懂得一些风水，很多科举出身的大官贤达甚至精通风水。从历史上看，风水学在先秦时期就已经开始孕育；魏晋南北朝，是风水学广泛传播的时期；宋代风水学已经是很盛行了，明清的时候一度达到泛滥的地步。

古人认为“卜筮不精，祟于一事；医药不精，害于一人；地理不精，倾家灭族”。用现代人的眼光看，可以把风水看作是一种广泛流传的民俗，一种传统文化现象。

《葬书》和《宅经》

清道光帝慕陵

《葬书》和《宅经》是中国古代关于葬地和宅地选择的两部风水经典。《葬书》托名于晋代郭璞，真实作者与成书年代皆不可考，但至迟出现在唐代中期以前，是现存最早的一部介绍葬地选择的风水著作，其强调的要点为：葬者要依凭地中的生气；葬地要藏风得水，或者说是依山临水；不长草木的山、有断裂的山、石山皆不宜葬；葬地的气势对应着后代的人事。《宅经》为现存的最早的住宅风水著作，根据坐向将住宅分为阴宅和阳宅，建宅时要注意阴阳的配合，阴宅不能坐阴朝阴，阳宅不能坐阳朝阳；认为住宅内部的各个方位与家中各成员的命运相联系，某个方位对应着某个成员，即为该人的“命座”，设计住宅时要根据命座来做出适宜的安排；建宅要讲究顺序和时令；住宅有虚实之属，虚者对人不利，实者对人有利。虚者有五：宅大人少、宅小门大、墙院不完全、井灶安置不当、宅地多房屋少庭院广；实者有五：宅小人多、宅大门小、墙院完全、宅小六畜多、宅水沟东南流。

看风水的工具

罗盘是风水先生看风水的重要工具，一般由天池、内盘、外盘三部分组成。天池也叫作海底，就是指南针。其底部绘有一道红线，谓之海底线，也有的绘有十字线，分别指示东南西北四个方位。不论哪一种，使用时都要使磁针与海底的南北线重合。所谓内盘就是紧靠指南针外面的可以自由转动的圆盘上面分为许多格子和层次。外盘多为正方形，作为内盘的托盘使用。

鲁班尺也叫作鲁般尺，原本是建造房宅时所用的测量工具，其形状类似于今天工匠们所使用的曲尺。鲁班尺，相传为春秋时鲁国的公输班（木匠的祖师爷）所作，长度约有 50 厘米左右。不知何年何月，被风水人士在刻度上加入八个字，就用来测度房宅的吉凶祸福，并给它起了个新名字——“门公尺”。上面加上去的八个字分别是：财、病、离、义、官、劫、害、本。在每一个字底下，又区分为四小字，用来区分吉凶祸福。

六壬盘多为古代风水先生使用，是相宅择地的主要工具。从外形上看，其上圆如天，下方如地。所谓的六壬，依次为壬申、壬午、壬辰、壬寅、壬子、壬戌等六十甲子中的六壬。天盘中央是北斗七星，内圈是十二月份，外围是二十八星宿；地盘分为十天干、十二地支、二十八星宿三层。其工作原理是运用六壬术来推算天时和方位吉凶。人们用它来占卜关于嫁娶、生产、历时、屋宇、禄命、得官、祭祀、发病、殡葬等的吉凶祸福。

占星法

占星术，是将天上的星象与人事联系起来进行预知吉凶的一种占卜方法。占星术起源于人类文明的初始阶段，可以说是各种占卜手段之中最早的一种，上古时期曾设有专门负责占星的星官。人们将星宿的布局与地域的分割对应起来，观察天上某个星宿出现了某种变化，便据此而预测与其相对应的人间某地会发生何种事件。占星术属于最为原

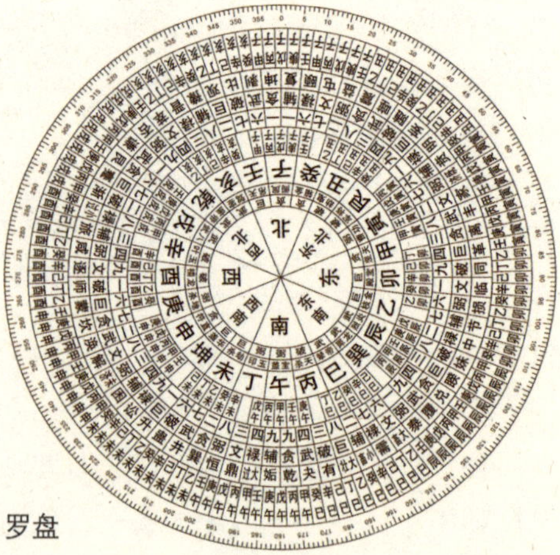

罗盘

始的占卜方法，理论体系较为粗疏，并且往往依赖于特殊星象的发生，还有一个重要的局限就是只能占卜近期的事件，这些弊端使得人们开始探索新的占卜方法，逐渐创制了后来的算命术。

古代的测字术

测字，又称为拆字，大概始于南朝的刘宋。测字时，测字先生让问卜人任举一字，然后他会触机附会，从而判断吉凶祸福。据内行人讲，测字不在于“字”，关键在于如何解字。如清代学者纪晓岚写一“墨”字，让测字先生算他的殿试名次。先生说：“一甲无望矣。‘墨’上截似‘里’字，‘里’字倒拆之，为二甲。”后果应其言。

八卦六爻预测学

八卦，是一套有象征意义的符号，用“—”代表阳，叫作阳爻；用“--”代表阴，叫作阴爻，取 3 个这样的符号上下组合在一起就成为一种卦象，共有 8 种，即八卦。八卦再两两相互搭配而成六十四卦，每卦就具有六爻。八卦六爻是中国的一种最为古老和最为常见的占卜方法，其理论依据是《易经》中的爻辞，具体的预测方法则有多种，如纳甲法、梅花易数、观音神课等，其中应用最为普遍的是梅花易数。梅花易数的起卦方式有很多，如铜钱起卦、时间起卦、蓍草起卦等。所谓“起卦”，就是通过某种方式排定出卦象，即六十四卦中的一种。以时间起卦法为例，起卦的过程分为 3 步，先求出上卦（即卦象的上半部分），方法是年数加

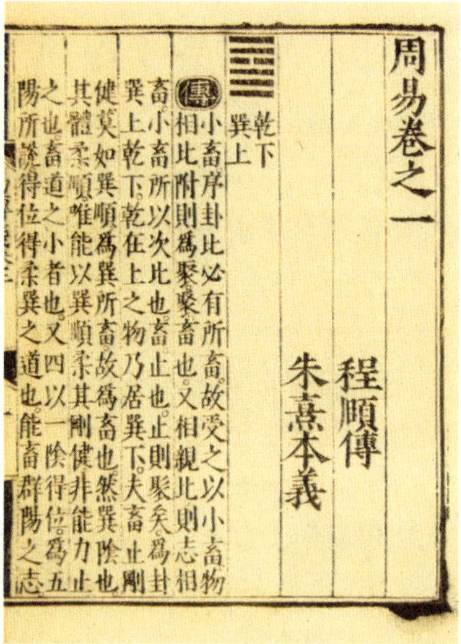
周易卷之一
程頤傳
朱熹本義
乾下
巽上
傳
小畜序卦比必有所畜故受之以小畜物
相比附則爲聚聚畜也又相親比則志相
畜小畜所以次比也畜止也止則聚矣爲卦
巽上乾下乾在上之物乃居巽下夫畜止剛
健莫如巽巽順爲巽所畜故爲畜也然巽陰也
其體柔順唯能以巽順柔其剛健非能力止
之也畜道之小者也又四以一陰得位爲五
陽所説得位得柔巽之道也能畜群陽之志

宋代程颐、朱熹注释的《周易》

月数再加日数，其和除以八，所得余数即为八卦所对应的次序数（乾一，兑二，离三，震四，巽五，坎六，艮七，坤八），当整除时则取八；下卦则为年数加月数加日数再加时数，同样是除以 8 求得余数。接下来，还要排出动爻，也就是六爻之中变动的一爻，哪一爻为动爻，则卦中的原爻转为它的反面，即阴爻变为阳爻或阳爻变为阴爻，其求法为年数加月数加日数再加时数，其和除以 6，求余数，整除时取六数，这个数就是动爻在卦中所属的位置（由下向上）。起卦之后的程序就是断卦，断卦的依据是《易经》，又分为义理和象数两个方向，涉及非常复杂和深奥的易学知识。

奇门遁甲

奇门遁甲是中国术数的一种。“奇”有三奇，即乙、丙、丁；“门”有八门，即休、生、伤、杜、景、死、惊、开；“遁”，即隐藏；“甲”有六甲，即甲子、甲戌、甲申、甲午、甲辰、甲寅。“甲”在十干中最为尊贵，隐遁于“六仪”（即戊、己、庚、辛、壬、癸）之下，原则是甲子同六戊，甲戌同六己，甲申同六庚。甲午同六辛，甲辰同六壬，甲寅同六癸。另外还配合有“九星”：蓬、任、冲、辅、英、芮、柱、心、禽。奇门遁甲的占测分为天、门、地三盘，象征三才。天盘的九宫有九星，中盘的八宫布八门，地盘的八宫代表八个方位，天盘和地盘上的每宫都分配着特定的“奇”和“仪”。这样，预测之时就根据具体时日，以六仪、三奇、八门、九星进行排局，从而推知出人事的各种状况。

袁天罡与李淳风

袁天罡，隋末唐初的著名术士，益州成都（今属四川）人，曾在隋朝担任盐官令，唐朝后曾任火山令（又记为火井令），著有《六壬课》、《五行相书》、《推背图说》（与李淳风合著）、《易镜玄要》、《袁天罡称骨歌》等有关于推命和预测的书籍，以相术精准而闻名。袁天罡最为著名的事迹是为年幼的武则天相面。当年武士彟把他请来给一家人相面，女儿武则天被抱出来的时候穿的是男孩的衣服，袁天罡相后的结论是：可惜是个郎君，若是女儿，将来必为天下之主。多年以后，袁天罡的这一预言得到应验。当然，这很可能是后人的附会。

李淳风（602 ~ 670 年），岐州雍（今陕西凤翔岐山镇）人，自幼跟随父亲学习天文历算阴阳之学。贞观年间，李淳风因指出当时行用的《戊寅元历》中的不妥之处而深受唐太宗的赏识，由此被授予将仕郎，进入太史局，执掌天文、地理、制历、修史等方面的事务。李淳风取得了多方面的杰出成就：在天文学方面，他改进了西汉落下闳发明的浑仪，增加了黄道、赤道和白道三环，制成了当时世界上最先进的天文观察仪器——浑天黄道仪，并且指出彗星尾“夕见则东指，晨见则西指”而常背太阳的规律，这一发现为世界之首；在气象学方面，他用自己设计的“三脚鸡风动标”进行对风的观测，将风定为八级，成为世界上第一个给风定级的科学家；在历法方面，他集近 40 年的天文观察数据和推算结果编制成了精密的《麟德历》，为完成中国历法上采用定朔这一改革做出了重要贡献；在数学方面，他受诏主持并亲自参与注解的《周髀算经》、《九章算术》等十部算经被颁行为全国教材，这也是世界上最早的数学教材；在史学方面，他受诏参与编写了《晋书》、《隋书》和《五代史》（“五代”指梁、陈、周、齐、隋）；此外，他还撰写有《文思博要》、《演齐民要术》、《六壬阴阳经》、《推背图说》（与袁天罡合著）、《宅经》、《乙巳占》等涉及领域非常广泛的多种著作，堪称一代学人中的巨擘。在李淳风的这些著作中，传名最广的当属与袁天罡合著的《推背图》。这部书被看作是中国最为神奇的预言经典，全书共含有六十幅图像，每幅图像之下均有谶语，预言后世的兴旺治乱，但并不指出确切的情形，而是取用模棱两可、若明若暗的语言来指涉，这为人们的肆意附会提供了便利条件。

《渊海子平》

《渊海子平》是中国流传最广、影响最大的命理学著作，为宋代徐升根据当时著名的命理学家徐子平的批命方法记录而成的。这部书中第一次比较完整和系统地论述了“四柱算命法”，可以说是中国古代命书的一部集大成之作，深为后世研习命理的人士所宗奉。徐子平在命理学上的最大贡献是将唐代李虚中所创立的推算年、月、日干支五行的办法进一步发展为四柱命理，“四柱”就是年、月、日、时四者的干支，共为八字，所以“四柱算命法”也称为“八字算命法”。这八个字各自都蕴含着一定的五行因素，依据阴阳五行生克变化的原理，就可以推演出人的命运。《渊海子平》的内容非常驳杂，基本上可以分为两大方面，一方面是算命的理论基础，另一方面就是对命理的具体应用。《渊海子平》不仅理论上自成一体，而且在应用方面也非常丰赡，同时又带有浓厚的辩证法色彩，这些都是此书广受欢迎的重要原因。

图谶和《推背图说》

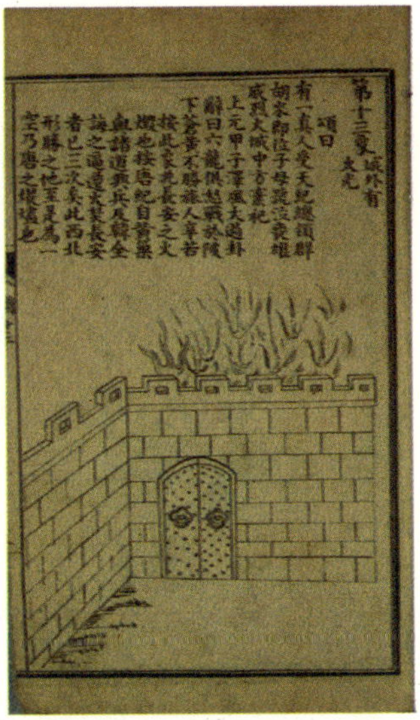

《推背图》书影

谶，本意是预言，就是假托神意对国家或个人的吉凶祸福的预言，多以隐语的形式出现。这就更增加了它的神秘色彩。其特点在于“立言于前，有征于后”。

图谶之说，最早出现于春秋时期。在流传、发展的过程中，存在着谶语和图谶两种主要形式。谶语指的是只有文字而没有图画的预言，而图谶则是二者兼而有之的预言。春秋末年，晋国的赵简子就通过谶语的方式为自己取代晋国的国君张目。秦朝统一天下后，当时的图谶有“亡秦者胡也”的说法。秦始皇将“胡”理解为胡人，于是派将军蒙恬率军30万北击匈奴。西汉末年，王莽篡位，皇族刘秀便利用“刘氏复起，李氏为辅”的谶语起兵反新。南北朝时期，图谶之风更是盛极一时。当时有一本《河洛谶》，言明“历年七十水灭绪，风云俱起龙鳞举”，“肃肃草成，道德尽备”。于是在南朝刘裕建宋70年，五行属水的时候，权臣萧道成夺得帝位。

隋唐之际，最有影响力的图谶莫过于《推背图说》。它是一部奇书，由袁天罡和李淳风共同完成，主要内容是预言唐朝以后中国的国运兴衰、治乱以及重大的历史事件。全书按照六十甲子的顺序生动地讲述唐以后的朝代更替和历史变迁。每一个干支都配有一图、一卦、一颂、一谶。据说，该书的预言大多在后代都应验。

明清时的图谶著作有许多，较为出名就有《烧饼歌》、《透天玄机》、《藏头诗》、《黄檗禅师诗》、《孔明碑》等。《烧饼歌》据说是铁冠道人留给明太祖朱元璋的，后来可能也经过篡改。其最初的版本有对朱元璋驾崩日期和靖难之役的预言：“戊寅润五龙归海，壬午青蛇火里逃”，今本中不见此谶语，由此推断在流传的过程中被篡改。

五行

五行学说，是中国古人用五个文字符号代表物质能量的形态间相互关系及运动变化规律的学说，是中国古代的一种物质观。该学说大概发源于战国时期。五行学说认为宇宙万物都由木、火、土、金、水五种基本物质的运行和变化所构成。随着这五个要素的盛衰，大自然产生变化，宇宙万物循环不已。

需要指出的是，五行学说中的五行并不仅仅指具体的五种物质，而是根据事物的不同性质、作用和形态，采用比象取类的方法，将宇宙间所有事物或现象大体上分为五类，分别归于金、木、水、火、土五行之中。五行之间有其内在的联系，首先体现为相生、相克理论。在相生关系中，金生水，水生木，木生火，火生土，土生金；在相克的关系中，金克木，木克土，土克水，水克火，火克金。除此之外，五行之间还存在相乘、相侮、制化、胜复的关系。古人运用五行和五行之间的复杂关系，认识宇宙并将宇宙万物的内在运行规律化。

五行学说的产生和五行观念的形成，对中国古代哲学和中国人的世界观、生活方式都产生了极其深远的影响。中国先贤把五行理论运用于医学领域，以五行辩证的生克关系来认识、解释生理现象，通过掌握人体运行机制来防病、治病。比如，肝主升而归属于木，心阳主温煦而归属于火，脾主运化而归属于土，肺主降而归属于金，肾主水而归属于水。当代仍有中医在研究五行在医学上的进一步运用，以期医治西医无法解决的疑难杂症。

关于五行的排序，有多种排法，其中按相生的顺序为“木火土金水”，按相克的顺序则为“水火金木土”，而“金木水火土”这种排法却找不到内在规律上的依据，之所以在人们口中流行，大概是因为念起来比较顺口吧。

太极图

太极图

太极生阴阳两仪，两仪又生四象，即太阳、少阳、太阴、少阴。图中主体的黑白部分象征太阳、太阴，而两个小的黑白圆圈则象征少阳、少阴。

太极图是以阴阳相互涵容交感的圆形图案，俗称阴阳鱼，相传由宋代华山道人陈抟所绘。

对于神秘的太极图，现代学者普遍认为它是宇宙万物运化的全息稳态模式。它以简单而形象的方式概括了阴阳易理，相反相成的哲理，生动地表示了宇宙万物的结构及其运动规律，堪称中国古人的最高智慧。

太极图上的黑代表阴，为阴仪；白代表阳，为阳仪。黑白两部分像两条鱼一样彼此依托，相互缠绕，寓意阴阳既对立，又统一。阴阳在相互排斥、相互斗争中，此消彼长，并始终保持一种动态的平衡。图中的黑色部分有白点，白色部分有黑点，则寓意阴阳互根，阴中有阳，阳中有阴，所谓“孤阴不长，独阳不生”。而最外层的圆圈则象征太虚或无极，表示宇宙万物是由元气化生的，同时又在进行着运动和循环。

宋代一些儒学大师以人学视角解读太极图，认为太极图包括天、地、人三部。它的阳方代表天部，阴方代表地部，中间的曲线代表人部，太极图是一个研究天地万物共同规律的法象图。所谓“太极元气，含三为一”。由此提出了立天之道，立地之道，立人之道三纲领，也就是三才之道。并把太极法则设定为人的一切行为的标准，从而把“太极”学说发展为“人极”学说。

朱熹曾将“太极图”解释为描述道教内丹修炼的图。

总之，所谓大道至简，太极图本身虽简单，一个圆圈、两条黑白鱼图形、两个圆点，但经过历代的图解与诠释，已经构成了一个含义丰富深邃的庞大的“太极哲学”体系。

河图洛书

河图、洛书是中国文化最古老，最神秘的事物之一。对于其究竟为何物，来源于何处，如今只剩下种种传说，以及古人在典籍中留下的对于这些传说的种种猜测。

早在古代，人们对河图、洛书具体所指就已经语焉不详，出现多种说法。西汉刘歆认为河图为八卦，以《尚书·洪范》为洛书。宋初陈抟吸收汉唐九宫说与五行生成数，提出一个图式，名龙图，即河图。刘牧将陈抟龙图发展为两种图式，将其中的九宫图称为河图，五行生成图称为洛书。

据古代流传下来的资料来看，河图、洛书是2000多年前的人留下来的以黑点和白点摆成的两个数阵，一个共有九个点，另一个共有十个点。两个图形的黑白点在摆放方式上有一些奇怪的数学规律。许多人认为河图、洛书以图示方式表示出最基本的自然数之间的“和差关系”，本质上表现为数学思想，是古人早期智慧的结晶。

1987年，人们在河南濮阳的古墓中又发现了一种以图像方式显现的河图、洛书。墓中用贝壳摆绘河图四象、二十八宿，其布置形意，上合天星，下合地理，且埋葬时已知必被发掘。同年出土的安徽含山龟腹玉片，则为洛书图像，距今约5000多年。有学者猜测河图、洛书可能是古代地理书；也有学者认为河图为上古气候图，洛书为上古方位图；又有人干脆提出河图乃是天河之图。

关于河图、洛书究竟怎么来的，则充满了神话意味，并且不止一个版本。流传最广的是上古伏羲氏时，洛阳东北孟津县境内的黄河中浮出龙马，背负“河图”，献给伏羲。伏羲依此而演成八卦，据说后来的《周易》也源于此“河图”。又传说，大禹时，洛阳西洛宁县洛河中浮出神龟，背驮“洛书”，献给大禹。大禹依此治水成功，遂划天下为九州；又依此定九章大法，治理社会。后九章大法流传下来被收入《尚书》中，名《洪范》。《易·系辞上》说“河出图，洛出书，圣人则之”，就是指这件事。至于是真是假，就很难说了。

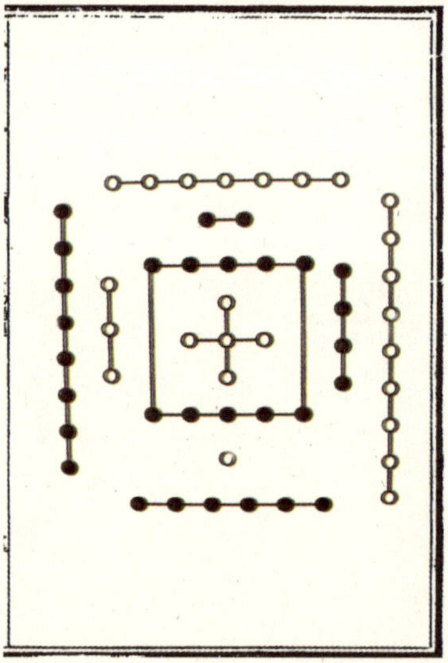

河图

河图就是十个数字的排列，其口诀为：一六共宗水，二七同道火、三八为朋木、四九为友金、五十共守土。其图左旋相生，即右金生下水，下水生左木，左木生上火，上火生中土，反映了五行之间的相生关系。

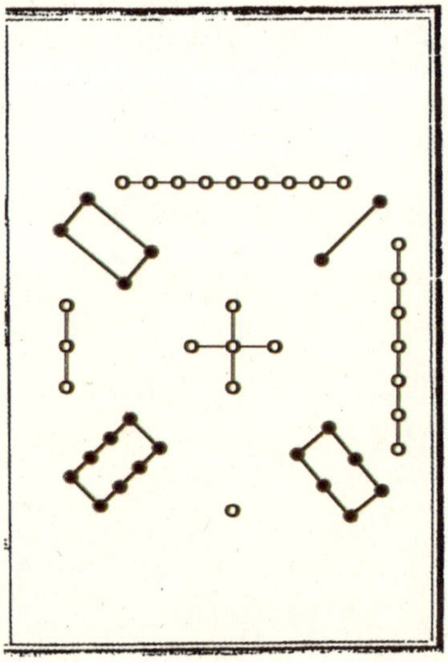

洛书

洛书的口诀为：“戴九履一、左三右七、二四为肩、六八为足、五居中央。”其右旋相克，后人将其与八卦九宫对应，衍生出诸多变化。

独特的中医学

中医

中医作为国粹已有几千年的历史，它是一个以朴素的唯物主义和自发的辩证法为指导思想，以阴阳五行学说为说理工具，以脏腑经络学说为理论核心，以辨证论治为临床特色的独特、完整的医学体系。

中医的最大特点是整体观念，也就是说，中医将人本身看作一个整体，人与自然相统一，人天相应，天人合一。中医始终将人作为一个整体看待，无论是病机、病理，还是诊断、治疗，时时处处着眼体现出这一观点。中医认为人与自然界息息相通，具有不可分割的密切联系，自然界对人体的影响无时无刻无处不在，人与自然气候、地理、环境、饮食、起居、习俗等有千丝万缕的联系，许多疾病与季节、时间、生活条件、环境、心情等有关。中医的另一特点是辨证施治。辨证是在整体观念指导下，将四诊收集的资料，根据阴阳、五行生克制化、经络、脏腑、多种辩证的规律全面分析，辨别疾病的证候，从而判断疾病的病因、部位、性质、邪正盛衰有病变趋势；施治就是根据辨证的结果，确定治疗的手段和方法。另外，中医还具有恒动观念，认为人体以及宇宙万物都是连续不断、无限永恒地运动和变化着，将物质的运动形式概括为升降出入，即认为生理活动每时每刻都在人体内部和内外交换两方面进行，人体各部分组织、器官、脏腑、气血津液通过经络周而复始地维系在一起，相互依存、相互联络；在病理过程中相互影响、互为因果，一旦这种活动停止则生命即告终结。

中医的起源

中医起源于华夏先民长期的劳动实践，到原始社会末期，中医已具雏形，但由于缺乏文字的记载，只留下了一些传说，其中最为著名的就是神农尝百草和伏羲制九针，根据这种说法，神农和伏羲分别是中药学和针灸学的开创者。灸熨、针刺和汤药是中医的三大基本治疗方法，灸熨源自人们对火的应用，针刺出自对石器的使

神农采药图

用，而汤药则产生于对食物的寻找过程，这些在初始阶段都是不自觉的偶然发现，后来则逐渐发展为一种确定的知识，形成了中医发展的源头。上古时期，人们对自然的认识还处于蒙昧阶段，因此巫术盛行，而疾病的治疗更是与巫术密切地结合在一起，所以当时巫、医为一职，而最初的中医知识也于此时形成，在甲骨文中已经有了对确定病名的记载。进入周代，就出现了专业的医师，并且医学开始分科，也建立了医政制度。到春秋战国及至秦汉时期，随着一批医学大家和医学经典著作的出现，中医进入全面成熟的阶段。

中医的理论基础

精气学说、阴阳学说和五行学说是中医的理论基础。精气学说认为气是生命的本源，人体机制的正常运行需要精气的调和，故凡为疾病，都是由人体之气的升降出入失调所致。在阴阳学说中，阴和阳分别代表着两种对立的事物或者事物对立的两面，阴阳之间对立而又统一，相互间存在着交感、制约、消长、转化等彼此依存而又斗争的关系。五行学说则认为世界上一切事物都可按其基本属性分为五类，分别以金、木、水、火、土命名，五者之间存在着相生相克的关系。这三种学说涵盖了中医学中关于人体的组织结构、生理功能、病理变化的基本观点，并且构成了对疾病的诊断和防治的最终的理论依据。例如，在中医学理论中，表证、热证、实证可归属于阳证的范畴；里证、寒证、虚证可归属于阴证的范畴。再如，中医认为，金、木、水、火、土在人体中分别对应着肺、肝、肾、心、脾五脏，五行平衡、五脏调和，人体才能维持健康和气血旺盛。

四诊八纲

四诊八纲指的是中医诊断疾病的手段。四诊即望、闻、问、切四种诊察疾病的方法，是搜集临床资料的主要方法。

“望”就是观察病人的精神状态、体质情况、皮肤或其他部分的色泽，以及五官、舌苔等。“闻”一是听病人发出的声音（言语、呼吸、咳嗽等），一是闻病人的气味（呼吸、口腔、分泌物，排泄物等）。“问”就是询问病人发病经过和症状。“切”就是号脉和触诊。脉诊虽然排在最后，但它是中医诊断学中最重要、起决定性作用的一环。八纲即表、里、寒、热、虚、实、阴和阳。它是在四诊的结果的基础上概括出来的，用来明确疾病的主要矛盾或矛盾的主要方面。中医认为，人之所以得病是因为六因，即风、寒、暑、湿、燥、火，但这些都是属于外因，是致病的条件，至于发病与否，主要取决于内因，即人的身体状况。

辨证施治

辨证施治就是从病人的整体考虑进行治疗，而不是头痛医头、脚痛医脚。它既不同于对症治疗，也不同于西医的辨病治疗，它把人体的状况和疾病的发展变化规律联系起来，综合考虑进行治疗，可以说是病因疗法。

辨证的辨包括辨别与分析两方面内容。证就是对一组症状的综合与归类。辨证就是运用四诊所获得的客观资料（即证候），用中医的方法（三因、四诊、六经、八纲、脏腑、气血等等）进行辨证分析，得出人生病的原因，同时注意病情的发展趋势。施治就是在辨证的基础上，根据不同症状，采用与之相应的治疗方法和用药。辨证是施治的依据，施治是治疗的目的。辨证的主要方法有：辨病位、辨病因、辨病机。

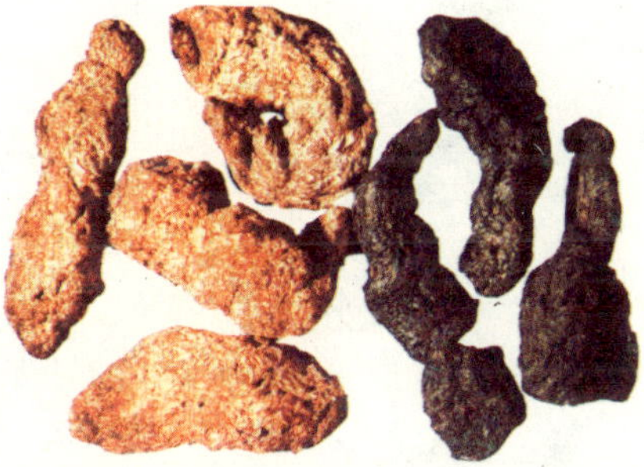

生地、熟地

新鲜或干燥块根，鲜地黄被称为“生地黄”；蒸熟后称“熟地黄”。

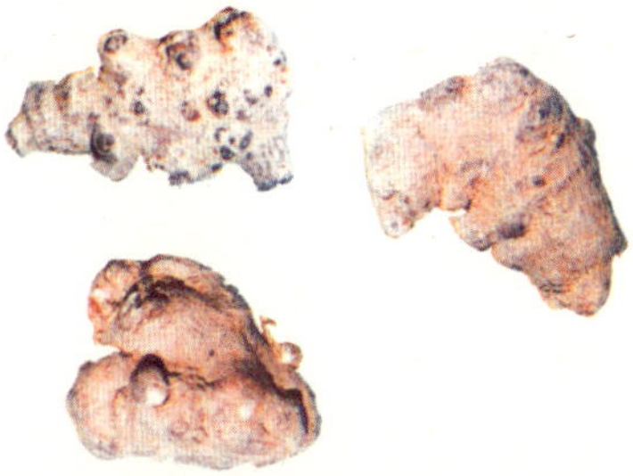

三七

化瘀止血、消肿止痛，为理血药。

邪从外来，病由内起

邪从外来，病由内起，这是中医的病因学理论。在中医看来，风、寒、暑、湿、燥、火等都是外界的致病因素，人无时无刻不在进行着与外界的物质交换，由此而引发体内的各种运动变化，即所谓的“升降出入”。正常的情况下，这种过程是平衡的，如果相关因素发生了某种反常的变化，例如气温的骤降，就会造成人体升降出入的失衡，从而导致疾病。这就是所谓的“邪从外来”。在这种失衡的情况下，并不是所有的人都会生病，可见疾病的发生还受到另外因素的影响，这就是人体自身的状况，即人体对外界致病因素的抵抗能力，只有当人体内部的防御机制遭到破坏的情况下，疾病才会发生，也就是说，病发与否最终取决于人体内部的状况，即所谓的“病由内起”。

望闻问切

切脉罗汉塑像

四川新津观音寺明代重修大雄宝殿中，有一对切脉诊病罗汉十分生动传神。病僧平伸左手微笑待诊，医僧凝神定气，圆睁双眼，全神贯注地沉浸在诊脉之中。表现中医诊脉的古代艺术品不多，遗存今日实属罕见。

望闻问切，是中医传统的四种基本诊察方法，合称“四诊”，相传最早为扁鹊总结发明。成书于汉代、托名为扁鹊所著的《难经》记载：“望而知之谓之神，闻而知之谓之圣，问而知之谓之工，切脉而知之谓之巧。”又解释说：“望而知之者，望见其五色，以知其病；闻而知之者，闻其五音，以别其病；问而知之者，问其所欲五味，以知其病所起所在也；切脉而知之者，诊其寸口，视其虚实，以知其病，病在何脏腑也。经言，以外知之曰圣，以内知之曰神，此之谓也。”望、闻、问、切的诊察方法在中医学中具有统领性的地位，明代徐春甫在《古今医统大全》中说：“望闻问切四字，诚为医之纲领。”

辨证与辨病

辨证与辨病都是以病人的临床表现为依据来认识疾病的过程，区别在于，辨病是对疾病的辨析，以确定疾病的诊断为目的，从而为治疗提供依据；辨证则是对证候的辨析，以确定证候的原因、性质和病位为目的，据此来确立治疗方法。辨病的重点在于疾病的判断，而辨证的重点在于证候的掌握。辨证论治是传统中医的一个基本特点，主要体现于同病异治和异病同治。同病异治，就是说同一种病，发病的时间、地域不同，或所处的疾病阶段、类型不同，或病人的体质不同，导致反映出的病证不同，因而治疗也就有差异。异病同治，是说几种不同的疾病在其产生过程中，有着大致相同的病机，表现出相类似的病证，就可以采用大致相同的方法和药物来治疗。但是辨证方法只考虑疾病的阶段性和类型性，不考虑疾病的全过程，在对病情的总体认识上是有偏颇之处的，所以现代中医强调辨证与辨病相结合。

未病先防，有病防变

未病先防和有病防变体现的是中医强调的防重于治的观念。《素问·四气调神大论》中说："圣人不治已病治未病；不治已乱治未乱……夫病已成而后药之，乱已成而后治之，譬如渴而穿井，斗而铸锥，不亦晚乎。"未病先防是指在人体发生疾病之前，应当在生活中的各个方面予以注意，养成良好的生活习惯，增强体质，提高免疫力，远离致病因素，杜绝疾病的发生。有病防变是说在疾病既已发生的情况下，当及时治疗，防止出现进一步的病变，也指疾病初愈的时候要注意调养，避免病症的复发。

扶正祛邪

"扶正祛邪"是中医的重要治疗方法。"扶正"，即扶助正气，也就是提升人体对疾病的抵抗力和对环境的适应力；"祛邪"，即祛除邪气，也就是除掉致病的因素。依照中医理论，疾病的发生酝酿于人体中正气与邪气相斗争的过程，正气增长，病情就向好的方面发展；邪气增长，病情就向坏的方面发展，所以治疗就要从扶正和祛邪下手，促使正气战胜邪气，从而消除疾病，令人体变得健康。

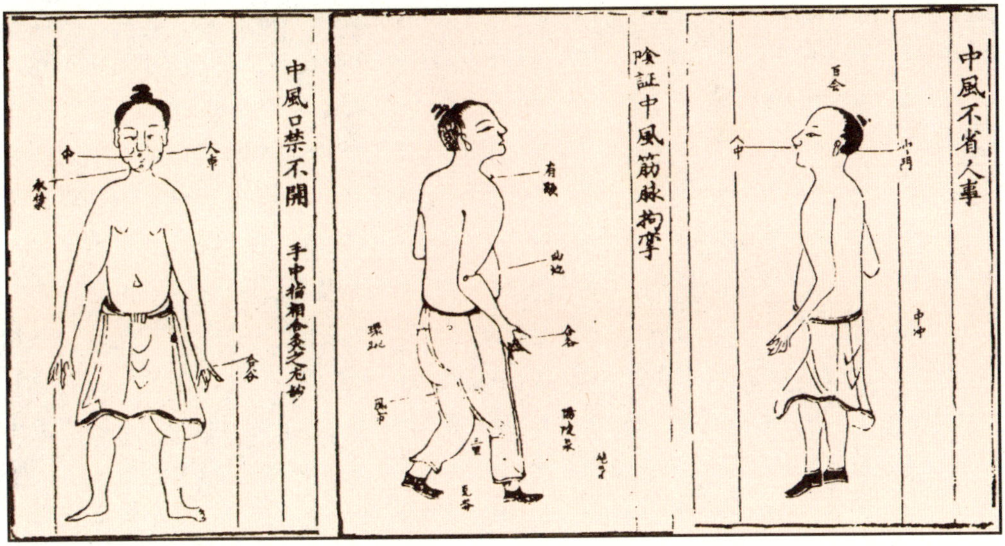

中风不省人事（右图）、阴证中风筋脉拘挛（中图）、中风口禁不开（左图）

中药与方剂

中药，即中医用药，大体可分为植物药、动物药和矿物药 3 类，又可依据加工程度而分为中成药和中药材。中药学是中华民族经过长期的精心探索而总结出来的宝贵成果，经过数千年的发展历程而不断得到丰富和完善。现存的最早的中药学著作为成书于汉代之前的《神农本草经》，书中记载了中药 365 种（植物药 252 种，动物药 67 种，矿物药 46 种），同时对每一味药的产地、性质、采集时间、入药部位和主治病症都进行了详细介绍，并且对各种药物的配合应用以及服药方法和药物的制剂类型也都做了概述。及至明代，李时珍撰写的《本草纲目》载药 1892 种，附方 1 万多个，成为古代中药学的一部集大成之作。方剂是中药学的具体应用，指的是按照中医用药规则经过适宜的选择、酌量而制成的包含药物加工与服用方法在内的药方，简称为“方”。最早记载方剂的医书是汉初的《五十二病方》。东汉张仲景的《伤寒杂病论》将理法方药融于一体，共载方剂 314 种，被后世誉为“经方”，这表明方剂学此时已发展成熟。

人体的经络网

经络是经脉和络脉的总称，人体运行气血的纵行的干线称为经脉，而遍及全身各个部位的经脉的分支称为络脉，经脉与络脉共同构成了人体的经络网，将人体内外、脏腑和肢节联结成为一个有机的整体。经络系统以阴、阳来命名，分布于肢体内侧面的经脉为阴经，分布于肢体外侧面的经脉为阳经，一阴一阳衍化为三阴三阳，相互之间具有相对应的表里相合关系，即肢体内侧面的前、中、后，分别称为太阴、厥阴、少阴，肢体外侧面的前、中、后分别称为阳明、少阳、太阳。在人体经络网中，十二经脉和十五络脉尤为重要。十二经脉发挥着主体性的作用，其名称分别是：手太阴肺经、手厥阴心包经、手少阴心经、手阳明大肠经、手少阳三焦经、手太阳小肠经、足太阴脾经、足厥阴肝经、足少阴肾经、足阳明胃经、足少阳胆经和足太阳膀胱经。十二经脉和任、督二脉各自别出一络，加上脾之大络，共计十五条，称为十五络脉，分别以十五络所发出的腧穴命名，如手太阴之别络、足太阳之别络、任脉之别络、脾之大络等。十五络脉加强了十二经脉中表里两经的联系，补充了十二经脉循行的不足。经络理论在中医学中占有着基础性的地位，对指导中医的各种诊疗实践有着决定性的作用。

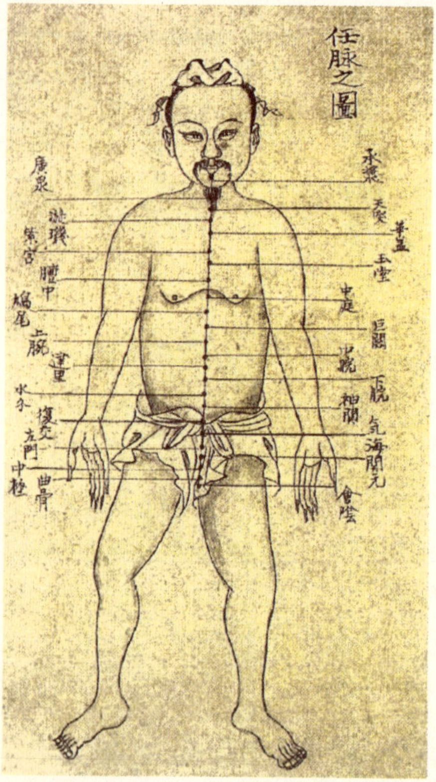

任脉图

穴位

穴位，学名为腧穴，通常也称为穴、穴道，在中医学上指人体上可以针灸的部位，多为神经末梢密集或较粗的神经纤维经过的地方。中国古人很早就发现了穴位，成书于西汉之前的《黄帝内经》就指出“气穴所发，各有处名”，并且记载了160个穴位名称。魏晋时期的皇甫谧在《针灸甲乙经》中对人体340个穴位的名称、位置及其主治功能都一一进行了详切的论述。按照中医学理论，人体穴位是经络之气输注于体表的部位，又是疾病反映于体表的部位，还是针灸、推拿、气功等疗法的施术部位。长期的实践证明，穴位具有“按之快然”、“驱病迅速”的神奇功效，但是穴位的实质究竟如何，人们尽管采用了种种现代的技术和理论去测定与分析，依然没有得出确论。

针灸疗法

针灸画像石拓片（局部） 东汉

画像石于山东微山出土，为墓室内装饰图案。图左面有一个人面鸟身的神医，手执砭石正为病人做针刺治疗。把医者比作成鸟，正是为了象征战国名医扁鹊。

针灸是针法和灸法的合称。针法是把毫针按一定穴位刺入患者体内，灸法是把燃烧着的艾绒、艾条等按一定穴位熏灼皮肤。针灸是中医学中重要的治疗方法，而且起源极为久远。远古时期，人们偶然发现身体表面的某个部位碰撞到一些尖硬物体的时候会有意外的疼痛减轻的现象，于是逐渐开始有意识地用一些尖利的石块来刺激身体的某些部位，以期减轻疼痛。这就是针法的由来。最初使用的针是石制的，称为“砭石”，后来则发展为金属针，针的形制也有多个种类。灸法的发现则是人们在用火的过程中发现身体某部位的病痛经过火的烧灼、烘烤会得到缓解，于是取用兽皮或树皮来包裹烧热的石块或沙土对身体进行热熨，用点燃的树枝或干草来烘烤以治疗疾病，后来艾叶则成为灸治的主要材料，因为艾叶具有易于燃烧、气味芳香、资源丰富、易于加工贮藏等优点。针灸疗法的原理是中医特有的人体经络理论，在治疗过程中，经过诊断，确定病变属于哪一经脉、哪一脏腑，然后制定相应的配穴处方，进行针灸，以达到通经脉、调气血的目的，从而使人体阴阳归于相对平衡，脏腑功能也趋于调和，也就获得了防治疾病的效果。

中医推拿术

中医推拿，又称“按摩”、“按跷”、“导引”、“案”、“摩消”等，是依据中医理论对体表特定部位施以各种手法，有时也配合某些肢体活动以恢复或改善身体机能的方法。推拿按摩属中医学的重要组成部分，也是人类最古老的疗法之一。据《汉书·艺文志》记载，秦汉时期已经有了关于推拿按摩的专著《黄帝岐伯按摩经》十卷，虽然该书已经失传，但是在同一时期完成的《黄帝内经》一书中记录了许多关于推拿的内容。东汉张仲景在《伤寒杂病论》中最先提出“膏摩”疗法，即将配制好的膏药涂抹在患者体表，然后运用特定手法进行抚摩擦揉。这就将推拿按摩与药剂应用结合在了一起，在提高治疗效果的同时也使推拿方法的应用变得更为广泛。魏晋南北朝时期，推拿疗法进一步发展，葛洪在《肘后备急方》中首次对膏摩的理论和应用进行了系统的总结，而陶弘景则在《养性延命录》中阐发了啄齿、熨眼、按目、牵耳、梳头、摩面、擦身等成套的推拿按摩动作。隋唐时期，宫廷太医署正式设立按摩专科，此时的按摩基础理论、诊断技术和治疗方面都已发展到相当水平。至明代，按摩成为13个医学科目之一，尤为引人注目的是，这一时期形成了独有的小儿推拿体系，产生了《小儿按摩经》、《小儿推拿方脉活婴秘旨全书》、《小儿推拿秘诀》等专著。“推拿”这一名称也是得于此时。清代虽然未在太医院设按摩或推拿科，但没有影响这一疗法的进一步发展和更为广泛的应用。乾隆年间由太医吴谦负责编修的《医宗金鉴》中对运用推拿手法治疗骨伤疾病做了系统的总结，将摸、接、端、提、按、摩、推、拿列为“伤科八法”，确立了正骨推拿的分科。这标志着古代中医推拿术发展的最后成就。

药膳

药膳就是将某些具有药用价值的食物经过特定的烹调方法制作而成的一类特别的食品。药膳寓医于食，既将药物作为佳肴，又将食物赋以药用，从而在享用美味的同时又获得了医疗的效果。药膳营养价值和药用价值兼备，相比较服用单纯的药剂而具有明显的优点，因此有“药补不如食补”之说。远古时期，人们寻找各种可利用的植物和动物，有些动植物可供人们果腹，有些动植物可供人们治疗疾病，对于大多数动植物来说这两种作用是分开的，人们发现其中有一部分兼具食用和药用两种价值，这就是最初的药膳。“药膳”一词在史籍中最早见于《后汉书·列女传》，其中有“母亲调药膳思情笃密”的句子，早在东汉之前药膳作为一种实际应用就已经长期存在了。到汉代，则形成了非常丰富的药膳知识，东汉末年成书的《神农本草经》中记载了大枣、人参、枸杞、茯苓、生姜、杏仁、乌梅、鹿茸、蜂蜜、龙眼等具有药性的食物，

宝玉喝莲叶汤

为清孙温绘全本《红楼梦》中插图。讲的是宝玉要喝莲叶汤，贾母自己做好，让玉钏送去。莲叶汤正是药膳中的一种。

这些食物已经成为配制药膳的原料。东汉名医张仲景在《伤寒杂病论》、《金匮要略方论》中更是提出了大量的饮食调养方法配合药剂的治疗。至唐代，“药王”孙思邈在《备急千金要方》中设立了《食治》专篇，这标志着药膳已发展成为一个专门的学科。而后药膳的理论知识得到持续的完善，药膳的应用也从宫廷到民间，遍及千家万户。

中医十大流派

中医历史源远流长，在长期的发展过程中形成了多种流派，其中主要有 10 个派别。

医经学派：以研究古代医学经典的基础理论为主，古代记载的医经有七家，但是仅有《黄帝内经》流传下来，对《黄帝内经》的研究也就奠定了中医学理论的基础。医经学派的著名人物和代表作品有扁鹊和《难经》、华佗和《中藏经》、皇甫谧和《针灸甲乙经》、全元起和《内经训解》、杨上善和《太素》、王冰和《素问注释》、吴琨和《素问吴注》、张介宾和《类经》等。

经方学派：“经方”即经验方，宋代以后因为张仲景的《伤寒杂病论》被尊为经典著作，所以“经方”就用来专指《伤寒杂病论》中记载的“经典方”。经方学派明清最盛，代表人物有方有执、柯琴、徐大椿、喻嘉言、张锡驹等。

伤寒学派：专门研究张仲景的《伤寒论》和《伤寒杂病论》中有关伤寒论的一部分，形成于晋代，绵延至清代，著名人物有王叔和、孙思邈、巢元方、王焘、庞安时、常器之、郭雍等。

河间学派：由金代河间人刘完素开创，以阐发火热病机为中心内容，擅长运用寒凉的治疗手法。河间学派在发展的过程中又衍生出攻邪学派和丹溪学派。

攻邪学派：以金代张从正为代表，强调“病由邪生，攻邪已病”的学术思想，在继承了河间学派善用寒凉的特点之外，又发展出了用汗、吐、下来驱邪的方法，这种方法也影响到后来的温病学派。

丹溪学派：以元代朱震亨为代表，因其家乡有一条溪流叫作丹溪，所以人们称之为丹溪先生。朱震亨是河间学派刘完素的第三代弟子，继承河间学派的同时，在医学理论上把外感火热引向内伤火热，主在阐发滋阴降火。朱震亨之后，丹溪学派中最有成就的人物为戴思恭、王履、王纶和徐彦纯。

易水学派：创始人为金代易州人张元素，以研究脏腑病机为中心，在诊断和治疗脏腑病症方面建立了较为系统的理论和方法，也为温补学派的建立奠定了基础。张元素的弟子李杲和王好古继之成为易水学派的中坚人物。

温补学派：形成于明代，薛已是此派的先导，主要人物有孙一奎、赵献可、张介宾、李中梓等。这一学派以研究脾肾及命门水火的生理特性及其病理变化为中心内容，进一步发展了易水学派的脏腑病机学说。

温病学派：由伤寒学派与河间学派所派生，以研究和治疗温热病而著称，又称为“瘟疫学派”。清代中晚期，叶天士、吴鞠通、薛生白、王孟英等温热学派的代表人物创建了卫气营血辨证和三焦辨证的理论，为中医学理论的丰富做出了重要贡献。

汇通学派：明末清初开始出现，持中西医会合融通的观点，代表者有汪昂、金正希、王学权、朱沛文、唐宗海、张锡纯等，这一学派开启了现代中西医结合的先声。

扁鹊

扁鹊，生卒年不详，约生于春秋晚期和战国早期，齐国渤海郡（今河北任丘）人。又说为齐国卢邑（今山东长清）人，姓秦，名越人，“扁鹊”本是黄帝时代的名医，因为秦越人医术高明，所以人们称誉其为“扁鹊”。扁鹊是中国历史上第一位有确切记载的名医，被认为是中医学的鼻祖。扁鹊最大的贡献是创造了望、闻、问、切的诊断方法，还广泛地应用砭刺、针灸、按摩、汤液、热熨等方法治疗疾病，奠定了中医临床诊断和治疗方法的基础。《史记·扁鹊仓公列传》记载：“扁鹊名闻天下。过邯郸，闻贵妇人，即为带下医；过洛阳，闻周人爱老人，即为耳目痹医；来入咸阳，闻秦人爱小儿，即为小儿医，随俗为变。”扁鹊遍游各地行医，擅长各科，在邯郸为妇科医生，到洛阳为五官科医生，入咸阳则又为儿科医生。但是到秦国后，秦太医令李醯因为自己的医术不如扁鹊，而将扁鹊刺杀。扁鹊著有《内经》和《外经》，都已失佚。

扁鹊像

张仲景

张仲景（约 150 ~ 219 年），名机，东汉南阳（今河南南阳市）人，著名医学家，史称“医圣”。东汉末年，军阀混战，瘟疫流行，张仲景家族 200 多人因伤寒病死了 100 多人。张仲景非常难过，立志“勤求古训，博采众方”，为人民治病。他在前人的医书《素问》、《九卷》、《八十一难》、《阴阳大论》、《胎胪药录》的基础上，结合自己的医疗经验，写成了《伤寒杂病论》（伤寒指的是急性传染病，杂病指的是外科、妇科等方面的疾病）。全书除病理论证外，系统地分析了伤寒的原因、症状和处理方法，奠定了理、法、方、药的理论基础。书中还精选了 300 多种方剂，为中医方剂学提供了发展的依据，后世很多药方都是从它发展变化而来的。这部书还传到了日本、朝鲜、越南、蒙古等国。经后人整理校勘，《伤寒杂病论》被编为《伤寒论》和《金匮要略》。张仲景创造的六经分证、中医诊断病情的八纲（阴阳、表里、虚实、寒热）和辨证施治的原则，为中医治疗学奠定了基础。

华佗

华佗（约 145 ~ 208 年），字元化，沛国谯（今安徽亳州）人，东汉著名医学家。《后汉书·华佗传》说他“兼通数经，晓养性之术”“精于方药”，医术高超，被人们称为“神医”。他精通内、外、妇、儿、针灸各科，尤以外科著称，他一生主要在今安徽、江苏、山东、河南一带行医。曹操患头风病，华佗以针刺法治疗，很快治愈。曹操想留他做侍医，遭到华佗的拒绝，因而被曹操杀害。

《三国志》上载有华佗治疗的 20 多个病例，如传染病、寄生虫病、妇产科病、小儿科病、皮肤病、内科病等。华佗首创了中药全身麻醉剂——麻沸散，并应用于腹部外科手术，这在全世界是第一例，对后世影响极大。后世的中药麻醉都是在麻沸散启发下发展起来的，在世界麻醉学和外科手术史上，也有很大影响。华佗长于养生，模仿动物动作发明了“五禽戏”，进行医疗体育锻炼。他曾把自己医疗经验写成一部医学著作，即《青囊经》，可惜失传。

刮骨疗毒图

陶弘景

陶弘景（456 ~ 536 年），是丹阳秣陵（今江苏镇江市）人，字通明，晚年号华阳隐居。陶弘景经历了南朝宋、齐、梁三个朝代，曾长期隐居在永嘉楠溪和瑞安陶山，因此又被称为“山中宰相”。陶弘景兴趣广泛，不仅对天文历算、地理、兵学、铸剑有浓厚的兴趣，而且在医药、炼丹、经学、文学艺术、道教仪典等方面都研究出大量的成果，如他的著作《肘后百一方》，就是谈论中医治疗学。而在本草医学方面，他的贡献更加突出。

早在汉代，我国的第一部本草学著作《神农本草经》就已经出版。随后的几百年里，人们逐渐积累了很多用药的丰富经验，这些有用的成果都被汇集在《名医别录》中。在很多年里，《神农本草经》和《名医别录》成为医生治病救人的重要参考，但是这两本书的体例迥然不同，导致有些医疗内容啰唆重复，有些又泛泛而谈不够系统、详细。长久地潜心研究两本书后，陶弘景结合自己行医的丰富经验，把这两本书汇编成一部，这部书就是《本草经集注》。

《本草经集注》内容丰富，体例清晰，成为一部优秀的本草学著作。这本书一共记载了药物 730 种，按照药材的来源和它本身独有的属性，被划分成玉石、草、木、虫兽、果菜、米食和有名未用等七类。如此庞杂的内容，促使陶弘景发明了一种新型的药物分类法。这种分类法把治疗某种疾病的药物放在一起，当医生治疗某种疾病时，能迅速地找到许多相关的药物，这就是“诸病通用药”分类法。

《本草经集注》对药物的产地、采集、炮制、鉴别和贮存等有记载，这本书扩大了中医本草学的内容，直接影响了我国古代的第一部药典——唐代的《新修本草》。以后各朝代医生不断丰富发展，到了明代的《本草纲目》，终于到达本草学的一个高峰。

孙思邈

孙思邈（581 ~ 682 年），京兆华原（今陕西铜川耀州区孙家塬）人，隋唐时期著名医药学家，被后人尊为“药王”。孙思邈自幼体弱多病，家人为给他看病几乎耗尽家财。因此，他从小就立志要从事医学研究。他认真阅读了《黄帝内经》、《伤寒杂病论》、《神农本草经》等古代医书，钻研民间方药，向经验丰富的医生学

孙真人煎药图

习。到二十多岁时，孙思邈已经成为一个有名的医生了。隋文帝、唐太宗、唐高宗都请他出来做官，但都遭到了他的拒绝。

孙思邈长期生活在民间，广泛搜集民间药方，积累了丰富的医疗经验。孙思邈不但精通内科，而且擅长外科、妇产科、儿科、五官科等，还掌握了针灸技术和渊博的药物学知识。他最早描述了下颌骨脱臼的手法复位，一直沿用到现在。在长期的医疗实践中，孙思邈深切感到过去的方药医书浩博庞杂，分类也不科学。因此他一方面阅读医书，一方面广泛搜集民间方药，编成《备急千金要方》和《千金翼方》，这两本是供家庭备用的医药卫生手册。之所以用“千金”命名，是因为孙思邈认为人命比千金还要贵重。

金元四大家

金元四大家是指刘完素、张从正、李杲和朱震亨 4 位医学家，他们开创了 4 大医学流派，对后世影响很大。

刘完素（约 1110 ~ 1200 年），字守真，号通元处士，河间人。在医学上，他大力提倡运气说，宣扬五运六气盛衰之理。刘完素的学说流派称“寒凉派”。著有《图解素问要旨》等。

张从正（约 1156 ~ 1228 年），字子和，睢州考城（今河南民权西南）人。他非常推崇刘完素，用药也多寒凉，创制了“张子和汗下吐法”。张从正的学说称“攻下法”。

李杲（约 1180 ~ 1251 年），字明之，号东垣先生，镇州（今河北正定）人。少时好医药，师从名医刘完素。李杲用药与张元素相同，主张以脾土为主，认为土为万物之母。他的学说流派称“补土派”。著有《伤寒会要》、《脾胃论》等。

朱震亨（1281 ~ 1358 年），字彦修，婺州义乌人。拜刘完素徒弟罗知悌为师，他主张“因病以制方”，反对拘泥于“局方”，主张重在滋阴。他的学说流派称“养阴派”。著有《格致余论》、《局方发挥》、《伤寒辨题》、《本草衍义补遗》、《外科精要》等。

李时珍

李时珍（约 1518 ~ 1593 年），字东璧，蕲州（今湖北蕲春）人，明代医药学家。出身于世医家庭，受家庭的熏陶，李时珍从小就喜爱医药，立志悬壶济世。经过刻苦学习和实践，在 30 岁时李时珍已经成为当地名医。后楚王聘李时珍到王府掌管良医所事务，3 年后，又推荐他上京任太医院判后经举荐补太医院之阙，一年后辞职回家。在此期间，李时珍阅读了王府和太医院里大量的医书，医学水平大增。

在李时珍之前，中国医学书上记载的药物有 1558 种，这些药物不仅品种繁杂，而且名称混乱。医生们在行医时非常不方便，有时候还会开错药。李时珍决心把这些药物整理出来，重新编定一本药典。他深入民间，向农民、渔民、樵民、药农请教，查阅医书 800 多部，对药物一一鉴别和考证，纠正了古书中的许多错误，还搜集许多新药物，历时 30 多年，写成了《本草纲目》一书。《本草纲目》对药物进行了分类，首先为纲，其次为目，再次是药名、产地、形色、药用等。《本草纲目》对后世医学影响很大，还传至日本、朝鲜、越南等国。

《灵枢经》

《灵枢经》，又称《灵枢》、《针经》、《九针》，是我国现存最早、最系统的中医理论著作。约成书于战国时期，共九卷八十一篇。自汉魏后，由于长期抄传，《灵枢》出现不同名称的多种传本。直至南宋医学家史崧，于绍兴二十五年（1155 年），将《灵枢》九卷八十一篇参照诸古书，重编为二十四卷，重新校正，并在书后附加校译及音译，镂版刊行。《灵枢》传本基本定型，取代各种传本，一再刊印，流传至今。

《灵枢经》涵盖内容十分丰富，此书以整体观念为指导，分别从阴阳五行、天人相应、五运六气、脏腑经络、病机、诊法、治则、针灸等方面，结合当时哲学和自然科学的成就，对人体生理、病理、诊断、治疗和养生的有关问题，做出了比较系统的理论概括。全面阐述了五脏六腑、精神气血津液、人体气质类型等内容，成为中医基本理论的渊薮，迄今在诊疗学上仍具有指导意义。此书对经络腧穴理论和针刺方法有更为翔实的记载，例如对针法的论述，不仅强调说明了守神、候气的重要性，而且提出了数十种针刺方法，详细介绍了针具使用、针刺部位、深浅、禁忌、针刺与四时的关系等实用内容，为后世针灸学的发展奠定了坚实的理论基础。

《黄帝内经·素问》

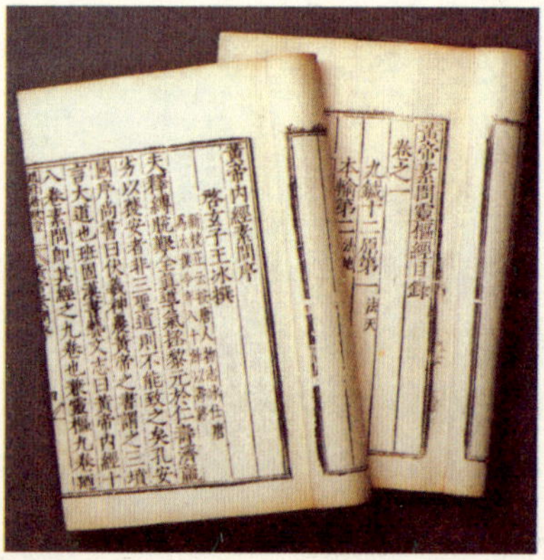

《黄帝内经·素问》明刊本

该书在实践基础上总结出脏腑学说和病因学说，奠定了中医的理论基础，是中国历史上第一部系统的医学著作。

《黄帝内经·素问》，简称《素问》。原九卷，早散失，后经修订补编为二十四卷，共计八十一篇。大约成书于战国时期，历代医学家对其不断进行一些补充、修改，到西汉才逐渐完成，所以也有人认为成书于西汉。关于本书的作者，说法不一。书名中冠有“黄帝”字样，但由于黄帝时还没有文字，所以后世猜测它可能是由当时一些不知名的医家集体完成。

《素问》涵盖内容丰富、论证科学，以人与自然统一观，阴阳学说、五行学说、脏腑经络学说为主，论述脏腑、经络、病因、病机、治则、药物及摄生、养生防病等方面的关系，甚至涉及到现代医学中关于人体发育、生理、解剖、治病原则、时间医学和预防医学等内容，集医理、医论、医方于一体，强调人体内外统一的整体观念，是中医基本理论的渊源。其中，书中提出的人体血液是在脉管内不停地流动，而且是“如环无端”的循环状态，这被世界科技史学界公认为是血液循环概念的萌芽。其他如体内各脏器的解剖结构，以及放腹水术、灌肠法、物理疗法等内容，在世界医学史上，都属于首次记载。《素问》问世后，成为当时乃至后世中医学中影响最大的经典著作。

《神农本草经》

《神农本草经》又称《神农本草》，是我国现存最早的药物学专著，是对我国早期临床用药经验的第一次系统总结，被誉为中药理论的经典著作。全书分三卷，载药365种，其中植物药252种，动物药67种，矿物药46种，分上、中、下三品，文字精练古朴。书中对每味药的产地、性质、采集时间、入药部位和主治病都有详细记载。每味药的药物性味也有详尽的描述。对各种药物怎样相互配合应用，以及简单的制剂，都做了概括。更可贵的是早在2000年前，我们的祖先通过大量的治疗实践，已经发现了许多特效药物。如麻黄可治疗哮喘、大黄可泻火、常山可以治疗疟疾，等等，这些都已被现代科学分析方法所证实。

此书作者不详。因为在我国古代，大部分药物都是植物药，所以“本草”成了它们的代名词，这部书也以“本草经”命名。汉代托古之风盛行，人们尊古薄今，为了增强人们的信任感，它借用“神农遍尝百草”的传说，定名为《神农本草经》。其成书年代有多种说法，原书早佚，现行本为后世从历代本草书中集辑而成，又因其中大部分内容反映先秦时期我国药物学的水平，所以一般均认为成书于汉代。

《肘后备急方》

《肘后备急方》，我国第一部临床急救手册。中医治疗学专著。作者东晋葛洪，将其原著《玉函方》，摘录其中可供急救医疗、实用有效的单验方及灸法汇编而成。经南朝梁陶弘景、金代杨用道补录，即现存《肘后备急方》，简称《肘后方》。今本存八卷，分五十一类。

该书主要记述各种急性病症或某些慢性病急性发作的治疗方药、针灸、外治等法，并略记个别病的病因、症状等。书中对于恙虫病、疥虫病之类的寄生虫病的描述，是世界医学史上出现时间最早、叙述最准确的，尤其是倡用狂犬脑组织治疗狂犬病，被认为是中国免疫思想的萌芽。

《肘后备急方》中收录了多种疾病，其中很多成为珍贵的医学资料。例如，这部书上描写的天花症状，以及对天花的危险性、传染性的描述，都十分精确，是世界上最早的记载。书中还对结核病的主要症状做了描述，并提出了结核病“死后复传及旁人”的特性，还涉及肠结核、骨关节结核等疾病，其论述的完备性可以说并不亚于现代医学。另外，对于流行病、传染病，书中更是提出了“疠气”的概念，否认了以往鬼神作祟的说法，这种科学的认识方法在当今来讲，也是十分有见地的。

《千金方》

《千金方》全称《备急千金要方》，简称《千金要方》或《金方》，三十卷。我国古代综合性临床医学著作，唐代医学家“药王”孙思邈根据自己数十年的临床实践经验编著而成，集唐代以前诊治经验之大成，对后世医家影响极大。

该书第一卷为总论，内容包括医德、本草、制药等；再后则以临床各科辨证施治为主，计妇科二卷，儿科一卷，五官科一卷，内科十五卷（内中十卷按脏腑分述），外科三卷，解毒急救二卷，食治养生二卷，脉学一卷及针灸二卷，共233门，方论5300首。

《千金要方》总结了唐代以前医学成就，书中首篇所列的《大医精诚》、《大医习业》，是中医学伦理学的基础；其妇、儿科专卷的论述，奠定了宋代妇、儿科独立的基础；其治内科病提倡以脏腑寒热虚实为纲，与现代医学按系统分类有相似之处；其中将飞尸鬼疰（类似肺结核病）归入肺脏证治疗，提出霍乱因饮食而起，以及对附疽（骨关节结核）好发部位的描述、消渴（糖尿病）与痈疽关系的记载，均显示了相当高的认识水平；针灸孔穴主治的论述，为针灸治疗提供了准绳，“阿是穴”的选用、“同身寸”的提倡，对针灸取穴的准确性颇有帮助。因此，素为后世医学家所重视，并流传到国外，产生了一定的影响。

《本草纲目》

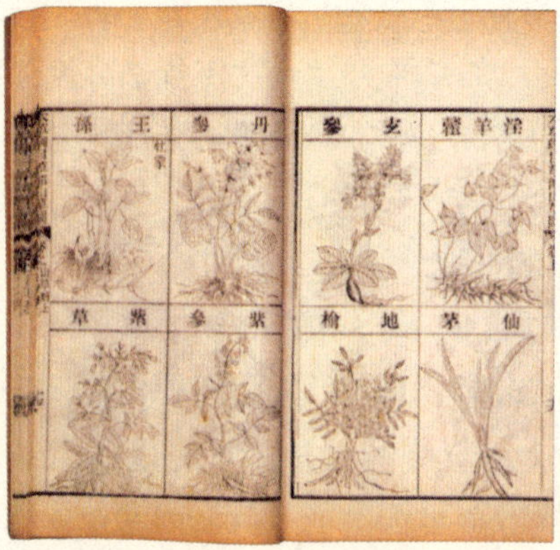
《本草纲目》书影

作为中国古代重要的药物学著作，《本草纲目》是明代伟大的医药学家李时珍为修改古代医书的错误而编。全书共52卷，190余万字，载有药物1892种，收集医方11096个，绘制精美插图1160幅。是作者在继承和总结以前本草学成就的基础上，结合作者长期学习、采访所积累的大量药学知识、经过实践和钻研，历时数十年而编成的一部巨著。分为十六部六十类。每种药物分列释名（确定名称）、集解（叙述产地）、正误（更正过去文献的错误）、修治（炮制方法）、气味、主治、发明（前三项指分析药物的功能）、附方（收集民间流传的药方）等项。全书收录植物药881种，附录61种，另有具名未用植物153种，共计达1000多种。占全部药物总数的58%。

《本草纲目》不仅考证了过去本草学的若干错误，提出了较为科学的药物分类方法，而且融入了先进的生物进化思想，并丰富了临床实践经验。是对几千年来祖国药物学的总结，也是我国医药宝库中的一份珍贵遗产，被誉为“东方药物巨典”，对近代科学以及医学影响甚大。

《黄帝八十一难经》

《黄帝八十一难经》简称《难经》，相传是秦越人（扁鹊）所著，成书年代大约在秦汉之际，至少也在东汉之前。这部著作以基础理论为主，又以脉诊、经络、脏腑为重点，全书以设问答疑的形式解释了81个难题，其中第一至第二十二难论脉，第二十三至第二十九难论经络，第三十至四十七难论脏腑，第四十八至第六十一难论病证，第六十二至六十八难论穴位，第六十九至第八十一难论针法，其阐述简要，辨析精微，不但推演了《内经》的微言奥旨，发挥至理，剖析疑义，垂范后学，而且有不少独到见地，如首创独取寸口和分寸关尺的三部按脉法，此法一直沿用至今，成为中医一大特色；还系统阐述了奇经八脉的循行线路和功能，弥补了《内经》中经络学说的不足；又提出了与《内经》不同的三焦、命门学说。在临床方面明确提出“伤寒有五”（伤寒、中风、湿温、热病、温病），并对五脏之积泄多有阐发，这些都对中医学的发展产生了深远的影响。宋代大诗人苏轼曾称颂此书：“句句皆理，字字皆法，后世达者，神而明之。”因此，《难经》像《内经》一样被置于至尊和绝无异论的位置，至今仍被奉为中医重要的古籍之一。

《伤寒杂病论》

《伤寒杂病论》是东汉末张仲景所撰，它确立了中医学重要的理论支柱之一——辨证论治的思想。后来几经战乱散轶、编次，该书被一分为二，成为《伤寒论》和《金匮要略》二书。

《伤寒论》全书10卷，以六经辨证为纲，以方剂辨证为法，是一部论治外感热病的专著。它将外感疾病所表现出的各种规律性病证归纳为太阳、太阴、少阳、少阴、阳明、厥阴六经病症，三阳经病多属实热，三阴经病多属虚寒；每经贯串运用四诊八纲，对伤寒各阶段的辨脉、审证、治则、立方、用药规律以条文形式进行了全面的阐述，论析主次分明、条理清晰，在认识和处理疾病的方式方法上，强调运用多种诊法，综合分析；还制定出了许多简要实用的药方，如对六经病各立主证治法（“太

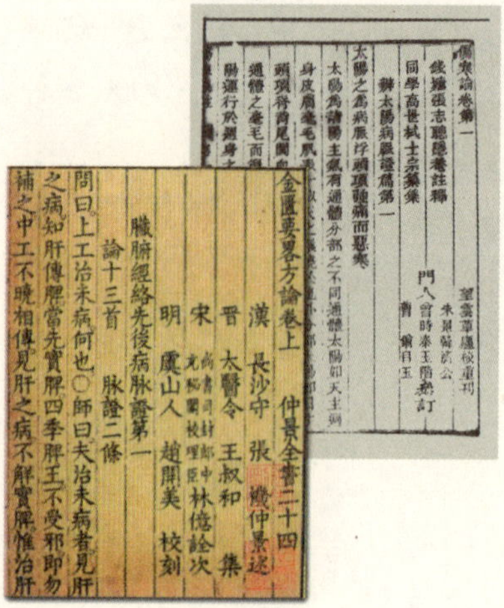
傷寒論卷第一　望雲草廬校重刊
錢塘張志聰隱菴註釋　未絲翁汾公
同學高世栻士宗纂集　門人會時泰玉階　參訂
辨太陽病脈證篇第一
太陽之為病脈浮頭項強痛而惡寒

金匱要畧方論卷上　仲景全書二十四
漢　長沙守　張機仲景述
晉　太醫令　王叔和　集
宋　尚書司封郎中充秘閣校理臣　林億詮次
明　虞山人　趙開美　校刻
臟腑經絡先後病脈證第一
論十三首　脉證二條
問曰上工治未病何也○師曰夫治未病者見肝
之病知肝傳脾當先實脾四季脾王不受邪即勿
補之中工不曉相傳見肝之病不解實脾惟治肝

《伤寒论》与《金匮要略》内页

阳伤寒”用麻黄汤，“太阳中风”用桂枝汤，阳明经证用白虎汤，阳明腑证用承气汤，少阳病用小柴胡汤），是第一部理论与实践并重，理、法、方、药有机结合的临床医学用书。

《金匮要略》是奠定中国临床医学基础的重要古籍之一，全书共 25 篇，以内科为主，涉及外科和妇科，对各种杂病的因、证、脉、治均有介绍。该书诊断重视四诊合参，辨证上以脏腑、经络为重点，结合卫气营血、阴阳五行理论，看重预防和早期治疗，论述精要，治法灵活，制方严谨，颇有实用价值，尤其是该书强调了整体观念，也提醒注意治病的轻重缓急；书中述及的急救人工呼吸法，方法合理，注意事项也颇周全。

作为在临床医学方面有重大贡献的一代宗师，张仲景提倡“精究方术”，他在《伤寒论》中实际立方 112 首，《金匮要略》立方 262 首，这些方剂具有药味精炼、配伍严密、主治明确、疗效确凿的特点，被后世誉为“众方之祖”或“经方”，其中大部分是后世方剂学发展和变化的重要依据，至今仍被广泛用于临床。

《温病条辨》

《温病条辨》系温病学著作，全书 6 卷，清代吴瑭（字鞠通）受吴又可、叶天士影响，在多年临证实践基础上撰于 1798 年。与汉代张仲景感于宗族数百人死于伤寒而奋力钻研极其相似，吴鞠通也是因多个家人死于温病而发奋读书，精究医术，终成温病大家，创造了温病学派最高成就的。他认为温病有 9 种，吴又可所说的瘟疫只是其中最具传染性的一种，另外还有 8 种温病，可以从季节及疾病表现上加以区分，这是对于温病很完整的一种分类方法。该书建立的温热学说体系，其特点是以三焦来区分温病整个发展过程的三个阶段，以此归纳病机转变，以分辨阴阳、水火的理论为主导思想，采用三焦辨证纲领，倡导养阴保液。在温热病的病机、辨证、论治、方药等方面，均有精辟论述。这种新的归类方法，十分适用于温热病体系的辨证和治疗，并确立了由上而下的正常三焦“顺传”途径，由此决定了治则：“治上焦如羽，非轻不举；治中焦如衡，非降不安；治下焦如沤，非重不沉。”“三焦辨证”是在中医理论和辨证方法上的又一创举。与张仲景的六经辨证、叶天士的卫气营血辨证虽名称不同，但实际应用时相辅相成，互为羽翼。书中还列出了清络、清营、育阴的各种治法，仅上中下三焦就载入治法 238 个，含方 201 首，如将银翘散辛凉平剂、将桑菊饮辛凉轻剂、将白虎汤辛凉重剂等，对温病用方卓有贡献。《温病条辨》的另一重大贡献，就是经精心化裁，为后人留下了许多优秀的实用方剂，像银翘散、桑菊饮、藿香正气散、清营汤、清宫汤、犀角地黄汤等，现在临床使用的方剂，十之八九出自该书。

十二段锦

“十二段锦”又称“文八段锦”，实际内容与一般所说的“八段锦”差别很大，曾被少林寺僧作为主要练功内容之一，此后逐渐被广大练功者采用。十二段锦是由十二节动作组合而成，其全部动作进行时均取坐势。“十二段锦”功法虽然简单，但健身益寿、抗老防衰的功效显著，适合于患慢性、虚弱性疾病者的调摄，有助于神经衰弱、慢性气管炎、食管炎、慢性胃炎、冠心病、肺气肿、溃疡病、胃下垂、腰肌劳损、慢性肾炎、肾虚腰痛等患者的康复。

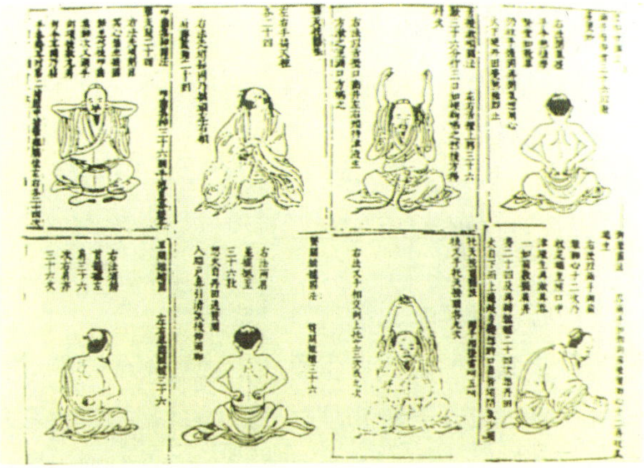

文八段锦图谱

文八段锦又称“十二段锦”，全套为坐式，与立式八段相对。包括摇天柱、舌搅漱咽、摩肾堂、单关辘轳、托天按顶、钩攀第八节的导引求式。

十二段锦总诀

闭目冥心坐，握固静思神，叩齿三十六，两手抱昆仑；
左右鸣天鼓，二十四度闻，微摆撼天柱，赤龙搅水津；
鼓漱三十六，神水满口匀，一口分三咽，龙行虎自奔；
闭气搓手热，背摩后精门，尽此一口气，想火烧脐轮；
左右辘轳转，两脚放舒伸，叉手双虚托，低头攀足频；
以候神水至，再漱再吞津，如此三度毕，神水九次吞；
咽下汩汩响，百脉自调匀，河车搬运毕，想发火烧身；
旧名八段锦，子后午前行，勤行无间断，万病化为尘。

奇经八脉

奇经八脉是除人体十二经脉以外，人体经络走向的一个类别。它包括任、督、冲、带、阴跷、阳跷、阴维、阳维八条经脉。它们与十二正经不同，既不直属脏腑，又无表里配合关系，“别道奇行”，故称奇经。

奇经八脉与十二经脉纵横交互，八脉中的督、任、冲脉皆起于小腹中，同出于会阴，其中督脉行于背正中线，任脉行于前正中线，冲脉行于腹部会于足少阴经。奇经中的带脉横行于腰部，阳跷脉行于下肢外侧及肩、头部，阴跷脉行于下肢内侧及眼，阳维脉行于下肢外侧、肩和头项，阴维脉行于下肢内侧、腹和颈部。

奇经八脉交错地循行分布于十二经之间，它的作用有两方面：其一，沟通了十二经脉之间的联系。奇经八脉将部位相近、功能相似的经脉联系起来，达到统摄有关经脉气血、协调阴阳的作用；其二，奇经八脉对十二经气血有蓄积和渗灌的调节作用。当十二经脉及脏腑气血旺盛时，奇经八脉能加以蓄积，当人体功能活动需要时，奇经八脉又能渗灌供应。

拔罐

拔罐法又名“火罐气”、“吸筒疗法”，古称“角法”。这是一种以杯罐做工具，借热力排去其中的空气产生负压，使吸附于皮肤，造成郁血现象的一种疗法。拔火罐与针灸一样，也是一种物理疗法，而且是物理疗法中最优秀的疗法之一。古代医家在治疗疮疡脓肿时常用它来吸血排脓，后来又扩大应用于肺痨、风湿等内科疾病。

拔罐法，是我国医学遗产之一，最早在晋、唐时代就已在民间广泛流行。在晋朝葛洪的《肘后备急方》中就有角法记载。所谓角法，是把挖空的兽角角内烧热后，吸附在皮肤上，拔除脓疮的方法。后来，角法所用的动物角，逐渐由竹筒、陶瓷所代替，并演化为近代的玻璃罐、抽气罐。

由于它简便，便于操作，不需特殊训练；并且具有行气活血、祛风散寒、消肿止痛的功效，对腰部肌肉劳损、头痛、咳嗽、气喘、腹痛等许多疾病颇具疗效，所以在民间极受欢迎。中华人民共和国成立以后，经过不断改进，拔罐疗法有了新的发展，治疗范围进一步扩大，逐渐成为现代中医治疗中的一种重要疗法。

导引

导引是古代一种养生术和健身方法，相当于现在的气功。它通过调整呼吸和活动肢体达到保健的目的。导引术起源于上古，原为古代的一种养生术，春秋战国时期就已非常流行，为当时神仙家与医家所重视。后为道教将其继承和发展，使之更为精密，将“真气”按照一定的循行途径和次序进行周流，作为炼身的重要方法，以达到调营卫、消水谷、除风邪血气、疗百病以至延年益寿的功效。1972 ~ 1974 年在长沙马王堆汉墓（西汉初期诸侯家族墓地）出土的帛画，是世界现存最早的导引图谱。每图式为一人像，男、女、老、幼均有，或着衣，或裸背，均为工笔彩绘。其术式除个别人像做器械运动外，多为徒手操练。其中涉及动物姿态与华佗的五禽戏相近。导引法作为我国古代医学上一种重要的治疗方法，从医疗意义上来说，它充分发挥、调动

《导引图》帛画复原图

《导引图》长100厘米、宽50厘米。1973年在长沙市马王堆三号墓出土。在这幅棕色绢上，用红、蓝、褐、黑色绘有44个不同姿势的男女，他们正在做导引术式，旁边写有该术式名称。这幅导引图形象地反映了古人与衰老、疾病做斗争的情景。

内在因素，积极地防病治病；从保健意义上来看，它可以锻炼身体，增强体质，保持朝气，焕发精神。

子午流注

子午流注是传统中医针灸法的一种操作规程。这种理论是说，人体内气血的周流出入，具有一定的时间规律，用针灸治疗时，要注意所刺激穴位的气血流行盛衰的情况，按照这个时间规律来取穴，则会起到显著的治疗效果；如果取穴不得法，则会对治疗起到反作用。

子午流注在我国历史悠久，其理论基础早在2000多年前的中医经典《黄帝内经》中就已奠定。在中华民族传统医学宝库中，是最具特色的宝贵理论之一。具体方法则形成于金元时期。该法是按照日时干支推算人体气血流注盛衰的时间，选取相应的五腧穴和原穴进行针灸治疗的方法，为中医时辰治疗学的内容。现代子午流注抗癌疗法也来源于此理论基础，因时、因病、因人、因地准确地调整患者气血，调理脏腑气血阴阳，在特定的时间内杀灭癌细胞，恢复患者血气运行的正常时间规律，以达到治疗疾病的目的。

正骨

正骨是古代医学诊治损伤的专科，是古代医学“十三科”之一，也称为伤科或骨伤科。所谓正骨是指用摸、接、端、提、按、摩、推、拿等手法治疗骨折、脱臼等损伤，也包括同类原因导致的内脏器损伤。

元代的《世医得效方》最早提到“正骨”这个名称，在官方医疗制度中还设有“正骨兼金镞科”。到唐代就有了关于开放性骨折和关节脱位的治疗方法。清代的《医宗金鉴》一书中，对正骨这门学问做了系统总结，写成“正骨八法”，包括：手摸心会、拔伸牵引、旋转屈伸、提按端挤、摇摆触碰、夹挤分骨、折顶回旋、按摩推拿。这些手法各具特点，比国外的同类方法要早600年，是我国中医学上宝贵的文化遗产。

中药店

老字号鹤年堂

中药店一般称为“堂”，这个称呼相传与“医圣”张仲景有关。张仲景，河南南阳人，生于东汉桓帝元嘉、永兴年间，死于建安末年。曾为长沙太守，有张长沙之称。张仲景年轻的时候就博览群书，尤其喜欢医书，其同乡何颙曾称赞他：“用思精而韵不高，后将为良医。”

当时朝政腐败，民不聊生，人民颠沛流离。全国各地相继暴发瘟疫，洛阳、南阳等地疫情严重：“家家有僵尸之痛，室室有号泣之哀。”其中伤寒病占到70%。张仲景立志改变这种现状，在《伤寒论》中他表达了自己的理想和抱负：“上以疗君亲之疾，下以救贫贱之厄，中以保身长全，以养其生。”

他刻苦钻研，认真研究了《素问》、《灵枢》、《难经》、《阴阳大论》、《胎胪药录》等古代医书，师从同宗张伯祖，尽得其真传，在医学上有很高的造诣。在长沙担任太守期间，当地疫病流行，他索性在官府大堂上给人看病，分文不取。在给病人开具的药方上，他经常在自己名字前加上“坐堂医生”几个字。

张仲景后来辞官隐居，潜心研究医学，终于写出传世医学巨著《伤寒杂病论》，被后人尊称为“医圣”。其人品和医学成就都是非常令人敬仰的，后代中医为了纪念他，也把自己开的药铺称为“堂”，时间长了就成了中药店的代名词。

行医的代名词

“悬壶济世”常用来比喻行医，古代还真有在自己诊所前“悬壶”的。那么为什么行医叫“悬壶济世”，医生为什么在自己诊所门面“悬壶”，而不是其他的东西呢？

传说历史上有个叫壶翁的隐士医生，他经常在自己诊治的地方悬挂一个壶作为行医的标识。姓名已不可考，也有人说他叫谢元，卖药从不讲价，所治过的病人都痊愈了。他甚至能事先说出病人痊愈的时间，没有不应验的。每天行医所得之钱达数万，但他都分给了贫民。

相传壶翁曾传费长房岐黄之术，据《后汉书·方术列传·费长房传》记载，费长房当时为市井小吏，他经常看到一个老翁在市场上卖药，悬挂一个壶作为标识。等到停市的时候，他就跳进壶里面，市人都没有看见，唯独费长房在楼上喝闷酒的时候偶然瞥见了。他料定此人绝非普通人，就带上酒礼前去拜访。老翁知道长房对他的神通感兴趣，就对他说："你明天来吧！"长房第二天去赴约，老翁请长房到壶中一游。只见里面异常富丽堂皇，有各种美酒和佳肴，二人饱饮后方出来。过了一段时间，壶翁又找到费长房说："我本神仙，因为犯了错才到你们这里卖药，现在事情完结，我也该回去了。你愿意和我一起走吗？如果不愿意的话，楼下准备了些酒，算是与你的告别。"长房听后，就想学道，随壶翁入深山，壶翁将一身技艺都传授给了他。长房学成后，回到家乡，能医百病，驱瘟疫，令人起死回生。

当然这只是神话传说，历史上是否真有"壶翁"尚待进一步考证。我们倾向于认为"壶翁"的存在，其人大概是东汉时期人，医术高明，"悬壶"是他诊病的标识。"壶"与"葫"同音，后世有人仿效，就在药铺门前悬挂药葫芦。久而久之，"悬壶济世"就成了行医的代名词。

医生的各种称呼

中医有很多别称，古代有"岐黄"、"杏林"等称呼，宋代以后人们又用"大夫"、"郎中"称呼医生。"大夫"、"郎中"本义指官名，为何用来称呼医生呢？

"大夫"，中国古代官职名，始于西周。当时朝中官员分卿、大夫、士三级，大夫能够世袭且有自己的封地。秦汉以后，中央要职有御史大夫，级别稍低的有谏议大夫、中大夫、光禄大夫等。唐宋尚有御史大夫及谏议大夫之官，至明清废。

"郎中"最初为皇帝的随从官员。战国时期开始设立，主要担任保卫、建议等职能。隋唐以后，国家实行三省六部制，各部下设司，各司长官即为"郎中"。其职能与战国秦汉有很大区别。据《明史》载，工部下设"营缮、虞衡、都水、屯田四清吏司，各郎中一人（正五品），员外郎一人（从五品），主事二人（从六品）"。

可见，这两个名称本来指官职，产生时间很早。那什么时候开始用"大夫"和"郎中"称呼医生的呢？医生最初的含义又是什么？

医生现泛指一切以行医为业的人，但最初却是指医科的学生，始见于《唐六典》："医生四十人。"唐朝学堂始开医科，招收学生。

宋朝医事制度和医学教育高度发展，掌管医疗事务的官员不断增多。当时，国家将翰林医官院的医官定为七级二十二种，如和安大夫、成和大夫、成全大夫、保安大夫等。由此，人们开始把医生称为“大夫”。五代以后，官职逐渐泛滥。人们为了表示对医生职业的尊敬，便称医生为“郎中”、“大夫”。

在使用地域上，存在一定的差别。“大夫”一般在北方地区使用，“郎中”在南方使用得更普遍些。从这里我们也可以看出，医生这个职业在古代是地位比较高的，曾有诗云：“不为良相，则为良医。”

定心丸

我们常说“定心丸”一词，比如“给某人吃了个定心丸”，意思是做了某事让对方感到放心和心情愉快，打消顾虑。但“定心丸”的本义是什么，它是一种药物吗？

历史上确有“定心丸”，这种中成药，在明朝时还是军中必备之物。古代战争，刀光剑影，伤员众多。很多人因为难以忍受病痛的折磨而死去，还有些人因过于紧张，容易情绪失控，尤其受伤后往往会表现出过度沮丧或歇斯底里。为了安抚伤员的情绪，帮助他们治疗，随军医生发明了“定心丸”。这种药物可以使伤员的情绪得到放松，安静下来。

据明朝末年茅元仪所辑的《武备志》记载，定心丸的配方为：“木香、硼砂、焰硝、甘草、沉香、雄黄、辰砂各等份，母丁洋减半。”其中的木香可解痉、抗菌；硼砂可解毒，防腐；焰硝可解毒消肿；沉香可治呕吐呃逆，胸腹胀痛；甘草可镇痛，抗惊烦；雄黄可治破伤风、惊痫；辰砂可治癫狂、惊悸、肿毒、疮疡。这几味药合炼为丸，功效可想而知。

现代也有“定心丸”，只是与古代成分存在差异。具有益气养血，宁心安神之效，用于心血不足，烦躁失眠，健忘怔忡，惊悸多梦。

可见，两种“定心丸”用途不同，其处方也不一样。最初的“定心丸”用于战争，除了“定心”外，还注重解毒、消肿和镇疼。现代药物“定心丸”则更强调宁神和静气，多用于失眠、健忘、烦躁、惊悸等症候。

蒙汗药

《水浒传》中梁山好汉个个身手不凡，但也经常使用蒙汗药来对付厉害的对手。“智取生辰纲”中，青面兽杨志等人正是被蒙汗药麻倒在地，一觉从日色当午直到二更方醒。那么古代是否真有能把人麻倒的蒙汗药，它的成分又是什么呢？

总结古代小说中关于蒙汗药的使用，大致有以下几个特点：一是药性很强，人服用后会迅速昏迷，经过一段时间方能苏醒。二是经常与酒水混合，以掩饰其颜色或苦味。三是都有解药，只要以冷水喷面或灌特制的药汤就可快速醒转。

根据以上特征，不难看出蒙汗药其实是一种麻醉剂。中国古代有华佗制“麻沸散”的记载。如《后汉书》：“乃令先以酒服麻沸散，既醉无所觉，跨破腹背，抽割积聚；若在肠胃，则断截前洗，除去疾秽。”可见，麻沸散的功效已经不是轻度麻醉那么简单了。李时珍的《本草纲目》中记载了一种印度传入的曼陀罗花，有辛味，有毒，可做麻醉药，割疮、炙火先服此药后，就不觉得痛苦。

曼陀罗花

曼陀罗花又叫洋金花，其主要成分为东莨菪碱、莨菪碱、阿斯托品。此三种成分在临床上都有麻醉致幻的作用，与小说中关于蒙汗药的描绘基本吻合。洋金花自身气味辛苦，所以要用酒来调和，掩盖其味道。同时酒精本身就有麻醉作用，与洋金花配合就不容易被迅速察觉。

《桂海虞衡志》载：“曼陀罗花，盗采花为末，置入饮食中，即皆醉也。据是，则蒙汗药非妄。”可见，中国古代的确存在蒙汗药。

铃医

“铃医”是中国古代民间走方医生的一种称呼，又叫“走方郎中”、“草泽医”。铃医自古就有，神医扁鹊和华佗都是走乡串户，为乡邻百姓治病。到了宋元时期，铃医开始盛行。

“铃医”名称的由来与江湖郎中的行为习惯有关。据说古时候铃医走方，一手持着铃铛摇动，一手举着自己的招牌，通常上面有“路顺堂”三个字和一些秘方、草药的名字。摇动铃铛是告诉乡邻谁家有了病人赶紧送出来诊治，“路顺堂”则来自古代对于药店的称呼。

铃医替人看病，多依据一些民间疗法和秘方，比如针灸、拔火罐、推拿之法，以及历代口传心授的秘方或单方。很多人只是稍微懂点医术，但对治疗某个方面的病症可能有独到之处。也有些铃医水平不高，就靠着一张嘴，靠卖药骗取钱财，因此又被称为“卖嘴郎中”，所以民间对于铃医的看法向来褒贬不一。

铃医是时代的产物。在封建社会，农村百姓很多看不起病，买不起药，又多是些跌打损伤、伤风感冒的小病症，这些病技术要求不高，于是铃医这种职业便应运而生。它的出现，满足了古代中国农村落后地区对于医疗和药物的需要，同时也使一些民间偏方和治疗手段得以传承。到了清代，名医赵学敏和铃医赵柏云合作编成《串雅内、外编》，对当时的民间医术方药经验进行了总结。赵学敏认为：“顶串诸术，操技最神，而奏效甚速。”“药物不取贵”，有“灵验”与“价廉”之特点。

从上面的分析来看，虽然大多数走方郎中医术不高，但有些偏方和药物却能起到出人意料的效果。所以把铃医都当成江湖骗子的做法也不可取的，否则，赵名医也不会把他所撰的民间方术命名为“串雅”了。

龙涎香

夜明砂、龙涎香都是传统中药的成分，名字听起来非常雅致。夜明砂让人联想起夜明珠、朱砂；龙涎香认让人以为是一种香料，点燃时香味四溢，比麝香还香。事实上，它们都来自动物粪便。

夜明砂，又名天鼠屎、鼠法、石肝、黑砂星、檐老鼠屎，为蝙蝠科动物蝙蝠、大管鼻蝠、大耳蝠，蹄蝠科动物大马蹄蝠及菊头蝠科动物马铁菊头蝠等的粪便。具有清热明目、散血消积、软坚散结之功效，主治青盲雀目、内外障翳、瘰疬、疳积、疟疾等症。

龙涎香，抹香鲸科动物抹香鲸肠内分泌物的干燥品，其味甘、气腥、性涩，具有行气活血、散结止痛、利水通淋、理气化痰等功效，用于治疗咳喘气逆、心腹疼痛等症。

关于龙涎香的发明，一说在中国汉代，渔民在海里捞到一些白色蜡状漂流物（成品龙涎香），从几千克到几十千克不等，有一股强烈的腥臭味，但干燥后却能发出持久的香气。当地的一些官员收购后作为宝物献给皇上，在宫廷里用作香料，或作为药物。由于谁也不知道它的来历，就请宫中的炼丹术士解释。他们认为这是海里的龙在睡觉时流出的口水凝固而成，因此叫它龙涎香。也有人认为中国早在殷商和周代就已经使用龙涎香了，当时人们把龙涎、麝香和植物香料混合后做成香囊，挂在床头或身上。另一说法认为龙涎香早在公元前18世纪就已经被发现了，古巴比伦、亚述和波斯的宗教仪式中所用的香料，除植物香料如肉桂、檀香、安息香等之外，就有龙涎香。虽然龙涎香发现很早，但人们一直搞不清楚它的来历。后来，沙特阿拉伯科特拉岛的渔民解开了这个谜题。原来，大乌贼和章鱼口中有坚韧的角质颚和舌齿，不容易消化，当抹香鲸吞食它们后，这些动物的颚和舌齿在抹香鲸的胃肠内积聚刺激肠道，肠道便分泌出一种特殊的蜡状物，将残核包裹起来，慢慢地就形成了龙涎香。

古人验尸

现代社会，有专门的法医进行“开棺验尸”的工作，然后出具尸检报告，据此进行侦查或提取证据。古代科学技术并不发达，但为了破案和获得证据有时也需要进行验尸。那么，古人是如何进行验尸的呢？

在长期的实践中，人们逐渐摸索出一套行之有效的验尸方法。在中国历代关于刑讼的著作中均有记载，如五代时和凝父子编撰的《疑狱集》、宋代郑克编撰的《折狱龟鉴》、宁代和桂万荣所著《棠阴比事》、清代胡文炳编撰的《折狱龟鉴补》等，其中尤以宋慈编撰的《洗冤集录》最著名。

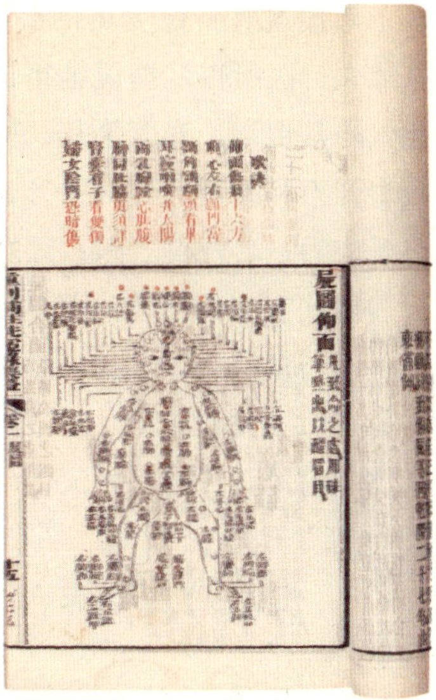
《洗冤集录》书影

古代司法人员验尸，会事先准备糟醋、葱、川椒、食盐、腊梅等。因为人死后一般皮肤会泛出青色，不容易辨认伤口。这时只要在可疑部分用水把皮肤洒湿，将葱白捣碎敷在伤口上，然后用纸蘸醋盖上约一个时辰，用水洗净，伤口则显现。如果尸体青黑，则用滴水法。水滴在伤口处，停滞不流；完好的皮肤较松软，水会自动流走。

检验尸伤或骨伤，如果看不到伤痕，先用糟醋洗敷全身，然后抬到露天处。对着太阳光用新油过的丝绸或雨伞看，就能发现伤口。阴雨天则燃起炭火，隔着照，有同样的效果。如果以上诸法都不奏效，则将白梅与葱、川椒、食盐和在一起捣碎，做成饼子放在火上炙烤。再用一张纸贴在要验看的地方，将白梅饼在上来回熨烙，伤痕就会显现出来。

法医学起源于西方，后来引入中国。而今，人们更多利用现代科学知识来进行尸检，并形成一个专门的学科分类，为案件的侦破起到了很好的帮助作用。

古代女医生

中国古代到底有没有女医生呢？有人答曰：“有，稳婆是也。”想想也是，接生婆也算妇科大夫了。那一般意义上的女医生有没有呢？答案当然是肯定的。只不过中国古代男尊女卑，一些中医师又规定传男不传女，所以女医生就比较少见了，但依然有女医生的故事流传了下来。她们医术精湛、救死扶伤，深受当时百姓的爱戴。

西汉时期，山西省复县有位叫义妁的女子，是中国历史上早期著名的女医生。她从小就对学医感兴趣，十几岁就上山采药，为乡亲邻居治病，积累了相当丰富的实践经验。有一次，村里来了一个腹部膨大的人，奄奄一息。义妁认真察看后，用针灸在他腹部和腿上扎了很多针，并喂他服中药。过了一段时间，病人肿块消退，竟奇迹般痊愈了。汉武帝知道后，就召义妁进宫，专为太后看病。义妁可以说是中国历史上一位了不起的女医生。

晋代葛洪是个著名的炼丹家，著有《抱朴子》一书。他的妻子鲍姑也是一位了不起的医学家，二人夫唱妇随，在深山老林炼丹采药。在岭南一带的罗浮山，二人经常为民治病，人们尊称她为“鲍仙姑”。据说《肘后备急方》为其与丈夫合著。在越秀山下，至今还有纪念她的“鲍姑艾”和“鲍姑祠”。

宋代也有一位著名的女医生，叫张小娘子。她的医术既不是来源于祖传，也不是随夫行医所得。据说她年轻的时候曾遇到一位云游郎中向其讨水喝，张小娘子一看此人皓首银髯，气度不凡，就赶紧让到屋里，好酒好菜招待。临去时，老人传授给她很多开刀和制膏的外科秘方，并赠他一本《痈疽异方》。后来张小娘子通过不断实践，终于成为一名外科名医，经她医治的疮疡痈肿病人都是药到病除。

明代有一位叫谈允贤的女名医，其父曾担任朝中侍郎之职，祖父母也精通医道，算是医药世家。她非常喜欢学医，祖母临终的时候把秘方和制药工具都传给了她。她在妇科方面非常有名，当时一些大家闺秀得了妇科病，碍于礼教不便医治，就去找她。她的《女医杂言》流传后世。

古代人体解剖

众所周知，现代医学解剖源于西方。中国古代中医理论一直是以内科为主，外科以治疗伤疮痔疣为主，很少有人从事过人体解剖。按儒家伦理，身体发肤受之父母，私自摘去谓之“不孝”，“凌迟”更是被看作最严厉的刑罚，所以很少进行人体解剖，但并非没有。

据《汉书·外戚传》记载，16年，王莽活捉了政敌王孙庆。“使太医、尚方与巧屠共刳剥之，量度五脏，以竹筳导其脉，知所始终，云可以治病。”这次解剖手段极其残忍，参加解剖者有太医、尚方官员和熟练的屠夫，研究的项目是内脏的大小和相对位置以及血管的分布和循环规律。这种解剖的确可以在一定程度上获得“治病”的科学根据，但从人性角度上看，则应该受到谴责。

《晁氏读书志》上记载了宋徽宗崇宁年间的一件事：“泗州刑贼弃市，郡守李夷行遣医家并画工往，亲决肤，摘膏肓，曲折图之，尽得纤悉。介校以古书，无少异者，比欧希范‘五脏图’过之远矣！实有益医家也。”

可见，中国古代是进行过人体解剖的，但主要是针对一些罪犯。近代解剖学则源于意大利的维萨里，他于1543年出版《人体的构造》一书。其中详细描述了人体的骨骼、肌肉、血管和神经的自然形态和分布等内容，是生物学发展史上的一个里程碑。

何首乌

何首乌是传统中药名。据《本草纲目》载，何首乌，“一名野苗，二名交藤，三名夜合，四名地精，五名何首乌。本出顺州，江南诸道皆有。性温，味苦涩。苦补肾，温补肝，湿能收敛精气。养血益肝，固精益肾，健筋骨，乌髭发，为滋补良药，不寒不燥，功在地黄、天门冬诸药之上”。

关于何首乌名称的来历，向来说法颇多。一说认为春秋时有个叫“何公”的国君，因服食此药后头发变黑，故名“何首乌”。还有传说来自汉武帝时深山的一个野人，其本是秦始皇时人，因避抓壮丁而逃进深山，以一种长藤植物根茎为食。后来，他被进深山采药的一对师徒发现。当时他黑发齐腰，黑髯齐胸，双目炯炯有神。采药老者看到该人头发乌黑亮丽，就把那人所食药材取名“合首乌”，后讹传为“何首乌”。

何首乌

最流行的说法与一个叫何田儿的人有关。他是顺州南河县人，喜欢喝酒，天生性功能障碍，所以直到58岁还未娶妻生子。有一天晚上，何田儿喝得酩酊大醉回家，倒在路上便睡着了。等到醒来的时候，看到田里有两棵树藤缠绕在一起，交会后分开，然后又缠在一起。他感到很奇怪，就挖了根回去问村里人这种植物的名字。大家也不知道，有个同乡就开玩笑说：“你这么老了都还没有孩子，这个藤如此神奇，能够交合，这可是神药，你何不吃吃看？”

何田儿就把带回的树根研成末，用酒服下。这样过了两年，何田儿的所有旧病都好了，人也变得年轻了。他一共有19个子女，一直活到160多岁才去世。子女们也都服食此藤，皆长寿多子。乡亲们感到非常惊奇，就向何田儿的孙子何首乌讨要，以至于人们一见到何首乌就想起“交合藤”来。时间长了，人们就用何首乌来代指这种神奇的药物。

何首乌具有很高的医用和保健价值，具有促进造血、增强免疫功能、降血脂和抗动脉粥样硬化等功能，而且能够润肠通便，调节内分泌，滋补养颜和延缓衰老。

种痘

“天花”是一种急性传染病，现已被消灭。这种病最早可追溯到古埃及法老拉美西斯五世等人的木乃伊上，据说其脸上的疤痕就是天花所致。天花在人类历史上曾造成大量人口死亡。法国国王路易十五、英国女王玛丽二世、德皇约瑟夫一世、俄皇彼得二世等，都是因感染天花而死的。整个18世纪，欧洲死于天花的人数达1亿以上。

1795年，英国人琴纳率先发现牛痘术。他发现挤牛奶的妇女得过牛痘后就不会再生天花了。琴纳由此得到启发，认为可能是牛痘对天花产生了抗体。于是他从一个正患牛痘的挤奶女孩手上，沾了一些痘浆接种在一个8岁的未患天花的男孩手臂上，接种部位生了一个典型的牛痘。6周后琴纳再给这个男孩接种天花痘浆，结果这个男孩安然无恙，说明他对天花有免疫力。经过反复实验，琴纳最终发明了牛痘术。

牛痘术后来传入中国，由于安全方便，被广泛采用。但在之前包括欧洲在内，一直采用的是中国的“人痘术”。包括琴纳本人小时候也接种过人痘。那什么是“人痘术”呢，它最早又产生于何时？

据清代朱纯嘏《痘疹定论》记载，宋真宗时，宰相王旦一连生了几个孩子都死于天花。幼子王素出生后，为避免重蹈覆辙，专门聘请了峨眉山人称神医的道人为其接种人痘。种痘7天后，幼子便发烧出痘，12天便结疤。后来王素没患天花，活了67岁。峨眉山道人的这种人痘法被世代继承传播。《重修湖州府志》记述，清初雍正时有人目睹痘医胡美用此法施术。

种痘有很多种方法。早期是痘衣和痘浆法：痘衣法是把害天花小孩的内衣，拿给另一小孩穿上，这个小孩便会染上天花。这种方法最为原始，危险性很高。痘浆法采取痘疮的泡浆，用棉花蘸染后，塞进被接种者的鼻孔，这也是直接感染，危险性最大。后来又发明了旱苗法和水苗法：旱苗法是把痘痂研细，用银质的小管吹入被接种的鼻孔，这种方法较为安全，效果也相对可靠。水苗法则是把痘痂研细并用水调匀，用棉花蘸染塞入被接种者的鼻孔，此法更为安全，效果也优于旱苗法。

后来又发明了“熟苗”，其本质是一种减毒的疫苗，已经发生了质的改变。欧洲中世纪天花流行，中国的人痘术又是当时最领先的医术，所以，人痘术先后流传到俄罗斯、朝鲜、日本等国，又经过俄罗斯传到土耳其及欧洲。

五毒

关于“五毒”，历来说法不一。有人认为“五毒”就是5种社会丑恶现象：骗、赌、帮、烟、娼。还有人认为“五毒”是古代的五种酷刑：鞭、捶、灼、徽、缧。佛教中“贪、嗔、痴、慢、疑”这5种情绪也被称为“五毒”，认为众生只有勘破这五毒之“障”，方可修成正果。

民间传说普遍认为“五毒”就是5种毒物：青蛇、蜈蚣、蝎子、壁虎、蟾蜍，也有把蜈蚣换成蜘蛛的。以前过端午节有驱“五毒”的习俗。民谣说：“端午节，天气热，五毒醒，不安宁。”于是民间多以红纸印画五种毒物，再用五根针刺于五毒之上，寓意毒物已经被杀死，这是一种古老的辟邪巫术遗俗。还有在衣饰上绣制五毒，在饼

唐代《五脏六腑图》插图

上印五毒图案，或用彩色纸把五毒剪成图像（剪纸），以避诸毒。

相对科学的说法，“五毒”是指石胆、丹砂、雄黄、石、慈石5种有毒的矿物。古代常用这5种药材混合后来治疗外伤。如《周礼·天官》说：“凡疗伤，以五毒攻之。”丹砂主身体五脏百病，雄黄主鼠瘘，慈石主周痹风湿。其制作方法是把这五种药材置在坩埚之中，连续加热三天三夜，之后产生的粉末，即是“五毒”的成药。

“五毒”的成药有剧毒，但传统中医理论认为，以毒攻毒可收奇效，因此它又是疗毒和外伤的良药。现在使用的“五毒”多为贬义，形容那些违法乱纪、无恶不作的人。

医学界的代称

“杏林中人”指从事医学事业的人，“杏林之家”常用来形容一家人医术都很高。那为什么把医学界叫“杏林”呢？据说这与东汉末年的神医董奉有关，语出自《神仙传》：“奉居山不种田，日为人治病，亦不取钱。重病愈者，使栽杏五株，轻者一株。如此数年，计得十万余株，郁然成林。”

董奉是东汉著名的医学家，与当时谯郡的华佗、南阳的张仲景并称“建安三神医”。他早年学医，信奉道教，民间流传着很多他治病救人的故事。交州太守杜燮（一说吴士燮）病危，僵死已经三天。董奉恰好路过，用水替他服下三粒丸药。不一会儿，病人手脚就可以动了，肤色也渐渐缓和过来，一天后即能坐起，四天后可以说话，不久完全康复。有一个县令的女儿得了怪病，多方请求名医无效，请董奉医治后就好了，于是县令便把女儿嫁给他为妻。

董奉晚年隐居庐山，替人治病从来不收取钱财，只要求治愈的重症患者栽杏树五株，轻的栽一株，四乡闻讯赶来治疗的人络绎不绝。时间长了，整个庐山南坡都栽满了杏树。等到杏子成熟的时候，董奉就把杏子分给贫穷人家或流离失所的饥民，要不就储藏起来，卖了钱赈济灾民。据说有老虎主动前来镇守杏林，以防不肖之徒偷吃，这便是“虎守杏林”的典故。董奉深受老百姓爱戴，他死后人们修建了杏坛、真人坛、报仙坛来纪念他。

董奉的高超医学技术和高尚的品德是值得后人学习的。后来，人们常用“杏林”来代指医学界，用“杏林春暖”和“誉满杏林”来比喻那些像董奉一样具有高尚医德的医生。

灵芝

灵芝为传统名贵中药，味苦，但有香味，又名灵芝草、菌灵芝、木灵芝、三秀、瑞草、仙草等，具有防病治病、益寿延年的功效。据中国第一部药物学专著《神农本草经》记载：“灵芝有紫、赤、青、黄、白、黑六种。”常见为紫芝和赤芝，颜色不

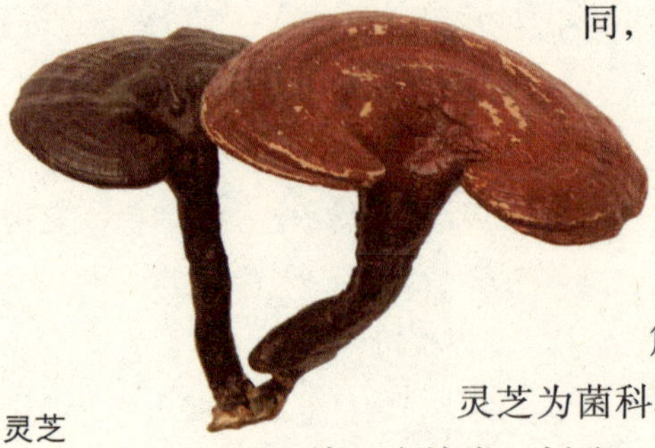

灵芝

同，功能和主治也存在差异。青芝，明目，补肝，安神，增强记忆力。赤芝，解胸胃郁结，补中益气，使人神志清明。黄芝，益脾胃，安神。白芝，止咳益肺，安神，亦增强体力。黑芝，利水道，益肾气。紫芝坚筋骨，利关节，疗虚劳。

灵芝为菌科植物，主要含麦角甾醇、有机酸、氨基葡萄糖、多糖类、树脂、甘露醇和多糖醇等，又含生物碱、内酯、香豆精、水溶性蛋白质和多种酶类。灵芝广泛分布在亚洲、大洋洲、非洲及美洲的热带及亚热带，少数分布于温带。中国地跨热带至寒温带，灵芝科种类多且分布广。

灵芝能够治疗多种疾病，《神农本草经》把灵芝列为上品，并举出其许多功效。现代医学证明，灵芝可以治疗慢性支气管炎、支气管哮喘、冠心病、心律失常、病毒性肝炎、神经衰弱、糖尿病等疾病，并有抗过敏的作用。

由于灵芝可以治疗多种疾病，又具有很好的医疗保健功能，食之可祛病养颜、延年益寿，所以被称为“仙草”。

稳婆

稳婆是旧时民间以替人接生为业的人，一般为中年妇女，又叫“隐婆”、“产婆”、“收生婆”、“接生婆”、“老娘婆”等。“稳婆”一词的来源，最早见于蒋一葵所著《长安客话》:“每年都要选收生婆多名，以备官府选用。”

“稳婆”作为一种职业，最早形成于东汉时期。唐宋时期，稳婆已非常普遍。由于官方选拔稳婆既要求良好的体质，还要求有良好的容貌，所以称稳婆，含有稳定、顺利、母子平安等含义。从事稳婆行当的人一般在门前都挂有“快马轻车，×氏收生”的招牌，意思是说送子娘娘马快车轻，收生婆眼明手快。

稳婆职业的兴盛，与中国传统伦理观念十分密切。在中国古代，生儿育女、传宗接代是头等大事，“不孝有三，无后为大”就是讲传递香火的重要性。无论帝王将相还是平民百姓，都非常重视分娩和胎儿的顺利生产。在分娩前期，稳婆就被早早地请来，早早做好准备。接生的时候，门窗紧闭，任何人都不能随便进出。

稳婆一般随身携带刀、剪之物。如果婴儿顺利生产，就剪除脐带，收拾胞衣，并用清水洗净后穿好衣服，向主人家报喜。如果遇到难产、横生、倒产等情况，就很考验稳婆的技术和水平了。

总之，稳婆类似于现在的妇科医生。在没有现代医疗技术条件的情况下，中国民间一直有稳婆职业的存在。其存在有利于胎儿的顺利分娩，在历史上的作用值得肯定。

文学

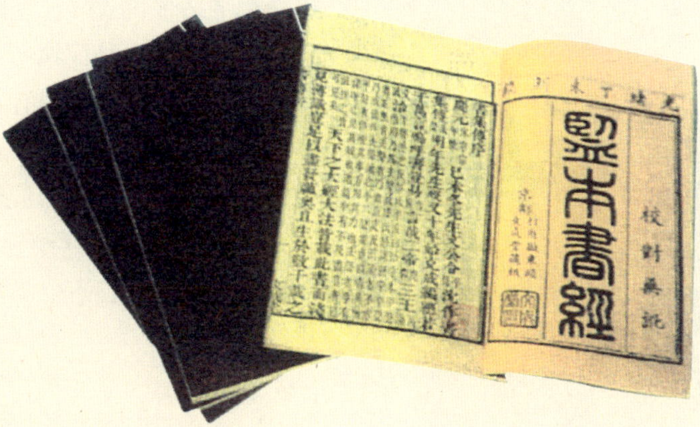

古代文体

神话传说

神话传说是在人类探索世界以及人类来源的过程中形成的一种文学式样。它题材广泛、内容丰富、形式多样，是人类关于文学最早的艺术创作。最初，人类将很多没有办法解释的现象归结为神灵掌控。一些笃信神话传说的人便将神话传说演变为一种信仰，并在此基础上，形成了一种特殊的文化形式。神话故事大都采取真实与虚构相结合的手法，以神、鬼、仙、妖、龙、凤等形象为故事主角，结合客观存在的人、事、物，加以丰富绮丽的想象，看似荒诞离奇，却或多或少与客观存在有着千丝万缕的联系。

对中国文明影响较为深远的神话传说有盘古开天、女娲造人等天地神创、人类神造神话传说式样，这类神话传说体现了人类对未知奥秘探索与自由幻想。在民间，较流行的神话传说有八仙过海、牛郎织女等人修炼成仙的神话式样，这种神话是以社会现实为底本，借助人仙角色的转变，寄予人类渴望摆脱现实枷锁的愿望。神话传说是人类在不自觉的过程中，加工

伏羲女娲图　唐

伏羲与女娲是中国古代神话中人类的始祖，传说人类是由这对兄妹结合产生的。这件出土于新疆吐鲁番的墓幡由绢制成，悬挂在墓室的顶部。图中伏羲女娲人首蛇身，以手相抱，伏羲执矩，女娲擎规，以示天地方圆。画面满布圆点代表天宇星辰，上部绘着内有三足乌的太阳，下部绘着内有玉兔、桂树、蟾蜍的月亮，表现了人类始祖遨游于日月苍穹间的情景。早期人们认为，文学起源于人类对自然和社会生活的模仿。

创作出来的，具有很高的美学价值以及历史文化价值，对于后世研究早期的人类社会具有重要的意义。这种文学式样的存在，直接推动了文化创作的产生，其虚构的艺术手法、浪漫主义的创作方法都对后世的文学创作有深远的影响。

诗

诗是我国古代文学的大宗，也是正统。最早的诗歌是与音乐舞蹈一体的，所以《尚书·舜典》说“诗言志，歌永言”。《国语》也说“诗所以合意，歌所以咏诗也”。

作为一种有韵律的文体，诗会随着节奏韵律的变化而生成不同的诗体，而诗体通常会与诗句的字数和句式相关，所以，就有了四言诗、五言诗、七言诗以及包含各种句式的杂言诗。先秦时期，我国主要的诗歌形式是以《诗经》为代表的四言诗。两汉时期，五言诗和七言诗发展起来，并成为魏晋以后的主要流行体式。南朝时期，人们发现了四声，诗歌创作开始按照音调来遣词造句，以求读来铿锵悦耳。于是，格式严整的近体诗发展起来，到隋唐时期逐渐成熟，并推动诗歌创作进入黄金时代。

作为独特的文学样式，诗歌的主要特征有 4 个，一是饱含丰富的想象力和情感，这是诗歌最基本、最显著的特征；二是集中反映社会生活；三是节奏鲜明、语言凝练、音调和谐，这是诗歌形式上最大的特征；四是不以句子为单位，而以行为单位。

楚辞

楚辞和《诗经》一样构成了中国诗歌的源头，出现于战国时期的楚国，具有浓郁的地域文化色彩，是继《诗经》之后出现的另一种韵文形式，古称南风、南音。

它是在楚国民歌的基础上经过加工、提炼而发展起来的，既是楚文化自身发展的产物，又是楚文化与中原文化融合的产物。由于楚国地处南方，所以楚文化始终保持着强烈的自身特征，充满了奇异瑰丽的浪漫色彩。楚辞多用长短句，章法多变，充满了奇异的想象，常常取材于楚国的神话、传说、

湘君湘夫人图

鬼神、山水等，充满了浪漫色彩。楚辞是用楚国方言来吟唱的，隋唐以后楚音失传。楚辞的代表诗人是屈原，他的代表作是《离骚》，同时也是我国古代最长的一首抒情诗，所以楚辞又被称为“骚”或“骚体”。除了屈原外，楚辞的代表人物还有宋玉、景差等。楚辞在中国诗史上占有重要的地位，开创了我国诗歌的浪漫主义流派。它打破了《诗经》以后两三个世纪的沉寂，因此后人将《诗经》与楚辞并称为风、骚。

乐府诗

乐府诗是指汉朝的音乐管理部门——乐府搜集整理的汉朝诗歌。汉武帝时，乐府除了组织文人创作朝廷所用的诗歌外，还广泛搜集各地的民歌。据《汉书 · 艺文志》记载，西汉时乐府采集的民歌共有 138 篇，但流传至今的只有三四十篇，加上东汉民歌和文人的作品，现存汉乐府有 100 多篇。当时没有一部专门收集乐府的书籍，乐府诗散见于《汉书》、《后汉书》、《文选》和南朝《玉台新咏》等书。宋朝时，郭茂倩编的《乐府诗集》将其全部收录。

汉代的乐府诗，最大的特色是可以配乐演唱。后来，由于乐府音乐失传，乐府诗便演化为一种独立的诗体。魏晋以后的乐府诗，除了题名之外，已经和汉代乐府没有什么关系了。另外，乐府诗的句式杂乱，四言、五言、六言、七言、八言乃至杂言，种类繁多。有时，即便是同一题目，句式也不相同。

《乐府诗集》是根据音乐类别将汉乐府分为四类，其中《郊庙歌辞》是西汉文人为宗庙祭祀作的乐歌;《鼓吹曲辞》、《相和歌辞》和《杂曲歌辞》基本上都是西汉民歌。《杂曲歌辞》收录的文人作品中有一些出自东汉。从内容上看，乐府诗包罗万象，有的反映富贵人家奢侈豪华的生活，如《鸡鸣》、《相逢行》、《长安有狭斜行》等；也有反映底层人民饥寒交迫的悲惨生活，如《东门行》、《妇病行》、《孤儿行》等；以爱情为题材的乐府诗占很大比重，代表作有《孔雀东南飞》、《上邪》、《有所思》等。乐府诗受《诗经》和《楚辞》的影响很深，并对后世的诗歌创作有深刻影响，在文学史上占有重要地位。

南北朝民歌

民歌是一种活泼自由的诗体。我国南北朝时期，不论是南方还是北方，民歌都走向繁荣，并对后世的诗歌创作产生深远影响。

南朝的民歌大部分保存在宋朝郭茂倩所编的《乐府诗集 · 清商曲辞》里，主要分为吴歌与西曲两类。吴歌共 326 首，产生的地点以建业（今江苏南京）一带为中心，时间是东晋与刘宋两代。西曲共 142 首，产生于荆州（今湖北江陵）一带，时代约为宋、齐、梁三代。

南朝民歌绝大部分都是情歌，反映青年男女之间坚贞的爱情，倾诉了婚姻不自由、男女不平等所造成的不幸。它的主要特点是：形式短小，大多是五言四句；抒怀深情宛曲，多用双关隐语；语言清新、自然、朴素，词语不雕琢；多采用对歌形式。代表作有《子夜歌》、《拔蒲》、《西洲曲》等。

北朝民歌主要保存在《乐府诗集·横吹曲辞》和《梁鼓角横吹曲》中，大约有70首。北方民歌原来大部分是北方少数民族的歌曲，后来翻译成汉语，也有一部分是直接用汉语创作的。北方民歌反映了北方社会生活的各个方面，或书写混战给人民带来的沉重灾难，或反映了残酷的阶级剥削和贫富悬殊，或赞美北方民族的尚武精神和壮丽的北国风光，也有一些反映羁旅之思和爱情婚姻的作品。北方民歌五言四句的形式较多，但也有七言四句。语言平实，质朴无华，粗犷率直，直抒胸臆，刚健豪放。代表作有《木兰诗》。

《木兰诗》图

《木兰诗》是北朝民歌中最杰出的代表。

古体诗

古体诗也叫古风，是区别于唐代以后兴起的格律诗的一种古典诗体。古体诗从形式上分，有四言古体、五言古体、六言古体、七言古体、乐府体（也叫杂体）等。四言古体的特点是通篇以四言为主（一句4个字），五言古体通篇以五言为主（一句5个字）、六言古体和七言古体以此类推，乐府体则每一句的字数不限。

与格律诗比起来，古体诗不讲究平仄，对押韵的要求也很宽松。在一首古体诗中，作者可以根据自己的需要随意转韵，因此通常在一首古体诗中可能会有不同的韵脚，很少出现一个韵脚贯穿到底的情况。此外，古体诗不但每一句字数没有限定，就是整篇的句数也不限定。古体诗不像格律诗那样对仗工整、句式新颖，但更讲求立意。

虽然古体诗对押韵没有限制，但还是有一些规律可循：在意思转折处转韵。当叙述的内容有所变化时，往往会转为其他韵部来押韵，这样一来便使得整篇诗的层次更加分明，语气也得到了加强。作者在叙述中要表示令人兴奋的感情时，往往会使用平声韵；当要表达悲怨、愤怒的感情时，往往使用仄声韵。与格律诗（格律诗除了首句入韵以外，奇数句是不能押韵的）比起来，古体诗不但偶数句可以押韵，奇数句也可以押韵。

近体诗

隋唐时期，人们将周、秦、汉、魏形式比较自由、不受格律束缚的诗体称为“古体诗”。近体诗是与古体诗相对，流行于齐梁以后的一种诗体，又称今体诗或格律诗。它根据汉语一字一音，音讲声调的特点和诗歌对音乐美、形式美、精炼美的特殊要求而产生，分为绝句（五言四句、七言四句）和律诗（五言八句、七言八句）。其中律诗还包括排律，即十句以上的律诗。它以律诗的格律为基准，讲究平仄、对仗和押韵。其基本要求主要包含有3点：除首尾两联外，中间两联一定要对仗，一般绝句不受这个要求束缚；必须讲究平仄，其平仄分布规律可以总结为“句内相间，联内相对，联间相粘”；律诗是平起还是仄起，是平收还是仄收，都要看第一句第二字和该句末一字，其特点通常是一韵到底。近体诗在中国诗歌史上有着重要的地位，是唐代以后最主要的一种诗体。

唐代是近体诗发展的黄金时代，唐代以诗歌成就彪炳千古。其发展可以分为几个阶段：初唐是唐诗繁荣的准备阶段，诗歌的内容从宫廷台阁开始转向关山大漠，诗人也从帝王贵族的文学侍从扩大到一般的文人。初唐的代表诗人是“初唐四杰”——王勃、杨炯、卢照邻和骆宾王。盛唐时期，诗歌出现了全盛局面，出现了以王维、孟浩然为代表的山水田园派诗人，以高适、岑参、王昌龄、王之涣为代表的边塞诗人，其中最著名的是李白。中唐时期，社会矛盾激化，盛唐气象不再，这一时期的代表诗人是杜甫和大历十大才子。杜甫的诗表现了战乱给人民带来的苦难，被称为“诗史”。大历十大才子的诗歌华美雅丽，偏重技巧，风格柔靡。晚唐时期，人们的生活走向平庸，感情趋于细腻，诗歌创作又出现了一个新高潮。代表人物有李商隐和杜牧。宋朝以后，近体诗继续发展，但成就已经无法与唐朝相比。

词

词是曲子词的简称，也称“长短句”、“填词”等，是承袭汉、魏乐府遗风，并受少数民族音乐影响而形成的一种文学体裁，盛行于北宋和南宋。

按字数分，词可以分为3类：58字以下的（包括58字）为小令，91字以上（包括91字）的为长调，介于两者之间的为中调。按阕分类，词可以分为单调（一阕），如李清照《如梦令》；双调（二阕）；三叠（三阕），如《兰陵王》；四叠（四阕），如吴文英《莺啼序》。最初的词都是配合音乐来歌唱的，有的按照词来制定曲调，有的依照旧有的曲调来填词，每个曲调都有一个名称叫调牌，调牌一般按照词的内容

“无可奈何花落去，似曾相识燕归来”词意图　明　尤求

尤求，字子求，号凤丘，长洲人，移居太仓。工写山水，兼人物，学刘松年、钱舜举而精妙不及。兼长仕女，继仇英以名世，尤擅白描。此画为仕女倚柳远思，杨柳依依，燕子双飞，池沼之中，彩鸳戏水。其笔墨或工整，或粗放，或干枯，或滋润，设色或青绿，或浅绛，艳而不俗，淡而不薄，足见作者多方面的才能。

而定。后来人们依据固有的曲调来填词，这些用来填词的曲调叫作词牌，词的内容和曲调、词牌并没有必然的联系。现存词牌共有400多种，有的词牌有好几个不同的称谓，用得较多的词牌名如“西江月”、“菩萨蛮”、“浣溪沙”、“沁园春”、“水调歌头”等。

和诗不同，词在句式和声韵上有许多突破和特点。首先在句式上有如下特点：第一，词的句式从一字句到十一字句不等，所以又称“长短句”，使用频率最高的是四、五、六、七字句。第二，词的开头一般都有领字，一字领的有“任、待、乍、莫、怕……”，二字领的有“恰似、谁料、只今、那堪、试问……”，三字领的有“最无端、君莫问、君不见……”。第三，词句中常常有叠字和叠句，叠字如“错错错，莫莫莫”、“寻寻觅觅、冷冷清清”等，叠句如“归去，归去”、“罗衣宽一半，罗衣宽一半”等。第四，词句中常用到虚词，如“耳、矣、也……”其次，除了只在文中最紧要处（如转折和结尾处等）比较讲究押韵外，一般情况下，词对平仄押韵没有严格的要求。此外，词虽然也有对仗，但没有具体的规定，相连两个句子只要字数相同就可以构成对仗，而且对仗不讲究平仄，也不避同字。

曲

金朝和元朝时期，中国产生一种带有曲调、可以演唱的抒情诗体，叫作曲。其中，在北方地区流行的叫北曲，在南方流行的叫南曲。曲是南曲和北曲的统称，我们这里所说的曲，主要是指散曲。

散曲包括小令和套数两种基本类型：小令又叫“叶儿”，主要是指独立的一支曲子，字数比较少。除了单支曲子这种形式外，散曲还包括重头小令。重头小令是一种联章体（即组曲），通常由同题同调的数支小令组成，最多可达百支，用来合咏同一个事物或分别吟咏数件联系紧密的事物，以此来加强艺术感染力。例如，张可久的〔中吕·卖花声〕《四时乐兴》，以四支同题同调的小令分别吟咏春、夏、秋、冬，构成一支内容相连的组曲。联章体中的小令虽然都同题同调，首尾句法相同，内容相连，但每首小令可以单独成韵，仍然是完整独立的小令形态。

套数又叫“散套”、“套曲”、“大令”，它由同一宫调的若干支曲子相连而成，每个曲子同押一部韵，在结尾处还有尾声。套曲的字数比较多，篇幅较长，适合表达比较复杂的内容，表现手法既可以叙事，也可以抒情，还可以叙事和抒情兼而有之。

散曲虽然是继诗、词之后出现的新诗体，但作为一种独立的体裁，它具有不同于传统诗、词的独特的艺术个性和表现手法，主要表现在3个方面。1. 它大量运用衬字，使得句式更加灵活多变，艺术感染力更强。例如，关汉卿的套数《不伏老》中，“我是一粒铜豌豆”一句，因增加了衬字而变成了“我是个蒸不烂煮不熟捶不扁炒不爆响当当的一粒铜豌豆”，这样一来，就将“铜豌豆”泼辣豪放的性格表现得淋漓尽致。2. 大量运用口语，使语言俗化。散曲中虽然也不乏典雅的一面，但更倾向于以俗为美。它大量运用俗语、少数民族的语言、戏谑调侃的语言、唠叨琐屑的语言、方言、谜语等，生活气息非常浓厚。 3 . 感情表达更加酣畅淋漓，含义更加坦率直白。

文

诗与文是中国古代文学中的两大基本类别，都是文学之正宗。南北朝时期，《文选》和《文心雕龙》中，把一切文体都视为“文”，这里的“文”是广义的概念。但是后来，人们逐步将诗歌类文体从“文”中独立出来，形成“诗文”并立的分类方法，这里的“文”便是狭义的概念。故而，除去诗、词、曲之外的所有文章形式，都是“文”，其中最有价值的是先秦诸子之文，以及隋唐以后的“古文”。

从最早的《尚书》、《周易》等书可知，文可以有韵，也可以无韵；可以讲平仄，也可以不讲平仄。隋唐以后，文学界通常把有韵的叫作“骈文”，无韵的叫作“古文”。古文另一种分类方法是按功能划分，其中最具代表性的是清代文学家姚鼐在《古文辞类纂》中的划分，其中说：“其类十三，曰：论辩类，序跋类，奏议类，书说类，赠序类，诏令类，传状类，碑志类，杂记类，箴铭类，颂赞类，辞赋类，哀祭类。”显然，这种文体划分标准便是古人所说的“为用”，即按文章的功能划分。

赋

赋是在汉代兴盛的一种兼有韵文和散文的重要文体，有大赋和小赋之分。大赋多写宫廷的盛况和帝王的生活，小赋多数是抒情作品。

赋这种文体出现在战国时期，儒学大师荀子曾作《赋篇》，这意味着“赋”作为独立文体开始出现。此后，屈原、宋玉等人以这样的文体进行文学创作，后人把他们的作品称为“屈原赋”或“宋玉赋”。

阿房宫图

赋的繁荣是在汉朝。汉赋的发展经历了四个时期。一是创始期，这时期枚乘的《七发》既奠定了汉代大赋的基础，也开创了辞赋中的“七”体，基本上形成了汉赋的体制。二是全盛期，重要的代表作家是司马相如，其主要代表作有《子虚赋》、《上林赋》，此外，东方朔、枚皋等人的成就也突出，这时期汉赋的基本形式和格调已经确立。三是摹拟期，重要的代表作家有班固，其代表作《京都赋》，此外还有扬雄等，这一时期的体制和风格有所变化，反映社会黑暗、讥讽时事、抒情咏物的短篇小赋开始兴起。四是转变期，小赋盛行，内容已由描写宫殿和游猎盛况转为抒发个人情怀，表现手法以由叙述转为议论说理为主，篇幅上由长篇转为短篇。这一时期最重要的代表作家是张衡，其代表作《二京赋》成为汉代散体大赋的绝响。

汉赋的特点是：内容多写京都的繁华和帝王的游乐，以此来粉饰太平，歌功颂德；文章前有序言，正文韵、散结合，其中散文用于记叙，韵文用于描写，韵脚根据需要经常转换，语言多用四六字句，且极力铺陈，喜欢堆砌生僻字词和形容词，篇幅较长，情节通常由假设的两个人以一问一答的方式来展开。汉赋，尤其是大赋，尽管在内容和艺术有着许多缺点，但仍然在文学史上有着一定的地位。它丰富了文学词汇，在锤炼词句和描写技巧等方面也都取得了一定的成就，此外，它促进了文学观念的形成。

骈文

骈文是魏晋以后产生的一种文体，又称“骈体文”、“骈俪文”、“骈偶文”。因常用四字、六字句，也称“四六文”或“骈四俪六”。

它是与散文相对而言的，特点是以四六句式为主，讲究对仗，句式两两相对，好像两匹马并驾齐驱，所以被称为骈体。在声韵上，讲究对仗的工整和声律的铿锵；在修辞上，注重形式，喜欢用华丽的辞藻和用典。骈文因为形式，常常束缚内容的表达，但如果运用得好，能增强文章的艺术效果。

南北朝是骈文发展的全盛时期，其中有很多骈文内容深刻。如鲍照的《芜城赋》，通过广陵昔盛今衰的对比，揭露和谴责了统治阶级的骄奢淫逸，抒发了世间万物和人生变化无常的感慨。孔稚的《北山移文》辛辣地讽刺了人在江湖、心在庙堂的假隐士们的表面清高、内心功利的心理。流亡北方的庾信在《哀江南赋》中描写了自己的身世，谴责了梁朝君臣的昏庸无能给人民带来的沉重灾难，表达了对故国的怀念。

唐朝以后，骈文的形式日益完善，出现了通篇四、六句式的骈文。直至清末，骈文仍很流行。

古文

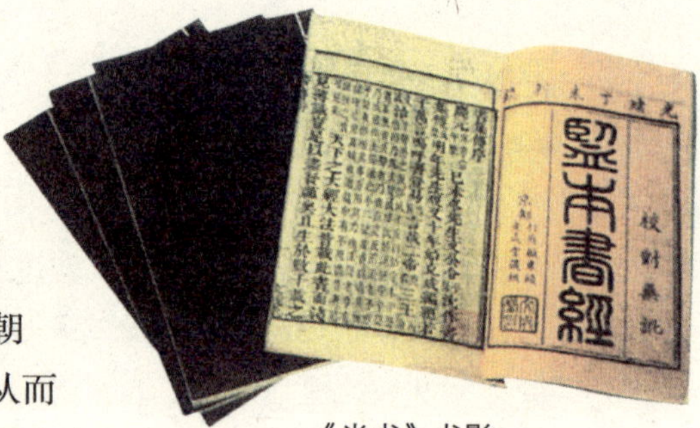

《尚书》书影

古文是与骈文相对而言的一种文体，其奇句单行、不讲对偶声律，是一种散体文。先秦两汉的散文，以散行单句为主，不受格式拘束，质朴自由，有利于反映现实生活、表达思想。而魏晋南北朝以来，骈文盛行，堆砌辞藻，言之无物，从而流于浮华。早在北朝时期，苏绰便站出来反对骈文，倡导学习先秦文章，仿《尚书》文体作《大诰》，被当时的人称为“古文”。到中唐时期，这种变革文风的努力经韩愈、柳宗元等人的大力提倡，形成一场声势浩大的古文运动。这场漫长的古文运动，结束了骈文的统治，使古文成为唐朝以后各朝的主流文体。韩愈、柳宗元主张恢复先秦散文内容充实、长短自由、朴质流畅的传统，提倡“文以载道”，反对六朝空洞浮荡的文风。他们既是理论的倡导者，也是实践者，韩柳二人创作出大量清新流畅、形式自由、思想充实的散文，引领时代风潮，吸引了大批追随者。这种名为复古，实际包含革新精神的变革，为宋朝的大文学家欧阳修、苏轼、王安石等人继承和发扬，并最终扭转了古文的发展方向，对后世产生了深远的影响。

八股文

八股文又叫制艺、制义、时艺、时文（相对于古文而言）、八比文等，是明清科举考试所采用的一种专门文体。它要求文章必须有四段对偶排比的文字，共有八股，所以称为八股文。“股”是对偶的意思。

它的特点主要有：1. 题目必须用“五经”、“四书”中的原文。2. 内容必须以程朱学派的注释为准。3. 体裁结构有固定的格式，全文分为破题、承题、起讲、入手、起股、中股、后股、束股（大结）八部分。另外，八股文的字数也有规定。明初制度：乡试、会试，要求用“五经”义一道，字数500，“四书”义一道，字数300。清朝康熙时要求550字，乾隆要求700字。八股文通常禁用诗赋中夸张华丽的词语，不许引证古史，不许比喻。在明清两代，八股文成为所有官私学校的必修课。不会写八股文，就无法通过科举考试，也就无法做官。明清时期许多有识之士对八股文深恶痛绝，所以八股文最终被废弃，也是历史的必然。

明代小品文

西湖美景

张岱《西湖梦寻》描述了西湖的美景。

小品文是一种寓有抒情意味和讽刺性的短小散文。它起源于秦汉，盛行于晚明。明朝万历年间，以三袁为首的“公安派”反对当时文坛上的复古运动，提倡“性灵说”，主张书写身边事，心中情，短小隽奇，活泼自由的散文，这类散文被称为小品文。小品文题材广泛，有的描写风景，有的杂记琐事，“并非全是吟风弄月。其中有不平，有讽刺，有攻击，有破坏”。小品文的兴盛，不仅是散文发展的结果，也是“公安”、“竟陵”等文学流派进行文学革新的产物。它的主要作家有三袁、张岱、徐宏祖、王思任、祁彪佳等。

晚明小品文作家中取得成就最高的是张岱。他的作品吸取了“公安”和“竟陵”两派之长，语言清新简洁，形象生动，描写细致，风格自然清丽，题材广泛，内容包括风景名胜、戏曲杂技、世情风俗等，堪称晚明社会生活的画卷。他的散文集有《陶庵梦忆》、《琅环文集》、《西湖梦寻》等。明朝小品文和唐诗、宋词、元曲一样，成为一代文学成就的标志。

小说

小说是一种文体名称，追溯小说的历史渊源，应该是先秦的“说”。战国时期的“说”，具有一定的故事性，而西汉刘向所辑的《说苑》，可以视为中国最早的小说集。

在汉代，小说作为一种文体得到社会认可，并且也存在“小说家”这一职业。

汉代著名学者桓谭说："若其小说家，合丛残小语，近取譬论，以作短书，治身理家有可观之辞。"班固不仅把"小说家"列为九流十家之一，还认为小说是"盖出于稗官，街谈巷语、道听途说者之所造"，认为小说乃是小知、小道，也就是说，小说的形式短小，内容贴近生活。与现代人的小说观念不同，古代的小说作者和读者，都把小说当成实录，而非虚构的故事。即便是荒诞不经的志怪小说，古人也是把其中内容当真的。

古代的小说，种类驳杂，很难用现在的小说概念来概括。关于小说的归类，古人有把它列为史部的，也有把它列入子部的，但基本上都把它视为"稗官为史之支流"，把它看作历史的附庸。明代胡应麟在《少室山房笔丛》中将小说分为"志怪、传奇、杂录、丛谈、辨订、箴规"6大类。前三类勉强可以称得上小说，后三类则乖离甚远。

总之，古代的小说重在记述故事，这些故事有虚构的，也有真实的；篇幅或长或短，结构不甚讲究；目的在于传奇、感化或警世。

变文

变文是把佛教经文转变为通俗易懂的故事的一种文体，盛行于唐代。变文的特点是韵文和散文相结合，韵文用来吟唱，散文用来说白，说白和吟唱转换时，通常有一个常用的过渡语做提示，如"……处若为陈说"，"……时有言语"等。

变文的内容按照题材分，主要有4大类。一是宣传佛教故事的变文，如《八相变》、《破魔变文》、《降魔变文》等。这类变文是通过一边讲一边唱以故事的形式来宣传佛教的基本教义，它与讲经文不同，不是直接对着经文照本宣科，而是选取佛经故事中最精彩的部分加以渲染发挥，较少受经文的限制。二是讲历史故事的变文，如《伍子胥变文》、《李陵变文》、《王昭君变文》等。这类变文大多选取一个历史人物，再撷取逸闻趣事和民间传说加以铺陈，多寄托了对故国眷恋和乡土思念之情，所以在内忧外患的晚唐非常盛行。三是讲民间传说的变文，如《刘家太子变文》、《舜子至孝变文》等。这类变文虽假托了某位历史人物，但所讲的故事并没有任何历史依据。四是取材于当时社会上的重大事件和人物的变文，如《张淮深变文》、《张议潮变文》等。这类变文大多是民间艺人通过说唱的形式，热情讴歌了英雄人物英勇抵御外族侵扰的英雄事迹。

唐传奇

唐传奇指的是唐代流行的文言小说，唐传奇的出现标志着中国文言小说进入成熟阶段。唐传奇的发展经历了3个阶段：

第一阶段是初唐、盛唐时期的发展期。这一时期还处于从六朝志怪小说向传奇转变时期，不仅数量少，而且艺术成就也不高，但已经有了一些新的发展迹象。这一时期的

风尘三侠　年画

代表作是《梁四公记》和《游仙窟》。

第二阶段是中唐兴盛期。这一时期许多文人都投身于传奇的创作，借用诗歌、散文、辞赋等其他文学题材的艺术表现技巧，极大提高了传奇的地位，扩大了传奇的影响。这一时期曾参与创作传奇的有元稹、白居易、白行简、陈鸿、李绅、韩愈、柳宗元，代表作家有元稹、白行简、蒋防，代表作分别为《莺莺传》、《李娃传》、《霍小玉传》。现存的中唐时期的传奇有近40种，涉及爱情、历史、政治、神仙、豪侠等方面，历史题材的有《长恨歌传》，还有一些借梦幻、寓言讽刺社会的作品，如《枕中记》、《南柯太守传》等。其中以爱情为题材的作品成就最高，代表作有《离魂记》、《任氏传》、《柳毅传》等，

第三阶段是晚唐衰退期。这一时期传奇虽然衰退，但仍出现了很多优秀的作家和作品，如袁郊的《甘泽谣》、皇甫枚的《三水小牍》、薛用弱的《集异记》、李复言的《续玄怪录》等。这一时期传奇最主要的特点就是以豪侠为内容的作品大量涌现，代表作有《聂隐娘传》、《昆仑奴》、《虬髯客传》等。

唐传奇的篇幅一般都不长，短的只有几百字，长的也不超过一万字，大部分保存在宋朝所编的《太平广记》中。

笔记小说

笔记小说是一种带有散文化倾向的小说创作形式，它兼有“笔记”和“小说”特征。它起源很早，在先秦时期就已经出现了一些片段，中间又经过汉晋唐宋，到了明清时期开始繁荣。魏晋时期的笔记小说有干宝的《搜神记》、刘义庆的《世说新语》，唐宋时期的笔记小说有李昉的《太平广记》，明清时期的笔记小说有蒲松龄的《聊斋志异》和纪晓岚的《阅微草堂笔记》。最早提到“笔记小说”之名的是宋朝史绳祖的《学斋占毕》。

从内容上分，笔记小说可以分为志怪小说和逸事小说两大类型。志怪小说有《搜神记》、《聊斋志异》、《阅微草堂笔记》；逸事小说有《世说新语》等。

笔记小说吸取了民间文学的丰富营养，故事情节、人物都是虚构、夸张、变形的，却从整体和宏观上高度反映了生活的本质。今保存下来的笔记小说大约有3000种，是我国一笔巨大的文化遗产。

六朝志怪和志人小说

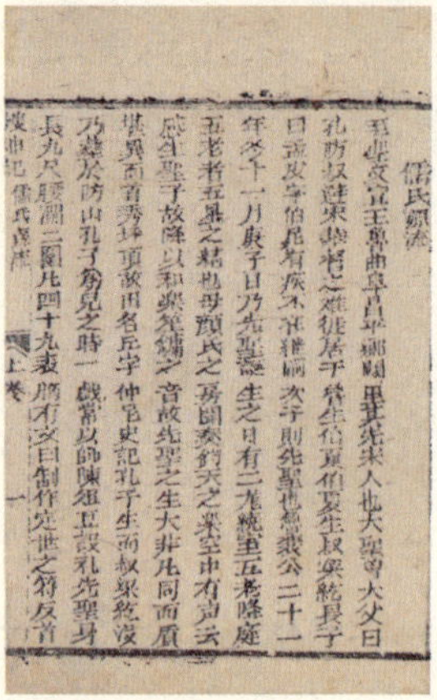

《搜神记》书影

六朝时期的小说主要分为志怪和志人两大类。志怪写的是神仙方术、妖魔鬼怪等，志人则记录的是一些名人的闲闻逸事。

志怪小说盛行的根本原因是当时各类宗教思想盛行，由此产生了许多神仙方术、佛法灵异的故事，成为志怪小说的素材，甚至有些志怪小说的作者就是佛教徒。志怪小说主要可以分为三类：1. 地理博物，如《神异经》、《博物志》。2. 鬼神怪异，如《列异传》、《搜神记》。3. 佛法灵异，如《冥祥记》、《冤魂志》。

魏晋南北朝志怪小说的代表作是干宝的《搜神记》、张华的《博物志》、王嘉的《拾遗记》、吴均的《续齐谐记》等，其中名篇有《三王墓》、《韩凭妻》、《弘氏》、《董永》等。

志人小说的兴盛和当时士人之间崇尚清谈和品评人物的风气有很大关系。志人小说也可以分为三类：1. 笑话。代表作有邯郸淳的《笑林》。2. 野史。东晋的道士葛洪委托刘歆所著的《西京杂记》，记述西汉的人物逸事，带有怪异色彩。3. 逸闻逸事。这是志人小说的主要部分，作品最多，有裴启《语林》、郭澄子《郭子》、沈约《俗说》、殷芸《小说》、刘义庆《世说新语》等，其中刘义庆的《世说新语》成就最大，影响最广，是志人小说的代表作。

六朝小说的篇幅都非常短小，叙事也很简单，一般只有故事梗概，没有想象、描写等艺术加工，还不是成熟的小说。但它为后世的小说提供了丰富的写作经验和素材，是中国小说史上不可缺少的一环。

话本小说

宋元话本小说是在说唱文学的基础上发展起来的。宋代都市繁荣，经济发达，市民阶层不断发展壮大，市井文化兴旺。其中有一种叫“说话”（即说书）的技艺，深受人们喜爱。说话人讲故事的底本就叫“话本”，下层文人将话本润色加工，刻印出版，就成了话本小说。

话本小说的内容主要有“小说”、“讲史”、“合生”和“讲经”4 种，在这 4 种中又以“小说”和“讲史”最受欢迎。“小说”就是短篇白话小说，其中爱情故事和公案故事最受欢迎。爱情故事又往往突出女性对爱情的主动追求，如《碾玉观音》、《闹樊楼多情周胜仙》。在礼法森严的封建社会，男女之间自由恋爱是一种对礼法的挑战、追求自由的大胆行动，这些故事有反封建的积极意义。宋元时代，政治黑暗，官吏腐败，产生了大量的公案故事，表现了人民对现状的强烈不满、对保护自身生存权利的深切渴望和对清明政治的期盼。其中的代表作有《错斩崔宁》、《简帖和尚》、《三现身包龙图断冤》等。讲史又称评话，主要讲的是前朝的盛衰灭亡。代表作有《三国志平话》、《武王伐纣平话》、《五代史平话》等。

宋元话本小说有一定的体制，大体由入话（头回）、正话、结尾三部分构成。入话常以一首或几首诗词“起兴”，与故事的发生地点或故事的主人公相联系，以吸引听众。正话，是话本的主体，故事情节曲折，人物形象鲜明，细节丰富。正话之后，常常以一首诗或以“话本说彻，权做散场”之类套话作结。

宋元话本小说的语言是口语化的语言，与文言文形成了显著区别，中间夹杂着大量的俚语和市井口语，生动明快，深受人民欢迎。

宋元话本小说对后代的通俗小说、戏剧、曲艺等都产生了很大的影响。《水浒》、《金瓶梅》、《西游记》等都是沿着这个方向演进的。

章回小说

章回小说是中国古典小说的重要形式，它是在宋元话本的基础上发展起来的。从话本到章回小说，这个过程经历了从萌芽到成熟的漫长时期。话本中有一类讲述历代兴亡和战争的故事，由于历史故事通常篇幅很长，说书人不能从头到尾一次讲完，必须连续讲许多次，每讲一次就相当于章回小说中的“一回”。每次讲之前，说书人必须要用一个概括性的题目向听众揭示主要内容，这就是章回小说中“回目”的起源。

元末明初时，出现了一批章回小说，如《三国志通俗演义》、《水浒传》等。这些小说比起话本中的讲史故事有了很大的发展，其中的人物和故事的核心虽然还是历史的，但内容更多是由后人虚构的。而且篇幅更长，分成若干卷，每卷又分成若干节，每节前面还有一个目录。明代中叶以后，章回小说的发展已经趋于成熟，出现了《西游记》、《金瓶梅》等伟大著作。其故事情节更加复杂，描写更加细腻，内容已经脱离了“讲史”，只是体裁上还保留着“讲史”的痕迹。这时章回小说已经不分节了，而是分成许多回。进入清朝以来，章回小说达于繁盛，题材除了明朝的讲史、神魔、人情三大类以外，又加入了讽刺、武侠、谴责、狭邪等题材。此时最著名的章回力作有：《红楼梦》、《儒林外史》、《三侠五义》、《儿女英雄传》、《官场现形记》、《二十年目睹之怪现状》、《老残游记》、《镜花缘》等。

比起现代的小说来，章回小说具有独特的形式和特点。1. 它继承了话本的形式：正文前面都有一个“楔子”来引入正文；文中经常使用“话说”、“且说”、“看官”等字眼；文中经常穿插一些诗词和韵文。2. 分回目。章回小说根据故事情节的发展分成若干回，每回有一个标题，每回的正文只围绕一个中心内容讲述。3. 制造悬念气氛。每回开头以及故事之间的衔接处，总是使用“话说”、“且说”做过渡，每回结尾处，往往以“欲知后事如何，且听下回分解”做结语，以此勾起读者的阅读欲望。

神魔小说

西游记图册　清

神魔小说是明清之际的一种小说体裁，又称志怪小说。明代中期以后，通俗小说主要分作两类，一类讲述现实世情，一类讲神怪斗争，鲁迅在《中国小说史略》中将后者命名为神魔小说。神魔小说同样起源于宋元之际的平话，第一本神魔小说《西游记》便是吴承恩在宋元平话的基础上加工整理而成的。因此书风行一时，获巨大成功，其后作家纷纷效仿，产生了《封神演义》、《东游记》、《三宝太监西洋记》、《镜花缘》等众多神魔小说。这类小说一般是依托历史事件，或依托流行的神怪故事，也有少数是文人纯粹凭想象写出来的，如《镜花缘》。神魔小说大多没有复杂的思想和严肃的主题，主要着力讲述神魔鬼怪之间的斗争，有很强的娱乐性，即使有一些讽喻现实的意图，普通读者也因为被故事所吸引而很难领会。总体上，除《西游记》、《镜花缘》等少数经典，大多神魔小说写得比较粗糙，缺乏艺术创造。

世情小说

世情小说是明清时期的一种小说。世情小说因写世态人情，也称“人情小说”。世情小说的出现，是我国小说史上的重大转变，关于此，也可以借助中国第一本世情小说《金瓶梅》来说明。首先，《金瓶梅》乃是第一本不再依托于以前的民间艺人的集体创作，而是由文人独立构思并创作的一本小说，这标志着小说真正成为一门独立的艺术。其次，《金瓶梅》乃是第一本将目光从帝王将相、才子佳人身上转移到普通人身上来的小说，其开创了中国小说的现实主义传统，使得小说艺术的思想性得到大大提高。《金瓶梅》的这两个特征基本代表了世情小说的特征。《金瓶梅》之后，世情小说得到迅速发展，成为通俗小说的一大主潮。明清两代的世情小说，或主要写情爱婚姻，或主要叙家庭纠纷，或广阔地描绘社会生活，或专注于讥刺儒林、官场、青楼，内容丰富，色彩斑斓。世情小说产生了一大批经典之作，如《三言二拍》、《儒林外史》、《官场现形记》、《红楼梦》等。

才子佳人小说

才子佳人小说是流行于明末清初的一类小说。因中国自古流行“文人政治”，不同于西方女性眼中理想的男人是尚武的“白马王子”，中国女性理想的男人在很长时间里一直都是尚文的“才子”。直到现代产生“郎才女貌”的说法后，这个“才”才不再局限于文学才能。因此，中国古人拥有浓厚的“才子佳人”情结。元杂剧《西厢记》和《牡丹亭》之所以千古流行，一些批评家认为是因为其“反封建”，而实际上恐怕与人们的“才子佳人”情结有关。明末清初，历史演义和神魔小说流行风刮过之后，才子佳人小说开始登上流行舞台。《双美奇缘》、《好逑传》、《玉娇梨》、《平山冷燕》等大批才子佳人小说相继诞生。这种小说基本上都有一个固定的套路，先是一个落魄才子巧遇一个家境优裕的佳人，这佳人慧眼识珠，与之一见倾心，两人彼此赠诗，并私订终身。其间也总有一个“坏人”从中作梗，几经曲折，最终才子金榜题名，皇帝赐婚，有情人终成眷属。对于这种死板的套路，曹雪芹曾在《红楼梦》中借那块“补天石”之口讽刺其“千人一面，千部一腔”。并且这类小说的语言也往往比较蹩脚。尽管如此，可能因人们天性对美好爱情的向往，对这类书却十分青睐。清代人曾评选过“十才子书”，其中一半都属于才子佳人小说。

《西厢记·惊梦》插图　清　任薰

公案小说

公案小说的主要内容就是狱讼，它是中国近代小说的一个流派。清末，产生了大量的公案小说，风靡一时，比较著名的有《施公案》、《彭公案》等。后来公案小说又与侠义小说合流，形成侠义公案小说。

先秦两汉法律文献中的案例与史书中的清官循吏的传记以及魏晋南北朝志怪小

说中的神鬼与狱讼故事，可以看作是公案小说的萌芽。晚唐五代的笔记（传奇）小说中的公案故事，表明公案小说已经成形。宋朝时期，公案作品便大量产生，艺术上也日趋完美，标志着公案小说已经成熟。在众多的公案小说中，最为脍炙人口的，首推《龙图公案》(《包公案》)，其次是《施公案》、《彭公案》。《龙图公案》主要讲的是清官包拯，辅以众侠士;《施公案》以施仕纶为主，辅以黄天霸;《彭公案》以彭鹏（彭玉麟）为主，辅以黄三泰、欧阳德。

公案小说的主要思想倾向是：赞扬忠臣清官，铲除奸恶，匡扶社稷，宣扬“尽忠”思想，鼓吹“奴才”哲学和变节行为。

诗话与词话

诗话和词话指的是对诗词的评论，是一种文学理论。我国古代对文学的评论出现得很早。如《西京杂记》中记载的关于司马相如论作赋，扬雄评论司马相如的赋、《世说新语·文学》中关于谢安评论《诗经》的诗句、《南齐书·文学传论》中对王粲、曹植、鲍照等人的诗歌的评论，都可以看作是早期的文学评论和诗话。

《苏幕遮》诗意图

唐朝时期的诗人写了大量的论诗诗，如杜甫的《戏为六绝句》等，李白、白居易等人的论诗诗，以及当时的《诗式》、《诗格》，都是诗话的雏形。诗话正式出现是在宋朝，第一部诗话是欧阳修的《六一诗话》。现存的宋人诗话共有130多种。早期诗话的内容多为谈论诗人诗作的一些琐事，很少触及诗歌的创作或理论问题。直到张戒的《岁寒堂诗话》等，才开始讨论诗歌创作和理论问题，对后世产生了重大影响。明清时期，诗话数量更多、成就更高。

在诗话出现的同时，词话也随之出现，并逐渐发展起来。比较著名的词话有况周颐的《蕙风词话》、陈廷焯的《白雨斋词话》、王国维的《人间词话》等。

谴责小说

谴责小说是中国旧小说的一个流派。晚清时期，经过中日甲午战争失败、戊戌变法失败、八国联军入侵等一系列巨大的变故，内忧外患日益严重，社会更加黑暗，政治更加腐败，一些小说家们对社会现状深为不满，口诛笔伐，写了大量讽刺社会黑暗面和抨击时政的小说。鲁迅在《中国小说史略》中将这类小说的特点概括为“揭发伏藏，显其弊恶，而于时政，严加纠弹，或更扩充，并及风俗”，将它们称为“谴责小说”。

比较著名的谴责小说有李宝嘉的《官场现形记》、吴趼人的《二十年目睹之怪现状》、刘鹗的《老残游记》和曾朴的《孽海花》。这类小说的题材和内容，涉及社会生活的各个方面，如官场、商界、华工、女界、战争等，其中写官场最为普遍。

为了适应报刊连载的需要，谴责小说缺乏完整的构思和写作时间，因此结构不够严密，没有贯穿始终的中心人物，多是许多短篇联缀成的长篇。在表现手法上，作者有时为了迎合读者求一时之快的心理，往往描写得言过其实，缺乏含蓄，它所反映出的只是一种变形的社会形态。

评点

评点是古人研读文章的一种重要方法，也是中国古代文学批评的常用形式。评点时，评论者在阅读文本，把握文本整体与局部关系的基础上，对文章的内容以及写作方法等方面，进行评论分析。作为阅读者的阅读笔录，评点通常具有一定的对话性，这种对话是读者与文本、与作者、与文本的其他读者之间的对话。评点被标注在不同的位置，其称呼也不同。一般，标注在书眉上的评点被称为“眉批”；在内文中下评语的叫“行批”；在文末下评语的叫“总批”。

文学流派

建安风骨

建安七子图

建安是东汉汉献帝的年号。建安时期的文学作品以风骨遒劲、刚健有力、鲜明爽朗著称，被称为“建安风骨”。建安文学的作家有三曹（曹操、曹丕、曹植）和“建安七子”（王粲、孔融、陈琳、徐幹、应玚、阮瑀、刘桢）等。三曹是当时的文坛领袖，成就最高。

建安诗人经过汉末的大动乱，他们的诗歌的特点是因事而发，具有鲜明的时代特征，悲壮慷慨，或感伤离乱，或悲悯人民，或慨叹人生，或强烈希望建功立业。曹植是曹操的第三子，建安文学的集大成者。他的诗将抒情和叙事有机结合起来，既描写了复杂的事件，又描写了曲折的心理变化，代表作有《白马篇》、《赠白马王彪》、《洛神赋》等。王粲是“建安七子”中成就最高的诗人，他的《七哀诗》以亲身体验的事实为题材，具体描写了汉末战乱给国家、人民造成的深重苦难。

建安文学是文学史上的一个辉煌的时代，它独特的文学风格成为后世文学所推崇和效法的典范。

玄言诗

玄言诗是一种以玄学为旨趣的诗歌。魏晋之际，因政治黑暗，名士动辄遭戮，文人多脱儒入道，寄情于老庄玄学。流风所及，在诗坛也形成了玄言诗派，其特点便是以诗的形式来演绎老庄的人生哲理。如竹林七贤之一的嵇康的“……目送归鸿，手挥五弦。俯仰自得，游心太玄”，可以说是玄言诗的雏形。典型的玄言诗形成于西晋末年，并盛行于东晋，其代表诗人为孙绰、许询、谢安、王羲之等人。其中孙绰的《秋月》乃是玄言诗中的佳作：“疏林积凉风，虚岫结凝霄。湛露洒庭林，密叶辞荣条。抚叶悲先落，攀松羡后凋。”当年王羲之等人在兰亭举行一次千古盛会，除了留下那篇千古传诵的《兰亭序》外，还留下了一组典型的玄言诗。如王羲之的次子王凝之诗曰：“庄浪濠津，巢步颖湄。冥心真寄，千载同归。”另外谢安、许询等也当场作有玄言诗作。总体上，除少数玄言诗能够熔情景于一炉，别有一番玄趣之外，大部分玄言诗往往“理过其辞，淡乎寡味”（《诗品序》），艺术成就不高。东晋后期，玄言诗便逐渐消失，不过在其后的山水、田园诗中仍留有余韵。

田园诗

以描绘田园风光，反映农村生活，展示隐逸情怀为风格的诗歌流派。中国田园诗派的鼻祖是东晋诗人陶渊明。

陶渊明出身贵族，但到他这一代，已经家道中落。出身高贵的他，再加上当时道家玄学的熏陶，不能容忍官场黑暗与庸俗，辞官归隐。归隐之时，他创作《归去来辞》，后又创作了《归园田居》、《移居》、《怀古田舍》等一批田园诗。诸如“采菊东篱下，悠然见南山”之类的诗句，充分表现了诗人对功名利禄的鄙视，对黑暗官场的极端憎恶和与之彻底决裂的决心，表达了诗人对淳朴的田园生活的热爱，对劳动人民的友好感情和对理想世界的追求与向往，从而开创田园诗派。

陶渊明的诗，诗风平淡自然，备受后人推崇，影响深远。到了唐朝，陶渊明的诗风为孟浩然、王维等人继承，并形成田园诗派。比如，孟浩然《过故人庄》中，“绿树村边合，青山郭外斜。开轩面场圃，把酒话桑麻”，质朴无华，浑然天成，清淡优美，清晰地体现了陶诗风格。由于士大夫与农民的天然疏离，反映隐逸志趣的诗作不少，但像陶诗这么亲切的并不多。发展到宋代，范成大成为田园诗的旗帜，把田园诗推向又一个高峰。

山水诗

在《诗经》和《楚辞》中就已经出现了许多描写山水景物的诗句，但那只是作为衬托或比兴的媒介，不是一种独立的题材。中国文学史上第一首山水诗是曹操的《观沧海》。到了魏晋南北朝时期，山水诗开始繁荣起来。

魏晋时期，尤其是南渡之后，社会动荡，政治黑暗，玄学盛行。很多士大夫逃避现实，以山水为乐土，在山水间过着优哉游哉的生活，从中寻找人生的哲理与乐趣。

溪山春晓图卷　北宋　惠崇

在山水诗产生和发展的过程中，谢灵运对当时和后世影响最大。

谢灵运出身南朝士族，才华横溢，但仕途坎坷。为了摆脱烦恼，谢灵运常常四处游览，寄情于山水。他的山水诗一般先写出游，再写见闻，最后谈玄或发感慨，犹如一篇游记。他的诗句工整精练，意境清新自然，其中不少佳句都经过一番苦心琢磨和精心雕琢，每首诗犹如一幅赏心悦目的山水画。谢灵运的山水诗极大地开拓了诗的境界，确立了山水诗的地位，从此山水诗成为中国诗歌的一个重要流派。

南北朝时期的谢朓、何逊也是有名的山水诗人，他们与谢灵运一道，把山水诗推向成熟。到了唐朝，山水诗蔚为大观，李白、王维、孟浩然、杜甫等都是山水诗高手，他们以卓越的诗才，为后人留下大量的山水诗佳作。

宫体诗

宫体诗产生于南朝梁陈之际，影响直到初唐。这种以描写女性美和宫廷生活为主要内容的诗歌，是当时统治阶级荒淫腐朽生活在文学上的反映，情调流于轻艳，诗风比较柔靡。

自古以来，中国不乏描绘女性美的诗歌，但是，到了齐梁时候，部分作家对男女之情开始进行露骨的描绘，出现了“艳情诗”。梁简文帝萧纲酷爱文学，做太子的时候，在东宫聚集一大批文士诗人，专写男女之情，极力吟咏女人的体态、睡态、肌肤或女人的衣着用具等，还有假托女子的口吻写伤春、杜撰思妇对塞外征人的相思之情。这些诗作刻画精细，韵律流畅，缠绵婉转，形成一个鲜明的诗歌流派。不仅如此，萧纲更是命文士徐陵收集古今艳诗，汇编成《玉台新咏》，引导宫体诗的创作。

他本人更是宣称，“立身先须谨慎，文章且须放荡”，公然鼓吹“轻靡绮艳”的诗风，极大促进了宫体诗的发展。宫体诗虽然还有一些咏物诗，但都有宫廷、宫女的影子，无法跳出宫廷范围。

宫体诗的主要诗人有萧纲、萧绎，以及他们的侍从文人徐摛、庾肩吾、徐陵等，另外还有陈后主及其侍从文人。代表作有萧纲的《咏内人昼眠》、《美人晨妆》等。

在宫体诗中，五言八句和四句的形式逐渐得到确认，对仗日益工稳，声韵更加和谐，它在艺术形式方面的积累，对于唐诗的发展起到了很大的推动作用。

边塞诗

边塞诗指的是唐代以描绘边塞风光、反映戍边将士生活的诗歌。它起源于汉魏六朝，到盛唐全面成熟，形成了边塞诗派。该派代表诗人有高适、岑参、王昌龄、李颀等。比较著名的边塞诗有高适的《燕歌行》、岑参的《走马川行奉送出师西征》、王昌龄的《出塞》等。唐代的边塞诗可以分为初、盛、中、晚4个时期。由于国力强弱和对外战争中的胜负不同，初、盛唐边塞诗中多抒发昂扬奋发、立功边塞的情怀，中唐前期尚有盛唐余响，中唐后期和晚唐只有对昔日盛况的追慕和对现实凄凉的哀叹。边塞诗不仅描绘了壮阔苍凉、绚丽多彩的边塞风光，而且抒写了投笔从戎的豪情壮志以及征人离妇的思想感情。对战争的态度，有歌颂、有批评，也有诅咒和谴责，思想上往往达到一定高度。边塞诗情辞慷慨、意境雄浑，多采用七言歌行和七言绝句的形式。

持戈骑兵画像砖　唐

边塞诗人主要分为两类：有边塞生活经历和军旅生活体验的诗人和利用间接的材料，翻新一些乐府旧题进行新创作的诗人。前者的诗作中更贴近边塞生活，艺术特色也更鲜明，成就也较高。

新乐府运动

新乐府运动是出现于中唐时期的新诗潮。西汉设置乐府，掌宫廷和朝会音乐。由乐府采集和创作的诗歌称为“乐府”。起初乐府诗大部分采自民间，具有通俗易懂、反映现实和可以入乐几个特点。不过六朝之际及唐初，乐府诗基本上成了文人“嘲风雪，弄花草”的诗体。鉴于此，杜甫参照乐府诗的格式，写了《兵车行》、《哀江头》等针砭现实的名篇，此为新乐府诗的发端。其后，元结、韦应物、戴叔伦等人也有新乐府题作。到唐宪宗时期，张籍、王建、元稹、白居易等人彼此唱和，将新乐府运动推向了高潮。尤其元稹、白居易作为当时的才子，有大量新乐府诗作，影响巨大。白居易还提出了“文章合为时而著，歌诗合为事而作”的一整套理论，并首次使用了“新乐府”一词，故被视为新乐府运动的代表人物。新乐府诗作不再像前人那样借助乐府旧题，而是自创新题，按照乐府诗格式创作反映现实的诗作，所以又称“新题乐府”。如李绅的《悯农》诗：“春种一粒粟，秋收万颗子。四海无闲田，农夫犹饿死。”便是典型的新乐府诗作。新乐府对当时政治及后世诗歌艺术均产生重大影响。

简单地说，新乐府诗使文学担负起了新闻媒介的作用，某种程度上也是对文学本身的损伤，但在当时来说意义是积极的。

花间派

花间派是晚唐五代时期的一个词派。五代十国时期，中原成了群雄逐鹿的猎场，而蜀中地区却相对稳定，经济繁荣，许多文人纷纷避难于此。前后偏安于西蜀的两个小政权自度无力量统一天下，便干脆沉湎于独立王国的安闲之中，歌舞升平，自得其乐。在这种背景下，以娱乐为主的词便流行起来。后蜀宫廷文人赵崇祚选录唐末五代词人18家作品500首编成《花间集》，其中除温庭筠、皇甫松、和凝、孙光宪外，其余全部是蜀中文人。这些人的词风大体相近，多写男女艳情、离愁别恨，婉转低回，香艳柔软，类似于六朝时期的“艳诗”。后世将集中

南唐文会图　北宋　佚名

这幅图描绘了南唐后主李煜和三位文士在庭院聚会的情形。院前有荷塘，院后有芭蕉，左右有丛竹老树，环境清幽，富有自然的意趣。李煜振笔疾书，其他三人静静围观，奴婢则直立以待。李煜的艺术才能是多方面的，他的书法崇尚瘦硬，骨力遒劲，人称“铁钩锁”、“金错刀”、“撮襟书”。

所选词人及其他有类似词风的词人称为“花间派”。

花间派的代表作家是温庭筠和韦庄，其中，温词香艳华美，韦词则疏淡明秀，两人也代表了花间派的两种主要风格。总体上，花间派词作的文字富艳精工，艺术成就较高，但在思想上格调不高，尤其是一些笔触描写男女燕私时十分露骨，极不符合孔老夫子的“诗言志”的诗教，被后世骂作是“桑间濮上之音”（即黄色歌曲）。正因为此，对于北宋的欧阳修、晏殊等正统文人偶有的一些花间词作，后世读者竟不相信是出于他们之手，而猜测是别人的伪作。

西昆体

西昆体是中国北宋初年一个追求辞藻华美、对仗工整的诗歌流派。宋真宗景德二年（1055 年），杨亿、刘筠、钱惟演等人奉诏在宫廷藏书的秘阁内编纂《册府元龟》。他们于修书之余，往来唱和，最后杨亿将这些诗编成一集，定名为《西昆酬唱集》。该集子出来后，在当时产生很大影响，学子纷纷效仿，称之为西昆体。

西昆体主要是宗法晚唐李商隐的艺术风格，崇尚精巧繁缛的诗风，追求巧妙的用典、对仗的工整、音节的和婉，以及像李商隐无题诗那样的隐约朦胧感。西昆体的出现，应该说是对宋初几十年乃至晚唐白体诗流于浅近、粗鄙化的一种反动，重新重视起诗的格律、修辞、寓意，增强了诗歌语言的凝练和诗意的深幽，具有一定的艺术价值。不过，因西昆体作家大多社会地位较高，生活优越，多是宫廷宴游之作，内容狭窄，且脱离真情实感，过于着力于模仿，故而遭人非议。欧阳修、梅尧臣等开创新诗风后，西昆体乃告衰歇。总体上，其对宋代诗歌有着深刻的影响，是宋诗形成自身特色的第一步。

江西诗派

江西诗派是基本代表宋诗艺术特征的诗派。北宋后期，“苏门四学士”之一的黄庭坚在诗坛上独树一帜，追随与效法者颇多，逐渐形成了一个以黄庭坚为中心的诗歌流派。宋徽宗时，吕本中撰《江西诗社宗派图》，中列陈师道、潘大临、杨符等 25 人，认为这些人的诗风与黄庭坚一脉相承。因黄庭坚为江西人，故称之为江西诗派。虽然这些人的诗各有风格，但在创作方法和诗歌见解方面有共同之处。黄庭坚因推崇杜诗韩文“无一字无来处”的创作方法，提倡化用前人词语、典故的“点铁成金”法和师承前人构思和意境的“脱胎换骨”法。他不仅提出理论，并且写有大量优秀作品。这种诗作，对文化功底要求很高，才学便成了写诗的基础。这也是有宋一代诗歌的基本特点，比如黄庭坚、欧阳修、王安石、苏轼等诗坛领袖均为大学者。到南宋时期，江西诗派影响更大，杨万里、姜夔、陆游等大诗人都深受其影响。又因此派诗人多学习杜甫，故宋末方回又提出了“一祖三宗”的说法，即尊杜甫为“祖”，黄庭坚、陈师道和陈与义为“宗”。

不过这种将诗歌学问化的做法，导致许多记忆力不佳的诗人往往靠翻书来拼凑典故，而过多的典故也使读者读起来异常费神。因此有不少人对此表示不满，南宋的严羽曾言：“诗有别材，非关书也；诗有别趣，非关理也。”虽如此，这种写者费劲、读者费神的诗歌在古代文人中一直都比较盛行，尤其以博学相矜的清代诗人，更是推崇这种“无一字无来处”的作诗法。

婉约派

此去经年，应是良辰好景虚设。

婉约派为宋词风格流派之一。婉约一词最早见于《国语·吴语》：“故婉约其词，以从逸王之志。”先秦、魏晋六朝时期，婉约常被人们用来形容文学辞章。词，本是合乐演唱的，最初是为了达到娱宾遣兴的目的，其内容不外乎离别愁绪、闺情绮怨等内容。因而，词逐渐形成了香软、柔媚等婉转柔美的风调。而婉约派作为词的一种风格流派，被明确提出来，一般认为始于明人张綖。清人王士祯在《花草蒙拾》中写道：“张南湖论词派有二：一曰婉约，二曰豪放。”婉约词的主要特点是：内容注重儿女风情，结构深思缜密，韵律婉转和谐，语言清丽圆润。婉约派的代表人物有李煜、柳永、晏殊、欧阳修、秦观、周邦彦、李清照等人，其中，李煜、柳永、晏殊、李清照被并称为婉约派四大旗帜，他们的词分别以愁宗、情长、别恨、闺语见长。

豪放派

豪放派与婉约派并称为宋词两大流派。它是与婉约派文风相对的一个文学流派，代表人物有苏轼、辛弃疾。豪放派词题材广泛、视角鲜明、语言旷达、气势雄浑，思想豪放不羁，词文不拘音律格调。豪放派从形成到鼎盛共经历了3个阶段：初步形成，以范仲淹的《渔家傲·塞下秋来风景异》为开端。它引导了豪放派词风的主体方向；发展成形，是以苏轼词的豪壮为基调，逐渐在词坛形成一股劲风；鼎盛，继苏轼之后，辛弃疾等词人将鸿鹄之志以及边塞慨叹融入词中，雄浑激荡的词风统霸文坛。在此之后，豪放派继承者因慨叹国衰、情难却等原因，词中渐渐融合了沉郁、典雅等古朴诗风，逐渐形成了豪放、清秀隽永的温婉手法相结合的刚柔相济的词风，其代表人物主要有刘克庄、黄机、戴复古、刘辰翁等。

永嘉四灵

“永嘉四灵”指南宋中叶浙江永嘉（今温州）的四个诗人，分别是徐照（字灵晖）、赵师秀（号灵秀）、翁卷（字灵舒）、徐玑（号灵渊）。因字或号中均有一“灵”字，诗风又相近，故名。他们的诗风，主要学习晚唐贾岛、姚合，标榜野逸清瘦，并融入了山水、田园诗的韵致，表现出归隐田园、寄情泉石的淡泊境界。另外，其在语言上则刻意求工，忌用典，尚白描。如翁卷的《乡村四月》：“绿遍山原白满川，子规声里雨如烟。乡村四月闲人少，才了蚕桑又插田。”便是“四灵”诗的典型。“永嘉四灵”因为打破了江西诗派过于倚重学问的藩篱而在南宋诗坛上独树一帜，加上其迎合了南宋中叶大量无由入仕的民间文人的心境，在当时引起广泛共鸣，但其有境界狭小、寄情偏狭之弊。

台阁体

台阁体是明朝永乐至成化年间的一个文学流派。其代表人物号称“三杨”，即杨士奇、杨荣、杨溥。三人均为“台阁重臣”，故其诗文（主要为诗歌，也包括散文）被称为“台阁体”。台阁体的出现，被后人认为是诗文创作的一种倒退，其在内容上要么是粉饰太平、歌功颂德献媚皇帝之作，要么是宴乐唱和之作，毫无生气；而在艺术上，其立意平庸，既没有对自我情感的精致剖析，又没有对社会的关怀。不过因其风格雍容典雅，加上“三杨”官位显赫，作品又时时流露出一种富贵气度，故追慕效仿者颇多，竟致形成一个流派。

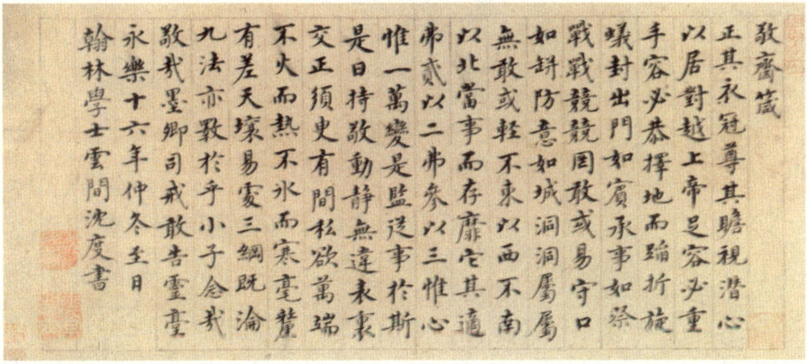

敬斋箴帖　明　沈度

沈度为明代台阁体书法的代表人物。

另外，台阁体的形成也与程朱理学所要求的“雅正平和”地表达情感及明前期（尤其永乐后）平静的政治环境下官员们心态悠然、志得意满的心理有关。台阁体文人多追慕宋人，成就却去宋甚远。台阁体在明前期统治文坛几十年后，在饱受抨击之下退出文坛。

公安派和竟陵派

公安派和竟陵派是一前一后出现于明末的两个反传统的诗文流派。其中，公安派因其代表人物袁宗道、袁宏道和袁中道三兄弟籍贯为湖北公安而得名。明代自弘治以来，文坛为“前后七子”所把持，他们倡言“文必秦汉，诗必盛唐”、“大历以后书勿读”的复古论调。万历时，“异端”思想家李贽质疑复古论调，提出“童心”说，震动极大，但其最后被迫害致死。与李贽有过交往的袁氏三兄弟则变“童心”说为“独抒性灵，不拘格套”，推行类似的文学主张。并写下了不少随性而灵巧的诗作，不过许多诗作也流于浅俚。值得称道的是其所做的一系列短小、轻灵、隽永的小品文，开创了我国散文写作的新领域。但在复古主义占上风的清代，公安派作品未受到青睐。直到近代，因周作人、林语堂的提倡，公安派作品才在读书界热起来。

竟陵派的出现稍晚于公安派，因其代表人物钟惺、谭元春为竟陵人而得名。竟陵派同样抨击“前后七子”的复古论调，并继承了公安派的“性灵”说，但同时鉴于公安派诗作俚俗、肤浅的缺陷，而倡导“幽深孤峭”，刻意追求字意深奥，求新求奇，最终形成了艰涩隐晦的风格。竟陵派较有成就的代表人物是刘侗，他的《帝京景物略》成为竟陵体语言风格代表作品之一。

江左三大家

吴伟业像

江左三大家指的是明末清初的三个著名诗人，分别是钱谦益、吴伟业、龚鼎孳。因三人机关都属江左地区，故称。三人均为明朝旧臣而又仕清。其中，龚鼎孳（1615 ~ 1673年）成就和影响均不如钱、吴。钱氏崇宋诗，吴氏尊唐诗，两人各立门户，影响深远。

钱谦益（1582 ~ 1664年）字受之，号牧斋，晚号蒙叟、东涧老人，常熟（今属江苏）人。其学问渊博，在史学、诗文方面均负盛名，传说名妓柳如是因慕其才而嫁与他。在诗作上，其初学盛唐，后广泛学习唐宋各家，最终熔唐宋诗于一炉。其诗沉郁炫丽，才华雄健。其诗作有《初学集》、《有学集》、《投笔集》等，因其晚年诗歌多抒发反清复明之愿，乾隆时，其诗文集遭到禁毁。

吴伟业（1609 ~ 1672 年），字骏公，号梅村，江南太仓（今属江苏）人。其诗歌多以哀时伤事为题材，富有时代感。风格上则华丽藻饰，缠绵凄恻。明亡后则更显得婉转苍凉，感人至深。其于明亡后所做的七言歌行深受白居易影响，所做讽刺吴三桂降清的《圆圆曲》，讲述田妃、公主遭遇的《永和宫词》、《萧史青门曲》，写艺人的飘零沦落的《楚两生行》、《听女道士卞玉京弹琴歌》内容深婉，语言华丽，气势磅礴，有“诗史”之称。

唐诗派

唐诗派是对明清时代推崇唐诗的诗派的称谓。中国古典诗歌至唐代达到极盛，至宋，风格一变，成另一番韵致。南宋末年的严羽在其诗歌品评著作《沧浪诗话》中推崇唐诗，认为唐诗妙处在于“气象”和“情趣”，而宋“以文字为诗，以议论为诗，以才学为诗”，去唐诗甚远。宋元人虽然推崇唐诗，但唐诗真正被奉为典范，则是在明代。明中期，以李梦阳、何景明、王世贞、李攀龙为首的“前后七子”，提出“诗必盛唐”的说法，认为“诗自中唐以后，皆不足观”。“前后七子”皆是当时负有盛名的文人，尤其李、何、王、李四人作为当时的文坛领袖，其影响非比寻常。清代时，又有以王士祯、沈德潜为代表的唐诗派。不过，虽然唐诗派崇拜唐诗，其作品也有不少佳作，但总体上还是与唐诗有一定距离。其主要的贡献在于通过对唐诗进行分析、鉴赏和宣扬，使得唐诗不再局限于文坛，而是家喻户晓、妇孺皆知。

宋诗派

宋诗派为清代一个推崇宋诗的诗派。鲁迅曾言：“一切好诗，到唐已经做完。”但宋人却将诗风一转，又开辟出一个崭新的天地。南宋后期尊崇唐诗的严羽在《沧浪诗话》中对比唐诗优越于宋诗之时，曾分析：“本朝人尚理，唐人尚意兴。”他认为宋朝人利用诗歌议论，乃是呈露才学，为诗作的末路。其后便形成了一个以唐诗为尊的唐诗派，清代的唐诗派人物著名代表沈德潜甚至认为“宋诗近腐”。在唐诗派将宋诗的特点作为一种缺点进行评点的同时，有读者，尤其是那些饱学之士却认为宋诗的特点并非缺点，而是一种风格。认为唐诗胜在意趣，而宋诗则自有一种理趣。尤其到清代时，因崇尚博学，延及诗坛，形成了推崇宋

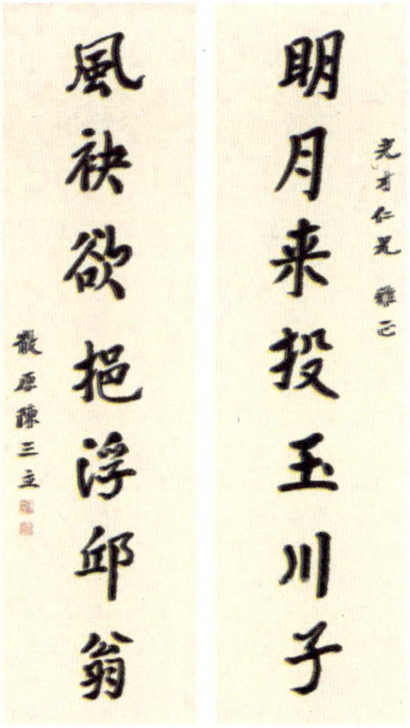

宋诗派代表人物陈三立书法作品

诗的宋诗派。直至近代，宋诗派仍然在诗坛占有优势地位，著名的“同光体”诗人便是宋诗派的中坚。另外，钱锺书认为，虽然“诗分唐宋”，但并非严格以朝代为界限，而是指两种风格。如唐人也有做讲究理趣的宋诗，宋人也做讲究情趣的唐诗。

常州词派

常州词派，清代最有影响的词派之一，因其创立者为常州人张惠言，故名。词作为诗的一种变体，发端于唐代，两宋时达到极盛，元明时期，跌入低谷。直到明末清初，词坛再度热闹，出现了推崇姜夔、张炎清空淳雅的浙西派和推崇辛弃疾、苏轼奔放豪迈的阳羡派。不过因清初文网严密，文人噤若寒蝉，豪放不起来，浙西派称霸词坛。后浙西派逐渐枯寂，沦为专务雕琢章句、恪守声律的“小道”。嘉庆后，文网渐开，继承豪放一脉的常州词派崛起。张惠言作为常州词派的发起者，其首先致力于在理论上给予词以与诗并列的尊崇地位，而非仅仅是“诗余”。其次，他则强调词并非仅仅是文人“言情”的小玩意，而是与诗同样具有“言志”功能的“大道”。为证明此，他还特地编撰了一本《词选》，以证明自己的观点。在《词选》中，张对诸多词作进行挖掘，其微言大义的解读，有些说得通，有些则牵强附会。如他曾将温庭筠的著名“艳词”《菩萨蛮》解释为“感士不遇”之意。后来的王国维曾对此类穿凿附会表示了自己的讥讽。不过在当时，响应者却甚多，并形成常州词派。稍晚的常州词派的另一位代表人物周济进一步发挥张惠言的观点，并提出了“词史”一说，以与“诗史”并尊。常州词派对清词发展影响甚大，近代谭献、王鹏运、朱孝臧、况周颐这四大词家，也是常州词派的后劲。

桐城派

桐城派是清代影响最大的古文流派，因其代表人物方苞、刘大櫆、姚鼐均系安徽桐城人而得名。明中期以后，因反对复古论调的公安派、竟陵派的出现，“文以载道”的文学传统遭到极大挑战。清初，先是名满天下的朝廷重臣方苞，对古文写作进行了新的思考，提出将“文”、“道”统一的“义法”说，被认为是桐城派的始祖。此后，刘大櫆又提出“神气”、“音节”、“字句”理论，进一步补充了方苞的“义法”说。乾隆时的姚鼐则提出“义理、考据、辞章”合一的完整理论，乃是桐城派的集大成者。方、刘、姚三人被尊为“桐城三祖”。桐城派文章以文学的眼光看，没什么文采，其特点在于词句精练，简明达意，条理清晰，只求“清真雅正”，不求文采飞扬，偏重于文章的实用性。其代表作有方苞的《狱中杂记》，姚鼐的《登泰山记》等。桐城派影响极其深远，在地域上早就超出桐城，遍及全国。身为湖南人的曾国藩便是桐城派领袖，西方小说翻译家林纾也曾是桐城派中坚。时间上则自康熙直延至清末，甚

戴名世故里
位于安徽桐城。

至在新文化运动前夕，北京大学国文系还为桐城派所称霸。直到新文化运动开始，白话文兴起，桐城派才宣告消亡。其作家之多、播布地域之广、绵延时间之久，文学史所罕见。

诗界革命

诗界革命是清朝戊戌变法前后资产阶级倡导的诗歌改良运动。早期的倡导者是夏曾佑、谭嗣同、梁启超 3 人。他们力图开辟诗歌语言的新源泉，目的是表现资产阶级新思想。戊戌维新运动失败后，梁启超逃亡国外，把主要精力用在文化宣传和推进文学改良上。1899 年，梁启超正式提出“诗界革命”的口号，倡导“新意境”、“新语句”和“以古人风格入之”的新诗写作风格。

在“诗界革命”中，黄遵宪取得的成就最大，被称为“诗界革命”的一面旗帜。黄遵宪（1848 ~ 1905 年），字公度，号人境庐主人，广东嘉应州（今梅县）人。他曾在日本和欧美做过 20 多年的外交官，是戊戌维新运动的积极参加者。在诗歌创作方面，他提出“我手写我口”的创作原则，强调写诗要反映现实生活，能表达自己的真情实感。黄遵宪的诗作题材非常广泛，包括政治、战争、异乡风俗等，用艺术手段生动地展现了中国近代社会的变迁。他的代表作有《冯将军歌》、《台湾行》、《哀旅顺》等。

“诗界革命”冲击了长期统治诗坛的拟古主义、形式主义倾向，反映了当时的诗人咏唱新时代和新思想的强烈要求。

文论

诗言志

天下有道则见，无道则隐。

诗言志是中国传统诗学的基本观念。最早在《尚书·尧典》中有："诗言志，歌永言。"上古时代，诗、歌一体，"诗言志"的意思便是歌词传达意义，这是其本义。后来孔子将上古时代的诗歌汇编成《诗经》，认为"诗三百，一言以蔽之，思无邪"。这使得诗歌"纯洁"化。又言："《诗》三百篇，大抵圣贤发奋之所为作也。"这又使得诗歌"崇高"化。如此，便在道德方向、写作目的上为诗歌做了一个模糊的界定。汉代，随着儒家思想正统地位的确立，孔子的观点被进一步发挥而具体化，如汉儒所做的《诗大化》言："诗者，志之所在也，在心为志，发言为诗。"又说："先王以是经夫妇，成孝敬，厚人伦，美教化，移风俗。"

如此，诗歌的政治和伦理内涵便进一步明确了，即诗应该用于表达政治抱负和道德情怀，这也成为历代诗论"开山的纲领"。魏晋时代，陆机又提出了"诗缘情"的主张，认为诗歌同时还应该表达个人情感，虽然也得到不少人的认同，并且许多诗歌事实上也是表达情感的，但在人们心目中，"诗言志"一直是处于一种正统地位的。

诗缘情

诗缘情是传统诗学的基本观念。自孔子以下，"诗言志"的诗论被不断发挥，成为诗歌写作的基本命题。魏晋时，陆机在《文赋》言："诗缘情而绮靡，赋体物而浏亮。”其本义在于对比诗与赋的区别，认为诗重在抒情，而赋重在状物。但后来却有人将陆机的“诗缘情”单独提出来，作为对抗“诗言志”的另一种诗论，认为诗歌的重点不在“言志”，而在表达个人情感。

“诗缘情”提出后，成为中国诗学的重要理论之一。不过，现代学者周作人等人则认为“言志”与“缘情”本是一回事，只是有人错误地将其割裂了，他还举《毛诗序》中的“在心为志，发言为诗，情动于中而发于言”为例。

事实上，不管“诗缘情”是包含在了“诗言志”之内，还是在其外独立存在，都不是问题的关键。关键是，诗歌作为一种文学样式，必然是既能表达治国平天下的远大抱负，又可表达诗人个人的七情六欲。历史上众多的诗人的写作实践都证明了这一点。

诗可以观

诗可以观，是儒家关于诗歌功能的一种表述。此语最早是孔子在《论语·阳货》中所言：“小子何莫学夫诗，诗可以兴，可以观，可以群，可以怨。”这里，孔子就诗的功能作了一系列的表述。其中，“诗可以观”意为“观风俗之盛衰”，即王者通过诗歌来了解民间情况与政治得失，其强调的是诗反映社会现实的功能。

事实上，上古时代的诗歌与后来的诗歌有所不同，后世的诗歌更强调“美”，而上古时代的诗歌更强调“真”，因此诗人创作时，常常是纪实，而非虚构。其类似于现在的“报告文学”，新闻性很强，《诗经》中的许多作品都证明了这一点。

为了使诗更好地起到“观”的目的，早期设置有专门的“采诗之官”，平时在民间走街串巷地“采风”，目的便是供“王者所以观风俗，知得失，自考正也”。孔子的这种诗观得到了后来的儒家人士的继承，不过随着社会的发展，诗歌的艺术性逐渐增强，其“可以观”的功能受到一定削弱，但仍然是诗歌的一个大的传统。如杜甫的“三吏”、“三别”便是这种传统的反映，而白居易还专门发起过恢复诗歌“可以观”功能的“新乐府运动”。

赋、比、兴

赋、比、兴是《诗经》中的三种主要表现手法。关于赋、比、兴的意思，主要有两种解释。一种是以汉代郑玄为代表，其将赋、比、兴与政治教化、美刺讽谏联系起来，该种解释因脱离艺术形象本身而去刻意寻求诗歌的微言大义而追随者甚少。另一种解释则是将赋、比、兴释为单纯的艺术手法，其中以朱熹的解释流传度最广，其认为：“赋者，敷陈其事而直言之也”；“比者，以彼物比此物也”；“兴者，先言他物以引起所咏之词也”。

《诗经》诗意图

通过“赋”，往往能够通过语言的铺陈造成一种气势，起到强调、渲染的作用；而“比”，则是将本体事物比作更生动具体的物体而便于人们想象和理解；“兴”，则强调的是一种隐喻和象征，其因为能够增强诗文的深刻性而成为我国诗歌表现手法的基本准则，对后代的诗歌发展影响深远。总体上，赋、比、兴手法是我国诗歌创作过程中基本的艺术思维与表现手法。对其的研究则是我国诗歌理论的一个重要命题。

美刺

美刺是汉代经学家关于诗歌社会功能的一种说法。“美”意为歌颂，“刺”意为讽刺。最典型的持这种观点的是《毛诗序》，其认为“美”即“美盛德之形容，以其成功告于神明者也”；“刺”即“下以风刺上”。汉儒对于《诗经》的解释基本上以此为标准，清人程廷祚曾在《诗论》中指出：“汉儒言诗，不过美刺二端。”如《大雅·云汉》则是“美周宣王也”；《卫风·木瓜》被认为是“美齐桓公也”；《小雅·鸳鸯》是“刺幽王也”；《邶风·雄雉》是“刺卫宣公也”。其中，一些明明是男女之间的情歌的诗篇也被汉儒们牵强附会地认为是暗含了“美刺”。汉儒将《诗经》解释为赞美和讽刺的两大主题的做法，有利于统治者控制言论，故在相当长的时间里，“美刺”都被认为是诗歌创作的正统原则。直到南宋，朱熹才首次在理论上明确反对将《诗经》简单化为“美刺”的观点，认为古人作诗与今人一样，也是出于抒发性情的需要而已。不过，在实践上，诗人们早已摆脱了“美刺”的镣铐，不然，光彩夺目的唐诗也就不会出现了。

诗教

诗教是中国古代诗歌理论用语，本指《诗经》使人“温柔敦厚”的教育作用，后来也泛指诗歌的教育宗旨和功能。孔子是“诗教”的最早提出者和积极倡导者，其在《礼记·经解》中言：“入其国，其教可知也。其为人也，温柔敦厚，《诗》教也。”意思是，到了一个国家，其教化便可以知道了，如果那里的人温柔敦厚，这便是《诗经》教化的结果。相传正是为通过《诗经》施教，孔子“去其重，取可施于礼义”，编纂了《诗经》。汉代时，汉儒为弘扬孔子的诗教传统，将《诗经》列为儒家五经之一，并对其进行了进一步的详细解析，使之蕴涵了道德和礼义的内涵，并延展出一个人的社会、政治、人生等方面的意义。此后，诗教也便成了中国一种源远流长的教育传统。古代读书人不仅熟读《诗经》，而且作诗也成了其基本技能。没有深厚的诗教传统，唐诗宋词的繁荣是不可想象的。

温柔敦厚

“温柔敦厚”本为儒家的传统诗教，语出《礼记·经解》：“入其国，其教可知也。其为人也，温柔敦厚，《诗》教也。”这本来说的是《诗经》对人的教化作用。据汉儒分析，之所以能有此教化作用，正是因为《诗经》本身的风格乃是“哀而不伤，怨而不怒”，即使讽刺君王，也是“发乎情，止乎礼仪”，故而不失其温柔敦厚，后来被引申为诗歌创作的一个原则。如白居易发起的“新乐府运动”所提倡的诗歌创作便是这样一种“怨而不怒”的风格。白居易本人所写的讽喻诗，正是“本之于温柔敦厚”，“上以补察时政，下以泄导人情”，虽然直刺统治者，却得到统治者的认可。在封建时代，因温柔敦厚的风格既能为统治者起到“谏言”的作用，同时又不过于尖锐，这种折中主义的做法因使统治者和文人之间找到了一个妥协点，所以长期影响着古代诗人的创作。同时，温柔敦厚也被用来指一种含蓄、委婉的艺术风格。

知人论世

“知人论世”为中国古代文学批评的一种观念。《孟子·万章下》言：“颂其诗，读其书，不知其人，可乎？是以论其世也，是尚友也。”对于孟子这句话的解释有两种，现代学者朱自清将其解释为孟子将“颂（诵）诗”、“读书”、“知人论世”作为三种并列使自己得到提高的方法。而另一种解释则认为是孟子将了解“其人”与“其世”作为理解其诗文的前提，即要理解一个人的诗文，首先要了解作者的生平和其时代背景。清代章学诚在《文史通义·文德》中言：“不知古人之世，不可妄论古人之辞也。知其世矣，不知古人之身处，亦不可以遽论其文也。”进一步将“论世”与“知人”的重要性进行了排列，即“论世”第一，“知人”第二。这种以“知人论世”为理解诗文前提的观点对后世批评学家影响很大，已经成了文学批评的一个基本模式，历代学者都以考证作者生平和时代背景为文学批评的前提。

文以载道

文以载道，中国古典文学创作的基本观念之一。最早提出这种说法的乃是北宋理学家周敦颐，其在《通书·文辞》中称：“文所有载道也，轮辕饰而人弗庸，徒饰也，况虚车乎？”这里将作文而不承载一定的道，比作没有任何目的的空车。其字面意思是写文章应该表达一定的思想，而实质的意思则是写文章应该表达儒家之道，即儒家的传统伦理道德。

事实上，周敦颐并非最早提出这种观点的人，在宋代之前，便有人提出了“明道”、“宗经”、“征圣”等主张，只是周敦颐提出了“文以载道”这个更明确而响亮的口号。此后，随着理学成为宋代官学，“文以载道”便成了文章写作的普遍原则。人们认为，写文章时，“道”才是目的，文只是手段，作文的目的便是“载道”。人们一度将这个“道”理解得很狭隘，甚至排斥文章的艺术追求，视之为“玩文丧志”。不过多数时候，人们对于“道”的理解还是比较宽泛的，并非一定要局限于孔孟之道。总体上，“文以载道”与“诗言志”共同构成了古代文人诗文创作的基本观念。

文气

韩愈像

文气，传统文论的基本概念和术语。此概念来自先秦哲学概念“气”，当时人们认为，宇宙之间存在一种构成万物的本源的“自然之气”。这种“气”是生命活力的原动力，是一种体现精神的抽象物，其无形而无所不在。曹丕后来首次运用这种“气”论来论述文章。他在《典论 · 论文》中说：“文以气为主，气之清浊有体，不可力强而致。”曹丕所说的“文气”实际上指的是作文的天赋个性和才能，其不可强求，且不能传授。此后，“文气”便成了传统文论的一个常见术语，并进一步派生“逸气”、“骨气”、“灵气”、“神气”等说法。历代作家对“文气”都十分重视，唐代韩愈言：“气盛，则言之短长与声之高下皆宜。”北宋苏辙言：“文者，气之所形。”明代归有光言：“文章，天地之元气。得之者，其气直与天地同流。”清曾国藩则言：“为文全在气盛。”正是因为“文气”的重要作用，古代还普遍存在一种“养气”说，刘勰在《文心雕龙》中专门写有《养气》一篇，认为作者应该“调畅其气”。苏辙认为“文不可以学而能，气可以养而致”。至于其具体培养方法，韩愈、“三苏”、公安派文人等均有独特见解。

文质

文质，中国传统文论的基本概念和术语。最早使用这个概念的是孔子，其在《论语 · 雍也》中言：“质胜文则野，文胜质则史，文质彬彬，然后君子。”孔子在这里论述的是人，而非文章。“文”指的是一个人的外在举止言谈，“质”指的是一个人的内在涵养。孔子认为一个人应该外在举止和内在涵养相统一才能称得上是君子。魏晋之际，“文质”的概念被文人们运用到文论中，一种说法以其形容语言风格的华美或质朴，并在此基础上形成了“尚文”、“尚质”观点间的对立；另一种说法则以“文”、“质”分别指代文章的形式和内容。

在古代，“质”一直居于主导地位，而“文”则居于从属地位。《文心雕龙》言：“文附质，质待文。”唐宋以后，人们普遍以“文”、“道”替代了“文”、“质”的概念。而其观点基本上没变，虽然一度有人提出“文道合一”的概念，但总体上，主流的观点仍将“道”视为本，而将“文”视为末，甚至北宋的程颐提出了“玩文丧志”、“作文害道”的极端说法。

风骨

风骨，传统文论的基本概念和术语。“风骨”一词最早出现于汉末，流行于魏晋，本是用来品评人物。如《宋书·武帝纪》称刘裕“风骨奇特”，《南史·蔡撙传》称蔡撙“风骨鲠正”等。后来南朝文人将“风骨”引入文论中用以指文章的风力劲骨，刘勰在《文心雕龙》中作《风骨》一篇，对其进行了专门的论述。刘勰认为，所谓“风”，指文章的情志，要有感动人的力量，写得鲜明而有生气，骏快爽朗；“骨”，则指文章要文辞精练，辞义相称，有条理，挺拔有力。“风骨”便是整体上要求文章有气有劲，气韵生动，风格俊朗。而与刘勰同一时代的谢赫则将“风骨”引入画论，其在《古画品录》中认为“风骨”在画作具体体现为“气韵生动”与“骨法用笔”，认为画得生动而有气韵，笔力雄健，线条挺拔，便可谓有“风骨”。另外，对于“风骨”还存在其他一些不同的解释，总体上，“风骨”指的是一种鲜明、生动、凝练、雄健有力的艺术风格。

意境

意境，传统诗学的基本概念与术语。“意”指诗人的主观意志，“境”则指自然景物，“意境”指抒情性诗作中呈现的那种情景交融、虚实相生、活跃着生命律动的韵味无穷的诗意空间。“意境”作为诗论术语，最早出现于唐代王昌龄所写的诗论《诗格》中。王昌龄在文中提出“诗有三境”，分别为物境、情境、意境。这里的意境事实上偏重于“意”，意思是“意”的境界，而非强调“意”、“境”之间的关系。中唐以后，“意境”则开始强调“意”、“境”之间的契合关系。如权德舆所说的“意与境合”，司空图提出的“思与境偕”均指的是诗人的主观之“意”与自然之“境”之间的某种契合。经南宋的姜夔，明清之际的朱存爵、叶燮、王夫之等人的进一步发挥，

一切景语皆情语

到近代学者王国维，对“意境”提出了更为系统的说法。其在《人间词话》中更提出“境界”一说，将“意”与“境”一元化为一种“情景合一”的艺术“境界”。其认为“一切景语皆情语”，将“意境”表述为情景浑然一体的一种美学意蕴。王国维在《宋元戏曲史》中言：“文章之妙，亦一言以蔽之，曰：有意境而已。”对于何为意境，其进一步解释：“写情则沁人心脾，写景则在人耳目，述事则如其口出。”

选学

选学是指研究《昭明文选》的学问。《昭明文选》简称《文选》，是中国现存的最早的诗文总集，由南朝梁武帝的长子萧统组织文人编选。萧统死后谥“昭明”，故名。《文选》共有60卷，分为赋、诗、骚、诏、册、令、碑文、序等总38类。所选内容注重文学性，讲究辞藻，多为历代大家作品。《文选》自问世后，受到文人重视，先是萧统的侄子萧该作《文选音》，对《文选》语词作了音义解释，隋唐时期的曹宪、许淹、李善、公孙罗等人又撰《文选音义》，并批注《文选》，逐渐形成了“选学”。唐朝时，选学一度与“五经”并驾齐驱，士子大多精读《文选》。北宋时，民间尚传言曰：文选烂、秀才半。直至元、明、清，有关《文选》的研究亦未尝中辍。时至今天，“选学”所研究的内容主要是《昭明文选》包含的文学观念及文体分类思想，梳理《文选》成学的文献依据，并进而研究其在文学史、学术史、文化史等方面的价值。

红学

红学指研究与《红楼梦》相关问题的学问。《红楼梦》作为中国古典小说的集大成之作，一经问世，便有人产生了对其进行更深层次解读的好奇，红学随之诞生。事实上，小说在写作的过程中出现的“脂砚斋评”便属于红学。而红学作为一门正式学问则始于民国时期，与之相随的是小说摆脱“末流”的地位以及西方文艺理论的传入。

红学研究的内容，大体可分为几个方面，一是对《红楼梦》本身主题、人物、艺

大观园图

术手法及其在文学史上的影响等的研究；二是对《红楼梦》作者生平、思想的研究；三是对《红楼梦》版本、章回等的研究，等等。就红学研究者而言，可分为旧红学与新红学两拨。其中旧红学，指的是“五四”时期以前，有关《红楼梦》的评点、评论、题咏、索引、考证等。旧红学主要采用圈点、加评语等形式评点《红楼梦》，或者以历史上或传闻中的人和事，去比附《红楼梦》中的人物和故事。而新红学则以胡适、周汝昌等为代表的考证派，主要是通过考证作者家世、生平史料和各种版本等进行研究。另外，王国维写了《红楼梦评论》一书，运用西方哲学对《红楼梦》进行全面评论，在红学界独树一帜，影响颇大。

杰出文学家

屈原

屈原生于约公元前340年，是中国文学史上第一位爱国主义诗人，楚辞文体的开创者，也是浪漫主义诗人的杰出代表。刘勰在《文心雕龙·辨骚》中，曾给予屈原“衣被词人，非一代也”的评价，旨在说明屈原在中国文学史上的突出贡献。其流传下来的作品共有23篇，其中《九歌》11篇，《九章》9篇，《离骚》、《天问》、《招魂》各一篇。屈原是战国末期著名的政治家、文学家。他一生深思高举，却换来潦倒流放，投汨罗江而死的悲剧命运。在其代表作《离骚》中，屈原将自己为国尽忠、流放潦倒、品质高洁、亡国苦痛等情感融洒在字里行间，不仅创造了“香草美人”的文学传统，还彰显了屈原文学创作中的个性光辉。屈原是个注重现实的诗人，但是他的很多作品又和神话有密切联系，在现实与神话相结合的形式中，通过自由奔放的语言，将现实社会中的种种矛盾凸显出来，从而揭露当时楚国政治上的黑暗面。在政治上，他是爱国爱民、坚持真理的；在精神人格上，他是宁死不屈、品质高尚的；在文学上，他是不拘一格、开拓创新的。就屈原的文学影响来说，他的很多作品都是后世作家汲取养料、提高水平的参考范本。尤其是楚辞文体的创立，直接影响了汉赋的形成，它与《诗经》被称为浪漫主义与现实主义两大优良流派的源头。

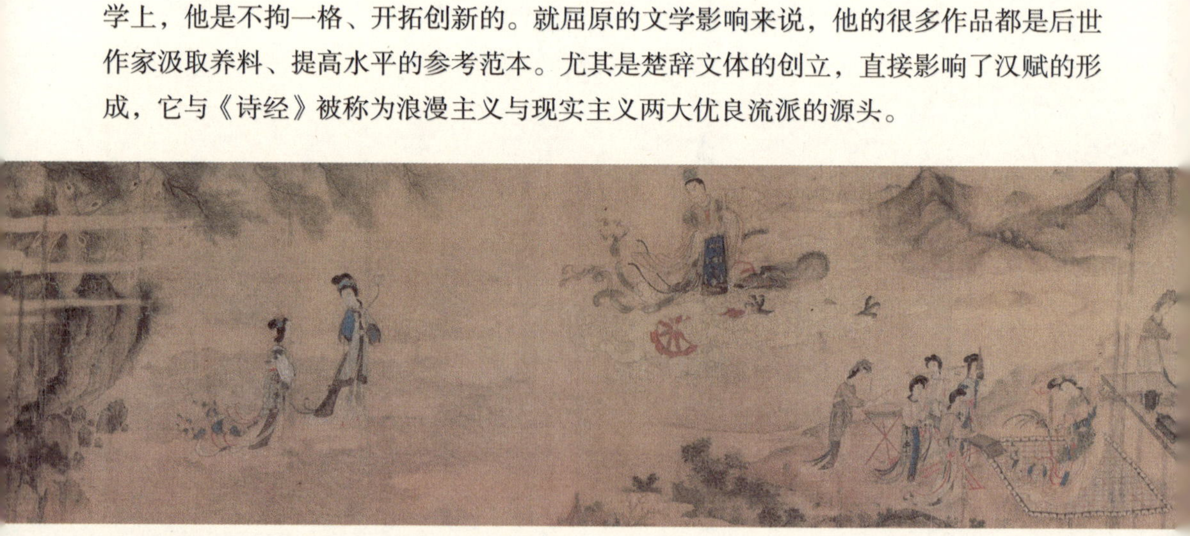

临李龙眠九歌图（局部）

贾谊

贾谊（公元前 200 ~ 前 168 年），西汉初年著名政论家、文学家。洛阳人，世称贾生。贾谊自小博览群书，18 岁即名闻郡里。21 岁时被汉文帝召为博士，乃当时最年轻的博士。汉文帝对其十分赏识，欲拜其为公卿，但因大臣们的嫉妒和反对而作罢。后贾谊因遭朝臣诋毁，被贬为长沙王太傅。后被召回长安，任文帝子梁怀王太傅。梁怀王坠马而死后，贾谊深感歉疚，忧伤而死，年仅 33 岁。

贾谊的思想以儒家为主，也杂有法家及黄老成分。早年曾为《左传》做过注释，但失传。另外，其对道家思想也有一定研究，青年时写过《道德论》、《道术》等论著。贾谊见诸后世的成就主要在文学方面，散文和辞赋非常有名。众所周知的便是政论文《过秦论》，以高度概括的笔墨铺陈史实，并以夸张的手法进行渲染，文章雄辩滔滔，极富气势，具有战国纵横家的遗风。另外，其政论文《论积贮疏》、《陈政事疏》及辞赋《吊屈原赋》、《鹏鸟赋》都非常著名。贾谊的作品被刘向辑为《新书》，又名《贾子》。

司马相如

王车架千乘，选徒万乘。

司马相如（约公元前 179 ~ 前 127 年），西汉大辞赋家。字长卿，蜀郡成都人，本名司马长卿，因崇敬战国蔺相如，改名相如。少好读书、击剑，曾为景帝武骑常侍，因景帝不好辞赋，辞官，游于梁会王门下。后回蜀，期间与才女卓文君私奔，留下千古美谈。汉武帝后来看到司马相如的《子虚赋》，大为赞赏，召其入宫，司马相如由此成为宫廷辞赋家。

汉代，赋这种文体大盛，涌现出了枚乘、扬雄等一批善于写赋的作家，而司马相如则是最典型的代表。除《子虚赋》外，司马相如还作有《上林赋》、《美人赋》、《长门赋》等。其中，《子虚赋》、《上林赋》内容相连，以子虚和乌有先生争相夸耀本国的故事为基本构架，极尽铺叙、夸张、想象、排比之能事，气势恢宏，典故堆砌，文字华彩，从各个方面体现了散体大赋特点，奠定了散体大赋的体制，在我国文学史上占有重要地位。以《长门赋》为代表的骚体赋对我国宫怨文学有不小的影响。因其文学影响，司马相如被认为是与司马迁齐名的重要作家。鲁迅在《汉文学史纲要》中言："武帝时文人，赋莫若司马相如，文莫若司马迁。"

扬雄

扬雄（公元前53～18年），汉赋代表作家，与司马相如并称"扬马"。字子云，西汉蜀郡成都人。扬雄少时口吃，不善言谈，默而好深湛之思。其家贫而好学，博览群书，不慕富贵。扬雄早年酷爱辞赋，尤其仰慕同乡作家司马相如，曾模仿其作品著有《甘泉赋》、《羽猎赋》等。40多岁时，扬雄被推荐成为汉成帝的文学侍从，期间写了一系列描写天子祭祀、田猎的赋作。扬雄的辞赋在当时颇负盛名，但其后来却认为这是"童子雕虫篆刻"，"壮夫不为"，并不再写赋，而埋头于撰写时人并不懂的学术著作，以求传之后世。扬雄仿《易经》写《太玄》一书，阐发了自己的哲学思想；仿《论语》写《法言》一书，在书中他主张文学应当宗经、征圣，以儒家著作为典范，这对刘勰的《文心雕龙》颇有影响。扬雄还著有语言学著作《方言》，是研究西汉语言的重要资料。因扬雄的重要影响，《三字经》中将其与老子、庄子、荀子、文中子（王通）并列为"五子"。

曹操

曹操（155～220年），东汉末年政治家、文学家。字孟德，沛国谯（今安徽亳州）人。曹操出身汉官宦世家，在镇压汉末农民起义黄巾军的过程中崭露头角，并一步步扫灭北方群雄，为建立魏打下基础，曹操死后，其子曹丕称帝，追谥曹操为魏武帝。

曹操不仅是杰出的政治军事家，而且在文学上卓有成绩。其"外定武功，内兴文学"，延揽天下文士，对建安文学的繁荣起了重要作用。曹操与其子曹丕、曹植被称为"三曹"，乃是建安文学的代表人物，史称"建安风骨"。曹操的文学成就主要体现在诗歌方面。相传曹操"登高必

碣石

此碣石位于辽宁省绥中县万家镇，北距海岸450米，为石英花岗岩。当年，曹操为统一北方，征伐辽东，路经此地，一时感慨万千，高吟："东临碣石，以观沧海，水何澹澹，山岛竦峙。树木丛生，百草丰茂。秋风萧瑟，洪波涌起。日月之行，若出其中。星汉灿烂，若出其里。幸甚至哉，歌以咏志。"是为四言诗绝顶之作，苍凉恢宏，气度非凡。

赋”，诗作现存20多首，都是以乐府歌辞形式写成。其虽用乐府旧体，却不袭用古人辞意，而是自己缘事因性而作，一类是反映汉末动乱和民生疾苦，如《苦寒行》、《蒿里行》等。这类诗因摹写现实真切而有“汉末史诗”的美誉。一类是抒发其政治抱负与进取精神的，如《短歌行》、《观沧海》等。这类诗慷慨激越，深沉雄浑，也是诗中佳作。另有一类乃是游仙诗，艺术成就不高。除诗歌外，曹操的散文也一改汉儒文章迂阔空泛的习气，真率自然，文笔简约，颇有特色，鲁迅称之为“改造文章的祖师”。

曹植

曹植（192 ~ 232年），三国时魏国诗人，文学家。曹植是曹操第三子，因曾被封为陈王，谥号“思”，世称陈思王。曹植自幼聪慧，才思敏捷，被曹操所器重，曾一度考虑废曹丕的太子位而传王位于曹植，但因群臣强调“立长”原则而作罢。也正因为此，曹操死后，曹植为继位的曹丕所恨，差点将其杀害，终生被排斥在主流政治之外。

曹植的文学成就乃是“建安文学”中最高的，《诗品》称之为“建安之杰”。总体上，曹植的创作可以曹丕称帝为界分作两个阶段。第一个阶段，其作为优游宴乐生活的贵族王子，所写诗作大多是意气风发、文采绚丽的风格，代表作有《白马篇》、《箜篌引》等。而第二个阶段，随着曹丕称帝后，其在政治上处处受到排挤与打击，对社会与人生有了新的认识，作品数量增多，且思想更加深刻，艺术上也更给成熟，代表作有《杂诗》6首、《七哀诗》、《赠白马王彪》等。钟嵘在《诗品》中称赞曹植的诗“骨气奇高，词彩华茂”。曹植的诗歌在文学史上具有深远影响，尤其其作为第一个大力写五言诗的人，对五言诗的发展起到重要作用。

阮籍

阮籍（210 ~ 263年），三国魏诗人。字嗣宗，陈留尉氏（今属河南）人，是“建安七子”之一阮瑀的儿子。阮籍生在司马氏与曹氏政治角力的黑暗时代，采取的是疏离政治、放浪形骸的姿态，因与嵇康、刘伶等7人整天聚在一起喝酒，世称他们为“竹林七贤”。阮籍思想上崇尚老庄之学，对政治失望的同时转而寻求人生的终极关怀。据说其经常驾车出游，不由路径，直到无路处，则痛哭而返。阮籍在文学上的成就主要体现在诗作《咏怀》82首。这些诗作中最突出的思想便是表现诗人内心的孤独和苦闷，寄托了作者希望超越黑暗的现实走向理想的自由世界的愿望。另一个重要方面便是揭露了政治黑暗、世道衰败的现实以及世俗之人的虚伪。在艺术风格上多用比兴手法，形成了含蓄蕴藉，隐约曲折的风格。钟嵘在《诗品》中称阮诗“厥旨渊放，归趣难求”。除诗歌外，阮籍还长于散文和辞赋，其中以《大人先生传》最为有名。阮籍对于后世文学家影响相当大，陶渊明、李白、陈子昂、曹雪芹等著名作家均受其影响。

陶渊明

陶渊明（约365～427年），我国第一个田园诗人。生于东晋浔阳柴桑（今江西九江），字元亮，号五柳先生，入刘宋后改名潜。陶渊明出身没落名门，其曾祖父陶侃乃是东晋开国元勋，至陶渊明而没落。陶渊明喜欢读书，性嗜酒，却因家贫不能常得。思想上，陶渊明深受道家人生观影响，生性洒脱，以逍遥自在为乐。30岁时，为生活所迫，陶渊明出仕做了几年小官，后因不肯“为五斗米，折腰向乡里小儿”辞官隐去。

在文学成就上，陶渊明被认为是魏晋南北朝最负盛名的作家，而且是屈原之后李白之前对中国文学影响最大的诗人。其所作诗歌现存120首，辞赋3篇，散文8篇，其中以诗歌成就最高。陶渊明的诗歌题材较丰富，其中最能代表其创作成就的，是田园诗。在诗中，陶渊明将田园自然生活描写成一个与现实黑暗世界对立的理想世界，寄寓了作者美好的人生理想。另外，其散文《桃花源记》更鲜明地寄托了作者的这种理想。陶渊明的这种“世外桃源”思想为文人们在政治官场之外，营造出了一个虽不存在却令人神往的精神乌托邦，对后世文人产生了深远影响。

陶渊明饮酒图　元　钱选

谢灵运

谢灵运（385～433年），我国第一个山水诗人。其祖籍陈郡阳夏（今河南太康），乃东晋名将谢玄之孙，18岁袭爵康乐公，世称谢康公、谢康乐。谢灵运聪颖博学，热衷政治。入宋后，降爵为康乐侯，本欲参与时政机要，但宋文帝对他“唯以文义见接，每侍上宴，谈赏而已”。在朝不得志，一度隐居会稽始宁（今浙江上虞），宋文帝时，出任临川内史，后被诬谋反遭杀。

谢灵运在文学上的成就在于开创了中国山水诗流派。其诗作大部分为山水诗，多作于其任永嘉太守以后。利用细腻的笔调、敏锐的审美直觉及精巧的语言对其所到的永嘉、会稽、彭蠡等地的自然景物和山水名胜进行了描绘，辞章绚丽，意境新奇，给人清新之感。在文学史上，谢灵运第一个将自然景物作为独立客观的审美和描写对象，写作了大量的山水诗，故被尊为山水诗的鼻祖。谢灵运的山水诗很大程度上扭转了魏晋以来的玄言诗风，对永明新诗体及后世山水诗的发展，均产生了深远影响。

陈子昂

陈子昂（约 661 ~ 702 年），唐代文学家，初唐诗文革新人物之一。字伯玉，梓州射洪（今属四川）人。陈子昂出身富裕家庭，轻财好施，慷慨任侠。同时博览群书，24 岁时举进士，一度得武则天赏识。官至右拾遗，直言敢谏，后曾两次从军出征西北边塞和燕京一带，但均不受重用。因在朝廷 10 多年的政治生涯不得志，陈子昂 38 岁辞官回乡，被权臣武三思指使射洪县令予以加害，冤死狱中。

陈子昂在政治上提倡改革，在文学上具有强烈的革新精神。针对六朝乃至唐初以来浮艳而形式主义的诗风，其力主恢复汉魏风骨，认为诗歌应该像建安时代那样，既要有针砭现实的“兴寄”，又要有充实的思想和刚健的“风骨”，以实现形式与内容的完美统一。而他自己的诗作也正体现了这种主张，其代表作《感遇》诗 38 首，《蓟丘览古赠卢居士藏用》7 首和《登幽州台歌》，风格朴质而明朗，格调苍凉激越，标志着初唐诗风的转变。尤其《登幽州台歌》以其辽阔苍茫的时空境界，慨然独立的主体形象，孤高悲凉的情感格调，堪称震惊千古的佳作。

初唐四杰

初唐时期文学家代表是“初唐四杰”：王勃、杨炯、卢照邻和骆宾王。

王勃（约 650 ~ 676 年），字子安，绛州龙门（今山西河津）人。当时流行以风花雪月为题材的宫体诗，注重形式主义。王勃首先反对诗坛上的这种不正之风，得到了卢照邻等人的支持。王勃现存诗 80 多首，多为五言律诗和绝句，代表作有《送杜少府之任蜀州》，著有《王子安集》。

杨炯（653 ~ 693 年），华阴（今属陕西）人，武后时为盈川令，所以世称杨盈川。他以边塞诗著名，代表作有《从军行》、《出塞》、《战城南》等，气势轩昂，风格豪迈，感情饱满，意象醒目。今存诗 33 首，其中以五律居多，有《杨盈川集》。

卢照邻（约 632 ~ 695 年），字升之，自号幽忧子，幽州范阳（今河北涿州）人。

落霞孤鹜图　明　唐伯虎

此画是唐伯虎根据唐代王勃《滕王阁序》中的名句“落霞与孤鹜齐飞，秋水共长天一色”绘制而成的。画幅自题诗：“画栋珠帘烟水中，落霞孤鹜渺无踪。千年想见王南海，曾借龙王一阵风。”诗中流露出对王勃少年得志的钦慕和向往。

他的诗意境清迥，以韵致取胜。代表作《长安古意》词句清丽，委婉顿挫，借古讽今，意味悠长，是初唐长篇歌行的名篇。今存《卢升之集》、《幽忧子集》。

骆宾王（约 619 ~ 687 年），字观光，义乌（今浙江义乌）人。早年有神童之称，他的诗题材较为广泛，擅长七言歌行，笔力雄健，代表作《帝京篇》，当时的人们认为是“绝唱”。徐敬业发兵反对武后时，他曾作檄文《代徐敬业传檄天下文》，义正词严，气势磅礴，连武后都夸他的文采。有《骆宾王集》存世。

孟浩然

孟浩然（689 ~ 740 年），唐代著名山水田园诗人。字浩然，湖北襄阳人，故世称孟襄阳。孟浩然是古代归隐得比较彻底的一个文人，40 岁之前一直在家种菜养竹，闭门读书。开元十六年（728 年），到长安应进士，但未能登第。后张九龄任宰相时，孟浩然曾入其幕府，不久即归隐鹿门。不过，虽归隐山林，孟浩然名声却在外，李白、王维、杜甫、王昌龄等人都与其关系甚好。

在文学上，孟浩然的主要成就在山水田园诗方面。其中，以山水诗数量最多。内容一则是孟浩然游历南北各地时对于当地山水的描写，一则是隐居期间对于襄阳的自然风光所做的描绘。在艺术特色上，其山水诗着力追求一个“清”字，往往以清淡平和的语言描绘清幽绝俗的意境，语言洒脱，风格平易，韵致高远。而田园诗数量相对少一些，但因特色鲜明而颇受称道，最脍炙人口的便是《过故人庄》。总体上，孟浩然继承了陶渊明、谢灵运的山水田园诗传统，乃是唐代的第一个山水田园诗人，被誉为“盛唐之音”的第一声。孟浩然与略晚的王维乃是唐代山水田园诗人的代表，因其一生经历简单，其诗不如王诗境界广阔，故虽年长却排王后，世称“王孟”。

王维

王维（701 ~ 761 年），盛唐时期著名诗人。字摩诘，祖籍山西祁县，因崇敬并精通佛学，有“诗佛”的外号。王维少有才名，15 岁至京城应试，即受到王公贵族青睐，21 岁即中进士，官至尚书右丞，故世称“王右丞”。张九龄任宰相时，王维受到器重，后张九龄遭贬，李林甫出任宰相，唐朝进入由盛而衰的转折点，王维在京城南蓝田山麓的别墅里，过起了半官半隐的生活。

在诗歌成就上，在唐朝的诗人排行榜中，除李白、杜甫稳占前两把交椅外，第三名的人选人们往往是在王维与白居易间争论，无有定论。王维在诗歌上的成就是多方面的，无论边塞、山水诗、律诗还是绝句等都有脍炙人口的佳篇，而其成就最高的乃是山水田园诗。陶渊明、谢灵运开创山水田园诗派后，唐代诗人多有继承此派的，而以王维和孟浩然成就最高，并称“王孟”。王维继承和发展了谢灵运的山水诗传统，并对陶渊明田园诗的清新自然也有所借鉴，使山水田园诗的成就达到了一个高峰，在中国诗歌史上占有重要的位置。另外，王维还擅长音律与绘画，享有“诗中有画，画中有诗”的美誉。

李白

李白（701 ~ 762 年），字太白，号青莲居士，绵州昌隆（今四川江油）人，祖籍陇西成纪（今甘肃天水市秦安县），出生于唐朝安西都护府碎叶城（今吉尔吉斯斯坦托克马克城），5 岁时随父亲迁到四川绵州青莲乡。

李白“一生好入名山游”，20 岁时游遍了巴蜀的名山胜水，25 岁时开始漫游全国，足迹遍及山东、山西、河南、河北、湖南、江苏、浙江、安徽等地，写下了大量的优秀诗篇。742 年，受唐玄宗的赏识被召入宫，供奉翰林。但李白不愿向权贵低头，两年后辞官离京，又开始了长达十多年的漫游生活。“安史之乱”爆发后，李白应邀进入永王李璘幕府。后被流放到夜郎，中途遇赦。762 年，病逝于安徽当涂。

李白是继屈原之后我国古代最杰出的浪漫主义诗人，被誉为“诗仙”，与杜甫并称“李杜”，今存诗 900 多首。李白一生关心国事，不满黑暗现实，希望能建功立业，同时他又受老庄和道教的影响，又有“出世”、“求仙”的思想。他的诗歌豪迈瑰丽，既有丰富奇特的想象，又有对当时政治黑暗的抨击，还有对民生疾苦的反映和同情。

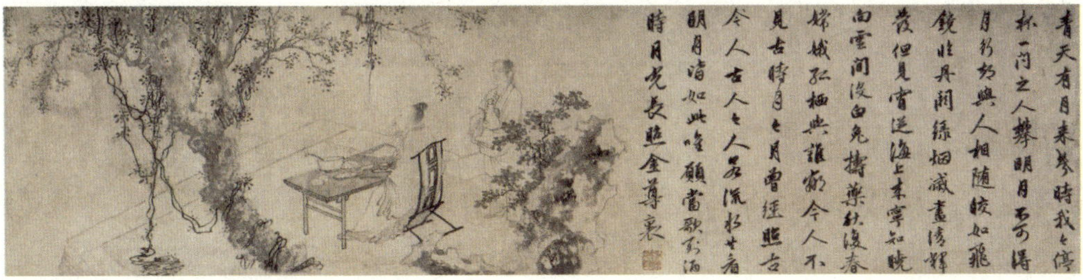

李白《把酒问月》诗意图　明　杜堇

此图依据李白诗意绘制而成，左为图，右为原诗。人物用白描法，笔法细劲秀逸，形象生动传神。杜堇，本姓陆，字惧男，号古狂、青霞亭长，江苏丹徒人，明成化、弘治年间的著名画家。山水取法南宋四家，用笔遒劲；人物师李公麟，流畅疾利，追踪晋唐。

李白的诗受屈原和汉魏六朝的乐府民歌影响最深，擅长形式自由的古诗和绝句。他的诗语言浑然天成，不屑雕饰，清新隽永。写景则气势磅礴，想象奇特，抒情则感情奔放，变化多端。代表作有《黄鹤楼送孟浩然之广陵》、《望庐山瀑布》、《望天门山》、《早发白帝城》等。著有《李太白全集》。

王昌龄与岑参

唐代疆域辽阔，经济繁荣，军事强盛，人民尤其是文人的民族自尊心和自豪感空前高涨，世人多具有积极乐观的情调和浪漫的气质，对从军边塞、建功立业充满向往，因此一种讴歌边塞生活的边塞诗派逐渐兴盛起来。王昌龄和岑参便是边塞诗人的杰出代表。

王昌龄（698 ~ 756 年），字少伯，京兆长安（今陕西西安）人。开元十五年（727 年）中进士，曾任江宁丞，后贬为龙标尉，世称王江宁、王龙标。“安史之乱”后在北返途中为亳州刺史闾丘晓所杀。王昌龄的诗作在内容上以边塞、闺情宫怨和送别 3 类体裁最多。其边塞诗以他多年的边塞游历为基础，气势雄浑，格调高昂，乃边塞诗中的上品。王昌龄的闺情宫怨诗或格调哀怨，或清新优美，颇受推崇。一度获“诗家天子王江宁”的美誉，尤其对七绝用力最深，被后世称为“七绝圣手”。

岑参（约 715 ~ 770 年），南阳（今属河南）人，出身官僚家庭，曾祖父、伯祖父、伯父都官至宰相，至岑参时家道中落。岑参 30 岁中进士，授兵曹参军，曾两度在边关任职。后由杜甫等推荐任右补阙，最后官至嘉州（今四川乐山市）刺史，世称岑嘉州。以后罢官，客死成都旅舍。6 年的边塞生涯为他的边塞诗打下牢固的现实基础，其边塞诗气势雄伟，想象丰富，色彩瑰丽，热情奔放，乃是边塞诗中的上乘之作。岑参与另一位著名边塞诗人高适并称“高岑”。

杜甫

杜甫（712 ~ 770 年），字子美，襄阳（今属湖北）人，生于河南巩县（今巩义市）。因在长安城南少陵居住过，曾任检校工部员外郎，后世称之为杜少陵、杜工部。

杜甫出生于官宦世家，祖父是诗人杜审言。他从小受过良好的教育，深受儒家思想的影响，渴望报效国家，建功立业。731 ~ 745 年，杜甫开始在全国漫游，北到燕赵，南到吴越，期间曾与李白相遇，两人结为好友。杜甫曾两次考科举，但均不第，困居长安 10 年。后经过多次奔走，才得到右卫率府参军的小官。“安史之乱”后，杜甫只身投奔唐肃宗，被任命为左拾遗、工部员外郎，后被贬为华州司功参军。不久他弃官而去，全家定居成都。晚年漂泊在四川、湖南、湖北一带。770 年，病死于一条破船上。

杜甫的诗现存 1400 多首，他的诗被称为“诗史”，很多重大的历史事件在他的

杜甫诗意图　明　项圣谟

此图取意于杜甫诗句“千家山郭静朝晖，日日江楼坐翠微”。项圣谟（1597～1658年），字逸，后字孔彰，号易庵，别号胥山樵、存存居士、烟波钓徒、狂吟客等，秀水（今浙江嘉兴）人，明清之交著名的画家。

诗中都有反映。另外他的诗还可弥补史书记载的不足。杜甫多年游历和长期生活在社会底层，再加上仕途坎坷，他对社会的黑暗、政治的腐朽、人民的困苦生活有着深刻的了解，对人民深切同情，大胆地揭露了当时尖锐的社会矛盾。他的诗歌沉郁顿挫、忧思悲慨，语言精练，形象生动，抒情诗多寄情于景，情景交融。杜甫的代表作有《兵车行》、《丽人行》、《前出塞》、《后出塞》、《自京赴奉先县咏怀五百字》、《三吏》、《三别》等。他的《忆昔》一诗，常被史学家用来说明开元盛世的社会风貌。有《杜工部集》。

韩愈

韩愈（768～824年），中唐著名文学家。字退之，邓州南阳（今河南孟州）人，因祖籍在昌黎（今属河北），世称“韩昌黎”。其年少时孤贫而发愤，25岁中进士，29岁正式登上仕途。早年仕途比较坎坷，屡遭贬黜，晚年历任吏部侍郎等高职，政治上较有作为。韩愈在文学上的成就主要是在散文方面，苏轼称其“文起八代之衰”。

韩愈与自己的政敌柳宗元一起倡导“古文”，形成了声势浩大的古文运动。最后“古文”逐渐替代了“今文”（骈文），并流传千年之久。在提出理论的同时，韩愈本人用古文写了大量的哲学、政治、文学论文和一些杂文。在语言上，韩愈“惟陈言之务去”，善于活用前人成语，创造了一种适时通用的文学语言。在风格上，其文雄健豪放，波澜壮阔，读来令人酣畅淋漓。

韩愈的散文对后世产生了深远影响，后人将其列为“唐宋八大家”之首，又将他与杜甫并提，有“杜诗韩文”之称。除散文外，韩愈作为诗人也被认为是中唐诗人中的翘楚，他还开创了“说理诗派”的诗风，对宋代诗歌风格的转变起到了先导作用。

白居易

白居易（772～846年），字乐天，号香山居士，生于郑州新郑，出身官宦家庭。29岁中进士及第，与元稹并称“元白”。810年，任京兆府户曹参军，负责草拟诏书，

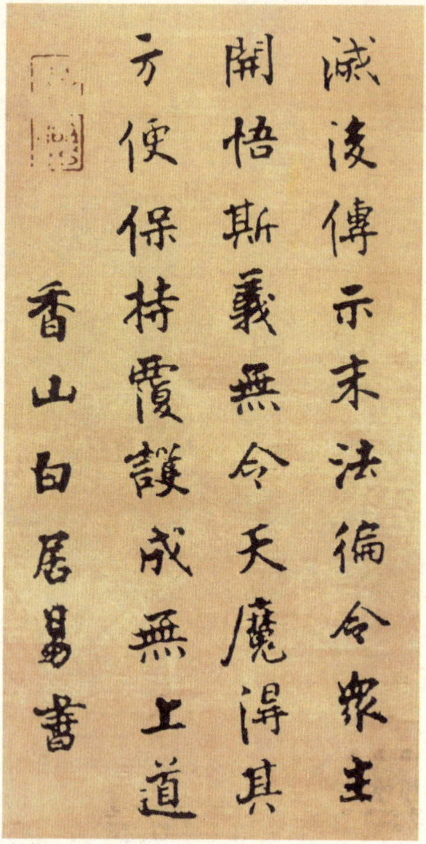

楞严经帖　唐　白居易

后遭排挤，被贬为江州司马。822年后，先后任杭州刺史、苏州刺史。在职期间，为官清廉，关心人民疾苦，深得民心。58岁时定居洛阳，常与刘禹锡唱和，时称“刘白”。

白居易是中唐最杰出的现实主义诗人之一，现存近3000首诗歌，主要可以分成讽喻、闲适、感伤和杂律四大类，其中讽喻诗成就最高，主要有《新乐府》50首，《秦中吟》10首。这些诗叙事完整，情节生动，人物传神，广泛反映了中唐时期社会生活的各个方面，着重描写了社会的黑暗、政治的腐败和人民的苦难，言辞激烈，毫无顾忌。如《卖炭翁》中揭露了宦官对人民巧取豪夺的罪恶行径——“宫市”；《买花》揭示了当时巨大的贫富差距。

白居易的感伤诗以《长恨歌》和《琵琶行》最具代表性。《长恨歌》写的是唐玄宗和杨贵妃的婚姻爱情故事，诗中既有对唐玄宗重色误国的讽刺，又有对他和杨贵妃之间的爱情的感伤和同情。《琵琶行》则借琵琶女的不幸身世来抒发自己怀才不遇和“同是天涯沦落人”的遭际之感。这两首诗叙事曲折，写情入微，声韵流畅，流传很广。

另外，白居易和元稹、张籍、李绅等人一起，掀起了“新乐府运动”，在中国文学史上影响很大。有《白乐天集》。

刘禹锡

刘禹锡（772～842年），中唐著名诗人。字梦得，洛阳人，出身书香门第，自称是中山靖王之后。其少有才学，21岁即擢进士第，官至监察御史。刘禹锡在政治上提倡革新，曾是王叔文派政治革新活动的中心人物之一。后来永贞革新失败，被贬，之后政治上一直不怎么得志，以诗作自娱。现存800余首，其中以咏史怀古的作品成就最高。其咏史怀古诗往往语言平易简洁，意象精当新颖，并恰切自然地注入诗人阅尽沧桑变化之后的沉思与感慨，具有一种深远的历史与人生沧桑感，耐人回味。如《石头城》：“山围故国周遭在，潮打空城寂寞回。淮水东边旧时月，夜深还过女墙来。”另外，《西塞山怀古》、《乌衣巷》、《蜀先主庙》等都是千古名篇。刘禹锡的诗既不同于元、白的平易浅俗，也异于韩、孟的深刻奇崛，而是在两大诗派之外别开新局。其诗格意奇高，风情俊爽，骨力刚劲，往往溢出一股豪迈之气，故作者有“诗豪”之誉。

柳宗元

柳宗元（773 ~ 819 年），中唐著名文学家。字子厚，祖籍河东解县（今山西永济），故称柳河东。其出身官宦家庭，少有才名，20 岁中进士，入仕后积极参与王叔文集团进行政治革新。后革新派被宦官和藩镇势力所挫败，柳宗元被贬到南方边远地区，最后死于柳州（今属广西）刺史任上。柳宗元在文学上是个多面手，在诗歌、辞赋、散文、游记、寓言、小说、杂文以及文学理论诸方面，都做出了突出的贡献。尤其在散文方面成就最高，其与韩愈共同发起“古文运动”，并身体力行用古文写作。《封建论》等政论文，论说性强，笔锋犀利，讽刺辛辣；《永州八记》、《小石潭记》等山水游记独具一格，是我国古代山水游记名作；另外，《黔之驴》、《永某氏之鼠》等寓言小说，立意奇特，现已成成语。柳宗元凭其散文成就与韩愈并称“韩柳”。而在诗作上，柳宗元也以简淡深远的风格受到推崇，苏轼称其诗“外枯而中膏，似淡而实美”。柳宗元在诗文上与刘禹锡并称“刘柳”，与王维、孟浩然、韦应物并称“王孟韦柳”。

柳侯祠

郊寒岛瘦

郊寒岛瘦指中唐两位著名诗人孟郊和贾岛。二人同以苦吟著称，平生遭际大体相当，诗风也相似，先是苏轼评其二人为“郊寒岛瘦”，后人遂沿用此说。另外，“郊寒岛瘦”也指二人诗作中所体现出来的狭隘的格局，穷愁的情绪和苦吟的精神。

孟郊（751 ~ 814 年），字东野，湖州武康（今浙江德清）人。其屡试不第，直到 46 岁方才得中进士，50 岁始做官。虽一生穷困潦倒，但生性孤傲，不同流合污，张籍私谥其为贞曜先生。孟郊的诗作不管在内容上还是在艺术态度上，均以“苦吟”著称。他的作品多为“瘦坐形欲折，腹饥心将崩”、“借车载家具，家具少于车”等表现生活穷困和不幸遭遇以及自己从中所获得的体验的类型。而在艺术上，刻意追求奇险超俗的字句，乃至强令自己不出门以求好的字句，故有“诗囚”之称。

贾岛（779 ~ 843 年），字浪（阆）仙，幽州范阳（今北京附近）人。早年因科举落第而出家，法名无本，后在韩愈的劝说下，还俗并考中进士。其在政治上没有什么作为，在诗歌上颇有成就。贾岛与孟郊一样是个喜欢“苦吟”的诗人，喜欢刻意锤炼字句，曾自言“两句三年得，一吟双泪流”。故多有佳句，如“秋风生渭水，落叶满长安”、“长江人钓月，狂野火烧风”等。其诗作与韩愈、孟郊注重故地不同，而是致力于创作近体，多以五律抒写清苦生活和荒凉冷僻的景物，并以瘦硬苦涩的风格取胜。其诗在晚唐形成流派，影响颇大。

李贺

李贺（790 ~ 816 年），中唐著名诗人。字长吉，福昌（今河南宜阳）人，世称李长吉。李贺为唐宗室郑王李亮后裔，虽家道中落，但志向远大，勤奋苦读，得到韩愈赏识。其进士第时，遭小人毁谤，说他父名晋肃，当避父讳，不得举进士，结果竟导致其一生无缘仕途。入仕不成，将精力用于写诗，外出背一破囊，得句即写投囊中，暮归足成诗篇。27 岁因病早逝。

李贺在艺术创造上对屈原的奇诡变幻、鲍照的险峻夸饰及李白的想落天外均有所借鉴吸收，同时又着力于锤炼字句，苦心孤诣，最终在唐朝诗坛别开生面，自成一家。

李贺的诗最大的特点便是想象丰富奇特、语言瑰丽奇峭，善于以出人意表的构思、奇异瑰丽的意境、新颖华美的语言创造出别具一格的诗歌形式，人称“长吉体”。如“女娲炼石补天处，石破天惊逗秋雨”、“黑云压城城欲摧，甲光向日金鳞开”等。另外，李贺经常借助荒坟野草、牛鬼蛇神等奇异的形象，表达怨恨悲愁情绪和荒诞虚幻的意境。如“嗷嗷鬼母哭秋郊”、“秋坟鬼唱鲍家诗”等，故有“诗鬼”之称。

杜牧

杜牧《江南春》诗意图

杜牧（803 ~ 约 852 年），晚唐杰出诗人。字牧之，号樊川居士，京兆万年（今陕西西安）人。因晚年居长安南樊川别墅，故后世称“杜樊川”。杜牧出身名门，其祖父杜佑乃唐三朝宰相兼大学问家。借助深厚家学，杜牧 23 岁时便以《阿房宫赋》才名在外，26 岁考中进士，历任多地刺史，最后官至中书舍人（掌诏书起草，参与机密）。因身处唐朝内忧外患不断的时期，杜牧渴望济世安国，重视军事，写有不少军事论文，还曾注释《孙子兵法》，终因诸帝才庸，宦官专政等原因，抱负未酬。

在文学上，杜牧在诗、赋、古文方面都堪称名家，尤其作为诗人乃是晚唐诗人中之翘楚，与李商隐并称与李白、杜甫相应的“小李杜”。其诗作在风格上给人以高华俊爽之感，语言上则以文辞清丽、情韵跌宕见长，尤以奇绝著称。如著名咏史诗《过华清宫绝句》：“长安回望绣成堆，山顶千门次第开。一骑红尘妃子笑，无人知是荔枝来。”以典型事例加以形象化描绘，深切历史要害。其《赤壁》、《乌江亭》等则以精到独特的见解评论史事，达到文学与历史的高度统一。后人对杜牧多有模仿，但均未能达到其高度。另外，其纪行咏物、写景抒情之作也以意象生动、寄寓悠远广受赞誉。

李商隐

李商隐（约 812 ~ 858 年），晚唐杰出诗人。字义山，号玉溪生、樊南生，原籍怀州河内（今河南沁阳），自祖父起迁居郑州荥阳。李商隐远祖乃是唐开国功臣，并被赐姓李，至李商隐已经没落。李商隐 18 岁时已具才名，被郑州节度使令狐楚所赏识，召为幕僚。26 岁时中进士，因令狐楚已病逝，又为在今甘肃任节度使的王茂元所看重，召为幕僚兼女婿。无奈令狐楚与王茂元乃是唐末“牛李党争”中的政敌，宣宗时，令狐楚子令狐绹任宰相，李商隐遭其排挤，辗转于各藩镇充当幕僚，潦倒终生。

在文学上，李商隐被视为晚唐最杰出的诗人之一。晚唐时，诗歌在前辈的光芒照耀下有大不如前的趋势，而李商隐却又将唐诗推向了又一次高峰，与杜牧齐名，两人并称“小李杜”。李商隐的诗歌对杜甫七律的沉郁顿挫、齐梁诗的华丽浓艳及李贺诗的诡异幻想均有所借鉴，并融会贯通，形成了深情、缠绵、绮丽、精巧的风格。在其留下的近 600 首诗作中，最有特色也最受后人推崇的是凄迷朦胧难以理解却又充满美感的无题诗。如著名的《锦瑟》：“锦瑟无端五十弦，一弦一柱思华年。庄生晓梦迷蝴蝶，望帝春心托杜鹃。沧海月明珠有泪，蓝田日暖玉生烟。此情可待成追忆，只是当时已惘然。”后人或猜以爱情，或猜以友情，或认为别有寄托，千百年众说纷纭。而这巨大的想象空间也正是其魅力所在，充满古典主义之美。另外其诗还有多用典故的特点，有人赞赏的同时，也有人认为未免失之晦涩，如鲁迅曾言：“玉溪生清词丽句，何敢比肩，而用典太多，则为我所不满。”

李煜

李煜（937 ~ 978 年），初字重光，号钟隐，徐州人，南唐后主。北宋建隆二年（961 年）在金陵（今南京）即位，在位 15 年，在政治上无所作为。北宋开宝八年

乐舞女群俑　唐

（975 年），宋兵攻克攻金陵，李煜成为亡国之君，被押到汴京，过了 3 年屈辱的囚徒生活。北宋太平兴国三年（978 年），宋太宗恼恨他写“故国不堪回首月明中”之句，将他毒死，葬在洛阳邙山。

李煜虽然政治无能，却多才多艺，工书法，善绘画，精音律，今存词 30 多首，是晚唐五代词人中成就最高的词人之一。李煜的词的主要艺术风格是多用口语和白描，不加修饰和辞藻，感情纯真而缺少节制，艺术感染力很强。他的词可以分为前后两种风格。前期的词描写了自己沉醉于纸醉金迷的宫廷享乐生活和男女之间的情爱之中，题材狭窄，主要是南朝宫体诗和花间词的继续，但已显示出了他的非凡才华。这一时期的代表作有《玉楼春》、《喜迁莺》、《一斛珠》、《长相思》、《清平乐》等。后期的词写于亡国之后，地位的巨大落差，给他带来了无穷的屈辱和痛苦，使李煜的思想产生了巨大的震撼。他的词开始写亡国之痛和对故国的深切怀念，以及对昔日帝王生活的眷恋，感情至深，充满了伤感和绝望，凄凉悲惨，意境深远，格调低沉。这一时期的代表作有《虞美人》、《浪淘沙》、《乌夜啼》。

唐宋八大家

唐宋八大家指的是唐代和北宋的八位著名散文作家：唐代的韩愈、柳宗元，北宋的欧阳修、苏洵、苏轼、苏辙、王安石和曾巩。唐宋八大家的文章不但震撼了当时的文坛，而且成为后世散文的楷模。明代古文家茅坤将他们 8 个人的作品合编为《唐宋八大家文钞》。由于这 8 位作家文学观点接近，而且都在散文创作上取得了很高的成就，因而“唐宋八大家”一提出，就被人们普遍接受，成为文学史上的专有名词。

南北朝以后，对仗工整，辞藻华丽，但内容空洞的骈文开始流行。有许多有识之士呼吁改革文风，但成效不大。到了唐朝中期，韩愈、柳宗元等人发起了声势浩大的“古文运动”。所谓“古文”，是针对骈文说的，指的是先秦两汉的散文。韩愈和柳宗元提出了一整套的古文写作理论，并创作了很多优秀的文章，如韩愈的《师说》、《进学解》、《杂说》等，柳宗元的《捕蛇者说》、《小石潭记》等。韩柳二人的古文运动直接影响了他们的朋友和学生，得到了他们的响应和追随，散文创作被推到了一个新的高度，沉重打击了骈文。

但到了北宋初期，骈文又开始泛滥。欧阳修继承韩愈、柳宗元古文运动的精神，联合同辈的苏洵，学生苏辙、苏轼、王安石、曾巩，再次大力倡导古文运动。他们也创作了一大批优秀的散文，如欧阳修的《五代史伶官传序》、《醉翁亭记》，王安石的《答司马谏议书》、《读孟尝君传》、《游褒禅山记》，苏洵的《六国论》，苏轼的《石钟山记》、《赤壁赋》，曾巩的《墨池记》等。唐宋八大家发起的古文运动，是中国古代散文发展史上的一座重要的里程碑。

柳永

柳永（约 987 ~ 约 1053 年），北宋婉约派代表词作家。字耆卿，原名三变，崇安（今属福建）人。其出身仕宦世家，幼时聪慧，擅长音律歌词。青年时到京城参加科举，却迷恋于烟花之地，因未被录取，愤而作《鹤冲天》，称“忍把浮名，换了浅斟低唱”，认为自己为青楼写词，也不失为“白衣卿相”。本来只是一时气话，谁知被宋仁宗得知，第二年科举时文章本已过关，宋仁宗却将他黜落，并批示：“且去浅斟低唱，何要浮名？”柳永听说，愤而自称“奉旨填词柳三变”，辗转于各地青楼，靠给妓女写词过活。51 岁上，柳永得中进士，做了 2 年官，又干起老行当，死后妓女凑钱将其安葬，并每年上坟，成为千古佳话。

残月晓风杨柳岸 清 任预
画题取自柳永的《雨霖铃》。红袖无言，默对残灯；游子怅惘，遥望楚天。

柳永凭其词作在文学史上占有一席之地。今存词 200 多首，其对于都市繁华、男女艳情、羁旅之怀等体裁均有涉及。风格上，柳词清新婉约，细腻独到，与李清照、晏殊、李煜共同被称为婉约派四大旗帜。代表作有《雨霖铃》。柳永作为我国第一位专力于写词的作家，对于词的发展起到了重要作用。其改制、创作了许多新词调，并极大地扩大了词的题材范围，突破了晚唐至宋初以来词的狭隘，为苏轼词的“无意不可入，无事不可言”奠定了基础。另外，柳永对于词的表现手法也多有贡献，并且用民间口语写作大量“俚词”。

晏殊、晏几道

晏殊（991 ~ 1055 年）、晏几道（1030 ~ 1106 年）父子二人，北宋初年，抚州临川（今属江西）人，其词作相映生辉，闻名于当世，后世词话家称之为“二晏”，或“大小晏”。二人词作，均承南唐传统，但在“赡丽”之中有沉着的内容，并不流于轻倩、浮浅。

晏殊，字同叔，是北宋前期婉约派词人之一。自幼以神童闻名，14 岁时就因才华横溢而被朝廷赐为进士，仕途顺畅，官至宰相，故其词作多表达出一种悠闲雍容的气度，于平静之中给人留下余韵。如《浣溪沙》：“一曲新词酒一杯，去年天气旧亭台。夕阳西下几时回？无可奈何花落去，似曾相识燕归来。小园香径独徘徊。”

晏几道，字叔原，号小山。其父亲去世后，家道中落，故他的词一改父亲的雍容闲适，而是形成哀感缠绵的风格，多怀往事，抒写哀愁，笔调饱含感伤，伤情深沉真挚，词风接近李煜。如《菩萨蛮》：“相逢欲话相思苦，浅情肯信相思否，还恐漫相思，浅情人不知。忆曾携手处，月满窗前路，长到月来时，不眠犹待伊。”甚至有人认为其成就超过其父，现存其词集《小山词》。

欧阳修

醉翁亭

欧阳修（1007 ~ 1072 年），北宋中期文坛领袖。字永叔，自号醉翁，晚年号六一居士，吉安永丰（今属江西）人。欧阳修幼年丧父，由寡母亲自课读。家贫，但读书刻苦，23 岁即中进士，30 岁已以文章名闻天下。早年欧阳修因支持范仲淹的“庆历新政”被两次贬到地方上做官，47 岁方奉诏回京，官至宰相。神宗时，王安石任宰相，推行变法，欧阳修与其政见不和，辞官还乡。

欧阳修在经学、史学、诗文等方面均有突出成就。曾参与《新唐书》的撰写工作，并独自撰写《新五代史》。其诗歌对李白、杜甫均有借鉴，成就斐然，并写有我国第一本正规的诗话《六一诗话》。欧阳修最大的成就在于散文方面。宋初文坛沿五代余风，崇尚片偶雕琢之文。欧阳修力主古文，并通过嘉祐二年（1057 年）主持科举的机会，录取以古文写作的苏轼、苏辙、曾巩等人，一举扭转北宋文风，成为领导文坛新潮流的盟主。其一生写散文500余篇，政论、史论、记事、抒情文各题兼备，大都内容充实，气势旺盛，深入浅出，精练流畅。后人论文，多以韩、柳、欧、苏为典范，其中的“欧”，就是欧阳修。“论大道似韩愈，论事似陆贽，记事似司马迁，诗赋似李白”，这是苏轼对欧阳修的评价。

王安石

王安石（1021 ~ 1086年），北宋文学家。字介甫，号半山，封荆国公，世称王荆公。王安石生于江西临川一个地方官家庭，自幼聪慧，据说对书籍过目不忘。22岁中进士，在江南各地任地方官。神宗继位后，面对宋王朝积贫积弱的烂摊子，任用王安石为宰相，进行变法。王安石主要在增加政府财政与整顿军事方面进行了变革，但因变法宣传力度不够，推行不彻底，利弊兼有，在当时乃至后世一直褒贬不一。神宗去世后，王安石隐居江宁，司马光为相，尽废新法，王安石在复杂的心情中逝世。

在文学上，王安石在诗文方面均有卓越成就。其文学创作多和政治活动密切联系起来，所作文多为书、表、记、序等体式的论说文，以阐述政治见解与主张。其文结构严谨，条理清晰，说理透彻，语言朴素精练，具有较强的概括性。这对于巩固由欧阳修等人发起的北宋诗文革新运动的成果起了积极的作用。王安石也因此被列为“唐宋八大家”之一。另外，在诗歌创作上，王安石诗作情感充沛，想象丰富，用字工稳，对当代和后世都有影响，被称为“王荆公体”。

苏轼

苏轼（1037 ~ 1101年），字子瞻，一字和仲，号东坡居士，北宋眉州眉山（今属四川）人，文学家苏洵之子。

苏轼受父亲的影响，自幼勤奋好学，21岁中进士，曾担任主簿、通判等地方官。在政治上，他属于旧党，反对王安石变法，结果遭到贬斥。旧党上台后，他被召回京任职，但他又反对旧党全盘否定变法内容，自请外调，先后担任过杭州等地的地方官。在担任地方官期间，苏轼勤政爱民，

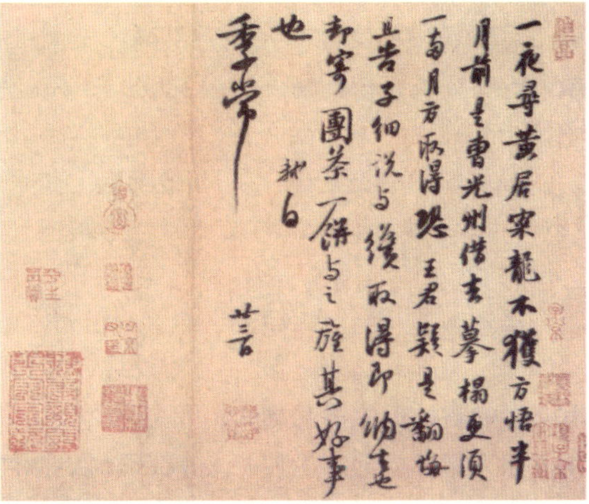

致季常尺牍　北宋　苏轼

苏轼在书法上造诣很高，为宋四家之一。

为人民做了不少好事。1101 年，苏轼病死在常州，追谥文忠。

在苏轼以前，词的题材非常狭窄，主要是描写男女情爱和离愁别绪之类。苏轼对词进行了全面改革，扩大了词的表现功能，开拓了词的意境，将传统上表现女性化的柔情之词、爱情之词表现为男性化的豪情之词、性情之词。他的词里，既有对“故垒西边，人道是、三国周郎赤壁”的古战场的描写，又有“雄姿英发”、“羽扇纶巾”等对古代英雄的描写，还有“会挽雕弓如满月，西北望，射天狼”的壮志豪情，有“笔头千字，胸中万卷，致君尧舜”的书生意气，也有“不知天上宫阙，今昔是何年”的神思异想。苏轼开创了词的豪放一派，他的词意境深远，豪迈奔放，与辛弃疾并称“苏辛”，对后世影响很大。

苏轼的散文与欧阳修并称“欧苏”，他的诗与黄庭坚并称“苏黄”。他还开创了湖州画派，并且是北宋四大书法家之一。苏轼是中国文化史上罕见的全才，有《东坡七集》、《东坡乐府》等。

周邦彦

周邦彦（1056 ~ 1121 年），北宋婉约派词作集大成作家。字美成，号清真居士，钱塘（今浙江杭州）人。少年时期个性比较疏散，但喜欢读书，读太学时因写文称赞新法而被神宗提拔为太学正，徽宗时担任宫廷音乐机构主管官员等官职。周邦彦被认为是“负一代词名”的词人，在宋代影响甚大。其词承继并融合柳永、秦观等人特点，在艺术上善于铺叙，形成曲折回环、开阖动荡、抑扬顿挫之势。加之妙于剪裁，精巧工丽的语言特色，形成了浑厚、典雅、缜密的艺术风格，被认为是婉约词派的集大成者。因其词音律严整，格调精工，多创新调，又被认为是格律派的创始人，开南宋姜夔、吴文英格律词派先河，影响极大。不过其词题材多为男女恋情、咏物怀古、羁旅行役，内容比较窄，境界不高。王国维在《人间词话》言：“美成深远之致，不及欧、秦，唯言情体物，穷极工巧，故不失为第一流之作者，但恨创调之才多，创意之才少耳。”

李清照

李清照（1084 ~约 1155 年），自号易安居士，齐州章丘（今山东章丘）人，出身官僚学者家庭。18 岁时，与情投意合的赵明诚结婚。婚后夫妇二人经常诗词酬唱，收集金石古玩，生活美满幸福。金兵南侵后，李清照南渡，经历了国破、家亡、夫死等一系列悲惨遭遇，孤独一人在南方过着颠沛流离的生活。

李清照多才多艺，尤其擅长写词。她的词以南渡为界限，可以分为两个阶段。在前期，闺房绣户和对丈夫的思念是李清照生活的全部，美满的婚姻是李清照的人生理想。她这一时期的词主要描写的是少女少妇的悠闲生活和对丈夫的爱，还有一些对自然风光的描写。这一时期的代表作有《如梦令·昨夜雨疏风骤》、《凤凰台上忆吹箫》、《一剪梅》、《醉花阴》。语言活泼清新，格调明快，情思悠长，情感真切，言辞浅显但意味悠长。后期的词比前期更加愁思深重，多是一些哀叹身世、孤苦无依之作，同时也流露出对中原的思念之情。语言低沉忧伤，词境灰冷凝重。这一时期的代表作有《武陵春》、《声声慢》等。

除了词，李清照还写了一些感时的咏史诗，如《浯溪中兴颂诗和张文潜》，借古讽今，主张吸取唐朝“安史之乱”的教训。《夏日绝句》中的“至今思项羽，不肯过江东”，表达了李清照对南宋君臣苟安东南、不思收复中原表示强烈的愤慨。

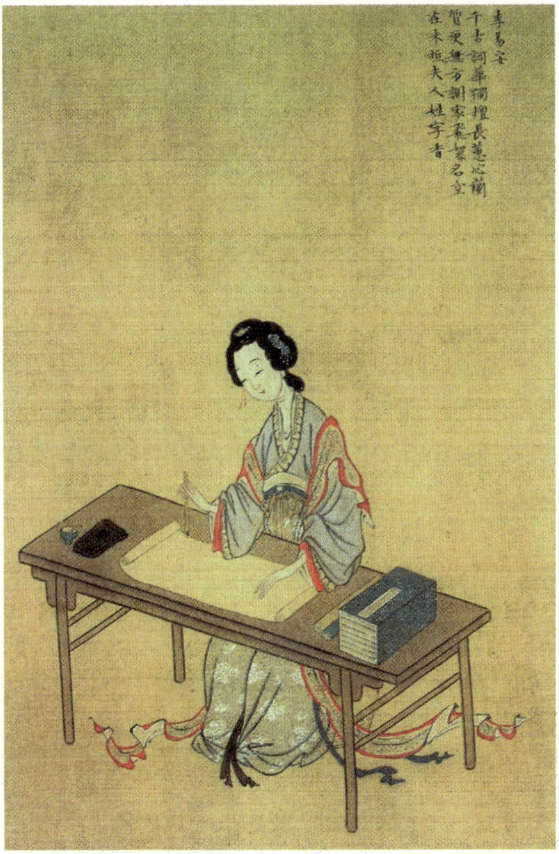

千秋绝艳图之李清照

陆游

陆游（1125 ~ 1210 年），南宋诗人。字务观，号放翁，越州山阴（今浙江绍兴）人。陆游自幼好学，青年时代曾向曾几学诗，他的诗受屈原、陶渊明、李白、杜甫等人的影响很大。29 岁时，赴南宋都城临安（今杭州）考试，名列第一。但因为他“喜论恢复”，结果被除名。直到秦桧死后，才被起用。先后任夔州、蜀州、嘉州、荣州通判、知州等小官。因上书谏劝朝廷减轻赋税而被罢免，此后长期居住在农村。1210 年病逝。

他的诗现存约 9000 多首，内容非常丰富，几乎涵盖了当时社会生活的各个方面。他的诗歌创作可以分为 3 个时期：1. 中年入蜀以前。这一时期存诗最少，约 200 首左右。2. 入蜀以后到罢官东归，将近 20 年。这一时期存诗 2400 多首，是他诗歌创作的成熟期，奠定了他在中国文学史上的地位。3. 东归以后到去世，时间为 20 年，存诗约 6500 多首。在陆游诗歌创作的 3 个时期中，爱国主义精神贯穿始终，第二时期尤为强烈，他的诗或抒发收复失地的壮志豪情，或深切同情沦于外族统治的中原父老，或表示对南宋朝廷投降主义政策的强烈不满和壮志难酬的悲哀。直到临死前，他还留下了一首《示儿》诗，表达自己因山河破碎，国土沦陷而死不瞑目，感人至深。陆游的代表作有《关山月》、《书愤》、《金错刀》、《农家叹》、《黄州》、《长歌行》等。陆游的词纤丽、雄快，代表作有《诉衷情·当年万里觅封侯》、《卜算子·驿外断桥边》等。

辛弃疾

辛弃疾（1140～1207年），字幼安，号稼轩，历城（今山东济南）人。1161年，金海陵王完颜亮发动侵宋战争，金统治区的人民纷纷起义，辛弃疾加入耿京起义军。次年，耿京被害，辛弃疾俘获凶手后，率大军归宋，任江阴军签判。辛弃疾在担任地方官期间，重视农业生产，积极训练军队，表现了非凡的政治才能和军事才能。他屡次上书要求南宋政府北伐抗金，结果遭到了南宋统治阶级投降派的排斥和忌恨，辛弃疾为此被罢职闲居20年之久。晚年时曾被短暂起用，但不久又遭贬斥，最后含恨而终。

辛弃疾是南宋伟大的爱国词人，他把满腔爱国激情和南渡以来的无限义愤，全部融入词中。他继承和发展了苏轼豪放词风，他的词慷慨激昂，纵横驰骋，既善于用典，也善于白描，提高了词的表现力，开拓了词的意境，成为南宋最杰出词人之一。人称他的词“色笑如花，肝肠如火”。辛词多方面反映了当时尖锐的社会矛盾和南宋统治阶级的内部矛盾，描写了错综复杂、动荡不安的社会现实，表现了非凡的英雄气概和积极主张抗金，收复失地，统一全国的热忱。除此以外，辛弃疾还写了很多描写农村田园生活和隐逸情趣的词，如《西江月·夜行黄沙道中》、《浣溪沙·常山道中即事》等，语言平常清新。他的代表作有《永遇乐·京口北固亭怀古》、《水龙吟·登建康赏心亭》、《破阵子·为陈同甫赋壮词以寄至》、《菩萨蛮·书江西造口壁》等。今存词600多首，有《稼轩长短句》。

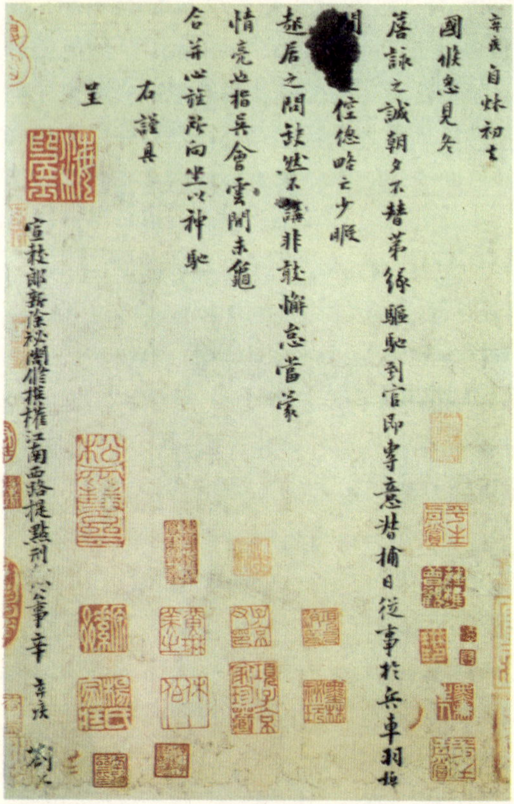

辛弃疾手书

姜夔

姜夔（1155 ~ 1221 年），南宋婉约派词作家。字尧章，号白石道人，又号石帚，饶州鄱阳（今江西鄱阳）人。出身书宦门第，自小谙熟诗词音乐，但其父早亡，后陷入孤贫。成年后屡试不第，终生未仕，漂泊于江湖之间，以诗词、音乐及书法与人交往，借此谋取生计。

姜夔的词作今存 80 多首，多为记游、咏物、抒写个人身世或表现离别相思之作，也有少量感慨时事之作。其词感情饱满，语言工妙，格律严密，风格清幽冷隽，有以瘦硬清刚之笔调矫婉约词柔媚无力之意，代表作《扬州慢》、《疏影》等。姜夔的词另一个重要特点是注重音乐性，这一点上承周邦彦，下开吴文英、张炎一派，是格律派的代表作家，对后世影响较大。晚年受辛弃疾影响，词风有所转变，写有《永遇乐》、《汉宫春》等豪放风格的词作。

小红低唱我吹箫

元好问

元好问（1190 ~ 1257 年），金末元初的北方文坛盟主。字裕之，号遗山，世称遗山先生，山西秀容（今山西忻州）人。出身于一个世代书香的官宦人家，据说祖先原为北魏皇室鲜卑族拓跋氏。自小聪慧，有神童之称，青年时得中进士，历任金朝内乡令、南阳令、行尚书省左司员外郎等官职，后金为元所灭，不仕。

元好问是宋金对峙时期北方文学的主要代表、文坛盟主，又是金元之际承前启后的重要作家。元好问在诗、词、文等诸方面均有突出成就，今存其诗 1000 多首，词 300 余首。其诗奇崛而绝雕琢，巧缛而不绮丽，主要成就在于丧乱诗的思想价值和山水诗的审美价值；其词以苏、辛为典范，兼有豪放、婉约诸种风格，被称为金代词坛第一人；其文则继承唐宋大家传统，清新雄健，长短随意，众体悉备；其还著有笔记小说集《续夷坚志》，艺术上的成就也颇为可观。另外，元好问还是一位高明的文艺理论家，著有《论诗三首》、《论诗三十首》等诗论。

元曲四大家

元曲四大家包括关汉卿、马致远、郑光祖和白朴。

关汉卿，生卒年不详。号已斋叟，大都（今北京）人，或说祁州（在今河北）、解州（在今山西）人。关汉卿一生编写了 67 部杂剧，现存 18 部，代表作有《窦娥冤》、《救风尘》、《望江亭》、《拜月亭》、《鲁斋郎》、《单刀会》、《调风月》等。关汉卿的杂剧充满着浓郁的时代气息，具有强烈的现实性和昂扬的战斗精神，反映的生活面十分广阔，被后人列为四大家之首。

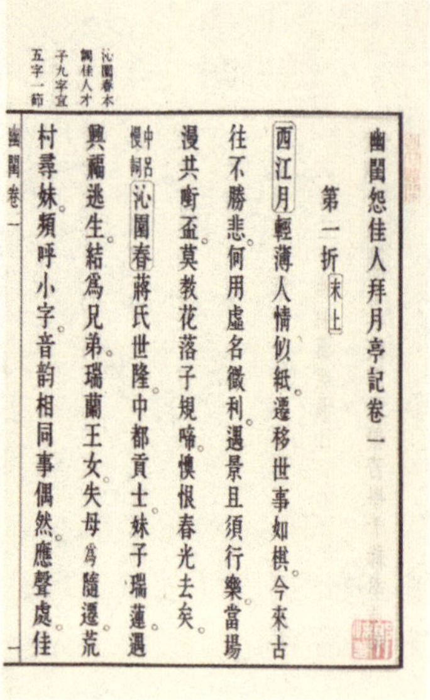
沁園春本調佳人才子九字宜五字一節
幽閨怨佳人拜月亭記卷一
第一折（末上）
西江月 輕薄人情似紙。遷移世事如棋。今來古往不勝悲。何用虛名微利。遇景且須行樂。當場漫共銜盃。莫教花落子規啼。懊恨春光去矣。
中呂慢詞 沁園春 蔣氏世隆。中都貢士。妹子瑞蓮。遇興福逃生。結爲兄弟。瑞蘭王女。失母爲隨遷。荒村尋妹。頻呼小字。音韻相同事偶然。應聲處。佳
幽閨卷一 一

《拜月亭》书影

马致远（约 1250 ~ 约 1324 年），号东篱，一说千里，大都（今北京）人。曾任江浙行省官吏，后归隐山林。一生著有杂剧 15 部，今仅存《破幽梦孤雁汉宫秋》、《江州司马青衫泪》、《西华山陈抟高卧》、《吕洞宾三醉岳阳楼》、《马丹阳三度任风子》、《半夜雷轰荐福碑》和《邯郸道省悟黄粱梦》（合著）7 部。代表作《汉宫秋》。

郑光祖，生卒年不详，字德辉，平阳襄陵（今山西临汾附近）人。曾任杭州路吏。他的杂剧著作很多，但流传至今的只有 8 部，代表作为《倩女离魂》。他的剧作词曲优美，贴切自然，备受后世剧作家的推崇。

白朴（1226 ~ 1306 年），字太素，号兰谷，今山西河曲人。一生作杂剧 16 部，今仅存《唐明皇秋夜梧桐雨》、《裴少俊墙头马上》和《董月英花月东墙记》3 部，代表作为《梧桐雨》。

前后七子

“前后七子”，指代明朝中叶的诗文流派。“前七子”指李梦阳、何景明、王九思、徐祯卿、康海、边贡、王廷相 7 人，其中以李、何为首，活跃于弘治、正德间。该说

法最早见于《明史·李梦阳传》，为区别后来出现的“后七子”，故名。7人皆为进士，多负气节，不满明中叶腐败的政治和庸弱的士气，强烈反对当时流行的台阁体诗文和“缓冗沓，千篇一律”的八股习气。其文学主张是“文必秦汉、诗必盛唐”，旨在通过复古拯救萎靡不振的诗风。“前七子”在文坛崛起后，其复古主张迅速流行，成为文学思想的主流。“后七子”指李攀龙、王世贞、谢榛、宗臣、梁有誉、徐中行、吴国伦，其中以李、王为首，活跃于嘉靖、隆庆间。“后七子”继承了“前七子”的复古主张，并且更加绝对，“谓文自西京、诗自天宝而下，俱无足观”，“无一语作汉以后，亦无一字不出汉以前”。“后七子”称霸文坛的时间更长，影响也更大，将复古运动推向了高潮。总体而言，“前后七子”称霸了自弘治以后的明朝文坛，甚至影响直抵清代。其作品对改变明朝过于萎靡的文风起到了重要作用，但创造性显得不足，不过也有少数好作品，如李梦阳的《秋望》、宗臣的《报刘一丈书》等。

徐渭

徐渭（1521 ~ 1593年），明代文坛的怪杰。初字文清，后改字文长，号天池山人等。徐渭出生于浙江绍兴一个没落官僚世家，少有才名，但科举却屡试不第。37岁时，应浙江总督胡宗宪之邀，入为幕僚，在抗倭战斗中曾以奇计破倭寇。后权相严嵩倒台，胡宗宪因与其结交而下狱，徐渭的政治生涯结束。徐渭生性狂放不羁，又深受王阳明的心学影响，故心高气傲，不拘礼法，常有惊世骇俗之举。曾因精神失常杀死妻子，下狱7年。晚年拒绝结交上门的权贵，借酒浇愁，酒醉后又多次自残。

在艺术上，徐渭才气横溢，在诗文、戏剧、书画方面均卓然成家。与其同时代的公安派领袖袁宏道称其诗文“一扫近代芜秽之习”，“无往而不奇”，并尊之为明代第一。徐渭的戏剧则受到汤显祖的赞誉，称其为“词坛飞将”，杂剧《四声猿》、《歌代啸》等都是上乘之作。另外，徐渭的书法、绘画也受到当时及后人的推崇。对于自己的各种才能，徐渭曾

徐渭作品

自言:“吾书第一，诗次之，文次之，画又次之。”

汤显祖

汤显祖（1550 ~ 1616 年），明末戏曲家。字义仍，号海若、清远道人，江西临川人。其出身书香门第，少有才名，14 岁中秀才，21 岁中举，却因拒绝权相张居正的延揽而屡次举进士不第。直到张居正死后，他才得中进士，其时已 34 岁。汤显祖在政治上一直不得志，历任南京教育和祭祀的主管官员。明朝以北京为京师，以南京为留都，虽然两京机构设置相同，但南京官员实际上没什么权力。后汤显祖因上书弹劾先后执政的张居正和申时行而被贬，成了从九品的小官，后又当了几年知县。48 岁时，对政治倦怠的汤显祖辞官回家进行创作。

汤显祖在明代文坛名声并不显赫，《明史·文苑传》中并没有他的名字。其主要才气都用在了传奇（南曲）的创作上，传世之作有《牡丹亭》、《邯郸记》、《紫钗记》、《南柯记》。因 4 部戏剧都与“梦”有关，故世称“临川四梦”。其中，以《牡丹亭》最负盛名，据说其一问世，“家传户诵，几令《西厢》减价”。汤显祖在中国和世界文学史上都有着重要的地位。

《牡丹亭》年画　清

南洪北孔

南洪指的是洪昇，北孔指的是孔尚任。洪昇（1645 ~ 1704 年），中国清代戏曲作家、诗人。字昉思，号稗畦、稗村，又号南屏樵者。浙江杭州人，生于官宦家庭。从小聪明好学，18 岁时开始创作《沉香亭》，后改名《舞霓裳》，23 岁时又将《舞霓裳》改为《长生殿》。27 岁时《长生殿》问世，上演后引起轰动。后因违禁演出《长生殿》，被捕下狱，后被逐出北京。从此洪昇过着郁郁寡欢的生活，终因酒后溺水而死。洪昇一生创作了《长生殿》、《回文锦》等 9 部传奇和杂剧《四婵娟》。诗集有《啸月楼集》、《稗畦集》、《稗畦续集》。词集有《思词》和《啸月词》。

孔尚任（1648 ~ 1718 年），清代著名戏曲家。字聘之，又字季重，号东塘，别号岸堂，自称云亭山人。兖州曲阜（今山东曲阜）人，孔子六十四代孙。青年时在石门山隐居读书。康熙二十三年（1684 年），康熙经过曲阜，孔尚任被荐去讲《论语》，受到康熙的赏识，被任命国子监博士。他曾先后到过扬州等地治河。在此期间，他凭吊南明的历史遗迹，结识明朝遗民。回到北京后，孔尚任用了十年时间写成了反映南明亡国的戏剧《桃花扇》，上演后大受欢迎。但由于戏剧的内容触犯了清廷的忌讳，结果被罢官回乡。孔尚任除了代表作《桃花扇》之外，还有《石门山集》、《湖海集》、《岸堂集》、《出山异数记》等。

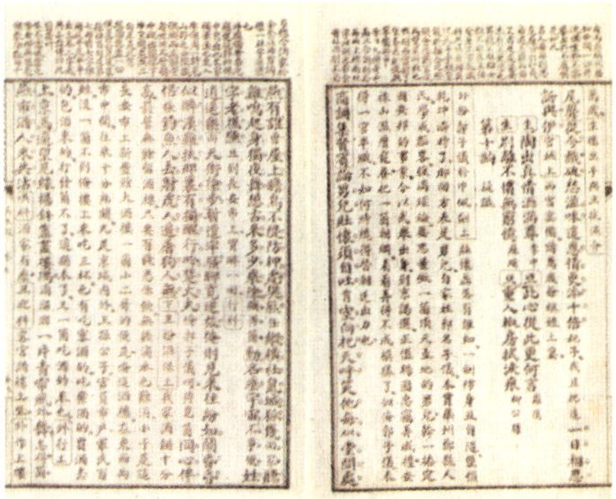
《长生殿》书影

李渔与《闲情偶寄》

清代杰出的戏曲理论家李渔（1610 ~ 1680 年）的贡献，就在于他以自己多年写剧和率家庭戏班从事实际演出的经验为基础，参照前人的成果，建立了一套完整的戏曲理论体系——《闲情偶寄》，其深度和广度都达到了中国古典戏曲理论的高峰，为戏曲理论批评史乃至中国文学批评史竖立了一块里程碑。

《闲情偶寄》在康熙十年（1671 年）刊刻，全书包括词曲、演习、声容、居室、器玩、饮馔、种植、颐养 8 部，但涉及戏曲理论的只有《词曲部》、《演习部》、《声容部》，故后人裁篇别出，辑为《李笠翁曲话》。这些内容全面广泛地论述了戏曲创作中的结构、语言、题材等问题，并且论述极为精辟。比如，他提出的“结构第一”命题，就含有命意、构思和布局几方面的论述。他把结构放在首位，依次为“词采第二”、“音律第三”、“宾白第四”、“科诨第五”、“格局第六”。李渔还针对当时戏曲舞台上的弊病，提出“立主脑”、“减头绪”、“密针线”等一整套理论。“立主脑”，也就是现在说的主题。他说：“古人作文一篇，定有一篇之主脑。主脑非他，即作者立言之本意也。”从而他又提出一部戏要有一主脑人物、一主脑事件，以中心线索为戏剧矛盾的基础。

李渔的戏曲理论的可贵之处在于他结合舞台实际经验要求，而且着眼比较全面，从而系统地总结了填词和演习等主要方面的理论。李渔是元、明以来戏曲理论的集大成者，为中国戏曲理论批评的发展做出了巨大的贡献。

蒲松龄

蒲松龄（1640 ~ 1715 年），清代小说家。字留仙，又字剑臣，号柳泉居士，世称聊斋先生。出身于山东淄博一个中小地主兼商人家庭，19 岁应童子试，接连考取县、府、道三个第一，名震一时。但之后再也未能“晋级”，直到 71 岁才获荣誉性的

《聊斋志异·促织》插图

岁贡生头衔。一生除做过几年幕僚外，大部分时间设帐教书。

蒲松龄的不朽名声主要来自其短篇小说集《聊斋志异》。据说蒲松龄曾设茶烟于道旁，“见行者过，必强与语，搜奇说异”。他在《聊斋志异》自序中言：“才非干宝，雅好搜神；情类黄州，喜人谈鬼。闻则命笔，遂以成篇。”中国本来有记录怪异的传统，如晋人干宝的《搜神记》、宋代又有《太平广记》等。但多只记录故事的梗概，蒲松龄则首次以写传奇的方式记录志怪，极尽渲染之能事，将那些鬼怪狐仙的故事讲得细微曲折，引人入胜，故《聊斋志异》被当作一本千古奇书。被称为“作家们的作家”的阿根廷作家博尔赫斯就对《聊斋志异》赞赏不已。蒲松龄可能不会想到，其生前一生不得志，死后却获得如此显赫名声。

吴敬梓

吴敬梓（1701 ~ 1754 年），字敏轩，号粒民，因曾移居南京秦淮河畔，故又自称“秦淮寓客”，安徽全椒人。出身官僚家庭，曾祖父曾是顺治年间探花，至其父吴霖起，家道开始衰落。吴霖起为人正直，不慕名利，吴敬梓深受其影响，并在少年时期跟随其宦游大江南北，对社会有所了解。吴霖起死后，族人为争夺财产而发生了激烈的争夺。经历此变故，吴敬梓看清了世人的真面目，对虚伪的人际关系深感厌恶。因其生性豪爽，“遇贫即施”，不到 10 年，产业荡尽。族人骂他为败类，他更体会到世态炎凉。此前，他曾参加过几次科举，一直未能中举，至此，他更进一步厌倦功名，鄙弃世俗。33 岁时，举家迁往南京，以卖文为生。因其有一定才名，加之之前曾经富贵，在与社会各色人物的广泛接触过程中，其对于世间尤其是儒林的虚伪有了清晰的认识，费 20 年心血著成《儒林外史》。该小说对儒林和科举制度进行了尖锐的讽刺，并旁及封建人伦关系、官僚制度，奠定了我国古典讽刺小说的基础。另外，吴敬梓还创作了大量的诗歌、散文和史学研究著作，有《文木山房诗文集》12 卷，今存 4 卷。

曹雪芹

曹雪芹（1715 ~ 1763 年），名霑，字梦阮，号雪芹、芹圃、芹溪。祖籍辽宁，先祖乃是汉族，后被编入满族正白旗。其高祖曹振彦因“从龙入关”，立下军功，成为内务府官员，曹家发达起来。后曹雪芹的曾祖母又当了康熙的奶妈，祖父曹寅则做了康熙的伴读。康熙登基后，曹雪芹的曾祖父曹玺被任命为江宁织造，父死传子。江宁织造虽官职不高，实际上却是皇帝派驻江南的特使，康熙 6 次南巡，4 次住在曹府，其恩宠可见一斑。《红楼梦》中的所说的“江南的甄家”4 次接驾便映射此事。后来康熙一死，新继位的雍正皇帝便以“亏空甚多”等理由将曹雪芹的父亲曹頫革职，并抄没家产，曹家搬回北京。曹雪芹的后半生居住在北京西郊，过着“举家食粥”的艰难日子。正是在这种前半生的富贵与后半生的凄凉的巨大反差之中，曹雪芹看破人间炎凉，产生了创作冲动。其“披阅十载，增删五次”，创作出优秀的古典小说《红楼梦》。

怡红夜宴图　清

《红楼梦》一问世便受到广泛关注，并且后来还非常罕见地发展出了一门专门研究《红楼梦》的“红学”。但在古代，小说是不入流的，故《红楼梦》虽然有名，但曹雪芹在生前和死后相当长时间内都是寂寞的，《清史稿·文苑传》中并没有他的名字。故此，曹雪芹的身世相当程度上是一个谜。据说曹雪芹生性豪放不羁，崇拜阮籍，故取字梦阮（籍）。曹雪芹还是一位诗人，其诗立意新奇，风格近于唐代诗人李贺。另因自胡适以来，“红学界”已经达成共识，《红楼梦》乃是曹雪芹的“自序传”，故读《红楼梦》，或许才是了解曹雪芹的最佳途径。

刘鹗

刘鹗（1857 ~ 1909 年），晚清文学家、金石专家，原名孟鹏，字云博，后更名为鹗，字铁云，笔名洪都百炼生，江苏丹徒人。自幼聪颖，对数学、医学等都有研究。在金石方面，他搜罗龟甲，著有《铁云藏龟》一书，是研究甲骨文的重要文献。就目前所见的资料来看，《老残游记》是他唯一的一部小说创作。这部作品在中国的小说史上占有重要的地位，为清末四大谴责小说之一。此外，《〈老残游记〉初编自序》、《〈老残游记〉二编自序》以及《老残游记》初编卷一至卷十七的评语，是重要的小说理论资料。就作品来看，《老残游记》以江湖医生老残的游历为线索，反映了晚清的某些社会现实。“棋局已残，吾人将老，欲不哭泣也得乎？”《老残游记》的世界可以说是中国近代社会的缩影。

吴趼人

吴趼人（1867 ~ 1910 年）晚清小说家，名沃尧，原名宝震，字小允，又字茧人，后改为趼人，广东南海人。出生于官僚地主家庭，一生致力于小说创作和报刊编辑。在理论上重视小说的趣味性和移情作用，提倡“寓教育于闲谈”，反对枯燥呆板的说教。他还认为既是小说，也是正史的“辅翼”，具有重要的社会作用。在小说技巧上，他强调作品立意与摹绘的传神。其作品主要有长篇小说《二十年目睹之怪现状》、《痛史》、《九命奇冤》等 12 种，还有短篇小说 5 种。其中《二十年目睹之怪现状》是清末四大谴责小说之一，也是作者的代表作品。这是一部带有自传性质的小说，通过九死一生（作者的影子）在 20 年中所见的无数怪现状，描绘了一幅晚清社会的百相图，在我国的文学史上占有重要的地位。

小令长调

念奴娇

念奴是唐天宝年间的著名歌女，“善歌唱……声出于朝霞之上，虽钟鼓笙竽，嘈杂而莫能遏”，音调高亢悦耳，据说唐玄宗很喜欢听她演唱。这个词牌是为了纪念她而创立的。相传，唐玄宗曾亲自填词，命念奴歌唱，果然娇滴滴如夜莺啼鸣，婉转似百灵歌唱，活泼似鸳鸯戏水。唐玄宗龙颜大悦，就将此曲命名为“念奴娇”。

雨霖铃

雨霖铃，词牌名，也写作“雨淋铃”。唐玄宗为避安禄山之乱出逃，在马嵬坡将杨玉环赐死。在平定叛乱之后，玄宗北还，一路戚雨沥沥，风雨吹打在皇鸾的金铃上，使他更加思念杨贵妃。正如《明皇杂录》里写道：“明皇既幸蜀，西南行，初入斜谷，属霖雨涉旬，于栈道雨中闻铃，音与山相应。上既悼念贵妃，采其声为《雨霖铃》曲，以寄恨焉。”这就是词牌《雨霖铃》的来历。曲调自身就具有哀伤的成分。宋代柳永的“雨霖铃”最为有名，而其中的“多情自古伤离别”一句更成为千古名句。

明皇幸蜀图　唐　李昭道

此图描绘唐玄宗为避安史之乱而行于蜀中的情景，画中山石峻立，着唐装的人艰难行于途中。

踏莎行

踏莎行，原指春天于郊外踏青。据说，寇准在初春的一天和朋友们去郊外踏青，忽然就想起了唐代诗人韩翃“踏莎行草过春溪”这句诗，于是就作了一首新词，名为“踏莎行”。“踏莎行”的“莎”字是指莎草，也叫“香附子”，是一种多年生的草本植物。

菩萨蛮

“菩萨蛮”不指观音菩萨。《菩萨蛮》，是唐教坊曲，后用为词牌。亦作《菩萨鬘》，又名《子夜歌》、《重叠金》等。唐宣宗（李忱）大中年间，女蛮国派遣使者进贡，她们身上披挂着珠宝，头上戴着金冠，梳着高高的发髻，号称菩萨蛮队，当时教坊就因此制成《菩萨蛮曲》，于是后来“菩萨蛮”成了词牌名。唐·苏鹗《杜阳杂编》:“大中（847 ~ 859 年）初，女蛮国贡双龙犀，明霞锦，其国人危髻金冠，缨络被体，故谓之‘菩萨蛮’。当时倡优，遂歌《菩萨蛮曲》，文士亦往往效其词。”许多文人骚客都写过以“菩萨蛮”为词牌（曲牌）的诗词，其中以温庭筠《菩萨蛮》十四首最有名。

虞美人

“虞美人”是著名词牌之一，此调原为唐教坊曲，初咏项羽宠姬虞美人，因以为名。楚汉相争，西楚霸王兵败乌江，四面楚歌，知道不能突围，就劝虞姬另谋生路。但是虞姬哪肯同意，她执意追随项羽，拔剑自刎。虞姬血染之地，长出了一种颜色鲜艳的花，这种花被后人称为“虞美人”。后来，大家为表达对虞姬的忠贞节烈的钦佩，就创作了词曲，以“虞美人”为曲名，倾诉衷肠。后来，“虞美人”就渐渐演化为词牌名。

虞美人词牌多用于婉约之词。

贺新郎

“贺新郎”与婚宴无关。“贺新郎”最初的名字是“贺新凉”，又名“金缕曲”、“乳燕飞”、“貂裘换酒”。清代的《古今词话》中记载了这个词牌的来历：“东坡守杭州，湖中宴会，有官妓秀兰后至，问其故，以结发沐浴忽觉困倦对，宾客颇恚恨。”秀兰受责怪后，于是在酒席上摘石榴花献给在座宾客，未曾想更激怒了宾客。苏轼为此赋“贺新凉”，即“乳燕飞华屋”也。秀兰演唱之后，大家才止住愤怒，继而高兴起来。以“贺新郎”为词牌名的词作大多感伤或悲愤，和婚宴气氛不合。

鹊桥仙

关于“鹊桥仙”这一词牌的来历，一说是欧阳修有词“鹊迎桥路接天津”一句，词牌名由此而来。还有一种说法是，此调因咏牛郎织女鹊桥相会而得名。以上两种说法都说明这一词牌与“鹊桥相会”的神话有关。古时候，关于“鹊桥”的神话，以东汉的《风俗通》中“织女七夕当渡河，使鹊为桥”的记载为最早。到唐代的时候，民间的传说更加普遍，很多是人都曾吟咏。此调也是这段时间产生的。

青玉案

“青玉案”出自东汉张衡的《四愁诗》：“美人赠我锦绣段，何以报之青玉案。”“锦绣段”就是“锦缎”，丝织品，表面有彩色花纹。“案”指放食物的小几，形状如有脚的托盘。

钗头凤

红酥手，黄縢酒，满城春色宫墙柳。东风恶，欢情薄，一怀愁绪，几年离索。错，错，错！

春如旧，人空瘦，泪痕红浥鲛绡透。桃花落，闲池阁，山盟虽在，锦书难托。莫，莫，莫！

陆游此作可称钗头凤词牌的代表作

陆游的《钗头凤》，是一篇“风流千古”的佳作，它描述了一个动人的爱情悲剧。据《历代诗馀》载，陆游年轻时娶表妹唐婉为妻，感情深厚。但因陆母不喜唐婉，威逼二人各自另行嫁娶。十年之后的一天，陆游沈园春游，与唐婉不期而遇。此情此景，陆游“怅然久之，为赋《钗头凤》一词，题园壁间”。这便是这首词的来历。

但是，词牌“钗头凤”最早却不是出自陆游。“钗头凤”是根据五代时的《撷芳词》改成的。不过，是在陆游之后，这个词牌才被文人广泛采用了。

沁园春

“沁园春”是中国古代文苑中一枝常开不败的奇葩。其词调取名于东汉沁水公主园。据《后汉书》卷五十三《窦宪传》记载：宪恃宫掖声执，遂以贱直请夺沁水公主田园，主逼畏不敢计。后肃宗驾出，过园，指以问宪，宪阴喝不得对。后发觉，帝大怒，召宪，切责……宪大震惧。皇后为毁服深谢，良久乃得解，使以田还主。后人感叹其事，多咏叹之。

沁园因汉明帝对沁水公主的宠爱，成为有史以来中国第一个皇家园林，又以窦宪夺园、和帝罢免的故事传唱至今。后人作诗来吟咏这件事，此调因而得名“沁园春”。

水调歌头

相传，隋炀帝在开凿大运河的时候，曾作了一首《水调歌》，唐代的时候发展成大型的舞曲。因为凡是大曲都有几个乐章组成，“歌头”就是开头第一段。《水调歌》由散序、中序、入破三部分组成。“歌头”为中序的第一章，又叫“元会曲”、“凯歌”、“台城游”。

浣溪纱

西施浣纱

“浣溪纱”词牌典出“西施浣纱”。西施是春秋末期越国的女子。她在河边浣纱的时候，清澈的河水映照着她俊俏的身影，连鱼儿看见倒影都忘记了游水，渐渐沉到河底。相传西施浣纱的地方处于今天浙江绍兴的若耶溪，该溪因此得名“浣纱溪”。

奇诗妙文

回文诗

回文是汉语特有的一种使用词序回环往复的修辞方法，文体上称为“回文体”。而回文诗是一种按一定法则将字词排列成文，回环往复都能诵读的诗。这种诗的形式变化无穷，非常活泼。能上下颠倒读，能顺读倒读，能斜读，能交互读。

回文诗的格式有两种：一是全诗可以倒读成另一首诗，一般都只写出正读的那首，倒读的由读者自己体会；另一种是诗中后一联诗句为前一联诗句的倒读，或每联的对句均为出句的倒读。例如：

南朝梁元帝《后园作回文诗》正读：“斜峰绕径曲，耸石带山连。花余拂戏鸟，树密隐鸣蝉。”倒读：“蝉鸣隐密树，鸟戏拂余花。连山带石耸，曲径绕峰斜。”

明代唐伯虎所作《十字回文诗》中十个字：“悠云白雁过南楼半色秋。”可以有规律地重叠读成：“悠云白雁过南楼，雁过南楼半色秋。秋色半楼南过雁，楼南过雁白云悠。”

盘中诗

盘中诗是杂体诗名。全诗共168个字，49句，二十七韵，篇中多伤离怨别之辞。读时从中央以周四角，宛转回环，当属回文诗体一类。

青釉诗词盘　唐

明代文学家冯梦龙《古今小说》里搜集了一首南宋熊元素所写的一首回文诗。该诗描写了景色优美的江南之春。诗中的每一句都可以颠倒，而且全诗首尾倒转。这首诗的流传时间很长、范围也特别的广。这首诗是这样的：“融融日暖乍晴天，骏马雕鞍绣辔联。风细落花红衬地，雨微垂柳绿拖烟。茸铺草色春江曲，雪剪花梢玉砌前。同恨此时良会罕，空飞巧燕舞翩翩。”倒读为：“翩翩舞燕巧飞空，罕会良时此恨同。前砌玉梢花剪雪，曲江春色草铺茸。烟拖绿柳垂微雨，地衬红花落细风。联辔绣鞍雕马骏，天晴乍暖日融融。”

集句诗

集句诗是诗的体裁之一。集，集合的意思。句，即古诗句、文句。集句诗，又称集锦诗，就是从现成的诗篇中，选取现成的诗句，再巧妙集合而成的新诗。集句诗，要求有完整的内容和崭新的主旨，要求符合诗词格律，要求上下一气，浑然天成。“集句”一名，出自宋代陈师道的《后山诗话》，但它的创作，由来已久，现存最早的集句诗，为西晋傅咸的《七经诗》。下边列举一个集句诗的例子：

南乡子

苏轼（宋）

怅望送春杯（杜牧），渐老逢春能几回（杜甫）？花满楚城愁远别（许浑），伤怀，何况清丝急管催（刘禹锡）？

吟断望乡台（李商隐），万里归心独上来（许浑）。景物登临闲始见（杜牧），徘徊，一寸相思一寸灰（李商隐）。

倒句诗

倒句诗与回文诗十分近似。不同点是回文诗通篇可以倒诵，而倒句诗或倒句词、曲仅是每句能倒读。虽然不如回文诗流畅，却也颇见诗人功力。

（一）倒句诗

处处飞花飞处处，潺潺碧水碧潺潺。
树中云接云中树，山外楼遮楼外山。

（二）倒句词

菩萨蛮·春

苏轼（宋）

翠环斜漫云垂耳，耳垂云漫斜环翠。春晚睡昏昏，昏昏睡晚春。细花梨雪坠，坠雪梨花细。颦浅念谁人，人谁念浅颦？

菩萨蛮·夏

苏轼（宋）

柳庭风静人眠昼，昼眠人静风庭柳。香汗薄衫凉，凉衫薄汗香。手红冰碗藕，藕碗冰红手。郎笑藕丝长，长丝藕笑郎。

（三）倒句曲

普天乐

画麒麟，麒麟画。荣华富贵，富贵荣华。在金门下玉马嘶，玉马嘶在金门下。宰相人家规模大，大规模宰相人家。莫不是王侯驸马？簪花御酒，御酒簪花。

同旁诗

同旁诗是每句都以同旁字排列的诗，又叫联边诗。汉字的偏旁部首，除了表示意义，有些还能使人联想到相应的形象。因而同偏旁的字的集中使用，每每使字句排列与内容相映成趣，给人以“见字如面”的感觉。同旁诗有三种，一种是全诗只用一个同旁字，一种是一句用一种同旁字，还有一种是每句部分字使用同旁字。如果只有部分句子使用同旁字，其他句子不用同旁字的诗，只能说运用了同旁字的方法，却不能说是同旁诗。

同旁诗最早为南朝（陈）沈炯所做的《和蔡黄门口字咏绝句》，下边这首《戏题》是宋朝的黄庭坚所作：

逍遥近边道，憩息慰惫懑。
晴晖时晦明，谑语谐说论。
草莱荒蒙茏，室屋壅尘坌。
僮仆侍偪侧，泾渭清浊混。

藏头诗

藏头诗，又名“藏头格”，是杂体诗的一种。藏头诗有三种形式：一种是首联与中二联六句皆言所寓之景，而不点破题意，直到结联才点出主题；二是将诗头句一字暗藏于末一字中；三是将所说之事分藏于诗句之首。现在常见的是第三种，每句的第一个字连起来读，可以传达作者的某种特有的思想。

明朝大文学家徐渭（字文长）游西湖时，面对平湖秋月胜景，写下了一首七绝，其中就藏头“平湖秋月”四个字：

平湖一色万顷秋，湖光渺渺水长流。
秋月圆圆世间少，月好四时最宜秋。

当今时代，也有人能将藏头诗用得恰到好处。香港凤凰台吴小莉到《华西都市报》做客时，送上了贺词：

华夏之光，西部翘楚，都会雄风，市镇豪情，报业先锋。

仔细看来也是一首藏头诗，每句诗的第一个字连起来就是“华西都市报”。

剥皮诗

“剥皮诗”也称“拟古诗”，是一种幽默诗体。这种诗通常以广为流传的名篇为基础，运用删节、增添、颠倒、改动或仿拟的手法，使改动后的诗与原诗产生鲜明的对比，以及嬉笑怒骂、诙谐幽默的效果，很是为人们所喜闻乐见。

有一次，宋代诗人莫子山到寺庙游玩。游玩中，不由得想起了这样一首诗：

终日昏昏醉梦间，忽闻春尽强登山。
因过竹院逢僧话，又得浮生半日闲。

这首诗是唐代诗人李涉所作的《题鹤林寺僧舍》。可是在莫子山与寺庙主持的交流中，他发现这位主持不但才疏学浅，而且庸俗无聊。临别时主持向莫子山求诗，莫子山灵机一动，题诗曰：

又得浮生半日闲，忽闻春尽强登山。
因过竹院逢僧话，终日昏昏醉梦间。

经他这样一改，一首原本是抒发忙中偷闲、在暮春时登山览庙时的闲情雅趣的诗就变成了一首讽刺庸僧的诗。

宝塔诗

宝塔诗，杂体诗的一种，是一种摹状而吟、风格独特的诗体。宝塔诗是我国民族文化独有的艺术形式，也是我国文学画廊中的一朵耀眼的奇葩，虽有文字游戏之嫌，但是只要赋予它深刻的思想内涵，将诗歌的“形”与“神”紧密地交融在一起，就一定能够创造出无穷的艺术魅力。

顾名思义，它形如宝塔。宝塔诗从一言起句，依次增加字数，从一字到七字句逐句成韵，叠成两句为一韵。直至从一至七字，对仗工整，读起来朗朗上口，声韵和谐，节奏明快。起始的字，既为诗题，又为诗韵。如唐代张南史的《花》：

花，花
深浅，芬葩
凝为雪，错为霞
莺和蝶到，苑占宫遮
已迷金谷路，频驻玉人车
芳草欲陵芳树，东家半落西家
愿待春风相伴去，一攀一折向天涯。

又如白居易的《诗》：

诗，诗
绮美，瑰奇
明月夜，落花时
能助欢笑，亦伤别离
调清金石怨，吟苦鬼神悲
天下只应我爱，世间唯有君知
自从都尉别苏句，便到司空送白辞。

歇后诗

歇后诗是杂体诗的一种，其与歇后语稍有不同。歇后诗的构成形式与歇后语一样，也可以这么说，歇后语是从歇后诗演变而来的。两者的区别是，歇后语在应用中没有把谜底隐藏起来，事实上没有“歇后”。歇后诗则真正实行“歇后”，需要读者在品读时思考、领会。

冯梦龙的《古今笑史》中有几首歇后诗：

赠时少湾

少湾主人吉日良（时），束脩且是爷多娘（少）。
身材好像夜叉小（鬼），心地犹如短剑长（枪）。
三杯晚酌金生丽（水），两碗晨餐周发商（汤）。
年终算账索筵席（赖），劈啪之声一顿相（打）。

括号内的字是被隐藏的，是每句诗的“谜底”。这首诗是写时少湾招待家里的私塾老师，不但报酬给的少，伙食极差，而且年底还要耍赖，和老师厮打。后人为私塾老师抱不平，作诗来讽刺他。

拆字诗

汉字往往可以拆成两个或多个单独的字。拆字诗，是根据汉字这一特点，将合体字拆成独体字，组成诗作。文字若拆得恰当，就会有珠联璧合的效果，让人过目不忘。

宋朝的刘一止所作《山中作拆字语寄江子我郎中》：

日月明朝昏，山风岚自起。
石皮破仍坚，古木枯不死。
可人何当来，意若重千里。
永言咏黄鹤，志士心未已。

还有一首苏东坡作的拆字诗。相传，苏东坡做官时，一次微服出访，遇到当地几个称霸的乡绅设宴祝寿，就去凑个热闹。宾客中有恶霸，一个叫杨贵，一个叫王笔。他们两人虽才疏学浅，但是竟在席间旁若无人地赋起诗来。

王笔先说：

一个朋字两个月，一样颜色霜和雪。
不知哪个月下霜，不知哪个月下雪？

杨贵接着道：

一个吕字两个口，一样颜色茶和酒。
不知哪张口喝茶，不知哪张口喝酒？

苏东坡听罢，笑了笑，说道：

一个二字两个一，一样颜色龟和鳖。
不知哪一个是龟，不知哪一个是鳖？

诗中：龟，谐音杨贵的“贵”；鳖，谐音王笔的“笔”。

八音诗

古代称金、石、丝、竹、匏、土、革、木为八音，代表八种乐器。八音诗就是将八音的名称，依序冠于每句之首或每联之首。据《诗苑类格》记载，南朝沈炯的五古《八音诗》是最早的。

八音诗

沈炯（南朝陈）

金屋贮阿娇，楼阁起迢迢。
石头足年少，大道跨河桥。
丝桐无缓节，罗绮自飘飖。
竹烟生薄晚，花色乱春朝。
匏瓜讵无匹，神女嫁苏韶。
土地多妍冶，乡里足尘嚣。
革年未相识，声论动风飚。
木桃堪底用，寄以答琼瑶。

古意赠郑彦能八音歌

黄庭坚（宋）

金欲百链刚，不欲绕指柔。
石羊卧荒草，一世如蜉蝣。
丝成蚕自缚，智成龟自囚。
竹箭天与美，岂愿作嚆矢。
匏枯中笙竽，不用系墙隅。
土偶与木偶，未用相贤愚。
革辙要合道，覆车还不好。
木讷赤子心，百巧令人老。

数字诗

数字诗有两个概念：一是以数为题，此类诗可称为数名诗；二是将数字嵌入诗中。诗中的数字可以从一至十按顺序排列，也可以从十到一倒排；有时数字也可打乱顺序置于诗中；数字也可一个或两个乃至多个巧妙运用在诗中，其变化可说多种多样。数字从一到十，单纯来看是枯燥乏味的，如果巧妙地运用它，进行艺术加工，嵌入诗歌，结构精巧，能使诗歌形式奇异，读起来朗朗上口，趣味横生，有独特的风格。例如：

金缕曲

纪晓岚（清）

廿四桥头步，怪东风、等闲吹过，良宵十五。重向十三楼上望，谩掩四围朱户。欠好梦、十年一度。数遍巫山峰六六，第三峰、留作行云路。双星照，七襄渡。

三三径里三生谱。倚花前、阑干六曲，三弦低诉。弹到六么花十八，一半魂销色舞。添一缕、谢娘眉妩。卅六鸳鸯周四角，更二分、明月三分鼓。且莫把，四愁赋。

顶真诗

顶真诗，又叫顶针诗，即用前一句的结尾来做后一句的起头，使全诗头尾相连、上递下接。

平陵东行

曹植（魏）

阊阖开，天衢通，被我羽衣乘飞龙。

乘飞龙，与仙期，东上蓬莱采灵芝。

灵芝采之可服食，年若王父无终极。

小桃红

乔吉（元）

落花飞絮隔珠帘，帘静重门掩，掩镜羞看脸儿嬱，嬱眉尖，尖指屈将归期念，念他抛闪，闪咱少欠，欠你病恹恹。

史学

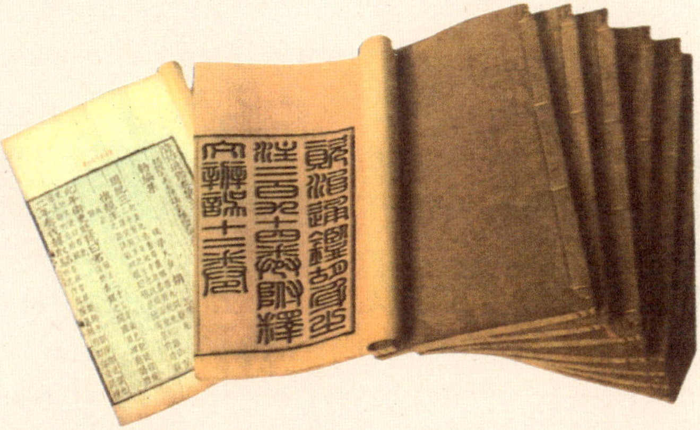

史书的体裁

正史

萧子显著《南齐书》。

正史，就是被官方认定为正宗和正统的史书，最早将正史作为史籍类名的是《隋书·经籍志》。正史有确定的范畴，宋代时有十七史，就是《史记》、《汉书》、《后汉书》、《三国志》、《晋书》、《宋书》、《南齐书》、《梁书》、《陈书》、《魏书》、《北齐书》、《周书》、《隋书》、《南史》、《北史》、《新唐书》、《新五代史》；到明代，增加了《宋史》、《辽史》、《金史》和《元史》，成为二十一史；清代又增加《旧唐书》、《旧五代史》和《明史》，遂成二十四史，二十四史是正史最为通行的说法；民国时，增列《新元史》，而有的地方则是将《清史稿》列入，于是又有二十五史之称，如果将这两部书都加进去，就是二十六史。在唐代以前，正史一般为私人撰写，如《史记》为司马迁所著，《汉书》为班固所著，《后汉书》为范晔所著，《三国志》为陈寿所著。自唐代以后，正史就开始由官方组织编写，如《晋书》，由房玄龄、褚遂良、许敬宗监修，编者共有 21 人；再如《隋书》，先由魏徵监修，后由长孙无忌接续，编写者则有孔颖达、许敬宗、于志宁、颜师古等一大批知名的学者；唐代以后的正史中，私修的仅有欧阳修的《新五代史》等很少数的几部。官修的正史往往由当朝宰相担任主编，因为其中涉及的一些敏感的政治问题宰相依凭自己的身份可以进行裁夺。虽然正史中难免存有部分曲笔和隐讳，但是它的权威性仍是其他史书所无法比拟的。正史的撰写所依据的资料是最原始的，也是最全面的，而且正史的编撰者一般是当时第一流的学者和史学家，所以在历史研究中，正史占有基本性的地位。

别史

别史，指的是官定的正史之外有体例、有系统、有组织的史书。“别史”之称最早由南宋的陈振孙在《直斋书录解题》中提出，别史与正史区分的标志就是是否经过官方的命定，例如，在清朝乾隆皇帝钦定二十四史之前，《旧唐书》和《旧五代史》只能算别史，而经过乾隆的谕旨，这两部书则跻身于正史之列。至于别史与杂史的区别，张之洞在《书目答问》中说：“关系一朝大政者入别史，私家记录中多碎事者入杂史。”正史的体裁均为纪传体，而别史的题材则较为多样，如《续汉书》为纪传体，《资治通鉴》为编年体，《通典》为典志体，《宋史纪事本末》为纪事本末体，《明实录》为实录体，《唐会要》为会要体等。

杂史

杂史的提法，最早见于《隋书·经籍志》。杂史之杂，体现于两个方面，在形式上，杂史的体例不像正史和别史那么严谨，往往不同于正史和别史常用的纪传、编年、典志等体例；在内容上，杂史不限于以一朝一代或者某一历史阶段的政治大事为主，而是涉及得非常广泛，包括学术史、科技史、方域史、地理志等具有专属领域的史著。杂史或者因为在体例上和内容上都较为随便，有着更大的灵活性，从而记录了许多不见于正史和别史的珍贵资料，或者因为有着专攻的对象，而比正史和别史中相关方面的内容记载、讲述得更加细致，由此体现出自身独特的价值。《国语》、《战国策》、《竹书纪年》、《逸周书》、《越绝书》、《吴越春秋》、《列女传》、《大唐西域记》、《明儒学案》、《大清一统志》等都是非常著名的杂史。

野史

野史是一种习惯的称谓，并非史籍中正式的分类，一般指私家所撰的涉及史实记录的笔记、史传、杂录等。野史的内容，大多为作者耳闻目睹或者道听途说的逸闻趣事，往往不见于正宗的史籍，虽然野史的记载充斥着相当多的讹误和谬传，但是这并不能掩盖其所反映出的历史真实的一面，其中蕴藏着大量正规史书中难以见到的方方面面的社会生活的细节，可以为后人了解历史提供另一种角度的观照，因而自有其不凡的价值。鲁迅就非常看重野史，甚至认为若要正确地了解中国历史的真相，是非得读一读历代的野史不可的。

纪传体

纪传体，是以人物传记为中心来反映历史情景的史书体裁，首创于司马迁的

《史记》。司马迁将先秦时期的史书所具的各种体裁融于一书，分作“本纪”、“表”、“书”、“世家”、“列传”5个部分，其中“本纪”、“世家”和“列传”构成书的主体，“本纪”以历代帝王为中心，是全书的总纲，“世家”记载的是诸侯和一部分虽然不是诸侯但在历史上有着特殊地位和特殊影响的人物（如孔子、陈胜），“列传”又分为专传和类传，记载历代名人、三教九流的事迹，并且涉及民族关系和中外关系方面的内容。班固作《汉书》，沿用了《史记》的体例，而又有所改造，将“本纪”改称为“纪”，取消“世家”，将“列传”改称为“传”，将“书”改称为“志”，于是形成了“纪”、“传”、“表”、“志”为历代正史所遵循的史书体例。

编年体

编年体，是一种以时间为线索的史书体裁。相传孔子编写的《春秋》就是鲁国的一部编年史。编年体可谓起源很早，而且历代延续，是许多重要的别史所采用的体例，如最为著名的《资治通鉴》。编年体具有时间连续的优点，给人一种清晰的历史时序感，但是也容易造成对一些具有前后相续性质的历史事件的分割，并且因此对相关事件的原委也难以叙述得较为完整，而这方面正是纪传体的长处所在，所以历代正史采用的不是编年体，而是纪传体。当然，纪传体也有缺点，可以说编年体与纪传体在优缺方面恰为互补。

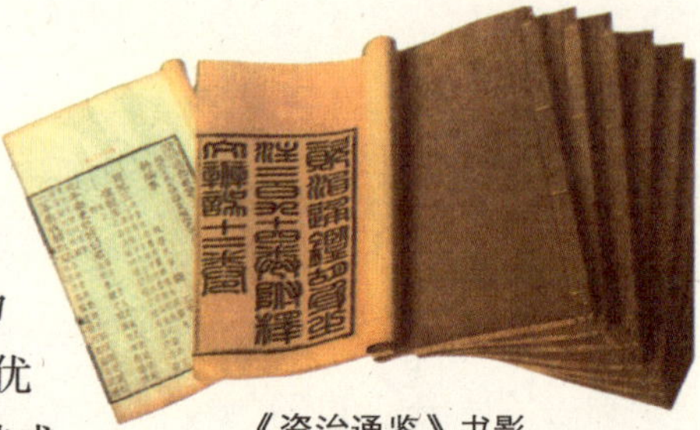

《资治通鉴》书影

纪事本末体

纪事本末体，是一种以历史事件为纲的史书体例，首创于南宋袁枢的《通鉴纪事本末》。《通鉴纪事本末》，就是将《资治通鉴》中分年记载的一个体系的事迹集中在一起，自成一个单元，以显事情的本末。这样一来，就消除了《资治通鉴》原书中记事不连贯的缺点，而体现出鲜明的条理性，这也就是纪事本末体的优长之处。袁枢撰写《通鉴纪事本末》，在内容上并没有进行增改和修订，可是他所创造的这种新的史书体裁问世之后却备受欢迎，此后，纪事本末体的史书蔚为大观，基本上各代的历史都有与其相对应的纪事本末体的史书出现。

典志体

典志体，是以典章制度为中心的史书体裁。司马迁创作的《史记》中有“八书”，其中就有典章制度方面的记录；班固著的《汉书》中有“十志”，记载的内容与《史记》中的八书基本上是相对应的。东汉以后，出现了典章制度的专史，如应劭的《汉官仪》、丘仲孚的《皇典》、何胤的《政礼》等。唐代前期出现了很多典志方面的书籍，如李林甫的《唐六典》、王颜威的《唐典》、刘秩的《政典》等。但这些都是关于某一朝代的典章制度的记叙，从单独的某部书中并不能窥知历代典章制度的发展和演变的情况。中唐时期杜佑在刘秩《政典》的基础上进行扩展，编成了一部上起黄帝、下至唐代宗的典章制度的通史——《通典》，这是典志体正式创立的标志。南宋郑樵又编纂了一部纪传体的《通史》，后改名为《通志》。尽管《通志》并非典章制度的专史，但是其中作者用力最多也是最受人看重的精华部分是反映历代典章制度的“二十略”，因而史学家们将其与《通典》和《文献通考》这两部专史合称为“三通”。《文献通考》是元代马端临所撰写的又一部通史式的典章制度的专史，其创新之处在于采取了“文”（历史资料）、“献”（史家评论）、“注”（编者注解）三结合的方法。清朝乾隆年间组织学者续编“三通”，纂成“续三通”，而后又有《清通典》、《清通志》和《清文献通考》这“清三通”，共成为“九通”，再加上民国时刘锦藻编写的《清朝续文献通考》，就是学界习惯称谓的“十通”。

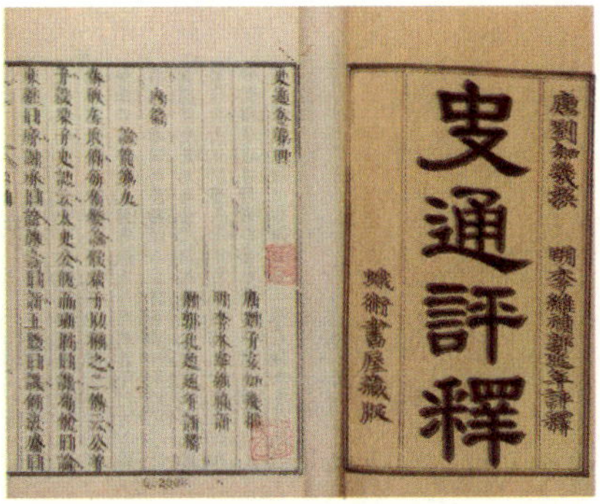

《史通评释》书影

会要体

会要体是典志史书的一种题材，“会要”就是会聚朝廷典章制度之要的意思。会要体创始于唐德宗年间苏冕编纂的《会要》，《会要》记载了唐高宗到唐代宗这一段历史时期的典章制度。唐宣宗时，崔铉等人又奉诏编写《续会要》，续增了唐德宗到唐宣宗时期的相关内容。北宋初年，王溥在这两部会要的基础上，编成《唐会要》，后来又编写了《五代会要》，使得会要体史书趋于完善。宋代以后，官方都要组织学者编纂当朝的会要，如《宋会要》（原本已佚，清代学者徐松从《永乐大典》中辑录出《宋会要辑稿》）、《元经世大典》、《明会典》、《清会典》等。另外，一些学者又私自编写了此前历代的会要，如南宋徐天麟的《西汉会要》和《东汉会要》、明代董说的《七国考》、清代姚彦渠的《春秋会要》、孙楷的《秦会要》，等等。会要体史书，基本上是以 15 个左右的门类再具分为 300 余个子目，记载政治、经济、军事、外交、法律、教育、礼乐、文化等方面的制度及其沿革情况，兼有工具书和资料汇编的功能。

学案体

学案体，是一种记述学术源流的史书体裁，是继编年体、纪传体、纪事本末体、典志体等主要史书体裁之后出现的又一新的史书体例，始创于明末清初，黄宗

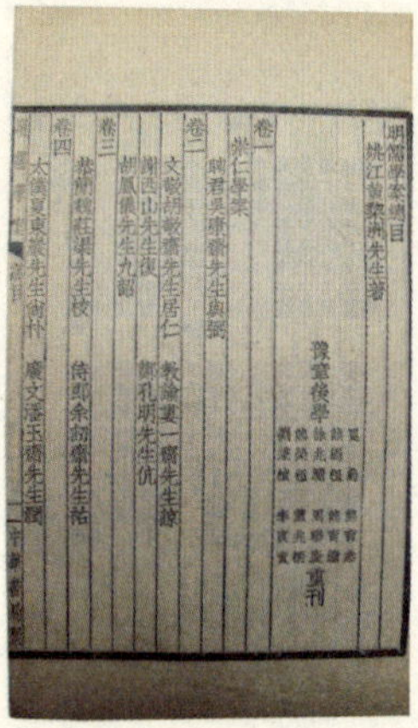
明儒學案總目
姚江黃梨洲先生著
卷一
崇仁學案
聘君吳康齋先生與弼
卷二
文敬胡敬齋先生居仁　教諭婁一齋先生諒
謝西山先生復　鄭孔明先生伉
胡鳳儀先生九韶
卷三
恭簡魏莊渠先生校　侍郎余訒齋先生祐
卷四
太僕夏東巖先生尚朴　廣文潘玉齋先生潤

《明儒学案》书影

羲撰写的《明儒学案》即为学案体的代表作品。学案体例大致为：每学案前先设一表，详细地列举该学派的师友弟子，标明学派的渊源及其传授系统；每一案主均立小传，叙述其生平概况及学术宗旨；对案主的学术论著，均一一注明出处，并且材料的采选非常广泛；案主小传后，另有附录，记载其趣闻逸事；还附有时人及后学的相关评论，备录其短长得失，以供后来的学者自行做出判断。学案体史书是学术思想史的专著，为学者研究学术思想的沿革提供了翔实可靠的文献资料。

起居注

起居注，是由史官撰写的关于皇帝的日常言行与生活的记录。《汉书·艺文志》记载："古之王者，世有史官，君举必书，所以慎言行，昭法式也。左史记言，右史记事，事为《春秋》，言为《尚书》。"这段话可以看作是对起居注的说明。完善的起居注始于汉武帝时期，到北魏时，正式设立专官，称"起居注令史"，专门负责撰写皇帝的起居注，后代沿袭了这一制度。起居注并不是严格意义上的史著，却是最原始的历史资料。皇帝驾崩之后，就由史官根据起居注来撰写实录，实录写成，起居注就被焚毁，也即是说起居注是不予保存和流传的，在当时，起居注是绝密的，甚至连皇帝也见不到，这是为了保证起居注的真实性。可是宋代以后，皇帝本人开始过目起居注，相应地，史官的笔讳也就多了起来，从而影响到起居注的本真价值。

方志

方志，又称地方志，是记载地方情况的史书，因为内容专对地方，所以记叙详备，是深入了解地方历史的重要资料。先秦时期的《尚书·禹贡》和《山海经》就具有方志的特点。汉代以后，方志开始大量出现，既有官修，也有私修的。方志依记载范围的不同，可以分为记述全国各地的总志、省志、府志、州志、县志等，另外也有专门记载一处山川，或名胜，或寺庙等更为专一的方志。

实录

实录，是历朝皇帝的编年大事记。史官在皇帝死后，会根据起居注、时政记等资料，按时间顺序编写这位皇帝的"实录"。实录出现于南北朝时期，《隋书·经籍志》著录有《梁武帝实录》、《梁元帝实录》等，现存最早的一部完整的实录是唐代韩愈编纂的《顺宗实录》。唐代开始，为前君纂写实录成为定制，但是明代以前的历代皇帝的实录大多都已佚失。因为实录只有抄本存于宫中，并不刊刻，也不公布，现在流传下来的较为完整的只有《明实录》和《清实录》。但是由于皇帝的顾忌较多，故所谓的实录也有诸多的不实之处，例如，永乐时期就曾多次修改《明太祖实录》，以为朱棣的篡位进行讳饰。当然，尽管如此，实录中所记载的历史资料仍是相当宝贵的，而且一些正史中的很多内容就是依照实录写成的。

类书

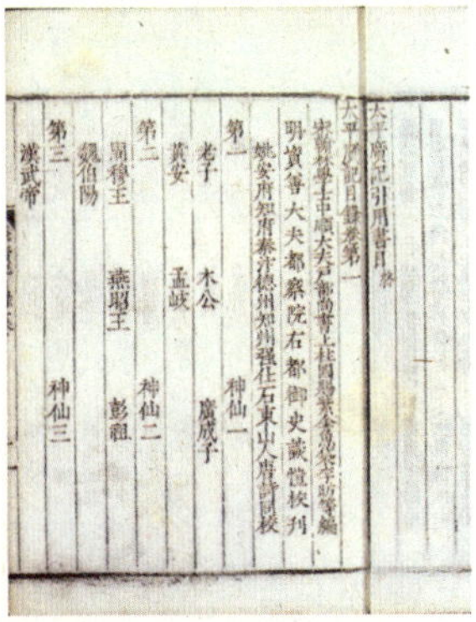
太平廣記引用書目
太平廣記目錄卷第一
明資善大夫都察院右都御史談愷校刊
姚安府知府秦汴德州知州强仕石東山人唐詩同校
第一 神仙一
老子 木公 廣成子
黃安 孟岐
第二 神仙二
周穆王 燕昭王 彭祖
魏伯陽
第三 神仙三
漢武帝

《太平广记》书影

类书是分类编排各种资料以供检索的工具书，类似于后来的“百科全书”。魏文帝曹丕使诸儒撰集的《皇览》被认作是类书之祖，但是此书早已佚失。南北朝时期，编纂类书开始风行，出现了《古今注》、《集林》、《四部要略》、《类苑》、《北堂书钞》等一批类书，这些类书大多也都没有流传下来。唐代开始，官方组织编写类书成为一种惯例，如唐代有《艺文类聚》、《初学记》，宋代有《太平御览》、《太平广记》、《册府元龟》，明代有《永乐大典》，清代有《古今图书集成》。这些官修的类书大多编纂于一个朝代立国之初并逐渐走向兴盛的时期。《永乐大典》是历史上规模最大的一部类书，可惜的是在清末八国联军入侵的时候被洗劫焚毁，仅余下少量残卷，另有部分残卷散佚于多个国家。现存的最大的一部类书是清代康熙年间编成的《古今图书集成》。类书与丛书不同，并不是对书籍的全部内容的辑录，而是分门别类地选取其中相关的部分内容辑入，但是有的资料在类书中体现得较为完整，使得从中提取已经佚失的书籍成为一种可能。乾隆年间编纂《四库全书》时就从《永乐大典》中辑录了多部佚书，后《永乐大典》被毁劫，这次辑录工作算是意义重大。

丛书

丛书，就是各种书籍的汇集和丛编。编刻丛书始于南宋后期，现在已知最早的丛书是宋宁宗嘉泰元年（1201 年）俞鼎孙及其兄俞经编辑的《儒学警悟》，收有宋代的著作六种，但是此丛书在当时并没有刻本，宋度宗咸淳九年（1273 年）左圭辑刊的《百川学海》是中国最早刻印的丛书。明代的时候，“丛书”的名称正式出现，而编刻丛书的高峰是清代，乾隆年间官修的《四库全书》是一部规模最大的丛书，同一时期私家汇刻的丛书也非常之多。丛书的编辑，一方面给学者的学习和研究提供了方便，一方面也使许多古籍得以保存和流传，不至佚失。1959 年，上海图书馆编写的《中国丛书综录》，成为读者使用丛书的得力助手。

史　论

属辞比事

属辞比事，直接的含义就是连缀文辞，排比史事，后来也泛指撰文记事，出处为《礼记·经解》:“属辞比事,《春秋》教也。”“属辞比事”是春秋学中一个非常重要的概念，但是早期对此的理解并不复杂，宋代以后，“属辞比事”的提法被人们重视起来，这一概念也被赋予了多重含义，基本上分为写作方法和史学研究两个方面。在写作方法上，指仅仅列叙历史事实而不表述自己的意见，以此为指导来进行史书的写作；在史学研究上，指运用分析与综合的方法，通过详审《春秋》所记之事，从而探明史实以求大义的史学观念。

董狐笔和太史简

“董狐笔”就是董狐所采用的尊重历史本然而不迫从曲改地撰写史书的方法和态度。董狐是春秋时晋国的史官，当时晋灵公昏庸无道，权臣赵盾屡谏而无效，反而引起晋灵公的杀心。赵盾为躲避祸患而潜逃，还未出国境就接到消息说晋灵公被其族弟赵穿所杀，于是迅即返回。他对董狐所记的“赵盾弑其君”表示异议，但是董狐认为赵盾身为正卿，在还没有走出国境的时候就依然是晋灵公的臣下，就应当起兵讨伐弑君者，而赵盾却没有这样做，因此是应当承担弑君之名的。

董狐这种不屈从于威权而信笔直录的著史精神深为后人称道，与此相类的还有齐国太史兄弟的事迹。春秋时齐庄公与大臣崔杼的妻子私通，崔杼知道后设计杀死了齐庄公，自己由此专断朝政，但是对弑君之事却很有顾虑，担心被著于史籍而留下骂名。于是威诱掌管记史的太史伯，但是太史伯固而不易，秉笔直书“齐崔杼弑其君”，崔杼怒而杀掉太史伯；太史伯之弟太史仲继为此职，不改原书，崔杼将太史仲也杀掉；仲之弟太史叔继之如故，崔杼再杀之；叔之弟太史季仍然坚持直书崔杼之罪，崔杼知道史官不可强迫，终于没有再行杀戮。齐国的另一个史官南史氏听说太史兄弟相继被杀害，就抱着竹简匆忙赶来，要前赴后继，接替太史兄弟将崔杼的罪状载于史册，见太史季已经据实记载，方才返回。南宋文天祥在《正气歌》中写道："在齐太史简，在晋董狐笔。""太史简"与"董狐笔"，并称为秉笔直书的良史之楷模。

春秋笔法

春秋笔法，又称"春秋笔削"，指寓褒贬于曲折的文笔之中而不直接表明自己态度的写作方法，出自《史记·孔子世家》："孔子在位听讼，文辞有可与人共者，弗独有也。至于为《春秋》，笔则笔，削则削，子夏之徒不能赞一词。弟子受春秋，孔子曰：'后世知丘者以《春秋》，而罪丘者亦以《春秋》。'"这段话的意思是，孔子在司寇职位上审理诉讼案件时，判词若有可以和别人相同的地方，就不独自决断。至于撰作《春秋》，他认为应当写的就写，应当删的就删，即使是子夏之流的高足弟子也不能改动一字一句。弟子们听受《春秋》时，孔子说："后代了解我的凭这部《春秋》，而怪罪我的也凭这部《春秋》。"《左传·成公四十年》讲述春秋笔法时说，《春秋》的记述，用词细密而意思显明，记载史实而含蓄深远，婉转而顺理成章，穷尽而无所歪曲，警诫邪恶而褒奖良善。其中"惩恶而劝善"是孔子采取春秋笔法的一个基本意图，出于这种目的，在行笔之中也就难免有所避讳，有些事情并非采用直录的方式，这被称为曲笔，至于那种不直接表现作者自己的态度而将其寓于简洁的叙述之中的手法被称为微言大义。

成一家之言

"成一家之言"意为开创独成一家的学术思想，语出司马迁《报任安书》："亦欲以究天人之际，通古今之变，成一家之言。"这代表了司马迁的学术理想，同时也是他的人生理想之所在。《左传·襄公二十四年》曰："太上有立德，其次有立功，其次有立言。虽久不废，此之谓不朽。""立言"作为"三不朽"之一，是中国古代的知识分子所最为看重的人生内容。曹丕在《典论·论文》中说："盖文章，经国之大业，不朽之盛事。年寿有时而尽，荣乐止乎其身，二者必至之常期，未若文章之无穷。"司马迁自谓"所以隐忍苟活，幽于粪土之中而不辞者，恨私心有所不尽，鄙陋没世而文采不表于后世也"，其意也正在于此。秉持着这种理想，司马迁忍辱负重，付出巨大的艰辛，

立德，立功，立言，此谓三不朽。

做了前所未有的开创性工作，撰写了中国第一部纪传体通史——被鲁迅称誉为“史家之绝唱，无韵之离骚”的《史记》。

六家二体

“六家二体”是刘知几在《史通》中对史籍的源流及其体裁所做的归纳，“六家”和“二体”两篇在该书中居于统领性的地位，是刘知几史学理论的基础组成部分。关于“六家”，刘知几说：“古往今来，质文递变，诸史之作，不恒厥体。榷而为论，其流有六：一曰《尚书》家，二曰《春秋》家，三曰《左传》家，四曰《国语》家，五曰《史记》家，六曰《汉书》家。”就这“六家”的代表意义而言，《尚书》旨在“疏通知远”，《春秋》要在“属辞比事”，《左传》和《国语》旨在述说经义，《国语》又在《左传》之外“稽其逸文，纂其别说”，《史记》“鸠集国史，采访家人，上起黄帝，下穷汉武，纪、传以统君臣，书、表以谱年爵”，创立了纪传体，《汉书》的特点是言简意赅，包举一代，成为后世正史的范本。关于“二体”，刘知几说：“考兹六家，商榷千载，盖史之流品，亦穷之于此矣。而朴散淳销，时移世异，《尚书》等四家，其体旧废，所可祖述者，唯左氏及《汉书》二家而已。”这就是说，“六家”当中，真正流传于后世者，只有《左传》和《汉书》这两家，指的也就是《左传》的编年体和《汉书》的纪传体，“六家”重在史籍的内容和旨意，“二体”则是纯粹就史书的体裁而言的。

五志三科

“五志三科”是刘知几在《史通》中所阐述的关于史书的选材原则的观点。“五志”是由创作《汉纪》的东汉史学家荀悦提出的，所谓“五志”，就是“达道义”、“彰法式”、“通古今”、“著功勋”和“表贤能”。东晋的干宝将“五志”进一步阐释为“体国经野之言则书之，用兵征伐之权则书之，忠臣烈士孝子贞妇之节则书之，文诰专对之辞则书之，才力技艺殊异则书之”。刘知几对史书写作内容取舍的态度是“采二家之所议，征五志之所取”，而又提出“三科”，即“叙沿革”、“明罪恶”和“旌怪异”。他对“三科”的解释是：“礼仪用舍、节文升降则书之，君臣邪僻、国家丧乱则书之，幽明感应、祸福萌兆则书之。”“五志三科”的意义在于突出史书写作中道义和伦理成分的含量，从而强调史书彰善惩恶的作用。

彰善瘅恶

彰善瘅恶，语出《尚书·毕命》：“彰善瘅恶，树之风声。”就是说表扬好的一面，斥责恶的一面，从而建树起良好的风气。彰善瘅恶被认为是史书所具有的一项重要功用，《周书卷三十八·列传第三十》说：“古者人君立史官，非但记事而已，盖所为鉴诫也。彰善瘅恶，以树风声。故南史抗节，表崔杼之罪；董狐书法，明赵盾之愆，是知执笔于朝，其来久矣。”这里举出南史和董狐的例子，用意就在表明史书应当发挥鉴诫作用的观点是自古皆然的。

直书与曲笔

直书和曲笔是撰写史书的两种笔法，直书就是忠于事实，依照真实情况直接记录；曲笔说的是对历史事实有所取舍，或者进行曲意修饰的写作方法。直书被认为是良史所应当坚持的基本精神，刘知几在《史通》中强调直书的重要意义时说：“况史之为务，申以劝诫，树之风声。其有贼臣逆子，淫君乱主，苟直书其事，不掩其瑕，则秽迹彰于一朝，恶名被于千载。言之若是，吁可畏乎！”虽然如此，但是出于各种主动或被动的原因，实际上史籍从总体上来看是不可能完全采取直书方式的，曲笔的情况是大量存在的。当然，也不能一概而论，认为曲笔的做法一无是处，其实在某些时候史家采取曲笔不仅是可以理解的，甚至也是值得称道的，刘知几虽然强调直书的精神，但对于曲笔也是没有给予完全否定的，只是这种笔法切记不可滥用。

史才三长

“史才三长”即学、才、识，这是刘知几在《史通》中所提出的史家应当具备的三种基本素质。“学”，是指史家应该掌握广博的知识，特别是要占有丰富的文献资料；“才”，是指史家驾驭文献资料的能力和进行文字表述的能力；“识”，是指史家应当具有对历史独立的见解与观点和秉笔直书、忠于史实的坚贞品质与献身精神。

史家对历史应具独立的见解。

博采与善择

博采与善择，是指在撰写史书的过程中对文献资料进行处理的两个基本的方面，博采说的是搜集资料要广泛，善择说的是选用资料要审慎。长期以来，人们撰史所依据的文献资料的基本范畴是古代经典、正史、官方案牍等，唐代刘知几打破了这一传统观念，将资料的搜集范围大大地扩展了，凡逸事、琐言、郡书、家史、别传、杂记等野史和杂史资料几乎无所不及，乃至对于当时刚刚兴起的金石文献也进行采猎。有了博采的基础，善择就是关键的一步，因为广泛搜罗来的资料相当驳杂，质量优劣不一，真伪亦相混淆，这就需要非常精湛的甄选功夫才可以令这些资料最佳地为己所用，同时在最大程度上免除资料过于繁杂的负面影响。

史学三要

“史学三要”指的是义、事和文，为清代学者章学诚在《文史通义·史德》中提出：“史所贵者义也，而所具者事也，所凭者文也。”“义”指历史观点，“事”指历史事实，“文”指著史的文笔。在章学诚看来，具备“义、事、文”方可称为“史学”，三者之中以“义”为主，而“事”与“文”则是求“义”的根据和技巧。“义”是史家主观的见解，而撰写史籍是一定要以客观事实为遵照的，关于二者如何得到统一，章学诚说：“能具史识者，必知史德。德者何？谓著书者之心术也。”所谓心术，就是史家应当不以主观的偏见代替客观的史实，这是“欲为良史”的基本条件。

六经皆史

六经指《诗经》、《尚书》、《礼记》、《乐经》、《易经》、《春秋》。

“六经皆史”是章学诚所提出的史学命题，他在《文史通义》中说：“古人未尝离事而言理，六经皆先王之政典也。”并进一步指出：“三代学术，知有史而不知有经，切人事也；后人贵经术，以其即三代之史耳；近儒谈经，似于人事之外别有所谓义理矣。”章学诚认为，六经都是先王的政典，记述古代的典章制度，具有史籍的性质，也正因为这一点六经才为后人所重视。“六经皆史”观点的起因是章学诚意欲令学术切合于当时人事的经世致用的思想。这个命题的提出，不仅将史学的产生上溯到六经之前，而且扩大了古史的范围，对先秦史学的研究产生了积极的影响。

史法与史意

史法与史意，是章学诚史学理论中两个重要的概念，他在《文史通义》中说：“吾于史学，盖有天授，自信发起例，多为后世开山，而人拟吾于刘知几，不知刘言史法，吾言史意；刘议馆局纂修，吾议一家著述，截然两途，不相入也。”章学诚用史法和史意之分来表述自己与刘知几的区别，简要地说，“史法”是指史书撰写的形式和内容，“史意”则是针对史籍撰述中的思想，代表着章学诚所强调的史学之“义意所归”。具体而言包括这样几个要点：一是明大道，二是主通变，三是贵独创，四是重家学。章学诚还说：“郑樵有史识而未有史学，曾巩具史学而不具史法，刘知几得史法而不得史意，此予《文史通义》所为作也。”从史识到史学，再到史法，最后到史意，可以看出几个具有代表性的史学家前后之间继承与发展的线索和脉络。

著名史学家

董狐

董狐直笔

董狐，生卒年不详，春秋时晋国史官，是秉笔直书的典范。《左传·宣公二年》记载，晋灵公无道，赵盾屡次劝谏，不但没有结果，反而给自己招来杀身之害，于是被迫出逃。他的族弟赵穿带兵杀掉了灵公，这时赵盾尚未走出国境，听到消息后返回。任太史的董狐这样记载此事：“赵盾弑其君。”赵盾认为不应当这样记。可是董狐坚持这种史录，因为赵盾身为正卿，在还没有越出国境之前，原有的君臣关系就依然存在，而赵盾却不起兵讨伐弑君的人，就是没有尽到忠君的职责，那就应当承担这弑君的责任。后来，这种不阿权贵、敢于直录的史家精神被称为“董狐直笔”。

司马迁

司马迁（约公元前 145 ~前 87 年），字子长，夏阳（今陕西韩城南）人，家学渊源深厚，曾师从著名学者孔安国和董仲舒，青年时期曾游历四方，这些都为他日后修史的工作打下了良好的基础。据司马迁自叙，其祖先早在西周时期就世任史官，到汉武帝时，司马谈出任太史令，又恢复了先祖的职业。太史令是掌管文史星历等皇家档案的官职，有机会接触到大量的珍贵文献资料。司马谈有志编撰一部古今通史，但是这一愿望未曾实现，于是在临终的时候教谕儿子司马迁若可继任太史令，当牢记此事于心中。不久后，司马迁继承了太史令的职位，开始着手编写这部史书。

天汉二年（公元前 99 年），汉武帝派李广利率军 3 万攻打匈奴，结果惨败而归，几乎全军覆没，李广利仓促逃回。李陵当时任骑都尉，率兵 5000 与匈奴单于亲自带

司马迁祠

领的 3 万人作战，李陵指挥这 5000 步兵杀掉了匈奴的五六千骑兵，单于增调更多的人马过来，但仍未能制伏李陵，于是准备撤军。这时汉营有一个士兵叛变，将汉军的内部情况告知匈奴，并且说李陵没有援军，于是单于继续围困，李陵终因寡不敌众，被擒而投降。消息传到朝廷，汉武帝非常震怒，众多大臣也落井下石，谴责李陵。司马迁虽然与李陵没有深交，但是因据李陵素有“国士之风”、常奋不顾身以殉国家之急的表现而推断李陵的投降实是出于无奈，将来必定伺机报答汉朝，并且说李陵在战场上的出色表现是十分难能可贵的。汉武帝以为司马迁的这番辩护是有意贬低其宠妃的哥哥李广利，因而勃然大怒，将司马迁投入狱中。不久有传闻说李陵率匈奴军队攻打汉朝，汉武帝信以为真，将李陵的全家处死，司马迁也因此被施以腐刑。不仅如此，在狱中司马迁还遭受了百般折磨，“交手足，受木索，暴肌肤，受榜棰，幽于圜墙之中，当此之时，见狱吏则头抢地，视徒隶则心惕息”。肉体的摧残和精神的羞辱，使得司马迁痛不欲生，但是想到父亲的遗志还没有完成，自己此前做的那些著史的准备工作还没有结果，遂忍辱负重，坚强地活了下来。

太始元年（公元前 96 年），汉武帝改元大赦天下，司马迁因而得以出狱，此后，发愤著书，直到征和二年（公元前 91 年）全书完成，共得 130 篇，52 万余言，这就是后来享有盛誉、彪炳千秋的《史记》。

刘向

刘向（公元前 77 ~ 前 6 年），原名更生，字子政，中年后改名向，沛县人（今属江苏）。刘向是汉代皇族，但不是嫡系，12 岁时入宫为辇郎，20 岁时任谏大夫，后累官至给事中。汉元帝时，宦官专权，外戚乱政，刘向数次上书弹劾，遭致两度入狱，并被贬为庶人。汉成帝即位后，刘向被重新起用，任光禄大夫，是皇帝的近臣。这时，太后王家已经权倾朝野，而赵皇后、卫婕妤两家也争宠弄权，汉王朝潜伏着严重的危机。刘向多次进言，汉成帝虽然懂得其中道理，但是自己已经奈何不得业已控制了朝政的外戚王家。刘向死后 15 年，刘姓汉室终于为王家所取代。刘向是西汉时期重要的经学家、文学家和目录学家，编写了中国最早的目录学著作《别录》，并且编纂有《列女传》、《说苑》、《新序》等文史著作，为整理古代典籍做出了非常大的贡献。

班固

班固（32 ~ 92 年），字孟坚，右扶风安陵（今陕西咸阳）人，出身于官宦世家，家境丰裕，并且有着良好的文化氛围，父亲班彪是著名的史学家，曾致力于续写《史记》，班固在父亲的影响下自幼就喜欢文史，博览群书，精晓百家之言，在 13 岁的时候被王充叹誉为奇才。然而班彪并未实现自己的志愿，去世时仅留下半部《史记后传》，这没有完成的任务也就交给了班固。班固在家中专心著述的时候被人告发“私修国史”，不仅人被逮捕，书稿也被抄没。其弟班超闻讯后急忙赶到洛阳上书辩白，汉明帝召见了班超，亲自审读了班固撰写的史稿，大为赞赏，并且任命班固为兰台史令，参与编撰国史《东观汉纪》，这为班固创作《汉书》提供了非常好的条件。除长于撰史之外，班固的辞赋也写得相当出色，其《两都赋》是东汉成就最高的大赋作品之一。汉章帝建初四年（79 年）召开的著名研讨经学的白虎观会议也由班固将结果纂录为《白虎通义》。汉和帝永元元年（89 年），班固随大将军窦宪出征匈奴，参与谋略，并于途中创作了著名的表述军功的《封燕然山铭》。永元四年（92 年），窦宪在政治斗争中失败自杀，而班固与窦宪交情深厚，于是与班固有宿怨的洛阳令借机编造罪名，将其逮捕入狱，不久，班固死于狱中。和帝知晓后，严厉斥责了逮捕班固的洛阳令，并令负主要责任的官吏抵罪。班固此时还没有完成《汉书》的全部，于是和帝诏请班固之妹班昭来续写尚未完成的“八表”和《天文志》。班固的《汉书》取得了十分杰出的成就。

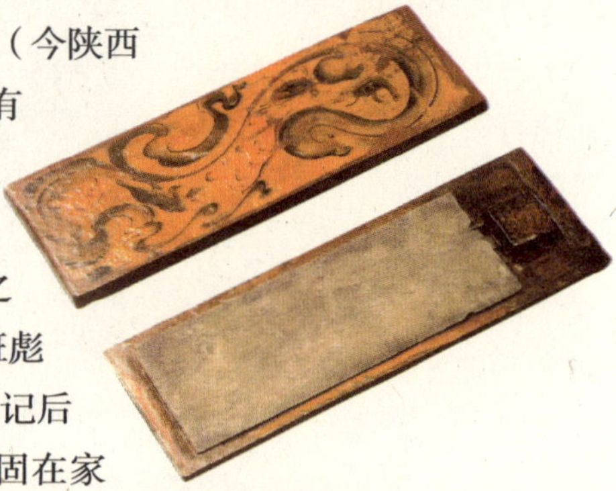

漆盒石砚　汉

刘知几

刘知几（661 ~ 721 年），字子玄，彭城（今江苏徐州）人，生于官僚世家，幼时受到正统的文史教育，20 岁中进士，长期担任史官，参与编修国史和撰写实录，曾因为主张信笔直录、善恶必书，与把持史馆的武三思等人发生冲突而退出史馆。刘知几将自己对史学的深入体会撰写成中国的第一部史学理论著作《史通》。在《史通》一书中，刘知几详细讨论了史籍的编纂体例与方法，精到地论述了史官沿革、史籍流传以及古史中的一些具体问题，道出史家必须具备才、学、识三长的重要观点，创立了“六家二体”、“五志三科”等史学基本理论，提出了许多精辟而大胆的见解，对史学家的著史具有重要的指导意义，因此时人徐坚称赞《史通》：“为史氏者宜置此坐右也。”

杜佑

杜佑（735 ~ 812 年），字君卿，京兆万年（今陕西西安附近）人，生于世宦之家，长期为官，及至宰相，政绩颇丰。杜佑历经玄宗到宪宗的六朝，所处的时代正是唐王朝由盛转衰的时期，他目睹了“安史之乱”后唐朝国势的衰颓，密切关心着唐朝的命运，对朝政的弊端怀有清醒的认识。杜佑以“富国安人之术为己任”，针对时弊，提出节省开支、裁减冗员等一系列积极的政治主张，同时在政治实践上也很有作为，得到朝野上下的普遍敬重。出于“征诸人事，将施有政”的目的和理想，杜佑博览古今典籍和历代名贤论议，考溯各种典章制度的源流，以 36 年的功力撰成 200 卷的史学巨著《通典》。《通典》是中国第一部典章制度专史，不仅开创了后世编著典章制度史的先河，而且也是同类史书中成就最高的一部。

司马光

司马光像

司马光（1019 ~ 1086 年），字君实，陕州夏县（今山西运城）人，生于官宦家庭，幼时聪慧而嗜学，喜好《左氏春秋》，而破瓮救友的事迹更是广为流传，家喻户晓。司马光 20 岁中进士，在朝廷以敢于直谏而闻名，秉持保守稳健的政治态度，反对王安石的新法，在变法之初，曾恳切地指出新法的种种弊端，而这些不妥之处在新法实际执行的过程中也大多表现出来，验证了司马光政治上的远见。宋哲宗即位后，司马光被任为宰相，迅速废除了全部新法，受到朝野普遍的拥护。年轻的时候司马光就有编撰一部通史的想法，治平三年（1066 年）撰成从战国到秦代的《通志》8 卷上呈宋英宗，英宗诏令将此书续修，并为司马光提供费用，同时增补人员。后来宋神宗以其书“有鉴于往事，以资于治道”，于是钦赐书名为《资治通鉴》，并亲为写序。至神宗元丰七年（1084 年），《资治通鉴》得以完成，前后历时 19 年。司马光在《进〈资治通鉴〉表》中说，“日力不足，继之以夜”，“精力尽于此书”，可见费心之多和用力之甚。《资治通鉴》全书 294 卷，共 300 多万字，记载了上起周威烈王二十三年（公元前 403 年），下迄后周显德六年（959 年），前后 1300 余年，跨越了 16 个朝代的史实，是中国的第一部编年体通史，在史学上占有极为重要的地位。司马光不仅以其杰出的史学成就为人称道，更以其磊落正直堪称典范的人格为民众所敬仰和爱戴，在他去世的时候，汴京曾发动罢市来对他进行缅怀和吊唁。

马端临

马端临（1254 ~ 1323年），字贵与，一字贵舆，号竹洲，饶州乐平（今属江西）人。其父马廷鸾曾为南宋右丞相，并出任南宋国史院编修官与实录院检讨官，在父亲的影响下，马端临自幼博览群籍，才学卓异。宋朝灭亡后，马端临隐居不仕，对元朝进行消极的抵抗，后来迫于政治压力，出任慈湖书院和柯山书院院长，晚年时担任台州儒学教授。马端临出于考察历代统治者盛衰兴亡的原因以为当政者提供经验和鉴戒的目的，在唐代杜佑《通典》的基础上，广泛搜集史料，详细而深入地考订了历代的典章制度，撰成了又一部典章制度的专著《文献通考》。《文献通考》共348卷，上起三代，下至南宋宁宗嘉定年间，分为田赋、户口、征榷、选举、职官、乐、兵、刑、学校、钱币等24个门类，按时代先后排列比较，同时在各条后面加注前人和当时学者名家的相关议论，最后再用按语的形式来阐述自己的见解。马端临的按语，贯通古今，折中恰当，力求从史实出发，做出审慎的结论，许多见解为前人所未有，颇具可赏之处。《文献通考》与《资治通鉴》相辅相成，交相辉映，一同代表了宋元之际史学领域的高度成就。

顾炎武

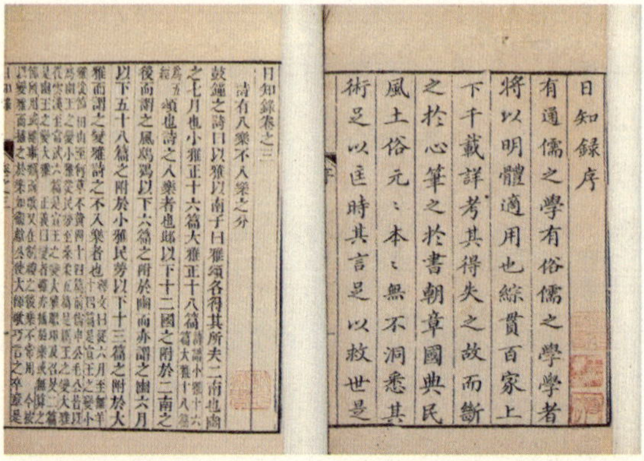

《日知录》书影

顾炎武（1613 ~ 1682年），苏州府昆山县（今属江苏）人，原名绛，字忠清，清兵破南京后改名炎武，字宁人，号亭林，后世尊称为亭林先生。顾炎武生当江山易代之际，明亡后，曾两次参加武装抗清斗争，力图恢复明朝。复明无望后，顾炎武即致心于学术，矢志不与清廷合作，曾以死相拒。顾炎武将“博学于文”和“行己有耻”视作为人的准则，反对空疏玄虚的宋明理学，并痛斥当时“饱食终日，无所用心”和“群居终日，言不及义”的恶劣士风，积极倡导“书足以匡时，言足以救世”的实学，提出“保天下者，匹夫之贱，与有责焉耳矣”的著名号召，也就是后来人们常说的“天下兴亡，匹夫有责”。顾炎武勤奋治学，将日常心得随手记录，长时积累而著成《日知录》一书。《日知录》考辨精深，会通古今，涉及经义、史学、吏治、财赋、舆地、艺文等领域，不仅见解独到，而且言必有据，开创了清朝考据之学的先河，更是引领了一代学风。然而，与后世学者不同的是，顾炎武绝非一味浸淫于故纸堆中的学者，不仅读万卷书，而且行万里路，广泛进行实地考察，将书中所得与社会实际进行比勘和辨证，体现出强烈的经世致用的精神。顾炎武还是非常知名的语言学家，著有《音学五书》，不仅有着理论上的杰出建树，而且有着大量的实证分析，他也因此被看作是汉语古音学研究的重要奠基者。

赵翼

赵翼（1727 ~ 1814 年），字云崧，一字耘崧，号瓯北，阳湖（今江苏常州）人。35 岁中进士，历任广西镇安知府、广东广州知府、贵州贵西兵备道，46 岁时以母病为由辞官归乡，过起悠游闲适的生活，同时潜心读书，曾主讲扬州安定书院。赵翼将自己长期读书所做的笔记汇集成书，就是著名的《廿二史记》。《廿二史记》是赵翼对二十四史精心研读的成果，称之为“廿二史”，是因为赵翼将新旧唐书和新旧五代史分别合称为一史的缘故。这部书以笔记的形式，对二十四史的编撰人员、编著年代、史料来源、编纂体例以及各史的得失之处等做了全方面而又详致入微的介绍和评论，可以看作是一部二十四史的阅读指南。赵翼在书中还将某些史实进行归纳分析，总结出某些有趣的历史现象，如言“北齐百官无妾”、“宋皇后所生太子皆不吉”、“元初用兵多有天助”等，这些独特的发现不仅令人亲切地感受到读史的趣味，同时也可以让人从这些历史表面情景中窥度出史实。赵翼不仅是一个杰出的史学家，还是一个著名的诗人，诗歌语言浅近流畅，尤以五言古诗最为出色，与袁枚和蒋士铨并称“乾隆三大家”。

钱大昕

钱大昕（1728 ~ 1804 年），江苏嘉定（今属上海）人，字晓徵，一字及之，号辛楣，又号竹汀居士，晚年自称潜研老人。27 岁中进士，累任山东、湖南、浙江、河南等省乡试的主考官，后为詹事府少詹事、提督广东学政，48 岁时居丧回乡，此后引疾不仕，转而潜心治学，教授生徒。钱大昕对当时几乎所有的学术领域，诸如经学、史学、文学、天文、地理、历算、音韵、训诂、金石等皆有所学，而且颇为精晓，博闻强识，冠绝一时。《廿二史考异》是钱大昕集平生读史之所学，积数十年考证之功所成的一部史学名著，在清代与赵翼的《廿二史记》和王鸣盛的《十七史商榷》并称，但是比另两部书更为精细、严谨，出色地体现了乾嘉学派深湛绝伦的考据成就。钱大昕还著有《十驾斋养新录》、《三统术衍》、《四史朔闰考》等为人称道的学术著作，并且曾参与撰修《续文献通考》、《大清一统志》等大型史书，在学术领域可谓功勋卓著。

章学诚

章学诚像

章学诚（1738 ~ 1801 年），字实斋，号少岩，会稽（今浙江绍兴）人。25 岁时第二次应乡试未举后就学于当时的最高学府北京国子监，28 岁时再次落榜，而后拜投翰林院编修朱筠为师，章学诚由此得以接触众多的学界名流，开阔了学术视野。41 岁时章学诚始中进士，但是仕途坎坷，为了维持家口而辗转奔波，任教于各地书院，也曾投人幕府。章学诚不仅遭受着生活上的微贫，而且他的学术成就也不为当时的学界所知晓，他的一些重要著作都是在过世之后才刊刻的。直到清末，章学诚的杰出成就才被人发现，他的《文史通义》被称誉是一部“为千古史学辟其榛芜”的杰作，也被认为是继唐代刘知几之后最为重要的史学理论著作之一。章学诚在书中开篇即提出“六经皆史”的著名命题，主张“史学所以经世”、“作史贵知其意”，提出“辨章学术，考镜源流”的目录学思想，建立了较为系统的历史学和目录学理论，并且指出“家有谱，州县有志，国有史”，出色地撰写方志的理论和实践，将方志学提升为一门正宗的学术。

崔述

崔述（1740 ~ 1816 年），字武承，号东壁，直隶大名府魏县（今属河北）人。23 岁中举，曾被任命为福建罗源县知县，为政勤谨，品行清廉，涤除敝俗，变革乡风，颇受人民爱戴。崔述是一位杰出的史学家，“考据详明如汉儒，而未尝墨守旧说而不求其心之安；辨析精微如宋儒，而未尝空谈虚理而不核乎事之实”，生平著述 30 余种，以《考信录》一书最为知名。这部书包括《考古提要》、《上古考信录》、《唐虞考信录》、《夏考信录》、《商考信录》、《丰镐考信录》、《洙泗考信录》、《孟子事实录》等内容，其中《洙泗考信录》是专门考证孔子生平事迹真伪的，是研究孔子的一种极为重要的参考资料。《考信录》集中体现了崔述的辨伪成就，表现出鲜明的疑古精神和实证精神，开启了近代史学的新途径，受到蔡元培、胡适、顾颉刚等著名学者的大力推崇，在日本也曾产生很大影响。

文化艺术

音乐舞蹈

古琴

琴又称瑶琴、玉琴、绿绮，现代一般称为古琴、七弦琴。琴历来被认为是高雅的艺术，古人常以“琴、棋、书、画”并称，把它看作是君子必备的文化修养，因此我国文人多擅弹琴，如孔子、嵇康、欧阳修等。

琴在我国至少已有3000多年的历史，现在考古发现的最早实物，是湖北随州出土的战国初期的10弦古琴和湖南长沙马王堆出土的7弦汉琴。琴的全身为扁长共鸣箱，面板多用梧桐木制作。琴头有承弦的岳山，琴尾有承弦的龙龈和护琴的焦尾，整个显得宽头窄尾。在面板的外侧有13个圆点状的徽，它是音位和泛音的标志，一般由贝壳制成。琴上有7弦，古代用丝弦制成。琴的声音清脆悦耳，表现力强。传说伯牙志在山水的时候琴声能“峨峨兮若泰山，洋洋兮若江河”，遇雨心悲的时候还能“为霖雨之操，更造崩山之音”，琴的表现力可见一斑。琴有独奏、琴箫合奏、琴歌、雅乐合奏4种传统的演奏形式。著名的琴曲有《流水》、《酒狂》、《广陵散》等。

鸣凤琴（正面） 北宋

编钟

编钟又叫歌钟，是中国古代一种重要的打击乐器，是钟的一种，由若干个大小不一的钟按照音阶有序地排列悬挂在木架上而构成的，每个钟的音高各不相同。编钟的历史能够上溯到3500年前的商代，但当时编钟较为简单，多见的是三枚一套。后来整套编钟的数量开始不断增加，形成较大的规模。

编钟 战国

古代的编钟是帝王和贵族专用的乐器，是等级与地位的象征，多用于宫廷演奏。每逢重大事件如征战、朝见或祭祀等活动时进行演奏。在1978年从湖北随州市西郊曾侯乙墓出土了一套曾侯乙编钟。这套编钟的音域可以达到5个八度，音阶结构基本上与现代的C大调七声音阶接近。它规模宏大，制作精美，整套共65件，其中有19件钮钟，45件甬钟以及一件钟，总重达2500多千克。全套钟保存完好，可随意拆卸。钟上有大量关于音乐知识的篆体铭文，这些铭文是研究先秦音乐史的珍贵文字资料。经专家演奏测试，曾侯乙编钟的音响已构成倍低、低、中、高4个色彩区，能演奏任何音阶的乐曲，同时能够胜任采用和声、复调以及转调手法的乐曲，称得上是音乐奇迹。编钟是中国古代音乐艺术和青铜铸造工艺的完美结合，令世人无法不为中国古代音乐辉煌的成就而惊叹。

磬

磬是我国古代的一种石制打击乐器，通常悬挂在架子上，演奏时用木槌敲击，可发出悦耳动听的鸣响。磬的历史非常悠久，出现年代可追溯到母系氏族社会，也叫作“石”、“鸣球”等。当时的人们常常会在猎取劳动成果后，敲击石头，以其清脆悦耳的声音来烘托气氛。这就是磬最初的原型。磬出现以后，被广泛用于历代统治者的各种宫廷场合的音乐中。

磬拥有非常古朴的造型和精美的外观，制作精美。按照它的使用场所和演奏方式，可分为特磬和编磬两种。特磬专门用于皇帝祭祀时演奏，编磬由若干个磬编成一组而成，挂在木架上进行演奏，主要在宫廷音乐中使用。寺庙中也使用磬。在出土曾侯乙编钟的曾侯乙墓中，出土了有古代楚文化特点的编磬32枚。这套完整的编磬是用石灰石、青石和玉石制成的，悬挂在青铜磬架上，共分两层，具有清脆响亮的音色。相关部门曾经制作出曾侯乙编磬的复制品，严格按照原件的规格和形制进行制作，验证了编磬动听的音色。磬是中国音乐史上独特的一种乐器，古老而优美。

箜篌

箜篌图

箜篌历史悠久，是中国古老的弹拨乐器，又称“坎侯”。早在春秋战国时期，就已经出现了箜篌的雏形。盛唐时期，箜篌的演奏技艺随着经济文化的飞速发展达到了相当高的水平。古代的箜篌既是宫廷乐队使用的乐器，也是深受民间喜爱的乐器，一度广为流传。箜篌还曾经传入日本、朝鲜等邻国，并受到人们的喜爱。在日本奈良东大寺的寺院中，至今还保存着2架我国唐代的箜篌残品。中国古代流传的箜篌主要分为卧式箜篌和立式竖箜篌2种，后来又出现了雁柱箜篌。竖箜篌的形状像半截弓背，在向上弯曲的曲木上设曲形共鸣槽，整体结构中还有脚柱和肋木支撑着20多条弦。演奏时演奏者将箜篌竖抱于怀，从两面用双手的拇指和食指同时弹奏，这个弹奏姿势，唐人称为“擘箜篌”。新型的雁柱箜篌是仿照古代立式竖箜篌的基本造型，在其基础上改进研制而成。其外形近似于西洋竖琴，不同的是它有两排琴弦，每排有36根弦，每根弦都是由“人”字形的弦柱支撑，看上去，这种箜篌的形态比较像天空中飞翔的雁阵队形，所以得名为“雁柱箜篌”。箜篌拥有宽广的音域和柔美的音色，表现力丰富，既能演奏旋律，也能很好地演奏和弦。

古筝

古筝是中国一种具有优美音色和丰富表现力的民族拨弦乐器。它有着悠久的历史，早在战国时期，古筝就在秦国流行，所以它又被称为“秦筝”。古筝的流传甚广，从岭南至内蒙古，几乎遍及整个中国。最初的古筝是从战国时期一种竹制的五弦乐器演变而来，秦汉时期，五弦发展为12弦，隋唐时期为13弦，元明时期为14弦，清代时期为16弦。后经改良，由17、19弦不等而发展到21～25弦，筝弦也由原来的丝弦改为钢丝弦等。这样，古筝的音域和表现力得到很大提高，深受人们欢迎。它既可用作独奏、重奏、合奏，也可用作戏曲、曲艺和舞蹈等的伴奏。古筝的音色清越、高洁、典雅，委婉动听，具有一种幽远的独特神韵。轻拂宛如行云流水，重扫势若山崩海啸。它既能细致微妙地刻画人们的内心感情，也能描绘激动人心的壮观场面；无论是如泣如诉，还是慷慨激昂，或是激越高歌与浅声吟唱它都可以表现得淋漓尽致。左手的揉、按、点等手法尤能体现古筝的音韵特色。

古筝在长期的流传过程中，与当地戏曲、说唱和民间音乐相融汇，形成了各种具有浓郁地方风格的流派。传统的筝乐被分成南北两派，其中以陕西、山东、河南和客家筝曲最为著名。《渔舟唱晚》和《汉宫秋月》是古筝中的名曲。

笛子

笛是中国最古老的乐器之一，早在8000年前的远古时期，我国就已经出现了用鸟禽肢骨制成的竖吹骨笛。横笛大概在汉朝时出现，相传是在汉武帝时张骞从西域传入，当时叫作“横吹”，是鼓吹乐的重要乐器，以竹制成。秦汉后，笛子成为竖吹的箫和横吹的笛的共同名称，这种状况一直延续到唐代。宋元时期，笛成为词曲和曲艺伴奏的重要乐器。

笛子的声音具有悠扬、婉转的特点，容易给人以一种缠绵思乡的感觉。唐代诗人李白曾经写过这样的诗句：“谁家玉笛暗飞声，散入春风满洛城。此夜曲中闻折柳，何人不起故园情。”李益也有诗云：“回乐峰前沙似雪，受降城外月如霜。不知何处吹芦管（芦笛），一夜征人尽望乡。”充分显示了笛声动人的艺术魅力。

笛的品种有很多，其中使用最为普遍的是曲笛和梆笛。曲笛又叫苏笛，以伴奏昆曲和盛产于苏州而得名。曲笛管身粗长，音色柔和，善于表现江南的柔婉情致。梆笛以伴奏梆子类戏曲得名，管身细短，音色明亮，善于表现北方的刚健气质。

琵琶

琵琶是我国历史悠久的一种常用弹拨乐器。秦朝时，在民间流传着一种圆形的、带有长柄的乐器。弹奏这种乐器主要有两种方法：向前弹叫“批”，向后挑起叫“把”，当时人们就把它叫作“批把”，后来改称为琵琶。当时的琵琶形状为直颈，圆形音箱，音位和弦数不固定。南北朝时，从西域地区传入一种曲项琵琶，其形状为曲颈，梨形音箱，有四柱四弦。人们就把它和我国的琵琶结合起来，制成了一种新式曲项琵琶。到了唐代，琵琶从制作到演奏上都得到了很大的发展。琵琶构造方面的改变是把原来的4个音位增至16个，同时把琵琶颈部加宽，下部共鸣箱变窄。在演奏方

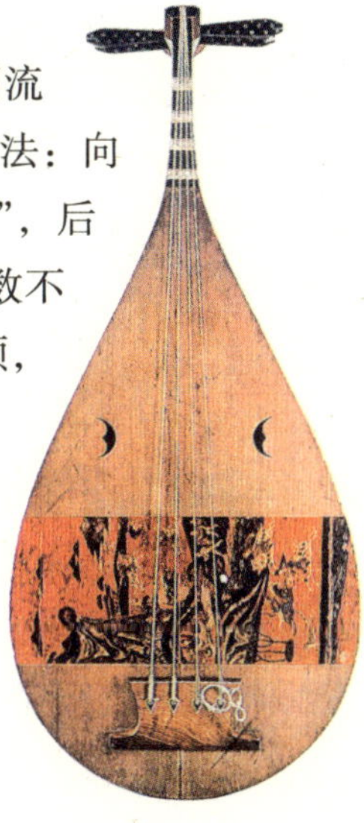

螺钿琵琶　唐

其背面嵌螺钿花纹，面板装有捍拨，上绘一白象，四人骑坐奏乐。

法上改横抱演奏为竖抱演奏，改拨子演奏为手指直接演奏。此后，琵琶的制作和演奏技法不断得到改进，最后形成如今的四相十三品和六相二十四品两种琵琶。

琵琶音域广阔、演奏技巧丰富繁多，具有丰富的音乐表现力。适合琵琶演奏的曲风有多种，基本上有文曲、武曲、大曲 3 种。文曲以抒情为主，曲调柔美，代表曲目如《春江花月夜》、《汉宫秋月》等。武曲则风格豪放，《十面埋伏》、《霸王卸甲》等都是其代表作。大曲的曲调以活跃、欢畅为主。

二胡

二胡是唐代由西域胡人传过来的弦乐器，来自北方的奚部落，因此又称“胡琴”。后来，胡琴发展出了二胡、中胡、京胡、坠胡、板胡等十几个品种，二胡就是其中比较重要的一种。二胡基本上都是木质的，整体由琴杆、琴筒、琴轴等基本部件构成。二胡的琴筒有圆形、六角形等形状，琴筒的一端蒙有蛇皮或蟒皮，另一端则设置雕花的音窗。在乐队中，二胡作用很大，它既能独奏，也适合合奏。既能演奏风格细腻深沉、柔美抒情的乐曲，也能够演奏风格欢快活泼的乐曲，有非常丰富的表现力和艺术感染力。无锡民间艺人阿炳创作的《二泉映月》，是我国著名的二胡曲，这首乐曲饱含着作者悲伤的命运和内心的疾苦和希望，具有强烈的艺术感染力。

箫

“黄河远上白云间，一片孤城万仞山。羌笛何须怨杨柳，春风不度玉门关。”这是著名诗人王之涣的《出塞》，也是唐代七绝的压卷之作。诗中幽怨的羌笛，就是现在人们所说的箫。箫原称“洞箫”，是我国古老的吹奏乐器之一。箫和笛一样，都是源于远古时期的骨哨。因此很长一段时间人们把箫称为笛，直到唐代，两者才开始分离，横吹为笛，竖吹为箫。箫的音量较小、音色轻柔，比笛声更有一股缠绵不尽的幽怨之意，因此箫比较适于独奏和重奏。著名的独奏曲目有《鹧鸪飞》、《妆台秋思》、《柳摇金》等，另有琴箫合奏曲《梅花三弄》、《平沙落雁》等。

吹箫图轴　明　唐寅

图中女子高挽发髻，复戴以碧冠，面容白皙却现愁容。其双手捏箫，唇未启而意先生，二目凝视前方，忧郁神情甚浓，令人如闻箫声，随之更容。

六代乐舞

宫廷雅乐在周朝的代表作品当数“六代之乐”:《云门》、《咸池》《大韶》、《大夏》、《大濩》、《大武》。由于它们都是歌舞乐三位一体，又称为“六舞”。

第一代乐舞:《云门》，歌颂黄帝的丰功伟绩，以黄帝所在氏族的图腾为云彩而得名。第二代乐舞:《咸池》，亦称《大咸》，表现了祭奠祖先和祈求祖先保佑的内容。之所以叫《咸池》，是因为在神话传说中，咸池是日落之地，也是祖先亡灵栖息的地方。第三代乐舞:《大韶》，简称《韶》，因以排箫为主要伴奏乐器，又名《箫韶》，传说是舜时代的宗教性乐舞，该乐舞有九次变化，歌也有九段，在后世又被称为《九歌》。它是远古时期最为著名的乐舞，孔子在齐国听《韶》乐之后“三月不知肉味”，并赞叹道，“韶尽美矣，又尽善也”，“尽善尽美”成语由此得来。

第四代乐舞：夏时的《大夏》，主要歌颂大禹治水的功绩。这个乐舞也有九段，用伴奏，又称为“夏九成。”第五代乐舞:《大濩》是赞颂商代君王成汤伐桀的功绩。“濩”在殷墟甲骨文卜辞中本是指用音乐舞蹈形式祭祀祖先的巫术活动，后来将这类巫术活动中表演的音乐舞蹈专称为“乐”。《大濩》表演时场面壮观、气势宏大，集商朝乐舞之大成。第六代乐舞：周朝的《大武》，歌颂周武王讨伐商纣的胜利。《大武》是这一时期宫廷歌舞的最高典范，在表演时，舞分六场，乐也分六章。这些歌曲的唱词，被收集在《诗经》的《周颂》中。

六代之乐是当时宫廷最具权威性的祭祀礼乐，也是“乐教”的经典教材。周朝的“大司乐”，就是专门设立的音乐教育机构的总长官。下面有高、中、下三级乐官和乐工，等级分明，职责明确，构成了一个系统地管理和排演礼乐、教习礼乐的机构。

诗乐

诗乐就是《诗经》所用的音乐。《诗经》不仅奠定了中国古代文学现实主义的基础，而且在当时都是歌曲，是中国古代最珍贵的艺术遗产之一。

《诗经》中“风”(国风)是“民俗歌谣之诗”;“大雅”是“会朝之乐，受厘陈戒之辞”;“小雅”是“燕飨之乐”;“颂”是“宗庙之乐歌”。风有十五国风，是各地的民歌，文学成就最高。雅分大雅、小雅，多为贵族祭祀、朝会、燕飨之诗歌，小雅中也有部分民歌。颂是宗庙祭祀时用的诗歌。《诗经》中的歌曲，在周朝非常流行。这些歌曲有歌唱的、合奏的，也有单项乐器演奏的。有些用乐器所奏曲目(“笙诗”)没有歌词，所以在《诗经》中只有篇名，称为“佚诗”。《诗经》中的歌曲是周朝贵族教育的主要科目，称诗、书、礼、乐“四术”。它在当时的社会生活中，占有很重要的地位。可惜的是由于时代久远，《诗经》的乐曲没有传留下来。后来，《诗经》被儒家奉为经典，成为“六经”之一。

雅乐

“雅乐”就是“优雅的音乐”的意思，是中国古代的宫廷音乐，用于祭祀天地、祭祀祖先、朝贺、宴享等仪式典礼中。西周建立后，周公制礼作乐，其中一部分就是雅乐。周朝把礼、乐、刑、政并列，行政、法律、礼仪和雅乐构成了西周奴隶主贵族统治的支柱。《周礼》所记载的周朝的各种贵族礼仪中与雅乐有关的有：郊社（祭天地神明的祭典）、尝禘（贵族祭其祖先的祭典）、食飨（政治上外交上的宴会等，包括大飨、燕礼、大射、养老等）、乡射（乡里官僚和奴隶主们比射的集会）、王师大献（战争胜利时举行的凯旋庆典）、行军田役（用于军事演习性质的狩猎）。它的主要目的是使参加典礼的贵族受到教育和感化。雅乐的歌词大都载于《诗经》中的“大雅”、“小雅”和“颂”中。雅乐的主要乐器是编钟和编磬，其他乐器还有特钟、特磬、柷、敔、古琴、搏拊、埙等。随着周朝的衰落和社会的发展，民间的俗乐逐渐取代了雅乐。

歌乐图　宋

楚声

楚声又称“楚调”或“南音”，指的是春秋战国秦汉时期楚地的音乐，也泛指长江中游、汉水流域至徐、淮间的音乐。“南音”一词始见于《左传》及《吕氏春秋》。现存的记载楚声歌词的有《接舆歌》、《沧浪歌》、《子文歌》、《楚人歌》等。

楚声的音乐形式，是楚辞中的“少歌”、“倡”等歌曲结构用语，即插入歌曲中间部分的小段或单句。战国和两汉时期是楚声的极盛时期。当时楚国的流行歌曲有《下里巴人》、《阳阿》、《薤露》等。以屈原的《九歌》为代表的楚辞作品都是模仿楚国民

以屈原的《九歌》为代表的楚辞作品都是模仿楚国民间乐舞歌唱的形式而作的。

间乐舞歌唱的形式而作的。汉高祖刘邦和他手下的许多大臣都是楚国人，非常喜欢楚声，在全国范围内大力提倡。刘邦的《大风歌》就是楚声。当时楚声不仅在汉朝宫廷，在民间也十分流行。六朝时，楚声还保存在琴曲中。唐朝以后，楚声失传。

燕乐

燕乐起初只是一种宴请宾客时专用的宫廷音乐，在周朝不受重视，一直到隋唐时期，它的地位才逐渐变得显要，并且最终取代雅乐，成为盛行一时的宫廷音乐。

燕乐主要是供人欣赏的，强调娱乐性和艺术性，因此隋唐燕乐大力吸收民间音乐，融合少数民族以及外来俗乐，形成了一种多元的宫廷新音乐。在隋朝初年，燕乐按音乐来源和乐队编制分为七种，即“七部乐”，到隋炀帝的时候又增加为九部。唐太宗时改为十部乐，包括燕乐（杂用中外音乐）、清商伎（传统音乐）、西凉伎、天竺伎、高（句）丽伎、龟兹伎、安国伎、疏勒伎、康国伎、高昌伎。到唐玄宗时，又根据表演形式将十部乐改为坐部伎、立部伎两大类。坐部伎在室内坐奏，人数较少，音响清雅细腻，注重个人技巧；立部伎在室外立奏，人数较多，场面宏大、气氛热烈，有时还加入百戏等。在当时的宫廷音乐中，坐部伎地位最高，立部伎次之，雅乐地位最低。著名诗人白居易曾在《立部伎》中说：“笙歌一声众侧耳，鼓笛万曲无人听。立部贱，坐部贵，坐部退为立部伎，击鼓吹笙和杂戏。立部又退何所任，始就乐悬操雅音。”可见在中唐时期，燕乐已经完全取代了雅乐的地位，成为宫廷音乐中绝对的主角。

唐代燕乐最突出的艺术成就是歌舞大曲。它是一种综合器乐、歌唱和舞蹈的多段结构的大型乐舞，由“散序”、“中序”和“破”三部分组成。其中散序由器乐演奏，无拍无歌，节奏自由；中序入拍歌唱，多为抒情慢板，由器乐伴奏；破是乐舞的高潮，以舞蹈为主，节奏逐步加快，最后在热烈的气氛中结束。著名的大曲有《绿腰》、《凉州》、《玉树后庭花》、《霓裳羽衣曲》、《破阵乐》、《水调》等。

尽善尽美

孔子闻《韶》图

尽善尽美是孔子的音乐观。孔子的思想核心是“仁”，提倡“仁”的音乐。孔子认为，尽善尽美的音乐就是“仁”的音乐。这个标准来自孔子对《韶》乐的评价：“《韶》尽美矣，又尽善也；谓《武》尽美矣，未尽善也。”孔安国注言道：“《韶》，舜乐名也，谓以圣德受禅，故尽善也。《武》，武王乐也，以征伐取天下，故曰未尽善也。”意思是舜因为具有美德而受禅即位，故歌颂他的《韶》乐尽美也尽善。周武王则是征伐商纣，以武力夺天下，故歌颂他武功的《武》尽美却未尽善。可见孔子评价音乐的标准有两个，一个是音乐表现内容的“善”，一个是音乐艺术形式的“美”。而“善”在两者中又居于主要地位，这充分体现了儒家的音乐为政治服务的思想。此外，从孔子的这句话我们还可以看出儒家重视音乐内容与形式的统一，也就是要和谐。

乐与政通

我国古代的音乐理论丰富多彩，如孔子的“尽善尽美”，师旷的“乐与政通”，以及墨子的“非乐”等。但这些音乐理论十分零碎，没有形成各自成熟的体系。直到西汉《礼记·乐记》的出现，我国才开始有了比较系统的音乐理论和比较完善的音乐论著。

《乐记》开首就说：“凡音之起，由人心生也。人心之动，物使之然也。”指出音乐的形成是“物动心感”，认为音乐是主观受到客观影响的结果，并突出了音乐是表现人们内心感情的，具有唯物论因素。《乐记》还指出音乐表达的是人们的真情实感，“夫乐者乐也，人情之所不免也”、“乐也者，情之不可变者也”、“唯乐不可以为伪”，强调音乐是真情的流露。在《乐本篇》中对“物动心感”的这一观点又做了进一步论述：“乐者，音之所由生也，其本在人心之感于物也。是故其哀心感者，其声噍以杀；其乐心感者，其声啴以缓；其喜心感者，其声发以散；其怒心感者，其声粗以厉。”指出喜怒哀乐几种心情在音乐上具有不同的表现。正因为音乐这种情感化的特征，音乐可以反映民风民情。“是故治世之音安以乐，其政和；乱世之音怨以怒，其政乖；亡国之音哀以思，其民困。声音之道，与政通矣。”这就是贯穿全文的重要思想“乐与政通”。

《乐记》作为儒家音乐思想的总结，继承和发扬了孔子等人的观点，认为音乐“可以善民心，其感人深，其移风易俗易”，具有教化人民的作用，因此《乐记》竭力提倡雅颂之声（雅乐），而反对郑卫之音（俗乐）。这种突出音乐教化作用的音乐观对后世影响很大。

声无哀乐

《礼记·乐记》之后，我国出现了一部独树一帜的音乐论著，它的观点与正统的儒家音乐思想背道而驰，反映了道家对音乐的影响。这就是著名的《声无哀乐论》，作者是三国魏晋时著名文学家、音乐家嵇康。

嵇康是魏晋名士，政治上他不与当权者合作，常常抨击时政；思想上他受老庄影响，提出了著名的“越名教而任自然”，反对儒家礼教的虚伪，崇尚自然之道，思想十分叛逆。这篇《声无哀乐论》就是他的叛逆思想在音乐理论上的表现。文章约7000字，作者假设一位论敌“秦客”（儒家）和“东野主人”（作者）就“声无哀乐”的命题进行八次辩难，有针对性地批驳儒家传统乐论，进而阐述自己的音乐思想。

文章开首秦客就提出正统的儒家音乐观点，认为音乐和社会风气有着密切的联系，音乐能表现人的哀乐。但嵇康却说：“心之与声，明为二物。”即音乐是外界的客观事物，哀乐是人内心的主观感情，两者没有因果关系。嵇康认为音乐的本体是“和”，是“大小、单复、高埤、善恶（美丑）”的总和，并且“声音自当以善恶为主，则无关于哀乐；哀乐自当以情感而后发，则无系于声音”。意思是音乐只有美与不美，与人的哀乐无关；人的哀乐是有所感而后表露，与声音无关。

但是嵇康也没有否认音乐对人的情感起着诱导的作用。他认为人的哀乐是由于受到客观世界的影响才产生的，而音乐可以使之表现出来，使人感觉兴奋或安静，精神集中或分散。嵇康还指出人心所存在的感情不同，对音乐的理解也会相异，被音乐激发的情绪也不同。基于上述观点，嵇康认为音乐并不能起到移风易俗的作用，驳斥了儒家将音乐与政治等同，无视音乐艺术性的观点，在当时确实具有振聋发聩的作用，并由此开启了中国音乐除儒家音乐观念之外的另一股潮流。

二十四况

《溪山琴况》是《乐记》、《声无哀乐论》之后的我国又一部重要音乐美学论著。一般认为，《乐记》是儒家音乐思想的代表，重音乐的社会作用；《声无哀乐论》是老庄道家思想的代表，注重音乐的审美特征；而作于明末清初的《溪山琴况》，则吸收和融合了儒道释三家思想，是古代音乐美学的集大成之作。

《溪山琴况》是一部全面系统的琴学论著，作者是著名琴家徐上瀛。徐上瀛名珙，别号青山，是著名的古琴流派虞山派的传人。他不仅琴艺精湛，而且善于总结前人琴学理论。他在《溪山琴况》中提出了琴乐审美的二十四况，即“和、静、清、远、古、澹、恬、逸、雅、丽、亮、采、洁、润、圆、坚、宏、细、溜、健、轻、重、迟、速”。这24个字，不仅是对古琴审美特征的概括，而且几乎适用于所有的中国音乐。这二十四况大致可分为两类，前九况主要表示一种风格，后十五况则是对琴音音质音色的特定要求。

二十四况中，“和”最重要，《琴况》开首就说琴：“其所首重者，和也。”“和”就是中和，讲节制，有分寸。这之后的“静”、“清”、“澹”等诸况都与之联系，体现了儒道释三家思想在音乐上的融合。

五声和七音

八音指用金、石、土、革、丝、木、匏、竹等八种材料制作的乐器。

东汉学者郑玄在《史记·乐书·集解》中指出：“宫、商、角、徵、羽，杂比曰音，单出曰声。”“宫”、“商”、“角”、“徵”、“羽”，这几个字相当于今天简谱中的“1、2、3、5、6”。中国传统采用的音阶，就是用这5个字表示的5声音阶，以及以此为基础的七声音阶。这5个音叫作正音，七声音阶中，除了这5个音外，再加上2个偏音。传统的七声音阶有3种，最常见的叫作正声音阶，也叫作“雅乐音阶”或“古音阶”，是由五个正音和“变徵”、“变宫”两声组成。“变徵”相当于简谱中的4，“变宫”相当于简谱中的7。“变”在中国传统音乐理论中的意思是“低”。“变徵”、“变宫”就是比“徵”、“宫”低半个音的音。另外两种如下：一种是五个正音和“清角”、“变宫”的“下徵音阶”，也叫“清乐音阶”或“新音阶”；还有一种叫作“清商音阶”或“燕乐音阶”，由五个正音加“清角”与“清羽”构成。“清”在中国传统音乐理论中表示“高”，“清角”比“角”高半个音，“清羽”比“羽”高半个音。

“宫商角徵羽”来源于何时，现在还没有定论，但在春秋时各种典籍已记载了，所以可以推断它们的出现不迟于春秋，甚至可推到西周或者商代。

六律

所谓律，本来是指用来定音的竹管子。据说古人确定乐音的高低，是通过用十二个长度不等的律管，吹出十二个高度不同的标准音，这十二个高度不同的标准音，就称为十二律。十二律的名称是黄钟、大吕、太簇、夹钟、姑洗、仲吕、蕤宾、林钟、夷则、南吕、无射、应钟。十二律中的每一律，都有自己固定的音高，现在都可以和现代西方音乐对照。

古人在十二律的基础上，又有阳律、阴律的概念。奇数的六律是阳律，叫作六律，即黄钟、太簇、姑洗、蕤宾、夷则、无射；偶数的六律是阴律，叫作六吕，即大吕、夹钟、仲吕、林钟、南吕、应钟。六吕和六律合起来，叫作律吕。古人所说的“六律”，通常是指包括了阴律和阳律的十二律。

乐调

一般而言，古人以宫作为音阶的第一级音。但其他各音，实际上也可以作为音阶的第一级音，音阶的第一级音不同，调式自然也就不同了。如果以宫作为音阶的第一级音，乐调就是宫调式；以商作为音阶的第一级音，乐调就是商调式；以角作为音阶的第一级音，乐调就是角调式，其他依此类推。有五音，便有五种不同的调式，有七音，便有七种不同的调式，这就是乐调。

音乐

词典上对音乐的解释为：用有组织的乐音来表达人们思想感情、反映现实生活的一种艺术。分为声乐和器乐两大部门。可见，音乐是“音”和“乐”两部分的合成。据出土文物显示，作为一门古老的艺术形式，音乐的历史可以追溯到新石器时代。当时的音乐是以歌、舞、乐相结合的形式存在的。氏族中关于“三人操牛尾，投足以歌八阕”的记载便是说的这种“音乐”形式。还有《云门》、《大夏》、《韶》、《琴操》等，都是古代的“音乐”。只是人们并不以“音乐”来称呼它。

散乐图　五代

图中伎乐服饰华丽，体态丰腴，高盘发髻，各种乐器握于手中，神态各不相同，为研究当时音乐、服饰文化的实物资料。

将“音乐”合起来用以指代各式各样的乐曲，始见于《吕氏春秋·大乐》中。书中这样说道：“音乐之所由来者远矣。”后来，有人将英文的“music”翻译成了汉语“音乐”一词，“音乐”这个称呼才被人们更广泛地使用开来。

如今的音乐形式多种多样，其基本要素包括节奏、曲调、和声、力度、速度、调式、曲式、旋律等。

《韶》乐

《论语·述而》中记载：“子在齐闻《韶》，三月不知肉味，曰：‘不图为乐之至于斯也！’”这段话是说孔子在齐国的时候，曾经和太师讨论音乐。闻听《韶》乐，孔子被深深地吸引，以至于三个月尝不出肉是什么滋味。那么这种《韶》音究竟是种什么样的音乐让孔夫子如此着迷呢？

据史料记载，孔子不仅治学严谨，在音乐方面也颇有造诣。孔子访问东周洛邑的时候，曾跟周敬王的大夫苌弘学习过一段时间的音乐。学习期间，俩人经常讨论音乐。有一日，他们谈到了音乐中的高雅之曲——《韶》乐。孔子说道：“尽管我很喜欢音乐，但是却不是十分精通。我知道《韶》乐和《武》乐都很高雅，是流行于诸侯国宫廷的一种音乐。只是不知道，这两种音乐的区别在哪里？”苌弘解释道：“依我对音乐的理解，《韶》音曲调优雅宏大，是种和谐之乐；《武》乐则侧重表现豪放壮阔。这是两者乐风上的不同。”孔子听了，感叹道：“《韶》乐、《武》乐各有所长。《韶》乐尽善又尽美；《武》乐尽美不尽善啊。”

后来，孔子游历到了齐国，有机会欣赏到了《韶》乐。就是在这段时间里，孔子对《韶》乐的痴迷达到了“三月不知肉味”的程度。

说起这种让孔子痴迷的音乐，要追溯到5000多年前的舜帝时代。据《竹书纪年》记载：“有虞氏舜作《大韶》之乐。”可见，《韶》乐是舜创作的一种乐曲。舜作这种乐曲的目的是为了歌颂尧的功德。

《武》舞表现了武王征诸不享的诛伐之事。

知音

俗话说“千金易得，知音难觅”。词典里对“知音”的解释为：原指通晓音律，后来以此代指彼此了解、情投意合的人。那么，“知音”这个词是怎么来的呢？

古有诗云：“摔碎瑶琴凤尾寒，子期不在对谁弹！春风满面皆朋友，欲觅知音难上难。”该诗说的便是“知音”一词的由来。

俞伯牙是春秋战国时期有名的音乐家。他不仅精通音律，更弹得一手好琴。然而纵使他琴艺高超，却始终曲高和寡，没有几个人能够听懂他的琴曲。有一次，俞伯牙因公务来到汉阳江口。黄昏时分，俞伯牙命船夫停船靠岸，调琴弹奏起来。伴着朦胧夜色，草场间传出悠扬曲调。弹琴间隙，俞伯牙听见草丛中有声响，便命书童前去查探。待书童回来，身边又跟了一个人。俞伯牙询问方知，此人名叫钟子期，是附近古娄子村的樵夫。砍柴回家途中，他听到有人弹琴，便隐匿在草丛中欣赏起来。

俞伯牙觉得此人是在说大话，一个樵夫，怎能懂得他琴中表达的情感，便想试探试探他。于是，俞伯牙转弦弹奏了一支表达泰山雄险的曲子。站在一旁的钟子期屏息凝神，表情随着俞伯牙的琴曲不断变幻。一曲弹罢，钟子期叹道：“妙曲，高山巍峨，雄险非常。”俞伯牙听后，不禁对钟子期刮目相看。随即调整琴弦又弹一曲，钟子期面容平静，如沐春风，悠然说道：“潺潺溪流，东流到海。由微波荡漾，到波涛澎湃。”俞伯牙听罢激动不已，终于找到了能听懂自己琴曲的人了。于是，他邀请钟子期来到自己船中。两人把酒言欢，畅谈琴曲，并结为兄弟，相约来年此时此地再相聚。

第二年，俞伯牙守信而来，却不见钟子期的身影。经过打听才知道，早在几个月前，钟子期就去世了。当地人说，他为了遵守和俞伯牙的约定，特意告诉家人将他葬在江边。俞伯牙听后，心痛不已。他来到钟子期坟前，弹奏起《高山流水》。弹罢摔琴长叹：“知音不在，还有谁能懂我琴音。”

战国时的《列子·汤问》，详细记载了这段佳话。后人在俞伯牙和钟子期相遇的地方筑起了伯牙台，以纪念他们“以琴觅知音，摔琴祭友人”的感人故事。“知音”也成了知心朋友的代名词。

靡靡之音

《论语》中记载：“颜渊问为邦，子曰：‘行夏之时，乘殷之辂，服周之冕，乐则《韶》、《武》，放郑声，远佞人。郑声淫，佞人殆。’”孔子所推崇的音乐为古韵《韶》、《武》之类，而他最厌恶的，就是当时流行的郑乐。他称这种音乐为“淫声”、“靡靡之音”。那么，这种音乐究竟是什么样的音乐呢？

“靡靡”意为柔弱，萎靡不振、颓唐。“靡靡之音”指的是软绵绵、萎靡不振的音乐。现指颓废淫荡或低级趣味的乐曲。

据《韩非子》记载，“靡靡之音”起源于商代。商纣王荒淫无度，不但终日泡在酒池肉林中，日日还要笙歌曼舞。当时弹奏乐曲的乐师都绞尽脑汁翻新花样，唯恐因不能令纣王满意而身首异处。

据说，当时有位专门收集、整理乐曲的乐师，名为师延，由于常年与音乐为伴，又经过钻研苦练，弹得一手好乐器。纣王听说了，便命人将师延带到宫中为其演奏。师延以高雅音乐见长，纣王所喜爱的类型，根本不是师延所好。因而，一连几天，师延都没能让纣王满意。纣王下了最后通牒，如果师延还不能弹奏出令其高兴的曲子，就要被处死。迫于无奈，师延改变了曲风。结合所搜集来的音乐，创出了一种让人听了就会心生柔情蜜意的乐曲。纣王听了，十分高兴，便整日陶醉其中，连酒池肉林都引不起他的兴趣了。没过多久，武王伐纣，商灭亡。《史记·殷本纪》中将师延创作的这种音乐称为“北里之舞，靡靡之乐”。后来，人们便把那些消磨人意志的歌舞通称为“靡靡之音”。

三分损益法

三分损益法，是中国古代制定音律时所用的生律法，最早见于《管子》：“凡将起五音，凡首，先主一而三之，四开以合九九，以是生黄钟小素之首以成宫；三分而益之以一，为百有八，为徵；不无有三分而去其乘，适足以生商；有三分而复于其所，以是生羽；有三分去其乘，适足以是成角。”这段话的意思是，凡是要起奏五音声调，先确立一弦而对其进行三等分，经过四次三等分的推演以合九九八十一之数（即三的四次方），由此产生黄钟小素的音调，这个作为基准音的声调就是宫声；三除八十一而将其一份加在八十一上，得一百零八，就是徵声；不再用三除而令一百零八减去其三分之一，得数七十二，由此而成为商声；再用三除七十二，并加在它的原数上，得到九十六，就是羽声；对九十六进行三分再减去其三分之一，得数六十四，就产生角声。简单地说，三分损益法就是根据某一标准音的管长或弦长，依照三分之一的长度比例进行加减，从而推算出其余一系列音律的管长或弦长。三分损益包含“三分损一”和“三分益一”两层含义。三分损一是指将原有长度作三等分而减去一份，而三分益一则是指将原有长度作三等分而增添一份。两种方法交替、连续运用，各音律就相应而生。

十二平均律

十二平均律，也叫作“十二等程律”，是目前世界上通用的一种音乐律制，它把一组音分成 12 个半音音程，相邻两律之间的振动数之比完全相等。它是我国明代著名音乐理论家和数学家朱载堉创造出来的，他在乐理著作《律学新说》中，首次对十二平均律的理论进行了详细阐述，并在他的数学著作《嘉量算经》中，对十二平均律的数学演算进行了详细记述，这是他留给我们的珍贵文化遗产。

十二平均律用发音体的长度计算音高，假定黄钟的正律是 1 尺，通过计算得知低八度的音高弦长为 2 尺，然后对 2 开 12 次方，能够得到频率公比数，这个公比自乘 12 次后，就能够得到十二律中各律的音高，黄钟正好是各律的还原起点。通过这种方法，人们首次解决了十二律自由旋宫转调的难题，可谓是对世界音乐理论的重大贡献。

十二平均律还包括对乐音标准音高的阐述和相关法则和规律，借由这个原理，才能更为方便顺利地制造键盘乐器。钢琴键盘上的 88 个黑白键，就利用了这个原理。该理论的出现早于西方音乐家大约 1 个世纪。

工尺谱

工尺谱是中国古代的一种记谱形式，以“工、尺”等字来对不同的音高符号命名是我国古代特有的记谱方法，是在管乐器的指法记号基础上演变而成的，大约诞生于隋唐。随着时代与音乐的变化和发展，也随着地区和乐种的不同，其记谱符号以及记写方式也不尽相同。明代中期以后，昆腔的流行带动了记谱法的推广和统一，工尺谱就在此过程中逐渐成为应用最广的一种谱式。

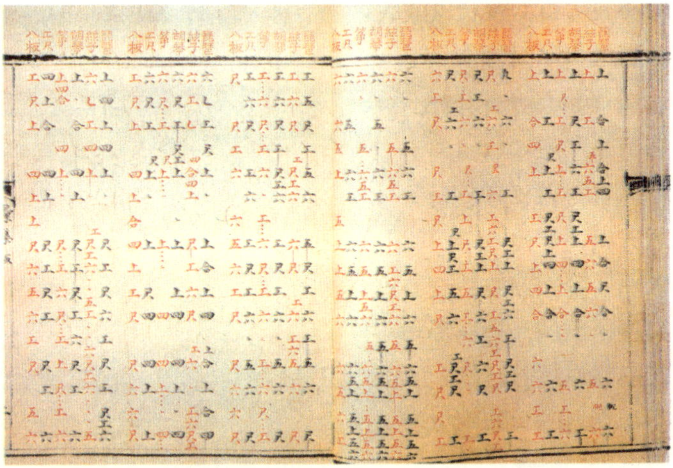

清人编的器乐合奏曲谱

工尺谱的音高分别以上、尺、工、凡、六、五、乙代表现在音阶的 1、2、3、4、5、6、7。其节奏符号，古代将其称为“板眼”。一般而言，板代表的是强拍，眼代表的是弱拍，板和眼基本上可以分为散板、流水板、一板一眼、一板三眼等形式。

清代乾嘉年间，出现了用工尺谱记写的管弦乐合奏总谱，这就是《弦索备考》。这部谱集共收入 13 首乐曲，又叫作“弦索十三套”。每首曲子都能用萧、笛、提琴等乐器进行演奏，它们各部工尺谱的音高、调号、节奏符号基本相同于常用工尺谱。这部乐谱的出现对全面记录民间音乐有很重要的意义，它是古代音乐人的心血结晶，更是中华民族音乐宝库中的珍贵财富。

李延年

李延年，生卒年不详，是汉朝著名的宫廷乐师。年轻时曾因触犯刑律而被处以腐刑，在宫中当管狗的太监，但后来却由于“性知音，善歌舞”，而受武帝的器重。李延年歌声动人，曾经在汉武帝面前赞美他的妹妹：“北方有佳人，绝世而独立，一顾倾人城，再顾倾人国，宁不知倾城与倾国，佳人难再得。”结果他的妹妹因此而受宠，被封为夫人，李延年也被封为掌管乐府的协律都尉，成为当时炙手可热的人物。不幸李夫人早逝，李家逐渐失宠，李延年也由于家人连累被杀。

李延年具有多方面的才能，除唱歌外，他还善于编曲创作，史称他“每为新声变曲，闻者莫不感动”。他曾经为司马相如等著名文人所写的19首郊祀歌词作曲，用于宫廷祭祀乐舞。他还对外来音乐进行加工创作，将张骞从西域带回的《摩柯兜勒》一曲改编为“新声二十八解”，用作仪仗队的军乐，为我国音乐的发展做出了卓越贡献。

赵飞燕

赵飞燕（公元前45～前1年），原名宜主，本为长安宫人，家庭贫困，出生后父母将其遗弃，三天后见她还没有死去，才将其抚养起来。长大一些后，她被送到阳阿公主家做歌舞伎，逐渐显示出惊人的才艺，又因身轻如燕，而得号“飞燕”。一次，汉成帝造访阳阿公主，见到赵飞燕，十分欣赏，遂纳入宫中，先封为婕妤，再立为皇后，极其宠幸。赵飞燕姿容秀丽，身材轻盈，舞技出众，是中国古代最为知名的舞蹈家之一。传说她表演的一种舞蹈，手如拈花颤动，身形似风轻移，曼妙之极，堪称绝世而独立。对此，李白在赞美杨贵妃的《清平调》中曾写道：“借问汉宫谁得似，可怜飞燕倚新妆。”绥和二年（公元前7年），汉成帝暴卒。太子刘欣即位，是为汉哀帝，赵飞燕被尊为皇太后。虽然赵飞燕曾经为祸后宫的恶劣行径备受群臣指斥，但是哀帝念及赵飞燕有恩于己，遂没有追究。六年后，哀帝驾崩，平帝即位。是时外戚王莽专权，下诏废其为庶人，赵飞燕随即自尽。

赵飞燕歌舞图

史传赵飞燕体态轻盈、舞步曼妙，能做掌上之舞。

万宝常

隋唐时期由于音乐的全面繁荣，著名的音乐家多不胜数。其中著名的宫廷乐工万宝常（？～595年），是当时不能不提的重要音乐家。万宝常原是南朝人，后因父亲触犯北齐法规，不满10岁的万宝常被“配为乐户”，一辈子只能当个地位低下的乐工。后来他师从音乐家祖珽，成为一个“妙达钟律，遍工八音”的音乐大家。万宝常曾撰写过《乐谱》64卷，并提出了有名的八十四调理论，即一个音律有7个音阶，每个音阶上建立一个调，所以成为7个调。那么“十二律”即可得“八十四个音阶调式”。这一理论在隋朝并不受重视，直到唐朝，才被音乐界关注研究。万宝常的学说，为我国的音乐理论做出了突出贡献。此外，万宝常还使用水尺定音律，以代替传统的“管口校律”来调整乐器声音。

可惜万宝常生于乱世，一生经历四朝，并由于才能出众受到忌恨，终生未得重用。晚年他贫病交加，临死前将自己的著作付之一炬，这真是我国音乐界的一大损失。

李龟年

唐朝宫廷人才济济，李龟年（生卒年不详）是唐玄宗最为赏识的乐人之一。他和他的兄弟李彭年、李鹤年都以音乐闻名，其中又以李龟年最为有才。他能歌善舞，精通多种乐器，还善于作曲。王公贵族经常请他到府上表演，动辄以千金相赠。结果李氏兄弟在洛阳建造的宅第，规模甚至超过了公侯府第。“安史之乱”后，李龟年流落到江南，境遇十分凄惨。一次诗人杜甫偶然听到他的歌声，感叹不已，于是写下了著

宫中乐舞俑　唐

这组乐舞俑均跪坐或盘坐，手中分别持箜篌、拍板、横笛、排笙、琵琶、箫等乐器，作演奏状。唐代宫廷的表演艺术融会了中外许多民族的乐舞，新编乐舞极为活跃。

名的《江南逢李龟年》:“岐王宅里寻常见，崔九堂前几度闻。正值江南好风景，落花时节又逢君。”

唐玄宗

唐玄宗（685 ~ 762 年）是一位具有卓越政治才干的君主，著名的“开元盛世”就是由他开创的。更难得的是，他还多才多艺。《新唐书 · 礼乐志》中说他通晓音律，酷爱法曲，在坐部伎中挑选 300 人，组成了一个新的音乐机构——梨园。如果有人在演奏时发生错误，他必能察觉，并亲自纠正。唐玄宗精通多种乐器，尤擅羯鼓，曾被大臣誉为“头如青山峰，手如白雨点”。此外，唐玄宗还能创作乐曲，如《紫云回》、《龙池乐》、《凌波仙》、《得宝子》等。他根据印度《婆罗门曲》改编的歌舞大曲《霓裳羽衣曲》，被誉为中国歌舞音乐一颗璀璨的明珠。作为一位帝王音乐家，唐玄宗对唐代音乐的影响不可估量。正是由于他的积极倡导，唐代音乐才得以与各民族音乐文化进行融合。应该说唐代音乐的繁荣，唐玄宗功不可没。

杨贵妃

杨贵妃（719 ~ 756 年），名玉环，出家时道号为“太真”，祖籍弘农华阴（今属陕西），后迁居蒲州永乐（今山西永济）。父杨玄琰任蜀州司户，故出生于成都。开元二十二年（734 年），杨玉环成为唐玄宗之子李瑁的王妃，即寿王妃。5 年之后，玄宗初次见到杨玉环，深为她的美艳所迷，于是以为窦太后荐福的名义令杨玉环出家为道，5 年之后守戒期满，诏令还俗，接入宫中，而后玄宗又将杨玉环册封为贵妃。

杨贵妃不仅具有倾国之姿，尚有绝人之艺，是唐代十分出色的宫廷音乐家和歌舞家，艺术才华在后宫之中实属罕见。《旧唐书 · 杨贵妃传》记载:“太真姿质丰艳，善歌舞，通音律，智算过人，每倩盼承迎，动如上意。”

作为才华卓著的舞蹈家，她最擅长表演《霓裳羽衣舞》。据说，唐玄宗创作《霓裳羽衣曲》后，杨贵妃略略一看，便依韵而舞，舞姿翩跹，宛如天女散花，表现了一种缥缈神奇的意境，令玄宗兴奋不已。在对《霓裳羽衣曲》的配舞中，杨玉环既吸收了传统舞蹈的表现手法，又融合了西域舞艺的回旋动作，使整个舞蹈绰约多姿，飘忽轻柔，与乐曲达到了完美契合，成为唐代乐舞中的精品。杨贵妃起舞，唐玄宗曾亲自为其伴奏，观毕赞叹说，“方知回雪流风，可以回天转地”，可见杨玉环的舞艺之精湛。

杨玉环还精通胡旋舞，身段飘摇，翻跃如风，令人眼花缭乱。白居易的诗中说“中有太真外禄山，二人最道能胡旋”。安禄山是当时的胡旋舞高手，虽然身材肥胖，可是跳起胡旋舞，却可以飞快地旋转，令人目不暇接。后来安禄山发动叛乱，杨玉环命丧马嵬坡。

《乐律全书》

《乐律全书》书影

明朝著名的音乐家朱载堉是明代开国皇帝朱元璋的九世孙，明宗室郑恭王朱厚烷的儿子。他早年学习天文、算术，后来在历学和数学方面取得了很大的成就。同时，朱载堉还具有非凡的音乐才华。嘉靖年间，朱载堉由于家庭遭遇变故，被迫离开王府，在一间土屋里独居了 19 年，一心钻研音乐、数学和历学，并写成了集乐律、乐谱、乐经、舞谱、数学和历学为一身的综合性巨著《乐律全书》。

《乐律全书》中的《律吕精义》内外两篇，详细地阐述了他所创造的新法密率。新法密率也叫“十二平均律”，是一种将音乐中的八度音程均分为 12 个半音的中国古代律制。它在理论上解决了历代在旋宫问题上存在的矛盾，是音乐史上最早用等比级数音律系统阐明十二平均律的科学巨著。直到 100 多年后，德国音乐家威尔克迈斯特才提出相同的理论。

朱载堉在音乐上的另一成就是发明了校正律管（即用于定律的标准器）管口的方法——“异径管律”，它对解决管乐器的“管口校正”具有重要的意义。此外，朱载堉还改编了不少戏曲史料和民间曲调，在乐器的制作上也取得了一定的成就。

《高山流水》

《高山流水》大概是我国起源最早、影响最大的一首琴曲，取材于“伯牙鼓琴遇知音”的故事。文献如《列子・汤问》、《吕氏春秋・本味》中对此事都有记载，且经常为世人引用。故事说的是春秋战国时期的俞伯牙善于弹琴，而钟子期善听。伯牙弹琴志在高山，子期就说：“妙啊，就像雄伟的泰山一样！”伯牙志在流水，钟子期就说：“妙啊，就像烟波浩渺的江河一样！”每次伯牙弹奏，子期必能洞悉其心意，因此被伯牙视为知音。后钟子期不幸去世，俞伯牙非常悲痛，于是破琴绝弦，不再弹琴。

这个故事对后世的知音观念影响很大，更重要的是，它直接孕育了《高山流水》这首不朽的千古绝唱。不过现存的《高山流水》已经一分为二，变为《高山》和《流水》。在明清以后多种琴谱中，以清代唐彝铭所编《天闻阁琴谱》中所收川派琴家张孔山改编的《流水》最有名。他增加了以“滚、拂、绰、注”手法作流水声的第六段，成为最流行的谱本，后琴家多据此演奏。除琴曲外，《高山流水》还有筝曲。它同样取材于“伯牙鼓琴遇知音”的故事，只是风格与琴曲迥然不同。

《阳关三叠》

《阳关三叠》是唐代著名的歌曲，又称《阳关曲》、《渭城曲》。歌词根据唐代著名诗人王维诗《送元二使安西》谱写而来："渭城朝雨浥轻尘，客舍青青柳色新；劝君更尽一杯酒，西出阳关无故人。"因为歌词要反复咏唱三遍，所以又称为《阳关三叠》。

《阳关三叠》传至后代，有多种曲谱和唱法，现存最早的谱本是明代初年龚稽古所编《浙音释字琴谱》（1491年）。另有其他琴歌谱共30多种，它们在曲式结构上有些差别，曲调则大同小异，都是简单纯朴，带着一丝挥之不去的淡淡离愁，并用反复的咏叹深化对友人的依依惜别之情，因此成为历来送别友人的经典曲目，而"阳关"也因此曲成为送友酬唱的代名词。流传至今的《阳关三叠》琴歌，出自清末张鹤所编《琴学入门》，全曲3大段，即3次叠唱。每次叠唱除原诗外，加入若干词句。《阳关三叠》除作为歌曲演唱外，亦经常作器乐演奏，其中以琴曲、筝曲、二胡曲较有影响。

《梅花三弄》

《梅花三弄》，又名《梅花引》、《玉妃引》，我国著名的古琴曲。明代朱权的《神奇秘谱》中记载，《梅花三弄》最早是东晋桓伊所奏的笛曲《梅花落》："桓伊出笛吹三弄梅花之调，高妙绝伦，后人入于琴。"在唐诗中也有对笛曲《梅花落》的描述，后改为琴曲。《梅花三弄》表现的主题因时代而有所不同。南朝至唐的笛曲《梅花落》大都表现离愁别绪，明清时的琴曲《梅花三弄》表现的是梅花傲雪凌霜、坚贞不屈的节操与品质。"梅为花之最清，琴为声之最清，以最清之声写最清之物，宜其有凌霜

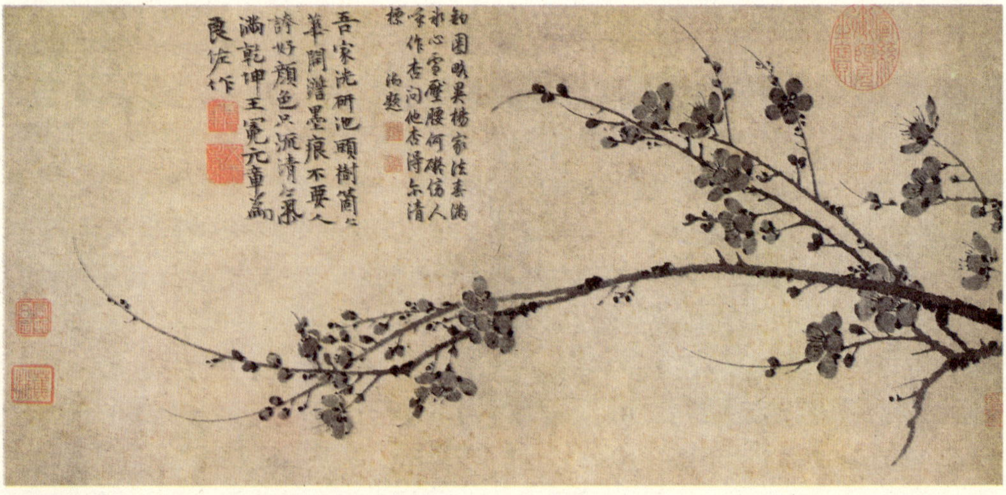

墨梅图　元　王冕

此图绘报春之梅，枝干似横空出世，迤逦而来。枝头蓓蕾初绽，疏落有致。作者用重墨绘枝，蜿蜒于整个画面，舒展挺秀。淡墨涂花瓣，浓墨点花蕊，既显梅花清新丽质，又与枝干造成一种峭拔之势。

音韵也。”“三弄之意，则取泛音三段，同弦异征云尔。”后一句的意思是《梅花三弄》的结构采用循环再现的手法，重复整段主题三次，每次重复都采用泛音奏法，故称为“三弄”。

《秦王破阵乐》

《秦王破阵乐》，属武舞类，由唐初乐歌《破阵乐》发展而来，为唐朝宫廷乐舞，是最著名的歌舞大曲之一，最初用于宴享，后来用于祭祀。据《旧唐书·音乐志》记载，唐高祖武德三年（620 年），秦王李世民击破叛将刘武周，解除了唐朝的危局，河东（今山西永济）士庶歌舞于道，军人利用军中旧曲填唱新词，欢庆胜利，遂有“秦王破阵”之曲流传于世。李世民即位后，诏魏徵等增撰歌词 7 首，令吕才协律度曲，定为《秦王破阵乐》。贞观七年（633 年），李世民又亲制《破阵舞图》，对舞蹈进行加工：左圆、右方、先偏、后伍、鱼丽、鹅贯、箕张、翼舒，交错屈伸，首尾回互，往来刺击，以象战阵之形，舞凡三变，每变为四阵，计十二阵，与歌节相应，共用乐工 120（又说为 128）人，戎装演习，擂鼓呐喊，声震百里，气壮山河，而后又调用马军 2000 人入场，景象极为壮观。后来，唐高宗时的《神功破阵乐》和唐玄宗时的《小破阵乐》，都是在《秦王破阵乐》的基础上改编而成的。《秦王破阵乐》不仅在国内流行了 300 年之久，而且还传播到了印度和日本。这支乐谱后来在国内失传，却在日本保存下了琵琶谱、五弦琵琶谱、筝谱、筚篥谱、笛谱等谱本。

敦煌莫高窟 217 窟北壁“未生怨”壁画中有一习武的画面，共 10 人，一方 5 人执矛，一方 5 人执盾，作搏斗姿态，似为《破阵乐》或与此相类似的舞蹈。

《霓裳羽衣曲》

《霓裳羽衣曲》是唐代最负盛名的歌舞大曲之一，对于它的创作来历，众说纷纭。比较可信的是《霓裳羽衣曲》是由唐玄宗吸收西凉都督杨敬述所献的印度《婆罗门曲》创作而成。但是在歌舞的结构方面则遵循中原传统的相和大曲、清商大曲的三段式，分为散序、中序、曲破三个部分。因此《霓裳羽衣曲》是中外音乐相交融的结晶。

此曲的音乐以古老的《长安鼓乐》为素材，舞蹈则以敦煌壁画飞天的舞姿为借鉴，采用唐大曲结构形式精心排演而成。《霓裳羽衣曲》是女子舞蹈，表演者穿着孔雀毛的翠衣和淡彩色或者月白色的纱裙，肩着霞帔，头戴着“步摇冠”，身上佩戴许多珠翠，宛如美丽典雅的仙子。在表演舞蹈之前，先是一段“散序”，乐队的金、石、丝、竹等乐器次序发音，以独奏、轮奏等方式，演一段悠扬动听的旋律。在接着的“中序”的慢拍子中，装饰华美的舞者才开始上场。中序的节奏舒缓，舞姿主要是轻盈的旋转、流畅的行进和突然的回身，尤其是柔软清婉的“小垂手”舞姿，行动轻灵又迅急，衣裙像浮云般飘起，宛若仙子踏云而来。到“曲破”之后，节奏就加快了，急剧的舞蹈动作使身上环佩璎珞叮当碰撞，这时，还有整齐的合唱，富有表情的说白，极富感染力。最后是“尾声”，节拍又慢下来，最后在一个拖长的音阶中终结。《霓裳羽衣》的演出方式并不完全固定，杨玉环表演过独舞形式的，也有双人舞形式的，后来也有用百名宫女组成的大型舞队表演成群舞。

《春江花月夜》

春江花月夜图　现当代　任率英

《春江花月夜》又名《夕阳箫鼓》、《浔阳琵琶》、《浔阳夜月》。它主要描绘的是月夜春江的迷人景色，赞颂了江南水乡的优美风姿。

它原是一首著名的琵琶传统大套文曲，明清时广为流传。乐谱最早见于鞠士林的手抄本，1895年李芳园在编辑《南北派十三套大曲琵琶新谱》时收入此曲，曲名《浔阳琵琶》。后人将此曲改为丝竹合奏，并根据《琵琶记》中的“春江花朝秋月夜”改名为《春江花月夜》。改编后的乐曲用二胡、琵琶、古筝、洞箫、钟、鼓等乐器演奏。全曲中没有一件乐器是从头演奏到底，但又一气呵成，毫无断线之感。全曲分为10段，按照中国古典标题音乐的传统，每段都有一个小标题。它们分别是江楼钟鼓、月上东山、风回曲水、花影层叠、水深云际、渔歌唱晚、回澜拍岸、桡鸣远濑、欸乃归舟和尾声。《春江花月夜》旋律古朴、典雅，节奏平稳、舒展，意境深远，具有很强的艺术感染力。

《胡笳十八拍》

文姬归汉图　明　仇英

《胡笳十八拍》原是一首琴歌，相传为汉魏时期著名的女诗人蔡文姬所作，是由18首歌曲组合的声乐套曲，由琴伴唱。“拍”在突厥语中即为“首”。“笳”则是中国古代北方民族的一种吹奏乐器，有点像笛子。起“胡笳”之名，想必是由于琴音融入了胡笳哀声的缘故。

今存曲谱有2种：一是明代《琴适》中与歌词配合的琴歌；二是清初《澄鉴堂琴谱》及其后各谱所载的独奏曲。后者影响尤大，全曲共18段，运用宫、徵、羽3种调式，音乐的对比与发展层次分明，前十来拍主要倾诉作者对故乡的思念；后几拍则抒发作者惜别稚子的隐痛与悲怨。全曲始终萦绕着一种缠绵悱恻、凄婉哀怨的思念之情，让人听了不禁肝肠寸断。李颀的《听董大弹胡笳》诗中云：“蔡女昔造胡笳声，一弹一十有八拍，胡人落泪沾边草，汉使断肠对客归。”形象地说明了此曲非同一般的艺术感染力。

《汉宫秋月》

《汉宫秋月》是中国十大古曲之一，原为清代崇明派的琵琶曲，后来被改编为多种版本，现在流传的演奏形式在琵琶曲之外还有二胡曲、筝曲、江南丝竹等。乐曲得名于元代马致远的杂剧《汉宫秋》，《汉宫秋》讲述的是王昭君出塞和亲的事迹，《后汉书·南匈奴传》记载：“昭君入宫数岁，不得见御，积悲怨，乃请掖庭令求行。”这支乐曲表达的就是古代宫女所怀有的那种深居宫中寂寞清冷而又无可奈何的哀怨悲愁的情绪，曲调细腻、幽雅、隽永、悲咽，一咏三叹，情景兼备，具有很强的艺术感染力。

《渔樵问答》

《渔樵问答》是一首古琴曲，为中国十大古曲之一，曲谱最早见于明代萧鸾撰写的《杏庄太音续谱》，其中记有这样的评语：“古今兴废有若反掌，青山绿水则固无恙。千载得失是非，尽付渔樵一话而已。”这支琴曲表达的是隐逸之士对不为凡尘俗事所羁绊的渔樵生活的向往。清代陈世骥在《琴学初津》中说：“《渔樵问答》曲意深长，神情洒脱，而山之巍巍，水之洋洋，斧伐之丁丁，橹歌之矣乃，隐隐现于指下。迨至问答之段，令人有山林之想。”乐曲正是采用渔者和樵者问答的方式，以上升的曲调表示问句，下降的曲调表示答句，通过飘逸而优美的旋律，精确而形象地渲染出渔夫樵夫在青山绿水间怡然自乐的情趣和悠然自得的神态。

《广陵散》

《广陵散》又名《广陵止息》，东汉末至三国时已流行。“散”有散乐之意，是指有别于宫廷雅乐的民间音乐。对于它的内容取材，一直有两种说法。一是战国时聂政刺韩相的史实，见于《战国策》和《史记·刺客列传》，说的是韩国大臣严仲子与宰相侠累有仇。严仲子认为聂政是个勇士，遂请其刺杀韩相侠累。于是聂政只身前往韩国，刺杀了韩相侠累，然后自毁容貌，屠肠身亡，体现了一种“士为知己者死”的高尚情操。另外一种说法就是《广陵散》是《聂政刺韩王曲》的异名。东汉蔡邕的《琴操》中是这样说的：聂政的父亲奉命为韩王铸剑，因为误了期限，结果被韩王所杀。聂政为父报仇行刺失败，但他知道韩王好乐后，遂自毁容貌潜入深山，苦心学艺10余年。在学成之后，他进宫为韩王弹琴，然后趁机从琴腹内抽出匕首，刺死韩王，然后自杀。

这两种说法虽然略有不同，但都说明了《广陵散》讲的是一个有关刺客的悲壮故事，因此全曲始终贯注着一股慷慨不平的激烈之气。现存的曲谱主要有三种：明朱权《神奇秘谱》本；明汪芝《西麓堂琴统》甲、乙两种谱本。其中以《神奇秘谱》本最为完整。全曲共分45段，每段都有与之相应的小标题，如取韩、发怒、冲冠、投剑等。全曲反复表现沉郁悲愤和慷慨激昂两种情感，具有震撼人心的力量。在追求中和之美的古典音乐作品中，富有战斗精神的《广陵散》显得独树一帜。

《平沙落雁》

著名古琴曲，又名《雁落平沙》，作者不详。这首琴曲最早的记载是明代《古音正宗》，后有多种琴谱流传。对于本曲的曲意，各种琴谱的解题不尽相同。《古音正宗》中说此曲：“盖取其秋高气爽，风静沙平，云程万里，天际飞鸣。借鸿鹄之远志，

秋高气爽，风静沙平。

写逸士之心胸也……通体节奏凡三起三落。初弹似鸿雁来宾，极云霄之缥缈，序雁行以和鸣，倏隐倏显，若往若来。其欲落也，回环顾盼，空际盘旋；其将落也，息声斜掠，绕洲三匝；其既落也，此呼彼应，三五成群，飞鸣宿食，得所适情：子母随而雌雄让，亦能品焉。”全曲委婉流畅，隽永清新，至今深受人们喜爱。

《十面埋伏》

《十面埋伏》是中国古代琵琶曲，作者不详。这是一首历史题材的大型琵琶曲，描写了公元前 202 年楚汉两军在垓下最后决战的情景。汉军用十面埋伏的阵法击败楚军，最终迫使项羽霸王别姬、乌江自刎，汉军大获全胜。

关于《十面埋伏》产生的时间，至今没有定论。唐代白居易曾写过《琵琶行》，诗中有“银瓶乍破水浆迸，铁骑突出刀枪鸣。曲终收拨当心划，四弦一声如裂帛”的诗句，可以看出当时白居易曾听到过表现激烈战斗场面的琵琶曲。明末清初人王猷定所著《四照堂集·汤琵琶传》中记载了当时著名音乐家汤琵琶演奏《楚汉》的情景，与《十面埋伏》在情节及主题上是一致的。可见早在 16 世纪以前，此曲已在民间流传。但是，它的曲谱最早见于 1818 年华秋苹所编《琵琶谱》，分 13 段：开门放炮、吹打、点将、排阵、埋伏、小战、呐喊、大战、败阵、乌江、争功、凯歌、回营。这首著名的琵琶古曲，描绘了战前的准备、激烈的战斗场面，以及悲壮惨烈的结局。整首乐曲具有壮丽辉煌的风格，气势雄伟，曲风激昂，使人心潮澎湃。

戏　曲

戏曲

戏曲是中国传统戏剧的名称，包含了文学、音乐、舞蹈、美术、武术、杂技等因素。“戏曲”一词最早出现在元人陶宗仪的《南村辍耕录》中，当时指的是宋元杂剧。近代学者王国维扩大了戏曲的范围，使之成为包括宋元南戏、元明清杂剧、明清传奇以及京剧和所有地方戏在内的传统戏剧的统称。它们虽然名目各异，但有共同特色，即说唱结合，既有“戏”，又有“曲”，以曲为主。

早在原始社会歌舞已有萌芽，经过漫长的发展，不断地丰富革新，逐渐形成了完整的戏曲艺术体系。戏曲的渊源来自民间歌舞、说唱和滑稽戏3种不同艺术形式。发展成熟的中国戏曲，形成自己的特点，那就是集歌舞唱于一体，有较为固定的结构形式，角色逐渐脸谱化，情节相对简单化。这种高度艺术化的音乐歌舞形式能给欣赏者带来巨大的审美享受，但同时也制造了传播与接受的机遇。

戏曲的发展经历了先是下层民间艺人、书会才人的创作，再经文人作家的加工和由剧作家独立创作。历史上著名的戏剧家有关汉卿、王实甫、徐渭、汤显祖、李玉、李渔、洪昇、孔尚任等。这些作家，创作出许多优秀剧目，久演不衰，成为中国文化中的宝贵财富。

诸宫调

诸宫调是中国宋元时期盛行的一种大型说唱艺术。它的特点是有说有唱，以唱为主。歌唱部分是用多种宫调的多种不同曲调组成，所以称为“诸宫调”，又称“诸般宫调”。由于其曲调丰富，能说唱长篇故事，表现复杂的故事情节，所以广受人民喜爱，流传时间很长。

据北宋王灼的《碧鸡漫志》记载，诸宫调是北宋神宗年间孔三传首创。他把唐、宋词调，唐、宋大曲，宋代唱赚的缠令和当时北方流行的地方俗曲，按声律高低归入不同的宫调，来进行说唱。北宋末年是诸宫调的鼎盛时期。南宋建立后，诸宫调也随之传到了南方，逐渐演变成了南诸宫调，伴奏乐器主要是笛子；而传入金燕京等地的诸宫调则演变成了北诸宫调，伴奏乐器主要是琵琶和筝。诸宫调由杂剧艺人来演唱，诸宫调与戏剧关系密切，但不是戏剧，只是一种类似大鼓书的说唱艺术。

宋末元初，到处都是四处流动的诸宫调戏班。但到了元朝末年，诸宫调逐渐衰落。明清时期，诸宫调演变为弹唱词。保存到现在的诸宫调作品有:《双渐苏卿诸宫调》、《西厢记诸宫调》、《刘知远诸宫调》等。

南戏

南戏大约诞生于北宋末年，是我国历史上最早出现的戏剧，也叫作“南曲戏文”，在当时的杂剧、唱赚、宋词等基础上发展而成的，曾经在南方民间广为流传。

早期南戏的戏剧结构比较简单，没有“折”、“出”之分，一个完整的剧本就是从头一直演到最后。舞台上最初也没有幕布，时间和空间的转换，完全靠唱、念、舞以及表演者的情态和观众的想象等来体现。南戏的创作者大多是爱好艺术创作的民间艺人，作品语言非常通俗，具有浓厚的民间色彩。我国现存的南戏早期剧本《张协状元》已完全具备戏剧的基本特征。该剧对剧中主人公的不幸遭遇进行交错对比描写，将生、旦与净、丑互相穿插，围绕故事和谐而综合地运用了独唱、宾白、科介等表现手段，清楚地体现了早期南戏戏剧结构、音乐形式和演出情况，是戏曲史上难得的资料。元末明初时期的南戏创作达到了高峰，当时出现了一系列的经典剧目，比如“五大南戏”《荆钗记》、《白兔记》、《拜月亭记》、《杀狗记》、《琵琶记》。

杂剧

唱、云、科是元杂剧表演艺术的核心，唱即演唱，主要由一个角色从头唱到尾；云又叫宾白，有诗对宾白、教语宾白和类似顺口溜的宾白等几种形式；科大体上来说包括身段、武术、歌舞等。在表演形式上，元杂剧继承了宋金杂剧的特色，由上、下门出入，确立了中国

洪洞明应王殿元杂剧壁画（摹本）

画高 411 厘米，宽 311 厘米。画上横额为“大行散乐忠都秀在此作场”，并注明是泰定元年（1324 年）。画面是演出的舞台，靠后有大幅台幔，上有绘画两幅。左面是一壮士执剑，作砍杀状；右面是青龙张牙舞爪，作抗拒状。其用途是隔开前后排。台上十人，前后各五人，其中七人为化装的剧中人物，其余三人是鼓、笛、拍板的伴奏者。可见当时时兴演奏者同台的风气。

戏曲独有的上下场的连场形式；在角色分行上，元杂剧扩充了宋金杂剧的基础，形成了旦、末、净、外、杂各行；在面部化妆和表演服饰上，元杂剧在宋金杂剧的基础上也有所发展。

元杂剧的形成是中国戏曲发展到成熟阶段的重要标志，它的代表剧目有：关汉卿的《窦娥冤》、《救风尘》，王实甫的《西厢记》，马致远的《汉宫秋》，白朴的《梧桐雨》等。

京剧

京剧《霸王别姬》

京剧是发源于19世纪中期的北京的一种综合性的戏曲表演艺术，是在继承昆曲、京调、弋阳腔等剧种的语言、音乐、舞蹈等艺术元素的基础上，又吸收各地民间艺术逐渐发展起来的。所以说，京剧是戏曲艺术的集大成者。

在唱腔方面，京剧的曲调极其丰富，除西皮、二黄以外，还有昆曲、吹腔、四平调、高拨子、南梆子、民间小调、小曲等，以西皮、二黄为主。一般来说，西皮善于表现活泼、欢乐，而二黄则以表现悲哀咏叹为主。两种唱腔都有很多板式，构成优美的唱腔。

在表演方面，京剧更具戏剧化，形成了不同于其他艺术门类的表演艺术风格。京剧表演艺术中程式化的东西，塑造人物形象上的行当分类，诸如生、旦、净、末、丑各类型人物的唱、念、做、打，以及喜、怒、哀、乐各种不同的表演模式，都是继承发展传统的戏剧艺术表现手法的基础上产生的。

京剧乐队由弦乐、管乐、弹拨乐和打击乐组成。京剧的乐器非常丰富，大约有二十几种之多，如单皮鼓（小鼓）、板（檀板、拍板）、堂鼓（同鼓）、大堂鼓（南堂鼓）、大锣、小锣、钹、汤锣、京胡、二胡、小三弦、月琴、笛、笙、唢呐等。

京剧产生之后，曾经在清廷内得到空前发展。清末民初，京剧艺术达到鼎盛，产生了一批不朽的艺术家和杰出作品，名扬海内外，被誉为中国的国粹艺术。

昆曲

昆曲是我国传统文化艺术中的珍品，是我国传统戏曲中最古老的剧种之一，已经有六七百年历史。它起源于元朝末年的昆山地区，又叫作“昆剧”，是由元代末年的顾坚创立的，最初叫昆山腔。

明朝嘉靖年间，戏曲音乐家魏良辅对昆山腔进行改进，立足南曲，吸取北曲长处，促成了集南北曲优点于一体的“水磨调”的形成，这就是昆曲。后来，昆曲不断传播，成为传奇剧本的标准唱腔，并最终发展成为全国性剧种。到清朝乾隆年间，昆曲达到鼎盛。原本以苏州的吴语语音演唱的昆曲因广泛传播，难免带上流传地的特色，故而流派众多。

昆曲音乐的结构属于联曲体结构，也可以称为“曲牌体”。昆曲常用的曲牌有上千种，包括唐宋时期的词调、词牌、民歌等在内，可谓是采众家之长。昆曲的创作是以南曲为基础的，同时也使用北曲的套数，常常使用“犯调”、“借宫”、“集曲”等方法。昆曲主要以笛子为伴奏乐器，以笙箫、唢呐、琵琶等作为辅助。昆曲字正、腔清、板纯，唱腔极富韵律感，抒情性强，表演优美细腻，歌舞结合巧妙。

在长期的演出实践中，昆曲积累了大量优秀演唱剧目。其中脍炙人口的有王世贞所写的《鸣凤记》、汤显祖所写的《牡丹亭》、《紫钗记》等。

四大徽班进京

徽班进京是京剧发展的标志性事件。清朝乾隆五十五年（1790 年），为了庆祝乾隆 80 岁的寿辰，当时在扬州的三庆班在高朗亭的带领下赴北京演出，开启徽班进京的历程。嘉庆年间，扬州的四喜、和春、春台三个徽班陆续进京，与早先进京的三庆班被合称为“四大徽班”。四大徽班进京后，不断吸收各地地方剧种从剧目到表演方法等优点，对自己的戏曲艺术进行充实和改进，艺术表现力因而不断增强。徽班中的三庆班的声腔和剧目极为丰富，但主要唱“二簧”声腔，其戏曲水平和吸引力远远超

徽班进京　清

清代乾隆年间活跃于北京剧坛的四个著名安徽戏班（三庆、四喜、和春、春台）同时适应北京观众多方面的需要和发挥各班演员的特长，逐渐形成了四大徽班各自不同的艺术风格，表现为三庆的轴子（指三庆班以连演整本大戏见长）、四喜的曲子（指四喜班以演唱昆曲戏著称）、和春的把子（指以擅演武戏取胜）、春台的孩子（指以童伶出色），出现了“四徽班各擅胜场”的局面。嘉庆、道光年间，汉调（又称楚调）艺人进京，参加徽班演出。徽班又兼习楚调之长，为融合二黄、西皮、昆、秦诸腔向京剧演变奠定了基础。因此“四大徽班”进京，被视为京剧诞生的前奏，在京剧发展史上具有重要意义。清末，“四大徽班”相继散落。

过在当时盛行一时的秦腔，致使很多原本服务于秦腔的演员转入徽班，秦腔和徽班从此有了融合。其他三大徽班进京的结果是击垮了多年来盛行的昆剧，昆剧演员也因为失业而逐渐转入徽班。清代道光年间，湖北戏曲班子也有很多较为优秀的成员进京，他们将汉调和西皮调带到京城，就此形成了与徽班的二簧相融合的“皮簧戏”。“皮簧戏”具有“京音”特色，北京味浓郁，后来这种形式的戏曲传到上海，被上海人叫作“京戏”或“京剧”。这就是京剧的正式得名。

同光十三绝

“同光十三绝”指的是清同治、光绪年间，京剧舞台上享有盛名的13位演员。画师沈容圃绘制他们的剧装画像，这幅画传世以后，他们被称为“同光十三绝”。这13位京剧演员分别是程长庚（老生，饰《群英会》之鲁肃），张胜奎（老生，饰《一捧雪》之莫成），卢胜奎（老生，饰《战北原》之诸葛亮），杨月楼（武生，饰《四郎探母》之杨延辉），谭鑫培（老生，饰《恶虎村》之黄天霸），徐小香（小生，饰《群英会》之周瑜），梅巧玲（花旦，饰《雁门关》之萧太后，梅兰芳的祖父），时小福（青衣，饰《桑园会》之罗敷），余紫云（青衣花旦，饰《彩楼配》之王宝钏），朱莲芬（旦，饰《玉簪记》之陈妙常），郝兰田（老旦，饰《行路训子》之康氏），刘赶三（丑角，饰《探亲家》之乡下妈妈），杨鸣玉（丑角，饰《思志诚》之闵天亮）。

“同光十三绝”所饰演的角色包括老生、武老生、武生、小生、青衣、花旦、老旦、丑角，他们以自己杰出的艺术成就，对京剧艺术的进步做出卓越贡献。

同光十三绝

生旦净末丑

生旦净末丑是京剧里的5个主要行当，又称角色。生行，简称“生”。生行分为须生（老生）、红生、小生、武生等。须生（老生）：扮演中年以上的剧中人，因口戴胡子故名。红生：扮演勾红脸的须生。小生：扮演翎子生（带雉翎的大将、王侯等），纱帽生（官生）、扇子生（书生）、穷生（穷酸文人）等。武生：指戏中的武打角色。

旦行简称“旦”，分青衣、花旦、老旦、武旦、刀马旦等。旦角全为女性。青衣：扮演贤妻良母型角色。花旦：扮演皇后、公主、贵夫人等角色。武旦、刀马旦：扮演武功见长的女性。老旦：扮演中老年妇女。

净行，简称“净”，亦叫花脸。净行又分为以唱为主的铜锤花脸与黑头花脸，以工架为主的架子花脸（如大将、和尚、绿林好汉等）及武花脸与摔打花脸等。

末行，简称“末”，多为中年以上的男性，专司引戏职能，如打头出场者，反其义而称为“末”。

丑行简称“丑”，主要饰演丑角，又分文丑、武丑。文丑又分为方巾丑（文人、儒生）；武丑，专演跌、打、翻、扑等武技角色。

唱念做打

京剧表演艺术是一种高度程式化、戏剧化的综合的歌舞表演形式，唱、念、做、打是其中最为基本的四种艺术手段。唱念做打是京剧演员，以及所有戏曲演员所必备的四种基本功。

唱包括咬字、归韵、喷口、润腔等发音技巧以及吐字发声的规律，演员学习唱功必须学会喊嗓、吊嗓，以扩大音域和音量，提高演唱技巧，以及根据人物特点用唱来表现人物的精神和内心。

民国《四进士》戏画

《四进士》故事见于鼓词《紫金镯》，讲述明代嘉靖年间，新科进士毛朋、顾读、田伦、刘题四人沉浮官场的故事。图画中为杨素贞在公堂受审的情形。她痛诉冤情，不禁泪湿衣襟，为表现这种冤悲的心情，她用长袖作拭泪状。堂上大人前倾身子，右手指向杨，表明他在询问和倾听。

念白基本上有韵白和散白两类之分，是一种经过艺术提炼的语言，节奏感和音乐性很强。念白常常用来作为唱的辅助手段，以表达戏剧中人物的性格和内心，是京剧艺术很重要的表演手段。

做功是一种经过规范的、舞蹈化的包括手、眼、身、步在内的形体动作，演员必须灵活运用以突出剧中人物的性格等方面的特点，从而更好地塑造艺术形象。

打是将传统的武术经过艺术加工变为舞蹈化的动作，是生活中格斗动作经艺术化提炼的结果。基本分为把子功和毯子功两种。这对演员的武打功底要求很高，常常出现高难度动作，有利于深刻展示人物内心，以及提高舞台魅力。

脸谱

脸谱是中国戏曲艺术的重要组成部分，也是最重要的特征之一，它又称“花脸”，主要用于净、丑角色所扮演的各种人物，生、旦角色很少采用。

戏曲脸谱分为净角脸谱和丑角脸谱两类，从历史上来看，丑角脸谱出现得较早，而净角脸谱是在戏曲成熟以后，由民间艺人逐步创作出来的。最早的净角脸谱出现于元代，当时元杂剧中出现了一些性格豪放、粗犷、严正的正面角色，但是当时没有适合于表现他们性格和精神的化妆形式，于是戏曲艺术家们就根据剧本的描写，创作出了净角脸谱的雏形。后来，随着戏曲的不断发展，戏剧角色的不断增多，为更好地突出角色的性格特点，戏曲脸谱也随之精致、多样起来。戏曲脸谱有各种谱式名目，谱式是对构图相近的一类脸谱的概括性称谓，早先的戏曲脸谱的形式比较单一，整个面部基本都涂一种颜色，只是在眉眼的位置上进行重点化妆，直到清朝初期才开始出现多种样式的谱式。以京剧为例，基本谱式有以下几种：

整脸：脸上只涂一种颜色，或红或黑或白。红脸用白笔或者黑笔画眉，用黑笔画眼及表情纹；黑脸则用白笔画眉；白脸用黑笔画眼、鼻及表情纹。红脸和黑脸主要用于正面角色，如包拯、关公、赵匡胤等，白脸则用于那些外表光鲜、内心险恶的奸臣角色，如严嵩、潘洪等。

三块瓦脸：也称三块窝脸，脸即用黑笔把眉、眼、鼻“三窝”高度夸张地勾画出来，给人一种浓眉大眼、竖眉立目的感觉，包括老三块窝脸和花三块窝脸。

十字门脸：脑门涂白，两腮涂粉红，有小灰色小圆眉子，特点是自脑门到鼻子尖画有黑色立柱纹，同两个黑眼窝合起来像一个“十”字。主要用于老年正面角色，如高旺、姚期等。

花十字脸：是在保持十字门脸基本形式的前提下，在细部进行细致的刻画，主要用于牛皋、项羽、张飞等粗鲁豪放的角色。

六分脸：即脑门涂白，眼窝以下涂一种颜色，黑色、红色或者紫色，上下比例为四比六。主要用于老年正面角色，黑色六分脸也可以用于壮年角色。

元宝脸：即眉眼以下部分画脸，脑门不涂或者涂淡红色，主要用于社会下层的人物。

碎花脸：与整脸恰恰相反，是所有谱式中色彩、构图最复杂的一种，主要用于凶猛、怪异的角色。

歪脸：特点是颜色、构图不对称，用于表现相貌反常、丑陋的角色。

梨园行

唐朝是音乐最为繁荣的时代，与此相称的是音乐机构的高度成熟。当时最著名的音乐机构当数梨园。

熟悉戏曲的人都知道，梨园其实就是戏曲界的别称，著名诗人白居易在《长恨歌》中就曾写过这样的诗句：“椒房青娥红颜老，梨园子弟白发新。”可见这个名称从唐朝起就已经存在了，那时它是一种宫廷设立的音乐机构，意义远没有现在宽泛。不过由于梨园的巨大影响力，它的意义逐渐扩大，人们把从事歌舞表演的行业叫作“梨园行”，从事歌舞、戏曲、曲艺表演的演员叫“梨园弟子”。

说起梨园，不能不提起唐玄宗。《新唐书·礼乐志》载：“玄宗既知音律，又酷爱法曲，选坐部伎子弟三百，教于梨园。声有误者，帝必觉而正之，号皇帝梨园弟子。”从这可知，梨园是唐玄宗为了培养优秀的宫廷乐工演奏法曲所设，因设于宫廷禁苑果木园圃“梨园”而得名。梨园的主要职责是教习法曲和训练乐器演奏人员，由于皇帝经常亲自参与教习，这些乐人也被称为“皇帝梨园弟子”。除宫中梨园，在长安和洛阳的太常寺内还分别设有“太常梨园别教院”和“梨园新院”，前者主要演奏新创作的歌舞大曲，后者演奏民间音乐。

秦腔

秦腔是发源于古代陕西、甘肃等地的民间小曲，成长壮大于历史文化名城西安，历经各朝各代的艺术家反复锤炼、创造，而逐渐形成。古时陕西、甘肃一带属秦国，所以称之为“秦腔”。因为早期秦腔演出时，常用枣木梆子敲击伴奏，故又名“梆子腔”。秦腔成形后，流传全国各地，因其一整套成熟、完整的表演体系，对各地的剧种产生了不同程度的影响，并直接影响了梆子腔剧种的发展，成为梆子腔剧种的始祖。

秦腔《三滴血》场景雕塑

《三滴血》为秦腔“易俗社”作家范紫东所写，叙述了五台县令晋信书，不查实情，以滴血之法判嗣，拆散父子，造成冤案的故事，嘲讽了迷信教条和封建道学的虚伪。

秦腔的表演技艺朴实、粗犷、豪放，富有夸张性，生活气息浓厚，技巧丰富。其身段和特技有：趟马、吐火、喷火、担子功、翎子功、水袖功、扇子功、鞭扫灯花、顶灯、咬牙、耍火棍、跌扑、髯口、跷工、獠牙、帽翅功等。秦腔的唱腔分为欢音和苦音两类，欢音善于表现轻快活泼、喜悦的感情，而苦音则长于表现悲愤、凄凉的感情，丰富多彩的唱腔能够很好地表现各种感情。秦腔的主要伴奏乐器为板胡。秦腔的角色分类有“十三门二十八类”之说，即角色分为四生、六净、二旦、一丑等13门，而这13门又可细分为28类。各门各类都有其特色，都有著名的演员、著名的戏剧段落。

秦腔的传统剧目数以万计，其中以取材于“三国”、“杨家将”、“说岳”等英雄传奇或者悲剧故事的剧目居多，剧目无论在数量还是题材的广度都居全国300余种戏剧之首。其中经常演出的曲目有《春秋笔》、《八义图》、《紫霞宫》、《玉虎坠》、《和氏璧》、《麟骨床》等。

川剧

川剧是起源于四川，长期流行于四川、云南、贵州等几个西南省份，是人们喜闻乐见的一种地方戏剧。

明末清初，陆续有大批各地移民进入四川，以及各省在四川的会馆纷纷建立，全国各地的南腔北调也相继被移植到四川各地，这些剧种在长期的发展过程中，相互融合、相互借鉴，又结合当地的风俗、方言以及各种民间戏曲，逐步形成了一种具有四川特色的剧种，就是川剧。

川剧的声腔主要由昆曲、高腔、胡琴、弹戏以及灯腔等5种声腔组成，其中除灯腔发源于四川本地以外，其他4种腔调都来自外地。这5种声腔再加上为这5种声腔伴奏的各种乐器，形成了形式多样、曲牌丰富而又风格迥异的川剧音乐形式。

高腔，是川剧中最重要的一种腔调。川剧高腔拥有众多的曲牌数量，剧目广、题材多、适应性强，兼有南曲和北曲中高亢激越、婉转抒情的特点。川剧中的昆曲来源于江苏的昆曲，川剧艺术家利用昆曲长于歌舞的特点，往往将昆曲中的单个曲牌融入其他唱腔中演出，形成独具特色的川剧昆腔，简称“川昆”。胡琴是西皮和二簧的统称，因为二者的主要伴奏乐器都为“小胡琴”，所以这样统称。川剧胡琴来源于湖北汉调和安徽徽调，吸收了陕西汉中二簧和四川扬琴唱腔中的优秀部分发展而成，其中川剧西皮腔善于表现激昂、高亢或者欢快的感情，而川剧二簧则长于表现沉郁、悲凉的感情。川剧的弹戏来源于陕西的秦腔，属于梆子系统，故俗称“川梆子”。川剧弹戏以盖板胡琴为主要伴奏乐器，用梆子敲击节奏。曲调有善于表现喜感情的“甜平”和善于表现悲感情的“苦平”两种。灯腔，来源于四川本地，是川剧唱腔中最具本地特色的一种。灯腔是由四川传统的灯会歌舞演化过来的，乐曲短小、节奏明快、轻松活泼，所演的多数是民间小戏，唱的也都是民间小曲，具有浓厚的生活气息。另外，川剧中还有许多具有浪漫主义色彩的表演特技，如吐火、藏刀、顶油灯等，其中影响最大、最具特色和最常见的是变脸，演员往往能在极短的时间内变换出十多张面孔，表现角色情绪和心理的突然变化，极具观赏性。

豫剧

豫剧，原名“河南梆子”、“河南高调”等，流行于河南、陕西、甘肃、山西等地，是我国最重要的地方剧种之一。豫剧发源于陕西的梆子腔，即所谓的秦腔。清朝初期，秦腔传入河南，入乡随俗，开始用河南口音演唱，吸收了河南本地的民间小调等民间艺术形式的精华，并受到了昆曲、弋阳腔、皮黄腔等外省剧种的影响，在乾隆年间正式形成具有河南特色的剧种。乾隆嘉庆年间，豫剧迅速发展壮大，成为河南省重要的剧种。

豫剧的音乐分为四大流派，分别是：以开封为中心的“祥福调”，以商丘为中心的“豫东调”，流传于洛阳的唱法“豫西调”，流传于河南东南部沙河流域的唱法“沙河调”等。其中影响最大的是豫东调和豫西调。豫剧的各种流派虽然有诸多不同，但是共性大于个性，作为统一的一个剧种，豫剧具有以下特点：首先，豫剧注重唱功，演出中常有大段的唱词，相对来说动作少一些；其次，豫剧具有较大的自由性，唱词、说白、动作等都没有固定的模式，演员可以根据自己的理解，做一些创造；再次，豫剧与民间艺术结合紧密，常常把杂技、武术等技艺的动作融合到舞台表演中来，显得粗犷火暴；最后，豫剧的唱词通俗易懂，好学好唱。

豫剧的角色行当分为“四生四旦四花脸”，即老生、红生（大、小红脸）、小生等四生；老旦、小旦、正旦、帅旦等四旦；黑脸、大花脸、二花脸、三花脸等四花脸。豫剧的伴奏乐器分文武戏，文戏用三弦、板胡、月琴伴奏，武戏用板鼓、堂鼓、大锣、小锣、手镲、梆子、手板等伴奏。

豫剧的传统剧目有600多个，其中经典曲目有《对花枪》、《三上轿》、《提寇》、《铡美案》、《十二寡妇征西》、《花木兰从军》等。

粤剧

粤剧是中国南方的重要剧种，流行于广东、广西以及港澳台地区。东南亚、北美、大洋洲等有广东籍华人聚集的地区，也常有粤剧演出。

明末清初，江浙地区的昆曲班子，江西的弋阳腔班子陆续到广东地区演出，引起了广东人民的关注，受到他们的影响，广东本地人创建了自己的戏剧班子，称为“本地班”。本地班的唱腔吸收昆曲及弋阳腔的部分优点，融合本地歌舞戏曲的特点，念白全用本地方言，形成了独具一格的广腔。清朝嘉庆、道光年间，随着弋阳腔、昆腔的衰落和梆子戏的传入，本地班开始以梆子为主要唱腔，后来安徽徽班的影响日益扩大，本地班又吸取了徽班的部分特点，发展成为以“梆簧”（即梆子、二簧）为基本唱腔，同时又保留了昆腔、弋阳腔部分曲目的“粤剧”。清朝咸丰年间，本地班响应太平天国起义，组织武装与清兵搏斗，被清朝残酷镇压，使粤剧遭封杀长达15年之久。粤剧中的精品剧目有《平贵别窑》、《赵子龙催归》、《凤仪亭》、《罗成写书》、《西河会》、《山乡风云》等。

古典十大悲剧

中国古典十大悲剧是:《窦娥冤》(杂剧，元朝关汉卿)、《汉宫秋》(杂剧，元朝马致远)、《赵氏孤儿》(杂剧，元朝纪君祥)、《琵琶记》(南戏，明朝高则诚)、《精忠旗》(传奇，明朝冯梦龙)、《娇红记》(杂剧，明朝孟称舜)、《清忠谱》(传奇，清朝李玉)、《长生殿》(传奇，清朝洪昇)、《桃花扇》(传奇，清朝孔尚任)和《雷峰塔》(传奇，清朝方成培)。

千百年来，这些悲剧一直在舞台上上演，经久不衰，深受广大人民喜爱。鲜明的人物形象、感天动地的故事情节，打动了一代又一代人。在文化普及率很低的时代，人们从这些故事中得到了教育和熏陶，深化了对现实生活的认识，鼓舞自己的生活热情，提高了道德情操。中国古典十大悲剧是中国戏剧的代表，是中国文化艺术珍品。

古典十大喜剧

中国古典十大喜剧是:《救风尘》(杂剧，元朝关汉卿)、《西厢记》(杂剧，元朝王实甫)、《看钱奴》(杂剧，元朝郑廷玉)、《墙头马上》(杂剧，元朝白朴)、《李逵负荆》(杂剧，元朝康进元)、《幽闺记》(传奇，元朝施君美)、《中山狼》(杂剧，明朝康海)、《绿牡丹》(传奇，明朝吴炳)、《玉簪记》(传奇，明朝高廉)和《风筝误》(传奇，清朝李渔)。

这些喜剧深受人们喜爱，它们那深邃的思想、纷繁复杂的主题和扑朔迷离的情节倾倒了无数观众。剧中人物敢爱敢恨，幽默机智，同腐朽势力斗智斗勇的故事，使人们认清了封建统治者的虚伪本质，鼓舞了人们同封建统治者斗争的勇气和信心。十大喜剧因其优美的文辞和精湛的音乐，具有极高的艺术价值，成为中国文学艺术库藏中的璀璨瑰宝，彪炳百代。

《西厢记·长亭送别》瓷板画

《西厢记》的剧情虽然没有脱离传统的“私订终身后花园，落难公子中状元”的模式，但其语言却纯熟优美。作者善于运用古典诗词酝酿气氛，炼字造句，创造了诗一般的意境，形成剧本优雅的风格。此幅绘《西厢记》故事长亭送别一幕，用工笔勾描更宜表现绵长细腻的感情。

《窦娥冤》

《窦娥冤》 年画

《窦娥冤》是取材于元代社会现实的一部作品，是我国古代一个著名的悲剧，窦娥是封建社会里开始觉醒的被压迫阶级一个成功的悲剧典型。几百年来，这部剧作不仅成为我国戏曲舞台的保留剧目，而且被译成多种文字流传国外。

《窦娥冤》，元代关汉卿作。关汉卿，号已斋（一作一斋）、已斋叟，汉族，解州（今山西运城）人。一生创作的杂剧有六十多种，是我国戏剧的创始人，与马致远、郑光祖、白朴并称为“元曲四大家”。《窦娥冤》是关汉卿的代表作，也是我国古代悲剧的代表作。全名《感天动地窦娥冤》，全剧为四折一楔子，它的故事渊源于《列女传》中的《东海孝妇》。剧情说楚州贫儒窦天章因无钱进京赶考，无奈之下将幼女窦娥卖给蔡婆家为童养媳。窦娥婚后丈夫去世，婆媳相依为命。蔡婆外出讨债时遇到流氓张驴儿父子，被其胁迫。张驴儿企图霸占窦娥，见她不从便想毒死蔡婆以要挟窦娥，不料误毙其父。张驴儿诬告窦娥杀人，官府严刑逼讯婆媳二人，窦娥为救蔡婆自认杀人，被判斩刑。窦娥在临刑之时指天为誓，死后将血溅白绫、六月降雪、大旱三年，以明己冤，后来果然都一一应验。三年后窦天章任廉访使至楚州，窦娥鬼魂诉冤，于是重审此案，为窦娥申冤。作品成功地塑造了“窦娥”这个被压迫、被剥削、被损害、善良、坚强、反抗的妇女形象。戏曲语言既本色又当行，具有“入耳消融”的特点，没有艰深晦涩的毛病。关剧在词曲念白的安排上也恰到好处，曲白相生，自然熨帖，不愧是当时戏曲家中一位“总编修师首”的人物。

《琵琶记》

《琵琶记》，元末南戏，高明撰。高明，字则诚，号菜根道人，今浙江瑞安人。全剧四十二出。《琵琶记》是根据早期的宋元南戏《赵贞女蔡二郎》改编的。原剧写蔡二郎（即汉代著名文上蔡邕）考中状元后抛弃双亲和妻子，入赘相府，最终被雷劈死的故事。《琵琶记》把人物形象和故事的结局进行重大改造，把蔡伯喈变为一个“全忠全孝”的书生，强调了封建伦理的重要性，希望通过戏曲起到教化作用。《琵琶记》

的人物很有个性，其主要人物已成为艺术典型。赵五娘是全剧中最为光辉的人物，贤孝妇形象光彩照人。丈夫进京赶考，她独自一人在家侍奉公婆，承担起家庭的全部重担。饥荒年间，她把少得可怜的粮食留给公婆，自己却在背后偷偷吃糠。公婆死了，无钱买棺材，她剪下头发，沿街叫卖。无钱请人埋葬公婆，她就用麻裙包土筑坟墓。然后描容上路，进京寻夫。在极度艰难的环境中，她含辛茹苦，任劳任怨，自我牺牲，尽心尽力承担起生活重担。全剧典雅、完整、生动、浓郁，显示了文人的细腻目光和酣畅手法。它是高度发达的中国抒情文学与戏剧艺术的结合。《琵琶记》被誉为传奇之祖，是我国古代戏曲中一部经典名著。

《西厢记》

《西厢记》，全名《崔莺莺待月西厢记》。作者王实甫，元代著名杂剧作家。故事最早起源于唐代元稹的传奇小说《莺莺传》，董解元的《西厢记诸宫调》是王实甫创作的《西厢记》的直接蓝本。全剧五本二十一折，突破了杂剧创作一剧四折的体例。此剧一上舞台就惊倒四座，博得男女青年的喜爱，被誉为"《西厢记》天下夺魁"。剧中叙述了书生张珙游于蒲州，寄宿普救寺。适逢崔相国夫人携女莺莺扶相国灵柩回家乡安葬，途经普救寺，借宿于此。张生游殿，与莺莺相遇，两人一见倾心。在婢女红娘的帮助下，两人在西厢约会，莺莺以身相许。后两人来往之事被老夫人发现，出于无奈，只得答应了张生与莺莺的婚事。但老夫人又以崔家三代不招白衣秀士为由，逼张生赴京应试，待张生应试及第后，才允许他与莺莺成亲。后张生高中皇榜，归来求亲，有情人终成眷属。剧本歌颂了以爱情为基础的结合，否定封建社会传统的联姻方式，正面提出了"愿天下有情的都成了眷属"的主张，具有鲜明的反封建礼教和封建婚姻制度的主题。几百年来，它曾深深地激励过无数青年男女。对后来以爱情为题材的小说、戏剧创作影响很大，《牡丹亭》、《红楼梦》都不同程度地从它那里吸取了反封建的民主精神。

听琴　今人王叔晖绘《西厢记》剧情

《西厢记》因为其曲文的无比优美和抒情性被视为一部诗剧，其"愿天下有情的都成了眷属"更寄托了人们的美好愿望。

《牡丹亭》

《牡丹亭》，全名《牡丹亭还魂记》，也称《还魂梦》或《牡丹亭梦》。作者汤显祖，字义仍，号若士，江西临川人。《牡丹亭》是他创作的“玉茗堂四梦”（或称“临川四梦”）（其他为《紫钗记》、《邯郸记》和《南柯记》）中最得意之作。全剧五十五出，据明人小说《杜丽娘慕色还魂》改编而成。戏剧写了南安太守杜宝的女儿杜丽娘，冲破约束，私自游园，触景生情，梦中与书生柳梦梅幽会，从此一病不起，怀春而死。杜宝升官离任，在女儿的墓地建造了梅花观。柳生进京赴试，借住观中。他在园内拾得杜丽娘的自画像，情有所钟，百般呼唤，终于和画中人的阴灵幽会。柳生掘墓开棺，杜丽娘起死回生，两人结成夫妇，同往临安。杜丽娘的教师陈最良往临安向杜宝告发柳生盗墓之罪。柳生在临安应试后，恰逢金兵南侵，延迟放榜。安抚使杜宝在淮安被围。柳生受杜丽娘嘱托，送家信传报还魂的喜讯，反被囚禁。金兵退却后，柳生高中状元。杜宝升任同平章军国大事，拒不承认婚事，强迫女儿离异。纠纷闹到皇帝面前，杜丽娘和柳梦梅二人终成眷属。杜丽娘这一人物形象，为中国文学人物画廊提供了一个光辉的形象，她性格中最大的特点是在追求爱情过程中表现出来的坚定执着。她为情而死，为情而生。《牡丹亭》是我国戏曲史上浪漫主义的杰作，特别突出了情（欲）与理（礼）的冲突，强调了情的客观性与合理性；洋溢着追求个人幸福、呼唤个性解放、反对封建制度的浪漫主义理想。沈德符《顾曲杂言》说：“《牡丹亭梦》一出，家传户诵，几令《西厢》减价。”其艺术成就也是非常卓越的。

《长生殿》

《长生殿》，清初洪昇作。初名《沉香亭》，继称《舞霓裳》，最后定名为《长生殿》。取材自唐代诗人白居易的长诗《长恨歌》和元代剧作家白朴的剧作《梧桐雨》。全剧共五十出。剧本写唐明皇宠爱贵妃杨玉环，终日与杨贵妃游宴玩乐，不理朝政，朝中大权由杨贵妃的哥哥杨国忠把持。七月七日，杨贵妃与唐明皇在长生殿上情意绵绵，盟誓世世代代结为夫妻。不久，安禄山因与杨国忠争权，发兵叛乱。唐明皇带杨贵妃逃离长安，官军将杨国忠杀死，又逼唐明皇将杨贵妃缢死。安禄山叛乱平息后，唐明皇日夜思念杨贵妃。后来，道士杨通幽运用法术架起一座仙桥，让明皇飞升到月宫，与杨贵妃相会，实现了他们在长生殿上立下的“生生死死共为夫妻”的盟誓。剧本从多方面反映社会矛盾，将百姓的困苦和宫廷的奢华生活做了对比，爱憎分明。同时又表现出对唐玄宗和杨玉环之间爱情的同情。清宫内廷常演此剧，北京的聚和班、内聚班等班社都以演此剧而闻名。其中片段被各种戏剧剧种改编，梅兰芳的京剧《贵妃醉酒》也是改编自《长生殿》。

《桃花扇》

《桃花扇》，清初孔尚任作。《桃花扇》是孔尚任十多年苦心经营，三易其稿写出的一部传奇剧本。全剧共有四十出。剧本写明代末年曾经是明朝改革派的“东林党人”逃难到南京，重新组织“复社”，和曾经专权的太监魏忠贤余党阮大铖进行斗争。其中复社中坚侯方域邂逅秦淮歌妓李香君，两人陷入爱河。阮大铖匿名托人赠送丰厚妆奁以拉拢侯方域，被李香君知晓坚决退回。阮大铖怀恨在心。弘光皇帝即位后，起用阮大铖，他趁机陷害侯方域，迫使其投奔史可法，并强将李香君许配他人。李香君坚决不从，欲自尽未遂，血溅诗扇。侯方域的朋友杨龙友，利用血点在扇中画出一树桃花。南明灭亡后，李香君出家。扬州陷落后，侯方域逃回寻找李香君，最后也出家学道。全剧穿插当时的历史事件，如南明君臣花天酒地，四镇带兵打内战，史可法守扬州，城破后投河自尽等。《桃花扇》是一部最接近历史真实的历史剧，重大事件均属真实，只在一些细节上做了艺术加工。以男女情事来写国家兴亡，是此剧的一大特色。《桃花扇》形象地刻画出明朝灭亡前统治阶层腐化堕落的状态，康熙皇帝专门派内侍向孔尚任索要剧本，看到其中描述南明皇帝耽于声色的情节，常皱眉顿足说：“弘光弘光，虽欲不亡，其可得乎！”

《桃花扇》插图　同治年间彩绘本

《桃花扇》借明末复社文人侯方域与秦淮名妓李香君的爱情故事来反映南明弘光王朝覆亡的历史。侯方域与李香君的爱情故事中，穿插了许多明末的历史故事，如左良玉等四镇的跋扈，马士英与阮大铖迎立福王，李自成攻陷北京，清兵南下，史可法沉江等。

冷板凳

生活中，人们常称那些不被重视的人为坐冷板凳。那么，这个“冷板凳”究竟是种什么凳子？为什么人一坐上去就要受冷落呢？

“冷板凳”一词源于梨园行。在戏曲行当里，有演戏的，还有伴奏的。通常演员在台上演，伴奏者坐在下场门侧，被幕布遮掩着，观众基本上看不到敲锣打鼓的人。整个戏曲跌宕起伏，除了靠演员的唱念做打之外，锣鼓起到了不可忽视的烘托渲染作用。如果场上只有演员清唱，显然气氛不够热闹。因而，人们以锣鼓班坐的长条板凳来指代敲锣鼓的人缺场，将冷场的清唱称为“冷板凳”。

后来，人们取“冷板凳”的引申义，将那些受冷落、不受重视的人称为“坐冷板凳”。

跑龙套

文艺圈里，经常提到“跑龙套”一词。词典中对“跑龙套”的解释为：原指戏曲中拿着旗子做兵卒的角色，后比喻在人手下做无关紧要的事。其实，“跑龙套”一词源于“龙套”。所谓的“龙套”指的是戏曲表演上的一种戏服。这种戏服上绣有龙纹，且为套头装。穿这种衣服的演员通常没有台词，只是在台上走走过场，因而得名“跑龙套”。

沈从文曾写过一篇名为《跑龙套》的文章，文中说：“跑龙套在戏台上像是个无固定任务角色，姓名通常不上海报，虽然每一出戏文中大将或寨主出场，他都得前台露面打几个转，而且要严肃认真，不言不笑，凡事照规矩行动，随后才毕恭毕敬的分站两旁。”

在曲艺界里，除了有主要演员和次要演员外，还需要一些陪衬烘托场面。而出演烘托场面的人物通常就被称为“跑龙套”。最早，充当跑龙套的人，多由戏班里的新人担任，四人组成一个单位，叫作堂。像这类的“跑龙套”大都是侍从衙役，主要的演出活动是呐喊助威。如果戏曲所表现的是战争场面，那么这些“跑龙套”的便要从主角们的刀枪剑戟下来回穿梭，以表示兵丁冲锋陷阵，“跑龙套”的时而还要摇旗呐喊增添声势。通常，“跑龙套”手里拿着门枪旗、红门旗、飞虎旗，或风旗、水旗、火旗、云牌等。所以有些曲目里，打旗的演员也被称为“跑龙套的”。

新人们通过“跑龙套”这一过程，不仅熟练了基本功，还增强了表演技能。当新人们将这些杂技练到炉火纯青的地步之后，他们开始饰演锣、伞、报之类的带有少量台词的角色。随着艺龄及演技的增长，他们才有可能成为配角，甚至是主角。

如今，人们已经很少严格划分“跑龙套”和正式演员之间的区别了。在拍戏人手不够时，很多演员都会临时客串一下“跑龙套”的。这个角色虽然看着不起眼，但是在整个故事情节中，却起着不可忽视的烘托作用。

戏曲角色

在中国戏曲发展早期，戏曲角色的名称一直在变化。直到元代，角色的名称才基本固定，大体分为生、旦、净、末、丑五类。随着戏曲文化的进一步发展，末角逐渐被划归到生角中。所以，如今的戏曲行里，多以生、旦、净、丑来划分角色类型。那么，人们为什么要用生、旦、净、末、丑这样的字眼来命名角色呢？

关于戏剧角色名称的由来，历来说法不一，其中最主要的观点有两种。第一种观点认为，生、旦、净、末、丑的划分源于古印度梵剧。人们取元代的《青楼集》为证：“院本始作，凡五人：一曰副净……一曰副末……一曰引戏……一曰末泥……一

京剧《霸王别姬》项羽脸谱

在京剧中项羽的脸谱俗称霸王脸、无双脸，因为这种脸谱为霸王专用，绝无重复。在两眉与眉梁之间勾成一钢叉形状，以象征项羽的威猛，因此又称钢叉脸。项羽眉间勾画相连的长寿形，在脸谱中称此中眉为万字眉。京剧和皮黄戏中的项羽都是以黑色为主，只是脸谱谱式有所差别。《霸王别姬》里西楚霸王项羽的脸谱为哭脸，用以表现这位陷入四面楚歌的末路英雄。

曰装孤，杂剧则有旦，末。旦本女人为之，名妆旦色；末本男子为之，名末尼。”据文献考证，这些角色名称确与古印度梵剧中的角色有一脉相承之处。

另一种观点是从中国传统文化的角度评析生、旦、净、末、丑名称的由来。这种观点较前一种观点，更受曲艺界的推崇。这种观点认为，戏曲中角色名是角色反意的用法。

通常扮演生角的人为男性。根据年龄角色，又分为老生、小生、武生、红生等。整场演出中，生角是关键。因而，要求生角做到唱腔唱词纯熟，能够灵活演出。于是，人们反“熟”的意思将其命名为生。

旦是女性演员的称呼。根据年龄身份分为青衣、花旦、刀马旦等。人们认为，傍晚时分才是女性活动的时刻，而且女为阴。所以便将与阳相对的阴命名为“旦”，用以代指女角。

净是花脸角色。这类角色主要以各色油彩的脸谱彰显人物性格或相貌的与众不同。所以，人们反“脸不干净”之意，将其命名为净角。饰演净角的为男性演员，按唱功和表演，又分为正净和副净。

扮演丑角的人，通常是灵活聪明之人。整部戏的诙谐气氛要靠这个角色烘托。他们的扮相比较怪异。人们取丑之意称呼这个角色。其中丑角又分为文丑、武丑。

已划归为生角的末角大都是些中年男子扮演，又名“末泥”、“末尼色”。是戏曲演出中，最先出场的引戏演员，所以人们反“首”出场称他们为“末”角。

压轴戏

所谓的“压轴戏”并非字面上所指的最后一个演出的节目，它是京剧中的术语。在京剧形成今天这种表演形式之前，一场戏通常是由5出戏构成的。当时的京剧一般在下午一两点钟的时候鸣锣开演，直到午夜散场。在长时间的演出中，为了吸引观众，迎合观众生活规律，戏曲演员将整场演出分成了5大块。

鸣锣开唱便算“开锣戏”，唱了一两个小时之后，观众明显有些困乏。演员就会抖出些提神的剧目，给观众缓解一下疲劳。这出叫“早轴子”。到了傍晚时分，在观众有些饥肠辘辘，准备回家吃晚饭的时候，戏班子便抬出一场闹戏，暖暖场，这个环节叫“中轴子”。待到大家吃饱喝足，戏班子便开始整场演出的正戏部分，精彩的节目也开始登台亮相了。到倒数第二场的时候，吊了观众一天的胃口，该是表演精彩绝活的时候了，这场戏中，一般会请出班子里的名角出场。所以，整部戏里，前后几出戏都是为倒数第二场名角儿演出做铺垫的，因而倒数第二场被称为“压轴戏”。也唯有这一场，最让观众叫好。整部戏曲唱到这个时候，夜深了，戏也渐渐接近尾声了。最后，为了表示感谢，戏班通常会安排一场“送客戏”，称为“大轴子”。这场热闹的武戏结束后，观众也就散了。

随着京剧的不断发展，这样的演出形式渐渐被一整部完整情节的戏曲曲目替代。但是“压轴戏”这个戏曲术语却被人们保留下来，并在其他领域广泛使用起来。人们借助于戏曲中“压轴戏”，表示最精彩的演出部分。

独角戏

“独角戏”又称“滑稽戏”，有时也写作“独脚戏”，是用上海方言表演的传统戏。最初，“独角戏”戏如其名，是只有一个人的演出。独角戏有两种表演形式：外部独角戏和内心独角戏。

外部独角戏指的是演员虚拟人物场景，对观众说话，以幽默诙谐的语言、滑稽的表演和观众互动。内心独角戏则指的是演员一个人自说自话，自我剖析的一种表演形式。现如今，这种“独角戏”成为娱乐脱口秀的前戏。在节目之前，来段“独角戏”起到抛砖引玉、开启下文的作用。

后来，这种独角戏吸收了小热昏、文明戏等戏曲的艺术形式，渐渐演变成一人身兼数职，扮演多种角色，或有很多人参与的戏曲表演形式。1920年前后，上海文明戏艺人王无能以“独角戏”之名挂牌演出。随后，“独角戏”在大江南北红火起来，两人、三人的“独角戏”表演形式相继出现。20世纪30年代，“独角戏”进入了繁盛时代，出现了诸如江笑笑的“笑笑剧团”之类的“独角戏”团体。同时也出现了很多“独角戏”名演员，如姚慕双、周柏春等。

现如今，“独角戏”日臻成熟。它是地方戏曲中，深受百姓喜爱的一个戏种。简单的道具、夸张的动作、多样的形式、诙谐的语言和滑稽的表演等，已经成为“独角戏”的标志。尽管很多曲目都已经被翻演了很多次，百姓仍然看得津津有味，乐在其中。其中《哭妙根笃爷》、《宁波空城计》、《七十二家房客》便是最为经典的几部曲目。

叫板

生活中，人们喜欢把向人发出挑战称为“叫板”。那么，“叫板”这个词是从何而来，人们为什么要用“叫板”来表达这个意思呢？

《顾误录》中解释说："板，古拍也。"在古代乐曲中，板和鼓是打拍子常用的工具。板所打出来的是强拍，鼓打出来的是次强拍或弱拍。根据这种打拍方式，中国传统戏曲中，又提出了"板式"一说。所谓的"板式"是指戏曲音乐的节拍和节奏形式。其中包含板眼和下板形式两层含义。"板眼"指的是强拍、次强拍和弱拍相结合的节拍形式，又分为一板一眼（二拍子）、一板三眼（四拍子）等形式；"下板形式"指的是节奏的形式。以戏曲唱腔为例，字随板出的叫"应头板"，后半拍出字的叫"腰板"等。根据节拍节奏的强弱舒缓，又将板式分为叫板、起板、转板、留板、歇板、砸板等。

"叫板"作为戏曲中的术语，指的是演员以一定的唱腔示意司鼓下面的唱段是什么节奏的板式。叫板通常用在戏曲中的慢板、二六板、箭板、滚板等板式中。它的曲调以散板为主。为了能够使表演更加艺术，演员在道白的最后一句上运用叫板的方法，或以语气示意，或用动作唱腔示意，司鼓铜器便会转奏出下一唱段的板式。就是因为这样，人们才会将"叫板"引出下文、挑出新板式的意义引申为挑衅或挑战。

砸锅

生活中，事儿没办好叫"砸锅"。人们为什么这么说，"砸锅"最初指的是什么，它是因何而来？

"砸锅"一词源于戏曲行业，是戏曲界的行话。在戏曲表演中，经常出现不同剧种的演员同台演出的现象，人们称这种现象为"两下锅"或"三下锅"。这里的"两"和"三"指的是两种、三种；"锅"自然指的是戏曲。"两下锅"、"三下锅"指的就是不同剧种同台演出的表演形式。采取这种演出方式，并不是说各种戏曲杂糅在一出戏中演出，而是各戏种独立出演，保持自身戏曲风格，同台不同戏。

在戏曲发展过程中，"两下锅"、"三下锅"的现象比较常见。通过这种形式，曲艺艺人们可以相互吸收借鉴其他戏曲流派的表演长处，完善自身戏曲的不足。因而，"两下锅"、"三下锅"被视为戏曲界技艺交流合作的一项重要手段。

不同于上述表演形式，戏曲界还有另外一种"两下锅"。它是将两种戏剧风格融为一场戏剧中，即同一出戏剧中，前半场用一种曲风演出，后半场用另一种曲风演出。像这样的"两下锅"比较有名的戏曲有：京派名家梅葆玖与豫剧名家马金凤合演的《穆桂英挂帅》；京剧艺术家杨春霞与昆派艺术家蔡正仁合演的《桃花扇》；京派李宏图和汉剧李仙花合演的《蝴蝶梦》等。这种演出形式并不常见。由此，戏曲术语中又衍生出了"钻锅"一词。指的是曲艺演员临时替代别的演员出演其他戏种角色。

随着曲艺被广大国人接受，戏曲行业的一些行话也在大众中流传开来。"砸锅"开始指戏剧演出不成功，戏曲演员被观众喝倒彩，后渐渐引申为做事情失败。如今，人们早已经淡化了它在戏曲中的内涵，而专指事情办砸。

绘画与雕塑

传神论

中国画和西方绘画最大的区别就在于，后者努力的目标，是精心细致地再现事物的原貌（其现代派的“变形”只是变形而已），前者则力图传达出事物的内在神韵。比如画人物，西洋画讲究在三维空间（上下、左右、前后）中描绘出人物的真实影像，其创作往往凭借科学的人体解剖，以具体深入的形象刻画为胜，有时甚至毛发毕现。中国画呢，它不是忽视人物的外形描绘，但相比起外貌写真来，它更强调表现人物内在的精神风貌，就是所谓“传神”，这是中国画的画家们一直坚守的艺术表现原则。

早在4世纪，东晋大画家顾恺之就提出了“以形写神”说。他曾讲到，楼台亭榭等建筑静物画起来费时间，但画好比较容易；而画人物最难了，难就难在要“迁想妙得”，就是要用思想去捕捉表现对象的心理活动，以巧妙地传达出人物的精神风貌。据记载，顾恺之画成人物后，常常几年都不点眼睛。有人问原因，他回答说：“四体妍媸，本无关于妙处。传神写照，正在阿堵中。”“阿堵”为六朝人口语，相当于现代汉语里的“这个”，此处指眼睛。顾恺之的意思是说，表现人物时，身体四肢的美好与丑陋都无关紧要，只有画好这眼睛才能传达出人物的内在神韵。可见，中国画的画家对人物传神是多么重视！

到了现代，有了照相技术，摄什么是什么，可是要传达对象的内在之美与独特神韵，还是要靠绘画艺术，中国绘画尤其讲究神韵。

气韵说

南北朝时期，我国古典文艺批评空前繁荣，此时生活在南齐的谢赫，全面系统地总结了古代绘画的创作实践，提出了品评画作优劣的“六法”。这“六法”最大的贡献，就是将“气韵生动”创立为观赏、衡量中国画好坏的首要标准。

所谓“气韵生动”，是讲绘画作品要有生气、有神气而不呆板，要能表现出描写对象的精神特质。这好比是看一个人，从中国画的审美标准出发，就要先看气质风韵，而不只是看形体。

“气韵生动”是作品精神的自然流露。“气”是思想观念、感情和想象，“韵”是个性与情调。它要求艺术家无论画人物、山水、花鸟，都要表现出它们的精神之美。

一幅画只有气韵生动，才能焕发出感人的生命力量。比如齐白石笔下的一头牛，就绝不是动物的简单再现，而是他心里能与之对话且充满个性活力的牛。据廖静文回忆，徐悲鸿有一次给白石老人送去新鲜的桃子，老人十分高兴，一定要让捧桃人走前面，并恭敬地说：“桃子先走！”老先生礼待桃子如一令人尊敬的生命，他笔下的桃子自然就有了鲜活的生命力，让人十分喜爱。

看一幅画作，首先看它的整体气韵，这就是懂画了。懂画，就是会欣赏；会欣赏，学画才能成为高手。

“外师造化，中得心源”

中国画的名画家，往往要刻一方印印在画作上，内书“师造化”几个字。这里的“造化”是指大自然。“师造化”不是简单地描绘大自然，而是以大自然为师，领悟大自然的气质与内在精神；然后艺术家再以心中最美好、最真实、最感动的激情，对这大自然加以重新创造。这样的作品才能感动万古千秋的世人。

上述创作过程，唐代画家张璪曾以“外师造化，中得心源”来概括。这八个字言简意赅，向我们阐明了在中国画的艺术实践中，创作主体与被表现客体、画家主观创造与自然物象之间的辩证关系。

这一点，在一些艺术大师的创作中体现得非常典型。如黄宾虹画山水画时，一般都要仔细体会所表现山水的精神，以深入领悟其神韵，揣摩其内在结构。这就是“外师造化”。因为大自然千变万化，画作就是要表现其变化的形态与永恒的内在美。但这表现又离不开画家丰富的心灵。画家内心越丰富，画作就越有美的内涵。这就是“中得心源”。

所以，我们欣赏黄宾虹的画作，那些高山大泽远远看去可谓浑厚华滋、气象万千；可贴近画作审视，眼前却只是一些笔墨点线，似乎“什么都没有”（李可染语）。这就是国画大师实践“外师造化，中得心源”这一辩证艺术观得到的艺术境界——他抓住的不是山水的简单外形，而是其神气精髓。在西方，塞尚的油画创作也有同此相似的情况，即表面不求形似，却更为逼近艺术的本质。

“诗中有画，画中有诗”

北宋大文豪苏轼，在评论唐朝著名诗人与画家王维（字摩诘）的作品时，曾说过这样一段名言：“味摩诘之诗，诗中有画；观摩诘之画，画中有诗。”这句话点出了诗歌与绘画创作互相渗透、彼此融合、相得益彰的内在联系。事实上，中国的诗歌也好，绘画也好，其创作都是相通的——它们均以抒情寄兴为主，其过程均须品察万物，然后再通过思维活动把作者的感情色彩“形象化”，把物象“意象化”。北宋的张舜民讲“诗是无形画，画是有形诗”。后来经过苏东坡的提倡，“诗情画意”便成了品评中国画意境美的一个重要美学原则。

所谓“诗情画意”，就是要融诗心、诗境于画境，做到画有诗意。只有做到这一点，画作才具有意境美，才达到了比较高的艺术境界。除此以外，中国画还很讲究绘画与诗文、书法、篆刻的完美结合，这在元代以后的文人画中非常普遍。

在这些艺术追求的带动下，历代画家都十分注重自己的文化修养。他们讲究“宏道”、“人品”，追求“古意”、“士气”、“逸气”，将自己的艺术之根深深植于中华文化的丰厚土壤之中。因为只有做到这一点，其画作才会既有艺术美又有文化美。

在绘画史上，思想有深度、学问渊博、修养高的人往往更容易达到中国画创作的高水平。赵孟頫、董其昌都是如此。“扬州八怪”之一的金农，50多岁才学画，可是由于他在学问、书法、金石等方面的修养极高，出手即不凡，绘画创作很快就达到了高超境界。

需要一提的是，欣赏画作的能力也直接来源于文化艺术修养。苏东坡曾说，观马要看其神骏之气。中国画的上品佳作一般都具有很深的文化内涵，我们要想真正欣赏它、读懂它，既要明白其文化背景，又要知道其艺术源流。

柳宗元《江雪》示意图

千山鸟飞绝，万径人踪灭。孤舟蓑笠翁，独钓寒江雪。

丹青

人们常把绘画称为“丹青”。《汉书·苏武传》载：“竹帛所载，丹青所画。”最初，“丹青”指的是古代绘画中常用的两种颜料。丹，指的是朱砂；青，指的是青雘。因这两种颜料不易褪色，所以备受画者的喜爱。

汉代的陆贾在《新语》中说道："民弃本趋末，伎巧横出……丹青玄黄琦玮之色，以穷耳目之好，极工匠之巧。"意思说，绘画中，人们广泛使用"丹青"这两种颜料。最初，"丹青"仅指代红、青两种颜色。后来，绘画中的所有色彩都被泛称为"丹青"。因而，由各种色彩绘出的图画，便被人们通称为"丹青"。一些杰出画家、绘画高手也被称为"丹青手"、"丹青妙手"。

"中国画"又名"国画"。在绘画艺术史上，中国画的起源可以追溯到5000多年前仰韶文化中的"鹳鱼石斧图"。但是以"中国画"一称享誉世界，则要从清代与西洋画相对的画作说起。《颐园论画》中说："西洋画工细求酷肖。"也就是说，西洋画重写实，尤以素描和油画驰名。

与西洋画不同，中国画更重意境和神韵。中国画按使用材料和表现方法，主要分为工笔、写意和兼工带写三种，具体可分为水墨画、重彩、浅绛、工笔、写意、白描等；按题材又可分为人物画、山水画、花鸟画、动物画等。按照画幅大小和形状及折叠方式，可以分为横向的长卷、横批，纵向展开的条幅、中堂，仅有一尺见方的册页、斗方，画在折扇、团扇等扇子上的扇面等。中国画重点强调点、线、面的结合，工笔画重视线条细致逼真，形神兼备；写意画重视整体的意境，比较重视对浓淡光影的表现，追求神似。

总体而言，中国画体现出中国独特的风韵，或干净简练，或华丽繁复，有着与西洋画截然不同的审美情趣和艺术造诣。

写真

杜甫的《丹青引赠曹将军霸》中写道："将军善画盖有神，偶逢佳士亦写真。"这里所说的写真，指的是曹将军的肖像画。那么，人们为什么要把中国的肖像画称为"写真"呢？如今我们所说的"写真"，与杜甫诗中所说的写真是一个含义吗？

古时，肖像画又叫写真。它还有写照、传神、写貌、写像、影像、追影、写生、容像、像人、祖先影像、禅宗祖师像、顶相、仪像、寿影、喜神、揭帛、代图、接白、帝王影像、圣容、衣冠像、云身、小像、行乐图、家庆图等别称。在中国传统绘画题材中，人物、山水、花鸟是三大类别，肖像画便是人物画别中的一个分支。

据湖南长沙马王堆西汉墓出土的帛画显示，早在汉代，我国的肖像画艺术水平便已经达到了一定的高度。作为人物形象的描绘，肖像画要求做到形神统一。在以绘画技巧描摹人物外部特征的同时，还要求将人物内在的性格特点、情态特征表现出来。可以说，一幅肖像画是个人外在形象、内在精神的全面真实展示。因而，人们将其命名为"写真"、"传神"等。

东晋画家顾恺之曾经说过："传神写照，正在阿堵之中。"说的便是肖像画表现人物的关键所在便是传神逼真。明代以后，受西方肖像画绘画风格影响，我国还出现了一个新的绘画派别——写真派。他们以画家曾鲸为代表，专以写真为题材。

现如今，“写真”的含义被人们扩大化，甚至有了贬低之意。其含义和古代的肖像画之“影像”的别称含义颇为相似，但是却不单单指代肖像那么简单了。其中包括了“摄影”、“照片”的内涵。

中国画

中国画这个概念，广义上指运用中国的传统绘画工具（笔、墨、纸、砚、颜料等）所绘的画，简称“国画”。中国画按题材又可分为人物画、山水画、花鸟画、动物画等；按使用材料和表现方法，主要分为工笔、写意和兼工带写三种；按照画幅大小和形状及折叠方式，可以分为横向的长卷、横批，纵向展开的条幅、中堂，仅有一尺左右见方的册页、斗方，画在折扇、团扇等扇子上的扇面。

华封三祝图　清　郑板桥

中国画在创作上重在传达出物象的神态情韵和画家的主观感受，造型上讲求“妙在似与不似之间”和“不似之似”，对那些能体现出神情特征的部分往往会采取夸张甚至变形的手法加以刻画，而不是追求实际的“相像”。在构图上，中国画讲求经营，重视虚与实、疏与密的配合与平衡，力求打破时空的限制，构造出一种画家心目中的景象。中国画善用水墨，创造出极为丰富的笔法和墨法，同时墨还可以与色相互结合，形成墨色互补的多样性。以这些独特的笔墨技巧，如点、线、面作为状物传情的表现手段，描绘对象的形貌、骨法、质地、光暗及情态神韵，传情达意，具有独立的审美价值。中国画，特别是中国文人画，讲求诗、书、画、印的有机结合。画面上题写的诗文跋语，既是画面的有机组成部分，同时还能表达画家对社会、人生及艺术的思考和认识，在深化主题的同时，提升画作的文化品位。

中国画在观察认识、形象塑造和表现手法上，与西方绘画相比，有着迥异风格和独特的艺术趣味。中国画对客观事物的观察、体认、再现，以及借物传情的艺术构想，渗透着画家的社会意识，使绘画具有相应的认识作用、教育作用和高度的审美价值，体现出中国人独特的思维方式、哲学观念和审美情趣。

人物画

人物画是以人物活动为主要描写对象的绘画，它是中国画的三大画科之一。早在周代，就已经出现了以劝善戒恶为目的的历史人物壁画。

按题材分类，人物画可分为历史人物画、宗教人物画和现实人物画 3 种。按艺术手法可分为有工笔重彩、写意、白描、泼墨等。按画面人物的多少，一般分为群像画和肖像画。群像画以突出人物活动为主，肖像画以描绘人物形象的酷肖为主。各种人物画所表现的侧重点虽有所不同，但都要求形神兼备，人物形象要符合人物的形体、比例、场景透视原理等，更重要的是传达人物的性格、气质和神态。人物画通常要求人物显得逼真传神、气韵生动，常常把人物安排在一定的场景中。描绘重点是人物的面部，同时处理好人物之间、人物与环境之间的关系，以求画面整体的统一。战国楚墓出土的《人物龙凤图》与《人物驭龙图》帛画，是表现战国时期神话人物的经典作品，也是目前最早的独幅人物画作品。我们公认的著名古代人物画有东晋顾恺之的《洛神赋图》、《女史箴图》，唐代韩滉的《文苑图》，五代南唐顾闳中的《韩熙载夜宴图》，北宋李公麟的《维摩诘像》等。

山水画

山水画是中国三大画种之一。它所表达的是古人对自然的崇拜和热爱，表达了天人合一的境界和追求，一定程度上反映作者对自然的思考以及对人生社会的认识，在用写实或艺术的手法表现自然之美的同时，也间接反映当时的社会生活状态。在技法上，山水画有水墨山水、青绿山水、金碧山水、浅绛山水、淡彩山水、没骨山水等形式。在题材和内容上，名山大川、田野村居、城市园林、寺观舟桥、历史名胜等皆可入画。

晋代，山水画从人物画中分离出来，成为独立的画科；隋唐的李思训、王维等

潇湘图　五代　董源

人完善了山水画的画理、画法、章法，中国山水画的传统就此形成。五代以及北宋时期，山水画大兴，荆浩、关仝、李成、董源、巨然、范宽、米芾等人以水墨山水闻名，王希孟、赵伯驹等人以青绿山水闻名，山水画在这时发展到高峰。山水画的技法基本上有“勾”、“皴”、“染”、“点”四个步骤，首先用墨线勾出山石的大致轮廓，再用各种皴法画出山石明暗向背，然后用淡墨渲染，加强山石的立体感，最后用浓墨或鲜明的颜色，点出石上青苔或远山的树木。

现存最早的山水画名作是隋代展子虔所作的卷轴画《游春图》，此画绢本设色，现为北京故宫博物院藏品。

花鸟画

花鸟画是中国绘画的三大画种之一，它的描绘对象包括花卉、竹石、虫鸟、游鱼等。早在原始时代的陶器上，就出现了简单的鸟鱼图案，这算是我国最早的花鸟画。东晋、南朝宋时，花鸟画成为独立的画种，唐代趋于成熟。经过长期发展，花鸟画总体上形成了写实为基础，寄托情感和寓意为归依的传统。画家通常以花鸟来表现人的精神和气节韵致，以及对现实的种种寄托，具有强烈的抒情性。同时也间接表现社会生活，反映时代精神。按艺术手法，花鸟画可分为工笔和写意等；按照用墨用色的不同，可分为水墨花鸟画、泼墨花鸟画、设色花鸟画、白描花鸟画及没骨花鸟画等。

在构图上，花鸟画突出主体，善于剪裁，常常通过枝叶来进行对画作整体的布局安排和调整，讲究虚实相对，相互呼应。此外，配合对画作内容进行解说或烘托的诗文，也是花鸟画的一大特点。五代到宋朝，中国花鸟画达于繁盛。南宋及元代相继出现了水墨写意“四君子画”（梅、兰、菊、竹），与此同时兴起了以线描为主要手段的白描花卉。明朝后期，徐渭以草书入画，开创了强烈抒写个性的先河。到清初朱耷，这种表达个性的花鸟画达到高峰水平。数千年的积淀，使得花鸟画成为世界美术史上独特而优雅的存在。

文人画

文人画，也称“士大夫甲意画”。是我国传统绘画的风格流派之一，画中带有浓烈的文人情趣，流露着浓烈的文人思想。早在魏晋南北朝时期，文人画的某些创作思想和艺术实践就出现了，但“文人画”作为一个正式的名称，是由明末画家董其昌提出来的。

书卷气或称“诗卷气”是文人画评画的一个标准，也就是说，文人画讲究在画作中体现出诗意。文人画的作品大都以山水、古木、竹石、花鸟等作为题材，以水墨

枯木怪石图　北宋　苏轼

苏轼在绘画上倡导"士大夫画"，主张"画以适吾意"，此图以旋转笔锋绘一怪石，几簇焦墨细竹，右侧一枯之木，情境怪异。

或淡设色写意为表现手法。在墨和色彩的选择和使用上，文人画比较重视水墨的表现力，讲究墨分五色，善于通过墨浓淡干湿的不同变化，描绘不同的物象，抒发不同的情感，寄寓作者的情怀。文人画独特的创作思想和绘画风格是中国画的宝贵经验和传统，以特有的"雅"而独树一帜。

文人画的代表人物有唐代王维，元朝倪云林，明代董其昌，清代八大山人、吴昌硕等。文人画讲究诗情画意，"画中有诗，诗中有画"是文人画一致的追求，画中往往还有题诗，诗画合璧，体现出浓郁的画家雅趣与文人才情，具有极高的审美价值。

笔法

笔墨是中国画的最大特色，从广义上讲，笔墨指利用笔墨达到的效果，诸如色彩、章法、意境、品位等都要通过笔墨来实现；从狭义上讲，笔墨专指用笔用墨的技巧。这里我们先说说笔法。

中国画用笔分为中锋、侧锋、逆锋、拖笔等。中锋也叫正锋，方法是将笔管垂直，用笔时笔尖在墨线中间，中锋的线没有明显粗细变化，显得连贯一致；侧锋是指行笔时笔尖不垂直于纸，笔尖在墨线一边，侧锋笔墨容易产生飞白效果，线条有切削感；顺锋是指笔按照由左向右、由上向下的走势运行；逆锋是将笔向笔锋方向逆行，适于画树干山石时使用，线条显得苍老滞涩；拖笔是指执笔时稍稍放松，引着笔管拖行，线条显得轻柔飘逸。笔锋的运用还有："提按"、"转折"、"滑涩"、"虚实"、"顿"、"戳"、"揉"等方法。中国画的笔法主要体现在对线的运用上。"以线造型"是中国画的基本原则。经常利用毛笔线条的粗细、长短、浓淡、刚柔、疏密等变化，来表现物体的形态和画面的节奏韵律。关于运笔方法，黄宾虹曾提出"五笔"之说，"五笔"即"平、圆、留、重、变"。要求用笔画线时注意粗、细、曲、直、刚、柔、轻、重的变化和对比，从而做到画人物“传神写照”；画山水刚柔相济，有质有韵。中国画的笔法必须服从客观形象造型的要求，笔法不同，画作的风格就不同；对象不同，使用的笔法也应该不同。同时，笔法必须接受画家思想感情的指挥，画家个性感情的不同，自然会运用不同的笔法，产生不同的艺术效果。

墨法

中国画的墨法，主要是运用墨色变化的技巧。中国画素有“五墨六彩”的说法，五墨是指墨的浓度，即焦、浓、重、淡、清。六彩是指墨的变化，即黑白、干湿、浓淡。用墨是中国画的基本技法，处理好笔与墨、墨与色的关系，是技法中的关键问题。还可以通过笔中墨与水的比例、含墨水的多少、蘸墨方法以及行笔速度等，变换出各种不同的笔墨效果。中国画用墨，主要在于运用墨色变化的技巧，以墨代色，让不同的墨色在纸面上体现出来，更巧妙的是让一支笔中产生各种墨色的变化。

中国画用墨的技巧随着时代的不断发展和历代画家的总结而日趋成熟，逐渐产生了泼墨法、积墨法和破墨法等表现手法。积墨法是先画一遍或浓或淡的墨，干了之后，再画一层，让墨色积叠起来，画面苍润浑厚。泼墨法是用笔蘸满墨色，大片涂抹，像泼出去一样，不重复，画面淋漓湿润，多用于作大写意画时使用。破墨法又分为浓破淡、以淡破浓、干破湿、湿破干四种。具体操作是先画出墨色，在墨未干的时候，再在上面施加墨、色，可使墨色呈现出湿润、丰富、浓厚而变化莫测的效果。画家作画的时候，往往将三种方法融合在一起。此外，还有焦墨法、宿墨法、用矾法等。

水墨写意

写意俗称“粗笔”，是与“工笔”相对的一种绘画技法，可分为“大写意”和“小写意”两种。通过简练概括、放纵恣肆的笔墨，着重表现描绘对象的意态神韵。它出现于工笔人物画成熟之后，是由宋代的梁楷创造的。明代中期，水墨写意画迅速发展，泼墨大写意画非常流行，出现了很多名家，如人称“青藤白阳”的徐渭和陈淳，就是当时

窠石平远图　北宋　郭熙

成就突出的两位画家。

徐渭是明代著名的书画家，是当时最有成就的写意画大师。他的写意花鸟，用笔豪放，笔墨淋漓，注重内心情绪的抒发，如《墨葡萄图》等。他独创的水墨写意画的新风，对后世产生了极大的影响。陈淳擅长泼墨大写意的花鸟画，他的作品不讲究描画对象外表的形象，而是追求画面的生动，在淡墨运用方面有一种特殊效果，如《红梨诗画图》等，其人物画寥寥数笔，令人回味，山水画水墨淋漓。

工笔

工笔，又称“细笔”，与写意相对，为细致写实的中国画技法，特点是注重线条美，造型严谨，一丝不苟。工笔的技法又可分为描、分、染、罩。描，即白描，就是先分别用浓墨、淡墨描出底稿；分，即用墨色上色，用清水分蕴开来，以表现出画面的层次；染和分的程序一样，但用的不是墨色，而是用彩色来分蕴画面；罩，指的是整体上色。

中国的工笔画起于战国，到两宋走向成熟。工笔画是中国画中追求形似的画种，关注细节，注重写实，图人状物“尽其精微”，力求“取神得形，以线立形，以形达意”，获取神态与形体的完美统一。历代工笔画名家有唐代的周昉、张萱，五代宋朝的黄筌、赵佶，明代的仇英等人。著名作品有《簪花仕女图》、《虢国夫人游春图》等。

白描

白描，指中国画中单用墨色线条勾描形象而不施彩色的画法。白描可分为单勾和复勾两种。单勾即用线一次勾成，或用一色墨，或根据不同对象用浓淡两种墨；复勾则仅以淡墨勾成，再根据情况进行复勾，其线条并非是依原路刻板地复迭，要求流畅自然，以达到加强画面质感和浓淡变化的效果，使得物象更具神采。由于物象的形、神、光、色等都要通过线条

罗汉图　明　丁云鹏

明代画家丁云鹏善白描，酷似李公麟，丝发之间而眉睫意态毕具。

来表现，所以白描画法有着较高的难度，但是其具有朴素简洁、概括明确的特点，因而常用于人物画和花鸟画，顾恺之、李公麟等都是中国古代著名的白描大师。

十八描

“十八描”，指中国画中衣服褶纹的18种描法，分别为：1. 高古游丝描：为工笔画法，线条细而均匀，多为圆转曲线，顿笔为小圆头状。2. 琴弦描：比高古游丝描略粗，用颤笔中锋，线中有停停顿顿的变化，多为直线，有写意味道。3. 铁线描：比琴弦描粗些，用笔中锋，转折处方硬似铁丝弄弯的形态，顿笔也是圆头。4. 混描：基本上是一种写意画法，先用浓墨皴衣纹，墨未干时，间以浓墨，讲求“浓破淡”的墨法变化。5. 曹衣出水描：来自西域画家曹仲达，其画佛像衣纹下垂、繁密，贴身如出水状，故称“曹衣出水”，受印度犍陀罗艺术的影响，用笔细而下垂，成圆弧状，讲求线条之间的疏密变化。6. 钉头鼠尾描：行笔方折多，转笔时线条加粗，收笔尖而细。7. 橛头钉描：是一种写意笔法，用秃笔，侧锋入笔，线条粗而有力，顿头大而方。8. 马蝗描：顿头大，行笔曲折柔软，但很有力。9. 折芦描：多为直线，用笔粗，而转折多为直角，折笔时顿头方而大。10. 橄榄描：顿头大如同橄榄，行笔稍细，粗细变化大。11. 枣核描：顿头如同枣核状，线条行笔中亦有枣核状的用笔变化。12. 柳叶描：用笔两头细，中间粗。13. 竹叶描：与柳叶描类似，有时不相区分。14. 战笔水纹描：如山水画水纹之画法，表现薄而褶多的衣纹。15. 减笔描：大写意笔法，极为简练，用笔粗而一气呵成，一笔中有墨色变化。16. 枯柴描：水墨画笔法，用笔粗，水分少，类似皴法，笔势往往逆锋横卧。17. 蚯蚓描：用篆书笔法，线条圆转有力，粗细均匀，曲折多而柔软。18. 行云流水描：表现软而弯转的衣纹。

用色

中国画历来十分讲究色彩的运用。早在南齐谢赫的《画品》中，就把“随类赋彩”作为“六法”之一。这种以区分物象种类并赋予不同色彩的理论，即是中国画用色的基础。此外，用色还十分重视环境对物象的影响，随着环境的不断改变，物象的色彩也相应发生变化。南朝萧绎是中国画论中提出色调冷暖、色与光关系的先驱之一。他在《山水松石格》中说“炎绯寒碧、暖日凉星……高墨犹绿、下墨犹赭”，意思是说绯红色看来让人感到炎热，碧绿则使人感到寒意。高处的墨色犹如翠绿的颜色，下面的墨色则与赭石色的土地颜色近似。他用简单的句子概括了冷暖色调使人产生的感觉不同和景物高下、远近对色彩的影响。

中国画用色有勾线重彩填色、水墨淡彩、淡彩与重彩结合3种方法，设色的具体方法包括干染、湿染、平染、分染、罩染、碰染、衬染、用水、用胶、用矾等。

色学原理中，红、黄、蓝为三原色。中国画调色也是在原色与原色之间互相调配，可调成间色，间色与间色相调配成为复色。曙红、藤黄、花青是中国画色彩中的基本三原色。由于中国画讲究用墨，而赭石能在墨与色之间起到调节作用，所以赭石是应用最多的颜料之一。此外，其色彩丰富性还体现在基色的配比不同所产生的相应变化上。如用三分花青与七分藤黄，就可调配成嫩绿，当改变配比时，还可以产生草绿、新绿、老绿等绿色。加入墨色后，又能产生不同色调的墨绿等。总体而言，中国画的色彩要求是体现出大气、典雅、稳重的特色，表现干净而和谐的美。

构图与透视

赤壁图　南宋　李嵩

中国画的构图，又称章法，即合理安排景物所在位置，画面形象不能任意罗列、填塞，必须按照事物的客观规律加以安排。同时需要注意景物的大小、深浅、虚实等对立统一的关系，不能过分拘泥于章法，按照客观事物的自然形态，结合主观意识自由创作。

中国画的作画要领，通常是作画之前，首先要确定好表现的内容和作品的主题，考虑主宾远近的取势，然后根据画面需要，进一步考虑留白、气势、色彩、题词、用印等细节安排。同时还要注意自身所处的位置和视点移动，将所得视觉形象巧妙地取舍、综合，使之形成一种意境，达到突出主题、表达情感的最佳效果。书法中有计白当黑的说法，中国画上很注意对空白的利用和表现。每一处空白，都是精心布置，看似无意，其实有意。在中国画上，我们常常能见到不同的留白，这些空白有的是严守真实的画面空间和布白，有的是打破真实，依据画家的构图需要而平列的空间和布白，这样做的结果就是能够让描画对象按照艺术的需要拉长或缩短形象，或者变换位置，从而呈现出最佳视觉效果。

在透视方面，中国画焦点透视法和散点透视法都有，但最常用和常见的还是散点透视法，多视点的散点透视法在中国画中最为主流，又称“移步换影”。如《清明上河图》的长卷，既有俯视的图景，又不乏仰视和平视的图景，它把街市、人物、桥梁、船只等都合理地安排和表现在一个画面上。中国画透视的方法还有一种是“以大观小”，也就是把辽阔的景物缩到极小的空间内，让人能够一目了然地看到景物或人物群体的全貌，同时尽量缩小作画对象透视上的大小差别，使物象超越空间的约束。

题款与印章

自元代以后，多数中国画都形成了画面、题款、印章并举的形式，成为中国画的传统形式。题款，也称落款、款识、题画、题字，等等。凡在书画上标上姓名、年月、诗文等都称为题款。它对构图起着稳定平衡作用，能弥补绘画构图的不足，是整幅作品的重要组成部分，同时还能增添诗情画意，补充画者想要表达的内容。

具体而言，在画面上题写诗文，叫“题”，题画文字，有题画赞、题画记、题画跋、题画诗（词）等。在画上标志年月、签署名号、盖章等，叫作“款”。款文也可以记写籍贯、年龄等，若为他人作画，往往要写上受赠者的称谓。题款对款文的文采和书法的水平都有很高要求，字体不限，但是必须和画的内容、风格和意境相配合。

中国画的印章有姓氏章、姓名章、名章、字号章、年代章、收藏章、闲章之分，印章的书体有大篆、小篆、隶书、草书、行书之分，印章的字体与形式也必须和画相谐。所有形式的章，其位置和内容都有相应的要求，不能随便，但唯独闲章的位置可以较为灵活，内容也可以活泼，警句、诗词、成语、短句等都可以，但正所谓“闲章不闲”，它并非可有可无。在一些古画名画上，我们常能见到繁多的收藏章，有的甚至在空白处盖满了收藏章，元代钱选的《浮玉山居图》流传到清末时，画上已经有300余方印章，作为鉴别真伪的依据，它们起了巨大的作用。

虎头三绝顾恺之

顾恺之，东晋著名画家，字长康，小字虎头，晋陵无锡（今江苏无锡）人。顾恺之多才多艺，工诗赋、书法，尤擅绘画，尝有“才绝、画绝、痴绝”之称。他的画多是人物肖像及神仙、佛像、禽兽、山水等。顾恺之人物画的特色是“传神”，也就是能画出人物的精神，使画中的人物看起来栩栩如生。

洛神赋图　东晋　顾恺之

顾恺之的代表作有《洛神赋图》、《女史箴图》等，皆为后代摹本。《洛神赋图》取材于曹植的名篇《洛神赋》。画卷从曹子建和他的随从在洛水看到洛神起，到洛神离去为止，全卷交织着欢乐、哀怨、怅惘的感情。图中，曹子建依依难舍，怅然沉思，而宓妃回眸顾盼，含情脉脉，可以说达到了“悟通神化”的地步。《女史箴图》线条非常纤细，若“春蚕吐丝”。

顾恺之的画对后世影响深远，其笔法如春蚕吐丝，线条似行云流水，轻盈流畅，遒劲爽利，称为“铁线描”。顾恺之与南朝陆探微、梁代张僧繇，并称“六朝三杰”。世人曾这样评价三人的作品：“像人之美，张得其肉，陆得其骨，顾得其神，神妙无方，以顾为最。”顾恺之还著有《论画》、《魏晋胜流画赞》等绘画理论作品，提出并阐发了“以形写神”、“迁想妙得”的理论观点，对中国画的发展产生重大影响。由于他在绘画方面的卓越成就，国画界尊崇他为画祖。

阎立本兄弟

提到唐代书画，不能不提阎立本兄弟。唐代的评论家张彦远曾说：“阎则六法该备，万象不失。”他所说的阎实际上是指阎立本、阎立德兄弟，在这弟兄二人中，阎立本得到的评价更高。

阎立本是唐朝著名的画家和书法大家，无论书画，均得美名。他的画的特点是极其形似，取材甚广，宗教人物、山水、动物无不涉足，他最为擅长的是人物画。著名代表作有《步辇图》、《历代帝王图》等，其中《历代帝王图》是中国古典绘画中最重要的作品之一。这幅画描绘了自汉到隋的13位帝王形象，画中用精细的笔法表现出了各位帝王各自的性格特征，其中寓含着作者或褒或贬的强烈的感情色彩。阎立本所画的宫女，形象多曲眉丰颊，线条优美而且神采如生。阎立本的画作描法富于变化，有粗有细，有松有紧，极富表现力。

阎立德不仅是画家，还是当时优秀的建筑师。他曾受命营造唐高祖陵，负责监督建造翠微、玉华两宫，此外还参与营建昭陵，也曾主持修筑唐长安城外郭和城楼等。阎立德在工艺美术和绘画方面都造诣颇深，曾担任御用服装设计师，主持设计帝后所用服饰。他的绘画才能方面，以人物、树石、禽兽见长。

画圣吴道子

吴道子，原名吴道玄，画史尊称吴生，阳翟（今河南禹县）人。幼年家境贫寒，起初为民间画工，年轻时就已经小有名气了。后来漫游洛阳，开始从事壁画创作，名声更显。当时人将张旭草书、裴旻舞剑、吴道子作画称为“三绝”。开元年间被唐玄宗召入宫中，以后一直为宫廷服务。

天王送子图　唐　吴道子

吴道子擅长画佛道、神鬼、人物、山水、鸟兽、草木、楼阁等，尤其是佛道、人物。吴道子的一生，主要从事宗教壁画的创作。他曾于长安、洛阳两地寺观中绘制了300多幅壁画，而且没有雷同，其中以《地狱变相》最为著名。他的山水画也很著名。唐玄宗曾派他去画四川的山水，他没有打一张草稿，回来一气呵成。他的画具有独特风格，所画人物衣褶飘飞，潇洒秀逸，被人们称为“吴带当风”。《天王送子图》是吴道子的代表作。这幅画描写的是佛祖释迦牟尼降生以后，他的父亲净饭王和母亲摩耶夫人抱着他去大自在天神庙朝拜，诸神向他行礼的故事。现存的是宋人李公麟的临摹本。

唐代仕女画

仕女画是人物画的一种，指古典绘画中表现妇女生活题材的作品。现在泛指用古典仕女画手法描绘妇女形象的绘画形式。仕女画最早始于战国。仕女画的特点，大都以工笔重彩为主要表现形式，并富于浓烈的装饰性。唐朝仕女画的内容主要是表现贵族妇女的游乐生活场景以及宫廷女性的美丽容颜，在艺术手法上，唐朝仕女画比前朝有了很大进步，不仅色彩搭配和谐，用笔也更趋精细，而且画中人物形象更加生动，并能表现出人物的不同气质。唐朝仕女画对我国人物画的发展、完善起了很大的推动作用。

张萱是唐朝初期杰出的仕女画画家，他的作品多以贵族女性游乐生活为题材。他画仕女喜欢以朱色晕染女性耳根，线条精细劲健，色彩富丽匀净。他作品中的女性形象代表着唐代仕女画的典型风貌，是周昉仕女画的先导。张萱仕女画的代表作是《捣练图》与《虢国夫人游春图》。

周昉是继张萱后以描绘贵族妇女形象著称的画家。他的仕女画有“画仕女，为古

簪花仕女图　唐　周昉

今之绝冠”的美誉。他开始多摹拟张萱的创作手法，后来走上了自我创作的道路，形成了自己的风格特色。他的仕女画色彩柔丽，线条秀美均细，人物体态多追求丰腴之形，这也正和唐朝以胖为美的社会潮流相符。由于周昉身处唐朝由盛而衰的转折时代，因而其笔下的女性形象仿佛沉湎在一种百无聊赖的心态之中，怅然若失，动作迟缓。他的代表作是《簪花仕女图》，该作品以精细的笔法刻画了几个贵族妇女的生活情节，她们虽然步履从容，但在眉宇之间却流露出淡淡的、莫名的哀思。

唐朝的青绿山水

中国的山水画，有青绿、浅绛、水墨等基本表现形式。所谓青绿山水，是指在绘画材料上以细致的线条勾勒出树木、山石等物的结构，然后用颜料加以渲染，最后再以石绿、石青敷添，形成一种富丽堂皇的艺术效果。

唐朝的青绿山水是由李思训、李昭道父子在隋朝青绿山水画的基础上开创的。唐朝青绿山水主要有 3 个特点：1. 青绿勾填技法的大量运用。山石树林有勾有皴，整个画面图案多填以青绿色为主的厚重色彩。2. 构图上，摆脱了魏晋时期作为人物画背景的“人大于山”的处理方式，而以山水为主，人物只作点景出现，从而收到了“远近山水，咫尺千里”的画面效果。3. 笔法精细，画面较为华丽工整。

李思训作画多用大青绿着色，并用螺青苦绿皴染，所画山水，有用夹笔，以石绿添缀。在设色方面，金碧辉煌是他独到的手法。其代表作是《江帆楼阁图》。李思训的儿子李昭道在继承其父画技的基础上，将青绿山水的画法又推进了一步。其代表作是《明皇幸蜀图》，此画为青绿设色，细笔勾染，山间树木苍郁，一队骑旅自右侧山间穿出，向远处的栈道行进，前方有一骑者身着红衣正待过桥，可能为唐明皇，他的嫔妃则身着胡装，头戴帷帽。画中山势突兀，白云萦绕，山石有勾勒无皴法，设色全为青绿。这幅画是反映唐代山水画面貌的重要传世作品。

唐初的青绿山水是初唐时期最有影响的山水画派，在我国绘画史上被多数人认为是北派山水的一种。

展子虔和《游春图》

展子虔，隋朝著名画家，渤海（今属山东）人，人物、车马、楼阁、山水等，都是他的长项，但最擅长的还是人像。据说他画的人物描法细致，生动逼真；画马则站立者有走动之势，伏卧者呈起跃之状；画山水，则有方寸中尽显天地的气概。《游春图》解决了以往山水画“人比山大，水不容泛”的问题，准确地把握住了山、水、人物、舟车的比例关系，大大促进了山水画的发展。

在中国美术史上，展子虔影响最大的是他的山水画。他尤其善于表现自然山水的深远空间感，能充分表现出山水的美和气势。在我国目前存世的山水卷轴画中，展子虔的《游春图》是人们迄今发现的年代最早、保存最完整的一幅。展子虔的《游春图》，描绘的是贵族们游春时的情景。图中展现了水天相接的情形，上有青山叠翠，湖水融融，也有士人策马山径或驻足湖边，还有美丽的仕女泛舟水上，令人感到熏风和煦，水面上微波粼粼，岸上桃杏绽开，绿草如茵，美不胜收。整个画面显得场景阔大、视野辽远，这就是画史中所说的“咫尺千里”。展子虔在山水画上所达到的成就及绘画方法在当时无人能及，开创了青绿山水派，被唐代李思训、李昭道所仿效学习。展子虔被后世誉为“唐画之祖”。

游春图　隋　展子虔

荆关北派山水

荆关是五代时期北方两位著名山水画家荆浩和关仝的简称。五代时期，中原地区虽然战乱不断，但这并没有使绘画创作陷入停顿。山水画在此间发生了很大变化，从选材到技法，都有了一个飞跃，山水被作为环境艺术加以描绘。荆浩和关仝开创了北方山水画派，这在中国山水画发展史上具有里程碑的意义。此派善于描写雄伟壮美的全景式山水，作品气势雄伟，风格峻拔。作为中国山水画重要技法之一的“皴法”，在“荆关”时期也得到了很大发展。水墨和水墨着色的山水画自此已发展成熟。

荆浩，生卒年不详，字浩然，河南沁水（今济源）人。唐末隐居太行山洪谷，自号洪谷子。他通晓经史，能诗善文，对中国山水画的发展贡献非常大。他将“水晕墨章”的画法进一步发展，使之趋向成熟。他在前朝山水画的基础上，通过“远取其势，近取其质”的表现手法，创造出了气势磅礴的山水画，这为全景式北方山水画的形成奠定了基础。荆浩的代表作是《匡庐图》，这幅作品是我国北宋以前具有山水全景模式的典型作品。

关仝，生卒年不详，长安（今陕西西安）人。工画山水，曾拜荆浩为师，后自成一家，他的作品，被称为“关家山水”。他与荆浩同为北方山水画派创始者，并称为荆关。关仝的山水作品笔画简单，气势雄伟，富有生活气息，布境兼“高远”与“平远”两法。关仝作品画出了山川的雄奇，表现出大石耸立，屹然万仞的峭拔气势。他画树，往往是树木有枝无干，用笔简劲老辣，极富于墨韵。《关山行旅图》是他的代表作。

荆关开创的北方山水画派对山水画的发展产生了重大影响。自他们后，我国山水画有了南北之分。

江南画派

江南画派，指的是以中国五代南唐画家董源和他的学生巨然和尚为代表的南方山水流派。董源，字叔达，江南钟陵（今江西进贤西北）人，曾任南唐后苑副使，后苑在宫廷的北面，因此称董北苑。他的山水水墨取法王维，着色则学李思训，善用明暗透视画法，画江南风景。他的《潇湘图》展现的是远山茂林，江水行船，沙滩平坡，是有代表性的江南风光。而他的《龙宿效民图》，描绘的是草木茂盛的丘陵，给人以空气湿润，山水空蒙之感。他的《落照图》，用笔很少，近视看不真切，远看却山川、村落俱佳，显出一派逼真的夕照景象，这种明暗透视化的方法比西洋要早了将近千年。董源创“披麻皴”画法，对后世画家产生了巨大的影响。

巨然和尚是董源的学生，江宁（今南京）人，开元寺僧，擅长山水，师法董源的水墨风格，但又有所发展，擅画江南山水的“淡墨轻岚”之景。他的名作《烟岚晓景》壁画，为当时民众所称赏，《秋山问道图》更是为世人所推崇。巨然以杰出绘画成就，得以与董源并称“董巨”。董源和巨然，是南方山水画派的始祖。

黄家富贵

“黄家”指的是五代后蜀画家黄筌及其两个儿子，他们都曾是宫廷画师，擅画珍禽异兽，以富贵华丽的绘画风格著称。

黄筌，四川成都人，擅画花鸟，自成一派。黄筌最擅所谓的“钩填法”，也就是用勾勒法作画，以细淡的墨线勾画出轮廓，然后填色。画面显得富丽工巧。黄筌的画作多富有富贵吉祥的寓意，题材多来自宫廷中的异卉珍禽，动物往往表现得羽毛丰满，

写生珍禽图　五代　黄筌

形象生动。其长子黄居宝也以画闻名，由于他们的风格特别迎合宫廷喜好，因此形成一种特别的风格，人称“黄家富贵”。黄筌作品多，但传世甚少。他的《写生珍禽图》虽只是提供描摹的样稿，却也法度严谨，尽显技巧。

黄居寀，字伯鸾，是黄筌的次子。曾为宋朝画院的“待诏”，他的画法巩固和发扬了黄体的画风。总的来说，黄家画法是先用极细的墨线勾出轮廓，然后填彩，最大的特点就是墨线不露在画面上。这种“勾勒填彩，旨趣浓艳”的画风，成为宋代初期画院的标准，因此可以说，黄筌父子对宋代院体画产生了权威性的影响。“黄氏体制”在宫廷的统领地位一直持续到熙宁时代才逐渐被新的画风所改变。黄居寀的传世作品《山鹧棘雀图》，富贵华丽，现珍藏于中国台湾。

徐熙野逸

徐熙，钟陵（今江西南昌）人，五代南唐画家。他出身名门，爱好闲散游荡，自称“江南布衣”。善画花鸟，尤其是山野平常花鸟，竹子、蔬果、水鸟、野鱼等，皆是他作画的对象。他特别喜欢观察，每遇到景物，必定停留细看，因此其作品极富活泼生动的意味。他的作品具有平淡而文雅、朴素而洁净的野趣，再加上他的画主要以墨色为主、杂彩为辅，因此被人称为“野逸”。

徐熙的画法和唐代以来流行的晕淡赋色大不相同，他创造了一种崭新的落墨表现方法，也就是先用墨描写花卉的枝叶蕊萼，再为其着色。无论是从题材上说，还是从画法技巧上说，他的画都表现出他作为江南处士的审美趣味和超凡的异样情怀，风格独特，因而有“徐熙野逸”之说。一般说来，他所引导的是民间流行的野逸画风。徐熙与黄筌被后人并号“黄徐”，同时成为历代花鸟画的宗师，并分别引领了五代、两宋花鸟画的两大流派，他们的作品总体上代表了五代花鸟画的新水平，在中国画史上具有重要的历史地位。徐熙的作品已佚，而今人们能见到的《玉堂富贵图》、《雪竹图》、《雏鸽药苗图》都是仿作，我们只能从中领略他的绘画风格和画法。他淡雅俊逸，具有清新之气的画风在北宋后期影响较大，在很大程度上对画院花鸟画风的改革起到积极的推动作用。

《韩熙载夜宴图》

风华绝代的词人南唐后主李煜，从他父亲李璟手中接过来的就是一个无可奈何的帝位，当时北宋对南唐已经形成了强敌压境之势，南唐皇帝已经在北宋的威慑之下生活了。生于深宫之中，长于妇人之手的李后主，多才多情，有一颗赤子之心。他天真烂漫，有极高的文学修养与天赋，作为词人，堪称绝代。他的传世词作不多，篇篇都是流传千古的绝唱。但是作为君主，他确实无力也无奈，亡国后他写的词道出了他的心声："问君能有几多愁？恰似一江春水向东流。"

这种无可奈何的忧愁，在他在位时就日益加深。他想到了颇有政治抱负的中书侍郎韩熙载，能不能有办法抵御北宋？听说韩熙载沉溺于声色之中，夜夜笙歌，就派大画家顾闳中夜间前去观察韩熙载。顾闳中以其大画家惊人的目识心记的能力，默记下了韩熙载在郁闷中征歌逐舞过夜生活的实况，创作了这卷传世杰作《韩熙载夜宴图》。看图中韩熙载的心情非常忧郁，愁如春水，只能任其东流！

此图以情节的进展分段，画的每段中心人物都是韩熙载，全卷宛如一首纪事诗，叙述夜宴的全过程。第一段是听琵琶。长髯、戴高巾、坐在床上的人，就是韩熙载，身边穿绯袍的是状元郎粲。

这幅五代名作的绘画技巧在表现范围和表现力上比唐代又有发展。画中的韩熙载等人，更换了几次衣服，一认便能识出，画中没有画夜色，而有夜里的气氛。画面色彩浓郁，与五代时《花间词》靡丽哀婉的格调可以并读。

韩熙载夜宴图　五代　顾闳中

书画皇帝

书画皇帝指的是宋徽宗赵佶。宋徽宗是宋神宗之子。他是北宋最昏庸无道的皇帝，在位期间重用"六贼"，最终导致大规模农民起义和金兵入侵。他被金兵俘虏，后死于五国城（今黑龙江依兰）。

芙蓉锦鸡图　北宋　赵佶

一枝芙蓉从左侧伸出，长枝冉冉，花朵娇艳，花枝上栖一锦鸡，体态优美，羽色鲜丽，花枝因受重而微微弯垂。右上角两只彩蝶正追逐嬉戏，翩翩起舞。画面生动活泼，形神兼备。尤其是锦鸡受蝴蝶吸引回颈观望的姿态，更是刻画得细致传神，呼之欲出。画幅左下角一丛秋菊迎风而舞，婀娜多姿。整幅画主次分明，疏密相间，一派生机盎然之气。

宋徽宗虽然治国无能，但多才多艺，爱好书画。他擅长画山水、人物、花鸟等，不蹈前人之辙，自具风韵。尤其是花鸟描绘工细入微，富丽典雅，造型生动，形神兼备。他还精于书法，创造了瘦金书体，笔画劲挺秀丽，笔势劲逸，风格独特，非常富有艺术魅力。传世画作有《芙蓉锦鸡图》、《池塘晚秋》等，书法有墨迹《夏日帖》等。除了自己创作外，他还非常重视画院，大力扩充画院，提高画家的待遇和地位。宋徽宗时代的画院在组织形式上是最完备的，为历代画院的典范。他还下令将宫中收藏的历代书画进行评比，编成《宣和睿览集》，并编纂《宣和书谱》和《宣和画谱》，对后世颇有影响。

米氏云山

米派是我国古代山水画流派之一。由宋代著名书法家米芾所创，他的儿子米友仁加以发展，形成在当时影响很大的特色画派。米芾父子在绘画界被称为“大米”、“小米”，或合称“二米”。他们在中国书画史上占有非常重要的地位。

米芾打破了传统的山水画用笔多以线条为主的常规，以卧笔横点成块面，被叫作“落茄法”。这种画法的特点是用水墨点染的方法，描绘烟云掩映的山川景色，米芾称其为“墨戏”，体现一种烟雨云雾、迷茫奇幻的景趣，显得亦真亦幻，美妙独特，世人将这种风格称为“米氏云山”。米友仁的山水画传承了父亲的画法，更可喜的是青出于蓝而胜于蓝。他的作品云烟缭绕，林泉点缀，看似草草，实含法度。米派的大写意风格，对后世影响很大，南宋的牧溪，元代的高克恭、方林义等人都是米派弟子。如今珍藏在故宫博物院的米友仁的《潇湘奇观图》，为纸本，墨笔，纵 19.7 厘米，横 285.7 厘米。所描绘的是瑰丽的潇湘景色，山峦连绵，烟云渺茫；画中一改青绿山水画的“线勾填彩”画法，而是点画水墨，纵横落点，虚实结合，尽情渲染；连山头的点子皴，也改为“淡墨细点”。米氏云山在中国绘画史上独特而亮丽，是父子画家的代表和典范。

张择端和《清明上河图》

《清明上河图》是北宋画家张择端的传世名作。张择端，字正道，东武（今山东诸城）人，生卒年月不详，北宋末年画家。他自幼好学，宋徽宗时供职翰林图画院，专事绘画。

《清明上河图》是进献给宋徽宗的贡品，长 525 厘米，宽 25.5 厘米，其中共有人物 1643 个，牲畜 208 头，房舍 122 座，轿子 8 顶，舟船 25 只，树木 124 棵。它主要描绘了北宋都城东京（今开封）的繁华景象。全图分为 3 个段落：首段描绘的是汴京郊野的风光，中段描绘的是繁忙的汴河码头，后段描绘的是汴梁城市区繁华的街道。画中汴河两岸店铺林立，市民熙来攘往，运载东南粮米财货的漕船通过汴河桥洞，一队远道而来的骆驼商队穿过城门。市区城楼高耸，街巷纵横，店铺鳞次栉比，行人摩肩接踵。茶坊、酒肆、脚店、肉铺、寺观、公廨等人头攒动，热闹非凡。《清明上河图》是一幅描绘北宋汴京社会经济生活风俗的不朽画卷。另外需要特别指出的是，“清明”并非指清明节，而是太平盛世的意思。画作描绘的是秋天。现收藏于北京故宫博物院。

马一角、夏半边

马一角是马远的外号，字遥父，号钦山。原籍河中（今山西永济）人。他擅长山水，取法李唐但有个人风格，下笔遒劲却不失严谨，设色清润，山石枝叶楼阁都有特色，画阁楼时常常使用界尺，而加衬染，《踏歌图》、《水图》等是其代表作。

夏半边是夏圭的外号，字禹玉，钱塘（今浙江杭州）人。是宁宗朝的画院待诏，长于山水人物，山水尤其出色，取法李唐，善用个性十足的“拖泥带水皴”，画作显得简劲苍老而墨气明润，他画台阁时不用界尺，而是随手为之。他的《西湖柳艇图》、

清明上河图（局部） 北宋 张择端

《长江万里图》、《江城图》、《风雨图》等画作，均显出他精练概括的本领。

马远、夏圭并称“马夏”。他们两人的山水画各有自己的独特风格，却又不乏共性，那就是他们的画面上往往留下很大的空白，但这些空白绝对不是画面的缺失，而是为了表达一些意境，以及为构图需要而留的。他们的构图方法，被称为“边角之景”，“马一角”和“夏半边”就是由此得名的。他们的画作在表现内容上，追求高度的完整与单纯，在表现手法上，又追求绝对的简洁，这种艺术表现手法为后世不断效仿。

赵孟頫

赵孟頫，字子昂，号松雪，吴兴（今浙江湖州）人，宋朝宗室，元朝著名文学家、画家、书法家。宋亡后，入仕元廷，封魏国公。赵孟頫博学多才，精通音律、书画。在绘画上，他山水、人物、花鸟、竹石、鞍马无所不能，工笔、写意、青绿、水墨无所不精。赵孟頫的山水画取法董源、李成，人物、鞍马画师法唐人和李公麟。在绘画理论上，他提倡复古，主张崇尚唐人，“画贵有古意，若无古意，虽工无益”，反对南宋院体中柔媚纤巧画风。倡导“书画同源”，强调以书法用笔入画，并主张师法自然，提出“到处云山是吾师”的口号。他的理论和创作对元、明、清三代都有极大影响。他的画作被当时的人称为“有唐人之致去其纤，有北宋人之雄去其犷”，从而开创了元代新画风，被称为“元人冠冕”。赵孟頫一生创作了大量的各种题材的绘画，传世画作有《鹊华秋色图》、《红衣罗汉图》、《秋郊饮马图》、《江村渔乐图》。

元四家

“元四家”是黄公望、王蒙、倪瓒和吴镇 4 位元代山水画家的合称。他们都生活在元末，虽然每个人社会地位不尽相同，但不得意的遭遇是相似的。他们四人都是江浙一带人，在艺术上受到赵孟頫的影响，擅长水墨山水竹石等，并结合书法诗文，

是典型的文人画风格。他们的画作使中国山水画的笔墨技巧达到了一个新的高峰，成为元代山水画的主流，对明清山水画产生了巨大的影响。“元四家”的作品非常注重笔墨技巧，讲究意境神韵，使山水画的美学价值得到很大提高。在作品中，他们都流露出对没落王朝的怀恋情结，同时也受到当时文人消极避世思想的影响，他们的作品大多偏于淡远、萧疏、幽深，比较脱离现实。黄公望的画作山川深厚，草木华滋；王蒙的画作千岩万壑，连环重迭；吴镇的山水苍茫沉郁；倪瓒的山水具有一种荒凉空寂、疏简消沉的趣味。他们的代表作分别有：黄公望的《富春山居图》，王蒙的《青卞隐居图》、《夏日山居图》，倪瓒的《渔庄秋霁图》、《紫芝山房图》，吴镇的《江岸望山图》。

《富春山居图》

黄公望以造化为师，形成平淡天真、萧散简远的艺术风貌，下图山的线条看似简淡自然，实则有精严的韵律。可见他的绘画已达到纯任自然的境界。请看黄公望是怎样在自然生活中进行创作的：

黄公望画《富春山居图》的时候已近80岁，用了三四年的时间才将这幅画作完成。《富春山居图》表现了秋初之时富春江两岸的景色。画面上层峦叠嶂，松石挺秀，在云木掩映的山间，有江流、村落、亭台、渔舟、小桥、飞泉，使人恍若置身其间，特别是赋予了连绵浩渺的江南山水以一种富有韵律感的深远意境。笔简而意豪，神采烂漫。明代著名画家董其昌称赞道：“展之得三丈许，应接不暇。”还曾说他在长安看这画时，顿时觉得“心脾俱畅”，无怪乎后人喻此图为“画中兰亭”。

富春山居图（局部） 元 黄公望

浙派

浙派是中国山水画的风格流派之一，形成于明代前期，流行于明代中期。浙派山水画的风格，综合借鉴了南宋李唐、刘松年、马远等人的绘画风格，行笔奔放，墨色淋漓酣畅，画面的动感强烈，自成一派，影响巨大。浙派画家中的杰出代表是浙派的创始人戴进。

戴进，字文进，号静庵，是明代影响深远的一位画家。他精通山水、人物、走兽，风格独特，用笔流畅，气势壮阔，常用铁线描和兰叶描的手法作画。戴进的画风曾经风靡一时，作品被人们认为是经典的艺术，很多人都对他的风格进行学习和模仿。他的代表作品有《春山积翠图》、《风雨归舟图》等。此外，浙派盟主吴伟也是一个令人称道的画家，他的画作特色是用笔雄健豪放，潇洒自如，代表作品有《溪山渔艇图》、《长江万里图》等。在戴进和吴伟之后的张路、蒋嵩、汪肇等浙派画家，在吴伟的基础上，风格也逐渐趋向简约豪放。浙派以其精湛的功力和创新的面貌，兴盛于明初，并影响了之后中国画坛100多年。

吴门画派

在吴门画派中，最著名的有沈周、文徵明、唐寅、仇英，后人称他们为“吴门四家”。

沈周和文徵明的作品都具有传统的文人画风格，其作品题材丰富，尤以山水画为胜，大都描写江南秀丽的风景和文人生活，注重笔墨，讲究诗书画的结合。文徵明的作品有《绿荫清话图》、《松下高士图》等。唐寅和仇英均为职业画家，创作内容丰富，技法全面，功底深厚，他们的作品都有很高的趣味性，深受人们喜爱。他们所描绘物象精细真实，强调意境，雅俗共赏。唐寅的山水画笔墨细秀，风格清逸，如《骑驴思归图》、《山路松声图》等。人物画多为仕女和历史故事，造型准确，色彩艳丽。仇英擅长青绿山水和工笔人物画，传世作品有《桃源仙境图》、《观榜图》、《松溪横笛图》等。

吴门四家在山水画方面的成就对南宋院体绘画是新的突破，他们在人物画和花卉画方面各自有特点和成就。除仇英之外，吴门四家的另外三人非常重视将

桃源仙境图　明　仇英

仇英擅画山水人物，作品工整妍丽，是“吴门四家”之一。此图近处绘三位高士临流而坐，一位正在抚琴，余二者侧耳倾听、手舞足蹈。一僮垂手侍立，一僮捧卷渡桥。桥下溪水流淌、山坡上杂树丛生、青葱蓊郁。山间云雾缭绕，亭台楼阁层层叠叠，悬崖上一亭宏敞险峻。上段松树丛生，水阁中一人凭栏远眺，一派世外桃源景色。整幅画为青绿大设色，用笔工致细腻，布局极具匠心。

诗、书、画有机结合，这一做法促使了文人画更臻完美、更加普及，对明代后期直至清初画坛产生了非常有力的影响。

唐寅

唐寅，字伯虎，又字子畏，号六如居士，明代画家，吴县（今江苏苏州）人。他是吴门画派的代表人物，与沈周、文徵明、仇英并称明代四大家（吴门四家）。他出生于一个商人家庭，从小聪明好学，诗文书画，无一不精。29岁时，他考中应天府（今南京）乡试第一名解元，名声大振，自诩为“江南第一才子”。但在第二年的会试中，因好友科举舞弊案的牵连，被捕入狱，从此功名断绝。出狱后，唐伯虎性情大变，从此绝意仕途，潜心书画，终成一代大家。唐伯虎擅长画山水、人物、花鸟等。他的山水画师法周臣、李唐、刘松年，风格秀逸清俊，笔墨细秀，布局疏朗。人物画师承唐代传统，多以仕女和历史故事为题材，色彩或艳丽或清雅，线条清细，体态优美。花鸟画洒脱随意，格调秀逸，长于水墨写意。传世画作有《骑驴思归图》、《山路松声图》、《事茗图》、《王蜀宫妓图》、《秋风纨扇图》等。

《王蜀宫妓图》

王蜀宫妓图　明　唐寅

此图取材于五代前蜀后主王衍的宫廷生活，描绘宫中四位宫妓的形象。图中人物均盛装打扮，在设色上妍丽明洁，富于变幻和节奏感，如画面正中一正一背两女子，一着淡黄衣衫，一穿花青大褂，色彩对比强烈，产生了醒目的艺术效果。同时，作者采用“三白”法，即以白粉烘染人物额、鼻、颊，突出了宫妓们弱不禁风的情态。全图线条如春蚕吐丝，精秀细劲，流转自然，是唐寅仕女画的代表作之一。

《王蜀宫妓图》取材于五代前蜀后主王衍的宫廷生活，精心描绘了四个盛装宫妓的神情状貌，并题诗云：“莲花冠子道人在，日侍君王宴紫微。花柳不知人已去，年年斗绿与争绯。”

此图属工笔重彩，图中绘宫妓四人，皆柳眼樱唇，下巴尖俏，衣着华贵，云髻高耸，青丝如墨，头饰花冠，互相对语。人物衣饰线条流畅，服饰上的花纹都刻画得十分精细。宫妓的服饰在颜色上对比强烈，产生了生动的艺术效果。人物面部描绘用传统的“三白法”，既表现出宫妓施朱粉“盛妆”的化妆效果，又烘托出她们弱不禁风的娇媚情态，晕染细腻，生动传神。作者描绘西蜀宫廷的富贵生活，借以讽喻富贵表象下糜烂荒颓的实质，画上题跋云:“蜀后主每于宫中裹小巾，命宫妓衣道衣，冠莲花冠，日寻花柳以侍酣宴，蜀之谣已溢耳矣。而主之不挹注之，竟至滥觞，俾后想摇头之，令不无扼腕。”

在明代建立以来人物画不振的情势下，唐寅的人物画成绩不俗，这幅画尤其表现了他上追唐宋又自创新风的高超水平。

青藤白阳

徐渭与陈道复并称“青藤白阳”。徐渭，明代著名剧作家、文学家、画家。字文清，号天池山人，别号田丹水、天池渔隐、天池生、金回山人、青藤老人、白鹇山人、山阴布衣等。晚年号青藤道士，有时署名田水月。徐渭最擅花鸟，山水、人物、水墨写意成就次之。徐渭的写意花卉惊世骇俗，用笔狂放而不重形似，自成一家。传世名作《杂花院》，画面气势豪放，非常漂亮，展示了他高度的绘画技巧。正所谓“无法中有法”，“乱而不乱”。此外，徐渭在戏曲创作方面也留下了美名，其杂剧《四声猿》是中国戏曲史上的一颗明珠。总而言之，他的诗文书画处处弥漫着一股郁勃的不平之气和苍茫之感。

陈道复，明代著名的花鸟画家。初名淳，后改字复甫，号白阳山人。他长于山水，仿效米友仁和高克恭，在花鸟画方面，学习沈周和文徵明。他的淡色或水墨大写意，对明清以来的画家影响很大。陈道复的画风非常清雅，笔法自然而细腻，无论是笔墨的运用还是线条的运用，都有很好的节奏感，给人以灵动之感。他的花卉画使得沈周所开创的意笔写生体系更为完善，开拓了花卉画的新境。中年以后，陈道复的笔墨变得放纵，书、画都显出鲜明的个性。他的传世作品有《葵石图》、《花卉》和《罨画山图》等。

南陈北崔

“南陈北崔”指的是明朝后期两位以人物画著称于世的画家陈洪绶和崔子忠。陈洪绶，字章侯，号老莲、悔迟、老迟。诸暨（今浙江诸暨）人。崇祯朝为监生，清军入关后出家为僧。他是一位全面型画家，人物、山水、花鸟及梅竹四大类都有涉足，尤其擅长人物画。他的人物画包括故事画、宗教画、高士画、仕女画及肖像画（木刻插画）等，经常为文学作品创作插图。陈洪绶不拘守成法，大胆突破前人成规，有独创精神，自成一家，艺术效果具有奇傲古拙气势，被人们称为“高古奇骇”。有《荷花鸳鸯图》、《升庵簪花图》、《婴戏图》、《西厢记》传世。

崔子忠，初名丹，字开予，更名后，字道田，号北海、青蚓，山东莱阳人。他曾拜董其昌为师，擅长画人物、仕女、肖像，师法顾恺之、陆探微、阎立本、吴道子等。崔子忠所画的人物面目奇古，线条细劲，格调高古，境界奇异。传世名画有《云中玉女图》等。

松江派

松江派是明末的山水画流派之一，以顾正谊为创始人，董其昌为其最著名的代表。松江派有3个支派：以顾正谊为首的称“华亭派”，以赵左为首的称“苏松派”，以沈士充为首的称“云间派”。因为他们都是松江府人（今上海松江，古称华亭），画风亦互有影响，所以概称为“松江派”。松江派山水画的典型风格是逸润苍郁，骨气灵秀，其中成就最高的董其昌是晚明最为杰出、也是影响最大的书画家，他的画作追求平淡天真的格调，讲究笔致墨韵，用笔洗练，墨色清淡，层次分明，古雅秀润。明末朱谋垔编著的《画史绘要》评价说：“董其昌山水树石，烟云流润，神气俱足，而出于儒雅之笔，风流蕴藉，为本朝第一。”

四僧

松径夕阳图　清　石涛

“四僧”是指清初的4位画家：石涛、朱耷、弘仁、髡残。他们都出生于明朝末年。清初，他们和当时的一些知识分子一样，誓不仕清。于是，他们削发为僧，避世山野林间，以绘画抒发愤慨和忧愁，因而被人称为在野“四僧”。他们虽然在野，但他们在绘画上所取得的成就，对清初画坛仍产生了重大影响。

“四僧”在创作上都崇尚自然，反对泥古不化；豪放、磊落是他们共有的画风；多利用传统艺术形式，面向自然、面对人生，强调抒发情感，表达真实感受；他们也重视笔墨情趣，并寻找自己的绘画空间，抚慰受到伤害的心灵。

石涛是扬州画派的先驱，善画山水，兼工人物、兰竹。他绘画讲求独创，构图新奇，尤擅长截取法。运笔恣肆，粗细刚柔并用，泼墨挥洒，不拘小节，作品意境多苍莽新奇。石涛在绘画艺术上的独特成就，对清一代画家影响很大。朱耷以画花鸟画闻名，继承徐渭的传统，发展了泼墨写意画法。作品往往借物抒情，以象征、寓意和夸张的手法，塑造奇特的形象，抒发厌恶世俗生活和国亡家破的痛苦内心。他的画对后来的“扬州八怪”和近现代大写意花鸟画影响很大。弘仁擅长山水，喜欢模仿倪云林。他的作品笔墨秀逸，布局奇兀，近景大岩壁立，远山缥缈朦胧，掩映生姿，当时极有声誉。他的设色山水和墨笔山水长卷，均为精绝之作。髡残擅绘人物、花卉，尤其精于山水。他的山水画，笔法厚重、苍劲有力；善用雄健的秃笔和泼墨，层层皴擦勾染，笔墨交融，厚重而不呆板，秃笔而不干枯；山石多用解索皴和披麻皴，并以浓墨点苔，显得山川湿厚，草木华郁。

八大山人

八大山人，姓朱，名耷，明宁献王朱权九世孙，弋阳王孙，世居江西南昌。清初曾参加抗清斗争，失败后，隐姓埋名，为避祸，于23岁落发为僧，法名传綮，字刃庵，中年又用过雪个、个山、驴屋、人屋等号。他取名“朱耷”，“耷”乃“大耳为驴”的意思。晚年还俗结婚，靠笔砚养家糊口，从59岁用“八大山人”号，一直到去世。

八大山人有深厚的家学渊源，又受明末流行的董其昌画风的影响。笔墨精微、气韵醇厚，笔法得董其昌、黄公望、倪瓒之妙，把他们的秀逸优雅化成了奇逸苍茫。在花鸟画上，他创造性地发展了大写意花鸟画法。他精研明代前期的林良、吕纪，明中期的沈周、文徵明、陈淳，明后期的徐渭各家画法，以他高超的眼界、高深的学养，熔各家精华为一炉，以自己极其鲜明的艺术风貌，把水墨写意花鸟画的抒情能力，发挥到空前的高度，他把花鸟画“缘物抒情”的传统推到极致。

八大山人毕生推崇董其昌，这是非常有意思的现象。生活优越的董其昌努力集合文人画中优雅的笔墨趣味，终身都在做书画贵族化的事情，而身为旧王孙的真正的贵族八大山人，在落入国破家亡的危难境地之后，悲愤无声，却呈现了凝练蕴藉、博大精深的艺术风格。高深的学养，高贵的真情，会聚一起，如深埋高山峻岭的浑金朴玉，琢成面世，便发出惊人的光芒。

八大山人不但善于画大写意花鸟，他的山水画也萧散淡泊、气韵高古，经常把我们带到宇宙八荒的空间和终古无尽的时间里边去。像他这样深植于历史和文明的人，面对大自然的美景，自会有不同寻常的感动。

《荷花翠鸟图》呈现的是一种平和清静的气氛，构图疏密有致，有开合，能平衡，下面是清爽通透的空间，上面丰富的墨色写出了茂盛荷叶的苍绿，双鸟，上有呼、下回首相应，留下了无穷韵味与想象空间。

在画法上，八大山人学习了宋、元、明一些大家的笔意，在师法前人时注重创造。例如对董其昌，取其秀逸之长，避其柔媚之短，从而形成自己笔墨苍劲古拙而又超逸华滋的独特风格。

历来多有论者往往过多强调了八大山人的冷、倔、怪，实则八大山人的高深不可企及之处是他的作品温润、蕴藉、冲和，没有丝毫燥气。

八大山人喜欢荷花，也画得最好，长卷一展，如一片荷塘尽收眼底，他画的荷，叶叶生动，有擎天作盖的、有临风而立的、有横逸斜出的。笔墨出神入化，浓墨活、淡墨更活。叶子画得如此之好，花则更妙。正如宗白华评八大山人说，他的画是最超越自然而又最切近自然，是最心灵化的艺术，而同时又是自然本身。

扬州八怪

扬州八怪是指清康乾年间活跃在扬州的一批大艺术家，他们有大致相同的画风、趣味以及文艺思想和命运。八怪究竟是哪几位画家，历来说法不一，现在一般是指汪士慎、黄慎、金农、高翔、李鲜、郑燮、李方膺和罗聘8人。扬州八怪对官场的黑暗、富商的巧取豪夺深感痛恨，对劳动人民的疾苦抱以深切的同情，在生活上大都历经坎坷，最后走上了以卖画为生的道路。他们虽然卖画，却是以画寄情，在书画艺术上有更高的追求，不愿流入一般画工的行列。

扬州八怪在艺术观上，最突出的一点是重视个性表现，建立自己的“门户”；在题材选择和内容含意上大胆创新，将百姓日常生活用品纳入绘画题材之中，同时扩大花鸟画的范围，多以梅、兰、竹、松、石为描写对象。在绘画风格上，扬州八怪主要继承了徐渭、石涛等人的水墨写意画技巧，他们学习前人，但又不拘泥于那些前辈的技艺，进一步发挥了水墨特长，以简练的手法塑造物象，不拘于某些具体环节的形似。笔墨上，纵横驰骋，随意挥洒，力求神似，直抒胸臆。在内容含意上，他们除了表现一般的孤高、绝俗等思想外，还运用象征、联想、隐喻、夸张等手法，并通过在画上题写诗文，赋予作品深刻的社会内容和独特的表现形式。如郑燮的《墨竹》，看此画，读竹旁之诗，使人不由得联想到当时的灾荒、饥馑，充分体现了画家那颗仁慈、爱民之心。再如李鲜的《鸡》，此画以象征、隐喻手法劝人行善。扬州八怪的绘画技艺和风格特色虽然只流行于扬州及相邻地区，但它在继承和发展水墨写意画上，产生了巨大的推动作用。

赵之谦

赵之谦，会稽（今浙江绍兴）人，初字益甫，号冷君，后改字㧑叔，号铁三，又号憨寮、悲庵、无闷、梅庵等，所居曰“二金蝶堂”、“苦兼室”，清咸丰年间举人，三次参加会试皆未中，后来曾担任江西鄱阳、奉新和南城知县。赵之谦自幼博闻强识，工于诗文，尤其擅长书法，初时效法颜真卿，后取法北朝碑刻，所作楷书笔致婉转圆通，人称“魏底颜面”，篆书则在邓石如的基础上赋予魏碑笔意，亦能以魏碑体势作行草书，融真、草、隶、篆于一体，奇倔雄强，超然脱俗，自成一格；亦善绘画，人物、山水俱佳，花卉写意笔墨独标；篆刻方面也卓然成家，博取秦诏、汉镜、汉铭文、钱币文、瓦当文和碑版文字等入印，一扫旧习，章法多变而意境清新，风格苍秀雄浑，显示出独特的风貌。赵之谦还将诗、书、画、篆有机地融合起来，并且做到推陈出新，成就斐然，精神风骨尤其为人所重，堪称独步一代的艺术大师。

吴昌硕

吴昌硕，浙江安吉人。我国近代金石、书、画大师，“海派”代表人物。写意花卉最为擅长，深受徐渭和朱耷影响，在绘画中融入书法、篆刻的运刀和章法，画风独特。善用篆笔画梅、兰，笔墨酣畅，富有情趣；喜用狂草画葡萄，笔力老辣，气势雄强。在构图格局上他喜欢用“之”和“女”型；在用色方面，爱用浓色，尤爱西洋红。到了晚年，吴昌硕尤爱画牡丹。他笔下的牡丹花开烂漫，色彩多选用鲜艳的胭脂红，再配以茂密的枝叶，显得生气蓬勃。吴昌硕的篆刻先从浙派入手，后受到吴让之、邓石如、钱松等人的影响。31 岁以后往来江浙，阅历大量金石碑版、玺印、字画。定居上海后，诗、书、画、印并进，晚年形成独特风格，终成一代宗师。代表作有《紫藤图》、《墨荷图》、《松石图》、《牡丹图》、《桃实图》等。

墨荷幽香　近代　吴昌硕

岭南画派

岭南绘画是现代中国画的流派之一，指清末民初的广东画派，以岭南三杰为代表，主张吸取古今中外特别是西方绘画艺术之长以改造传统国画，使之发展为现代化、民族化、大众化的艺术，目的是改变中国人的心灵，在国内外都有影响。

岭南画派的创始人高剑父，与高奇峰、陈树人并称为“岭南三杰”，他们师出同源，信奉相同的艺术原则，但风格不同，各有千秋。高剑父要求学生“青出于蓝而胜于蓝”。岭南画派的第二代的画家关山月、黎雄才、赵少昂等，也都有各不相同的风格。再后来，杨之光、陈金章、梁世雄、林墉、王玉珏等画家，也各有长处。岭南画派倡导美学教育，特地在广州、上海等地创建了《时事画报》、《真相画报》及审美书馆。

岭南画派的绘画题材多选木棉、奔马、雄鹰、苍松，其中南方风物较多。通过画面形象反映时代精神，在技法上则追求师法自然，吸取西欧水彩画的光影特色的同时又追求东方古画拙朴的神韵，因而作品赋色和谐，清新明快，晕染柔净，具有浓厚馥郁的岭南风情。

岭南画派的最大艺术特点在于创新，主张写实，博取诸家之长，发扬国画的优良传统，在中国画史上是鲜亮的一笔。

海上画派

海上画派，通常是指19世纪中叶~20世纪初期，一群活跃于上海地区的画家。海派画家集中在清末民初的上海，因为地域之便，他们有机会不断接触外界的新鲜事物，这为艺术的发展提供了丰厚的土壤。海派画家以传统文化为基础开拓了新的画风。这些画家性格迥异，画风多样，代表人物有“海上三任”、虚谷、吴昌硕等。

“海上三任”指的是名扬中外的晚清上海著名画家任熊、任薰和任颐。其中任颐在艺术上成就最高、影响最大。任熊，海上画派早期的领袖人物之一，人物、花卉、山水无不擅长，特别以肖像画著称。他的笔法清新活泼，画作很有装饰趣味，深受当时人们喜爱。代表作品有《自画像》等。任薰是任熊的弟弟，特别善画花鸟，用笔风格劲挺，他的人物画画风与任熊非常相近。任颐，浙江萧山人。专工人

钟馗图　任颐

物、花鸟，常以风土人情和民间传说入画，画中融汇了艺术与现实。他的人物画题材广泛，具有非常独特的风韵，很注重写生。山水也是他所擅长的题材。他的通景屏《群仙祝寿图》是近代绘画中少见的佳作，特点是构思奇妙，人物形象生动，精美之程度令人惊叹。任颐以他自身中西贯通的极高绘画素养，最终成为晚清画坛上最杰出的画家之一。画僧虚谷的山水画《观潮图》、《日长山静图》等作品，笔法冷隽，风格洒脱清秀；吴昌硕作为海派的中坚人物，将书法、篆刻融入绘画创作当中，韵味独特。

总而言之，海上画派艺术特点是题材以花鸟画为多，其次人物，再次山水，在笔法墨法的应用上，简逸明快，追求意境。习惯于借古喻今，借物寓意，讲究内涵充实。他们的画作兼有商业价值和欣赏收藏价值。

最早的中国绘画

我们今天所见到的最早的绘画，不是纸上的，也不是布上的，而是岩石上的。那时候还没有发明纸，也没有布，那是在几万年以前，我们的先民们主要靠狩猎和采集食物生活。他们对于风雨、水土、鸟兽、植物等自然景物的直接知识日益丰富，但是无法解释，因而在面临生死或遭遇洪水、地震或捕获不到动物时，往往陷入困惑和恐惧，无法用自然力去对付自然力，就只好求助超自然的神力——他们有表达的冲动，他们希望通过一场集体的祈求来获得神的保佑，让自己生得富足，死得心安。先民们相信，通过把一种令人敬畏的动物或植物作为本群体的图腾能让大家都得到护佑。有很多岩画表现的就是这种图腾崇拜。被认为是能和自然之神沟通的专管祈神、祭祀的巫师就是我们现在说的魔法师。在原始绘画中他们往往是面目奇特、常常没有耳朵的神秘形象。面对茫茫的宇宙，无所不在的自然的力量，身处原野和山谷的洪荒，先民们用自己的劳作和想象创造生活的幸福。岩画中表现狩猎、采集食物，是为了祈祷生存；男女交媾、夸大的性器官是祈求生息繁衍、种族延续。

在5世纪，北魏地理学家郦道元写出了传世地理学名著《水经注》，他在书里告诉人们，在北方山中，“山石之上，自然有文，尽若虎马之状，粲然成著，类似图焉”。那时候，他只是发现了山上一种好像自然形成的图像花纹，像虎、像马，煌煌然十分可观。他虽然没有说清楚这是什么，但是他却是全世界最早记载岩画的人。以后直到20世纪初，才有黄仲琴教授研究这种现代考古学称为“岩画”的象形图像。

现在著名的岩画点广西宁明县的“花山”，其实就是取“画山”的意思。

20世纪50年代以后，中国开始大量发现岩画，主要有内蒙古阴山岩画、新疆阿尔泰岩画、天山岩画、甘肃黑山岩画等。专家们展开研究，不断取得新的成果。阴山岩画内容丰富、形象生动，画出了北方狩猎民族的社会生活。西南地区以沧源岩画、左江岩画和花江岩画等为代表。东南岩画以江苏连云港将军崖岩画、福建仙字潭石刻等为代表。从总体上看，北方多画动物，表现狩猎与游牧生活，西南、东南方多画人物，表现农耕生活。

全世界都有岩画的遗迹。有人生存过的地方，大多都有岩画的留存。岩画可以说是整个人类最原始的艺术语言，虽然在创作时不是为了艺术，只是为了实用。在我国，一直到了近代，一些少数民族还保持着刻绘岩画的传统，先民的文化生活方式在那些地方保留了下来。

流丽的彩陶

历史上谈到中华文明的起源，有人文始祖黄帝创造中华文明之说：制衣冠、造舟车、养蚕桑、创文字、定算数……也包括了图形，描画出人物和五岳，创造了绘画。这个时期是距现在 5000 ~ 10000 年的新石器时代。

这时候，先民们已经定居下来，由食物的采集者变成了食物的生产者。过去的几十万、上百万年，过着流浪生活的狩猎者随身携带的东西有限，得以聚族而居的人们发明了制作陶器的方法。陶器可以贮存谷物，煮熟食物，存放水，甚至还用来安葬人。

先民们聚集生活的黄河上、中游地区是彩陶最繁盛的地区，1921 年在河南省渑池县仰韶村首先发现 6000 年以前的文化遗存，考古学上称之为仰韶文化，仰韶文化中的彩陶见证了当时中国绘画的艺术水平。

仰韶文化分为两种类型，一种称为半坡型，一种称为庙底沟型，都是以出土地点命名的。半坡型彩陶以动物的形象和纹样居多，尤其是鱼最多，这可以想见当时渔猎经济中人与鱼的亲密程度。专家们说鱼纹的含义是图腾，是祈求捕鱼多多，是希望生殖繁盛，此言不虚，在以后几千年中，鱼确实也被中国人视为是子孙绵绵、富富有余的象征。

人面纹也属半坡型彩陶的特色，而且经常是和鱼纹画在一起，这可能表示这个民族和鱼的亲密关系。人面有神秘的变形，像是在施一种魔法。当年主持发掘半坡文化的考古学家石兴邦就说这含有巫觋意义。

我们来看马家窑文化中这一著名的“舞蹈彩盆”。盆内画有手拉手跳舞的人们，每组五个人，一共画了三组。遥想那远古的黄河边上，在一个喜庆的夜晚，围绕着篝火，人们载歌载舞。透过篝火，一排舞动的身影生动活泼、纯朴而天真。他们跳的是简单而热烈的图腾歌舞，有节奏的歌舞声随着黄河水一波一波传来。千万年过

彩陶豆　新石器时代

去了，直到现在，有些少数民族部落还保留着这种类型的原始歌舞。

公元前3000年~前2000年，仰韶文化的中心逐渐往西北转移，到了今天的甘肃、青海一带，在那里又产生了马家窑文化。这是上古游牧民族羌人生活的地方，所以马家窑文化的创造者应该是羌人。

青铜器之美

龙虎纹铜尊　商

自公元前21世纪起到前221年秦统一六国，这将近20个世纪的时间里，中国经历了夏、商、周三个朝代，历史上称为“三代”，连同与周朝相交织的春秋战国时期，也称“先秦”。“三代”是中国的青铜器时代，青铜文明极其辉煌。这个时代的中国，创造出了世界上最精美的青铜器。商周青铜器纹饰精严威重，造型、纹饰形变到有一种惊肃瑰丽之美，这让人们联想到当时以天命构建的礼制的神圣与威严。周代自春秋中期以后周王室衰弱下去，各诸侯国互相争霸，天下礼崩乐坏，青铜器的礼器大为减少，日用的器皿多了起来。战国的青铜器错彩镂金、精巧繁富，纹饰图形生动有神，有一种华丽之美。天命的威严让位给了人世的精彩。著名的四川成都百花潭出土的射礼采桑宴乐攻战纹壶更是呈现了当时社会的生活气息。顺艺术之流看去，这正是开了汉代画像石艺术的先河。

商周青铜器上最主要的纹饰是饕餮纹。《吕氏春秋》里这样说：“周鼎著饕餮，有首无身，食人未咽，害及其身，以言报更也。”这种奇异狞厉的神兽纹饰大量用于国家礼器，可能是先人借助神话，让人间的政教权力获得合法的威严。

青铜器的整体美，可以用威重、精美、瑰丽来形容。直到今天，如果我们要在一个厅堂，一个广场营造威重、壮丽的气氛，复制一件青铜器是个好办法，它是重器，镇得住大场面，至今仍不失其礼器的尊严。

从青铜器也可以看出中国绘画的意象特点。就青铜器常见的纹饰夔龙来说，对比一下，龙，西方是根据恐龙化石和巨型爬行怪兽的形象，努力复原恐龙的原形画出来的，是那样的凶恶、丑怪、恐怖！而中国的龙是集众兽之美，表现出的是威严、壮丽、神圣。

青铜器作为国家贵重的礼器，是中华文明进程中一个时代的美术（包含了绘画）的代表之一，表明了中国绘画不以具象的美为最高标准，而以内含的善为最高境界，所以，有学者也称青铜器为中国艺术之源。

秦汉帛画

帛画，是画在丝织的帛上的。我们现在考古发掘出来的帛画都是古代丧礼用的“铭旌”，是为死者的灵魂升天引路用的，入葬时覆盖在灵柩之上。帛画起源于战国中期的楚国，到东汉就消失了。因它源于楚国，所以帛画充满着楚文化“琦玮谲诡”的浪漫主义色彩。

1972年从湖南长沙马王堆一号汉墓出土了汉文帝时期的帛画，使我们看到了汉代帛画描绘精妙华美的艺术特点。这幅“非衣”帛画，构图严谨，纵横一体，大体中轴对称，局部不对称，主次分明，疏密繁简错落有致。线描细劲如游丝，着色厚重而典雅。以朱砂、青绿、银粉等石色的精妙使用，使得帛画至今还鲜艳夺目，而且代表了汉代艺术总体色调热烈而沉着、华丽而厚重的特点。从这幅帛画我们看到了非常瑰丽的艺术想象，天上、人间，过去、未来，神与人、灵与兽，传说与现实，浑然一体，贯通三界，跨越时空，天人合一，人神和谐，构建成一个井然有序的想象中的世界。我们从这里看到了帛画作者高超的艺术组织能力。

这幅帛画呈“T”字形，从上而下分三级描绘了天上、人间、地下的景象。上部分是天界，右角是经日与金乌，左角是新月、玉兔与蟾蜍，正中是人首蛇身的天国主宰烛龙（一说是人类始祖女娲）。新月下有一女子飞升，一说是“嫦娥奔月”，一说是“死者灵魂升天”。下面有双龙相对腾起，两位兽首人身的司铎骑在异兽上振铎作响，鸿雁飞、群鹤舞，天界里万灵欢悦、祥云缥缈、气象万千。

人物龙凤图　战国楚

帛画中部，是人间世界，只见衣着华丽的墓主——一位老年贵妇，拄杖前行，前有仙吏跪迎，后有侍女随侍，这里还原墓主在世的生活，可谓是栩栩如生。她将这样升入天界。玉璧有巨龙交缠，帐幔、流苏、悬磬下有列鼎，这是祭飨的场面。

最下段是地下部分。一个裸体的力士，作马步下蹲，双手向上托着象征大地的白色扁平物，站在两条交缠着的水族动物身上。水族动物旁边，有神怪、大龟、鸱鸮等。

汉代画像石与画像砖

盐场图　汉

画像石指的是在石料上雕刻图像的石刻艺术。它盛行于西汉至唐，多见于墓室、祠堂、石碑、石阙、门楣、棺椁上。画像石的内容十分丰富，有历史故事、乐舞杂技、车骑出行、建筑、生产劳动等，具有很高的历史和艺术价值。山东嘉祥武翟山下的东汉武氏祠内的画像石上有历史故事、烈女故事、孝义故事、神话传说等，多达25种。其中一幅刻画了荆轲刺秦王的故事，柱子右侧是惊慌逃跑的秦王，左侧是怒发冲冠、奋力投出匕首的荆轲，秦王脚下是早已吓瘫的秦舞阳，让人看了有一种惊心动魄之感。

画像砖起源于战国时期，盛行于两汉，多在墓室中构成壁画，有的也装饰在宫殿中。画像砖的画面内容非常丰富，有表现劳动生产内容的，如播种、收割、舂米、酿造、放牧等；有表现社会风俗的，如宴乐、杂技、舞蹈、驯兽等；有神话故事，如西王母、月宫等；还有达官贵人乘车马出行和狩猎的。所以画像砖不仅是美术作品，也是记录当时生产生活的资料。

永乐宫壁画

永乐宫壁画坐落于山西平陆县黄河北岸的永乐镇，属于元代道教宫观壁画。根据壁画上留存的题记，我们可以知道此壁画由洛阳马君祥父子等人绘制，于元泰定二年（1325年）完成。永乐宫壁画总体面积共约873平方米，规模宏伟，画面壮丽而又灿烂辉煌，是世界罕见的艺术瑰宝。永乐宫壁画历经风雨却依然保持着清晰的面貌，这在我国古代壁画中是非常难得的。

永乐宫的主殿是三清殿，殿内四壁描绘的都是道教神仙朝元的盛况，画面叫作《朝元图》。在这幅画上，会聚了众多人物，场面壮阔，群像的神态刻画严谨工致，极其细致，画师的线条简练严谨、流畅刚劲，整幅壁画上除主神的衣服色彩采用绯红和堆金沥粉外，其他人物的衣服色彩均以青绿为主，生动表现了人们理想中神仙人物的庄严和清静。除三清殿主殿以外，其他的大殿如无极门、纯阳殿、重阳殿的殿内也绘有大量壁画，创作的时间晚于三清殿壁画，这些画中的主题内容全部以当时的现实生活为背景，包罗万象。永乐宫壁画的规模宏大，描绘人物众多，画面上所表现的神话故事想象力丰富，表现出画师的功力和高超的艺术欣赏力，令人肃然起敬。永乐宫壁画，称得上是现存古代道教壁画的最佳作品之一。

大足石刻

大足石刻位于重庆大足区、潼南区、铜梁区、璧山区境内，是摩崖造像的石窟艺术的总称。其中佛、儒、道教造像并陈，主要是佛教造像。大足石刻的规模和艺术造诣，以及历史文化蕴涵，都可以和敦煌莫高窟、云冈石窟、龙门石窟媲美。大足石刻始建于唐永徽年间，历经晚唐、五代，至两宋时最为兴盛，绵延修建增补至明清。大足石刻现存石刻造像 70 多处，总计约有 10 万多躯，最为著名的是宝顶山和北山摩崖石刻。由于地处偏远，大足石刻幸免遭到战争与人为毁坏，保存较为完好，极具文物研究和欣赏价值。

大足石刻

大足石刻北山石刻有“转轮经藏窟”，此处的石刻造像整体布局协调，造型优雅，雕刻刀法精细，特别是窟中的普贤菩萨，有“东方维纳斯”的美誉，令人难忘。宝顶山的石刻气势磅礴，带有佛教的世俗化、民族化、生活化特征。南山石刻集中展示了中国道教造像的特色，三清古洞聚集了中国宋代最为精美的雕刻。大足石刻，还伴随造像出土大量的经文、傍题、颂词、记事等石刻铭文 15 万余字，不仅是宝贵的研究资料，同时也是金石佳品。大足石刻可以看成是佛教、道教和儒家艺术的教科书，“凡佛典所载，无不备列”，“神的人化与人的神化”在大足石刻中达到高度统一。

秦始皇陵兵马俑

秦始皇兵马俑是秦始皇陵墓里随葬的陶塑作品。1974 年，当地打井的农民先是发现了最大的一号坑，后经考古学家钻探又先后发现二、三号坑。3 个坑内共发掘出陶俑 7000 多件，战车 100 多乘，兵器 10 万多件。其中一号坑面积最大，达 14260 平方米，坑内有各类人俑 6000 多件，列队而立；二号坑内总有 1000 多件兵、马俑，是

始皇兵马俑　秦

以战车、骑兵为主要组成的混列兵种阵列；三号坑乃是作为指挥场所的小坑，仅有60多个兵马俑。所有兵马俑均仿照真人真马的尺寸，其中的兵俑身高在1.75 ~ 1.85米，根据装束、发式的不同可以分为将军俑、武士俑、车士俑等。这些兵马俑形象逼真，神态生动，排成方队之后，气势恢宏，让人强烈地感受到当年吞并六国、逐匈奴七百里的大秦帝国军队的威武之势。

秦兵马俑不是由单一的模具脱制而成的，而是模拟真人真马制成的群塑，整体气势雄壮。兵马俑的脸形、发型、体态乃至神态都不相同，比如将军俑身着铠甲，形体高大健壮，体态勇武；跪射俑的神态丰富而复杂，形神兼备。兵马俑的工艺之精湛令人叹为观止，再加上车马上的装饰都是和当时真实生活相同，给人以身临其境之感，也成为研究秦史的绝佳实物资料。秦兵马俑的出现，展示了我国秦代雕塑的高超水平，同时为我们研究秦代军事和文化等方面提供了借鉴。

书法与篆刻

中国书法

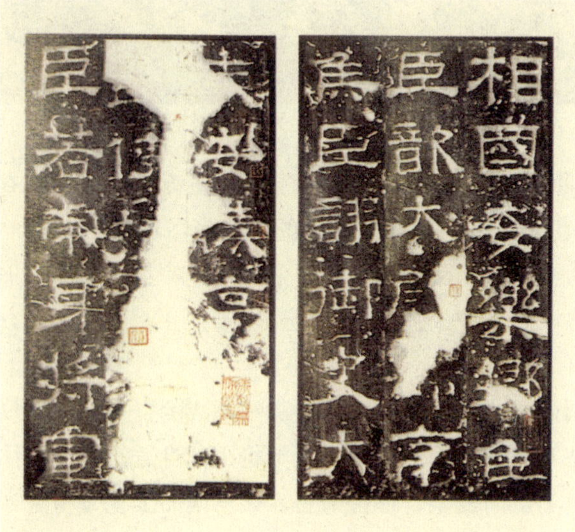

上尊号碑　三国

此系魏国的官体碑文。魏始受禅于汉时，相国华歆率领群臣为曹丕呈上尊号，立此碑以记。

书法是指文字的书写艺术，特指以毛笔表现汉字而形成的艺术形式。经过长达数千年的发展，书法艺术形成了篆书、隶书、草书、楷书、行书等书体。

书法包括用笔、结构、章法、墨法等艺术表现手段。用笔包括书写时的笔法、笔力、笔势、笔意等艺术技巧。笔法是指起笔、收笔、圆笔、方笔、中锋、侧锋、露锋、藏锋、提按、转折等用笔的方法；笔力指笔画所蕴含的内在力量；笔势指用笔时所形成的气势；笔意指笔画线条所表现的情感、意趣。书法的结构又称结字、结体或间架，是从美观角度对字的笔画进行组合的艺术技巧，它受文字的结构规律和作者的审美情趣影响，表现形式有虚实、疏密、欹侧、匀称、和谐、聚散、呼应等。章法是通过字与字、行与行之间的合理安排使作品看上去完美和谐的艺术技巧，在各种书法中最注重章法的是草书和行书。用墨是指用不同笔、墨、纸组合产生不同的效果的技法，方法有：浓墨、淡墨、干墨、渴墨、湿墨、枯墨、涨墨等。

书法是中国独特的艺术形式，是世界艺术史上独树一帜的巨大创造，体现了中国人独特的哲学思想和审美情趣。它源远流长，在几千年的发展史上，形成许多著名的书法流派，产生了灿若群星的书法家，留下了难以尽数的书法珍品，这些珍贵的文化艺术遗产，不仅有巨大的审美价值，也有着巨大的文化和历史价值。

书体

书体是指书法的基本字体，主要有篆书、隶书、草书、楷书、行书等。篆书包括商代甲骨文、周代金文、战国篆书和秦代小篆，秦代小篆是其代表。小篆是在大篆（籀文）的基础上发展简化而成，特点是结体圆长，笔画粗细匀称，不露锋芒，线条美观。代表作有秦李斯所书《泰山刻石》、《琅琊台刻石》等。隶书又名佐书、史书，盛行于汉代。隶书的特点是左右舒展，笔画波磔，是一种具有装饰趣味的字体。代表作是汉朝的一些碑刻，如《张迁碑》、《史晨碑》和一些简牍作品。历代隶书名家有唐代史惟则、韩择木，清代金农、邓石如等。楷书又称正书、真书，是隶书的变体，盛行于唐代。它的特点是形体方正，笔画有严格的法度。代表作有《颜勤礼碑》、《神策军碑》等。楷书名家有曹魏的钟繇，唐代欧阳询、颜真卿、柳公权等。草书的特点是狂放，用笔大起大落、连绵不断、一气呵成。名家有唐代张旭和怀素，代表作《肚痛帖》、《自叙帖》等。行书又称行押书，特点是简易、流畅，活泼自然。名家有晋代王羲之，宋朝的苏轼、米芾，元朝的赵孟頫等，代表作是《兰亭序》、《祭侄文稿》和《黄州寒食帖》。

章草

章草是一种隶书的草写。它是从秦代的草隶中演化出来的新书体。西汉元帝时史游整理后编写了《急就章》，使这一新书体规律化，这就有了章草书体的范本。它的笔画特点圆转如篆，点捺如隶。一字之内笔画间有牵丝萦带，但是字个个独立。

历史上草书名家都精通章草，章草上通隶书、简牍，下开今草，学习它可以两通。

“目不寓章草，落笔多荒唐。”这是《章草草诀》中的话，说的是实情。章草奠定了草书的基本规范，如果不经过章草学习，很容易把规范草书写成潦草之书。

章草书法特点：章草省掉隶书的蚕头却保留了雁尾，这雁尾用重笔挑出。

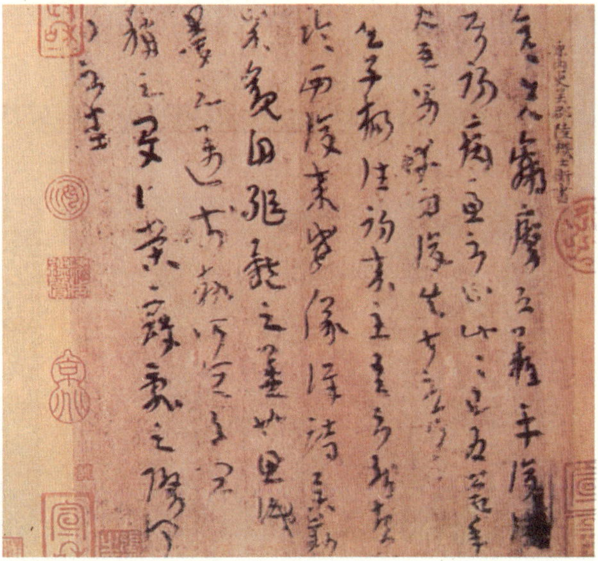

平复帖　西晋　陆机

隶书和分书

隶书相传为秦末程邈在狱中所整理。隶书是把小篆删繁就简，笔画由圆转变为方折，线条出现波磔的字体。出现于先秦，成熟于东汉。我们现在学习的汉隶著名碑刻大都是东汉晚期的，如《孔庙碑》、《华山庙碑》、《礼器碑》、《张迁碑》、《乙瑛碑》等。

分书又称“八分书”，历来解释纷纭，比较公认的说法是，隶书的字形像“八”字分布，所以称隶书为“八分书”，又称分书。

隶书继承了篆书的曲线美，创新出了隶书特有的“波磔”笔画的线条美。

隶书是与汉代其他文化艺术同步的，它的最主要特点是：大气，厚重，生动，而且不乏精致。汉代是隶书艺术的高峰，已形成了丰富多彩的风格，大致可分为遒劲凝练、飘逸秀丽、工整精严、端庄博雅、古朴厚重、奇逸恣肆等。

魏碑

魏碑，狭义地说是北魏时期的书体，其实一般指的是广义，即指北朝碑刻，包括了魏、齐、周三朝，直至隋统一南北之前。这是一种隶书过渡到楷书时的书体，属于楷书范畴。它出现于当时的北方，多民族融合、汉文化与少数民族文化交流、佛教盛行，造像记发达，从体裁上还包括碑碣、摩崖、墓志。

魏碑书法质朴雄强，粗犷自然，存隶书的雄厚之气，比唐楷多质朴之姿，有鲜明的艺术特色，康有为对之推崇备至：“魏碑有‘十美’：‘古今之中，唯南碑与魏碑为可宗。可宗为何？曰有十美：一曰魄力雄强，二曰气象浑穆，三曰笔法跳越，四曰点画峻厚，五曰意态奇逸，六曰精神飞动，七曰兴趣酣足，八曰骨法洞达，九曰结构天成，十曰血肉丰美，是十美者，唯魏碑南碑有之。’”

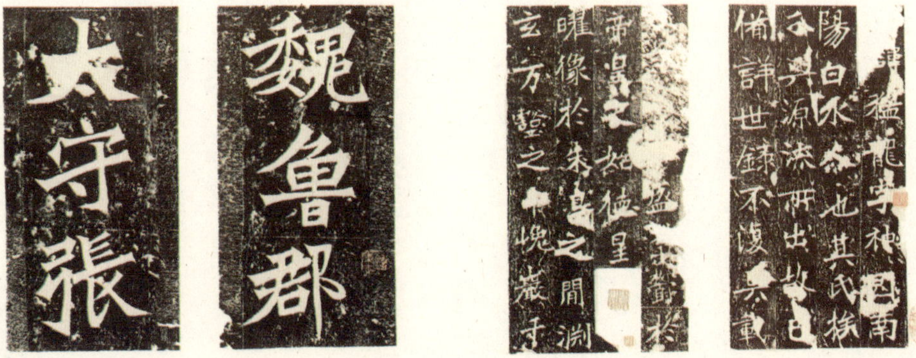

张猛龙碑　北魏

楷书

楷书又称正书，或称真书，是在减省隶书的基础上发展而成的，是隶书的变体，其特点是形体方正，笔画平直，可作楷模，故名。始于东汉，盛行于东晋并一直沿用至今。

魏晋之间，凡工楷书者，都称为善于隶书。《晋书·王羲之传》：“（王）善隶书，为古今之冠。”《晋书·李充传》：“充善楷书，妙参钟（繇）索（靖），世咸重之。”初期“楷书”，仍残留极少的隶笔，结体略宽，横画长而直画短。魏晋钟繇的《宣示表》、《荐季直表》仍存隶书的遗意，然已备尽楷法，公认为正书之祖，其书可为楷书的代表作。

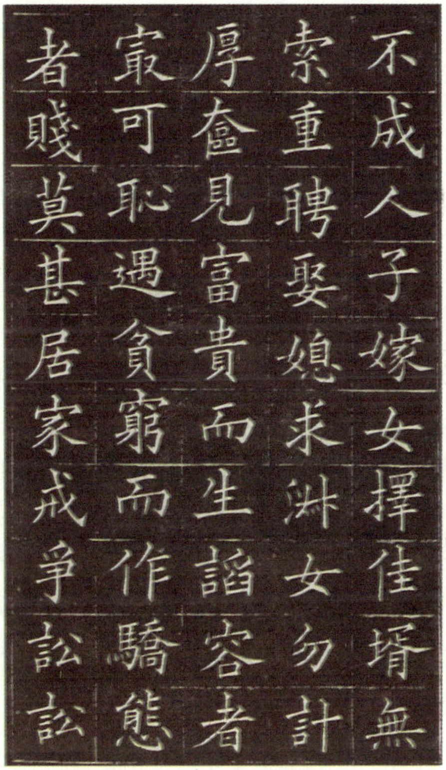

楷书治家格言拓本　清　黄自元

草书

草书有章草、今草、狂草之分。章草最早形成于汉代。当时通行的是草隶，即草率的隶书，又名“隶草”、“古草”，其后发展成为“章草”。正如刘熙载《艺概·书概》所说：“解散隶体，简略书之，此犹未离乎隶也。”“章则劲骨天纵，草则变化无方。”至汉末，张伯英（芝）把章草里面的隶书笔意省去，将上下字体之间的笔势连带、偏旁连接，从而创造出了“今草”。唐代的张旭、怀素在“今草”的基础上，写得更加狂放不羁，称“狂草”。欣赏草书时要注意：

1. 观气象，草书是最能体现人的气质、情感及精神风貌的书体，以有高情逸韵为上、潦草粗俗为下。宋代米芾曰：“草书不入晋人格，辄结成下品。”可为参考。

2. 观笔墨，草书是典型的线条艺术。不论中锋、侧锋，方笔、圆笔，都要内含情致，外具形质。墨法则要浓淡润枯，五色焕发，俱见神采。

历来人们形容草书佳作都说是“笔走龙蛇”，美术上称为蛇形线，那么蛇形线有什么样的艺术魅力呢？英国画家荷加斯通过各种线条类型的美学研究，认为蛇形线赋予美以最大的魔力……蛇形线是一种弯曲的并朝着不同方向盘绕的线条，能使眼睛得到满足，引导眼睛去追逐其无限多样的变化……这不仅使想象得以自由，从而使眼睛看着舒服……它是动人心目的线条。

宋体字

关于宋体字的起源，大致有两种说法。一说它是由甲骨文，到秦始皇“书同文”，最终由书法家们集汉字特点，简化汉字结构而成的字体；二说它是应雕版印刷术的需要，而发明出来的印刷字体。

在第二种说法中，有人认为它是在宋徽宗独创的字体“瘦金体”基础上发展而来的。“瘦金体”也称“瘦筋体”，又有“鹤体”的雅称。瘦金体字形瘦长，又挺拔傲立。书写柔缓又强劲顿挫。横带收锋，竖有顿笔，撇捺甩出锋利不飘。整个字体看下来，柔中带刚，刚柔相济，是宋徽宗时期御用文书的专用字体。

据说，瘦金体最终衍生成宋体字与宋朝宰相秦桧有关。秦桧因写得一手娟秀字体，又极尽迎合奉承之能事，而深得宋徽宗的喜爱。在处理文牍过程中秦桧发现，各地呈上来的公文字体五花八门，阅读起来极为不便，于是他便有心规范字体。为了讨徽宗欢心，秦桧在模仿徽宗瘦金体字的基础上，取汉字精简笔画，创造出来了一种新的字体形式，时人称之为“秦体”。后来，秦桧因陷害忠良而成为千古罪人。人们便以朝代名称，将“秦体”字更名为“宋体”。

关于这种说法，文献中并没有明确记载。但是据汉字学家考证，如今我们所用的宋体、仿宋体，从字形到笔锋上，都和瘦金体一脉相承。

行书

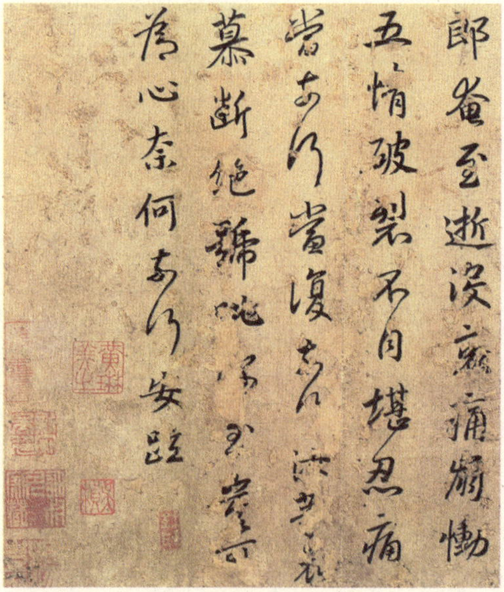

行书中郎贴　东晋　谢安

行书出现在汉末，是介于楷书、草书之间的一种字体，是楷书的草化。它不像楷书的书写速度太慢也不像草书的难于辨认，笔势不像草书那样潦草，也不要求楷书那样端正。行书点画常常强调游丝引带，写起来如行云流水。楷书稍加连贯，点画略带呼应，就是行书。写起来比楷书快，又比草书容易识读，所以行书是应用最广的书体。东晋以后历代书家都擅长行书。行书，如同人的行走，从容自得，自由自在；又如行云流水，不激不厉，有一种流动的美；又如音乐中如歌的行板，悠扬婉转，韵味久远。唐代张怀瓘在《书议》中说得好：

“夫行书，非草非真，离方遁圆，在乎季孟之间。兼真者，谓之真行；带草者，谓之行草。子敬之法，非草非行，流便于草，开张于行，草又处其中间。无藉因循，宁拘制则，挺然秀出，务于简易；情驰神纵，超逸优游，临事制宜，从意适便。有若风行雨散，润色开花，笔法体势之中，最为风流者也。”

晋人的行书是历代书法家所仰慕学习的经典。前人论为“书以晋人为最工，亦以晋人为最盛，晋之书亦犹唐之诗、宋之词、元之曲，皆所谓一代之尚也。”晋人书法又以王羲之、王献之父子为代表。王羲之的行书方圆兼备、刚柔相济，达到了中和之美的极致，而且又天真烂漫、尽合自然之美，极尽变化之能事。以后的唐代颜真卿用裹锋，参以篆书笔意，行书郁勃遒劲；李邕以纵横之势写峻健之书；五代杨凝式在刚健厚重中见灵动逸气；宋代苏东坡丰腴而雄健，神采焕发；米芾字有八面，沉着痛快；他们的行书都是以二王为基础的。元以后书家在前人的基础上，或在极熟上见功力、或在能生上出变化，形成自家行书的不同面貌。

王羲之与《兰亭序》

王羲之，字逸少，琅琊临沂（今山东临沂）人，著名书法家，被后代尊为“书圣”。王羲之出身声威显赫的东晋士族，曾经官至右军将军和会稽内史，所以又常被人们称为王右军、王会稽。王羲之是个书法的多面手，行、草、楷、隶各种书体都写得很好，他的楷书学习的是钟繇的笔法，草书学的是张芝，也曾学习过李斯、蔡邕等人的书法，可谓是博采众长。王羲之的书法圆转凝重，创立出有婉媚风格的今体书风，突破了隶书笔意，有“龙跳天门，虎卧凤阙”的美誉，给人以安静优雅的美感。《晋书·王羲之传》评价他说：“尤善隶书，为古今之冠，论者称其笔势，以为飘若浮云，矫若惊龙。”据史料记载，他的书法作品有楷书《乐毅帖》、《黄庭经》，草书作品有《十七帖》，行书作品有《姨母帖》、《快雪时晴帖》、《丧乱帖》等。其中他的行书《兰亭序》最具有代表性，被赞誉为“天下第一行书”。

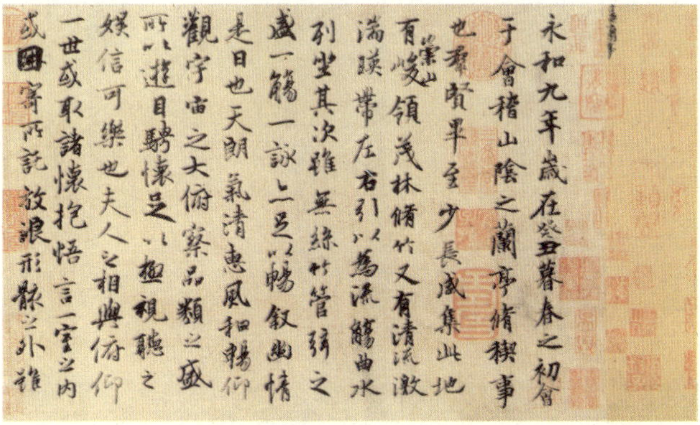

《兰亭集序》帖　东晋　王羲之

东晋穆帝永和九年（353年）二月三日，阳光明媚，王羲之与谢安、孙绰等41人在山阴（今浙江绍兴）兰亭饮酒唱歌，赋诗唱和。最后，有人提议将众人当日所做的37首诗，汇编成集，这便是《兰亭集》。之后，大家又推举王羲之写一篇《兰亭集序》。王羲之酒意正浓，于是提笔在纸上畅意挥毫，一气呵成，这就是名噪天下的《兰亭序》。序中记叙了兰亭周围山水之美和聚会时的欢乐之情，同时抒发了王羲之对好景不长，生死无常的感慨。此帖共28行，342字，章法、结构、笔法都很完美。《兰亭序》用笔以中锋为主，从而使其字形有骨气奇高之彩，侧笔优美，曲折有致，有时蕴藉含蓄，有时锋芒毕露。尤其是章法，从头至尾，俯仰开合，疏朗多姿，笔迹似断实连，气韵生动。结体欹侧变幻，错落有致，曲尽其态，尤其是帖中20个“之”字，每字各具情态，无一雷同。《兰亭序》充分体现了王羲之作品飘若浮云、游若惊龙的风格特征。同时他的气度、风神、襟怀、情愫，在这件作品中也得到了充分表现。王羲之的《兰亭序》不仅在当时名冠天下，也是后来众多书法家临摹、学习时最常用的版本。

“平安三帖”

《平安帖》是向对方报告平安的消息，且对对方不能参加朋友聚会而表遗憾。《何如帖》是向对方问好的信函。《奉橘帖》是因奉送对方柑橘300枚而致函。

此三帖风格较近，因系家常信件，心平气和，书法温文尔雅。用笔中锋，或逆锋而入，或凌空而下，提笔如小舟沂急流，按笔如凌空坠巨石，结体雍容典雅、遒劲秀逸，布局疏密得宜，富于节奏感。虽然笔势雄强但是不激不厉，有平和庄静之美。全帖结字严谨，富于变化，虚实相间，骨力内涵。转折处方圆兼用，变化多端，如“当、赖、百、得”几个字的转折，个个不同，耐人寻味。

《伯远帖》

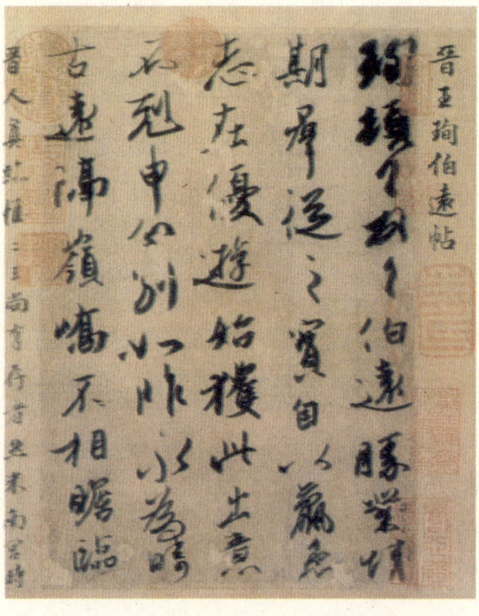

伯远帖　晋　王珣

清乾隆帝将《伯远帖》列入“三希”之一。王珣，字元琳，琅琊临沂（今山东临沂）人，小名法护，王洽之子，王导之孙，而王导是西晋豪门士族之首，执政时号为“仲父”，晋元帝曾经邀请他同升御座。当时人称：“王与马，共天下。”马是司马氏。官至尚书令。王珣出身于这样的名门望族，三世均以书法著称，王献之是其族兄弟。

王珣所书《伯远帖》，用笔洒脱自然，峭劲秀丽，潇洒古淡，转折处变化多端；结字近扁方，略带横势。全篇随其本字之形，顺其自然之态，而又通篇和悦，自然一体，有如天成。看笔画，处处平中见奇；章法是“字里金生，行间玉润”。每个字都有动态表情，或顾、或盼、或瞻望、或俯视、或回望。字里行间有金子般的精美，宝玉一样玉的温润。每行字距有远有近，有疏有密，行间素地黑白相间得宜，气脉贯通。一切优秀的书法作品，都少不了气脉，正因为它们有连续不断的气脉，一字字、一行行，才能累累如贯珠，圆润流转而又璀璨夺目。

明董其昌跋此帖云：“珣书潇洒古淡，长安所见墨迹，此为尤物。”王肯堂亦跋此帖：“笔法遒逸，古色照人。”

孙过庭与《书谱》

孙过庭，字虔礼，富阳人，唐朝书法家、书学理论家。他是唐高宗、武则天时人，不过官职低微。孙过庭博学多才，既是书法大家，也是文章名家。他擅长各种书体，行书学习“二王”，得其精妙，峻拔刚断，笔势坚劲；草书更为有名，以善于用笔著名，隽拔刚折，尚异好奇。他善于临摹古帖，仿写王羲之、王献之墨迹，足以以假乱真。唐代大诗人陈子昂对孙氏的书法造诣推崇备至，在《祭率府孙录事文》中说：“元常既殁，墨妙不传，君之遗翰，旷代同仙。”

孙过庭还是一位杰出的书法理论家，他著有《书谱》一书，对书法艺术的“笔墨利病”“推阐几尽”。认为古今书法在审美趣味上是不断变化的，具体而言便是“古质今妍”，主张学书要“趋变适时”，顺应时代。孙过庭特别重视书法的抒情性，主张书法要“达其情性，形其哀乐”。他反对当时把书法当作秘诀的保守态度，提倡切磋与交流。另外，孙过庭还在《书谱》中对运笔之法进行阐述，所以，唐宋书家也称《书谱》为《运笔论》。《书谱》既是文字宏丽、见解精辟、议论精绝的书法理论；也是姿态横生，妙趣无穷的手书真迹，被后人视为书论双璧。《书谱》通篇以圆笔为基础，方圆兼备，开合有度，既含蓄蕴藉，令人回味，又妍美达情，神采飞扬；运笔不乏珠圆玉润，兼有生辣险绝，真可谓“穷变态于毫端，合情调于纸上”。宋高宗说：“《书谱》匪特文辞华美，且草法兼备。”今人评曰：“文茂、形美、韵胜、力遒、穷变。”实为不可多得的珍品。

颠张醉素

“颠张”指唐朝书法家张旭，他的草书特点是激情勃发，如狂如颠。“醉素”指张旭的学生怀素和尚，他的草书特点是圆转飞动、空灵剔透。张旭、怀素是唐代草书书法家中最具创新意识和成就的，他们对传统书法既有继承又有创新，将传统的草书进行了一定程度的创新，两人的书法都臻于化境。他们在书法上的创造，使其完全摆脱了实用性而成为一种纯粹艺术。

张旭，字伯高，生卒年不详，吴郡吴（今江苏苏州）人。曾担任过长史的职务，因此有“张长史”之名。张旭为人风流狂放，据说他写字前必先喝酒，醉后挥毫，有时甚至用头发蘸墨书写，书法连绵回绕，起伏跌宕，变化无穷，因此被人叫作“张颠”。张旭的草书灵感多来自生活与自然，比如他曾经从公孙大娘的舞剑过程中领悟到书法的新途径，这种擅长触类旁通的学习精神使得他最终在草书上取得了很高的成就，被后人尊称为“草圣”。他的传世草书有《肚痛帖》、《古诗四帖》等。

怀素，俗姓钱，字藏真，永州零陵（今湖南永州）人，自幼出家为僧，是张旭的学生。他擅长草书，喜好饮酒，人称醉僧。每次喝醉后，就挥笔狂书，“运笔迅速，如骤雨旋风，飞动圆转，随手万变，而法度具备”。他的草书在张旭的基础上又有新的发展，灵动飘逸，变化多端，具有创造性风格。怀素与张旭合称“颠张醉素”，对后世草书影响很大。有《自叙帖》、《藏真帖》、《苦笋帖》、《论书帖》、《食鱼帖》、《律公帖》、《小草千字文》等传世。

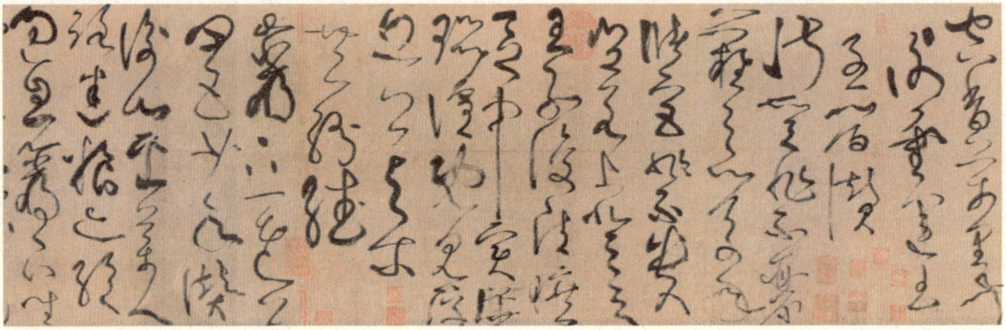

古诗四帖（局部） 唐 张旭

颜筋柳骨

“颜筋”，指的是唐朝颜真卿的书法，特点是筋力丰满，气派雍容堂正；“柳骨”指的是唐朝柳公权的书法，其特点是骨力劲健。

颜真卿，字清臣，琅琊临沂（今山东临沂）人。曾任监察御史、殿中侍御史、平原太守、御史大夫。颜真卿自幼学书，曾得到张旭亲授，并集众家之长，融会贯通，形成独特风格。他行楷书俱佳，但以楷书最佳，他的楷书端庄雄伟，气势开张，结体方正茂密，笔力雄强圆厚，笔画横轻竖重；行书则气韵舒和。总的来说，他的书法蕴涵古法，却又不被古法拘束，在唐朝的书法上独树一帜，称为“颜体”。颜真卿创造出极具大唐风度的书体，是盛唐书法创新的代表人物，是书法史上继二王之后成就最高、影响最大的书法家，同时也以高尚出众的人格名垂千古。他的代表作有《多宝塔碑》、《颜勤礼碑》、《麻姑仙坛记》、《祭侄文稿》、《湖州帖》等。

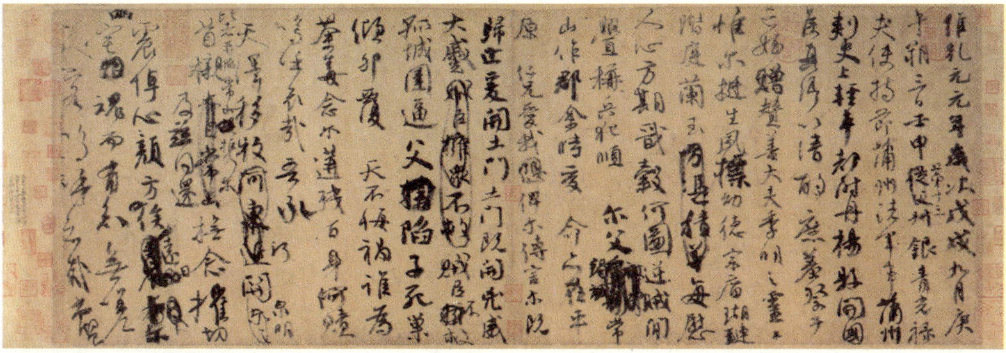

祭侄文稿　唐　颜真卿

《多宝塔碑》是颜真卿的成名作，它是由岑勋撰文，徐浩题额和史华刻字，现收藏于西安碑林，书写风格颇有二王、欧、虞、褚的遗风，整篇结构严密，点画圆整，端庄秀丽。

柳公权，字诚悬，京兆华原（今陕西铜川耀州区）人，是唐代与颜真卿齐名的大书法家，并称“颜柳”。曾任翰林院书诏学士、太子太保。他擅长楷书，先学王羲之，后学颜真卿，博众家之长。最终，他在晋人劲媚的书法特点和颜书的雍容雄浑风格之间独辟蹊径，自成一体。他的书法结体紧密，笔画锋棱分明，偏重骨力，书风遒劲，在书法史上影响很大。世人常将其书法与颜真卿相对比，称之为“颜筋柳骨”。他的代表作有《玄秘塔碑》、《神策军碑》、《金刚经》等。《神策军碑》整体布局平稳匀整，特点是左紧右舒，历来被作为最好的临写范本之一；《玄秘塔碑》的原碑现存陕西西安碑林，这是柳公权传世书法中最为著名的一篇，在楷书中堪称模范。

《玄秘塔碑》

此碑用笔吸取北碑方笔雄强之势和颜真卿圆笔遒润之法。笔法利落，引筋入骨，寓圆厚于清刚，是此碑最大特色。其书结体严谨，恪守法度，用笔劲健，点画方整，结体谨严而疏朗，章法上行间茂密，为唐楷代表作之一。柳体用笔是“方圆并用”的，如“玄”字的首头用“圆笔”，“宇”字的首点用“方笔”。圆笔：起笔裹锋，不使笔锋散形，收笔一回锋即可，点画呈圆形。方笔：起笔要逆锋，比圆笔多一个转折，就是有两个转折，点画外形呈现出棱角，清刚的风格就形成了。

玄秘塔碑　唐　柳公权

此碑刻于唐会昌元年（841 年），蟠首方座，高 386 厘米，宽 120 厘米。28 行，每行 54 字。现藏于陕西碑林博物馆。

宋四家

“宋四家”指的是苏轼、黄庭坚、米芾和蔡襄4个最能代表宋代书法成就的书法家。

苏轼，著名文学家、书画家。他的书法继承“二王”传统，但又注意创新。他擅长行书和楷书，其字初看平淡无奇，细看却有浩荡之风，笔法有风骨，变化灵活，代表作品有《前赤壁赋》、《后赤壁赋》以及《黄州寒食诗帖》等。

黄庭坚，北宋诗人、书法家。他兼擅行书和草书。以侧险的笔法取势，字形瘦劲，其代表作有《松风阁诗》、《黄州寒食诗跋》、《花气熏人帖》等。

米芾，是一位独具个性的书法家，其作品遵循法度，但又有潇洒奔放的态势，作品呈现出淋漓痛快的风格，传世作品包括《苕溪诗卷》、《蜀素帖》等。其中《蜀素帖》是米芾的著名佳作，此书用笔纵横挥洒，方圆兼备，刚柔相济，藏锋处微露锋芒，露锋处亦显含蓄，长短粗细，体态万千，充分体现了他“刷字”的独特风格。章法上，紧凑的点画与大片的空白强烈对比，粗重的笔画与细柔的线条交互出现，流畅的笔势与涩滞的笔触相生相济，动静达到了完美结合。结字也俯仰斜正，变化极大，并以侧欹为主，表现了动态的美感。另外，由于丝绸织品不易受墨而出现了较多的枯笔，这恰使得通篇墨色有浓有淡，更精彩动人。

蔡襄，在宋代书法发展史上起到过关键性作用。浑厚端庄、淳淡婉美、气息温雅是他书法的最大特点。他的传世代表作有《自书诗帖》、《谢赐御书诗》、《蒙惠帖》等，此外还有碑刻珍品《万安桥记》、《昼锦堂记》等。

《黄州寒食诗帖》

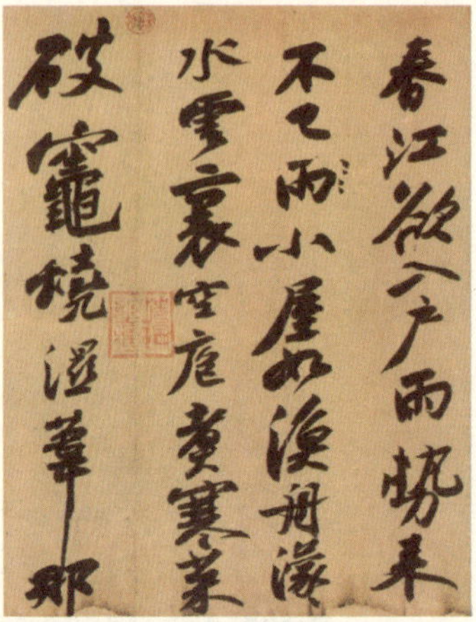
黄州寒食诗帖（局部） 北宋 苏轼

《黄州寒食诗帖》的内容为作者自作诗，诗作是苏轼罹难文字狱后被贬黄州，生活困顿潦倒的真实写照。该帖为手卷形式，其用笔如行云流水，一气呵成。可谓“端庄杂流丽，刚健复婀娜”，故有“苏书第一”之称。

诗文全篇洋溢着起伏的情绪。诗写得苍凉惆怅，书法也正是在这种心情和境况下有感而出的。通篇起伏跌宕，迅疾而稳健，痛快淋漓，苏轼将诗句中的心境情感变化，寓于点画线条的变化中，或正锋，或侧锋，转换多变，顺手断连，浑然天成。其结字亦奇，或大或小，或疏或密，有轻有重，有宽有窄，参差错落，恣肆奇崛，变化万千。难怪黄庭坚为之折服，叹曰："东坡此诗似李太白，犹恐太白有未到处。此书兼颜鲁公、杨少师、李西台笔意，试使东坡复为之，未必及此。"董其昌也有跋语赞云："余生平见东坡先生真迹不下三十余卷，必以此为甲观"。《黄州寒食诗帖》是苏轼书法作品中的上品，在书法史上影响很大，元朝鲜于枢把它称为继王羲之《兰亭序》、颜真卿《祭侄稿》之后的"天下第三行书"。

董其昌

董其昌，晚明杰出书画家、书画理论家和收藏家，"华亭派"的主要代表，人称董华亭。字玄宰，号思白、香光居士，上海松江人，曾经官至南京礼部尚书。

董其昌的书法成就中，行草的造诣最高。董其昌的书法融晋、唐、宋、元名家风格为一体，用墨讲究，用笔精到。其书力追古法，笔画显得非常古朴，自成风格，飘逸潇洒，大气空灵。董其昌的书法，精于"六体"和"八法"，可谓集大成于一身，在当时声名远播。清代中期，康熙、乾隆都推崇董其昌的书法，将其视为正宗而常常临摹欣赏，引得当时出现了满朝皆学董书的疯狂热潮。作为一位书画理论家，他虽然没有留下书论专著，但我们能从他众多题跋中看到他的书法主张。他以韵、法、意的概念对晋、唐、宋三代书法的审美取向进行评论，这是书法理论史上的创见。董其昌的传世书画作品很多，代表作有《白居易琵琶行》、《三世诰命》、《草书诗册》、《烟江叠嶂图跋》、《倪宽赞》、《前后赤壁赋册》等。

石鼓文

石鼓文，也称猎碣，是中国最早的石刻文字。唐朝时候，人们在陕西凤翔发现了战国时代石刻文，冠之以"石刻之祖"的名号。石鼓文所记录的是描述秦国国君游猎的10首四言诗，分别刻在10个鼓形的石头上，所以人们将它们叫作石鼓文。

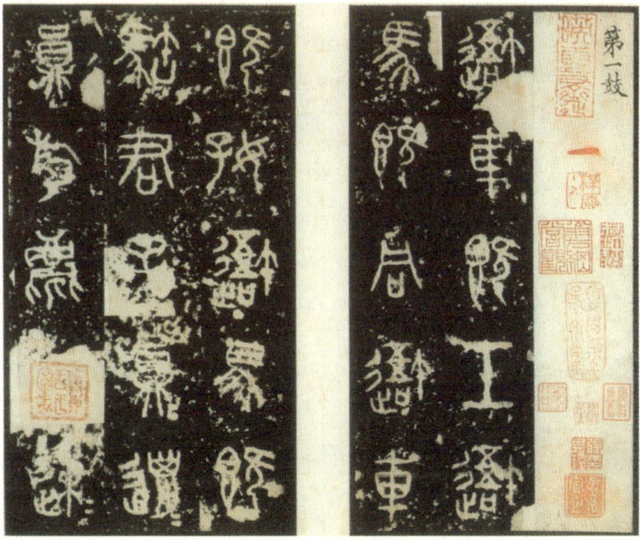

石鼓文

具体而言，石鼓文的字体基本上为大篆，这种字体比甲骨文、金文的笔画更为简化，但比起小篆来，它的笔画和结体要复杂一些，可以说它是由大篆向小篆演变而又尚未定型的过渡性字体。从书法上看，石鼓文横竖折笔之处的特点是圆中寓方，转折处竖画内收，下行则逐步向下舒展开来。细看石鼓文的用笔起止，均为藏锋，笔画圆融浑劲，字体结体严谨，用笔匀称而适中。石鼓文书法具有较高的艺术水平，不愧为“篆法之祖”。石鼓文名声远播，是我国书法史上承前启后的宝典，和历代书法家研习篆书的重要范本。比如，我国清代著名的篆书家杨沂孙、吴昌硕就曾经研习石鼓文，并深受影响，他们在石鼓文的基础上不断发展，逐渐形成了自家特有的风格。

石鼓文现藏于故宫博物院，但由于年代久远，损毁严重，许多字迹已漫漶不可识辨。目前流传下来的石鼓文最著名的拓本是明代安国藏的《先锋》、《中权》、《后劲》等，这些均为北宋拓本，现存于日本。

汉魏碑刻

碑刻是一种石刻艺术品，它是古代人们用于记事、铭记、造像、装饰等的物凭。它不仅包括石碑、石棺，还包括石制的门柱、门楣、画像石等。它们记录了古代社会政治、经济、社会生活、文化、艺术、民族往来、宗教活动等方面的情况。汉魏碑刻主要以墓碑为主，书体几乎都是隶书，其内容主要有记录逝者的生平事迹，描绘生活中的一些琐事，纪念一些有重大意义的事件或节日。汉魏碑刻风格多种多样，既有结体方正，转折整齐，用笔沉郁雄厚，古朴豪强的风格；也有细腻清秀，结体内敛，端庄秀丽的风格；还有点画俯仰，错落有致，典雅华美的风格。

西汉时期较为有名的碑刻有北陛石、五凤刻石、王陵塞石等。其中五凤刻石尤为著名，它是鲁孝王修建宫室完毕时而做的具有纪念性质的碑刻，所以又名“鲁孝王刻石”。此碑体式方整，笔画丰富，风格端正。东汉时期碑刻较多，著名的有朴厚劲媚、方劲沉着、力气雄健的《张迁碑》；法度森严、瘦劲刚健、气韵静穆、典雅秀丽的《礼器碑》；娟秀清丽、结体匀称、舒展超逸、风致翩翩的《曹全碑》；丰美多姿、神采飞逸、疏密匀适、气韵灵动的《史晨碑》；结体宽阔、笔画肥厚的《衡方碑》，等等。曹魏时期著名碑刻有《孔羡碑》、《上尊号碑》、《范式碑》等，它们大多书写方整，气度庄严。此外，曹魏时期还有一些风格端庄秀丽，具有自然意趣的碑刻，如《黄初残碑》、《鲍捐神坐》等。汉魏碑刻既是一种风格独特的书法作品，同时它也展现了我国书法演变的历史。

大盂鼎

大盂鼎，又称“盂鼎”，它是现存西周青铜器中的重器之一，也是西周康王时期著名的青铜器之一。它是在清道光年间从陕西岐山县出土的，曾经数度流离，几经辗转，中华人民共和国成立后，被收藏者捐献给国家，如今珍藏于中国历史博物馆。大盂鼎为西周大型鼎器，立耳、圆腹、三柱足、腹下略鼓，高 101.9 厘米，口径 77.8 厘米，有 153.3 公斤重。鼎身的口沿下有饕餮纹带的装饰，底下的三足上，则有兽面纹的装饰，此外还有扉棱纹饰。大鼎体现出精良高超的制作工艺，整体造型流露出雄伟凝重的万端威仪，堪为世间珍宝。大盂鼎的内壁有长达 291 字的铭文，记述的内容是康王向盂叙述周文王和周武王的立国经验，任命盂来管理兵戎，并赐美酒、命服、车马和奴隶的事情。这段铭文是珍贵的历史资料，为史学家研究周朝的奴隶制度提供了依据。铭文整体布局严谨，用笔方圆兼备，有端庄凝重的风格，艺术味道浓厚，是西周青铜器中非常罕见的艺术精品。

大盂鼎是西周早期金文书法的代表作品，也是中国珍贵的文物。所谓大盂鼎，是与小盂鼎相对而言的，它们同时出土，但遗憾的是小盂鼎原器已失，仅存铭文拓本。

《墙盘铭》

《墙盘铭》是西周中期青铜器铭文比较长的。铭文为史官墙的手笔，有史料价值。史墙用近三百字的篇幅记述了西周文、武、成、康、昭、穆六王的重要史迹以及自己的家世。其书笔画圆润遒美，结体均衡，通篇风格端庄静穆，在端庄中又有活泼灵动之感，章法齐整，行气贯通，显得婉丽和谐，是共王时代金文的佳作。

一篇书法艺术，不仅有每个字的美，还要有整体的感人气象，如果通篇气象体现了一个时代的精神，那就可称为经典，《墙盘铭》就是这样的经典。

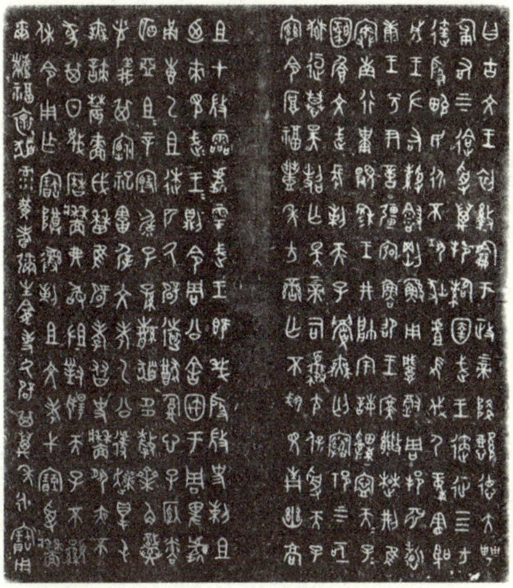

墙盘铭文

《散氏盘铭》

《散氏盘铭》厚重质朴，结字寓奇于正，蕴巧于拙，字里行间洋溢着壮实豪迈的气象。全篇气韵生机勃勃，体势错落摇曳如珊瑚碧树交相辉映。章法潇潇洒洒，在自然而然中达到浑然天成的艺术境界。其风格雄奇健美，而又给人一种自由活泼的艺术感受。在众多金文中，此铭文书法极富个性，能体现出书写者的情趣。线条浑圆有力且有稚拙之趣。结体开阔却更显出茂密蓬勃的生机。

在周代金文中，《散氏盘铭》得到书法界的高度重视。近世很多大书画家都坚持临写它，如刘海粟在90多岁的时候还在写《散氏盘铭》，他的书画浑厚朴茂的风格明显得益于此。

《毛公鼎铭》

《毛公鼎铭》是西周宣王时金文，498字，是先秦青铜器中铭文最长的鸿篇巨制。内容记天下四方动乱，周王命毛公忠心辅佐国事，并赐予他大量物品，毛公为感谢周王，特铸鼎记其事。铭文书法精严细密，圆劲遒美，结体劲健，井然有序，通篇布局有若群鹤游天，蛟龙戏海，气势流贯磅礴，神采绚丽飞动。正如郭沫若所赞："铭全体气势颇为宏大，泱泱然存周宗主之风烈。"全文笔画圆匀均衡，首尾如一，不露锋芒，是为金文书法的经典。

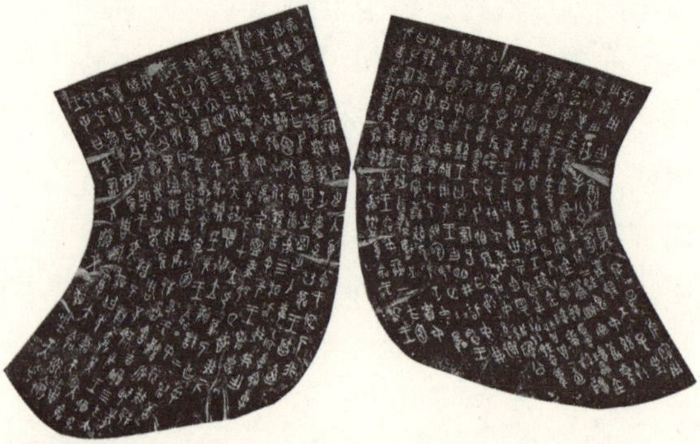

毛公鼎铭文

清李瑞清说："毛公鼎为周庙堂文字，其文则尚书也。学书不学毛公鼎，犹儒生不读《尚书》也。"

秦书八体

书法史上所谓"秦书八体"是：1. 大篆，即籀书，是西周时期一种文体；2. 小篆；3. 刻符，是官方常用于军事调度的符信，刻于金银、铜、玉上，剖分为两半，彼此各持一半；4. 虫书，是在书写幡旗和刻在青铜器上的象征性的虫、鱼、鸟图画文字，其实是装饰性的金文美术字；5. 摹印，是制印的一种书体；6. 署书，是题写门上匾额用的书体，亦称"榜书"；7. 殳书，殳为兵器，这类书体是刻在干戈上的字体；8. 隶书，是在秦篆的基础上，为书写公文方便，人们创造的一种今文。

《琅邪台刻石》

《琅邪台刻石》刻于秦始皇二十八年（公元前219年），经历2000多年的风雨，此石已经风化剥蚀严重；唯西面13行86字清晰。文为小篆，系秦代原石，极为珍贵。作为体现出秦王朝大一统风范的典型的小篆石刻，其书刻严谨，气魄宏大，有雄视天下的气概，书风庄严，这是最经典的传世小篆作品，真正的秦代石刻，传为李斯所书。

在肃穆神秘而又多姿多彩的金文之后，小篆以一种全新的庄严面貌走上了历史舞台。

《峄山刻石》

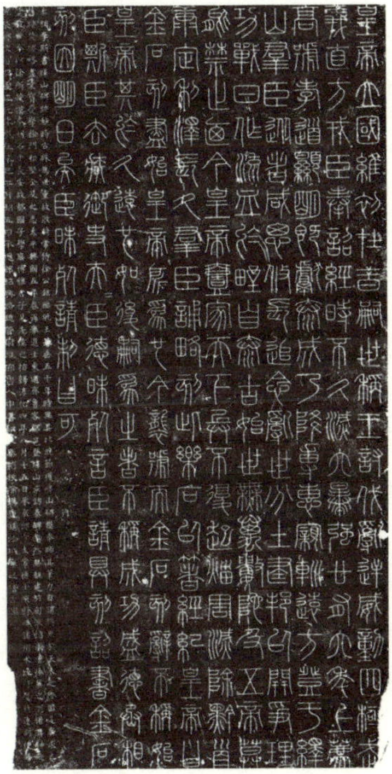

《峄山刻石》传说被魏太武帝所推倒，又被烈火烧毁，唐代时有木刻翻板。杜甫有“峄山之碑野火焚，枣木传刻肥失真”的诗句，可惜唐木刻本也失传了，我们也不知道肥成什么样。宋淳化四年（993年）郑文宝据南唐徐铉摹本重刻于长安，世称《长安本》。清杨守敬跋《长安本》说：“笔画圆劲，古意毕臻，以《泰山》29字及《琅邪台碑》校之，形神俱肖，所谓下真迹一等。”《峄山刻石》用笔婉转流畅，均匀端正，实为李阳冰、徐铉篆书的先导。

如果说《峄山刻石》毁于野火真是遗憾，那么，战国烽火所毁的各国文物更可痛惜，看着这整齐如一的秦风小篆，想想那周代金文的郁郁文彩、楚文化的瑰丽雄奇，丰富多彩的先秦文化更值得我们追寻！

峄山刻石　秦

始皇统一全国后的十余年中，共进行了五次远途巡行，这是第二次巡行途中留下的刻石，相传为丞相李斯手书，内容歌颂始皇帝的丰功伟绩，是秦代篆书极品。

《泰山刻石》

《泰山刻石》现在仅存29个字，对于它的真伪，近世以来颇有争论，多数学者认为它虽然历经辗转，但历史清楚，当系真品。

这是秦始皇东巡时为“颂秦德而立”，据说是李斯所书，文字显示出秦统一天下以后，“书同文”所产生的极为规范的风格，字体平正，笔线均匀流畅，字呈长方形，端庄有致，字形的结构与黄金律暗合。而且它直接继承了石鼓文的雄浑朴厚的艺术特点，用笔劲健，风格大气，这是标准的小篆书法，为后世留下了极为珍贵的典范。

秦诏版

秦始皇兼并六国，统一天下以后，诏令全国统一度量衡制度，在统一制造的度量衡器上都刻上相关诏书，或者镶嵌上刻有诏书的铜诏版，这就是秦诏版。

这组书法是凿刻出来的，所以笔线刚劲方折；竖有行，横无列，每行多弯曲，其书法字体大小不一，或二字仅占一字之格，或一字独占二字之格，极富情趣。其结字亦奇正间出，不拘成法，用笔长短疏密，任意安排，有“如水在方圆之妙”，具有一种自然适意的朴素质实之美。

与庄严肃穆的纪念碑式的刻石小篆不同，这些刻在诏版、铜量和权上的小篆完全是用于公示的应用文，所以通篇字写得质朴大方，不拘泥于形式，从这里我们似乎可以看出秦代行政风格中务实的一面。

礼器碑

礼器碑，全称汉鲁相韩敕造孔庙礼器碑，也叫韩敕碑，刻制于东汉永寿二年（156 年），现被山东曲阜孔庙所保存。这块碑四面都有刻字且均为隶书。碑阳面有 16 行字，每行 36 字，碑后、碑阴及碑的两侧都有题名。从书法艺术上讲，这是一件非常具有艺术性和专业性的作品，是公认的隶书的规范。

礼器碑上所刻的书法显得端庄工整，字体大小匀称、符合规矩、严谨端正、风格肃穆。笔法以方笔为主，然而方中寓圆，横向笔画显得绵延不绝，中部显得略高，整体呈现出雍容宽厚的特点。在细节上，字的点画提按幅度较大，细画看起来坚如钢丝。笔道瘦劲而不失刚健，显得非常富丽典雅，体现出汉隶鲜明的厚重风格。其中，碑的后半部以及碑阴所刻的内容是最精彩的部分，艺术价值极高，被认为是汉碑中的经典之作。礼器碑的书法艺术和刻工可以说是已经达到了登峰造极的艺术境界。虽是刻写，但纯化了书写的意味，尽显汉代墨迹自信爽快的韵味。此碑的文字书法对唐代楷书的形成产生了巨大的影响，在中国书法史上占有重要地位，具有深远的影响。

史晨碑

史晨碑

“史晨碑”现存于山东曲阜孔庙，全称“鲁相史晨祀飨孔子庙碑”。由于该碑前后两面都刻有碑文，前面的叫“史晨前碑”，后面的叫“史晨后碑”，因此又称“史晨前后碑”。

“史晨前碑”刻于东汉建宁二年（169 年）三月，碑高七尺，宽三尺四寸，碑文用隶书写成，共有 17 行文字，每行 36 字。“史晨后碑”于汉建宁元年（168 年）四月刻成，高宽尺寸同前碑一样。碑文也是由隶书写成，共有 14 行，每行 36 字。前后碑字体如出一人之手，相传为蔡邕所刻写。前碑记载鲁相史晨祭祀孔子的情况，后碑记载孔庙祀孔之事。“史晨碑”为著名汉碑之一。碑字结体方整秀润，紧密有序；线条圆融，有曲有直，劲健有力，点画匀称整齐，圆中有方，变化极为自然；笔势中敛，波挑左右开张，神采飞逸；行笔圆浑淳厚，有端庄肃穆的美感，其挑脚虽已流入汉末方棱的风气，但仍有姿致而不板滞。整体章法疏密匀适，行伍整齐，和谐统一，给人以一丝不苟、端庄典雅的美感。“史晨碑”上的隶书为汉隶成熟期方整平正一路书法的典型，深得后人赞扬。明代郭宗昌称其“可为百代模楷，亦非后世可及”。清代的万经在他的《分隶偶存》中说“史晨碑”：“修饬紧密，矩度森然，步伍整齐，凛不可犯。”方朔也说“史晨碑”书法具有宏深、沉古而遒厚的风格特点，是八分（即隶书）正宗。

曹全碑

曹全碑，全称汉郃阳令曹全碑。东汉中平二年（185 年）刻，碑在陕西西安碑林。此碑书法风格属秀丽一格，平和简静，内清刚而外俊美，有人说它如少女簪花，十分文静秀雅可爱，又有人说它如雅人高士，潇洒自如，风流自赏。其笔画圆润而精气内含，从容飘逸如行云流水，风神颇为俊逸。其结构匀整，秀美多姿，间有狭长之笔，变动灵活，饶有篆意。所有的线条都是中锋用笔，显得十分精美，在美学上属于优美的范畴。此碑在众多以厚重雄强为特点的汉隶中显得分外引人注目，历来极负盛名，被人们视为临习汉隶的上乘范本。

张迁碑

“张迁碑”，全称为“汉故谷城长荡阴令张君表颂”，亦称“张迁表颂”，汉灵帝中平三年（186 年）立碑于山东东平县，现陈列于山东泰山岱庙碑廊。此碑高 2.7 米、宽 1.15 米。碑文记载了张迁的政绩，是张迁旧部韦荫等人为追念他的功德而立，碑文用隶书写成。碑正面 15 行，满行 42 字，共 567 字，刻有捐钱人姓名和钱数。碑背面 3 列，上 2 列各 19 行，下列 3 行，共 323 字，刻立碑官吏 41 人名及出资钱数。碑额为篆书 2 行 12 字：“汉故谷城长荡阴令张君表颂”。

“张迁碑”是东汉隶书成熟时期的作品，书法造诣极高。此碑自出土以来，为历代金石、书法家所推崇。在众多的汉代碑刻中，此碑以古朴、厚重、典雅取胜，字里行间流露出率真之意，具有民间朴质之风，格调峻实稳重，堪称神品。它起笔方折宽厚，转角方圆兼备，运笔遒劲而曲折有力，落笔稳健。与东汉其他碑刻相比另具一番气象。它的线条粗细相间，对比鲜明，且能随结构的变化而变化。粗

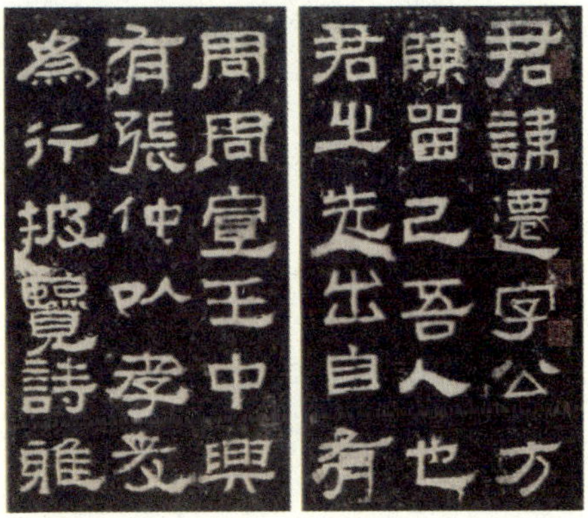

张迁碑

线条粗犷有力，厚实奔放；细线条含蓄深沉，内敛雄浑。其字体结构扁平匀称，端庄大方。每个字的各个组成部分相互之间非常和谐，讲究相互交错穿插，变化极为丰富。结体上已显露其对空间构筑的关注，如“兴”字的左右对称、“铭”字的左疏右密，等等。在隶书的形成过程中，笔法由圆变方，“张迁碑”可谓是汉隶方笔系统的代表作。同时，“张迁碑”在结构、笔画、结体上的一些特色，孕育和开启了后世楷、行、草书新书体之先河。

乙瑛碑

乙瑛碑与礼器碑、史晨碑并称孔庙三碑，在东汉隶书已经达到极成熟的水平的阶段，是最具代表性的作品之一，在隶书名碑中，是最有法度可循的。因其肃穆端庄、文雅大方，清代书家万经曾以“冠裳佩玉”的君子作喻，令人肃然起敬。翁方纲评其“骨肉匀适，情文流畅，汉隶之最可师法者”。

碑文结体端庄，起伏顿挫铿然有致，用笔有方有圆，笔画俊美生动，长笔画多曲成弧线，雁尾波笔动态优美生动。

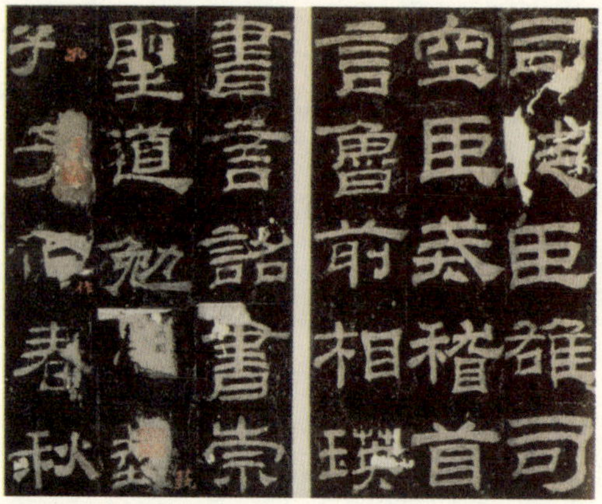

乙瑛碑

世人爱习此碑的很多。但学习此碑要注意：既不要过于纤巧，也不要过于呆板，恐伤于靡丽或甜俗。取其妙而去其俗，方能得法。

张猛龙碑

张猛龙碑刻于北魏时期，现立于山东曲阜孔庙。碑额方笔大字“魏鲁郡太守张府君清颂之碑”，方峻劲挺，气势超群。此碑在书法上开隋唐楷书之先河，用笔以方为主，兼以圆笔，结体取纵势，略有欹侧，中宫紧密，非常严谨，字形偏长，横笔坚实，起落有致；左低右高，左紧右松，正中见奇，纵敛适度，刚峻险劲，精妙之极，深为后世书家所推崇。清人王瓘称其“书体雄秀俊伟，在元魏石中，固应首屈一指”，康有为更是说它“如周公制礼，事事皆美善”。

《张玄墓志》

在极具超逸风格的北魏书法中，《张玄墓志》堪称精品，在规范之极的点画、结构之外，字里行间还蕴含着一种俊逸优美的奇趣。毫无柔媚之态，反显得清劲峻洁，遒厚精古。在用笔上能随心所欲地使用中锋、侧锋，笔画自然，丰富多变，有轻有重，结构茂密而有疏朗之致，笔断而意连，韵味深厚。结体法隶书，横笔平而不板，竖笔直而不僵。字体以横势为主，宽绰雍容，有奇有正。清包世臣曾对其评价道：“此碑有定法而出之自在，故多变态。”

《淳化阁帖》

《淳化阁帖》编刻于淳化三年（992 年），宋太宗下令编纂而成，是中国历史上首部大型名家书法集帖，又叫作《淳化秘阁法帖》，简称《阁帖》。这个书帖总共 10 卷，作为我国最早的一部丛帖，它被誉为“法帖之祖”。历来备受人们喜爱，并深深影响了后世的书法。《淳化阁帖》收录的书法墨迹、作品，代表了中国先秦至隋唐 1000 多年书法的最高成就。这部法帖中，共收 103 位作者的 420 篇作品，包括帝王、臣子和著名书法家等。集帖的第一卷收录了先秦到唐朝共 19 位帝王的书法作品，其中有东晋明帝司马绍的《墓次帖》，还有康帝司马岳的《陆女郎帖》，还有哀帝司马丕的《中书帖》等。本帖的第二、三、四卷收录的是历代名臣书法作品；第五卷收录的则是古代诸家法帖；第六、七、八卷，收录的是王羲之的书法作品墨迹；第九、十卷，收录的是王献之的书法墨迹。据说，此贴在宋代是木版刻印。由于收录者的鉴赏能力有限，因此所收录的作品真假优劣版本杂陈，而且错乱失序。

流传下来的摹本中，都以摹刻、翻刻居多，在这其中，较为著名的版本是顾从义本、潘允亮本等，因为这个集帖，先人的书法作品才得以流传千古。

《三希堂法帖》

《三希堂法帖》，全名《三希堂石渠宝笈法帖》。它始刻于清乾隆十二年（1747 年），完成于乾隆十五年（1750 年）。乾隆十七年（1752 年），宫廷再次组织人员，精心挑选出历代的名人法书，集合成为五卷，将其摹刻在石上，使这本法帖最终完成。

这部法帖总共收集了从魏晋钟繇开始，直到明代董其昌等在内的 130 多位书法名家的书法真迹，总篇目有 340 多种，这已经成为书法爱好者学习书法和练习的“圣经”，它代表的是中国书法艺术的最高成就，同时具有很高的书法艺术价值和历史研究价值。《三希堂法帖》在历代官私所刻丛帖中是规模最大的一种。它卷帙宏大，卷数多达 37 卷。选编者都是重量级人物，由乾隆皇帝亲自编选并挑选编

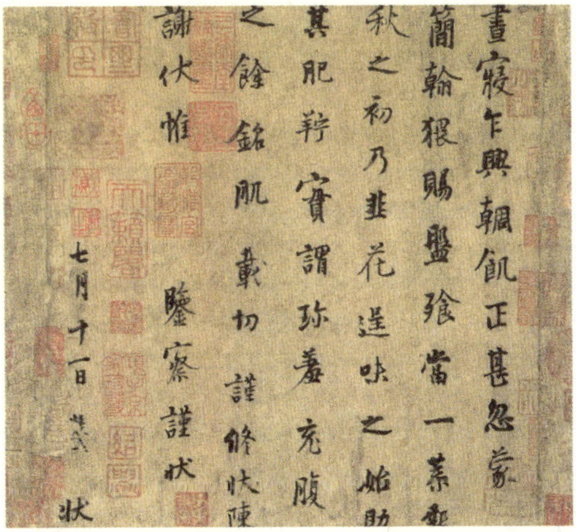

韭花帖　五代　杨凝式

《三希堂法帖》精选历代名人法书。

刻者，入选作品都是各个时代最著名的书画家的墨宝，有梁师正、蒋溥、嵇璜、汪由敦、董邦达等人的作品。它是中国书法艺术宝库中的珍宝。

“永字八法”

“永字八法”是前人总结书法书写规范和用笔的一种方法。据说是张旭提出的，也有人说是蔡邕或王羲之提出的。“永字八法”就是“永”字的8个笔画，它包含了中国汉字最基本的几种笔画。相传东晋大书法家王羲之曾经花了几年的时间，专门写“永”字，认为写好它，就能写好所有的字。

“永字八法”的第一画是点，称为“侧”，意思是以侧锋落笔，势足收锋；第二画是横，称为“勒”，要逆锋落纸，缓行争勒；第三画是直，称为“努”，须中锋落笔，直中有曲；第四画是钩，称为“趯”，要顿笔停锋，突然提笔，力集于笔尖；第五画是仰横，称为“策”，发笔舒展，结笔有力，需轻抬而进；第六画是长撇，称为“掠”，起笔有力，必须快而准，出锋干净利落；第七画是短撇，称为“啄”，左撇用力，如同鸟啄食般的力道和气势；第八画是捺，称为“磔”，落笔要轻，徐徐而有力。“永字八法”是中国书法笔画的根基，初学者练好这些基本笔画后，便可以掌握汉字书写的精要。因此，“永字八法”经常被人们当成“书法”的代名词。

中国印章

中国印章，又称“图章”。随着时代的推移和使用者的不同，中国印章也有不同的称呼。秦以前印章被称为“玺”。秦统一六国后，皇帝所用的专称“玺”，多以玉做成，故后世有“玉玺”之称，而一般人所用的印章称为“印”。至汉代，皇帝、皇后等人所用印章仍称为“玺”，民间所用的印章则称为“现章”、“印信”等。唐代称印章为“宝”。宋元以来先后把印章称为“记”、“朱记”、“关防”、“图章”、“花押”等。

古代印章主要分为两类：官印和私印。此外还有殉葬用印、辟邪印等。印章的形制主要有一面印、两面印、多面印，等等。印章的制作方法主要包括拔蜡、翻砂、凿印（用刀凿刻的）、铸印（用铜浇筑的）4种方法。印章的制作材料，古代多用铜、银、金、玉、琉璃等为印材，后有牙、角、木、水晶等，元代以后盛行石章。刻印印章的文字主要用篆书，秦汉多用大篆，宋元以来多用小篆，近代以来也有用楷书、行书、隶书入印的。印章上镌刻成凸状的印文，称为“阳文”或“朱文”；刻成凹状的印文，称“阴文”或“白文”。刻在印章顶端的文字称为“顶款”。印章文字的布局遵循“分朱布白”的规则，讲求虚实疏密适度、和谐。印章上除了镌刻文字外，还有刻图案的。印章的产生和使用虽然有很长的历史，但把印章作为一种书法艺术品来欣赏和创作却是从宋元开始的。宋元以前的印章主要以实用为主，明清以来印章艺术逐渐演化成为篆刻艺术。

文房四宝

中国书法的材料和工具是由笔、墨、纸、砚构成的，因而人们通常把它们称为“文房四宝”，意思就是说它们是文人书房中必备的四件宝贝。

笔，主要是指毛笔。毛笔的最早使用者是秦代的蒙恬。毛笔的种类甚多，现在所使用的主要有紫毫、狼毫、羊毫及兼毫 4 种。“紫毫笔”，就是取野兔脊背之毫制成，因色呈黑紫而得名。“狼毫”，就字面意思而言，是指以狼毫制成的笔。古代也确实有用狼毫制成的毛笔，但今天所称的狼毫，是用黄鼠之毫做成的。“羊毫”，是指以青羊或黄羊之须或尾毫制成的毛笔。“兼毫”，是指合两种以上之毫制成，依其混合比例命名，如三紫七羊、五紫五羊等。

墨，分为天然墨、半天然墨和人工墨。天然墨、半天然墨主要是指石墨，多在汉代以前使用；人工墨主要是指松烟墨和油烟墨，它们出现在汉代，至今仍在使用。松烟墨是用松枝烧烟加工制成，其特点是颜色乌黑，无光泽；油烟墨是用桐油或添烧烟加工制成，其特点是色泽黑亮，有光泽。在墨锭当中，泛出青紫光的最好，黑色的次之，泛出红黄光或有白色的为最劣。

纸，是我国古代四大发明之一。根据造纸的材料和吸墨功能的强弱，纸可以分为两大类。以木头为材料制成的纸，吸墨较强，以宣纸类为代表，如彷宣、玉版宣。由于宣纸较为昂贵，后来又出现了毛边纸、元书纸与棉纸等。用竹子制成的纸吸墨性较弱，以笺纸类为主，如澄心堂纸、泥金笺，还有今天的洋纸。

文房四宝

砚，是磨墨用的工具。根据制砚材料的不同，砚可以分为石砚、陶砚、砖砚、铜砚、玉砚等种类，最常用的还是石砚。从古至今，最负盛名的砚是广东产的端砚和安徽产的歙砚。

篆刻

篆刻又称为“玺印”、“印”或“印章”等，是用篆书刻成的印章，是一种特有的传统艺术和实用艺术品。篆刻艺术是书法、章法、刀法三者完美的结合。在一方印中，既有书法笔意，又有绘画构图，还有刀法雕刻，可谓“方寸之间，气象万千”。篆刻在 2000 多年中出现了两个高度发展的阶段。一是战国、秦汉、魏晋六朝时期，

私印 西晋

西晋时，玄学成为主流，这些私印体现了当时嗜爱清奇的风尚，字体修长潇洒，如玉树临风。

被称为“古代篆刻艺术时期”，其用料主要为玉石、金、牙、角等。这一时期尤以汉代玺印为代表。汉印结体简化，笔画平整方直，并以鸟虫书入印，装饰性很强。汉代铸印庄重雄浑，凿印健拔奇肆，成为后世篆刻艺术的重要渊源。

二是明清时期，这一时期篆刻艺术大放异彩。明代中叶，印章由实用品，或书画艺术的附属品，发展为一门独立的篆刻艺术。自从明篆刻家文彭之后，篆刻艺术繁荣起来，形成了徽派、浙派、皖派等很多篆刻流派，出现了何震、程邃、丁敬、邓石如、黄牧甫、赵之谦、吴昌硕等篆刻艺术家。

篆刻家文彭

文彭，字寿承，号三桥，别号渔阳子或三桥居士，著名书画家文徵明的长子。文彭曾经担任南京国子监博士之职，因此也被世人称为文国博。他是一个艺术上的全才，能书擅画，尤其善写墨竹，其风骨直追宋代文同。他的山水画也别有韵味，比如《桐阴壁暑图》，很有他父亲的画风。但是，作为一个彪炳千古的杰出艺术家，文彭最大的贡献在篆刻。

早期，中国篆刻主要在于实用，宋元时期，虽有了艺术化的苗头，但并未发展起来，到了明中叶，文彭提出一系列的篆刻理论，并积极实践，引导时风，从而使篆刻成为一门与书法、绘画并立的独立艺术。

文彭在篆刻艺术史上的贡献主要在下几个方面：第一，他主张改革时弊，提出“复古出新”的理论，追求高雅古朴，力主恢复秦汉古印简括、空灵、平正、端庄的自然古朴的风格。第二，在具体的方法上，又提出以“六书为准则”的主张，把印章中的“刀”与书法中的“笔”结合起来，意义重大。第三，实践上，文彭继承汉印传统，“直接秦汉之脉”，结字秀丽典雅，简洁圆润，古朴自然；刀法明快自如，既体现笔意，又颇见刀味；章法安排也颇具匠心，并开创了在印侧用双刀法刻边款的先例。第四，治印运用新材。文彭首创以青田冻石为印材进行刻印，使石质印材被广泛使用。总之，文彭的理论和实践，丰富了篆刻艺术的观赏内容和审美标准。由于文彭的影响，篆刻艺术“一时靡漫，畅开风气”，文人治印，风气大盛。文彭也以精湛的技艺和独特风格，开创了印学史上第一个流派“吴门派”。故而，他被奉为文人篆刻流派的开山鼻祖。

徽派篆刻

明代初期，徽州印坛充斥着极为庸俗怪异的风气，经常有篆刻者擅自杜撰篡改篆字形义，使得篆刻艺术和作品极为混乱，作品芜杂。到了明中叶，著名篆刻家何震认为，作篆治印的关键在于用笔运刀的方法，建议篆刻章法要整齐、活泼。他本人能娴熟地把握刀与石的性能，做到刀随意动、意指刀达。他的篆刻作品刀法猛利，气势宽宏，具有汉印的雄健风貌。此外他还注重刀法与书法、内容与风格的和谐统一，一改当时的怪异风格，使人耳目一新。何震的创新很快得到社会认可，人们开始追捧研习。由此，何震开创徽派篆刻。

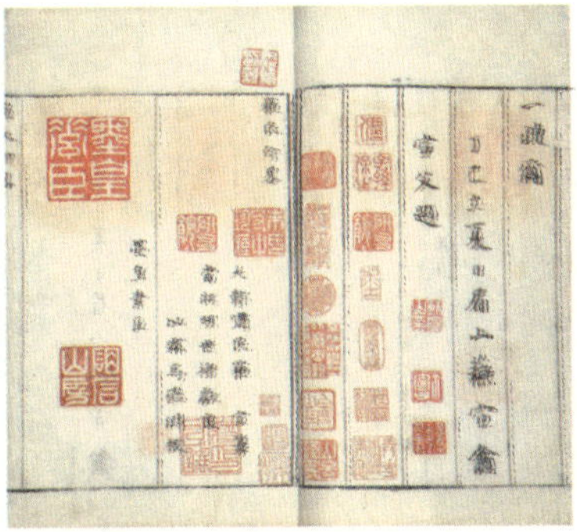
苏宣《苏氏印略》

何震的篆刻风格流风甚远，后世徽派篆刻名家辈出，其中苏宣的典雅雄健、金光先的浑朴静穆、汪关的平和清丽、朱简的生涩刚劲、江臣的秀劲苍润、胡正言的端重工稳，但都不失徽派的崇古思想，注重学养并追求雅逸平和的审美意趣。清代中期，徽州人程邃、汪肇龙、巴慰祖、胡唐，继承了前辈篆刻家的诸多优点，并在掌握众家之长的基础上，不断创新，自成一体，人称“歙四子”。晚清时期，黟县黄士陵崛起，并以其深厚的金石学修养，再创新意。

浙派篆刻

浙派篆刻又叫作“浙江印派”，是中国历史上著名的篆刻流派之一。清代乾隆年间，浙派篆刻崛起于中国印坛，与徽派一起成为清代时期主要的两大流派。它有深厚的传统基础和完整精湛的技法，蕴涵着巨大的艺术能量。

丁敬是浙派篆刻的创始人，著有《武林金石录》。他最为擅长篆隶，创造了“古拗哨折”的篆刻风格。他的篆刻艺术在广泛撷取秦汉印章、元明诸家精华的基础上，去除了明人书坛上的不良习气，是入古出新的创举。此外，他在运用篆法、刀法等方面做出了重要的贡献。他的作品篆法去繁就简，参以隶法；在印文体势方面，则体现出平方正直和方圆互参的风格，颇显出简古平淡的韵味，高古含蓄，最得汉印精神。这种苍劲质朴、古拙浑厚的风格引领了浙派篆刻的形成，也成为浙派篆刻的主要面目。丁敬稍后，蒋仁、黄易、奚冈、陈豫钟、陈鸿寿、赵之琛、钱松等篆刻名家崛起，因他们与丁敬都是杭州人，篆刻风格相近，所以人们把他们合称为“西泠八家”。再后来，凡是在篆刻艺术上继承这种风格的篆刻家都被称为“浙派”。浙派在篆刻史上传承 200 多年，影响深远。

中华建筑

“房”和“屋”的区别

住宅内凡是居室皆可称房。

房，是古代宫室中供人居住的房间，位于堂之后，室之两侧，专指东房、西房，在室之东者为东房，室之西者为西房，又叫右房。东房、西房都有门与堂相通，东房后部还有阶通往后庭。到了后世，住宅内凡是居室皆可称房。

屋，本义是幄，就是指带有木架的帐幕。《说文·木部》：“楃，木帐也。”《释名·释床帐》：“幄，屋也。以帛、衣、板施之，形如屋也。”由于四面用帐幕围合起来像屋宇，所以称为“幄”。后来“屋”指房屋，另造“幄”字专指帐幄。屋即人来到这里居住之意。因此，房屋一般指上有屋顶，周围有墙，能防风避雨，御寒保温，供人们在其中生活的建筑物。

“门当户对”

古代宫室的双扇大门称为“门”，内部堂、室、房之间的单扇门称为“户”。《礼记·礼器》中“未有入室而不由户者”，即指室户。布局上，门户是指正门、入口。

“门当”，原本是指在大门前左右两侧相对而置的一对石墩或石鼓，“户对”则是指位于门楣上方或门楣两侧的圆柱形木雕或砖雕。中国建筑学讲究对称的和谐审美原理，大门前有门当的宅院必有户对，而且门当、户对上要雕刻有适合主人身份的图案，“门当”和“户对”可以反映出宅第主人的身份、地位和家境，所以，“门当户对”逐渐演变成社会观念中衡量男婚女嫁条件的成语。

堂

古代的住宅，方位一般向南。住宅的内部，可以分为堂、室、房三部分。前部分是堂，堂一般不住人，是用来行吉凶大礼的处所。堂的后面是室，室是专门住人的。室的东侧和西侧，是东房和西房。

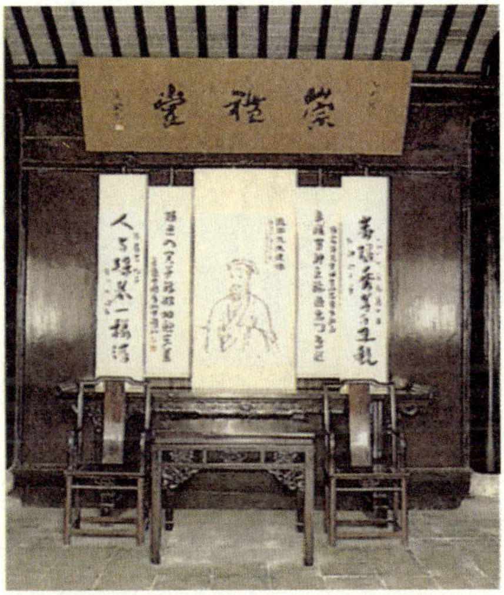

崇礼堂　明

此为明代著名旅行家徐霞客的故居，为明代建筑形制。

整所住宅，常常建筑在一个高出地面的台基上，台基太高，这样一来，堂前就要有台阶，人进入堂房，必须先登上台阶，古人常说的“升堂”，就是指登上台阶进入堂房的意思。

上古的堂前，是没有门的。堂上的东边和西边，有两根楹柱，东西两壁的墙，叫作序，堂内靠近序的地方，分别叫作东序、西序。堂的后面有墙和室、房隔开，室、房都有户，户和堂是相通的。古人所说的户，通常指的是室的户。室户偏东，在户的西边相应的位置上，有一个窗口，叫作牖。室还有一个朝北的窗口，叫作向。东房的后部，有阶通往后庭。

古人在堂上坐的时候，通常尊贵的坐向，是室的户牖之间朝向南面的方向，所以古人常说“南面”。不过在室内的座位，跟在堂上的座位，又不一样，室内尊贵的坐向，是朝向东面的方向。

阁、厢、殿

古代还有阁和厢的概念。

汉代的阁、厢，指的是堂东西两侧的房子，这些房子和堂毗连平行。堂的东边和西边有墙，叫序，序外东边和西边，分别设置有一个小夹室，东边的小夹室叫作东夹，西边的小夹室叫作西夹，东夹和西夹，这就是所谓的阁了。在东夹、西夹前面的空间地带，叫东堂、西堂，这就是所谓的厢了。阁和厢之间设置有户，阁厢是相通的。在厢的前面，也设置有阶。

汉代的殿又指什么呢？乐府诗《鸡鸣》中说：“鸣声何啾啾，闻我殿东厢。”诗中所说的东厢，指的就是东堂，诗中所说的殿，就是上面所说的堂屋。秦汉以前，古人叫堂不叫殿，后来汉代开始叫殿，但汉代的殿，实际上也可以指宫廷和庙宇之外的其他建筑，和后来专指宫廷和庙宇里的主要建筑不同。

台、榭、观、阙、亭、轩、长廊

台榭

所谓台，是指高大而平坦的建筑物，一般的用途是瞭望。在台的上面有木构建筑，这个木构建筑就是榭。榭的特点，是只有楹柱，没有墙壁。

在宗庙或宫廷大门外两旁，有比较高大的建筑物，这就是观。两个观之间，有一个豁口，所以叫作阙。但观也可以指独立的建筑物，如汉代宫中的白虎观。后来，观的意义进一步扩展，道教的庙宇，也开始叫作观了。

亭

古代有一种建筑在路旁的公家房舍，可以供旅客住宿，这就是亭。建造在边境上的亭，还可以起看守烽火、防备敌人的作用。《史记》上说：“筑亭障以逐戎人。”这里的“亭”，指的就是这种军事用亭。

后来，亭的用途发生改变，变成了一种可供欣赏和休息的小型建筑物，常设在园林和风景名胜处，或者设在交通大道上。古诗上常说的长亭、短亭，就是指这种建筑物。

廊

“亭”是中国建筑中体量最轻巧的一种建筑形式。它通常只有屋顶和梁柱而没有四壁，内外通透。多建于路旁，供行人休息、乘凉或观景用。有半山亭、路亭、半江亭等。亭的造型都很美，在景观中能起到画龙点睛的作用。

廊是建筑群体中最轻盈的建筑形式。颐和园长廊共长728米。枋梁上有人物、山水、花鸟等彩画8000多幅。长廊像一条长龙把园内的山水及各座建筑物连为一体。

轩，原意是指古代一种有围棚或帷幕的车，后来引申指有窗的长廊或小屋等。

版筑

《孟子》中说：“傅说举于版筑之间。”可见很早，古人筑墙就已经使用版筑技术了。所谓版筑，就是筑土墙时，把两块木板并列排在一起，左右相夹，使木板中间的宽度，等于墙的厚度，然后再在板外，用木柱把两块木板衬住，往里倒进泥土，用杵捣实，泥土凝固后，把木板、木柱拆除，一座土墙就筑好了。

版筑技术在古代应用很广，甚至流传至今。

斗拱、飞檐、藻井

斗拱是我国木结构建筑特有的一种结构，也是中国传统建筑中主要的造型特征之一。在立柱和横梁的交接处，从柱顶上加的一层层探出成弓形的承重结构叫拱，拱与拱之间垫的方形木块叫斗。

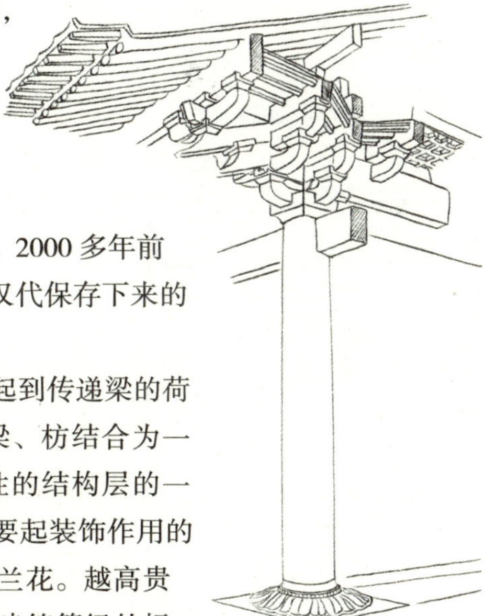

斗拱

斗拱的产生和发展有着非常悠久的历史。2000 多年前战国时代采桑猎壶上的建筑花纹图案，以及汉代保存下来的墓阙、壁画上，都可以看到早期斗拱的形象。

斗拱最初孤立地置于柱上或挑梁外端，起到传递梁的荷载和支撑屋檐重量的作用。唐宋时，它同梁、枋结合为一体，除上述功能外，成为保持木构架整体性的结构层的一部分。明清以后，斗拱作用蜕化，成为起主要起装饰作用的构件。它构造精巧、造型美观，如盆景，似兰花。越高贵的建筑，斗拱越复杂、繁华，逐渐成为区别建筑等级的标志。重要建筑物上有斗拱的安置，可以给人一种神秘莫测的感觉。无论从艺术或技术的角度来看，斗拱都足以象征和代表我国古典建筑精神和气质。

飞檐，是指屋檐特别是屋角的檐部向上翘起，如鸟儿展翅欲飞。飞檐为中国建筑民族风格的重要表现之一。它不仅扩大了建筑物的采光面，有利于排泄雨水，而且为建筑物增添了向上的动感，营造出了壮观的气势。

藻井，是中国古代殿堂室内顶棚上凹进的“井”形藻文饰样，由细密的斗拱承托，象征天宇的崇高。藻井上一般都绘有彩画、饰以浮雕。北京故宫太和殿上的蟠龙藻井，当中为一凸雕蟠龙，引首衔珠，称为龙井，是清代建筑中最华贵的藻井。

样式雷

“样式雷”是对清代 200 多年间主持皇家建筑设计的雷姓世家的誉称。主要的皇室建筑，如宫殿、皇陵、圆明园、颐和园等，都是雷氏世袭建筑师家族负责的。

祖籍江西永修的样式雷，从第一代样式雷雷发达于康熙年间由江宁来到北京，到第七代样式雷雷廷昌在光绪末年逝世，前后七代为皇家进行宫殿、园囿、陵寝以及衙

样式雷圆明园九州清晏图样

署、庙宇等设计和修建工程。因为雷家几代都是清廷样式房掌案头目人，即被世人尊为“样式雷”，也有口语“样子雷”的叫法。雷发达被认为是样式雷的鼻祖，但声誉最好、名气最大、最受朝廷赏识的应是第二代的雷金玉。他因修建圆明园而开始执掌样式房的工作，是雷家第一位任此职务的人。康熙在《畅春园记》里曾提到过一位他非常牵挂的杰出匠师，即指雷金玉。

雷氏家族的每个建筑设计方案，都按1/100或1/200比例先制作模型小样进呈内廷，以供审定。模型用草纸板热压制成，故名烫样。其台基、瓦顶、柱枋、门窗以及床榻桌椅、屏风纱橱等均按比例制成。雷氏家族烫样独树一帜，是了解清代建筑和设计程序的重要资料。留存于世的部分烫样现存于北京故宫。

三孔

山东省曲阜市境内的孔府、孔庙、孔林，统称“三孔”。三孔是中国历代纪念孔子，推崇儒学的表征，以丰厚的文化积淀、悠久历史、宏大的规模、丰富的文物珍藏，以及科学艺术价值著称于世。

孔府又称“衍圣公府”，位于孔庙东侧，是孔子嫡系子孙居住的地方，也是我国仅次于明、清皇帝宫室的最大府第。现在的孔府基本上是明、清两代的建筑，包括厅、堂、楼、轩等463间，共九进院落，占地240多亩。分为前厅、中居和后院。前厅为官衙，是处理公务的场所，中居即内宅和后花园，是衍圣公及其眷属居住的地方，最后一进是花园，园内假山、鱼池、花坞、竹林及各种花卉盆景一应俱全，其中“五柏抱槐”的奇树，为世罕见。

孔庙，坐落在曲阜城内，其建筑规模宏大、雄伟壮丽、金碧辉煌，为我国最大祭孔要地。全庙南北长1公里多，占地327亩，共有厅堂殿庑400多间，包括三殿、一阁、一坛、三祠、两庑、两堂、两斋、十七庭、五十四门坊，前后共九进庭院，布局严谨、气势雄伟，是我国古代仅次于故宫的古建筑群。

孔林是孔子及其后裔的墓地，坐落于曲阜城北，占地3000余亩，是我国规模最大、持续年代最长、保存最完整的一处氏族墓葬群和人工园林。孔子去世后，其后代从冢而葬，形成今天的孔林。孔林对于研究中国历代政治、经济、文化的发展以及丧葬风俗的演变都有十分重要的意义。

中国古代建筑

中国是世界四大文明古国之一，在悠久的历史进程中创造了辉煌的中国建筑体系。

中国古代建筑的发展大体可以分为 6 个阶段：远古至秦朝是第一个阶段，这一时期古代建筑初具雏形；两汉兴作不断，各种类型的建筑都得到了较大的发展，是古代建筑的发育时期；魏晋、南北朝时期，宫殿和佛教建筑兴盛起来，雕刻等装饰手法也有较大的发展；隋、唐时期，宫殿、寺观，乃至桥梁等建筑不断有精品出现，是古代建筑全盛和成熟的时期；五代、宋、辽、金时期，古代建筑开始华丽、细致，到南宋时期更显得纤靡，不及隋唐时期的雄伟壮阔；元、明、清时期，宫殿建筑的规模和气势达到了顶峰，清朝后期国外的一些建筑形式和手法逐渐传入，中国传统建筑中逐渐融入异域建筑特点。

中国古代建筑有诸多特征，如多选用木材做主要建筑材料，砖石常被当作辅料来使用；外部轮廓特异，给人以飘逸优美的感觉，极富吸引力；以斗拱为结构的关键。在横梁及立柱间过渡处，施横材方木相互垒叠，前后伸出叫作“斗拱”，其功用在于以伸出的斗拱承受上部结构的重量，并将其转移到立柱上面，四周的墙壁对屋顶重量不起主要的支撑作用，所以有“墙倒而屋不塌”的现象。宫殿、庙宇等庄严的建筑群常采用左右匀称、绝对整齐对称的布局形式。园林等休闲游乐场所，布局则没有固定的模式，结构自由随意。

中悬山

硬山

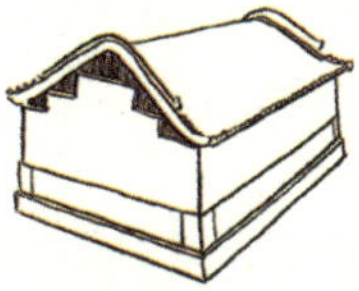
卷棚

方攒尖

圆攒尖

重檐

庑殿

十字脊

六大古都

我国古代的都城通常是政治中心和经济中心的结合体，同时还是文化中心。我们通常所说的“六大古都”，分别是西安、开封、洛阳、北京、南京、杭州。从实际情况看，西安、北京和南京对古城风貌保持得较好，存留了大量古代文物和各种建筑遗迹，比较能体现古都的各方面特点。

西安位居六大古都之首，它在中国古代历史上建都最早、时间最长、定都朝代最多。在西安建立都城的朝代包括西周、秦、西汉、前秦、隋、唐等。而明清时期的西安，已成为军事指挥中心和西北区域的政治军事中心。西安的城市布局是北方平原地带城市的典型代表，特色是方整规则，道路宽敞笔直。我们今天见到的钟楼和鼓楼，是明代的遗留。

洛阳乃天下之中，西周初年，周公营建东都洛邑，就在此地。西周灭后，周平王迁都于此，开始了它作为首都的序幕，此后，东汉、曹魏、西晋、北魏，都在这里定都，隋朝和唐朝把这里称为东都，以掌控天下。后来，后梁和后唐也曾于此建都，所以洛阳有“九朝古都”之称。

开封乃是七朝古都，最早在此定都的是战国时期的魏国，当时称大梁，魏灭后衰落；隋代大运河开凿后，开封再次繁荣，后梁、后晋、后汉、后周和北宋都在此定都，称为东京。特别是在北宋时期，开封城达到鼎盛，当时它是大运河的中枢，城内交通方便，舟桥林立，非常繁华。宋亡后金朝曾迁都于此。

南京最初为三国时期东吴都城。后成为东晋及南朝宋、齐、梁、陈的国都，五代的南唐、明代早期、太平天国均建都于此。南京城虎踞龙盘，却饱受磨难，战争的破坏尤其严重，数度繁华的东南大都会，并没有留下太多的古迹。

北京位于华北平原北部，战国时为燕国国都，金时正式建都，称“中都”。元大都坐北朝南，分为大城、皇城和宫城部分，城墙为夯土筑造，共有11座城门，东西南各3门，元大都划定南北中轴，布局围绕这个中轴展开，显示出与前代不同的特点。明清时期的北京，在元大都的基础上加以改建而建都，其布局近乎完整地保存到现代。

在六大古都中，杭州资历最浅，但以风光秀丽驰名天下，正所谓“上有天堂，下有苏杭”。杭州始建于秦朝，到唐朝才繁荣起来。唐末，吴越王钱镠在此建都。金兵灭掉北宋后，赵构南渡定都于此。虽然作为都城的历史不长，但杭州却拥有大批名闻世界的名胜古迹，引得天下游客流连忘返。

古城墙

城市是人类文明发展到一个重要历史阶段的标志，而城墙则是一座城市的重要标志。我国古代的城市从尊贵的京都到一般府、县乃至一些乡、镇都建有城墙来防御外敌的入侵。

城墙上一般有城门、城楼、角楼、墙台、敌楼、宇墙、垛口等防御工事，构成了一整套坚固的城防体系。此外有些城墙还起着防洪的作用。我国现存有不少著名的古城墙，如安徽寿县、江西赣州、湖北荆州、浙江衢州等城墙，都有重要的防洪功能，其中一个突出的例子是浙江临海的城墙，其瓮城、马道等结构与形式都是为防洪而专门设计的。我国古代的城墙建筑，不仅固若金汤，在建筑艺术上也有突出的成就。现存北京的前门城楼、箭楼，德胜门箭楼、东南角楼，西安城墙的城楼、箭楼等，莫不以其坚固的城墙、高耸的城楼、宽广的护城河显示出雄伟壮观的气势；北京故宫紫禁城的城角楼，飞檐折角，重檐金顶，倒映护城河中，确是一幅优美的画图。现在保存较为完整的城墙有陕西西安城墙、湖北江陵县的荆州城墙、湖北襄阳区的古城墙、辽宁兴城的宁远卫城墙、山西平遥县的古城墙、福建惠安县的崇武城墙等，其中，尤以陕西西安城墙规模最大且最完整，它平面呈长方形，周长 11.9 千米，高 12 米，顶宽 12 ~ 14 米。城墙外有宽 20 米、深 10 米的护城河。墙面用青砖包砌，厚重坚实，东西南北四面均开设城门。城门上建有城楼、箭楼、闸楼，巍峨凌空，气势宏伟。城楼与箭楼之间有瓮城，城四角各有一座角楼，显示出我国古代京城的雄姿。它是我国现存唯一完整的古代大型城垣。

此外，我国还有一些特殊的古城墙，如山东蓬莱戚继光备倭水城，是用来操练水军和停泊战舰以防御倭寇入侵的；北京卢沟桥的宛平城，是专门防守卢沟桥的桥头军事堡，等等。

万里长城

早在春秋时期，为抵御北方游牧民族的入侵，楚国修建了一段长城。到了战国，燕、赵、秦等诸侯国更是大规模修建。秦统一六国后，秦始皇派人把北方各诸侯国所筑长城连结起来，西起临洮，东到辽东，绵延一万多里，这就是“万里长城”名称的由来。之后，各朝各代都曾对万里长城进行过修缮，现今我们所看到的，主要是明代修建的长城。

秦万里长城第一台遗址

在秦代修筑长城时，榆林这个地方是当地地势最高、烽火台最大、里面驻军最多，也是两路长城会合的地方。自秦以后，历代均以此台为镇守北方的重要军事要地，号称镇北台。

长城依地形而建，就地取材。在有山的地方，长城就建在陡峭的山脊上，并开采山石，凿成巨大的条形，堆砌城墙，内填灰土，非常坚固；在黄土地上，长城主要用土夯筑；在沙漠里，则用沙砾作主要材料，层层铺设红柳和芦苇以使城墙更加稳固。长城是军事防御建筑，城墙顶上铺有方砖，非常平整，宽的地方可以并行五六匹马，可供兵马顺畅通行；城墙的外沿则排列着 2 米多高的垛子，垛子上部有方形的望口和射口，用来望敌情和射击敌人；城墙顶上每隔 300 余米设有一个屯兵的堡垒，打仗的时候，各堡垒之间可以互相接应；另外，长城的两边还有烽火台，有的紧靠长城两侧，有的则在长城以外，一旦有紧急情况，白天放烟，晚上点火，以提供警报和请求救援。长城规模宏大、气魄雄伟、建筑艺术精妙，是世界上最伟大的奇迹之一，它凝聚着先人的血汗和智慧，是中华民族的骄傲和象征。

中国宫殿建筑

宫殿是皇帝处理国家大事和居住的地方，其规模宏大、气势磅礴、结构严谨给人以庄严肃穆的感觉和强烈的精神感染，从中凸现出皇帝无上的权威。在我国，宫殿是古代最重要的建筑形式。殷商时期就已经有宫殿建筑，秦统一六国后，更是建立了大批的宫殿建筑，自此以后宫殿建筑进入繁荣发展的时期，在几千年的封建历史上，著名的宫殿建筑有：西汉的长乐宫、未央宫，唐朝的大明宫等，我国现存的最宏伟壮丽的、保存最完整的宫殿建筑是明清时期的紫禁城宫殿。

我国的宫殿建筑主要有三个特点：第一，宫殿一般是一个庞大的建筑群，包含许多不同功能的建筑；第二，在布局上，强调“中正无邪”，最重要的建筑都建在中轴线上，其他辅助性的建筑则建在两侧；第三，都城和宫殿二者的关系非常紧密，宫殿的布局往往扩大到整个都城，从而进一步凸显出宫殿的重要地位。

纵观宫殿建筑发展的历史，大体上可以分为两个阶段。春秋至唐代是第一个阶段，这一时期，宫殿一般建在都城内，宫殿的一边或者两边靠着城墙，或者宫殿傍着城墙的一边或者一角建在都城外，也有分建两座城的。这一类型的宫殿有：春秋战国时期齐国的都城临淄、西汉的长安城、东汉和北魏的洛阳城、隋唐的长安城和洛阳城等。第二个阶段自北宋起，这一阶段的宫殿建于都城中，四面被都城包围，如北宋的开封城、元大都、明清北京城等。

阿房宫

阿房宫号称“秦川第一宫”。“阿房”是“近旁”的意思。秦始皇在统一六国后，绘制了六国王宫宝图，在秦国咸阳的渭水南岸进行仿造，称为“六国宫殿”。相传共有宫室 145 处，其中著名的有信宫、甘泉宫、兴乐宫等。公元前 212 年，秦始皇又下令在渭河以南兴建更大的宫殿——朝宫，朝宫就是阿房宫。

西汉史学家司马迁在《史记·始皇本纪》记载，阿房宫前殿，东西五百步，南北五十丈，殿中能坐一万人。宫殿四周为阁道，从殿下直抵南山。在南山的峰巅建宫阙，又修复道，通过阿房宫渡过渭水直达咸阳。《汉书·贾山传》记载阿房宫的规模

阿房宫图卷　清

此图所绘依山殿阁，傍水楼台，山水相连，花木并茂，并有龙舟、游艇、宫人等点缀。

“东西五里，南北千步”。秦朝末年，项羽火烧秦宫室，大火3个月不熄。现在在陕西西安西郊三桥镇以南，东起巨家庄，西到古城村，还保存着约60万平方米的阿房宫遗址。但在近年来的考古发掘中，史学界却得出了新的结论，即当年秦始皇虽然大力兴建阿房宫，但因工程规模浩大，加之秦末乱世人力匮乏，直至秦亡阿房宫也未竣工，它只是个半拉子工程。至于项羽火烧阿房宫，也是误传。

史书上记载项羽入咸阳曾“烧其宫室，虏其子女，收其珍宝货财”，但并未指出所烧的是阿房宫。

故宫

故宫旧称紫禁城，是明清两代皇宫，中国现存最大最完整的古建筑群，也是现存的最大宫殿群，现为故宫博物院。

兴建于明朝永乐年间，设计者是蒯祥。故宫是一个长方形城池，墙外有护城河环绕，占地72万平方米，建筑面积约15万平方米，拥有殿宇9999间半。故宫严格按照《周礼·考工记》中“前朝后市，左祖右社”的帝都营建原则建造。故宫有4个大门，正门（南门）名为午门，俗称五凤楼，午门后有5座汉白玉拱桥通往太和门。东门名东华门，西门名西华门，北门名神武门。故宫宫殿的建筑布局有外朝内廷之分。外朝是明清皇帝行使权力、举行盛典的地方，以太和、中和、保和三大殿为中心，文华、武英两殿为两翼。太和殿（又称金銮殿）是皇帝即位、举行节日庆典和出兵征伐等大典的地方。中和殿是皇帝休息和接受大典中执事官员参拜的地方。保和殿是科举考试举行殿试的地方。内廷是封建帝王和后妃居住的地方，以乾清宫、交泰殿、坤宁宫为中心，东西六宫为两翼。

坛庙建筑

坛庙建筑主要用于祭祀天地、日月、社稷山川、帝王先贤、名人祖宗，在我国古代建筑中占有重要的地位。

我国坛庙建筑的历史比宗教建筑更为悠久，在内蒙古、辽宁、浙江等地发现的一批坛庙建筑，距今约有五六千年。在不断发展的历史进程中，坛庙逐渐由原先的宗教信仰范畴的建筑发展成为封建国家具有政治作用的设施，成为都城、府县建设中必不可少的工程项目。

坛庙建筑按其祭祀对象可以分为两类：一类是祭祀自然神的坛庙，如天帝庙、日月星辰风云雷电之神的神庙、社稷庙、先农庙、岳镇庙、城隍庙、土地庙等；一类是祭祀鬼神的庙，鬼神即人死之后的神灵，如关公庙、孔庙、亚圣庙、文昌庙、诸葛武侯祠以及人们供奉历代祖宗的神庙等。在都城中必须建设的坛庙建筑有：太庙、社稷坛、天坛等，而地方府县必然建造的坛庙建筑有：山川坛、社稷坛、城隍庙、孔庙等。此外，各地还根据本地的历史文化修建各种具有地方特色的神庙，如苏州一带有祭祀早期开拓者的“泰伯庙”，有祭祀春秋战国时期辅助吴王兴国的功臣伍子胥的神庙；沿海各地有祭祀海上女神天妃的“妈祖庙”等，而历代官员及其后代建造的家庙更是遍布全国各地。现存的著名坛庙建筑有北京天坛、地坛、社稷坛、太庙，山东曲阜的孔庙，四川成都的诸葛武侯祠，山东邹城的亚圣殿等。

天坛

天坛

天坛是明清皇帝祭天和祈谷的地方，位于今北京东城区，是世界上现存最大的古代祭祀性建筑群，始建于明永乐十八年（1420年），占地约270万平方米。天坛建筑布局呈“回”字形，有两层垣墙，形成内外坛。坛墙南方北圆，象征天圆地方。主要建筑有斋宫、圜丘坛、祈年殿、长廊、万寿亭、回音壁、三音石、七星石等。天坛的代表建筑是圜丘和祈年殿等。圜丘和祈年殿间由一条长359米，宽28米，高2.5米的丹陛桥连接。圜丘位于丹陛桥南端，由3层圆形露天石坛构成，每层都围有汉白玉石围栏。祈年殿位于丹陛桥北端，正月上辛日在这里合祀天地。大殿建在高6米，底层直径90.9米的3层汉白玉圆形的祈谷坛上。祈年殿呈圆形，高38米，直径32.72米，是三重檐亭式圆殿。殿内中央的四根龙井柱高19.2米，象征一年的四季；中层12根金漆柱，象征一年12个月；外层12根檐柱，象征一天12个时辰。中外层共24根柱象征二十四节气。

天坛成功地将中国人对“天人关系”的认识以及对上天的敬畏与期望体现出来；处处展示着中国人传统的哲学观念和象征的艺术手法；熔古代科技成就如数学、力学、美学、生态学于一炉，是中国古代具代表性的建筑精品。

陵墓建筑

陵墓是我国古代埋葬帝王或后妃的坟墓和祭祀建筑群，是我国古代建筑中规模最大的建筑形式之一。古人有灵魂的观念，认为人死之后，还有所谓的阴间，死人要在阴间继续生活。所以，上至帝王将相、达官贵人，下至黎民百姓无不重视丧葬，精心为死者构筑坟墓。在漫长的历史时期，陵墓在不断的发展过程中，逐步融合了绘画、雕塑、书法的艺术形式，出现了众多规模巨大、布局合理、结构精美的陵墓群。其中，最有代表性的是帝王陵。

帝王陵墓一般靠山建筑，也有少数建在平原上。陵园的布局一般以山为主体，四面建筑城墙、城门，城墙的四角建有角楼，在陵墓的前面建有甬道，甬道的两侧立着石人、石兽的雕像，陵区内遍植松、柏，树木森森，给人以庄严肃穆的感觉。陵墓之内建有殿堂，用来放置已故帝王的衣冠和用具，并设置宫人服侍，就像帝王生前一样。如秦始皇的陵墓内，还用水银造成江河湖海的样子，用金银雕刻出山林和鸟兽，另有规模庞大、气势不凡的兵马俑；而唐朝懿德太子的陵墓内部，由墓道、过洞、天井、甬道、前室、后室等部分组成，四周墓壁上则绘有城墙、阙楼、宫城、宫门、殿堂等内容，完全是生前生活环境的写照。陵墓的墓室主要用木、砖、石 3 种材料筑成，殷商至西汉早期的墓室结构是井擀式结构，即用大块木材纵横交错建成墓室，后来又出现了用大木枋紧密排列构成的“黄肠题奏式”墓室。西汉中期出现砖结构的墓室，南北朝和隋唐时期，逐渐得到推广。石筑墓室在五代及宋朝时期已经广泛运用，但这一时期的墓室是石料和木料并用，直到明清时期，墓室全部采用高级石料修建，形成一组华丽的地下宫殿。

现存比较著名的陵墓建筑有：陕西临潼区的秦始皇陵、陕西乾县的唐乾陵、河南巩义市的宋陵、北京昌平区的明十三陵、河北遵化市和易县的清东陵和西陵等。

古塔

我国的古塔是我国古代的高层建筑，源于印度。在印度梵语中称为“浮屠”，据说是有人出于向佛祖表达敬意而建造的，也有说是为了供奉佛祖的舍利而建造的。古塔是我国古代建筑中最为多样、数量极大的建筑类型。我国现存的佛塔有 2000 余座，大江南北无处不有，其中比较著名的有山西应县木塔、山西普救寺莺莺塔、河北承德普乐寺都城上琉璃小塔等。

山西应县木塔，位于山西忻州市应县县城内西北角的佛宫寺院内，它是我国现存最古老、最高大的纯木结构的高层古建筑，在世界上也是独一无二的。塔有 9 层，高达 67.31 米，底层直径 30.27 米，整体重量约有 7400 吨，整个建筑由第一层开始向上逐渐变小，轮廓优美，有“远看擎天柱，近似百尺莲”的说法。整个建筑全用木材建成，没用一根铁钉，让人叹为观止。

山西普救寺莺莺塔，塔平面呈四方形，底层每边长 8.05 米，门开在南面，门宽 1.28 米。塔基呈正方形，塔平面为四方形，全塔共 13 层，高 36.76 米。塔的内部是多层空心的，最为奇妙的是塔有神奇的声学效果，站在塔底，楼上人的说话声听起来像是从地下传来一样。它与北京天坛回音壁、四川大佛寺石琴、河南蛤蟆塔被称为四大回音建筑。

云居寺唐塔

河北承德普乐寺琉璃小塔，普乐寺是雄伟的皇家寺庙，普乐寺的东部有一座巨大的经坛，在经坛的四角和四面的中间建有八座宝塔，塔分为黄、白、青、紫、黑五色。这些塔的下面有四角形、六角形、八角形的台基，台基上饰有精美的花纹，整个塔看起来色调明快、雍容华贵。

卢沟桥

卢沟桥位于北京丰台区宛平县城西门外的永定河上，是北京现存最古老的石造联拱桥。始建于金大定二十九年（1189 年），明昌三年（1192 年）建成，后世曾多次重修。卢沟桥全长 266.5 米，宽 7.5 米，有 10 座桥墩，共 11 涵孔，是华北最长的古代石桥。整个桥体都是石结构，桥面用石板铺砌，两旁造有石栏扶手，各用石柱 140 个，高 1.4 米，柱头上共刻有大小石狮 497 个，雕刻精美，姿态各异。桥两端各有华表、御碑亭、碑刻等。桥东的碑亭内立有清朝乾隆题“卢沟晓月”汉白玉碑（卢沟晓月是燕京八景之一）。意大利旅行家马可·波罗称赞卢沟桥：“它是世界上最好的、独一无二的桥。”

赵州桥

赵州桥又名安济桥，俗称大石桥。位于河北石家庄市赵县的交河之上，建于隋代大业元年至十一年（605 ~ 615 年），距今已有 1400 多年，是由工匠李春设计建造的。

赵州桥

它是世界上现存最早、保存最好的石拱桥，被誉为“华北四宝之一”。

赵州桥是一座弧形单孔石拱桥，全长 64.4 米，券高 7.23 米，单孔跨度 37 米，桥面宽 10 米，用厚约 30 厘米的条石铺成。它的大石拱由 28 券（窄拱）并列组成，大石拱上两端各建有两个小拱（净跨分别是 2.85 米和 3.81 米），它们不但节省了石料，而且还能减轻桥身自重和增大泄洪面积。赵州桥结构坚固，雄伟壮观，设计合乎科学原理，施工技术巧妙绝伦。唐代中书令张嘉贞在《赵州大石桥铭》中称赞它“制造奇特，人不知其所为”。由于桥位良好、基底应力适宜，1400 多年来赵州桥经历了 10 次水灾、8 次战乱和多次地震，但桥身基本完好，至今仍在发挥作用。

石窟建筑艺术

石窟是在山崖陡壁上开凿的一种洞窟形的佛教建筑，又叫石窟寺，起源于印度，同佛教一起传入中国。我国从南北朝时期开始盛行开凿石窟，元、明以后，开凿石窟的风气消退下来。现存的石窟分布非常广泛，西至西藏西部，东至沿海地区，北至辽宁，南达云南，所在地点多是风景秀丽的山川，借助于壮美的山河来凸现出佛教的庄严。

石窟多建于悬崖峭壁上，但天然的适合建造石窟的陡壁并不多见，所以古人建造石窟之前，往往先要开辟陡壁，称为“斩山”。在技术落后的古代，斩山的工程量十分巨大，如龙门石窟宾阳三洞所在的陡壁，光斩山就花费了 20 多年的时间、82000 多名劳力。石窟的开凿通常依照自上而下、由外到内的顺序，先从门洞向上开辟一条施工道，到达一定高度后，再从上到下大面积开凿。另外，开凿石窟还要注意岩石的质地，硬度要适中，既要容易雕刻，又要耐风化，一般都开凿在石灰岩、砂岩和砾岩上。我国的著名石窟有云冈石窟、龙门石窟、麦积山石窟、敦煌莫高窟等。

中国传统寺庙样式

寺庙是中国祭祀、宗教建筑的总称。寺，本为中国古代官署的名称，汉代以后指称佛寺。中国古代祭祀建筑称“庙”，是祭祀祖先、奉祀圣贤或祭祀山川、神灵的建筑。

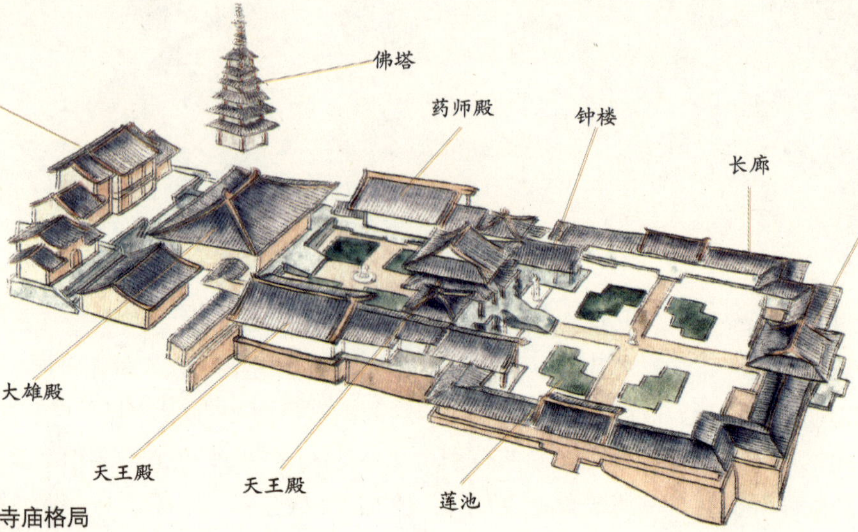

中国传统寺庙格局

皇家园林

殷商时期的“囿”是皇家园林的原始形式，据史料记载，当时“囿”是指开辟一块地方，在里面种植树木、放养动物、挖掘池塘、筑造楼台，供皇家打猎、游玩、供奉神明及生产所用。当时最为著名的“囿”是周文王的灵囿。

秦汉时期，皇家园林发展成为山水宫苑的形式，就是在皇帝的离宫别苑周围圈一块地，形成一个自然的园林，其规模常达数百公里。如秦始皇所建的宫殿，把宫阙建在终南山的顶峰，让樊川成为宫内的池塘，气势非常雄壮。汉朝时期，汉武帝修建完成了规模宏大、功能多样的上林苑，园内不仅有观景区，有动物园、植物园、狩猎区，甚至还有赛狗场，在上林苑建章宫的太液池中，建有蓬莱、瀛洲、方丈 3 座仙山，“一池三山”的做法一直延续到了清代，上林苑标志着古代皇家园林建设的第一个高潮。

从魏晋南北朝开始，皇家园林更趋于华丽精致，虽然在规模上达不到秦汉时期的山水宫苑，但是在内容上则丰富得多，如北齐的高纬在仙都苑中建造“贫儿村”、“买卖街”来体验民间生活；宋徽宗建造的艮岳，在平地上大兴土木，用仿造的人工假山来代替全国各地的名山大川，这一时期，假山的仿制已经达到了很高的水平。

元明清时期，皇家园林的建造日趋成熟，这一时期出现的名园，如颐和园、圆明园、避暑山庄、北海等，既继承了古代园林的优良传统，又有进一步突破和创新，无论在选址、立意、山水的构造乃至小路的铺设上，都表现出了令人叹服的高超技巧。如颐和园在仿制无锡寄畅园的基础上，把南方的西湖、江南水乡的风貌与北方的广袤和雄奇的大山融合起来，更建有众多的精美佛香阁，使人游了这一个园林，便好像见识了全国各地的美景。

避暑山庄

避暑山庄又名承德离宫、热河行宫，是清朝皇帝的夏宫，也是中国现存最大的古代离宫和皇家园林，位于河北承德市北部。

始建于清朝康熙四十二年（1703 年），后多次改扩建，乾隆五十五年（1790 年）建成。清朝前期，每年夏天，清朝皇帝都会到这里避暑并处理政务，避暑山庄成了清朝第二政治中心。避暑山庄占地 560 万平方米，分宫殿区和苑景区两大部分。苑景区又分湖区、平原、山峦三部分。这些风景都是仿照中国各地风景园林艺术风格而建，所以避暑山庄成为中国各地胜迹的缩影。宫殿区在山庄南端，主要建筑澹泊敬诚殿（正宫）是节日举行大典的地方。后面的依清旷殿是皇帝召见朝臣的地方。另外还有烟波致爽殿和云山胜地殿。正宫东侧的松鹤斋是后妃们居住的地方。避暑山庄周围是博仁寺、博善寺、普乐寺、安远庙、普宁寺、普佑寺、广缘寺、须弥福寿之庙、普陀宗乘之庙、广安寺、罗汉堂和殊像寺 12 座藏传佛教寺庙群。

圆明园

圆明园位于北京海淀区，原为清代的一座大型皇家园林，与附园长春、绮春（万春）合称圆明三园。1860 年，被英法联军焚毁。

圆明园始建于清朝康熙四十八年（1709 年），乾隆九年（1744 年）完工。附园长春和绮春两园分别建成于乾隆十六年（1751 年）和乾隆三十七年（1772 年），时间长达 150 多年。圆明园不仅是清朝皇帝休息的地方，也是他们会见大臣、接见外国使节、处理政务的地方，与紫禁城同为当时的全国政治中心，有

圆明园九州清晏图　清

“御园”之称。全园占地347万平方米，有建筑150多处，其中凿湖造山，遍植奇花异草，集中外园林建筑之精华，构筑有圆明园四十景。三园的平面布局呈一个“品”字形，有园门相通。全园以福海为中心，海中有“蓬岛瑶台”等三个小岛，象征道家“一池三仙山”之说。另外，长春园还有海晏堂、远瀛观等西洋风格的建筑。它还是一座大型的皇家博物馆，藏着许多珍宝、图书等，被誉为万园之园。1860年，英法联军攻入北京，抢劫了园中珍宝，并纵火焚毁，现仅有遗址存在。

颐和园

颐和园位于北京市西北郊，原为清朝皇帝的行宫御苑，原名清漪园，是保存最完整的一座行宫御苑，始建于清乾隆十五年（1750年），咸丰十年（1860年）被英法侵略军焚毁，光绪十二年至二十一年（1886～1895年），慈禧挪用海军经费进行了重建，光绪十四年（1888年）改名颐和园。

颐和园以杭州西湖为蓝本，吸取了江南园林的设计手法和意境建造而成。全园占地面积约290万平方米，分为宫廷区和苑林区。宫廷区以仁寿殿为主，是政务活动区。苑林区以万寿山、昆明湖为主体。万寿山东西长约1000米，高60米，山上建有排云殿、德辉殿、佛香阁、智慧海等。昆明湖约占全园面积的78%，湖中有一模仿杭州西湖的苏堤而建的西堤。湖中有南湖岛，又称龙王庙，与东岸一座长150米的十七孔桥相连。湖北岸有一条东西走向的“长廊”，全长728米，是中国园林中最长的长廊。万寿山东麓的谐趣园原名惠山园，是一座园中园，是模仿无锡寄畅园而建的。

十七孔桥

苏州园林

私家园林是古代官僚、文人、富商、地主所拥有的私人宅院。我国的私家园林以江南的私家园林数量最多、艺术价值最高，其中又以苏州园林最具代表性。

与皇家园林相比，江南私家园林的规模较小，一般只有几亩至几十亩，最小的仅一亩半亩，但造园家却能在这有限的空间内，运用多种艺术技巧，造成一种好像深邃不尽的景象，给人一种空间很大的感觉。院子以水面为中心，四周散布着精美的建筑，构成一个个小的景点，几个小景点又围合成大的景区。院子的主人一般都具有较高的文化素养，能诗善画，善于品评，园林追求超凡脱俗、清高淡雅的风格。院子主要供主人修身养性、闲适时自娱自乐所用。苏州的古典园林极具特色，建筑布局、结构、造型、风格，都运用了巧妙的衬托、对景、借景、尺度变换、层次配合、小中见大等种种造园艺术技巧和手法，将亭、台、楼、阁、泉、石、花、木有机地融合为一体，浑然天成，毫无斧凿的痕迹。

苏州拙政园是私家园林中的经典之作，它始建于明朝正德四年（1509 年），之后几经雕琢，现存的园貌主要形成于清朝末期。全园分为西、中、东三部分，以中部为主。中部的园子呈矩形，水面较多，也呈横长的矩形，水池内建有东、西两座假山，又有几条小桥和堤坝把水面分成几个部分。水池的南岸有较大面积的平地，建筑物多集中在此，由宅入园的小门就开在南岸的院墙上。入园以后，迎面有一座假山挡住视线，使园内景物不至一览无余，这种手法称为“障景”。岸西有一座名叫“别有洞天”的凉亭，透过清澈的水面，东岸有一座方亭与之遥相呼应，水中的荷香四面亭和曲折的小桥更增加了景观的层次感，这种手法称为“隔景”。北岸以土为主，遍种柳树、芦苇，别有一番风趣。东岸有梧竹幽居亭，由此西望，透过水池亭阁，在树梢上可遥见远处的苏州报恩寺塔，将塔景引入园内，称为“借景”。院内粉墙、绿水、几处怪石、数竿细竹，不尽的美景组合成一幅完美的画卷。

拙政园与沧浪亭、狮子林、留园分别代表着宋元明清四个朝代的艺术风格，被称为苏州“四大名园”。其他名园还有网师园、环秀山庄、艺圃、耦园、退思园等。

江南三大名楼

江南三大名楼指的是黄鹤楼、岳阳楼和滕王阁。黄鹤楼位于湖北武汉长江边的蛇山上，始建于223 年，传费文伟在此驾黄鹤成仙而得名。现楼为 1986 年重建，高 51.4 米，共 5 层，黄瓦红柱，层层飞檐。咏黄鹤楼的诗文以崔颢的《黄鹤楼》和李白的《黄鹤楼送孟浩然之广陵》最为著名。

岳阳楼

岳阳楼位于湖南岳阳的洞庭湖畔，原是三国时期吴国的阅兵台，唐开元四年（716 年）建岳阳楼，现在的岳阳楼为 1984 年重修。主楼平面呈长方形，宽 17.24 米，深 14.57 米，高 19.72

米，楼顶为黄色琉璃瓦，金碧辉煌。主楼右有“三醉亭”，左有“仙梅亭”。楼内陈列着杜甫的《登岳阳楼》诗、范仲淹的《岳阳楼记》和历代名人的对联。

滕王阁在江西南昌赣江边，是唐太宗之弟滕王李元婴于675年所建，故名，为三大名楼之首。现楼为1989年重建，楼高57.5米，共9层，主体建筑面积为1.3万平方米，是一座仿宋建筑。咏滕王阁的诗文以王勃的《滕王阁序》和《滕王阁》诗最著名。

平遥古城

平遥位于山西省中部，是一座具有2700多年历史的古城，现在的城墙建于明洪武三年（1370年），是我国现存最完整的明清县城，是中国中原地区古县城的典型代表。

平遥古城基本上还是明初的形制和构造。城池为方形，面积2.25平方公里，城墙高12米，周长6157.7米，外表全部砖砌。墙上垛口，墙外有护城河，深宽各4米。城池有6座城门，东西各二，南北各一。城门上原建城楼，四角各建有一座角楼，大多已残坏。城内的街道、铺面、市楼保留明清形制。城内主要街道是十字形，商店沿街而立，住宅位于小街巷内。其中大型建筑有，古城北门的镇国寺和古城西南的双林寺。镇国寺建于五代时期，是全国排名第三位的古老木结构建筑。双林寺建于北齐武平二年（571年），寺内10多座大殿内保存有元代至明代的彩塑造像2000余尊，被誉为“彩塑艺术的宝库”。古城内现保存着3997处传统四合院民居，其中有400处保存相当完好。

北京四合院

“梨花院落溶溶月，柳絮池塘淡淡风”，四合院指的是四座单体房屋分别在东、南、西、北四面，中间围合成一个露天庭院的建筑组合。在历史发展过程中，四合院得到了中国人的钟爱，宫殿、庙宇、官府包括各地的民居都广泛使用这种形式。

在诸多类型的四合院中，北京四合院卓尔不群，经过数百年的营建，北京四合院从材料选择、平面布局到内部结构、细部装修都形成了特有的京味风格。

四合院属砖木结构建筑，门窗栋梁等均为木制，周围以砖砌墙。门窗及檐口椽头的油漆彩画，虽没有宫廷的华丽辉煌，但也颇有意趣。习惯用磨砖、碎砖垒墙，变废为宝，所谓“北京城有三宝——烂砖头垒墙墙不倒”。屋瓦大多用青板瓦，正反互扣，或者不用铺瓦，直接青灰抹顶，称为“灰棚”。

除了一些小规模的单院形式外，北京四合院多数分为前（外）后（内）二院。外院横长，从东南角的大门进入，迎面就是一座筑砖影壁，与大门组成一个小小的过渡空间。由此西转进入外院。大门之西正对民居中轴的南房，称“倒座”，用来供客人休息，外院还有男仆室及厨房、厕所；由外院通过垂花门式的中门，便进入宽阔的庭院，这就是全宅主院。

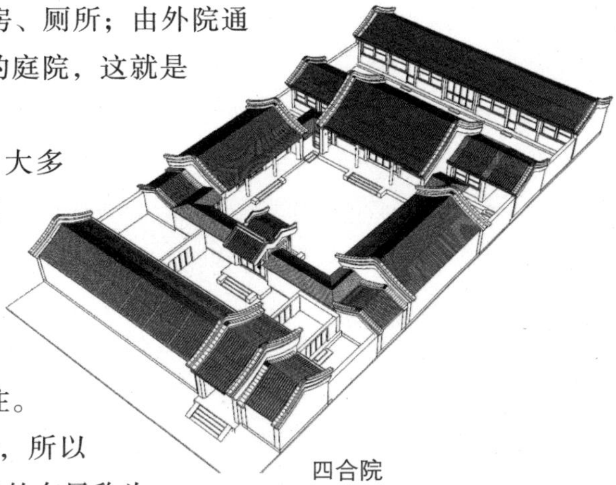

四合院

主院中，北面正房称“堂”，大多为三间，遵守着“庶民庐舍不过三间五架，不许用斗拱，饰彩色”的明清规定。正房的开间和进深要比厢房为大，左右两边各接出耳房，由尊者长辈居住。耳房前有小小的角院，十分安静，所以也常用作书房。这种一正房两耳房的布局称为“纱帽翅”。正房前面，院子两侧有厢房陪衬，作为后生晚辈的居室，营造了良好的空间感觉。

正房、厢房朝向院子都有前廊，用“抄手游廊”把垂花门与这三座房屋的前廊连接起来，沿着游廊穿行，不必经过露天场地。廊边还有栏杆和凳子，可在廊内欣赏风景。这是四合院的一大风情。

四合院的房屋都采用青瓦硬山顶。正房之后有时有一长排“后照房”，或做居室，或为杂屋。也有的民居在房后或者一侧再接出一座四合院，以居内眷，也有的在一侧接出宅园。

四合院的每一处都很有讲究，开在前左角的民居大门称“青龙门”，根据后天八卦，北为坎，东南为巽，故此种布局称坎宅巽门，象征吉祥平安。（王府的宅门则放在中轴线上，人们认为以王侯之尊不需要坎宅巽门也可以免除外邪侵害）而从实际效果来看，宅门不设在中轴线上，使得进入四合院必先通过一个小小过院，有利于保持民居的私密性，营造“曲径通幽”的氛围。在全国各地的民居中，坎宅巽门也十分流行。

门的大小和规格也很讲究，等级最高的是广亮门，它和再小一些的金柱大门都用于官宦人家。虽非官宦而相当殷富的人家用如意门。最小的是墙门，没有进深，门上有小屋顶，有的砌通天柱，颇有西洋气息。

作为民居，北京四合院最直接的感觉是浓厚的生活气息，庭院方阔，大小合宜。院中还栽花置石，一树海棠花配以石榴盆景，大缸养的金鱼寓意吉利，自然亲切，把天地拉近人心。可在院内临时搭建大棚，举办婚丧大事，以待宾客。尤其是抄手游廊，把庭院分成几个自然的空间，但分而不隔，虚虚实实，家庭成员在这里进行亲切的交流，其乐融融。

北京四合院内环境优雅，花木扶疏，丁香、海棠、山桃花争奇斗艳，枣树、槐树则是孩子玩耍的好去处。盆栽花木最常见的是石榴树、夹竹桃、金桂、杜鹃、栀子等。阶前花圃中的草茉莉、凤仙花、牵牛花、扁豆花，更是四合院的日常点缀。清代有句俗语形容四合院："天棚、鱼缸、石榴树，老爷、肥狗、胖丫头"，可以说是四合院生活比较典型的写照。

四合院历史悠久，自元代正式建都北京时就出现了，至明清逐渐完善，最终成为北京城的象征。

四合院的结构，在中国传统住宅建筑中非常典型。院落宽绰疏朗，四面房屋彼此独立却又有游廊连接，起居方便。对外只有一个街门，关起门来是封闭式的住宅，自成天地，具有很强的私密性，非常适合家居。院落宽敞，植树栽花，饲鸟养鱼，叠石造景。这里不仅是舒适的住房，更是大自然赐予的一处美好天地。

牌坊、阙、华表、影壁

牌坊又名牌楼，来源于古代用以表彰人或事的坊门，常建在离宫别苑、寺观、陵墓等重要建筑的入口处，当作这些建筑的前奏，形成庄严、肃穆、深邃的气氛；也有建于城镇街道重要位置的，如桥的两段、十字路口、大路的起点、商店的门前等，叫冲天牌坊，起到丰富街景、标志位置的作用；在山林风景区的山路上，也常立有牌坊，有标记路程的作用。南方一些城镇，一条街道上常建有多座牌坊，主要用来"旌表功名"或"表彰节孝"。牌坊的建筑材料主要有木、石、琉璃等，木牌坊多流行于古代，石牌坊则以明代的最为有名，琉璃牌坊以清代的最有代表性。

阙，常用于城池、宫殿、陵墓、祠庙等重要建筑群之前，是入口的标志。最早的阙是供显示威严、守望用的，后来逐渐演变成为一种区别尊卑、显示礼仪的装饰性建筑。阙有两种类型：一种是独立的双阙，双阙之间不设门，这种阙在唐宋时期主要应用于墓地，以后就很少用了；另一种是双阙之间设门的阙。现存最早的阙是建造于汉代的，主要是庙阙和幕阙，分布于四川、河南、山东等省。

华表是成对的立柱，有标志和纪念的意义。元代以前，华表多为木制，之后多用石制，下有须弥座，石柱身上刻有精美浮雕，上端横着一块云状石板，顶部原立着石鹤后改为蹲兽，俗称"朝天吼"。明清时期，华表多树立在宫殿、陵墓前，也有少数立在桥头的，如卢沟桥头的华表。现存的华表，以北京天安门前和明十三陵四周的华表最为典型。

影壁又叫照壁、照墙，立在院落的大门内或者大门外，起到屏障的作用。影壁的历史久远，唐朝的史料上已经有相关记载，明清时期，无论是宫殿、寺庙、衙门还是普通人家的宅第都建有影壁，北方人家的影壁常建在门内，而南方人家多建在门外。历史上著名的影壁有，明太祖朱元璋之子朱桂的代王府内的九龙琉璃影壁、北京北海和紫禁城内的九龙影壁等。

戏楼

戏楼又叫戏台，是我国传统戏曲演出的场所。我国古代的演戏场所在不同的历史时期有不同的名称和形态，最原始的演出场所是广场、厅堂、露台，宋代时期出现了三面观戏，隔出一面充当后台的勾栏，金朝把演出场所称为舞厅或舞亭，元朝时期则有了戏台的叫法，及至明清时期则发展成了戏楼、戏园。

清朝宫廷中的戏楼，是我国古代戏楼建筑的集大成者，它不仅面积大，而且变原先的单层为两层或三层，坐南朝北，和三面的观众席组成一个四合院。三层大戏楼的舞台，由上到下分别称为福台、禄台、寿台，底层的寿台是主要舞台，它长 3 间、宽 3 间，相当于民间普通舞台的 9 倍，第二层的禄台只有长宽 1 间大小，第三层的福台就更小了。寿台的后面建有一座阁楼，称为仙楼，仙楼有两座木梯通向福台，有两座木梯通往禄台，供戏中的神鬼角色上下场所用。寿台的地板下为地下室，里面有 4 口旱井和 1 口水井，据说这些井能起到共鸣作用，增强演出的音效。寿台的顶部有 3 个天井，各个井口都设有辘轳设备，供演员表演上天入地的场面。清朝时期最著名的大戏楼有：紫禁城的宁寿宫畅音阁、避暑山庄的福寿园清音阁、圆明园的同乐园清音阁、颐和园的德和大戏楼等，现存的仅有宁寿宫畅音阁和颐和园的德和大戏楼两座。

我国的戏楼分布得非常广泛，从农村到城市，从平原到山区，只要是有人聚居的地方，几乎都有或简或繁的戏楼建筑，可以说戏楼就是具有中国特色的剧场，中国戏曲也可以称为“戏楼文化”。

牛王庙戏台　元

此戏台位于山西省临汾市魏村，建于元至正二十年 (1283 年)，四角立石柱，上面为亭榭式盖顶，后部二石柱间砌有土墙一堵，墙端加设辅柱，是典型的元代建制。

会馆

会馆是指“同籍贯或同行业的人在京城及各大城市所设立的机构，建有馆所，供同乡同行集会、寄寓之用”，是一种拥有宴饮、居住、剧场、集会和办公等功能的一种公共建筑。会馆分行业会馆和同乡会馆两类。同乡会馆，顾名思义是为旅居外地的同乡提供集会、联络和居住的处所，它的形式近似于大型的住宅建筑，为凸现同乡的渊源，常在正厅或者专辟的一厅内设置祠堂，供奉一乡的前辈贤人。正厅是同乡聚会餐饮的场所，其他各厅则供借宿所用。一些大的会馆，还专门设有学塾，以方便同乡子弟就学，清朝时期，一些省级的大会馆内还有戏楼，如山西会馆、四川会馆、湖广会馆等。行业会馆，多是商业、手工业行会会商的场所，馆内通常设有本行业祖师爷的牌位，有演戏酬神用的戏台。为了炫耀本行业的繁荣，行业会馆的装饰都很精细华贵。

会馆多在所在地的文化发展中扮演重要的角色，拿会馆最为众多的北京来说，各地会馆为北京带来了丰富多样的饮食文化，并在竞相展示各自美食的过程中，发挥自己的特色，弥补不足，形成了川、鲁、粤、淮等菜系；另外，会馆所带来的地方语言，也给北京话以影响，促进了以北方语音为基础的普通话的形成。其他，如建筑、楹联、园艺等方方面面，会馆都大大促进了北京文化的发展，并为后人留下了宝贵的遗产。到了现代，结合西方建筑的特点，会馆逐渐演变成为酒店、宾馆等现代建筑。

中国民居

先秦时期，“帝居”、“民舍”等都称“宫室”；汉代规定食禄不满万户的称“舍”。直至近代，才把除宫殿、官署以外的居住建筑统称为“民居”。

早在新石器时代后期，我国木构架体系的房屋已经萌芽。西周及春秋时期，瓦的出现使民居变得更为结实。战国时期，出现了砖和彩画，民居变得较为美观。秦汉时期，石材在民居中的使用开始增多。魏晋南北朝时期砖瓦应用更为广泛。隋唐以后，民居开始注重根据社会等级来设计房屋形制。明清时期，民间建筑的类型与数量也有增加，形制已经较为固定。各民族的建筑也有发展，地方特色更加突出。私家园林开始广泛出现。在汉族民居中，最有代表性的是北京四合院和南方“四水归堂”式的天井式民居。

与砖瓦结构不同的建筑是一些少数民族的民居，使用干阑式住宅，用竹、木等构成的单栋独立的楼，底层架空饲养牲畜、存放东西，上层住人。在云南、贵州、广东等地的少数民族聚集区常见。河南、山西、陕西、甘肃等黄土层较厚的地区则有窑洞式住宅，施工简单，还有冬暖夏凉的效果，非常经济适用。一般可分为靠山窑、平地窑、砖窑等。碉房是青藏高原特有的住宅形式，一般是用土或石砌筑，形似碉堡，大多为 2 ~ 3 层。底层通常是用来养牲畜，楼上住人。

李诫与《营造法式》

李诫，字明仲，北宋著名建筑师，郑州管城县（今河南新郑）人。他出生于一个官宦家庭。宋哲宗元祐七年（1092 年），李诫开始在将作监（主管土木建筑工程的机构）供职，主持建造了龙德宫、棣华宅、朱雀门、景龙门、九成殿、开封府廨和太庙等，历任将作监主簿、监丞、少监和将作监，长达十三年。绍圣四年（1097 年），李诫受命重新编修《营造法式》，元符三年（1110 年）完成，使之成为北宋官方颁布的一部建筑设计、施工的规范书，也是中国古籍中最完整的一部建筑技术专书。《营造法式》主要分为 5 个主要部分，即释名、制度、功限、料例和图样共 34 卷，另外还有“看样”和目录各 1 卷。《营造法式》的内容有四大特点：1. 制定和采用模数制。2. 设计的灵活性。3. 总结了大量技术经验。4. 装饰与结构的统一。《营造法式》全面、准确地反映了北宋时期整个建筑行业的科学技术水平和管理经验，是我国古代建筑行业的权威性巨著。该书的出现，标志着中国古代建筑艺术走向成熟。

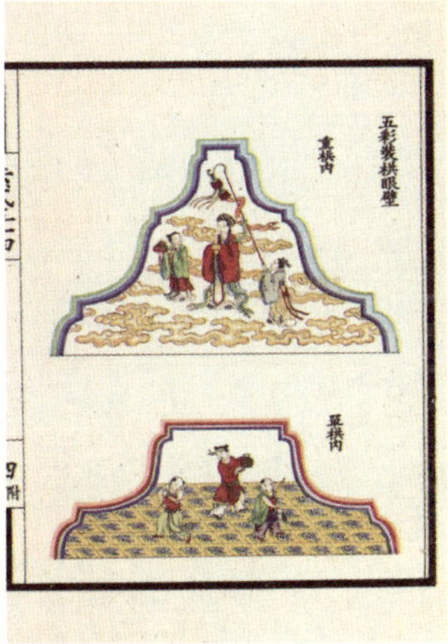

《营造法式》书影

文化交流

徐福渡海

徐福渡海，中国有史记载的第一次航海探险。据《史记》记载，秦始皇希望长生不老，徐福上书说海中有蓬莱、方丈、瀛洲三座仙山，有神仙居住。于是秦始皇派徐福率领童男童女数千人，预备三年粮食、衣履、药品和耕具，还携带了谷种，并有百工等入海求仙，探求长生之术。因此，秦王朝的徐福完成了中国有史记载以来的第一次航海探险和地理大发现。也有人说徐福渡海是秦始皇为了实现自己疆土四至的理想，就打着求仙药的幌子，派徐福出海。司马迁说，徐福到了一个“平原广泽”。《三国志》提到了徐福到达亶洲（一作亶州），并滞留不归。有人认为“平原广泽”就是日本。考古遗迹和传说证实了徐福漂流到了日本，现代人类学也为此提供了佐证，日本学者还用人体解剖证实，日本人的头盖骨指数大多与中国浙江、江苏、安徽、福建人相同。

丝绸之路

丝绸之路，简称丝路，是指西汉时，由张骞出使西域开辟的以长安（今西安）为起点，经甘肃、新疆，到中亚、西亚，并联结地中海各国的陆上通道。因为由这条路西运的货物中以丝绸制品的影响最大，故得此名。其基本走向定于两汉时期，丝绸之路一般可分为三段，而每一段又都可分为北中南三条线路。另外，还有在南北朝时期形成，在明末发挥巨大作用的海上丝绸之路和西北丝绸之路，在元末取代西北丝绸之路成为陆上交流通道的南方丝绸之路等。“丝绸之路”一词最早来自德国地理学家费迪南·冯·李希霍芬 1877 年出版的《中国》。早期的丝绸之路并非以丝绸为主要交易物资，在公元前 15 世纪左右，中国商人就已经出入塔克拉玛干沙漠边缘，购买产自现新疆地区的和田玉石，同时出售海贝等沿海特产，同中亚地区进行小规模贸易。其实，在商代帝王武丁配偶坟茔的考古中，人们就曾发现产自新疆的软玉。这说明至少在公元前 13 世纪，中国就已经开始和西域乃至更远的地区进行商贸往来。依照晋人

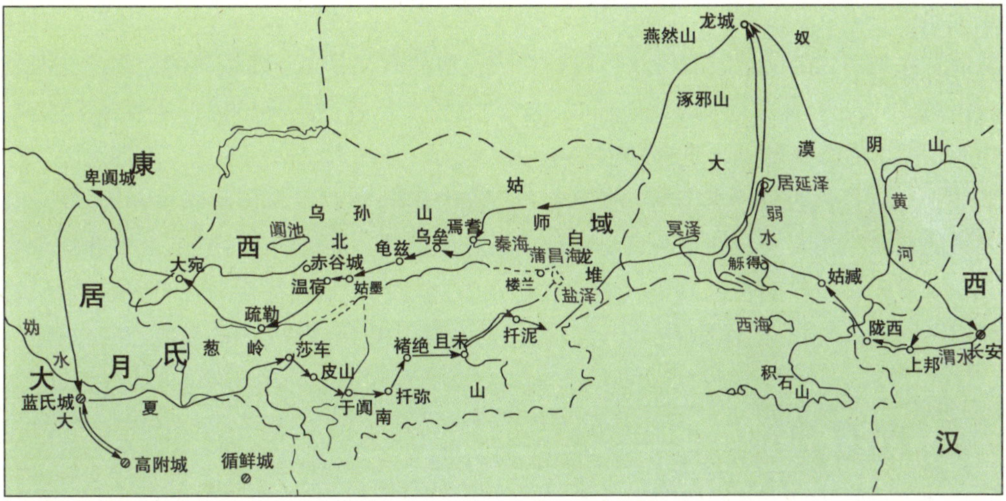

汉代西域示意图

郭璞在《穆天子传》中的记载，公元前963年周穆王曾携带丝绸、金银等贵重品西行至里海沿岸，并将和田玉带回中国。虽然丝绸之路是沿线各国共同促进经贸发展的产物，但多数人认为，中国的张骞两次通西域，开辟了中外交流的新纪元。

张骞通西域

“西域”一词，最早见于《汉书·西域传》。公元前2世纪，西汉王朝经过文景之治后国力日渐强盛。汉武帝刘彻为打击匈奴，计划联合西域诸国与汉朝夹击匈奴，于是派遣张骞前往此前被冒顿单于逐出故土的大月氏。建元二年（公元前139年），张骞带一百多随从从长安出发，日夜兼程西行。张骞一行在途中被匈奴俘虏，遭到长达十余年的软禁。他们逃脱后历尽艰辛又继续西行，先后到达大宛国、大月氏、大夏。公元前126年，张骞几经周折返回长安，出使时带着一百多人，历经十三年后，只剩下他和堂邑父两个人回来。张骞回来以后，向武帝报告了西域的情况。元狩四年（公元前119年），张骞第二次出使西域。张骞率领300人组成的使团，每人备两匹马，带牛羊万头，金帛货物价值“数千巨万”。元鼎二年（公元前115年），张骞回到长安。此后，汉朝派出的使者还到过安息（波斯）、身毒（印度）、犁轩（附

张骞墓

张骞墓位于陕西省城固县团结乡饶家营北约200米处。

属大秦的埃及亚历山大城）等，中国使者还受到安息专门组织的2万人的盛大欢迎。从此，汉与西域的交通建立起来。汉通西域，虽然起初是出于军事目的，但出使西域后汉夷文化交往频繁，中原文明通过“丝绸之路”迅速向四周传播，从西汉的敦煌，出玉门关，进入新疆，再从新疆连接中亚细亚的一条横贯东西的通道，畅通无阻。这条通道，就是后世闻名的“丝绸之路”，它把中国同中亚许多国家联系起来。从此，西域的核桃、葡萄、石榴、蚕豆、苜蓿等十几种植物，逐渐在中原栽培。龟兹的乐曲和胡琴等乐器，丰富了汉族人民的文化生活。此外，大宛的汗血马在汉代非常著名，名曰“天马”。中国蚕丝和冶铁术的西进，也大大促进了人类文明的发展。

昭君和亲

汉宣帝时，北方的匈奴由于内部相互争斗，最后分裂为五个单于势力。公元前54年，呼韩邪单于被他哥哥郅支单于打败，南迁至长城外的光禄塞下，希望同汉廷结好，曾亲自来朝见汉宣帝。汉宣帝死后，元帝即位。公元前33年，呼韩邪单于再入长安，请求同汉朝和亲。元帝决定挑选一名宫女当作公主嫁给呼韩邪单于。宫女王嫱毅然表示愿意去匈奴和亲。王嫱，字昭君，湖北秭归人，容貌美艳，又很有见识。元帝诏令择定吉日，呼韩邪和王昭君就在长安成了亲。临回匈奴前，王昭君向汉元帝告别。汉元帝见昭君美丽端庄，很想将她留下，但事关大国诚信，悔之晚矣。相传元帝回宫后，越想越懊恼，命人从宫女的画像中再拿出昭君的像来看，才知道画像上的昭君远不如本人可爱。元帝盛怒之下，惩处了许多画工。王昭君到匈奴后，被封为“宁胡阏氏”（阏氏，音焉支，意思是“王后”），后来呼韩邪单于在西汉的支持下控制了匈奴全境，从而使匈奴同汉朝和好达半个世纪。昭君出塞后，汉匈两族团结和睦，国泰民安，“边城晏闭，牛马布野，三世无犬吠之警，黎庶忘干戈之役”，呈现出欣欣向荣的和平景象。王昭君与她的子女后孙以及姻亲们对胡汉两族人民和睦亲善与团结做出了巨大贡献。王昭君去世后，厚葬于今呼和浩特市南郊，墓依大青山，傍黄河水。后人称之为“青冢”。到了晋朝，为避晋太祖司马昭的讳，改称明君，史称“明妃”。

王昭君像

昭君怀抱琵琶，戎装乘马出塞，离开长安时，文武百官一直送到十里长亭。

班超出使

班超，字仲升，扶风平陵（今陕西咸阳东北）人，东汉著名的军事家和外交家。其父班彪、兄长班固、妹妹班昭都是当时有名的史学家。汉明帝永平十六年（73年），班超投笔从戎，随窦固征伐北匈奴，深受窦固赏识。为了联络西域各国孤立匈奴，窦固派班超出使西域南道。鄯善国（位于今新疆若羌）是西域南道的必经之地，班超至此地后首先攻杀匈奴使者，使鄯善国归附汉朝。班超因此深得汉明帝赞赏，并再次受派出使西域。班超出使来到于阗（今新疆和田）。于阗是丝绸之路南道上的大国，已臣属于匈奴，因而对汉使态度冷淡。于阗王听信神巫之言，说汉朝使者有一匹浅黑色的马，必须斩杀用来祭神，才能避免灾祸，便派人向班超索马。班超将计就计，答应须得神巫亲自牵马。等神巫前来时，班超斩杀神巫，并对于阗王晓以利害，使于阗归服了汉朝。在班超的努力下，西域南道上的许多小国，也纷纷与汉朝通好。丝绸之路的南道基本打通，北道的东西两端也为汉朝所控制，西域五十余国重新归于东汉的管辖之下，保障了西北边疆的安全。和帝永元三年（91 年），班超出任西域都护，管辖西域各国，汉和帝下诏褒奖他的功劳，封为定远侯，故后世人称“班定远”。班超为丝绸之路复通和西域人民的安宁奉献了一生，以其非凡的政治和军事才能，在西域的三十一年中，正确地执行了汉王朝“断匈奴右臂”的政策，自始至终立足于争取多数，分化、瓦解和驱逐匈奴势力，因而战必胜，攻必取。不仅维护了大汉的安全，而且加强了与西域各族的联系，为我国多民族国家的形成、巩固和发展，做出了卓越贡献。

文成公主入藏

隋唐之际，即 7 世纪前期，藏族历史上的英雄松赞干布崛起于藏河（今雅鲁藏布江）中游的雅隆河谷地区。他统一西藏，成为藏族的赞普（“君长”之意），建立了吐蕃王朝，定都逻些（今拉萨）。唐贞观十四年（640 年），他遣大相（职同宰相）禄东赞至长安，献金五千两，珍玩数百，向唐朝请婚。文成公主，唐朝宗室之女，聪慧美丽，自幼受家庭熏陶，学习文化，知书达理，并信仰佛教。相传天竺、大食、仲格萨尔以及霍尔王等同时派了使者求婚，均希望能迎娶贤惠的文成公主。唐太宗李世民为了公平合理，决定让婚使们比赛智慧，胜者迎娶公主，这便是历史上的“六试婚使”（又称“六难婚使”，也有“五试婚使”之说，拉萨大昭寺和布达拉宫内至今完好地保存着描绘这一故事的壁画）。贞观十五年（641 年），文成公主在唐送亲使江夏王太宗族弟李道宗和吐蕃迎亲专使禄东赞的伴随下，出长安前往吐蕃。松赞干布在公主到达西藏之后，为文成公主修建一座华丽的王宫，这就是今天布达拉宫的前身。在文成公

文成公主入藏壁画　吐蕃

主的主张下，藏人创造了三十个藏文字母和拼音造句文法，结束了藏人无文字的历史。当时唐朝盛行佛教，文成公主是一虔诚佛教信仰者，松赞干布在她的影响下，大力提倡佛教，还特地在拉萨修了大昭寺。文成公主本人还亲自传授了刺绣、纺织的技术。文成公主入藏，对加强汉族和藏族的往来，发展藏族的经济文化，做出了巨大的贡献。她曾设计和协助建造大昭寺和小昭寺，藏族人民至今在布达拉宫里还安置了文成公主和松赞干布的塑像。永徽元年（650 年），松赞干布去世后，文成公主一直居住在西藏。永隆元年（680 年），文成公主逝世，吐蕃王朝为她举行隆重的葬礼，唐遣使臣赴吐蕃吊祭。至今拉萨仍保存着为纪念她而造的塑像，距今已 1300 多年历史。

玄奘取经

玄奘，唐朝著名的三藏法师，佛教史上最伟大的译经师之一，中国佛教法相唯识宗创始人。俗姓陈，名袆，出生于河南洛阳洛州缑氏县（今河南偃师南境）。他是中国著名古典小说《西游记》中心人物唐僧的原型。玄奘“博涉经论，尝谓翻译者多有讹谬”，且各派学说分歧，难做定论，于是决心赴天竺探本究源。当时唐朝“国政尚新，疆场未远，禁约百姓不许出蕃”，要出境必须获得朝廷的准许。贞观元年（627 年），玄奘上书请求朝廷准许自己西行求法，但未获太宗批准。史书是这样记载当时情形的，玄奘“结侣陈表，有敕不许，诸人咸退，唯法师不屈”。玄奘决心已定，乃“冒越宪章，私往天竺”。627 年，玄奘西出玉门关，长途跋涉，他翻过终年积雪的凌山（今穆索岭），到亲叶（即碎叶），渡过乌游水（即阿姆河），登临铁门关（今阿富汗境内的巴达克山），通过吐火罗，进入天竺西北部。631 年，抵达摩揭陀国，并入天竺佛教最高学府那烂陀寺受学。后又游学天竺各地，著述立论，宣讲佛法，获得较大的声誉。643 年，玄奘启程回国，携梵文佛经 657 部和各种佛像回到长安。玄奘在归国之时，行至于阗，先行上表，请求太宗赦其违旨西行之罪。太宗赦免了他的罪责。贞观十九年（645 年），太宗派大臣迎接，并举行欢迎大会。玄奘在弘福寺、慈恩寺翻译佛经，译书75部，1335卷，并著有《大唐西域记》。玄奘历尽千辛万苦赴西域取经的精神，为后人树立了光辉的榜样，他是坚韧不拔精神的典范。唐高宗麟德元年（664年），玄奘圆寂于长安玉华寺，享寿65岁。高宗悲痛万分，叹曰："朕失国宝矣。"并为玄奘举行国葬。

鉴真东渡

鉴真是我国盛唐时期赴日本传播唐代文明和中华佛教文化的高僧。俗姓淳于，扬州人，14岁出家大云寺，18岁时，由应邀来扬州的南山律宗开创人道岸律师授菩萨戒。27岁，回扬州大明寺。在唐天宝年间屡次尝试东渡赴日，10多年间共有6次，直到天宝十二载（753年）第六次东渡才获成功。日本奈良时代，荣睿和普照两名年轻僧人，受日本亲王之使命赴唐，希望聘请德高望重的鉴真大师东渡，以学习其戒律。鉴真决定率众弟子东渡。正待启航时，随行的僧徒中出现不和，第一次东渡失败。随后，鉴真揭榜治好了岭南道采访使母亲的病，得到一艘军船，从扬州开航后不幸触礁沉船，在荒岛上忍饥挨饿度过了八天八夜，第二次东渡失败。随后鉴真又觅船东渡，其大弟子灵佑不忍恩师年迈渡海，便发动僧众请官府阻留，官差将鉴真一行截获并押解回扬州。为避风头，荣睿和普照移居他乡，三年后二人再赴扬州与鉴真会合，试图秘密出海东渡。因遭遇狂风怒涛，再次受挫。鉴真因苦心焦虑患了眼疾，双目失明。在接二连三的沉重打击下，鉴真以"不遂本愿，决不罢休"的坚强意志，又回扬州做第六次东渡的准备。753年，日本天皇派遣唐使正式提出礼请鉴真赴日本弘法。唐玄宗恩准，66岁高龄且双目失明的鉴真携其弟子搭上了遣唐使船，第六次东渡，终于到达奈良，受到日本举国上下的热烈欢迎，封号"传灯大法师"，安置于东大寺。双目失明的鉴真为天皇、皇后和皇太子等人登坛受戒。鉴真在日本享有国宝级人物的待遇，被日本人民尊称为"盲圣"、"日本律宗太祖"、"日本医学之祖"、"日本文化的恩人"等。鉴真在奈良设计创建的唐招提寺，成为当时日本佛教徒的最高学府，被日本人视为艺术明珠。鉴真在日本生活了10年，于763年在日本圆寂，享

扬州鉴真大和尚纪念堂

年 76 岁。他对中日文化交流做出了巨大贡献，弟子为他所塑干漆夹像，1200 余年来，始终受到日本人民的景仰。鉴真东渡在中日文化交流史上写下了光辉的一页，为人类和平、文明和进步做出了重要贡献。

《马可·波罗游记》

马可·波罗，世界著名的旅行家、商人，出生于意大利威尼斯一个商人家庭、旅行世家。马可·波罗 17 岁时跟随父亲和叔叔，途经中东，历时四年多来到中国，在中国游历了 17 年。回国后出版了《马可·波罗游记》（又名《马可·波罗行纪》、《东方闻见录》）。该书记述了他在东方最富有的国家——中国的见闻，激起了欧洲人对东方的热烈向往，对新航路的开辟产生了巨大的影响。西方地理学家还根据书中的描述，绘制了早期的“世界地图”。《马可·波罗游记》共分四卷。第一卷记载了马可·波罗诸人东游沿途见闻。第二卷记载了元朝皇帝忽必烈及其宫殿、都城、朝廷、政府、节庆、游猎等，还有他从北京南行至杭州、福州、泉州及诸海诸洲等事。第三卷记载日本、越南、印度洋沿岸及诸岛屿，非洲东部。第四卷记成吉思汗后裔诸鞑靼宗王的战争和亚洲北部情势。每卷分章，每章叙述一地的情况或一件史事，共 229 章。书中记述的国家和城市达 100 多个，关于中国的叙述是全书重点部分。以叙述中国为主的第二卷共 82 章，占全书三分之一强。他以热情洋溢的语言，记述了中国无穷无尽的财富，巨大的商业城市，极好的交通设施，以及华丽的宫殿建筑。马可·波罗和他的《马可·波罗游记》让西方人了解了东方，对东方充满向往，大大促进了中西交通和文化交流。

郑和下西洋

郑和，原姓马，名和，字三保，云南昆阳（今晋宁）人。1381 年冬，明朝军队进攻云南。马三保被掳入明营，被阉割成太监，之后进入朱棣的燕王府。在靖难之变中，马三保在河北郑州（在今河北任丘北）为燕王朱棣立下战功，被提升为内官监太监，赐姓“郑”，官至四品，地位仅次于司礼监。宣德六年（1431 年）钦封郑和为三保太监。明成祖继位时，持续三年之久的“靖难之变”及迁都北京，使朝廷财政耗费极其浩大，加上当时中国周边的国际环境不够稳定，直接影响到中国南部的安全。为了弥补财政上的亏损，稳定中国南部，1405 年 7 月 11 日，明成祖派郑和率船队首下西洋。据史书记载，郑和船队是由 240 多艘海船、27400 名士兵和船员组成的一支联合舰队，访问了 30 多个在西太平洋和印度洋的国家和地区，加深了中国同东南亚、东非的友好关系。每次都由苏州刘家港出发，一直到明宣德八年（1433 年），他一共远航了七次。最后一次，宣德八年四月回程到古里时，在船上病逝。郑和曾到达过爪哇、苏门答腊、苏禄、彭亨、真腊、古里、暹罗、阿丹、天方（阿拉伯国家）、左法尔、忽鲁谟斯、木骨都束等30多个国家，最远曾达非洲东海岸，红海、麦加，并有可能到过今天的澳大利亚。郑和下西洋，比哥伦布早了87年，比达伽马早了92年，比麦哲伦到达菲律宾早了116年。哥伦布、达伽马、麦哲伦航海的人数、规模、船只的大小等，都无法同郑和相比。郑和下西洋的航线从西太平洋穿越印度洋，直达西亚和非洲东岸，到达南端的好望角，涉及三大洋，是此前的中国航海史上所没有的，在世界航海史上也居于领先地位。

郑和宝船复原图

胡萝卜的传入

胡萝卜具有很高的营养价值。除了煲汤、炖肉外，它还具有治疗夜盲、保护呼吸道等药用价值。它为什么叫“胡萝卜”？是何时传入中国的？

胡萝卜又称甘荀，原产亚洲西南部，在阿富汗的栽培历史可追溯到2000年前。胡萝卜富含胡萝卜素，20世纪时，人们认识了胡萝卜素（含丰富维生素A）的营养价值。

胡萝卜于10世纪从伊朗引入欧洲大陆，15世纪见于英国，16世纪传入美国。胡萝卜从伊朗引入中国是在13世纪的宋元时期，并于16世纪从中国传入日本。同时期传入中国的还有越南的占城稻、红薯、马铃薯、玉米等农作物。这是宋元时期我国对外交流加剧的表现。

“胡”在汉语中指的是北方或西域的少数民族，后来词义演变，人们把外国人统称为“胡人”。把胡人的衣服叫“胡服”，这种从西域引入的萝卜就被称为“胡萝卜”。

学制和教育

最早的学校

中国教育传统非常悠久，夏朝时便设有“序”、“校”、“庠”等专门的官方教育机构，后来商朝则增加了“学”和“瞽宗”，周代的官方学校则大致沿用了夏商时期的校名，并进一步完善了教育制度。夏商周时期的官方学校只针对贵族子弟而设。

除官学之外，春秋时期，由于统治阶层力量削弱，学术出现下移，以孔子为代表的民间私学兴起。虽然就教学设施与教学制度而言，孔子的传道之所可能算不上学校，但就其教育理念与教育内容而言，也可以算是学校了。

无论官学还是私学，早期的教育对于“小学”、“大学”的区分，虽然不像现在这样严格，但还是有的。比如早在西周的贵族学校中，针对不同的年龄段学生，所教的内容已有所区分。对于刚入学的幼小子弟，有专门为他们而设的小学课程，具体内容为“六艺”，即“礼、乐、射、御、书、数”。其重点在于基本的识字教育、德行培养、情操陶冶、身体锻炼；而对于年龄稍长的儿童，则开始更高一级的教育。孔子在自己的私学中，也继承了这种教学制度，先教小学部分的“六艺”，然后是以“诗书易，礼春秋”这六经为学习内容的“大学”部分，以期学生担负起闻道救世的重任。

孔子传道

后世的学校则继承了早期的这种划分方法，形成了教育的“蒙学”、“大学”两阶段制。“蒙学”各代名称不一，诸如“四门小学”、“内小学”、私塾的“蒙馆”等都属于此，相当于现在的小学教育。

“蒙学”之后，则是“大学”教育。一般而言，古代的小学阶段指学童13岁之前，这时的先生主要教其识字、背诵，13岁之后则对学生讲解文章的义理，并教授作文之法。

对人文学科来说，这种“小学”、“大学”二分法的教育是非常智慧的，北宋文豪苏辙的“早岁读书无甚解，晚年省事有奇功”便道出了这种教育模式的优点所在。

另外，现在的中学教育在古代虽然没有单独划出来，但也并没有跳过去，而是包含在“大学”教育之中。毕竟一个人的学习规律是古今如一的，不可能跳过哪个阶段，区别只在于是否有外在的具体划分罢了。

学制

学制即学校的教育制度，涉及学校的性质、培养目标、入学条件、修业年限等方面。夏商时期，已经有了官立的学校，当时称为序或庠，到西周时期，学校的建制已经较为发达，《礼记·学记》记载：“比年入学，中年考核。一年视离经辨志，三年视敬业乐群，五年视博习亲师，七年视论学取友，谓之小成；九年知类通达，强立而不反，谓之大成。”意思是讲，每年入学一次，隔年考核一次。1年考察辨明志向，3年考察是否专心和亲近同学，5年考察是否博学和亲近师长，7年考察是否有独立见解和择友能力，这些都达到了，就是小成，意味着已经掌握了基本的知识和技能；如果到9年的时候可以做到触类旁通，坚强独立而不违背师训，就是大成，意味着学业已经达到了成熟的水平。西汉武帝时设立太学，是中国古代学制的一项重要进步。太学并无明确的学习年限规定，但考试十分严格，西汉时每年考核一次，方式是“设科射策”，相当于今天的抽签答问，东汉中期改为每两年考核一次，通过者就授予官职，否则留下继续学习。隋唐时期的官学开始对学生年龄和学习年限做出明确规定，例如律学招收学生的年龄当在18到25岁之间，学习年限为6年，考试分“旬考”、“岁考”、“毕业考”3种，旬考内容为十日之内所学课程，不及格者有罚；岁考内容为一年之内所学课程，不及格者留级；毕业考及格则取得科举资格，否则勒令退学。北宋王安石在太学实行“三舍法”，即将生员分为外舍、内舍和上舍三个等级，生员必须依照学业程度，通过考核，依次晋升。元代又将学生分为三等六斋，通过考核积分逐级升斋。明代沿用了元代的积分制，入国子监就读的学生必须先入低级班，一年半以后，学业通过者升中级班，再过一年半，“经史兼通，文理俱优”者升入高级班，而后采用积分制，按月考试，一年积满八分为及格，这样就可以待补为官。到了清代，积分制已有名无实，毕业时间全凭年限来计。

隋唐之后，科举制度与教育制度相结合，虽然科举制度有着积极的一面，但是也存在着严重的消极因素，使得教育成为科举的附庸，影响了社会和学校对人才的更为科学和全面的培养。

官学

官学即由官府兴办的学校，包括中央官学和地方官学。早在夏商时期，官学即已出现，并且在西周之前，各级学校全都是由官府创建的，位于国都的叫作“国学”，其他地方的则叫作“乡学”，当时只有贵族子弟才有接受教育的权利。汉武帝时期设立太学，是中国古代官学体系的一次重大变革，自此经学成为官学教育的主导内容，而培养官员则成为官学教育的主要目的。晋武帝时期又设立国子学，后来称为国子监。太学和国子监作为中央官学和国家的最高学府，在中国古代教育史上长期发挥着极为重要的作用。在最高学府之外，官学还包括专科学校和贵族学校，专科学校教授专门的知识和技艺，诸如史学、文学、书学、算学、律学、医学、画学、武学等，贵族学校则是严格以贵族子弟为教育对象，不面向普通的社会成员开放。完善的地方官学体系是在汉代建立起来的，汉平帝元始三年（3 年）规定：郡国曰学；县、道、邑、侯国曰校；乡曰庠；聚曰序。此后，郡国学校得以普遍建立，官学和私学交织发展，形成了“学校如林，庠序盈门”的繁荣景象。

稷下学宫

稷下学宫是战国时期位于齐国都城临淄稷门之旁的讲学场所，设立于齐桓公田午时期，齐威王即位后，为了选贤任能与革新政治，扩大了学宫的建设，齐宣王时期，学宫趋于鼎盛，到齐国末代国君田建的时候，走向衰落，并随着齐国的灭亡而一同消失。稷下学宫广泛招徕天下贤士，容纳不同的学派，学术气氛非常浓厚，一时尊为闻名列国的文化圣地，孟子和荀子都曾任职于此。稷下学宫于存在的 150 年里，为战国时期学术思想的繁荣发展做出了重要贡献。

鸿都门学

鸿都门学创立于东汉灵帝光和元年（178 年），因校址设在洛阳鸿都门而得名，是中国最早的高等专科学校，以文学艺术为教学内容，开设辞赋、小说、尺牍、字画等课程，打破了学校专习儒家经典的惯例。鸿都门学是宦官集团与士族阶层进行政治斗争的产物。当时，作为最高学府的太学为士族所占据，宦官为了扩大自身的影响，培养拥护自己的知识分子和官员，凭借灵帝喜好文学艺术的有利条件，创建了鸿都门学，学生由州、郡三公择优选送，多数是社会地位不高的平民子弟，这些人入学后得到特别的优待，很多学员毕业后都得以高官厚禄。鸿都门学在繁盛之时成员多达千人，但是由于遭到士族的强力反对，加之遭受黄巾农民起义的打击，随着汉王朝的没落而迅速消亡。

太学

正始石经　三国

魏正始二年（241 年）立，又名《三体石经》，用古文、篆书和隶书字体书刻，建于洛阳太学门前（今洛阳市偃师县）。石经共 27 块，后佚失，自宋以来屡有残石出土。

太学是中国古代的国家最高教育机构。早在西周时期，太学即已出现，当时周王室的太学以南北东西中的方向为序，分别称为“成钧”、“上庠”、“东序”、“瞽宗”和“辟雍”。而作为正式的国家最高教育机构，是汉武帝时期设立的太学。最初太学只设五经博士，置博士弟子 50 名，专门研习儒家经书。博士弟子有免除赋役的特权，而对于哪些人具备进入太学的资格，在朝廷是由太常负责遴选，在地方则由郡国进行察举。武帝还下令天下郡国设立学校官，与中央太学相应，同时初步建立起地方的教育系统。后来太学的规模不断扩大，汉成帝时太学生已达 3000 人，王莽时期更是超过万人，东汉顺帝时太学经过大规模扩建，太学生曾多至 3 万余人。汉末董卓之乱中，太学被毁，曹丕称帝后，恢复了太学。晋武帝时再度大规模地扩张太学，一时人数又达万余，但是西晋迅即灭亡，太学再次被毁。十六国时期，虽然也曾设置太学，但是政治环境动荡无序，太学并不能够进行正常运转。及至北魏孝文帝迁都洛阳后重建太学，太学方才出现复兴的局面，然则北魏分裂后，太学又一次走向衰落。到唐代统一之后，太学才又获得了良好的发展条件，体制和规模逐渐趋于完备。唐宋两代可谓是太学的极盛时期，南宋灭亡后，太学被废，国子监成为元、明、清三代的国家最高教育机构。

学官

学官，有时也称为教官，是掌握学校教育的官员。古代官学是以培养官员为主，学校也是国家官僚体系的组成部分，在官学中担任教职的人员也都承担相应的官职，是国家的正式官员。以明清两代为例，中央官学国子监的最高学官为祭酒，相当于现今的校长，品级为从三品，然后有司业，相当于现今的副校长，为从四品下，接下来有国子监博士，相当于现今的教授，为正五品上，助教、直讲等也都各有品级；对于地方官学，主管的学官也相应地分作不同的品级，府学称教授，州学称学正，县学称教谕，又各设训导的副职。

同文馆

同文馆是中国最早专门培养翻译人才的教育机构，同时也从事翻译和出版方面的工作，清同治元年（1862 年）创立于北京，亦称京师同文馆，隶属于总理衙门，设

京师同文馆旧址

管理大臣、专管大臣、提调、帮提调及总教习、副教习等职，由英国人赫德任监察官，并实际操纵馆务。同治八年（1869 年），美国传教士丁韪良开始担任总教习，占据此职达 25 年之久。同文馆最初设英文、法文和俄文三班，后来陆续增加德文、日文、天文、算学等班，招生对象开始限于 14 岁以下的八旗子弟，第一批入学者仅 10 人，以后扩大招收年龄较大的八旗子弟和汉族学生，入学学生逐年增多，其后只招收正途人员，即科举出身的举人、进士和五品以下的京外官员，且年龄均在 30 岁以下，学生毕业后大多担任政府译员、外交官员、洋务机构官员、学堂教习等。同文馆是清政府开办的采用班级授课制的第一所洋务学堂，在教学之外，还附设有翻译处和印书处。光绪二十六年（1900 年），因八国联军入侵，同文馆停办，2 年后，并入京师大学堂。

通儒院

通儒院，是清末计划设立的培养高级人才的教育机构，相当于后来的研究生院。1903 年，清政府颁布《奏定大学堂章程》，为了更好地实现造就通才的办学宗旨，提出将京师大学堂原拟的大学院改为通儒院，并且在一系列具体方面做了详细规定。通儒院的招生对象为大学毕业生，以发明创新为培养目标，学制五年，学员不上课堂，而以研究为务，毕业时不进行考试，而是以研究成果来评定，毕业生给予较优的官员品级。但是通儒院在实际创办之前，清王朝就先灭亡了。

京师大学堂

京师大学堂，是中国第一所国立综合性大学，诞生于戊戌维新运动期间。1898 年 6 月 11 日，光绪皇帝在《明定国是诏》中强调：“京师大学堂为各行省之倡，尤应首先举办，著军机大臣，总理各国事务大臣，会同妥速议奏……以期人才辈出，共济时艰。”7 月 3 日，光绪批准了由梁启超起草的《奏拟京师大学堂章程》，原来的官书局和译书局均并入大学堂。根据章程，京师大学堂不仅是全国的最高学府，而且也是全国教育的最高行政管理机关。9月26日，即戊戌政变后的第五天，慈禧太后颁布谕旨，以“大学堂为培植人才之地”而准予继续兴办，京师大学堂成为变法维新得以保留的唯一成果。年底，大学堂正式开课，有诗、书、易、礼四堂和春秋二堂。1900年，八国联军入侵北京，京师大学堂暂时停办。1902年，大学堂恢复，进行革新，设预备科、大学专门分科和大学院三级。预备科分为政科和艺科，分别相当于现今的理科和文科，学制为3年，毕业后可升入大学专门分科，并给予举人出身资格。大学专门分科相当于后来的大学本科，共设政治、文学、格致、农业、工艺、商务和医术七科，学制3～4年，毕业后可升入大学院（相当于后来的研究生院）深造，并给予进士出身。大学堂另设速成科，分仕学、师范两馆，学制3～4年，毕业后可任初级官吏或学堂教习。同年，京师同文馆并入京师大学堂。1903年，大学堂创办进士馆、译学馆和医学实业馆，并增设经济科。辛亥革命后，京师大学堂改名为北京大学。

大学堂匾　清

学位

中国正式的学位制度是在近代才形成的，但是古代的科举制与近现代的学位制在形式上有一定的相似之处。隋唐时期开始实行科举制，进行分科考试，其中以进士科最为重要。宋代的科举制度进一步完善，出现了乡试、会试和殿试3个层级的考试。明清两代继承了宋代的体制，正式的3级考试为院试一级、乡试一级、会试与殿试一级。院试是县、府一级的考试，及格者称生员，俗称秀才。乡试是省级的考试，3年举行一次，因举行时间在秋天（八月），又称“秋闱”，通过者称举人，举人即具备了做官的资格。会试和殿试是国家级的考试，会试在乡试之后的第二年春天举行，因而也称“春闱”，考中者为“贡士”，第一名称“会元”。殿试由皇帝亲自主持，殿试及第者称为进士，进士又分为三甲，第一甲3名，依次称为状元、榜眼、探花，赐进士及第，第二甲和第三甲名额不确，分别赐进士出身和同进士出身。一般殿试只对贡士定出名次，也就是说参加殿试的贡士通常都能够成为进士，实际上同进士出身就相当于殿试中的落第者。这样，秀才、举人和进士就相当于中国古代的三等基本学位，但是这种区分更主要的是与政治资格相联系的。光绪二十八年（1902年）颁布的《钦定学堂章程》所规定的“附生、贡生、举人、进士”四级学位可以看作是中国最早的正式学位制度。1935年，南京国民政府颁布《学位授予法》，仿效欧美，规定了学士、硕士、博士三级学位制度。

私学

凡训蒙，须讲究。

私学即古代的私立学校。西周之前，教育是贵族阶层的专利，学校也全是由官方兴办的，到春秋时期，原来的一些贵族子弟由于代际的递变而降为士乃至平民，其中的一部分人开始在民间授徒讲学，开创了私学的风气。孔子对私学的发展做出了重大的贡献，使得私学真正地能够与官学相抗衡。战国时期，私家授学更是极为普遍，呈现出百家争鸣的繁荣局面。秦王朝统一之后，开始禁止私学，汉代以后，随着政治与文化大一统的实现，官学获得空前的发展，同时民间私学也逐渐恢复，再度兴盛起来，但已失去先秦时期所具有的那种自由的学术和思想氛围，教育内容也与官学趋同。两宋时期，书院兴起，私学显现出新的景象，教学方式变得灵活起来，教学内容也更为丰富，但是元代之后，书院也趋于官方化，失去了原有的活力。至于广泛存在的私塾，则普遍传授的是启蒙阶段的教育。总体来看，自秦汉以来，私学主要承担的是作为官学之辅助的角色，尽管如此，私学对古代社会的发展仍然发挥了巨大的作用，与官学相辅相成，共同建构了中国古代的教育体系。

孔门四科

“孔门四科”，意为孔子所传授的4门学术，指的是德行、言语、政事和文学，相关的记述见于《论语·先进第十一》：“子曰：‘从我于陈、蔡者，皆不及门也。德行：颜渊、闵子骞、冉伯牛、仲弓；言语：宰我、子贡；政事：冉有、季路；文学：子游、子夏。’”孔子在此分别举出了4个学科门类之下最为优秀的学生。唐代开始，“孔门四科”的提法逐渐受到学者的重视。明清时期，“孔门四科”演变为“儒学四门”——义理、辞章、经济和考据。

六艺

“六艺”，即礼、乐、射、御、书、数，是中国古代教育中要求学生掌握的六种基本的才能。“六艺”的提法最早见于《周礼·保氏》：“养国子以道，乃教之六艺：一曰五礼，二曰六乐，三曰五射，四曰五驭，五曰六书，六曰九数。”礼，即礼节，“五礼”指的是吉礼、凶礼、军礼、宾礼和嘉礼；乐，即音乐，“六乐”指的是云门、大咸、大韶、大夏、大濩和大武等古乐；射，即射箭，“五射”指的是五种具体的箭法，分别为白矢、参连、剡注、襄尺和井仪；御，即驾驭马车，“五驭（御）”指的是五种具体的驾车技艺，分别为鸣和鸾、逐水曲、过君表、舞交衢和逐禽左；书，包括识字和书法，“六书”指的是象形、指事、会意、形声、转注和假借；数，即算术，“九数”指的是九九乘法表。

孔门十哲

孔门弟子

“孔门十哲”指孔子弟子中最优秀的10位贤哲，指的是子渊、子骞、伯牛、仲弓、子我、子贡、子有、子路、子游、子夏。“孔门十哲”这种说法的依据为《论语·先进第十一》所记载的孔子的一段话：“从我于陈、蔡者，皆不及门也。德行：颜渊、闵子骞、冉伯牛、仲弓；言语：宰我、子贡；政事：冉有、季路；文学：子游、子夏。”孔子说的是跟随自己在陈国、蔡国经历困苦的人现在都不在身边了，表达了对这些学生思念的情感，然后分为几个方面叙述了这些学生的长处之所在，例举出了这10人。颜渊，就是颜回，字子渊，是孔子最为欣赏的学生，才学品性俱为优好，出身贫贱，不幸早亡；闵子骞，即闵损，以德行著称，洁身自守，坚持不仕；冉伯牛，名耕，不幸染恶疾，令孔子十分感叹；仲弓，即冉雍，出身微贫，父亲行为不端，因而受人轻视，孔子为其辩护，他的宽宏厚重的品性很为孔子称赞；宰我，即宰予，字子我，曾提倡缩短3年守丧的期限，受到孔子的谴责，因为善言辞，孔子曾派他出使齐、楚等国；子贡，即端木赐，长于雄辩，精于处世，是春秋时期著名的富商，子贡曾为孔子守墓6年，体现出非同寻常的师生情谊；冉有，即冉求，字子有，生性谦谨，具有出色的政治和军事才能，曾因为帮助季康子聚敛民财而受到孔子的严厉批评；季路，即仲由，字子路，因曾担任季氏的家臣，所以也被称为季路，出身贫苦，性格豪爽，为人耿直，勇力超拔，在卫国的内讧中被杀；子游，即言偃，在鲁国的武城为官时倡行礼乐，深为孔子赞佩；子夏，即卜商，才思敏捷，经常与孔子讨论文学，时有不凡的创见，在孔子身后，儒家的许多经典都是通过子夏传授下来的。

书院制度

书院起源于唐代，兴盛于宋代，集教学、研究和藏书功能于一体，是中国古代教育史和学术史上具有重要地位的教育组织形式。唐玄宗开元六年（718 年），将乾元院改为丽正修书院，集中进行修书和讲学活动，这被认为是书院的起始。唐末和五代期间，战乱频仍，官学衰败，许多读书人避居山林，模仿佛教的禅林讲经制度而创立书院，这为宋代书院制度的盛行奠定了基础。历史上最为知名的白鹿洞书院、石鼓书院、应天府书院和岳麓书院这四大书院都形成于北宋时期，在此之外，嵩阳书院、茅山书院等也都曾在当时产生了很大的影响。南宋时期书院的繁盛不亚于北宋，丽泽书院、象山书院等都颇为著名。书院最初大多为私人设立，后来官府设立的书院逐渐增多，到元代，各路、州、府都设有书院，使得书院变成一种类似于学校的体制。明代初年书院一度低落，而随着官学的衰退，书院又复兴起来，以无锡的东林书院影响最大。清代前期对书院采取限制的政策，后来转而提倡，但是清代的书院具有明显的官方色彩。清代后期，以两湖的书院最为兴盛。光绪二十七年（1901 年），诏令书院改为学堂，书院的历史就此结束。

四大书院

“四大书院”指中国古代历史上最为著名的白鹿洞书院、石鼓书院、应天府书院和岳麓书院。白鹿洞书院位于江西庐山五老峰南麓的山谷中，始建于唐代，李渤任江州刺史期间，在旧日隐居的地方广植花木，增设台榭、宅舍和书院，这就是白鹿洞书院的由来。书院的得名是因为李渤青年时期在此读书时曾养过一只白鹿，所以他读书的地方被称为白鹿洞。南唐升元四年（940 年），白鹿洞建立学馆，称“庐山国学”，

白鹿洞书院

这是一所类于金陵国子监的高等学府。北宋初年，江州的乡贤明起等在白鹿洞正式创办“白鹿洞书院”，但不久即废，直到著名学者朱熹重修书院并主持书院的建设，白鹿洞书院才开始闻名四方。

石鼓书院位于湖南衡阳北面的石鼓山，唐宪宗元和年间，李宽始在此地建庐读书，宋太宗于太平兴国二年（977年）赐“石鼓书院”的匾额，但是20年后此地才正式建立书院。宋仁宗景祐二年（1035年），石鼓书院再次得到御赐匾额，从此步入书院的鼎盛时期。周敦颐、苏轼、朱熹、张载、茅坤等众多知名学者都曾在石鼓书院执教讲学。

应天府书院，亦称睢阳书院，原址位于今河南商丘市，为后晋杨悫所创，与其他几大书院设于山林胜地不同，应天府书院居于繁华的闹市。宋真宗景德二年（1005年），将宋太祖的发迹之处宋州改名为应天府，取的是应天顺时之义，3年后，当地人曹诚上书请示拨款修建书院，经应天府知府上报朝廷，得到批准，第二年，宋真宗正式赐额为“应天府书院”。庆历三年（1043年），宋仁宗下旨将应天府书院改为南京国子监，使其成为北宋的最高学府之一，盛极一时。晏殊和范仲淹都曾先后主持过书院的建设。北宋末年靖康之难中，应天府书院被毁。

岳麓书院位于湖南长沙岳麓山东侧，紧邻湘江，宋太祖开宝九年（976年）由潭州太守朱洞创建，宋真宗咸平四年（1001年）赐以书院匾额，大中祥符五年（1012年）周式承接主持工作后，书院得到迅速发展，日益繁荣，后朱熹参与书院的建设，使得岳麓书院臻于鼎盛。

东林书院

东林书院，位于江苏无锡，创建于北宋徽宗政和元年（1111年），是当时的知名学者杨时长期讲学的地方，因杨时号龟山，所以又被称为龟山书院，至于“东林”之名则来源于杨时游庐山时所作的诗题“东林道上闲步”。东林书院在宋代曾为一时之盛，后来废置。元顺帝至正十年（1350年），僧月秋潭在此地建东林庵，书院自此成为僧人的居所。明代成化二十年（1484年），僧人信谅又加重修。万历三十二年（1604年），被罢黜的顾宪成，偕同

东林书院旧迹

明朝末年，宦官专权，朝政昏暗，一批清正的士大夫在东林书院讲论时事，评议朝政，被宦官集团称为“东林党人”。后来宦官集团和东林党人展开了激烈的斗争，许多东林党人被冤杀。图中建筑为东林书院旧迹。

其弟顾允成，又联合高攀龙、安希范、刘元珍、叶茂才、史孟麟、薛敷教、钱一本等人，为继承杨时讲学遗志，共同筹款重建东林书院，并形成所谓的东林党人，志于世道，躬身践履，讽议朝政，裁量人物，指陈时弊，锐意图新，对明末的政治产生了很大的影响，而东林书院也成为明代最为知名的书院之一。

私塾

私塾是中国古代私人设立的教学场所，由早期的塾发展而来。《礼记·学记》追述西周的学制说："古之教者，家有塾，党有庠，术有序，国有学。"所谓"塾"，就是乡学的一种形式。私塾在春秋时期就已产生，但"私塾"这一称谓是近代才有的，在古代，私塾被称为学塾、乡塾、家塾、教馆、书房、书屋等，其中有塾师自己创办的学馆，也有地主、商人等富裕的人家聘请塾师而成的家塾，还有用祠堂、庙宇的地租收入或私人捐款兴办的义塾。塾师多为落第秀才或老童生。学生的年龄差异很大，小至五六岁，而年龄大的则有 20 岁左右的，但是以十二三岁以下儿童为主。一家私塾的学生少则一二人，多则可达三四十人。学生在入学的时候要向孔子的画像进行叩拜，而学制很为灵活，可长可短，教育的内容以启蒙为主，《三字经》、《百家姓》、《千字文》、《千家诗》等是常用的基本教材，同时注重礼节和品德的培养。私塾虽然大多限于教育的低级阶段，但是作为乡间启蒙的基本形式，2000 多年间，与官学相辅相成，对于文化的传承和人才的培养发挥了巨大的作用。

古代对老师的称呼

"老师"是当代人们对教师的尊称，原本是宋元时代对地方小学教师的称谓，后来由专指变为泛指。在"老师"之外，古代对教师其他的常用称呼还有师父、师傅、师长、先生、西席、西宾、山长等，其中有的称谓今天依然在使用。"师父"，因有"一日为师终身为父"的说法，所以也将老师尊称为师父；"师傅"一词是对太师、太傅、少师、少傅等官职的合成，因为这些职位负责教习太子，所以师傅也成为老师的代称，这一称谓当今仍在使用，但一般指工商曲艺等行业的老师；"师长"则含有视老师为尊长之义；"先生"的原初意义为先出生的人，引申指长辈、知识丰富的人，再引申为老师的含义；"西席"和"西宾"，对于当今已经是很陌生的称谓，其来源为这样一个典故：东汉明帝刘庄即位后对先前的老师桓荣依然十分尊敬，与其相处时令老师坐在靠西向东的尊位，流传开来，对老师就有了"西席"或"西宾"的称谓；"山长"之称源于五代时期蒋维东隐居衡山讲学的事迹，人们尊称蒋维东为"山长"，此后，山中书院中的主讲教师亦称为山长，使得山长成为对老师的一种尊称。

洋务学堂

洋务学堂是清末洋务运动中为培养新的实用人才而创办的以学习西方科技文化为主的新式学堂。它的出现标志着中国在与西方文化全面接触后所发生的第一次具有现代化意义的教育改革，完成了中国近代教育价值观念的转变，由此开启了中国大规模学习西方的热潮。一般认为，创办于1862年的京师同文馆是第一所洋务学堂，而其发展历史则在中日甲午战争后随着洋务运动的结束而一同终结。洋务学堂将“中学为体，西学为用”作为主导思想，其类别大体包括外国语学堂、军事学堂、技术学堂3种，前后共创办了二三十所。由于管理体制的落后、文化观念的保守、官员的腐败以及帝国主义对中国发展的遏制等因素，洋务学堂发展缓慢，并未引领中国走向富强。尽管如此，洋务学堂在40年的发展历程中还是做出了相当的历史贡献，更新了陈旧的教育思想，培养了中国最早的科技和外语人才，对清末的戊戌维新和科举制的废除等重要变革也都产生了积极的影响。

时务学堂旧址

留学生

留学生意为正在外国学习的学生，有时也指已经学成归国的人员。这个词是日本人创造的。在唐代，日本为了学习中国的先进文化，曾多次派遣唐使来中国。遣唐使是外交使节，在中国停留的时间不能过长，不便于进行系统而深入的学习，所以日本政府后来派出遣唐使的时候就一同派遣“留学生”和“还学生”。所谓“留学生”就是不随遣唐使一同回国而依然留在中国学习的人员，“还学生”则与遣唐使一同回国。后来，“留学生”这个词就沿用下来，泛指留居外国学习或研究的学生。

孔子论学

孔子是中国古代第一位伟大的教育家，在自己丰富的教育实践中总结出了一系列精湛的学习方法和教育理论，在记录孔子言行的《论语》一书中，关于教育的深刻

孔子圣迹图之退修琴书

见解可谓比比皆是。《论语》开篇的一句话就是：“学而时习之，不亦说乎？”这句话体现出将学习与实践相结合的观点，也表现出以学为乐的精神。孔子非常看重学习的兴趣，认为“知之者不如好之者，好之者不如乐之者”，并且本身就是一个极其热爱学习的人，曾自云“发愤忘食，乐以忘忧，不知老之将至”，还积极地提倡“敏而好学，不耻下问”。一次，冉求对孔子说自己并非是不喜欢老师说的道理，只是自己的力量达不到那样的高度，所以做不了。孔子对他说如果真的是自己的力量不够，那么是在去做的途中才感受到的，可是你现在都没有开始去做，怎么可以说力不足呢，那只是你自己不愿去做罢了。孔子在此所说的实际上是强调学习的主动态度的重要性。孔子还强调学习的循序渐进和坚持不懈，自言“吾道一以贯之”，告诫人们“居之无倦，行之以忠”。孔子也极其肯定改过对于个人进步的重要意义，曾说“德之不修，学之不讲，闻义不能徙，不善不能改，是吾忧也”，又说“人非圣贤，孰能无过”，“过而不改，是谓过矣”。孔子还提出了“温故知新”、“不愤不启，不悱不发”、“举一反三”、“学思结合”、“见贤思齐”等诸多非常富有启发性和实践意义的教育理念和学习观点，这对当今学生的学习和教师的教育来说不啻于一笔宝贵的精神财富。

有教无类

“有教无类”语出自《论语 · 卫灵公第十五》：“子曰：‘有教无类。’”这句话表达的是人人都有受教育的权利，而不涉及个人的贫富、阶层等差别，体现的是教育平等的思想。《论语 · 述而第七》记载孔子的话：“自行束脩以上，吾未尝无诲焉。”其含义是：只要是有一点礼物送给我，哪怕是很微薄，我也从来没有不教诲他的。所谓束脩，就是十条干肉的意思，拜师求问的时候要送礼物是古代的一种严格的礼节。束脩是一种最为微薄的礼物，孔子不嫌其微，而是一视同仁地给予教诲，体现的正是有教无类的精神，但是更进了一层，因为这还显示出孔子坚持教育平等的理念是不以自身所得利益的多寡而有所改变的，这对当时教育尚未普及而为贵族阶层所垄断的情况而言尤其具有重大的意义，也正是从孔子开始，教育才从贵族阶层走向了民间。

因材施教

因材施教，指教师要根据学生自身不同的个人情况，进行有差别的有针对性的教学，从而使得每个学生都能够扬长避短，获得最好的发展。中国古代伟大的教育家孔子是因材施教的典范，《论语·先进第十一》记载，子路问："闻斯行诸？"子曰："有父兄在，如之何其闻斯行之？"冉有问："闻斯行诸？"子曰："闻斯行之。"公西华曰："由也问'闻斯行诸'，子曰'有父兄在'；求也问'闻斯行诸'，子曰'闻斯行之'。赤也惑，敢问。"子曰："求也退，故进之；由也兼人，故退之。"对于"闻斯行诸"（听到就去做吗）这一同样的问题，孔子对子路和冉有两个不同的提问者做了两种截然不同的回答，子路性情豪放、行事鲁莽，所以孔子要约束他；冉有则在做事的时候总是退缩，所以孔子要鼓励他。这是因材施教的一个典例。

不愤不启

"不愤不启"是孔子的一种教学方法，语出《论语·述而第七》："不愤不启，不悱不发，举一隅不以三隅反，则不复也。"这段话的意思是，教导学生，不到他想弄明白而不得的时候，不去开导他；不到他想说却说不出来的时候，不去启发他；教给他一个方面的知识，他却不能由此而推知同一范畴的其他各方面，那就不再教他了。孔子提倡的是启发式的教学，认为不应当面面俱到地把知识的所有细节全部传授给学生，而是提纲挈领，将知识中基本的一面传授给学生，之后便主要靠学生自己去进行领悟。孔子看重的是学生自身的思考能力，教师不应当越俎代庖，剥夺学生思考的积极性，应该在学生经过认真思考之后为问题的疑难之处所困扰的时候再去点拨，这样学生一定会取得显著的进步。

孔子讲学雕像

这组雕像是人们为纪念孔子讲学、传授儒家思想而雕刻的。相传孔子有弟子三千，贤者七十二人。正因为有了他们，儒家思想才得以传承发展。

学、思、习结合

将学习、思考与实践相结合，是孔子所明确主张而反复强调的教育思想。《论语·子张第十九》说："博学而笃志，切问而近思，仁在其中矣。"“博学”就是广泛地学习，“笃志”就是坚持自己的志向，“切问”就是恳切地求问，“近思”就是认真地思考当前的问题，做到了这四点，也就会掌握仁德之义了。这句话虽然是子夏说的，但也体现出孔子的观点，这里提到了4点，实际也可以归结为两个方面，就是学和思，而笃志可以看作是学习的态度，切问可以看作思考的表现。《论语·为政第二》说："学而不思则罔，思而不学则殆。"其意为，只是读书而不思考，就会变得迷惘而无所知；只是思考而不读书，就会产生疑惑而不得解。这就是说，将读书与思考割裂开来单独进行都不会得到好的学习效果。《论语·卫灵公第十五》说："吾尝终日不食，终夜不寝，以思，无益，不如学也。"这表达的也是将学习和思考结合起来的重要性。孔子不仅认为学习与思考应当很好地结合，也强调应当将学习与实践密切地联系起来，《论语·学而第一》说："学而时习之，不亦说乎？"表达的意涵也就是提倡不能仅仅关注于书面的学习，还要把学到的知识时时地应用到实践中去。

广博专精

广博与专精，是学习的两个维度，这两个维度必须有一种很好的统一关系才能够达到最佳的学习效果。在学习过程中，广博与专精相互依存、相互补充。广博是专精的基础，专精是广博的升华；广博离开了专精就会转化为杂乱，专精离开了广博又会转化为孤陋。取得广博与专精的和谐是一条基本的学习规律。孔子主张博学，但是也强调必须有一个中心来把广博的知识依照一个纲领贯穿起来，即所谓“吾道一以贯之”，也就是以简驭繁，使所学的知识博而不失其精，专而不害其广。《论语·雍也第六》所说的“博学于文，约之以礼”就集中地体现了这种深刻的认识。

民俗文化

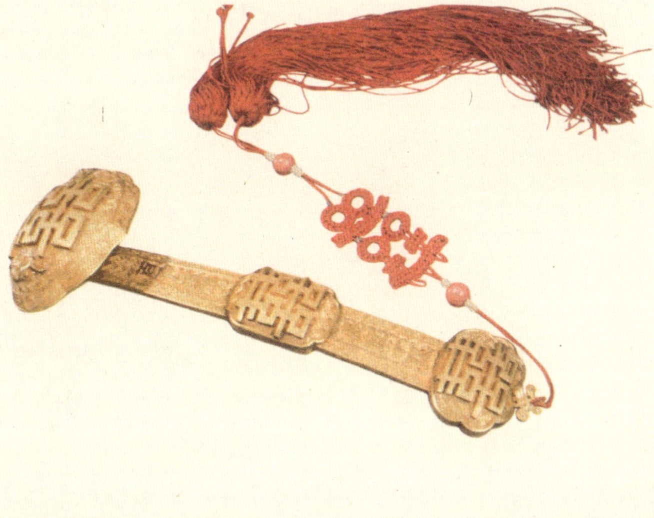

节　日

春节

春节是中国的传统节日，又叫阴历年，俗称“过年”、“新年”，时间是农历正月初一。它是中国所有节日中最隆重的节日，春节的历史很悠久，它起源于商朝时年头岁尾的祭神祭祖活动。正月初一古称元日、元辰、元正、元朔、元旦等，俗称年初一。民国时期改用公历，公历的1月1日称为元旦，农历的正月初一叫春节。

据《史记》、《汉书》记载，正月初一为四始（岁之始，时之始，日之始，月之始）和三朝（岁之朝，月之朝，日之朝）。在古代，人们在这一天迎神祭祖，举行各种娱乐活动，占卜气候，祈求丰收。春节的各种活动各地略有不同，其内容大致都有：除夕，俗称大年，这时家人团聚，吃团年饭，进行守岁；贴门神和春联（汉代的习俗是在门户上画鸡、悬苇，或画神荼、郁垒二神像于桃板上，意在驱逐瘟疫恶鬼，后演变为门神和年画）；正月初一，人们走亲访友，互致祝贺，称为拜年。另外，各地还要放爆竹，以驱祟迎祥。

人日

人日节又称人胜节、人庆节、七元节。此节今天虽已消亡，但在古代却是一个大节。人日节最早的记载是汉东方朔的《占书》：“岁后八日，一日鸡，二日犬，三日豕，四日羊，五日牛，六日马，七日人，八日谷。其日清明，则所生物育，阴则灾。”这是以天气的阴晴来预测一年的物产与人事：那一天晴，则相应的人畜两旺，阴则有灾。但岁后八日为什么与这些家禽家畜相联系呢，并且还与人相联系呢？这可能与中国远古神话的女娲造人说有关。

《风俗通义》载：“俗说天地开辟，未有人民，女娲抟黄土做人，剧务，力不暇供，乃引绳泥中，举以为人。”中国的神话认为，人是女娲娘娘用黄土所造，因捏泥捏不过来，于是用绳子甩泥浆以为人。《太平御览》转引《谈薮》注云：“一说，天地初开，以一日做鸡，七日做人。”从古籍的记载中可以看出，中国古人的确相信女娲造人说，并且在岁后的第一天至第八天，分别造出了鸡、狗、猪、羊、牛、马、人与谷。从神话的角度来说，人日就是人的生日，也是家庭的生日。正月初七正式成为人日节可能在晋代。《荆楚岁时记》记载："正月七日为人日，以七种菜为羹，剪彩为人，或镂金箔为人，以贴屏风，亦戴之头鬓。又造华胜相遗，登高赋诗。"当时，人日的各种习俗已经形成，如吃七菜羹、剪彩人、互相赠送华胜（妇女的头饰）、登高踏青等，这标志着古人已经把人日当成了节日。

立春

立春是二十四节气的第一个节气，时间大约在农历正月上旬，这时严冬已尽，春天开始，应是温阳和煦、吹面不寒杨柳风的时节，不过偶尔也会有春寒料峭的时候。立春在古代就是今天的春节，从汉代开始，所谓春节就专指立春节，并且这种以立春为迎春之节的传统一直到清代都在持续。现在正月初一的春节古代称为元旦，是一年的岁首。将春节固定到正月初一，是辛亥革命以后的事。中华民国采取了公历，以公历的 1 月 1 日为元旦，为区别起见，这才将旧历正月初一专称为"春节"。这样的命名，也是因为春节常在立春前后的缘故。

再从迎春的主题来看，立春和春节是一致的，是古已有之的传统。自古以来，中国人就十分重视立春节，旧《农历》云："斗指东北维立春，时春气始至，四时之卒始，故名立春。"就节气而言，一年的岁首是立春。民间有谚云，"一年之计在于春"，可见立春此日之重要。中国以农业立国，农业收成关系到国计民生，因此，古代的帝王为了表示对立春的重视，常常率领群臣举行隆重的迎春大典。

元宵节

元宵节又叫上元节、元夕节、灯节，是汉族传统节日，时间是农历正月十五日。正月是农历的元月，古人称夜为"宵"，正月十五是一年中第一个月圆之夜，所以称正月十五为元宵节。早在西汉汉文帝时，就已经下令将正月十五定为元宵节。汉武帝时，"太一神"（太一：主宰宇宙一切之神）的祭祀活动定在正月十五。东汉明帝提倡佛教，他因听说佛教有正月十五僧人观佛舍利、点灯敬佛的做法，就下令在正月十五这一天夜晚在皇宫和寺庙里点灯敬佛，并下令民间也都挂灯。后来这种佛教节日逐渐形成民间的节日。元宵节

卖元宵　清

经历了由宫廷到民间，由中原到全国的发展过程。

后随着时间推移，元宵节的内容不断变化。唐玄宗时规定观灯为3夜，元宵夜出现杂耍技艺，北宋延长到5夜，出现了猜灯谜活动。明朝时规定正月初八张灯，正月十五落灯，又增加了戏剧表演。元宵节的一个重要的活动就是吃元宵（又称汤圆），有团团圆圆之意。一般认为元宵节是春节活动的结束。

二月二

“二月二”，指的是农历二月初二，是我国的一个传统节日。有关“二月二”的习俗很多，其中俗语“二月二，龙抬头”可谓家喻户晓。“龙抬头”一说，最早见于明人刘侗《帝京景物略》：“二月二，龙抬头，蒸元旦祭馀饼……”至于抬头的为何是龙，又为何只与“二月二”有关，说法和故事就多了。在民间认为，龙是一种吉祥物，主管天上的云雨，“龙抬头”，意味着风调雨顺，是人们心中美好愿望的充分体现。由于我国大部分地区受季风气候影响，所以在农历二月初，气温便开始回升，日照时数也逐渐增加，气候已经适宜进行田间农事活动。所以，会有这样的农谚：“二月二，龙抬头，大家小户使耕牛。”但也有一些地方或某些年份，因为春旱较严重而导致春雨贵如油。倘春雨充沛，则预示着一年的丰收。所以又有农谚说：“二月二，（若）龙抬头，大仓满，小仓流。”

“二月二”敬土地神这一习俗，盛行于我国台湾地区。每逢“二月二”，人们把纸钱系在竹枝上，然后插立田间，以奉献给土地神。鄂西鹤峰一带的土家族人在敬土地神时，还要点香烛，摆上酒菜，然后磕头请愿。

这一天，其他习俗也有很多，比如有的地方在起床前，先念：“二月二，龙抬头，龙不抬头我抬头。”起床后还要打着灯笼照房梁，边照边念：“二月二照房梁，蝎子蜈蚣无处藏。”有的地方在这一天妇女不动针线，说是怕伤了龙的眼睛；还有的地方这一天禁止洗衣服，怕伤了龙皮，等等。

上巳节

上巳，是指农历三月的第一个巳日，故又称元巳（一月中有3个巳日，还有中巳、下巳）。三月上巳的风俗最早可能起源于周朝。《周礼·春官·女巫》载：“女巫掌岁时祓除衅浴。”郑玄注：“岁时祓除，如今三月上巳，如水上之类；衅浴谓以香薰草药沐浴。”可见周朝已经有上巳日祓、沐浴的风俗，作用是驱疫避邪，除去旧年的不祥。但上巳的名称最早见于南朝古籍中汉代的事迹。

农历三月上巳每年都不固定，为了方便和统一，魏晋后将上巳节定在了三月初三，又称重三或三月三。节日固定以后，节日的仪式和活动就有了更大的规模且更为规范，从宫廷到民间，上巳日出城踏青、祭祀宴饮、于水边沐浴已是普遍的活动。此外，上巳节在上古还有在河边解神的活动。解神即还愿谢神，这大概是一种巫术仪式。随着时代的发展，人们在水边不仅仅举行沐浴祓除的仪式，还把它当成宴饮游玩的好时光，于是，魏晋以后又普遍流行曲水流觞、列坐赋诗等文人的雅事，其巫术意义的祭祀则越来越淡化了。

社日

社日节是祭祀社神的日子。关于社神的由来，《礼记·祭法》载："共工氏之霸九州也，其子曰后土，能平九州，故祀以为社。"以后土为社神还有一个神话：后土原名叫勾龙，是水神共工的儿子。共工长得人脸蛇身，满头红发，脾气暴烈。有一天，他和天神打仗，一怒之下竟把撑天的柱子撞折了，这一下天崩地裂，洪水泛滥。于是，女娲只好炼五色石才把破了的天补好。勾龙见父亲闯了大祸，心里非常难过。当女娲将天补好之后，他就把九州的大裂缝填平了。黄帝见勾龙贤明，便封他一个官叫后土，让他拿着丈量土地的绳子，专门管理四面八方的土地，也就成了人们所称的社神。

社日表演

社日分为春社和秋社。春社一般为立春后第五个戊日，约春分前后。古人在秋天祭祀社神，则是报答社神给人间带来的好收成。秋社在立秋后第五个戊日，约在秋分前后。社日的主题是为春祈而秋报，其活动除了祭社神以外兼有乡邻会聚宴饮的性质。在古代，社日颇受人们重视。每逢春秋二社，朝廷与各级政府要举行正规的社祭仪式，民间则要举行社祭聚会，进行各式各样的社祭表演，并集体欢宴，非常热闹。

清明节

清明节是我国传统节日，也是最重要的祭祀节日，大概在每年的 4 月 4 日至 6 日之间。同时，清明又是二十四节气之一。

清明节大约始于周朝，已有 2500 多年的历史。因清明与寒食（民间禁火扫墓的日子）的日子接近，后两者合二为一，寒食成为清明的别称，也成为清明的一个习俗。清明那天不动烟火，只吃凉的食品，并且去给祖先扫墓（俗称上坟）。北方和南方在清明节的活动侧重不同。北方重视扫墓，人们带着酒食果品、纸钱等物品到墓地，将食物摆在亲人墓前，焚烧纸钱，给坟墓培上新土，插上几枝嫩绿的新枝插，叩头祭拜，最后吃掉酒食回家。南方则侧重踏青，借此出去郊游。另外，清明节时还有插戴柳枝、放风筝、取新火、画蛋、斗鸡、荡秋千等活动。直到今天，清明节仍是祭拜祖先、悼念亲人的重要节日。

端午节

端午节又称端阳节、重午节、午日节等，俗称五月节，中国民间的传统节日，时间是农历五月初五。

关于端午节的起源，流传最广的是纪念伟大诗人屈原。楚国大臣屈原遭奸臣陷害，被流放到汨罗江一带。他听说楚国首都郢被秦军攻破，悲痛万分，投汨罗江而死。江边的人民怕鱼吃屈原的尸体，就向江中投米，并划龙舟驱散江中的鱼，后来演化为吃粽子和赛龙舟活动。除了吃粽子和赛龙舟外，端午节的习俗还有佩香囊，悬挂菖蒲、艾草，喝雄黄酒，挂荷包和拴五色丝线，挂钟馗像等习俗。

七夕

七夕节又称“乞巧节”或“女儿节”，时间是农历七月初七，这是中国传统节日中最具浪漫色彩的一个节日，也是过去女子最重视的一个节日。乞巧节起源于汉代。

乞巧图卷　清　丁观鹏

每年阴历七月七晚上，妇女们在院子里陈设瓜果，向织女星祈祷，请求帮助她们提高刺绣缝纫的技巧。

东晋葛洪的《西京杂记》有"汉彩女常以七月七日穿七孔针于开襟楼，人俱习之"的记载，这是古代文献最早的关于乞巧的记载。乞巧节来源于牛郎织女的故事：织女是天帝之女，后下凡与牛郎结婚，生下一男一女。后王母娘娘派人抓走织女，并在两人之间划了一道天河，只允许两人每年七月七在鹊桥相会一次。传说织女是一个心灵手巧的仙女，所以每逢七月七，凡间女子就会在这一天晚上向她乞求智慧和巧艺，并求她赐给美满姻缘，这就是乞巧节的由来。传说在七夕的夜晚，人们抬头可以看到牛郎织女在银河相会，在瓜果架下还能偷听到两人的情话。它与孟姜女传、白蛇传、梁祝并称中国四大传说。

中元

中元节又称鬼节、盂兰盆会，是佛教于每年农历七月十五日举行的施斋供僧超度先灵的法会。

盂兰盆是梵文的音译，意为"救倒悬"，它源于目连救母的传说。据《盂兰盆经》记载，释迦弟子目连在母亲死后非常痛苦，如处倒悬。因此求佛祖为其母亲超度，佛祖让他在僧众夏季安居终了之日（七月十五日）供养十方僧众，终使其母解脱。从此，佛教徒开始兴办盂兰盆会。佛教传到中国后，南朝梁大同四年（538年），梁武帝首次设盂兰盆斋。到了唐朝，盂兰盆会更加盛行，除了设斋供僧外，还增加了拜忏、放焰口、放灯等活动。中元节一般是7天，到了晚上，各家都要备下酒菜、纸钱祭奠死去的亲人。死去的亲人又有新亡人和老亡人之分。3年内死的称新亡人，3年前死的称老亡人，要分别祭奠。在中元节最后一天，各家都要做一餐好饭菜敬亡人，这叫"送亡人"。

中秋节

中秋节是中国传统节日，又称团圆节、八月节。时间在农历八月十五日，这正是一年秋季的中期，所以称为中秋节。中秋节与元宵节、端午节并称三大传统佳节。农历把一年分为四季，每季又分孟、仲、季三部分，所以中秋也称仲秋。八月十五的月亮是一年满月中最圆、最亮的，所以中秋节又叫作"月夕"、"八月节"。中秋节在两汉时已经出现，但时间是立秋日。唐朝时，中秋季的活动日益增多，出现了观月、赏月、饮酒对月等活动。北宋宋太宗把八月十五日定为中秋节。中国一直是一个农业社会，而八月正是农作物的收获季节，庆祝丰收、祝贺团圆便成了中秋节的主题。每当夜幕降临，明月东升，人们献月饼、瓜果以祭月，这种风俗一直延续到今天。八月十五，人们仰望夜空中的明月，期盼家人团聚。他乡的游子，也会寄托自己对故乡和亲人的思念，所以中秋节又称"团圆节"。

重阳节

重阳节又称重九节、茱萸节，是中国传统节日，时间在农历九月初九。《易经》认为九为阳数，两九为“重九”，两阳为“重阳”，古人认为这是个值得庆贺的吉利日子。九九重阳，因为与“久久”同音，九在中国古人的观念里是最大的数字，所以有长久长寿的含意，而且秋季也是一年收获的黄金季节，所以人们对重阳节有着特殊的感情。历代文人也有不少祝贺重阳的诗词佳作。

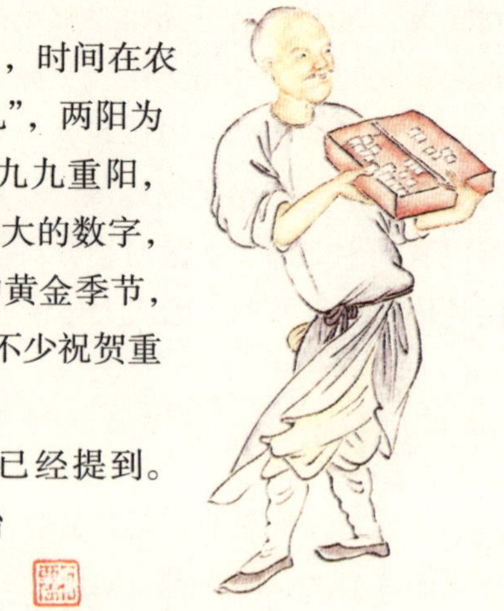

重阳食栗糕　清

浙江一带在重阳节做粉糕，又名栗糕。

重阳节起源很早，在战国时的《楚辞》中就已经提到。屈原的《远游》里写道:“集重阳入帝宫兮，造旬始而观清都。”三国魏文帝曹丕在《九日与钟繇书》中，描写了重阳节的饮宴:“岁往月来，忽复九月九日。九为阳数，而日月并应，俗嘉其名，以为宜于长久，故以享宴高会。”到了唐代，重阳节被正式定为民间节日。明朝重阳节时，皇帝要亲自到万岁山登高，皇宫里要一起吃花糕以庆贺。在重阳节这天，人们登高、赏菊、插茱萸、放风筝、饮菊花酒、吃重阳糕等。

冬至

冬至是我国的一个传统节日，也是农历中一个非常重要的节气，现在我国不少地方仍有过冬至节的习俗。冬至俗称“冬节”、“长至节”、“亚岁”等。早在2500多年前的春秋时代，冬至已经在我国用土圭观测太阳而测定，它是二十四节气中最早被制定的一个，时间在每年阳历的12月22日或23日。

我国古代对冬至相当重视，曾有“冬至大如年”的说法，而且有庆贺冬至的习俗。冬至过节源于汉代，盛于唐宋，相沿至今。经过数千年的发展，冬至形成了它独特的节令食文化。很多地方都把馄饨、饺子、汤圆、赤豆粥、黍米糕等作为过节时的食品，在北方的一些地区还流传着冬至不吃饺子会被冻掉耳朵的传说。以前较为时兴的“冬至亚岁宴”的名目也有很多，如吃冬至肉、献冬至盘、供冬至团、馄饨拜冬等。

冬至较为普遍的一种风俗是吃馄饨。南宋时，临安人就在冬至吃馄饨，开始是为了祭祀祖先，后逐渐盛行开来。民间还有“冬至馄饨夏至面”之说，意思是在冬至时要吃馄饨。馄饨的名号繁多，北方以及江浙等大多数地方称馄饨，广东称云吞，湖北称包面，江西称清汤，四川称抄手，等等。冬至的另一传统习俗是吃汤圆，这种风俗在江南尤为盛行。“汤圆”在江南是过冬至必备的食品，冬至吃汤圆又叫“冬至团”，民间有“吃了汤圆大一岁”之说。在北方的不少地方，在冬至这一天有吃狗肉和羊肉的习俗。因为冬至过后天气进入一年当中最冷的时期，中医认为狗肉羊肉都有壮阳补体之功效，所以民间至今有冬至进补的习俗。在我国台湾地区，则流传着冬至用九层糕祭祖的传统，人们用糯米粉捏成鸡、鸭、龟、牛、羊等象征吉祥如意福禄寿的动物，然后用蒸笼分层蒸成，用来祭祖，以示对老祖宗的怀念。

腊八

腊八节是中国传统节日，又称腊八。因时间在农历十二月（腊月）初八日，故名。早在先秦时，人们就在腊八这天祭祀祖先和神灵，祈祷来年丰收和吉祥。这天也是佛教创始人释迦牟尼的成道之日，因此腊八也是佛教徒的节日，称为“佛成道节”。在这天，僧人们在寺庙里诵经礼佛，并效法释迦牟尼得道前，牧羊女为他献乳粥的传说，用香谷和干果熬成粥，供奉佛祖，称腊八粥，又称七宝五味粥。随着佛教传入中国，这一佛教节日也逐渐世俗化，成为民俗。

在这一天最重要的活动就是吃腊八粥，我国吃腊八粥在宋朝就开始了。腊八节这天，家家户户都要熬腊八粥，先祭祀祖先，然后合家团聚一齐食用，还馈赠亲朋好友。

小年

小年又称小年下、小年节，时间是腊月二十三日。这天主要是送灶神上天言事，称送灶、辞灶、醉司命。灶神称东厨司命定福灶君，俗称灶君、灶王、灶王爷，它主管人间的饮食，是一家之主。中国在秦汉时期就开始祭祀灶神。魏晋以后，灶神有了姓名。现在民间供奉的灶神，是一对老夫妇并坐，或是一男两女并坐，这就是灶君和灶君夫人的画像。一般贴在锅灶墙上，有“上天言好事，回宫降吉祥”之类的对联，横批是“一家之主”。

灶君

祭祀灶神在晚上进行。祭祀时，摆上果品甜点，先磕头烧香，然后揭掉旧灶神烧掉，这就是送灶神上天。祭祀灶神时，应多摆设甜和黏的食品或把糖粘在灶神嘴上，传说这样可以使他嘴甜，只能说好话。有的还在灶神上抹酒，称“醉司命”。

除夕

乾隆帝宫中行乐图　清　郎世宁
清代宫廷过年期间也有各种游乐活动。

除夕，又称“除日”、“除夜”、“岁除”、“岁暮”、“岁尽”、“暮岁”，俗称大年夜（除夕的前一天为小除，称小年夜。除夕为大除），旧称“年关”，是农历岁末的最后一晚，即大年三十，是中国的传统节日。除夕就是“月穷岁尽”的意思。

相传古时候有一个猛兽叫“年”，每到岁末就出来吃人。一个偶然的机会，人们发现年害怕红色的东西、火光和巨响。于是每到岁末，人们都穿上红色的衣服，燃放鞭炮，吓得年再也不敢出来了。人们互相祝贺道喜，张灯结彩，饮酒摆宴，庆祝胜利。后来人们逐渐把穿红色衣服演变成贴红色春联。除夕，各地的风俗略有不同，北方人包饺子，南方人做年糕。水饺状似元宝，年糕音似“年高”（一年比一年高），都是吉祥如意的好兆头。除夕之夜，全家人都要吃“团年饭”。吃团年饭时，桌上一定要有鱼，象征“富裕”和“年年有余”。饭后，长辈要给晚辈发“压岁钱”，接下来就是全家人守岁到凌晨，到了大年初一去拜亲访友。

礼 俗

偷瓜送子

在我国的很多地方，都有偷瓜送子的习俗。要是哪家的媳妇婚后久不生子，亲戚邻人便会在中秋之夜，伴着皎洁的月光，到别人家的地里，偷偷地摘个冬瓜。然后将冬瓜装扮成小孩子的模样，送到不生育的妇人家里。据说，妇人抱着冬瓜睡上一夜，再将冬瓜吃掉，十有八九会怀上孩子。巴蜀民歌中唱道："生育艰难暗带愁，乡邻送子贺中秋；冬瓜当作儿子要，喜得闺人面带羞。"

据说，"偷瓜送子"这种具有地域特色的民俗，源自伏羲女娲坐葫芦成亲的故事。《独异志》中记载，人类的始祖伏羲、女娲兄妹，是从昆仑山的葫芦里生出来的。后来他们又坐葫芦成亲，繁衍生息。

在一些少数民族中，有祭拜葫芦的民俗。另外，葫芦外形酷似母体，其下部肚大籽多，引申为多子多福。于是，人们效仿祖先坐瓜成亲，渐渐形成了偷瓜送子的习俗。

据说，彝族人成亲之日，人们要在新郎新娘拜堂成亲前，将葫芦装满灶灰，摔破在新人面前。意为效仿古人破壶成亲，早生贵子。而且，人们还相信，葫芦能够保养生命。所以宁愿破壶作瓢，也不使用现代的水瓢。这也是人们对伏羲、女娲坐葫芦成亲传说的延续。

关于"偷瓜送子"，还有种观点认为，"瓜"和人们出生时"呱呱"哭声谐音，偷瓜送子，无非是借着"瓜"的谐音讨个好彩头。而且民间还有送南瓜的习俗，"南瓜"者，"男瓜"也，送南瓜也就是送男孩。

折柳送别

李白有诗云："谁家玉笛暗飞声，散入春风满洛城。此夜曲中闻折柳，何人不起故园情。"哀婉的思乡之情被"闻折柳"一语道破。折柳是人们寄托相思之苦的一种意象。在古代，人们送别，除了肠断望尽天涯路，十里长亭目相送外，也会折柳相赠。那么，折柳送别的习俗源于何时呢？

据史料记载，人们以柳寄情始于汉代。《诗经·小雅·采薇》中写道："昔我往矣，杨柳依依；今我来思，雨雪霏霏。"说的是离人在春光明媚、万物尚青之时离开，归来时，却是一幅白雪皑皑的冬景。其实，这里作者是借景物烘托离别的心情。在这之后的很多乐府民歌中，开始陆续出现以杨柳表离别的诗句。

汉语中，"柳"与"留"谐音。人们希望通过折柳，表达挽留离人的心情。亲人们依依惜别，难舍难分的情愫就像随风飘荡的柳枝一样绵绵无期。人们送离人折柳，又意在祝愿远行的亲人或朋友，能够如同折柳一样，到哪里都有旺盛的生命力，不因背井离乡而不适。折柳在身，便如亲人在旁，随遇而安。

据说，在古代的长安灞桥长堤上，每隔几米的距离，便有一株如丝绦般的垂柳。此地是出入长安的必经之路，因而有很多人在此送别。微风吹拂着岸边的杨柳，更增添了人们的离别感伤。于是，人们折下柳枝送与离别之人，带着柳枝离开的人，便会如柳枝一样易于生存，并以柳枝遥寄相思无解之情。唐代张九龄有诗云："纤纤折杨柳，持此寄情人。"

折柳意象产生后，文人墨客对其加以拓展升华，使得送别感怀的场景，更显得意境缥缈，折柳惜别以表祝愿的情结也更加浓了。

药罐子只借不还

在民间流传着这样一种说法：药罐子只能借，不能还。药罐子的主人家明知道有借无还，非但不会生气，还会很高兴地把药罐子借出去。俗话说："好借好还，再借不难。"为什么会有这样的习俗呢？其中有什么讲究吗？

一般人家是不会置办药罐子之类的物件的，只有那些有久病之人的家庭，不得已才会购置药罐子。如果哪家人生病了，需要熬中药，那么便要到别人家借药罐子。通常，药罐子用完后，人们会将药渣全部倾倒出门，取药倒病除之意。另外将药倒在十字路口上，被众人践踏，也有病被带走、消除病患的含义。处理完药渣之后，将药罐放置好，除非主人家来索回，否则是不能主动送回药罐的。

古时，人们认为，购置药罐是招灾引病之举。主人家将药罐借出，意味着送病出门，自然很乐意将药罐借出了。如若主人家煎药还须索回药罐，借罐之人便要在药罐中放些钱财等，压一压病气。拿到药罐往家中返的主人，中途不得在别人家停留，不然，会将病患带至所到之家。这便是人们愿意

明代药罐

借出药罐的真正原因。

有些地方，还流行着“偷药罐”的风俗。人们不愿意借药罐，因为借药罐意味着把病借来了，而且煎完药，药罐还要留在家里，不吉利。所以人们用偷的，这样用完药罐之后，再偷偷地将药罐送回去，既处理了煎药的问题，又解决了“招病”的难题。

其实，置药罐，借药罐，还药罐，并不能决定病症的去留，这不过是人们祈愿无病无灾的一种迷信说法而已。

烧纸钱

民间有“烧七”的习俗。意思是说，在死者下葬后的四十九天内，每隔七天，亲人们便要到坟前烧纸送钱，这样才能保证死者有足够的钱花，平安地到达地府。给亡者烧纸钱，亡人真的能收到吗？这个习俗又是源于何时呢？

相传，东汉蔡伦改良了造纸术后，不仅自己成了名人，家境也富裕起来。他还将这门技术教给了哥嫂，希望他们也能发家致富。然而，心性急躁的蔡莫刚学到了皮毛，便迫不及待地开店做生意了。当时，人们对纸的重视不够，加之蔡莫的纸张粗制滥造，所以，店里生意十分冷清。

望着已经积压的纸张，蔡莫夫妻俩终日茶饭不思。一天夜里，正在熟睡的左邻右舍听到蔡莫家传出哭声，纷纷赶过来一探究竟。刚一进门，就看到大堂之上放着一口棺材，蔡莫跪在棺材前，泪如雨下。蔡莫一边哭一边往火盆里放纸。邻人上前询问方知，慧娘（蔡妻）突染急病，刚刚离世。

众人听了，都感叹不已，劝蔡莫节哀。就在这时，木棺中发出咚咚响声，还在迷梦中的邻人顿时睡意全无。只听棺内有人说道：“相公，给我开门，我回来了。”蔡莫早已吓得魂不守舍，哪里敢近前丝毫。“相公，真的是我，你开门我再与你细说。”棺材里又传出话来。在邻人的帮助下，蔡莫颤抖着打开棺木，慧娘容光焕发地走了出来。

在鬼门关绕了一圈的慧娘说道：“我本来已经到了地府，阎王要我受苦赎罪。我被押往刑场的路上，小鬼接到阎王令放我回人间。询问了才知道，原来相公送了阎王很多金银财宝。”蔡莫惊诧道：“我未曾见过阎王，如何给阎王送财宝了？”慧娘说：“你所烧的纸，就是阴间钱财。阎王看你送了那么多，才如此开恩的。”

众人一听，纷纷抢着买蔡莫家的纸，准备在鬼节焚烧，以求死去的亲人起死回生。一时之间，蔡莫家的纸供不应求。原来，这是蔡莫和慧娘演的一出戏，并非真的转世还阳。后来，民间便流行起了烧纸钱的习俗。

烧纸送钱亡者自然不会收到，但是人们宁愿通过这种方式缓解对亲人的相思之苦，并借助这种方式继续尽着世间没有完成的孝道，聊以自慰。

做满月

婴儿出生一个月叫满月，在民间，庆贺满月的仪式和活动多种多样，丰富多彩。其中，喝满月酒和剃满月头是延续至今最为重要的习俗。

婴儿满月的礼俗流行于唐朝。到了南宋，几乎所有官宦和富有的人家要为婴儿举办“洗儿会”，这是一种很隆重的风俗。主人家要在婴儿出生满一个月的日子发请帖宴请亲友，亲朋好友会在这一天携带各种礼品前来向婴儿表达祝福。到了近代，婴儿满月时的庆祝方式有了不同，满月时外婆要为婴儿准备一份丰盛的礼物，包括面条、粽子、馒头和一只活鸡，有的还会送婴儿用的帽、鞋、袜、衣服等，俗称“拿满月”。中午时分，亲朋好友聚在一起，觥筹交错，祝福声此起彼伏。这种情景就是历代相沿的“满月酒”。

“剃满月头”是婴儿满月的另外一项重要仪式，在民间也叫落胎毛。在我国，不同的地方剃满月头的习俗是不一样的，有不同的说法和讲究，但其中有一个共同点是胎毛不能剃光。一般情况下是在头顶心或近脑门处留下一撮，俗称桃子头、桶盖头、米囤头等。另外，还有一些地区的习俗是把落胎毛的仪式放在婴儿出生满百天时举行，称为剃百日头，留一撮毛和郑重处理落发的习俗与剃满月头基本一致。

关于珍藏剃下胎毛的意义，也有众多讲法。有些地方的风俗是将其搓成一个圆球挂在床檐正中，意在孩子长大离家后，胎发团还挂在母亲的床上，可以永远受到母亲的护佑；有些地区的习俗是用线绳将胎发吊在窗台上牢牢系住，说这样就可以使小孩经受风吹雨打，有利于小孩的成长；有的地方则是将胎发盛入金银小盒，或用彩色的线结成绦络，认为这样做可以起到辟邪的作用；还有的地方是将胎发用红布包起来，缝进小孩儿的背心或夹袄中，认为如此便能使小孩儿顺利成长。

抓周

婴儿出生满一年，古称“周”，现称周岁。周岁这天，全家人不仅要庆贺，而且还要举行隆重的抓周仪式。抓周，也叫试儿、试周、揸生日。它是周岁礼中一项很重要的仪式，最早见于南北朝时期的古俗，在民间流传至今。

在我们熟悉的古典名著《红楼梦》里，也曾写到过“抓周”这个礼仪。贾宝玉在周岁那天抓了胭脂钗环，因为这些都是妇女用品，所以父亲很不高兴，还说他将来一定不会好好读书，是一个酒色之徒。

民间的“抓周”仪式一般都在中午吃“长寿面”之前进行。在古代，讲究一些的富户都要在床（炕）前陈设大案，摆上一些代表各种职业的器具，比如笔、墨、纸、砚、印章、算盘、账册、首饰、花朵、吃食、玩具等，如果过生日的是女孩，则还要加摆勺子（炊具）、剪子、尺子（缝纫用具）、绣线，等等。然后在没有任何诱导的情况下，小孩由大人抱着来选这些东西，家长根据小孩先抓什么，后抓什么，来测卜孩子的志趣、前途以及未来要从事的职业。比如小孩先抓了文具，则意味着长大以后必定是个文人；先抓了印章，则意味着长大以后可以官运亨通；如果小孩抓到的是算盘，则说明他长大后善于理财，是个生意人。如果女孩先抓剪、尺之类的缝纫用具或勺子之类的炊事用具，则说明她长大后心灵手巧，善于料理家务。反之，假如小孩先抓了吃食、玩具，众人千万不能当场斥之为“好吃”、“贪玩”，而是把它圆成一个美好的祝愿，比如说成“孩子长大之后，必有口福，善于享受生活”，等等。总之，长辈们对小孩的前途寄予厚望，在一周岁之际，对小孩祝愿一番而已。

长命锁

长命锁又名“寄名锁”。它是一种挂在儿童脖子上的装饰物，在明清时尤为流行。按照传统的说法，只要佩挂上这种饰物，就能帮小孩辟灾去邪，“锁”住生命。所以许多小孩从出生不久就挂上了这种饰物，一直挂到成年。

长命锁

长命锁是由“长命缕”演变而来的。佩戴长命缕的习俗最早可追溯到汉代。在汉代，每逢五月初五端午佳节，家家户户都在门楣上悬挂五色丝绳，取辟邪纳福之意。到了魏晋南北朝时，这种丝绳被许多妇女戴到手臂上，逐渐成为妇女和儿童的一种臂饰。当时由于战争频繁，瘟疫、灾荒不断，广大人民渴望平安，所以就采用这种佩戴五色彩丝的方式来辟邪去灾、祛病延年。这种彩色丝绳，就是我们所说的“长命缕”。到了宋代，这种风俗不仅流行在民间，还传入宫廷，除妇女儿童之外，男子也可佩戴。“长命缕”的制作也渐渐变得复杂，除丝绳、彩线外，有的还会穿上珍珠等物。到了明代，由于风俗变迁，成年男女佩戴“长命缕”的风俗渐弱，通常只有儿童佩戴，于是“长命缕”渐渐演变成为一种只为儿童佩戴的颈饰——长命锁。

长命锁一般多用金银宝玉制成，它的造型多被做成锁状，锁面上常镂有“长命富贵”、“长命百岁”、“玉堂富贵”等吉利的祝福，另一面则雕有“麒麟送子”、“五子登科”等我国的传统图案。按老规矩，小孩佩戴的长命锁，要等到成年后才取下来。

取名

姓名学是我国的国粹，渊源于我国古代诸多先贤的哲学思想。孔子曾说，“名不正则言不顺”，苏东坡也说，“世间唯名实不可欺”，都道出了姓名对人的重要性。因此，取名之事实乃人生之大事，轻视不得。所以，在民间流传着多种多样的关于取名的传统习俗。

主要的取名习俗有以下几种：

节令法：根据孩子出生时的节令与花卉取名。如春花、夏雨、兰贞、雪梅等，常见于女性。

地名法：比如沈申（上海）、袁晋（山西）、黄云生（云南）等。也有从祖籍及出生地中各取一字，缀联成名，主要是以纪念为主。

盼子法：父母连连产下女婴，盼子心切，便会在为女儿取名时用一些谐音字，如根（跟）弟、玲（领）弟、招弟、盼弟等。

抱子法：夫妇膝下无子，从外地或外姓抱养一个孩子。此类孩子的名字中，常有一个“来”字，如来宝、来娇等。

体重法：鲁迅的小说《风波》中描绘：“这村庄的习惯有点特别，女人生下孩子，多喜欢用秤称了轻重，便用斤数当作小名。”如“九斤老太”，这是流行于浙东民间的一种特殊取名风习。

排行法：兄弟双名，其上字或下一个字相同，叫排行。如我们熟悉的《水浒传》中的阮氏三兄弟：阮小二、阮小五、阮小七。

五行法：根据五行缺行取名。旧时民间取名，要请算命卜卦者推算小孩的“五行”和“八字”。假如某人命中五行缺少某一行或二行，那就得用缺行之字，或用缺行作偏旁的字取名补救，否则孩子会命运多舛。如鲁迅小说《故乡》中闰土名字的由来：因为他是“闰月生的，五行缺土，所以他的父亲叫他闰土”。

百日礼

“百日礼”，又称“百岁礼”、“过百天”，指的是在婴儿出生100天的时候所举行的一种纪念仪式。100天是孩子出生后的一个非常重要的日子，在这一天父母会邀请亲朋好友会聚，一同为小儿祝福，而婴儿在这天则要穿“百家衣”、戴“百岁锁”。百家衣是由各种色彩的小布块缀成的，而用来做衣服的布块、布条则是由多个亲戚朋友凑成的。在众多的颜色中以紫色最为贵重，也最难寻，因为“紫”与“子”同音，人们一般不愿把“子”送给别人。孩子穿百家衣有着两种蕴意：一是象征长命百岁，一是象征先苦后甜。百岁锁，又叫“长命锁”、“百岁链”，常常是姥姥家或舅舅家送的，也有的是父母购置的，一般是用银做成的，外面镶金，少数有钱人家会用纯金的，锁的两面分别刻有“长命百岁”、“富贵平安”等吉祥语。戴长命锁的寓意是把婴儿的生命给“锁”住，这样孩子就会平安。有时百岁锁并不是姥姥家送的或自己家买的，而是要“凑份子”，也就是孩子的父母将白米、茶叶、枣、栗子等含有吉祥蕴意的食品取少许包在红纸包里，要包很多包，最好是能够达到一百包，然后将这些红纸包分送至亲戚朋友家，而对方在接受后则在红纸里放上若干钱返还回来，父母再用这些凑起来的零钱到金银匠那里铸制“长命锁”，人们认为这样得来的锁是最吉祥的。

成年礼

成年礼是为承认年轻人具有进入社会的能力和资格而举行的人生仪礼。我国传统成年礼称为冠礼、笄礼，早在周朝就有了。

男子行加冠礼，即在男子 20 岁时，由主持仪式者为男子戴 3 次帽子，称为“三加”，分别为“缁布冠”、“皮弁”、“爵弁”，象征冠者从此有了治人的权利、服兵役的义务和参加祭祀活动的资格。传统冠礼中还有“命字”，即由嘉宾为冠者取新的字号，冠者从此有了新的名字。女子在 15 岁时要行笄礼，但是规模比冠礼要小得多。主要是由女性家长为行笄礼者改变发式，表示从此结束少女时代，可以嫁人。

举行成年礼，地点选在宗庙神圣之地，日子需经卜筮而定。行礼当天，主人须邀请亲朋好友来观礼才算正式。秦汉以后的成年礼仪，大多遵守《仪礼》的规范进行，唐宋以后，成年礼已逐渐式微，部分成年礼仪式举办大多依附着民间信仰。

三书六礼

三书六礼指的是中国古代婚嫁礼仪的程序。三书指的是聘书、礼书和迎亲书。聘书就是定亲书，即男女双方正式缔结婚约，纳吉（过文定）时用。礼书就是过礼之书，即礼物清单，书中详列礼物种类和数量，纳征（过大礼）时用。迎亲书指迎娶新娘之书，用于结婚当日（亲迎）接新娘过门时。

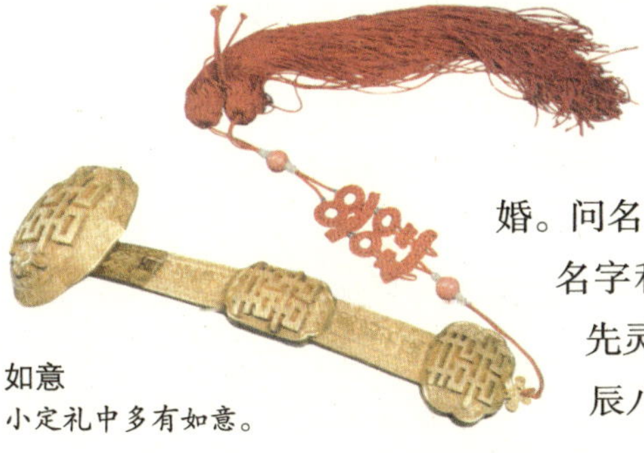

如意

小定礼中多有如意。

六礼指的是纳采、问名、纳吉、纳征、请期和亲迎。纳采，男方家请媒人去女方家提亲，女方家答应议婚后，男方家备礼（通常以活雁作礼，表示忠贞不贰）前去求婚。问名，俗称“合八字”。即男方家请媒人问女方的名字和出生年月日，并将女方的生辰八字放在祖先灵案上观察。如果家中平安无事，就把男方生辰八字送给女方。女方家把男方的生辰八字放置在佛像前。如果三日家中无事，就同意缔结婚姻。纳吉，又称小定或文定，也就是订婚。男女双方家平安无事后，男方备礼通知女方家，告知决定缔结婚姻，送给女方金戒指。纳征，又称纳币，大聘或完聘，即男方家送聘礼给女方家。请期，又称择日。即男家择定婚期，并征得女方家同意。亲迎，即新郎到女家迎娶新娘。

抛绣球

在婚礼上，我们经常能看到这样的情节：新娘手捧花束，背对女宾，然后抛出花束。据说，接到花束的人会交上桃花运。有观点认为，这种行为源自古代的抛绣球选夫婿。古代人真的会以抛绣球的方式选择夫婿吗?

据民俗专家考证，“抛绣球选夫婿”源自广西壮族的一个传说。

相传，800多年前，在广西靖西的一个小山村里，有一个穷小伙阿弟。他生性笃实，勤劳肯干。一日，阿弟与邻村姑娘阿秀邂逅，俩人坠入了爱河。阿弟承诺，要靠自己的双手富起来，然后风风光光地到阿秀家提亲。然而没想到，美丽的阿秀上街赶集的时候，被县上的恶少盯上。为了得到阿秀，恶少三番两次威逼利诱，阿秀始终没有妥协。

恶少听说阿秀早已芳心暗许给了穷小子阿弟，便串通官府将阿弟强行收押。阿秀知道是自己连累了阿弟，却无力和官府抗衡，只能终日以泪洗面，不久便双目失明。听说阿弟被判了死刑，阿秀也无心留在世间，决定陪阿弟共赴黄泉，相约来生。于是，她操起了针线，开始缝制绣球，希望下一世能够以它为信物，找到彼此。

双目失明后的阿秀自然不如从前灵巧，直至阿弟临刑的前一天，才绣好血迹斑斑的绣球。带着承载了下一世约定的绣球，阿秀买通了狱卒，与阿弟见最后一面。当阿秀将绣球递给已被折磨得不成人形的阿弟时。绣球发出一束强光，将阿弟和阿秀笼罩在了其中。待他们睁开眼之时，早已身处世外桃源。从此，他们过上了幸福的生活。

因这一古老的传说，绣球成为壮族人的吉祥物。壮族的青年男女便以绣球为信物，约定终身大事。

至于抛绣球选夫，并没有文献明确记载。虽然古有诗云“天街直扶花枝过，择婿楼高彩球坠”，但是这也仅存于民间的个别现象。古代对婚姻要求十分严格，不是门当户对、媒妁之言很难如愿，自然也不会轻易以绣球决定婚姻。

说媒

“说媒”是自古代流传下来的一种民俗，到今天依然在一些地方存在。封建社会曾有这样的俗语：男女授受不亲，它所强调的就是“天上无云不下雨，地上无媒不成亲”。男女双方若要“结丝罗”、“谐秦晋”、“通二姓之好”，一般都要经人从中说合。这种说合，就叫“说媒”。中华人民共和国成立之后，“说媒”曾一度改称为“做介绍”，做这种工作的人，通常被人们雅称为“月老”，俗称“媒人”，后来改称为“介绍人”。

“月老”是“月下老人”的简称。关于月下老人，流传着这样一个故事：古代有个叫韦固的读书人夜行经过宋城，碰上一位老人靠着一个大口袋坐在路边，在月光下翻看一本大书。韦固很好奇，就问老人看的是什么书。老人回答说，这本书是天下人的婚姻簿。韦固又问老人那大口袋里装的是什么，老人告诉他：“口袋里装着红绳，是用来系男女的脚的，只要把一男一女的脚系在一根红绳上，他们会结成夫妇，即使远隔千里。”这就是我们常说的“千里姻缘一线牵”的来由。

“红娘”是媒人的另一个雅称。在唐代元稹的《莺莺传》中，塑造了一个聪明活泼的婢女红娘的形象。她巧设机谋，最终撮合成了张生与莺莺小姐的婚事。在元代王实甫根据这个故事写成的《西厢记》中，我们发现其中的红娘被塑造得更加聪明可爱。后来，人们便以“红娘”代称媒人，这一称呼明显能够感受到人们对媒人的重视和友好。

媒人在说成一桩媒后是可以得到一些钱财的，这些钱财被称为“谢媒礼”，通常用红包包好，称为“红包”或“包封”，这笔钱一般由男方支付。在成亲的前一天，这笔钱连同送给媒人的谢礼，比如鞋袜、布料、鸡、肘子、物品等，一起送到媒人家。媒人在第二天就要去引导接亲，这就是我们通常所说的“圆媒”或“启媒”、“发媒”。

在旧式婚礼中，媒人还被称为“伐柯人”，说媒则叫作“执柯”。在男女两家对婚事取得基本一致的意见之后，媒人要引导男方去相亲，代双方送换庚帖，带领男方过礼订婚，选择成亲吉日，引导男方接亲，协办拜堂成亲事宜，直到“新人进了房”，才把“媒人抛过墙”。

相亲

“相亲”俗称“看亲情”。指的是男方正式向女方提亲之后，男方父母亲就要到女方家登门“看厝相亲”。以前，男女结婚首先要经过“相亲”这一道程序。虽然现在提倡自由恋爱，但“相亲”还是作为一种民俗流传了下来，并且在不同的地方、不同的民族有着不同的特点和风格。

相亲的仪式，在较偏僻的乡间较为简单。男方选择个吉祥之日，由媒人告知女方父母，在相亲的吉日，让女儿多加打扮，并进行家务之事，如洒扫庭院，或在田间耕作，或做女红，或躲在门后探头侧面观看客人的言笑容貌，男子及其父亲只观察其外貌而已。如认为容貌不丑，体态确为少女的风姿，其他方面则单凭媒人说项，男方认为满意即可。

男方按所选择的吉祥之日，到女方“看厝相亲”。女方家要给每一位客人准备一碗煮熟的鸡蛋，俗称“月老蛋”。一则表示对客人的欢迎和尊重，再则也有借此观察对方的用意。“月老蛋”是由女子亲自敬送，如果男子或男方尊长对女子感到满意，便可以吃下“月老蛋”；如果不中意，就不动这碗“蛋”。以这种曲折委婉的方式表达当事人的心意，避免因为言语而造成不愉快，比较有人情味。

在一些地方也有女家往男家“相亲”的习俗。招待的点心可以是长寿面，象征将要永结长久的美意。女方亲友如果对男子感到比较满意，便吃下长寿面，否则不吃。但无论如何，在收面碗时，务必要记得在碗底放一个较厚的红包，敬“月老蛋”的也要如此。经过了“看亲情”，男女双方以及双方家长都无反对意见，这门婚姻基本上就不成问题了。

合八字

人们通常用“八字还没一撇”，来形容事情没有半分眉目。做事情和八字有什么关系呢？难道八字有一瞥，就说明好事将近了？古代男女婚配，还有“合八字”的说法，这又是为什么呢？

现代人结婚，追求的是自由，靠的是感情，只要相处融洽便符合结合的条件。在古代，自由恋爱是不被封建礼教所允许的，两人必须依媒妁之言成婚。但是，即使有媒妁之言，两个人想要结合在一起，还要看看两人八字是否合适。

所谓的八字，指的是人的生辰八字。即将出生的年、月、日、时与天干地支相配，两两一组，四组相加正好八个字。通常，保媒的人将双方庚帖互换后，便会根据双方的生辰八字来推算，两个人生活在一起是否合适。

合八字，主要依据的是五行学说：木生火，火生土，土生金，金生水，水生木；水克火，火克金，金克木，木克土，土克水。如果两个人的八字相生相合，那么这两个人便是天作之合，结婚后就会幸福美满。如若八字相制相克的两个人结合，重者可能导致家破人亡，轻者夫妻不睦。

有的地方，依照男女双方的生肖属性推算八字，比如，民间有“白马怕金牛，鼠羊不到头，蛇见猛虎如刀锉，猪见婴猴泪长流”的说法。

古人十分重视命理，所以在婚姻大事上，自然要做一番考究。诸如“命中带煞”、“两金不宜”、“金木不嫁”之类都是婚俗中的忌讳。人们无法解释身边发生的一切，于是宁愿以八字相生相克之说来择亲，也不愿冒招灾引祸的风险。

现在，随着人们思想的解放，生辰八字合姻缘已经淡出历史舞台。

过礼

过礼是指古时“看亲”之后，要履行订婚手续。第一步，由媒人把男方的生辰八字送到女方，女方的生辰八字送到男方。然后双方把生辰八字放到祖先牌位或佛像前，如果 3 天内双方家里没有发生盗窃、生病之类的事，就同意婚事。有些迷信的父母，会拿着双方的生辰八字请算命先生推算，看看是否冲突。如果不冲突，就同意婚事，如果冲突，就立即回绝。

“换帖”、“合八字”之后，媒人要选个吉日，带男方去“过礼”订婚。“过礼”是大事，男方要给女方送一笔重礼，礼物至少包括猪肘子一个，酒一对，鸡鸭各一只，对方父母的衣料各一套，鞋袜各一双，包封一个，给女方的东西若干等。至于包封里钱数的多少、给女方的订婚礼物，都要在事先由媒人同双方协商好，不能由男方单独决定。同时，女方父母也应替对方着想，力求节俭，少收聘礼。过礼之后，双方就开始正式商议结婚事宜了。

过礼图

择吉

择吉就是选择吉日。按照传统婚姻的程序，过礼之后，男方及其父母会选择迎娶的良辰吉日，由媒人通知女方家，准备迎娶。这被称为“择吉”和“送日子”。择吉一般是请教算命先生办理，也可以自己根据《通书》(雅称“历书”、俗称“家家历”、“皇历”) 择吉日。一般只要“六合”相应，就是好日子。吉日选定后，双方确定了结婚日期，就会向亲戚朋友发出婚宴请柬，请他们来参加婚礼。

请柬一般由男方或其父母亲自送到亲友手中。亲友们接到请柬后，除特殊情况只送礼不参加以外，都要亲自参加、道贺。道贺时，亲朋好友送礼物。礼物的多少和贵重程度视各人与男方关系的亲疏、交谊的深浅、本人的经济条件而定。一般都付现金、用红纸打“包封”。包封签子上要写上表示祝贺的话。送给女方的礼物大多是实物，也有用红包替代的，称为“助嫁”。送女方礼物的亲友们并不等请柬来了再送，而是闻讯主动送去，因为女方父母要以送礼人的多少决定“出嫁酒”的规模。

迎娶

结婚佳期在即，男女两家都会杀鸡宰猪，准备喜宴，请好厨师、傧相、伴娘、轿夫、账房以及勤杂人员。按照传统婚礼，在婚礼那天，一般是女家早晨摆“出嫁酒”，男家中午摆喜筵。早晨，男家鸣炮奏乐，发轿迎亲。媒人、新郎、伴娘、花轿、乐队、礼盒队等一齐前往女方家。女家在花轿到来之前，要准备好喜筵。女方要由母亲或姐姐梳好头、化好妆，用丝线绞去脸上的绒毛，称为“开脸”，然后戴上凤冠霞帔，蒙上红布盖头，等待花轿。

花轿一到，女家奏乐鸣炮相迎。新郎叩拜岳父岳母，并呈上写好的大红迎亲简贴。随后女家动乐开筵。早宴之后，新郎新娘向新娘的祖宗牌位和长辈行过礼后，伴娘就搀着新娘上花轿了。上轿时，新娘应放声大哭，以示对父母家人的依恋。新娘上轿后，奏乐鸣炮，迎亲队伍回新郎家。乐队在前，乐队后面是骑马的新郎，接着是花轿和送亲的人员。迎亲队伍快到新郎家门口时，要鸣炮动乐相迎。花轿停在新郎家的堂屋门前，伴娘上前掀起轿帘，将新娘搀下轿来，宾客向新郎、新娘身上散花。

哭嫁

古时候，新娘在出嫁前几天要“哭嫁”，母亲、姐妹、亲属要陪着一起哭，而且哭得越伤心越好，以示不忘父母的养育之恩。如果出现嫁而不哭，新娘就会被四邻认为没有教养，传为笑柄。有些地区甚至会把哭嫁当作衡量女子才智和贤德的标准，要是新娘在出嫁时不哭，就会被认为是才德低劣，被人瞧不起。有的出嫁姑娘不哭还会遭到母亲的责打。哭嫁风俗不知起源于何时。据古籍记载，战国时期赵国公主嫁到燕国去做王后。临别时，公主的母亲赵太后“持其踵，为之泣，祝曰，必勿使返”。

坐花轿

花轿

古时候的婚俗讲究颇多。除了有人保媒、门当户对作为前提条件外，新人结婚，还要经历马拉松式的婚礼。“纳采”、“问名”、“纳吉”、“纳征”、“请期”、“迎亲”几个环节一个也不能少，然后方能将新娘娶回家。

作为女主角的新娘子，不但要身着喜服，头蒙喜帕，而且必须乘坐花轿到新郎家。花轿，源自古代的轿子。据《史记》记载，古代有一种名为“肩舆”的交通工具，是轿子的雏形。到了唐朝，文献中开始有了“轿子”的字样。此时的轿子被称为“步辇”，通常只有皇帝一人可以享受。

据史料记载，南宋孝宗皇帝曾为皇后设计了一顶“龙肩辇”。这种辇以红绸罩顶，上面绣有四条游龙。辇中软椅绸幔，奢华高贵，最适合妇人乘坐。之后，帝王在纳妃之时，都会以类似“龙肩辇”的轿子迎亲，以彰显皇家气派。因为华美精致，人们就称这种轿子为“彩舆”，这便是最早的花轿。后来，轿子由皇宫专属，逐渐成为达官贵人、年老妇女出门的代步工具，花轿迎亲的习俗也在民间流行起来。

迎亲时所用的花轿种类多样，和现在的彩车差不多，轿子越是奢侈华美，越能彰显娶亲人的地位。富贵人家为了炫耀，通常采用镶金缀银的八人抬花轿。普通人家，则简单的饰以红绸，二人抬之以示隆重。

拜堂

拜堂又称拜高堂、拜花堂、拜天地，是古代婚礼仪式之一，婚礼的高潮阶段。迎娶之日，男家发轿之后，男家堂屋布置好拜堂的场所。家堂上燃放香烛，陈列祖先牌位，摆上粮斗，里面装着五谷杂粮、花生、红枣等，上面贴双喜字。当接新娘的花轿停在堂屋门前，伴娘站到花轿前时，仪式就已经开始。喜轿进入院子，要从火盆上抬过，寓意为烧去不吉利之物，今后的日子红红火火。新娘从轿中出来，脚不着地，踏着“传席”进入男方堂屋。之后，傧相二人分别以“引赞”和“通赞”的身份出现，新郎新娘在引赞和通赞的赞礼中开始拜堂。拜堂前，燃烛焚香、鸣爆竹奏乐。拜堂的“三拜”分别是:“一拜天地，二拜高堂（双亲），夫妻对拜”，最后“新郎新娘入洞房”。拜堂仪式到此结束。

拜堂风俗始于唐朝。唐朝时，新娘见舅姑（公婆），俗称拜堂。北宋时，新婚夫妇先拜家庙，行合卺礼。第二天五更，新娘把镜台镜子摆在一张桌子上，进行下拜，称为拜堂。南宋时，拜堂改在新婚当天。新婚夫妇到中堂先揭开新娘的盖头，然后“参拜堂，次诸家神及家庙，行参诸亲之礼”。后世沿用南宋风俗，一般在迎娶当天先拜天地，然后拜堂。清代和民国时期都将拜天地和拜祖先统称为拜堂。

喜宴

旧时拜堂之后，新娘在新房中不再出来。而新郎要走出新房去招待宾客。喜宴要按宾客的尊卑长幼排座位，称为“请客”或“清客”。排座位的原则是上尊下卑，右尊左卑，客人按长幼尊卑，身份、地位从高到低入席。

主席要摆在堂屋正中，男方请“上亲”坐上首右边席位，由新郎的父亲或舅父坐上首左边席位作陪，其余宾客按尊卑长幼对号入座。除正席外，次尊贵的一席摆在新房中，新娘的母亲坐在首位，新郎的母亲或舅母作陪，其余宾客也按长幼尊卑次序排定。宾客入席后，傧相便宣布动乐鸣炮开宴。新郎要先到首席敬酒，说表示感谢的话祝酒。然后，厨房开始上菜，喜宴开始进入高潮，各席的酒菜都一样，只有“男上亲”和“女上亲”的酒席略有差别，而且新郎要守候在桌边，为“上亲”斟酒等，以示尊敬。喜宴结束后，“上亲”先到堂屋休息，吃点心，由男方尊长陪着说些客套话。过一会儿，上亲起身告辞。临走时，男家要送红包、衣料、鞋袜之类。“送上亲”时，男家所有体面的人都要送到门口，鸣炮动乐，以示敬重。

入洞房

拜堂之后，新娘新郎要入洞房了。首先，新郎手持“合欢梁”，也就是一根彩绸，牵着新娘，与新娘面对面，倒行着把新娘引入洞房。随后的礼俗是“坐帐”，即新娘坐在床沿上，新郎用自己的左衣襟压住新娘的右衣襟，表示男人压住女人，这是古代男尊女卑的体现。这个仪式后，新郎要揭去新娘的红盖头，而首次面对婆家众人的新娘子，则会羞涩地以伞遮面，此谓“遮伞”。此时的新娘娇羞不已，便会引来阵阵欢声笑语。之后，入洞房进入最重要的一个仪式——合卺。合卺就是新婚夫妻共同饮酒。古时候，卺是由一个葫芦或瓠剖开的瓢，合卺则是喝完酒后把两个剖开的瓢用线拴在一起，象征着夫妻本是一体二分，如今合二为一。唐宋以后，合卺演变成喝交杯酒的形式。交杯酒就是用彩线把两个杯子连起来，新婚夫妇对饮，或各饮半杯，然后交换饮尽。喝完酒后，还要把杯子扔到地上，最好成一仰一俯，象征阴阳和谐。

合卺之后，新婚夫妻还有结发仪式，也就是新郎把新娘的头发解开，然后把两人的头发象征性地扎在一起。人们之所以把原配夫妻呼为结发夫妻，其源盖出于此。

接下来还有闹洞房。传统闹洞房最精彩的是撒喜床，这个活动具体是，在闹洞房的时候，由新郎的嫂嫂手托盘子，盘内放上栗子、枣、花生、桂圆等物（寓意为早生贵子，多子多福），抓起这些果物，撒向坐在床上的新娘，且边撒边唱。众人随声附和，洞房中嬉笑打闹，欢声笑语彻夜不断。这个游戏人人参与，而嫂嫂则是主角。所以，嫂嫂的人选必须是个“吉祥人”，首要的条件是儿女双全；其次还要能唱能跳，口齿伶俐，擅长逗乐搞笑。据唐宋时古书记载，闹洞房实为陋俗。但是，由于闹洞房不仅能增加婚礼的喜庆热闹气氛，还可以让新娘与男方亲朋好友熟络，所以一直为民间传承。

故宫坤宁宫洞房

回门

回门是旧时汉族婚姻风俗。婚后三、六、七、九、十日或满月，新郎新娘携礼品，随新娘返回娘家，拜新娘的父母及亲属，称“回门”。这是一种必不可少的礼节，是婚事的最后一项仪式。回门一般在上午九十点钟动身，新郎新娘要购买新娘家人喜欢的礼品，礼品一般为四件。回到娘家，新郎新娘首先要问候老人。这时新郎就应改口，跟新娘一样，称岳父岳母为父亲、母亲。女家设宴款待，新郎入席上座，由女方尊长陪饮。就餐时，新郎新娘一一向父母、亲友和邻里敬酒。饭后，新郎新娘陪父母聊天，听听他们的教诲，然后告辞回家，并要主动邀请岳父岳母和兄弟姐妹到自己家里做客。有的地区也可小住几日。这种风俗起源于上古，称“归宁”，意为婚后回家探视父母。后世名称不一，宋代称“拜门”，清朝时北方称“双回门”，南方称“会亲”。河北地区称“唤姑爷”，浙江杭州称“回郎”。

做寿

做寿也叫“祝寿”，是我国一种庆贺老人生日的活动。中国民间以50岁以下为“做生日”，50岁以上为“做寿”。民间做寿的形式大同小异，一般根据家境贫富而酌情定之。在家中做寿时，正厅要设寿堂、贴寿字、结寿彩、燃寿烛，重要的一项就是宴请宾客，大家欢聚一堂，共同庆贺。宴请酒食中的面条，称为“寿面”，是必不可少的，取其福寿绵长之意。亲戚前来祝贺，所执贺品多为寿桃、寿幛、寿联。受贺者穿着新衣端坐堂中，接受贺者的两揖之拜及贺礼；如遇平辈拜寿，受贺者应起身请对方免礼；若遇晚辈中小儿叩拜，受贺者须给些赏钱。如果是父母的寿日，出嫁的女儿要回来祝贺。在一些地区，出嫁的女儿会为做寿的长辈送上自己亲手做的鞋，还有衣料、寿面、寿酒，等等。如果父母都在，不论他们是否同庚，皆为双寿，所以送礼该送双份。

在我国民间，祝寿多重“九”和“十”。“九”是数中之极，意味着至极；“九”又与“久”谐音，取其“天长地久”之意，因此，岁数逢九或九的倍数，就要举行大典，称为“庆九”。其中“花甲寿”和“八十寿”是最重要的。我国以60岁为一个花甲子，所以有些地方认为人只有至60岁才能称“寿”，因此60岁的生日一定会办得很隆重；80岁就可被誉为“老寿星”了，所以“八十寿”又称为“做大寿”，要比60岁时的更为隆重。

丧礼

丧礼是古代凶礼的一种，指的是安葬和悼念死者时所必须遵循的一整套礼仪制度。我国丧礼，根源于上古社会的丧葬习俗，与灵魂不灭的观念有关。由秦汉

北京出殡行列图　清

及隋唐，丧礼臻于完备。主要包括丧葬仪规、丧服制度、祭祀活动3个方面。

丧礼的传承，由于时代的不同、地域的差异而有所变化，加上宗教等因素的影响，因而产生无数多姿多态、风格特异的丧葬习俗，反映出不同的文化心理。出殡是丧礼最后一项重要仪式，其时间一般人家是在“大殓（即将死者放入棺材）”的次日或人死后的第七日，而官宦富贵之家则在“七七”（49天）以后甚至更长时间，才在事先择定好的日子出殡。出殡前一天晚上，死者至亲好友都来到丧家，晚饭后祭奠烧纸，称为“辞灵”，而且整夜留在丧家，俗称“伴宿”或“守夜”。次日清晨，撤去灵前所供诸物，“孝子”将“丧盆”摔碎，执领魂幡在他人搀扶下前导，灵柩随后起行，还要带上一只公鸡，到墓地后释放，给死者“引路”。出殡的规模一般没有固定标准，因贫富而异，少则二三十人，多则百人以上。按规矩，棺材必须用人抬步行，而不能用车拉。抬棺材的人在农村多是由亲友帮忙，而在城市可以雇人。出殡的队伍中还要有相应的“仪仗”，包括铭旌、纸制冥器和用柳枝糊白纸做成的“雪柳”和祭幛等，以及沿途吹打的鼓乐班子，边走边撒纸钱。

归葬之处，一般都是在本家族的墓地。棺入穴后，先由孝子用衣襟捧土覆盖，然后众人填土成坟，于坟前焚烧冥器摆供祭奠后返回。下葬后第三天，家人要到墓地给新坟填土、祭奠，称为“圆坟”。死者去世后每隔七天都要有祭奠仪式，俗称“办七”或“烧七”，一般至七七而止。死者去世后第一百天、周年、二年、三年的“整日子”也要祭奠。另外，清明、七月十五、十月初一以及除夕等，都是民间烧纸上供，祭奠亡灵的日子，一直延续至今。

挽歌和挽联

挽歌就是哀悼死者的歌。在古代，送葬时“孝子”在前执绋，挽柩者唱挽歌。上古时期没有挽歌，《礼记·曲礼上》：“适墓不歌，哭曰不歌，临丧前则必有哀色，执绋不笑。”《左传·哀公十一年》记载：“公孙夏命其徒歌《虞殡》。”（《虞殡》即送葬的挽歌）此后挽歌逐渐流行。《晋书·礼志中》记载：“汉魏故事，大丧及大臣之丧，执绋者挽歌。”在古代，不同的等级送葬时也要唱不同的挽歌。汉武帝命音乐家李延年作两首挽歌《薤露》和《蒿里》。《薤露》是在送王公贵族时唱的，《蒿里》是送士大夫和庶人时唱的。一般来说，挽歌都是死者的亲友写的，但也有的死者在生前就为自己写好了挽歌，嘱咐亲友在为他送葬时唱。比如大诗人陶渊明在自己临死前三个月就写了三首挽歌。在当时，有很多文人都在生前为自己写挽歌，以示对死亡的大彻大悟。

挽联则是哀悼死者、治丧祭祀时专用的对联。内容主要是概括死者的一生功绩，对死者进行评价，诉说自己与死者的友谊，对死者的去世表示哀悼等。

收继婚

收继婚，是中国旧时婚俗的一种，指的是兄弟亡故之后收其寡妻为自己妻子的现象，也包括父死子娶庶母、叔死侄娶婶母的情况。收继婚最早起源于群婚时期兄弟共妻的风俗，进入父系社会以后，父亲的妾也成为嫡子所继承的遗产的一部分，于是往往会有子娶庶母的情况，这在某些部族甚至成为一种定制，《史记·匈奴列传》即记载："父死，妻其后母；兄弟死，皆取其妻妻之。"出塞的王昭君在匈奴呼韩邪单于死后又嫁给了其长子复株累若单于。后来这一风俗为人们所摒弃，明、清两代更是用法律来禁止收继婚的行为，如《明律集解·附例·户婚》声明："兄亡收嫂、弟亡收妇者，各绞。"

童养媳

童养媳，指女子在幼小的时候被婆家收养而待到成年时进行结婚的现象，这一称谓最早出现于宋代，但是作为一种社会现象则早已有之。周代有所谓媵制，就是姐姐在出嫁的时候，妹妹也陪同一起嫁过去，或者是侄女陪同姑姑一起出嫁。相应于作为正妻的姐姐或姑姑，妹妹或侄女就成为夫家的媵。媵的地位要高于妾，妾往往归于奴仆一类，而媵则属于主人。有时陪同出嫁的妹妹或侄女尚未成年，这也就意味着要在夫家长大。媵制主要流行于诸侯和贵族之间，是血亲观念和一夫多妻制度相结合的产物。秦汉以后，一些贵戚的女儿在年幼时被选入宫中，成年后就作为帝王的妃嫔，或者被赐予皇族子弟做妻妾。这就是童养媳的早期形式。后来，童养媳的现象逐渐从宫廷和贵族延至民间，并且一度十分盛行。童养媳现象在社会上流行的原因主要是百姓生活贫穷，加之古代的婚姻制度是女嫁从夫，女儿不被视为自己家里的人，在养育子女发生困难的时候就将还很小的女儿送给富裕一些的人家，等长大了就自然地成为人家的媳妇。在于夫家来说，与童养媳结婚和正常的大娶相比也可以节省很大的一笔费用。另外，古代曾有用结婚来"冲喜"一说，也就是在公婆或者丈夫发生重病的时候，提前娶亲，用喜气来冲掉灾气，有时男子的年龄还很小，也就找童养媳来娶亲。童养媳由于家庭贫穷，所以到夫家之后常常很受轻视，而且年龄幼小，不能给自己做主，生活往往很凄苦。

节妇烈女

贞节牌坊

“节妇”，指坚守贞节绝不改嫁的女子；“烈女”，指为了免受侮辱而自杀殉节的女子。自南宋之后，“节妇烈女”尤为社会所颂扬，“节妇”与“忠臣”和“孝子”共同成为人们所当遵奉的楷模，而这三者正是与“君为臣纲，父为子纲，夫为妻纲”相对应的。到明清时期，社会上的节烈观发展到极端，以致各地争相以树立贞节牌坊为荣，这也为官方所大加鼓励。清代《礼部则例》规定，“节妇”为“自三十岁以前守至五十岁，或年未五十而身故，其守节已及十年，查系孝义兼全厄穷堪怜者”，以及为夫守贞的“未婚贞女”；“烈女”包括“遭寇守节致死”，“因强奸不从致死，及因为调戏羞愤自尽”，以及“节妇被亲属逼嫁致死者，童养之女尚未成婚、拒夫调戏致死者”，等等。每年各地方的族长、保甲长都要向官府公举节妇烈女，而各级官府也都要给予相应的表彰。京师、省府和州县都修建有矗立大牌坊的“节孝祠”，被旌表的妇女被题名于坊上，死后设位于祠中，每逢春秋供人祭祀。官府还特别发给本家三十两“坊银”为其建坊。节妇烈女的名字还会被列入正史和地方志，而其节烈事迹特别突出的，甚至会得到皇帝的“御赐诗章匾额缎匹”。当时所盛行的《女学》、《教女遗规》、《女学言行录》、《女范捷录》等教育女子的书籍中也大肆宣扬贞节观念。这些举措把对节妇烈女的崇尚推至了极点，成千上万的妇女或自愿、或被迫地因此而终生寡居，更甚至以身殉夫。

跪拜礼

跪拜礼的产生源于古人席地而坐的方式，因为汉代以前，并没有专供坐用的椅、凳之类，人们坐的时候是两膝着席，将臀部压在脚后跟上。以这种方式而坐，遇到需要向他人表示敬意或致谢的时候，就将臀部抬起来，也即是呈现跪的姿态，然后再俯身向下，这也就是跪拜礼的由来和其基本形式。原始的跪拜礼很简单，后来成为一种正式的礼节之后则变得繁复起来，并且发展出了诸如“九拜”等跪拜方法，应用范畴也扩及生活中的方方面面。

九拜

“拜”，是中国古代的一种表达崇高敬意的礼节。所谓的“九拜”，并不是指叩拜九次，而是指九种不同的叩拜礼仪，不同的人依据其各自的等级和身份在不同的场合使用相应的叩拜方式。《周礼·春官·太祝》记载：“辨九拜，一曰稽首，二曰顿首，三日空首，四曰振动，五曰吉拜，六曰凶拜，七曰奇拜，八曰褒拜，九曰肃拜。”

各自的具体做法是：“稽首”，为屈膝跪地，左手按右手，拱手于地，头缓缓贴近地面，而且头在地面上须停留一段时间，手在膝前，头在后，这是拜礼中最为庄重的一种。“顿首”，其他方面与稽首相同，只是头一碰到地面就抬起来，因为头接触地面的时间很短，所以称为顿首，其庄重性仅次于稽首。“空首”，是两手拱地，引头至手而不着地，这是拜礼中的较轻者。“振动”，是两手相击，振动其身而拜，有捶胸顿足之意，表达极度的悲哀之情。“吉拜”，是先空首，再顿首。“凶拜”，是先顿首，再空首。“奇拜”，“奇”是单数的意思，为先屈一膝而拜，又称“雅拜”。“褒拜”，是行拜礼后为回报他人行礼的再拜，也称“报拜”。“肃拜”，推手为“揖”，引手为“肃”，“肃拜”实际上是一种揖礼，并不下跪，而是俯身拱手行礼，但其表达的是拜的含义。

跪拜礼

“九拜”之中，前三种是正式的拜礼，后面的几种则是正拜的变通。这些拜礼的应用范畴大体是：宗庙祭祀拜祖先，郊祀拜天拜神，以及臣拜君，子拜父，学生拜老师，新婚夫妇拜天地、拜父母，都行稽首礼；平辈和同级之间，行顿首礼；对于卑者的稽首礼，尊者以空首礼答拜；振动礼为丧仪中所用；吉拜礼行于各种祠祭；凶拜礼是服 3 年之丧时所用；肃拜礼为女子所用，因为女子佩戴的首饰较多，不便跪拜。另外，也用于军人之中，原因是军人身披甲胄，行动有所不便。

拱手

拱手是中国古代的一种常行的礼节，在上古时期就已产生，做法是双手抱拳前举，近似于带手枷的奴隶，原初的含义为表示愿做对方的奴仆，以表示一种相当的尊敬。清代学者阎若璩在对《论语》的注释中提到:“古之揖，今之拱手。”但是拱手与作揖并不完全相同，拱手仅仅是双手抱拳前举而已，作揖则还要配合两臂的上下左右等方向性的动作，正式的作揖还要鞠躬，后来揖礼简化，在行用的时候常常变成了拱手，而拱手与作揖这两个概念也就时常混用。

作揖

作揖是中国古代的一种表示敬意的礼节行为，至今仍在行用，其方式为双手抱拳前举，同时身体略弯，也有很多时候仅仅是举手而已。作揖起源很早，相传在夏代就已经出现，在西周时期就很为流行了。据《周礼》记载，根据双方的地位和关系，作揖的种类有土揖、时揖、天揖、特揖、旅揖、旁三揖等。土揖是拱手前伸而稍向下；时揖是拱手向前平伸；天揖是拱手前伸而稍上举；特揖是一个一个地作揖；旅揖是按等级分别作揖；旁三揖是对众人一次作揖三下；此外，还有一种表示特别敬意的长揖，即拱手高举，自上而下向人行礼。一般而言，作揖是一种恭敬之心的表达，但在个别时候却有着反面的含义，《汉书·高帝纪》记载郦生见刘邦的时候不拜而长揖，表达出一种不敬服的心态，当然，这并非是作揖本身的含义，而是说按照礼节，本应当致以更为尊贵的行礼方式，这时如果用作揖来代替的话反而显得不敬了。严格来讲，作揖抱拳的通常方式是右手握拳，左手成掌，包住或者盖住右手，这称为“吉拜”；反之则为“凶拜”，也就是左手握拳，右手成掌，这种作揖方式一般用于丧礼的场合。这一区别的源起为一种诚意的表示，因为大多数人右手为主手，在攻击他人的时候主要用的是右手，作揖时左手在外，而将用于攻击的右手盖在里面，是一种友好的表示与真诚的传达。

避席

古时没有椅子，人们席地而坐。

避席，是古代的一种表示尊敬的行为，古时没有椅子，人们席地而坐，在需要的时刻离开席子站立一边，也就是避席。《孝经》中记载了曾子在听孔子讲课的时候接到提问即避席而立的故事，颇为传诵，引为美谈。避席最初只是个别行为，后来则为人效仿，成为社会上通行的一种礼节。魏晋时期，椅子由少数民族传入中原，人们逐渐不再习惯于坐在席子上，避席之礼也就无从谈起，但并没有消失，而是转化为新的“避席”方式，当今通常的离座起立以表敬意的礼节也就是古代避席之礼的转化。

坐、跪和长跪

坐，是人体态势的一种，泛指将臀部依靠在可以支持身体重量的物体上、用臀部来代替两脚着力的姿势，当今一般指将臀部放在椅、凳之类的坐具上，古时因为没有椅子，人们坐的方式与现代有所不同，在正式的场合是席地而坐，两膝着地，臀部压在脚跟上，这种方式腿部受到的压迫很严重，日常生活中并不全都如此，只是因为其姿势较为美观，而成为一种表示庄重的正坐。跪的姿势是两膝着地或着席，直身，臀部不着脚跟，是一种对地位高者表示尊敬的姿势，古人席地而坐，在有急要之事或谢罪之时，也会采取跪的方式，有时单膝着地也称之为跪。长跪是跪的一种最为郑重的方式，特点是挺身直立，用膝盖和脚趾来支持身体，拜跪时习惯上以先下右膝为礼。

投刺

刺，指的是古时所用的一种写有姓名的简牍，相当于现在的名片，清代赵翼在《陔余丛考》中说：“古者削木以书姓名，故谓之刺；后世以纸书，谓之名帖。”投刺也就是将写有自己名字的刺或名帖投递给想要求见的人，以期对自己事先有一个基本的了解。唐代之后，投刺成为一种普遍的风习，而刺的形制也多了起来，因为主人身份的差异和传达目的的不同等都有着各自的区分，例如，位尊者（如亲王）可以使用红色的名帖，向别人传达丧事的时候要在名帖的四周卷上黑框。古代的刺或名帖都是亲笔书写的。

古人的见面礼

见面礼，即见面时所行的礼。古人常用的见面礼有揖、拱和拜等。揖是古人相见的最常用的礼节，具体又分为三种：没有婚姻关系的异性之间，行礼时推手微向下；有婚姻关系的异性之间，行礼时推手平而置于前；一般的同性宾客之间，行礼时推手微向上。另外还有长揖，是一种不分尊卑的相见礼，拱手高举，自上而下，较普通的揖程度更深一些。拱，是两手在胸前相合以表示敬意，《论语》中记载一次子路见到孔子时“拱而立”，就是行用的拱礼。拜，古人见面时最为庄重的一种礼节。早时的拜，只是拱手弯腰而已，两手在胸前合抱，头向前俯，额触双手。《孔雀东南飞》中的“上堂拜阿母”，指的就是焦仲卿对母亲所行的这种拜礼。后来拜则主要指跪拜，臣民在面见皇帝的时候都要行跪拜礼。

座次的讲究

古时座次有着严格的尊卑之分。在筵席上，最尊的座次是坐西面东，其次是坐北向南，再次是坐南面北，最卑是坐东向西。《史记 · 项羽本纪》中载有：“项王、项伯东向坐，亚父南向坐……沛公北向坐，张良西向侍。”其中，项王的座次最尊，而张良的座次最卑。在举行朝会的时候，则是背北面南为尊，所以称帝叫作“南面”，而为臣则叫作“北面”。另外，通常的看法是，右者为尊，因此遭受贬谪称为“左迁”，而在座次的排定上，地位次尊的人则居于最尊者的右边。

紫光阁赐宴图　清

饮食文化

烧尾宴

古代名宴烧尾宴历来声名显赫，是指士子登科或官位升迁而举行的宴会。此宴出现在唐高宗时期，距今已有 1300 余年了。“烧尾”一词源于唐代，有 3 种说法：一说是兽可变人，但尾巴不能变没，只有烧掉；二说是新羊初入羊群，只有烧掉尾巴才能被接受；三说是鲤鱼跃上龙门，必有天火把它的尾巴烧掉才能成龙。此三说都有升迁更新之意，故此宴取名“烧尾宴”。

烧尾宴的风习，始于唐中宗景龙时期，终于玄宗开元年间，仅流行了 20 余年。景龙三年（709 年），韦巨源官升尚书左仆射，在家设烧尾宴奉请皇帝，肴馔丰美绝伦，世所罕见。《清异录》中记载了韦巨源设烧尾宴时留下的一份不完全的食单，使我们得以窥见这次盛筵的概貌。食单共列 58 种菜点。20 余种糕饼点心中仅“饼”的名目就有“单笼金乳酥”、“贵妃红”、“见风消”、“双拌方破饼”、“玉露团”、“八方寒食饼”等七八种之多；馄饨一项，就有 24 种形式和馅料……烧尾宴中的工艺菜也令人叹为观止，一道“素蒸音声部”，用素菜和蒸面做成一群蓬莱仙子载歌载舞，栩栩如生，华丽壮观。菜肴则水陆八珍，尽皆入馔。从菜名到烹调均新奇别致，超乎想象。有乳煮的“仙人脔”，生烹的“光明虾”，活炙的“箸头春”，冷拼的“五生盘”，笼蒸的“葱醋鸡”，油炸的“过门香”以及匠心独运的蛤蜊羹“冷蟾儿羹”……58 种菜点并非烧尾的全部，我们已能显见此宴的奢华，无怪乎唐代另一个宰相苏琼得官，却不向皇帝进献烧尾宴，并义正词严地说：“宰相是辅佐皇帝治理国家的，今关中大饥，米价很贵，百姓都吃不饱，所以臣不敢烧尾。”从此，烧尾宴也就渐渐消逝了。虽然如此，烧尾宴是中国筵宴史上的一座丰碑，它上承周代八珍席，下启宋朝万寿宴和清廷满汉宴，开了豪华大宴之先河。

满汉全席

满汉全席，起兴于清代，原是官场中举办宴会时满人和汉人合坐的一种全席，逐渐发展成集满族与汉族菜点之精华的历史上最著名的中华大宴。乾隆年间李斗所著的《扬州画舫录》中有关于满汉全席的最早记载："满汉全席，分为六宴，均以清宫著名大宴命名，一为蒙古亲藩宴，二为廷臣宴，三为万寿宴，四为千叟宴，五为九白宴，六为节令宴。全席汇集满汉众多名馔，择取时鲜海错，搜寻山珍异兽。计有冷荤热肴一百九十六品，点心茶食一百二十四品，计肴馔三百二十品。合用全套粉彩万寿餐具，配以银器，富贵华丽，用餐环境古雅庄隆。席间专请名师奏古乐伴宴，沿典雅遗风，礼仪严谨庄重，承传统美德，侍膳奉敬校宫廷之周，令客人流连忘返。全席食毕，可使您领略中华烹饪之博精，饮食文化之渊源，尽享万物之灵之至尊。"

满汉全席是我国一种具有浓郁民族特色的巨型宴席。既具有宫廷菜肴之特色，又吸取地方风味之精华，菜点精美，礼仪讲究，形成了引人注目的独特风格。满汉全席共有108道菜，分3天吃完。满汉全席取材广泛，用料精细，山珍海味无所不包。烹饪技艺精湛，富有地方特色，突出满族菜点特殊风味，烧烤、火锅、涮锅几乎是不可缺少的菜点；同时又展示了汉族烹调的特色，扒、炸、炒、溜、烧等兼备，为中华菜系文化的瑰宝。

宫廷御膳

宫廷菜历史悠久，源远流长。我国的宫廷菜萌芽于夏商时期，到西周时，宫廷御膳机构已全面建立。商代有"酒池肉林宴"，周朝有"八珍宴"，战国时期有"楚宫宴"，汉代有"王宫宴"，唐代有"烧尾宴"、"龙凤宴"，宋代有"皇寿宴"，到清代的"盛京宴"、"满汉全席宴"等，宫廷御膳以其独特的魅力流芳至今。宫廷御膳就是中国历代封建王朝专门管理帝王和后妃膳食的机构所做的菜肴。宫廷菜作为中华民族饮食文化登峰造极的产物，其特点是菜点众多，珍馐齐全，选料精细，制作讲究，调料多样，滋味各异，形状美观，餐具精致，菜名典雅，富有情趣，注重滋补，美容养颜；多山珍海味，既有白煮烧烤，又可煎炒烹炸，技术较任何地方菜系更为全面。经历代御厨不断加以完善，宫廷菜品种更加繁多，味道的层次感强，口味以清鲜酥嫩见长。宫廷御膳的外形可谓是精美绝伦，美食与美器共同彰显皇族风范；宫廷御膳在菜品质量上堪称天下无双，营养丰富，口感极佳。

康熙皇帝的一品龙皇翅、宫门献鱼；雍正皇帝的御膳极品鲍、清宫蒸蟹；乾隆的长寿汤；慈禧太后的一品官燕、抓炒鱼片、蜂窝土豆等，皆为菜肴之上品。溜鸡脯、荷包里脊、炸佛手等更是千古流传的特色菜肴。

中国菜系

中国是传统的"烹饪王国"，在中国人的心目中，美食有着重要的地位。"民以食为天"、"饮食男女，人之大欲存焉"等古语形象地说明了中国人自古就有重饮食的习俗。中国文化对世界影响最为广泛而深远的当属中国烹饪，在世界各个国家，只要有华人居住，就有中国餐馆。到中国旅游，不品尝一下中国的美味佳肴、风味小吃，就无法领略中国饮食文化的精妙所在。可以这样说，不了解中国饮食，就不了解中国，中国饮食文化可谓是独一无二、博大精深。

在中国饮食文化发展演变的过程中，形成了以“中国菜”总的格调下不同的地方风味，逐渐成为一套自成体系的烹饪派别。中国的地方菜系丰富多样，最著名的有8种：鲁菜、川菜、粤菜、闽菜、苏菜、浙菜、湘菜、徽菜，称为“中国八大菜系”，还有的加上京、鄂两菜系，构成十大菜系。众多菜系的不同，主要是源于各地区的地理环境、自然条件或物产资源存在着差别，这是各地人民的饮食种类和口味习惯各不相同的物质基础。“东南之人食水产，西北之人食陆禽”，就是这个道理。物产决定了人们的食性，长期形成的对某些食物独特味道的追求，渐渐地就成为一种难以更改的习性。俗称的“南甜北咸、东辣西酸”，就是地方饮食长期形成的结果。菜系的形成还与社会的发展，政治、经济、文化中心的形成和转移密切相关。中国著名的几大菜系基本上都是出自富庶的省份地区或是人杰地灵之乡。如四川被称为“天府之国”，淮扬是盐商的老家，湘菜和徽菜名列八大菜系，也与其省份出读书人较多有很大的关系。

宴饮之礼

作为传统的古代宴饮礼仪，自有一套程序：主人折柬相邀，到期迎客于门外。宾客到时，互致问候，引入客厅小坐，敬以茶水、烟或点心。《清稗类钞·宴会》云：“（客来）即就坐，先以茶点及水旱烟敬茶，俟筵席陈设，主人乃肃客一一入席。”客齐后导客入席，以左为上，视为首席，相对首座为二座，首座之下为三座，二座之下为四座。客人坐定，由主人敬酒让菜，客人以礼相谢。席间斟酒上菜也有一定的讲究：应

饮酒祝寿图轴　明　陈洪绶

图中做寿之人居中，头裹软巾，方面大耳，神情轩昂，两侧侍女抱匜捧罐而立，身后一仆从拄杖侍立，石案对面二人或卧于芭蕉叶上，举杯对饮，或坐于石凳上以杖撑身，另一手伸入水中。三人皆面红耳赤，呈现醉意，然各具姿态。

先敬长者和主宾，最后才是主人。男女同席时，则先女宾后男宾。酒要斟至八分满为宜。上菜时要先上冷菜后上热菜。上全鸡、全鸭、全鱼等大菜时，不能把头尾朝向正主位。宴饮结束，主人要将客人让入客厅小坐，上茶，交谈至辞别。这种传统宴饮礼仪如今在我国大部分地区仍完整保留。

待客之礼

对待客之礼，《周礼》、《仪礼》与《礼记》这儒家经典三礼中已经记载得非常详细。凡是陈设便餐，带骨的菜肴放在左边，切的纯肉放在右边。干的食品菜肴靠着人的左手方，羹汤放在靠右手方。细切的和烧烤的肉类放远些，醋和酱类放在近处。蒸葱等伴料放在旁边，酒浆等饮料和羹汤放在同一方向。这些规定都是从用餐实际出发的，并不是虚礼，主要是为了取食方便。仆从摆放酒壶酒樽，要将壶嘴面向贵客；端菜上席时，不能面向客人和菜肴大口喘气，如果此时客人正巧有问话，必须将脸侧向一边，避免呼气和唾沫溅到盘中或客人脸上。主人要做引导，要陪伴，主客必须共餐。尤其是有长者在席时，酌酒时须起立，离开座席面向长者拜而受之。长者表示不必如此，少者才返还入座而饮。如果长者举杯一饮未尽，少者不得先干。凡是熟食制品，侍食者都得先尝一尝。如果是水果之类，则必让尊者先食，少者不可抢先。

进食之礼

进食之礼在先秦时已有了非常严格的要求，直至现在。一般要坐得比尊者长者靠后，而进食时要尽量坐得靠前一些，以免不慎掉落的食物弄脏了座席。主人不能先吃完而撇下客人，要等客人食毕才停止进食。宴饮完毕，客人自己须跪立在食案前，整理好自己所用的餐具及剩下的食物，交给主人的仆从。更有“共食不饱”、“共饭不泽

宴饮图

明张岱《夜航船》载：“十月朔拜暮，有司进暖炭，民间作暖炉会。”图为众人围坐宴饮的热闹场面。

手”、“毋口它食”、“毋啮骨”、“毋投与狗骨”、“毋扬饭”、“毋刺齿”、“当食不叹”等许多饮食礼仪。这些进食之礼曾作为许多家庭的家训，代代相传。食礼为先，食礼是饮膳宴筵方面的社会规范与典章制度，餐饮活动中的文明教养与交际准则，体现了赴宴人与东道主的仪表、风度、神态和气质。

席间雅兴

中国人不仅讲究吃，还讲究吃的艺术。一桌宴席不仅要吃得有滋味，还要吃得有兴致、有水平。如果一人坐于席上，或大汗淋漓、挥汗咀嚼，或谈吐粗鲁、举止不雅，那岂不是在暴殄天物？诗仙李白《春夜宴从弟桃花园序》云：“幽赏未已，高谈转清。开琼筵以坐花，飞羽觞而醉月。”只有这样的雅兴、逸兴，才能使宴席陡增味外之味，盎然无比。

诗文宴饮，大多为文雅之士而为之。此时食客既要有席宴的吃情，又要有应时的才情。早在先秦之时，就有以赋诗为宴饮增趣的。《春秋左传》记载，齐国国君与晋国君欢宴，席上晋国大夫荀吴赋诗曰：“有酒如淮，有肉如坻。寡君中此，为诸侯师。”齐君也赋诗曰：“有酒如渑，有肉如陵。寡人中此，与君代兴。”两人均赋诗颂扬自己的国家，在这样的豪情之中不禁大增宴席的雅兴。不仅诗如此，文亦然。唐朝著名诗人王勃在宴会上文情大发，挥毫泼墨，留下了千古绝唱《滕王阁序》。可想而知，赋文之后的宴席定会别有兴味。诗文言志，宴饮吃情，在席间饮酒欢宴，赋诗撰文，真应了那句“醉翁之意不在酒，在乎山水之间也”。为筵宴助兴，除了音乐舞蹈和赋诗撰文之外，古人席间还有种种雅致的游乐活动，有的甚至流传至今。如礼射、投壶、流觞、传花、酒令、剑、看戏、划拳、征联、说笑话、射覆、抛球、骰子、酒胡子……这些游乐活动虽大多与饮酒关系更为密切，却无不为席宴增添无限的趣味。

酒令

酒令是中国人席上常见的游乐方式，以酒令佐饮既活泼又富有情趣。酒令用于行酒，是以众人事先约定的方式来决出胜负，以胜者罚负者酒。酒令多种多样，许多均为文字游戏，有对诗、联句、拆字、回环、连环、藏头等。此外，还有骰令、游戏令，即掷骰子行酒和抛球、划拳等游戏方式。唐代著名诗人白居易有云：“香球趁拍回环盒，花盏抛巡取次飞”，形容酒筵上欢快热烈的抛球游戏的场面。

流觞

流觞又称“流杯”、“浮杯”。“觞”、“杯”均为酒器，又称为“羽觞”或“耳杯”，春秋战国时的楚国就已经非常流行羽觞了。羽觞很轻，能够浮于水上，便有了流觞之

曲水流觞图

此图描绘的是东晋大书法家王羲之在春三月与朋友集会赋诗之雅事。

戏。人们在水旁欢宴时，将酒杯盛满酒自上游放入水中，之后奏乐。待酒杯流到筵席之处时，众人便取酒分饮。在山水美景之间，饮酒、美食和玩乐，是何等的雅兴。

传花

传花是古人筵宴上的一个极其有趣的节目，最常见的一种是击鼓传花。击鼓时，在座每人依次传递花枝，鼓停之时，花枝在谁手中，此人即将受罚。《红楼梦》中提到贾府每在元宵中秋佳节之时就会击鼓传花，宴饮玩乐。除了传花，还有数花。宋叶梦得的《避暑录话》载，宋代大文学家欧阳修在扬州有一座“淮南第一堂”美誉的平山堂。每逢暑天，便会与骚人墨客、至友同仁们宴饮于此。饮酒之时，常常令人将池中的荷花摘来，与众宾客依次摘取花瓣，待花瓣全被摘光之时在谁手里，谁就要认罚酒一杯。众人欢宴，“往往侵夜戴月而归”。

茶道

茶道即饮茶之道，是一种以茶为媒的生活礼仪，也是修身养性的一种方式，它通过沏茶、赏茶、饮茶来增进友谊、美心修德、学习礼法，是很有益的一种仪式。茶道最早起源于中国，兴于唐，盛于宋、明，衰于近代。宋代以后，中国茶道传入日本、朝鲜，获得了新的发展。唐朝《封氏闻见记》中有记

茶之道

载："茶道大行，王公朝士无不饮者。"这是我国现存文献中对茶道的最早记载。唐朝陆羽所著的《茶经》是最早记载中国茶道历史发展的巨著。

在我国，茶被誉为"国饮"，被人们视为生活的享受、健康的良药、提神的饮料、友谊的纽带和文明的象征。中国的茶文化博大精深，茶道是核心。茶道包括两个内容：一是备茶品饮之道，即备茶的技艺、规范和品饮方法；二是思想内涵，即通过饮茶达到陶冶情操、修身养性，使思想升华到富有哲理的境界之目的。中国茶道的基本要求是 :1. 茶具必须清洗洁净。2. 主张用清水煎茶，有条件的情况下可用泉水、江水，甚至用松上雪、梅花蕊上雪化水煎茶。3. 讲求水沸适度。4. 要求使用名贵优质茶具，将茶碗烫热或烤热，以便茶汤香气充分升扬。中国四大茶道流派分别为贵族茶道、雅士茶道、禅宗茶道和世俗茶道。

中国茶道大胆地探索茶饮对人类健康的真谛，创造性地将茶与中药等天然原料有机结合，使茶饮在医疗保健中的作用得以增强，从而获得了更大的发展空间，这就是中国茶道最具实际价值的方面。

称谓文化

上古的姓和氏

姓氏是姓和氏的合称。上古时代，姓和氏不尽相同。姓是一种族号，而氏是姓的分支。上古先民经历过母权社会，实行群婚制，孩子一生下来，往往跟着母亲，“姓”的本意是女人生的子女，代表了一种血缘关系，是家族基因的延续，同一个母亲所生的子女就是同姓。不知道父亲是谁，所以子女往往跟母亲取姓。我们从不少古姓，如姒、姚、嬴、姜、姬等都加了女旁，就可以略知一斑。后来子孙逐渐繁衍，到了伏羲氏族社会时期，从一族中，分化成若干个分支，散落到各地居住，这每一个分支，都需要有一个特殊的称号作为标志，以便和别的分支区别开来，而这一区别的标志，就是氏。例如，旧时传说商人的祖先是子姓，后来从子姓中，分化成为殷、来、宋、时、中同等氏。这样一来，殷、来、宋、时、中同等氏，实际上就跟原来的子姓族差不多了。可以说，姓是旧有的族号，而氏是后起的族号。氏族社会时期实行族外婚，同一氏族的人不能结婚，这样，“姓”就起到了“别婚姻”的作用。姓产生后，世代相传，一般不会更改，比较稳定；而氏则会有一个人的后代有几个氏或者父子两代不同氏的情况。另外，不同姓之间可能会以同样的方式命氏，因此会出现姓不同而氏相同的现象。春秋战国时期，姓和氏是有区别的。战国以后，姓和氏的界限开始模糊起来，人们以氏为姓，导致姓氏逐渐走向合一。

先秦女子姓氏

上古时代，在同姓之间，是不进行婚配的。对于贵族妇女来说，姓比名要紧要得多。我们看古书上一些女性的称呼，有时会不知道她的名，却往往能知道她的姓。

待嫁的女子，如果要和家族中的其他人区别开来，往往是在姓上，加上表示排行的孟（伯）仲叔季，通过排行的方式达到区别的目的。例如伯姬、叔姬，同是姬姓，区别就在于表示不同排行的伯、叔。

女子出嫁以后，尤其是从本国出嫁到其他国家的女子，也可以在姓上添上与出嫁有关的一些名目，从而起到区别的作用。办法主要有四种：

1. 在姓上加上本国的国名或氏。例如秦嬴、齐姜、晋姬、国姜，其中秦嬴、齐姜、晋姬中的秦、齐、晋，就都是国名；国姜中的国，是氏。

2. 如果是嫁给其他国家的国君，就在姓上添上夫君所受封的国名。例如芮姜、息妫、秦姬等。

3. 如果是嫁给其他国家的卿大夫，就在姓上添上配偶的氏，或者添上配偶所受封的邑名。例如赵姬、孔姬、棠姜，赵姬是赵衰妻，孔姬是孔圉妻，赵衰、孔圉都是卿大夫，赵、孔是氏；棠姜是棠公妻，棠是邑名。

4. 女子死后，别人或后人在她的姓上添上她的配偶的谥号，或者添上她本人的谥号。如郑武公的妻子被称为武姜，武姜中的“武”，就是郑武公的谥号；又如鲁文公的妃子敬嬴，敬嬴中的“敬”，就是敬嬴本人的谥号。

长幼次序

伯、仲、叔、季是古代人表示排行的用词。伯是老大，仲是老二，叔是老三，季是老四。周代时，表示排行的伯仲叔季，常常是加在男子的字的前面，另外在字的后面，加上“父”或“甫”字，以表示性别或尊称。这样，排行、字、尊称三部分，就构成了男子字的全称。例如伯禽父、仲山甫、仲尼父等。

不过排行和尊称，往往是附加的东西，所以也可以省略。有时是省略尊称“父”或“甫”，如伯禽、仲尼等，有时是省略排行，如禽父、尼父等。

周代女子字的全称，跟男子字的全称又有不同。女子字的全称，是在字的前面加姓，在姓的前面加孟（伯）仲叔季表示排行，在字的后面加上“母”或“女”字表示性别尊称。可见女子字的全称和男子字的全称相比，多加了姓。例如中姞义母，等等。

因为女子的尊称和排行也是附加的东西，所以也可以省略。有时是省略“母”字，如季姬牙；有时是省略排行，如姬原母；也有的时候，只是单称“某母”或“某女”，如寿母、帛女。不过女子最常见的称呼，还是在姓上加上排行，如孟姜、叔姬、季芈等。

年号

古时皇帝用来纪年的名号，叫作年号。汉武帝是第一位开始有年号的皇帝。汉武帝即位的第一年，立年号为建元，所以这一年称为建元元年，第二年称为建元二年，其他依此类推。

新皇帝登基，都要改变年号，这叫作“改元”。同一皇帝在位时，当然也可改变年号，如汉武帝就曾改元为元光、元朔、元狩、元鼎、元封、太初等。

明代和清代的皇帝，年号相对稳定，基本不改元。这样久而久之，就出现了用年号来称呼皇帝的现象。如明世宗的年号是嘉靖，便被称为嘉靖皇帝；清圣祖的年号是康熙，便被称为康熙皇帝，等等。

谥号

谥号是古代帝王、诸侯、卿大夫等有地位的人死后，后人对其一生做个简单的总结评价，褒贬一下善恶功过，算是盖棺论定之意。此制度开始于周代，君王的谥号由礼官议定，由新即位的皇帝宣布；其他人的谥号都由朝廷给出，因为是盖棺论定，基本还是能做到客观。

赵普像

宋代名臣赵普谥“忠献”。

经常用于谥号中的一些字的意义基本是固定的，因此从一个皇帝或大臣的谥号里便能对他一生作为有个大致判断。就皇帝而言，比如含有文、武、明、睿、康、景、庄字眼的，往往都是比较能干的皇帝，此类谥号属于上谥；冲帝、质帝、少帝往往是幼年即位而且早死的，带有哀、思、怀等字眼的，往往有同情的意味，这两类谥号属于中谥；厉、灵、炀则含有否定的意思，比如周厉王、隋炀帝都是暴君，此类谥号属于下谥。因儒家文化提倡孝道，许多皇帝的谥号里往往都有个“孝”字。例如汉代所有皇帝的谥号都另加个孝字，如孝惠、孝文、孝景一直到孝献。就大臣而言，也有一些常用的谥号。比如诸葛亮谥号为忠武侯，因为诸葛亮的成就及个人魅力，忠武就成了士大夫们倍觉荣耀的谥号；晋代王导的谥号为文献，因其个人成就，唐代的名臣都沿用此谥号；宋代范仲淹的“文正”谥号，也为后世名士大夫所沿用，如曾国藩便是此谥号。

需要指出的是，皇帝必有谥号，士大夫则只有地位高的才有。并且一般在其死后几年才给予，只有极少数功绩特别大的会在死时便给。另外，除朝廷公开给予的谥号外，一些有名望的学者或士大夫，其亲戚、门生也往往私下给其起谥号，称为私谥。

名和字

按古代的习俗，婴儿出生3个月的时候由父亲给取名，而男子到20岁行加冠礼的时候还要取字，女子则是到15岁结发加笄的时候取字。名和字一般都是有关联的，最常见的就是名和字为同义或近义的关系，例如，诸葛亮，字孔明，孔明就是非常明亮的意思；屈原，名平，而“广平曰原”；秋瑾，字璇卿，瑾和璇都是美玉。也有少数名与字是成反义关系的，如唐代诗人王绩，字无功；孔子的弟子曾点，字子晰，点为黑点，而晰为白皙。

别号

古人在名和字之外，还有别号。别号与字的不同之处在于，字是父亲或其他尊长给取的，而别号则是自己取的，也有少数是后来别人赠予的。唐宋之后，人们取别号的情形非常普遍，如李白，字太白，号青莲居士；苏轼，字子瞻，号东坡居士；辛弃疾，字幼安，号稼轩。无论是否为自己所取，别号一般都反映出本人的某种经历或某方面的特点，十分常见的一种情况就是以居住地的名称或该地所具有的景物为别号，如王守仁，因曾居于家乡的阳明洞，故世称阳明先生；白居易因晚年长居洛阳香山而自号香山居士；欧阳修自号“六一居士”，蕴意是一万卷书、一千卷金石文、一张琴、一局棋、一壶酒，再加上他本人一个老翁，这体现出一种典型的文人雅趣。别号的应用非常广泛，以致对有些人来说后世在习惯上不再称他们的名或字，而是以号相称，例如苏东坡、郑板桥、齐白石、八大山人等，称的都是别号。

行辈

行辈，即排行和辈分，在古代，这不仅是亲族之中一种自然的排列关系，而且体现出鲜明的宗法色彩，在一个家族中，不同的行辈之间在取名用字上有着明确的规定，从而传达出特定的血缘关联。古时人们取名常常使用伯、仲、叔、季的字样，伯，表示的是排行中的第一位，即老大，而仲是老二，叔和季则表示幼者，并不一定就是老三和老四。在表示长幼之外，同一行辈的名字里还要有相同的成分，例如苏轼，字子瞻，苏轼的弟弟苏辙，字子由，轼与辙，都从车部，而字的前一个字也是相同的；在《红楼梦》中，贾敬、贾赦、贾政等都是文字辈，而贾宝玉一代则是玉字辈，如贾珍、贾琏等，再下一代就是草字辈，如贾蓉、贾兰（兰）。有的注重统绪的家族更是将很多代的行辈用字进行事先排定，最为人熟知的就是孔子和孟子后代的行辈，例如孔子后裔，从第56代起至第105代的行辈依次为：希言公彦承，弘闻贞尚胤，兴毓传继广，昭宪庆繁祥，令德维垂佑，钦绍念显扬，建道敦安定，懋修肇懿长，裕文焕景瑞，永锡世绪昌。这样，从名字上就可以看出辈分来。

称谓

古人的称谓有名、字、号等，不同种类的称谓在应用时有着不同的色彩意义。古人一般自称时说名，对别人则不直呼名，而是称字，以示尊敬，仅在作传和介绍的时候才直说名，不然直呼其名则有厌恶、轻视之意。号则既可用来自称，也可称对方。在此之外，人们在表达对某人的尊敬时，还往往以他的谥号、斋名、籍贯、郡望、官职、官地等来进行称呼，如范仲淹被称为范文正公，蒲松龄被称为聊斋先生，柳宗元被称为柳河东，韩愈被称为韩昌黎，杜甫被称为杜工部，刘备被称为刘豫州。

地望

东汉末年，社会上形成了一些非常具有势力的门阀大族，曹魏时期实行“九品中正制”，也就是将官员分为 9 个品级，由“中正”来推荐和评定，而这一职位通常就是一地的望族，他们垄断了当地的选举权，他们的姓氏也因此与本地密切地联系起来，这样，他们在其郡县所拥有的特别的地位和声望就被称为这些士族的“地望”，又叫作“郡望”。如唐代段成式在《酉阳杂俎续集·支诺皋下》中说：“韦斌虽生于贵门，而性颇厚质，然其地望素高，冠冕特盛。”

帝王赐姓

帝王赐姓是姓氏的主要来源之一。先秦时期的赐姓主要属于封建的性质，也就是说帝王将某地封赐给谁，谁也就因此而以国或邑名为姓，例如屈原，本姓熊，在春秋初期，楚武王熊通的儿子被封在屈邑，因而改姓屈，名屈瑕，屈瑕就是屈原的先祖。秦代之后，赐姓不再具有封赏领地的含义，而只意味着一种精神上的褒奖，这是帝王进行政治笼络的一种手段。所赐之姓，可能为国姓，即皇帝的姓氏，也可能是其他姓氏。

郑和像

郑和本姓马，朱棣赐姓郑。

赐姓一般出于这样几种情况：1. 安抚降将，例如唐初，幽州罗艺、石州刘孝真、江淮杜伏威、榆林郭子和、原窦建德部大将胡大恩等归顺唐朝的各路将领皆被赐以李姓。2. 笼络外藩，如唐初契丹酋长窟哥、奚族酋长可度者、粟末靺鞨酋长突地稽、黑水靺鞨酋长倪属利稽等率其所部内附唐朝，也皆被赐以国姓李氏。3. 褒奖功臣，如明代郑和，本姓马，小字三保，因为在靖难之役中协助燕王朱棣有功而得赐姓名为郑和。当然也有相反的情况，就是赐以恶姓来进行贬损，例如武则天夺得皇后之位后，将唐高宗的前皇后王氏和宠妃萧良娣分别改姓为蟒和枭，蟒意为大毒蛇，枭意为枭首，表达了十足的蔑毒之意。

皇帝自称

一个人落魄孤立无援的时候常会说：“我现在是孤家寡人，要什么没什么。”孤家寡人就是说形单影只，孤立无援的意思。可是在古代，“孤家”和“寡人”可都是皇帝的专称，皇帝众星捧月，群臣簇拥，那么皇帝又怎么会是“孤家寡人”呢？

“寡人”一词在古代意为“寡德之人”，这是古代君主的谦辞。先秦时期，王、诸侯、士大夫等，都可以自称为“寡人”。如《左传》所记载：“请子奉之以主社稷，寡人虽死亦无悔焉。”《史记·廉颇蔺相如列传》中也有“秦王以十五城请易寡人之璧”的说法。那时候，“寡人”不光是男人的专属。《诗经》中曾经记载，卫庄公夫人庄姜就曾自称过“寡人”，由此可见，古人常用的“寡人”来谦虚地说自己无德无能。但是到了唐朝，这种现象明显减少了，逐渐变成只有皇帝可以自称寡人。

皇帝自称“朕”的情况，也和“寡人”差不多。早先，人们都可以用“朕”自称，“朕”和现代汉语里“我”相似。并且，使用这一称谓的人不分等级。此时的“朕”并没有特殊含义，只作第一人称使用。然而到了秦始皇称帝，“朕”就只有皇帝一人可以自称，而且明文规定，违者重罚。其实，“朕”最早指的是身体的意思，嬴政以自己功盖三皇五帝，以始皇帝自称，并且认为这个词有“预兆”、“朕兆”的意思，所以要专用在自己身上，以尊皇权。

“孤”的用法完全是延续了秦朝以前的称谓习惯。因为在没有皇帝一人独掌天下的诸侯纷乱时期，王与诸侯国王并存，因“孤”含有“独自”和“孤独”等意味，诸侯们通常用此字自嘲落魄。但是到了汉末，“孤”却有了雄霸的意思。群雄独占一方，各自称孤。“孤”从此就演变成了王者的代名词，其中也包含有高处不胜寒，傲然孤茕的意味。

对父母的讳称

讳称是指由于忌讳的原因，不使用正常的称谓，故意换用别的称谓，这种忌讳现象旧时在方言区是常见的。在当代，忌讳的心理虽然已经淡化或消失，但是讳称却习惯成自然，在有些方言区仍然沿用。

讳称实际是父母忌讳心理的反映，他们觉得这样会使孩子更好养些。有的是父母自认命不好，担心把厄运传给孩子；有的是担心父母和孩子命中相克，所以不好用常称，只好用讳称。讳称实际上是被当作避邪的方法。现在这种迷信的思想逐渐淡化了。

地名用作人名

地名与人名的关系异常密切，我国历代都有地名用作人名的现象。有些人以所在的山、水、桥、榭取名，有些人以出生时的州、郡、乡里的名称取名。例如，北宋著名的政治家司马光，他的父兄和他自己都是以地名取名的。他的父亲生于池州（今越南谅山），于是取名司马池；他的堂兄生于向下，故取名司马里；他的胞兄生于父亲的宣城太守任上，取名司马宣；而他本人生于父亲的光州任上，故取名司马光。

我国古代有些当官的人，喜欢以所任职的地名相称。这些称呼延续下来，就成为这些人名中的一部分。例如，唐代柳宗元又称“柳柳州”，韦应物又称“韦苏州”，苏轼又称为“苏徐州”等，都是由于他们曾分别在柳州、苏州、徐州等地任职的缘故。

数字用作人名

数字用作人名开始于春秋时期，吴王给自己的女儿起了个名叫二十。后来这种用数字取名的方法在吴地广为流传。到了宋代这种方法还是很盛行，史籍上也有记载。南宋文学家洪迈的《夷坚志》中提到的数字姓名有从事各种职业的人，有男有女，有农民、渔夫，也有商人、艺人，共十五六个。如周三、从四、王十九、刘十二等。明清以后，官吏采用这种数字取名的方法增多。

用数字取名，有的是取数字的吉祥含义，有的是用孩子出生时祖父或父亲的年龄或父母相加的年龄。据说更多的是用全族中同辈排序命名，如李白叫李十二，白居易又叫二十二，这些都是根据排序法用数字命名的。

古人的十种敬称

“敬称”也叫“尊称”，表示尊敬客气的态度。

1. 品格高尚、智慧超群的人用“圣”来表敬称，如称孔子为圣人，称孟子为亚圣。后来，“圣”多用于帝王，如圣上、圣驾等。

2. 帝王的敬称：万岁、圣上、天子、圣驾、陛下等。古代帝王认为他们的政权是受命于天而建立的，所以称皇帝为天子。驾，本指皇帝的车驾。古人认为皇帝当乘车行天下，于是用“驾”代称皇帝。古代臣子不敢直达皇帝，就告诉在陛（宫殿的台阶）下的人，请他们把意思传达上去，所以用陛下代称皇帝。

3. 皇太子、亲王的敬称：殿下。

4. 将军的敬称：麾下。

5. 有一定地位的人的敬称：使节称节下；三公、郡守等有一定社会地位的人称阁下，现在多用于外交场合，如大使阁下。

6. 对方或对方亲属的敬称有令、尊、贤等。令，意思是美好，用于称呼对方的亲属，如对方父亲：令尊，对方母亲：令堂，对方的女儿：令爱。尊，用来称与对方有关的人或物，如 对方父母：尊上，对方的意思：尊意。贤，用于称平辈或晚辈，如对方：贤家，对方的儿子：贤郎。仁，表示爱重，应用范围较广，如称同辈友人中长于自己的人为仁兄，称地位高的人为仁公等。

7. 称年老的人为丈、丈人，如“子路从而后，遇丈人”（《论语》）。唐朝以后，丈、丈人专指妻父，又称泰山，妻母称丈母或泰水。

8. 尊长者和用于朋辈之间的敬称有君、子、公、足下、夫子、先生、大人等。

9. 君对臣的敬称是卿或爱卿。

10. 称谓前面加“先”，表示已死，用于敬称地位高的人或年长的人，如称已死的皇帝为先帝，称已经死去的父亲为先考或先父，称谓前加“太”或“大”表示再长一辈，如称帝王的母亲为太后，称祖父为大（太）父，称祖母为大（太）母。

古人的十种谦称

1. 古代帝王的谦称有孤、寡。

2. 古代官吏的谦称有下官、末官、小吏等。

3. 古人称自己一方亲属朋友的谦称有“家”、“舍”，“家”是称比自己辈分大年纪大的亲属，如家父、家母；“舍”是称自己的家或自己的年幼亲属，前者如寒舍，后者如舍妹等。

4. 读书人的谦称有小生、晚生等，表示自己是新学后备；不才、不肖表示自己没有才能或才能平庸。

5. 用于自己的谦称：愚，谦称自己不聪明；鄙，谦称自己学识浅薄；卑，谦称自己身份低微。

6. 晚辈、地位低的人对尊长者谦称在下。

7. 老人的谦称有老朽、老夫、老汉等。

8. 女子的谦称是妾。

9. 老和尚的谦称是老衲。

10. 国君对其他国的谦称是寡君。

朋友的各种称谓

朋友，古人云：同门曰朋，同志曰友。

看上去平淡，却重道义的朋友，称为君子之交（《庄子·山水》：君子之交淡若水。）；平常百姓的交情，称为布衣之交（《史记·廉颇蔺相如列传》：臣以为布衣之交尚不可欺，况大国乎？）；彼此之间像兄弟姐妹一样，称为金兰之交（《世说新语·贤媛》：山公与嵇、阮一面，契若金兰。）；坚若金石的交情，称为金石之交（《汉书·韩信传》：今足下虽自以为与汉王为金石交，然终为汉王所擒矣。）；哪怕砍头也不变心的朋友，称为刎颈之交（《史记·廉颇蔺相如列传》卒与相欢，为刎颈交。）；彼此心志相同，情投意合的朋友，称为莫逆之交（《庄子·大宗师》：三人相视而笑，莫逆与心，遂相与为友。）；患难中仍能不离不弃的朋友，称为患难之交（《玉堂从话·荐举》：仲举与文贞在武昌，因患难之交。）；推心置腹，无所不谈的朋友，称为肺腑之交（白居易《代书诗百韵寄微之》：肺腑都无隔，形骸两不羁。）；不计较年龄的交情，称为忘年之交（《南史·何孙传》：弱冠，州举秀才，南山范云见其对策，大相称赞，因结忘年交。）；彼此知心，不拘身份的朋友，称为忘形之交（《新唐书·孟郊传》：少隐嵩山，性介，少谐和，韩愈一见，为忘形交。）；穷苦时结交的朋友，称为贫贱之交（《后汉书·宋弘传》：臣闻贫贱之交不可忘，糟糠之妻不下堂。）；交朋友不嫌贫贱，称为杵臼之交（《后汉书·吴佑传》：时公沙穆来游太学，无资粮，乃变服客佣。为佑赁舂，佑与语大惊，遂共定交与杵臼之间）。

“路”的各种称谓

“路”的名称有很多，从古至今叫法不一。

上古叫“康衢”，“康衢大道”“康庄大道”是指宽阔平坦、四通八达的道路。

秦始皇时，大修道路，此时称为“驰道”，意思是天子驰车的道路。

唐代，筑路万里，称为“驿道”；元称“大道”；清朝才称“路”。

1912年，我国第一条可行驶汽车的路建成，称为“汽车路”，又叫“马路”，并沿用至今。

路的大小不一，名称也就各异。比如西周时期，人们把通行三辆马车的才称为“路”，能通行两辆马车的称“道”，通行一辆马车的称“途”。“畛”是走牛马的乡间小路，“径”是仅能走牛、马的田间小路，且南北为“阡”，东西为“陌”。

再如城市里的道路叫“街”；比街窄小一点的叫“巷”；小巷叫“坊”，吴语叫“弄堂”，北方叫“胡同”。

年龄的种种称谓

古代对年龄的称谓有很多种。

孩提：指刚会发笑尚在襁褓中的幼儿。

垂发：指古代儿童尚未束发时自然下垂的短发，用以代称人的童年时期。

总角：古代幼童将垂发扎成两束结于头顶，其状如角，称为“总角”，指人的幼年阶段。

龀或髫龀：旧说男8岁、女7岁换牙，脱去乳牙，长出恒牙，这时称为“龀”或“髫龀”，表示人的儿童、少女时期。

弱冠：古代男子20岁时，要行冠礼，即戴上表示已是成人帽子，为“弱冠”。

及笄：笄，是古代束发用的簪子。古代女子到了15岁以后，就要把头发盘起来，并用簪子绾住，表示自己已成年。故女子成年时就叫“及笄”。

破瓜之年：古代女子长到16岁，称“破瓜之年”，原因是将“瓜”字拆开乃为两个“八”字，相加刚好为十六。

而立：30岁。

不惑：40岁。

艾年：古代指年满50岁的老人。

花甲：由古代干支纪年法而来。古代年满60称“花甲”或“花甲之年”。

古稀：70岁的代称。

耄耋：80、90岁，“耄耋”合称，指高寿老人。

期颐：百岁老人。

丈夫称谓的演变

根据《诗经》的记载，古时妻子称丈夫为“良人”，后来“良”字就演变出“郎”与“娘”，丈夫称“郎”或“郎君”，妻子称“娘子”。到了宋朝，丈夫的地位进一步提高，称为“官人”，因宫廷出现了“官家”一词，于是民间就有了“官人”的称谓。在官宦人家，丈夫则被妻子称为“老爷”。“外人”、“外子”、“相公”等，都是丈夫名称更进一步的演变。

到了民国时期，“先生”这个名词流行起来。以往教书的称“先生”，丈夫也称“先生”，后来教书的不再称“先生”，改称“老师”了，而“先生”除了广泛用于对人的尊称外，也指自己的丈夫，含有仰慕尊崇之意。

现在的年轻人流行称丈夫为“老公”。但是很少有人知道“老公”这一词最早是指“太监”，古代官宦，卑称阉宦、太监、阉人等，而民间则俗称这些人为“老公”。李自成攻进北京，即有“打老公”一说，可见“老公”最初指的是太监。在《汉语大词典》中，“老公”一词下有两种解释，一为“（方言）丈夫”，二为“太监”。

古人的娱乐

六博

“六博”，又称“陆博”，可以看作是象棋的前身，因为每人 6 枚棋子而得名。六博在棋盘和棋子之外还有箸，相当于后来的骰子，在行棋之前使用，因而六博的胜负具有很大的偶然性。六枚棋子为：枭、卢、雉、犊、塞（2 枚），“枭”之外的 5 枚又统称为“散”，玩法就是以杀枭为胜，枭也就相当于后来象棋中的将或帅。六博在春秋时期即已出现，在此后相当长的时期都非常盛行，后来六博发生分化，一支发展为后来的象棋，另一支则演变为赌博的手段，原初形式的六博在宋代之后就基本消失了。

投壶

投壶是古时士大夫阶层在宴饮时所进行的一项游戏。春秋时期，诸侯宴请宾客的礼仪之一是请客人在席上射箭，因为当时射箭为六艺之一，为士人必备的技能，但也有一些客人射艺不佳，于是就采用以箭投酒壶的方式来代替，逐渐成为一种风习，投壶代替了射箭而成为宴饮之间的一种游戏。秦汉之后，“雅歌投壶”几乎是士人们会宴之时的必有项目，并且产生了许多较为复杂的形式，游戏的难度有所增加，同时趣味性也变得更强。宋代司马光在专著《投壶新格》中详细记载了游戏的各个方面，包括壶具的尺寸、投矢的名目和计分方法等。然而在宋代之后，投壶渐趋衰落，不复盛行。

投壶图

围棋

重屏会棋图

围棋是一种双方各执黑白棋子进行对弈以最终占地面积大小来定胜负的游戏。战国时期赵国史官编写的《世本》称“尧造围棋”，晋代张华在《博物志》中说“或曰舜以子商均愚，故作围棋以教之”，反映围棋起源之早。至少在春秋时期，围棋已经很为流行。关于围棋的最早确切记载见于《左传·襄公二十五年》：“今宁子视君不如弈棋，其何以免乎？弈者举棋不定，不胜其耦。而况置君而弗定乎？必不免矣。九世之卿族，一举而灭之。可哀也哉！”公元前559年，卫国的国君献公被大夫宁殖等人驱逐出国，后来，宁殖的儿子又答应把卫献公迎回来，文子听说后感叹宁氏的做法反复无常，预言他们的灾祸将要不远了。“举棋不定”这一成语也就是由此而来。其后围棋在发展的过程中又经过了较大改进，三国时期魏邯郸淳在《艺经》上说，魏晋及其以前的“棋局纵横十七道，合二百八十九道，白、黑棋子各一百五十枚”，而在甘肃敦煌莫高窟石室中发现的南北朝时期的《棋经》载明当时的棋局是“三百六十一道，仿周天之度数”，这与现代围棋的格制是完全相同的。唐玄宗时设立了“棋待诏”制度，就是为翰林院中的专业棋手赋予官职，提高了棋人的地位，扩大了围棋的影响。明清两代则是围棋发展的高峰，名家辈出，并且形成不同的流派，这种兴盛的局面直到清末因国势衰弱而被截断。

射覆

“射覆”，是古时《易经》占卜的学习者所玩的一种卜测性质的游戏。“射”是猜度之意，“覆”是覆盖之意，“射覆”的直意就是猜测覆盖物所遮藏的为何物。游戏的时候，覆者用盆碗杯盂等器皿覆盖某一物件，射者通过占筮的途径来进行猜度。覆盖的一般都是生活中常见的物品，有时也写下一个字来让人卜测。汉代的东方朔就是一位射覆大家，晋代的郭璞、梁元帝萧绎、唐代的李淳风、宋代的邵雍等也都是史上有载的一流高手。射覆在古代是一项十分流行的游戏，在诗词典籍中多有所见，如李商隐《无题》诗中写道：“隔座送钩春酒暖，分曹射覆蜡灯红。”《红楼梦》第六十二回中对宝玉、宝钗、探春、香菱等进行的射覆游戏更是描写得非常详细。射覆需要运用到非常玄妙的易学知识，蕴涵着全息理论的奥义，但也表现出通常思维所不可理解的一面。

中国象棋

中国象棋，在战国时代已经成为贵族阶层所流行的一种游戏。《楚辞·招魂》曰："菎蔽象棊（棋），有六簙（博）些。"王逸注云："言宴乐既毕，乃设六簙，以菎蔽作箸，象牙为棊，丽而且好也。"这里讲的是先秦时期的象棋，当时称为"六簙"，棋制由棊、箸、局等三种器具组成。局，就是棋盘；箸，相当于骰子，每次行棋之前进行投掷；棊是棋子，用象牙雕刻而成，每方6子，分别为枭、卢、雉、犊、塞（2枚）。象棋是模仿当时的兵制而设计的，象棋游戏也具有军事训练的意义。后来象棋取消了投箸，也就是说不再存有侥幸的成分，而全凭实力和智谋取胜。此后秦汉及至隋唐象棋在流传过程中不断地得到改进，最后定型于北宋末年，即当代的象棋样式：双方各16枚棋子，分别为将（帅）一个，车（车）、马、炮、象（相）、士（仕）各两个，卒（兵）五个。南宋时期，象棋变得家喻户晓，十分盛行，还出现了洪迈的《棋经论》、叶茂卿的《象棋神机集》等象棋专著，象棋由此成为一门独立的学问。

百戏

"百戏"一词产生于汉代，是当时各种民间表演艺术的泛称。据宋代类书《事物纪原》卷九"百戏"引《汉元帝纂要》："百戏起于秦汉曼衍之戏，后乃有高絙、吞刀、履火、寻橦等也。"这里的"曼衍之戏"指的是一种由人装扮成巨兽的舞蹈，"高

彩绘陶乐舞杂技俑　汉

絙”就是走钢丝，而“寻橦”是一个人手持或头顶长竿，另有数人缘竿而上的表演。“百戏”原本涵盖广泛，包括各种乐舞、说唱、戏耍等，而宋代之后则习惯上将“百戏”仅用于称呼杂技一类的表演。

骑射

乾隆射猎图

骑射，即骑在马上射击，最初是一种军事技能，后来也作为一项独立的体育活动。中国古代早期，马只用来驾车，并不用来骑乘，直到周赧王八年（公元前307年），赵武灵王实行军事改革，令军民着胡服，学骑射，中原地区才有了骑马的风俗。在此之前，中原各国的军队编制是步兵与战车相配合，而胡人则已有骑兵队伍，在交战的过程中，虽然中原军队的武器更为先进，但是灵活性却不如胡军，加之身着长袍，行动起来更不方便，这常常导致作战失利，于是赵武灵王决心改易服装，建立骑兵。后代历朝也都建有骑射部队，至于辽、金、元等游牧民族所建立的朝代更是以骑兵立国，骑射是一项看家本领。清朝前期，骑马和射击被看作生活必备的技能，连同妇女和儿童也普遍善于骑射，骑射成为民族兴盛的一项标志，满族人也深以此为豪，努尔哈赤和皇太极皆被誉为“马上皇帝”。后来战事平息，骑射则主要作为一项体育运动而存在。清末唐晏在《天咫偶闻》中说：“国家创业，以弧矢威天下，故八旗以骑射为本务，而士夫家居亦以射为娱。家有射圃，良朋三五，约期为会。其射之法不一。”从这段记述中可以看出骑射对于八旗子弟的重要性，同时也展现出当时骑射风气的盛行。

角

角，又称角抵，是两人相抵以较量力气的一种运动。《汉书·刑法志》记载：“春秋之后，灭弱吞小，并为战国，稍增讲武之礼，以为戏乐，用相夸视。而秦更名角抵，先王之礼没於乐中矣。”这段话表明，角在战国时期已经兴起，秦代的时候更名为“角”（角抵）。实际上，角的由来是相当久远的，司马迁在《史记·黄帝本纪》中说：“蚩尤氏头有角，与黄帝斗，以角抵人，今冀州为蚩尤戏。”按这种说法，角是从黄帝战蚩尤的时候流传下来的。到了晋代，角又称为“争交”。南宋吴自牧在《梦粱录·角抵》中介绍：“角抵者，相扑之异名也，又谓之争交。”相扑是角在南北朝时期又起的名字，这项运动在唐代时传入日本，并发展成为在日本非常受欢迎的体育项目。当然，现代日本的相扑与中国古代的角运动是有着较大差异的。其实，角早期的涵盖是很丰富的，到宋代之后才变为专指相扑一类的摔跤活动。

蹴鞠

蹴鞠，是中国古代的一种球类运动。关于蹴鞠的最早记录见于《史记·苏秦列传》：“临苗甚富而实，其民无不吹竽、鼓瑟、蹋鞠者。”“蹋鞠”也就是蹴鞠，又名“蹴球”、“蹴圆”、“筑球”、“踢圆”等，说的都是用脚踢球的意思。蹴鞠是一项古老的体育运动，起源于齐国都城临淄，齐宣王在位时期已经很为盛行。秦代，蹴鞠运动一度沉寂，进入汉代又复兴盛，并被视为“治国习武”之道，在军队和宫廷之中十分流行，使得蹴鞠由一种下层人民的运动提升为一种贵族运动。汉代还出现了研究这项运动的专著——《蹴鞠二十五篇》，这也是中国和世界上最早的一部体育著作，可惜已经失传。到了唐代，蹴鞠的制作艺术和运动技术都有了很大的改进，球变得更圆、更轻，而充气技术也是世界上最早的发明。唐代分队比赛，由原来的直接对抗转为间接对抗，中间隔着球门，双方各在一侧，以射门数多者为胜，并且还出现了女子蹴鞠，女子蹴鞠不射门，而以踢球的技法显胜，这被称为“白打”。及至宋代，蹴鞠变得更加兴盛，上海博物馆藏一幅《宋太祖蹴鞠图》，描绘的就是当时皇帝亲身从事蹴鞠运动的情景。《文献通考》记载：“宋女弟子队一百五十三人，衣四色，绣罗宽衫，系锦带，踢绣球，球不离足，足不离球，华庭观赏，万人瞻仰。”这时，球技已经发展出成套的花样动作，擅长者可调用头、肩、背、胸、膝、腿、脚等身体的各个部位，使“球终日不坠”。《水浒传》中记述的因擅长踢球而发迹的高俅就是当时蹴鞠盛行的一个鲜明的例证。在球的制作方面，宋代又有了进一步的发展，“密砌缝成，不露线角”，做成的球要“正重十二两”，“碎凑十分圆”，由此可见制球工艺已经非常精湛。清代开始，蹴鞠运动变得冷落，近代西方足球传入，蹴鞠作为一种社会流行的体育运动就销迹了。

蹴鞠图

马球

马球，又称“击鞠”或者“击球”，是一种骑在马背上用长柄球槌拍击木球的运动。相传马球在唐初由波斯（今伊朗）传入，初时称之为“波罗球”。也有人认为中国更早的时候就已经有了马球，如曹植《名都篇》中“连骑击鞠壤，巧捷推万端”的句子描写的就是马球运动。有可能是中国原来的击鞠运动后来参照波斯的马球进行了一定的改造，而后打马球方为人们所普遍注意。但是马球运动由于需求条件的特殊，所以只在宫廷和军队中流行。唐代是马球运动最盛的时期，据文献记载，唐朝的中宗、玄宗、穆宗、敬宗、宣宗、僖宗、昭宗等皇帝都是马球爱好者，不仅对这项运动予以积极的提倡，并且也亲身参与其中。唐玄宗于天宝六载（747 年）还专门颁诏将马球作为军队的训练课目之一。陕西乾县出土的唐章怀太子李贤墓中的打马球壁画充分地表现了唐代马球运动的场景。画面上击球者有二十余人，皆着各色窄袖袍，足登黑靴，头戴幞头，手执偃月形球杖，身骑奔马，做出竞争击球的各种姿态，非常逼真，这为人们了解古代打马球的情形提供了生动的直观认识。

豆叶戏

豆叶戏，又叫“掉城戏”，是明神宗朱翊钧（即万历皇帝）所发明的。万历皇帝奢华淫逸而不事政务，在宫中与宫女和太监们纵情享乐，琢磨出了一种具有赌博性质的游戏。游戏的玩法非常简单，分为小规模和大规模两种。小规模的玩法是：用色罗一方，界成井字形的九营，中间的一营为上营，四方的四营为中营，四角的四营为下营，玩的时候，宫女用银钱或者小银珠投掷，落在上营赏银九两，落在中营赏银六两，落在下营赏银三两，双抛双赏，落在营外和压着井字，则均罚银六两。大规模的玩法是：在御前十步开外，界画出一座方城，城内用数个十字分成 8 个部分，即方城八城，每座城中分别写上银十两至三两不等，玩的时候，太监用银豆叶（即豆叶大的银子）或者八宝（即 8 种表示吉瑞的佛教物品）唱着投掷，落在某城就照数赏赐，落在城外或者压着界线，则收其所掷银豆叶或八宝。因为游戏以掉城决定赏罚，所以又得名“掉城戏”。当时后金已经在东北崛起，明朝的关外城池开始失陷，人们于是认为“掉城戏”是不吉利的，因此这项游戏也就迅速地消失于历史的尘影之中了。

踏青

踏青，又叫春游，指的是在清明前后芳草始生、杨柳泛绿的好春时节到郊野去游览的出行活动。踏青的习俗由来已久，至迟在魏晋时期已经成为社会上盛行的风气，而到唐宋年间更是极盛。“三月三日天气新，长安水边多丽人……”杜甫的这首《丽人行》所描写的就是当年长安踏青的盛况。在古代，三月三日称为上巳日，因王羲之的集序和书法而颇为传颂的兰亭集会实际就是在上巳日举行的一种踏青活动，这一风俗流传到唐代，长安的仕女在这一天会集到城南的曲江游玩踏青，为一时之盛容。在游赏春光之外，荡秋千和放风筝是踏青时节最为主要的两项活动。李清照在一首《点绛唇》中写道："蹴罢秋千，起来慵整纤纤手。露浓花瘦，薄汗轻衣透。"这描写的就是荡秋千之后所给人带来的快意感受。而清代诗人潘荣陛的一首《北京竹枝词》则对清明时节的风筝活动进行了精彩的描绘："新鸢放出万人看，千丈麻绳系竹竿。天下太平新样巧，一行飞上碧云端。"千百年来，虽然在不同的时代具体的活动内容有所变化，但是踏青这一习俗却一路流传下来，当今依然为人所喜爱。

冰戏

冰戏，亦称"冰嬉"，是各种冰上体育活动的泛称，包括跑冰、花样滑冰、冰上执球与踢球以及冰上杂戏等，是北方人民在寒冷的冬季中一项重要的娱乐活动。冰戏在宋代的时候已经流行，到明代更成为宫廷的体育活动，而在清代最盛。满族由于生活在冬季严寒而漫长的东北地区，所以冰戏更成为生活中的重要内容，并且不仅仅是一种娱乐活动，同时还是一项重要的军事训练。按清代的习俗，皇帝每年在冬至到三九的这一段时间都要在太液池（即当今的北京之三海）校阅八旗溜冰，同时观看冰戏表演。表演的兵丁分为两翼，每翼头目 12 名，穿红黄马褂，其余的人穿红黄齐肩褂，射球兵丁 160 名，幼童 40 名，也都穿马褂，背插小旗，按八旗各色，依次走冰，然后对优胜者给予奖励。除了一般的溜冰之外，还有冰上射箭、打球、单人表演、双人表演等项目，内容非常丰富。其中的单人和双人表演与现在的花样滑冰有相似之处，当时的冰上单人和双人表演不仅技术高，形式也很多，有金鸡独立、蜻蜓点水、紫燕穿波、凤凰展翅、哪吒探海、双燕飞、朝天蹬等花样。此外，还有冰上舞龙、舞狮、跑旱船等集体表演。这种隆重的冰戏表演在当时堪称一件盛事。

冰嬉图　清

看社戏

古代诗人陆游在《稽山行》中曾写道:“空巷看竞渡，倒社观戏场。”在以前，各社各村都有定期演戏的习俗，民间称为“年规戏”，也就是鲁迅所说的社戏。以前，每个乡镇村落都有社庙。各地都有民约规定，春秋两季要祭社，后来发展为采用演戏来祭社，这就是年规戏的渊源。

社戏作为一种流行于绍兴地区的传统民间娱乐风俗，源于该地农村春秋两季祭祀社神（土地神）的习俗。先时，春社为祈求五谷丰登，秋社为庆贺一年丰收，后发展为以演戏酬神祈福，进而沿袭为民间文化娱乐活动。

绍兴演社戏的风俗在南宋时已经盛行，到清末仍非常流行。鲁迅小时在家乡酷爱看社戏，在《社戏》、《无常》、《女吊》等名作中，我们都看到他对社戏多加赞扬，称它为“很好的戏”。社戏一般在庙台或临时搭建的草台上演出。古时的庙台有两种：一种建于庙宇大殿前的天井内；另一种是筑于庙门的水上舞台，也叫“水台”，观众可坐在船上看戏。一些乡村还流行邀请亲友看社戏的习俗。每当此时，各家各户宰牲，制备酒肴，用来款待宾客。

山村社戏

社戏剧目一般来说可分为3部分：彩头戏、突头戏和大戏。彩头戏，也称“口彩戏”，主要为恭祝发财、晋官的吉利戏剧。突头戏，当地称“骨子毁”，是为正戏作铺垫的戏剧。其剧目情节曲折，有较高的艺术性，著名剧目有《龙虎斗》、《英列传》、《双龙会》等折子戏。大戏即正戏，绍兴人也称“平安大戏”，傍晚时开始演出。著名的大戏有《双核桃》、《倭袍》、《双龙会》等。演出中，根据剧情的发展需要，还会插演一些《男吊》、《女吊》、《跳无常》等鬼戏。现在，在岁末农闲或重大节日期间，绍兴乡村还会请剧团进村演戏，不乏社戏之遗风。

斗鸡

斗鸡比世界上其他善斗的动物“斗”的历史要长得多，在春秋战国时期就已经十分盛行。

斗鸡的民俗游戏，大多从清明开始，斗到夏至休止。我国最早的斗鸡记录，见于

《左传》:“季郈之鸡斗，季氏介其鸡，郈氏为之金距。”唐朝是斗鸡活动最昌盛的时代，不只是民间设鸡场，捧鸡而斗，就是皇帝也要斗鸡。据唐代《东城父老传》记，李隆基即位前就好斗鸡。在那时，斗鸡之戏是清明节俗的一项重要内容。李隆基当上皇帝后，在宫内建鸡坊，“索长安雄鸡，金毫、铁距、高冠、昂尾千数，养于坊中”，并有500人专司驯鸡。结果上行下效，有钱的倾家荡产买鸡，没钱的就以假鸡为戏。在长安有个名叫贾昌的少年，驯鸡有一套办法，博得玄宗欢心，一下子就荣华富贵，成了闻名天下的“神鸡童”。

唐代斗鸡驯鸡发达，社会却为此付出了世风靡废的巨大代价。斗鸡使人如痴如狂，也使一些“斗鸡小儿”恃宠骄横，不可一世。李白在《古风》诗中有云:“路逢斗鸡者，冠盖何辉赫。鼻息干虹霓，行人皆怵惕。”

明朝的斗鸡之风与唐朝不分上下，当时还有一种专门研究和举办斗鸡活动的民间组织，叫作“斗鸡社”。在明代，泰山是斗鸡的重要场所之一，每逢泰山庙会，前来斗鸡的人都络绎不绝，观看捧场的人更是数不胜数。

直到今天，斗鸡活动在山东、河南等地依然十分流行。

斗蛐蛐

斗蛐蛐是中国民间的一项重要民俗活动，而且颇具“民族特色”。因为除中国或华人聚集的地区外，尚未听说其他民族亦有如此嗜好。从古至今，自宫廷到民间，爱好斗蛐蛐的人数不胜数，以致历史上竟出了几个有名的“蛐蛐宰相”、“蛐蛐皇帝”、“蛐蛐相公”，至于民间的“蛐蛐迷”们，就更难以计数了。

斗蛐蛐究竟始于何时，已经无法考证了。人们是怎样发现蛐蛐善斗并使之成为一种历久不衰的民间游戏呢？有一种说法是这样的，说宫女们或民间小儿在捕捉蛐蛐，放在笼中畜养以解闷的过程中，发现两只蛐蛐放在同一只笼中，就会出现视如仇敌般的争斗，于是开始有意识地引逗，从中取乐。

还有一种可能，说斗蛐蛐是在斗鸡、斗鹌鹑的启发下而出现的。既然皇帝酷好斗鸡，达官贵人也趋之若鹜，又有因斗鸡而得宠的人，就难免会勾起某些“有心人”的嗜利之欲，他们便在其他禽虫中进行试验，结果发现蛐蛐的斗性最强，其场面一点儿也不亚于斗鸡，于是将蛐蛐精心畜养起来，或做贡品以邀宠，或留做自己闲时玩赏。此举逐渐传布开来，斗蛐蛐便发展为一项民间游戏，并且一直保存至今。

斗蛐蛐这一游戏之所以普及得特别快，原因首先在于它本身具有极强的娱乐性。另外，玩斗蛐蛐十分简便易行，既无须多大的财资，又不甚劳神费力，只要从野地里捉来稍加调养，便可决一雌雄。

除此之外，斗蛐蛐的盛行还有一个刺激性因素，那就是赌博。唐代的赌风极盛，斗蛐蛐最初只是一种纯娱乐性的游戏，并没有用于赌博。但很快人们发现用斗蛐蛐进行赌博更方便，同时也更具刺激性。由于金钱因素的加入，斗蛐蛐活动以更快的速度普及发展，至宋代就已经达到相当规模了。

赛龙舟

赛龙舟，又称“赛龙船”或“龙舟竞渡”，是我国传统节日端午节的主要习俗，也是深受人们喜爱的水上竞赛性娱乐活动，在江苏、浙江、湖南、湖北、福建、云南、贵州等地最为盛行。相传赛龙舟起源于对屈原的纪念，古时楚国人由于舍不得贤臣屈原投江死去，许多人划船追赶拯救。他们争先恐后，追至洞庭湖时不见踪迹，之后每年五月五日人们都要划龙舟以纪念屈原，借划龙舟驱散江中之鱼，以免鱼吃掉屈原的身体。

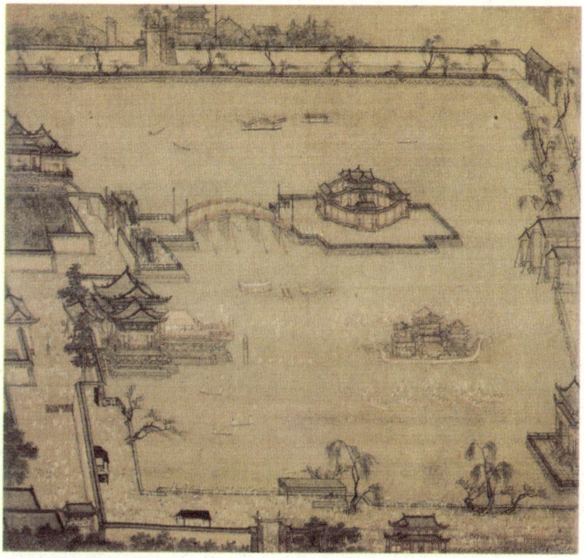

金明池争标图

后来，赛龙舟除纪念屈原之外，在各地人们还赋予了不同的寓意。

江浙地区划龙舟，兼有纪念当地出生的近代女民主革命家秋瑾的意义。贵州苗族人民在农历五月二十五至二十八举行“龙船节”，以庆祝插秧胜利和预祝五谷丰登。云南傣族同胞则在泼水节赛龙舟，纪念古代英雄岩红窝。不同民族、不同地区，划龙舟的传说有所不同。直到今天，在南方的不少临江河湖海的地区，每年端午节都要举行富有自己特色的龙舟竞赛活动。

清乾隆二十九年（1736 年），台湾地区开始举行龙舟竞渡。直到现在，台湾地区每年五月五日都举行龙舟竞赛。此外，划龙舟也先后传入日本、越南及英国等国。1980 年，赛龙舟被列入中国国家体育比赛项目，并每年举行“屈原杯”龙舟赛。

鸣虫

鸣虫，指能够发出鸣声的、可供人赏玩的昆虫，类别多达近百种，常见的有蝈蝈、小黄铃、大黄铃、马铃、竹铃、金钟、纺织娘、墨铃、石铃、蟋蟀、花镜、铁弹子，等等。养玩鸣虫有着悠久的历史，自唐代就开始盛行，而明清两代更是臻于鼎盛，形成了颇为可观的“鸣虫文化”，在虫的种类、大小、颜色、鸣声、养虫的食物、温度、器材、虫的繁殖、习性等方面都十分讲究。鸣虫之所以受到人们的喜爱，主要原因在于鸣声的特性，据行家称，虫鸣可以表现出喜叫、怒叫、哀叫、乐叫、呼叫、爱叫、吟叫等情感，能够传达呼偶、求爱、繁殖、警戒、自卫、争斗、对敌、群聚、迁徙等需求信号。虫家们因为能够领略虫的美妙的鸣声而陶醉，也因为能够分辨虫的语言而倍感欣慰。另外，一些鸣虫不仅可供聆听，还可向人们展现其不凡的“武技”，最常见的就是斗蛐蛐儿，玩家成百上千地聚到一起，纷纷展示各自的爱虫，看一个个威武的“将军”奋勇断杀，堪称一场颇为壮观的“武林盛会”。

荡秋千

荡秋千是我国古代清明节的一种习俗，也是妇女十分喜欢的一种传统游戏。秋千，古字两字均有“革”字旁，千字还带走字，意思是揪着皮绳而迁移。它的历史很古老，最早叫千秋，后为了避忌讳，改为秋千。古时的秋千多用树枝为架，再拴上彩带做成，后来逐步发展为用两根绳索加上踏板的秋千。到了唐宋时代，秋千成为专供妇女玩耍的游戏。一些地方还认为，荡秋千能祛除疾病。这也许就是荡秋千能世代相传、经久不衰的原因之一。

荡秋千是我国各族人民普遍喜爱的一种民间体育运动，尤其受朝鲜族妇女的喜爱。每逢节日聚会，人们便会看到成群结队的朝鲜族妇女，聚集在参天的大树下或高耸的秋千架旁。身穿鲜艳民族服装的朝鲜族妇女，在人们的欢呼、叫好声中荡起了秋千，她们一会儿腾空而起，一会儿俯冲而下，尽情地欢乐，长长的裙子随风飘舞，大有腾云驾雾之感。

荡秋千的方法通常有 3 种，一种是单人荡，单人荡需要很高的技巧和力量。有的荡得很高，有的甚至能绕梁一转，显示了艺高人胆大；第二种是双人荡，两人面对面站在秋千上，一人使劲一人牵引，讲究两人的配合，尽管重量加大了也能荡得很高，有时能与横梁比高，荡幅达到 180 度，但很难越过横梁作 360 度旋转；第三种是大人带小孩荡，一边唱着“荡一荡，除百病，岁岁得平安”的歌谣。

在中国封建社会里，妇女们深受封建礼教的束缚，长期大门不出，二门不迈，很少有机会与外界接触。在清明前后、春回大地的大好时光，妇女们便趁走出户外之机，以荡秋千舒展身子，同时也得到精神的解脱和放松。荡秋千作为一种娱乐活动，因为其运动量小，时间也可以自由支配而深受妇女儿童的喜爱。

放风筝

风筝起源于中国，至今已有 2000 余年的历史。在古代，风筝又叫作“纸鸢”或者“鹞子”，被称为人类最早的飞行器。相传春秋时期，著名的建筑工匠鲁班曾制

十美图·放风筝
放风筝在中国由来已久，是深受人们喜爱的一种游戏，也是一种重要的娱乐疗法。

木鸢飞上天空。后来，以纸代木，称为“纸鸢”；汉代起，人们开始将其用于测量和传递消息；唐代时，风筝传入朝鲜、日本等周边国家；到五代时期，又在纸鸢上系以竹哨，风入竹哨，声如筝鸣，因此又称“风筝”。至宋代，放风筝逐渐成为一种民间娱乐游戏。

历代放风筝的时间均有较强的节令性，原因在于自然季节、气候对放风筝有较强的约束力。宋朝以后，春季放风筝已成定例。清明节前后，城镇居民多于城外空旷处放风筝。宋人高承《事物纪原》中把纸鸢列入“岁时风俗类”，即可说明风筝已有了明确的节令性。清代，仍盛行春季放风筝。清人李声振在《百戏竹枝词》中说：“百丈游丝放纸鸢，芳郊三女禁烟前。”与北方风俗所不同，南方各地常有秋季放风筝的习惯，福建省内即多取九月初九重阳节放风筝，清末风俗画家吴友如在《纸鸢遣兴》图中题道：“闽中风俗，重阳日都人士女每在乌石山、于山、屏山上竞放风筝为乐。”

明清两代的文人士子、庶民百姓都十分喜爱风筝，但是封建帝王却不许百姓在城里放风筝。原因是这样的：古代传说韩信曾利用放风筝测量未央宫远近，企图开凿地隧进入宫廷造反起事。明清两代帝王竟引为前鉴，生怕再发生类似的事情，因此明令禁止在城内放风筝。

在古代，人们还把放风筝与去晦气联系在一起。古人认为，放风筝可清目、泻内热，如果某人有灾，就将姓名写在风筝上，放至空中后，剪断引线，使其任意飞远，灾难也就可以随之消失。

消寒

消寒是古代文人雅士之间进行聚会、宴饮的一种习俗。北方天寒，冬至“入九”之后，同僚和挚友们每逢“九”日即相互邀请，举办不同规模的雅聚，人数必取“明九”或“暗九”（即9的倍数，如18、27等），大家坐在火炉旁用餐和饮酒的同时，进行吟诗作画，而酒令、餐品和诗画也都要与“9”有关，消解寒气的同时更兼遣心娱情，堪称苦寒时节的一大乐事。

拔河

在我国的一些地方，有清明节、元宵节举办拔河比赛的习俗。拔河活动在民间很常见，学校里、军队中、小区里经常举办热闹的拔河比赛。参加比赛的人劲往一处使，观看比赛的人心随绳而偏。通过拔河，不仅能够锻炼身体，还能增强人们团结合作的能力。那么，这种活动为什么被称为“拔河”呢？

据《封氏闻见记》记载，“拔河”在古代被称为“牵钩”。最初，它是训练水兵的工具。《墨子》中说：“公输子自鲁南游焉，始为舟战之器，作为钩强之备，退者钩之，进者强之，量其钩强之长，而制之为兵。”也就是说，当年鲁班在楚国为官时，设计了一种用竹片制成的篾绳。这种篾绳是专门用来训练水兵的。将兵将分成两组，各执篾绳的一端，用力向两边拉。实战中，敌船撤退逃跑时，可以用篾绳钩住敌船，使他们不能逃脱；敌船势强进攻时，可以利用篾绳阻止敌船靠近。篾绳，在作战中起到了推拉敌船的作用。因而，篾绳便有了“拖钩”、“强钩”的称呼。

后来，这种训练水兵的方法流传到了民间，在楚国旧地广为流行。拖钩敌船活动渐渐演变成两拨人相互“较劲”的集体活动。据史料记载，唐朝时期，“牵钩”活动已经十分盛行。上至文武百官，下至黎民百姓，都热衷于这项活动。也是从唐朝开始，“牵钩”更名为“拔河”。据说，当时的拔河和现在不同，人们在绳中央插一面红旗，麻绳的两端，分设有数百条小绳。参加拔河的人手里各执一端。拔河的时候，绳子两端形成两个扇面，旁边观看的人擂鼓助威，这样的拔河场面，要比现在壮观得多。

如今的拔河比赛相对来说形式比较简单。人数相等的两队将绳子往自己方向拉，以将对方排头拉过河界为赢。它更多的是体现大家心往一处想，劲往一处使的团结奋战精神。

相扑

施耐庵在《水浒》第七十四回中，详尽地讲述了浪子燕青与任原相扑比赛的全过程。“燕青除了头巾，光光的梳着两个角儿，脱下草鞋，赤了双脚，蹲在献台一边，解了腿绷护膝，跳将起来，把布衫脱将下来……”“燕青却抢将入去，用右手扭住任原，探左手插入任原交裆，用肩胛顶住他胸脯，把任原直托将起来……”从施耐庵的描述中，我们可以看出，宋代，相扑是一项规则完善的比赛活动。而且，它和现在日本的相扑相差无几。那么，日本的相扑是从中国传过去的吗？

相扑，又名“角抵”。关于“角抵”运动的记载早在先秦时期便已出现。但是，以“角抵”之名记录在册，是从《史记》开始的：“蚩尤氏头有角，与黄帝斗，以角抵人，今冀州为蚩尤戏。”意思说，在汉代的冀州一带，流行着一种“蚩尤戏”。这种“蚩尤戏”是从上古时期传下来的，因蚩尤以角抵御黄帝而来。

晋代，“角抵”更名为“相扑”。唐宋，相扑运动发展成型。据《日本书记》记载，7世纪的时候，在日本允恭天皇的葬礼上，中国使者表演“素舞”以示致敬。这种“素舞”便是古代的相扑。表演之前，裁判焚香祭祀。表演者赤裸上身，腰间围有兜裤。表演者登上台后，喝“神水”以示祭祀。然后两人开始争交搏斗。这与日本传统的相扑运动十分相似。因而，有观点认为，中国的相扑在这个时候传入日本的。

宋代，相扑运动更为兴盛。每逢宫廷庆典，军士都要表演相扑节目。在民间，不但兴起了以相扑表演为职业的专业相扑人，还出现了很多诸如同文社、角抵社、锦体社之类的相扑团体。到了明清时期，相扑运动渐渐淡出人们日常游戏的舞台。而日本的相扑运动逐渐兴盛起来，并成为日本国粹。